U0451549

本丛书属于国家社科基金重大项目
——梵文研究及人才队伍建设

梵汉佛经对勘丛书

梵汉对勘
神通游戏

黄宝生 译注

中国社会科学出版社

图书在版编目（CIP）数据

梵汉对勘神通游戏／黄宝生译注．—北京：中国社会科学出版社，2012.12

ISBN 978-7-5161-1771-2

Ⅰ．①梵… Ⅱ．①黄… Ⅲ．①佛经—校勘 Ⅳ．①B942

中国版本图书馆 CIP 数据核字（2012）第 284163 号

出 版 人	赵剑英
责任编辑	黄燕生
特约编辑	郑国栋
责任校对	李小冰
责任印制	戴　宽

出　　版	中国社会科学出版社
社　　址	北京鼓楼西大街甲 158 号（邮编 100720）
网　　址	http：//www.csspw.cn
	中文域名：中国社科网　010-64070619
发 行 部	010-84083685
门 市 部	010-84029450
经　　销	新华书店及其他书店

印刷装订	环球印刷（北京）有限公司
版　　次	2012 年 12 月第 1 版
印　　次	2012 年 12 月第 1 次印刷

开　　本	710×1000　1/16
印　　张	54
插　　页	2
字　　数	998 千字
定　　价	128.00 元

凡购买中国社会科学出版社图书，如有质量问题请与本社联系调换
电话：010-64009791
版权所有　侵权必究

《梵汉佛经对勘丛书》总序

印度佛教自两汉之际传入中国，译经活动也随之开始。相传摄摩腾和竺法兰所译《四十二章经》是中国的第一部汉译佛经。这样，汉译佛经活动始于东汉，持续至宋代，历时千余年。同样，印度佛教自七世纪传入中国藏族地区，藏译佛经活动始于松赞干布时期，持续至十七世纪，也历时千余年。据赵朴初先生的说法，汉译佛经共有“一千六百九十余部”，而藏译佛经共有“五千九百余种”。[①]中国的佛教译经活动历时之久，译本数量之多，而且以写本和雕版印刷的传承方式保存至今，堪称世界古代文化交流史上的一大奇观。

印度佛教在中国文化土壤中扎下根，长期与中国文化交流融合，已经成为中国传统文化的有机组成部分。就汉文化而言，最终形成的传统文化是以儒家为主干的儒道释文化复合体。汉译佛经和中国古代高僧的佛学著述合称汉文大藏经。它们与儒家典籍和道藏共同成为中华民族的宝贵文化遗产。为了更好地继承和利用文化遗产，我们必须依随时代发展，不断对这些文献资料进行整理和研究。儒家典籍在中国古代文献整理和研究中始终是强项，自不待言。相比之下，佛教典籍自近代以来，学术界重视不够，已经逐渐成为中国古代文献整理和

---

① 赵朴初：《佛教常识答问》，上海辞书出版社 2009 年版，第 147、150 页。另据吕瀓《新编汉文大藏经》目录，汉译佛经有一千五百零四部。关于汉译和藏译佛经的数量迄今未有确切的统计数字。

研究中的薄弱环节。

　　二十世纪五十至七十年代，中国台湾地区编辑的《中华大藏经》是迄今为止汇集经文数量最多的一部汉文大藏经。其后，八九十年代，中国大陆地区也着手编辑《中华大藏经》，已经出版了"正编"。这部大陆版《中华大藏经》（正编）以《赵城金藏》为基础，以另外八种汉文大藏经为校本，在每卷经文后面列出"校勘记"。可惜，这部《大藏经》的编辑只完成了一半，也就是它的"续编"还有待时日。这种收集经文完备又附有"校勘记"的新编汉文大藏经是为汉传佛教文献的整理和研究奠定坚实的基础。在此基础上，可以进一步开展标点和注释工作。

　　与汉文大藏经的总量相比，出自现代中国学者之手的汉文佛经的标点本和注释本数量十分有限。为何这两种《中华大藏经》都采取影印本，而不同时进行标点工作？就是因为标点工作的前期积累太少，目前还没有条件全面进行。而对于中国现代学术来说，古籍整理中的标点和注释工作也是不可或缺的。因此，有计划地对汉文佛经进行标点和注释的工作应该提到日程上来。唯有这项工作有了相当的成果，并在工作实践中造就了一批人才，《中华大藏经》的标点工作才有希望全面展开。

　　对于佛经标点和注释的人才，素质要求其实是很高的：既要熟谙古代汉语，又要通晓佛学。同时，我们还应该注意到，在汉文大藏经中，汉译佛经的数量占据一多半。而汉译佛经大多译自梵文，因此，从事佛经标点和注释，具备一些梵文知识也是必要的。此外，有一些佛经还保存有梵文原典，那么，采用梵汉对勘的方法必然对这些汉译佛经的标点和注释大有裨益。这就需要通晓梵文的人才参与其中了。

过去国内有些佛教学者认为留存于世的梵文佛经数量很少,对汉文大藏经的校勘能起到的作用有限。而实际情况并非这么简单。自十九世纪以来,西方和印度学者发掘和整理梵文佛经抄本的工作持续至今。当代中国学者也开始重视西藏地区的梵文佛经抄本的发掘和整理。由于这些抄本分散收藏在各个国家和地区,目前没有确切的统计数字。虽然不能说所有的汉译佛经都能找到相应的梵文原典,实际上也不可能做到这样,但其数量仍然十分可观,超乎人们以往的想象。例如,在汉译佛经中占据庞大篇幅的《般若经》,其梵文原典《十万颂般若经》、《二万五千颂般若经》和《八千颂般若经》等均有完整的抄本。又如,印度出版的《梵文佛经丛刊》(*Buddhist Sanskrit Texts*)收有三十多种梵文佛经校刊本。其中与汉译佛经对应的梵文原典有《神通游戏》(《方广大庄严经》)、《三昧王经》(《月灯三昧经》)、《入楞伽经》、《华严经》、《妙法莲华经》、《十地经》、《金光明经》、《菩萨学集》(《大乘集菩萨学论》)、《入菩提行论》、《中论》、《经庄严论》(《大乘庄严经论》)、《根本说一切有部毗奈耶》、《阿弥陀经》、《庄严宝王经》、《护国菩萨经》、《稻秆经》、《悲华经》、《撰集百缘经》、《佛所行赞》、《如来秘密经》(《一切如来金刚三业最上秘密大教王经》)和《文殊师利根本仪轨经》等。此外,诸如《金刚经》、《维摩诘经》、《阿毗达磨俱舍论》、《因明入正理论》和《辨中边论》等这样一些重要的汉译佛经也都已经有梵文校刊本。因此,对于梵汉佛经对勘在汉文佛教文献整理和研究中的学术价值不能低估,相反,应该予以高度重视。

其实,梵汉佛经对勘不仅有助于汉文佛教文献的整理,也有助于梵文佛经抄本的整理。梵文佛经抄本整理的主要成果是编订校刊本。

变异。这需要依据多种抄本进行校勘，确定正确的或可取的读法，加以订正。除了利用同一佛经的多种梵文抄本进行校勘外，还可以利用同一佛经的平行译本进行对勘。尤其是在有的梵文佛经只有一个抄本的情况下，利用平行译本进行对勘就显得更为重要。正是这个原因，长期以来，西方、印度和日本学者在编订梵文佛经校刊本时，都十分重视利用梵文佛经的汉译本和藏译本。但对于西方学者来说，掌握古代汉语比较困难，因此，从发展趋势看，他们越来越倚重藏译本。相比之下，日本学者在利用汉译本方面做得更好。

近一百多年来，国际佛教学术界已经出版了不少梵文佛经校刊本，同时也出版了完整的巴利文三藏校刊本。这些校刊本为佛教研究提供了方便。学者们依据这些校刊本从事翻译和各种专题研究。在此基础上，撰写了大量的印度佛教论著和多种印度佛教史。如果没有这些校刊本，这些学术成果的产生是不可设想的。这从这些著作中引用的梵文佛经校刊本及其现代语言（英语、法语或日语）译本资料便可见出。同时，我们也应该注意到，有些重要佛经缺乏梵文原典，西方学者还依据汉译佛经转译成西方文字，如英译《佛所行赞》（梵文原典缺失后半）、德译《维摩诘经》（译于梵文原典发现前）、法译《成唯识论》、法译《大智度论》、法译《摄大乘论》、法译《那先比丘经》和英译《胜鬘师子吼一乘大方便方广经》等。又鉴于印度古代缺少历史文献，他们也先后将法显的《佛国记》、玄奘的《大唐西域记》、慧立和彦悰的《大慈恩寺三藏法师传》、义净的《大唐西域求法高僧传》和《南海寄归内法传》译成英文或法文。这些都说明国际佛教学术界对汉文佛教文献的高度重视。只是限于通晓古代汉语的佛教学者终究不多，他们对汉文佛教文献的利用还远不充分。

而中国学术界直至二十世纪上半叶，才注意到国际上利用梵文佛经原典研究佛教的"新潮流"。引进这种"新潮流"，利用梵文佛经原典研究与佛教相关的中国古代文献的先驱者是陈寅恪、汤用彤、季羡林和吕澂等先生。然而，当时国内缺少梵文人才，后继乏人。时光荏苒，到了近二三十年，才渐渐出现转机。因为国内已有一批青年学子在学习梵文后，有志于利用梵文从事佛教研究。这条研究道路在中国具有开拓性，研究者必定会备尝艰辛，但只要有锲而不舍的精神，前景是充满希望的。

利用梵文从事佛教研究的方法和途径多种多样，研究者完全可以依据自己的学术兴趣和专长选择研究领域。而梵汉佛经对勘研究应该是其中的一个重要选项。这项研究的学术价值至少体现在以下几个方面：

一、有助于读解汉译佛经。现代读者读解汉译佛经的难度既表现在义理上，也表现在语言上。佛教义理体现印度古代思维方式。尤其是大乘佛教的中观和唯识，更是体现印度古代哲学思辨方式。它们有别于中国传统的理论思维形态。而汉译佛经的语言对于现代读者，不仅有古今汉语的隔阂，还有佛经汉译受梵文影响而产生不同程度的变异，更增添一层读解难度。然而，通过梵汉佛经对勘，则可以针对汉译佛经中义理和语言两方面的读解难点，用现代汉语予以疏通和阐释。

二、有助于读解梵文佛经。佛教于十二世纪在印度本土消亡，佛经抄本大量散失，佛教学术也随之中断。近代以来，随着国际印度学的兴起，学者们重视发掘佛经原典，先后在尼泊尔和克什米尔等地，尤其是在中国西藏地区发现了数量可观的梵文佛经抄本。这样，印度佛教文献研究成了一个"新兴学科"。由于佛教学术在印度本土已经中断数百年之久，对于印度或西方学者来说，梵文佛经的读解也是印度古代文献研究中的一个难点。这与汉文佛教文献在现代中国古代文献研究中的情况类似。仅以梵文词典为例，著名的 M.威廉斯的《梵英词典》和 V. S.阿伯代的《实用梵英词典》基本上都没有收入佛教词汇。因此，才会有后来出现的 F.埃杰顿的《佛教混合梵语语法和词典》和荻原云来的《梵和大辞典》。尤其是《梵和大辞典》，充分利用了梵汉佛经对勘的成果。

现存的所有梵文佛经抄本都会存在或多或少的文字错乱或讹误，已经编订出版的校刊本也未必都能彻底予以纠正。校刊本质量的高低既取决于校刊者本人的学术造诣，也取决于所掌握抄本的数量和质量。同时，佛教梵语受方言俗语影响，在词汇、惯用语和句法上与古典梵语存在一些差异，以及经文中对一些义理的深邃思辨，都会形成梵文佛经读解中的难点。而梵汉佛经对勘能为扫除梵文佛经中的种种文字障碍，提供另一条有效途径。毫无疑问，在利用汉译佛经资料方面，中国学者具有得天独厚的优势。如果我们能在梵汉佛经对勘研究方面多做一些工作，也是对国际佛教学术作出应有的贡献。

三、有助于佛教汉语研究。现在国内汉语学界已经基本达成一个共识，即认为佛经汉语是中国古代汉语中的一个特殊类型。有的学者仿照"佛教混合梵语"（Buddhist Hybrid Sanskrit）的称谓，将它命名为"佛教混合汉语"。而时下比较简便的称谓则是"佛教汉语"。梵文佛经使用的语言在总体上属于通俗梵语，这是由佛教的口头传承方式决定的。而这种通俗梵语中含有佛教的种种特定词语，也夹杂有俗语语法成分，尤其是在经文的偈颂部分，因此，明显有别于传统的梵语。

同样，汉译佛经受梵文佛经影响，主要采用白话文体，较多采用口语用词。同时，在构词、词义、语法和句式上也受梵文影响，语言形态发生一些变异，有别于传统的汉语。这些特殊的语言现象需要汉语学者认真研究和诠释。近二三十年中，佛教汉语研究已成为一门"显学"。日本学者辛嶋静志和中国学者朱庆之是这个领域中的代表人物。

尽管国内佛教汉语研究已经取得了不少成绩，但研究队伍中存在一个明显的缺陷，也就是通晓梵语的学者很少。如果通晓梵语，直接运用梵汉佛经对勘研究的方法，就会方便得多，避免一些不必要的暗中摸索和无端臆测。辛嶋静志能在这个领域中取得大家公认的学术成就，是与他具备多方面的语言和知识学养分不开的，尤其是直接运用梵汉佛经对勘研究的方法。这是值得国内从事佛教汉语研究的年轻一代学者效仿的。希望在不久的将来，中国学者能在大量的梵汉佛经对勘研究的基础上，编出佛教汉语语法和词典。这样，不仅拓展和充实了中国汉语史，也能为现代学者阅读和研究汉文佛经提供方便实用的语言工具书。

四、有助于中国佛经翻译史研究。中国无论在古代或现代，都无愧为世界上的"翻译大国"。在浩瀚的汉文大藏经中，不仅保存有大量的汉译佛经，也保存有许多佛经翻译史料。现代学者经常依据这些史料撰写佛经翻译史论。但是，佛经翻译史研究若要进一步深入的话，也有赖于梵汉佛经对勘研究的展开。因为佛经翻译史中的一些重要论题，诸如佛经原文的文体和风格，翻译的方法和技巧，译文的质量，只有通过具体的梵汉佛经对勘研究，才会有比较切实的体认。在这样的基础上撰写佛经翻译史论，就能更加准确地把握和运用古代史料，并提供更多的实例，增添更多的新意。

鉴于上述学术理念，我们决定编辑出版《梵汉佛经对勘丛书》，由国内有志于从事梵汉佛经对勘的学者分工协作完成。这是一个长期计划，完成一部，出版一部，不追求一时的速度和数量。每部对勘著作的内容主要是提供梵文佛经的现代汉语今译，对梵文佛经和古代汉译进行对勘，作出注释。

其中，梵文佛经原文选用现已出版的校刊本。若有两个或两个以上校刊本，则选定一个校刊本作为底本，其他的校刊本用作参考。若有其他未经校勘的抄本，也可用作参考。而如果对勘者通晓藏文，也可将藏译本用作参考。当然，我们的主要任务是进行梵汉佛经对勘，而不是编订校刊本。因为编订校刊本是一项专门的工作，需要独立进行。编订校刊本的本意是为研究提供方便。前人已经编订出版的校刊本我们不应该"束之高阁"，而应该充分加以利用。在学术研究中，凡事不可能，也无必要从头做起，否则，就可能永远在原地踏步。正因为前人已经编订出版了不少梵文佛经校刊本，我们今天才有可能编辑出版《梵汉佛经对勘丛书》。而且，我们的梵汉佛经对勘研究也能在一定程度上起到改善前人校勘成果的作用。这也是我们对勘成果的一个组成部分。

梵汉佛经对勘的版面格式是将梵文佛经原文按照自然段落排列，依次附上相应段落的现代汉语今译和古代汉译。古代汉译若有多种译本，则选取其中在古代最通行和最接近现存梵本的译本一至两种，其他译本可以依据对勘需要用作参考。现代汉语今译指依据梵文佛经原文提供的新译。为何要提供现代汉语今译呢？因为这样便于同行们检验或核实对勘者对原文的读解是否正确。如果读解本身有误或出现偏差，势必会影响对勘的学术价值。另一方面，国内利用汉译佛经从事相关研究的学者大多不通晓梵文，或者只是掌握一些梵文基础知识，尚未达到读解原典的程度。那么，我们提供的现代汉语今译可以供他们参考，为他们的研究助一臂之力。

实际上，现代汉语今译本身也是对勘成果的重要体现。因为梵文佛经原文中的一些疑点或难点往往可以通过对勘加以解决。如果有的疑点或难点一时解决不了，我们可以暂不译出，或者提供参考译文，并在注释中注明。确实，如果我们能正确读解梵文佛经原文，并提供比较准确的现代汉语今译，便会对古代汉译佛经中一些文字晦涩或意义难解之处产生豁然开朗的感觉。通过梵汉佛经对勘，帮助读解梵文佛经和汉译佛经，这正是我们的工作目的。

对勘注释主要包括这几个方面：一、订正梵文佛经校刊本和汉译佛经中的文字讹误或提供可能的合理读法。二、指出梵文佛经与汉译佛经的文字差异之处。三、指出汉译佛经中的误译之处。四、疏通汉译佛经中的文字晦涩之处。五、诠释梵文佛经和汉译佛经中的一些特殊词语。由于我们已经提供了现代汉语今译，也就不需要逐句作出对勘说明，而可以依据实际需要，有重点和有选择地进行对勘注释。

同时，利用这次梵汉佛经对勘的机会，我们也对古代汉译佛经进行标点。梵文和古代汉语一样，没有现代形式的标点。但梵文在散文文体中，用符号|表示一句结束，‖表示一个段落结束；在诗体中，用符号|表示半颂结束，‖表示一颂结束。这样，参考梵文佛经，尤其是依靠读通句义，便有助于汉译佛经的标点。但古代汉语的行文毕竟具有自身的特点，不可能完全依据梵文原文进行标点。我们的标点也只是提供一个初步的样本，留待以后听取批评意见，加以完善。

以上是对《梵汉佛经对勘丛书》的基本学术设想。在实际工作中，对勘者可以根据自己的学术专长，在某些方面有所侧重。我们的共同宗旨是对中国古代佛教文献的整理和研究作出各自的创造性贡献。

千里之行，始于足下。不管前面的道路怎样艰难曲折，让我们现在就起步，登上征途吧！

黄宝生

2010 年 5 月 12 日

目　　录

导言 1

神通游戏 1

第一　序品 3
第二　激励品 16
第三　家族纯洁品 30
第四　法门品 57
第五　降生品 74
第六　处胎品 112
第七　诞生品 140
第八　入天祠品 204
第九　装饰品品 210
第十　学堂示现品 215
第十一　农村品 224

第十二　技艺示现品	237
第十三　鼓励品	277
第十四　感梦品	340
第十五　出家品	364
第十六　频毗沙罗来访品	439
第十七　苦行品	456
第十八　尼连河品	484
第十九　前往菩提道场品	503
第二十　菩提道场庄严品	535
第二十一　降伏摩罗品	553
第二十二　成正觉品	634
第二十三　赞叹品	656
第二十四　帝履富娑和婆履品	683
第二十五　劝请品	730
第二十六　转法轮品	753
第二十七　结尾品	819

导　言

一

在现存的梵语佛典中，以佛陀传记为主题的佛经主要有三部：《大事》、《神通游戏》和《佛所行赞》。《大事》（*Mahāvastunidāna*，全称《大事因缘》）是以大众部出世派律藏的名义，编入佛陀的种种传说和相关的本生故事和譬喻故事。故而，这部佛经本身并不呈现出佛陀传记的样式，只是包含有丰富的佛陀传记资料。《神通游戏》（*Lalitavistara*）则是一部内容和形式一致的佛陀传记。按照时序，讲述佛陀从兜率天下凡，入胎诞生，离宫出家，修行得道，转动法轮。《神通游戏》和《大事》这两部佛经都属于混合梵语佛经。其中，《神通游戏》的混合梵语主要体现在偈颂部分，而《大事》的混合梵语同时体现在散文和偈颂两部分。《佛所行赞》（*Buddhacarita*）是佛教诗人马鸣的作品，现存梵语原本仅存前十四品。而按照古代汉译本和藏译本，全诗共有二十八品，包含佛陀从诞生直至涅槃的生平传说，而现存梵本的前十四品只写到佛陀修行得道。马鸣的这部作品采用古典梵语"大诗"（mahākāvya）体，语言和文体风格与《大事》和《神通游戏》迥然有别。马鸣还用这种诗体创作有一部《美难陀传》（*Saundarananda*），共有十八品，讲述佛陀度化异母兄弟难陀的故事。

这种情况是由于梵语佛经原典在历史变迁中大量流失造成的。所幸的是，古代汉译佛经中保存了许多现已失传的佛陀传记类佛经。其中最重要的一部是隋阇那崛多译《佛本行集经》，共有六十品。它的篇幅相当于《神通游戏》的三、四倍，可以说是现存任何语言佛经中篇幅最长的一部佛陀传记。这部佛经的结尾处提到有五部分属各部派的佛陀传记："摩诃僧祇师名为《大事》。萨婆多师名为《大庄严》。迦叶维师名为《佛生因缘》。昙无德名为《释迦牟尼本行》。尼沙塞师名为《毗尼藏根本》。"其中,"摩诃僧祇师"(即"大众部")的《大事》就是现存的那部混合梵语佛经《大事》,此经没有古代汉译。"萨婆多师"(即"说一切有部")的《大庄严》就是《神通游戏》,相应的古代汉译是西晋竺法护译《普曜经》和唐地婆诃罗译《方广大庄严经》。《方广大庄严经》的标题标明"一名《神通游戏》"。"昙无德师"(即"法藏部")的《释迦牟尼本行》就是这部《佛本行集经》。其他两部则既无梵语原典,也无古代汉译留存。

其他的古代汉译佛陀传记类佛经有:后汉竺大力等译《修行本起经》、孙吴支谦译《太子瑞应本起经》、西晋聂道真译《菩萨本起经》、刘宋求那跋陀罗译《过去现在因果经》和北宋法贤译《众许摩诃帝经》,都是比较完整的佛陀传记,尤其是后两种,情节和内容比前三种更为充实。后汉昙果等译《中本起经》和东晋迦留陀伽译《十二游经》则主要讲述佛陀得道后弘法传教的事迹。另外刘宋宝云译《佛本行经》是一部与马鸣的《佛所行赞》类似的佛经,内容也是从佛陀诞生写到涅槃。从汉译本看,文体与马鸣的《佛所行赞》接近,篇幅也大体相当,但不是《佛所行赞》的同本异译。它应该是另一部古典梵语大诗体的佛陀传记,可惜梵语原本及作者名字已经失传。

从上述《佛本行集经》结尾处提到的五部佛陀传记看,佛陀传记类佛经是在部派佛教时期开始编撰的。在早期的巴利文三藏中并无独立的佛陀传记。但佛陀在讲经说法中,也会涉及他的弘法传教活动以及自己的身世经历,这些都构成佛陀传记的原始资料。尤其值得注意的是巴利文三藏中的《大本经》(*Mahāpadānasuttanta*)。在这部经中,佛陀讲述过去六佛和自己的基本事迹。其中,特别具体地讲述了毗婆尸佛的生平事迹:菩萨毗婆尸从兜率天下凡,进入母胎。佛母怀胎十月分娩。菩萨一生下就能站立,迈出七步,宣告:"在这世上,唯我独尊。这是我的最后一生,不会再生。"菩萨诞生后七日,佛母往生兜率天。占相婆罗门指出这位王子具有三十二大人相,将来在家则成为转轮王,出家则成为佛。国王为王子建造三座适合不同季节的宫殿,供他在雨季、冬季和夏季居住娱乐。后来,王子出宫游园，先后遇见老人、病人、死人和出家人。于是，王子剃除须发，穿上袈裟，离宫出家。他在僻静处潜心沉思，追根究底，凭智慧觉知"十二缘起"，由此觉悟成佛。菩萨成佛后，觉得佛法深邃，世人难以理解，并不想说法。经过梵天再三劝请，佛陀才开始说法传教。

这部经中，在讲述毗婆尸佛生平的种种事迹时，一再强调"这是法性（dhammatā esā）"①。也就是说，这是一切佛出世的"常规"或"常态"。这个提示也等于是说佛陀释迦牟尼本人的一生也是按照一切佛的"法性"展现的。因此，这部《大本经》实际上成了此后出现的佛陀传记作品的写作纲要。可以想见，只要依据这个纲要，汇编散见于巴利文三藏中的佛陀传记资料，便能形成佛陀传记的雏型。

上述《佛本行集经》和《神通游戏》以及其他篇幅较短的梵语佛陀传记类佛经的结构和内容都与这个提纲一脉相承。不仅在梵语佛经中如此，在后出的巴利文三藏注疏作品中也是如此。五世纪觉音（Budhaghosa）的《因缘记》（Nidānakathā）是巴利文《本生经注》的序言，实际上是一部佛陀传记。它的内容分成"远因缘"、"不远因缘"和"近因缘"三部分。"远因缘"讲述释迦牟尼的前生，在无数劫中实施十波罗蜜，先后有二十四位过去佛预言他未来会成佛。"不远因缘"讲述他从兜率天下凡，诞生为释迦族王子，阿私陀仙人预言王子必定成佛，王子结婚生子，四次出游，遇见老人、病人、死人和出家人，夜晚目睹歌舞伎女们种种丑陋的睡相，随即离宫出家求道，修炼苦行，然后放弃苦行，接受村女的牛奶粥供养，在菩提树下结跏趺坐，降伏摩罗，觉悟成佛。"近因缘"讲述他接受梵天劝请，转动法轮，然后周游各地，弘扬佛法，度化弟子，一直写到给孤独长者皈依佛陀，奉献祇园。这部巴利文佛陀传记属于上座部，而它的情节和内容与上述梵语佛陀传记基本一致。这说明各部派佛教传承的佛陀传记都以巴利文三藏中的原始资料为共同的源头，并在各自的发展过程中互相参考和借鉴。

《因缘记》中提出的"远因缘"、"不远因缘"和"近因缘"也是对

---

① 在后秦佛陀耶舍共竺佛念译《长阿含·大本经》中，将这个短语译为"诸佛常法"。

佛陀传记内容的一种简便的划分方式。《大事》中的佛陀传记资料也大致分成这样的三部分。第一部分相当于"远因缘"，讲述释迦牟尼在前生曾先后得到燃灯佛、一切胜佛、迦叶佛和吉祥佛授记。除了这些，还讲述释迦牟尼的王族世系。其中讲到甘蔗王（Ikṣvāku）有五个儿子俄布罗、尼布罗、迦罗兰陀迦、俄迦目伽和诃私体迦希尔舍。为了兑现许诺小妃的恩惠，他放逐这五个王子，让小妃的儿子继承王位①。这五个王子前往雪山萨谷吒（śākoṭa）树林。后来甘蔗王听说这五个王子住在那里，为保持血统纯洁，与自己的姐妹结婚，便询问祭司和婆罗门智者："这些王子能（śakya）这样做吗？"得到的回答是："这些王子能（śakya）这样做。"于是，国王高兴地称赞这些王子 śakya（"能"）。由此，śakya（"释迦"）成为这些王子以及由他们传承的家族称号。

其实，这个传说源自巴利文三藏中的《阿摩昼经》（Ambaṭṭhasutta）。这部经中提到俄迦格（Okkāka）王为让宠妃的儿子继承王位，放逐四个年长的儿子俄迦目伽、迦兰陀、诃提尼耶和希尼布罗。他们住在雪山湖边沙迦（sāka）林，为保持血统纯洁，与自己的（saka）姐妹结为配偶，繁衍后代。后来，俄迦格王得知这个情况，赞叹道："这些能干的（sakyā）王子啊！这些最能干的（paramasakyā）王子啊！"由此，他们得名为 sakya（"释迦"）族。这里提到的俄迦格王的巴利文用词 Okkāka，可能相当于梵语 Ikṣvāku，也就是上面《大事》中提到的甘蔗王。甘蔗王是印度古代太阳族的祖先。在巴利文三藏中的《经集》（Suttanipāta）中，佛陀也说到"在雪山山麓，有个乡村部落，繁荣富强，属于憍萨罗国。这个部族名为太阳，我出身的家族名为释迦。"

《佛本行集经》有六十品。它的前三品相当于"远因缘"，讲述释迦牟尼前生曾供养过无数过去佛，其中有燃灯佛和一切胜佛等十多位过去佛授记他未来成佛。关于释迦王族世系，提到其中有位大茅草王没有儿子，便出家修行。他在山中行走时，被猎人误杀。他流下的两滴血在地上长出

---

① 这个传说与史诗《罗摩衍那》中十车王为兑现许诺小王后的恩惠，流放长子罗摩，让小王后的儿子继承王位，情节相似。

甘蔗，并从甘蔗中生出一个童子名善生，一个童女名善贤。这样，善生又名“甘蔗”和“日种”。善生登基，成为甘蔗王，善贤成为第一妃。善贤为了让自己的儿子继承王位，设法让甘蔗王放逐第二妃的四个儿子：炬面、金色、象众和别成。这四个儿子便前往雪山山林中，与姨母姐妹结为夫妻。后来，甘蔗王得知他们的情况，称赞道：“彼诸王子，能立国计，大好治化。”由此，这些王子“立姓，称为释迦”。

《众许摩诃帝经》中的“远因缘”讲述释迦王族世系，以三摩达多王为起始。其中，迦啰拏王生有两子。长子瞿昙放弃王位继承权，出家修行。后遭恶人诬陷，被处极刑。经仙人指点，他“滴两滴精，堕地面上”。这“两滴精”“结成二卵”，每天受到太阳照射，“其卵自破”而“生两童子”，成为日种甘蔗王的祖先。此后，第一百代甘蔗王是尾噜茶迦。王后去世后，他续娶一妃。为保证这个妃子的儿子继承王位，他放逐自己的长子。长子前往雪山居住，在那里修城建国，得名“能仁”（即“释迦”）。

从这些经的“远因缘”可以看出，虽然其中的传说有共同的来源，但在流传过程中，出现种种增饰和变异。这是口传文化的自然特点。

《大事》的第二部分和《佛本行集经》的第四品至第三十三品相当于“不远因缘”。《神通游戏》直接从佛陀从兜率天下凡讲起，故而没有“远因缘”。这样，它的第一品至第二十三品相当于“不远因缘”。这部分在各经中叙事的详略和文字的繁简虽有不同，但从释迦牟尼诞生直至觉悟成佛的主要情节基本一致。

《大事》的第三部分、《佛本行集经》的第三十四品至第六十品和《神通游戏》的第二十四品至第二十七品相当于“近因缘”。其中，《大事》中叙述佛陀应梵天劝请转动法轮，此后度化摩诃迦叶、舍利弗和目犍连、净饭王、罗睺罗、释迦族五百青年以及优波离和频毗沙罗等。《佛本行集经》中叙述佛陀应梵天劝请转动法轮，此后度化耶输陀、富楼那、那罗陀、娑毗耶、兵将、迦叶三兄弟、优波斯那、频头娑罗、大迦叶、跋陀罗、舍利弗、目犍连、五百比丘、优陀夷、优波离、罗睺罗、难陀、婆提唎迦、摩尼娄陀和阿难。《神通游戏》只叙述到佛陀应梵天劝请转动法轮。但汉译本《方广大庄严经》中另有《转法轮品之二》，《普曜经》中另有四品，叙述此后佛陀度化迦叶三兄弟、频毗沙罗、舍利弗、目犍连、净饭王、优陀夷、优波离和难陀等。

二

《神通游戏》的现存梵本有二十七品，是属于佛经中篇幅较长的一种佛经。为便于读者了解全经的概貌，下面逐一介绍各品的主要内容，并与地婆诃罗译（简称"地译"）《方广大庄严经》（二十七品）和竺法护译（简称"护译"）《普曜经》（三十品）这两种文本进行比较，作出简要提示。

第一 《序品》讲述佛陀住在舍卫城胜林给孤独园时，一次中夜时分，他进入名为佛庄严的三昧，顶髻中闪现光芒。天国净居天子们接触到这种光芒，前来敬拜佛陀，请求他讲述名为《神通游戏》的法门经典。佛陀以沉默表示同意。天亮后，佛陀前往道场，为众位菩萨、声闻和比丘宣说《神通游戏》。

地译《序品第一》与梵本一致，只缺少本品末尾的七首偈颂。护译《论降神品第一》的前面部分与梵本基本一致。

第二 《激励品》讲述佛陀作为"一生所系"菩萨时，居住在美妙的兜率天宫中，名为"净幢"，受到一切天神供奉和赞颂。他在天宫中为众天神说法。天国的器乐声中也传出偈颂，劝请菩萨下凡降生。

地译《兜率天宫品第二》与梵本一致。护译《论降神品第一》的中间部分与梵本基本一致。

第三 《家族纯洁品》讲述菩萨在兜率天宫中进行"四大观察"，即观察下凡降生的时间、地域、国家和家族。确定时间在众生知道生老病死的时代，地域在瞻部洲，国家在中印度，家族在释迦族。释迦族具有六十四种品德。释迦族的国王名净饭，王后名摩耶。摩耶夫人具有三十二种品德。

地译《胜族品第三》与梵本一致，只缺少关于转轮王"七宝"的描写。

护译《论降神品第一》后面部分与梵本基本一致，文字表述相对简略。

第四 《法门品》讲述菩萨在下凡降生前，在兜率天宫为众天神进行最后一次说法，宣讲"诸法明门"，共有一百零八法门，囊括所有佛教教义。

地译《法门品第四》与梵本一致。护译《说法门品第二》与梵本基本一致。

第五 《降生品》讲述菩萨在兜率天宫授记弥勒菩萨为未来佛。然后，他决定以"六牙象"的形象进入母胎。此时，净饭王宫中出现"八种前兆"。摩耶王后实行斋戒，入住宫顶楼阁。然后，众天神陪伴菩萨从兜率天下降，三千大千世界大放光芒。众天神赞颂菩萨，众天女赞颂摩耶王后。

地译《降生品第五》与梵本一致。护译《所现象品第三》与梵本《降生品》前面部分基本一致，但缺少菩萨为弥勒授记以及对摩耶王后的描写。护译《降神处胎品第四》的前面部分与梵本《降生品》的后面部分基本一致。

第六 《处胎品》讲述菩萨进入摩耶王后的右胁。摩耶王后梦见六牙白象入胎。她从楼阁下来，进入无忧园林。她请国王召来占相师占梦。占相师说明她已怀孕得子。菩萨入胎后，住在已经安置在母亲腹中的宝石庄严殿中，每天早中晚接受众天神的供养。

地译《处胎品第六》与梵本一致，但文字表述相对简略。护译《降神处胎品第四》的后面部分与梵本《处胎品》基本一致，而文字表述比地译更简略。

第七 《诞生品》讲述摩耶王后怀胎十月，到了菩萨诞生的时间，净饭王的御花园中出现三十二种征兆。摩耶王后前往蓝毗尼园，手扶园中波叉树枝。菩萨从摩耶王后右胁出生，帝释天和梵天接住他。菩萨一诞生，就能站立地上，向东南西北上下各行七步，宣告自己是"世上最尊贵者，最优秀者"。大地出现震动，三千大千世界大放光芒。净饭王为这位王子取名"萨婆悉达多"（"一切义成"）。王子诞生七日后，摩耶王后去世，往生忉利天。此后，王子由姨母摩诃波阇波提·乔答弥抚养。仙人阿私陀来访，看到王子具有三十二大人相，预言王子会成佛。

地译《降生品第七》与梵本一致，但其中的偈颂数量约缺少一半。护译《欲生时三十二瑞品第五》与梵本基本一致，而文字表述相对简略。但它含有地译中缺少的一些偈颂。

第八　《入天祠品》讲述净饭王带领王子入天祠敬拜众天神。而王子一进入天祠，天祠中所有神像起身，拜倒在王子双脚下。

地译《入天祠品第八》与梵本一致。护译《入天祠品第六》的前面部分与梵本基本一致。

第九　《装饰品品》讲述净饭王为王子打造各种装饰品。但这些装饰品戴在王子身上，在王子自身光辉的映照下，黯然失色。

地译《宝庄严具品第九》与梵本一致。护译《入天祠品第六》的后面部分与梵本基本一致。

第十　《学堂示现品》讲述王子到达学龄，进入学堂。而王子早已通晓一切。他列举六十四种文字，询问老师教哪一种？在学字母时，每念出一个字母，王子就能带领学童们说出一句妙语。

地译《示书品第十》与梵本一致。护译《现书品第七》与梵本基本一致，但"念出一个字母，说出一句妙语"这部分的文字表述有差异。

第十一《农村品》讲述王子与大臣之子们前往农村观看耕作。观看后，他独自前往一处花园，坐在一棵阎浮树下修禅入定。五位具有神通的外道仙人不能飞过这里。树神向他们说明原因。他们称颂王子的威力。

地译《观农务品第十一》与梵本一致，但缺少后面部分的偈颂。护译《坐树下观犁品第八》与梵本基本一致，而文字表述简略。但对王子观看耕作有具体描写。

第十二　《技艺示现品》讲述净饭王决定为王子娶妻。通过寻访和举行宝瓶施舍大会，选中释迦族执杖的女儿瞿波。而执杖要求按照祖传家规比武选婿。于是，在校场举行比武大会，五百位释迦族青年参加。比赛各种技艺：书写、数学、角斗和射箭等等。王子精通所有技艺，获得全胜。执杖便将女儿瞿波嫁给王子。

地译《现艺品第十二》与梵本一致。护译《王为太子求妃品第九》和

《试艺品第十》与梵本《技艺示现品》基本一致，而文字表述相对简略。

第十三 《鼓励品》讲述众天神看到王子在后宫中生活了很长时间，盼望他早日出家，证得无上正等菩提，转动法轮。十方世界佛世尊施展威力，利用宫女们演奏的乐器和演唱的歌曲，诵出许多偈颂。这些偈颂赞美王子在过去无数生中修习菩萨行而积累的种种功德，宣示佛法的种种要义，提醒王子已经到了出家的时间。

地译《音乐发悟品第十三》与梵本一致。护译缺少这一品。但在《试艺品》的末尾提到一位天子念诵偈颂，劝请王子出家，与梵本《劝请品》的末尾部分一致。而地译中缺少这个情节。

第十四 《感梦品》讲述王子从东南西北四个城门出游，分别遇见老人、病人、死人和出家人，深感人生无常，决定出家。王妃瞿波梦见种种可怕的景象。王子安慰瞿波，为她释梦。王子在自己梦中见到种种吉兆。

地译《感梦品第十四》的内容与梵本一致，但文本不同，文字表述有较多差异。梵本韵散杂糅，地译基本上是散文。护译《四出观品第十一》的内容与梵本基本一致，但文本不同，完全是散文，文字表述比地译简略。

第十五 《出家品》讲述王子请求净饭王允许他出家。净饭王虽然最后不得不同意，但事后布置释迦族人严密防守，不让王子离宫和出城。在王子出家之夜，他目睹后宫宫女们的种种丑陋睡相，便以三十二种比喻哀叹陷入苦难的众生，增强出家的决心。他吩咐阐铎迦取来犍陟马。出城时，众天神施展神力，让全城的人沉沉入睡，又让城门自动开启。出城到达目的地后，王子卸下身上的装饰品，吩咐阐铎迦带着它们以及犍陟马返宫。王子削去顶髻，并以憍尸迦衣向猎人换取袈裟衣，正式成为出家人。阐铎迦返宫后，净饭王、姨母乔答弥和王妃瞿波悲痛欲绝。

地译《出家品第十五》的前半部分与梵本一致，而后半部分的情节和内容与梵本一致，但所据文本不同，文字表述有诸多差异。护译《四出观品》的最后部分以及《出家品第十二》和《告车匿被马品第十三》的主要部分与梵本《出家品》的情节和内容基本一致，而所据文本不同，文字表述有诸多差异。但有些见于梵本而不见于地译的内容见于护译。

第十六 《频毗沙罗来访品》讲述王子来到毗舍离城，拜阿罗逻·迦罗波为师，修习无所有处入定。他亲证后，确认这种入定不是出离法。于是，他离开毗舍离城，来到王舍城，住在般陀婆山。频毗沙罗王前来拜访他，劝他住在这个王国，享受欲乐，甚至表示愿将整个王国送给他。王子婉言拒绝，向他阐明欲乐的祸害。

地译《频婆娑罗王劝受俗利品第十六》与梵本一致，只是其中有些偈颂的排列次序不同。护译《告车匿被马品》最后部分的情节和内容与梵本《频毗沙罗来访品》基本一致，而所据文本不同。梵本韵散杂糅，护译是散文，文字表述有诸多差异。

第十七 《苦行品》讲述王子跟随卢陀罗迦修习非想非非想入定。他亲证后，向卢陀罗迦说明这种入定不导向出离和涅槃。然后，卢陀罗迦的弟子五位跋陀罗跟随他出游。王子选择在尼连河畔修行。他看到世上外道盛行，热衷实施各种苦行，以求解脱。于是，他决定实施世上最难行的苦行，向他人证明苦行只是折磨身体，并非解脱之道。这样，他坚持实施了六年最严酷的苦行阿娑颇那迦禅定和节食。

地译《苦行品第十七》与梵本一致，只是缺少摩耶王后从忉利天下来看望苦行中的王子这个情节。护译《异学三部品第十四》和《六年勤苦行品第十五》的前面部分，情节和内容与梵本《苦行品》基本一致，但所据文本不同，文字表述有诸多差异。

第十八 《尼连河品》讲述王子已证明苦行不是通向菩提之路。于是，他开始正常进食，让身体恢复体力。一位名叫善生的村女献给他牛奶粥。他又捡拾粪扫衣，并亲自洗涤和缝缀粪扫衣。在正常进食后，他恢复体力，前往菩提道场。

地译《往尼连河品第十八》与梵本一致。护译《六年勤苦行品》中间部分的情节和内容与梵本基本一致，但所据文本不同，文字表述简略。

第十九 《前往菩提道场品》讲述众天神装饰菩提道场。王子前往菩提道场时，身上放出光芒，消除世间一切苦难，令众生身心愉悦。这光芒也照亮蛇王迦利迦黑暗的宫殿。蛇王和蛇女们赞颂王子。王子向割草人索取青草，在菩提树下铺设草座。他在草座上结跏趺坐，发誓"不获得菩提，绝不离开这个草座"。

地译《诣菩提场品第十九》与梵本一致。护译《六年勤苦行品》后面部分和《迦林龙品第十六》前面部分的情节和内容与梵本《前往菩提道场品》基本一致，但所据文本不同，文字表述有诸多差异。

第二十 《菩提道场庄严品》讲述王子坐在菩提道场时，众天神伫立四方，守护他。王子放出名为激励菩萨的光芒，遍照十方。十方菩萨前来侍奉他。

地译《严菩提场品第二十》与梵本一致。护译《迦林龙品》后面部分与梵本基本一致。

第二十一 《降伏摩罗品》讲述王子坐在菩提道场，眉间白毫放出名为摧败一切魔界的光芒，撼动魔宫。摩罗梦见三十二种恶兆。他召集家族和魔军商量对策。他的儿子们分成两派，一派藐视王子而主战，一派赞颂王子而主和。摩罗命令魔军向王子发起进攻。而所有投向王子的武器都化为鲜花和花环。然后，摩罗命令女儿们去引诱王子。她们在王子面前展现三十二种媚态，也以失败告终。大地女神、树神们和净居天子们都赞颂王子，而谴责摩罗。最后，众天神欢庆王子战胜摩罗。

地译《降魔品第二十一》的情节与梵本一致，但所据文本有些差异，内容也有不少简化之处。护译《召魔品第十七》和《降魔品第十八》的情节与梵本一致，但所据文本有所不同，文字表述有诸多差异。而梵本中有些不见于地译的文字内容见于护译。

第二十二 《成正觉品》讲述王子战胜摩罗后，进入禅定，获得天眼通和宿命通，思考苦蕴的出离处，觉知十二缘起和苦集灭道四圣谛，得道成佛。他腾空升起七多罗树高，停在那里，念诵偈颂。众天神向他撒下鲜花，赞颂他。众天女也赞颂他。

地译《成正觉品第二十二》与梵本一致。护译《行道禅思品第十九》的情节与梵本基本一致，但所据文本不同，文字表述有诸多差异。

第二十三 《赞叹品》讲述净居天、光音天、遍光天、梵众天、白方摩罗之子们、他化自在天、化乐天、兜率天、夜摩天、忉利天、四大天王天、空中天神和地上天神们纷纷来到菩提道场，赞美佛陀。

地译《赞叹品第二十三》与梵本一致。护译《诸天赞佛成道品第二十》前面部分中众天女赞颂佛陀的内容与梵本《成正觉品》末尾部分基本一致。而后面部分与梵本《赞叹品》所据文本不同，而且内容简略。

第二十四 《帝履富娑和婆履品》讲述王子成正觉后，接连七天结跏趺坐，凝视菩提树。他向普花天子说明自己证得的无上正等菩提。摩罗及其三个女儿又来扰乱，仍以失败告终。商人帝履富娑和婆履两兄弟带着商队路过这里，向佛陀奉献食物。四大天王送来石钵，让佛陀盛取食物。佛陀授记帝履富娑和婆履两兄弟未来成佛。

地译《商人蒙记品第二十四》与梵本一致。护译《观树品第二十一》与梵本前面部分的内容基本一致，但文本有些差异。护译《商人奉麨品第二十二》前面部分与梵本的情节基本一致，但所据文本不同，文字内容简略。

第二十五 《劝请品》讲述佛陀在多罗衍树下独处静思，认为自己证得的法深邃，世人难以理解，因此，他不急于宣法。而经过大梵天再三劝请，决定在波罗奈城仙人堕处鹿野苑转动法轮。

地译《大梵天王劝请品第二十五》与梵本一致。护译《商人奉麨品》后面部分和《梵天劝助说法品第二十二》前面部分的情节和内容与梵本《劝请品》基本一致，但所据文本不同，文字表述有诸多差异。

第二十六 《转法轮品》讲述佛陀在波罗奈城仙人堕处鹿野苑为五位跋陀罗说法。众天神装饰道场，献上宝座和法轮。十方菩萨也都前来听法。佛陀转动法轮，宣说四圣谛和八正道。这样，佛陀、佛陀宣说的佛法和五位跋陀罗，形成了佛、法和僧三宝。佛陀又向弥勒菩萨详细说明法轮的种种形相和佛陀的种种名号。

地译《转法轮品第二十六》与梵本一致。护译《梵天劝助说法品》后面部分和《拘邻等品第二十四》的情节与梵本《转法轮品》基本一致，但所据文本不同，文字表述有诸多差异，尤其是缺少佛陀向弥勒说法的内容。

地译中还有《转法轮品之二》，讲述佛陀度化迦叶三兄弟、频婆娑罗王（即频毗沙罗王）、舍利弗和目犍连。然后，佛陀返回迦比罗卫城，度化输檀王（即净饭王）、优陀夷、优波离和难陀，并会见妻子耶输陀罗（即瞿波）和儿子罗睺罗。

护译《十八变品第二十五》、《佛至摩竭陀国品第二十六》、《化舍利弗目连品第二十七》和《优陀那品第二十八》的情节和内容与地译《转法轮品之二》基本一致。

第二十七《结尾品》讲述佛陀向净居天天子们说明受持、宣讲、听取、赞叹、保存、刻写和流通这部《神通游戏》会获得种种功德。最后，佛陀将这部《神通游戏》托付摩诃迦叶、阿难和弥勒菩萨，请他们受持和为他人宣讲。

地译《属累品第二十七》与梵本一致。护译《叹佛品第二十九》和《嘱累品第三十》与梵本基本一致。

从以上三种文本的对照可以看出，地译《方广大庄严经》的文本与现存梵本一致，只是其中的《感梦品》、《出家品》后半部分以及《降魔品》中某些部分的文本有差异。在其他二十四品中，无论散文或偈颂，基本上从头至尾都能一一对应。只是在其中有些品中，地译会短缺梵本中的某些偈颂。同时也需要指出的是，地译的翻译方法以"意译"为主，译文在内容和文字上倾向于简化，有时甚至可以称为"编译"，而非逐段逐句逐字的对译。虽然简化的程度在各品译文中也表现不一，但若参照鸠摩罗什译《维摩诘所说经》，那么，从总体上说，地译译文的简化程度远远超过鸠摩罗什的译文。

而护译《普曜经》的文本与现存梵本基本不同。虽然其中有不少品的文本与梵本比较接近，但文字表述经常有较多的差异。但是，应该说全经的内容、情节和结构与现存梵本是一致的。而且，现存梵本中有些文字内容不见于地译，而见于护译。这些说明护译和地译的文本属于同一传本体系，也就是"说一切有部"的体系。由此，也可以认为《普曜经》的文本是《方广大庄严经》文本的前身。

另外，现存梵本中有些文字内容不见于地译，而见于阇那崛多译《佛本行集经》。这说明"说一切有部"传本在传诵过程中，也吸收了法藏部传本中的一些文字内容。在《佛本行集经》中，有时也会提到各部派对佛陀生平中同一事迹的不同说法，例如卷二中对燃灯佛教化众生的事迹，卷十一中对摩耶夫人在王子诞生后七日命终的原因，卷五十五中对佛陀的儿子罗睺罗在佛陀返回迦比罗卫城时的年龄问题。这些都说明各部派的佛陀传记在形成过程中，既互相影响，互通有无，也注意到互相之间存在的一些歧异之处，而各有取舍。正因为佛陀传记存在各部派的传本，而且在篇幅上都已经达到相当的规模，也就难以互相取代而形成一部统一的佛陀传记。

三

依据《佛本行集经》中的说法，《神通游戏》是属于"说一切有部"的佛陀传记。而唐智昇在《开元释教录》中，将《方广大庄严经》和《普曜经》归入大乘经。智昇的这种归类应该说是合适的。从《普曜经》、《方广大庄严经》和现存梵本《神通游戏》这三种文本之间存在的种种差异看，它的文本在现存梵本《神通游戏》之前并没有定型，文字内容始终保持着流动性。这样，随着部派佛教向大乘佛教发展，它的早期文本在流传中也顺应着这种发展，吸收大乘的义理和叙事风格。

当然，《神通游戏》的文本在《普曜经》之前的形态已无法考证。但前面提到，各部派的佛陀传记都以巴利文三藏中的资料为源头，尤其是《大本经》中已以毗婆尸佛为例，提供了佛陀生平纲要，并强调"这是法性"。这在《神通游戏》中得到充分体现。如在《处胎品》中，讲到菩萨进入母胎，住在宝石庄严殿中，便说"这确实是菩萨的法性"。在《诞生品》中，讲到菩萨一出生，就无须扶持，向各方行走七步，向世界宣告自己诞生，便说这是菩萨的神通"法性"。在《鼓励品》中，讲到十方佛世尊鼓励王子出家，便说"这符合那些达到最后一生的菩萨的法性"。在《出家品》中，讲到王子决定离宫出家，也说"这是法性"。在此后的一些品中，讲到王子在菩提道场坐在草座上求证无上正等菩提，成正觉后用石钵接受商人供奉的食物，在波罗奈城仙人堕处鹿野苑坐在宝座上转动法轮等，都强调过去佛都是这样做的，也就是说，这些都是"法性"。

尽管如此，《神通游戏》中的叙事风格已远远不同于早期佛经中相对古朴的叙事风格。如菩萨住在母胎宝石庄严殿中、入天祠、进学堂和校场示现技艺等，其中那些充满神奇色彩的描写均不见于早期佛经中的佛陀传说。

在《神通游戏》中，佛陀的形象已从早期佛教中的人间导师演变为至高的神。而在塑造神的形象方面，婆罗门教的史诗和往世书已经积累有丰富的资源，很容易借鉴和利用。

史诗和往世书中的英雄主人公通常都是神的化身。如毗湿奴大神曾多次化身下凡，降妖伏魔，拯救世界。黑天便是毗湿奴的化身之一。他从天国下凡，通过人间的母胎降生，在婴童和少年时就展现种种神奇的威力。而佛陀也是从兜率天下凡，进入摩耶夫人的胎中，降生人间。作为婴孩，入天祠时展现非凡的神力。作为儿童，进学堂时，展现非凡的智力。而作为王子，娶妻采取校场比武的方式。这也与两大史诗中主人公的娶妻方式相同。在《罗摩衍那》中，讲述弥提罗国遮那竭王宫中藏有一张祖传的神弓，任何人都不能弯曲弓背，为它安上弓弦。遮那竭王允诺只要有人能为这张弓安上弓弦，就将女儿悉多嫁给他。罗摩力大无比，不仅弯曲弓背，甚至将弓背折断。于是，他赢得悉多。在《摩诃婆罗多》中，讲述般遮罗国木柱王举行选婿大典，备好一张硬弓，允诺谁能为这张弓安上弓弦，发射五支箭，穿过悬空的机关圆孔，命中靶子，就将女儿黑公主嫁给他。众多武士甚至弯曲不了弓背，即使有的武士能弯曲弓背，而准备安上弓弦时，却遭到弓背反弹，跌倒在地，狼狈不堪。而般度族五兄弟之一阿周那却在转瞬间，弯曲弓背，安上弓弦，发射五支箭，穿过机关圆孔，命中靶子，赢得黑公主。在《神通游戏》中，则是王子在校场上，与五百位释迦族青年比赛各种技艺，最后比赛射箭。王子挽开无人能挽开的祖传之弓，射中放置在最远处的铁鼓、棕榈树和铁猪，赢得执杖的女儿瞿波。

还有，罗摩降伏十首魔王罗波那，黑天协助般度族战胜俱卢族（实际也是神魔之战），而佛陀在菩提道场降伏摩罗。摩罗（Māra）是佛教中的魔，伴随有魔军和魔女，代表死亡和欲望。他的另一个常用称号是那牟吉（Namuci）。而那牟吉也是史诗和往世书中的一位阿修罗的名字。因此，在一定意义上，也可以说《神通游戏》是一部以佛陀为英雄主人公的史诗或往世书。

在《神通游戏》的《转法轮品》中，佛陀向弥勒菩萨说明佛陀的数百种名号，这也与史诗和往世书中念诵大神毗湿奴或湿婆成百成千的名号相同。①

另外，在《神通游戏》的《结尾品》中，佛陀称颂这部经本身，讲述听取、诵读、宣讲、刻写和流通这部经，能获得无量无数功德。这也是大乘佛经的风格。如《妙法莲华经》中反复强调听取和诵读《妙法莲华经》能获得种种功德利益。《金刚经》也是如此，反复强调甚至只听取和诵读《金刚经》中的一个四句偈颂，就能获得无上的功德。而这同样也是史诗和往世书中的做法。如在《摩诃婆罗多》的结尾部分，反复强调吟诵《摩诃婆罗多》的功果："智者经常在朔望吉日吟诵它，就能涤除罪孽，赢得天国，与梵同一。在祭祖仪式上，即使向婆罗门吟诵一句，他就能保证他的祖先永远得到食物和饮料。在白天，感官或思想犯有罪过，在黄昏念诵《摩诃婆罗多》后，就能摆脱。……虔诚地诵习《婆罗多》，即使只诵习其中的一句，也能彻底涤除一切罪孽。"②

佛教在早期是与婆罗门教抗衡的的宗教。随着佛教在社会中的地位得到确立，日益发展壮大，以至后来得到阿育王和迦腻色迦王这样一些著名帝王的支持。这样，很自然会吸引不少婆罗门皈依佛教。实际上，在佛教僧团中，尤其在高僧阶层中，婆罗门始终占有相当的比重。他们必定会自

① 参阅《摩诃婆罗多》的《和平篇》第 325 章中念诵毗湿奴大神的种种名号和《教诫篇》第 17 章中念诵湿婆大神的种种名号。《摩诃婆罗多》，中国社会科学出版社 2005 年版，第 5 册，第 620—622 页；第 6 册，第 68—78 页。

② 《摩诃婆罗多》，中国社会科学出版社 2005 年版，第 6 册，第 741—742 页。

觉不自觉地将婆罗门教文化资源带进佛教。

早期佛教经由部派佛教发展成大乘佛教，这是佛教自身不断适应社会需要的发展历程。但与早期佛教相比，大乘佛教显然更多地吸收和利用婆罗门教的文化资源。例如，作为大乘佛教义理标志之一的"三身说"，讲述佛有三身：法身、报身和应身。法身（或称自性身）指体现佛法、佛性或真如的精神本体。报身（或称受用身）指具有种种妙相的身体。应身（或称变化身）指为教化众生而随机示现的种种化身。这与婆罗门教中毗湿奴大神的神性表现一致：既是至高的梵，也具有大神的形体以及适应拯救世界的需要而变现的种种化身。按照《薄伽梵歌》中的描述，毗湿奴大神本身的形象是"头戴顶冠，手持铁杵和转轮"，具有"四臂"（11.46）。同时，他是"至高的梵"和"永恒的原人"（10.12）。在每个时代，"一旦正法衰落，非法滋生蔓延"，他就化身下凡，惩恶扬善（4.7—8）。①

又如，作为大乘佛教义理另一个标志的"二谛说"，与《奥义书》中的"上知下知说"相通。《奥义书》中，"下知"指对日常事物的认知，而"上知"指对梵的认知。②同样，在佛教中，"俗谛"指依据世俗经验对事物表象的认知，而"真谛"指超越世俗经验对事物"空性"的认知。

佛教处在古代印度文化的大背景下，依据自身发展的需要，吸收和利用婆罗门教的文化资源是正常现象。实际上，不仅佛教在发展中吸收婆罗门教的思想营养，同样，婆罗门教在发展中也吸收佛教的思想营养。如果我们能将佛教放在印度古代文化的大背景下，注意观察它与婆罗门教之间的互动，既互相抗衡又互相交流的客观实际，便会对佛教发展中出现的有些现象产生更深刻的理解。

四

在《神通游戏》的古代汉译本中，竺法护（Dharmarakṣa，音译昙摩罗

---

① 参阅《薄伽梵歌》，商务印书馆2010年版。
② 《奥义书》，商务印书馆2010年版，第294—295页。

刹）的《普曜经》译成于西晋永嘉二年（308），唐地婆诃罗（Divākara，意译日照）的《方广大庄严经》译成于唐永淳二年（683）。另有一部智严的《普曜经》译成于刘宋元嘉四年（427），现已失传。而在唐智昇的《开元释教录》中，提及智严的《普曜经》时，称它为"第三出"，"与蜀普曜、竺法护普曜及唐译方广大庄严经并同本"。据此可知，在"竺法护普曜"之前还有一部现已失传的"蜀普曜"（即三世纪"蜀汉"时期的译本）。

护译《普曜经》和地译《方广大庄严经》的文本已在前面作出对照说明。鉴于地译《方广大庄严经》的文本与现存梵本基本一致，本经梵汉对勘中的汉译本选用地译《方广大庄严经》，而将护译《普曜经》用作参考文本。地译《方广大庄严经》采用《中华大藏经》（第十五册）提供的文本。为保持文本原貌，没有将其中的繁体字改为简体字，但对它做了标点工作。

梵语《神通游戏》的编订本现有三种。第一种是印度学者密多罗（R. L. Mitra）的编订本（1877）。第二种是德国学者莱夫曼（S. Lefmann）的编订本（1902）。第三种是印度学者维迪耶（P. L. Vaidya）的编订本（1958）。其中，密多罗的编订本依据印度和尼泊尔的五个抄本编订。维迪耶认为这个编订本产生于梵语佛经研究和整理的初期，质量不能令人满意。莱夫曼在密多罗编订本的基础上，又利用欧洲的六个抄本，编订的方法更科学，编订本的质量有明显提高。维迪耶的编订本即以莱夫曼编订本为底本，并且基本上遵循莱夫曼的读法，而在校注中列出密多罗编订本中的一些不同读法。我这次进行梵汉对勘使用的是维迪耶的编订本（*Lalitavistarara*，The Mithila Institute，Darbhanga，1987），同时参考莱夫曼的编订本（简称 L 本）和密多罗的编订本（简称 M 本）。

但需要说明的是，我在梵汉对勘工作中使用的是维迪耶编订本的纸面文本，而在录入电脑时，采用 GRETIL 的电子文本。这个电子文本依据莱夫曼编订本纠正了维迪耶编订本中的一些错字。对这些已经改正的文字，我就不再恢复原来的错字。而对另外一些没有纠正的错字，我不直接改动原文，而以注释的方式订正。此外，这个电子文本也难免有新出现的错字，我则依据维迪耶编订本的纸面文本直接予以改正。

《神通游戏》也是一部著名的混合梵语佛经。它是埃杰顿（F. Edgerton）编写《佛教混合梵语语法和词典》（*Buddhist Hybrid Sanskrit Grammar and Dictionary*）时，取材的主要来源之一。我已经选取《神通游戏》中的三品（《序品》、《学堂示现品》和《感梦品》），对其中词语的混合梵语语法形式逐一作出标注，收入我主编的《梵语佛经读本》中，读者可以参阅。故而，在这次梵汉对勘中，我不再对其中词语的混合梵语语法形式作出标注，而是侧重对混合梵语中的一些疑难词语的词义作出标注。在这方面，我也借重埃杰顿的《佛教混合梵语词典》（简称 BHSD）。凡是能在这部词典查到的这类词语，我都一一标明。当然，其中有些词语的释读未必是定论，因为它们究竟是混合梵语词语，还是传抄中的书写讹误，在缺乏足够旁证的情况下，确实难以断定。

　　最后，郑国栋为我的这部书稿的电子文本，按照出版要求的版面格式做了编排工作，在此表示感谢。

黄宝生
2012 年 6 月

नमः सर्वबुद्धबोधिसत्त्वेभ्यः।

今译：向一切佛和菩萨致敬！

ललितविस्तरः।

今译：神通游戏[1]

地译：方廣大莊嚴經（一名神通游戲）

॥ॐ नमो दशदिगनन्तापर्यन्तलोकधातुप्रतिष्ठितसर्वबुद्धबोधिसत्त्वार्यश्रावकप्रत्येकबुद्धेभ्योऽतीतानागतप्रत्युत्पन्नेभ्यः॥

今译：唵！向安住十方无边无际世界的过去、未来和现在一切佛、菩萨、圣声闻和缘觉致敬！

① “神通游戏”的原文是 lalitavistara。其中，lalita 的词义是“游戏”；vistara 的词义是“广大”或“详细”。据此，可以直译为“游戏广记”。但佛经中常将佛和菩萨的游戏与神通相连，如 abhijñā-vikrīḍita（“神通游戏”），指佛和菩萨示现的种种非凡神奇的事迹。因此，这个经名可以译为《神通游戏》。地婆诃罗将这个经名译为《方广大庄严经（一名神通游戏）》。其中的“大庄严”一词虽然也含有“神通”的意味，但不醒目，故而又添加“神通游戏”这个副标题。

निदानपरिवर्तः प्रथमः।

今译：第一 序品

地译：序品第一

एवं मया श्रुतम्। एकस्मिन्समये भगवान् श्रावस्त्यां विहरति स्म जेतवने ऽनाथपिण्डदस्यारामे महता भिक्षुसंघेन सार्धं द्वादशभिर्भिक्षुसहस्रैः। तद्यथायुष्मता च ज्ञान-कौण्डिन्येन। आयुष्मता चाश्वजिता। आयुष्मता च बाष्पेण। आयुष्मता च महानाम्ना। आयुष्मता च भद्रिकेण। आयुष्मता च यशोदेवेन। आयुष्मता च विमलेन। आयुष्मता च सुबाहुना। आयुष्मता च पूर्णेन। आयुष्मता च गवांपतिना। आयुष्मता चोरुबिल्वाकाश्यपेन। आयुष्मता च नदीकाश्यपेन। आयुष्मता च गयाकाश्यपेन। आयुष्मता च शारिपुत्रेण। आयुष्मता च महामौद्गल्यायनेन। आयुष्मता च महाकाश्यपेन। आयुष्मता च महा-कात्यायनेन। आयुष्मता च कफिलेन। आयुष्मता च कौण्डिन्येन। आयुष्मता च चुनन्देन। आयुष्मता च पूर्णमैत्रायणिपुत्रेण। आयुष्मता चानिरुद्धेन। आयुष्मता च नन्दिकेन। आयुष्मता च कस्फिलेन। आयुष्मता च सुभूतिना। आयुष्मता च रेवतेन। आयुष्मता च खदिरवनिकेन। आयुष्मता चामोघराजेन। आयुष्मता च महापारणिकेन। आयुष्मता च बक्कुलेन। आयुष्मता च नन्देन। आयुष्मता च राहुलेन। आयुष्मता च स्वागतेन। आयुष्मता चानन्देन।

今译：我这样听说。佛陀曾经与大比丘僧团一万二千比丘住在舍卫城胜林给孤独园。诸如尊者若那憍陈如[①]、尊者阿说示、尊者婆师波、尊者摩诃南、尊者跋提罗、尊者称天、尊者无垢、尊者妙臂、尊者富娄那、尊者憍梵波提、尊者优楼频螺迦叶、尊者那提迦叶、尊者伽耶迦叶、尊者舍利弗、尊者摩诃目犍连、尊者摩诃迦叶、尊者摩诃迦旃延、尊者劫宾那、尊者憍陈如、尊者准难陀、尊者富娄那弥多罗尼子[②]、尊者阿尼娄驮、尊者难提迦、尊者劫湿宾那、尊者须菩提、尊者梨波多、尊者竭陀林士、尊者不空王、尊者摩诃波罗尼迦、尊者薄俱罗、尊者难陀、尊者罗睺罗、尊者娑伽陀和尊者阿难。

---

① 若那憍陈如（jñānakauṇḍinya）也就是阿若憍陈如（ājñātakauṇḍinya）。

② “富娄那弥多罗尼子”的原词是 pūrṇamaitrāyaṇiputra，据 L 本应为 pūrṇamaitrāyaṇīputra。

地译：如是我聞：一時佛在舍衛國祇樹給孤獨園，與大比丘眾萬二千人俱，皆是大阿羅漢，其名曰：阿若憍陳如、摩訶迦葉、舍利弗、摩訶目乾連、摩訶迦旃延、富婁那彌多羅尼子、摩訶南、阿尼[①]婁馱、劫賓那、跋提羅、優波離、難陀、娑伽陀、阿難、羅睺羅。

एवंप्रमुखैर्द्वादशभिर्भिक्षुसहस्रैः सार्धं द्वात्रिंशता च बोधिसत्त्वसहस्रैः सर्वैरेकजातिप्रतिबद्धैः सर्वबोधिसत्त्वपारमितानिर्जातैः सर्वबोधिसत्त्वाभिज्ञताविक्रीडितैः सर्वबोधिसत्त्वधारणीप्रतिभानप्रतिलब्धैः सर्वबोधिसत्त्वधारणीप्रतिलब्धैः सर्वबोधिसत्त्वप्रणिधानसुपरिपूर्णैः सर्वबोधिसत्त्वप्रतिसम्यग्गतिंगतैः सर्वबोधिसत्त्वसमाधिवशिताप्राप्तैः सर्वबोधिसत्त्ववशिताप्रतिलब्धैः सर्वबोधिसत्त्वक्षान्त्यवकीर्णैः सर्वबोधिसत्त्वभूमिपरिपूर्णैः। तद्यथा मैत्रेयेण च बोधिसत्त्वेन महासत्त्वेन। धरणीश्वरराजेन च बोधिसत्त्वेन महासत्त्वेन। सिंहकेतुना च बोधिसत्त्वेन महासत्त्वेन। सिद्धार्थमतिना च बोधिसत्त्वेन महासत्त्वेन। प्रशान्तचारित्रमतिना च बोधिसत्त्वेन महासत्त्वेन। प्रतिसंवित्प्राप्तेन च बोधिसत्त्वेन महासत्त्वेन। नित्योद्युक्तेन च बोधिसत्त्वेन महासत्त्वेन। महाकरुणाचन्द्रिणा च बोधिसत्त्वेन महासत्त्वेन। एवंप्रमुखैर्द्वात्रिंशता च बोधिसत्त्वसहस्रैः॥

今译：与以这些为首的一万二千比丘一起，还有三万二千菩萨。他们都是一生所系[②]，出生自一切菩萨波罗蜜[③]，通晓一切菩萨神通游戏，获得一切菩萨陀罗尼[④]辩才，获得一切菩萨陀罗尼，圆满实现一切菩萨誓愿，走上一切菩萨正道，达到一切菩萨三昧自在[⑤]，获得一切菩萨自在，达到一切菩萨忍辱，圆满达到一切菩萨地[⑥]。诸如弥勒菩萨大士、陀罗尼自在天王菩萨大士、狮子幢菩萨大士、成就义慧菩萨大士、寂戒慧菩萨大士、无碍慧菩萨大士、常精进菩萨大士、大悲月菩萨大士。以这些为首的三万二千菩萨。

地译：如是眾所知識[⑦]大阿羅漢等，菩薩摩訶薩[⑧]三萬二千人，皆是一生補處，

---

① 此处“尼”的原字是上面“少”加上下面“兔”。这里暂且使用“尼”字。原词 aniruddha 通常也译为“阿尼娄驮”。

② “一生所系”（ekajātipratibaddha，或译“一生补处”）指菩萨修行圆满，过完这最后一生后，下一生就要成佛。

③ “波罗蜜”（pāramitā，或译“波罗蜜多”）指六种菩萨修行：布施、持戒、忍辱、精进、禅定和智慧。

④ “陀罗尼”（dhāraṇī，或译“总持”）指记诵佛经的超常能力。

⑤ “三昧自在”（samādhivaśitā）指出入禅定的控制能力。

⑥ “菩萨地”（bodhisattvabhūmi）指菩萨修行的十个阶位。

⑦ “众所知识”意谓“众所周知”。原文（指现存梵本，下同）中无此词。

⑧ “摩诃萨”是 mahāsattva（“大士”）一词的音译。原文中无此词。

遊戲神通，三昧自在，大願滿足，入無礙慧，獲諸法忍[①]，具陀羅尼，辯才無滯，一切皆從波羅蜜生，已能圓滿菩薩諸地，已得一切菩薩自在，其名曰：彌勒菩薩、陀羅尼自在菩薩、師子王菩薩、成就義菩薩、寂戒慧菩薩、常精進菩薩、無礙慧菩薩、大悲思惟菩薩，與如是等菩薩眾俱。

तेन खलु पुनः समयेन भगवान् श्रावस्तीं महानगरीमुपनिश्रित्य विहरति स्म सत्कृतो गुरुकृतो मानितः पूजितश्च तिसृणां परिषदां राज्ञां राजकुमाराणां राजमन्त्रिणां राजमहामात्राणां राजपादमूलिकानां क्षत्रियब्राह्मणगृहपत्यमात्यपार्षद्यानां पौरजानपदानामन्यतीर्थिकश्रमणब्राह्मणचरकपरिव्राजकानाम्। लाभी च भगवान् प्रभूतानां खादनीयं भोजनीयमास्वादनीयाकल्पिकानां चीवरपिण्डपात्रशयनासनग्लानप्रत्ययभैषज्यपरिष्काराणाम्।

今译：这时，世尊来到舍卫大城，住在那里。他受到四众[②]、国王、王子、王臣、大臣、侍从、刹帝利、婆罗门、长者、臣僚、会众、市民、村民以及外道、沙门、婆罗门、游方僧和出家人的礼遇、尊重、尊敬和供奉。世尊得到许多或硬或软的可口食物、衣服、食钵、床座和治病药物等用品。

地译：爾時，世尊為諸四眾比丘、比丘尼、優婆塞、優婆夷，國王、王子、大臣、官屬、刹利、婆羅門、長者、居士及諸外道無央數眾，常以四事[③]恭敬施安，於供養中最為殊勝。

लाभाग्ग्ययशोग्ग्यप्राप्तश्च भगवान्सर्वत्र चानुपलिप्तः पद्म इव जलेन। उदारश्च भगवतः कीर्तिशब्दश्लोको लोकेऽभ्युद्गतो। अर्हन् सम्यक्संबुद्धो विद्याचरणसंपन्नः सुगतो लोकवित्परः पुरुषदम्यसारथिः शास्ता देवानां च मनुष्याणां च बुद्धो भगवान् पञ्चचक्षुःसमन्वागतः।

今译：世尊获得最高供养和最高荣誉，但他毫不执著，犹如莲花不沾染水。世上充满对世尊的美称：阿罗汉[④]、正等觉[⑤]、明行足[⑥]、善逝[⑦]、世间解[⑧]、无上

---

① “法忍”（dharmakṣānti）指忍受诸法，尤其是忍受无生法。原文中只使用 kṣānti（“忍辱”或“安忍”）一词。

② 此处原文是 ca（“和”）-tisṛṇām（“三”），疑有误，应为 catasṛṇām（“四”），与紧接后面的 pariṣadām（“众”）合为“四众”。“四众”指比丘、比丘尼、优婆塞和优婆夷。

③ “四事”指食物、衣服、卧具和药物四种供养。

④ “阿罗汉”（arhat，或译“应供”）指修行达到最高阶位，摆脱一切烦恼而入涅槃者。

⑤ “正等觉”（samyaksaṃbuddha，或译“正遍知”）指达到正确而完全的觉悟。

⑥ “明行足”（vidyācaraṇasaṃpanna）指知和行两者完善。

⑦ “善逝”（sugata）指摆脱生死轮回，达到涅槃彼岸者。

⑧ “世间解”（lokavid）指通晓世间一切事务者。

士[①]、调御师[②]、天人师[③]、佛、世尊和具有五眼[④]。

地译：佛心無染，猶如蓮華不著於水。名稱高遠，遍於十方，所謂如來、應供、正遍知、明行足、善逝、世間解、無上士、調御丈夫、天人師、佛、世尊，成就五眼，具足六通。

स इमं च लोकं परं च लोकं सदेवकं समारकं सब्रह्मकं सश्रमणब्राह्मणीन् प्रजान् सदेवमानुषान् स्वयं विज्ञाय साक्षात्कृत्य उपसंपद्य विहरति स्म। सद्धर्मं देशयति स्म आदौ कल्याणं मध्ये कल्याणं पर्यवसाने कल्याणं स्वर्थं सुव्यञ्जनं केवलं परिपूर्णं परिशुद्धं पर्यवदातं ब्रह्मचर्यं संप्रकाशयति स्म॥

今译：世尊住在那里，亲自知道、证实和接近此世界和包括天神、摩罗[⑤]和梵天的彼世界，包括沙门[⑥]、婆罗门、天神和凡人的众生。他宣示开头吉祥、中间吉祥、结尾吉祥的正法。他说明意义微妙、语言巧妙、纯一圆满和洁白清净的梵行[⑦]。

地译：於此世間及餘國土，為諸天人演說正法，初中後善，其義深遠，其言巧妙、純一、圓滿，具足清白梵行之相。

तेन खलु पुनः समयेन भगवान् रात्र्यां मध्यमे यामे बुद्धालंकारव्यूहं नाम समाधिं समापन्नोऽभूत्। समनन्तरसमापन्नस्य च भगवत इमं बुद्धालंकारव्यूहं नाम समाधिमथ तत्क्षणमेव भगवत उपरिष्टान्मूर्ध्नः संधावुष्णीषविवरान्तरात्पूर्वबुद्धानुस्मृत्यसङ्गज्ञानालोकालंकारं नाम रश्मिश्चचार। सा सर्वा शुद्धावासान् देवभवनान्यवभास्य महेश्वरदेवपुत्रप्रमुखानप्रमेयान् देवपुत्रान् संचोदयामास। ततश्च तथागतरश्मिजालान्निश्चार्य इमाः संचोदनागाथा निश्चरन्ति स्म--

今译：一次，中夜时分，世尊进入名为佛庄严的三昧[⑧]。世尊一进入这个名为佛庄严的三昧，刹那间，从世尊头上顶髻缝隙中闪现一道名为忆念过去诸佛无碍智光庄严的光芒。它照亮所有净居[⑨]和天宫，令以大自在天子为首的无数

① “无上士”（para）指至高者。
② “调御师”（puruṣadamyasārathi，或译“调御丈夫”）指调伏众生的导师。
③ “天人师”（śāstā devānāṃ ca manuṣyāṇām）指天神和凡人的导师。
④ “五眼”指肉眼、天眼、慧眼、法眼和佛眼。
⑤ “摩罗”（māra）是扰乱和破坏菩萨修行的魔。
⑥ “沙门”（śramaṇa）泛指出家修行者。
⑦ “梵行”（brahmacarya）指清净的行为。
⑧ “三昧”（samādhi）指沉思入定。
⑨ “净居”是天国的居处名称。

天子开悟。然后，从如来的光明网中出现这些开悟的偈颂：

地译：爾時，如來於中夜分入佛莊嚴三昧，從於頂髻放大光明。其光名為憶念過去諸佛無著智，上照淨居天宮。為欲開發諸天子故，光明網中而說偈言：

ज्ञानप्रभं हततमसं प्रभाकरं
शुभ्रप्रभं शुभविमलाग्रतेजसम्।
प्रशान्तकायं शुभशान्तमानसं
मुनिं समाश्लिष्यत शाक्यसिंहम्॥१॥

今译：拥抱释迦族狮子吧！这牟尼是
智慧之光，驱逐黑暗，创造光明，
他的光芒白净，光辉纯洁无瑕，
他的身体安静，思想纯洁平静。（1）

地译：牟尼身口意清淨，智慧光明照世間，
此光最勝除冥暗，於釋師子應歸命。

ज्ञानोदधिं शुद्धमहानुभावं
धर्मेश्वरं सर्वविदं मुनीशम्।
देवातिदेवं नरदेवपूज्यं
धर्मे स्वयंभुं वशिनं श्रयध्वम्॥२॥

今译：他是智慧之海，威力伟大而纯洁，
正法之主，遍知一切，牟尼之主，
神中之神，受到凡人和天神供奉，
自生于正法，获得自在，归依他吧！（2）

地译：智慧大海勝威德，知法自在為法王，
世間應供天中天①，覺悟自在應歸命。

यो दुर्दमं चित्तमवर्तयद्वशे
यो मारपाशैरवमुक्तमानसः।
यस्याप्यवन्ध्याविह दर्शनश्रवा-
स्त्ययान्ततः शान्तविमोक्षपारगः॥३॥

今译：他控制难以控制的心，
思想摆脱摩罗的套索，

① “天中天”指神中之神。在汉译佛经中，“天”经常用于指称“神”（deva）。

视觉和听觉永不虚用[①]，
到达平静和解脱的彼岸。（3）

地译：所有難調心已調，意淨超出諸魔網，
其所見聞不空過，解脱彼岸應歸命。

आलोक्यभूतं तमतुल्यधर्मं
तमोनुदं सन्नयवेदितारम्।
शान्तक्रियं बुद्धममेयबुद्धिं
भक्त्या समस्ता उपसंक्रमध्वम्॥४॥

今译：众望所归，正法无与伦比，
驱除黑暗，通晓真实法理，
行为平静，智慧不可测量，
诚心诚意，归依这位佛吧！（4）

地译：佛無體性無與等，所作無邊常寂然，
知淨妙理除疑惑，一切深信應歸命。

स वैद्यराजोऽमृतभेषजप्रदः
स वादिशूरः कुगणिप्रतापकः।
स धर्मबन्धुः परमार्थकोविदः
स नायकोऽनुत्तरमार्गदेशकः॥५॥ इति॥

今译：他是赐予甘露药的医王，
烧灼邪恶外道的雄辩者，
正法的亲属，通晓真谛，
指引无上之路的导师。（5）

地译：施甘露藥大醫王，辯才雄猛摧邪道，
法為眷屬知勝義，導師演說無上法。

समनन्तरस्पृष्टाश्च खलु पुनस्ते शुद्धावासकायिका देवपुत्राः तस्या बुद्धानुस्मृत्यसङ्गाज्ञानालोकाया रश्म्या आभिश्चैवंरूपाभिर्गाथाभिः संचोदिताः समन्ततः प्रशान्ताः समाधेर्व्युत्थाय तान्बुद्धानुभावेनाप्रमेयासंख्येयागणनासमतिक्रान्तकल्पातिक्रान्तान्बुद्धान्भगवन्तो

① 此句原文中的 darśanaśravāstyayāntataḥ 疑有误。其中，darśanaśravā 似应为 darśanaśravau（阳双体，“视觉和听觉”），与 avandhyau（阳双体，“不虚用”）保持一致。而 styayāntataḥ 似应为 atyantatas（不变词，“永远”）。这样，组合成的原文为 darśanaśravāvatyantataḥ，意义顺畅，音节也一致。

ऽनुस्मरन्ति स्म। तेषां च बुद्धानां भगवतां यानि बुद्धक्षेत्रगुणव्यूहात्पर्षन्मण्डलानि याश्च धर्मदेशनास्ता आसन् तान् सर्वाननुस्मरन्ति स्म॥

今译：净居天子们一接触到忆念诸佛无碍智光的光芒，受到这些偈颂的激励，全都平静地从禅定中起来，凭借佛陀的威力，忆念超越无量无数劫的诸佛世尊，忆念所有诸佛世尊的佛国功德庄严和集会大众以及说法教诲。

地译：爾時，淨居天子聞如是偈，從禪定起，即時憶念過去無量無邊阿僧祇①劫諸佛如來及佛國土功德莊嚴、說法眾會，皆悉明了。

अथ खलु तस्यां रात्रौ प्रशान्तायामीश्वरश्च नाम शुद्धावासकायिको देवपुत्रो महेश्वरो नाम नन्दश्च सुनन्दश्च चन्दनश्च महितश्च प्रशान्तश्च प्रशान्तविनीतेश्वरश्चैते चान्ये च संबहुलाः शुद्धावासकायिका देवपुत्रा अतिक्रान्तातिक्रान्तैर्वर्णैः सर्वावन्तं जेतवनं दिव्येनावभासेनावभास्य येन भगवांस्तेनोपसंक्रामन् उपसंक्रम्य भगवतः पादौ शिरसाभिवन्द्य एकान्ते तस्थुः।

今译：然后，夜晚结束。名为伊首罗的净居天子以及名为摩醯首罗、难陀、苏难陀、旃檀那、摩希多、波罗香多、波罗香多毗尼提首罗和其他许多净居天子光彩熠熠，以神光照亮整个胜林，走近世尊。他们走近世尊后，顶礼佛足，站立一旁。

地译：時摩醯首羅、難陀、蘇難陀等無數淨居天眾，光明赫弈，威神巍巍，照祇樹給孤獨園，來詣佛所，頂禮佛足。

एकान्ते स्थिताश्च ते शुद्धावासकायिका देवपुत्रा भगवन्तमेतदवोचन्स्ति भगवन्ललितविस्तरो नाम धर्मपर्यायः सूत्रान्तो महावैपुल्यनिचयो बोधिसत्त्वकुशलमूलसमुद्भावनः तुषितवरभवनविकिरणसंचिन्त्यावक्रमणविक्रीडनगर्भस्थानविशेषसंदर्शनो। अभिजातजन्मभूमिप्रभावसंदर्शनः सर्वबालचर्यागुणविशेषसमतिक्रमसर्वलौकिकशिल्पस्थानकर्मस्थानलिपिसंख्यामुद्रागणनासिधनुकलापयुद्धसालम्भसर्वसत्त्वप्रतिविशिष्टसंदर्शनान्तःपुरविषयोपभोगसंदर्शनः सर्वबोधिसत्त्वचरिनिष्पन्दनिष्पत्तिफलाधिगमपरिकीर्तनो बोधिसत्त्वविक्रीडितः सर्वमारमण्डलविध्वंसनः तथागतबलवैशारद्याष्टादशावेणिकसमुच्चयोऽप्रमाणबुद्धधर्मनिर्देशः पूर्वकैरपि तथागतैर्भाषितपूर्वः।

今译：站在一旁后，净居天子们对世尊说道："世尊啊！有一部名为《神通游戏》的法门经典，汇集大方广经，显示菩萨善根，展现兜率天②美妙天宫、思议下凡降生和游戏胎藏，展现出生地的威力，展现童年一切优异的行为和品德，一切非凡的技艺、工巧、书写、计数、手算、刀、弓、箭、战斗和角力，在一

① "阿僧祇"是 asaṃkhyeya（"无数"）一词的音译。

② "兜率天"（tuṣita）是未来佛在天国的居处。

切众生中出类拔萃，展现后宫种种感官享受，赞颂一切菩萨修行获得的成就，菩萨的游戏，摧毁一切魔军，如来的种种力量[①]、无畏[②]和十八不共法[③]，宣示无量佛法。[④] 这些也曾由过去一切如来讲述。

地译：一心合掌，恭敬而立，白佛言："世尊！有經名為《方廣神通遊戲大莊嚴法門》，顯示菩薩眾德之本，處於兜率微妙天宮，思惟降生，示現勝種，具諸功德行童子事，藝業、伎術、工巧、書算、捔力、騁武，而於世間皆悉最勝，示受五欲，具菩薩道，降伏魔軍，出生如來力、無畏等，一切佛法。此經如是，過去無量諸佛世尊皆已宣說。

तद्यथा-- भगवता पद्मोत्तरेण च धर्मकेतुना च दीपंकरेण च गुणकेतुना च महाकरेण च ऋषिदेवेन च श्रीतेजसा च सत्यकेतुना च वज्रसंहतेन च सर्वाभिभुवा च हेमवर्णेन च अत्युच्चगामिना च प्रवाहसागरेण च पुष्पकेतुना च वररूपेण च सुलोचनेन च ऋषिगुप्तेन च जिनवक्त्रेण च उन्नतेन च पुष्पितेन च ऊर्णतेजसा च पुष्करेण च सुरश्मिना च मङ्गलेन च सुदर्शनेन च महासिंहतेजसा च स्थितबुद्धिदत्तेन च वसन्तगन्धिना च सत्यधर्मविपुलकीर्तिना च तिष्येण च पुष्येण च लोकसुन्दरेण च विस्तीर्णभेदेन च रत्नकीर्तिना च उग्रतेजसा च ब्रह्मतेजसा च सुघोषेण च सुपुष्पेण च सुमनोज्ञघोषेण च सुचेष्टरूपेण च प्रहसितनेत्रेण च गुणराशिना च मेघस्वरेण च सुन्दरवर्णेन च आयुस्तेजसा च सलीलगजगामिना च लोकाभिलाषितेन च जितशत्रुणा च संपूजितेन च विपश्यिना च शिखिना च विश्वभुवा च ककुच्छन्देन च कनकमुनिना च काश्यपेन च तथागतेनार्हता सम्यक्संबुद्धेन भाषितपूर्वः तं भगवानप्येतर्हि संप्रकाशयेत् बहुजनहिताय बहुजनसुखाय लोकानुकम्पायै महतो जनकायस्यार्थाय सुखाय देवानां च मनुष्याणां च।

今译："诸如波头摩胜佛、法幢佛、燃灯佛、功德幢佛、大性佛、仙天佛、胜光明佛、真幢佛、金刚坚固佛、降伏一切佛、真金色佛、极高行佛、珊瑚海佛[⑤]、花幢佛、最胜色佛、善明佛、仙护佛、胜面佛、高胜佛、开花佛、眉间光明佛、莲花台佛、善光明佛、吉祥佛、善见佛、大狮子光佛、坚牢慧施佛、香春佛、谛法普称佛、底沙佛、弗沙佛、世间端严佛、普辨佛、宝称佛、最胜光明佛、梵光佛、善声佛、妙花佛、美音佛、上色行佛、微笑目佛、功德聚佛、云声佛、善色佛、寿光佛、象王游步佛、世间欣乐佛、降伏魔怨佛、正应供佛、毗婆尸

① "种种力量"指佛的十种智力（"十力"）。
② "无畏"（vaiśāradya）指佛的四种无畏。
③ "十八不共法"（aṣṭadaśāveṇika）指佛具有的十八种特征或特质。
④ 这是说这部经讲述菩萨从兜率天下凡降生及其在人间示现的种种事迹。
⑤ "珊瑚海佛"的原词是 pravāhasāgara，据 L 本应为 pravāḍasāgara。

佛、尸弃佛、毗叶浮佛、迦罗孙佛、俱那含牟尼佛和迦叶佛。这些如来、阿罗汉、正等觉过去都讲述过这部经。世尊如今也应该讲述，为了众人的利益，为了众人的幸福，为了怜悯世间，为了大众的利益，为了众天神和凡人的幸福，

地译：“所謂波頭摩勝佛、法幢佛、為照明佛、功德幢佛、功德性佛、大性佛、仙天佛、勝光明佛、真幢佛、金剛堅固佛、降伏一切佛、真金色佛、極高行佛、珊瑚海佛、花幢佛、最勝色佛、善明佛、仙護佛、勝輪佛、高勝佛、開敷蓮花佛、眉間光明佛、蓮花臺佛、善光明佛、吉祥佛、善見佛師子光佛、堅牢惠施佛、香春佛、廣大名稱佛、底沙佛、弗沙佛、世間端嚴佛、普光明佛、寶稱佛、最勝光明佛、梵光佛、善聲佛、妙花佛、美音佛、上色行佛、微笑目佛、功德聚佛、大雲聲佛、善色佛、壽光佛、象王遊步佛、世間欣樂佛、降伏魔怨佛、正應供佛、毗婆尸佛、尸棄佛、毗葉浮佛、迦羅孫佛、俱那含牟尼佛、迦葉佛，如是等過去無量諸佛如來皆說此經。

तं भगवानप्येतर्हि संप्रकाशयेत् बहुजनहिताय बहुजनसुखाय लोकानुकम्पायै महतो जनकायस्यार्थाय सुखाय देवानां च मनुष्याणां च। अस्य च महायानोद्भावनार्थं सर्वपरप्रवादिनां च निग्रहार्थं सर्वबोधिसत्त्वानां चोद्भावनार्थं सर्वमाराणां चाभिभवनार्थं सर्वबोधिसत्त्वयानिकानां च पुद्गलानां वीर्यारम्भसंजननार्थं सद्धर्मस्य चानुपरिग्रहार्थं त्रिरत्नवंशस्यानुपरिग्रहार्थं त्रिरत्नवंशस्यानुपच्छेदनार्थं बुद्धकार्यस्य च परिसंदर्शनार्थमिति। अधिवासयति स्म भगवांस्तेषां देवपुत्राणां तूष्णीभावेन सदेवकस्य लोकस्यानुकम्पामुपादाय॥

今译：“世尊如今也应该讲述，为了众人的利益，为了众人的幸福，为了怜悯世间，为了大众的利益，为了众天神和凡人的幸福，为了弘扬大乘，为了降伏外道，为了表彰一切菩萨，为了征服一切摩罗，为了鼓励一切菩萨乘士夫精勤勇猛，为了掌握妙法，为了护持三宝世系，为了使三宝世系不断绝，为了展现佛的事业。”世尊怜悯世界和众天神，以沉默向这些天子表示同意。

地译：“唯願世尊還如過去諸佛，利益安樂無量眾生，悲愍世間，令得義利，令諸天人於大乘中而得增益，降伏異道，摧滅魔怨，顯發菩薩所行功德，而於上乘勸勉精進，攝受正法，紹三寶種使不斷絕，示現成佛事業圓滿故，亦說是經。”如來爾時哀愍諸天，默然受請。

अथ खलु देवपुत्रा भगवतस्तूष्णीभावेनाधिवासनां विदित्वा तुष्टा उदग्रा आत्तमनसः प्रमुदिताः प्रीतिसौमनस्यजाता भगवतः पादौ शिरसाभिवन्द्य भगवन्तं त्रिः प्रदक्षिणीकृत्य दिव्यैश्चन्दनचूर्णैरगुरुचूर्णैर्मान्दारपुष्पैश्चाभ्यवकीर्य तत्रैवान्तर्दधुः॥

今译：这些天子知道世尊以沉默表示同意。他们欢喜踊跃，高兴满意，心中愉悦，顶礼佛足，右绕三匝，撒下天上的旃檀香末、沉水香末和曼陀罗花，然后消失不见。

地译：是時諸天蒙佛垂許，歡喜踊躍，生清淨心，稽首作禮，右遶三匝，散天曼陀羅花，供養於佛，忽然不現。

अथ खलु भगवांस्तस्यामेव रात्र्यामत्ययेन च करीरो मण्डलमात्रव्यूहस्तेनोपसंक्रामत्। उपसंक्रम्य भगवान् प्रज्ञप्त एवासने न्यषीदद्बोधिसत्त्वगणपुरस्कृतः श्रावकसंघपुरस्कृतः। निषद्य भगवान् भिक्षूनामन्त्रयति स्म-- इति हि भिक्षवो रात्रौ प्रशान्तायामीश्वरो नाम शुद्धावासकायिको देवपुत्रो महेश्वरश्च नाम नन्दश्च सुनन्दश्च चन्दनश्च महितश्च प्रशान्तश्च विनीतेश्वरश्चैते चान्ये च संबहुलाः शुद्धावासकायिका देवपुत्राः पुर्ववद्यावत्तत्रैवान्तर्दधुः।

今译：然后，夜晚过去，世尊前往迦利罗道场。世尊到了那里，坐上自己的座位，众菩萨和众声闻恭敬围绕。世尊坐下后，对众比丘说道："众比丘啊！夜晚结束时，名为伊首罗的净居天子以及名为摩醯首罗、难陀、苏难陀、旃檀那、摩希多、波罗香多、毗尼提首罗和其他许多净居天子像过去那样消失不见。"

地译：爾時世尊於晨朝時，詣迦羅道場，敷座而坐，諸大菩薩及聲聞眾恭敬圍遶，告諸比丘："昨於中夜，摩醯首羅及難陀、蘇難陀等，無數淨居天眾，稽首我足，合掌恭敬，而白我言：'唯願如來演說神通遊戲大嚴經典，憐愍一切世間天人，令諸菩薩現在未來而得增益。'我時默然可其所請。汝等諦聽！我今宣說。"

अथ खलु ते बोधिसत्त्वास्ते च महाश्रावका येन भगवांस्तेनाञ्जलिं प्रणम्य भगवन्तमेतदवोचन्-- तत्साधु भगवन् तं ललितविस्तरं नाम धर्मपर्यायं देशयतु। तद्भविष्यति बहुजनहिताय बहुजनसुखाय लोकानुकम्पायै महतो जनकायस्यार्थाय हिताय सुखाय देवानां च मनुष्याणां च एतर्हि चागतानां च बोधिसत्त्वानां महासत्त्वानाम्। अधिवासयति स्म भगवांस्तेषां बोधिसत्त्वानां महासत्त्वानां तेषां च महाश्रावकाणां तूष्णीभावेन सदेवमानुषासुरस्य लोकस्यानुकम्पामुपादाय। तत्रेदमुच्यते--

今译：于是，那些菩萨和大声闻向世尊合掌行礼，说道："很好，世尊！请你宣示名为《神通游戏》的法门！这是为了众人的利益，为了众人的幸福，为了怜悯世间，为了大众的利益，为了众天神和凡人以及现在来到这里的菩萨大士们的利益和幸福。" 世尊出于对包括天神、凡人和阿修罗的世界的怜悯，以沉

默向这些菩萨大士和大声闻表示同意。这里，这样说道：[1]

रात्र्यामिहास्यां मम भिक्षवोऽद्य
सुखोपविष्टस्य निरङ्गणस्य।
प्रविष्टमानस्य शुभैर्विहारै-
रेकाग्रचित्तस्य समाहितस्य॥६॥

今译：众比丘啊！这个夜晚，
我舒适入座，没有烦恼，
进入休息，清净安乐，
思想专注，沉思入定。(6)

अथागमन् देवसुता महर्द्धयः
प्रतीतवर्ण विमलश्रियोज्ज्वलाः।
श्रियावभास्येह च जेतसाह्वयं
वनं मुदा मेऽन्तिकमभ्युपागताः॥७॥

今译：然后众天子来到，神通广大，
神采奕奕，闪耀纯洁的光辉，
照亮了这座名为胜林的园林，
他们怀着喜悦走到我的身边。(7)

महेश्वरश्चन्दन ईश नन्दो
प्रशान्तचित्तो महितः सुनन्दनः।
शान्ताह्वयश्चाप्युत देवपुत्र-
स्तास्ताश्च बह्व्योऽथ च देवकोट्यः॥८॥

今译：名为摩醯首罗、旃檀那、伊首、
难陀、波罗香多吉多、摩希多、
苏难陀和香多等这些天子，
还有其他许多千万的天神。(8)

प्रणम्य पादौ प्रतिदक्षिणं च
कृत्वैव मां तस्थुरिहाग्रतो मे।
प्रगृह्य चैवाञ्जलिमङ्गुलीभिः
सगौरवा मामिह ते ययाचुः॥९॥

① 这段以及下面第 6 至第 13 首偈颂不见于地译。

今译：他们向我行触足礼，
右绕致敬，然后站在
我的面前，双手合十，
满怀崇敬，向我请求：（9）

इदं मुने रागनिसूदनाढ्य
वैपुल्यसूत्रं हि महानिदानम्।
यद्भाषितं सर्वतथागतैः प्राग्
लोकस्य सर्वस्य हितार्थमेतत्॥ १० ॥

今译：“牟尼啊！这部方广经，
大因缘经，能灭寂贪欲①，
为了一切世界的利益，
过去一切如来都曾讲述。（10）

तत्साध्विदानीमपि भाषतो मुनिः
स बोधिसत्त्वौघपरिग्रहेच्छया।
परं महायानमिदं प्रभाषयन्
परप्रवादान्नमुचिं च धर्षयन्॥ ११ ॥

今译：“现在也请牟尼讲述吧！
牟尼愿意护持众菩萨，
讲述这部无上大乘经，
摧毁外道和那牟吉②。”（11）

अध्येषणां देवगणस्य तूष्णी-
मगृह्णदेवानधिवासनं च।
सर्वे च तुष्टा मुदिता उदग्राः
पुष्पाणि चिक्षेपुरवाप्तहर्षम्॥ १२ ॥

今译：他以沉默表示同意③
众天神的请求，他们

① 这句原文中的āḍhya，据M本和L本应为āḍhyam。
② “那牟吉”（namuci）是摩罗的名字。
③ 此处原文是evānadhivāsanam，疑有误，M本写为evam adhivāsanam，可以读通。

高兴满意，欢喜踊跃，
满怀喜悦，撒下鲜花。（12）

तद्भिक्षवो मे शृणुतेह सर्वे
वैपुल्यसूत्रं हि महानिदानम्।
यद्भाषितं सर्वतथागतैः प्राग्
लोकस्य सर्वस्य हितार्थमेवम्॥ १३॥ इति॥

今译：众比丘啊！请听我讲述
这部方广经，大因缘经，
为了一切世界的利益，
过去一切如来都曾讲述。（13）

॥इति श्रीललितविस्तरे निदानपरिवर्तो नाम प्रथमोऽध्यायः॥

今译：以上是吉祥的《神通游戏》中名为《序品》的第一章。

समुत्साहपरिवर्तो द्वितीयः।

今译：第二 激励品

地译：兜率天品第二

तत्र भिक्षवः कतमः सुललितविस्तरो नाम धर्मपर्यायः सूत्रान्तो महावैपुल्यः इह भिक्षवो बोधिसत्त्वस्य तुषितवरभवनावस्थितस्य पूज्यपूजितस्याभिषेकप्राप्तस्य देवशतसहस्रस्तुतस्तौमितवर्णितप्रशंसितस्य लब्धाभिषेकस्य प्रणिधानसमुद्गतस्य सर्वबुद्धधर्मसमुदागतबुद्धेः सुविपुलपरिशुद्धज्ञाननयनस्य स्मृतिमतिगतिधृत्युत्तप्तविपुलबुद्धेः

今译：这里，众比丘啊，哪一部是名为《神通游戏》的大方广法门经典？众比丘啊！菩萨住在兜率天美妙天宫时，受到崇敬、供养和灌顶[1]，受到百千天神赞颂、称颂、赞美和赞扬，获得灌顶，心怀宏愿，智慧得自一切佛法，慧眼宽阔而纯洁，以记忆、思考和坚定点燃博大的智慧。

地译：爾時，佛告諸比丘：何等名為方廣神通遊戲大嚴經典？所謂顯於菩薩住兜率宮，常為無量威德諸天之所供養，逮得灌頂，百千梵眾之所稱揚，願力圓滿，能正了知諸佛法藏，慧眼清淨，其心普洽，慚愧知足，正念慧行，熾然修行。

दानशीलक्षान्तिवीर्यध्यानप्रज्ञामहोपायकौशल्यपरमपारमिताप्राप्तस्य महामैत्रीकरुणामुदितोपेक्षाब्रह्मपथकोविदस्य महाभिज्ञासंगणावरणज्ञानसंदर्शनाभिमुखीभूतस्य स्मृत्युपस्थानसम्यक्प्रहाणर्द्धिपादेन्द्रियबलबोध्यङ्गमार्गसर्वबोधिपक्षधर्मसुपरिपूर्णकोटिप्राप्तस्य अपरिमितपुण्यसंभारलक्षणानुव्यञ्जनसमलंकृतकायस्य दीर्घानुपरिवर्तिनो यथावादितथाकार्यवितथवाक्कर्मसमुदाहारकस्य ऋज्वकुटिलावङ्काप्रतिहतमानसस्य सर्वमानमदर्पभयविषादापगतस्य सर्वसत्त्वसमचित्तस्य अपरिमितबुद्धकोटिनयुतशतसहस्रपर्युपासितस्य बहुबोधिसत्त्वकोटिनयुतशतसहस्रावलोकितावलोकितवदनस्य शक्रब्रह्ममहेश्वरलोकपालदेवनागयक्षगन्धर्वासुरगरुडकिन्नरमहोरगराक्षसगणैरभिनन्दितयशसः

[1] "灌顶"（abhiṣeka）意谓将水浇灌头顶，本是为国王登基举行的仪式。在佛教中，意谓诸佛为修行圆满的菩萨灌顶，确认他为法王。

今译：通过施舍、持戒、忍辱、精进、禅定、智慧和大方便善巧[①]达到至高的波罗蜜。通晓大慈、大悲、大喜和大舍的梵道[②]。依靠大神通[③]展现无执著和无阻碍的智慧。通过念处、正勤、神足、根、力、觉支和正道达到一切菩提分法[④]的所有边际。身体装饰有无量功德妙相和随好[⑤]。始终随顺而行，言行一致，不说不真实的言语和行为。思想正直，不诡诈，不虚伪，无所障碍。摒弃一切骄傲、狂妄、傲慢、恐惧和沮丧。对一切众生怀抱平等心。侍奉无数百千万亿佛，受到数百千万亿菩萨敬仰，受到帝释天[⑥]、梵天[⑦]、摩醯首罗[⑧]、护世天王[⑨]、天神、蛇[⑩]、药叉[⑪]、健达缚[⑫]、阿修罗[⑬]、迦娄罗[⑭]、紧那罗[⑮]、大蛇[⑯]和罗刹[⑰]欢迎赞扬。

地译：布施、持戒、忍辱、精進、禪定、智慧、方便善巧，勝波羅蜜。大慈、大悲、大喜、大捨，梵行明達。得大神通，知見現前，無著無礙。念處、正勤、神足、根、力、覺支、正道，菩提分法皆盡邊際。具足相好，莊嚴其身。

---

① “方便善巧”（upāyakauśalya）指菩萨为教化众生，能随机应变，采取各种适合对象的方法。“方便善巧”也属于“波罗蜜”。通常的“六波罗蜜”加上方便、愿、力和智，构成“十波罗蜜”。

② “慈、悲、喜和舍”合称为“四无量”（或“四无量心”），指四种广大无边的利他心。“梵道”也就是“梵行”。

③ “神通”（abhijñā）指“六神通”：神变通、天眼通、天耳通、他心通、宿命通和漏尽通。

④ “菩提分法”（bodhipakṣadharma，或译“道品”）指三十七种修行方法，包括四念处、四正勤、四神足、五根、五力、七觉支和八正道。

⑤ “妙相和随好”（lakṣaṇānuvyañjana）指佛的身体具有的殊胜形相，包括三十二大人相和八十随好。

⑥ “帝释天”（śakra）也称“因陀罗”，本是婆罗门教中的天王。在佛教中指忉利天（或称“三十三天”）的天王。

⑦ “梵天”（brahman）本是婆罗门教中的创造神，在佛教中成为护法神。

⑧ “摩醯首罗”（maheśvara，或译“大自在天”）在婆罗门教中常用作湿婆大神的称号。

⑨ “护世天王”（lokapāla）在婆罗门教中一般指分别在八方保护世界的八位天神。在佛教中指四大天王：东方的持国天、南方的增长天、西方的广目天和北方的多闻天。

⑩ “蛇”（nāga，音译“那伽”）在汉译佛经中通常译为“龙”。

⑪ “药叉”（yakṣa，或译“夜叉”）是财神俱比罗的侍从。

⑫ “健达缚”（gandharva，或译“乾闼婆”）是天国的歌舞伎。

⑬ “阿修罗”（asura）是天国的魔。

⑭ “迦娄罗”（garuḍa，或译“揭路荼”）是天国的金翅鸟。

⑮ “紧那罗”（kinnara）是半人半神的小神，擅长歌舞。

⑯ “大蛇”（mahoraga，音译“摩睺罗伽”）相当于支撑大地的神蛇湿舍（śeṣa）。

⑰ “罗刹”（rākṣasa）是妖魔。

利益眾生，無時暫替。如說而作，無虛妄語。演說正法，無所貪求。心淨質直，離諸邪諂。無有怖畏，亦無憍慢。於一切眾生其心平等。供養無量百千萬億諸佛如來，恒為無量百千那由他[①]諸大菩薩恭敬尊重，又為梵、釋、四王、摩醯首羅、天、龍、夜叉、乾闥婆、阿修羅、迦婁羅、緊那羅、摩睺羅伽等聞名稱讚，生歡喜心。

सर्वपदप्रभेदनिर्देशासङ्गप्रतिसंविदवतारज्ञानकुशलस्य सर्वबुद्धभाषितधारणस्मृतिभाजना-
विक्षेपानन्तापर्यन्तधारणीप्रतिलब्धस्य महाधर्मनौस्मृत्युपस्थानसम्यक्प्रहाणऋद्धिपादेन्द्रिय-
बलबोध्यङ्गमार्गपारमितोपायकौशल्यधर्मरत्नपुण्यसमुदानीतमहासार्थवाहस्य चतुरोघपार-
गामिनाभिप्रायस्य निहतमानप्रत्यर्थिकस्य सर्वपरप्रवादिसुनिगृहीतस्य संग्रामशीर्षसु-
प्रतिष्ठितस्य क्लेशरिपुगणनिसूदनस्य ज्ञानवरवज्रदृढप्रहरणस्य बोधिचित्तमूलमहाकरुणा-
दण्डाध्याशयोद्गतस्य गम्भीरवीर्यसलिलाभिषिक्तस्य उपायकौशलकर्णिकस्य बोध्यङ्गध्यान-
केशरस्य समाधिकिञ्जल्कस्य गुणगणविमलसरसिसुजातस्य विगतमदमानपरिवाहशशि-
विमलविस्तीर्णपत्रस्य शीलश्रुताप्रसाददशदिगप्रतिहतगन्धिनो लोके ज्ञानवृद्धस्याष्टाभिर्लोक-
धर्मैरनुपलिप्तस्य महापुरुषपद्मस्य पुण्यज्ञानसंभारविसृतसुरभिगन्धिनः प्रज्ञाज्ञानदिनकर-
किरणैर्विकसितसुविशुद्धशतपत्रपद्मतपनस्य

今译：善于说明一切词句分别，智慧深邃，无碍无著。接受、记忆和保持一切佛说而获得不散不乱和无边无际的记诵能力。如同大商主乘坐大法船，带来念处、正勤、神足、根、力、觉支、正道、波罗蜜和方便善巧这些法宝功德。一心越过四瀑流[②]，消除骄慢和怨恨，降伏一切外道。站在战斗前线，消灭烦恼敌军，以智慧金刚为坚固武器。意愿增长，如同莲花，以菩提心[③]为根，以大慈悲为茎，用深沉的精进勇猛之水灌溉，以方便善巧为花苞，以觉支和禅定为花须，以入定为花蕊，生长在功德广大纯洁的莲花池中，以驱除迷狂和骄慢为宽阔的莲叶，清净纯洁似水中月，以持戒、学问、不放逸[④]和十方无碍为花香，在这世上，富有智慧，不沾染世间八法[⑤]，犹如大丈夫中的莲花，散发功德和智慧积聚的芳香，智慧和知识阳光催开的纯洁的百叶莲花。

地译：入無礙解，方便善巧，一切文句差別之相皆悉能知，凡有宣說，曾無所

① “那由他”（niyuta 或 nayuta）是一个大数字，可以笼统译为“亿”。此词与 koṭi（“千万”，音译“俱胝”）相连，即 koṭi-niyuta，可以笼统译为“千万亿”或“万亿”。

② “四瀑流”（caturogha）指欲、有、见和无知四种造成烦恼的激流。

③ “菩提心”（bodhicitta）指觉悟的心。

④ “不放逸”的原词是 aprasāda（“不清净”），疑有误。此处地译“不放逸”，可知原词应为 apramāda（“不放逸”）。

⑤ “世间八法”指利、衰、称、讥、毁、誉、乐和苦。

著。如大商主乘大法船，遊生死海，得三十七菩提之分無量珍寶，而於佛法得陀羅尼，憶念修行終不錯謬。如大導師越四瀑流，誓願滿足，降伏魔怨，摧諸異學，以金剛慧及大悲軍能破煩惱。譬如蓮華出於功德廣大池中，增上願力之所生起，大菩提心而為其根，潤以甚深清淨法水，方便善巧以為其臺①，菩提為莖，禪定為蘂，離諸熱惱、清淨廣大以為其葉，多聞、持戒及不放逸、無所罣礙以為其香，非世八法之所能染。

चतुर्ऋद्धिपादपरमजापजपितस्य चतुरार्यसत्यसुतीक्ष्णनखदंष्ट्रस्य चतुर्ब्रह्मविहारनिश्रितदर्शनस्य चतुःसंग्रहवस्तुसुसंगृहीतशिरसः द्वादशाङ्गप्रतीत्यसमुत्पादानुबोधानुपूर्वसमुद्गतकायस्य सप्तत्रिंशद्बोधिपक्षधर्मसंप्रतिपूर्णसुविजातिनाविद्याज्ञानकेशरिणस्त्रिविमोक्षमुखावजृम्भितस्य शमथविदर्शनासुविशुद्धनयनस्य ध्यानविमोक्षसमाधिसमापत्तिगिरिदरीगुहानिवासितस्य चतुरीर्यापथविनयनौपवनसुवर्धिततरोर्दशबलवैशारद्याभ्यासीभावितबलस्य विगतभवविभवभयलोमहर्षस्यासंकुचितपराक्रमस्य तीर्थ्यशशमृगगणसंघशमथनस्य नैरात्म्यघोषोदाहारमहासिंहनादनादिनः पुरुषसिंहस्य

今译：犹如人中之狮，以四神通为足②，达到至高念诵，以四圣谛③为锋利的爪和牙，以四梵住④为目光，以四摄事⑤为头，以依次觉知十二缘起⑥为身躯，以圆满的三十七菩提分法产生的各种⑦知识和智慧为鬃毛，以三解脱门⑧为张嘴哈欠，以止观⑨为纯洁的眼睛，居住在禅定、解脱和入定的山洞中，有在四威仪路⑩戒律林⑪中生长的树，因实践十力和无畏而强大有力，摆脱对生死威力的恐惧而汗毛直竖，勇敢而不退缩，平息外道兔群和鹿群，发出无我⑫大狮子吼。

---

① “台”的原词是 karṇika，指花苞。

② “以四神通为足”意谓具有“四神足”（caturṛddhipāda），即通过“欲求”（chanda）、“心念”（citta）、“精进”（vīrya）和“观察”（mīmāṃsā）四种入定获得神通力。

③ “四圣谛”（caturāryasatya）是苦谛、集谛、灭谛和道谛，意谓一切皆苦，苦有原因，苦能灭寂，灭寂有道。

④ “四梵住”（caturbrahmavihāra）指慈、悲、喜和舍四无量心。

⑤ “四摄事”（catuḥsaṃgraha）指菩萨吸引众生的四种方法：布施、爱语、利行和同事。

⑥ “十二缘起”（dvādaśāṅgapratītyasamutpāda，或称“十二因缘”）指缘无明故有行、缘行故有识、缘识故有名色、缘名色故有六处、缘六处故有触、缘触故有受、缘受故有爱、缘爱故有取、缘取故有有、缘有故有生，缘生故有老、死、忧愁、哀伤、痛苦、烦恼和不安。

⑦ 此处“产生的各种”的原文是 suvijātinā，疑有误。M 本写为 suvijātanānā，可以读通。

⑧ “三解脱门”（trimokṣamukha）指空、无愿和无相三种解脱之门。

⑨ “止观”（śamathavidarśanā）指静心和观察。

⑩ “四威仪路”（caturīryāpatha）指行、住、坐和卧均有威仪。

⑪ 此处“戒律林”的原文是 vinayanaupavana，疑有误，M 本写为 vinayanopavana。

⑫ “无我”（nairātmya）指否认作为实体的我的存在。

地译：如師子王，福智為體，神通為足，聖諦為爪，梵住為牙，四攝為頭，覺十二緣以生其軀，三十七品菩提分法明了之智以為其頂，三解脫門以為頻申[①]，禪定智慧以為其目，以諸三昧為其巖穴，毗奈耶[②]林四威儀路怡悅其身，十力、四無所畏慣習所成而為其力，離諸貪欲為其行步，自在、無畏、無我、無法以為其吼，摧伏外道如制群鹿。

विमुक्तिध्यानमण्डलप्रज्ञप्रभरश्मितीर्थकरखद्योतगणनिःप्रभंकरस्य अविद्यातमोन्धकारतमः-पटलवितिमिरकरणस्योत्तप्तबलवीर्यस्य देवमनुष्येषु पुण्यतेजस्तेजितस्य महापुरुषदिन-करस्य कृष्णपक्षापगतस्य शुक्लपक्षप्रतिपूर्णस्य मनापप्रियदर्शनस्य अप्रतिहतचक्षुरिन्द्रियस्य देवशतसहस्रज्योतिर्गणप्रतिमण्डितस्य ध्यानविमोक्षज्ञानमण्डलस्य बोध्यङ्गसुखरश्मिशशि-किरणस्य बुद्धविबुद्धमनुजकुमुदविबोधकस्य महापुरुषचन्द्रसम--

今译：犹如大丈夫中的太阳，以解脱、禅定、道场和智慧的光芒使种种外道萤火虫黯然失色，驱除无知愚昧重重黑暗，勇猛威力熠熠生辉，在天神和凡人中闪耀功德光芒。犹如大丈夫中的月亮[③]，黑半月离去，白半月圆满，可爱悦目，眼睛不受伤害，以百千天神的光辉为装饰，以禅定、解脱和智慧为月轮，以觉支为舒适的月光，催开那些觉醒的人中莲花。

地译：無上丈夫人中之日，禪定、解脫、智慧為光，外道螢燭皆悉掩蔽，無明昏翳破之無餘，於天人中然大照。譬如明月白分圓满[④]，世間樂見清涼無雲，眾星之中皎然最勝，示解脫路，照菩提道，開敷天人拘物頭[⑤]花。

चतुष्पर्षद्वीपानुपरीतस्य सप्तबोध्यङ्गरत्नसमन्वागतस्य सर्वसत्त्वसमचित्तप्रयोगस्याप्रतिहत-बुद्धेः दशकुशलकर्मपथव्रततपसः सुसमृद्धप्रतिपूर्णविशेषगमनाभिप्रायस्य अप्रतिहतधर्मराजा-वरप्रवरधर्मरत्नचक्रप्रवर्तकस्य चक्रवर्तिवंशकुलकुलोदितस्य गम्भीरदुरवगाहप्रतीत्यसमुत्पाद-सर्वधर्मरत्नप्रतिपूर्णस्य अतृप्तश्रुतविपुलविस्तीर्णा रम्भज्ञानशीलवेलानतिक्रमणस्य

今译：四众岛屿围绕[⑥]，具有七觉支[⑦]宝，对一切众生怀抱平等心，智慧无碍，

① “频申”的原词是 avajṛmbhita，词义为“哈欠”。

② “毗奈耶”是 vinaya（“戒律”）一词的音译。

③ 此处“大丈夫中的月亮”的原文是 mahāpuruṣacandrasama，疑有误，应与前面“大丈夫中的太阳”的原文用法一致，写为 mahāpuruṣacandrasya，并与后面的词断开。

④ “白分圆满”意谓月亮有十六分，白半月十六分圆满时，呈现圆月。

⑤ “拘物头”是 kumuda（“莲花”）一词的音译。

⑥ 这里将菩萨比喻为统一天下的转轮王，故而将“四众”（比丘、比丘尼、优婆塞和优婆夷）比喻为围绕的岛屿。

⑦ “七觉支”（saptabodhyaṅga）指达到觉悟的七种修行方式：念觉支、择法觉支、精进觉支、喜觉支、轻安觉支、定觉支和舍觉支。

实施十善业道[①]苦行，一心追求丰富圆满的殊胜之路，出生在转轮王家族，转动无碍法王殊胜法宝之轮。犹如深沉难入的大海，充满一切缘起法宝，广博的修行、智慧和戒律听而不厌，不可限量。

地译：譬如輪王於四天下法化平等，七菩提分以為其寶，於一切眾生心行平等以為十善，大願成就無礙之法以為其輪。譬如巨海深廣難入，無量眾寶充滿其中，潮不過限，緣起智慧深廣難入，一切法寶充滿其中，應眾生機，為不過限。

महापद्मगर्भेक्षणस्य सागरवरधरविपुलबुद्धेः पृथिव्यप्तेजोवायुसमचित्तस्य मेरुकल्पदृढबला-प्रकम्पमानस्यानुनयप्रतिघापगतस्य गगनतलविमलविपुलासह्यविस्तीर्णबुद्धेः अध्याशयसु-परिशुद्धस्य सुदत्तदानस्य सुकृतपूर्वयोगस्य सुकृताधिकारस्य दत्तसत्यंकारस्य पर्येषित-सर्वकुशलमूलस्य वासितवासनस्य निर्याणमिव सर्वकुशलमूलस्य सप्तसंख्येयेषु कल्पेषु समुदानीतसर्वकुशलमूलस्यन्दस्य

今译：注目大莲花藏[②]，智慧广大能容纳大海。心平等如同地、水、火和风。坚固不动像须弥山，摒弃贪爱和怨恨。智慧如同天空，纯净、辽阔而不可抗衡。志向高洁，乐善好施，完成前世修行，完成恭敬供养。真实可信，追求一切善根，接受熏习[③]，无数七劫中的一切善根仿佛流出，形成一切善根之流。

地译：其心平等，離諸憎愛，如地水火風。其量高妙，堅固難動，如須彌山。智慧廣大，不為諸垢之所染著，猶如虛空。意樂清淨，能行惠施。久積淨業，無虛妄語，已能具足一切善根。自在熏修七阿僧祇，所習善根皆已迴向。

दत्तसप्तविधदानस्य पञ्चविधपुण्यक्रियावस्त्ववसेवितवतस्त्रिविधं कायिकेन चतुर्विधं वाचा त्रिविधं मनसा सुचरितवतो दशकुलकर्मपथादानसेवितवतः चत्वारिंशदङ्गसमन्वागत-सम्यक्प्रयोगमासेवितवतः चत्वारिंशदङ्गसमन्वागतसम्यक्प्रणिधानप्रणिहितवतः चत्वारिं-शदङ्गसमन्वागतसम्यगध्याशयप्रतिपन्नवतः चत्वारिंशदङ्गसमन्वागतसम्यग्विमोक्षपरिपूरित-वतः चत्वारिंशदङ्गसमन्वागतसम्यगधिमुक्तिमृजीकृतवतः चत्वारिंशत्सु बुद्धकोटीनियुतशत-सहस्रेष्वनुप्रव्रजितवतः पञ्चपञ्चाशत्सु बुद्धकोटीनियुतशतसहस्रेषु दानानि दत्तवतः अर्ध-चतुर्थेषु प्रत्येकबुद्धकोटीशतेषु कृताधिकारवतः अप्रमेयासंख्येयान् सत्त्वान् स्वर्गमोक्ष-मार्गप्रतिपादितवतः अनुत्तरां सम्यक्संबोधिमभिसंबोद्धुकामस्यैकजातिप्रतिबद्धस्य इतश्च्युत्वा

---

① “十善业道”（daśakuśalapatha）指奉行十种善业：不杀生、不偷盗、不邪淫、不妄语、不两舌、不恶口、不绮语、不贪欲、不嗔恚和不邪见。

② “莲花藏”（padmagarbha）象征清净庄严的世界。

③ “熏习”（vāsanā）指前生所作善业或恶业留下的潜印象。这里指菩萨长期受善业熏习。

तुषितवरभवने स्थितस्य श्वेतकेतुनाम्नो देवपुत्रोत्तमस्य सर्वदेवसंघैः संपूज्यमानस्य रश्म्यायमपरमितश्च्युतो मर्त्यस्य लोकोत्पन्नो नचिरादनुत्तरां सम्यक्संबोधि- मभिसंभोत्स्यतीति॥

今译：奉行七种施舍[①]，奉行五种福德事业[②]，奉行十善业道，三种身体善行，四种语言善行，三种思想善行，[③] 奉行具有四十分支的正修行，奉行具有四十分支的正誓愿，奉行具有四十分支的正心愿，奉行具有四十分支的正解脱，奉行具有四十分支的正信奉。已追随四十百千万亿佛出家，已向五十五百千万亿佛施舍，已供养三百五十千万缘觉，已让无量无数众生走上天国和解脱之路。为求证无上正等菩提[④]，再续一生。从这里去世升天，居住兜率天美妙天宫，成为优秀天子，名为净幢，受到一切天神供养。[⑤] 然后，从这里下降，进入凡人世界，不久将证得无上正等菩提。

地译：弘五福德，施七淨財，行十善道，增長五十二種善根。已能修習正行相應四十分位，已能修習誓願相應四十分位，已能修習意樂相應四十分位，已能修習正直解脱四十分位。曾於四百億那由他拘胝佛所，隨佛出家。曾於五十百億那由他拘胝佛所，而行大施。已曾親近三百五十拘胝諸辟支佛[⑥]。已曾教化無量阿僧祇諸聲聞眾，皆令住於正方便中。為欲證阿耨多羅三藐三菩提[⑦]，乃趣一生補處。從此命終，生兜率天。為彼天子名曰淨幢，恒為諸天之所供養。當於彼沒後生人中，證阿耨多羅三藐三菩提。

तस्मिन् महाविमाने सुखोपविष्टस्य द्वात्रिंशद्भूमिसहस्रप्रतिसंस्थिते वितर्दिनिर्यूहतोरणगवाक्षकूटागारप्रासादतलसमलंकृते उच्छ्रितछत्रध्वजपटाकरत्नकिङ्किणीजालवितानवितते मान्दारवमहामान्दारवपुष्पसंस्तरणसंस्तृते अप्सरसःकोटीनियुतशतसहस्रसंगीतिसंप्रचलिते अतिमुक्तकचम्पकपाटलकोविदारमुचिलिन्दमहामुचिलिन्दाशोकन्यग्रोधतिन्दुका-

① 关于布施(dāna)的分类名目很多。《俱舍论》卷十八提及“七种布施”：施客人、施行人、施病人、施侍者、施园林、施常食和随时施。此处地译“施七净财”。而“七财”（saptāni dhanāni）通常指信、戒、惭、愧、闻、舍和慧，似与“布施”的意义不切合。

② “五种福德事业”（puṇyakriyāvastu）指布施(dāna)、持戒(śīla)、修行(bhāvanā)、化生（aupadhika）和功德（guṇya）。

③ “十善业道”见前注，其中前三种是身体善行，中间四种是语言善行，后三种是思想善行。

④ “正等菩提”（samyaksaṃbodhi，或译“正等觉”）指正确而完全的觉悟。

⑤ 此处原文中还有 raśmyāyamaparam 这个词组，读不通，存疑。

⑥ “辟支佛”（pratyekabuddha）也译“缘觉”或“独觉”。

⑦ “阿耨多罗三藐三菩提”是 anuttarasamyaksaṃbodhi（“无上正等菩提”或“无上正等觉”）的音译。

सनकर्णिकारकेशरसालरत्नवृक्षोपशोभिते हेमजालसंछन्ने महता पूर्णकुम्भोपशोभिते समतलव्यूहोपशोभिते ज्योतिर्मालिकासुमनोवाते देवकोटीनियुतशतसहस्राभिमुखनयनावलोकितालोके महाविपुलधर्मसंगीतिसर्वकामरतिवेगक्लेशच्छेदने व्यपगताखिलक्रोधप्रतिघमानमददर्पापनयने प्रीतिप्रसादप्रामोद्योत्तप्तविपुलस्मृतिसंजनने सुखोपविष्टस्य तस्मिन् महाधर्मसांकथ्ये प्रवृत्ते तेभ्यश्चतुरशीतिभ्यस्तूर्यसंगीतिसहस्रनिर्नादितेभ्यो बोधिसत्त्वस्य पूर्वशुभकर्मोपचयेनेमाः संचोदनागाथा निश्चरन्ति स्म--

今译：他舒适地住在这大天宫中，里面有三万二千居处，装饰有露台、塔楼、拱门、窗户、楼阁和宫顶，竖有华盖、旗帜和幢幡，张有珠宝和铃铛网幔，遍布曼陀罗花和摩诃曼陀罗花，回荡百千万亿天女的歌声，装饰有种种宝树：阿提目多、詹波迦、波吒罗、俱毗陀罗、目真邻陀、摩诃目真邻陀、阿输迦、尼拘陀、镇头迦、阿娑那、建尼迦、盖舍罗和娑罗，覆盖有金网，装饰有灌满的大水罐，装饰有平坦的地面，风中摇曳光明花、摩利迦花和苏曼那花，受到百千万亿天神的目光仰视，宏大的正法结集[1]断除一切贪欲、爱欲、激动和烦恼，清除所有愤怒、怨恨、傲慢、迷狂和骄傲，激起高兴、喜悦和欢愉，产生深广的记忆。他舒适地坐在那里，开始宣讲大法。从八万四千乐曲中传出这些劝请偈颂，充满菩萨前世积累的净业：

地译：佛告諸比丘：彼天宮中有三萬二千微妙安樂所住之處，高閣重門，層樓大殿，軒檻窓牖，花蓋繒幡，寶鈴垂飾，珠網交絡，散以曼陀羅花、摩訶曼陀羅花，處處盈滿。諸天婇女百千拘胝那由他奏天伎樂。其諸寶樹生眾天花，所謂阿提目多花、俱毗羅花、詹波迦花、波吒羅花、目真隣陀花、阿輸迦花、鎮頭迦花、阿娑那花、建尼迦花、堅固花、大堅固花，處處開敷以為嚴飾。真金線網彌覆其上，周匝間廁種種莊嚴。諸寶池中生摩利迦花、蘇曼那花、跛羅花、婆利師迦花、拘旦羅花、蘇建提花、天妙意花、優鉢羅花、波頭摩花、拘物頭花、芬陀利花、妙香花。如是等花，成大花帳，處處莊嚴。無量羽族，鸚鵡、舍利、拘抧羅鳥、鵝、鴈、鴛鴦、孔雀、翡翠、迦陵頻伽、命命等鳥，雜類形色出微妙音。諸天子等百千拘胝那由他數，大集法堂圍遶菩薩，聽受所說無上大法，除斷貪瞋、憍慢、結使[2]一切煩惱，生廣大心，踊躍歡喜，住安隱樂。菩薩久修淨業所感，諸天伎樂八萬四千皆出種種微妙音聲。其音聲中，而說頌曰：

---

① “结集”（saṃgīti）指佛经的结集。

② “结使”意谓“烦恼”。此词在汉译佛经中，常常对译 kleśa（“烦恼”）和 anuśaya（“烦恼”、“随眠”或“悔恨”）。

स्मर विपुलपुण्यनिचय स्मृतिमतिगतिमनन्तप्रज्ञाप्रभाकरिन्।
अतुलबलविपुलविक्रम व्याकरणं दीपंकरस्यापि॥ १॥

今译：记住你的忆念和思想之路！
你积累了大量功德，闪耀
无边的智慧光芒，力量无比，
威德广大，获得燃灯佛授记。（1）

地译：尊憶然燈記，積集無邊福，
超越於生死，智慧發光明。

स्मर विपुलनिर्मलमनस् त्रिमलमलप्रहीणशान्तमददोषम्।
शुभविमलशुद्धचित्ता दामचरी यादृशा ति पुरे॥ २॥

今译：记住！你的心宽广而纯洁，
消除三种污垢，平息骄慢，
你的思想清净，纯洁无瑕，
一贯乐善好施①，如此长久。（2）

地译：長時修思②施，其心常離染；
三垢憍慢盡，語業無諸過。

स्मर कुलकुलीना शमथं शीलव्रतं क्षमा दमं चैव।
वीर्यबलध्यानप्रज्ञा निषेविता कल्पकोटीनियुतानि॥ ३॥

今译：记住！你的出身高贵，
寂静，持戒，忍辱，自制，
修习勤力、禅定和智慧，
已经历时数千万亿劫。（3）

地译：憶昔無邊劫，種姓恒處尊，
戒忍及精進，定慧久修習。

स्मर स्मर अनन्तकीर्ते संपूजिता ये ति बुद्धनियुतानि।
सर्वान् करुणायमानः कालोऽयं मा उपेक्षस्व॥ ४॥

今译：记住！记住！你闻名遐迩，
已经敬拜供养数万亿佛，

① “乐善好施”的原文是 dāmacārī，BHSD 指出词义为“实行布施”。此处地译“修惠施”。
② 此处“思”字，据《中华大藏经》校勘记，诸本作“惠”。

你怜悯一切众生，现在
正是时候，请不要疏忽！（4）

地译：又念無邊劫，供養諸如來，
既超生老死，當度所應度。

च्यव च्यव हि च्युतिविधिज्ञा जरमरणक्लेशसूदना विरजा।
समुदीक्षन्ते बहवो देवासुरनागयक्षगन्धर्वा॥५॥

今译：降下吧！降下吧！你通晓
降下方式，灭除生死烦恼，
摆脱污垢，众天神、阿修罗、
蛇、药叉和健达缚翘首期盼。（5）

地译：眾生可悲愍，惟尊勿捨之，
諸天龍鬼神，皆悉共瞻待。

कल्पसहस्र रमित्वा तृप्तिर्नास्त्यम्भसीव समुद्रे।
साधु भव प्रज्ञातृप्त तर्पय जनतां चिरतृषार्ताम्॥६॥

今译：即使享乐一千劫，依然不满足，
犹如大海对于水，永远不满足，
请你行好吧！你是智慧满足者，
满足长久渴望而痛苦的人们！（6）

地译：眾生久渴欲，如海納群流，
惟尊智充足，當救諸渴者。

किं चाप्यनिन्दितयशस्त्वं धर्मरतिरतो न चासि कामरतः।
अथ च पुनरमलनयना अनुकम्पा सदेवकं लोकम्॥७॥

今译：你的声誉无可挑剔，
热爱正法，摒弃贪欲，
你的眼睛纯洁无瑕，
怜悯人间和天国世界。（7）

地译：遠於世譏嫌，樂法捨貪欲，
離垢清淨眼，哀愍諸世間。

किं चापि देवनयुताःश्रुत्वा धर्मं न ते वितृप्यन्ते।

अथ च पुन रक्षण गतानपायसंस्थानपेक्षस्व ॥ ८ ॥

今译：数亿天神闻听正法，
　　　他们永远不会满足，
　　　请你也关注居于恶道，
　　　而寻求保护的人们！（8）

地译：菩薩宿福德，處於兜率宮，
　　　天眾百千億，聞法曾無倦。

किं चापि विमलचक्षो पश्यसि बुद्धान् दशादिशि लोके।
धर्मं शृणोषि च ततस्तं धर्मवरं विभज लोके ॥ ९ ॥

今译：你的眼睛纯洁无瑕，
　　　看到十方世界诸佛，
　　　你已听取正法，请你
　　　将这妙法施予世界吧！（9）

किं चापि तुषितभवनं तव पुण्यश्रियाभिशोभते श्रीमान्।
अथ च पुन करुणमानस प्रवर्ष जम्बुध्वजे वर्षम् ॥ १० ॥

今译：凭借你的功德光辉，
　　　兜率天宫辉煌灿烂，
　　　你慈悲为怀，请你
　　　为瞻部洲降雨吧！（10）

地译：當下閻浮提①，垂慈灑甘露。

समतीत्य कामधातुं देवा ये रूपधातुकानेके।
सर्वे त्यभिनन्दन्ते स्पृशेय सिद्धिव्रतो बोधिम् ॥ ११ ॥

今译：许多天神已超越欲界，
　　　超越色界，他们全都
　　　热烈欢迎你，你发愿
　　　达到目的，接触菩提。（11）

地译：已過於欲界，無數億諸天，
　　　亦復共希望，菩薩當下生。

---

① "阎浮提"是 jambudvīpa（"瞻部洲"）一词的音译。此词在这里的原词是瞻部洲的异名 jambu-dhvaja。

第二　激励品　27

निहता ति मारकर्मा जितास्त्वयान्ये कुतीर्थिका नाथा।
केन सकलगत ति बोधी कालोऽयं मा उपेक्षस्व॥ १२॥

今译：你是保护者，摧毁魔业，
降伏其他所有一切外道；
谁能掌握菩提？现在，
正是时候，请不要疏忽！（12）

地译：必壞於魔業，能摧諸異學，
佛道如觀掌，至時宜勿住。

क्लेशाग्निना प्रदीप्ते लोके त्वं वीर मेघवद् व्याप्य।
अभिवर्षामृतवर्षं शमय क्लेशान्नरमरूणाम्॥ १३॥

今译：世界燃烧烦恼之火，
你像雨云那样遍布，
英雄啊！降下甘露雨，
平息凡人和天神烦恼。（13）

地译：煩惱火增盛，願為布慈雲，
普雨於法雨，滅除諸猛焰。

त्वं वैद्य धातुकुशल चिरातुरान् सत्यवैद्य सत्यवान्।
त्रिविमोक्षागदयोगैर्निर्वाणसुखे स्थपय शीघ्रम्॥ १४॥

今译：你是精通身界[①]的良医，
赶快使用三解脱之药，
治疗长久患病的人们，
让他们安享涅槃快乐。（14）

地译：前佛已過去，今佛作醫王，
當以三脫門，為藥除眾病，
令彼諸含識[②]，得至於涅槃。

अश्रुत्व सिंहनादं क्रोष्टुकनादं नदन्त्यनुत्रष्टाः।
नद बुद्धसिंहनादं त्रासय परतीर्थिकश्शृगालान्॥ १५॥

今译：没有听到狮子吼声，

---

① “身界”的原词是 dhātu，指身体的各种元素。
② “含识”指“众生”（sattva）。此处原文中无此词。

豺狼无所畏惧嗥叫，
请你发出佛狮子吼，
吓走那些外道豺狼！（15）

地译：如來大法音，外道悉摧伏，
譬如師子吼，百獸咸驚怖。

प्रज्ञाप्रदीपहस्तो बलवीर्यबलोदितो धरणिमण्डे।
करतलवरेण धरणीं पराहनित्वा जिनहि मारम्॥ १६॥

今译：你手持智慧明灯，依靠
精进勇猛出现在大地上，
请用你的美妙的手掌，
征服大地，战胜摩罗！（16）

地译：智慧以為手，從於精進生，
無量諸魔軍，自在能摧伏。

समुदीक्षन्ते पालाश्चतुरो ये तुभ्य दास्यते पात्रम्।
शक्राश्च ब्रह्म नयुता ये जातं त्वां ग्रहीष्यन्ति॥ १७॥

今译：四位护世王注视你，
他们会献给你钵盂，
数亿帝释天和梵天，
他们会护持你出生。（17）

地译：梵釋百千數，敬心祈見佛，
四王當奉鉢，惟悕速下生。

व्यवलोकयाभियशा कुलरत्नकुलोदिता कुलकुलीना।
यत्र स्थित्वा सुमते दर्शेष्यसि बोधिसत्त्वचरिम्॥ १८॥

今译：声誉卓著者啊！请看，
你出生在家族之宝中，
高贵尊严，聪明睿智，
将在这里展现菩萨行。（18）

地译：尊今應豫觀，欲依何種族，
當往閻浮界，示行菩薩道。

यत्रैव भाजनेऽस्मिन् मणिरत्नं तिष्ठते भवति श्रीमान्।
मणिरत्नं विमलबुद्धे प्रवर्ष जम्बुध्वजे वर्षम्॥ १९॥

今译：犹如将摩尼宝珠放在
容器中，顿时光彩熠熠，
智慧纯洁者啊！请你
为瞻部洲降下摩尼宝雨！（19）

地译：如器成[①]珍寶，其器自嚴潔，
智慧淨摩尼，於彼雨甘露。

एवं बहुप्रकारा संगीतिरवानुनिश्चरा गाथा।
चोदेन्ति करुणामनसं अयं स कालो मा उपेक्षस्व॥ २०॥ इति॥

今译：就这样，大量的偈颂
伴随有乐曲声，劝请
这位心地慈悲者："现在，
正是时候，请不要疏忽！"（20）

地译：諸天樂器中，演出如是偈，
勸請於菩薩，大悲救眾生。

इति श्रीललितविस्तरे समुत्साहपरिवर्तो नाम द्वितीयोऽध्यायः॥

今译：以上是吉祥的《神通游戏》中名为《激励品》的第二章。

① 此处"成"字，据《中华大藏经》校勘记，《资》、《碛》、《普》、《南》、《径》、《清》作"盛"。

कुलपरिशुद्धिपरिवर्तस्तृतीयः।

今译：第三 家族纯洁品

地译：勝族品第三

इति हि भिक्षवो बोधिसत्त्व एवं धर्मकालसंचोदितः संस्ततो महाविमानान्निष्क्रम्य धर्मोच्चयो नाम महाप्रासादो यत्र निषद्य बोधिसत्त्वस्तुषितेभ्यो देवेभ्यो धर्मं देशयति स्म तं बोधिसत्त्वोऽभिरोहति स्म अभिरुह्य च सुधर्मे सिंहासने निषीदति स्म। अथ ये देवपुत्रा बोधिसत्त्वस्य सभागाःसमयानसंप्रस्थितास्तेऽपि तमेव प्रासादमभिरोहन्ति स्म। ये च दशदिक्संनिपतिता बोधिसत्त्वाः सभागचरिता बोधिसत्त्वस्य देवपुत्राश्च तेऽपि तं प्रासादमभिरुह्य यथाप्रत्यर्हेषु सिंहासनेषु स्वकस्वकेषु निषीदन्ति स्म अपगताप्सरोगणा अपगत- प्राकृतदेवपुत्राः समानाध्याशयपरिवारा अष्टषष्टिकोटिसहस्रपरिवाराः॥

今译：这样，众比丘啊！菩萨在正法和时间的激励下，走出大天宫，来到名为法集的大殿堂。在那里坐下后，菩萨向众兜率天宣法。菩萨登上殿堂后，坐在妙法狮子座上。那些与菩萨同行同乘的天子也登上殿堂。那些来自十方的菩萨也和这些与菩萨同行的天子一起登上殿堂，坐上各自应坐的狮子座。他们不带天女，不带普通的天子，而带着六万八千千万志趣相同的随从。

地译：佛告諸比丘：爾時，菩薩聞如是偈，即從座起，出於自宫，詣法集堂，坐師子座。復有無量無邊同乘同行大菩薩眾，皆昇法堂，坐師子座，各有六十八拘胝眷屬前後圍遶。

इति हि भिक्षवो द्वादशभिर्वर्षैर्बोधिसत्त्वो मातुः कुक्षिमवक्रमिष्यतीति॥

今译：这样，众比丘啊！菩萨将在十二年后进入母亲腹中。

地译：菩薩將欲降生。

अथ शुद्धावासकायिका देवपुत्रा जम्बुद्वीपमागत्य दिव्यं वर्णमन्तर्धाप्य ब्राह्मणवेषेण ब्राह्मणान् वेदानध्यापयन्ति स्म। यस्यैवरूपा गर्भावक्रान्तिर्भवति स द्वात्रिंशता महापुरुष-लक्षणैः समन्वागतो भवति। यैःसमन्वागतस्य द्वे गती भवतो न तृतीया। सचेदगारम-ध्यावसति राजा भवति चक्रवर्ती चतुरङ्गो विजितवान् धार्मिको धर्मराजः

सप्तरत्नसमन्वागतः। तस्येमानि सप्त रत्नानि भवन्ति। तद्यथा-- चक्ररत्नं हस्तिरत्नं अश्वरत्नं स्त्रीरत्नं मणिरत्नं गृहपतिरत्नं परिणायकरत्नमेव सप्तमम्॥

今译：然后，净居天子们来到瞻部洲，隐去天神形貌，装扮成婆罗门，向婆罗门们传授吠陀①：若是这样投胎，就会具有三十二大人相。具有三十二大人相，便有两种前途，不会有第三种。如果居住家中，他就成为转轮王，四军②统帅，征服者，奉行正法的法王，拥有七宝。他的七宝包括轮宝、象宝、马宝、女宝、摩尼宝和家主宝，第七是将帅宝。

地译：十二年前有淨居天，下閻浮地③作婆羅門，說圍陀④論。彼論所載，十二年後，有一勝人現白象形入於母胎。其人具足三十二種大人之相，有二決定：若在家者當為轉輪聖王，若出家者當得成佛。

कथंरूपेण राजा चक्रवर्ती चक्ररत्नेन समन्वागतो भवति इह राज्ञः क्षत्रियस्य मूर्धाभिषिक्तस्य तदेव पोषधेयं च पञ्चदश्यां शिरः स्नातस्योपवासोषितस्योपरिप्रासादतलगतस्य स्त्र्यागारपरिवृतस्य पूर्वस्यां दिशि दिव्यं चक्ररत्नं प्रादुर्भवति। सहस्रारं सनेमिकं सनाभिकं सुवर्णवर्णकर्मालंकृतं सप्ततालमुच्चैःसमन्ताद् दृष्ट्वान्तः पुरं राज्ञः क्षत्रियस्य मूर्धाभिषिक्तस्य तद्दिव्यं चक्ररत्नमेव भवति। श्रुतं खलु मया यस्य किल राज्ञः क्षत्रियस्य मूर्धाभिषिक्तस्य तदेव पोषधेयं पञ्चदश्यां शिरः स्नातस्योपवासोषितस्योपरिप्रासादतलगतस्य स्त्र्यागारपरिवृतस्य पूर्वस्यां दिशि दिव्यं चक्ररत्नं प्रादुर्भवति स भवति राजा चक्रवर्ती।

今译：转轮王具有怎样的轮宝？在这世上，灌顶的刹帝利国王清净持戒，在半月的第十五日，完成斋戒，洗了头，走上宫殿顶层平台，后宫妇女前后围绕，就会在东方出现神圣的轮宝。这轮子有一千辐条、轮辋和轮毂，呈现金色，工艺精巧，有七棵多罗树高，在后宫周边都能看到。这就是灌顶的刹帝利国王神圣的轮宝。确实，我听说灌顶的刹帝利国王清净持戒，在半月的第十五日，完成斋戒，洗了头，走上宫殿顶层平台，后宫妇女前后围绕，就会在东方出现神圣的轮宝。他就成为转轮王。

नूनमहं राजा चक्रवर्ती यन्न्वहं दिव्यं चक्ररत्नं मीमांसयेयम्। अथ राजा क्षत्रियो मूर्धाभिषिक्त एकांसमुत्तरासङ्गं कृत्वा दक्षिणजानुमण्डलं पृथिव्यां प्रतिष्ठाप्य दक्षिणेन पाणिना तद्दिव्यं चक्ररत्नं प्रार्थयेदेवं चावेदयेत्-- प्रवर्तयस्व भट्ट दिव्यं चक्ररत्नं धर्मेण माधर्मेण।

---

① “吠陀”(veda)是婆罗门教的圣典。
② “四军”指象军、马军、车军和步军。
③ “阎浮地”是 jambudvīpa（“瞻部洲”）的另一种音译。
④ “围陀”是 veda（“吠陀”）的另一种音译。

今译："现在，我成了转轮王，我要考察这神圣的轮宝。"然后，灌顶的刹帝利国王偏袒右肩，右膝跪地，举起右手，请求神圣的轮宝，说道："主人啊！请你用正法，而不用非法，转动这神圣的轮宝吧！"

अथ तद्दिव्यं चक्ररत्नं राज्ञा क्षत्रियेण मूर्धाभिषिक्तेन प्रवर्तितं सम्यगेव ऋद्धौ विहायसा पूर्वेण व्रजति। अन्वेति राजा चक्रवर्ती सार्धं चतुरङ्गेण बलकायेन। यत्र च पृथिवीप्रदेशे तद्दिव्यं चक्ररत्नं संतिष्ठते तत्र राजा क्षत्रियो मूर्धाभिषिक्तो वासं कल्पयति सार्धं चतुरङ्गेण बलकायेन। अथ ये ते भवन्ति पूर्वस्यां दिशि राजानो मण्डलिनः ते रूप्यपात्रीं वा सुवर्णचूर्णपरिपूर्णामादाय स्वर्णपात्रीं वा रूप्यचूर्णपरिपूर्णामादाय राजानं चक्रवर्तिनं प्रत्युत्तिष्ठन्ति-- एहि देव स्वागतं देवाय इदं देवस्य राज्यमृद्धं च स्फीतं च क्षेमं च सुभिक्षं च रमणीयं चाकीर्णबहुजनमनुष्यं च। अध्यावसतु देव स्वकं विजितमनुप्राप्तम्।

今译：于是，在灌顶的刹帝利国王请求下，神圣的轮宝转动，凭借神通，在空中向东方转动。转轮王带着四军，紧随其后。神圣的轮宝停在哪个地方，灌顶的刹帝利国王就带着四军在那里安营。然后，东方的那些国王拿来装满金粉的银钵，或装满银粉的金钵，欢迎转轮王："来吧，王上！欢迎王上！这是王上的王国，繁荣，昌盛，安定，富饶，可爱，人丁兴旺。请住下吧，王上！这是你亲自征服的。"

एवमुक्ते राजा क्षत्रियो मूर्धाभिषिक्तस्त्राता तान् राज्ञो मण्डलिन एतदवोचत्-- कारयन्तु भवन्तः स्वकानि राज्यानि धर्मेण। हन्त भवन्तो मा प्राणिनं घातयिष्यथ मादत्तादास्यथ मा कामेषु मिथ्या चरिष्यथ मा मृषा वक्ष्यथ यावन्मा मे विजिते अधर्ममुत्पद्यते माधर्मचारिणो रोचेथ। एवं खलु राजा क्षत्रियो मूर्धाभिषिक्तः पूर्वां दिशं विजयति। पूर्वां दिशं विजितः पूर्वं समुद्रमवगाह्य पूर्वं समुद्रमवतरति।

今译：闻听此言，灌顶的刹帝利国王作为保护者，对那些国王说道："请你们依法治理自己的王国，诸位尊者啊！不要伤害众生，不要掠取，不要放纵虚妄的贪欲，不要说谎，乃至不要在我征服的地方出现非法行为，不要纵容行为非法的人。"就这样，灌顶的刹帝利国王征服了东方。

पूर्वां दिशं विजितः पूर्वं समुद्रमवगाह्य पूर्वं समुद्रमवतरति। पूर्वं समुद्रमवतीर्य सम्यगेव ऋद्ध्या विहायसा दक्षिणेन व्रजति। अन्वेति राजा चक्रवर्ती सार्धं चतुरङ्गेण बलकायेन। पूर्ववदेवं दक्षिणां दिशं विजयति। यथा दक्षिणामेवं पश्चिमामुत्तरां दिशं विजयति। उत्तरां दिशं विजित्य उत्तरसमुद्रमवगाहते। अवगाह्योत्तरात्समुद्रात्प्रत्युत्तरति। प्रत्युत्तीर्य सम्यगेव ऋद्ध्या विहायसा राजधानीमागत्योपरि अन्तः पुरद्वारेऽक्षतमेवास्थात्। एवंरूपेण राजा क्षत्रियो मूर्धाभिषिक्तश्चक्ररत्नेन समन्वागतो भवति॥

今译：征服东方后，他进入东海沐浴，然后，越过东海。越过东海后，凭借神通，轮宝在空中向南方转动。转轮王带着四军，紧随其后。他像征服东方一样，征服南方。像征服南方一样，他也征服西方和北方。征服北方后，他进入北海沐浴。沐浴后，他从北海返回。返回后，凭借神通，轮宝从空中来到王城，毫无损伤地停在后宫门上。灌顶的刹帝利国王具有这样的轮宝。

कथंरूपेण राजा चक्रवर्ती हस्तिरत्नेन समन्वागतो भवति इह राज्ञः क्षत्रियस्य मूर्धाभिषिक्तस्य पूर्ववद्धस्तिरत्नमुत्पद्यते। सर्वश्वेतं सप्ताङ्गसुप्रतिष्ठितं स्वर्णचूडकं स्वर्णध्वजं स्वर्णालंकारं हेमजालप्रतिच्छन्नं ऋद्धिमन्तं विहायसा गामिनं विकुर्वणाधर्मिणं यदुत बोधिर्नाम नागराजा। यदा च राजा क्षत्रियो मूर्धाभिषिक्तस्तद्धस्तिरत्नं मीमांसितुकामो भवति अथ सूर्यस्याभ्युद्गमनवेलायां तद्धस्तिरत्नमभिरुह्य इमामेव महापृथिवीं समुद्रपरिखां समुद्रपर्यन्तां समन्ततोऽन्वाहिण्ड्य राजधानीमागत्य प्रशासनरतिः प्रत्यनुभवति। एवंरूपेण राजा चक्रवर्ती हस्तिरत्नेन समन्वागतो भवति॥

今译：转轮王具有怎样的象宝？在这世上，灌顶的刹帝利国王的象宝像前面那样出现。它是象王，名叫菩提，全身皆白，七肢健壮，金顶冠，金旗幡，金装饰，覆盖金网幔，具有神通，能在空中行走，随意变化。灌顶的刹帝利国王想要考察这象宝。于是，在太阳升起时，他骑上这象宝，周游以大海为壕沟、以大海为周边的大地。然后，他回到王城，享受治国之乐。转轮王具有这样的象宝。

कथंरूपेण राजा चक्रवर्ती अश्वरत्नेन समन्वागतो भवति अथ राज्ञः क्षत्रियस्य मूर्धाभिषिक्तस्य पूर्ववदश्वरत्नमुत्पद्यते। सर्वनीलं कृष्णशिरसं मुञ्जकेशमादृतवदनं स्वर्णध्वजं स्वर्णालंकारं हेमजालप्रतिच्छन्नं ऋद्धिमन्तं विहायसा गामिनं विकुर्वणाधर्मिणं यदुत बालाहको नामाश्वराजम्। यदा च राजा क्षत्रियो मूर्धाभिषिक्तोऽश्वरत्नं मीमांसितुकामो भवति अथ सूर्यस्याभ्युद्गमनवेलायामश्वरत्नमभिरुह्य इमामेव महापृथ्वीं समुद्रपरिखां समुद्रपर्यन्तां समन्तन्तोऽन्वाहिण्ड्य राजधानीमागत्य प्रशासनरतिः प्रत्यनुभवति। एवंरूपेण राजा चक्रवर्ती अश्वरत्नेन समन्वागतो भवति॥

今译：转轮王具有怎样的马宝？灌顶的刹帝利国王的马宝像前面那样出现。它是马王[①]，名叫婆罗诃迦，全身藏青色，黑色的头，鬃毛似蒙阇草，庄重的脸，金旗幡，金装饰，覆盖金网幔，具有神通，能在空中行走，随意变化。灌顶的刹帝利国王想要考察这马宝。他在太阳升起时，骑上这马宝周游以大海为

---

① 此处“马王”的原文是 aśvarājam，应为 aśvarājā，如同前面的 hastirājā（“象王”）一词。

壕沟、以大海为周边的大地。然后，他回到王城，享受治国之乐。转轮王具有这样的马宝。

कथंरूपेण राजा चक्रवर्तीं मणिरत्नेन समन्वागतो भवति इह राज्ञः क्षत्रियस्य मूर्धाभिषिक्तस्य पूर्ववन्मणिरत्नमुत्पद्यते शुद्धनीलवैडूर्यमष्टांशं सुपरिकर्मकृतम्। तस्य खलु पुनर्मणिरत्नस्याभया सर्वमन्तःपुरमवभास्येन स्फुटं भवति। यदा च राजा क्षत्रियो मूर्धाभिषिक्तस्तं मणिरत्नं मीमांसितुकामो भवति अथ रात्र्यामर्धरात्रसमयेऽन्धकारतमिस्रायां तं मणिरत्नं ध्वजाग्रे उच्छ्रापयित्वा उद्यानभूमिं निर्याति सुभूमिदर्शनाय। तस्य खलु पुनर्मणिरत्नस्याभया सर्वावन्तं चतुरङ्गबलकायमवभासेन स्फुटीभवति सामन्तेन योजनम्। ये खलु पुनस्तस्य मणिरत्नस्य सामन्तके मनुष्याःप्रतिवसन्ति ते तेनावभासेनास्फुट समाना अन्योन्यं संजानन्ति अन्योन्यं पश्यन्ति अन्योन्यमाहुः-- उत्तिष्ठ भद्रमुखाःकर्मान्तानि कारयत आपणानि प्रसारयत दिवा मन्यामहे सूर्यमभ्युद्गतम्। एवंरूपेण राजा क्षत्रियो मूर्धाभिषिक्तो मणिरत्नेन समन्वागतो भवति॥

今译：转轮王具有怎样的摩尼宝？在这世上，灌顶的刹帝利国王的摩尼宝像前面那样出现。这是一块纯净的蓝琉璃宝石，八面玲珑。整个后宫被这摩尼宝的光辉照得通亮[①]。灌顶的刹帝利国王想要考察这摩尼宝。于是，在半夜时分，一片漆黑，他将这摩尼宝放在旗幡顶上，前往花园，观看美丽的地上景致。方圆一由旬内，连同四军，都被这摩尼宝的光辉照得通亮。住在周围的居民也都被这摩尼宝的光辉照得通亮，互相认出，互相观看，互相说道："起来吧，先生们，该做事了，打开铺子吧！我们想是白天了，太阳升起来了。"灌顶的刹帝利国王具有这样的摩尼宝。

कथंरूपेण राजा चक्रवर्ती स्त्रीरत्नेन समन्वागतो भवति इह राज्ञः क्षत्रियस्य मूर्धाभिषिक्तस्य पूर्ववत्स्त्रीरत्नमुत्पद्यते। सदृशी क्षत्रिया नातिदीर्घा नातिह्रस्वा नातिस्थूला नातिकृशा नातिगौरी नातिकृष्णा अभिरूपा प्रासादिका दर्शनीया। तस्याः सर्वरोम-कूपेभ्यश्चन्दनगन्धं प्रवाति मुखाच्चोत्पलगन्धं प्रवाति। काचिलिन्दिकसुखसंस्पर्शा। शीतल-काले चास्या उष्णसंस्पर्शानि गात्राणि भवन्ति उष्णकाले च शीतसंस्पर्शानि। सा राजानं चक्रवर्तिनं मुक्त्वा नान्यस्मिन् मनसापि रागं करोति किं पुनः कायेन। एवंरूपेण राजा चक्रवर्ती स्त्रीरत्नेन समन्वागतो भवति॥

今译：转轮王具有怎样的女宝？在这世上，灌顶的刹帝利国王的女宝像前面那样出现。她是种姓相同的刹帝利女子，既不太高，也不太矮；既不太胖，

① 这句原文中的 avabhāsyena，应为 avabhāsena，与这段下面两处出现的 avabhāsena 一致。

也不太瘦；既不太白，也不太黑。她美丽，端庄，可爱。她的每个毛孔飘出檀香香味，脸庞散发莲花香味，身体接触舒服似迦邻陀花。冬天接触她的肢体温暖，夏天接触她的肢体清凉。她从不背弃转轮王，甚至思想也不对他人动情，何况身体？转轮王具有这样的女宝。

कथंरूपेण राजा चक्रवर्ती गृहपतिरत्नेन समन्वागतो भवति इह राज्ञः क्षत्रियस्य मूर्धाभिषिक्तस्य पूर्ववद् गृहपतिरत्नमुत्पद्यते पण्डितो व्यक्तो मेधावी दिव्यचक्षुः। स तेन दिव्यचक्षुषा सामन्तेन योजनं सस्वामिकानि निधानानि पश्यति अस्वामिकानि निधानानि पश्यति। स यानि तानि भवन्ति अस्वामिकानि तै राज्ञश्चक्रवर्तिनो धनेन करणीयं करोति। एवंरूपेण राजा चक्रवर्ती गृहपतिरत्नेन समन्वागतो भवति॥

今译：转轮王具有怎样的家主[1]宝？在这世上，灌顶的刹帝利国王的家主宝像前面那样出现。他博学，聪明，睿智，具有天眼。凭借天眼，他能看见一由旬内有主人的宝藏，也能看见无主人的宝藏。他让那些无主人的宝藏变成转轮王的财富。转轮王具有这样的家主宝。

कथंरूपेण राजा चक्रवर्ती परिणायकरत्नेन समन्वागतो भवति इह राज्ञः क्षत्रियस्य मूर्धाषिभिक्तस्य पूर्ववत्परिणायकरत्नमुत्पद्यते पण्डितो व्यक्तो मेधावी। राज्ञचक्रवर्तिनश्चिन्तितमात्रेण उद्योजयितव्यं सेनामुद्योजयति स्म। एवंरूपेण राजा चक्रवर्ती परिणायकरत्नेन समन्वागतो भवति।

今译：转轮王具有怎样的将帅宝？在这世上，灌顶的刹帝利国王的将帅宝像前面那样出现。他博学，聪明，睿智。他训练军队，让他们一心效忠转轮王。转轮王具有这样的将帅宝。

एभिः सप्तरत्नैःसमन्वागतो भविष्यति। भवति चास्य पुत्रसहस्रं शूराणां वीराणां वराङ्गरूपिणां परसैन्यप्रमर्दकानाम्। स इमां महापृथिवीं ससागरपर्यन्तामखिलामकण्टकामदण्डेनाशस्त्रेणाभिनिर्जित्याध्यासयति।

今译：他将具有这七宝。他会有一千个儿子，个个是勇士，英雄，形体英俊，摧毁敌军。他征服和统治以大海为周边的整个大地，没有荆棘，不用刑杖，不用武器。[2]

सचेदगारादनगारिकां प्रव्रजिष्यति वान्तछन्दरागो नेता अनन्यदेवः शास्ता देवानां च मनुष्याणां चेति॥

---

① “家主”（gṛhapati）的本义指一家之主，即家长。在佛经中尤其指商主或富豪。

② 以上关于转轮王七宝的描述不见于地译。

今译：如果他不居家而出家，则摒弃欲望和贪求，成为导师，无与伦比的神，天神和凡人的导师。

तथा अन्येऽपि देवपुत्रा जम्बुद्वीपमागत्य प्रत्येकबुद्धेभ्य आरोचयन्ति स्म-- रिञ्चत मार्षा बुद्धक्षेत्रम्। इतो द्वादशवत्सरे बोधिसत्त्वो मातुः कुक्षिमवक्रमिष्यति॥

今译：这时，其他一些天子也来到瞻部洲，告诉缘觉们："众贤士啊，你们都离开佛的领域吧！十二年后，菩萨就要进入母亲腹中。"

地译：復有天子下閻浮提，告辟支佛，作如是言："仁者！應捨此土。何以故？十二年後當有菩薩降神入胎。"

तेन खलु पुनर्भिक्षवः समयेन राजगृहे महानगरे गोलाङ्गुलपरिवर्तने पर्वते मातङ्गो नाम प्रत्येकबुद्धो विहरति स्म। स तं शब्दं श्रुत्वा कर्दम इव शिलायां प्रस्थाय विहायसा सप्ततालमात्रमत्युद्गम्य च तेजोधातुं समापद्योल्केव परिनिर्वाणोऽयम्। यत्तस्य पित्तश्लेष्मस्नाय्वस्थिमांसरुधिरं चासीत् तत्सर्वं तेजसा पर्यवदानमगच्छत्। शुद्धशरीराण्येव भूमौ प्रापतन्। अद्यापि च तानि ऋषिपदान्येव संज्ञायन्ते॥

今译：这时，众比丘啊！有一位名叫摩登伽的缘觉住在王舍城牛尾山。闻听这话，他像山上的泥土，腾空跃起七棵多罗树高，又像流星一样化为火，达到涅槃。他的胆汁、黏液、筋、骨、肉和血都被火烧净，唯有纯洁的舍利落到地上。至今，它们仍被称为仙人遗迹[①]。

地译：是時，王舍城尾盤山中，有辟支佛，名曰摩燈。聞是語已，自見其身猶如委土，從座而起，踊在虛空高七多羅樹，化火焚身，入於涅槃，唯餘舍利從空而下。是故，此地名仙人墮處。

तेन खलु पुनर्भिक्षवः समयेन वाराणस्यां ऋषिपतने मृगदावे पञ्च प्रत्येकबुद्धशतानि विहरन्ति स्म। तेऽपि तं शब्दं श्रुत्वा विहायसा सप्ततालमात्रमत्युद्गम्य तेजोधातुं समापद्योल्केव परिनिर्वान्ति स्म। यत्तेषां पित्तश्लेष्ममांसास्थिस्नायुरुधिरं चाभूत् तत्सर्वं तेजसा पर्यवदानमगच्छत्। शुद्धशरीराण्येव भूमौ प्रापतन्। अस्मिन्नृषयः पतिता इति तस्मात्प्रभृति ऋषिपतनसंज्ञोदपादि। अभयदत्ताश्च तस्मिन् मृगाःप्रतिवसन्ति इति तदग्रेण मृगदावस्य मृगदाव इति संज्ञोदपादि॥

今译：这时，众比丘啊！还有五百缘觉住在波罗奈城仙人堕处鹿苑。他们

① 按照佛教传统说法，佛和缘觉（"辟支佛"）不同时出现在世上。若佛出世，缘觉便入涅槃。

闻听这话，也腾空跃起七棵多罗树高，像流星一样化为火，达到涅槃。他们的胆汁、黏液、筋、骨、肉和血都被火烧净，唯有纯洁的舍利落到到上。由于仙人们坠落这里，从此，称为仙人堕处。而在此前，鹿群生活在这里，无所畏惧，故而名为鹿苑[①]。

地译：諸比丘！是時，波羅奈國五百辟支聞天語已，亦復如是，化火焚身，入於涅槃，唯餘舍利從空而下。復以過去有仁慈王，施於群鹿無畏之處，是故，彼地亦名仙人鹿苑。

इति हि भिक्षवो बोधिसत्त्वस्तुषितवरभवनस्थितश्चत्वारि महाविलोकितानि विलोकयति स्म। कतमानि चत्वारि तद्यथा-- कालविलोकितं द्वीपविलोकितं देशविलोकितं कुल-विलोकितम्॥

今译：众比丘啊！那时，菩萨在兜率天美妙天宫中，进行四大观察。哪四大观察？观察时间、观察诸洲、观察国家和观察家族。

地译：爾時，菩薩處於天宮，以四種心而遍觀察：一者觀時，二者觀方，三者觀國，四者觀族。

किं कारणं भिक्षवो बोधिसत्त्वः कालविलोकितं विलोकयति स्म न बोधिसत्त्व आदिप्रवृत्ते लोके सत्त्वसंवर्तनीकालसमये मातुः कुक्षिमवक्रामति अथ तर्हि यदा व्यक्तो लोकः सुस्थितो भवति जाति प्रज्ञायते जरा प्रज्ञायते व्याधि प्रज्ञायते मरणं प्रज्ञायते तदा बोधिसत्त्वो मातुः कुक्षिमवक्रामति॥

今译：众比丘啊！菩萨为何要观察时间？在世界之初，众生毁灭之时[②]，菩萨不会进入母亲腹中。而世界一旦清晰稳定，众生知道生，知道老，知道病，知道死，菩萨便会进入母亲腹中。

地译：比丘！何故觀時？菩薩不於劫初而入母胎，唯於劫減[③]，世間眾生明了知有老病死苦，菩薩是時方入母胎。

---

① “鹿苑”（mṛgadāva）或译“鹿野苑”。巴利文《本生经》中记载波罗奈城梵授王每天亲自或派厨师射杀御花园中的鹿。鹿王恳求他们不要射杀，保证每天主动向国王输送一头鹿。这样，群鹿依次赴死。后来，轮到一头怀孕的母鹿。鹿王心生怜悯，愿意代她赴死。此事感动国王，下令赦免所有的鹿。玄奘《大唐西域记》卷七中也记载有这个传说。

② “毁灭之时”（saṃvartanīkālasamaye）在这里似与前面所说“世界之初”矛盾。或者可读为既不在“世界之初”，也不在“毁灭之时”。

③ “劫”（kalpa）指世界从创造到毁灭的一个周期。“劫初”指世界创造之初。“劫减”指劫中时间递减，也就是在劫初之后。

किं कारणं बोधिसत्त्वो द्वीपविलोकितं विलोकयति स्म न बोधिसत्त्वा प्रत्यन्तद्वीपा उपपद्यन्ते न पूर्वविदेहे नापरगोदानीये न चोत्तरकुरौ। अथ तर्हि जम्बुद्वीप एवोपपद्यन्ते॥

今译：众比丘啊！菩萨为何要观察诸洲？菩萨们不会降生在边远之洲、东胜身洲、西牛货洲和北俱卢洲，而只降生在赡部洲[①]。

地译：何故觀方？菩薩不於東弗婆提、西瞿耶尼、北欝單越及餘邊地，唯現閻浮。所以者何？閻浮提人有智慧故。

किं कारणं भिक्षवो बोधिसत्त्वो देशविलोकितं विलोकयति स्म न बोधिसत्त्वाः प्रत्यन्तजनपदेषूपपद्यन्ते येषु मनुष्या अन्धजात्या जडा एडमूकजातीया अभव्याः सुभाषितदुर्भाषितानामर्थं ज्ञातुम्। अथ तर्हि बोधिसत्त्वा मध्यमेष्वेव जनपदेषूपपद्यन्ते॥

今译：众比丘啊！菩萨为何要观察国家？菩萨们不会降生在边远国家，那里的人天生愚昧、痴呆，犹如哑羊，不能分辨好话坏话。因此，他们只降生在中部国家。

地译：何故觀國？菩薩不生邊地，以其邊地人多頑鈍，無有根器，猶如瘂羊而不能知善與不善言說之義。是故，菩薩但生中國[②]。

किं कारणं भिक्षवो बोधिसत्त्वः कुलविलोकितं विलोकयति स्म न बोधिसत्त्वा हीनकुलेषूपपद्यन्ते चण्डालकुलेषु वा वेणुकारकुले वा रथकारकुले वा पुष्कसकुले वा। अथ तर्हि कुलद्वये एवोपपद्यन्ते ब्राह्मणकुले क्षत्रियकुले च। तत्र यदा ब्राह्मणगुरुको लोको भवति तदा ब्राह्मणकुले उपपद्यन्ते। यदा क्षत्रियगुरुको लोको भवति तदा क्षत्रियकुले उपपद्यन्ते। एतर्हि भिक्षवः क्षत्रियगुरुको लोकः। तस्माद्बोधिसत्त्वाःक्षत्रियकुले उपपद्यन्ते। तमर्थं च संप्रतीत्य बोधिसत्त्वस्तुषितवरभवनस्थश्चत्वारि महाविलोकितानि विलोकयति स्म॥

今译：众比丘啊！菩萨为何要观察家族？菩萨们不会降生在低等家族、旃陀罗家族、竹匠家族、车匠家族或布湿迦沙家族，而只降生在两种家族：婆罗门家族和刹帝利家族。世界重视婆罗门时，他们降生在婆罗门家族。世界重视刹帝利时，他们降生在刹帝利家族。众比丘啊，如今世界重视刹帝利，因此，菩萨们降生在刹帝利家族。正是为了这个目的，菩萨在兜率天的美妙天宫中进行四大观察。

[①] 印度古代设想世界有四大洲：东胜身洲（也译"东毗提诃洲"或"东弗婆提洲"）、西牛货洲（也译"西瞿耶尼洲"）、北俱卢洲（也译"郁单越洲"）和赡部洲。印度位于赡部洲。

[②] "中国"的原文是 madhyameṣu janapadeṣu，词义为"中部国家"或"中部地区"，即中印度。

地译：何故觀族？菩薩不生旃陀羅、毗舍、首陀家。四姓[1]之中，唯於二族：刹帝利種及婆羅門。於今世間重刹帝利。是故，菩薩生刹利家。

एवं चावलोक्य तूष्णीमभूत्। इति हि भिक्षवस्ते देवपुत्राः बोधिसत्त्वस्यान्योन्यं परिपृच्छन्ति स्म-- कतमस्मिन् कुलरत्ने कियद्रूपायां जनन्यां बोधिसत्त्वः प्रतिष्ठेतेति। तत्र केचिदाहुः-- इदं वैदेहीकुलं मगधेषु जनपदेषु ऋद्धं च स्फीतं च क्षेमं सुभिक्षं च। इदं प्रतिरूपमस्य बोधिसत्त्वस्य गर्भस्थानम्। अपरे त्वाहुः-- न तत्प्रतिरूपम्। तत्कस्मात् तथा हि-- तन्न मातृशुद्धं पितृशुद्धं अप्लुतं चञ्चलमनवस्थितं परित्तपुण्याभिष्यन्दितं न विपुलपुण्याभिषिक्तं सत्कुलप्रदेशोपचारं नोद्यानसरस्तडागाकीर्णं कर्वटमिव प्रत्यन्तवासम्। तेन न तत्प्रतिरूपम्॥

今译：这样观察之后，菩萨保持沉默。于是，众比丘啊！那些天子互相询问："菩萨确定哪个家族宝？什么样的母亲？"一些天子说："摩揭陀国毗提诃家族繁荣，昌盛，安定，富饶，适合菩萨投胎。"而另一些天子说："那里不合适。为什么？母亲和父亲都不纯洁，[2] 躁动不安，缺乏功德流，不受大功德灌顶，冒充高贵的家族，没有遍布的花园、池塘和湖泊，仿佛是边远的村落，因此，不合适。"

地译：如是觀已，默然而住。爾時會中諸菩薩眾及諸天子各相謂言："菩薩今者當於何國，依何種姓而託生耶？"或有天言："摩伽陀國毗提訶王豪貴甚盛，可生於彼。"復有說言："菩薩不生於彼。何以故？其王父母俱不真正，憍慢卒暴，善根微尠，無大福德，不宜生彼。"

अपरे त्वाहुः-- इदं पुनः कौशलकुलं महावाहनं च महापरिवारं च महाधनं च। तत्प्रतिरूपमस्य बोधिसत्त्वस्य गर्भप्रतिसंस्थानायेति। अपरेऽप्याहुः-- तदप्यप्रतिरूपम्। तत्कस्माद्धेतोः तथा हि-- कौशलकुलं मातङ्गच्युत्युपपन्नं न मातृपितृशुद्धम्। हीनाधि- मुक्तिकं न च कुलोदितं न चापरिमितधनरत्ननिधिसमुत्थितम्। तेन न तत्प्रतिरूपम्॥

今译：另一些天子说："憍萨罗家族有大量车马、随从和财富，适合菩萨投胎。"而另一些天子说："那里也不合适。为什么？憍萨罗家族出身摩登伽种族[3]，母亲和父亲都不纯洁，缺乏信念，出生不高贵，不会涌现无限的财富宝藏，因此，不合适。"

---

① "四姓"指四种姓。在婆罗门教中，四种姓的排列是婆罗门、刹帝利、吠舍和首陀罗。而在佛教中，刹帝利排在四种姓的首位。此处"毗舍"和"首陀"即"吠舍"和"首陀罗"。"旃陀罗"是四种姓外的贱民。

② 此处原文中还有 aplutam 这个词，词义不明。M 本写为 aputram（"没有儿子"）。

③ "摩登伽种族"（mātaṅga）也属于贱民。

地译：或有天言：“憍薩羅王種望殊勝，多有財寶、象馬、車乘、吏民、僮僕，可生於彼。”復有說言：“菩薩不生於彼。何以故？其王本是摩燈伽種，父母宗親悉皆鄙劣，少信薄福，不宜生彼。”

अपरे त्वाहुः-- इदं वंशराजकुलं ऋद्धं च स्फीतं च क्षेमं च सुभिक्षं च। इदं प्रतिरूपमस्य बोधिसत्त्वस्य गर्भस्थानमिति। अपर एवमाहुः-- इदमप्यप्रतिरूपम्। किं कारणम् तथाहि-- वंशराजकुलं प्राकृतं च चण्डं च न चोज्ज्वलिततेजसं परपुरुषजन्मावृतं च न मातृपितृस्वतेजःकर्माभिनिर्वृत्तं च। उच्छेदवादी च तत्र राजा। तेन तदप्यप्रतिरूपम्॥

今译：另一些天子说：“犊子[①]王家族繁荣，昌盛，安定，富饶，适合菩萨投胎。”而另一些天子说：“那里也不合适。为什么？犊子王家族原始，野蛮，没有闪耀的光辉，依靠他人生育，缺乏父母自身的光辉和业绩。这位国王是断灭论者，因此，不合适。”

地译：或有天言：“彼犢子王種姓豪強，富樂熾盛，好行惠施，可生於彼。”復有說言：“菩薩不生於彼。何以故？其王凡劣，無大威德，暴戾可畏，母族卑下，簒竊君位，不宜生彼。”

अपरेऽप्याहुः-- इयं वैशाली महानगरी ऋद्धा च स्फीता च क्षेमा च सुभिक्षा च रमणीया चाकीर्णबहुजनमनुष्या च वितर्दिनिर्यूहतोरणगवाक्षहर्म्यकूटागारप्रासादतलसमलंकृता च पुष्पवाटिकावनराजिसंकुसुमिता च अमरभवनपुरप्राकाश्या। सा प्रतिरूपास्य बोधिसत्त्वस्य गर्भप्रतिसंस्थानायेति। अपर आहुः-- साप्यप्रतिरूपा। किं कारणम् तथा हि-- तेषां नास्ति परस्परन्यायवादिता नास्ति धर्माचरणम् नोच्चमध्यवृद्धज्येष्ठानुपालिता। एकैक एव मन्यते-- अहं राजा अहं राजेति। न च कस्यचिच्छिष्यत्वमभ्युपगच्छति न धर्मत्वम्। तेन साप्यप्रतिरूपा॥

今译：另一些天子说：“毗舍离大城繁荣，昌盛，安定，富饶，可爱，人丁兴旺，装饰有露台、塔楼、拱门、窗户、楼阁和宫顶，花园林木成行，鲜花盛开，犹如天国城堡，适合菩萨投胎。”而另一些天子说：“那里也不适合。为什么？他们互相不讲道理，不行正法，无论上等、中等或年迈长者都不受保护，人人都认为自己是国王，没有人虚心求教，追求正法，因此，不合适。”

地译：或有天言：“毗耶離王尊貴富盛，安隱快樂，無諸怨敵，人民眾多，宮室苑園，林泉花果，莊嚴綺麗，猶若天宮，可生於彼。”復有說言：“菩

---

① “犊子”的原文是 vaṃśa（“世系”）。BHSD 指出此词等同于 vatsa（“犊子”），巴利文中写为 vaṃsa，也写为 vaccha。此处地译“犊子”。

薩不生於彼。何以故？其國土中諸離車子[1]不相敬順，各自稱尊。是故，菩薩不宜生彼。”

अपरे त्वेवमाहुः-- इदं प्रद्योतकुलं महाबलं च महावाहनं च परचमूशिरसि विजयलब्धं च। तत्प्रतिरूपमस्य बोधिसत्त्वस्य गर्भप्रतिसंस्थानायेति। अपरे त्वेवमाहुः-- तदप्यप्रतिरूपम्। किं कारणम् तथा हि-- ते चण्डाश्च चपलाश्च रौद्राश्च परुषाश्च साहसिकाश्च न च कर्मदर्शिनः। तेन तदप्यप्रतिरूपमस्य बोधिसत्त्वस्य गर्भप्रतिसंस्थानायेति॥

今译：另一些天子说：“胜光家族有大量军队和车马，在敌军阵前赢得胜利，适合菩萨投胎。”而另一些天子说：“那里也不合适。为什么？他们野蛮，浮躁，凶狠，粗暴，鲁莽，不明事理。因此，不适合菩萨投胎。”

地译：或有天言：“勝光王有大威力，統御兵眾，能破怨敵，可生於彼。”復有說言：“菩薩不生於彼。何以故？其王剛強，不修善業。是故，菩薩不宜生彼。”

अपर एवमाहुः-- इयं मथुरा नगरी ऋद्धा च स्फीता च क्षेमा च सुभिक्षा चाकीर्णबहुजनमनुष्या च। राज्ञः सुबाहोःकंसकुलस्य शूरसेनेश्वरस्य राजधानिः। सा प्रतिरूपास्य बोधिसत्त्वस्य गर्भप्रतिसंस्थानायेति। अपरे त्वाहुः-- साप्यप्रतिरूपा। किं कारणम् तथाहि-- स राजा मिथ्यादृष्टिकुलवंशप्रसूतो दस्युराजा। न युज्यते चरमभविकस्य बोधिसत्त्वस्य मिथ्यादृष्टिकुले उपपत्तुम्। तेन साप्यप्रतिरूपा॥

今译：另一些天子说：“摩突罗城繁荣，昌盛，安定，富饶，人丁兴旺。那是刚沙家族勇军王妙臂的都城，适合菩萨投胎。”而另一些天子说：“那里也不合适。为什么？这位国王出生在邪教家族，是达休[2]王。菩萨的最后一生不能出生在邪教家族中。因此，不合适。”

地译：或有天言：“摩偷羅城王名善臂，勇猛安樂，富貴自在，可生於彼。”復有說言：“菩薩不生於彼。何以故？其王本是邪見種族，殘害無道，不宜生彼。”

अपरेऽप्याहुः-- अयं हस्तिनापुरे महानगरे राजा पाण्डवकुलवंशप्रसूतः शूरो वीर्यवान् वराङ्गरूपसंपन्नःपरसैन्यप्रमर्दकानां तत्कुलं प्रतिरूपमस्य बोधिसत्त्वस्य गर्भप्रतिसंस्थानायेति। अपरेऽप्याहुः-- तदप्यप्रतिरूपम्। किं कारणम् तथा हि-- पाण्डवकुलप्रसूतैः कुलवंशोऽतिव्याकुलीकृतो युधिष्ठिरो धर्मस्य पुत्र इति कथयति भीमसेनो वायोः अर्जुन इन्द्रस्य

① “离车子”（licchvi）指离车族人。
② “达休”（dasyu）指奴隶、贱民或盗贼。

नकुलसहदेवावश्विनोरिति। तेन तदपि कुलमप्रतिरूपमस्य बोधिसत्त्वस्य गर्भसंस्थानायेति॥

今译：另一些天子说："在象城这座大城中，这位出身般度族的国王威武，勇敢，肢体完美，摧毁敌军。这个家族适合菩萨投胎。"而另一些天子说："那里也不合适。为什么？这个家族世系由于般度族的诞生而混乱，据说坚战是正法之子，怖军是风神之子，阿周那是因陀罗之子，无种和偕天是双马童之子。因此，这个家族不适合菩萨投胎。"

地译：或有天言："般茶[1]婆王都在象城，勤事勇健，支體圓滿，人相具足，能制怨敵，可生於彼。"復有說言："菩薩不生於彼。何以故？其王閹官之人，室家壞亂，雖有五男，皆非其胤[2]，不宜生彼。"

अपर आहुः-- इयं मिथिला नगरी अतीव रमणीया मैथिलस्य राज्ञः सुमित्रस्य निवासभूमिः। स राजा प्रभूतहस्त्यश्वरथपदातिबलकायसमन्वितः प्रभूतहिरण्यसुवर्णमणिमुक्तावैडूर्यशङ्खशिलाप्रवालजातरूपरजतवित्तोपकरणः सर्वसामन्तराजाभीतबलपराक्रमो मित्रवान् धर्मवत्सलः। तत्कुलं प्रतिरूपमस्य बोधिसत्त्वस्य गर्भप्रतिसंस्थानायेति। अन्य ऊचुः-- तदप्यप्रतिरूपम्। अस्त्यसौ राजा सुमित्र एवंगुणयुक्तः किं त्वतिवृद्धो न समर्थः प्रजामुत्पादयितुमतिबहुपुत्रश्च। तस्मात्तदपि कुलमप्रतिरूपमस्य बोधिसत्त्वस्य गर्भप्रतिसंस्थानायेति॥

今译：另一些天子说："弥提罗城极其可爱，弥提罗国王善友住在这里。这位国王拥有大量象兵、马兵、车兵和步兵，大量金子、金摩尼珠、珍珠、琉璃、贝螺、宝石、珊瑚和金银财宝器物。但他的力量和勇武并不对周边国王构成威胁。他结交朋友，热爱正法。这个家族适合菩萨投胎。"而另一些天子说："那里也不合适。尽管这位善友王具有这些品德，但他太老了，已经有太多的儿子，不能再生育了。因此，这个家族不适合菩萨投胎。"

地译：或有天言："彌梯羅城莊嚴綺麗，王名善友，威伏諸王，象馬四兵皆悉具足，珍寶無量，樂聞正法，可生於彼。"復有說言："菩薩不生於彼。何以故？其王雖有如是美事，年時衰暮，無有力勢，復多子息，不宜生彼。"

एवं भिक्षवस्ते बोधिसत्त्वा देवपुत्राश्च सर्वस्मिन् जम्बुद्वीपे षोडशजानपदेषु यानि कानिचिदुच्चोच्चानि राजकुलानि तानि सर्वाणि व्यवलोकयन्तः तानि सर्वाणि सदोषाण्यद्राक्षुः। तेषां चिन्तामनस्कारप्रयुक्तानां ज्ञानकेतुध्वजो नाम देवपुत्रोऽवैवर्तिको बोधाय कृतनिश्चयो

① 此处"茶"字应为"荼"。

② 这是指般荼婆（pāṇḍava，即般度族）的祖先般度王不能生育。他的五个儿子是他的三个王后与五位天神交媾的产物。

第三　家族纯洁品

ऽस्मिन्महायाने। स तां महतीं बोधिसत्त्वदेवपर्षदमेतदवोचत्-- एतन्मार्षा एतमेव बोधिसत्त्वमुपसंक्रम्य परिप्रक्ष्यामः-- कीदृग्गुणसंपन्ने कुले चरमभविको बोधिसत्त्वः प्रत्याजायत इति। साध्विति ते सर्वे कृताञ्जलिपुटा बोधिसत्त्वमुपसंक्रम्य पर्यप्राक्षुः-- कीदृग्गुणसंपन्ने सत्पुरुषकुलरत्ने चरमभविको बोधिसत्त्वः प्रत्याजायत इति॥

今译：就这样，众比丘啊！那些菩萨和天子观察了整个赡部洲上十六个最高贵的王族，看到他们都有缺陷。他们陷入了沉思。这时，其中一位名叫智幢的天子，矢心大乘，追求觉醒，不退转。他在菩萨和天神的大集会上说道："诸位贤士啊，我们去询问菩萨：'菩萨的最后一生出生在具有什么样品德的家族中？'"他们同声说道："好啊！"于是，他们双手合十，走近菩萨，询问道："菩萨的最后一生出生在具有什么样品德的善人家族宝中？"

地译：佛告諸比丘：無量菩薩及諸天子於閻浮提十六大國所有威德勝望王種周遍觀察，皆悉不堪菩薩往生，相與籌議，竟不能知菩薩生處。爾時會中有一天子，名曰智幢，善入大乘，心不退轉，告眾天子言："汝等宜應往問菩薩，當生何處？"諸天子等咸共合掌，詣菩薩所而前問言："閻浮提中何等種姓，具何功德，補處菩薩[①]當生其家？"

ततो बोधिसत्त्वस्तं महान्तं बोधिसत्त्वगणं देवगणं च व्यवलोक्य एतदवोचत्-- चतुष्षष्ट्याकारैर्मार्षाः संपन्नकुलं भवति यत्र चरमभविको बोधिसत्त्वः प्रत्याजायते। कतमैश्चतुष्षष्ट्याकारैः तद्यथा।

今译：于是，菩萨望着众菩萨和众天神，说道："诸位贤士啊！菩萨的最后一生出生在具有六十四种品德的家族中。哪六十四种？

地译：爾時菩薩告諸天子："閻浮提中若有勝望種族，成就六十四種功德者，最後身菩薩當生其家。何等名為六十四德？

अभिज्ञातं च तत्कुलं भवति। अक्षुद्रानुपघाति च तत्कुलं भवति। जातिसंपन्नं च तत्कुलं भवति। गोत्रसंपन्नं च तत्कुलं भवति। पूर्वपुरुषयुगसंपन्नं च तत्कुलं भवति। अभिजातपुरुषयुगसंपन्नं च तत्कुलं भवति। अभिलक्षितपुरुषयुगसंपन्नं च तत्कुलं भवति। महेशाख्यपुरुषयुगसंपन्नं च तत्कुलं भवति। बहुस्त्रीकं च तत्कुलं भवति। बहुपुरुषं च तत्कुलं भवति। अभीतं च तत्कुलं भवति। अदीनालीनं च तत्कुलं भवति। अलुब्धं च तत्कुलं भवति। शीलवच्च तत्कुलं भवति।

今译："这个家族著名。这个家族不卑微，不作恶。这个家族种姓高贵。这个

[①] "补处菩萨"指下一生将成佛的菩萨。

家族族姓高贵。这个家族两系祖先嫡传。这个家族两系祖先高贵。这个家族两系祖先著名。这个家族两系堪称大自在。这个家族有众多女子。这个家族有众多男子。这个家族没有恐惧。这个家族不卑劣，不怯弱。这个家族不贪婪。这个家族有戒行。

地译：一者國土寬廣種姓真正。二者眾所宗仰。三者不生雜姓。四者人相端嚴。五者族類圓滿。六者內外無嫌。七者心無下劣。八者二族高貴。九者二族可敬。十者二族有望。十一者二族有德。十二者其家多男。十三者所生無畏。十四者無有瑕疵。十五者貪愛微薄。十六者遵奉禁戒。

प्रज्ञावच्च तत्कुलं भवति। अमात्यावेक्षितं च तत्कुलं भवति भोगान् परिभुनक्ति। अवन्ध्य-शिल्पनिवेशनं च तत्कुलं भवति भोगान् परिभुनक्ति। दृढमित्रं च तत्कुलं भवति। तिर्यग्योनिगतप्राणानुपरोधकरं च तत्कुलं भवति। कृतज्ञं च कृतवेदितं च तत्कुलं भवति। अच्छन्दगामिनं च तत्कुलं भवति। अदोषगामिनं च तत्कुलं भवति। अमोहगामिनं च तत्कुलं भवति। अभयगामिनं च तत्कुलं भवति। अनवद्यभीरु च तत्कुलं भवति। अमोहविहारि च तत्कुलं भवति। स्थूलभिक्षं च तत्कुलं भवति। क्रियाधिमुक्तं च तत्कुलं भवति। त्यागाधिमुक्तं च तत्कुलं भवति।

今译："这个家族有智慧。这个家族享用财物，有大臣照看。这个家族享用财物，工艺精良。这个家族有可靠的朋友。这个家族不伤害动物生命。这个家族知恩图报。这个家族不随心所欲。这个家族不犯过错。这个家族不陷入痴迷。这个家族不陷入恐惧。这个家族无可指责而不怕非难。这个家族不陷入愚痴。这个家族慷慨布施。这个家族热心事业。这个家族热心舍弃。

地译："十七者皆有智慧。十八者凡是所用，要令群下先觀試之。十九者人皆工巧。二十者與朋友善，終始如一。二十一者不害眾生。二十二者不忘恩義。二十三者知行儀式。二十四者依教行事。二十五者疑即無成。二十六者不愚於業。二十七者不悋於物。二十八者不作罪惡。二十九者功不唐捐。三十者施心殷重。三十一者志性決定。三十二者善於取捨。

दानाधिमुक्तं च तत्कुलं भवति। परुषकारमति च तत्कुलं भवति। दृढविक्रमं च तत्कुलं भवति। बलविक्रमं च तत्कुलं भवति। श्रेष्ठविक्रमं च तत्कुलं भवति। ऋषिपूजकं च तत्कुलं भवति। देवतापूजकं च तत्कुलं भवति। चैत्यपूजकं च तत्कुलं भवति। पूर्वप्रेतपूजकं च तत्कुलं भवति। अप्रतिबद्धवैरं च तत्कुलं भवति। दशदिग्विघुष्टशब्दं च तत्कुलं भवति। महापरिवारं च तत्कुलं भवति। अभेद्यपरिवारं च तत्कुलं भवति। अनुत्तरपरिवारं च तत्कुलं भवति। कुलज्येष्ठं च तत्कुलं भवति। कुलश्रेष्ठं च तत्कुलं भवति।

今译："这个家族热心施舍。这个家族有大丈夫气概。这个家族顽强勇猛。这个家族强大勇猛。这个家族无上勇猛。这个家族供奉仙人。这个家族供奉天神。这个家族供奉塔庙。这个家族供奉亡灵。这个家族不积冤仇。这个家族名扬十方。这个家族有大量随从。这个家族的随从不分裂。这个家族的随从无与伦比。这个家族是最卓越的家族。这个家族是最优秀的家族。

地译："三十三者於施信樂。三十四者丈夫作用①。三十五者所為成辦。三十六者勤勇自在。三十七者勇猛增上。三十八者供養仙人。三十九者供養諸天。四十者供養論師。四十一者供養先靈。四十二者常無怨恨。四十三者名振十方。四十四者有大眷屬②。四十五者不阻善友。四十六者有多眷屬。四十七者有強眷屬。四十八者無亂眷屬。

कुलवशिताप्राप्तं च तत्कुलं भवति। महेशाख्यं च तत्कुलं भवति। मातृज्ञं च तत्कुलं भवति। पितृज्ञं च तत्कुलं भवति। श्रामण्यं च तत्कुलं भवति। ब्राह्मण्यं च तत्कुलं भवति। प्रभूतधनधान्यकोषकोष्ठागारं च तत्कुलं भवति। प्रभूतहिरण्यसुवर्णमणिमुक्ताजातरूपरजतवित्तोपकरणं च तत्कुलं भवति। प्रभूतहस्त्यश्वोष्ट्रगवेडकं च तत्कुलं भवति। प्रभूतदासीदासकर्मकरपौरुषेयं च तत्कुलं भवति। दुष्प्रधर्षं च तत्कुलं भवति। सर्वार्थसिद्धं च तत्कुलं भवति। चक्रवर्तिकुलं च तत्कुलं भवति। पूर्वकुशलमूलसहायोपचितं च तत्कुलं भवति। बोधिसत्त्वकुलकुलोदितं च तत्कुलं भवति। अनवद्यं च तत्कुलं भवति सर्वजातिवाददोषैः सदेवके लोके समारके सब्रह्मके सश्रमणब्राह्मणिकायां प्रजायाम्। एभिर्मार्षाश्चतुष्षष्ट्याकारैःसमन्वागतं च तत्कुलं भवति यस्मिंश्चरमः भविको बोधिसत्त्व उत्पद्यते॥

今译："这个家族获得自在。这个家族堪称大自在。这个家族孝敬母亲。这个家族孝敬父亲。这个家族恭敬沙门。这个家族恭敬婆罗门。这个家族拥有大量财富、粮食、财库和粮仓。这个家族拥有大量金子、金摩尼珠、珍珠和金银财宝器物。这个家族拥有大量象、马、骆驼、牛和羊。这个家族拥有大量女仆、男仆、工匠和差役。这个家族难以战胜。这个家族实现一切目的。这个家族是转轮王家族。这个家族有前世积累的善根相助。这个家族是菩萨出生的家族。这个家族在这个世界，连同天界、魔界和梵界以及沙门和婆罗门众生中，不受一切种姓诟病非难。诸位贤士啊，菩萨的最后一生出生在具有这六十四种品德的家族中。

地译："四十九者威德自在。五十者孝順父母。五十一者敬事沙門。五十二者

① "丈夫作用"（puruṣakāram）指起到大丈夫的作用，即所作所为具有大丈夫气概。
② 此处"眷属"（parivāra）指随从。

遵婆羅門。五十三者七珍具足。五十四者五穀豐盈。五十五者象馬無數。五十六者多諸僕從。五十七者不為他侵。五十八者所作成就。五十九者轉輪王種。六十者宿世善根而為資糧。六十一者其家一切所有，皆由菩薩善根增長。六十二者無諸過失。六十三者無諸譏嫌。六十四者家法和順。如是名為六十四德。若有成就如上功德，補處菩薩當生其家。

द्वात्रिंशता मार्षा गुणाकारैःसमन्वागता सा स्त्री भवति यस्याः स्त्रियाश्चरमभविको बोधिसत्त्वः कुक्षाववक्रामति। कतमैर्द्वात्रिंशता यदुत अभिज्ञातायां स्त्रियां कुक्षौ चरमभविको बोधिसत्त्वोऽवक्रामति। अभिलक्षिताया अच्छिद्रोपचाराया जातिसंपन्नायाः कुलसंपन्नाया रूपसंपन्नाया नामसंपन्नाया आरोहपरिणाहसंपन्नाया अप्रसूतायाः शीलसंपन्नायाः त्याग-संपन्नायाः स्मितमुखायाः प्रदक्षिणग्राहिण्या व्यक्ताया विनीताया विशारदाया बहुश्रुतायाः पण्डिताया अशठाया अमायाविन्या अक्रोधनाया अपगतेर्ष्यायाया अमत्सराया अचञ्चलाया अचपलाया अमुखरायाः क्षान्तिसौरभ्यसंपन्नाया ह्र्यपत्राप्यसंपन्नाया मन्दरागद्वेषमोहाया अपगतमातृग्रामदोषायाः पतिव्रतायाः सर्वाकारगुणसंपन्नायाः स्त्रियाः कुक्षौ चरमभविको बोधिसत्त्वोऽवक्रामति। एभिर्मार्षा द्वात्रिंशताकारैःसमन्वागता सा स्त्री यस्याः स्त्रियाः कुक्षौ चरमभविको बोधिसत्त्वोऽवक्रामति॥

今译：“诸位贤士啊！若有女子具有三十二种品德，菩萨最后一生进入她的腹中。哪三十二种？菩萨最后一生进入这样的女子腹中：闻名遐迩，特征显著，行为无瑕，出身高贵，家族高贵，具有美貌，具有美名，肢体端正匀称，未曾生育，具有戒行，乐于舍弃，和颜悦色，善于接受教诲，聪慧，文雅，无畏，博闻，睿智，不虚伪，不欺诳，不嗔怒，不妒忌，不悭吝，不轻浮，不急躁，不饶舌，温顺宽容，知羞耻，摒弃贪嗔痴，摆脱女人缺点，忠于夫主，具有一切品德。菩萨最后一生进入这样的女子腹中。诸位贤士啊！菩萨最后一生进入具有这三十二种品德的女子腹中。

地译：“若有女人成就三十二種功德，當為菩薩之母。何等名為三十二德？一者名稱高遠。二者眾所咨嗟。三者威儀無失。四者諸相具足。五者種姓高貴。六者端正絕倫。七者名德相稱。八者不長不短，不麁不細。九者未曾孕育。十者性戒成就。十一者心無執著。十二顏色和悅。十三者運動順右[①]。十四者識用明悟。十五者姿性柔和。十六者常無怖懼。十七者多聞不忘。十八者智慧莊嚴。十九者心無諂曲。二十者無所欺誑。二十一者未嘗忿恚。二十二者恒無慳悋。二十三者性不嫉妬。二十四者性無躁動。二十五者容色滋潤。二十六者口

① “运动顺右”的原文是 pradakṣiṇagrāhin，词义为“善于接受教诲”或“善于学习”。

無惡言。二十七者於事能忍。二十八者具足慚愧。二十九者三毒[①]皆薄。三十者遠離一切女人過失。三十一者奉天如戒[②]。三十二者眾相圓滿。如是名為三十二德。若有成就如上功德，方乃堪任為菩薩母。

न खलु पुनर्मार्षाः कृष्णपक्षे बोधिसत्त्वो मातुः कुक्षाववक्रामति अपि तु शुक्लपक्षे। एवं पञ्चदश्यां पूर्णायां पूर्णिमायां पुष्यनक्षत्रयोगे पोषधपरिगृहीताया मातुः कुक्षौ चरमभविको बोधिसत्त्वोऽवक्रामति॥

今译：“诸位贤士啊，还有，菩萨不在黑半月，而在白半月进入母亲腹中。这样，在白半月第十五日，圆月与弗沙星宿结合时，菩萨最后一生进入清净持戒的母亲腹中。”

地译：“菩薩不於黑月入胎，要以白月弗沙星合，其母受持清淨齋戒，菩薩於是方現入胎。”

अथ खलु ते बोधिसत्त्वास्ते च देवपुत्रा बोधिसत्त्वस्यान्तिकादिमामेवरूपां कुलपरिशुद्धिं मातृपरिशुद्धिं च श्रुत्वा चिन्तामनस्कारा अभूवन्। कतमं कुलं एवंगुणसमन्वागतं भवेद्यावद्विधमनेन सत्पुरुषेण निर्दिष्टम् तेषां चिन्तामनस्कारप्रयुक्तानामेतदभूत्-- इदं खल्वपि शाक्यकुलं ऋद्धं च स्फीतं च क्षेमं च सुभिक्षं च रमणीयं चाकीर्णबहुजनमनुष्यं च। राजा शुद्धोदनो मातृशुद्धः पितृशुद्धः पत्नीशुद्धोऽपरिकृष्टसंपन्नायाः स्वाकारसुविज्ञापकः पुण्यतेजस्तेजितो महासंमतकुले प्रसूतश्चक्रवर्तिवंशकुलकुलोदितोऽपरिमितधननिधिरत्नसमन्वागतः कर्मदृक्क विगतपापदृष्टिकश्च। सर्वशाक्यविषये चैकराजा पूजितो मानितः श्रेष्ठिगृहपत्यमात्यपारिषद्यानां प्रासादिको दर्शनीयो नातिवृद्धो नातितरुणोऽभिरूपः सर्वगुणोपेतः शिल्पज्ञः कालज्ञ आत्मज्ञो धर्मज्ञस्तत्त्वज्ञो लोकज्ञो लक्षणज्ञो धर्मराजो धर्मेणानुशास्ता अवरोपितकुशलमूलानां च सत्त्वानां कपिलवस्तुमहानिलयः। येऽपि तत्रोपपन्नास्तेऽपि तत्स्वभावा एव।

今译：这些菩萨和天子听了菩萨讲述家族的纯洁和母亲的纯洁，陷入沉思：“哪个家族具有这位善士指出的这些品德？”他们在沉思中产生这个想法：“确实，这个释迦族繁荣，昌盛，安定，富饶，可爱，人丁兴旺。净饭王母系纯洁，父系纯洁，妻子纯洁，不可战胜[③]，善于教诲。闪耀功德的光辉，出生在广受尊敬的家族，转轮王世系的家族，拥有无量财宝和珠宝，关注业果，摒弃恶见。

---

① “三毒”指贪嗔痴。

② “奉天如戒”的原文是 pativratā，词义为“忠于夫主”。故而，“奉天如戒”中的“天”字似应为“夫”。

③ “不可战胜”的原文是 aparikṛṣṭasaṃpannāyāḥ，语法形态疑有误，应与此处前后的同位语保持一致，即写成 aparikṛṣṭasaṃpannaḥ。

他是整个释迦地区的唯一国王，受供奉，受尊敬，善待商主、家主、臣仆和会众，可亲可爱，不太年老，也不太年轻，容貌端正，具有一切品德，通晓技艺，知道时间，知道自己，知道正法，知道真谛，知道世界，知道事相，是一位法王，居住在迦比罗卫大城中，依法教诲种植善根的众生。居住在那里的人们也都具有他的品性。

地译：彼諸菩薩及諸天子聞說如是種族清淨父母功德，各自思惟："誰有具此諸功德者？"復作是念："唯有釋氏輪頭檀王[①]，族望殊勝，轉輪王種，所都國邑人民眾多，安隱豐饒，甚可愛樂。其輪檀王，人相圓滿，顏容端正，微妙第一，威德光大，福智莊嚴，所為必善，以善化俗。其家豪貴，富有財寶，象馬七珍皆悉盈滿，深達業果，離諸惡見。於釋種中唯此為主，四方歸伏，見者歡喜，閑習伎藝，不老不少，知教知時，世間軌式無不解了，以法為王，依法御物。又其國土所有人民宿植善根，咸以一心承事其主。

राज्ञश्च शुद्धोदनस्य माया नाम देवी सुप्रबुद्धस्य शाक्याधिपतेर्दुहिता नवतरुणी रूपयौवनसंपन्ना अप्रसूता अपगतपुत्रदुहितृका सुरूपा सलेख्यविचित्रेव दर्शनीया देवकन्येव सर्वालंकारभूषिता अपगतमातृग्रामदोषा सत्यवादिन्यकर्कशा अपरुषा अचपलानवद्या कोकिलस्वरा अप्रलापिनी मधुरप्रियवादिनी व्यपगताखिलक्रोधमदमानदर्पप्रतिघा अनीर्षुका कालवादिनी त्यागसंपन्ना शीलवती पतिसंतुष्टा पतिव्रता परपुरुषचिन्तामनस्कारापगता समसंहतशिरः कर्णनासा भ्रमरवरसदृशकेशी सुललाटी सुभ्रूर्व्यपगतभ्रुकुटिका स्मितमुखी पूर्वाभिलापिनी श्लक्ष्णमधुरवचना प्रदक्षिणग्राहिणी ऋज्वी अकुटिला अशठा अमायाविनी ह्र्यपत्राप्यसंपन्ना अचपला अचञ्चला अमुखरा अविकीर्णवचना मन्दरागद्वेषमोहा क्षान्तिसौरभ्यसंपन्ना करचरणनयनस्वारक्षितबुद्धिःमृदुतरुणहस्तपादा काचिलिन्दिकसुखसंस्पर्शा नवनलिनेन्दीवरपत्रसुविशुद्धनयना रक्ततुङ्गनासा सुप्रतिष्ठिताङ्गी सेन्द्रायुधमिव यष्टिःसुविनीता सुविभक्ताङ्गप्रत्यङ्गा अनिन्दिताङ्गी बिम्बोष्ठी चारुदशना अनुपूर्वग्रीवा स्वलंकृता सुमना वार्षिकी सुविशुद्धदर्शना सुविनीतांसा अनुपूर्वसुजातबाहुश्चापोदरी अनुपहतपार्श्वा गम्भीरनाभिमण्डला वृत्तसुविस्तीर्णश्लक्ष्णकठिनकटिर्वज्रसंहननकल्पसदृशमात्रा गजभुजसमसमाहितसदृशोरू ऐणेयमृगसदृशजङ्घा लाक्षारससदृशपाणिपादा जगति नयनाभिरम्या अप्रतिहतचक्षुरिन्द्रिया मनापप्रियदर्शना स्त्रीरत्नरूपप्रतिविशिष्टा मायानिर्मितमिव बिम्बं मायानामसंकेता कलाविचक्षणा नन्दन इवाप्सरः-- प्रकाशा शुद्धोदनस्य महाराजस्यान्तःपुरमध्यगता। सा प्रतिरूपा बोधिसत्त्वस्य जननी। या चेयं कुलपरिशुद्धिर्बोधिसत्त्वेनोदाहृता सा शाक्यकुल एव संदृश्यते॥

① "输头檀王"即"净饭王"。"输头檀"是 śuddhodana（"净饭"）一词的音译。

今译："净饭王的王后名叫摩耶，释迦王善觉之女，青春年少，年轻美貌，未曾生育，没有子女，容颜姣好，犹如彩画，见者欢喜，犹如天女装饰有一切装饰品，摆脱女人缺点，说话真实，不粗俗，不尖刻，不浮躁，无可指摘，声音似杜鹃，不唠叨，说话甜蜜可爱，摒弃一切愤怒、迷狂、高傲、骄慢和怨恨，不妒忌，说话适时，乐于舍弃，具有戒行，对夫主满意，忠于夫主，情不外移，头、耳和鼻端正，发髻似黑蜂，美丽的前额，美丽的眉毛，不皱眉头，和颜悦色，问候在先，说话温柔甜蜜，善受教诲，正直，不乖戾，不虚伪，不欺诳，知羞耻，不轻浮，不急躁，不饶舌，不乱语，摒弃贪嗔痴，温顺宽容，精心保护手足和眼睛，手足柔软娇嫩，接触舒服似迦邻陀花，眼睛纯洁似新鲜的蓝莲花瓣，鼻梁高耸可爱，肢体稳健，身材苗条，犹如彩虹，文雅，肢体匀称，无可指摘，嘴唇犹如频婆果，牙齿整齐可爱，脖子匀称，装饰优美，心地善良，犹如婆师迦花容貌纯洁，肩膀柔和，手臂柔顺，腹部似弓，胁部完美，肚脐深凹，臀部丰满坚韧，躯体稳固似金刚杵，大腿似象鼻，小腿似羚羊鹿，手足红似胭脂，人见人爱，眼睛无障碍，容貌令人愉悦，女宝中的佼佼者，犹如幻力创造的影像，故而名为'摩耶'[①]。精通技艺，犹如天国欢喜园中的天女来到净饭大王的后宫。她适合做菩萨的母亲。菩萨所说的这种家族纯洁，只有在释迦族中能见到。"

地译："王之聖后名曰摩耶，善覺王女，年少盛滿，具足相好，未嘗孕育。端正無雙，姿色妍美，猶如彩畫。無諸過惡，所言誠諦，出妙音詞。身心恬和，無罪離惱，亦無嫉妬。語必應時，樂行惠施，性戒成就。常於己夫而生知足，心不輕動，情無外染。支節相稱，眉高而長，額廣平正，髮彩紺黑，猶如玄蜂。含笑而言，美聲柔軟。所作順右，質直無曲，無諂無誑，有慚有愧。心性安靜，顏容清淨。三毒皆薄，溫和能忍，而於面目及以手足，善自防閑。身體柔軟如迦隣陀衣。目淨脩廣如青蓮花。脣色赤好如頻婆果。頸如螺旋，美若虹蜺。脩短合度，容儀可法。其肩端好，其臂傭長，支體圓滿，膚彩潤澤，猶如金剛不可沮壞。善解眾藝，故號摩耶。常處王宮，猶如寶女，亦如化女，又似天女住歡喜園。具斯眾德，乃能堪任為菩薩母。如是功德唯釋種有，非餘有之。"

तत्रेदमुच्यते--

今译：这里，这样说道：

地译：於是，頌曰：

---

① "摩耶"是 māyā 一词的音译，词义为"幻力"或"幻影"。

प्रासादि धर्मोच्चयि शुद्धसत्त्वः
सुधर्मसिंहासनि संनिषण्णः।
सभागदेवैः परिवारितो ऋषिः
संबोधिसत्त्वेभि महायशोभिः॥१॥

今译：本性纯洁的仙人坐在
法集堂妙法狮子座上，
著名的同行众天神和
众菩萨围绕在他身旁。（1）

地译：菩薩在兜率，處於法集堂，
同乘及天眾，皆恭敬圍遶。

तत्रोपविष्टान अभूषि चिन्ता
कतमत्कुलं शुद्धसुसंप्रजानम्।
यद्बोधिसत्त्वे प्रतिरूपजन्मे
माता पिता कुत्र च शुद्धभावाः॥२॥

今译：坐在那里，心中思忖：
哪个家族世系纯洁，
母亲父亲秉性纯洁，
从而适合菩萨降生？（2）

地译：共觀於勝族，菩薩何處生？

व्यवलोकयन्तः खलु जम्बुसाह्वयं
यः क्षत्रियो राजकुलो महात्मा।
सर्वान् सदोषाननुचिन्तयन्तः
शाक्यं कुलं चादृशु वीतदोषम्॥३॥

今译：他们观察赡部洲中，
伟大的刹帝利王族，
发现他们全都有缺点，
唯独释迦族没有缺点。（3）

地译：見此閻浮提，刹利王大姓，
釋氏最清淨，於彼應降神。

शुद्धोदनो राजकुले कुलीनो

नरेन्द्रवंशो सुविशुद्धगात्रः।
ऋद्धं च स्फीतं च निराकुलं च
सगौरवं सज्जनधार्मिकं च॥४॥

今译：净饭王出身高贵王族，
帝王世系，身体纯洁，
繁荣富强，清净平安，
备受尊敬，遵行正法。（4）

地译：城號迦毗羅，積代輪王種，
安隱無怨敵，善化眾所歸。

अन्येऽपि सत्त्वाःकपिलाह्वये पुरे
सर्वे सुशुद्धाशय धर्मयुक्ताः।
उद्यानारामविहारमण्डिता
कपिलाह्वये शोभति जन्मभूमिः॥५॥

今译：在名为迦比罗卫的城中，
其他众生也都向善守法，
迦比罗卫城有花园寺舍，
作为出生地，光辉灿烂。（5）

地译：其國甚嚴好，萬性皆歡喜，
奉法而從善，咸同王者心。

सर्वे महानग्न बलैरुपेता
विस्तीर्णहस्ती नवरत्नवन्ति।
इष्वस्त्रशिक्षासु च पारमिं गता
न चापरं हिंसिषु जीवितार्थम्॥६॥

今译：人人强壮有力似大象，
手臂修长，拥有九宝，
即使通晓种种武艺，
不为生活伤害他人。（6）

地译：親屬多勝能，力將巨象比，
或與二三象，其力共齊等，
勇武多伎藝，不傷害眾生。

शुद्धोदनस्य प्रमदा प्रधाना
  नारीसहस्रेषु हि साग्रप्राप्ता।
मनोरमा मायकृतेव बिम्बं
  नामेन सा उच्यति मायादेवी॥७॥

今译：净饭王王后可爱迷人，
　　　数千妇女中称魁首，
　　　犹如幻术创造的影像，
　　　故而得名摩耶王后。（7）

地译：其王之聖后，千妃中第一，
　　　端正無倫匹，故號為摩耶。

सुरूपरूपा यथ देवकन्या
  सुविभक्तगात्रा शुभनिर्मलाङ्गी।
न सोऽस्ति देवो न च मानुषो वा
  यो माय दृष्ट्वाथ लभेत तृप्तिम्॥८॥

今译：容貌美丽宛如天女，
　　　肢体匀称，身体洁净，
　　　无论天神或者凡人，
　　　见到摩耶，百看不厌。（8）

地译：容貌過天女，支節皆相稱，
　　　天人阿修羅，覩之無厭足。

न रागरक्ता न च दोषदुष्टा
  श्लक्ष्णा मृदू सा ऋजुस्निग्धवाक्या।
अकर्कशा चापरुषा च सौम्या
  स्मितीमुखा सा भ्रुकुटीप्रहीणा॥९॥

今译：不染贪欲，不犯错误，
　　　温柔，正直，话语亲切，
　　　不粗俗，不尖刻，温顺，
　　　和颜悦色，不皱眉头。（9）

地译：清淨離諸過，而無穢欲心，
　　　言詞甚微妙，質直復柔軟，

身體常香潔，一切無可惡，
含笑不嚬蹙。

ह्रीमा व्यपत्रापिणी धर्मचारिणी
निर्माण अस्तब्ध अचञ्चला च।
अनीर्षुका चाप्यशठा अमाया
त्यागानुरक्ता सहमैत्रचित्ता॥१०॥

今译：知耻，知羞，遵行正法，
不傲慢，不固执，不浮躁，
不妒忌，不虚伪，不欺诳，
乐于舍弃，怀有慈悲心。（10）

地译：知法具慚愧，無憍慢諂曲，
及以嫉妬心，離邪淨諸業，
行慈好惠施。

कर्मेक्षिणी मिथ्यप्रयोगहीना
सत्ये स्थिता कायमनः सुसंवृता।
स्त्रीदोषजालं भुवि यत्प्रभूतं
सर्वं ततोऽस्याः खलु नैव विद्यते॥११॥

今译：关注业果，摒弃虚诳，
恪守真理，守护身心，
世上的女人缺点成堆，
而她确实一点也没有。（11）

地译：世間女人過，其身悉超越。

न विद्यते कन्य मनुष्यलोके
गन्धर्वलोकेऽथ च देवलोके।
मायाय देवीय समा कुतोऽन्तरी
प्रतिरूप सा वै जननी महर्षेः॥१२॥

今译：人界、健达缚界和神界，
找不到另外一个少女，
可以与摩耶王后媲美，
她适合成为大仙母亲。（12）

地译：一切諸天人，無有能踰者，
具足諸功德，宜應懷大聖。

जातीशतां पञ्चमनूनकारि
सा बोधिसत्त्वस्य बभूव माता।
पिता च शुद्धोदनु तत्र तत्र
प्रतिरूप तस्माज्जननी गुणान्विता॥ १३॥

今译：在整整五百次前生中，
她都成为菩萨的母亲，
净饭王也每次是父亲，
因此，她适合成为母亲。（13）

地译：曾於五百生，恒為菩薩母，
其王亦如是，多生以為父。

व्रतस्थ सा तिष्ठति तापसीव
व्रतानुचारी सहधर्मचारिणी।
राज्ञाभ्यनुज्ञात वरप्रलब्धा
द्वात्रिंश मासामव काम सेवहि॥ १४॥

今译：她持戒如同女苦行者，
与夫主一起奉行正法，
获得国王同意施恩，
已经禁欲三十二月①。（14）

地译：母請持禁戒，經三十二月。

यत्र प्रदेशे स्थिहते निषीदते
शय्यागता च क्रमणं च तस्याः।
ओभासितो भोति सदेवभागो
आभाय तस्याः शुभकर्मनिष्ठया॥ १५॥

今译：无论她在哪里站着，
坐着，躺着，走着，

① “禁欲三十二月”原文中的 māsāmava kāma sevahi，BHSD 指出应为 māsām avakāmaseva hi。其中的 avakāmaseva（即 avakāmasevā），词义为“禁欲”。

她恪守善业，那里
连同天界闪耀光辉。（15）

地译：梵行積威德，其身常光明，
聖后所遊履，斯處自嚴飾。

**न सोऽस्ति देवासुर मानुषो वा
यो रागचित्तेन समर्थ प्रेक्षितुम्।
पश्यन्ति मातां दुहितां च सर्वे
ईर्यापथेष्टार्यगुणोपपेता॥ १६॥**

今译：无论天神、阿修罗或凡人，
心怀贪欲，则不能看见她，
只有具备威仪，品德高尚，
才能视她为母亲或女儿。（16）

地译：天人阿修羅，無能欲心視
一切咸親敬，如母女姊妹。

**मायाय देव्याःशुभकर्महेतुना
विवर्धते राजकुलं विशालम्।
प्रदेशराज्ञामपि चाप्रचारो
विवर्धते कीर्ति यशश्च पार्थिवे॥ १७॥**

今译：凭借摩耶王后的善业，
王族获得普遍的繁荣，
甚至周边地区藩王的
声誉也随同国王增长。①（17）

地译：以此清淨業，威儀比聖賢，
令王擅名譽，粟散②咸歸伏。

**यथा च माया प्रतिरूपभाजनं
यथार्यसत्त्वः परमं विराजते।
पश्येत एवावधिकं गुणान्विता
दया सुता सा जननी च माया॥ १८॥**

---

① 这颂原文中的 cāpracāraḥ，词义不明，存疑。
② "粟散"的原词是 pradeśarājan，词义为"地区国王"，即藩王。

今译：摩耶是合适的生母，
　　　本性高尚，光辉无比，
　　　具备品德，举世无双[①]，
　　　慈悲女儿，摩耶母亲。（18）

地译：功德兩相稱，是為菩薩母。

जम्बुध्वजेऽन्या न हि सास्ति नारी
　　यस्या समर्था धरितुं नरोत्तमः।
अन्यत्र देव्यातिगुणान्विताया
　　दशनागसाहस्रबलं हि यस्याः॥१९॥

今译：瞻部洲没有其他女子，
　　　能承受这位人中俊杰，
　　　唯有她具有神奇品质，
　　　力量大似一万头大象。（19）

地译：更無諸女人，堪為佛母者。

एवं हि ते देवसुता महात्मा
　　संबोधिसत्त्वाश्च विशालप्रज्ञा।
वर्णन्ति मायां जननीं गुणान्वितां
　　प्रतिरूप सा शाक्यकुलनन्दनस्य॥२०॥ इति॥

今译：这样，高尚的众天子
　　　和知识广博的众菩萨，
　　　称赞摩耶有品德，适合
　　　成为释迦族儿子的母亲。（20）

地译：威德眾天子，大智諸菩薩，
　　　咸歎斯母德，菩薩應降生。

इति श्रीललितविस्तरे कुलपरिशुद्धिपरिवर्तो नाम तृतीयोऽध्यायः॥

今译：以上是《神通游戏》中名为《家族纯洁品》的第三章。

---

① "举世无双"的原文是 avadhikam，词义不明，可能指"达到极限"。或者，此词可能是 anadhikam，词义为"无可增加"，即"无与伦比"或"举世无双"。

धर्मालोकमुखपरिवर्तश्चतुर्थः।

今译：第四 法门品

地译：法門品第四

इति हि भिक्षवो बोधिसत्त्वो जन्मकुलं व्यवलोक्य उच्चध्वजं नाम तुषितालये महाविमानं चतुः षष्टियोजनान्यायामविस्तारेण यस्मिन् बोधिसत्त्वः संनिषद्य तुषितेभ्यो देवेभ्यो धर्मं देशयति स्म तं महाविमानं बोधिसत्त्वोऽभिरोहति स्म। अभिरुह्य च सर्वान् तुषितकायिकान् देवपुत्रानामन्त्रयते स्म-- संनिपतन्तु भवन्तः च्युत्याकारप्रयोगं नाम धर्मानुस्मृतिचर्यानुशासनीं पश्चिमं बोधिसत्त्वस्यान्तिकाद्धर्मश्रवणं श्रोष्यथेति। इदं खल्वपि वचनं श्रुत्वा सर्वे तुषितकायिका देवपुत्राः साप्सरोगणास्तस्मिन् विमाने संनिपतन्ति स्म॥

今译：众比丘啊！菩萨观察了出生的家族。在兜率天宫有一座名为高幢的大殿，长宽均为六十四由旬。菩萨坐在那里，向兜率天天神们宣法。菩萨登上这座大殿，对所有的兜率天天子说道："你们集合起来，听菩萨最后一次说法，教导忆念和实行正法，名为降生之相。"闻听此言，所有的兜率天天子连同众天女都集合在这座大殿。

地译：爾時，佛告諸比丘：菩薩如是觀種姓已。彼兜率天宮有一大殿，名曰高幢，縱廣正等六十四由旬。菩薩爾時昇此大殿，告天眾言："汝當盡集，聽我最後所說法門。如是法門，名為教誡思惟遷沒[1]方便下生之相。"是時，一切兜率天子及諸天女聞是語已，皆悉雲集。

तत्र बोधिसत्त्वेन चतुर्महाद्वीपके लोकधातुविस्तरप्रमाणो मण्डलमात्राधिष्ठितोऽभूत् तावच्चित्रस्तावद्दर्शनीयस्तावत्स्वलंकृतस्तावत्सुरुचिरो यावत्सर्वे कामावचरा देवा रूपावचराश्च देवपुत्राः स्वेषु भवनव्यूहेषु श्मशानसंज्ञामुत्पादयामासुः॥

今译：菩萨在那里设置了一个道场，长宽等同于四大洲的世界。如此绚丽，如此美观，如此庄严，如此可爱，以致所有欲界天神和色界天子觉得自己的宫殿简直是坟场。

---

① "迁没"的原词是 cyuti，词义为坠落、下降或死亡。这里指菩萨天国降生人间。

地译：菩薩神力即於此殿化作道場，其量正等如四天下，復以種種珍寶而嚴飾之，凡所見者莫不歡喜。是時，欲界、色界諸天子等見此道場如是嚴麗，顧己所居如塚墓想。

तत्र बोधिसत्त्वः स्वपुण्यविपाकनिष्यन्दपरिमण्डिते सिंहासने निषीदति स्म अनेकमणिरत्नपादप्रत्युप्ते अनेकपुष्पसंस्तरसंस्कृते अनेकदिव्यगन्धवासोपवासिते अनेकसारवरगन्धनिर्धूपिते अनेकवर्णदिव्यपुष्पगन्धसंस्तरसंस्कृते अनेकमणिरत्नकृतशतसहस्रप्रभोज्ज्वालिततेजसि अनेकमणिरत्नजालसंछन्ने अनेककिंकिणीजालसमीरिताभिनादिते अनेकरत्नघण्टाशतसहस्ररणितनिर्घोषे अनेकरत्नजालशतसहस्रपरिस्फुटे अनेकरत्नगणशतसहस्रसंछादिते अनेकपट्टशतसहस्राभिप्रलम्बिते अनेकपट्टदाममाल्यशतसहस्रसमलंकृते अनेकाप्सरः शतसहस्रनृत्यगीतवादितपरिगीते अनेकगुणशतसहस्रवर्णिते अनेकलोकपालशतसहस्रानुपालिते अनेकशक्रशतसहस्रनमस्कृते अनेकब्रह्मशतसहस्रप्रणते अनेकबोधिसत्त्वकोटीनियुतशतसहस्रपरिगृहीते दशादिगनेकबुद्धकोटीनियुतशतसहस्रसमन्वाहृते अपरिमितकल्पकोटीनियुतशतसहस्रपारमितासंभारपुण्यविपाकनिष्यन्दसमुद्गते।

今译：在那里，菩萨坐在狮子座上。这狮子座装饰有菩萨自己的功德业果，配有许多摩尼珠宝座脚，撒有许多鲜花，熏有许多神奇香气，散发许多绝妙香味，萦绕各色天花芳香，闪耀数百千摩尼珠宝光辉，覆盖许多摩尼珠宝网，许多铃铛网发出丁零声，数百千宝石铃铎网发出叮当声，数百千宝石网清澈明亮，覆盖数百千宝石堆，悬挂数百千布匹，装饰数百千彩带和花环，无量百千天女歌舞弹唱，赞美数百千品德，有数百千护世天王保护，有数百千帝释天致敬，有数百千梵天行礼，有数百千万亿菩萨执持，有十方数百千万亿佛护持，由数百千万亿劫中积累的波罗蜜功德业果造就。

地译：菩薩福德自善根力成就勝妙師子之座，飾以金銀眾妙珍寶，覆以輕軟無價天衣，燒眾天香，散眾天花。其中無量百千珍寶光明照耀，以大寶網彌覆其上，寶鈴搖動出和雅音，無量寶蓋雜色繒綵，殊妙幡畏[①]周匝間列，無量百千花鬘綺帶而以嚴飾，無量百千諸天婇女種種歌舞以為供養。是諸天樂演微妙音，稱揚菩薩無量功德。無量百千四大天王之所擁護，無量百千釋提桓因[②]之所圍遶，無量百千大梵天王之所讚歎，無量百千拘胝那由他菩薩捧師子座，復為十方無量百千拘胝那由他諸佛如來之所護念。其師子座從於無量百千拘胝

① 此处“畏”的原字是“紡”去掉右边的“方”，加上“畏”。这里暂且使用“畏”字。

② “释提桓因”是 śakro devānāmidraḥ（“神中因陀罗帝释天”）的音译。此处原文中，只使用 śakra（“帝释天”）这个词。

那由他劫諸波羅蜜福德資粮之所生起。

इति हि भिक्षव एवंगुणसमन्वागते सिंहासने निषद्य बोधिसत्त्वस्तां महतीं देवपर्षदमामन्त्रयते स्म-- व्यवलोकयत मार्षा बोधिसत्त्वस्य कायं शतपुण्यलक्षणसमलंकृतम्। व्यवलोकयत पूर्वदक्षिणपश्चिमोत्तरास्वध ऊर्ध्वं समन्ताद्दशदिक्षु अप्रमेयासंख्येयागणनासमतिक्रान्तान् बोधिसत्त्वान् ये तुषितवरभवनस्थाःसर्वे चरमभवाभिमुखा देवगणपरिवृताश्च्यवनाकारं देवतासंहर्षणं धर्मालोकमुखं संप्रकाशयन्ति। अद्राक्षीत्सा सर्वा देवपर्षद् बोधिसत्त्वाधिस्थानेन तान् बोधिसत्त्वान्। दृष्ट्वा च पुनर्येन बोधिसत्त्वस्तेन साञ्जलिं प्रणम्य पञ्चमण्डलैर्नमस्यन्ति स्म। एवं चोदानमुदानयन्ति स्म-- साधु अचिन्त्यमिदं बोधिसत्त्वाधिस्थानं यत्र हि नाम वयं व्यवलोकितमात्रेणेयन्तो बोधिसत्त्वान् पश्याम इति॥

今译：众比丘啊，菩萨坐在具有如此功德的狮子座上，在天神大集会上说道："你们看，诸位贤士啊！菩萨的身体具有百种功德福相。你们看，东南西北上下四周十方无量、无数、无限的菩萨，他们面临最后一生时，都在兜率天美妙天宫，在众天神围绕下宣说令众天神喜悦的降生相诸法明门[①]。"凭借菩萨的威力，大集会上所有天神看到那些菩萨。看到后，他们双手合十，五体投地[②]向菩萨行礼，赞叹道："妙啊！菩萨的威力不可思议，我们只是这么一看，就看到了所有这些菩萨。"

地译：佛告諸比丘：菩薩坐此功德成就師子之座，告天眾言："汝且觀我百千福聚相好嚴身。"是時，大眾瞻仰尊顏，目不暫捨，乃見東西南北，四維上下，周遍十方，超過數量兜率天宮，各有最後身菩薩將欲下生，無量諸天恭敬圍遶，皆悉演說將沒之相諸法明門。爾時大眾既見如是，深生悲喜，恭敬稽首，讚言："善哉！我觀尊者，得見如是無量菩薩，皆由尊者神通之力。"

अथ बोधिसत्त्वः पुनरपि तां महतीं देवपर्षदमामन्त्र्यैवमाह-- तेन हि मार्षाः शृणुत च्युत्याकारं देवतासंहर्षणं धर्मालोकमुखं यदेते बोधिसत्त्वा एभ्यो देवपुत्रेभ्यो भाषन्ते। अष्टोत्तरमिदं मार्षा धर्मालोकमुखं शतं यदवश्यं बोधिसत्त्वेन च्यवनकालसमये देवपर्षदि संप्रकाशयितव्यम्। कतमत्तदष्टोत्तरशतम् यदुत श्रद्धा मार्षा धर्मालोकमुखमभेद्याशयतायै संवर्तते। प्रसादो धर्मालोकमुखमाविलचित्तप्रसादनतायै संवर्तते। प्रामोद्यं धर्मालोकमुखं प्रसिद्ध्यै संवर्तते। प्रीति धर्मालोकमुखं चित्तविशुद्ध्यै संवर्तते। कायसंवरो धर्मालोकमुखं

---

① "诸法明门"的原文是 dharmālokamukha。其中的 āloka，词义为"光辉"或"光照"。因此，"诸法明门"也可译为"诸法光辉之门"。"诸法明门"也是本品的标题，略称"法门"。

② "五体投地"的原文是 pañcamaṇḍala（"五轮"），指头、双手和双膝匍匐在地。在梵文中，"脸庞"也称 mukhamaṇḍala（"面轮"），"膝盖"也称 jānumaṇḍala（"膝轮"）。

त्रिकायपरिशुद्ध्यै संवर्तते। वाक्संवरो धर्मालोकमुखं चतुर्वाग्दोषपरिवर्जनतायै संवर्तते।

今译：然后，菩萨又对大集会上的众天神说道："诸位贤士啊，请听那些菩萨对那些天子所说的、令众天神喜悦的降生相诸法明门。诸位贤士啊，诸法明门有一百零八项，是菩萨在降生时必定会在天神集会上宣说的。哪一百零八项？诸位贤士啊，信仰法门导向志愿不中断。清净法门导向清除心中污浊。欢喜法门导向成就。喜悦法门导向内心清净。身戒法门导向三身[①]清净。语戒法门导向摒弃四种语言过失。意戒法门导向消除贪欲、憎恨和邪见。

地译：菩薩告言："汝等諦聽！如諸菩薩各為天衆說將沒相諸法明門，安慰天人，我今亦當為汝等說諸法明門，有一百八。何等名為百八法門？信是法門，意樂不斷故。淨心是法門，除亂濁故。喜是法門，安隱心故。愛樂是法門，心清淨故。身戒是法門，除三惡故。語戒是法門，離四過故。意戒是法門，斷三毒故。

मनः संवरो धर्मालोकमुखमभिध्याव्यापादमिथ्यादृष्टिप्रहाणाय संवर्तते। बुद्धानुस्मृतिधर्मालोकमुखं बुद्धदर्शनविशुद्ध्यै संवर्तते। धर्मानुस्मृति धर्मालोकमुखं धर्मदेशनाविशुद्ध्यै संवर्तते। संघानुस्मृति धर्मालोकमुखं न्यायाक्रमणतायै संवर्तते। त्यागानुस्मृति धर्मालोकमुखं सर्वोपधिप्रतिनिःसर्गायै संवर्तते। शीलानुस्मृति धर्मालोकमुखं प्रणिधानपरिपूर्त्यै संवर्तते। देवतानुस्मृति धर्मालोकमुखमुदारचित्ततायै संवर्तते।

今译：念[②]佛法门导向见佛清净。念法法门导向说法清净。念僧法门导向遵行正道。念舍法门导向舍弃一切执著[③]。念戒法门导向实现誓愿。念天[④]法门导向心胸宽大。

地译：念佛是法門，見佛清淨故。念法是法門，說法清淨故。念僧是法門，證獲聖道故。念捨是法門，棄一切事故。念戒是法門，諸願滿足故。念天是法門，起廣大心故。

मैत्री धर्मालोकमुखं सर्वोपधिकपुण्यक्रियावस्त्वभिभावनतायै संवर्तते। करुणा धर्मालोकमुखविहिंसापरमतायै संवर्तते। मुदिता धर्मालोकमुखं सर्वारत्यपकर्षणतायै संवर्तते। उपेक्षा धर्मालोकमुखं कामजुगुप्सनतायै संवर्तते। अनित्यप्रत्यवेक्षा धर्मालोकमुखं कामरूप्यारूप्य-

---

① "三身"指法身、报身和应身。

② "念"的原词是 anusmṛti，词义为"忆念"，指心中忆念。

③ "执著"的原词是 upadhi，词义为"基础"，即生存的基础。此词也可理解为"五蕴"。对生存基础或五蕴的执著，是烦恼产生的原因。

④ "天"的原词是 deva，词义为"天神"。

रागसमतिक्रमाय संवर्तते। दुःखप्रत्यवेक्षा धर्मालोकमुखं प्रणिधानसमुच्छेदाय संवर्तते। अनात्मप्रत्यवेक्षा धर्मालोकमुखमात्मानभिनिवेशनतायै संवर्तते। शान्तप्रत्यवेक्षा धर्मालोकमुखमनुनयासंधुक्षणतायै संवर्तते। ह्री धर्मालोकमुखमध्यात्मोपशमाय संवर्तते। अपत्राप्यं धर्मालोकमुखं बहिर्धाप्रशमाय संवर्तते। सत्यं धर्मालोकमुखं देवमनुष्याविसंवादनतायै संवर्तते। भूतं धर्मालोकमुखमात्माविसंवादनतायै संवर्तते। धर्मचरणं धर्मालोकमुखं धर्मप्रतिशरणतायै संवर्तते। त्रिशरणगमनं धर्मालोकमुखं त्र्यपायसमतिक्रमाय संवर्तते। कृतज्ञता धर्मालोकमुखं कृतकुशलमूलाविप्रणाशाय संवर्तते। कृतवेदिता धर्मालोकमुखं पराभिमन्यतायै संवर्तते।

今译：慈法门导向克服对一切福德事业的执著。悲法门导向绝不杀生。喜法门导向摒弃一切烦恼。舍法门导向厌弃欲望。无常观法门导向超越对欲界、色界和无色界[①]的贪恋。苦观法门导向斩断意愿。无我观法门导向不执著自我。静观法门导向抑制贪欲。羞耻法门导向内在清净。惭愧法门导向外在清净。真谛法门导向不欺天神和凡人。如实法门导向不欺自己。法行法门导向皈依法。三皈依法门导向越过三恶道[②]。知恩法门导向所植善根不毁坏。感恩法门导向不轻视他人[③]。

地译：慈是法門，超映[④]一切諸福事業故。悲是法門，增上[⑤]不害故。喜是法門，離一切憂惱故。捨是法門，自離五欲及教他離故。無常是法門，息諸貪愛故。苦是法門，願求永斷故。無我是法門，不著我故。寂滅是法門，不令貪愛增長故。慚是法門，內清淨故。愧是法門，外清淨故。諦是法門，不誑人天故。實是法門，不自欺誑故。法行是法門，依於法故。三歸是法門，超三惡趣故。知所作是法門，已立善根不令失壞故。解所作是法門，不因他悟故。

आत्मज्ञता धर्मालोकमुखमात्मानुत्कर्षणतायै संवर्तते। सत्त्वज्ञता धर्मालोकमुखं परापत्समानतायै संवर्तते। धर्मज्ञता धर्मालोकमुखं धर्मानुधर्मप्रतिपत्त्यै संवर्तते। कालज्ञता धर्मालोकमुखममोघदर्शनतायै संवर्तते। निहतमानता धर्मालोकमुखं ज्ञानतापरिपूर्त्यै संवर्तते। अप्रतिहतचित्तता धर्मालोकमुखमात्मपरानुरक्षणतायै संवर्तते। अनुपनाहो

① “欲界、色界和无色界”是对众生所处世界的分类：欲界是处于六道（地狱、饿鬼、畜生、阿修罗、人和天）中的世界；色界是离欲的天上世界；无色界是摆脱一切物质的天上最高世界。

② “三恶道”指地狱、饿鬼和畜生。

③ “不轻视他人”的原文的 parābhimyatā（“轻视他人”），BHSD 指出此词可能是 parānabhimyatā（“不轻视他人”）。此处地译“不因他悟”，则可能有另外的读法。

④ “超映”的原词是 abhibhāvanatā，词义为“降伏”或“克服”。

⑤ “增上”的原词是 paramatā，词义为“至高”或“绝对”。

धर्मालोक- मुखमकौकृत्याय संवर्तते। अधिमुक्ति धर्मालोकमुखमविचिकित्सापरमतायै संवर्तते। अशुभप्रत्यवेक्षा धर्मालोकमुखं कामवितर्कप्रहाणाय संवर्तते। अव्यापादो धर्मालोकमुखं व्यापादवितर्कप्रहाणाय संवर्तते। अमोहो धर्मालोकमुखं सर्वाज्ञानविधमनतायै संवर्तते। धर्मार्थिकता धर्मालोकमुखमर्थप्रतिशरणतायै संवर्तते। धर्मकामता धर्मालोकमुखं लोकप्रतिलम्भाय संवर्तते। श्रुतपर्येष्टि धर्मालोकमुखं योनिशोधर्मप्रत्यवेक्षणतायै संवर्तते। सम्यक्प्रयोगो धर्मालोकमुखं सम्यक्प्रतिपत्त्यै संवर्तते। नामरूपपरिज्ञा धर्मालोकमुखं सर्वसङ्गसमतिक्रमाय संवर्तते। हेतुदृष्टिसमुद्घातो धर्मालोकमुखं विद्याधिमुक्तिप्रतिलम्भाय संवर्तते। अनुनयप्रतिघप्रहाणं धर्मालोकमुखमनुन्नामावनामनतायै संवर्तते। स्कन्धकौशल्यं धर्मालोकमुखं दुःखपरिज्ञानतायै संवर्तते। धातुसमता धर्मालोकमुखं समुदयप्रहाणाय संवर्तते। आयतनापकर्षणं धर्मालोकमुखं मार्गभावनतायै संवर्तते। अनुत्पादक्षान्ति धर्मालोकमुखं निरोधसाक्षात्क्रियायै संवर्तते।

今译：自知法门导向不妄自尊大。知众生法门导向同情他人苦难。知法法门导向依法行法。知时法门导向所见不虚。戒骄法门导向智慧充足。心无碍法门导向保护自己和他人。不憎恨法门导向不后悔。信心法门导向无疑惑。不净观法门导向摒弃欲念。不愤恨法门导向摒弃仇恨心。不痴法门导向摒弃一切无知。求法法门导向依义[①]。乐法法门导向获得世界[②]。多闻法门导向如理观法。正行法门导向正确修行。遍知名色法门导向超越一切执著。拔除因见法门导向深信知识。摒弃贪嗔法门导向不卑不亢。通晓诸蕴法门导向遍知苦。诸界平等法门导向消除苦的成因。摒弃入处法门导向勤修正道。无生忍[③]法门导向亲证灭寂。

地译：自知是法門，不自矜高故。知眾生是法門，不輕毀他故。知法是法門，隨法修行故。知時是法門，無癡暗見故。破壞憍慢是法門，智慧滿足故。無障碍心是法門，防護自他故。不恨是法門，由不悔故。勝解是法門，無疑滯故。不淨觀是法門，斷諸欲覺故。不瞋是法門，斷恚覺故。無癡是法門，破壞無智故。求法是法門，依止於義故。樂法是法門，證契明法故。多聞是法門，如理觀察故。方便是法門，正勤修行故。遍知名色是法門，超過一切和合愛著故。拔除因見是法門，證得解脱故。斷貪瞋是法門，不著癡垢故。妙巧是法門，遍知苦故。界性平等是法門，由永斷集[④]故。不取是法門，勤修正道故。無生忍

① “依义”（arthapratiśaraṇatā）指依义不依音，即不执著文字（“音”），而重视文字表达的内容（“义”）。

② “获得世界”的原文是 lokapratilambha。此处地译“深契明法”，护译“逮法光明”，故而原文可能应该是 ālokapratilambha。

③ “无生忍”（anutpādakṣānti）指安忍无生法。

④ “集”（samudaya）指痛苦产生的原因。

是法門，於滅作證故。

कायगतानुस्मृति धर्मालोकमुखं कायविवेकतायै संवर्तते। वेदनागतानुस्मृति धर्मालोकमुखं सर्ववेदितप्रतिप्रश्रब्ध्यै संवर्तते। चित्तगतानुस्मृति धर्मालोकमुखं मायोपमचित्तप्रत्यवेक्षणतायै संवर्तते। धर्मगतानुस्मृति धर्मालोकमुखं वितिमिरज्ञानतायै संवर्तते। चत्वारि सम्यक्प्रहाणानि धर्मालोकमुखं सर्वाकुशलधर्मप्रहाणाय सर्वकुशलधर्मपरिपूर्त्यै संवर्तते। चत्वार ऋद्धिपादा धर्मालोकमुखं कायचित्तलघुत्वाय संवर्तते। श्रद्धेन्द्रियं धर्मालोकमुखमपरप्रणेयतायै संवर्तते। वीर्येन्द्रियं धर्मालोकमुखं सुविचिन्तितज्ञानतायै संवर्तते। स्मृतीन्द्रियं धर्मालोकमुखं सुकृतकर्मतायै संवर्तते। समाधीन्द्रियं धर्मालोकमुखं चित्तविमुक्त्यै संवर्तते। प्रज्ञेन्द्रियं धर्मालोकमुखं प्रत्यवेक्षणज्ञानतायै संवर्तते। श्रद्धाबलं धर्मालोकमुखं मारबलसमतिक्रमाय संवर्तते। वीर्यबलं धर्मालोकमुखमवैवर्तिकतायै संवर्तते। स्मृतिबलं धर्मालोकमुखमसंहार्यतायै संवर्तते। समाधिबलं धर्मालोकमुखं सर्ववितर्कप्रहाणाय संवर्तते। प्रज्ञाबलं धर्मालोकमुखमनवमृद्यतायै संवर्तते।

今译：身念住法门导向分析身体。受念住法门导向平息一切感受。心念住法门导向观心如幻。法念住法门导向智慧消除翳障。[1]四正勤法门导向摒弃一切不善法，实现一切善法。四神足法门导向身心轻便。信根法门导向不盲从他人。勤根法门导向善用智慧思考。念根法门导向从事善业。定根法门导向心解脱。慧根法门导向善用智慧观察。[2]信力法门导向超越魔力。勤力法门导向不退转。念力法门导向不动摇。定力法门导向摒弃一切思辨。慧力法门导向不愚痴。[3]

地译：身念住是法門，分析觀身故。受念住是法門，離一切受故。心念住是法門，智出障翳故。四正勤是法門，斷一切惡修一切善故。四神足是法門，身心輕利故。信是法門，非邪所引故。精進是法門，善思察故。念根是法門，善業所作故。定根是法門，由心解脫故。慧根是法門，智現前證故。信力是法門，能遍超魔力故。精進力是法門，不退轉故。念力是法門，不遺忘故。定力是法門，斷一切覺故。慧力是法門，無能損壞故。

स्मृतिसंबोध्यङ्गं धर्मालोकमुखं यथावद्धर्मप्रजानतायै संवर्तते। धर्मप्रविचयसंबोध्यङ्गं धर्मालोकमुखं सर्वधर्मपरिपूर्त्यै संवर्तते। वीर्यसंबोध्यङ्गं धर्मालोकमुखं सुविचित्रबुद्धितायै संवर्तते। प्रीतिसंबोध्यङ्गं धर्मालोकमुखं समाध्यायिकतायै संवर्तते। प्रश्रब्धिसंबोध्यङ्गं धर्मालोकमुखं कृतकरणीयतायै संवर्तते। समाधिसंबोध्यङ्गं धर्मालोकमुखं समतानुबोधाय

---

① 以上是“四念住”，或称“四念处”（catvāri smṛtyupasthānāni）。
② 以上是“五根”（pañca indriyāṇi）。
③ 以上是“五力”（pañca balāni）。

संवर्तते। उपेक्षासंबोध्यङ्गं धर्मालोकमुखं सर्वोपपत्तिजुगुप्सनतायै संवर्तते। सम्यग्दृष्टि धर्मालोकमुखं न्यायाक्रमणतायै संवर्तते। सम्यक्संकल्पो धर्मालोकमुखं सर्वकल्पविकल्पपरिकल्पप्रहाणाय संवर्तते। सम्यग्वाग् धर्मालोकमुखं सर्वाक्षररुतघोषवाक्यपथप्रतिश्रुत्कासमतानुबोधनतायै संवर्तते। सम्यक्कर्मान्तो धर्मालोकमुखमकर्माविपाकतायै संवर्तते। सम्यगाजीवो धर्मालोकमुखं सर्वैषणप्रतिप्रश्रब्ध्यै संवर्तते। सम्यग्व्यायामो धर्मालोकमुखं परतीरगमनाय संवर्तते। सम्यक्स्मृति धर्मालोकमुखमस्मृत्यमनसिकारतायै संवर्तते। सम्यक्समाधि धर्मालोकमुखमकोप्यचेतः समाधिप्रतिलम्भाय संवर्तते।

今译：念觉支法门导向如实知法。择法觉支法门导向一切法圆满。勤觉支法门导向善用智慧抉择[①]。喜觉支法门导向入定。轻安觉支法门导向完成职责。定觉支法门导向觉悟一切平等。舍觉支法门导向厌弃一切出生。[②] 正见法门导向进入正道。正思法门导向摒弃一切妄想分别。正语法门导向觉悟一切文字、声音和词句如同回声[③]。正业法门导向无业无果报。正命法门导向平息一切愿望。正勤法门导向达到彼岸。正念法门导向无念无思量。正定法门导向达到不动心入定。[④]

地译：念覺分是法門，如實住法故。擇法覺分是法門，圓滿一切法故。精進覺分是法門，智決定故。喜覺分是法門，三昧安樂故。輕安覺分是法門，所作成辦故。定覺分是法門，平等覺悟一切法故。捨覺分是法門，厭離一切受故。正見是法門，超證聖道故。正思惟是法門，永斷一切分別故。正語是法門，一切文字平等覺悟故。正業是法門，無業果報故。正命是法門，離一切希求故。正精進是法門，專趣彼岸故。正念是法門，無念無作無意故。正定是法門，證得三昧不傾動故。

बोधिचित्तं धर्मालोकमुखं त्रिरत्नवंशानुपच्छेदाय संवर्तते। आशयो धर्मालोकमुखं हीनयानास्पृहणतायै संवर्तते। अध्याशयो धर्मालोकमुखमुदारबुद्धधर्माद्यालम्बनतायै संवर्तते। प्रयोगो धर्मालोकमुखं सर्वकुशलधर्मपरिपूर्त्यै संवर्तते। दानपारमिता धर्मालोकमुखं लक्षणानुव्यञ्जनबुद्धक्षेत्रपरिशुद्ध्यै मत्सरिसत्त्वपरिपाचनतायै संवर्तते। शीलपारमिता धर्मालोकमुखं सर्वाक्षणापायसमतिक्रमाय दुःशीलसत्त्वपरिपाचनतायै संवर्तते। क्षान्तिपारमिता धर्मालोकमुखं सर्वव्यापादखिलदोषमानमददर्पप्रहाणाय व्यापन्नचित्तसत्त्व-

① “善用智慧抉择”的原文是 suvicitrabuddhitā，疑有误，其中的 suvicitra 应为 suvicitta。此词地译“智决定”。

② 以上是“七觉支”（saptasambodhyaṅga）。

③ 这句原文中的 patha（“道路”）一词疑有误，应为 pada（“词”）。

④ 以上是“八正道”（āryāṣṭāṅgikamārga）。

परिपाचनतायै संवर्तते। वीर्यपारमिता धर्मालोकमुखं सर्वकुशलमूलधर्मारङ्गोत्तारणाय कुशीदसत्त्वपरिपाचनतायै संवर्तते। ध्यानपारमिता धर्मालोकमुखं सर्वज्ञानाभिज्ञोत्पादाय विक्षिप्तचित्तसत्त्वपरिपाचनतायै संवर्तते। प्रज्ञापारमिता धर्मालोकमुखमविद्यामोहतमोन्धकारोपलम्भदृष्टिप्रहाणाय दुष्प्रज्ञसत्त्वपरिपाचनतायै संवर्तते। उपायकौशलं धर्मालोकमुखं यथाधिमुक्तसत्त्वेर्यापथसंदर्शनाय सर्वबुद्धधर्माविधमनतायै संवर्तते। चत्वारि संग्रहवस्तूनि धर्मालोकमुखं सत्त्वसंग्रहाय संबोधिप्राप्तस्य च धर्मसंप्रत्यवेक्षणतायै संवर्तते। सत्त्वपरिपाको धर्मालोकमुखमात्मसुखानध्यवसानायापरिखेदतायै संवर्तते।

今译：菩提心法门导向三宝世系绵延不绝。意乐法门导向不热衷小乘。增上意乐法门导向攀缘广大佛法[①]。修行法门导向一切善法圆满。布施波罗蜜法门导向获得妙相和随好，净化佛国[②]，教化悭吝众生。持戒波罗蜜法门导向超越一切难处[③]和恶道，教化犯戒众生。忍辱波罗蜜法门导向摒弃一切憎恨、怨愤、傲慢、迷狂和骄傲，教化怨憎众生。精进波罗蜜法门导向获得一切善根法，教化懒散众生。禅定波罗蜜法门导向获得一切智慧神通，教化心思散乱众生。智慧波罗蜜法门导向摒弃无知、愚痴、冥顽和成见，教化心智低劣众生。[④] 方便善巧法门导向依据种种信众显示威仪道行，确立一切佛法。四摄事法门导向吸引众生追求正法，达到正觉。教化众生法门导向不贪求自己快乐，诲人不倦。

地译：菩提心是法門，紹三寶種使不斷故。大意樂是法門，不求下乘故。增上意樂是法門，緣無上廣大法故。方便正行是法門，圓滿一切善根故。檀波羅蜜是法門，成就相好淨佛國土，教化眾生除慳恪故。尸波羅蜜是法門，超過一切惡道難處，教化眾生守禁戒故。羼提波羅蜜是法門，永離憍慢、瞋恚等一切煩惱，教化眾生斷諸結故。毗離耶波羅蜜是法門，成就引發一切善法，教化眾生除嬾惰故。禪波羅蜜是法門，出生一切禪定神通，教化亂意眾生故。般若波羅蜜是法門，永斷無明有所得見，教化愚癡、暗蔽、惡慧眾生故。方便善巧是法門，隨諸眾生種種意解，現諸威儀及示一切佛法安立故。四攝事是法門，攝諸群生令求趣證大菩提法故。成熟眾生是法門，不著己樂，利他無倦故。

सद्धर्मपरिग्रहो धर्मालोकमुखं सर्वसत्त्वसंक्लेशप्रहाणाय संवर्तते। पुण्यसंभारो धर्मालोकमुखं

① 这句原文中的 adyālambanatā，疑有误，应为 adhyālambanatā（“攀缘”）。

② 此处“佛国”的原词是 buddhakṣatra，与 buddhakṣetra 相通。

③ “难处”的原词是 akṣaṇa（也译“无暇”），指生于地狱、饿鬼和畜生等八种状况而无缘闻听佛法。

④ 以上是“六波罗蜜”（ṣaṭpāramitā）。其中，“檀”、“尸”、“羼提”和“毗离耶”分别是 dāna（“布施”）、śīla（“持戒”）、kṣānti（“忍辱”）和 vīrya（“精进”）的音译。

सर्वसत्त्वोपजीव्यतायै संवर्तते। ज्ञानसंभारो धर्मालोकमुखं दशबलप्रतिपूर्त्यै संवर्तते। शमथसंभारोधर्मालोकमुखं तथागतसमाधिप्रतिलम्भाय संवर्तते। विदर्शनासंभारो धर्मालोकमुखं प्रज्ञाचक्षुः प्रतिलम्भाय संवर्तते। प्रतिसंविदवतारो धर्मालोकमुखं धर्मचक्षुः प्रतिलम्भाय संवर्तते। प्रतिशरणावतारो धर्मालोकमुखं बुद्धचक्षुः परिशुद्ध्यै संवर्तते। धारणीप्रतिलम्भो धर्मालोकमुखं सर्वबुद्धभाषिताधारणतायै संवर्तते। प्रतिभानप्रतिलम्भो धर्मालोकमुखं सर्वसत्त्वसुभाषितसंतोषणायै संवर्तते। आनुलोमिकधर्मक्षान्ति धर्मालोकमुखं सर्वबुद्धधर्मानुलोमनतायै संवर्तते। अनुत्पत्तिकधर्मक्षान्ति धर्मालोकमुखं व्याकरणप्रतिलम्भाय संवर्तते। अवैवर्तिकभूमि धर्मालोकमुखं सर्वबुद्धधर्मप्रतिपूर्त्यै संवर्तते। भूमेर्भूमिसंक्रान्तिज्ञानं धर्मालोकमुखं सर्वज्ञज्ञानाभिषेकतायै संवर्तते। अभिषेकभूमि धर्मालोकमुखमवक्रमणजन्माभिनिष्क्रमणदुष्करचर्याबोधिमण्डोपसंक्रमणमारध्वंसनबोधिविबोधनधर्मचक्रप्रवर्तनमहापरिनिर्वाणसंदर्शनतायै संवर्तते। इदं तन्मार्षा अष्टोत्तरं धर्मालोकमुखशतं यदवश्यं बोधिसत्त्वेन च्यवनकालसमये देवपर्षदि संप्रकाशयितव्यम्॥

今译：护持正法法门导向消除一切众生烦恼。福德资粮法门导向维持一切众生生活。智慧资粮法门导向十力圆满。寂止资粮法门导向获得如来三昧。观察资粮法门导向获得慧眼。入无碍智法门导向获得法眼。皈依法门导向佛眼清净。获得陀罗尼法门导向受持一切佛所宣说。获得辩才法门导向以巧妙言说令一切众生满意。随顺法忍[①]法门导向顺应一切佛法。无生法忍法门导向获得授记。不退转地法门导向一切佛法圆满。依次进入诸地智慧法门导向获得知一切者智慧灌顶。灌顶地法门导向显示入胎、出生、出家、苦行、前往菩提道场、降魔、证得菩提、转法轮和大般涅槃。诸位贤士啊！这些就是菩萨在降生时必定会在天神集会上宣说的一百零八法门。”

地译：受持正法是法門，斷一切眾生離[②]染故。福德資糧是法門，饒益一切眾生故。智慧資糧是法門，圓滿十力故。奢摩他[③]資糧是法門，證得如來三昧故。毗鉢舍那[④]資糧是法門，獲得慧眼故。無碍解是法門，獲得法眼故。決擇是法門，佛眼清淨故。陀羅尼是法門，能持一切佛法故。辯才是法門，巧說言詞令一切眾生歡喜滿足故。順法忍是法門，隨順一切佛法故。無生法忍是法門，得授[⑤]記莂故。不退轉地是法門，圓滿一切佛法故。諸地增進是法門，受一切智

① “随顺法忍”（ānulomikadharmakṣānti）指随顺诸法实相。

② 此处“离”字，据《中华大藏经》校勘记，诸本作“杂”。

③ “奢摩他”是 śamatha（“止”）一词的音译。

④ “毗钵舍那”是 vidarśanā（“观”）一词的音译。

⑤ 此处“授”字，据《中华大藏经》校勘记，《资》、《碛》、《普》、《南》、《径》、《清》作“受”。

位故。灌頂是法門，從兜率天下生，入胎初生，出家苦行，詣菩提場，降魔成佛，轉正法輪，起大神通，從忉利天下現入涅槃故。是故，菩薩將下生時，於天眾中說如斯法。

अस्मिन् खलु पुनर्भिक्षवो धर्मालोकमुखपरिवर्ते बोधिसत्त्वेन निर्दिश्यमाने तस्यां देवपर्षदि चतुरशीतेर्देवपुत्रसहस्राणामनुत्तरायां सम्यक्संबोधौ चित्तान्युत्पद्यन्ते। द्वात्रिंशतेश्च देवपुत्रसहस्राणां पूर्वपरिकर्मकृतानामनुत्पत्तिकेषु धर्मेषु क्षान्तिप्रतिलम्भोऽभूत्। षड्विंशतेश्च देवपुत्रनयुतानां विरजो विगतमलं धर्मेषु धर्मचक्षुर्विशुद्धम्। सर्वावच्च तुषितवरभवनं जानुमात्रं दिव्यैः पुष्पैःसंछादितमभूत्॥

今译：众比丘啊！在菩萨宣说这诸法明门品时，天神集会中就有八万四千天子发起无上正等菩提心，三万二千前生修行圆满的天子获得无生法忍，三十六亿天子摆脱诸法尘垢，法眼清净。天花遍撒，覆盖兜率天美妙天宫，高达膝部。

地译：諸比丘！菩薩說是諸法明門之時，於彼會中，八萬四千天子發阿耨多羅三藐三菩提心，三萬二千天子得無生法忍，三萬六千那由他天子於諸法中遠塵離垢，得法眼淨。兜率諸天皆散妙花，積至于膝。

इति हि भिक्षवो बोधिसत्त्वस्तस्या देवपर्षदो भूयस्या मात्रया संहर्षणार्थं तस्यां वेलायामिमां गाथामभाषत--

今译：众比丘啊，菩萨为了让天神集会更添喜悦，这时又念诵了这些偈颂：

地译：諸比丘！菩薩又欲令諸天眾深心歡喜而說頌曰：

तुषितवरभवननिलयाद्यदा च्यवति नायकः पुरुषसिंहः।
आमन्त्रयते देवान् प्रमादमखिलं विसर्जयत॥१॥

今译：人中之狮、导师即将
从兜率天美妙天宫下降，
他召集众天神，说道：
你们要弃绝懈怠放逸。（1）

地译：菩薩將下生，處於兜率宮，
誡彼諸天眾，唯當莫放逸。

या काचि रतिवियूहा दिव्या मनसा विचिन्तिता श्रीमान्।
सर्वशुभकर्महेतोःफलमिदं श्रृणुरस्य कर्मस्य॥२॥

今译：你们心中思念这种
欢乐庄严，神奇吉祥，
应该听取这个业果，
以一切善业为原因。（2）

地译：今汝心所樂，微妙寶莊嚴，
從於淨業因，致斯眾妙果。

तस्माद्भवत कृतज्ञा अपूर्वशुभसंचयं क्षपित्वेह।
मा गच्छत पुनरपायानसाध्वसुखवेदना यत्र॥३॥

今译：因此要知恩，不要
耗尽积累的善业，
不要再堕入恶道，
遭受不幸和痛苦。（3）

地译：是故應思報，無令業消歇，
沈淪惡趣中，備受無邊苦。

धर्मश्च यः श्रुतोऽयं ममान्तिके गौरवमुपजनित्वा।
तत्र प्रतिपद्यथा प्राप्स्यथ नियतं सुखमनन्तम्॥४॥

今译：在我身边听取正法，
对它产生尊重之心，
然后，你们努力修行，
必将获得无限幸福。（4）

地译：我所示汝法，應生尊重心，
自勵勤修行，當獲無為樂。

सर्वमनित्य कामा अध्रुवं न च शाश्वता अपि न कल्पाः।
मायामरीचिसदृशा विद्युत्फेनोपमा चपलाः॥५॥

今译：一切贪欲，全都变化无常，
不坚固，不持久，不适当，
它们动摇不定，如幻影，
如光焰，如闪电，如泡沫。（5）

地译：貪欲皆無常，虛假猶如夢，
如幻如陽炎，如電如聚沫。

第四　法门品　69

न च कामगुणरतीभिः तृप्तिर्लवणोदकं यथा पीत्वा।
ते तृप्त येष प्रज्ञा आर्या लोकोत्तरा विरजा॥६॥

今译：热衷贪欲，永不满足，
犹如口渴而饮用盐水；
出离世间，摆脱尘垢，
高尚的智慧令人满足。（6）

地译：貪欲無厭足，如渴飲鹹水，
若得出世智，乃可為知足。

न तरङ्गतुल्यकल्पाःसंगीति च अप्सरोभि संवासः।
अन्योन्यगमयुक्ता यथैव सामायि कामं च॥७॥

今译：犹如舞台上演戏[1]，
众天女集合歌唱，
互相聚合又离散，
贪欲也与此相仿。（7）

地译：天女共相娱，譬如集戲場，
同會城邑中，暫聚便離散。

न च संस्कृते सहाया न मित्र ज्ञातीजनो च परिवाराः।
अन्यत्र कर्म सुकृतादनुबन्धति पृष्ठतो याति॥८॥

今译：在有为法中，不是同伴，
不是朋友、亲属和随从，
而是自己制造的善业，
始终在后面紧紧相随。（8）

地译：有為非常伴，亦非親善友，
唯除離垢行，無有恒隨逐。

तस्मात्सहितसमग्रा अन्योन्यं मैत्रचित्त हितचित्ताः।
धर्मचरणं चरेथाःसुचरितचरणा न तप्यन्ते॥९॥

今译：因此，要团结一致，
互相之间友爱亲善，

---

① 这句的原文是 na taraṅgatulyakalpāḥ，疑有误，应为 naṭaraṅgatulyakalpāḥ。其中的 naṭaraṅga，词义为“舞台”或“剧场”。此句地译“譬如集戏场”。

你们要奉行正法，
行善者不起烦恼。（9）

地译：汝應共和合，慈悲利益心，
精求諸善法，終當除熱惱。

बुद्धमनुस्मरेथा धर्मं संघं तथाप्रमादं च।
श्रुतशीलदाननिरता क्षान्त्या सौरभ्यसंपन्नाः॥ १० ॥

今译：你们要忆念佛法僧，
不懈怠放逸，热爱
学问、戒行和布施，
善于忍辱而柔顺。（10）

地译：常念佛法僧，勤心莫放逸，
施戒多聞忍，一切皆圓滿。

दुःखमनित्यमनात्मा निरीक्षथा योनिशो इमा धर्मा।
हेतुप्रत्यययुक्ता वर्तन्तेऽस्वामिका जडाबुध्या॥ ११ ॥

今译：苦、无常和无我，
如理观察这些法，
一切因缘和合成，
痴呆愚钝无主宰。（11）

地译：如理觀諸法，因緣和合生，
無常及苦空，無主亦無我。

या काचि ऋद्धि मह्यं पश्यत प्रतिभां च ज्ञानगुणतां च।
सर्वशुभकर्महेतोःशीलेन श्रुतेन चाप्रमादेन॥ १२ ॥

今译：你们可以观看我，
神通、辩才和智慧，
一切善业是成因，
持戒，多闻，不放逸。（12）

地译：觀我有神力，辯才智慧等，
淨業不放逸，多聞持戒成。

अनुशिष्यध्वं मह्यं शीलेन श्रुतेन चाप्रमादेन।
दानदमसंयमेना सत्त्वार्थ हितार्थ मित्रार्थः॥ १३ ॥

今译：你们要接受我的教诲，
持戒，多闻，不放逸，
施舍，柔顺，克制自己，
为了众生、利益和朋友。（13）

地译：我修多聞戒，汝等應隨學，
施戒及調伏，慈心莫放逸。

न च वाक्यरुतरवेणा शक्याःसंपादितुं कुशलधर्मान्।
प्रतिपत्तिमारभेथा यथा च वद्था तथ करोथा॥ १४॥

今译：依靠语言和声音，
并不能获得善法，
你们要努力修行，
要做到言行一致。（14）

地译：依義勿著言，如言而奉行，
堅固勤修習，利益諸群生。

मा खलु परावकाशं स्वयं यतध्वं सदा प्रयत्नेन।
न च कश्चि कृत्व ददते न चाप्यकृत्वा भवति सिद्धिः॥ १५॥

今译：你们一定不要依赖他人①，
始终要靠自己精进努力，
他人努力，不会恩赐你，
你不努力，就不会成功。（15）

地译：常宜自知罪，勿復觀他過，
不作非自成，彼作非我受。

समनुस्मरथा पूर्वे यद्दुःखं संसारे चिरमनुभूतम्।
न च निर्वृती विरागो समनुगतो मिथ्य नियतैव॥ १६॥

今译：记住在前生长期
经历的轮回之苦，
达到涅槃无贪欲，

---

① “依赖他人”的原文是parāvakāśa。其中，para的词义为“他人”，avakāśa的词义为“机会”，可理解为“他人给予机会”。此句护译“勿从他人教”。而地译“勿复观他过”，可能有另外的读法。

虚妄必定不追随。（16）

地译：當思過去劫，流轉生死苦，
常行邪妄道，生死乖涅槃。

तस्मात्क्षणं लभित्वा मित्रं प्रतिरूप देशवासं च।
श्रेष्ठं च धर्मश्रवणं शमेथ रागादिकान् क्लेशान्॥ १७॥

今译：因此，你们获得时机[1]，
合适的朋友和地点，
听到最上殊胜的正法，
就会灭寂贪欲和烦恼。（17）

地译：汝今離眾難，生天遇善友，
又聞最勝法，滅除諸貪妄。

मानमददर्पविगताः सदार्जवामन्दवाश्च अशठाश्च।
निर्वाणगतिपरायण युज्यत मार्गाभिसमयाय॥ १८॥

今译：摒弃高傲、迷狂和骄慢，
始终正直温和[2]，不欺诈，
以涅槃为至高的归宿，
你们要追求这条道路。（18）

地译：棄憍慢貢高，調柔行質直，
應勤修正道，決定證涅槃。

मोहकलुषान्धकारं प्रज्ञाप्रदीपेन विधमथा सर्वम्।
सानुशयदोषजालं विदारयत ज्ञानवज्रेण॥ १९॥

今译：你们要用智慧明灯驱除
一切愚痴、污浊和冥顽，
你们要用智慧雷电粉碎
烦恼和过错编织的罗网。（19）

① “时机”的原词是 kṣaṇa，与 akṣaṇa（“难处”或“无暇”）相对，指有幸生而为人，并逢佛出世，聆听佛法。此处地译“离众难”，也就是“获得时机”。

② “正直温和”的原文是 ārjavāmandavāḥ，疑有误，似应为 ārjavamārdavāḥ。此句地译“调柔行质直”。

地译：當以智慧燈，銷滅愚癡暗，
以勝金剛智，破煩惱隨眠。

किमपि सुबहु वदेयं धर्मं युष्माकमर्थसंयुक्तम्।
न च तत्रवतिष्ठेथा न तत्र धर्मस्य अपराधः॥२०॥

今译：关于正法及其意义，
我还需要多说什么？
凡是违背正法的地方，
你们不要停留那里[1]。（20）

地译：我得無邊法，當為汝宣說，
如是無邊法，汝豈能盡行？

बोधिर्यथा मि प्राप्ता（स्याद्）धर्मं च प्रवर्षयेदमृतगामिम्।
पुनरपि विशुद्धचित्ता उपेथ वरधर्मश्रवणाय॥२१॥ इति॥

今译：正如我会证得菩提，
也会降下正法甘露雨，
你们要怀抱清净之心，
前来听取殊胜正法。（21）

地译：我當證菩提，方灑甘露雨，
汝心若清淨，我當授勝法。

॥इति श्रीललितविस्तरे धर्मालोकमुखपरिवर्तो नाम चतुर्थोऽध्यायः॥

今译：以上是吉祥的《神通游戏》中名为《法门品》的第四章。

① 这句原文中的 tatravatiṣṭhethāḥ，读为 tatra avatiṣṭhethāḥ。

प्रचलपरिवर्तः पञ्चमः।

今译：第五 降生品

地译：降生品第五

इति हि भिक्षवो बोधिसत्त्वस्तां महतीं देवपर्षदमनया धर्म्यया कथया संदर्श्य समादाप्य समुत्तेज्य संप्रहर्ष्य क्षमापयित्वा मङ्गल्यां देवपर्षदमामन्त्रयते स्म गमिष्याम्यहं मार्षा जम्बुद्वीपम्। मया पूर्वबोधिसत्त्वचर्यां चरता सत्त्वाश्चतुर्भिःसंग्रहवस्तुभिर्निमन्त्रिता दानेन प्रियवद्येनार्थक्रियया समानार्थतया च। तदयुक्तमेतन्मार्षा मम भवेदकृतज्ञता च यदहमनुत्तरायां सम्यक्संबोधौ नाभिसंबुद्धेयम्॥

今译：众比丘啊！菩萨在大集会上向众天神演说正法，教导和激励，令他们喜悦。然后，他向吉祥的天神集会表示歉意，说道："诸位贤士啊，我就要前往瞻部洲。我已经履行往昔的菩萨行，用四摄事——布施、爱语、利行和同事劝请众生。因此，诸位贤士啊，我若不知报恩，不证得无上正等菩提，那是不合适的。"

地译：爾時，佛告諸比丘：菩薩為諸天人演說正法，勸勉開曉，令其悅豫。

अथ ते तुषितकायिका देवपुत्रा रुदन्तो बोधिसत्त्वस्य चरणौ परिगृह्यैवमाहुः-- इदं खलु सत्पुरुष तुषितभवनं त्वया विहीनं न भ्राजिष्यते। अथ बोधिसत्त्वस्तां महती देवपर्षदमेवमाह-- अयं मैत्रेयो बोधिसत्त्वो युष्माकं धर्मं देशयिष्यति। अथ बोधिसत्त्वः स्वकाच्छिरसः पट्टमौलं चावतार्य मैत्रेयस्य बोधिसत्त्वस्य शिरसि प्रतिष्ठापयामास। एवं चावोचत्-- ममान्तरेण त्वं सत्पुरुष अनुत्तरां सम्यक्संबोधिमभिसंभोत्स्यसे॥

今译：于是，那些兜率天天子哭泣着向菩萨行触足礼，说道："善士啊！缺少了你，兜率天宫就会失去光辉。"然后，菩萨在天神大集会[①]上说道："弥勒菩萨会为你们宣说正法。"随即，菩萨从自己头上取下布冠[②]，戴在弥勒菩萨头上，说道："善士啊，在我之后，你将证得无上正等菩提。"

---

① "大集会"中"大"的原词是 mahatī，据 M 本和 L 本应为 mahatīm。

② 此处"冠"的原词是 maula，规范用词应为 mauli。

अथ बोधिसत्त्वो मैत्रेयं बोधिसत्त्वं तुषितभवनेऽभिनिषद्य पुनरपि तां महतीं देवपर्षदमामन्त्रयते स्म-- कीदृशेनाहं मार्षा रूपेण मातुः कुक्षाववक्रामेयम् तत्र केचिदाहुः-- मार्षा मानवकरूपेण। केचिदाहुः-- शक्ररूपेण। केचिदाहुः-- ब्रह्मरूपेण। केचिदाहुः-- महाराजिकरूपेण। केचिदाहुः-- वैश्रवणरूपेण। केचिदाहुः-- गन्धर्वरूपेण। केचिदाहुः-- किन्नररूपेण। केचिदाहुः-- महोरगरूपेण। केचिदाहुः-- महेश्वररूपेण। केचिदाहुः-- चन्द्ररूपेण। केचिदाहुः-- सूर्यरूपेण। केचिदाहुः-- गरुडरूपेण।

今译：然后，菩萨让弥勒菩萨坐在兜率天宫中，又在天神大集会上说道："诸位贤士啊，我以什么形象进入母胎？"有些说："贤士啊，以青年的形象。"有些说："以帝释天的形象。"有些说："以梵天的形象。"有些说："以大王的形象。"有些说："以毗沙门[①]的形象。"有些说："以健达缚的形象。"有些说："以紧那罗的形象。"有些说："以大蛇的形象。"有些说："以大自在天的形象。"有些说："以月亮的形象。"有些说："以太阳的形象。"有些说："以金翅鸟的形象。"

地译：告天眾言："我當以何形像下閻浮提？"或有說言："為童子形。"或有說言："釋梵之形。"或有說言："神妙天形。"或有說言："阿修羅、乾闥婆、迦樓羅、緊那羅、摩睺羅伽等形。"或有說言："日月天形。"或有說言："金翅鳥形。"說如是等種種形像。

तत्रोग्रतेजो नाम ब्रह्मकायिको देवपुत्रः पूर्वर्षिजन्मच्च्युतोऽवैवर्तिकोऽनुत्तरायाः सम्यक्संबोधेः स एवमाह-- यथा ब्राह्मणानां मन्त्रवेदशास्त्रपाठेष्वागच्छति तादृशेनैव रूपेण बोधिसत्त्वो मातुः कुक्षाववक्रामितव्यः। तत्पुनः कीदृशम् गजवरमहाप्रमाणः षड्दन्तो हेमजालसंकाशः सुरुचिरः सुरक्तशीर्षःस्फुटितगलितरूपवान्। एतच्छ्रुत्वा रूपं ब्राह्मणवेदशास्त्रतत्त्वज्ञो व्याकर्षितश्च। इतो वै भावी द्वात्रिंशल्लक्षणोपेतः॥

今译：其中，有一位名叫胜光的梵天子，前生曾是仙人，于无上正等菩提不退转，说道："依照婆罗门颂诗、吠陀和经典所说，菩萨应该以这样的形象进入母胎。什么样？一头形体魁梧的大象，有六牙，灿若金网，端庄可爱，头顶红色，光彩熠熠[②]。"他通晓婆罗门吠陀和经典，听说这种形象，加以说明[③]，说道："还会有三十二相。"

---

① "毗沙门"（vaiśravaṇa）是财神。

② "光彩熠熠"的原文是 sphuṭitagalitarūpavān。而地译中有"白玻璃"一词。故而，其中的 sphuṭita，也有可能是 sphāṭika（"玻璃"）。

③ "说明"的原词是 vyākarṣitaḥ，词义不明。地译中此处译为"围陀先记"。故而，此词可能是 vyākṛtaḥ（"记"，"说明"）。

地译：爾時，眾中有一天子，名曰勝光，昔在閻浮提中為婆羅門，於無上菩提心不退轉，作如是言：“圍陀論說，下生菩薩當作象形而入母胎。”即說偈言：

菩薩降神，應為象形，
端正姝好，頂上紅色，
皎潔鮮淨，如白玻璨，
具足六牙，飾以金勒，
無不吉祥，圍陀先記，
三十二相，當下閻浮。

इति हि भिक्षवो बोधिसत्त्वो जन्मकालमवलोक्य तुषितवरभवनस्थःएवं राज्ञः शुद्धोदनस्य गृहवरे अष्टौ पूर्वनिमित्तान्युपदर्शयति स्म। कतमान्यष्टौ तद्यथा व्यपगततृण-खाणुकण्टकशर्करकढल्यनिर्मलं सुषिक्तं सुशोधितमनाकुलवातमोरजोविगतदंशकमक्षि-कापतङ्गसरीसृपापगतमवकीर्णकुसुमं समं पाणितलजातं तद्गृहं संस्थितमभूत्। इदं प्रथमं पूर्वनिमित्तं प्रादुरभूत्॥

今译：众比丘啊！菩萨在兜率天宫观察出生时间后，让净饭王宫中呈现八种前兆。哪八种？宫中去除杂草、树桩、荆棘、沙石和瓦砾，变得干净，喷水浇洒，清洁整齐，和风吹拂，清除污秽尘垢，驱除牛虻、蚊子、飞虫和爬虫，遍布鲜花，平坦如同手掌。这是显现的第一种前兆。

地译：佛告諸比丘：菩薩於兜率天宫周遍觀察將下生時，輸檀王宫先現八種瑞相。何等為八？一者王宫忽然清淨，不加掃灑，無諸穢惡、塵土、瓦礫、蚊虻、蚰蜒、百足之類，周匝布散種種妙花，香氣芬馥。

ये च हिमवत्पर्वतराजनिवासिनः पत्रगुप्तशुकसारिकाकोकिलहंसक्रोञ्चमयूरचक्रवाक-कुणालकलविङ्कजीवंजीवकादयो विचित्ररुचिरपक्षा मनोज्ञप्रियभाषिणः शकुनिगणाः ते आगत्य राज्ञः शुद्धोदनस्य गृहवरे वितर्दिनिर्यूहतोरणगवाक्षहर्म्यकूटागारप्रासादतलेषु स्थित्वा प्रमुदिताः प्रीतिसौमनस्यजाताः स्वकस्वकानि रुतान्युदाहरन्ति स्म। इति द्वितीयं पूर्वनिमित्तं प्रादुरभूत्॥

今译：居住在山王雪山中的护羽鸟、鹦鹉、沙利迦鸟、杜鹃、天鹅、麻鹬、孔雀、轮鸟、鸠那罗鸟、迦陵频伽鸟和命命鸟等，羽毛绚丽多彩，鸣声可爱。这些鸟群来到净饭王宫，停留在露台、塔楼、拱门、窗户、楼阁和宫顶，欢快喜悦，纷纷发出各自的鸣叫。这是显现的第二种前兆。

地译：二者從雪山中眾鳥來集，異類雜色，毛羽光鮮，於王宫中樓閣、殿堂、楝梁、軒牖哀鳴相和，遨遊自樂。

ये च राज्ञः शुद्धोदनस्यारामरमणीयेषु वनरमणीयेषु चोद्यानरमणीयेषु नानापुष्पफलवृक्षा नानर्तुकारिकाः ते सर्वे संपुष्पिताः संकुसुमिता अभूवन्। इदं तृतीयं पूर्वनिमित्तं प्रादुरभूत्॥

今译：在净饭王可爱的园林、可爱的树林和可爱的花园中，不同时令的各种花果树木一齐鲜花绽放。这是显现的第三种前兆。

地译：三者於王宫中，草木花葉一時敷榮。

याश्च राज्ञः शुद्धोदनस्य पुष्करिण्यो जलपरिभोग्यस्थाः ताः सर्वाः शकटचक्रप्रमाणैरनेककोटीनियुतशतसहस्रपत्रैः पद्मैःसंछादिता अभूवन्। इदं चतुर्थं पूर्वनिमित्तं प्रादुरभूत्॥

今译：在净饭王宫中，那些莲花池，池水可以饮用，覆盖数百千万亿叶大如同车轮的莲花。这是显现的第四种前兆。

地译：四者王宮池沼皆生蓮花，大如車輪，有百千葉覆映水上。

ये च राज्ञः शुद्धोदनस्य गृहवरे भाजनविषये सर्पिस्तैलमधुफाणितशर्कराद्यानां ते परिभुज्यमानाः क्षयं न गच्छन्ति स्म। परिपूर्णा एव संदृश्यन्ते स्म। इदं पञ्चमं पूर्वनिमित्तं प्रादुरभूत्॥

今译：在净饭王宫中，容器中盛放的酥油、麻油、蜂蜜、石蜜和糖等等，取之不尽，用之不竭。这是显现的第五种前兆。

地译：五者王宮珍器自然而有酥油、石蜜，種種美味，食而無盡。

ये च राज्ञः शुद्धोदनस्य गृहवरप्रधाने महत्यन्तः पुरे भेरीमृदङ्गपणवतूणववीणावेणुवल्लकीसंपताडप्रभृतयस्तूर्यभाण्डाः ते सर्वे स्वयमघट्टिता एव मनोज्ञशब्दं मुञ्चन्ति स्म। इदं षष्ठं पूर्वनिमित्तं प्रादुरभूत्॥

今译：在净饭王美妙王宫的庞大后宫中，大鼓、小鼓、腰鼓、琴瑟、琵琶、笛子、琴弦和商波多吒等等乐器，无人演奏而自动发出美妙动听的声音。这是显现的第六种前兆。

地译：六者王宮樂器簫笛、箜篌、琴瑟之屬，非因擊奏，皆出種種微妙之音。

यानि च राज्ञः शुद्धोदनस्य गृहवरप्रधाने सुवर्णरूप्यमणिमुक्तावैदूर्यशङ्खशिलाप्रवालादीनां रत्नानां भाजनानि तानि सर्वाणि निरवशेषं विवृतविमलविशुद्धपरिपूर्णान्येवं विरोचन्ते स्म। इदं सप्तमं पूर्वनिमित्तं प्रादुरभूत्॥

今译：在净饭王美妙王宫中，装有金、银、摩尼珠、珍珠、琉璃、贝螺、宝石和珊瑚等等的各种宝盒全都敞开，干净，清洁，盈满，光彩夺目。这是显现的第七种前兆。

地译：七者王宫金銀、琉璃、車渠、馬瑙、摩尼、珊瑚，一切珍藏悉皆盈滿。

विमलविशुद्धया चन्द्रसूर्यजिह्मीकरणया प्रभया कायचित्तोद्बिल्यसंजनन्या तद्गृहं समन्तादवभासितमभूत्। इदमष्टमं पूर्वनिमित्तं प्रादुरभूत्॥

今译：整个王宫大放光明，纯洁的光辉令日月害羞，令人们身心愉悦。这是显现的第八种前兆。

地译：八者王宮有大光明映蔽日月，遇斯光者身心安樂，得未曾有。如是名為八種瑞相。

माया च देवी स्नातानुलिप्तगात्रा विविधाभरणविष्कम्भितभुजा सुश्लक्ष्णसुलीलवस्त्र-वरधारिणी प्रीतिप्रामोद्यप्रसादप्रतिलब्धा सार्धं दशभिः स्त्रीसहस्रैः परिवृता पुरस्कृता राज्ञः शुद्धोदनस्य संगीतिप्रासादे सुखोपविष्टस्यान्तिकमुपसंक्रम्य दक्षिणे पार्श्वे रत्नजालप्रत्युप्ते भद्रासने निषद्य स्मितमुखी व्यपगतभृकुटिका प्रहसितवदना राजानं शुद्धोदनमा-भिर्गाथाभिरभाषत्--

今译：摩耶王后沐浴抹香后，手臂佩戴各种装饰品，穿上柔软精美的衣服，心情愉快，在一万宫女恭敬围绕下，来到音乐殿。净饭王舒适地坐在那里。王后走近国王，坐在国王右边装饰有宝石网的宝座上。这位不皱眉结、和颜悦色的王后满面笑容，对净饭王念了这些偈颂：

地译：是時，摩耶聖后澡浴莊飾，塗諸天香，著妙衣服，眾寶自嚴，歡喜悅豫，身心清淨，以一萬婇女圍遶侍從，遊音樂殿中，詣輸檀王，於王右邊，昇妙寶網莊嚴之座。坐已，容貌熙怡，開顏微笑。於是，頌曰：

साधो शृणुष्व मम पार्थिव भूमिपाला
याचामि ते नृपतिरद्य वरं प्रयच्छ।
अभिप्रायु मह्य यथ चित्तमनः प्रहर्षं
तन्मे शृणुष्व भव प्रीतमना उदग्रः॥ १॥

今译：好国王啊，大地保护者！
请听我乞求你赐予恩惠，
我的意愿令我心中喜悦，
请听吧！愿你欣喜万分！（1）

地译：善哉大王幸哀許，我今欲陳微妙願。

गृह्णामि देव व्रतशीलवरोपवासं
अष्टाङ्गपोषधमहं जगि मैत्रचित्ता।
प्राणेषु हिंसविरता सद शुद्धभावा
प्रेमं यथात्मनि परेषु तथा करोमि॥२॥

今译：王上啊！我要发愿持戒，
心怀慈悲，奉守八关斋戒①，
心地纯洁，绝不伤害众生，
爱护他人如同爱护自己。（2）

地译：從是恒起仁慈心，當持八關清淨戒，
不害眾生如愛己。

स्तैन्याद्विवर्जितमना मदलोभहीना
कामेषु मिथ्य नृपते न समाचरिष्ये।
सत्ये स्थिता अपिशुना परुषप्रहीणा
संधिप्रलापमशुभं न समाचरिष्ये॥३॥

今译：不起偷盗心，摆脱痴和贪，
国王啊，我不会沉迷爱欲，
说真话，不挑拨，不恶语，
我不会饶舌，行为不端。（3）

व्यापाददोषखिलमोहमदप्रहीणा
सर्वा अभिध्य विगता स्वधनेन तुष्टा।
सम्यक्प्रयुक्त अकुहानिलया अनिर्ष्यु
कर्मा यथा दश इमे कुशला चरिष्ये॥४॥

今译：摒弃怨恨、错误、固执、愚痴和迷狂，
摆脱一切贪欲，满足于自己的财富，
行为端正，不狡诈欺骗，不妒忌，
这些是我要奉行的十种善业。（4）

① “八关斋戒”（aṣṭāṅgapoṣada）指在家弟子一日一夜离开家庭，进入僧团过出家人生活，奉守八戒。

地译：三業十善常修習，遠離嫉妬諂曲心。

मा त्वं नरेन्द्र मयि कामतृषां कुरुष्व
शीलव्रतेष्वभिरताय सुसंवृताय।
मा ते अपुण्य नृपते भवि दीर्घरात्र-
मनुमोदया हि मम शीलव्रतोपवासम्॥५॥

今译：国王啊！你不要渴望与我合欢，
我努力守护自己，一心一意持戒，
国王啊！长夜中，你不要起邪念，
而要为我发愿实行斋戒而高兴。（5）

地译：願王於我莫生染，聞此禁戒非[1]隨喜，
恐王長夜嬰苦報。[2]

छन्दो ममेष नृपते प्रविशाद्य शीघ्रं
प्रासादहर्म्यशिखरे स्थित धार्तराष्ट्रे।
सखिभिः सदा परिवृता सुख मोदयेयं
पुष्पाभिकीर्णशयने मृदुके सुगन्धे॥६॥

今译：国王啊！我愿望[3]今天立刻
进入持国宫殿顶上楼阁中，
始终有女友围绕，舒适愉快，
床榻遍撒鲜花，柔软芳香。（6）

地译：惟願令我得別居，宮殿香花自嚴飾，
諸善婇女常圍遶，鼓樂絃歌演法音。

न च काञ्चुकीय पुरुषा न पि दारकाश्च
न च इस्त्रि प्राकृत ममा पुरतः स्थिहेया।
नो चामनाप मम रूप न शब्दगन्धान्
नान्यत्र इष्टमधुरा श्रृणुया सुशब्दान्॥७॥

今译：不要让男侍，甚至男童和

① 此处“非”字，据《中华大藏经》校勘记，《资》、《碛》、《普》、《南》、《径》、《清》作“不”。

② 这里后面两句与原文有差异。

③ 此处原文中的 mameṣa，应为 mamaiṣa。

普通宫女出现在我的面前，
没有不愉快的色、声和香，
而只听到可爱甜蜜的声音。（7）

地译：凡鄙惡人令離我，婬穢香花皆不御。

ये रोधबन्धनगताः परिमुञ्च सर्वान्
द्रव्याम्बराश्च पुरुषान्धनिनः कुरुष्व।
वस्त्रान्नपान रथयुग्य तथाश्वयानं
दद सप्तरात्रिकमिदं जगतः सुखार्थम्॥८॥

今译：释放所有陷入牢狱的囚犯，
让人们拥有衣物和财富，
施舍衣服、饮食和车马，
连续七天，让这世界幸福。（8）

地译：一切囚徒悉寬宥，要當遣彼囹圄空，
七日七夜廣行檀，給濟貧乏令充足。

नो चो विवादकलहा न च रोषवाक्या
चान्योन्यमैत्रमनसो हितसौम्यचित्ता।
अस्मिन् पुरे पुरुष इष्टिक दारकाश्च
देवाश्च नन्दनगता सहिता रमन्ताम्॥९॥

今译：没有争吵，没有粗言恶语，
互相友爱，怀有利他之心，
让这城中的男女和儿童，
与欢喜园中天神共享快乐。（9）

地译：必使正化輕傜役，盡令公庭無諍訟，
各各慈心互相向，如昇忉利①歡喜園。

न च राजदण्डनभटा न तथा कुदण्डा
नोत्पीडना न पि च तर्जनताडना वा।
सर्वान् प्रसन्नमनसो हितमैत्रचित्ता
वीक्षस्व देव जनतां यथ एकपुत्रम्॥१०॥

① “忉利”即“三十三天”，是天王因陀罗（帝释天）的居处。

今译：没有执杖的士兵滥施刑罚，
没有逼迫，没有责骂殴打，
人人心平气和，心怀友善，
王上啊，你要视民如独子。（10）

地译：憐愍世間同一子，法教如斯甚安樂。

श्रुत्वैव राज वचनं परमं उदग्रं
प्राहास्तु सर्वमिदमेव यथा तवेच्छा।
अभिप्रायु तुभ्य मनसा स्वनुचिन्तितानि
यद्याचसे तव वरं तदहं ददामि॥ ११ ॥

今译：听了这些无比高尚的话，
国王说："一切如你所愿！
按照你的心愿和种种想法，
我赐予你所乞求的恩惠。"（11）

地译：王聞此言大歡悅，如所願者皆相許。

आज्ञाप्यःपार्थिववरः स्वकपारिषद्यां
प्रासादश्रेष्ठशिखरे प्रकरोथ ऋद्धिम्।
पुष्पाभिकीर्णरुचिरं वरधूपगन्धं
छत्रापताकसमलंकृततालपंक्तिम्॥ १२ ॥

今译：这位优秀的国王吩咐侍臣，
装饰宫殿顶上美妙的楼阁，
遍撒可爱的鲜花和上等香料，
多罗树成行，配有华盖旗幡[①]。（12）

地译：即勅諸臣淨宮殿，幡蓋香花悉嚴飾。

विंशत्सहस्र रणशोण्ड विचित्रवर्मा
नाराचशूलशरशक्तिगृहीतखड्गाः।
परिवारयाथ धृतराज्यमनोज्ञघोषं
देव्याऽभयार्थं करुणास्थित रक्षमाणा॥ १३ ॥

今译：两万勇士身披各种铠甲，
手持铁箭、长矛和刀枪，

① "华盖旗幡"的原文是 chatrāpatāka，规范用词应为 chatrapatāka。

守护持国宫，声音和缓，
心怀慈悲，让王后不恐惧[①]。（13）

地译：復以二萬勇健軍，操持劍戟令防護。

स्त्रीभिस्तु सा परिवृता यथ देवकन्या
स्नातानुलिप्तप्रवराम्बरभूषिताङ्गी।
तूर्यैः सहस्रमनुगीतमनोज्ञघोषैः
आरुह्य देव्युपविवेश मरुत्स्नुषेव॥ १४॥

今译：宛如天女，身边围绕众宫女，
王后沐浴，抹香，穿著优美，
千种乐器奏出悦耳动听乐曲，
王后登殿入阁，如同天神儿媳。（14）

地译：婇女絃歌相娛樂，復以瓔珞莊嚴身。

दिव्यैर्महार्थसुविचित्रसुरत्नपादैः
स्वास्तीर्णपुष्पविविधैःशयने मनोज्ञे।
शयने स्थिता विगलिता मणिरत्नचूडा
यथ मिश्रकावनगता खलु देवकन्या॥ १५॥

今译：床腿镶嵌神奇贵重宝石，
床榻舒适，撒满各种鲜花，
王后躺在床上，摩尼珠宝
顶髻滑下，犹如杂园[②]天女。（15）

地译：珍床寶座敷綩綖，處在勝殿如天女。

अथ खलु भिक्षवश्चत्वारो महाराजानः शक्रश्च देवानामिन्द्रः सुयामश्च देवपुत्रः संतुषितश्च सुनिर्मितश्च परनिर्मितवशवर्ती च सार्थवाहश्च मारपुत्रब्रह्मा च सहांपतिर्ब्रह्मोत्तरश्च पुरोहितः सुब्रह्मा च पुरोहितः प्रभाव्यूहाभास्वरश्च महेश्वरश्च शुद्धावासकायिका निष्ठागतश्चाकनिष्ठश्च एतानि चान्यानि चानेकानि देवशतसहस्राणि संनिपत्य अन्योन्यमेवाहुः--

今译：然后，众比丘啊！四大天王、天王帝释天、天子夜摩天、商兜率

① 这句原文中的 abhayārtha，规范用词应为 abhayārtham。
② “杂园”（miśrākāvana）是天国园林的名称。

天、化乐天、他化自在天、魔子梵天导师[1]、娑婆主梵天、上梵辅天、善梵辅天、光严天、光音天、大自在天、净居天、究竟天和色究竟天，这些和其他无量百千天神聚集在一起，互相说道：

地译：佛告諸比丘：爾時，四天王、釋提桓因、夜摩天、兜率陀天、樂變化天、他化自在天、娑婆世界主梵天王、梵眾天、梵輔天、妙光天、少光天、光嚴天、淨居天、阿迦尼吒天[2]、摩醯首羅天[3]，及餘無量百千天眾，悉皆雲集，互相謂言：

अयुक्तमेतन्मार्षा अस्माकं स्यादकृतज्ञता च यद्वयमेकाकिनमद्वितीयं बोधिसत्त्वमुत्सृजेम। कोऽस्माकं मार्षा उत्सहते बोधिसत्त्वं सततसमितमनुबद्धुमवक्रमणगर्भस्थानजन्म यौवनभूमिदारकक्रीडान्तः पुरनाटकसंदर्शनाभिनिष्क्रमणदुष्करचर्याबोधिमण्डोपसंक्रमणमारधर्षणबोध्यभिसंबोधनधर्मचक्रप्रवर्तनं यावन्महापरिनिर्वाणाद्धितचित्ततया स्निग्धचित्ततया प्रियचित्ततया मैत्रचित्ततया सौम्यचित्ततया तस्यां वेलायामिमां गाथामभाषत--

今译：“诸位贤士啊，如果我们丢下菩萨，让他独自一人，无人陪伴，这样做不合适，不知感恩。诸位贤士啊，我们之中，谁能始终陪伴菩萨下降、处胎、出生、童年、青年、游戏、后宫观舞、出家、苦行、前往菩提道场、降伏摩罗、觉悟成佛、转法轮直至大般涅槃，怀着利他心、亲善心、喜悦心、友爱心和柔顺心？”这时，他们吟颂这些偈颂：

地译：“菩薩將欲下生，我等諸天不往侍從，墮無反復[4]，不知恩養。誰能堪任侍衛菩薩下閻浮提，從初入胎及以出胎，童子盛年，遊戲受欲，出家苦行，詣菩提座，降伏魔軍，轉正法輪，現大神力，下忉利天入般涅槃，常能奉事，終不捨離？”爾時，諸天子等而說頌曰：

　　को वोत्सहेत वररूपधरम्
　　　　अनुबन्धयितुं सततं प्रीतमनाः।
　　कः पुण्यतेज यशसा वचसा
　　　　स्वयमात्मनेच्छति विबद्धयितुम्॥ १६॥

今译：谁能始终怀着喜悦心，
　　　跟随这位形象美好者？

① “魔子梵天导师”通常称为“魔子导师”，是一位支持佛陀的魔子，名为“导师”（sārthavāha）。

② “阿迦尼吒天”是 akaniṣṭha（“色究竟天”）的音译。

③ “摩醯首罗天”是 maheśvara（“大自在天”）的音译。

④ 此处“无反复”意谓“不回报”。

谁有声誉和善于言说，
亲自跟随功德辉煌者？（16）

地译：汝等誰堪任，歡喜隨菩薩，
當得福增長，亦獲大名譽？

यस्येप्सितं त्रिदशदेवपुरे
दिव्यैः सुखैर्हि रमितुं सततम्।
परमाप्सरोभिरिह कामगुणैः
अनुबद्धितां विमलचन्द्रमुखम्॥ १७॥

今译：谁向往在忉利天宫中，
与充满爱欲的无上天女，
永远享受神奇的欢乐，
请他跟随面似皎月者吧！（17）

地译：若求忉利宫，勝妙常安樂，
婇女眾圍遶，應隨清淨月。

तथ मिश्रके वनवरे रुचिरे
दिव्याकरे रमितु देवपुरे।
पुष्पोत्करे कनकचूर्णनिभे
अनुबन्धतां विमलतेजधरम्॥ १८॥

今译：谁向往在可爱的杂园①中，
布满鲜花，似涂抹金粉，
在神奇天宫中享受欢乐，
请他跟随光辉纯洁者吧！（18）

地译：若求妙園林，勝處常遊戲，
寶地金花飾，應隨離垢光。

यस्येप्सितं रमितुः चित्ररथे
तथ नन्दने सुरवधूसहितः।
मान्दारवैः कुसुमपत्रचिते
अनुबन्धतामिमु महापुरुषम्॥ १९॥

① “杂园”是天王因陀罗的园林。

今译：谁向往乘坐奇妙的车辆，
在布满曼陀罗花叶的
欢喜园与天女享受欢乐①，
请他跟随这位大丈夫吧！（19）

地译：若求象馬車，遊處歡喜園，
婇女眾圍遶，應隨大丈夫。

यामाधिपत्यमथ वा तुषितै-
रथ वापि प्रार्थयति चेश्वरताम्।
पूजारहो भवितु सर्वजगे
अनुबन्धतामिमु अनन्तयशम्॥२०॥

今译：谁向往夜摩天的统治权，
或者兜率天的统治地位，
在一切世界受到供奉，
请他跟随声誉无限者吧！（20）

地译：若求夜摩天，及以兜率宫，
所生常見敬，應隨大名稱。

यो इच्छति निर्मितपुरे रुचिरे
वशवर्तिदेवभवने रमितुम्।
मनसैव सर्वमनुभोक्तिक्रिया
अनुबन्धतामिमु गुणाग्रधरम्॥२१॥

今译：谁向往在可爱的化乐天
或者他化自在天天宫中，
按照自己心愿享受一切，
请他跟随品德优秀者吧！（21）

地译：若求化樂天，自在諸宮室，
遊戲變化樂，應隨功德者。

मारेश्वरो न च प्रदुष्टमना
सर्वविधैश्वर्यपारगतः।

① 此处"享受欢乐"的原词是 ramituḥ，据 L 本应为 ramitu。

> कामेश्वरो वशितपारगतो
> गच्छत्वसौ हितकरेण सह॥२२॥

今译：谁向往成为摩罗主宰者，
　　　不起恶意，获得一切尊贵，
　　　爱欲主宰者，获得大自在，
　　　请他跟随乐施利益者吧！（22）

地译：若求作魔王，遠離諸毒心，
　　　神變窮邊際，應隨利益者。

> तथ कामधातु समतिक्रमितुं
> मति यस्य ब्रह्मपुरमावसितुम्।
> चतुरप्रमाणप्रभतेजधरः
> सोऽद्यानुबद्धतु महापुरुषम्॥२३॥

今译：谁向往超越欲界，
　　　居住在梵界天宫，
　　　具有四无量①的光辉，
　　　请他跟随大丈夫吧！（23）

地译：若求超欲界，住勝妙梵宮，
　　　修行四等心，應隨禪定者。

> अथ वापि यस्य मनुजेषु मति
> वरचक्रवर्तिविषये विपुले।
> रत्नाकरमभयसौख्यददम्
> अनुबन्धतां विपुलपुण्यधरम्॥२४॥

今译：谁向往生活在人世间，
　　　优秀转轮王的广大地域，
　　　请他跟随大功德者，富有
　　　宝藏，赐予无畏和幸福者！（24）

地译：若求生人間，受輪王勝報，
　　　七寶從心至，應隨離欲尊。

---

① "四无量"指慈、悲、喜和舍。

पृथिवीश्वरस्तथ पि श्रेष्ठिसुतो
आढ्यो महाधनु महानिचयः।
परिवारवान्निहतशत्रुगणो
गच्छत्वसौ हितकरेण सह॥ २५॥

今译：谁向往成为大地之主，
长者子，富人，大财主，
身边有随从而无怨敌，
请他跟随乐施利益者！（25）

地译：若求人王位，長者及居士，
財富無怨敵，應隨無上士。

रूपं च भोगमपि चेश्वरता
कीर्तिर्यशश्च बलता गुणवती।
आदेयवाक्य भवि ग्राह्यरुतो
ब्रह्मेश्वरं समुपयातु विदुम्॥ २६॥

今译：谁向往美貌、富贵和权力，
名声、荣誉、力量和品德，
说话有威信，人人会听从，
请他跟随智慧的梵王[①]吧！（26）

地译：若求大富貴，端正及名譽，
教令有威德，應隨梵音者。

ये दिव्य काम तथ मानुषकां
यो इच्छती त्रिभवि सर्वसुखम्।
ध्याने सुखं च प्रविवेकसुखं
धर्मेश्वरं समनुबन्धयताम्॥ २७॥

今译：谁向往天国和人间欢乐，
追求三界的一切幸福，
禅定之乐和寂静之乐，
请他跟随这位法王吧！（27）

① “梵王”的原词是 brahmeśvara。此处地译“梵音”，则原词是 brahmasvara。

地译：若求人天報，并致三界安，
无漏慧及禪，應隨法自在。

रागप्रहाणु तथ दोषमपी
यो इच्छते तथ किलेशजहम्।
शान्त प्रशान्त उपशान्तमना
सो दान्तचित्तमनुयातु लघुम्॥२८॥

今译：谁向往摒弃贪欲和罪过，
企盼摒弃一切痛苦烦恼，
达到清净、安定和寂静，
请他赶快跟随调心者吧！（28）

地译：若求斷貪欲，及去瞋癡等，
淡泊志寂然，應隨調心者。

शैक्षा अशैक्ष तथ प्रत्येकजिना
सर्वज्ञज्ञानमनुप्रापुरितुम्।
दशभिर्बलैर्नदितु सिंह इव
गुणसागरं समनुयातु विदुम्॥२९॥

今译：有学、无学和缘觉者[1]，
向往获得全知者智慧，
具有十力，发出狮子吼，
请他跟随智慧功德海！（29）

地译：若求一切智，緣覺及聲聞，
十方師子吼，應隨功德海。

पिथितुं अपायपथ येष मतिर्
विवृतुं च षड्गतिपथं ह्यमृतम्।
अष्टाङ्गमार्गगमनेन गतिम्
अनुबन्धतां गतिपथान्तकरम्॥३०॥

今译：谁向往堵住一切恶道，
企盼打开六种甘露道，

① “有学”（śaikṣa）指学习修行者。“无学”（aśaikṣa）指完成修行者，即达到阿罗汉果位者。“有学”和“无学”都属于“声闻”。“缘觉”（也译“辟支佛”）指独自修行达到觉悟者。故而，此处地译“缘觉和声闻”。

通过八正道达到归宿，
请他跟随摧毁恶道者！（30）

地译：若求閉惡趣，開諸甘露門，
方昇八正道，應隨遠險路。

यो इच्छते सुगत पूजयितुं
धर्मं च तेषु श्रुतिकारुणिके।
प्राप्तो गुणानपि च संघगतान्
गुणसागरं समनुयातु इमम्॥ ३१॥

今译：谁向往敬拜供奉善逝，
聆听大慈大悲的正法，
获得僧众的各种功德，
请他跟随这座功德海！（31）

地译：若求見諸佛，聽受甚深法，
及冀眾福祐，應隨功德藏。

जातिजरामरणदुःखक्षये
संसारबन्धन विमोक्षयितुम्।
चरितुं विशुद्धगमनान्तसमं
सो शुद्धसत्त्वमनुबन्धयताम्॥ ३२॥

今译：谁向往摆脱轮回束缚，
解除生、老和死的痛苦，
遵行如同灭寂的清净路，
请他跟随本性清净者吧！（32）

地译：若求出纏縛，生老病死苦，
清淨如虛空，應隨離垢人。

इष्टो मनाप प्रियु सर्वजगे
वरलक्षणो वरगुणोपचितः।
आत्मा परं च तथ मोचयितुं
प्रियदर्शनं समुपयातु विदुम्॥ ३३॥

今译：谁向往在一切世界可爱，
具有美好的相记和品德，

解脱自己，也解脱他人，
请他跟随众生乐见者吧！（33）

地译：若求一切敬，相好莊嚴德，
及能拯自他，應隨可欣樂。

शीलं समाधि तथ प्रज्ञमयी
गम्भीरदुर्दशदुरोपगमम्।
यो इच्छते विदु विमुक्ति लभे
सो वैद्यराजमनुयातु लघुम्॥ ३४॥

今译：谁向往具备戒、定和慧，
达到深邃难见难入之境[1]，
成为智者和获得解脱，
请他赶快跟随医王吧！（34）

地译：若求戒定慧，甚深難可證，
智者速解脱，應隨大醫王。

एते च अन्य गुण नैकविधा
उपपत्ति सौख्य तथ निर्वृतिये।
सर्वैर्गुणेभि प्रतिपूर्ण सिद्धये
सिद्धव्रतं समनुयातु विदुम्॥ ३५॥ इति॥

今译：谁向往获得种种品德，
达到幸福和涅槃之乐，
凭借一切品德圆满成功，
请他跟随誓愿成功者吧！（35）

地译：若求無量德，究竟皆圓滿，
及生涅槃樂，應隨智成就。

इदं खलु वचनं श्रुत्वा चतुरशीतिसहस्राणि चातुर्महाराजिकानां देवानां शतसहस्रं त्रयत्रिंशानां शतसहस्रं यामानां शतसहस्रं तुषितानां शतसहस्रं निर्माणरतीनां शतसहस्रं परनिर्मितवशवर्तीनां देवानां षष्टिसहस्राणि मारकायिकानां पूर्वशुभकर्मनिर्यातानां अष्टषष्टि-सहस्राणि ब्रह्मकायिकानां बहूनि शतसहस्राणि यावदकनिष्ठानां देवानां संनिपतितान्यभूवन्। अन्ये च भूयः पूर्वदक्षिणपश्चिमोत्तरेभ्यो दिग्भ्यो बहूनि देवशतसहस्राणि संनिपतितान्यभूवन्।

---

① 这句中，“难见”的原词是 durdaśa，疑有误，似应为 durdarśa。

तेभ्यो ये उदारतमा देवपुत्रास्ते तां महतीं देवपर्षदं गाथाभिरभ्यभाषन्तः--

今译：听到这些话，八万四千四大天王，十万忉利天，十万夜摩天，十万兜率天，十万化乐天，十万他化自在天，六万摩罗天，六万八千前生积德的梵众天，乃至数十万色究竟天，聚集这里。还有其他数十万天神从东南西北所有方向聚集这里。他们中的一些上首天子在这个天神大集会上吟颂这些偈颂：

地译：爾時，諸天眾會聞此偈已，八萬四千四天王天，百千忉利天，百千夜摩天，百千兜率天，百千化樂天，百千他化自在天，六萬魔天，前世積德六萬八千梵眾天，乃至阿迦尼吒天與無央數百千諸天，如是等天先來在會，復有他方東西南北、四維上下無量百千諸天眾等，皆悉來集。時大會中上首天子，而說頌曰：

हन्त श्रृणोथ वचनं अमरेश्वराहो
अस्मिन् विधानमति यादृशतत्वभूता।
त्यक्तार्थिकामरति ध्यानसुखं प्रणीतम्
अनुबन्धयाम इममुत्तमशुद्धसत्त्वम्॥ ३६॥

今译：哦，诸位甘露主啊！请听
对这件事如实作出的决定：
他摒弃财富欲乐，获得禅乐，
我们要跟随本性无上清净者。（36）

地译：汝等今應聽，我起決定心，
捨欲及神通，諸禪三昧樂，
隨從最勝者。

ओक्रान्तपाद तथ गर्भस्थितं महात्मं
पूजारहं अतिशयमभिपूजयामः।
पुण्यैः सुरक्षितमृषिं परिरक्षिसन्तो
यस्यावतार लभते न मनः प्रदुष्टम्॥ ३७॥

今译：这位大德迈步入胎，我们要
供奉这位值得供奉的卓越者，
保护这位受功德保护的仙人，
让他的降生不受到恶意侵扰。（37）

地译：降生处母胎，不令诸恶侵，
常当为拥护。

第五　降生品　93

संगीतितूर्यरचितैश्च सुवाद्यकैश्च
　　वर्णागुणां कथयतो गुणसागरस्य।
कुर्वाम देवमनुजान प्रहर्षणीयं
　　यं श्रुत्व बोधिवरचित्त जने जनेर्या॥ ३८॥

今译：我们用美妙歌曲和乐器，
称颂这位功德海的功德，
让天神和凡人满怀喜悦，
听到后，发起殊胜菩提心[①]。(38)

地译：以諸妙音樂，讚誦功德海，
令天人歡喜，發無上道心，
人天聞是已，歡喜消眾患。

पुष्पाभिकीर्ण नृपतेश्च करोम गेहं
　　कालागुरूत्तमसुधूपितसौम्यगन्धम्।
यं घ्रात्व देवमनुजाश्च भवन्त्युदग्रा
　　विगतज्वराश्च सुखिनश्च भवन्त्यरोगाः॥ ३९॥

今译：我们把鲜花撒在国王的宫殿，
熏染上等黑沉水香，香味美妙，
天神和凡人闻到后，欢喜踊跃，
摆脱烦恼，消除病患，幸福快乐。(39)

मान्दारवैश्च कुसुमैस्तथ पारिजातै-
　　श्चन्द्रैःसुचन्द्र तथ स्थालविरोचमानैः।
पुष्पाभिकीर्ण कपिलाह्वय तं करोम
　　पूजार्थ पूर्वशुभकर्मसमुद्गतस्य॥ ४०॥

今译：我们在迦比罗城遍撒鲜花，
曼陀罗、波利质多和月亮花，
妙月花、萨陀罗花和光明花，
供奉这位前生积德的出生者[②]。(40)

地译：散以曼陀花，月花勝月等，
及熏沉水香，供養淨福者。

---

① 这句中的 janeryā 一词疑有误，似应为 janeyā（“产生”）。
② 这句中的 pūjārtha，规范用词应为 pūjārtham。

यावच्च गर्भि वसते त्रिमलैरलिप्तो
　　यावज्जरामरण चान्तकरः प्रसूतः।
तावत्प्रसन्नमनसो अनुबन्धयाम
　　एषा मतिर्मतिधरस्य करोम पूजाम्॥४१॥

今译：处胎不受三种污秽污染，
这位老死的灭寂者出生，
我们满怀喜悦跟随他，
一心供奉这位智慧者。（41）

地译：菩薩處胎中，不為三垢染，
越於生老死，得導窮邊際，
我等持淨心，隨從智慧者。

लाभा सुलब्ध विपुलाःसुरमानुषाणां
　　द्रक्ष्यन्ति जानु इमु सप्तपदां क्रमन्तम्।
शक्रैश्च ब्रह्मणकरैःपरिगृह्यमानं
　　गन्धोदकैः स्नापियमानि सुशुद्धसत्त्वम्॥४२॥

今译：天神和凡人的最大收获，
有幸能看到他迈出七步，
众帝释和梵天手捧香水，
为这位本性清净者沐浴。（42）

地译：釋梵天王等，見行七步時，
以手捧香水，浴是無垢聖。

यावच्च लोकि अनुवर्तनतां करोति
　　अन्तः पुरे वसति कामकिलेशघाती।
यावच्च निष्क्रमति राज्यमपास्य सर्वं
　　तावत्प्रसन्नमनसो अनुबन्धयामः॥४३॥

今译：顺应人世生活，住在后宫，
他消除一切爱欲和烦恼，
抛弃整个王国，离宫出家，
我们满怀喜悦跟随他。（43）

地译：順世諸所為，人天獲大福，
處欲常無染，踰城棄寶位，

我等願隨逐。

यावदुपैति महिमण्डि तृणां गृहीत्वा
यावच्च बोधि स्पृशते विनिहत्य मारम्।
अध्येष्टु ब्राह्मणयुतेभि प्रवर्ति चक्रं
तावत्करोम विपुलां सुगतस्य पूजाम्॥४४॥

今译：他前往大道场，铺草入座，
降服摩罗后，获得菩提智，
受众梵天劝请，转动法轮，
我们全心全意供奉善逝。（44）

地译：敷草坐道場，降魔成正覺，
勸說微妙法。

यद बुद्धकार्यु कृतु भेष्यति त्रिसहस्त्रे
सत्त्वान कोटिनयुता अमृते विनीता।
निर्वाणमार्गमुपयास्यति शीतिभावं
तावन्महाशयमृषिं न जहाम सर्वे॥४५॥ इति॥

今译：佛的事业遍布三千世界，
亿万众生获得不死甘露，
直至他走上清凉涅槃路，
我们不离开这高尚仙人。（45）

地译：佛事遍三界，甘露洽群生，
乃至歸涅槃，常隨無暫捨。

अथ खलु भिक्षवः कामधात्वीश्वराणां देवकन्यानां बोधिसत्त्वस्य रूपकायपरिनिष्पत्तिं दृष्ट्वा एतदभवत्-- कीदृशी त्वसौ कन्या भविष्यति या इमं वरप्रवरशुद्धसत्त्वं धारयिष्यति। ताः कौतूहलजाता वरप्रवरपुष्पधूपदीपगन्धमाल्यविलेपनचूर्णचीवरपरिगृहीता दिव्यमनोमयात्मभावप्रतिलब्धाः पुण्यविपाकाधिस्थानाधिस्थिताः तस्मिन् क्षणेऽमरपुरभवनादन्तर्हिताः कपिलाह्वये महापुरवरे उद्यानशतसहस्रपरिमण्डिते राज्ञः शुद्धोदनस्य गृहे धृतराष्ट्रे महाप्रासादे अमरभवनप्रकाशे विगलिताम्बरधारिण्यःशुभविमलतेजप्रतिमण्डिता दिव्याभरणस्तम्भितभुजाःशयनवरगतां मायादेवीमेकाङ्गुलिकयोपदर्शयन्त्यो गगनतलगताः परस्परं गाथाभिरभ्यभाषन्त--

今译：然后，众比丘啊！欲界天的众天女看到菩萨色身完美，心想：“什么样的女子会怀上这位优秀的本性清净者？”她们充满好奇心，手持优质鲜花、薰香、灯具、香料、花环、软膏、香粉和衣服，依靠功德形成的神通力，获得神奇的随意变化身，刹那间从天宫消失，来到名为迦比罗的优美大城。那里装饰有百千花园。净饭王宫中的持国大殿犹如天宫。她们的衣裳飘动，闪耀纯洁的光辉，手臂佩戴神奇的装饰品，站在空中，用一个手指指着美妙床榻上的摩耶王后，互相吟诵这些偈颂：

地译：佛告諸比丘：欲界無量天女見菩薩身形相微妙，將欲下生，各作是言："何等女人應生菩薩？必有勝德堪懷尊者。"咸皆慕羡，懷敬愛心，以己福報，獲彼神通，得意生身，自彼天宫於刹那頃至迦毗羅城。其迦毗羅城周匝百千園林池沼，莊嚴殊勝，如帝釋宫。於其宫內有一大殿，名曰持國。摩耶聖后住在其中，種種莊嚴敷置綺麗，清淨無垢，光明威神。聖后身佩瓔珞，被以天衣，種種妙寶莊嚴其體。時諸天女至此殿已，住在虚空，瞻於聖后。而有偈言：

अमरपुरगतान अप्सराणां
　　रूप मनोरम दृष्ट्व बोधिसत्त्वे।
मतिरियमभवत्तदा हि तासां
　　प्रमद नु कीदृश बोधिसत्त्वमाता॥४६॥

今译：天国城中的那些天女，
看到菩萨可爱的容貌，
她们心中思忖："哪位
女子成为菩萨的母亲？"（46）

地译：欲界諸天女，觀菩薩妙身，
咸作是思惟："菩薩母何類？"

ताश्च सहितपुष्पमाल्यहस्ता
　　उपगमि वेश्म नृपस्य जातकाङ्क्षा।
पुष्प तथ विलेपनां गृहीत्वा
　　दशनखाञ्जलिभिर्नमस्यमानाः॥४७॥

今译：她们携带鲜花和花环，
怀着好奇，来到王宫，
她们手持鲜花和软膏，
双手合十，致敬行礼。（47）

地译：競持花鬘等，塗香及末香，

歡喜詣王宮，合掌而恭敬。

विगलितवसनाः सलीलरूपाः
　　करतल दक्षिणि अङ्गुलीं प्रणम्य।
शयनगत विदर्शि मायदेवीं
　　साधु निरीक्षथ रूप मानुषीणाम्॥४८॥

今译：她们的衣裳飘动，形体
优美，用右手手指指向
床榻上的摩耶王后，说道：
“你们看看人间女子美貌。（48）

地译：袨服麗容貌，舒手咸共指，
見坐勝寶床，善心諦觀察。

वयमिह अभिमन्ययाम अन्ये
　　परममनोरम सुरूप अप्सराणाम्।
इम नृपतिवधूं निरीक्षमाणा
　　जिह्म विपश्यथ दिव्य आत्मभावाम्॥४९॥

今译：“我们以为天女貌美，
可爱迷人，无与伦比，
见到这位国王的妻子，
便感到自己相形见绌。（49）

地译：“人間斯妙質，天上未曾有，
我等常自謂，天女中殊勝，
今覩斯人已，自生輕賤心。

रतिरिव सदृशी गुणान्विता च
　　जननिरियं प्रवराग्रपुद्गलस्य।
मणिरतन यथा सुभाजनस्थ
　　तथ इव भाजन देवि देवदेवे॥५०॥

今译：“她品德高尚如同罗蒂[1]，
适任杰出人物的母亲，
犹如摩尼珠置放宝盒中，

① “罗蒂”（rati）是爱神的妻子。

这王后是神中神的容器。（50）

地译：“勝功德莊嚴，顔容甚端正，
若非此勝德，誰堪菩薩母？
譬如無價珠，置於淨寶器，
如是菩薩母，堪懷勝德人。

करचरणतलेभि यावदूर्ध्वं
　　अङ्ग महोरम दिव्य आतिरेकाः।
प्रेक्षतु नयनान्न चास्ति तृप्तिं
　　भूय प्रहर्षति चित्त मानसं च॥५१॥

今译：“从手掌和脚掌向上，
整个身体神奇美丽，
眼睛看她从不餍足，
心中喜悦不断涌起。（51）

地译：“見者生歡喜，其心無厭倦，
面目甚端正，身相極光明。

शशिरिव गगने विराजतेऽस्या
　　वदनु वरं च विराज गात्रभासा।
रविरिव विमला शशीव दीप्ता
　　तथ प्रभ निश्चरतेऽस्य आत्मभावात्॥५२॥

今译：“美丽脸庞连同肢体光辉，
犹如空中月亮光彩熠熠，
太阳般纯洁，月亮般明亮，
她的身体这样闪耀光辉。（52）

地译：“如月在虚空，覩之而意淨，
如日盛暉耀，如真金百鍊。

कनकमिव सुजातजातरूपा
　　वर्ण विरोचति देविये तथैव।
भ्रमरवरनिकाश कुन्तलानी
　　मृदुकसुगन्धश्रवास्य मूर्धजानि॥५३॥

今译：“王后容貌灿若金子，
肤色同样光彩熠熠，
她的头发宛如蜜蜂，
乌黑柔软，散发芳香。（53）

地译：“見彼菩薩母，光明亦如是，
髮香且柔澤，紺黑類玄蜂。

कमलदलनिभे तथास्य नेत्रे
दशनविशुद्ध नभेव ज्योतिषाणि।
चाप इव तनूदरी विशाला
पार्श्व समुद्गत मांसि नास्ति संधिः॥५४॥

今译：“眼睛犹如莲花花瓣，
皓齿犹如空中星星，
腹部似弓，双肋宽阔，
连接之处，没有赘肉。（54）

地译：“皓齒如空星，目若青蓮葉。

गजभुजसदृशोऽस्य ऊरुजङ्घे
जानु सुजात्वनुपूर्वमुद्गतास्य।
करतलचरणा समा सुरक्ता
व्यक्तमियं खलु देवकन्य नान्या॥५५॥

今译：“大腿和小腿宛如象鼻，
同样膝部也优美匀称，
手掌脚跟平正呈红色，
显然她就是一位天女。”（55）

地译：“支節善隨轉，手足皆平正，
天中尚無匹，人間誰與比？”

एव बहुविधं निरीक्ष्य देवीं
कुसुम क्षिपित्व प्रदक्षिणं च कृत्वा।
सुपिय यशवती जिनस्य माता
पुनरपि देवपुरं गता क्षणेन॥५६॥

今译：她们多方观察这位王后，
　　　可爱，闻名，胜者的母亲，
　　　撒下鲜花，向她行右旋礼，
　　　然后，刹那间又返回天宫。（56）

地译：如是審觀察，右遶散香花，
　　　稱名歎佛母，還返於天上。

अथ चतुरि चतुर्दिशासु पालाः
　　शक्र सुयाम तथैव निर्मिताश्च।
देवगण कुम्भाण्ड राक्षसाश्च
　　असुर महोरग किन्नराश्च वोचन्॥५७॥

今译：然后，四方四位护世天王、
　　　帝释天、夜摩天、化乐天、
　　　众天神、鸠槃荼、阿修罗、
　　　罗刹、大蛇和紧那罗说道：（57）

地译：爾時四護世，釋梵及欲天
　　　并餘八部眾，皆來衛佛母。

गच्छत पुरतो नरोत्तमस्य
　　पुरुषवरस्य करोथ रक्षगुप्तिम्।
मा कुरुत जगे मनः प्रदोषं
　　मा च करोत विहेठ मानुषाणाम्॥५८॥

今译："你们前往至尊那里，
　　　保护这位人中俊杰！
　　　不要对世界怀有恶意，
　　　不要对人类造成危害！（58）

यत्र गृहवरस्मि मायदेवी
　　तत्र समग्र सपारिषद्य सर्वे।
असिधनुशरशक्तिखड्गहस्ता
　　गगनतलस्मि स्थिता निरीक्षयाथ॥५९॥

今译："你们带着随从，手持
　　　刀剑、弓箭和长矛，

前往摩耶王后宫殿，
站在空中仔细观察。”（59）

ज्ञात्व च्यवनकाल देवपुत्रा
उपगमि मायसकाश हृष्टचित्ता।
पुष्प तथ विलेपनां गृहीत्वा
दशनखाञ्जलिभिर्नमस्यमानाः॥६०॥

今译：众天子知道了降生时间，
满怀喜悦来到摩耶王后
附近，携带鲜花和软膏，
双手合十，俯首行礼说道：（60）

地译：諸天咸已見，菩薩將下生，
齎持妙香花，歡喜詣前往，
合掌稽首請：

च्यव च्यव हि नरेन्द्र शुद्धसत्त्वा
अयु समयो भवतोऽद्य वादिसिंह।
कृपकरुण जनित्व सर्वलोके
अस्मि अध्येषम धर्मदानहेतोः॥६१॥ इति॥

今译：“人中至尊啊，请降生吧！降生吧！
本性清净者啊，今天是你降生时间，
请你怀着对全世界的怜悯降生吧！
雄辩之狮啊，我们盼望你赐予正法。”（61）

地译：“下生時已至，辯才師子王，
哀愍生世間。”

अथ खलु भिक्षवो बोधिसत्त्वस्य च्यवनकालसमये पूर्वस्या दिशो बहूनि बोधिसत्त्वशतसहस्राणि सर्व एकजातिप्रतिबद्धास्तुषितवरभवनवासिनो येन बोधिसत्त्वस्तेनोपसंक्रामन् बोधिसत्त्वस्य पूजाकर्मणे। एवं दशभ्यो दिग्भ्यो एकैकस्या दिशो बहूनि बोधिसत्त्वशतसहस्राणि सर्व एकजातिप्रतिबद्धास्तुषितवरभवनवासिनो येन बोधिसत्त्वस्तेनोपसंक्रामन् बोधिसत्त्वस्य पूजाकर्मणे। चातुर्महाराजकायिकेभ्यो देवेभ्यश्चतुरशीत्यप्सरः शतसहस्राण्येवं त्रयत्रिंशतो यामेभ्यस्तुषितेभ्यो निर्माणरतिभ्यः परनिर्मितवशवर्तिभ्यो देवेभ्यश्चतुरशीत्यप्सरः शतसहस्राणि नानातूर्यसंगीतिवादितेन येन बोधिसत्त्वस्तेनोपसंक्रामन् बोधिसत्त्वस्य पूजाकर्मणे॥

今译：然后，众比丘啊！到了菩萨降生的时间，东方数十万住在兜率天美妙天宫的一生所系菩萨全都来到菩萨那里，供奉菩萨。同样，十方之中，每一方数十万住在兜率天美妙天宫的一生所系菩萨全都来到菩萨那里，供奉菩萨。还有四大天王天的八百四十万天女，忉利天、夜摩天、兜率天、化乐天和他化自在天的八百四十万演奏弹唱的天女，来到菩萨那里，供奉菩萨。

地译：佛告諸比丘：菩薩將下生時，東方有無量百千菩薩，皆是一生補處，來詣兜率天宫供養菩薩。南西北方、四維上下一生補處皆至兜率天宫供養菩薩。十方世界四天王天、三十三天、夜摩天、兜率陀天、樂變化天、他化自在天，如是等各與八萬四千天女前後圍遶，至兜率宫，鼓樂絃歌，供養菩薩。

अथ खलु बोधिसत्त्वः श्रीगर्भसिंहासने सर्वपुण्यसमुद्गते सर्वदेवनागसंदर्शने महाकूटागारे निषद्य सार्धं बोधिसत्त्वैर्देवनागयक्षकोटिनियुतशतसहस्रैः परिवृतः पुरस्कृतस्तुषितवरभवनात् प्रचलति स्म। प्रचलता च भिक्षवो बोधिसत्त्वेन तथारूपा कायात् प्रभा मुक्ताभूद् यया प्रभया अयं त्रिसाहस्रमहासाहस्रो लोकधातुरेवं विपुलविस्तीर्णो महतोदारेण सुप्रचलितपूर्वेण दिव्यप्रभासमतिक्रान्तेनावभासेन परिस्फुटोऽभूत्। या अपि ता लोकान्तरिका अघा अघस्फुटा अन्धकारास्तमिस्रा यत्रेमौ चन्द्रसूर्यावेवं महर्द्धिकावेवं महानुभावावेवं महेशाख्यौ आभया आभां वर्णेन वर्णं तेजसा तेजो नाभितपतो नाभिविरोचतः तत्र ये सत्त्वा उपपन्नास्ते स्वकानपि बाहुप्रसारितान्न पश्यन्ति। तथापि तस्मिन् समये महत उदारस्यावभासस्य प्रादुर्भावोऽभूत्। ये च तत्र सत्त्वा उपपन्नास्ते तेनैवावभासेन स्फुटाः समाना अन्योन्यं सम्यक् पश्यन्ति स्म। अन्योन्यं संजानन्ते स्म। एवं चाहुः-- अन्येऽपि किल भोः सत्त्वा इहोपपन्नाः किल भो इति॥

今译：然后，菩萨坐在大楼阁一切功德化生的功德藏狮子座上，一切天神和蛇都能看到。众菩萨以及数百千万亿天神、蛇和药叉围绕四周，恭候菩萨从兜率天宫下降。众比丘啊！菩萨下降时，身体放出这样的光芒：它遍照三千大千世界，伴随菩萨下降，大放光明，光亮胜过天国的光辉。在世界中间那些充满痛苦[①]的黑暗幽冥处，即使月亮和太阳具有大神通和大威力而号称大自在，也不能凭借自己的光辉、色彩和威力而赋予那里光辉、色彩和威力。出生在那里的众生甚至看不见自己伸出的手臂。而在这时，那里大放光明。出生在那里的众生凭借这种光亮，互相之间都能同样清晰而正确地看见对方，认出对方。他们这样说道："哦，原来还有其他众生！哦，他们也出生在这里！"

地译：爾時，菩薩處大樓閣，坐於眾德所生勝藏師子之座。彼諸菩薩及無

① "充满痛苦"的原文是 aghasphuṭā。BHSD 认为此词相当于 aghasaṃvṛtā。

量百千萬億那由他諸天圍遶，供養恭敬，尊重讚歎，即於兜率最勝天宮而便降生。將下生時，放未曾有身相光明，遍照三千大千世界。世界中間幽冥之處，日月威光所不能照，而皆大明。其中眾生各得相見，咸作是言："云何此中忽生眾生？"

अयं च त्रिसाहस्रमहासाहस्रो लोकधातुः षड्विकारमष्टादशमहानिमित्तमभूत्। अकम्पत् प्राकम्पत् संप्राकम्पत्। अवेधत् प्रावेधत् संप्रावेधत्। अचलत् प्राचलत् संप्राचलत्। अक्षुभ्यत् प्राक्षुभ्यत् संप्राक्षुभ्यत्। अरणत् प्रारणत् संप्रारणत्। अगर्जत् प्रागर्जत् संप्रागर्जत्। अन्तेऽवनमति स्म मध्ये उन्नमति स्म। मध्येऽवनमति स्म अन्ते उन्नमति स्म। पूर्वस्यां दिश्यवनमति स्म पश्चिमायां दिश्युन्नमति स्म। पश्चिमायां दिश्यवनमति स्म पूर्वस्यां दिश्युन्नमति स्म। दक्षिणस्यां दिश्यवनमति स्म उत्तरस्यां दिश्युन्नमति स्म। उत्तरस्यां दिश्यवनमति स्म दक्षिणस्यां दिश्युन्नमति स्म। तस्मिन् समये हर्षणीयास्तोषणीयाः प्रेमणीयाः प्रसादनीया अवलोकनीयाः प्रह्लादनीया निर्वर्णनीया असेचनीया अप्रतिकूला अनुत्त्रासकराः शब्दाः श्रूयन्ते स्म।

今译：同时，三千大千世界出现六种震动十八大兆相：摇动、极摇动和遍摇动；冲击、极冲击和遍冲击；转移、极转移和遍转移；涌动、极涌动和遍涌动；出声、极出声和遍出声；吼声、极吼声和遍吼声。边没中涌和中没边涌，东没西涌和西没东涌，南没北涌和北没南涌①。这时，能听到种种声音：快乐声，满意声，可爱声，喜悦声，可观声，高兴声，不可言状声，不餍足声，不逆耳声，不恐惧声。

地译：是時，三千大千世界六種震動，有十八相：所謂搖動、極搖動、遍搖動，扣擊、極扣擊、遍扣擊，移轉、極移轉、遍移轉，涌覆、極涌覆、遍涌覆，出聲、極出聲、遍出聲。邊涌中沒，中涌邊沒，東涌西沒，西涌東沒，南涌北沒，北涌南沒。是時，一切眾生歡喜踊躍，愛樂清淨，快樂無極，稱揚讚美。

न च कस्यचित् सत्त्वस्य तस्मिन् क्षणे विहेठा वा त्रासो वा भयं वा स्तम्भितत्वं वाभूत्। न च भूयः सूर्याचन्द्रमसोर्न ब्रह्मशक्रलोकपालानां तस्मिन् क्षणे प्रभा प्रज्ञायते स्म। सर्वनरकतिर्यग्योनियमलोकोपपन्नाश्च सत्त्वास्तस्मिन् क्षणे विगतदुःखा अभूवन् सर्वसुख-समर्पिताः। न च कस्यचित् सत्त्वस्य रागो बाधते स्म द्वेषो वा मोहो वा ईर्ष्या वा मात्सर्यं वा मानो वा म्रक्षो वा मदो वा क्रोधो वा व्यापादो वा परिदाहो वा। सर्वसत्त्वास्तस्मिन् क्षणे

---

① 此处的"没"和"涌"的原词是 avanamati 和 unnamati，前者的词义是"弯下"或"垂下"，后者的词义是"抬起"或"升起"。故而，这两个词合在一起，有"此起彼伏"的意思。

मैत्रचित्ता हितचित्ताः परस्परं मातापितृसञ्ज्ञिनोऽभूवन्। अघट्टितानि च दिव्यमानुष्यकाणि तूर्यकोटिनियुतशतसहस्राणि मनोज्ञघोषमुत्सृजन्ति स्म। देवकोटीनयुतशतसहस्राणि पाणिभिरंसैः शिरोभिस्तं महाविमानं वहन्ति स्म। तानि चाप्सरः शतसहस्राणि स्वां स्वां संगीतिं संप्रयुज्य पुरतः पृष्ठतो वामदक्षिणेन च स्थित्वा बोधिसत्त्वं संगीतिरुत-स्वरेणाभिस्तुवन्ति स्म--

今译：在这个刹那，任何众生都没有痛苦、惊慌、恐惧和障碍。在这个刹那，感觉不到太阳和月亮以及梵天、帝释天和护世天王们的光辉。在这个刹那，所有出生在地狱、畜生和阎摩世界的众生，痛苦消失，充满快乐。贪欲、憎恨、愚痴、妒忌、悭吝、骄傲、虚伪、迷狂、愤怒、怨恨和烦恼不折磨任何众生。在这个刹那，一切众生互相怀有友爱心和利他心，孝敬父母。数百千万亿的天国和人间乐器不奏自鸣，发出悦耳动听的声音。数百千万亿天神用手、肩和头抬着大楼阁。数十万天女站在菩萨前后左右，咏唱各自的歌曲，用歌声赞颂菩萨：

地译：聞諸聲時，無一眾生恐畏驚悸。梵、釋、護世、日月威光皆悉不現，一切地獄、畜生、餓鬼及諸眾生皆蒙安隱。無一眾生於此時中為貪瞋癡等一切煩惱之所逼迫，互相慈愍，起利益心，如父如母如兄如弟。人天樂器不鼓自鳴。無量諸天頂戴擎捧是妙樓閣，無量百千天女前後圍遶，奏天伎樂。其樂音中出是妙偈，歎菩薩曰：

पूर्वकर्मशुभसंचितस्य ते
दीर्घरात्रकुशलोदितस्य ते।
सत्यधर्मनयशोधितस्य ते
पूज अद्य विपुला प्रवर्तते॥ ६२॥

今译：你前生积累众多善业，
长期行善，遵行真谛、
正法和正理而纯洁，
如今受到广泛的敬仰。（62）

地译：尊者長夜積修習，所有淨業皆圓滿，
住於真正勝理中，今致天人上供養。

पूर्वि तुभ्य बहुकल्पकोटियो
दानु दत्तु प्रियपुत्रधीतरा।
तस्य दानचरितस्य तत्फलं

第五　降生品　105

येन दिव्य कुसुमाः प्रवर्षिताः॥६३॥

今译：在过去许多亿劫中，
你施舍可爱的儿女，
这是你施舍的果报：
天国花雨为你降下。（63）

地译：往昔無量拘胝劫，能施所愛妻子等，
由彼行檀獲勝報，故得諸天妙花香。

आत्ममांस तुलयित्व ते विभो
सोऽभिदत्तु प्रियपक्षिकारणात्।
तस्य दानचरितस्य तत्फलं
प्रेतलोकि लभि पानभोजनम्॥६४॥

今译：为拯救可爱的鸽子，
你割下身上等量的肉，
这是你施舍的果报：
祖先世界获得饮食。（64）

地译：自割身肉而秤之，慈心救彼垂死鴿，
復以行檀獲勝報，能令餓鬼得充足。

पूर्वि तुभ्य बहुकल्पकोटियो
शील रक्षितमखण्डनव्रतम्।
तस्य शीलचरितस्य तत्फलं
येन अक्षण अपाय शोधिताः॥६५॥

今译：在过去数千万劫中，
恪守戒律，实现誓愿，
这是你持戒的果报：
难处恶道得以净化[1]。（65）

地译：尊者過去無邊劫，堅持淨戒未嘗毀，
由彼尸羅獲勝報，能令惡趣息眾患。

पूर्वि तुभ्य बहुकल्पकोटियो
क्षान्ति भावित निदानबोधये।

① “净化”的原词是 śudhita，也可译为“消除”。此词地译“息”。

तस्य क्षान्तिचरितस्य तत्फलं
मैत्रचित्त भुत देवमानुषाः ॥६६॥

今译：在过去数千万劫中，
你为证得菩提行忍辱，
这是你忍辱的果报：
天神凡人皆有慈爱心。（66）

地译：尊者過去無邊劫，求菩提故行忍辱，
由彼羼提獲勝報，能令人天互慈愍。

पूर्वि तुभ्य बहुकल्पकोटियो
वीर्यु भावितमलीनमुत्तमम् ।
तस्य वीर्यचरितस्य तत्फलं
येन कायु यथ मेरु शोभते ॥६७॥

今译：在过去数千万劫中，
你精进努力不松懈，
这是你精进的果报：
身体端庄如须弥山。（67）

地译：尊者過去無邊劫，勝修精進無休已，
由彼勤劬獲勝報，身相端嚴如須彌。

पूर्वि तुभ्य बहुकल्पकोटियो
ध्यान ध्यायित किलेशध्येषणात् ।
तस्य ध्यानचरितस्य तत्फलं
येन क्लेश जगतो न बाधते ॥६८॥

今译：在过去数千万劫中，
你为制伏①烦恼修禅定，
这是你修禅定的果报：
烦恼不折磨世界众生。（68）

地译：尊者過去無邊劫，為斷結使修諸定，
由彼禪那獲勝報，能令今世無煩惱。

---

① "制伏"的原词是 dhyeṣaṇāt。BHSD 认为此词相当于 dharṣaṇāt（"进攻"或"征服"）。

पूर्वि तुभ्य बहुकल्पकोटियो
　　प्रज्ञ भावित किलेशछेदनी।
तस्य प्रज्ञचरितस्य तत्फलं
　　येन आभ परमा विरोचते॥ ६९॥

今译：在过去数千万劫中，
你为断除烦恼修智慧，
这是你修智慧的果报：
至高的光辉大放异彩。(69)

地译：尊者過去無邊劫，修習智慧斷諸結，
由彼般若獲勝報，能使光明甚清淨。

मैत्रवर्मित किलेशसूदना
　　सर्वसत्त्वकरुणाय उद्गता।
मोदिप्राप्त परमा उपेक्षका
　　ब्रह्मभूत सुगता नमोऽस्तु ते॥ ७०॥

今译：披戴仁慈铠甲灭烦恼，
怜悯一切众生而出生，
达到至高舍弃而喜悦，
梵住[①]善逝，向你致敬！(70)

地译：被慈甲冑除煩惱，由愍世間今現生，
證得第一妙喜捨，尊獲梵住歸命禮。

प्रज्ञ उल्कप्रभ तेजसोद्गता
　　सर्वदोषतममोहशोधका।
चक्षुभूत त्रिसहस्त्रिनायका
　　मार्गदेशिक मुने नमोऽस्तु ते॥ ७१॥

今译：智慧犹如火炬放光明，
清除错误、黑暗和愚痴，
成为眼睛，三千世界导师，
指路的牟尼，向你致敬！(71)

---

① “梵住”的原词是 brahmabhūta，词义为“成为梵”或“与梵同一”。这里仿照地译译为“梵住”，也就是将此词理解为 brahmavihāra（“梵住”），因为这颂赞美佛陀奉行慈、悲、喜和舍（“四梵住”）。

地译：照以智慧光明炬，淨除癡冥諸過失，
三千大千以為主，歸命牟尼大導師。

ऋद्धिपादवरभिज्ञकोविदा
सत्यदर्शि परमार्थि शिक्षिता।
तीर्ण तारयसि अन्यप्राणिनो
दाशभूत सुगता नमोऽस्तु ते॥ ७२॥

今译：精通所有奇妙的神足，
洞悉真谛，通晓第一义，
救度自己，也救度他人，
船夫善逝，向你致敬！（72)

地译：勝慧神足得諸通，見真實義能示現，
自既得濟能拯物，歸命船師能渡者。

सर्वोपायवरभिज्ञकोविदा
दर्शयसि च्युतिमच्युतिच्युतिम्।
लोकधर्मभवनाभिवर्तसे
नो च लोकि क्वचि ओपलिप्यसे॥ ७३॥

今译：精通一切奇妙的方便，
显示命终隐没和降生，
你顺应世法，而在世上，
无论何处都不受污染。（73)

地译：隨順世法示同凡，不為世法之所染。

लाभ तेष परमा अचिन्तिया
येषु दर्शन श्रवं च एष्यसे।
किं पुनः श्रृणुय यो तिधर्मतां
श्रद्ध प्रीति विपुला जनेष्यसे॥ ७४॥

今译：你希望看到和听到众生
获得不可思议的最大收获，
更何况听取至高的正法，
会产生宏大的信仰和喜悦。（74)

地译：一切眾生若聞見，獲不思議勝利益，
况復聽聞尊妙法，信樂當生廣大善。

जिह्म सर्व तुषितालयो भुतो
　　जम्बुद्वीपि पुरि यो उदागतः।
प्राणिकोटिनयुता अचिन्तियां
　　बोधयिष्यसि प्रसुप्त क्लेशतो॥ ७५॥

今译：你出现在赡部洲城中，
兜率天宫会黯然失色，
不可思议，你将唤醒
烦恼昏睡的亿万众生。（75）

地译：兜率天宫行暗冥，閻浮提中日將出，
煩惱惛睡諸群生，尊者皆當令覺悟。

ऋद्ध स्फीत पुरमद्य भेष्यती
　　देवकोटिनयुतैः समाकुलम्।
अप्सरोभि तुरियैर्निनादितं
　　राजगेहि मधुरं श्रुणिष्यति॥ ७६॥

今译：这座城市将繁荣兴盛，
亿万天神围绕在四周，
众天女演奏各种乐器，
王宫中回响甜美乐音。（76）

地译：迦毗羅城益興盛，無量諸天眾圍遶，
諸天寶女奏天樂，周遍王城演妙音。

पुण्यतेजभरिता शुभकर्मणा
　　नारि सा परमरूपोपेता।
यस्य पुत्र अयमेव समृद्धः
　　तिस्त्रलोकि अभिभाति शीरिये॥ ७७॥

今译：这位女子美貌绝伦，
具有功德光辉和善业，
她的儿子富有成就，
以吉祥光辉照亮三界。（77）

地译：佛母妙色以莊嚴，福德威容乘淨業，
聖子端正甚奇特，光明遍照三千界。

नो भुयो पुरवरस्मि देहिनां
लोभदोषकलहा विवादका।
सर्व मैत्रमनसः सगौरवा
भाविनो नरवरस्य तेजसा॥७८॥

今译：在这座优秀城市众生中，
没有贪欲、错误和争吵，
依靠这位人中俊杰威力，
人人心地仁慈，互相尊重。（78）

地译：其國所有諸眾生，皆離諍論諸煩惱，
一切慈心相敬順，悉由菩薩之威力。

राजवंश नृपतेःप्रवर्धते
चक्रवर्तिकुलराजसंभवः।
भेष्यते कपिलसाह्वयं पुरं
रत्नकोषभरितं सुसमृद्धम्॥७९॥

今译：随着转轮族国王诞生，
国王的王族世系兴旺，
这座名为迦比罗的城市，
将充满宝藏，繁荣昌盛。（79）

地译：輪檀王種當興盛，由斯應紹轉輪王，
其城所有諸珍藏，一切眾寶皆盈滿。

यक्षराक्षसकुम्भाण्डगुह्यका
देवदानवगणाःसैन्द्रकाः।
ये स्थिता नरवरस्य रक्षकाः
तेषु मोक्ष नचिरेण भेष्यते॥८०॥

今译：药叉、罗刹、鸠槃荼和密迹天，
还有天神、檀那婆和因陀罗，[①]

① 这里提及的鸠槃荼和檀那婆都是类似罗刹的妖魔；密迹天类似药叉，也是财神的侍从。

都将成为这位人中俊杰的侍卫，
不久之后，他们也会获得解脱。（80）

地译：夜叉羅刹鳩槃荼[①]，修羅密跡諸天眾，
守護菩薩所居處，不久皆當證解脱，

पुण्युपार्जितु स्तवित्व नायकं
प्रेमगौरवमुपस्थपिस्व ना।
सर्व बोधि परिणामयामहे
क्षिप्र भोम यथ त्वं नरोत्तम॥८१॥ इति॥

今译：赞美拥有功德的导师，
心中产生[②]热爱和尊敬，
我们全都会回向菩提[③]，
很快像你一样，尊者啊！（81）

地译：悉以迴向菩提道，願速如尊成正覺。

॥इति श्रीललितविस्तरे प्रचलपरिवर्तो नाम पञ्चमोऽध्यायः॥

今译：以上是吉祥的《神通游戏》中名为《降生品》的第五章。

---

① 此处“茶”字应为“荼”。
② “产生”的原词是 upasthapisva，疑有误，应为 upasthapitva。同样，紧接此词的 nā，疑有误，M 本写为 naḥ。
③ “回向菩提”意谓通过自己行善积德求得菩提。

गर्भावक्रान्तिपरिवर्तः षष्ठः।

今译：第六 处胎品

地译：處胎品第六

इति हि भिक्षवः शिशिरकालविनिर्गते वैशाखमासे विशाखानक्षत्रानुगते ऋतुप्रवरे वसन्तकालसमये तरुवरपत्राकीर्णे वरप्रवरपुष्पसंकुसुमिते शीतोष्णतमोरजोविगते मृदु-शाद्वले सुसंस्थिते त्रिभुवनज्येष्ठो लोकमहितो व्यवलोक्य ऋतुकालसमये पञ्चदश्यां पूर्णमास्यां पोषधगृहीताया मातुः पुष्यनक्षत्रयोगेन बोधिसत्त्वस्तुषितवरभवनाच्च्युत्वा स्मृतः संप्रजानन् पाण्डुरो गजपोतो भूत्वा षड्दन्त इन्द्रगोपकशिराः सुवर्णराजीदन्तः सर्वाङ्गप्रत्यङ्गोऽहीनेन्द्रियो जनन्या दक्षिणायां कुक्षाववक्रामत्। अवक्रान्तश्च स दक्षिणावचरोऽभून्न जातु वामावचरः। मायादेवी सुखशयनप्रसुप्ता इमं स्वप्नमपश्यत् –

今译：众比丘啊！冬季已过，在毗舍佉月，氐宿出现。这是最好的季节春季，满树绿叶，鲜花盛开，不冷不热，也无阴翳，草地柔软。举世敬仰的三界至尊看见季节已到，在白半月第十五日，月亮与弗沙星宿接合，母亲已经奉守戒斋。菩萨从兜率天美妙天宫下降，忆念清晰，化为白色幼象，长有六牙，呈现金色，头顶红似胭脂，肢体齐全，诸根完善，进入母亲右胁。他进入后，保持在右，而不在左。摩耶王后睡在舒适的床上，梦见这个场景：

地译：佛告諸比丘：冬節過已，於春分中毗舍佉月，叢林花葉鮮澤可愛，不寒不熱，互[1]宿合時，三界勝人觀察天下白月圓淨，而弗沙星正與月合。菩薩是時從兜率天宮沒，入於母胎，為白象形，六牙具足，其牙金色，首有紅光，形相諸根悉皆圓滿，正念了知，於母右脇降神而入。聖后是時安隱睡眠，即於夢中見如斯事。爾時，世尊欲重宣此義，而說偈言：

हिमरजतनिभश्च षड्विषाणः
　　सुचरण चारुभुजः सुरक्तशीर्षः।
उदरमुपगतो गजप्रधानो

---

① 此处“互”字，据《中华大藏经》校勘记，《南》、《清》、《丽》作“氐”。

ललितगतिर्दृढवज्रगात्रसंधिः ॥ १ ॥

今译：有一头象王进入腹中，洁白
似雪如银，六牙，优美的腿，
可爱的鼻，红色的头，步履
轻快，肢体关节结实如金刚。（1）

地译：勝人託生為白象，皎潔如雪具六牙，
鼻足姝妙首紅光，支節相狀皆圓滿。

**न च मम सुख जातु एवरूपं
दृष्टमपि श्रुतं नापि चानुभूतम्।
कायसुखचित्तसौख्यभावा
यथरिव ध्यानसमाहिता अभूवम्॥ २ ॥**

今译：这样的愉悦，我未曾见，
未曾听，也未曾体验过，
我身体舒服，心情舒坦，
仿佛①处在沉思入定中。（2）

地译：降身右脇如遊戲，佛母因斯極歡喜，
未曾得見及未聞，身心安隱如禪定。

**अथ खलु मायादेवी आभरणविगलितवसना प्रह्लादितकायचित्ता प्रीतिप्रामोद्यप्रसाद-
प्रतिलब्धा शयनवरतलादुत्थाय नारीगणपरिवृता पुरस्कृता प्रासादवरशिखरादवतीर्य
येनाशोकवनिका तेनोपजगाम। सा अशोकवनिकायां सुखोपविष्टा राज्ञः शुद्धोदनस्य दूतं
प्रेषयति स्म-- आगच्छतु देवो देवी ते द्रष्टुकामेति॥**

今译：摩耶王后衣服和首饰松散，身心愉快，感到高兴、欢欣和喜悦，从
精致的床榻上起来，在妇女们恭敬围绕下，从宫殿楼阁下来，来到无忧园林。
她舒适地坐在无忧园林中，派遣一位使者到净饭王那里，报告说："请王上过
来，王后想见你！"

地译：爾時，聖后身心遍喜，即於座上以眾妙寶莊嚴其身，無數婇女恭敬
圍遶，下於勝殿，詣無憂園。到彼園已，遣信白輸檀王言："要欲相見，王
宜暫來。"

---

① "仿佛"的原文是 yathariva，相当于 yathā iva。

अथ स राजा शुद्धोदनस्तद्वचनं श्रुत्वा प्रहर्षितमना आकम्पितशरीरो भद्रासनादुत्थाय अमात्यनैगमपार्षद्यबन्धुजनपरिवृतो येनाशोकवनिका तेनोपसंक्रामत् उपसंक्रान्तश्च न शक्नोति स्म अशोकवनिकां प्रवेष्टुम्। गुरुतरमिवात्मानं मन्यते स्म। अशोकवनिकाद्वारे स्थितो मुहूर्तं संचिन्त्य तस्यां वेलायामिमां गाथामभाषत--

今译：净饭王闻听此言，满怀喜悦，身体颤抖，从宝座上起身，在大臣、市民、随从和亲友的簇拥下，前往无忧园林。但是，到了那里，他却不能进入无忧园林。他仿佛感到自己的身子十分沉重。他站在无忧园林门口，沉思了片刻。这时，他念诵偈颂道：

地译：王聞是信，心甚歡喜，從寶座起，與諸臣佐及諸眷屬，前後翊從，詣無憂園。既至園門，舉體皆重，不能前進，而說偈言：

न स्मरि रणशौण्डि मूर्धसंस्थस्य मह्यम्
एव गुरु शरीरं मन्यमी यादृशोऽद्य।
स्वकुलगृहमद्य न प्रभोमि प्रवेष्टुं
किमिह मम भवेऽङ्गो कान्व पृच्छेय चाहम्॥३॥ इति॥

今译：我骁勇善战，记得站在阵前，
身体也未曾像今天这样沉重；
我现在居然进不了自己家门，
我的肢体怎么回事？该问谁？（3）

地译：憶昔起[①]強敵，身猶不為重，
今者忽如是，此變當問誰？

अथ खलु शुद्धावासकायिका देवपुत्रा गगनतलगता अर्धकायमभिनिर्माय राजानं गाथयाध्यभाषन्त--

今译：然后，净居天子们在空中向国王显露半个身子，念诵偈颂：

地译：時淨居天子於虛空中現其半身，為輸檀王而說頌曰：

व्रततपगुणयुक्तस्त्रिलोकेषु पूज्यो
मैत्रकरुणलाभी पुण्यज्ञानाभिषिक्तः।
तुषितपुरि च्यवित्वा बोधिसत्त्वो महात्मा

---

① 此处“起”字，据《中华大藏经》校勘记，《资》、《碛》、《普》、《南》、《径》、《清》、《丽》作“赴”。

नृपति तव सुतत्वं मायकुक्षौपपन्नः॥४॥

今译：具有誓愿、苦行和品德，受三界崇敬，
心怀仁慈和悲悯，沐浴功德和智慧，
国王啊，高尚的菩萨从兜率天宫降生，
进入摩耶王后腹中，成为你的儿子。（4）

地译：菩薩大威德，下於兜率宮，
託在聖后胎，為王之太子，
眾行皆圓滿，人天所恭敬，
具慈悲福慧，灌頂當受職。

दशनख तद् कृत्वा स्वं शिरं कम्पयन्तो
नृपतिरनुप्रविष्टश्चित्रिकारानुयुक्तः।
माय तद् निरीक्ष्य मानदर्पोपनीतां
वदहि कुरुमि किं ते किं प्रयोगो भणाहि॥५॥

今译：国王双手合十，摆动自己的头，
谦恭地进入，看到摩耶王后
骄傲自豪，便说道："请吩咐，
要我为你做什么？安排什么？"（5）

地译：時輸檀王聞是偈已，合掌稽首，作如是言："我今見此希有之事。"於是，入見聖后，自除憍慢，前問聖后："欲何所求？惟願為說。"

देव्याह--

今译：王后说道：

今译：爾時，聖后以偈答曰：

हिमरजतनिकाशश्चन्द्रसूर्यातिरेकः
सुचरण सुविभक्तः षड्विषाणो महात्मा।
गजवरु दृढसंधिर्वज्रकल्पः सुरूपः
उदरि मम प्रविष्टस्तस्य हेतुं श्रुणुष्व॥६॥

今译：一头高贵的大象，洁白似雪如银，
胜过日月，大腿优美，肢体匀称，
长有六牙，那些关节结实如金刚，
进入我的腹中，请听听它的原因。（6）

地译：我於睡夢中，見象如白銀，
　　　光色超日月，身相甚嚴淨，
　　　六牙有威勢，難壞如金剛，
　　　支體甚堅好，來入於我腹，
　　　爾後多瑞相，願王今善聽。

वितिमिर त्रिसहस्त्रां पश्यमी भ्राजमानां
　　देवनयुत देवा ये स्तुवन्ती सयाना।
न च मम खिलदोषो नैव रोषो न मोहो
　　ध्यानसुखसमङ्गी जानमी शान्तचित्ता॥७॥

今译：我见三千世界驱除黑暗，大放光明，
　　　千千万万天神驾着车辆，赞美歌颂，
　　　我无怨忿，无憎恨，无痴迷，感到
　　　内心平静，整个身体享受禅定之乐。（7）

地译：我見三千界，弘敞廣嚴飾，
　　　每於寢寐時，諸天來讚我，
　　　貪瞋等煩惱，結使皆銷滅，
　　　我心寂靜樂，如在禪定中。

साधु नृपति शीघ्रं ब्राह्मणानानयास्मिन्
　　वेदसुपिनपाठा ये गृहेषू विधिज्ञाः।
सुपिनु मम हि येमं व्याकरी तत्त्वयुक्तं
　　किमिद मम भवेया श्रेयु पापं कुलस्य॥८॥

今译：国王啊！赶快把婆罗门带来，
　　　他们诵读吠陀占梦经，精通
　　　家庭仪轨，能如实解释我的梦，
　　　这个梦对于家族是福还是祸？（8）

地译：宜喚占夢人，明解圍陀論，
　　　善閑八耀法，能辨吉凶者，
　　　速召彼人來，為我解斯夢。

वचनमिमु श्रुणित्वा पार्थिवस्तत्क्षणेन
　　ब्राह्मण कृतवेदानानयच्छास्त्रपाठान्।

माय पुरत स्थित्वा ब्राह्मणानामवोचत्
सुपिन मयि ह दृष्टस्तस्य हेतुं शृणोथ॥९॥

今译：闻听此言，国王立刻请来那些
精通吠陀、诵读经典的婆罗门，
王后对站在她面前的婆罗门说：
“我看见这个梦，请听听原因。”（9）

地译：時王聞此語，即召占夢人，
而語彼人言：“宜瞻[①]聖后夢。”
聖后時告彼，己所夢因緣：
“汝既稱善占，吾今為汝說。”

ब्राह्मणा आहुः-- ब्रूहि देवि त्वया कीदृशं स्वप्नं दृष्टम्। श्रुत्वा ज्ञास्यामः। देव्याह--

今译：众婆罗门说：“王后，你说吧！你看见了什么样的梦？我们听了之后，就知道了。”王后说道：

地译：其人聞聖后，說所夢因緣：

हिमरजतनिकाशश्चन्द्रसूर्यातिरेकः
सुचरण सुविभक्तः षड्विषाणो महात्मा।
गजवरु दृढसंधिर्वज्रकल्पः सुरूपः
उदरि मम प्रविष्टस्तस्य हेतुं शृणोथ॥१०॥

今译：一头高贵的大象，洁白似雪如银，
胜过日月，大腿优美，肢体匀称，
长有六牙，那些关节结实如金刚，
进入我的腹中，请听听它的原因。（10）

地译：“我夢象如雪，踰於日月光，
威勢有六牙，支體甚嚴好，
妙色極光淨，堅密如金剛，
來入我腹中，我夢如是事。”

वचनमिमु श्रुणित्वा ब्राह्मणा एवमाहुः

① 此处“瞻”字，据《中华大藏经》校勘记，《碛》、《普》、《南》、《径》、《清》、《丽》作“占”。

प्रीति विपुल चिन्त्या नास्ति पापं कुलस्य।
पुत्र तव जनेसी लक्षणैर्भूषिताङ्गं
राजकुलकुलीनं चक्रवर्तिं महात्मं॥ ११॥

今译：闻听此言，众婆罗门对她这样说道：
“满怀喜悦吧！此梦对家族毫无祸害；
你将生一个儿子，肢体有种种相记，
一位出身王族世家的伟大转轮王。（11）

地译：其人聞聖后，說所夢因緣，
皆曰“無不利，斯夢甚為吉，
種族當興盛，必生勝相子，
在家作輪王，威力統所化。

स च पुर विजहित्वा कामराज्यं च गेहं
प्रव्रजित निरपेक्षः सर्वलोकानुकम्पी।
बुद्धो भवति एषो दक्षिणीयस्त्रिलोके
अमृतरसवरेणा तर्पयेत् सर्वलोकम्॥ १२॥

今译：“他抛开城市、充满欲望的王国和
家庭，而成为出家者，无所顾虑，
怜悯一切世界，成为佛陀，受三界
尊敬，以甘露美味满足一切世界。”（12）

地译：“出家成佛道，哀愍諸世間，
當灑甘露法，為天人所敬。”

व्याकरित्व गिरं सौम्यां भुक्त्वा पार्थिवभोजनम्।
आच्छादनानि चोद्गृह्य प्रक्रान्ता ब्राह्मणास्ततः॥ १३॥

今译：以这些妙语释梦后，
享用国王提供的食物，
又接受施舍的衣服，
众婆罗门从那里离开。（13）

इति हि भिक्षवो राजा शुद्धोदनो ब्राह्मणेभ्यो लक्षणनैमित्तिकवैपञ्चकेभ्यः स्वप्नाध्यायीपाठकेभ्यः प्रतिश्रुत्य हृष्टस्तुष्ट उदग्र आत्तमनाः प्रमुदितः प्रीतिसौमनस्यजातस्तान् ब्राह्मणान्

प्रभूतेन खादनीयभोजनीयास्वादनीयेन संतर्प्य संप्रवार्याच्छादनानि च दत्वा विसर्जयति स्म। तस्यां वेलायां कपिलवस्तुनि महानगरे चतुर्षु नगरद्वारेषु सर्वनगरचत्वरशृङ्गाटकेषु च दानं दापयति स्म अन्नमन्नार्थिकेभ्यः पानं पानार्थिकेभ्यः वस्त्राणि वस्त्रार्थिकेभ्यः यानानि यानार्थिकेभ्यः। एवं गन्धमाल्यविलेपनशय्योपाश्रयं प्राजीविकं प्राजीविकार्थिभ्यो यावदेव बोधिसत्त्वस्य पूजाकर्मणे॥

今译：众比丘啊！净饭王听了这些占相、预言和占梦婆罗门的话后，高兴满意，心生大欢喜。他满怀喜悦，愉快地请这些婆罗门享用各种美食，并施舍各种优质衣服，送走他们。同时，他在迦比罗卫城四个城门和城中所有十字路口进行施舍，给需要食物的人食物，给需要饮料的人饮料，给需要衣服的人衣服，给需要车辆的人车辆，乃至香料、花环、软膏、床具等生活用品，有求必应，以此崇敬菩萨。

地译：時輸檀王聞婆羅門解夢因緣，心甚歡喜，即以上妙衣服、種種美食，而賜與之，令歸本處。佛告諸比丘：時輸檀王於四城門、四衢道中，為菩薩故，設大施會，須食與食，須衣與衣，乃至香花、臥具、田宅、騎乘一切所求，皆悉給與。

अथ खलु भिक्षवो राज्ञः शुद्धोदनस्यैतदभवत्-- कतमस्मिन् गृहे मायादेवी सुखमनुपक्लिष्टा विहरेदिति। अथ तत्क्षणमेव चत्वारो महाराजानो राजानं शुद्धोदनमुपसंक्रम्यैवमाहुः--

今译：然后，众比丘啊，净饭王思忖："摩耶王后应该住在什么样的宫殿中，才会舒适，没有烦恼？"就在此刻，四大天王来到，对净饭王说道：

地译：王時念言："於何宮殿安置聖后，令得無憂歡樂而住？"時四天王來至王所，作如是言：

अल्पोत्सुको देव भव सुखं तिष्ठ उपेक्षको।
वयं हि बोधिसत्त्वस्य वेश्म वै मापयामहे॥१४॥

今译：不必忧虑，国王啊！请你放心，
因为我们会为菩萨创造宫殿。(14)

地译："惟願大王善自安隱，勿思此事。我與菩薩取妙宮殿。"

अथ खलु शक्रो देवानामिन्द्रो राजानं शुद्धोदनमुपसंक्रम्यैवमाह--

今译：然后，神中因陀罗帝释天来到，对净饭王说道：

地译：時天帝釋即來王所，而說偈言：

हीना विमाना पालानां त्रयत्रिंशानमुत्तमाः।
वैजयन्तसमं वेश्म बोधिसत्त्वस्य दाम्यहम्॥ १५॥

今译：护世天王们的宫殿低劣，我要献给
菩萨忉利天殊胜宫那样的上等宫殿。（15）

地译：護世宫為劣，不堪聖后居，
忉利有勝殿，持來奉菩薩。

अथ खलु सुयामो देवपुत्रो राजानं शुद्धोदनमुसंक्रम्यैवमाह--

今译：然后，苏夜摩[①]天子来到，对净饭王说道：

地译：時夜摩天子復來王所，而說偈言：

मदीयं भवनं दृष्ट्वा विस्मिताः शक्रकोटयः।
सुयामभवनं श्रीमद्बोधिसत्त्वस्य दाम्यहम्॥ १६॥

今译：见到我的宫殿，千万帝释天都惊讶，
我要献给吉祥的菩萨夜摩天宫殿。（16）

地译：我有勝妙殿，超過忉利宫，
在彼夜摩天，今持奉菩薩。

अथ खलु संतुषितो देवपुत्रो राजानं शुद्धोदनमुपसंक्रम्यैवमाह--

今译：然后，商兜率天子来到，对净饭王说道：

地译：兜率天子復來王所，而說偈言：

यत्रैव उषितः पूर्वं तुषितेषु महायशाः।
तदेव भवनं रम्यं बोधिसत्त्वस्य दाम्यहम्॥ १७॥

今译：这位声誉卓著者过去住在兜率天，
我要把这座可爱的宫殿献给菩萨。（17）

地译：兜率妙天宫，菩薩本居止，
是為最殊勝，還持奉菩薩。

① “苏夜摩”（suyāma）是夜摩天的天王。

अथ खलु सुनिर्मितो देवपुत्रो राजानं शुद्धोदनमुपसंक्रम्यैवमाह--

今译：然后，化乐天子来到，对净饭王说道：

地译：化樂天子復來王所，而說偈言：

मनोमयमहं श्रीमद्वश्म तद्रतनामयम्।
बोधिसत्त्वस्य पूजार्थमुपनेष्यामि पार्थिव॥ १८॥

今译：为了向菩萨表示崇敬，国王啊！
我要献上心造的吉祥宝石宫殿①。（18）

地译：我有寶宮殿，隨心所化生，
莊嚴甚奇妙，願以奉菩薩。

अथ खलु परनिर्मितवशवर्ती देवपुत्रो राजानं शुद्धोदनमुपसंक्रम्यैवमाह--

今译：然后，他化自在天子来到，对净饭王说道：

地译：他化自在天子復來王所，而說偈言：

यावन्तः कामधातुस्था विमानाः शोभनाः क्वचित्।
भाभिस्ते मद्विमानस्य भवन्त्यभिहतप्रभाः॥ १९॥

今译：无论欲界的宫殿怎样美丽，
我的宫殿的光辉胜过它们。（19）

地译：我有妙宮殿，超過諸欲天。

तत् प्रयच्छाम्यहं श्रीमद्वेश्म रत्नमयं शुभम्।
बोधिसत्त्वस्य पूजार्थमानयिष्यामि पार्थिव॥ २०॥

今译：为了向菩萨表示崇敬，国王啊！
我要献上吉祥美丽的宝石宫殿。（20）

地译：眾寶所莊嚴，清淨悅心意。

दिव्यैः पुष्पैःसमाकीर्णं दिव्यगन्धोपवासितम्।
उपनामयिष्ये विपुलं यत्र देवी वसिष्यति॥ २१॥

今译：我要献上一座宽敞的宫殿，撒满

① 此处“宫殿”的原词是 vaśma，据 M 本和 L 本应为 veśma。

天花，充满天香，让王后住那里。（21）

地译：光明甚奇耀，周匝散香花，
愿以安聖后，持來奉菩薩。

इति हि भिक्षवः सर्वैःकामावचरैर्दैवेश्वरैर्बोधिसत्त्वस्य पूजार्थं कपिलाह्वये महापुरवरे स्वकस्वकानि गृहाणि मापितान्यभूवन्। राज्ञा चापि शुद्धोदनेन मनुष्यातिक्रान्तं दिव्या- संप्राप्तं गृहतरं प्रतिसंस्कारितमभूत्। तत्र बोधिसत्त्वो महासत्त्वो महाव्यूहस्य समाधेरनुभावेन सर्वेषु तेषु गृहेषु मायादेवीमुपदर्शयति स्म। अभ्यन्तरगतश्च बोधिसत्त्वो मायादेव्याः कुक्षौ दक्षिणे पार्श्वे पर्यङ्कमाभुज्य निषण्णोऽभूत्। सर्वे च ते देवेश्वरा एकैकमेवं संजानीते स्म-- ममैव गृहे बोधिसत्त्वमाता प्रतिवसति नान्यत्रेति॥

今译：众比丘啊！欲界众天王[①]为了向菩萨表示崇敬，在名为迦比罗的大城中，各自建造了宫殿。而净饭王也建造了一座胜过人间和天上的精美宫殿。在那里，菩萨大士运用大庄严三昧威力让摩耶王后呈现在所有这些宫殿中。在那里面，菩萨在摩耶王后腹部右肋中结跏趺坐。每个天王都能看到，故而认为菩萨的母亲住在自己的宫殿中，而没有住在别处。

地译：佛告諸比丘：是時，欲界諸天子等為供養故，各各賫彼所有宮殿，來至輸檀王宮。其王亦為菩薩造妙宮殿，綺飾精麗，人間所無。爾時，菩薩以大嚴三昧威神力故，令彼一切諸宮殿中悉現摩耶聖后之身，皆有菩薩於母右脇結加趺坐。諸天子等各各自謂：“菩薩之母惟住我宮。”

तत्रेदमुच्यते--

今译：这里，这样说道：

地译：爾時，世尊重說偈言：

महाव्यूहाय स्थितः समाधिये
अचिन्तिया निर्मित निर्मिणित्वा।
सर्वेष देवानभिप्राय पूरिता
नृपस्य पूर्णश्च तदा मनोरथः॥२२॥

今译：依靠大庄严三昧力，
不可思议幻化创造，
所有天神心意满足，

① 此处“众天王”的原文是 daiveśvaraiḥ，应为 deveśvaraiḥ。

国王的心愿也实现。（22）

地译：大嚴三昧，神化難思，

諸天悅豫，父王歡喜。

अथ खलु तस्यां देवपर्षदि केषांचिद्देवपुत्राणामेतदभवत्-- येऽपि तावच्चातुर्महाराजकायिका देवास्तेऽपि तावन्मनुष्याश्रयगतत्वेन निर्विद्यापक्रमन्ति। कः पुनर्वादो ये तदन्ये उदारतमा देवाःत्रायत्रिंशा वा यामा वा तुषिता वा। तत्कथं हि नाम सर्वलोकाभ्युद्गतो बोधिसत्त्वः शुचिर्निरामगन्धः सत्त्वरत्नःसंतुषितादेवनिकायाच्च्युत्वा दुर्गन्धे मनुष्याश्रये दशमासान् मातुः कुक्षौ स्थित इति॥

今译：然后，在这个天神集会上，有一些天子思忖："即使四大天王也厌弃人间，何况那些更高的忉利天、夜摩天和兜率天的天神。那么，菩萨超越一切世界，清净纯洁，无病无臭，这位众生之宝怎么会从兜率天降生气味难闻的人间，在母腹中住十个月呢？"

地译：說是經時，會中有諸天子生如是念："四天王天聞此人間污穢不淨，況乎此上三十三天乃至兜率諸大天耶？云何菩薩世間之寶，最勝清淨殊妙香潔，乃捨兜率，處在人間，於母胎中經於十月？"

अथ खल्वायुष्मानानन्दो बुद्धानुभावेन भगवन्तमेतदवोचत्-- आश्चर्यं भगवन् यावज्जुगुप्सनीयश्च मातृग्रामस्तथागतेनोक्तो यावद्रागचरितश्च। इदं तु भगवन् आश्चर्यतरम्। कथं हि नाम सर्वलोकाभ्युद्गतो भगवान् पूर्वं बोधिसत्त्वभूत एव तुषितादेवनिकायाच्च्यवित्वा मनुष्याश्रये (दुर्गन्धे) मातुर्दक्षिणे (पार्श्वे) कुक्षावुपपन्न इति। नाहं भगवन् इदमुत्सहे एवं वक्तं यथैव पूर्वं भगवता व्याकृतमिति। भगवानाह-- इच्छसि त्वमानन्द रत्नव्यूहं बोधिसत्त्वपरिभोगं द्रष्टुं यो मातुः कुक्षिगतस्य बोधिसत्त्वस्य परिभोगोऽभूत्। आनन्द आह-- अयमस्य भगवन् कालः अयं सुगत समयः यत्तथागतस्तं बोधिसत्त्वपरिभोगमुपदर्शयेद् यं दृष्ट्वा प्रीतिं वेत्स्यामः॥

今译：然后，尊者阿难依仗佛力，对世尊说道："世尊啊，真奇妙！如来说过应该厌弃女人身和多欲之人。世尊啊，这更奇妙！世尊以前超越一切世界，成为菩萨，怎么会从兜率天下凡降生气味难闻的人间，进入母亲右胁腹中？世尊啊！我不能按照世尊过去所说对此作出解释[①]。"世尊说道："阿难啊！你希望看到菩萨享受的宝石庄严殿吗？那是菩萨在母亲胎中享受的住所。"阿难说道："世尊啊！这正是时候，善逝啊！这正是时机！如来应该显示菩萨享受的住所，我们看到之后，会感到快乐。"

① 这句原文中的 vaktam 一词，据 M 本和 L 本应为 vaktum。

地译：爾時，阿難承佛威神，長跪合掌，而白佛言："世尊！女人之身多諸欲惡，云何如來為菩薩時，乃捨兜率，處於母胎右脇而住？"佛告阿難："菩薩昔在母胎，不為不淨之所染污，恒處寶殿，嚴淨第一。如是寶殿為欲見不？當示於汝。"阿難白佛言："世尊！願垂顯示，令諸見者皆生歡喜。"

अथ खलु भगवांस्तथारूपनिमित्तमकरोत् यद् ब्रह्मा सहापतिः सार्धमष्टषष्टिब्रह्मशतसहस्रैर्ब्रह्मलोकेऽन्तर्हितो भगवतः पुरतः प्रत्यस्थात्। स भगवतः पादौ शिरसाभिवन्द्य भगवन्तं त्रिप्रदक्षिणीकृत्यैकान्तेऽस्थात् प्राञ्जलीभूतो भगवन्तं नमस्यन्। तत्र खलु भगवान् जानन्नेव ब्रह्माणं सहापतिमामन्त्रयते स्म-- गृहीतस्त्वया ब्रह्मन् स बोधिसत्त्वपरिभोगो दशमासिको यो मम पूर्वं बोधिसत्त्वभूतस्य मातुः कुक्षिगतस्याभूत्। ब्रह्मा आह-- एवमेतद्भगवन् एवमेतत् सुगत। भगवानाह-- क्व स इदानीं ब्रह्मन् उपदर्शय तम्। ब्रह्मा चाह-- ब्रह्मलोके स भगवन्। भगवानाह-- तेन हि त्वं ब्रह्मन् उपदर्शय तं दशमासिकं बोधिसत्त्वपरिभोगम् ज्ञास्यन्ति कियत्संस्कृतमिति॥

今译：这时，世尊做出这样的示意。于是，娑婆主梵天带着六百八十万梵天从梵界消失，来到世尊面前。他俯首向世尊行触足礼，右绕三匝，站在一旁，双手合十，向世尊致敬。世尊虽然心中明白，仍对娑婆主梵天说道："梵天啊！你取走了菩萨享受了十个月的住所吗？那是我从前作为菩萨在母亲胎中的住所。"梵天说道："正是这样，世尊啊！正是这样，善逝啊！"世尊说道："梵天啊！现在它在哪里？你把它展示出来！"梵天说道："世尊啊！它在梵界。"世尊说道："那么，梵天啊！你把菩萨享受了十个月的住所展示出来，他们就会知道它何等庄严。"

地译：爾時，如來即以神力，令娑婆世界主梵天王與六十百千億梵天下閻浮提，來詣佛所，恭敬稽首，右遶三匝，却住一面。爾時，世尊知而故問梵天王言："我昔為菩薩時，在胎十月，所居寶殿今為所在？汝可持來。"梵天王言："今在梵世。"

अथ खलु ब्रह्मा सहापतिस्तान् ब्राह्मणानेतदवोचत्-- तिष्ठन्तु तावद्भवन्तो यावद्वयं रत्नव्यूहं बोधिसत्त्वपरिभोगमानयिष्यामः॥

今译：然后，娑婆主梵天对众婆罗门说道："你们等着，我们会把菩萨享受的宝石庄严殿带来。"

अथ खलु ब्रह्मा सहापतिर्भगवतः पादौ शिरसाभिवन्दित्वा भगवतः पुरतोऽन्तर्हितस्तत्क्षणमेव ब्रह्मलोके प्रत्यस्थात्॥

今译：然后，娑婆主梵天俯首向世尊行触足礼，从世尊面前消失，刹那间进入梵界。

地译：時娑婆世界主稽首作禮，忽然不現，於刹那頃昇于梵宮。

अथ खलु ब्रह्मा सहापतिः सुब्रह्माणं देवपुत्रमेतदवोचत्-- गच्छ त्वं मार्षा इतो ब्रह्मलोकमुपादाय यावत्त्रायत्रिंशद्भवनम्-- शब्दमुदीरय घोषमनुश्रावय। रत्नव्यूहं बोधिसत्त्वपरिभोगं वयं तथागतस्यान्तिकमुपनामयिष्यामः। यो युष्माकं द्रष्टुकामः स शीघ्रमागच्छत्विति॥

今译：然后，娑婆主梵天对妙梵天子说道：“贤士啊，你从这里梵界直至忉利天宫，高声宣布：‘我们要把菩萨享受的宝石庄严殿带到如来身旁，你们想要观看，就赶快来吧！’”

地译：告妙梵天子言：“汝宜次第下至三十三天，高聲唱言：‘今日梵王欲將如來處胎之時所居寶殿還至佛所，若欲見者宜可速來。’”

अथ खलु ब्रह्मा सहापतिश्चतुरशीत्या देवकोट्या नयुतशतसहस्त्रैःसार्धं तं रत्नव्यूहं बोधिसत्त्वपरिभोगं परिगृह्य महति ब्राह्मे विमाने त्रियोजनशतिके प्रतिष्ठाप्यानेकैर्दैवकोटीनयुतशतसहस्त्रैः समन्ततोऽनुपरिवार्य जम्बूद्वीपमवतारयति स्म॥

今译：然后，娑婆主梵天与八十四百千万亿天神捧着菩萨享受的宝石庄严殿，放在纵横三百由旬的大梵天宫中，由数百千万亿天神①簇拥着，下降瞻部洲。

地译：爾時，梵王即持菩薩之殿置梵殿中，其梵殿量縱廣正等三百由旬，而與八萬四千拘胝梵天恭敬圍遶，從於梵世下閻浮提。

तेन खलु पुनः समयेन कामावचराणां देवानां महासंनिपातोऽभूत् भगवत्सकाशे गन्तुम्। स खलु पुन रत्नव्यूहो बोधिसत्त्वपरिभोगो दिव्यैर्वस्त्रैर्दिव्यैर्माल्यैर्दिव्यैर्गन्धैर्दिव्यैः पुष्पैर्दिव्यैर्वाद्यैर्दिव्यैश्च परिभोगैरभिसंस्कृतोऽभूत्। तावन्महेशाख्यैश्च देवैः परिवृतोऽभूद्यच्छक्रो देवानामिन्द्रः सुमेरौ (समुद्रे) स्थित्वा दूरत एव मुखे तालच्छत्रकं दत्त्वा शीर्षव्यवलोकनेनानुविलोकयति स्म उन्मेषध्यायिकया वा। न च शक्नोति स्म द्रष्टुम्। तत्कस्मात् महेशाख्या हि देवा ब्राह्मणाः। इतरास्त्रायत्रिंशा यामास्तुषिता निर्माणरतयः परनिर्मितवशवर्तिनः। कः पुनर्वादः शक्रो देवानामिन्द्रः। मोहं ते वै यान्ति स्म॥

今译：这时，欲界天神大结集，来到世尊身边。这座菩萨享受的宝石庄严殿装饰有天国的衣裳、花环、香料、鲜花、乐器和各种用品。号称大自在的众天神围绕四周。神中因陀罗帝释天站在须弥山上瞭望，用多罗树叶作伞，遮

① 此处“天神”的原词是 daiva，据 M 本和 L 本应为 deva。

在脸前，探头观看，睁大眼睛，但是不能看到。这是怎么回事？因为众天神和众梵天[①]，还有忉利天、夜摩天、兜率天、化乐天和他化自在天，都号称大自在，更不用说神中因陀罗帝释天。他们都迷糊了。

地译：是時，欲界無量諸天皆悉雲集於如來所，以天妙衣、種種伎樂、花鬘、妙香、天莊嚴具而為供養。時天帝釋乃至他化自在永不能覩菩薩之殿。雖審觀之，亦不能見。

अथ खलु भगवांस्तं दिव्यं वाद्यनिर्घोषमन्तर्धापयति स्म। तत्कस्मात् यत्सहश्रवणादेव जाम्बुद्वीपका मनुष्या उन्मादमापत्स्यन्त इति॥

今译：然后，世尊让天国乐音停歇。为什么？因为瞻部洲凡人听到天乐，会迷醉发狂。

अथ खलु चत्वारो महाराजानः शक्रं देवानामिन्द्रमुपसंक्रम्यैवमाहुः-- कथं देवानामिन्द्र करिष्यामो न लभामहे रत्नव्यूहं बोधिसत्त्वपरिभोगं द्रष्टुम्। स तानवोचत्-- किमहं मार्षाः करिष्यामि अहमपि न लभे द्रष्टुम्। अपि तु खलु पुनर्मार्षा भगवत्समीपमुपनीतं द्रक्ष्यामः। ते तदा आहुः-- तेन हि देवानामिन्द्र तथा कुरु यथास्य क्षिप्रं दर्शनं भवेत्। शक्र आह-- आगमयत मार्षा मुहूर्तं यावदतिक्रान्तातिक्रान्ततमा देवपुत्रा भगवन्तं प्रतिसंमोदयन्ते स्म। तदेकान्ते स्थित्वा शीर्षोन्मिञ्जितकया भगवन्तमनुविलोकयन्ति स्म॥

今译：这时，四大天王走到神中因陀罗帝释天那里，说道："神中因陀罗啊！我们应该怎么办？我们看不到菩萨享受的宝石庄严殿。"他对他们说道："诸位贤士啊！我有什么办法？我也看不到。不过，诸位贤士啊，到了世尊身边，我们就能看到了。"于是，他们说道："那么，神中因陀罗啊！就这么办吧。这样，我们很快就能看到了。"帝释天说道："诸位贤士啊，来吧！"须臾间，这些出类拔萃的天子来到世尊那里请安。然后，他们站在一旁，抬头观看世尊。

地译：時四天王問帝釋言："我等作何方便能覩斯殿？"帝釋報言："當請如來乃得見耳。"時天帝釋與四天王稽首請佛。

अथ खलु ब्रह्मा सहापतिः सार्धं तैश्चतुरशीत्या देवकोटीनयुतशतसहस्रैस्तं रत्नव्यूहं बोधिसत्त्वपरिभोगं गृहीत्वा येन भगवांस्तेनोपसंक्रामयति स्म। स खलु पुन रत्नव्यूहो बोधिसत्त्वपरिभोगोऽभिरूपः प्रासादिको दर्शनीयश्चतुरस्रश्चतुष्थूणः। उपरिष्टाच्च कूटागारसमलंकृतः। एवंप्रमाणः तद्यथापि नाम षण्मासजातो दारक उच्चैस्त्वेन। तस्य खलु पुनः

---

① 此处"众梵天"的原词是 brāhmaṇāḥ（"众婆罗门"），似应为 brahmāṇaḥ（"众梵天"）。或在混合梵语中，brāhmaṇa 有时相当于 brahman。

कूटागारस्य मध्ये पर्यङ्कःप्रज्ञप्तः तद्यथापि नाम षण्मासजातस्य दारकस्य भित्तीफलकः। स खलु पुन रत्नव्यूहो बोधिसत्त्वपरिभोग एवं वर्णसंस्थानो यस्य न कश्चित् सदेवके लोके समारके सब्रह्मके सदृशोऽस्ति आकृत्या वा वर्णेन वा। देवाःखल्वपि तं दृष्ट्वा आश्चर्यप्राप्ता अभुवन्। चक्षूंषि तेषां विभ्रमन्ति स्म। स च तथागतस्यान्तिक उपनीतोऽतीव भासते तपति विरोचते स्म। तद्यथापि नाम द्विनिर्धान्तं सुवर्णं कुशलेन कर्मकारेण सुपरिनिष्ठितमपगतकाचदोषम् एवं तस्मिन् समये स कूटागारो विराजते स्म। तस्मिन् खलु पुनर्बोधिसत्त्वपरिभोगे पर्यङ्कःप्रज्ञप्तो यस्य सदेवके लोके नास्ति कश्चित् सदृशो वर्णेन वा संस्थानेन वा अन्यत्र कम्बुग्रीवाया बोधिसत्त्वस्य। यत् खलु महाब्रह्मणा चीवरं प्रावृतमभूत् तत्तस्य बोधिसत्त्व- पर्यङ्कस्याग्रतो न भासते स्म तद्यथापि नाम वातवृष्ट्याभिहतः कृष्णकम्बलः।

今译：这时，娑婆主梵天与八十四百千万亿天神捧着菩萨享受的宝石庄严殿来到世尊那里。这座菩萨享受的宝石庄严殿漂亮，可爱，美观，四角四柱。柱子顶上装饰有楼阁，规模依照出生六个月的孩子的高度。楼阁中央安放一张床，尺度依照出生六个月孩子的床铺。这座菩萨享受的宝石庄严殿的景观，无论形状或色彩，在世界、神界、魔界和梵界都无与伦比。众天神看到后，都惊讶不已。他们的眼睛迷惑慌乱。这座宝石庄严殿放在如来身旁，散发强烈的光芒、热量和光亮。犹如经过高明的金匠两次冶炼的金子，质地完美，毫无瑕疵。此刻，这座楼阁光辉灿烂。在这座菩萨享受的楼阁中央安放的这张床，无论形状或色彩，在世界和神界都无与伦比，除了菩萨美似贝螺的脖颈。大梵天身穿的衣服在菩萨的床面前也显得暗淡无光，犹如一件遭到风吹雨打的黑毡衣。

地译：是時，大梵天王先與諸梵捧菩薩殿置於佛前。其殿三重，周匝瑩飾，皆以牛頭栴檀天香所成。其香一分價直三千大千世界。光明照耀，以天眾寶而嚴飾之。床座器物皆稱菩薩，微妙綺麗人天所無，惟除菩薩旋螺之相。大梵天王所著天服至菩薩座，猶如水漬欽婆羅衣[①]。

स खलु पुनः कूटागार उरगसारचन्दनमयो यस्यैकसुवर्णधरणी साहस्रं लोकधातुं मूल्यं क्षमते तथाविधेनोरगसारचन्दनेन स कूटागारः समन्तादनुपलिप्तः। तादृश एव द्वितीयः कूटागारः कृतो यस्तस्मिन् प्रथमे कूटागारेऽभ्यन्तरतः असक्तोऽबद्धस्थितः। तादृश एव तृतीयोऽपि कूटागारो यस्तस्मिन् द्वितीये कूटागारेऽभ्यन्तरेऽसक्तोऽबद्धस्थितः। स च पर्यङ्कस्तस्मिन् गन्धमये तृतीये कूटागारे व्यवस्थितः संप्रतिच्छन्नः। तस्य खलु पुनरुरगसारचन्दनस्यैवंरूपो वर्णःतद्यथापि नाम अभिजातस्य नीलैवडूर्यस्य। तस्य खलु पुनर्गन्धकूटागारस्योपरि समन्ताद्यावन्ति कानिचिद्दिव्यातिक्रान्तानि पुष्पाणि सन्ति तानि सर्वाणि तस्मिन् कूटागारे बोधिसत्त्वस्य पूर्वकुशलमूलविपाकेनानुप्राप्तान्येव जायन्ते स्म। स खलु पुन रत्नव्यूहो

① “钦婆罗衣”是 kambara（“毡衣”）一词的音译。

बोधिसत्त्वपरिभोगो दृढसारोऽभेद्यो वज्रोपमः स्पर्शेन च काचिलिन्दिकसुखसंस्पर्शः। तस्मिन् खलु पुन रत्नव्यूहे बोधिसत्त्वपरिभोगे ये केचित् कामावचराणां देवानां भवनव्यूहास्ते सर्वे तस्मिन् संदृश्यन्ते स्म॥

今译：这座楼阁用乌洛迦娑罗檀香制成，其中的一点儿金子就价值一千个欲界。这座楼阁的四周全都涂抹乌洛迦娑罗檀香。在第一座楼阁里面，建有相同的第二座楼阁，两者互不相连。而在第二座楼阁里面，又建有同样的第三座楼阁，两者也互不相连。这张床就安放在用檀香制成的第三座楼阁里。而乌伽罗娑罗檀香的颜色犹如高贵的青琉璃。在这座楼阁上，又遍布胜过天花的鲜花，仿佛由菩萨前生的善根成熟而生出。菩萨享受的这座宝石庄严殿结实坚固，犹如金刚牢不可破。而触摸它，却像触摸迦邻陀衣那样舒服。在这座菩萨享受的宝石庄严殿里，能看到欲界天神们的所有宫殿。

地译：其三殿內，周匝皆有淨妙天花。其殿堅牢，不可沮壞。凡所觸近，皆生妙樂，如迦隣陀衣。欲界一切諸天宮殿悉現菩薩寶殿之中。

यामेव च रात्रिं बोधिसत्त्वो मातुः कुक्षिमवक्रान्तस्तामेव रात्रिमध आपस्कन्धमुपादाय अष्टषष्टियोजनशतसहस्राणि महापृथिवीं भित्त्वा यावद् ब्रह्मलोकं पद्मभ्युद्गतमभूत्। न च कश्चित्तं पद्मं पश्यति स्म अन्यत्र सारथिनरोत्तमाद्दशशतसाहस्रिकाच्च महाब्रह्मणः। यच्चेह त्रिसाहस्रमहासाहस्रलोकधातावोजो वा मण्डो व रसो वा तत्सर्वं तस्मिन् महापद्मे मधुबिन्दुः संतिष्ठते स्म॥

今译：就在菩萨进入母亲腹中的这个夜里，从地下水层跃出一株莲花，穿透六百八十万由旬大地，直抵梵界。但无人得见，除了一百万人中至尊导师①和大梵天。三千大千世界所有精气、液汁和美味都汇聚在这大莲花中，形成蜜汁。

地译：佛告諸比丘：菩薩入胎之夜，下從水際涌出蓮花，穿過地輪，上至梵世，縱廣正等六十八洛叉②由旬。如此蓮花，無能見者，除諸如來并諸菩薩及大梵天王。於三千大千世界之中，所有清淨殊勝美味猶如甘露現此花中。

तमेनं महाब्रह्मा शुभे वैडूर्यभाजने प्रक्षिप्य बोधिसत्त्वस्योपनामयति स्म। तं बोधिसत्त्वः परिगृह्य भुङ्क्ते स्म महाब्रह्मणोऽनुकम्पामुपादाय। नास्ति स कश्चित् सत्त्वः सत्त्व- निकाये यस्य स ओजोबिन्दुः परिभुक्तः सम्यक् सुखेन परिणामेदन्यत्र चरमभविका- द्बोधिसत्त्वात्

---

① “人中至尊导师”（sārathinarottama）指佛。

② “洛叉”是 lakṣa（“十万”）一词的音译。此处原文没有使用此词，而使用 śatasahasrāṇi（“十万”）一词。

सर्वबोधिसत्त्वभूमिपरिपूर्णात्। कस्य च कर्मणो विपाकेन स ओजोबिन्दुर्बोधिसत्त्वस्योपतिष्ठते स्म दीर्घरात्रं खल्वपि बोधिसत्त्वेन पूर्वं बोधिसत्त्वचर्यां चरता ग्लानेभ्यः सत्त्वेभ्यो भैषज्यं दत्तमाशत्पराणां सत्त्वानामाशाःपरिपूरिताः शरणागताश्च न परित्यक्ताः नित्यं चाग्रपुष्पमग्रफलमग्ररसं तथागतेभ्यस्तथागतचैत्येभ्यस्तथागतश्रावकसंघेभ्यो मातापितृभ्यश्च दत्त्वा पश्चादात्मना परिभुक्तम्। तस्य कर्मणो विपाकेन महाब्रह्मा बोधिसत्त्वस्य तं मधुबिन्दुमुपनामयति स्म॥

今译：大梵天将这蜜汁盛在洁净的琉璃盘中，献给菩萨。菩萨同情大梵天，接受并喝下这蜜汁。除了完成一切菩萨地[1]修行而达到最后一生的菩萨，世间任何众生都不可能饮用这强力蜜汁而舒服消化。凭借什么样的善业达到成熟，菩萨能饮用这强力蜜汁？在过去漫漫长夜中，菩萨实施菩萨行。他送药给患病的众生，让怀有愿望的[2]众生满足愿望，不拒绝前来寻求庇护的众生，始终将最好的花果和美味首先供奉如来、如来塔庙、如来弟子僧众以及母亲和父亲，然后自己享用。正是由于这些善业达到成熟，大梵天将这蜜汁献给菩萨。

地译：大梵天王以毗瑠璃器盛此淨妙甘露之味，奉上菩薩。菩薩於是受而食之。比丘當知世間眾生無有能食如是甘露之味，惟除十地究竟最後身菩薩方能食耳。諸比丘！菩薩以何善根而感斯味？由昔長夜行菩薩道時，能以醫藥救濟病苦，所有欲願皆令滿足，一切恐懼能施無畏。又以上妙花果供養如來及佛塔廟、一切聖眾、父母尊長。如是施已，然後自受。由斯福報，感大梵王每持甘露之味而以奉獻於寶殿內。

तस्मिन् खलु पुनः कूटागारे यानि कानिचित् सन्त्यतिक्रान्तातिक्रान्तानि मायागुणरतिक्रीडासमवसृतस्थानानि तानि सर्वाणि तस्मिन् प्रादुर्भावानि संदृश्यन्ते स्म बोधिसत्त्वस्य पूर्वकर्मविपाकेन॥

今译：在这座楼阁中，有种种非凡卓绝的、充满奇幻的游戏。这是凭借菩萨前生的善业达到成熟，才得以在那里见到所有这些景象。

तस्मिन् खलु पुन रत्नव्यूहे बोधिसत्त्वपरिभोगे शतसहस्रव्यूहं नाम वासोयुगं प्रादुर्भूतम्। न स कश्चित्सत्त्वः सत्त्वनिकाये संविद्यते यस्य तत्प्रादुर्भवेदन्यत्र चरमभविकाद् बोधिसत्त्वात्। न च ते केचन उदारोदारा रूपशब्दगन्धरसस्पर्शा ये तस्मिन् कूटागारे न संदृश्यन्ते स्म। सचेत्कूटागारपरिभोग एवं सुपरिभोग एवं सुपरिनिष्पन्नःसान्तरबहिरेवं सुपरिनिष्ठित एवं

---

① “菩萨地”（bodhisattvabhūmi）指菩萨修行的十个阶段。此处地译“十地”。

② “怀有愿望的”原文是 āśatparāṇām，疑有误。此处 M 本写为 āśāparāṇām，L 本写为 āsāparāṇām。

मृदुकश्च। तद्यथापि नाम काचिलिन्दिकसुखसंस्पर्शो निदर्शनमात्रेण न तु तस्योपमा संविद्यते। धर्मता खल्वेषा बोधिसत्त्वस्य पूर्वकेण च प्रणिधानेन इयं चेतना ऋद्धावववश्यं बोधिसत्त्वेन महासत्त्वेन मनुष्यलोक उपपत्तव्यमभिनिष्क्रम्य चानुत्तरां सम्यक्संबोधिमभिसंबुध्य धर्मचक्रं प्रवर्तयितव्यम्।

今译：在这座菩萨享受的宝石庄严殿中，出现两件名为百千庄严的衣服。它们不可能出现在世间任何众生中，除了达到最后一生的菩萨。任何高贵的色、声、香、味和触，在这些楼阁中不会见不到。如果说，菩萨享受的楼阁如此舒适，如此里外完善，如此坚固，如此柔软，那么，只要举一个例子，即像触摸迦邻陀衣一样舒服，无与伦比。这确实是菩萨的法性。前生志愿宏大，意念具有神通。菩萨大士必定降生人间，出家，获得无上正等菩提，转动法轮。

地译：上妙衣服諸莊嚴具種種器物，菩薩本願力故隨意能現。

तस्या मातुः कुक्षावुपपत्तिर्भवति तस्या दक्षिणे कुक्षावादित एव रत्नव्यूहकूटागारोऽभिनिर्वर्तते। पश्चाद्बोधिसत्त्वस्तुषितेभ्यश्च्युत्वा तस्मिन् कूटागारे पर्यङ्कनिषण्णः संभवति। न हि चरमभविकस्य बोधिसत्त्वस्य कललार्बुदघनपेशीभावं कायः संतिष्ठते स्म। अथ तर्हि सर्वाङ्गप्रत्यङ्गलक्षणसंपन्नःसंनिषण्ण एव प्रादुर्भवति। स्वप्नान्तरगता च बोधिसत्त्वमाता मायादेवी महानागकुञ्जरमवक्रान्तं संजानीते स्म॥

今译：他进入母胎时，这座宝石庄严殿楼阁已安置在母亲右腹中[①]。然后，菩萨从兜率天降生，坐在楼阁中的床上。因为达到最后一生的菩萨的身体不会有胎膜、胎胞、胎肉和软骨。他一出现就已经具有所有肢体和妙相，坐在那里。而菩萨的母亲摩耶王后在梦中，感知一头大象进入。

地译：阿難！一切菩薩將入胎時，於母右脇先有如是寶莊嚴殿，然後，從兜率天宮降神入胎，於此殿中結加趺坐。阿難！十方世界一切摩耶聖后皆於夢中見白象來。

तस्य खलु पुनस्तथा निषण्णस्य शक्रो देवानामिन्द्रश्चत्वारश्च महाराजानोऽष्टाविंशतिश्च महायक्षसेनापतयो गुह्यकाधिपतिश्च नाम यक्षकुलं यतो वज्रपाणेरुत्पत्तिस्ते बोधिसत्त्वं मातुः कुक्षिगतं विदित्वा सततं समितमनुबद्धा भवन्ति स्म। सन्ति खलु पुनश्चतस्रो बोधिसत्त्वपरिचारका देवताः-- उत्खली च नाम समुत्खली च नाम ध्वजवती च नाम प्रभावती च नाम। ता अपि बोधिसत्त्वं मातुः कुक्षिगतं विदित्वा सततं समितं रक्षन्ति स्म। शक्रोऽपि देवानामिन्द्रः सार्धं पञ्चमात्रैर्देवपुत्रशतैर्बोधिसत्त्वं मातुः कुक्षिगतं ज्ञात्वा सततं समितमनुबध्नाति स्म॥

① 这句原文中，有两个 tasyāḥ。其中前一个 tasyāḥ，据 M 本应为 yasyāḥ。

今译：就这样，菩萨结跏趺坐。神中因陀罗帝释天、四大天王、二十八药叉大将和产生金刚手的药叉族密迹天王，知道菩萨进入母胎后，始终追随他。还有四位天女侍奉菩萨，分别名为邬佉梨、萨侔佉梨、有幢和有光。她们知道菩萨进入母胎后，始终跟随保护他。神中因陀罗帝释天与五百天子知道菩萨进入母胎后，也始终追随他。

地译：釋提桓因及四天王、二十八夜叉大將皆悉隨從而衛護之。復有四天女，一名鄔佉梨，二名侔佉梨，三名幢至，四名有光，亦與眷屬常來衛護。

बोधिसत्त्वस्य खलु पुनर्मातुः कुक्षिगतस्य कायस्तथाविधोऽभूत् तद्यथापि नाम पर्वतमूर्धनि रात्रावन्धकारतमिस्रायां महानग्निस्कन्धो योजनादपि दृश्यते स्म यावत् पञ्चभ्या योजनेभ्यो दृश्यते स्म। एवमेव बोधिसत्त्वस्य मातुः कुक्षिगतस्यात्मभावोऽभिनिर्वृत्तोऽभूत् प्रभास्वरोऽभिरूपः प्रासादिको दर्शनीयः। स तस्मिन् कूटागारे पर्यङ्कनिषण्णोऽतीव शोभते स्म। वैडूर्यप्रत्युप्तमिवाभिजातं जातरूपम्। बोधिसत्त्वस्य माता च निध्याय स्थिता पश्यति स्म कुक्षिगतं बोधिसत्त्वम्।

今译：菩萨进入母胎后的身体是这样：犹如在漆黑的夜晚，山顶上的一堆大火，在一由旬外也能看到，他的身体在五由旬外也能看到。菩萨在母胎中的身体正是这样，光辉，优美，可爱，悦目。他在楼阁中的床上结跏趺坐，光彩熠熠，犹如镶嵌有琉璃的纯金。菩萨的母亲在沉思中看到自己腹中的菩萨。

地译：爾時，菩薩處母胎中，身相光明，猶如夜暗，於山頂上然大火炬，亦如真金在琉璃中，光明洞照普遍世界。

तद्यथा पि नाम महतोऽभ्रकूटाद्विद्युतो निःसृत्य महान्तमवभासं संजनयन्ति एवमेव बोधिसत्त्वो मातुः कुक्षिगतः श्रिया तेजसा वर्णेन च तं प्रथमं रत्नकूटागारमवभासयति स्म। अवभास्य द्वितीयं गन्धकूटागारमवभासयति स्म। द्वितीयं गन्धकूटागारमवभास्य तृतीयं रत्नकूटागारमवभासयति स्म। तृतीयं रत्नकूटागारमवभास्य सर्वावन्तं मातुरात्मभावमवभासयति स्म। तमवभास्य यत्र चासने निषण्णो भवति स्म तदवभासयति स्म। तदवभास्य सर्वं गृहमवभासयति स्म। सर्वं गृहमवभास्य गृहस्योपरिष्टान्निःसृत्य पूर्वां दिशमवभासयति स्म। एवं दक्षिणां पश्चिमां उत्तरामध ऊर्ध्वं समन्ताद्दशदिशः क्रोशमात्रमेकैकस्यां दिशि मातुः कुक्षिगतो बोधिसत्त्वः श्रिया तेजसा वर्णेन चावभासयति स्म॥

今译：犹如从云端发出闪电，闪耀强烈的光辉，菩萨在母胎中呈现的光辉、威力和颜色照亮第一座宝石楼阁。照亮第一座宝石楼阁后，又照亮第二座芳香楼阁。照亮第二座芳香楼阁后，又照亮第三座宝石楼阁。照亮第三座宝石楼阁后，又照亮母亲的整个身体。照亮母亲的身体后，又照亮自己结跏趺坐的座位。照亮座位后，又照亮整个宫殿。照亮宫殿后，又从宫殿顶部透出，照亮东方。这样，菩萨在母胎中呈现的光辉、威力和颜色照亮东南西北上下四周十方，每个方向达一拘卢舍①远。

आगच्छन्ति स्म खलु पुनर्भिक्षवश्चत्वारो महाराजानोऽष्टाविंशच्च महायक्षसेनापतयः सार्धं पञ्चमात्रयक्षशतैः पूर्वाह्णकालसमये बोधिसत्त्वस्य दर्शनाय वन्दनाय पर्युपासनाय धर्मश्रवणाय च। तदा बोधिसत्त्वस्तानागतान् विदित्वा दक्षिणं पाणिमभ्युत्क्षिप्य एका-ङ्गुलिकया आसनान्युपदर्शयति स्म। निषीदन्ति स्म ते लोकपालादयो यथाप्रज्ञप्तेष्वासनेषु। पश्यन्ति स्म बोधिसत्त्वं मातुः कुक्षिगतं जातरूपमिव विग्रहं हस्तं चालयन्तं विचालयन्तम् उत्क्षिपन्तं प्रतिष्ठापयन्तम्। ते प्रीतिप्रामोद्यप्रसादप्रतिलब्धा बोधिसत्त्वं नमस्कुर्वन्ति स्म। निषण्णांश्च तान् विदित्वा बोधिसत्त्वो धर्म्यया कथया संदर्शयति स्म समादापयति स्म समुत्तेजयति स्म संप्रहर्षयति स्म। यदा च प्रक्रमितुकामा भवन्ति तदा बोधिसत्त्वस्तेषां चेतसैव विचिन्तितं विज्ञाय दक्षिणं पाणिमुत्क्षिप्य संचारयति स्म। संचार्य विचारयति स्म। मातरं च न बाधते स्म। तदा तेषां चतुर्णां महाराजानामेवं भवति स्म-- विसर्जिताः स्म वयं बोधिसत्त्वेनेति। ते बोधिसत्त्वं बोधिसत्त्वमातरं च त्रिप्रदक्षिणीकृत्य प्रक्रामन्ति स्म। अयं हेतुरयं प्रत्ययो यद्बोधिसत्त्वो रात्र्यां प्रशान्तायां दक्षिणं पाणिं संचार्य विचारयति स्म। विचार्य पुनरपि स्मृतः संप्रजानंस्तं पाणिं प्रतिष्ठापयति स्म। पुनरपरं यदा बोधिसत्त्वस्य केचिद्दर्शनायागच्छन्ति स्म स्त्रियो वा पुरुषो वा दारको वा दारिका वा तान् बोधिसत्त्वः पूर्वतरमेव प्रतिसंमोदयते स्म पश्चाद्बोधिसत्त्वस्य माता॥

今译：众比丘啊！四大天王、二十八药叉大将与五百药叉在上午时间前来看望菩萨，敬拜、侍奉和听法。菩萨知道他们来了，举起右手，用一个手指为他们指定座位。护世天王等在指定的座位上坐下。他们看到菩萨灿若金子，在母胎中伸手挥动、转动、举起和放下。他们高兴、欢喜和愉快，向菩萨行礼致敬。知道他们坐下后，菩萨为他们说法，劝导，鼓励，令他们欢喜。他们想要离开时，菩萨心中转念便知，举起右手摆动。摆动后，收回。他没有惊扰母亲。此时，四大天王明白："菩萨吩咐我们走吧。"他们向菩萨和菩萨的母亲右绕三匝后，离去。正是这个原因，这个缘起，菩萨在夜晚结束时摆动右手，又收回。收回后，清醒自觉地放下手。此外，无论男人和女人，或者男童和女童，来见菩萨，首先是菩萨问候他们，然后是菩萨的母亲。

地译：四大天王、二十八宿野②叉大將與其眷屬每於晨朝恭敬供養，皆見

---

① "拘罗舍"（krośa）约相当于十里。
② 此处"宿野"，据《中华大藏经》校勘记，诸本作"夜"。

菩薩安慰問訊，徐舉右手，指座令坐，為其說法，示教利喜，得未曾有。若欲去時，菩薩徐舉右手，使之而去，頂禮圍遶，辭退而去。

इति हि भिक्षवो बोधिसत्त्वो मातुः कुक्षिगतः सन् सत्त्वान् प्रतिसंमोदनकुशलो भवति स्मेति। न च कश्चिद्देवो वा नागो वा यक्षो वा मनुष्यो वा अमनुष्यो वा यः शक्नोति स्म बोधिसत्त्वं पूर्वतरं प्रतिसंमोदितुम्। अथ तर्हि बोधिसत्त्व एव तावत् पूर्वतरं प्रतिसंमोदते स्म पश्चाद्बोधिसत्त्वमाता॥

今译：众比丘啊！菩萨在母胎中善于问候安慰众生。任何天神、蛇、要叉、人和非人都不能首先问候菩萨，而总是菩萨首先问候他们，然后是菩萨的母亲。

निर्गते खलु पुनः पूर्वाह्णकालसमये मध्याह्नकालसमये प्रत्युपस्थिते अथ खलु शक्रो देवानामिन्द्रो निष्क्रान्तः अभिनिष्क्रान्ताश्च त्रायत्रिंशद्देवपुत्रा बोधिसत्त्वस्य दर्शनाय वन्दनाय पर्युपासनाय धर्मश्रवणाय चागच्छन्ति स्म। तांश्च बोधिसत्त्वो दूरत एवागच्छतो दृष्ट्वा दक्षिणं सुवर्णवर्णं बाहुं प्रसार्य शक्रं देवानामिन्द्रं देवांश्च त्रायत्रिंशान् प्रतिसंमोदते स्म। एकाङ्गुलिकया चासनान्युपदर्शयति स्म। न च शक्नोति स्म भिक्षवः शक्रो देवानामिन्द्रो बोधिसत्त्वस्याज्ञां प्रतिरोद्धुम्। निषीदति स्म शक्रो देवानामिन्द्रस्तदन्ये च देवपुत्रा यथाप्रज्ञप्तेष्वासनेषु। तान् बोधिसत्त्वो निषण्णान् विदित्वा धर्म्यया कथया संदर्शयति स्म समादापयति स्म समुत्तेजयति स्म संप्रहर्षयति स्म। येन च बोधिसत्त्वः पाणिं संचारयति स्म तन्मुखा बोधिसत्त्वमाता भवति स्म। ततस्तेषामेवं भवति स्म-- अस्माभिः सार्धं बोधिसत्त्वः संमोदते स्म। एकैकश्चैवं संजानीते स्म-- मयैव सार्धं बोधिसत्त्वः संलपति मामेव प्रतिसंमोदते स्म इति॥

今译：上午过去，到了中午时间。神中因陀罗帝释天，还有忉利天众天子前来看望菩萨，敬拜、侍奉和听法。菩萨远远看到他们前来，伸出金色右臂，欢迎神中因陀罗帝释天和忉利天众天子。他用一个手指为他们指定座位。众比丘啊！神中因陀罗帝释天不能违背菩萨的指令。神中因陀罗帝释天和众天子在指定的座位上坐下。知道他们坐下后，菩萨为他们说法，劝导，鼓励，令他们欢喜。菩萨的手转向哪里，菩萨母亲的脸也转向哪里。因此，他们产生这样的想法："菩萨喜欢我们。"他们各自都认为："菩萨与我说话，欢迎我。"

地译：釋提桓因與三十三天每於中時恭敬供養，為聽法故，皆見菩薩安慰問訊，徐舉右手，指座令坐，為其說法，示教利喜，得未曾有。

तस्मिन् खलु पुनः कूटागारे शक्रस्य देवानामिन्द्रस्य त्रायत्रिंशानां देवानां च प्रतिभासः संदृश्यते स्म। न खलु पुनरन्यत्रैवं परिशुद्धो बोधिसत्त्वपरिभोगो भवति यथा मातुः कुक्षिगतस्य बोधिसत्त्वस्य। यदा च भिक्षवः शक्रो देवानामिन्द्रस्तदन्ये च देवपुत्राः

प्रक्रमितुकामा भवन्ति स्म तदा बोधिसत्त्वस्तेषां चेतसैव चेतः परिवितर्कमाज्ञाय दक्षिणं पाणिमुत्क्षिप्य संचारयन्ति स्म। संचार्य विचार्य पुनरपि स्मृतः संप्रजानन् प्रतिष्ठापयति स्म। मातरं च न बाधते स्म। तदा शक्रस्य देवानामिन्द्रस्यान्येषां च त्रायत्रिंशानां देवानामेवं भवति स्म-- विसर्जिता वयं बोधिसत्त्वेनेति। ते बोधिसत्त्वं बोधिसत्त्वमातरं च त्रिप्रदक्षिणीकृत्य प्रक्रामन्ति स्म॥

今译：在这座楼阁中，能看到神中因陀罗帝释天和忉利天众天神的映像。菩萨在其他任何地方的享受都没有像菩萨在母胎中这样纯洁。众比丘啊！神中因陀罗帝释天和忉利天众天子想要离开时，菩萨心中转念便知他们的想法，举起右手摆动。摆动后，收回，清醒自觉地放下。他没有惊扰母亲。此时，神中因陀罗帝释天和忉利天众天神明白："菩萨吩咐我们走吧。"他们向菩萨和菩萨的母亲右绕三匝后，离去。

地译：若欲去時，菩薩徐舉右手，使之而去，頂禮圍遶，辭退而去。

बोधिसत्त्व अग्रसत्त्व मातुकुक्षिसंस्थितः
प्रकम्पिता च षड्विकार मेदिनी सकानना।
सुवर्णवर्ण आभ मुक्त सर्वापाय शोधिता
प्रहर्षिताश्च देवसंघ धर्मगञ्ज भेष्यते॥ २३॥

今译：众生至尊菩萨进入母胎时，
大地和树林出现六种震动，
他发出金色光芒，净化恶道，
众天神满怀喜悦，热爱法藏。（23）

地译：最上勝人初入胎，大地山林皆震動，
金色淨光銷惡趣，一切天人咸喜悅。

सुंसंस्थितो महाविमानु नैकरत्नचित्रितो
यत्र वीरु आरुहित्व तिष्ठते विनायकः।
गन्धोत्तमेन चन्दनेन पूरितो विरोचते
यस्यैककर्षु त्रिसहस्रमूल्यरत्नपूरितो॥ २४॥

今译：大宝殿装饰有种种珠宝，
英雄导师登上，住在里面，
光辉灿烂，充满优质檀香，
它的一分就值三千宝石。（24）

地译：為欲成此大法王，示現胎中寶嚴殿，
导師所居之寶殿，栴檀妙香極嚴飾，
此香一分之價直，等彼三千界珍寶。

महासहस्रलोकधातु हेष्वि भिन्दियित्वना
उदागतो गुणाकरस्य पद्मजबिन्दुको।
सो सप्तरात्र पुण्यतेज ब्रह्मलोकि उद्गतो
गृहीत्व ब्रह्म ओजबिन्दु बोधिसत्त्व नामयी॥ २५॥

今译：德藏的强力蜜汁莲花出现，
从下面[1]穿透大千世界，具有
功德威力，七夜中直抵梵界，
梵天将这强力蜜汁献给菩萨。（25）

地译：下方涌出大蓮花，其花高至于梵世，
花中所承甘露味，梵王持以獻菩薩。

न अस्ति सर्वसत्त्वकायि भुक्तु यो जरेय तं
अन्यत्र भूरि बोधिसत्त्व ब्रह्मकल्पसंनिभे।
अनेककल्प पुण्यतेज ओजबिन्दु संस्थितो
भुजित्व सत्त्व कायचित्त ज्ञानशुद्ध गच्छिषु॥ २६॥

今译：任何众生都不能饮用和消化，
除了这位与梵天相似的菩萨；
强力蜜汁蕴含许多劫功德威力，
饮用后，身心和智慧达到纯洁。（26）

地译：世間一切諸群生，無有能銷一滴味，
惟除最後身菩薩，方能致斯甘露食，
積劫所集福威力，服者身心得清淨。

शक्र ब्रह्म लोकपाल पूजनाय नायकं
त्रीणि काल आगमित्व बोधिसत्त्वमन्तिकम्।
वन्दयित्व पूजयित्व धर्म श्रृणुते वरं
प्रदक्षिणं करित्व सर्व गच्छिषू यथागता॥ २७॥

今译：帝释天、梵天和护世天王们，

① 此处“下面”的原词是 heṣvi，而在混合梵语中，通常的用词是 heṣṭā 或 heṣṭhā。

分三时前来供奉菩萨导师，
敬拜、供奉和聆听妙法之后，
右旋行礼，像来时那样回去。（27）

地译：帝釋梵王四護世，稽首供養於導師，
奉事頂禮聞妙法，歡喜右遶而辭去。

बोधिसत्त्व धर्मकाम एन्ति लोकधातुषु
प्रभावियूह आसनेषु ते निषण्ण दृश्यिषु।
परस्परं च श्रुत्व धर्म यानश्रेष्ठमुत्तमं
प्रयान्ति सर्वि हृष्टचित्त वर्णमाल भाषतो॥२८॥

今译：所有世界热爱正法的菩萨来到，
坐在菩萨指定的光庄严宝座上，
他们共同聆听至高的上乘法，
满怀喜悦离去，口中赞美不绝。（28）

地译：如是十方菩薩眾，亦復因斯樂法來，
坐於光明眾寶床，聞大乘法生歡喜，
各恣言談兩相顧，無量稱揚還本國。

ये च इष्टिदारकासु दुःखिता तदा अभूत्
भूतस्पृष्ट क्षिप्तचित्त नग्न पांशुम्रक्षिता।
ते च सर्व दृष्ट्व माय भोन्ति लब्धचेतना
स्मृतीमतीगतीउपेत गेहि गेहि गच्छिषु॥२९॥

今译：妇女或儿童遭遇痛苦，鬼魅附身，
精神错乱，赤身裸体，沾满尘土，
他们见到摩耶，便会恢复神志，
记忆、思想和行为正常而回家。（29）

地译：四方男子及女人，為彼鬼魅所纏縛，
露首袒體心狂亂，若見佛母皆除愈。

वाततो व पित्ततो व श्लेष्मसंनिपातकैः
ये च चक्षुरोग श्रोत्ररोग कायचित्तपीडिता।
नैकरूप नैकजाति व्याधिभिश्च ये हता
स्थापिते स्म माय मूर्ध्नि पाणि भोन्ति निर्जरा॥३०॥

今译：风、胆汁和黏液混乱得病，
眼病或耳病，身心受折磨，
而无论患有这种那种疾病，
摩耶用手抚摸头顶便痊愈。（30）

地译：所有黃痰與癲癩，盲聾瘖瘂種種疾，
佛母舒手摩其頂，眾病應時得銷散。

अथापि वा तृणस्य तूलि भूमितो गृहीत्वना
ददाति माय आतुराण सर्वि भोन्ति निर्जरा।
सौख्यप्राप्ति निर्विकार गेहि गेहि गच्छिषु
भैषज्यभूति वैद्यराजि कुक्षिसंप्रतिष्ठिते॥ ३१॥

今译：或者，摩耶从地上采集药草，
赐给病人，使他们身体痊愈，
安然无恙，返回各自的家中，
菩萨在胎中成了医王和良药。（31）

地译：或有困篤在遠方，折草作籌而惠之，
籌至病者尋平復，世間無不蒙眾祐，
由法醫王在腹中，苦惱眾生盡安樂。

यस्मि कालि मायदेवि स्वातनुं निरीक्षते
अद्दशाति बोधिसत्त्व कुक्षिये प्रतिष्ठितम्।
यथैव चन्द्र अन्तरीक्ष तारकै परीवृतं
तथैव नाथु बोधिसत्त्वलक्षणैरलंकृतम्॥ ३२॥

今译：摩耶王后观看自己身体，
看见待在腹中的菩萨，
犹如看见众星围绕月亮，
各种相记装饰救主菩萨。（32）

地译：聖后自觀菩薩體，猶如空中見明月，
形相微妙甚端嚴，歡喜悅樂心安住。

नो च तस्य राग दोष नैव मोह बाधते
कामछन्दु नैव तस्य ईर्षि नैव हिंसिता।
तुष्टचित्त हृष्टचित्त प्रीति सौमनस्थिता
क्षुधापिपास शीत उष्ण नैव तस्य बाधते॥ ३३॥

今译：她不受贪、嗔和痴的侵扰，
毫无爱欲、妒嫉和杀生之念，
心满意足，高兴，喜悦，舒服，
不受任何饥渴和冷热的折磨。（33）

地译：無復貪瞋癡所擾，亦無愛欲嫉妬害，
不為飢渴寒熱侵，身心靜然離眾惱。

अघट्टिताश्च नित्यकाल दिव्यतूर्य वादिषु
प्रवर्षयन्ति दिव्यपुष्प गन्धश्रेष्ठ शोभना।
देव पश्यि मानुषाश्च मानुषा अमानुषां
नो विहेठि नो विहिंसि तत्र ते परस्यरम्॥ ३४॥

今译：天乐始终不奏自鸣，
优美芳香的天花撒下，
天神、凡人和非人互相[①]
观看，没有恼怒和仇恨。（34）

地译：人天上下更相見，音樂不鼓而自鳴，
國土淨[②]寧甚安隱，眷屬欣豫同無患。

रमन्ति सत्त्व क्रीडयन्ति अन्नपानु देन्ति च
आनन्दशब्द घोषयन्ति हृष्टतुष्टमानसाः।
क्षमा रजोनाकुला च कालि देव वर्षते
तृणाश्च पुष्प ओषधीय तस्मि कालि रोहिषु॥ ३५॥

今译：众生游戏娱乐，施舍食物饮料，
心中高兴满意，发出欢声笑语，
大地清净无尘，天神适时下雨，
草木、鲜花和药草都按时生长。（35）

地译：龍天由斯降時澤，草木花果盡敷榮。

राजगेहि सप्तरात्र रत्नवर्ष वर्षितो
यतो दरिद्रसत्त्व गृह्य दान देन्ति भुञ्जते।

① 此处“互相”的原词是 parasyaram，据 M 本和 L 本应为 parasparam。
② 此处“净”字，据《中华大藏经》校勘记，诸本作“清”。

第六 处胎品

नास्ति सत्त्व यो दरिद्र यो च आसि दुःखितो
भेरुमूर्ध्नि नन्दनेव एव सत्त्व नन्दिषु॥३६॥

今译：王宫中下了七夜宝石雨，
　　　穷人获得后，施舍和享受，
　　　没有人再受贫困的折磨，
　　　快乐犹如须弥山顶欢喜园。（36）

地译：惠施一切之所須，王宮七日雨珍寶，
　　　是時無有貧乏者，猶如帝釋歡喜園。

सो च राजु शाकियान पोषधी उपोषितो
राज्यकार्यु नो करोति धर्ममेव गोचरी।
तपोवनं च सो प्रविष्ट मायादेवी पृच्छते
कीदृशेन्ति कायि सौख्य अग्रसत्त्व धारति॥३७॥

今译：释迦族国王实行斋戒，
　　　他遵守正法，暂停国事，
　　　进入苦行林，询问摩耶王后：
　　　"你身怀大士，身体舒适吗？"①（37）

地译：王修法行持淨戒，雖處堂殿如林野，
　　　由此聖后懷菩薩，每入後宮親慰問。

॥इति श्रीललितविस्तरे गर्भावक्रान्तिपरिवर्तो नाम षष्ठमोऽध्यायः॥

今译：以上是吉祥的《神通游戏》中名为《处胎品》的第六章。

---

① 这句原文中的 kīdṛśenti，M 本写为 kīdṛśante；agrasattva dhārati，M 本写为 agrasattvadhārīṇīti，L 本写为 agrasattvadhāra ti。

जन्मपरिवर्तः सप्तमः।

今译：第七 诞生品

地译：诞生品第七

इति हि भिक्षवो दशमासेषु निगतेषु बोधिसत्त्वस्य जन्मकालसमये प्रत्युपस्थिते राज्ञः शुद्धोदनस्य गृहोद्याने द्वात्रिंशत्पूर्वनिमित्तानि प्रादुरभूवन्। कतमानि द्वात्रिंशत् सर्वपुष्पाणि सुङ्गीभूतानि न पुष्पन्ति स्म। पुष्करिणीषु चोत्पलपद्मकुमुदपुण्डरीकाण्यभ्युद्गतानि कुड्मली-भूतानि न पुष्पन्ति स्म। तदा च पुष्पफलवृक्षा धरणीतलादभ्युद्गम्य क्षारकजाता न फलन्ति स्म। अष्टौ च रत्नवृक्षाः प्रादुरभूवन्। विंशति च रत्ननिधानशतसहस्राण्युत्प्लुत्य व्यवस्थितानि दृश्यन्ते स्म। अन्तः पुरे च रत्नाङ्कुराः प्रादुरभूवन्। सुगन्धितैलपरिवासिताश्च गन्धोदक-शीतोष्णाः प्रस्रवन्ति स्म। हिमवत्पर्वतपार्श्वाच्च सिंहपोतका आगत्यागत्याभिनदन्तः कपिलाह्वयपुरवरं प्रदक्षिणीकृत्य द्वारमूलेष्ववतिष्ठन्ते स्म न कंचित्सत्त्वं विहेठयन्ति स्म। पञ्चशतानि पाण्डराणां हस्तिशावकानामागत्य राज्ञः शुद्धोदनस्याग्रकरैश्चरणावभिलिखन्ति स्म। मेखलीबद्धकाश्च देवदारका राज्ञः शुद्धोदनस्यान्तः पुरे उत्सङ्गेनोत्सङ्गमनुपरिवर्तमानाः संदृश्यन्ते स्म। गगनतलगतार्धकाया नागकन्या नानापूजोपकरणपरिगृहीता अध्या-लम्बमानाः संदृश्यन्ते स्म। दश च नागकन्यासहस्राणि मयूराङ्गहस्तकपरिगृहीता गगततले ऽवस्थिताः संदृश्यन्ते स्म। दश च पूर्णकुम्भसहस्राणि कपिलवस्तु महानगरं प्रदक्षिणीकुर्वन्ति संदृश्यन्ते स्म। दश च देवकन्यासहस्राणि गन्धोदकभृङ्गारपरिगृहीता मूर्ध्नि धारयन्त्यो ऽवस्थिताः संदृश्यन्ते स्म। दश च देवकन्यासहस्राणि छत्रध्वजपताकापरिगृहीता अवस्थिताः संदृश्यते स्म। बहूनि चाप्सरः शतसहस्राणि शङ्खभेरीमृदङ्गपणवैः घण्टावसक्तैः प्रतीक्षमाणान्यवस्थितानि संदृश्यन्ते स्म।

今译：众比丘啊！十个月过去，到了菩萨诞生的时间。净饭王的御花园中显现三十二种征兆。哪三十二种？所有的花含苞未放。莲花池中的青莲花、红莲花和白莲花含蕊未放。地面上的花果树木发芽而未结果。出现八种宝树。涌现两百万处宝藏。后宫中出现许多宝石幼芽。清凉和温热两种香水流出，散发麻油的芳香。雪山山麓的幼狮们前来祝贺，向迦比罗大城右绕行礼，停留在城门前，不伤害任何众生。五百头白色幼象来到净饭王那里，用前腿划地。系有腰带的天国儿童在净饭王的后宫中互相抱腰转动。蛇女们悬在空中，半显身体，手持各种供品。一万蛇女手持孔雀羽毛扇，站在空中。一万只灌满的水罐围着迦比罗大城向右绕行。一万天女头顶香水罐，伫立着。一万天女手持华盖、旗幡和旗帜，伫立着。数十万天女手持贝螺、大鼓、小鼓、腰鼓和铃铛，站着等候。

地译：爾時，佛告諸比丘：菩薩處胎滿足十月，將欲生時，輸檀王宮先現三十二種瑞相：一者一切大樹含花將發。二者諸池沼中優鉢羅花、拘物頭華、波頭摩華、芬陀利華，皆悉含蘂。三者諸小華叢吐而未舒。四者自然而有八行寶樹。五者二萬寶藏從地踊出。六者於王宮內自生寶牙。七者地中復出無量寶瓶，滿中香油。八者從雪山中無量師子之子來遶迦毗羅城，歡躍震吼，各守城門。九者彼諸師子亦不嬈害一切人民。十者五百白象之子來自雪山，至王殿前。十一者有無量天諸嬰孩忽然而現，婇女懷抱，婉轉遊戲。十二者有諸龍女出現半身，手持微妙諸寶瓔珞，於空而住。十三者有十千天女，各持孔雀羽扇，現於空中。十四者有十千寶瓶，盛滿香水，泛以眾華，現於虛空，旋遶迦毗羅城。十五者有十千天女，各捧寶瓶，現虛空中。十六者有十千天女，各各執持幢幡、寶蓋，現虛空中。十七者無量天諸婇女持天樂器，現虛空中，而未擊奏。

सर्वे वायवश्चावस्थिता न वान्ति स्म। सर्वनदी च प्रस्रवणानि च न वहन्ति स्म। चन्द्रसूर्यविमानानि नक्षत्रज्योतिर्गणाश्च न वहन्ति स्म। पुष्यं च नक्षत्रयुक्तमभूत्। रत्नजालपरिस्फुटं च राज्ञः शुद्धोदनस्य गृहं संस्थितमभूत्। वैश्वानरश्च न ज्वलति स्म। कूटागारप्रासादतोरणद्वारकतलेषु च मणिरत्नान्यभिप्रलम्बमानानि च संदृश्यन्ते स्म। दूष्यगञ्जाश्च विविधरत्नगञ्जाश्च प्रावृताः संदृश्यन्ते स्म। काकोलूकगृध्रवृकश्टगालशब्दाश्चान्तर्हिता अभूवन्। सुजातजातशब्दाश्च श्रूयन्ते स्म। सर्वजनपदकर्मान्ताश्च समुच्छिन्ना अभूवन्। उत्कूलनिकूलाश्च पृथिवीप्रदेशाः समाः समवस्थिताः सर्ववीथीचत्वरशृङ्गाटकरथ्यान्तरापणमुखानि च पाणितलमृष्टानीव पुष्पाभिकीर्णानि विरोचन्ते स्म। सर्वाश्च गुर्विण्यः सम्यक्सुखेन प्रसूयन्ते स्म। सर्वशालवनदेवताश्च पत्रेष्वर्धकायानभिनिर्माय नम्यमानाः स्थिताः संदृश्यन्ते स्म। इमानि द्वात्रिंशत्पूर्वनिमित्तानि प्रादुरभूवन्॥

今译：所有的风停住不吹。所有的河水停住不流。月亮、太阳、飞车和各种行星不运行。弗沙星宿与月亮会合。净饭王宫覆盖宝石网。火不炽烈燃烧。楼阁、殿堂、拱门和大门上悬挂摩尼珠宝。衣服仓库和各种[①]宝石仓库还未打开[②]。乌鸦、猫头鹰、秃鹫和豺狼的叫声消失。听到种种优美悦耳的声音。一切民众事务暂停。所有高低不平之地变平坦。所有街道、十字路口、车道和市场整洁如手掌，撒满鲜花，光彩熠熠。所有的孕妇顺利分娩。所有娑罗树神在树叶中间

① 此处“各种”原词是 vivi，据 M 本和 L 本应为 vividha。

② “未打开”的原词是 prāvṛta（“覆盖”或“关闭”）。此处地译“忽然自开”，更合理。

半露身体，俯首行礼。这些是显现的三十二种征兆。

地译：十八者一切香風皆未飄拂，藹然而住。十九者江河諸水湛而不流。二十者日月宮殿及諸星辰皆不運行。二十一者弗沙之星將與月合。二十二者王宮殿堂自然寶網彌覆其上。二十三者一切燈炬皆悉無色。二十四者一切樓閣、殿堂、臺榭之上，忽然皆有摩尼珠寶嚴飾垂懸。二十五者眾寶庫藏忽然自開。二十六者惡禽怪獸皆不出聲。二十七者於虛空中，演妙音詞，唱言善生善生①。二十八者一切人間所作事業皆悉停息。二十九者高下之地悉皆平正。三十者所有街衢、巷陌、遊從道路自然柔軟，散花嚴飾。三十一者一切孕婦產生無難，皆獲安隱。三十二者娑羅樹神出現半身，合掌恭敬。先現如此三十二種瑞相。

अथ खलू मायादेवी बोधिसत्त्वस्य जन्मकालसमयं ज्ञात्वा बोधिसत्त्वस्यैव तेजोनुभावेन रात्र्यां प्रथमे यामे राजानं शुद्धोदनमुपसंक्रम्य गाथाभिरभ्यभाषत--

今译：凭借菩萨的光辉威力，摩耶王后知道菩萨出生的时间，在夜晚第一时辰，走近净饭王，念诵偈颂道：

地译：爾時，摩耶聖后以菩薩威神力故，即知菩薩將欲誕生，於夜初分詣輸檀王，而說偈言：

देव शृणु हि मह्यं भाषतो यं मतं मे
अचिरचिरचिरेणा जात उद्यानबुद्धिः।
यदि च तव न रोषो नैव दोषो न मोहः
क्षिप्रमहु व्रजेया क्रीडोद्यानभूमिम्॥ १॥

今译：王上啊！请听我说我的想法：
很久以来，我就想前往花园，
如果你不生气、为难和固执，
那就立刻让我前往游乐园吧！（1）

地译：大王聽我今所請，久思詣彼龍毗園，
於我不懷嫌妬心，願得速往暫遊觀。

त्वमिह तपसि खिन्नो धर्मचित्तप्रयुक्तो
अहु च चिरप्रविष्टा शुद्धसत्त्वं धरेन्ती।

① “演妙音词，唱言善生善生”的原文是 sujātajātaśabdāḥ（“优美悦耳的声音”）。地译在这里同时译出其中 sujāta 的字面义“善生”，也符合此时的语境。

द्रुमवर प्रतिबुद्धाः फुल्लिता शालवृक्षाः
　　युक्त भविय देवा गन्तुमुद्यानभूमिम्॥२॥

今译：你心系正法，实施苦行很辛苦，
我身怀本性纯洁者，住在这里，
也已很久，优美的树木已苏醒，
娑罗树开花，此时适合去花园。（2）

地译：大王精勤思惟法，修諸苦行多疲倦，
自我懷此清淨人，處在宮中亦已久，
樹木蓊鬱初榮茂，今時正可翫園林。

ऋतुप्रवर वसन्तो योषितां मण्डनीयो
　　भ्रमरवरविघुष्टाः कोकिलबर्हिगीताः।
शुचिरुचिरविचित्रा भ्राम्यते पुष्परेणुः
　　साधु ददहि आज्ञां गच्छमो मा विलम्बः॥३॥

今译：春季是最好季节，妇女值得装饰，
蜜蜂嘤嘤嗡嗡，杜鹃和孔雀欢唱，
各种纯洁美丽的花粉飘扬播撒，
好吧！你下令让我们去，别耽搁！（3）

地译：節物方春甚佳美，與諸婇女相娛樂，
眾鳥和鳴似歌頌，飛花處處皆盈滿，
惟願大王速垂勅，及時遊彼好園苑。

वचनमिमु श्रुणित्वा देविये पार्थिवेन्द्रः
　　तुष्टो मुदितचित्तः पारिषद्यानवोचत्।
हयगजरथं पङ्क्या वाहना योजयध्वं
　　प्रवरगुणसमृद्धां लूम्बिनीं मण्डयध्वम्॥४॥

今译：闻听此言，国王对王后满意，
心生欢喜，对随从们说道：
“你们去安排好马、象和车，
装饰美丽优雅的蓝毗尼园！（4）

地译：王聞聖后斯語已，欣然即勅諸臣佐：
“速嚴妙好諸輦輿，龍毗尼園亦莊嚴。

नीलगिरिनिकाशां मेघवर्णानुबद्धां
विंशति च सहस्रान् योजयध्वं गजानाम्।
मणिकनकविचित्रां हेमजालोपगूढां
घण्टरुचिरपार्श्वान् षड्विषाणां गजेन्द्रान्॥५॥

今译：“备好两万头大象，身似青山，
色如白云，全都是六牙象王，
摩尼珠和金子绚丽多彩，覆盖
金网，两肋悬挂可爱的铃铛。（5）

地译：“又宜駕被二萬象，色類白雪形似山，
摩尼珠寶耀其體，真金線網彌其上，
象王皆悉六牙備，兩邊交垂以珍鐸。

हिमरजतनिकाशां मुञ्जकेशां सुकेशां
विंशति च सहस्रान् योजयध्वं हयानाम्।
कनकरचितपार्श्वा किङ्किणीजाललम्बा
पवनजवितवेगा वाहना पार्थिवस्य॥६॥

今译：“备好两万匹骏马，颜色似雪
如银，鬃毛优美宛如蒙阇草，
两肋配有金鞍，披挂铃铛网，
速度快似风，适合国王乘坐。（6）

地译：“又取二萬駿捷馬，朱騘白質如銀雪，
勒以金鞍寶鈴網，其馬迅疾如風馳。

नरगण रणशौण्डान् शूर संग्रामकामान्
असिधनुशरशक्तिपाशखड्गाग्रहस्तान्।
विंशति च सहस्रान् योजयध्वं सुशीघ्रं
माय सपरिवारां रक्षथा अप्रमत्ता॥७॥

今译：“快去备好两万勇士，他们
骁勇善战，渴望战斗，手持
刀剑、弓箭、长矛和套索，
严密保护摩耶王后及其随从。（7）

地译：“二萬勝兵皆勇健，能伏怨敵堪營衛，
各擐甲冑及干戈，并執鬬輪將羂索。

मणिकनकनिषिक्तां लूम्बिनीं कारयध्वं
विविधवसनरत्नैः सर्ववृक्षां प्रवेथा।
विविधकुसुमचित्रं नन्दनं वा सुराणां
वदथ च मम शीघ्रं सर्वमेतं विधाय॥८॥

今译：“将摩尼珠和金子撒在蓝毗尼园中，
让所有树木披挂各种衣服和宝石，
完成这一切之后，马上回来告诉我：
那里如同百花争艳的天神欢喜园。”（8）

地译：“聖后所乘諸輦輿，摩尼雜寶間莊嚴，
又以車載眾珍饌，於上覆之微妙帊，
又部車兵勇健者，被甲執持諸器仗，
又駕無量諸車乘，載以珍琦眾雜寶，
又以無邊諸妙寶，周匝彫瑩龍毗園，
又以珠寶并綺繒，校飾園中好林樹，
處處皆以名華散，猶如帝釋歡喜園，
汝等種種嚴辦訖，即宜速疾來報我。”

चनमिमु निशाम्या पारिषद्यैः क्षणेन
वाहन कृत सज्जा लूम्बिनी मण्डिता सा।

今译：闻听此言，随从们立刻照办，
准备车马和装饰蓝毗尼园。

地译：群臣既承王勅已，尋時具物皆營辦。

पारिषद्य आह--

今译：随从们说：

जय जय हि नरेन्द्रा आयु पालेहि दीर्घं
सर्व कृतु यथोक्तं कारु देव प्रतीक्ष॥९॥

今译：胜利，胜利！王上啊，祝你长寿！
一切已办妥，王上啊！恭候你去。（9）

地译：奏言福壽最勝王，如所教勅皆已集。

सो च नरवरेन्द्रो हृष्टचित्तो भवित्वा
　　गृहवरमनुविष्टो इष्टिकानेवमाह।
यस्य अहु मनापो या च मे प्रीतिकामा
　　सा मि कुरुत आज्ञां मण्डयित्वात्मभावम्॥१०॥

今译：王中因陀罗听了，满心欢喜，
进入宫殿中，对宫女们说道：
“凡是喜欢我，也盼望我喜欢，
都听我吩咐，装饰打扮自己。（10）

地译：王聞是事心歡喜，尋便入閤勅內人：
“若能愛樂隨我者，汝等應當盡嚴飾。

वरसुरभिसुगन्धां भावरङ्गां विचित्रां
　　वसन मृदुमनोज्ञां प्रावृणोथा उदग्राः।
उरसि विगलितानां मुक्तहारा भवेथा
　　आभरणविभूषां दर्शयेथाद्य सर्वाः॥११॥

今译：“你们今天全部都要穿上
绚丽衣裳，散发优雅芳香，
柔软舒服，胸前佩戴项链，
兴高采烈，展现种种装饰。（11）

地译：“香熏繒綵袨衣服，柔軟微妙令心喜，
珠珮瓔珞自嚴身。

तुणपणवमृदङ्गां वीणवेणूमुकुण्डां
　　तूर्यशतसहस्रान् योजयध्वं मनोज्ञां।
भूय कुरुत हर्षं देवकन्यान यूयं
　　श्रुत्व मधुरघोषं देवतापि स्पृहेयुः॥१२॥

今译：“你们演奏百千可爱乐器，弦琴、
腰鼓、小鼓、琵琶、笛子和大鼓，
让那些天女高兴，也让众天神
听到这甜美的音乐，深心喜欢。（12）

地译：“各持百千眾樂器，琴瑟簫笛箜篌等，
鼓吹當令出妙音，天人男女若聞者，
皆使愛樂生歡喜。

एकरथवरेस्मिं तिष्ठतां मायदेवी
मा च पुरुष इस्त्री अन्य तत्रारुहेया।
नारि विविधवर्मा तं रथं वाहयन्तां
मा च प्रतिकूलं मामनापं श्रुणेष्या॥ १३॥

今译：“让摩耶王后独自乘坐一辆车，
不要让其他男子或女子登上；
让身披各种铠甲的女子驾车，
不要听到任何嘈杂刺耳之声。”（13）

地译：“聖后所坐寶車輿，無令異人得親近，
諸婇女等為執御，一切惡相皆除屏。”

हयगजरथपत्तीं सैन्यश्रीमद्विचित्रां
द्वारि स्थित नृपस्या श्रूयते उच्चघोषाः।
क्षुभितजलनिधिर्वा श्रूयते एव शब्दो
……॥ १४॥

今译：光辉的马兵、象兵、车兵和步兵，
集合在国王的宫门前，众声喧哗，
犹如听到汹涌澎湃的大海涛声，
……（14）

地译：四兵總集王門首，隱隱如聞海浪聲。

माय यद गृहातो निर्गता द्वारमूलं
घण्ट शतसहस्रा ताडिता मङ्गलार्थम्॥ १५॥

今译：摩耶王后从宫内走到宫门，
百千铃铛鸣响，以示吉祥。（15）

地译：聖后初出宮門已，咸唱吉祥微妙頌。

सो च रथ विचित्रो मण्डितः पार्थिवेन
अपि च मरुसहस्रैर्दिव्यसिंहासनेभिः।
चतुरि रतनवृक्षा पत्रपुष्पोपपेता
अभिनदितमनोज्ञां हंसक्रौञ्चान् मयूरान्॥ १६॥

今译：国王装饰这绚丽的车辆，
数千天神安放天国狮子座，

四棵宝树花叶茂盛，天鹅、
麻鹬和孔雀发出悦耳鸣声。（16）

地译：輦輿王宮自彫飾，寶鈴寶鐸振和音，
然後百千諸天人，於上安施師子座，
車中傍羅四寶樹，枝葉花果皆榮茂，
復有瑞鳥聲和雅，繽紛翻舞而翔集。

छत्रध्वजपताकाश्चोच्छ्रिता वैजयन्त्यः
किङ्किणिवरजालैश्छादितं दिव्यवस्त्रैः।
मरुवधु गगनेस्मिं तं रथं प्रेक्षयन्ते
दिव्यमधुरघोषं श्रावयन्त्यः स्तुवन्ति॥ १७॥

今译：车上覆盖有铃铛网和天衣，
挺立有华盖、幡幢和旗帜，
天女们在空中观看这辆车，
发出甜蜜声音，称颂赞美。（17）

地译：幢幡蓋網天衣服，高聳圍遶遍莊嚴，
諸天婇女在虛空，以歡喜心而讚歎。

उपविशति यदा सा माय सिंहासनाग्रे
प्रचलित त्रिसहस्रा मेदिनी षड्विकारम्।
पुष्प मरु क्षिपिंसू अम्बरां भ्रामयिंसू
अद्य जगति श्रेष्ठो जायते लूम्बिनीये॥ १८॥

今译：摩耶坐上狮子座，三千
世界大地出现六种震动，
天花和天衣飘撒："今天，
至尊降生人间蓝毗尼园。"（18）

地译：聖后是時昇寶乘，三千世界六種動。

चतुरि जगतिपालास्तं रथं वाहयन्ते
त्रिदशपतिरपीन्द्रो मार्गशुद्धिं करोति।
ब्रह्म पुरतु गच्छी दुर्जनां वारयन्तो
अमरशतसहस्राः प्राञ्जलीका नमन्ते॥ १९॥

今译：四大护世王驾驭这辆车，
　　　忉利天王因陀罗清洁道路，
　　　梵天行走在前面，躯赶恶人，
　　　数十万天神双手合十行礼。（19）

地译：帝釋淨除於道路，護世四王來御車，
　　　大梵天王為前導，而以屏除諸惡相。

**नृपति मुदितचित्तो वीक्षते तां वियूहां
　　तस्य भवति एवं व्यक्त यं देवदेवो।
यस्य चतुरि पाला ब्रह्म सेन्द्राश्च देवाः
　　कुरुत विपुलपूजां व्यक्त यं शुद्धभावी॥२०॥**

今译：国王看到这个队列，满心欢喜，
　　　心想四大天王、梵天和因陀罗，
　　　所有的天神全都敬拜供奉他，
　　　显然他本性纯洁，是神中之神。（20）

地译：無量百千諸天眾，恭敬頂禮而瞻仰，
　　　見是天眾來營從，父王心生大欣喜，
　　　念言聖后所懷妊，必定應是天中天，
　　　既為護世四天王，帝釋梵王諸天眾，
　　　廣設無邊大供養，由此定當得成佛。

**नास्ति त्रिभवि सत्त्वो यः सहेत्पूजमेतां
　　देव अथ च नागाः शक्र ब्रह्मा च पालाः।
मूर्ध तद फलेया जीवितं चास्य नश्येत्
　　अयु पुन अतिदेवः सर्वपूजां सहाति॥२१॥**

今译：三界生灵，天神、蛇、帝释天、梵天
　　　和护世天王，都不能承受这样的供养，
　　　否则，他的头颅会裂开，生命会毁灭，
　　　只有这位至高神能承受普天下供奉。（21）

地译：無有三界諸眾生，堪受如斯供養者，
　　　設令釋梵及諸龍，四護世等受斯供，
　　　不堪任故當首碎，或因斯供便命終，
　　　唯有最勝天中天，堪受人天妙供養。

अथ खलु भिक्षवो मायादेवी चतुरशीत्या हयरथसहस्रैः सर्वालंकारविभूषितैः परिवृता चतुरशीत्या गजरथसहस्रैः सर्वालंकारविभूषितैः चतुरशीत्या च पत्तिसहस्रैः शूरैर्वीरैर्वराङ्गरूपिभिः सुसंनद्धदृढवर्मकवचितैरनुपरिगृहीता षष्ट्या च शाक्यकन्यासहस्रैः पुरस्कृता चत्वारिंशता च सहस्रै राज्ञः शुद्धोदनस्य ज्ञातिकुलप्रसूतैः शाक्यैः वृद्धदहरमध्यमैः संरक्षिता षष्ट्या च सहस्रै राज्ञः शुद्धोदनस्यान्तः पुरेण गीतवाद्यसम्यक्तूर्यताडावचरसंगीतिसंप्रवादितेन परिवृता चतुरशीत्या च देवकन्यासहस्रैः परिवृता चतुरशीत्या च नागकन्यासहस्रैः चतुरशीत्या च गन्धर्वकन्यासहस्रैः चतुरशीत्या च किन्नरकन्यासहस्रैः चतुरशीत्या चासुरकन्यासहस्रैः नानाव्यूहालंकारालंकृताभिः नानागीतवाद्यवर्णभाषिणीभिरनुगम्यमाना निर्याति स्म। सर्वं च लुम्बिनीवनं गन्धोदकसिक्तं दिव्यपुष्पाभिकीर्णीकृतमभूत्। सर्ववृक्षाश्च तस्मिन् वनवरे अकालपत्रपुष्पफलानि ददन्ति स्म। देवैश्च तथा तद्वनं समलंकृतमभूत् तद्यथापि नाम मिश्रकावनं देवानां समलंकृतम्॥

今译：然后，众比丘啊！摩耶王后围绕有八万四千装饰完备的马和车，八万四千装饰完备的象和车。八万四千步兵，勇敢，英武，形体俊美，披戴坚固的铠甲，护卫在后。六万释迦族女子引路在前，中间有四万净饭王亲属所生的释迦族老少长幼护卫。六万净饭王后宫宫女围绕，精通音乐，弹奏乐器，演唱歌曲。八万四千天女，八万四千蛇女，八万四千健达缚女，八万四千紧那罗女，八万四千阿修罗女盛装严饰，弹奏乐器，演唱歌曲，称颂赞美，跟随在后。整个蓝毗尼园已经浇洒香水，遍撒天花。在这座优美的园林中，所有树木都常年萌叶、开花和结果。众天神装饰这座园林，犹如装饰天国杂园。

地译：佛告諸比丘：時有八萬四千象兵、馬兵、車兵、步兵，皆悉端正，勇健無敵，被以甲冑種種莊嚴，執持器仗護衛聖后。六萬釋種婇女翊從圍遶，王之眷屬若長若幼恭敬衛護。又有六萬王之婇女作倡伎樂、種種歌舞，又有八萬四千諸天童女，八萬四千龍女，八萬四千乾闥婆女，八萬四千緊那羅女，八萬四千阿修羅女，如是等皆以眾寶而自莊嚴，作眾伎樂歌舞讚詠，翊從佛母往龍毗尼園，以好香水遍灑其地，散以天花，園中草木若時非時，枝葉花果悉皆榮熟，莊嚴殊勝，猶如帝釋歡喜之園。

अथ खलु मायादेवी लुम्बिनीवनमनुप्रविश्य तस्माद्रथवरादवतीर्य नरमरुकन्यापरिवृता वृक्षेण वृक्षं पर्यटन्ती वनाद्वनं चंक्रम्यमाणा द्रुमाद् द्रुमं निरीक्षमाणा अनुपूर्वेण येनासौ प्लक्षो महाद्रुमरत्नवरप्रवरः सुविभक्तशाखः समपत्रमञ्जरीधरो दिव्यमानुष्यनानापुष्पसंपुष्पितो वरप्रवरसुरभिगन्धिनानागन्धिनानारङ्गवस्त्राभिप्रलम्बितो विविधमणिविचित्रप्रभोज्ज्वलितः सर्वरत्नमूलदण्डशाखापत्रसमलंकृतः सुविभक्तविस्तीर्णशाखः करतलनिभे भूमिभागे सुविभक्तविस्तीर्णनीलतृणमयूरग्रीवासंनिभे काचिलिन्दिकसुखसंस्पर्शे धरणीतले संस्थितः पूर्वजिन-

जनेत्र्याभिनिवासितः देवसंगीत्यनुगीतः शुभविमलविशुद्धः शुद्धावासदेवशतसहस्रैः प्रशान्तचित्तैरभिनतजटामकुटावलम्बितावनतमूर्धभिरभिनन्द्यमानस्तं प्लक्षवृक्षमुपजगाम॥

今译：然后，摩耶王后进入蓝毗尼园，走下宝车。在少女和天女们簇拥下，从一棵树走向另一棵树，从一个树林走向另一个树林，依次观看每一棵树，渐渐来到波叉树。这棵优秀的大宝树树枝匀称、树叶和花蕾齐整，鲜花和天花齐放，散发各种优雅的香气，悬挂各种绚丽的衣裳，各种摩尼珠闪耀光辉，装饰有宝石树根、树干、树枝和树叶，树枝舒展，地面平整似手掌，遍地整齐的青草宛如孔雀的脖子，触摸舒服犹如迦邻陀衣。过去的佛母都住过这里。天歌萦绕，美丽，纯洁，清净。数十万净居天神内心平静，垂下发髻顶冠，俯首行礼。摩耶王后走近这棵波叉树。

地译：爾時，聖后既到園已，遊歷詳觀，至波叉寶樹。其樹枝葉蓊欝鮮潤，天花人花周匝開敷，微風吹動，香氣芬馥，又以雜彩摩尼珠寶而嚴飾之。樹下周遍地平如掌，所出眾草其色青紺如孔雀尾，能生樂觸如迦隣陀衣。過去無量諸佛之母亦皆來坐此寶樹下。是時，百千淨居天子其心寂靜，或垂辮髮，或著寶冠，至此樹下圍遶聖后，歡喜頂禮，奏天伎樂而讚歎之。

अथ स प्लक्षवृक्षो बोधिसत्त्वस्य तेजोनुभावेनावनम्य प्रणमति स्म। अथ मायादेवी गगनतलगतेव विद्युत् दृष्टिं दक्षिणं बाहुं प्रसार्य प्लक्षशाखां गृहीत्वा सलीलं गगनतलं प्रेक्षमाणा विजृम्भमाना स्थिताभूत्। अथ तस्मिन् समये षष्ट्यप्सरः शतसहस्राणि कामावचरदेवेभ्य उपसंक्रम्य मायादेव्या उपस्थाने परिचर्यां कुर्वन्ति स्म॥

今译：然后，凭借菩萨的光辉威力，这棵波叉树弯身行礼。这时，摩耶王后伸出右臂，犹如空中一道闪电，握住波叉树枝，愉快地凝视天空，打着哈欠，站在那里。这时，六百万天女和欲界天神走上前去，侍奉摩耶王后。

地译：即以菩薩威神，其樹枝幹風靡而下，於是稽首禮聖后足。爾時，聖后放身光明，如空中電，仰觀於樹，即以右手攀樹東枝，頻申欠呿，端嚴而立。是時，欲界六萬百千諸天婇女至聖后所，承事供養。

एवंरूपेण खलू पुन ऋद्धिप्रातिहार्येण समन्वागतो बोधिसत्त्वो मातुः कुक्षिगतोऽस्थात्। स परिपूर्णानां दशानां मासानामत्ययेन मातुर्दक्षिणपार्श्वान्निष्क्रमति स्म स्मृतः संप्रजानन्ननुपलिप्तो गर्भमलैर्यथा नान्यः कश्चिदुच्यतेऽन्येषां गर्भमल इति॥

今译：确实，菩萨在母胎中具有这样的神通变化。他住满十月后，从母亲的右胁出生，清醒自觉，不受子宫污染。这样，没有人说他受子宫污染。

地译：比丘當知菩薩住胎，成就如上種種功德神通變現。滿足十月，從母右脇安詳而生，正念正知而無染著。

तस्मिन् खलू पुनर्भिक्षवः समये शक्रो देवानामिन्द्रो ब्रह्मा च सहापतिः पुरतः स्थितावभूताम् यौ बोधिसत्त्वं परमगौरवजातौ दिव्यकाशिकवस्त्रान्तरितं सर्वाङ्गप्रत्यङ्गैः स्मृतौ संप्रज्ञौ प्रतिगृह्णाते स्म॥

今译：这时，众比丘啊！神中因陀罗帝释天和娑婆主梵天站在前面，怀着最高的崇敬，用憍尸迦天衣包裹他的全身肢体，清醒自觉，抱住他。

地译：佛告諸比丘：是時，帝釋及娑婆世界主梵天王恭敬尊重，曲躬而前，一心正念，即以兩手覆憍奢耶衣，承捧菩薩。

यस्मिंश्च कूटागारे बोधिसत्त्वो मातुः कुक्षिगतोऽस्थात् तं ब्रह्मा सहापतिर्ब्रह्मकायिकाश्च देवपुत्रा अभ्युत्क्षिप्य ब्रह्मलोकं चैत्यार्थं पूजार्थं चोपनामयामासुः। अपरिगृहीतः खलू पुनर्बोधिसत्त्वः केनचिन्मनुष्यभूतेन अथ तर्हि बोधिसत्त्वं देवताः प्रथमतरं प्रतिगृह्णन्ति स्म॥

今译：菩萨在母胎中居住的楼阁由娑婆主梵天和梵众天子们捧起，带回梵界，用作塔庙，敬拜供奉。菩萨没有接受任何凡人拥抱，在场的众天神首先拥抱他。

地译：其事已畢，即將菩薩處胎之時所居寶殿還於梵宮。

अथ बोधिसत्त्वो जातमात्रः पृथिव्यामवतरति स्म। समनन्तरावतीर्णस्य च बोधिसत्त्वस्य महासत्त्वस्य महापृथिवीं भित्त्वा महापद्मं प्रादुरभूत्। नन्दोपनन्दौ च नागराजानौ गगनतलेऽर्धकायौ स्थित्वा शीतोष्णे द्वे वारिधारेऽभिनिर्भित्त्वा बोधिसत्त्वं स्नापयतः स्म। शक्रब्रह्मलोकपालाः पूर्वंगमाश्चान्ये च बहवो देवपुत्राः शतसहस्रा ये बोधिसत्त्वं जातमात्रं नानागन्धोदकमुक्तकुसुमैः स्नापयन्त्यभ्यवकिरन्ति स्म। अन्तरिक्षे च द्वे चामरे रत्नच्छत्रं च प्रादुर्भूतम्। स तस्मिन् महापद्मे स्थित्वा चतुर्दिशमवलोकयति स्म। (चतुर्दिशमवलोक्य) सिंहावलोकितं महापुरुषावलोकितं व्यवलोकयति स्म॥

今译：菩萨一诞生，就走到地上。菩萨大士一走到地上，随即一朵大莲花穿透大地跃出。难陀和乌波难陀两位蛇王在空中半露身体，浇下清凉和温热两股水流，为菩萨沐浴。菩萨一诞生，以帝释天、梵天和护世天王为首，和其他数十万天子一起用各种香水为菩萨沐浴，并撒下鲜花。空中出现两个拂尘和一顶宝石华盖。菩萨站在那朵大莲花上，观察四方，作狮子观，作大人观。

地译：爾時，菩薩既誕生已，觀察四方，猶如師子及大丈夫，安詳瞻顧。

तस्मिन् खलू पुनः समये बोधिसत्त्वः पूर्वकुशलमूलविपाकजेनाप्रतिहतेन दिव्यचक्षु-प्रादुर्भूतेन दिव्येन चक्षुषा सर्वावन्तं त्रिसाहस्रं महासाहस्रं लोकधातुं सनगरनिगम-जनपदराष्ट्रराजधानीं सदेवमानुषं पश्यति स्म। सर्वसत्त्वानां च चित्तचरितं च प्रजानाति स्म। ज्ञात्वा च व्यवलोकयति स्म-- अस्ति त्वसौ कश्चित्सत्त्वो यो मया सदृशः शीलेन वा समाधिना वा प्रज्ञया वा कुशलमूलचर्यया वा। यदा च बोधिसत्त्वः त्रिसाहस्र-महासाहस्रलोकधातौ न कंचित्सत्त्वमात्मतुल्यं पश्यति स्म अथ तस्मिन्समये बोधिसत्त्वः सिंह इव विगतभयभैरवोऽसंत्रस्तः अस्तम्भी सुचिन्तितं स्मृत्वा चिन्तयित्वा सर्वसत्त्वानां चित्तचरितानि ज्ञात्वा

今译：就在这时，由于前生善根达到成熟，无所障碍，菩萨的天眼出现。凭借这天眼，他看到所有三千大千世界，连同城市、市场、乡镇、王国和首都，以及天神和凡人。他知道一切众生的心思。知道后，又进行观察：“有哪个众生的戒、定、慧或善根与我一样？”菩萨在三千大千世界中没有看到哪个众生与自己一样。于是，菩萨此刻像狮子一样，摆脱恐惧和胆怯，无所畏惧，善于回忆和思考，知道一切众生的心思。

地译：比丘當知菩薩於多生中積集善根，是時即得清淨天眼，觀見一切三千大千世界，國土、城邑及諸眾生，所有心行皆悉了知。如是知已，而復觀察是諸眾生，所有戒、定、智慧及諸善根與我等不？乃見十方三千大千世界，無一眾生與我等者。

अपरिगृहीतो बोधिसत्त्वः पूर्वां दिशमभिमुखः सप्त पदानि प्रक्रान्तः-- पूर्वंगमो भविष्यामि सर्वेषां कुशलमूलानां धर्माणाम्। तस्य प्रक्रमत उपर्यन्तरीक्षेऽपरिगृहीतं दिव्यश्वेतविपुलछत्रं चामरशुभे गच्छन्तमनुगच्छन्ति स्म-- यत्र यत्र च बोधिसत्त्वः पदमुत्क्षिपति स्म तत्र तत्र पद्मानि प्रादुर्भवन्ति स्म। दक्षिणां दिशमभिमुखः सप्त पदानि प्रक्रान्तः-- दक्षिणीयो भविष्यामि देवमनुष्याणाम्। पश्चिमां दिशमभिमुखः सप्त पदानि प्रकान्तः। सप्तमे स्थित्वा सिंह इवाह्लादनात्मिकां वाचं भाषते स्म-- अहं लोके ज्येष्ठोऽहं लोके श्रेष्ठः। इयं मे पश्चिमा जातिः। करिष्यामि जातिजरामरणदुःखस्यान्तम्। उत्तरां दिशमभिमुखः सप्त पदानि प्रक्रान्तः-- अनुत्तरो भविष्यामि सर्वसत्त्वानाम्। अधस्ताद्दिशमभिमुखः सप्त पदानि प्रक्रान्तः-- निहनिष्यामि मारं च मारसेनां च। सर्वनैरयिकाणां च निरयाग्निप्रतिघाताय सह धर्ममेघवृष्टिं वर्षिष्यामि येन ते सुखसमर्पिता भविष्यन्ति। उपरिष्टाद्दिशमभिमुखः सप्त पदानि प्रक्रान्तः उर्ध्वं चावलोकयति स्म-- उल्लोकनीयो भविष्यामि सर्वसत्त्वानाम्। समनन्तरभाषिता चेयं बोधिसत्त्वेन वाक्। अथ तस्मिन् समये अयं त्रिसाहस्रमहासाहस्रलोकधातुः स्वरेणा-भिविज्ञाप्तोऽभूत्। इयं बोधिसत्त्वस्य कर्मविपाकजा अभिज्ञाधर्मता॥

今译：菩萨无须扶持，面向东方，迈出七步，说道：“我是一切善根法的先行者。”他迈步时，空中出现一顶无人扶持的天国白色大华盖和两个优美的拂尘，跟随他移动。菩萨每迈出一步，那里就出现一朵莲花。菩萨面向南方，迈出七步，说道：“我将接受天神和凡人供奉。”他面向西方，迈出七步。在第七步，犹如狮子说出充满喜悦的话：“我是世上最尊贵者，我是世上最优秀者。这是我的最后一生。我将结束生、老和死的痛苦。”他面向北方，迈出七步，说道：“我是一切众生中的至高无上者。”他面向下方，迈出七步，说道：“我将降伏摩罗和魔军。我将降下大法云雨，熄灭一切地狱中的烈火，让他们获得安乐。”他面向上方，迈出七步，仰望上方，说道：“我将受到一切众生瞻仰。”这些是菩萨依次所说的话。这时，三千大千世界都听到这个话音：“这是菩萨善业成熟而产生的神通法性。”

地译：爾時，菩薩善自思惟，稱量正念，不假扶持即便自能東行七步，所下足處皆生蓮華。菩薩是時無有怖畏，亦無謇訥，作如是言：“我得一切善法，當為眾生說之。”又於南方而行七步，作如是言：“我於天人應受供養。”又於西方而行七步，作如是言：“我於世間最尊最勝，此即是我最後邊身，盡生老病死。”又於北方而行七步，作如是言：“我當於一切眾生中，為無上上。”又於下方而行七步，作如是言：“我當降伏一切魔軍，又滅地獄諸猛火等所有苦具，施大法雲雨大法雨，當令眾生盡受安樂。”又於上方而行七步，作如是言：“我當為一切眾生之所瞻仰。”菩薩說是語時，其聲普聞一切三千大千世界。比丘當知菩薩於多生中積集善根，於最後生得阿耨多羅三藐三菩提，法爾[1]如是神通變化。

यदा बोधिसत्त्वश्चरमभविक उपजायते यदा चानुत्तरां सम्यक्संबोधिमभिसंबुध्यते तदा अस्येमान्येवंरूपाणि ऋद्धिप्रातिहार्याणि भवन्ति-- तस्मिन् खलु पुनर्भिक्षवः समये संहृषितरोमकूपजाताः सर्वसत्त्वा अभूवन्। महतश्च पृथिवीचालस्य लोके प्रादुर्भावोऽभूत् भैरवस्य रोमहर्षणस्य। अघट्टितानि च दिव्यमानुष्यकानि तूर्याणि संप्रवादितानि। सर्वर्तुकालिकाश्च वृक्षास्तस्मिन् समये त्रिसाहस्रमहासाहस्रलोकधातौ संकुसुमिताः फलिताश्च। विशुद्धाच्च गगनतलान्मेघशब्दः श्रूयते स्म। अपगतमेघाच्च गगनाच्छनैः सूक्ष्मसूक्ष्मो देवः प्रवर्षति स्म। नानावर्षदिव्यकुसुमवस्त्राभरणगन्धचूर्णव्यामिश्राः परमसुखसंस्पर्शाश्च सौम्याः सुगन्धवाताः प्रवायन्ति स्म। व्यपगततमोरजोधूमनीहाराश्च सर्वदिशः सुप्रसन्ना विराजन्ते स्म। उपरिष्टाच्चान्तरिक्षाददृश्या गम्भीरा महाब्रह्मघोषाः संश्रूयन्ते स्म। सर्वचन्द्रसूर्यशक्रब्रह्मलोकपालप्रभाश्चाभिभूता अभूवन्। परमसुखसंस्पर्शया च सर्वसत्त्वकायचित्तसुखसं-

① “法尔”的原词是 dharmatā，词义为“法性”。

जनन्या लोकोत्तरया अनेकशतसहस्रवर्णप्रभया सर्वत्रिसाहस्रमहासाहस्रलोकधातुः परिस्फुटोऽभूत्।

今译：一旦达到最后一生的菩萨诞生，一旦他证得无上正等菩提，他就会展现这些神通变化。众比丘啊！这时，一切众生高兴而汗毛竖起。世界大地出现大震动，惊恐而汗毛竖起。天国和人间的乐器不奏自鸣。三千大千世界所有季节的树木都在此时开花结果。晴朗的天空响起雷声。天神在无云的空中缓缓降下细雨。雨中夹杂天国的鲜花、衣裳、装饰品和香粉，柔和的香风吹拂，感觉极其舒服。一切方位都消除黑暗、灰尘和烟雾，洁净明亮。能听到空中隐形的大梵天的深沉话音。菩萨的光辉盖过月亮、太阳、帝释天、梵天和护世天王的所有光辉。这种超越世界的数百千色的光辉令一切众生身心愉快，感觉极其舒服，令三千大千世界通体明亮。

地译：比丘當知是時一切眾生歡喜踊躍，大地震動，而諸眾生無有恐怖。三千大千世界所有非時藥木皆悉榮茂。於虛空中出妙音聲，降微細雨，及雨種種天諸花香，真珠、瓔珞、上妙衣服繽紛徐墜。又扇和暢微妙香風，能生清淨柔軟樂觸。無雲、無霧、無煙、無塵及以暗冥，於虛空中而聞清徹和雅梵音，稱歎菩薩諸功德法。爾時，菩薩放大光明，無量百千種種異色，遍滿三千大千世界。一切眾生遇斯光者，身心安隱快樂無極。一切日月、諸大梵王、帝釋、護世及餘天人，所有光明皆悉不現。

समन्तरजातस्य खलु पुनर्बोधिसत्त्वस्यैकान्तसुखसमर्पिताः सर्वसत्त्वा बभूवुः। सर्वरागद्वेषमोहदर्पारतिविषादभयलोभेर्ष्यामात्सर्यविगताः सर्वाकुशलक्रियाप्रतिविरता व्याधितानां सत्त्वानां व्याधय उपशान्ताः। क्षुत्पिपासितानां सत्त्वानां क्षुत्पिपासा प्रस्रब्धाभूत्। मद्यमदमत्तानां च सत्त्वानां मदापगमः संवृत्तः। उन्मत्तैश्च स्मृतिः प्रतिलब्धा। चक्षुर्विकलैश्च सत्त्वैश्चक्षुः प्रतिलब्धम् श्रोत्रविकलैश्च सत्त्वैः श्रोत्रम्। अङ्गप्रत्यङ्गविकलेन्द्रियाश्चाविकलेन्द्रियाः संवृत्ताः। दरिद्रैश्च धनानि प्रतिलब्धानि। बन्धनबद्धाश्च बन्धनेभ्यो विमुक्ताः। आवीचिमादिं कृत्वा सर्वनैरयिकाणां सत्त्वानां सर्वकारणाद् दुःखं तस्मिन्समये प्रस्रब्धम्। तिर्यग्योनिकानामन्योन्यभक्षणादि दुःखम् यमलोकिकानां सत्त्वानां क्षुत्पिपासादिदुःखं व्युपशान्तमभूत्॥

今译：一切众生完全沉浸在此刻菩萨诞生而获得的快乐中[①]。他们消除一切贪、嗔、痴、骄傲、忧愁、沮丧、恐惧、贪婪、妒忌和悭吝，戒绝一切恶行。患病的众生消除疾病，饥渴的众生消除饥渴，疯癫的众生消除疯癫，疯子恢复记忆，

① 这句原文开头的samantara，据M本和L本应为samanantara。

瞎子恢复视力，聋子恢复听力，肢体和器官残疾者复原，穷人获得钱财，囚徒获得释放，出于各种原因堕入阿鼻等地狱的众生的痛苦消失，畜生互相吞噬等等的痛苦和阎摩世界众生忍受饥渴的痛苦也都消失。

地译：是時一切眾生遠貪、恚、癡、憂悲、驚恐，亦離不善諸惡罪障。所有病苦眾生皆得痊除，飢渴眾生皆得飽滿，顛狂醉亂皆得惺悟，諸根缺減皆得圓滿。貧者得財，繫者解脫，地獄眾生皆蒙休息，畜生眾生無相害心，餓鬼眾生皆得飽滿。

यदा च बोधिसत्त्वो जातमात्रः सप्त पदानि प्रक्रान्तोऽभूत् असंख्येयाकल्पकोटिनयुतशतसहस्रैः सुचरितचरणैर्महावीर्यमहास्थामधर्मताप्रतिलम्भेन तस्मिन् समये दशदिग्लोकधातुस्थिता बुद्धा भगवन्तस्तं पृथ्वीप्रदेशं वज्रमयधितिष्ठन्ति स्म। येन महापृथिवी तस्मिन् प्रदेशे नावतीर्यत तावन्महाबलवेगसमन्वागतो हि भिक्षवो जातमात्रो बोधिसत्त्वः सप्त पदानि प्रक्रान्तोऽभूत्। सर्वलोकान्तरिकाश्च तस्मिन् समये महतावभासेन स्फुटा अभूवन्। महांश्च तस्मिन् समये गीतशब्दोऽभून्नृत्यशब्दः। अप्रमेयाश्च तस्मिन् समये पुष्पचूर्णगन्धमाल्यरत्नाभरणवस्त्रमेघा अभिप्रवर्षन्ति स्म। परमसुखसमर्पिताश्च सर्वसत्त्वा अभूवन्। संक्षेपादचिन्त्या सा क्रियाभूत् यदा बोधिसत्त्वो लोके प्रादुरभूत् सर्वलोकाभ्युद्गतः॥

今译：菩萨一诞生，就迈出七步。凭借无数[①]百千万亿劫行善获得的大英勇、大威力法性，十方世界的众佛世尊此时使大地的这个地方化为金刚。因此，大地的这个地方不会破裂。众比丘啊！这样，具有大威猛力的菩萨一诞生，就迈出七步。此时，一切世界的幽暗处都大放光明。此时，出现大量的歌舞声。此时，降下无数鲜花、香粉、香料、花环、宝石、装饰品和衣裳，如云降雨，一切众生获得最大的快乐。总之，一旦菩萨出世，一切世界出现不可思议的奇迹。

地译：佛告諸比丘：菩薩於阿僧祇百千拘胝那由他劫修諸善行精進力故，初生之時即能十方各行七步，一切諸佛如來威加此地，化為金剛，菩薩遊踐，得無陷裂。是時，世界中間幽冥之處悉皆大明，其中眾生各得相見，又於此時，諸天音樂出微妙聲，雨眾天花、末香、熏香、花鬘、珍寶、諸莊嚴具、上妙衣服，如雲而下，一切眾生皆得上妙安隱快樂。菩薩出現世間，最尊最勝，所有功德入不思議，若欲廣說，窮劫不盡。

अथ खल्वायुष्मानानन्दः उत्थायासनादेकांसमुत्तरासङ्गं कृत्वा दक्षिणजानुमण्डलं पृथिव्यां प्रतिष्ठाप्य येन भगवांस्तेनाञ्जलिं प्रणम्य भगवन्तमेतदवोचत्-- सर्वसत्त्वानां

① 此处“无数”的原文是 asaṃkhyeyā，应为 asaṃkhyeya。

भगवंस्तथागत आश्चर्यभूतोऽभूत् बोधिसत्त्वभूत् एवाद्भुतधर्मसमन्वागतश्च। कः पुनर्वादः एवं ह्यनुत्तरां सम्यक्संबोधिमभिसंबुद्धः। एषोऽहं भगवंश्चतुष्पञ्चकृत्वोऽपि दशकृत्वोऽपि यावत्पञ्चाशत्कृत्वोऽपि शतकृत्वोऽपि यावदनेकशतसहस्रशोऽप्यहं भगवन् बुद्धं भगवन्तं शरणं गच्छामि॥

今译：然后，尊者阿难从座位起身，偏袒右肩，右膝着地，双手合十，向世尊行礼，说道："世尊啊，如来是一切众生中的奇迹。作为菩萨，就有这样的奇妙事迹，更不用说证得无上正等菩提。世尊啊，四次、五次、十次，乃至五十次、一百次，乃至数十万次，我皈依佛世尊。"

地译：爾時，阿難從座而起，偏袒右肩，右膝著地，合掌恭敬，而白佛言："世尊！如來為菩薩時，尚能成就如是勝希有事，何況得成阿耨多羅三藐三菩提？"

एवमुक्ते भगवानायुष्मन्तमानन्दमेतदवोचत्-- भविष्यन्ति खलु पुनरानन्द अनागतेऽध्वनि केचिद्भिक्षवोऽभावितकाया अभावितचित्ता अभावितशीला अभावितप्रज्ञा बाला अपण्डिता आभिमानिका उद्धता उन्नता असंवृता विक्षिप्तचित्ताः काङ्क्षापरीत्ता विचिकित्साबहुला अश्रद्धाः श्रमणमलाः श्रमणप्रतिरूपकाः। ते न श्रद्दास्यन्ति इमामेवंरूपां बोधिसत्त्वस्य गर्भावक्रान्तिपरिशुद्धिम्। तेऽन्योन्यमेकान्ते संनिपात्यैवं वक्ष्यन्ति-- पश्यत भो यूयमेतदपूज्यमानं बोधिसत्त्वस्य किल मातुः कुक्षिगतस्योच्चारप्रस्रावमण्डोपरिमिश्रस्य ईदृशी विभूतिरासीत्। स च किल अभिनिष्क्रामन् मातुर्दक्षिणायाः कुक्षेरनुपलिप्तो गर्भमलेनाभूदिति। कथमेतद्योज्यते। न पुनस्ते मोहपुरुषा एवं ज्ञास्यन्ति-- न सुकृतकर्मणां सत्त्वानामुच्चारप्रस्रावमण्डे कायः संभवतीति। भद्रिका खल्वपि तथारूपाणां सत्त्वानां गर्भावक्रान्तिर्भवति। गर्भावस्थितश्च सत्त्वानुकम्पया हि बोधिसत्त्वो मनुष्यलोके उपपद्यते न देवभूत एव धर्मचक्रं प्रवर्तयति।

今译：闻听此言，世尊对尊者阿难说："阿难啊！在未来的路上，会有一些比丘不修身，不修心，不修戒，不修慧，愚蠢，无知，骄慢，高傲，自负，放逸，心乱，多猜多疑，不虔诚，是沙门的污点，沙门的赝品。他们不相信菩萨进入母胎会这样纯洁。他们聚在一起，互相悄悄说道：'你们看，这事不值得尊敬。菩萨在母胎中沾染屎尿，却有这样的威力！他从母亲右腹生出，不染胎中污物，这怎么可能呢？'这些愚痴的人不会知道，行善积德的众生的身体不会处在屎尿之中。多么幸运啊，菩萨进入这样的众生母胎中。因为他怜悯众生，而进入母胎，降生人间。否则，他成为天神，就不能转动法轮。

地译：佛告阿難："未來世中有諸比丘，不能修習身、戒、心、慧，愚癡無智，憍慢貢高，掉舉心亂，不遵法律，多所貪求，不信正法，具沙門垢，相似沙門[①]。如是比丘若聞菩薩清淨入胎，不能信受，乃復共聚，擯生誹謗，作如是言：‘菩薩處胎居母右脇，雖不為彼膿血所污，何能有此大功德耶？’如是愚人既不能知菩薩積集功德，亦不能知菩薩示現入胎，而有如是殊勝清淨無量功德，哀愍眾生，出現於世。阿難！諸佛如來出現於世，不於天上而成正覺，轉妙法輪，但於人間示現成佛。

तत्कस्मात् मा खल्वानन्द सत्त्वाः कौसीद्यमापत्स्यन्ते। देवभूतः स भगवान् तथागतोऽर्हन् सम्यक्संबुद्धः वयं तु मनुष्यमात्राः। न वयं समर्थास्तत्स्थानं परिपूरयितुमिति कौसीद्यमापद्येरन्। न खलु पुनस्तेषां मोहपुरुषाणां धर्मस्तैन्यकानामेवं भविष्यति-- अचिन्त्यो हि स सत्त्वः नासावस्माभिः प्रामाणिकः कर्तव्य इति। अपि तु खल्वानन्द बुद्धऋद्धिप्रातिहार्यमपि ते तस्मिन् काले नावकल्पयिष्यन्ति किमङ्ग पुनर्बोधिसत्त्वभूतस्य तथागतस्य बोधिसत्त्वप्रातिहार्याणि। पश्य आनन्द कियन्तं ते मोहपुरुषा बहुपुण्याभिसंस्कारमभिसंस्करिष्यन्ति ये बुद्धधर्मान् प्रतिक्षेप्स्यन्ति लाभसत्कारश्लोकाभिभूता उच्चारलग्ना लाभसत्काराभिभूता इतरजातीयाः॥

今译：“为什么呢？阿难啊！为了不让众生懈怠，心想：‘他是天神，而成为世尊，如来，阿罗汉，正等觉，而我们只是人，不可能达到他的境界。’这样，他们就会懈怠。也为了不让那些愚痴的窃法者这样想：‘他不可思议，我们不要相信他。’阿难啊！他们此时甚至不能设想佛的神通变化，更不用说作为菩萨的如来的菩萨神通变化。阿难啊！你看，这些愚痴之人居然这样不行善积德。他们藐视佛法，贪图财物、供养和名声而陷入污秽，贪图财物和供养而成为俗物。”

地译：“何以故？若於天上成阿耨多羅三藐三菩提者，人中眾生咸作是念：‘我既非天，何能堪任修習佛道？’便生退屈。由是義故，但於人間成阿耨多羅三藐三菩提。然彼愚癡法賊之輩，而於菩薩不思議事不能了知，擯生誹謗，妄為億度。阿難！愚癡之人尚不信佛有無量德，何況能信菩薩神通？如是比丘耽著利養及以名聞，沈溺罪垢。”

आनन्द आह-- मा मैवंरूपा भगवन् अनागतेऽध्वनि भिक्षवो भविष्यन्ति य इमामेवं भद्रिकां सूत्रान्तां प्रतिक्षेप्स्यन्ति प्रतिपक्षं पक्षन्ति च॥

今译：阿难说道：“世尊啊，不要让未来的路上出现这样的比丘，诋毁和反对这些吉祥的经。[②]”

---

① “相似沙门”的原文是 śramaṇapratirūpakāḥ，词义为“貌似沙门”，也就是“伪沙门”。

② 此处原文中的 pakṣanti，M 本写为 vakṣanti。

地译:阿難白佛言:“世尊!當來之世,若有如是愚癡下劣之人誹謗此經,得幾所罪?當生何處?”

भगवानाह-- एवंरूपाश्च ते आनन्द सूत्रान्तां प्रपिक्षेप्स्यन्ति प्रतिवक्ष्यन्ति चानेकप्रकारान् चान्यान्पापकानभिसंस्कारानभिसंस्करिष्यन्ति। अनर्थिकाश्च ते श्रामण्येन भविष्यन्ति॥

今译:世尊说道:“阿难啊!这些人诋毁和反对这些经,将会从事其他种种恶业,而不适合成为沙门。”

地译:佛告阿難:“若未來世有如是等諸惡比丘,誹謗此經,積集眾罪,離沙門法。阿難!譬如有人滅佛菩提,毀呰十方三世諸佛,其所獲罪寧為多不?”

आनन्द आह-- का पुनर्भगवन् तेषां तथारूपाणामसत्पुरुषाणां गतिर्भविष्यति कोऽभिसंपरायः॥

今译:阿难说道:“世尊啊,这些不善之人会有什么结局?他们来世会怎样?”

地译:阿難言:“甚多,世尊!”

भगवानाह-- या गतिर्बुद्धबोधिमन्तर्धायाप्यतीतानागतप्रत्युत्पन्नांश्च बुद्धान् भगवतोऽत्याख्याय तां ते गतिं गमिष्यन्ति॥

今译:世尊说道:“这些人的结局与那些断灭佛菩提而诋毁过去、未来和现在所有佛世尊的人一样。”

地译:佛告阿難:“若有眾生誹謗如斯大乘經典,其所獲罪與此人等。”

अथ खल्वायुष्मानानन्दः संहर्षितरोमकूपजातो नमो बुद्धाय इत्युक्त्वा भगवन्तमेतद्वोचत्मूर्छा मे भगवन् कायस्याभूदिमं तेषामसत्पुरुषाणां समुदाचारं श्रुत्वा॥

今译:然后,尊者阿难高兴得汗毛竖起,说道:“向佛致敬!”随即,又对世尊说道:“世尊啊,听到这些不善之人的行为,我的身体就会发闷。”

地译:爾時,阿難聞是語已,身毛為竪,唱如是言:“南無[1]佛陀!南無佛陀!我聞彼人行如是惡,身心迷悶。”

भगवानाह-- न तेषामानन्द समाचारो भविष्यति। विषमसमुदाचाराः खलु पुनस्ते सत्त्वा भविष्यन्ति। ते तेन विषमेन समुदाचारेणवीचौ महानरके प्रपतिष्यन्ति। तत्कस्य हेतोः

---

① “南无”是 namas(“致敬”)一词的音译。

ये केचिदानन्द भिक्षवो वा भिक्षुण्यो वा उपासको वा उपासिका वा इमानेवंरूपान् सूत्रान्तान् श्रुत्वा नाधिमोक्ष्यन्ति न श्रद्धास्यन्ति न प्रतिवेत्स्यन्ति ते च्युताः समाना अवीचौ महानरके प्रपतिष्यन्ति। मा आनन्द तथागताप्रामाणिकं अकार्षुः। तत्कस्माद्धेतोः अप्रमेयो ह्यानन्द तथागतो गम्भीरो विपुलो दुरवगाहः। येषां केषांचिदानन्द इमानेवंरूपान् सूत्रान्ता-ञ्छ्रुत्वोपपत्स्यते प्रीतिप्रामोद्यम् प्रसादलाभास्तैः सत्त्वैः सुलब्धाः। अमोघं च तेषां जीवितम् अमोघं च तेषां मानुष्यम् सुचरितचरणाश्च ते आदत्तं च तैः सारम् मुक्ताश्च ते त्रिभ्योऽपायेभ्यः भविष्यन्ति च ते पुत्रास्तथागतस्य परिप्राप्तं च तैः सर्वकार्यम् अमोघश्च तेषां श्रद्धाप्रतिलम्भः सुविभक्त च तै राष्ट्रपिण्डम् प्रसन्नाश्च तेऽग्रसत्त्वैः संछिन्नास्तैर्मारपाशाः निस्तीर्णश्च तैः संसाराटवीकान्तारः समुद्धृतश्च तैः शोकशल्यः अनुप्राप्तं च तैः प्रामोद्यवस्तु सुगृहीतानि च तैः शरणगमनानि दक्षिणीयाश्च ते पूजार्हाः दुर्लभप्रादुर्भावाश् च ते लोके दक्षिणीयाश् च ते धारयितव्याः।

今译：世尊说道："阿难啊！他们不行善。这些众生热衷感官对象。由于热衷感官对象，他们将堕入阿鼻[①]大地狱。为什么？阿难啊！有些比丘、比丘尼、优婆塞或优婆夷听了这些经，不笃信，不虔诚，不觉知，都会堕入阿鼻大地狱。阿难啊！不要不相信如来。为什么？阿难啊！如来不可测量，深沉，广大，难入。阿难啊！有些众生听了这些经，欢喜踊跃，他们很容易获得清净。他们没有白活，不枉为做人。他们行善，获得真实法，摆脱三恶道，成为如来弟子，完成一切应做之事。他们的信仰不会落空。他们在国土中获得供养，深受大士们喜欢。他们斩断摩罗的套索，越过生死轮回的荒野险路，拔除忧愁之箭，满心欢喜，走向皈依之路，而值得尊敬，值得供奉。这样的人在这世上很难出现，应该受到尊敬和支持。

地译：佛告阿難："若有眾生謗佛菩提，其人由此惡行因故，當墮阿鼻大地獄中。阿難！於未來世，有比丘、比丘尼、優婆塞、優婆夷，誹謗如斯大乘經典，其人命終定墮阿鼻大地獄中。阿難！汝於如來功德不應限量[②]。所以者何？如來功德甚深、廣大、難可測故。阿難！若復有人聞此經典，信受愛樂，生歡喜心，如是等人即得淨命，獲大利益。其人一生為不唐捐，已修善行，已得真實，離三惡道，當成佛子。已得深信，堪受供養，於諸聖賢心生清淨。亦當決除一切魔網，而能出於生死曠野，拔憂惱箭，善知歸依，獲勝妙樂。如是

① "阿鼻"（avīci）是地狱名。

② 这句的原文是 mā ānanda tathāgatāprāmāṇikam akārṣuḥ（"阿难啊！不要不相信如来。"）其中的 aprāmāṇika 的词义为"不相信"。若按地译（"阿難！汝于如来功德不应限量"），此处原文应为 mā ānanda tathāgatam pramāṇikam akārṣuḥ。

等人甚為希有，堪作世間無上福田[①]。

तत्कस्य हेतोः तथा हि ते सर्वलोके इममेवं सर्वलोकविप्रत्यनीकं तथागतधर्मं श्रद्दधन्ति। न ते आनन्द सत्त्वा अवरकेण कुशलमूलेन समन्वागता भवन्ति। ते चानन्द सत्त्वा ममैकजातिप्रतिबद्धानि मित्राणि भविष्यन्ति। तत् कस्माद् धेतोः कश्चिद् आनन्द श्रवणादेव प्रियो भवति मनापश् च न तु दर्शनेन। कश्चिद् आनन्द दर्शनेनापि प्रियो भवति मनापश् च न तु खलू पुनः श्रवणेन। कश्चिद् आनन्द दर्शनेनापि श्रवणेनापि प्रियो भवति मनापश्च। तेषां केषांचिद् आनन्द अहं दर्शनेन वा श्रवणेन वा प्रियो मनापो भवेयं निष्ठां त्वं तत्र गच्छेथाः न तानि ममैकजातिप्रतिबद्धानि मित्राणि। दृष्टास्ते तथागतेन मोचयितव्यास्ते तथागतेन ते समगुणप्रत्यंशाः ते तथागतगुणप्रत्यंशाः ते तथागतेन कर्तव्या उपासकाः ते तथागतं शरणं गताः उपात्तास्ते तथागतेन। ममान्तिकात् खल्व् अप्य् आनन्द पूर्वं बोधिसत्त्वचर्याम् एव तावच् चरतो ये केचिद् भयार्दिताः सत्त्वा आगत्य अभयं प्रतियाचन्ते स्म तेभ्योऽहं सत्त्वेभ्योऽभयं दत्त्वान् किमङ्ग पुनरेतर्ह्यनुत्तरां सम्यक्संबोधिमभिसंबुद्धः। श्रद्धायामानन्द योगः करणीयः। इदं तथागतो विज्ञापयति। यद् आनन्द तथागतेन युष्माकं करणीयं कृतम् तत्तथागतेन शोधितो मानशल्यः। श्रवणेनाप्यानन्द मित्रस्य ननु योजनशतान्तरमपि गच्छन्ति गत्वा च सुखिता भवन्ति अदृष्टपूर्वं मित्रं दृष्ट्वा। कः पुनर्वादो ये मां निश्रित्य कुशलमूलान्यवरोपयन्ति।

今译："为什么？因为在一切世界上，他们信仰一切世界不理解的如来法。阿难啊！这些众生拥有不少善根。阿难啊！他们都将达到最后一生，成为我的朋友。为什么？阿难啊！有的人听说而非亲见，感到喜爱和愉悦。阿难啊！有的人亲见而非听说，感到喜爱和愉悦。阿难啊！有的人亲见又听说，感到喜爱和愉悦。阿难啊！他们之中，或亲见，或听说，我都感到喜爱和愉悦。你应该对此深信不疑：他们不是我的达到最后一生的朋友[②]。他们为如来所见。他们会由如来解脱。他们分享同样的功德。他们分享如来的功德。他们会由如来度化为优婆塞。他们皈依如来。他们为如来接受。阿难啊！从前，我实施菩萨行时，一些受恐惧折磨的众生来到我身旁，乞求无畏，我赐予这些众生无畏，何况如今证得无上正等菩提。阿难啊！应该努力修习虔诚信仰。这是如来的教导。阿难啊！如来已对你们尽责。如来已为你们拔除傲慢之箭。阿难啊！听到一个朋友的消息，哪怕长途跋涉一百由旬，也会赶去。到了那里，见到久未谋面的朋友，高兴愉快。何况依靠我，能增长善根。

---

① "福田"（puṇyakṣetra）指能让供养人获得福德者，通常指佛、法和僧。

② "他们不是我的达到最后一生的朋友"，可理解为他们在前生已是我的朋友，也就是地译"于多生中为善知识"。

地译：“何以故？諸佛之法甚深難信而能信故。阿難！當知是人非少善根而得成就如是之信。何以故？諸佛如來曾與彼人於多生中為善知識[1]。阿難！若有眾生於佛世尊雖未得見，但聞名字即生信喜；或復有人不聞佛名，得見如來便生信喜；或復有人雖得見聞不生信喜；或復有人若聞若見皆生信喜。阿難！除不信喜，當知是人於多生中，皆蒙如來為善知識，其人功德與如來等，即為如來成就度脫而攝受之。阿難！我昔修菩薩道時，諸有眾生來至我所，我皆攝受，施其無畏。汝等今者，應生淨信，精勤修習。汝所應作悉已開顯，亦為汝等拔憍慢箭。阿難！譬如有人久別親友，過百由旬冒遠尋之，得與相見，暫解離念，尚生歡喜，何況曾得值佛，種諸善根。

ज्ञास्यन्त्यानन्द तथागता अर्हन्तः सम्यक्संबुद्धाः-- पूर्वं मित्राण्येते सत्त्वास्तथागतानाम् अस्माकमप्येते मित्राणि भवन्तीति। तत्कस्मात् खलू पुनरानन्द मित्रं मित्रस्य प्रियं च मनापं च भवति तस्यापि (तदपि) प्रियमेव भवति मित्रस्य यत्प्रियं मित्रम् तदपि प्रियमेव भवति मनापं च। तस्मात्तर्ह्यानन्द आरोचयामि च प्रतिवेदयामि च। श्रद्धामात्रकमुत्पादयथ। अनुपरिन्दिष्यामो वयमनागतानां तथागतानामर्हतां सम्यक्संबुद्धानामन्तिके तेऽस्माकमपि मित्राणीति विदित्वा यथाभिप्रायं परिपूरयिष्यन्ति। तद्यथापि नाम आनन्द कस्यचिदेव पुरुषस्यैकपुत्रको भवेत् सुवयाः प्रदक्षिणग्राही। स च पुरुषो बहुमित्रो भवेत्। स तस्मिन् पितरि कालगते न हि विहन्येत पितृमित्रसुपरिगृहीतः। एवभेव आनन्द ये केचिन्मम श्रद्धास्यन्ति तानहमुपाददामि। मित्राणीव मम तानि। (ते) मम शरणं गताः। बहुमित्रश्च तथागतः। तानि च तथागतस्य मित्राणि भूतवादीनि न मृषावादीनि। अनुपरिन्दाम्यहं भूतवादीनाम्। यानि तथागतस्य मित्राण्यनागतास्तथागता अर्हन्तः सम्यक्संबुद्धा। श्रद्धायामानन्द योगः करणीयः। अत्राहं युष्मान् विज्ञापयामीति॥

今译：“阿难啊！未来的如来、阿罗汉和正等觉都会知道：‘这些众生过去是如来的朋友，所以也是我们的朋友。’为什么？阿难啊！朋友的朋友令人喜爱和愉悦。朋友可爱，朋友的朋友同样可爱，令人喜爱和愉悦。因此，阿难啊！我今天启发你们，开导你们。你们要虔诚信仰。我会嘱咐未来的如来、阿罗汉和正等觉：‘他们是我们的朋友。’他们知道后，会实现你们的愿望。阿难啊！正如一个人只有一个独生子，青春年少，善受教诲。这个人有很多朋友。这位父亲去世后，儿子不会受到伤害，因为父亲的朋友会照顾他。正是这样[2]，阿难啊！对于信仰我的人，我会接受他们。他们皈依我，如同我的朋友。如来有许

---

① “善知识”（kalyānamitra）指有益的朋友。此处原文没有使用此词，而直接使用 mitra（“朋友”）一词。

② “正是这样”的原文是 evabheva，应为 evameva。

多朋友。如来的朋友说真话，不说谎话。我会将说真话的朋友托付给如来的朋友，那些未来的如来、阿罗汉和正等觉。阿难啊！应该虔诚信仰。这是我对你们的教导。”

地译：“今復覩佛得為親友，而不喜耶？阿難！當知未來諸佛皆作是念：‘此諸人等已得過去如來為善知識，今復值我。我與是人亦為親友，心生歡喜。’譬如有人見親友時，心生歡喜，見友之友，亦生歡喜。阿難！若有眾生於此經典少分生信，我以是人付未來佛。彼佛亦當作如是念：‘此等眾生是我親友，如其所願當令滿足。’譬如有人多諸親友，唯生一子，心甚憐念。其人不久病欲命終，喚其所親，付是愛子。其友受付，念如己子。佛亦如是。未來諸佛皆是親友，以是眾生付未來佛。阿難！我今開悟於汝。汝應於此深生淨信，當勤修習。”

इति हि जाते बोधिसत्त्वे गगनतलगतान्यप्सरः कोटिनयुतशतसहस्राणि दिव्यैः पुष्पधूपगन्धमाल्यविलेपनवस्त्राभरणैर्मायादेवीमभ्यवकिरन्ति स्म। तत्रेदमुच्यते--

今译：这样，菩萨诞生时，百千万亿天女在空中为摩耶王后撒下天国的鲜花、香粉、香料、花环、软膏、衣裳和装饰品。这里，这样说道：

地译：佛告諸比丘：菩薩生時，無量百千拘胝那由他天諸婇女以天妙花、塗香、末香、花鬘、衣服、眾莊嚴具散聖后上，如雲而下。爾時，世尊說是偈言：

शुभविमलविशुद्धहेमप्रभा चन्द्रसूर्यप्रभा
षष्टि दशसहस्र देवाप्सरा मञ्जुघोषस्वराः।
तस्मि क्षणि उपेत्य तां लूम्बिनीं मायदेव्यब्रुवन्
मा खु जनि विषादु तुष्टा भवोपस्थायिकाष्ते वयम्॥२२॥

今译：美丽、干净和纯洁似金子，光辉似
日月，话音甜美，六十万天女此刻
来到蓝毗尼园，对摩耶王后说道：
“别担忧，要高兴，我们来侍奉你[1]。（22）

地译：將生離垢光，天女有六萬，
咸出妙歌頌，讚歎菩薩母，
皆於聖后前，歡喜作是言：
“願勿懷憂惱，我等堪供養。

① 这句原文中的 upasthāyikāṣte，据 L 本应为 upasthāyikāste。

भणहि किं करणीयु किं कुर्महे केन कार्यं च ते
वयं तव सुसमर्थोपस्थायिका प्रेमभावस्थिताः।
अपि च भव उदग्र हर्षान्विता मा च खेदं जनेहि
जरामरणविघाति वैद्योत्तमं अद्य देवी जनेषी लघुम्॥२३॥

今译："请说应该做什么？怎样做？让谁做？
我们怀着爱心，尽力侍奉你，你要高兴，
不要发愁，王后啊！今天，你会轻松地
生下一个消除衰老和死亡的非凡医王。（23）

地译："尊生出三界，無上大醫王。

यथ द्रुम परिफुल्ल संपुष्पिता शालवृक्षा इमे
यथ च मरुसहस्र पार्श्वे स्थिता भ्रामयन्तो भुजान्।
यथ च चलि ससागरा मेदिनी षड्विकारा इयं
दिवि दिवि च विघुष्ट लोकोत्तरं त्वं जनेषी सुतम्॥२४॥

今译："正如这些娑罗树鲜花盛开，正如
数以千计的天神站在两旁挥动手臂，
正如大地连同大海出现六种震动，
天上传出话音：你会生下非凡儿子。（24）

地译："草木花葉敷，人天盡恭敬，
大地六種動，名聞遍十方，
如是最勝人，聖后今生彼。

यथ च प्रभ विशुद्ध विभ्राजते स्वर्णवर्ण शुभा
तूर्यशत मनोज्ञा चाघट्टिता घुष्यन्तेऽम्बरे।
यथ च शतसहस्र शुद्धा शुभा वीतरागाः सुरा
नमिषु मुदितचित्ता अद्यो जने सर्वलोके हितम्॥२५॥

今译："正如纯洁的金子闪耀灿烂光辉，正如
数以百计悦耳的乐器在空中不奏自鸣，
百千天神摒弃贪欲，光辉纯洁，满怀喜悦，
行礼致敬，今天你会生下为全世界造福者。"（25）

地译："虛空諸樂器，不鼓而自鳴，
百千淨居天，歸命生歡喜，
今者聖人出，為世作津梁。"

शक्रमपि च ब्रह्मपालापि चान्या च या देवता
　　तुष्टमुदितचित्ता पार्श्वे स्थिता नामयन्तो भुजाम्।
सो च पुरुषसिंह शुद्धव्रतो (भित्त्व) कुक्षिनिर्धावितो
　　कनकगिरिनिकाश शुद्धव्रतो निष्क्रमी नायकः॥२६॥

今译：帝释天、梵天、护世天王和其他天神，
高兴满意，站在两旁，拱手弯腰致敬，
这位人中之狮，誓愿纯洁的导师，
光辉如同金山，他从母胎中出来。（26）

地译：四王釋梵等，及餘諸天眾，
曲躬盡圍遶，咸生歡喜心，
彼人中師子，當出母右脇，
光明極清淨，暉耀如金山。

शक्रमपि च ब्रह्म तौ पाणिभिः संप्रतीच्छा मुनिं
　　क्षेत्र शतसहस्र संकम्पिता आभ मुक्ता शुभा।
अपि च त्रिषु अपायि सत्त्वा सुखी नास्ति दुःखं पुन
　　अमरशतसहस्र पुष्पां क्षिपी भ्रामयन्त्यम्बरान्॥२७॥

今译：帝释天和梵天用双手迎接这位牟尼，
百千国土震动，释放吉祥美丽的光辉，
甚至三恶道中众生也获得快乐，不再
痛苦，百千天神舞动衣裳，撒下鲜花。（27）

地译：釋梵手承捧，震動百千界，
三惡趣眾生，離苦皆安樂，
天衣及天花，遍滿於虛空。

वीर्यबलौपेत वज्रात्मिका मेदिनी संस्थिता (ऽभुत्तदा) पद्मु रुचिरचित्रु
　　अभ्युद्गतो यत्र(चक्राङ्कचित्रेभिः) पद्भ्यां स्थितो (ऽपि) नायकः।
सप्त पद क्रमित्व ब्रह्मस्वरो मुञ्चि घोषोत्तमं
　　जरमरणविघाति वैद्योत्तमो भेष्यि सत्त्वोत्तमः॥२८॥

今译：具有精进力，这里的大地坚似金刚，
跃出绚丽的莲花，导师双足站上面；
他迈出七步，发出高昂的妙声梵音：
“我是大士，消除衰老和死亡的医王。”（28）

地译：諸佛精進力，此地為金剛，
導師所下足，瑞蓮隨步起，
周行七步時，演妙梵音聲：
“我為大醫王，能除生死病，
我於世間中，為最尊最勝。”

गगनतल स्थिहित्व ब्रह्मोत्तमो शक्रदेवोत्तमः
शुचिरुचिरप्रसन्नगन्धोदकैर्विस्नपी नायकम्।
अपि च उरगराजा शीतोष्ण द्वे वारिधारे शुभे (व्यमुञ्चतान्तरीक्षे स्थिताः)
अमर शतसहस्र गन्धोदकैर्विस्नपी नायकम्॥२९॥

今译：至高的梵天和帝释天站在空中，
用纯洁清净的香水为导师沐浴，
蛇王浇下清凉和温热两股水流，
百千天神也用香水为导师沐浴。（29）

地译：梵釋諸天等，在於虛空中，
以手捧香水，灌灑於菩薩，
龍王下二水，冷煖極調和，
諸天以香水，洗浴於菩薩。

लोकपालाश्च संभ्रान्त संधारयन्ती करैः शोभनैः।
त्रिसहस्रा इयं भूमिः कम्पते सचराचरा॥३०॥

今译：护世天王们慌忙伸出美丽的双手支撑，
因为三千世界震动，连同动物和不动物。（30）

地译：三千大千界，一切皆震動。

प्रभा च रुचिरा मुक्ता अपायाश्च विशोधिताः।
क्लेशदुःखाश्च ते शान्ता जाते लोकविनायके॥३१॥

今译：世界导师诞生时，释放美丽光辉，
净化那些恶道，烦恼和痛苦平息。（31）

क्षिपन्ति मरुतः पुष्पं जातेऽस्मिन्नरनायके।
क्रम सप्त पदां वीरः क्रमते बलवीर्यवान्॥३२॥

今译：人类导师诞生时，众天神撒下鲜花，
拥有威力和勇气的英雄迈出七步。（32）

पादौ निक्षिपते यत्र भूमौ पद्मवराः शुभाः।
अभ्युद्गच्छंस्ततो मह्यां सर्वरत्नविभूषिताः॥ ३३॥

今译：他的双脚踩在哪里，地上出现优美莲花，
随着他向前行走，大地上装饰一切宝石。（33）

यदा सप्त पदां गत्वा ब्रह्मस्वरमुदाहरि।
जरामरणविघाति भिषग्वर इवोद्गतः॥ ३४॥

今译：他迈出七步后，发出梵音，
犹如消除衰老和死亡的医王。（34）

व्यवलोकयित्वा च विशारदो दिशः
ततो गिरां मुञ्चति अर्थयुक्ताम्।
ज्येष्ठोऽहं सर्वलोकस्य श्रेष्ठो (लोके विनायकः)
इयं च जातिर्मम पश्चिमा इति॥ ३५॥

今译：他观察了所有方向，无所畏惧，
然后，说出这些富有意义的话：
“我是一切世界最尊者，最优者，
世界导师，这是我的最后一生。”（35）

हास्यं च मुक्तं नरनायकेन
सलोकपालैर्मरुभिश्च सेन्द्रैः।
प्रसन्नचित्तैर्वरगन्धवारिभिः
संस्कारितो लोकहितार्थकारी॥ ३६॥

今译：此时，人类导师露出微笑，
众天神、护世天王和因陀罗
满怀喜悦，用芬芳的香水
为造福世界者举行净化仪式。（36）

अपि चोरगेन्द्रैः सहितैः समग्रैः
गन्धोग्रधाराविसरैः स्नापिंसु।
अन्येऽपि देवा नयुता (स्थिताः)ऽन्तरीक्षे
स्नापिंसु गन्धाग्रजिने स्वयंभुम्॥ ३७॥

今译：蛇王聚集这里，用芳香的
水流为他沐浴，其他数亿

天神站在空中，也用香水
为至上胜者、自在者沐浴[①]。（37）

श्वेतं च विपुलं छत्रं चामरांश्च शुभाम्बरान्।
अन्तरीक्षे गता देवाः स्नापयन्ति नरर्षभम्॥३८॥

今译：出现白色大华盖、拂尘和洁净的衣裳，
众天神在空中为这位人中雄牛沐浴。（38）

地译：諸天持白蓋，并執素瓔紼，
遍覆於虚空，皆以寶莊嚴，
持種種供具，供養人師子。

पञ्चकुलिकशतानि प्रसूयन्ते स्म।

今译：那时，有五百个良家子诞生。

पुरुष त्वरितु गत्व शुद्धोदनमब्रवीत् हर्षितो
वृद्धि विपुल जातु देवा सुतो भूषितो लक्षणैः।
महकुलरतनस्य (वृद्धिभूता) व्यक्तो असौ चक्रवर्तीश्वरः
न च भवि प्रतिशत्रु जम्बुध्वजे एकछत्रो भवेत्॥३९॥

今译：一位侍从赶来，高兴地对净饭王说道：
“王上啊，大富大贵！你的儿子诞生，
带有种种妙相，显然是大家族的瑰宝，
转轮王，瞻部洲唯一华盖，无可匹敌。”（39）

地译：有報輸檀王：“王生眾相子，
增長於王族，從王種姓生，
當作轉輪王，統領四天下。

द्वितियु पुरुषु गत्व (राज्ञि) शुद्धोदने श्लेषयित्वा क्रमे
वृद्धि विपुल देव जाता नृपे शाकियानां कुले।
पञ्चविंशतिसहस्र जाताः सुताः शाकियानां गृहे
सर्वि बलौपेत नग्नाः समा दुष्प्रधर्षा परैः॥४०॥

今译：第二位侍从前来，抱住净饭王双足，

① 这句原文中的 jine，M 本写为 jinam。“胜者”（jina）和“自在者”（svayaṃbhū）均为佛陀的称号。

说道："王上啊，释迦家族大富大贵！
两万五千个儿子诞生在释迦族宫中，
他们个个强壮有力，敌人难以抗衡。"（40）

地译："應知釋種中，時生五百子，
一切皆勇健，力如那羅延[①]。"

अपरु पुरुष आह देवा श्रुणा नन्दशब्दं ममा
छन्दकप्रमुखानि चेटीसुता जात अष्टौ शता।
अपि च दशसहस्र जाता हयाः कण्ठकस्य सखा
तुरगवरप्रधान हेमप्रभा मञ्जुकेशा वराः॥४१॥

今译：另一位侍从说道："请听我的好消息！
以阐铎迦为首，八百个侍女之子诞生，
以犍陟为首[②]，一万匹马诞生，王上啊！
这些骏马灿若金子，鬃毛宛如蒙阇草。"（41）

地译：復有報王言："婢僕各八百，
馬生二萬駒，牛生六萬犢，
象子有二萬。"[③]

विंशति च सहस्र पर्यन्तकाः कोट्टराजास्तथा
नृपति क्रमतलेभि चान्वाक्रमी साधु देवा जया।
आज्ञा खलू ददाहि गच्छाम किं वा करोमो नृपा
त्वमिह वशितु प्राप्तु भृत्या वयं भट्ट देवा जया॥४२॥

今译：两万边城诸侯也来到这里，说道：
"王上胜利！请吩咐！我们去哪里？
我们做什么？国王啊！你是主人，
我们是臣仆，听命于你，王上胜利！"（42）

地译：四方諸國王，同時皆慶賀，
其數亦二萬，諸王咸欵附，
稽首而白言："善哉最勝王，

---

① "那罗延"（nārāyaṇa）是毗湿奴的称号。此处原文中没有使用此词。
② "以犍陟为首"的原文是 kaṇṭhakasya sakhā，M 本写为 kaṇṭhakapramukhā。
③ 此处提及的牛和象，见第 43 颂。

我願為僮僕。”

विंशति च सहस्र नागोत्तमा हेमजालोज्ज्वला
त्वरितमुपगमिंसु राज्ञो गृहं गर्जमाना नभे।
कृष्णशबल वत्स गोपामुखा जात षष्टिशता
इयमपि सुति देवदेवोत्तमे वृद्धि राज्ञो गृहे॥४३॥

今译：两万头大象身披金网，闪闪发光，
在空中鸣叫着，快速来到国王宫殿；
以戈波为首，六千头杂色牛犊诞生，
这位神中之神诞生，王宫繁荣昌盛。（43）

地译：象王金網飾，歡躍至王宮，
牛有種種色，端正甚可愛，
駿馬如珂雪，騘尾皆金色。

अपि च नृपति गच्छ प्रेक्ष स्वयं सर्वमेव प्रभो (पुण्यतेज प्रभो)
नरमरुतसहस्र ये हर्षिता दृष्ट्व जाते गुणां।
बोधिवर अशोक संप्रस्थिताः क्षिप्र भोमा जिनाः॥४४॥ इति॥

今译：“国王啊，你亲自前去看看这一切吧！
主人啊，数以千计天神和凡人看到
这位新生儿的种种品质，满怀喜悦，
发愿追求无忧菩提，迅速成为胜者。”（44）

地译：“增顯大王族，王應自往觀，
所有眾吉祥，皆因菩薩力，
天人見功德，咸生歡喜心，
發願求菩提，速登無上果。”

इति हि भिक्षवो जाते बोधिसत्त्वे तत्क्षणं दाननिसर्गः पुनरुत्तरि प्रवर्तते स्म। पञ्च च कुलिकाशतानि प्रसूयन्ते स्म दश च कन्यासहस्राणि यशोवतीप्रमुखानि। अष्टौ दासीशतानि अष्टौ दासशतानि छन्दकप्रमुखानि। दश वडवासहस्राणि दश किशोरसहस्राणि कण्ठकप्रमुखानि। पञ्च करेणुसहस्राणि पञ्च पिङ्गसहस्राणि प्रसूयन्ते स्म। तानि सर्वाणि राज्ञा शुद्धोदनेन पुस्तवरोपितानि कुमारस्य क्रीडार्थं दत्तान्यभूवन्॥

今译：这样，众比丘啊！菩萨诞生的那一刻，国王的大布施就开始。那时，五百个良家子诞生。以耶输婆提[①]为首的一万个女孩诞生。八百个女仆、以阐铎迦为首的八百个男仆、一万匹母马驹、以犍陟为首的一万匹公马驹、五千头母幼象和五千头公幼象诞生。净饭王一一登录，悉数赠给王子，供他娱乐。

地译：佛告諸比丘：菩薩生已，輸檀王倍復增上而行法行，見來求者一切施與。諸族姓中同於是時生二萬女。諸女之中，耶輸陀羅而為上首。又諸僕使及青衣等所生男女數各八百，於諸男中車匿[②]為最。駿馬生駒其數二萬，於諸馬中乾陟[③]為上。生白象子數亦二萬。

चतुर्णां च द्वीपकोटीशतसहस्राणां मध्ये पृथिवीप्रदेशे अश्वत्थयष्टिः प्रादुरभूदन्तर्द्वीपे च चन्दनवनं प्रादुर्बभूव बोधिसत्त्वस्य परिभोगार्थं बोधिसत्त्वस्यैवानुभावेन। पञ्च चोद्यानशतानि समन्तान्नगरस्य प्रादुर्बभूवुर्बोधिसत्त्वस्य परिभोगाय। पञ्च च निधानसहस्राणि धरणीतलादुत्प्लुत्य मुखं दर्शयन्ति स्म। इति हि ये केचिद्राज्ञः शुद्धोदनस्यार्थाभिप्रेता अभूवन् ते सर्वे समृद्धाभिप्रेता अभूवन् संसिद्धाः॥

今译：在四百千千万洲中的大地中部，长出阿说他树[④]。在洲中，长出檀香树林。这些都出自菩萨的威力，供菩萨享受。城市四周，出现五百座花园，供菩萨享用。五千种宝藏，涌出地面，展露真容。这样，净饭王想要什么，一切都增长繁荣，如愿实现。

地译：四百拘胝類洲之中，菩提樹牙是時初生,名阿說他。於四洲中，生栴檀林。於迦毗羅城四邊，自然出現五百園苑。五千寶藏從地踊出。如上所說一切事物，所司部錄，擬供菩薩。

ततो राज्ञः शुद्धोदनस्यैतदभूत्-- किमहं कुमारस्य नामधेयं करिष्यामीति। ततोऽस्यैतदभूत्-- अस्य हि जातमात्रेण मम सर्वार्थाः संसिद्धाः। यन्न्वहमस्य सर्वार्थसिद्ध इति नाम कुर्याम्। ततो राजा बोधिसत्त्वं महता सत्कारेण सत्कृत्य सर्वार्थसिद्धोऽयं कुमारो नाम्ना भवतु इति नामास्याकार्षीत्॥

今译：然后，净饭王思忖："我给王子起个什么名字？"他想："他一出生，我的一切愿望都实现，我就给他取名'萨婆悉达多'[⑤]。"然后，国王举行盛大的招待仪式，宣布王子取名"萨婆悉达多"。

---

① "耶输婆提"（yaśovatī）又称"耶输陀罗"（yaśodharā）。

② "车匿"是 chandoka（"阐铎迦"）的又一译名。

③ "乾陟"是 kaṇṭhaka（"犍陟"）的又一译名。

④ "阿说他树"（aśvattha）是一种圣洁的无花果树，又称"菩提树"。

⑤ "萨婆悉达多"（sarvārthasiddha）词义为"一切目的实现"或"一切事业完成"，故而也译"一切义成"。

地译：是時輪檀王與諸眷屬聚會，作是念言："我子生已，一切事物皆悉增長成就，我當與子名薩婆悉達多。"即以種種衣服飲食慶賀菩薩此名。

इति हि भिक्षवो जाते बोधिसत्त्वे मातुः कुक्षिपार्श्वमक्षतमनुपहतमभवद्यथा पूर्वं तथा पश्चात्। त्रितविष्यन्दाम्बुकूपाः प्रादुरभूवन् अपि च सुगन्धतैलपुष्करिण्यः। पञ्चाप्सरः-सहस्राणि दिव्यगन्धपरिवासिततैलपरिगृहीतानि बोधिसत्त्वमातरमुपसंक्रम्य सुजातजाते तामक्लान्तकायतां च परिपृच्छन्ति स्म। पञ्चाप्सरःसहस्राणि दिव्यानुलेपनपरिगृहीतानि बोधिसत्त्वमातरमुपसंक्रम्य सुजातजाते तामक्लान्तकायतां च परिपृच्छन्ति स्म। पञ्चाप्सरः सहस्राणि दिव्यगन्धोदकपरिपूर्णघटापरिगृहीतानि बोधिसत्त्वमातरमुपसंक्रम्य सुजातजाते तामक्लान्तकायतां च परिपृच्छन्ति स्म। पच्चाप्सरःसहस्राणि दिव्यानुलेपनपरिगृहीतनि बोधिसत्त्वमातरमुपसंक्रम्य सुजातजाते तामक्लान्तकायतां च परिपृच्छन्ति स्म। पञ्चाप्सरः सहस्राणि दिव्यदारकाचीवरपरिगृहीतानि बोधिसत्वमातरमुपसंक्रम्य सुजारजाते ताम-क्लान्तकायतां च परिपृच्छन्ति स्म। पञ्चाप्सरःसहस्राणि दिव्यदारकाभरणपरिगृहीतानि बोधिसत्त्वमातरमुपसंक्रम्य सुजातजाते तामक्लान्तकायतां च परिपृच्छन्ति स्म। पञ्चाप्सरः सहस्राणि दिव्यतूर्यसंगीतिसंप्रभणितेन बोधिसत्त्वमातरमुपसंक्रम्य सुजातजाते तामक्लान्त-कायतां च परिपृच्छन्ति स्म। यावन्तश्चेह जम्बुद्वीपे बाह्याः पञ्चभिज्ञा ऋषयस्ते सर्वे गगन-तलेनागत्य राज्ञः शुद्धोदनस्य पुरतः स्थित्वा जयवृद्धिशब्दमनुश्रावयन्ति स्म॥

今译：这样，众比丘啊！菩萨出生时，母亲的腹部和胁部没有损伤，与原先完全一样。出现三泉井和香油池。五千天女手持散发天香的香油，走近菩萨的母亲，慰问她顺利分娩而不劳累。五千天女手持天国软膏，走近菩萨的母亲，慰问她顺利分娩而不劳累。五千天女手持盛满的天国香水罐，走近菩萨的母亲，慰问她顺利分娩而不劳累。五千天女手持天国童装，走近菩萨的母亲慰问她顺利分娩而不劳累。五千天女手持儿童装饰品，走近菩萨的母亲，慰问她顺利分娩而不劳累。五千天女手持天国乐器，弹奏演唱，走近菩萨的母亲，慰问她顺利分娩而不劳累。瞻部洲所有外道五通仙人凌空来到净饭王面前，向他表达胜利和繁荣的祝贺。

地译：佛告諸比丘：菩薩生已，聖母右脇平復如故。於一井中出三種泉，浴菩薩母。又於池中出妙香油，聖后塗身。有五百千天諸婇女，各執寶缾持好香油，至聖后所，而慰問言："安隱生子，願無上損。"復有五百千天諸婇女，各各執持上妙塗香，塗聖后身，而慰問言："安隱生子，願無上損。"復有五百千天女，各各執持上妙天衣，為供養菩薩故，問聖后言："安隱生子，願無上損。"復有五百千天諸婇女，各各執持寶莊嚴具，為供養菩薩故，問聖后言："安隱生子，願無上損。"又有五百千天諸婇女，各各執持上妙音樂，鼓吹絃歌，為供養菩薩故，問聖后言："安隱生子，願無上損。"此閻浮提一切外道五通神仙，乘空至於輸檀王所，而白王言："王生福德之子，吉祥無量，種族增盛。"

इति हि भिक्षवो जातमात्रो बोधिसत्त्वः सप्तरात्रः लूम्बिनीवने दिव्यमानुष्यकैस्तूर्यतालावचरैः सत्क्रियते स्म गुरुक्रियते स्म मान्यते स्म पूज्यते स्म खाद्यभोज्यस्वादनीयानि विश्राण्यन्ते स्म। सर्वशाक्यगणाश्च संनिपात्यानन्दशब्दमुदीरयन्ति स्म दानानि च ददन्ति स्म पुण्यानि च कुर्वन्ति स्म। द्वात्रिंशच्च ब्राह्मणशतसहस्राणि दिने दिने संतर्प्यन्ते स्म। येषां च येनार्थेन तेभ्यस्तद्दीयते स्म। शक्रश्च देवानामिन्द्रो ब्रह्मा च तस्यां ब्राह्मणपर्षदि माणवकरूपमभिनिर्मायाग्रासने निषद्येमां मङ्गल्यां गाथामभ्यभाषताम्--

今译：这样，众比丘啊！菩萨一诞生，接连七天，在蓝毗尼园中，伴随天国和人间的音乐舞蹈，他受到供养、尊重、尊敬和供拜，各种可口的食物应有尽有。所有释迦族人聚集在一起，发出欢声笑语，布施积德。三百二十万婆罗门天天得到满足。任何人想要什么，就会得到什么。神中因陀罗帝释天和梵天化作青年模样，出现在婆罗门集会中，坐在首座，吟诵吉祥的偈颂：

地译：佛告諸比丘：菩薩生已，於龍毗尼園七日七夜，人天擊奏種種微妙音樂，而以供養、尊重、讚歎，復以種種上妙飲食施設一切。釋種親族皆悉集會，讚言吉祥，悉行惠施，作諸功德，供養三萬二千名聞勝智諸婆羅門，隨其所須，皆令滿足。梵王、帝釋化作端正摩那婆[①]身，於眾會中坐第一座，而演吉祥微妙讚歎。

अपायाश्च यथा शान्ता सुखी सर्वं यथा जगत्।
ध्रुवं सुखावहो जातः सुखे स्थापयिता जगत्॥४५॥

今译：三恶道得以平息，一切世界获得安乐，
赐福者已经诞生，他让世界永远幸福。（45）

यथा वितिमिरा चाभा रविचन्द्रसुरप्रभाः।
अभिभूता न भासन्ते ध्रुवं पुण्यप्रभोद्भवः॥४६॥

今译：这位功德之光诞生，如光明驱除黑暗，
太阳、月亮和天神的光辉也变得暗淡。（46）

पश्यन्त्यनयना यद्वच्छ्रोत्रहीनाः श्रुणन्ति च।
उन्मत्तकाः स्मृतीमन्तो भविता लोकचेतियः॥४७॥

---

① "摩那婆"的原词是 māṇavaka，词义为"青年"。

今译：失明者也能看见，耳聋者也能听到，
　　　疯子也恢复记忆，他成为世界宝塔。（47）

न बाधन्ते यथा क्लेशा जातं मैत्रजनं जगत्।
निः संशयं ब्रह्मकोटीनां भविता पूजनारहः॥४८॥

今译：烦恼不再折磨人，世人变得仁慈，
　　　毫无疑问，他值得亿万梵天供拜。（48）

यथा संपुष्पिताः शाला मेदिनी च समा स्थिता।
ध्रुवं सर्वजगत्पूज्यः सर्वज्ञोऽयं भविष्यति॥४९॥

今译：娑罗树鲜花盛开，大地舒展平坦，
　　　这位全知者必定会受全世界供拜。（49）

यथा निराकुलो लोको महापद्मो यथोद्भवः।
निः संशयं महातेजा लोकनाथो भविष्यति॥५०॥

今译：世界不再混乱，大莲花从地面跃出，
　　　无疑他有大威力，将成为世界保护者。（50）

यथा च मृदुका वाता दिव्यगन्धोपवासिताः।
शमेन्ति व्याधिं सत्त्वानां वैद्यराजो भविष्यति॥५१॥

今译：风儿轻轻吹拂，散发神奇芳香，
　　　他将成为医王，治愈众生疾病。（51）

वीतरागा यथा चेमे रूपधातौ मरुच्छताः।
कृताञ्जलिं नमस्यन्ते दक्षिणीयो भविष्यति॥५२॥

今译：数以百计的色界天神消除贪欲，
　　　双手合十行礼，他将值得尊敬。（52）

यथा च मनुजा देवान् देवाः पश्यन्ति मानुषान्।
हेठयन्ति न चान्योन्यं सार्थवाहो भविष्यति॥५३॥

今译：凡人观看天神，天神观看凡人，
　　　互相没有敌意，他将成为导师。（53）

यथा च ज्वलनः शान्तः सर्वा नद्यश्च विस्थिताः।
सूक्ष्मं च कम्पते भूमिः भविता तत्त्वदर्शकः॥५४॥ इति॥

今译：火焰变得平静，一切河流停住，
　　大地微微震动，他将揭示真谛。（54）[①]

地译：佛告諸比丘：菩薩生已，摩醯首羅告淨居天子言："菩薩已於百千阿僧祇拘胝那由他劫，修習布施、持戒、忍辱、精進、禪定、智慧、方便、多聞，成就大慈、大悲、大喜、大捨，心常希求利益一切，已於過去諸佛深種善根，從彼而生，以百福相而自嚴飾，勇猛決定，習諸善行，降伏魔怨，已能成就清淨妙願，名大智幢，於三千大千世界中為大導師，天人供養，積集福德，增長意樂，遠離生老病死，能盡邊際，能於甘蔗上族中生，不久得阿耨多羅三藐三菩提，覺悟世間。我與汝等可共往彼供養恭敬，尊重讚歎，及為斷除諸餘天子憍慢掉舉故，令彼諸天於長夜中獲利益故，得安樂故，證菩提故。又欲見輸檀王，讚歎吉祥，慶賀種族，宣說菩薩定當成佛。"

爾時，摩醯首羅天子與十二百千天眾圍遶，光明赫奕照迦毗羅城，詣輸檀王宮，頂禮菩薩，遶百千匝，恭敬捧持，慶賀輸檀王言："大王應大歡喜。何以故？王之太子相好莊嚴，於一切世間天人之中，色相、光明、道德、名稱悉皆殊勝。大王！如是菩薩決定當得阿耨多羅三藐三菩提。"如是，諸比丘！摩醯首羅與淨居天子設大供養，宣說菩薩定得作佛，還歸本處。[②]

इति हि भिक्षवः सप्तरात्रजातस्य बोधिसत्त्वस्य माता मायादेवी कालमकरोत्। सा कालगता त्रायत्रिंशति देवेषूपपद्यत। स्यात् खलू पुनर्भिक्षवो युष्माकमेवं बोधिसत्त्वापराधेन मायादेवी कालगतेति न खल्वेवं द्रष्टव्यम्। तत्कस्माद्धेतोः एतत् परमं हि तस्या आयुष्प्रमाणमभूत्। अतीतानामपि भिक्षवो बोधिसत्त्वानां सप्तरात्रजातानां जनेत्र्यः कालमकुर्वन्त। तत्कस्माद्धेतोः विवृद्धस्य हि बोधिसत्त्वस्य परिपूर्णेन्द्रियस्याभिनिष्क्रामतो मातुर्हृदयं स्फुटेत्॥

今译：众比丘啊！在菩萨出生后第七天，菩萨的母亲摩耶王后去世。她死后，升入忉利天。众比丘啊！你们可能会想摩耶王后去世，是不是菩萨的过错？不应该这样看。为什么？这是她的最高命数。众比丘啊！过去菩萨们的母亲也都在他们出生后第七天去世的。为什么？菩萨诸根健全而出生，母亲的心便会破裂。

地译：佛告諸比丘：菩薩初生滿七日已，摩耶聖后即便命終，生三十三天。

---

① 以上第 45 至第 54 首偈颂不见于地译。而地译上一段末尾也提及"演吉祥微妙赞叹"。护译此处有这些偈颂。

② 地译这两段文字见于原文第 75 首偈颂之后。

इति हि भिक्षवः सप्तमे दिवसे यादृशेनैव व्यूहेन मायादेवी कपिलवस्तुनो महानगरादुद्यानभूमिमभिनिष्क्रान्ताभूत् ततः कोटीशतसहस्रगुणोत्तरेण महाव्यूहेन बोधिसत्त्वः कपिलवस्तु महानगरं प्राविक्षत्। तस्य च प्रविशतः पञ्च पूर्णकुम्भसहस्राणि गन्धोदकपरिपूर्णानि पुरतो नीयन्ते स्म। एवं पञ्चकन्यासहस्राणि मयूरहस्तकम्परिगृहीतानि पुरतो गच्छन्ति स्म। पञ्च च कन्यासहस्राणि तालवृक्षकपरिगृहीतानि पुरतो गच्छन्ति स्म। पञ्च स कन्यासहस्राणि गन्धोदकभृङ्गारपरिगृहीतानि पुरतो गच्छन्ति स्म मार्गमवसिञ्चन्ति स्म। पञ्च च कन्यासहस्राणि विचित्रपटलकपरिगृहीतानि पुरतो गच्छन्ति स्म। पञ्च च कन्यासहस्राणि नवविचित्रप्रलम्बनमालापरिगृहीतानि पुरतो गच्छन्ति स्म। पञ्च च कन्यासहस्राणि रत्नभद्रालंकारपरिगृहीतानि पुरतो गच्छन्ति स्म मार्गं शोधयन्ति स्म। पञ्च च कन्यासहस्राणि भद्रासनपरिगृहीतानि पुरतो गच्छन्ति स्म। पञ्च च ब्राह्मणसहस्राणि घण्टापरिगृहीतानि माङ्गल्यशब्दं श्रावयन्तः पुरतो गच्छन्ति स्म। विंशति नागसहस्राणि सर्वालंकारविभूषितानि पुरतो गच्छन्ति स्म। विंशति हयसहस्राणि सुवर्णालंकारसंछन्नानि सर्वालंकारविभूषितानि पुरतो गच्छन्ति स्म।

今译：这样，众比丘啊！在第七天，正像摩耶王后从迦比罗卫大城前往花园时，有队伍陪随，菩萨进入迦比罗卫大城时，有比当时多百千千万倍的庞大队伍陪随。菩萨进入时，五千盛满的香水罐在前引路。五千女孩手持孔雀羽扇走在前面。五千女孩手持多罗树苗走在前面。五千女孩手持香水罐走在前面，泼洒道路。五千女孩手持彩色衣被走在前面。五千女孩手持各种悬挂的新鲜花环，走在前面。五千女孩手持宝石装饰品，走在前面，清洁道路。五千女孩手持吉祥宝座，走在前面。五千婆罗门手持铃铛，念诵吉祥祝词，走在前面。两万头象盛装严饰，走在前面。两万匹马配备金鞍，盛装严饰，走在前面。

地译：過七日已，菩薩還迦毗羅城。所有儀式莊嚴殊勝，倍過聖后往龍毗尼園百千拘胝。有五百千天女皆捧寶缾，盛以香水。五百千婇女持孔雀羽扇，次第而行。五百千婇女香水灑地，導前而行。五百千天女於前執篲，掃地而行。五百千婇女以種種瓔珞莊嚴其身，次第而行。五百千天女執寶花鬘，次第而行。五百千婇女持眾寶具，次第而行。五百千婆羅門執諸寶鈴，詠吉祥音，次第而行。二萬大象種種莊嚴，次第而行。

अशीति रथसहस्राणि उच्छ्रितछत्रध्वजपताकाकिङ्किणीजाल समलंकृतानि बोधिसत्त्वस्य पृष्ठतोऽनुच्छन्ति स्म। चत्त्वारिंशत्पदातिसहस्राणि शूराणां वीराणां वराङ्गरूपिणां संनद्धदृढवर्मकवचानां बोधिसत्त्वं गच्छन्तमनुगच्छन्ति स्म। गगनतलगतानि चाप्रमेयासंख्येयान्यभिज्ञातानि कामावचराणां रूपावचरदेवपुत्रकोटीनयुतशतसहस्राणि नानाप्रकारमनेकव्यूहैर्बोधिसत्त्वस्य पूजां कुर्वन्तोऽनुगच्छन्ति स्म। यस्मिंश्च वरप्रवररथे बोधिसत्त्वः समभिरूढो

ऽभूत् स कामावचरैर्देवैरनेकैर्महाव्यूहैः समलंकृतोऽभूत्। विंशति च देवकन्यासहस्राणि सर्वालंकारविभूषितानि रत्नसूत्रपरिगृहीतानि तं रथं वहन्ति स्म। द्वयोश्चाप्सरसोर्मध्ये एका मानुषी कन्या द्वयोर्मानुषीकन्ययोर्मध्ये एकाप्सरा। न चाप्सरसो मानुषीणामामगन्धं जिघ्रन्ति स्म। न च मानुषा अप्सरसां रूपं दृष्ट्वा प्रमादमापद्यन्ते स्म यदिदं बोधिसत्त्वस्य तेजोनुभावेन॥

今译：八万辆车装饰有挺立的华盖、旗帜和旗幡，覆盖铃铛网，跟随在菩萨后面。四万步兵勇敢，英武，肢体俊美，披戴结实坚固的铠甲，跟随在行进的菩萨后面。在空中，无量无数百千万亿欲界和色界的天子用各种庄严供奉菩萨，跟随在后。欲界众天神用各种大庄严装饰菩萨乘坐的宝车。两万天女盛装严饰，手持宝绳，牵引这辆车。两个天女中间有一个凡人女子，两个凡人女子中间有一个天女。天女不会闻到凡人女子的难闻气味，凡人女子看到天女的美貌，不会迷醉。这是依靠菩萨的光辉威力。

地译：八萬寶車幢𢅥幰蓋，莊嚴微妙，翊從而行。四萬步兵悉被甲冑，皆操儀仗，陪列而行。又有色界尊勝諸天執持拘胝百千那由他寶幢幡蓋，於虛空中供養而行。又有欲界諸天執持拘胝百千那由他寶幢幡蓋，於虛空中供養而行。又有欲界諸天以種種天諸寶具，莊嚴菩薩之車。又有二萬諸天婇女為菩薩御。是時，人天婇女羅列而行，天無所嫌，人無所羨，此由菩薩威神力故。

इति हि भिक्षवः कपिलाह्वये पुरवरे सर्वार्थसिद्धाय पञ्चमात्रैः शाक्यशतैः पञ्चगृहशतानि निर्मापितान्यभूवन् बोधिसत्त्वमुद्दिश्य। ते बोधिसत्त्वं नगरं प्रविशन्तं स्वस्वगृहद्वारमूले स्थित्वा कृताञ्जलिपुटा अभिनतकायाः सगौरवा एवमाहुः-- इह भोः सर्वार्थसिद्ध प्रविश। इह भो देवातिदेव प्रविश। इह भोः शुद्धसत्त्व प्रविश। इह भोः सारथिवर प्रविश। इह भोः प्रीतिप्रामोद्यकर प्रविश। इह भो अनिन्दितयशः प्रविश। इह भोः समन्तचक्षु प्रविश। इह भो असमसम प्रविश। इह भो असदृशगुणतेजोधर लक्षणानुव्यञ्जनस्वलंकृतकाय प्रविशेति। ततश्चोपादाय कुमारस्येह सर्वार्थसिद्धः सर्वार्थसिद्ध इति संज्ञामगमत्॥

今译：这样，众比丘啊！在名为迦比罗的大城中，有五百位释迦族人为萨婆悉达多建造了五百座宫殿。在菩萨进城时，他们各自站在自己的宫殿门口，双手合十，俯首弯腰，怀着尊敬，对菩萨说道："萨婆悉达多啊，这里请进！神中至高之神啊，这里请进！本性纯洁者啊，这里请进！优秀的导师啊，这里请进！令人喜悦和愉快者啊，这里请进！声誉无可指摘者啊，这里请进！眼观一切者啊，这里请进！无与伦比者啊，这里请进！具有无比功德光辉、身体装饰有种种妙相和随好者啊，这里请进！"从那时开始，王子的萨婆悉达多这个名字流传于世。

地译：佛告諸比丘：是時，迦毗羅城五百釋種各造宮殿，合掌恭敬，稽首請輸檀王言：“善哉，善哉！一切成利[①]，願天中天幸我宮殿，願最上導師幸我宮殿，願歡喜悅樂者幸我宮殿，願好名稱幸我宮殿，願普遍眼幸我宮殿，願無等等[②]幸我宮殿，願功德光明、具相莊嚴者幸我宮殿。”由是讚歎成利因緣故，名菩薩為薩婆悉達多。

तत्र राजा शुद्धोदनस्तेषां सर्वैषामनुवर्तनार्थं बोधिसत्त्वं सर्वगृहेषु प्रवेश्य चतुर्णां मासानामत्ययाद्बोधिसत्त्वं स्वगृहे प्रवेशयति स्म। तत्र च नानारत्नव्यूहो नाम महाप्रासादस्तं बोधिसत्त्वः समारूढोऽभूत्। तत्र ते बृद्धवृद्धाः शाक्याः संनिपत्यैवं मतं चारयन्ति स्म-- का नु खलू समर्था बोधिसत्त्वं गोपायितुं केलयितुं ममायितुं हितचित्ततया मैत्रचित्ततया गुणचित्ततया सौम्यचित्ततया चेति। तत्र पञ्चमात्राणि शाक्यवधूशतानि। एकैका एवमाहूः-- अहं कुमारमुपस्थास्य इति। तत्र महल्लकमहल्लिकाः शाक्या एवमाहुः-- सर्वा एता वधूका नवा दह्लास्तरुण्यः रूपयौवनमदमत्ताः। नैताः समर्था बोधिसत्त्वं कालेन कालमुप- स्थापयितुम्। अथ च पुनरियं महाप्रजापती गौतमी कुमारस्य मातृस्वसा। एषा समर्था कुमारं सम्यक्सुखेन संवर्धयितुम् राजानं च शुद्धोदनमभिधारयितुम्। इति हि ते सर्वे समग्रा भूत्वा महाप्रजापतीं गौतमीमुत्साहयन्ति स्म। इति हि महाप्रजापती गौतमी कुमारं संवर्धयति स्म। तत्र बोधिसत्त्वस्यार्थे द्वात्रिंशद्धात्र्यः संस्थापिता अभुवन् अष्टावङ्कधात्र्यः अष्टौ क्षीरधात्र्यः अष्टौ मलधात्र्यः अष्टौ क्रीडाधात्र्यः॥

今译：在那里，净饭王为了顺应所有这些人，让菩萨进入所有这些宫殿。四个月后，他让菩萨进入自己的宫殿。这个大宫殿名为众宝庄严殿，菩萨住在那里。释迦族的长老们聚集在那里，商议道：“谁具有利他心、慈爱心、功德心和温柔心，适合看护、取悦和爱怜菩萨？”在那里，有五百位释迦族少妇，人人都说：“我能侍候王子。”释迦族长老们说道：“这些少妇年轻幼稚[③]，依仗青春美貌骄傲放逸。她们不能及时地侍候菩萨。然而，那位摩诃波阇波提•乔答弥是王子的姨母。她能正确而安稳地抚养王子，也能照顾净饭王。”这样，他们一起鼓励摩诃波阇波提•乔答弥。于是，摩诃波阇波提•乔答弥抚育王子。她为王子配备了三十二位乳娘：八位怀抱乳娘，八位哺乳乳娘，八位洗浴乳娘，八位游戏乳娘。

地译：於是，輸檀王愍諸釋[④]意，即將菩薩入諸釋宮，經於四月，方得周

① “一切成利”即“萨婆悉达多”（“一切义成”）。
② “无等等”的原词是 asamasama，词义为“无与伦比”。
③ 此处“幼稚”的原词是 dahnāḥ，据 M 本和 L 本应为 dahrāḥ。
④ 此处“释”是“释迦族”或“释种”的略称。

遍。然後，乃將菩薩歸於自宮。於自宮中有一大殿，名寶莊嚴。菩薩居彼殿已，時輸檀王召諸親族長德耆年，凡預國姻皆悉來集，而告之言："我子嬰孩早喪其母，乳哺之寄今當付誰？誰能影護使得存活？誰能慈心為我瞻視？誰能養育令漸長大？誰能憐撫如愛己子？"時有五百釋氏之婦，前白王言："我能養育王之太子。"諸釋耆舊咸作是言："汝等年少，色盛心舉，不堪依時養育太子。摩訶波闍波提，親則姨母，有慈有惠，唯此一人堪能養育。"是諸釋種皆共和合，請摩訶波闍波提為養育主。時輸檀王躬抱菩薩，付於姨母，而告之言："善來[①]夫人！當為其母。"摩訶波闍波提奉王勑已，命三十二養育之母：八母抱持，八母乳哺，八母洗浴，八母遊戲，養育菩薩。譬如白月從初一日至十五日清淨圓滿，亦如尼拘陀樹植彼膏腴沃壤之地，漸漸增長。

ततो राजा शुद्धोदनः सर्वं शाक्यगणं संनिपात्यैवं मीमांसते स्म-- किं नु खल्वयं कुमारो राजा भविष्यति चक्रवर्ती आहोस्विदभिनिष्क्रमिष्यति प्रव्रज्यायै॥

今译：然后，净饭王召集所有释迦族人，议论道："这位王子将来会成为转轮王呢，还是会出家？"

地译：佛告諸比丘：時輸檀王又與釋種共集議論："我此太子為作轉輪聖王，為當出家成佛道也？"

तेन च समयेन हिमवतः पर्वतराजस्य पार्श्वे असितो नाम महर्षिः प्रतिवसति स्म पञ्चाभिज्ञः सार्धं नरदत्तेन भागिनेयेन। स बोधिसत्त्वस्य जातमात्रस्य बहून्याश्चर्याद्भुत-प्रातिहार्याण्यद्राक्षीत्। गगनतलगतांश्च देवपुत्रान् बुद्धशब्दमनुश्रावयतोऽम्बराणि च भ्रामयत इतस्ततः प्रमुदितान् भ्रमतोऽद्राक्षीत्। तस्यैतदभूत्-- यन्न्वहं व्यवलोकयेयमिति। स दिव्येन चक्षुषा सर्वं जम्बुद्वीपमनुविलोकयन्नद्राक्षीत् कपिलाह्वये महापुरवरे राज्ञः शुद्धोदनस्य गृहे कुमारं जातं शतपुण्यतेजस्तेजितं सर्वलोकमहितं द्वात्रिंशन्महापुरुषलक्षणैः समलंकृतगात्रम्।

今译：那时，有一位五通大仙，名叫阿私陀，与外甥那罗达多一起住在雪山山麓。在菩萨出生时，他看到许多奇异的神通变化。他也看到众天子在空中赞颂佛，兴奋地舞动衣裳，四处游荡。他思忖："我要观察一下。"凭借天眼，他观察整个瞻部洲，看到在名为迦比罗的大城，净饭王宫中诞生一位王子，闪耀百道功德光辉，受一切世界尊敬，肢体装饰有三十二大人相。

地译：時有五通神仙名阿斯陀，與外族那羅童子居雪山中，見菩薩生時有無量希奇之瑞，又聞虛空諸天讚言："佛出於世。"又見空中雨種種香花、種種衣服，人天往來，歡喜踊躍，即以天眼周遍觀察，見迦毗羅城輸檀王太子

---

① "善来"（svāgatam）的词义为"欢迎"，此处原文中没有使用此词。

福德光明照曜世間，成就三十二大人相。

दृष्ट्वा च पुनर्नरदत्तं माणवकमामन्त्रयते स्म-- यत् खलु माणवक जानीया जम्बुद्वीपे महारत्नमुत्पन्नम्। कपिलवस्तुनि महानगरे राज्ञः शुद्धोदनस्य गृहे कुमारो जातः शतपुण्यतेजस्तेजितः सर्वलोकमहितो द्वात्रिंशन्महापुरुषलक्षणैः समन्वागतः। सचेत्सोऽगारमध्यावसिष्यति राजा भविष्यति चतुरङ्गश्चक्रवर्ती विजितवान् धार्मिको धर्मराजो जानपदस्थामवीर्यप्राप्तः सप्तरत्नसमन्वागतः। तस्येमानि सप्त रत्नानि भवन्ति। तद्यथा-- चक्ररत्नं हस्तिरत्नं अश्वरत्नं मणिरत्नं स्त्रीरत्नं गृहपतिरत्नं परिणायकरत्नम्। एवं सप्तरत्नसंपूर्णश्च। अस्य पुत्रसहस्रं भविष्यति शूराणां वीराणां वराङ्गरूपिणां परसैन्यप्रमर्दकानाम्। स इमं महापृथिवीमण्डलं समुद्रपरिखमदण्डेनाशस्त्रेण स्वेन (धर्मेण) बलेनाभिभूयाभिनिर्जित्य राज्यं करिष्यत्यैश्वर्याधिपत्येन। सचेत्पुनरगारादनगारिकां प्रव्रजिष्यति तथागतो भविष्यति अर्हन् सम्यक्संबुद्धो नेता अनन्यनेयः शास्ता लोके संबुद्धः। तदेतर्ह्युपसंक्रमिष्यावस्तद् द्रष्टुमिति॥

今译：看到后，他对青年那罗达多说道："青年人啊，你要知道瞻部洲有位大宝出生了。在迦比罗卫大城，净饭王宫中诞生一位王子，闪耀百道功德光辉，受一切世界尊敬，具有三十二大人相。如果他居家，将是拥有四军的转轮王，征服者，奉行正法的法王，拥有国家、威力和勇气，拥有七宝。他的七宝是轮宝、象宝、马宝、摩尼宝、女宝、家主宝和将帅宝。这样，他拥有七宝。他会有一千个儿子，个个勇敢，英武，肢体俊美，粉碎敌军。他统治直到海边的大地，不依靠刑杖，不依靠武器，而是依靠自己的正法力量征服和战胜，使王国繁荣富强。如果他出家，将成为如来、阿罗汉、正等觉，无需他人引路的向导，导师，世界觉醒的导师。现在，让我们俩去看看。"

地译：見此事已，告那羅童子言："汝應當知閻浮提內迦毗羅城，輸檀王太子福德光明，普照十方世間之中。此為大寶，三十二相莊嚴其身。若在家者，當為轉輪聖王，王四天下，成就七寶，具足千子，統領大地盡海邊際，以法御物，不假刀兵，自然降伏。若出家者，當得成佛，不由他悟，為天人師，名稱普聞，利益一切。我今與汝當往瞻禮。"

अथ खल्वसितो महर्षिः सार्धं नरदत्तेन भागिनेयेन राजहंस इव गगनतलादभ्युद्गम्य समुत्प्लुत्य येन कपिलवस्तु महानगरं तेनोपसंक्रामत्। उपसंक्रम्य ऋद्धिं प्रतिसंहृत्य पद्भ्यामेव कपिलवस्तु महानगरं प्रविश्य येन राज्ञः शुद्धोदनस्य निवेशनं तेनोपसंक्रामत्। उपसंक्रम्य राज्ञः शुद्धोदनस्य गृहद्वारेऽस्थात्॥

今译：于是，大仙阿私陀与外甥那罗达多，像天鹅那样腾空飞翔，来到迦比罗卫大城。他施展神通，步行进入迦比罗卫大城，来到净饭王住处。他站在净饭王宫门口。

地译：時阿斯陀仙與那羅童子，猶如鴈王翔空而至，攝其神足，步入王城，詣輸檀王宮，立於門下。

इति हि भिक्षवोऽसितो महर्षिः पश्यति स्म राज्ञः शुद्धोदनस्य गृहद्वारेऽनेकानि प्राणिशतसहस्राणि संनिपतितानि। अथ खल्वसितो महर्षिर्दौवारिकमुपसंक्रम्यैवमाह-- गच्छ त्वं भोः पुरुष राज्ञः शुद्धोदनस्य निवेदय द्वारे ऋषिर्व्यवस्थित इति। परमेति दौवारिकोऽसितस्य महर्षेः प्रतिश्रुत्य येन राजा शुद्धोदनस्तेनोपसंक्रामत्। उपसंक्रम्य कृताञ्जलिपुटो राजानं शुद्धोदनमेवमाह-- यत् खलू देव जानीया ऋषिर्जीर्णो वृद्धो महल्लको द्वारे स्थितः। एवं च वदति-- राजानमहं द्रष्टुकाम इति। अथ राजा शुद्धोदनोऽसितस्य महर्षेरासनं प्रज्ञाप्य तं पुरुषमेवमाह-- प्रविशतु ऋषिरिति। अथ स पुरुषो राजकुलान्निष्क्रम्यासितं महर्षिमे- वमाह-- प्रविशेति॥

今译：众比丘啊！阿私陀大仙看见净饭王宫门口，聚集着数十万众生。随即，阿私陀大仙走上前去，对门卫说道："请你进去禀报净饭王：有位仙人在门口。""好吧！"[①]门卫听了阿私陀大仙的话，来到净饭王那里。他双手合十，对净饭王说道："禀报王上，有位年迈体衰的老仙人站在门口，说道：'我想见国王。'"于是，净饭王吩咐给阿私陀大仙备座，对门卫说道："让仙人进来吧！"门卫从宫中出来，对阿私陀大仙说道："请进！"

地译：告守門者："汝可入通，有阿斯陀來造於王。"時守門人往到王所，而白王言："大王！門有仙人名阿斯陀，願得親謁。"王聞是已，掃拭宮殿，安施妙座，引仙人入。

अथ खल्वसितो महर्षिर्येन राजा शुद्धोदनस्तेनोपसंक्रामत्। उपसंक्रम्य पुरतः स्थित्वा राजानं शुद्धोदनमेवमाह-- जय जय महाराज चिरमायुः पालय धर्मेण राज्यं कारयेति॥

今译：这样，阿私陀大仙走近净饭王，站在净饭王面前，说道："胜利！胜利！大王！祝你长寿！祝你依法治国！"

地译：仙人既至，呪願王言："吉祥尊貴，願增壽命，以法為王。"

अथ स राजा शुद्धोदनोऽसितस्य महर्षेरर्घपाद्यमर्चनं च कृत्वा साधु सुष्ठु च परिगृह्य आसनेनोपनिमन्त्रयते स्म। सुखोपविष्टं चैनं ज्ञात्वा सगौरवः सुप्रतीत एवमाह-- न स्मराम्यहं तव ऋषे दर्शनम्। तत्केनार्थेनेहाभ्यागतोऽसि किं प्रयोजनम्

---

① 此处"好吧！"的原文是 parameti，疑有误，似应为 paramamiti。

今译：然后，净饭王用食品和洗足水侍奉他，礼貌周到，请他入座。待他舒适地坐下，尊敬而信任地说道："仙人啊，我不记得曾经见过你。你来这里有何事？有何需求？"

地译：王於是時以種種香花供養仙人，延其就座。仙人坐已，王言："大仙！恒思頂禮，未果所願，不審今者從何而至？"

एवमुक्तेऽसितो महर्षी राजानं शुद्धोदनमेतदवोचत्-- पुत्रस्ते महाराज जातस्तमहं द्रष्टुकाम इहागत इति॥

今译：闻听此言，阿私陀大仙对净饭王说道："大王啊，你的儿子诞生，我来这里想要见见他。"

地译：仙言："大王！聞有聖子，我欲見之，故來此耳。"

राजा आह-- स्वपिति महर्षे कुमारः। मुहूर्तमागमय यावदुत्थास्यतीति॥

今译：国王说道："大仙啊，王子正睡着。请等一会儿，待他醒来。"

地译：王言："我子適睡請待須臾。"

ऋषिरवोचत्-- न महाराज तादृशा महापुरुषाश्चिरं स्वपन्ति। जागरशीलास्तादृशाः सत्पुरुषा भवन्ति॥

今译：仙人说道："大王啊！这样的大丈夫不会睡很久。这样的善人习惯清醒。"

地译：仙言："如是正士自性覺悟，本無眠睡。"

इति हि भिक्षवो बोधसत्त्वोऽसितस्य महर्षेरनुकम्पया जागरणनिमित्तमकरोत्। अथ खलू राजा शुद्धोदनः सर्वार्थसिद्धं कुमारमुभाभ्यां पाणिभ्यां साधु च सुष्ठु चानुपरिगृह्य असितस्य महर्षेरन्तिकमुपनामयति स्म॥

今译：于是，众比丘啊！出于对阿私陀大仙的同情，菩萨显示醒来的样子。净饭王用双手端正地抱住王子萨婆悉达多，带到阿私陀大仙身旁。

地译：比丘當知菩薩是時念仙人故，從睡而寤。王自抱持，授與仙人。

इति हि असितो महर्षिर्बोधिसत्त्वमवलोक्य द्वात्रिंशता महापुरुषलक्षणैः समन्वागतमशीत्यनुव्यञ्जनसुविचित्रगात्रं शक्रब्रह्मलोकपालातिरेकवपुषं दिनकरशतसहस्रातिरेकतेजसं सर्वाङ्गसुन्दरं दृष्ट्वा चोदानमुदानयति स्म-- आश्चर्यपुद्गलो बतायं लोके प्रादुर्भूत महाश्चर्यपुद्गलो बतायं लोके प्रादुर्भूतः इत्युत्थायासनात्कृताञ्जलिपुटो बोधिसत्त्वस्य चरणयोः प्रणिपत्य प्रदक्षिणीकृत्य च बोधिसत्त्वमङ्केन परिगृह्य निध्यायन्नवस्थितोऽभूत्। सोऽद्राक्षीद्बोधिसत्त्वस्य

द्वात्रिंशन्महापुरुषलक्षणानि यैः समन्वागतस्य पुरुषपुद्गलस्य द्वे गती भवतो नान्या। सचेदगारमध्यावसति राजा भवति चतुरङ्गश्चक्रवर्ती पूर्ववद्यावदेवैश्वर्याधिपत्येन। सचेत्पुनरगारादनगारिकां प्रव्रजति तथागतो भविष्यति विघुष्टशब्दः सम्यक्संबुद्धः। स तं दृष्ट्वा प्रारोदीदश्रूणि च प्रवर्तयन् गम्भीरं च निश्वसति स्म॥

今译：阿私陀大仙看到菩萨肢体完美，有三十二大人相和所有八十种随好相，美貌胜过帝释天、梵天和护世天王，光辉胜过成百千个太阳，肢体完美，大声说道："哦，这位奇人出世了！哦，这位伟大的奇人出世了！"说罢，他从座位起身。双手合十，向菩萨行触足礼，右绕而行。然后，他将菩萨抱在怀中，站在那里，仔细观察。他看到菩萨身上有三十二种大人相。有这些相记的圣人只有两种归宿：如果他居家，就成为拥有四军的转轮王，如前所述，繁荣富强。如果他出家，就成为如来，声名远扬的正等觉。他这样看着，转而哭泣流泪，深长叹息。

地译：仙人跪捧周遍觀察，見菩薩身具足相好，超過梵王、釋提桓因、護世四王，光明照曜踰百千日。既見是已，即起合掌，恭敬頂禮，種種稱揚，歎未曾有："斯大丈夫出現於世。"右遶三匝，捧持菩薩，作是思惟："今當有佛出興於世，自恨衰老不值如來，常處長夜，恒迷正法。"於是，悲啼懊惱，歔欷哽咽。

अद्राक्षीद्राजा शुद्धोदनोऽसितं महर्षिं रुदन्तमश्रूणि च प्रवर्तयमानं गम्भीरं च निश्वसन्तम्। दृष्ट्वा च संहर्षितरोमकूपजातस्त्वरितत्वरितं दीनमना असितं महर्षिमेतदवोचत्-- किमिदमृषे रोदसि अश्रूणि च प्रवर्तयसि गम्भीरं च निश्वससि मा खलु कुमारस्य काचिद्विप्रतिपत्तिः॥

今译：净饭王看见阿私陀大仙哭泣流泪，深长叹息。看见这种情状，国王顿时汗毛竖起，内心紧张，对阿私陀大仙说道："仙人啊，你为何哭泣流泪，深长叹息？但愿王子不要有什么不幸。"

地译：時輸檀王見阿斯陀仙如是哀感，不能自勝，王及姨母一切眷屬皆悉啼泣，白仙人言："我子初生之時，已召相師占問善否，皆大歡喜，以為奇特。今者大仙悲淚如是，我等眷屬非無疑心，吉凶之事願為我說。"

एवमुक्तेऽसितो महर्षी राजानं शुद्धोदनमेवमाह-- नाहं महाराज कुमारस्यार्थेन रोदिमि नाप्यस्य काचिद्विप्रतिपत्तिः। किं त्वात्मानमहं रोदिमि। तत्कस्माद्धेतोः अहं च महाराज जीर्णो वृद्धो महल्लकः। अयं च सर्वार्थसिद्धः कुमारोऽवश्यमनुत्तरां सम्यक्संबोधिमभिसंभोत्स्यति। अभिसंबुध्य चानुत्तरं धर्मचक्रं प्रवर्तयिष्यति अप्रवर्तितं श्रमणेन वा ब्राह्मणेन

वा देवेन वा मारेण वा अन्येन वा पुनः केनचिल्लोके सहधर्मेण। सदेवकस्य लोकस्य हिताय सुखाय धर्मं देशयिष्यति आदौ कल्याणं मध्ये कल्याणं पर्यवसाने कल्याणम्। स्वर्थं सुव्यञ्जनं केवलं परिपूर्णं परिशुद्धं पर्यवदातं ब्रह्मचर्यं सत्त्वानां संप्रकाशयिष्यति। अस्मात्तं धर्मं श्रुत्वा जातिधर्माणः सत्त्वा जात्या परिमोक्षन्ते। एवं जराव्याधिमरणशोकपरिदेवदुःखदौर्मनस्योपायासेभ्यः परिमोक्षन्ते। रागद्वेषमोहाग्निसंतप्तानां सत्त्वानां सद्धर्मजलवर्षेण प्रह्लादनं करिष्यति। नानाकुदृष्टिग्रहणप्रस्कन्धानां सत्त्वानां कुपथप्रयातानामृजुमार्गेण निर्वाणपथमुपनेष्यति। संसारपञ्जरचारकावरुद्धानां क्लेशबन्धनबद्धानां बन्धननिर्मोक्षं करिष्यति। अज्ञानतमस्तिमिरपटलपर्यवनद्धनयनानां सत्त्वानां प्रज्ञाचक्षुरुत्पादयिष्यति। क्लेशशल्यविद्धानां सत्त्वानां शल्योद्धरणं करिष्यति।

今译：闻听此言，阿私陀大仙对净饭王说道："我不是为王子哭泣，大王啊！他不会遭遇任何不幸。我是为自己哭泣。为什么？大王啊！我已年迈体衰，而萨婆悉达多这位王子肯定会证得无上正等菩提。他觉悟后，将转动无上法轮。这法轮不可能由沙门、婆罗门、天神、摩罗和其他任何人在世上依法转动。为了世人和天神的利益和幸福，他将宣示正法。这正法开头吉祥，中间吉祥，结束也吉祥。他将向众生阐明梵行，意义微妙，言词巧妙，独一无二，完美，纯洁，明净。听了他的正法，受出生法束缚的众生就会摆脱出生。这样，他们就会摆脱老、病、死、忧愁、悲哀、痛苦、忧虑和烦恼。他会用妙法雨水让身受贪嗔痴之火烧灼的众生获得喜悦。他会引导陷入各种邪见而走上邪路的众生沿着正道，走上涅槃之路。他会让陷入生死轮回牢笼、受烦恼束缚的众生摆脱束缚。他会让眼睛受无知黑暗翳障蒙蔽的众生获得慧眼。他会为众生拔除扎在身上的烦恼之箭。

地译：時阿斯陀仙捫淚而言："惟願大王勿懷憂慮。我今哀歎無有異情，自傷年老，死時將至，不聞正法，不覩佛興。大王當知無量眾生被煩惱火之所燒害，佛當能灑甘露法雨為滅除之。無量眾生行於邪見曠野之中，佛當能示涅槃清淨之道。無量眾生繫在煩惱牢獄，佛當能宥使得解脫。無量眾生閉於生死不能自出，佛當能與開方便門。無量眾生為煩惱箭之所中傷，佛當能拔令免斯苦。

तद्यथा महाराज औदुम्बरपुष्पं कदाचित्कर्हिचिल्लोके उत्पद्यते एवमेव महाराज कदाचित्कर्हिचिद्बहुभिः कल्पकोटिनयुतैर्बुद्धा भगवन्तो लोके उत्पद्यन्ते। सोऽयं कुमारोऽवश्यमनुत्तरां सम्यक्संबोधिमभिसंभोत्स्यते। अभिसंबुध्य च सत्त्वकोटीनियुतशतसहस्राणि संसारसागरात् पारमुत्तारयिष्यति अमृते च प्रतिष्ठापयिष्यति। वयं च तं बुद्धरत्नं न द्रक्ष्यामः। इत्येव तदहं महाराज रोदिमि परिदीनमना दीर्घं च निश्वसामि यदहमिमं नारोग्येऽपि राधयिष्यामि॥

今译："大王啊，正如优昙花偶尔在世上绽放，大王啊！佛世尊们也是在数亿万劫中偶尔在世上出现。这位王子肯定会证得无上正等菩提。他觉悟后，会让百千万亿众生渡过生死轮回之海，到达彼岸，安住不死之地。我想到自己见不到这位佛宝了，大王啊！我哭泣，心中悲伤，深长叹息，因为我即使健康无病，也不再可能敬拜他。

地译：“大王！如優曇花時時[①]一現，諸佛如來出興於世亦復如是。我今所恨不見此時，自惟失祐，是故悲耳。大王！若人值佛坐菩提座，降伏魔怨，轉于法輪，當知是人必獲勝果。大王！乃有無量眾生值佛出世，奉持正教，得阿羅漢。我恨彼時不預斯事，是故悲耳。

यथा ह्यस्माकं महाराज मन्त्रवेदशास्त्रेष्वागच्छति-- नार्हति सर्वार्थसिद्धः कुमारो ऽगारमध्यावसितुम्। तत्कस्य हेतोः तथा हि महाराज सर्वार्थसिद्धः कुमारो द्वात्रिंशता महापुरुषलक्षणैः समान्वागतः। कतमैर्द्वात्रिंशता तद्यथा। उष्णीषशीर्षो महाराज सर्वार्थसिद्धः कुमारः। अनेन महाराज प्रथमेन महापुरुषलक्षणेन समन्वागतः सर्वार्थसिद्धः कुमारः। भिन्नाञ्जनमयूरकलापाभिनीलवल्लितप्रदक्षिणावर्तकेशः। समविपुलललाटः। ऊर्णा महाराज सर्वार्थसिद्धस्य कुमारस्य भ्रुवो मध्ये जाता हिमरजतप्रकाशा। गोपक्ष्मनेत्रः। अभिनीलनेत्रः। समचत्त्वारिंशद्दन्तः। अविरलदन्तः। शुक्लदन्तः। ब्रह्मस्वरो महाराज सर्वार्थसिद्धः कुमारः। रसरसाग्रवान्। प्रभूततनुजिह्वः। सिंहहनुः। सुसंवृत्तस्कन्धः। सप्तोत्सदः। चितान्तरांसः। सूक्ष्मसुवर्णवर्णच्छविः। स्थितोऽनवनतप्रलम्बबाहु। सिंहपूर्वार्धकायः। न्यग्रोधपरिमण्डलो महाराज सर्वार्थसिद्धः कुमारः। एकैकरोमा। ऊर्ध्वाग्राभिप्रदक्षिणावर्तरोमाः। कोशोपगतवस्तिगुह्यः। सुविवर्तितोरुः। एणेयमृगराजजङ्घः। दीर्घाङ्गुलिः। आयतपार्ष्णिपादः। उत्सङ्गपादः। मृदुतरुणहस्तपादः। जालाङ्गुलिहस्तपादः। दीर्घाङ्गुलिरधः क्रमतलयोर्महाराज सर्वार्थसिद्धस्य कुमारस्य चक्रे जाते चि (अर्चिष्मती प्रभास्वरे सिते) सहस्रारे सनेमिके सनाभिके। सुप्रतिष्ठितसमपादो महाराज सर्वार्थसिद्धः कुमारः। अनेन महाराज द्वात्रिंशत्तमेन महापुरुषलक्षणेन समन्वागतः सर्वार्थसिद्धः कुमारः। न च महाराज चक्रवर्तिनामेवंविधानि लक्षणानि भवन्ति। बोधिसत्त्वानां च तादृशानि लक्षणानि भवन्ति॥

今译：“大王啊！在颂诗、吠陀和经典中，这样告诉我们：萨婆悉达多王子不会居家。为什么？大王啊！萨婆悉达多王子有三十二大人相。哪三十二种？大王啊，萨婆悉达多王子的头顶上有肉髻。大王啊，这是萨婆悉达多王子具有的第一种大人相。头发右旋，色青似眼膏和孔雀尾翎。额头平正宽阔。大王啊，萨婆悉达多王子的眉间白毫似雪如银。眼睫似牛。眼睛深蓝。有四十颗整齐的牙齿。牙齿紧密。牙齿洁白。大王啊，萨婆悉达多王子的声音似梵天。味中得

① 此处“时时”，据《中华大藏经》校勘记，《径》、《清》作“时乃”。

至上味。舌宽而软薄。下颌似狮子。双肩圆满。七处[①]丰满。胸脯厚实[②]。皮肤细腻呈金色。站立手臂垂直不曲。上半身似狮子。大王啊！萨婆悉达多王子的身体圆满似尼拘陀树。一毛孔一毛发。毛发右旋向上。私处隐密。大腿圆实。小腿似伊尼鹿王。手指纤长。足跟宽阔。足背隆起。手足柔软细嫩。手指足趾有网幔。大王啊，萨婆悉达多王子的足趾纤长，双足底下有奇妙[③]轮相（明亮洁净），有一千辐条、车辋和车毂。大王啊，萨婆悉达多王子的足底平整结实。大王啊！萨婆悉达多王子有这三十二种大人相。大王啊，并不是转轮王们有这些相记，而是菩萨们有这些相记。

地译："大王！如韋陀論中所記，王之太子必定不作轉輪聖王。何以故？三十二大人相極明了故。"王言："何等名為三十二相？"仙言："三十二相者：一者、頂有肉髻。二者、螺髮右旋，其色青紺。三者、額廣平正。四者、眉間毫相，白如珂[④]雪。五者、睫如牛王。六者、目紺青色。七者、有四十齒，齊而光潔。八者、齒密而不疎。九者、齒白如軍圖花[⑤]。十者、梵音聲。十一、味中得上味。十二、舌軟薄。十三、類[⑥]如師子。十四、兩肩圓滿。十五、身量七肘[⑦]。十六、前分如師子王臆[⑧]。十七、四牙皎白。十八、膚體柔軟，細滑紫磨金色。十九、身體正直。二十、垂手過膝。二十一、身分圓滿如尼拘陀樹。二十二、一一毛孔皆生一毛。二十三、身毛右旋上靡。二十四、陰藏隱密。二十五、髀[⑨]傭長。二十六、腨[⑩]如伊尼鹿王。二十七、足跟圓正，足指纖長。二十八、足趺隆起。二十九、手足柔軟細滑。三十、手足指皆網鞔。三十一、手足掌中各有輪相，轂輞圓備，千輻具足，光明照耀。三十二、足下平正，周遍案地。大王！王之聖子具此三十二大人之相，分明顯著。如是之相唯諸佛有，非輪王有。大王聖子復有八十種好，不合在家作轉輪王，必當出家，得成佛道。"

---

① "七处"指双手、双足、双肩和脖颈。

② "胸脯厚实"的原文是 citāntarāṃsa。汉译佛经中也译"两腋圆满"。

③ 此处"奇妙"的原词是 ci，据 M 本和 L 本应为 citre。

④ "珂"是 saṃkha（"贝螺"）一词的音译。这里以贝螺喻指白色。此处原文使用的是"银"（rajata）字。

⑤ "军图花"（kunda）是茉莉。

⑥ 此处"类"字，据《中华大藏经》校勘记，《碛》、《普》、《南》、《径》、《清》、《丽》作"颊"。而按此处原文 hanu，应为"颔"。

⑦ "身量七肘"不见于原文。原文中提及"七处丰满"。

⑧ "臆"指胸脯，即上半身。

⑨ "髀"指大腿。

⑩ "腨"指小腿。

第七　诞生品　187

संविद्यन्ते खलु पुनर्महाराज सर्वार्थसिद्धस्य कुमारस्य कायेऽशीत्यनुव्यञ्जनानि यैः समन्वागतः सर्वार्थसिद्धः कुमारो नार्हत्यगारमध्यावसितुम्। अवश्यमभिनिष्क्रमिष्यति प्रव्रज्यायै। कतमानि च महाराज तान्यशीत्यनुव्यञ्जनानि तद्यथा-- तुङ्गनखश्च महाराज सर्वार्थसिद्धः कुमारः। ताम्रनखश्च स्निग्धनखश्च वृत्ताङ्गुलिश्च अनुपूर्वचित्राङ्गुलिश्च गूढशिरश्च गूढगुल्फश्च घनसंधिश्च अविषमसमपादश्च आयतपार्ष्णिश्च महाराज सर्वार्थसिद्धः कुमारः। स्निग्धपाणिलेखश्च तुल्यपाणिलेखश्च गम्भीरपाणिलेखश्च अजिह्मपाणिलेखश्च अनुपूर्वपाणिलेखश्च बिम्बोष्ठश्च नोच्चवचनशब्दश्च मृदुतरुणताम्रजिह्वश्च गजगर्जिताभिस्तनितमेघस्वरमधुरमञ्जुघोषश्च परिपूर्णव्यञ्जनश्च महाराज सर्वार्थसिद्धः कुमारः। प्रलम्बबाहुश्च शुचिगात्रवस्तुसंपन्नश्च मृदुगात्रश्च विशालगात्रश्च अदीनगात्रश्च अनुपूर्वोन्नतगात्रश्च सुसमाहितगात्रश्च सुविभक्तगात्रश्च पृथुविपुलसुपरिपूर्णजानुमण्डलश्च वृत्तगात्रश्च महाराज सर्वार्थसिद्धः कुमारः। सुपरिमृष्टगात्रश्च अजिह्मवृषभगात्रश्च अनुपूर्वगात्रश्च गम्भीरनाभिश्च अजिह्मनाभिश्च अनुपूर्वनाभिश्च शुच्याचारश्च ऋषभवत्समन्तप्रासादिकश्च परमसुविशुद्धवितिमिरालोकसमन्तप्रभश्च नागविलम्बितगतिश्च महाराज सर्वार्थसिद्धः कुमारः। सिंहविक्रान्तगतिश्च ऋषभविक्रान्तगतिश्च हंसविक्रान्तगतिश्च अभिप्रदक्षिणावर्तगतिश्च वृत्तकुक्षिश्च मृष्टकुक्षिश्च अजिह्मकुक्षिश्च चापोदरश्च व्यपगतछन्ददोषनीलकालकादुष्टशरीरश्च वृत्तदंष्ट्रश्च महाराज सर्वार्थसिद्धः कुमारः। तीक्ष्णदंष्ट्रश्च अनुपूर्वदंष्ट्रश्च तुङ्गनासश्च शुचिनयनश्च विमलनयनश्च प्रहसितनयनश्च आयतनयनश्च विशालनयनश्च नीलकुवलयदलसदृशनयनश्च सहितभ्रूश्च महाराज सर्वार्थसिद्धः कुमारः। चित्रभ्रूश्च असितभ्रूश्च संगतभ्रूश्च अनुपूर्वभ्रूश्च पीनगण्डश्च अविषमगण्डश्च व्यपगतगण्डदोषश्च अनुपहतक्रुष्टश्च सुविदितेन्द्रियश्च सुपरिपूर्णेन्द्रियश्च महाराज सर्वार्थसिद्धः कुमारः। संगतमुखललाटश्च परिपूर्णोत्तमाङ्गश्च असितकेशश्च सहितकेशश्च (सुसंगतकेशश्च) सुरभिकेशश्च अपरुषकेशश्च अनाकुलकेशश्च अनुपूर्वकेशश्च सुकुञ्चितकेशश्च श्रीवत्सस्वस्तिकनन्द्यावर्तवर्धमानसंस्थानकेशश्च महाराज सर्वार्थसिद्धः कुमारः। इमानि तानि महाराज सर्वार्थसिद्धस्य कुमारस्याशीत्यनुव्यञ्जनानि यैः समन्वागतः सर्वार्थसिद्धः कुमारो नार्हत्यगारमध्यावसितुम्। अवश्यमभिनिष्क्रमिष्यति प्रव्रज्यायै॥

今译："大王啊！在萨婆悉达多王子的身上还有八十种随好相。萨婆悉达多王子具有这些随好相，不会居家，肯定会出家。大王啊！哪八十种随好相？大王啊，萨婆悉达多王子的指甲隆起。大王啊，萨婆悉达多王子的指甲色似赤铜。指甲润泽。手指脚趾圆满。手指脚趾匀称。筋脉深藏[①]。脚踝深藏。关节紧密。双足平正。足跟宽阔。大王啊，萨婆悉达多王子的手纹润泽。手纹相同。手纹深长。手纹不弯曲。手纹匀称。唇色赤似频婆果。话音不粗犷。舌头柔软细嫩，色似赤铜。声音似象吼雷鸣，甜美和畅。隐处圆满。大王啊，萨婆悉达

① "筋脉深藏"的原文是 gūḍhaśiraḥ，疑有误，似应为 gūḍhasiraḥ。

多王子手臂垂直。肢体洁净完好。肢体柔软。肢体宽阔。肢体完善。肢体向上挺拔。肢体结实。肢体均匀。膝盖宽阔圆满。肢体圆满。大王啊，萨婆悉达多王子的肢体光洁。肢体不弯似牛。肢体匀称。肚脐深陷。肚脐不偏。肚脐匀称。行为洁净。端庄可爱似牛。全身洁净，驱除黑暗，闪耀光辉。行步似象。大王啊，萨婆悉达多王子行步似狮。行步似牛。行步似天鹅。行步顺右。腹部圆满。腹部光洁。腹部不偏。腹部不鼓。身体无瑕疵和黑痣[①]。牙齿圆正。大王啊，萨婆悉达多王子的牙齿锐利。牙齿匀称。鼻梁隆起。眼睛纯净。眼睛无垢。眼睛含笑。眼睛修长。眼睛宽阔。眼睛似青莲花瓣。两眉相接。大王啊，萨婆悉达多王子的眉毛优美。眉毛浓黑。眉毛紧密。眉毛匀称。脸颊丰满。脸颊平正。脸颊无瑕疵。诸根无损[②]。诸根分明。诸根圆满。大王啊，萨婆悉达多王子的脸和额头匹配。头顶圆满。头发浓黑。头发紧密。头发芳香。头发不粗糙。头发不紊乱。头发匀称。头发卷曲。头发形状呈吉祥德相卍字、难陀越多和伐驮摩那。大王啊！萨婆悉达多王子有这八十种随好相。萨婆悉达多王子具有这些随好相，不会居家，肯定会出家。”

地译：王言：“大仙！何者名為八十種好？”仙言：“八十種好者：一者、手足指甲皆悉高起。二者、指甲如赤銅。三者、指甲潤澤。四者、手文潤澤。五者、手文理深。六者、手文分明顯著。七者、手文端細。八者、手足不曲。九者、手指纖長。十者、手指圓滿。十一者、手指端漸細。十二、手指不曲。十三、筋脈不露。一四、踝不現。十五、足下平。十六、足跟圓正。十七、脣色赤好，如頻婆果。十八、聲不麄獷。十九、舌柔軟，色如赤銅。二十、聲如雷音，清暢和雅。二十一、諸根具足。二十二、臂纖長。二十三、身清淨嚴好。二十四、身體柔軟。二十五、身體平正。二十六、身無缺減。二十七、身漸纖直。二十八、身不動搖。二十九、身分相稱。三十、膝輪圓滿。三十一、身輕妙。三十二、身有光明。三十三、身無斜曲。三十四、齊[③]深。三十五、齊不偏。三十六、齊稱位。三十七、齊清淨。三十八、身端嚴。三十九、身極淨，遍發光明，破諸冥瞑。四十者、行如象王。四十一、遊步如師子王。四十二、行如牛王。四十三、行如鵝王。四十四、行順右。四十五、腹圓滿。四十

① “身体无瑕疵和黑痣”的原文是 vyapagatachandadoṣanīlakālakāduṣṭaśarīraḥ，其中词义有难解之处。M 本写为 vyapagatacchidradoṣanīlakālakāṣṭhaśarīraḥ。此处地译“身无黑子”。

② “诸根无损”的原文是 an（无）-upahata（损害）-kruṣṭaḥ（呵责）。此处地译“身不缺减，无所讥嫌”。

③ 此处及下面的“齐”字，据《中华大藏经》校勘记，《资》、《碛》、《普》、《南》、《径》、《清》作“脐”。按原文是 kukṣi（“肚”或“肚脐”）。

六、腹妙好。四十七、腹不偏曲。四十八、腹相不現。四十九、身無黑子。五十者、身[①]圓正。五十一、齒白齊密。五十二、四牙均等。五十三、鼻高修直。五十四、兩目明淨。五十五、目無垢穢。五十六、目美妙。五十七、目脩廣。五十八、目端正。五十九、目如青蓮。六十者、眉纖而長。六十一、見者皆生喜。六十二、眉色青紺。六十三、眉端漸細。六十四、兩眉頭微相接連。六十五、頰相平滿。六十六、頰無缺減。六十七、頰無過惡。六十八、身不缺減無所譏嫌。六十九、諸根寂然。七十者、眉間毫相光白鮮潔。七十一、額廣平正。七十二、頭頂圓滿。七十三、髮美黑。七十四、髮細軟。七十五、髮不亂。七十六、髮香潔。七十七、髮潤澤。七十八、髮有五卍[②]字。七十九、髮彩螺旋。八十者、髮有難陀越多吉輪魚相。大王！此是聖子八十種好。若人成就如是八十種好，不應在家，必當出家，得阿耨多羅三藐三菩提。”

अथ खलू राजा शुद्धोदनोऽसितस्य महर्षेः सकाशात्कुमारस्येदं व्याकरणं श्रुत्वा संतुष्ट उदग्र आत्तमनाः प्रमुदितः प्रीतिसौमनस्यजात उत्थायासनाद्बोधिसत्त्वस्य चरणयोः प्रणिपत्येमां गाथामभाषत--

今译：听了阿私陀大仙对王子的说明，净饭王高兴满意，激动，喜悦，欢欣，从座位上起身，向菩萨行触足礼，念诵偈颂道：

地译：時輸檀王聞阿斯陀仙如是語已，身心泰然，歡喜踊躍，從座而起，頂禮菩薩，而說偈言：

वन्दितस्त्वं सुरैः सेन्द्रैः ऋषिभिश्चासि पूजितः।
वैद्य सर्वस्य लोकस्य वन्देऽहमपि त्वां विभो॥५५॥

今译：你受因陀罗和众天神敬拜，受仙人崇拜，
一切世界的医师[③]，我向你行礼，主人啊！（55）

地译：汝為帝釋諸天人，一切恭敬稽首禮，
及為一切諸神仙，皆來恭敬而尊重，
為諸世間之塔廟，故我頂禮自在王。

इति हि भिक्षवो राजा शुद्धोदनोऽसितं महर्षिं सार्धं नरदत्तेन भागिनेयेनानुरूपेण भक्तेन संतर्पयति स्म। संतर्प्याभिच्छाद्य प्रदक्षिणमकरोत्। अथ खल्वसितो महर्षिस्तत एवर्द्धा

① 此处“身”字，据《中华大藏经》校勘记，诸本作“齿”。按原文是 daṃṣṭra（“齿”）。
② 此处“五卍”，按原文多出“五”字。据《中华大藏经》校勘记，《资》、《清》作“万”。
③ “医师”的原词是 vaidya。此处地译“塔庙”，则原词应为 caitya。

विहायसा प्राक्रमत् येन स्वाश्रमस्तेनोपासंक्रामत्॥

今译：这样，众比丘啊！净饭王用合适的食品款待阿私陀大仙及其外甥那罗达多。款待后，施舍衣物，右绕行礼。然后，阿私陀大仙施展神通，腾空而去，回到自己的净修林。

地译：諸比丘！輸檀王為阿斯陀仙及那羅童子施設種種飲食，上妙衣服，右遶頂禮。時阿斯陀仙撫那羅童子左肩，乘虛而去。

अथ खलू द्वयं संक्रम्य तत्र खल्वसितो महर्षिर्नरदत्तं माणवकमेतदवोचत्-- यदा त्वं नरदत्त श्रृणुया बुद्धो लोके उत्पन्न इति तदा त्व गत्वा तस्य शासने प्रव्रजेः। तत्ते भविष्यति दीर्घरात्रमर्थाय हिताय सुखायेति॥

今译：他俩回来后，阿私陀大仙对青年那罗达多说道："那罗达多啊，一旦你听说佛在世上出现，你就出家，接受他的教诲。这样，你就会在漫漫长夜中达到目的，获得利益和幸福。"

地译：是時仙人語童子言："不久有佛出興於世，汝當往詣求請出家，於長夜中得大利益。"

तत्रेदमुच्यते--

今译：这里，这样说道：

दृष्ट्वा देवगणान्नभस्तलगतान् बुद्धश्रवोद्धारिणो
देवर्षीरसितोऽद्रिकन्दरगतः प्रीतिं परां प्राप्तवान्।
बुद्धो नाम पदं किमेतदिह भो हर्षावहं प्राणिनां
प्रह्लाद मम काय एति सुखितं शान्तं च चित्तं परम्॥५६॥

今译：看见成群的天神在天空中高声赞美佛，
神仙阿私陀在山谷洞穴中欢喜至极：
佛这名称意味什么？给众生带来快乐！
我的身体愉快，内心无比喜悦和平静。（56）

किं देवो त्वसुरोऽथवापि स भवेद् गरुडोऽथवा किन्नरः
बुद्धो नाम किमेतदश्रुतपदं प्रीतिकरं मोदनम्।
दिव्या चक्षुष प्रेक्षते दश दिशः शैलान् महीं सागरान्
भूयः पश्यति चाद्भुतं बहुविधं भूमौ गिरौ सागरे॥५७॥

今译：那是天神或阿修罗，还是金翅鸟或紧那罗？
佛这名称意味什么？闻所未闻，却令人欢喜；
他用天眼观察所有十方，高山、大地和大海，
看见大地、高山和大海出现各种各样的奇迹。（57）

आभेयं प्रविराजते सुरुचिरा प्रह्लादयन्ती तनुं
जाताश्चैव यथा हि शैलशिखरे स्निग्धाः प्रवालाङ्कुराः।
वृक्षाश्चैव यथा सुपुष्पभरिता नानाफलैर्मण्डिताः
सुव्यक्तं त्रिभवे भविष्यति लघु रत्नोद्भवः शोभनः॥५८॥

今译：美丽可爱的光辉令身体愉快，
犹如滋润的珊瑚芽出现在山顶，
犹如树木鲜花盛开，硕果累累，
瑰宝显然很快会在三界中出现。（58）

भूमिर्भाति यथा च पाणिसदृशा सर्वा समा निर्मला
देवाश्चैव यथा प्रहृष्टमनसः खे भ्रामयन्त्यम्बरान्।
यद्वत् सागरनागराजनिलये रत्नाः प्लवन्तेऽद्भुताः
सुव्यक्तं जिनरत्न जम्बुनिलये धर्माकरस्योद्भवः॥५९॥

今译：整个大地像手掌那样平坦洁净，
众天神喜悦地在空中舞动衣裳，
蛇王居住的大海涌现奇异宝石，
佛宝法藏显然在瞻部洲中出现。（59）

यद्वच्छान्त अपाय दुःखविगताः सत्त्वाश्च सौख्यान्विताः
यद्वद्देवगणा नभस्तलगता गच्छन्ति हर्षान्विताः।
यथ च स्निग्धरवं मनोज्ञ शृणुया दिव्यान संगीतिनां
रतनस्या इव प्रादुर्भावु त्रिभवे यस्या निमित्ता इमे॥६०॥

今译：恶道平息，众生解除痛苦而快乐，
众天神在天空中行走，满怀喜悦，
还能听到柔美迷人的天国歌声，
这些是瑰宝在三界出现的征兆。（60）

असितः प्रेक्षति जम्बुसाह्वयमिदं दिव्येन वै चक्षुषा
सोऽद्राक्षीत् कपिलाह्वये पुरवरे शुद्धोदनस्यालये।

जातो लक्षणपुण्यतेजभरितो नारायणस्थामवान्
दृष्ट्वा चात्तमना उदग्रमनसः स्थामास्य संवर्धितः॥ ६१॥

今译：阿私陀用天眼观察这个名为瞻部的洲，
看到名为迦比罗的大城的净饭王宫中，
相记和功德光辉者诞生，威力似那罗延，
他看到后，心中高兴和激动，威力增长。（61）

उद्युक्तस्त्वरितोऽतिविस्मितमना चासौ स्वशिष्यान्वितः
आगत्वा कपिलाह्वयं पुरवरं द्वारि स्थितो भूपतेः।
अनुबद्धा बहुप्राणिकोटिनयुता दृष्ट्वा ऋषिर्जीर्णकः
अवची सारथि राज्ञ वेदय लघुं द्वारे ऋषिस्तिष्ठति॥ ६२॥

今译：他好奇心切，立即带着自己的学生，
来到迦比罗大城，站在国王的门口，
这位老仙人看见那里聚集数万亿众生，
吩咐御者迅速禀报国王："仙人在门口。"（62）

श्रुत्वा चाशु प्रविश्य राजभवनं राज्ञस्तमाख्यातवान्
द्वारे देव तपस्वि तिष्ठति महान् जीर्णो ऋषिर्जर्जरः।
सो चापी अभिनन्दते ऋषिवरः प्रावेष्टु राज्ञो गृहं
आज्ञा दीयतु ताव पार्थिववरा देमि प्रवेशं तसा॥ ६३॥

今译：闻听此言，御者迅速进宫禀报国王：
"王上啊！有位年迈体衰的大苦行者，
站在门口，这位大仙人想要进宫贺喜，
王上啊！你给个命令，我就让他进来！"（63）

स्थाप्या चासनमस्य चाह नृपतिः गच्छ प्रवेशं दद
असितः सारथिवाक्य श्रुत्व मुदितः प्रीत्या सुखेनान्वितः।
शीतं वारि यथाभिकाङ्क्षि तृषितो भुक्त्वादितो चाशनं
तद्वत्सुख्यभिनन्दितो ऋषिवरः तं द्रष्टु सत्त्वोत्तमम्॥ ६४॥

今译：国王吩咐备座，说道："让他进来！"
听了御者的回话，阿私陀高兴愉快，

犹如渴者渴望凉水，饥者[1]渴望食物，
大仙满怀喜悦，盼望看到人中至尊。（64）

जय भोः पार्थिव इत्युवाच मुदितो चा युं चिरं पालय
वृद्धिं कृत्व निषण्ण दान्तमनसः शान्तेन्द्रियः सूरतः।
राजा वै अभिवाद्य तं सुनिभृतं प्रोवाच किं कारणं
आगामस्तव पार्थिवेन्द्र निलये तद् ब्रूहि शीघ्रं मुने॥ ६५॥

今译：这位仙人思想柔顺，感官平静，高兴地
说道："胜利！国王！祝你长寿和繁荣！"
入座后，国王向他行礼，谦恭地询问道：
"你为何来到王宫？牟尼啊！快告诉我。"（65）

पुत्रस्ते वररूप पारमिगतो जातो महातेजवान्
द्वात्रिंशद्वरलक्षणैः कवचितो नारायणस्थामवान्।
तं द्रष्टुं हि ममेप्सितं नरपते सर्वार्थसिद्धं शिशुम्
इत्यर्थं समुपागतोऽस्मि नृपते नास्त्यन्यकार्यं मम॥ ६६॥

今译："你生了个儿子，光辉美丽，已达彼岸，
他装饰有三十二相，威力如同那罗延，
国王啊！我想看看这位萨婆悉达多童子，
我是为此而来，国王啊，没有其他目的。"（66）

साधु स्वागतु याचसे किलमितः प्रीतोऽस्मि ते दर्शनात्
एषोऽसौ शयितः कुमार वरदो द्रष्टुं न शक्योऽधुना।
साधू ताव मूहूर्तमागम इहा यद् द्रक्ष्यसे निर्मलं
चन्द्रं वा यथ पूर्णमासि विमलं तारागणैर्मण्डितम्॥ ६७॥

今译："欢迎！高兴见到你，虽疲倦，仍求见，
但施恩的王子正睡着，现在还不能见，
稍等片刻，你就会看到这位纯洁的王子，
犹如一轮圆月，纯洁无瑕，群星围绕。"（67）

यद् चासौ प्रतिबुद्ध सारथिवरः परिपूर्णचन्द्रप्रभः
तद् राजा प्रतिगृह्य वह्निवपुषं सूर्यातिरेकप्रभम्।

① 此处"饥者"的原文是 bhuktvādita，疑有误。M 本写为 bhuktārdita（"为食物苦恼"，即"饥者"）。

हन्ता पश्य ऋषे नृदेवमहितं हेमाग्रबिम्बोपमम्
　　असितो दृष्ट्व च तस्य तौ सुचरणौ चक्राङ्कितौ शोभनौ॥६८॥

今译：优秀导师醒来，光辉似圆月，形体似火，
光芒胜过太阳，国王抱着说道："仙人啊，
请看！这位受人和神尊敬者，灿若纯金。"
阿私陀看到他的双足具有优美的轮相。（68）

प्रत्युत्थाय ततः कृताञ्जलिपुटो चरणानि सो वन्दते
　　अङ्के गृह्य महात्मशास्त्रकुशलो निध्यायतो प्रेक्षते।
सोऽपश्यद्वरलक्षणैः कवचितं नारायणस्थामवं
　　शीर्षं कम्प्य स वेदशास्त्रकुशलो द्वे तस्य पश्यद्गती॥६९॥

今译：于是仙人起身，双手合十，敬拜王子双足，
他灵魂高尚，通晓经典，将王子抱在怀中，
仔细观察，看到种种吉相，威力似那罗延①，
他精通吠陀，摇晃着头，看到王子两条路：（69）

राजा वा भवि चक्रवर्ति बलवान् बुद्धो व लोकोत्तमः
　　बाष्पं त्यक्त सुदीनकायमनसो गम्भीर निश्वस्य च।
उद्विग्नश्च बभूव पार्थिववरः किं ब्राह्मणो रोदिती
　　मा विघ्नं खलू पश्यतेऽयमसितः सर्वार्थसिद्धस्य मे॥७०॥

今译："或是强大的转轮王，或是超凡佛陀。"
牟尼身心沮丧，流下眼泪，深长叹息；
国王焦虑不安："这婆罗门为何哭泣？
莫非阿私陀看到萨婆悉达多有障碍？"（70）

भूतं व्याहर किं तु रोदिषि ऋषे श्रेयोऽथ किं पापकं
　　पापं नास्ति न चान्तरायमिह भोः सर्वार्थसिद्धस्य ते।
आत्मानं बहु शोचमी नरपते जीर्णोऽस्मि यज्जर्जरः
　　यदयं भेष्यति बुद्ध लोकमहितो धर्मं यदा वक्ष्यते॥७१॥

今译："请仙人说实话，你为何哭泣？是福是祸？"
"哦！你的萨婆悉达多既无灾祸，也无患难；

① "威力似那罗延"的原文是 nārāyaṇasthāmavam，疑有误，M 本写为 nārāyaṇasthāmavān。

我是为自己哀伤，国王啊！我已年迈体衰，
他将成为佛陀，宣讲正法，在世上受人尊敬。（71）

न द्रक्षे अहु लब्धप्रीतिमनसो इत्यर्थ रोदाम्यहं
यस्या कायि भवन्ति लक्षणवरा द्वात्रिंशति निर्मला।
द्वे तस्या गतयो न अन्य तृतिया जानीष्व एवं नृप
राजा वा भवि चक्रवर्ति बलवान् बुद्धोऽथ लोकोत्तमः॥७२॥

今译：“我已不能满怀喜悦看到他，因而我哭泣；
他的身上拥有三十二种吉相，纯洁无瑕，
国王啊！要知道他有两条路，没有第三条：
或成为强大的转轮王，或成为超凡佛陀。（72）

नायं कामगुणेभिरर्थिकु पुनः बुद्धो अयं भेष्यति
श्रुत्वा व्याकरणं ऋषेः स नृपतिः प्रीतिं सुखं लब्धवान्।
प्रत्युत्थाय ततः कृताञ्जलिपुटो चरणावसौ वन्दते
देवैस्त्वं स्वभिपूजितः सुबलवान् ऋषिभिश्च संवर्णितः॥७३॥

今译：“他不会追求欲望的快乐，他将成为佛。”
听了仙人的说明，国王满心欢喜和快乐，
站起身，双手合十，敬拜王子双足，说道：
“你具有力量，受天神敬拜，受仙人称颂。（73）

वन्दे त्वां वरसार्थवाह त्रिभवे सर्वे जगे पूजितं
असितः प्राह च भागिनेय मुदितः संश्रूयतां भाषतो।
बुद्धा बोधि यदा श्रृणोषि जगतो वर्तेति चक्रं ह्ययं
शीघ्रं प्रव्रज शासनेऽस्य मुनये तत्प्राप्स्यसे निर्वृतिम्॥७४॥

今译：“我向你行礼，受所有三界敬拜的导师！”
阿私陀高兴地对外甥说道：“你听我说，
一旦听说他证得菩提，转动世界的法轮，
就出家皈依他，成为牟尼，你将获得涅槃。”（74）

वन्दित्वा चरणौ ह्यसौ मुनिवरः कृत्वा च प्रादक्षिणं
लाभा ते नृपते सुलब्ध विपुला यस्येदृशस्ते सुतः।
एषो लोक सदेवकं समनुजं धर्मेण तर्पेष्यति
निष्क्रामं कपिलाह्वयादृषिवरोऽरण्ये स्थितः स्वाश्रमे॥७५॥ इति॥

今译：大牟尼敬拜王子双脚，右绕行礼，说道：

“国王啊！你有好福气，得到这样的儿子，
他将用正法满足世界，包括天神和凡人。”
大仙离开迦比罗城，回到自己的净修林。（75）[①]

इति हि भिक्षवो जातमात्रस्य बोधिसत्त्वस्य महेश्वरो देवपुत्रः शुद्धावासकायिकान् देवपुत्रानामन्त्र्यैवमाह-- योऽसौ मार्षा असंख्येयकल्पकोटिनियुतशतसहस्रसुकृतकर्मदान-शीलक्षान्तिवीर्यध्यानप्रज्ञोपायश्रतचरणव्रततपः सुचरितचरणः महामैत्रीमहाकरुणामहा-मुदितासमन्वागतः उपेक्षासमुद्गतचित्तः सर्वसत्त्वहितसुखोद्यतः दृढवीर्यकवचसुसंनाहसंनद्धः पूर्वजिनकृतकुशलमूलोदितः शतपुण्यलक्षणसमलंकृतः सुकृतनिश्चयपराक्रमः परचक्रप्र-मथनः सुविमलशुद्धाशयसंपन्नः सुचरितचरणो महाज्ञानकेतुध्वजः मारबलान्तकरणः त्रिसाहस्रमहासाहस्रसार्थवाहः देवमनुष्यपूजितमहायज्ञयष्टः सुसमृद्धपुण्यनिचयनिःसरणाभि-प्रायो जातिजरामरणान्तकरः सुजातजातः इक्ष्वाकुराजकुलसंभूतो जगद्विबोधयिता बोधि-सत्त्वो महासत्त्वो मनुष्यलोक उपपन्नः। न चिरादसावनुत्तरां सम्यक्संबोधिमभिसंभोत्स्यते। हन्त गच्छामस्तमभिवन्दितुं मानयितुं पूजयितुमभिस्तोतुमन्येषां च मानाभिभूतानां देवपुत्राणां मानमददर्पच्छेदनार्थम्। तेऽस्मानभिवन्दमानान् दृष्ट्वा तेऽपि बोधिसत्त्वं वन्दिष्यन्ति मानयिष्यन्ति पूजयिष्यन्ति च। तत्तेषां भविष्यति दीर्घरात्रमर्थाय हिताय सुखाय यावदमृताधिगमाय। राज्ञश्च शुद्धोदनस्य जयवृद्धिरनुश्राविता भविष्यति। तत्त्वव्याकरणेन च बोधिसत्त्वं व्याकृत्य पुनरप्यागमिष्याम इति॥

今译：这样，众比丘啊！菩萨诞生时，大自在天子召集净居天子们，说道：“诸位贤士啊！他在无数百千万亿劫中修行善业、施舍、持戒、忍辱、精进、禅定、智慧、方便、多闻[②]、誓愿、苦行，大慈，大悲，大喜，大舍，为一切众生谋求利益和幸福，披戴坚固的精进铠甲。他从供奉过去佛积累的善根中产生，装饰有百种功德吉相，坚定勇敢，粉碎敌军，志愿纯洁无瑕，努力行善，高举智慧大旗，消灭魔军。他是三千大千世界的导师，受天神和凡人敬拜，完成大祭祀，志在舍弃积累的大量功德，灭寂生、老和死。他出生纯正，生在甘蔗王族，成为世界的觉醒者。这位菩萨大士在人间诞生，不久会证得无上正等菩提。我们去向他行礼，尊敬他，供奉他，赞美他，从而消除那些妄自尊大的天子们的高傲、迷醉和骄慢。看到我们行礼，他们也会向菩萨行礼，尊敬和供奉。这样，他们就会在漫漫长夜中达到目的，获得利益和幸福，乃至不死。净饭王的胜利和繁荣也将得到传播。在说明菩萨的真相后，我们再回来。”

① 以上第 56 至第 75 首偈颂不见于地译。护译此处有内容大体一致的偈颂。

② 此处“多闻”的原词是 śrata，据 M 本和 L 本应为 śruta。

अथ खलू महेश्वरो देवपुत्रो द्वादशभिर्देवपुत्रशतसहस्रैः परिवृतः पुरस्कृतः सर्वकपिलवस्तुमहानगरमवभासेन स्फुरयित्वा येन राज्ञः शुद्धोदनस्य निवेशनं तेनोपसंक्रामत्। उपसंक्रम्य दौवारिके निवेद्य राज्ञाभ्यनुज्ञातो राजकुलं प्रविश्य बोधिसत्त्वस्य पादौ शिरसाभिवन्द्यैकांसमुत्तरासङ्गं कृत्वां अनेकशतसहस्रकृत्वः प्रदक्षिणीकृत्य बोधिसत्त्वमङ्के समारोप्य राजानं शुद्धोदनमाश्वासयति स्म-- तुष्टो महाराज भव परमप्रीतश्च। तत्कस्माद्धेतोः यथा महाराज बोधिसत्त्वस्य लक्षणैरनुव्यञ्जनैश्च कायः समलंकृतः यथा च कुमारोऽभिभवति सदेवमानुषासुरलोकं वर्णेन तेजसा च यशसा लक्ष्म्या च निःसंशयं महाराज बोधिसत्त्वोऽनुत्तरां सम्यक्संबोधिमभिसंभोत्स्यते॥

今译：然后，大自在天子在一百二十万天子围绕恭敬下，光辉照亮整个迦比罗卫大城，来到净饭王宫。来到后，他吩咐门卫禀报，经国王同意，进入王宫。他俯首向菩萨行触足礼，偏袒右肩，右绕数十万匝，将菩萨抱在怀中，安慰净饭王说道："大王啊，你要高兴满意。为什么？大王啊，菩萨身上有种种吉相和随好相。王子以色泽、光辉、声誉和吉祥征服所有天神、凡人和阿修罗的世界。毫无疑问，大王啊！菩萨会证得无上正等菩提。"[①]

इति हि भिक्षवो महेश्वरो देवपुत्रः सार्धं शुद्धावासकायिकैर्देवपुत्रैर्बोधिसत्त्वस्य महत्पूजोपस्थानं कृत्वा बोधिसत्त्वं तत्त्वव्याकरणेन व्याकृत्य पुनरपि स्वभवनं प्राक्रामत्॥

今译：这样，众比丘啊！大自在天子和净居天子们隆重敬拜和供奉菩萨，说明菩萨的真相后，又回到自己的宫中。

तत्रेदमुच्यते--

今译：这里，这样说道：

जातस्य तस्य गुणसागरसागरस्य
ज्ञात्वा सुरेश्वरमरुद् ब्रुवते उदग्रः।
यस्या सुदुर्लभश्रवो बहुकल्पकोट्या
हन्तेथ तं व्रजम पूजयितुं मुनीन्द्रम्॥७६॥

今译：知道这位功德海诞生，
神中之神兴奋地说道：
"数千万劫也难得听说，
我们快去供奉牟尼王。"（76）

① 以上两段，地译见于第 54 首偈颂之后。

परिपूर्णद्वादशसहस्र मरुद्विशुद्धा
मणिरत्नचूडसमलंकृत ईर्यवन्तः।
कपिलाह्वयं पुरवरं समुपेत्य शीघ्रं
द्वारि स्थिता नरपतेः सुविलम्बचूडाः॥७७॥

今译：足足一万二千纯洁的天神，
佩戴摩尼珠顶饰，充满活力，
迅速来到光辉的迦比罗城，
站在国王宫门口，顶饰下垂。（77）

ते द्वारपालमवदन् सुमनोज्ञघोषाः
प्रतिवेदयस्व नृपते भवनं प्रविश्य।
दौवारिको वचन श्रुत्व गृहं प्रविष्टः
प्रह्वः कृताञ्जलिपुटो नृपतिं बभाषे॥७८॥

今译：他们用悦耳的声音对门卫说：
“请你进入王宫，禀报国王。”
闻听此言，门卫进宫，谦恭地
双手合十，禀报国王，说道：（78）

जय देव नित्यमनुपालय दीर्घमायुः
द्वारे स्थिता विपुलपुण्यविशुद्धभासः।
मणिरत्नचूडसुविभूषित ईर्यवन्तः
परिपूर्णचन्द्रवदना शशिनिर्मलाभाः॥७९॥

今译：“胜利！祝王上长寿！门口站着
许多功德广大、光辉纯洁的人，
他们佩戴摩尼珠顶饰，充满活力，
脸庞如同圆月，光辉如同明月。（79）

छायां न तेष नृपते क्वचिदप्यपश्यन्
शब्दं न चैव चरणोत्क्षिपणे शृणोमि।
न च मेदिनीं विचरतो रजमुत्क्षिपन्ति
तृप्तिं न यान्ति च जनाः समुदीक्षतां वै॥८०॥

今译：“国王啊！不见他们有任何影子，
也听不到他们脚步移动的声音，

在地面上行走，也不见扬起尘土，
人们凝视着他们，怎么也看不够。（80）

कायप्रभा सुविपुला च विभाति तेषां
वाचा मनोज्ञ यथ नास्ति ह मानुषाणाम्।
गम्भिरश्लक्ष्णसुशिला च सुकरा च
शङ्का हि मे सुरगणा न हि ते मनुष्याः॥८१॥

今译：“他们的身体闪耀大光辉，
语言动听，不像人的语言，
深沉，柔和，文雅，优美，
我怀疑是神群，不是人群。（81）

वरपुष्पमाल्यानुलेपनपट्टदामा
पाणी गृहीत्वन उदीक्षिषु गौरवेण।
निःसंशयं नृपति द्रष्टु कुमारमेते
देवाधिदेव मरुतागत पूजनार्थम्॥८२॥

今译：“手持花环、软膏和彩带，
他们站着恭候，毫无疑问，
国王啊！这些是神中之神，
前来看望王子，为了供奉。”（82）

राजा निशाम्य वचनं परमं उदग्रो
गच्छा भणाहि प्रविशन्तु गृहं भवन्तः।
न हि मानुषाण इयमीदृश ऋद्धि काचि
यथ भाषसे च गुण तेष यथा च इर्या॥८३॥

今译：闻听此言，国王兴奋地说道：
“去告诉他们，请他们进宫！
凡人不会如你所说的那样，
有这些神通、功德和活力。”（83）

दौवारिकः कृतपुटो मरुतैवमाह
प्रविशी भवन्त अनुज्ञातु नराधिपेन।
ते हृष्टतुष्टमनसो वरमाल्यहस्ता
गेहं प्रविष्ट नृपतेरमरालयं वा॥८४॥

今译：门卫双手合十，回禀天神，
说道："国王同意你们进去。"
他们高兴满意，手持花环，
进入王宫，犹如进入天宫。（84）

दृष्ट्वा च तां सुरवरां प्रविशन्त गेहं
प्रत्युत्थितो नृपतिरञ्जलि संप्रगृह्य।
संविद्ययन्त इम आसन रत्नपादा
अत्रा निषीदत भवन्ननुकम्प्य बुद्ध्या॥ ८५॥

今译：看到天神们进入宫中，
国王起身，双手合十说：
"这些是宝石椅脚座位，
请各位心怀慈悲入座。"（85）

ते मानदर्पविगता स्थित आसनेषु
यस्यार्थि आगत इहा नृपते शृणुष्व।
पुत्रस्तवातिपृथुपुण्यविशुद्धकायो
जातः सुजातचरणं वय द्रष्टुकामाः॥ ८६॥

今译：他们摒弃高傲和骄慢，入座之后，
说道："王啊！请听我们来此目的：
你生了一个儿子，功德广大，身体
纯洁，双足优美，我们想要见他。（86）

अस्मो विधिज्ञ वरलक्षणलक्षणज्ञा
येषां तथा भवति या गति यः प्रयोगः।
तत्साधु पार्थिववर प्रजहस्व खेदं
पश्याम लक्षणविचित्रविभूषिताङ्गम्॥ ८७॥

今译："我们熟悉仪轨，通晓吉相，
明白那些相记的前途和用处，
王啊！不必担心，让我们
看看王子身上的各种相记。"（87）

स स्त्रीगणैः परिवृतो नृपतिः प्रहृष्टो
गृह्य कुमारमसमं ज्वलनार्चिवर्णम्।

उपनामयन् सुरवरां सुविलम्बचूडां
　　द्वारात्तु निष्क्रमतु कम्पित त्रिसहस्राः ॥ ८८ ॥

今译：国王满怀喜悦，在妇女们围绕下，
抱着肤色宛如火焰、无与伦比的
王子，让顶饰下垂的天神们观看，
在走出门口时，三千世界震动。（88）

दृष्ट्वैव ते सुरवरा क्रम नायकस्य
　　ताम्रा नखां विमलपत्रविशुद्धतेजा।
ते उत्थिता त्वरित रूपविलम्बचूडा
　　मूर्ध्नाभिवन्दिषु क्रमां विमलप्रभस्य ॥ ८९ ॥

今译：天神们看到这位导师的双足，
脚趾似赤铜，光辉纯洁似嫩叶，
他们急忙起身，优美的顶饰下垂，
向光辉纯洁的王子双足俯首行礼。（89）

यथ लक्षणा यथ च दर्शित लक्षिता च
　　यथ पुण्यतेजि शिरि मूर्ध विलोकितं च।
यथ इर्य नेत्र विमलाप्रभ ऊर्णकोशा
　　निःसंशयं स्पृशति बोधि विजित्य मारम् ॥ ९० ॥

今译：种种相记展现，头顶闪耀
功德光辉，眼睛充满活力，
眉间白毫光辉纯洁[①]，无疑，
他将战胜摩罗，获得菩提。（90）

ते तं स्तुवन्ति गुणभूत यथार्थदर्शी
　　ध्यायी गुणां विगतक्लेशतमोनुदस्य।
सुचिरेण सत्त्वरतनस्य हि प्रादुर्भावो
　　जातीजरामरणक्लेशरणंजहस्य ॥ ९१ ॥

今译：他们赞美这位洞悉事义者，因为
很久才会出现这样的众生之宝，

---

① 此处“光辉纯洁”的原文是 vimalāprabha，似应为 vimalaprabha。上一首偈颂中，此词就写为 vimalaprabha。

沉思功德，摒弃烦恼，驱除黑暗，
根除出生、衰老和死亡的烦恼。（91）

आदीप्त सर्वत्रिभवं त्रिभिरग्नितप्तं
संकल्परागविषयारणिच्छ्रितेन।
त्वं धर्ममेघ त्रिसहस्र स्फरित्व धीरा
अमृतोदकेन प्रशमेष्यसि क्लेशतापम्॥ ९२॥

今译：“三界受三火[①]烧灼，由妄想、
贪欲和欲境的引火木点燃；
你将用法云笼罩三千世界，
用甘露水平息炽热的烦恼。（92）

त्वं मैत्रवाक्य करुणान्वित श्लक्ष्णवाक्य
ब्रह्मस्वरारचितघोष मनोज्ञवाणि।
त्रिसहस्र आज्ञपरिविज्ञपनी जगस्य
क्षिप्रं प्रमुञ्च भगवन् महबुद्धघोषम्॥ ९३॥

今译：“你说话仁慈温和，充满怜悯，
声音似梵天，言词可爱迷人，
让三千世界聆听教诲，世尊啊，
你很快就会发出伟大的佛音。（93）

भग्ना कुतीर्थिकगणा विपरीतदृष्टिः
भवरागबन्धननिमग्न स्थिता भवाग्रे।
हेतु प्रतीत्य भव शून्य श्रुणित्व धर्मा
सिंहस्य क्रोष्टुकगणैव पलायिनास्ते॥ ९४॥

今译：“那些破败的外道怀抱邪见，
受世俗贪欲束缚，而你站在
世界之顶，听到你到因缘空法，
他们像豺狼听到狮子吼而逃跑。（94）

भित्त्वा अविद्यपटलं महक्लेशधूमं

① “三火”指贪、嗔和痴。

पर्युत्थिता जनतये नियतप्रकाशे।
ज्ञानार्चिप्रज्ञप्रभविद्युविलोकितेन
सर्वं जगे विधमये महदन्धकारम्॥९५॥

今译："你破除无知的翳障，拨开
烦恼迷雾，向众生展示决心，
以知识的光焰、智慧的闪电，
照亮一切世界，驱除大黑暗。（95）

लाभा सुलब्ध विपुला मरुमानुषाणां
यत्रोद्भवाऽद्भुत इहेदृशि शुद्धसत्त्वे।
पिथिता अपायपथ स्फीत मरुत्पथानि
भेष्यन्ति सत्त्वरतनेन विबोधकेन॥९६॥

今译："这位本性纯洁者奇迹般诞生，
一切天神和凡人获得大收获，
这位众生之瑰宝和觉醒者，
将平息恶道，敞开天神之路。"（96）

वर्षित्व दिव्यकुसुमां कपिलाह्वयेऽस्मिन्
कृत्वा प्रदक्षिण स्तवित्व च गौरवेण।
बुद्ध सुबुद्ध इति वाक्यमुदीरयन्तः
प्रक्रान्त ते सुरगणा गगने सलीलाः॥९७॥ इति॥

今译：向迦比罗城撒下天花，
右绕行礼，恭敬地赞美，
称颂"佛啊！美妙的佛！"
众天神欢快地腾空离去。（97）①

॥इति श्रीललितविस्तरे जन्मपरिवर्तो नाम सप्तमोऽध्यायः॥

今译：以上是吉祥的《神通游戏》中名为《诞生品》的第七章。

① 以上第 76 至第 97 首偈颂不见于地译。护译此处有内容大体一致的偈颂。

देवकुलोपनयनपरिवर्तोऽष्टमः।

今译：第八 入天祠品

地译：入天祠品第八

इति हि भिक्षवो यामेव रात्रिं बोधिसत्त्वो जातस्तस्यामेव रात्र्यां विंशति कन्यासहस्राणि क्षत्रियब्राह्मणनैगमगृहपतिमहाशालकुलेषु जाताः। ताश्च सर्वा मातापितृभिर्बोधिसत्त्वाय दत्ता उपस्थानपरिचर्यायै। विंशति च कन्यासहस्राणि राज्ञा शुद्धोदनेन दत्तानि बोधिसत्त्वस्योपस्थानपरिचर्यायै। विंशति च कन्यासहस्राणि मित्रामात्यात्मज्ञातिसालोहितैर्दत्तानि बोधिसत्त्वस्योपस्थानपरिचर्यायै। विंशति च कन्यासहस्राणि अमात्यपार्षद्यैर्दत्तानि बोधिसत्त्वस्योपस्थानपरिचर्यायै॥

今译：众比丘啊！就在菩萨诞生的这天夜晚，有两万女孩诞生在刹帝利、婆罗门、市民、家主和大家主的家族里。父母将她们送来侍奉菩萨。净饭王送来两万女孩侍奉菩萨。朋友、臣僚、亲属和亲戚送来两万女孩侍奉菩萨。侍臣和随从送来两万女孩侍奉菩萨。

地译：爾時，佛告諸比丘：菩薩生已，諸刹帝利、婆羅門、居士、長者、豪富之家二萬童女，皆悉擬為菩薩婇女。王及大臣亦各有二萬童女，擬為菩薩婇女。此等諸女皆與菩薩同日而生。

तदा च भिक्षवो महल्लकमहल्लिकाः शाक्याः संनिपत्य राजानं शुद्धोदनमुपसंक्रम्यैवमाहुः-- यत्खलू देव जानीयाः-- देवकुलं कुमार उपनीयतामिति। राजा आह-- साधु उपनीयतां कुमारः। तेन हि मण्ड्यतां नगरम्। उपशोभ्यन्तां वीथिचत्वरशृङ्गाटकान्तरापणरथ्यामुखानि। अपनीयन्ताममङ्गल्याः काणकुब्जबधिरान्धमूकविसंस्थितविरूपरूपा अपरिपूर्णेन्द्रियाः। उपनाम्यन्तां मङ्गलानि। घुष्यन्तां पुण्यभेर्यः। ताड्यन्तां मङ्गल्यघण्टाः। समलंक्रियन्तां पुरवरद्वाराणि। वाद्यन्तां सुमनोज्ञतूर्यतालावचराणि। संनिपात्यन्तां सर्वकोट्टराजानः। एकीभवन्तु श्रेष्ठिगृहपत्यमात्यदौवारिकपारिषद्याः। युज्यन्तां कन्यारथाः। उपनाम्यन्तां पूर्णकुम्भाः। संनिपात्यन्तामधीयाना ब्राह्मणाः। अलंक्रियन्तां देवकुलानि। इति हि भिक्षवो यथोक्तपूर्वं सर्वं कृतमभूत्॥

今译：众比丘啊！那时，释迦族的年长男女一起来到净饭王那里，说道：

“王上啊！你要知道，应该带王子到天祠去了。”国王说道：“好吧，带王子去。那么，装饰城市吧！装饰街道、十字路、丁字路、店铺和路口。带走那些不吉祥者，诸如独眼、驼背、聋子、瞎子和哑巴等肢体残缺畸形或五官不全者。布置吉祥景物。捶响吉祥鼓，敲响吉祥钟。装饰所有城门。奏响各种悦耳动听的乐器。召集所有诸侯，集合长者、家主、大臣、门卫和随从。备好女孩们乘坐的车和盛满的水罐。集合婆罗门学者。装饰天祠。”于是，众比丘啊！一切都如上所述做好准备。

地译：是時釋種耆舊詣輸檀王所，白言：“大王！今者可將太子謁於天廟，以祈終吉。”王時許之，即遣所司，淨諸城郭、鄽肆、巷陌，所有盲聾瘖瘂、諸根不具、瓦礫糞穢、諸不吉祥皆悉除屏，擊福德鼓，扣善相磬，所由之門皆令藻飾。又諸裾王、長者、居士、婆羅門等克期同集，無量婇女車徒騎從，諸吉祥缾香油、香水悉令盈滿，婆羅門子夾於衢路，詠吉祥音，諸天祠廟皆悉嚴好。如是等事一切成辦。

ततो राजा शुद्धोदनः स्वगृहं प्रविश्य महाप्रजापतीं गौतमीमामन्त्र्यैवमाह-- अलंक्रियन्तां कुमारः देवकुलमुपनेष्यत इति। साध्विति प्रतिश्रुत्य महाप्रजापती गौतमी कुमारं मण्डयति स्म॥

今译：然后，净饭王进入自己宫中，召见摩诃波阇波提·乔答弥，说道：“为王子装饰打扮吧！他要去天祠。”摩诃波阇波提·乔答弥回答说：“好吧！”便为王子装饰打扮。

地译：時輸檀王入於後宮，告摩訶波闍波提言：“欲將太子往於天廟。”并勑宮人並須嚴飾。

ततः कुमारो मण्ड्यमानः प्रहसितवदनो व्यपगतभृकुटिकः परममधुरया वाचा मातृस्वसारमेवमाह-- अम्ब कुत्राहमुपनेष्यत इति। आह-- देवकुलं पुत्रेति। ततः कुमारः स्मितमुपदर्शयन् प्रहसितवदनो मातृस्वसारं गाथाभिरध्यभाषत--

今译：装饰打扮后，王子满面笑容，眉毛舒展，用甜蜜的声音对姨母说道：“妈妈，我要去哪里？”姨母回答说：“去天祠，孩子！”然后，满面笑容的王子又微微一笑，对姨母念诵偈颂道：

地译：摩訶波闍波提以諸寶服莊嚴菩薩。是時，菩薩熙怡微笑，而作是言：“今者見將欲往何處？”姨母告言：“將太子出，謁於天廟。”爾時，菩薩而說偈言：

जातस्य मह्यमिह कम्पित त्रिसहस्रं
शक्रश्च ब्रह्म असुराश्च महोरगाश्च।

चन्द्रश्च सूर्य तथ वैश्रवणः कुमारो
　　मूर्ध्ना क्रमेषु निपतित्व नमस्ययन्ति॥ १ ॥

今译：我出生之时，三千世界震动，
帝释天、梵天、阿修罗和大蛇，
月亮、太阳、毗沙门和鸠摩罗[①]，
他们全都俯首向我行触足礼。（1）

地译：自我初生時，震動三千界，
日月及護世，梵釋諸天龍，
皆悉下閻浮，俱來頂禮我。

कतमोऽन्यु देव मम उत्तरि यो विशिष्टो
　　यस्मिन् मम प्रणयसे त्वमिहाद्य अम्ब।
देवातिदेव अहु उत्तमु सर्वदेवैः
　　देवो न मेऽस्ति सदृशः कुत उत्तरं वा॥ २ ॥

今译：有哪一位天神超过我，胜过我，
妈妈啊，你现在带我到他那里去？
我是神中的至尊神，高于一切神，
相似都没有，何况高于我的天神？（2）

地译：何有天相及，將吾造其所？
我是天中天，於天中最勝，
天無與等者，誰復有能過？

लोकानुवर्तन प्रती इति अम्ब यास्ये
　　दृष्ट्वा विकुर्वित ममा जनता उदग्राः।
अधिमात्रु गौरव करिष्यति चित्रकारः
　　ज्ञास्यन्ति देवमनुजा स्वय देवदेवः॥ ३ ॥

今译：为顺应世人，我会去，妈妈！
人们看到我，会兴奋和惊诧，
无比尊敬我，无论天神和凡人，
他们都会知道我是神中之神。（3）

地译：隨順世俗故，所以來生此，

① “鸠摩罗”（kumāra）是湿婆大神之子。

見我威神力，一切皆欣喜，
是故應知我，獨為天中天。

इति हि भिक्षवः सर्वैर्वर्णैः स्तुतिमङ्गलैः प्रत्युपस्थितैरपरिमितालंकारालंकृतेषु वीथिचत्वरशृङ्गाटकान्तरापणमुखेष्वन्तःपुरे कुमारस्य रथमलंकृत्य राजा शुद्धोदनो ब्राह्मणनैगमश्रेष्ठिगृहपत्यमात्यकोट्टराजदौवारिकपारिषद्यमित्रज्ञातिपरिवृतः पुरस्कृतो धूपनधूपितेन मुक्तपुष्पाभिकीर्णेन हयगजरथपत्तिकलिलेनोच्छ्रितछत्रध्वजपताकेन नानातूर्यसंप्रवादितेन मार्गेण कुमारं गृहीत्वा गच्छति स्म। देवताशतसहस्राणि बोधिसत्त्वस्य रथं वहन्ति स्म। अनेकानि च देवपुत्राप्सरः कोटिनियुतशतसहस्राणि गगनतलगतानि पुष्पवर्षाण्यभिप्रवर्षन्ति स्म। तूर्याणि च प्रवादयन्ति स्म। इति हि राजा शुद्धोदनो महता राजव्यूहेन महता राजर्द्ध्या महता राजानुभावेन कुमारं गृहीत्वा देवकुलं प्रविशति स्म। समनन्तरप्रतिष्ठापितश्च बोधिसत्त्वेन दक्षिणश्चरणयोः क्रमतलस्तस्मिन् देवकुले अथ ता अचेतन्यो देवप्रतिमाः तद्यथा--शिवस्कन्दनारायणकुबेरचन्द्रसूर्यवैश्रवणशक्रब्रह्मलोकपालप्रभृतयः प्रतिमाः-- सर्वाः स्वेभ्यः स्वेभ्यः स्थानेभ्यो व्युत्थाय बोधिसत्त्वस्य क्रमतलयोर्निपतन्ति स्म। तत्र देवमनुष्यशतसहस्राणि हीहीकारकिलकिलाप्रमुखैः प्रक्ष्वेडितशतसहस्राणि प्रामुञ्चन्। चैलविक्षेपाणि चाकार्षुः। सर्वं च कपिलवस्तुमहानगरं षड्विकारं प्राकम्पितम्। दिव्यानि च कुसुमानि प्रावर्षन्। तूर्यशतसहस्राणि चाघट्टितानि प्रणेदुः। येषां च देवानां ताः प्रतिमाः ते सर्वे स्वस्वरूपमुपदर्श्येमा गाथा अभाषत--

今译：这样，众比丘啊！街道、十字路、丁字路、市场和路口充满吉祥的赞美声和无数的装饰品。在后宫，王子的车辆也装饰一新。在婆罗门、市民、长者、家主、臣僚、诸侯、门卫、随从、朋友和亲戚围绕恭敬下，道路上点燃香料，遍撒鲜花，布满马兵、象兵、车兵和步兵，竖有华盖、幡幢和旗帜，各种乐器奏响，净饭王带着王子，向前行进。百千天神抬着菩萨的车辆。数百千万亿天子和天女在空中降下花雨，奏响乐器。这样，净饭王展现国王的大威仪、大神通和大威力，带着王子，进入天祠。菩萨的右脚刚踏进天祠，所有无知觉的神像，诸如湿婆、室建陀、那罗延、俱比罗、月亮、太阳、毗沙门、帝释天、梵天和护世天王等神像，全都从各自位置上起身，拜倒在菩萨的双脚下。百千天神和凡人发出百千惊叹声，欢喜踊跃，舞动衣裳。整个迦比罗卫大城出现六种震动。天降花雨，百千乐器不奏自鸣。所有神像显示各自的本相，念诵偈颂道：

地译：佛告諸比丘：如是集會軍眾吉祥讚歎，莊嚴城闕，街衢、巷陌、鄽肆、諸門悉已清淨。時輸檀王自將菩薩乘車而出，與諸婆羅門、刹利、大富長者、居士、大臣及諸國王、釋氏眷屬，前後翊從，燒香散花滿於衢路，象馬車乘軍衆無量，皆悉執持寶幢幡蓋，種種鼓樂歌舞作倡，百千諸天御菩薩車，無量百千那由他天子并天婇女於虛空中散衆天花、鼓樂絃歌。時輸檀王威力如是，詣於天廟。至天廟已，王自抱持菩薩入天廟中。足蹈門閫，所有天像皆從座起，迎逆菩薩，恭敬禮拜。時衆會中百千天人皆大歡笑，踊躍無量，唱言："善哉，善哉！甚為希有。"迦毗羅國六種震動，諸天形像各現本身，而說頌曰：

नो मेरू गिरिराज पर्वतवरो जातू नमे सर्षपे
नो वा सागर नागराजनिलयो जातू नमे गोष्पदे।
चन्द्रादित्य प्रभंकरा प्रभकरा खद्योतके नो नमे
प्रज्ञापुण्यकुलोदितो गुणधरः कस्मान्नमे देवते॥४॥

今译：众山之主是须弥，不向芥末致敬礼，
蛇王住处是大海，不向蹄坑致敬礼，
光芒四照是日月，不向萤火致敬礼，
福慧家族具功德，岂向天神致敬礼？（4）

地译：芥子並須彌，牛跡方溟海，
日月對螢火，豈足以為倫？
我今如芥子，而復同牛跡，
亦與螢火等，故我應敬彼。

यद्वत् सर्षप गोष्पदे व सलिलं खद्योतका वा भवेत्
एवं च त्रिसहस्त्र देवमनुजा ये केचि मानाश्रिताः।
मेरूसागरचन्द्रसूर्यसदृशो लोके स्वयंभूत्तमो
यं लोको ह्यभिवन्द्य लाभ लभते स्वर्गं तथा निर्वृतिम्॥५॥

今译：三千世界神和人，纵然自以为高贵，
其实他们如同芥末、萤火和蹄坑水，
世尊自在好比是弥须、大海和日月，
世人向他致敬礼，获得升天和涅槃。（5）

地译：菩薩如日月，亦復同溟海，
而與須彌等，不宜恭敬我；
福慧及威力，禮者獲大利，
若人去憍慢，生天證涅槃。

अस्मिन् खलू पुनर्भिक्षवो बोधिसत्त्वेन महासत्त्वेन देवकुले प्रवेशे संदर्श्यमाने द्वात्रिंशतां देवपुत्रशतसहस्राणामनुत्तरायां सम्यक्संबोधौ चित्तान्युत्पद्यन्ते। अयं भिक्षवो हेतुरयं प्रत्ययो

येनोपेक्षको बोधिसत्त्वो भवति स्म देवकुलमुपनीयमान इति॥

今译：众比丘啊！菩萨大士示现[1]进入天祠，三百二十万天子发起无上正等菩提心。众比丘啊！正是出于这个因缘，菩萨无所执著，进入天祠。

地译：佛告諸比丘：菩薩示現入天廟時，三萬二千天子及無量眾生，發阿耨多羅三藐三菩提心。諸比丘！以是因緣，我時忍可入於天廟。

॥इति श्रीललितविस्तरे देवकुलोपनयनपरिवर्तो नाम अष्टमोऽध्यायः॥

今译：以上是吉祥的《神通游戏》中名为《入天祠品》的第八章。

① "示现"指菩萨运用善巧方便，教化众生。

आभरणपरिवर्तो नवमः।

今译：第九 装饰品品

地译：寶莊嚴具品第九

अथ खलु भिक्षव उदयनो नाम ब्राह्मणो राज्ञः पुरोहित उदायिनः पिता स पञ्चमात्रैर्ब्राह्मणशतैः परिवृतो हस्तोत्तरे चित्रानक्षत्रे राजानं शुद्धोदनमुपसंक्रम्यैवमाह-- यत्खलु देवो जानीयादाभरणानि कुमाराय क्रियन्तामिति। तं राजा आह-- बाढम्। गाढं क्रियतामिति॥

今译：众比丘啊！有位婆罗门名叫优陀延，是国王的祭司，优陀夷的父亲。在角宿出现在轸宿后面时，他在五百婆罗门簇拥下，来到净饭王那里，说道："王上啊！你要知道，应该为王子打造装饰品了。"国王说道："确实是这样，那就打造装饰品吧！"

地译：佛告諸比丘：時有大臣名優陀延，其人善閑星曆，與五百眷屬，月離于軫、角宿合時，來至王所，而白王言："請為太子造寶莊嚴具。"時王報言："宜令速造。"

तत्र राज्ञा शुद्धोदनेन पञ्चमात्रैश्च शाक्यशतैः पञ्चमात्राण्याभरणशतानि कारितान्यभूवन्। तद्यथा-- हस्ताभरणानि पादाभरणानि मूर्धाभरणानि कण्ठाभरणानि मुद्रिकाभरणानि कर्णिकायाकेयूराणि मेखलासुवर्णसूत्राणि किङ्किणीजालानि रत्नजालानि मणिप्रत्युप्तानि पादुका नानारत्नसमलंकृता हाराः कटका हर्षा मुकुटानि। कारयित्वा च पुष्यनक्षत्रयोगेनानुयुक्तेन ते शाक्या राजानं शुद्धोदनमुपसंक्रम्यैवमाहुः-- हन्त देव मण्ड्यतां कुमार इति। राजा आह-- अलमलंकृतश्च पूजितश्च भवद्भिः कुमारः। मयापि कुमारस्य सर्वाभरणानि कारितानि। तेऽवोचन्-- सप्तसप्तरात्रिंदिवान्यप्यस्माकमाभरणानि कुमारः काय आबध्नातु। ततोऽस्माकममोघो व्यायामो भविष्यतीति॥

今译：净饭王让五百个释迦族人打造了五百件装饰品，诸如手饰、脚饰、顶饰、颈饰、指饰、耳饰、臂饰、腰带、金线、铃铛网幔、宝石网幔、镶嵌摩尼珠的鞋子、镶嵌各种宝石的项链和脚镯，还有令人喜悦的顶冠。打造完毕后，在弗沙星与月亮会合时，这些释迦人来到净饭王那里，说道："王上啊！装饰王子吧！”国王说道：“你们装饰和侍奉王子。我也为王子备好一切装饰品。”他们说道：“即使七天七夜，让王子身上佩戴我们的装饰品，我们的努力也就没有白费。”

地译：五百釋種大臣亦各奉為菩薩造莊嚴具，所謂指環首飾，寶頸耳璫，寶帶瓔珞，寶屐寶鈴，寶鐸金網，如是等莊嚴之具既成就已，而弗沙星正與月合。是時諸釋眷屬持此寶具，詣於王所，各言：“大王！我等所造莊嚴之具，願上太子。”王言：“且待，汝等先以種種供養，我今亦為太子造莊嚴具。”諸釋眷屬重白王言：“我等所獻豈異[①]常得莊嚴。太子但許各為七日御用，是所願耳。”

तत्र रात्रौ विनिर्गतायामादित्य उदिते विमलव्यूहनामोद्यानं तत्र बोधिसत्त्वो निर्गतोऽभूत्। तत्र महाप्रजापत्या गौतम्या बोधिसत्त्वोऽङ्के गृहीतोऽभुत्। अशीतिश्च स्त्रीसहस्राणि प्रत्युद्गम्य बोधिसत्त्वस्य वदनं प्रेक्षन्ते स्म। दश च कन्यासहस्राणि प्रत्युद्गम्य बोधिसत्त्वस्य वदनं प्रेक्षन्ते स्म। पञ्च च ब्राह्मणसहस्राणि प्रत्युद्गम्य बोधिसत्त्वस्य वदनं प्रेक्षन्ते स्म। तत्र यानि भद्रिकेण शाक्यराजेनाभरणानि कारितान्यभूवन् तानि बोधिसत्त्वस्य काये आबध्यन्ते स्म। तानि समनन्तराबद्धानि बोधिसत्त्वस्य कायप्रभया जिह्मीकृतान्यभूवन् न भासन्ते स्म न तपन्ति स्म न विरोचन्ति स्म। तद्यथापि नाम जाम्बूनदस्य सुवर्णस्य पुरतो मसिपिण्ड उपनिक्षिप्तो न भासति न तपति न विरोचते एवमेव तान्याभरणानि बोधिसत्त्वस्य कायप्रभयास्पृष्टानि न भासन्ते न तपन्ति न विरोचन्ते स्म। एवं या या आभरणविकृतिर्बोधिसत्त्वस्य काय आबध्यते स्म सा सा जिह्मीभवति स्म तद्यथापि नाम मसिपिण्डः॥

今译：夜晚过去，太阳升起，菩萨来到名为无垢庄严的花园。摩诃波阇波提·乔答弥将菩萨抱在怀里。八万妇女上前观看菩萨的脸，一万女孩上前观看菩萨的脸，五千婆罗门上前观看菩萨的脸。吉祥的释迦王打造的那些装饰品佩戴在菩萨的身上。而在菩萨身体的光辉映照下，这些佩戴在身上的装饰品黯然失色，不再发亮，不再发光，不再闪耀。犹如将黑墨放在阎浮那提金子面前，不再发亮，不再发光，不再闪耀，这些装饰品一接触菩萨身体的光辉，不再发亮，不再发光，不再可爱。这样，佩戴在菩萨身上的各种装饰品发生变异，黯然失色，犹如黑墨。

地译：至於明旦，摩訶波闍波提往無垢光明園，以諸寶具嚴飾菩薩，懷抱捧接，至於園中。時有八萬四千婇女迎候菩薩，有一萬童女觀瞻菩薩，有一

① 此处“异”字，据《中华大藏经》校勘记，《资》、《碛》、《普》、《南》、《径》、《清》作“冀”。

萬釋種童女敬仰菩薩，有五千婆羅門讚歎菩薩，如是等欽望之心皆無厭倦。時有釋種名跋陀羅①，以諸所造寶莊嚴具衣著菩薩。當爾之時，菩薩身光暎奪眾寶，所有光彩悉不復現，譬如聚墨對閻浮檀金。

तत्र विमला नामोद्यानदेवता सा औदारिकमात्मभावमभिसंदर्श्य पुरतः स्थित्वा राजानं शुद्धोदनं तं च महान्तं शाक्यगणं गाथाभिरभिभाषते स्म--

今译：这时，名为无垢的花园女神显示自己的真实形体，站在净饭王和对释迦族大众面前，念诵偈颂道：

地译：爾時，園中有神，名曰離垢，即現其形，於輸檀王及諸釋種前，說偈讚曰：

सर्वेयं त्रिसहस्र मेदिनी सनगरनिगमा
पूर्णा काञ्चनसंचिता भवेत् सुरुचिर विमला।
एका काकिणि जाम्बुकाञ्चने भवति उपहता
ना भासी इतरः स काञ्चन प्रभसिरिरहितः॥ १॥

今译：三千世界大地，连同城镇和市场，
即使全都堆满纯净可爱的金子，
也会在一铢阎浮金前黯然失色，
因为其他的金子不再闪耀光辉。（1）

地译：假使三千界，滿中盛真金，
閻浮金一銖，暎之即無色。

जाम्बूकाञ्चनसंनिभा पुनर्भवेत् सकर इय मही
रोमे आभ प्रमुक्त नायके हिरिसिरिभरिते।
ना भासी न तपी न शोभते न च प्रभवति
आभाये सुगतस्य कायि नो भवति यथ मसिः॥ २॥

今译：即使整个大地辉煌如同阎浮金，
面对导师毛孔释放的柔美光辉，
也不再发亮，不再发光，不再闪耀，
在善逝身体前，暗淡无光似黑墨。（2）

---

① "释种跋陀罗"的原文是 bhadrikeṇa śākyarājena，可读为"吉祥的释迦王"，指净饭王。而按地译，则是指另一位名为跋陀罗的释种。

地译：假使閻浮金，充滿三千界，
菩薩一毛光，暎之亦無色。

स्वे तेजेन अयं स्वलंकृतो गुणशतभरितो
नो तस्याभरणा विरोचिषू सुविमलवपुषः।
चन्द्रसूर्यप्रभाश्च ज्योतिषा तथ मणिज्वलनाः
शक्रबह्मप्रभा न भासते पुरत शिरिघने॥३॥

今译：他具有百种功德，依靠自己的光辉装饰，
他的身体纯洁无瑕，无须其他的装饰品，
月亮、太阳、星星、摩尼珠、帝释天和
梵天的光辉，在这个聚光体前黯然失色。(3)

地译：光明甚圓滿，百福相莊嚴，
如是清淨身，豈資於外好？
日月星珠彩，梵釋諸天光，
若對菩薩身，皆悉不能現。

यस्या लक्षणि कायु चित्रितः पुरिमशुभफलैः
किं तस्याभरणेभिरित्वरैः परकृतकरणैः।
अपनेथा भरणा म हेठता अबुध बुधकरं
नायं कृत्तिमभूषणार्थिक परममतिकरः॥४॥

今译：他的各种身体相记由前生善业造成，
何必还需要别人制造的低劣装饰品？
拿走装饰品，愚人啊，不要麻烦觉醒者！
这位最高智者不需要这些人工装饰品。(4)

地译：由先淨業感，眾相自莊嚴，
不待下劣人，所奉莊嚴具；
應屏汝所獻，莊嚴眾珍寶，
汝自以為美，菩薩無所求。

चेटस्याभरणानि देथिमे सुरुचिर विमला
सहजातो य सुभूषि छन्दको नृपतिकुलशुभे।
तुष्टा शाकिय विस्मिताश्च अभवन्प्रमुदितमनसो
वृद्धिः शाक्यकुलनन्दस्य चोत्तमा भविष्यति विपुला॥५॥

今译：将这些光洁可爱的装饰品送给仆人，
　　　让与王子同龄的阐铎迦获得装饰。
　　　释迦族人惊讶不已，心中满意高兴，
　　　释迦族的后裔必将走向繁荣昌盛。（5）

地译：非菩薩所須，宜持賜車匿。
　　　天神說偈已，忽然而不現，
　　　王及諸釋種，深生希有心，
　　　踊躍歡喜言：釋氏當興盛。

इत्युक्त्वा सा देवता बोधिसत्त्वं दिव्यैः पुष्पैरभ्यवकीर्य तत्रैवान्तरधात्॥

今译：说罢，这位女神为菩萨撒下天花，便消失不见。

॥इति श्रीललितविस्तरे आभरणपरिवर्तो नाम नवमोऽध्यायः॥

今译：以上是吉祥的《神通游戏》中名为《装饰品品》的第九章。

लिपिशालासंदर्शनपरिवर्तो दशमः।

今译：第十 学堂示现品

地译：示書品第十

इति हि भिक्षवः संवृद्धः कुमारः। तदा माङ्गल्यशतसहस्रैः लिपिशालामुपनीयते स्म दशभिर्दारकसहस्रैः परिवृतः पुरस्कृतः दशभिश्च रथसहस्रैः खादनीयभोजनीयस्वादनीय-परिपूर्णैर्हिरण्यसुवर्णपरिपूर्णैश्च। येन कपिलवस्तुनि महानगरे वीथिचत्वररथ्यान्तरापण-मुखेष्वभ्यवकीर्यते स्म अभिविश्राम्यन्ते। अष्टाभिश्च तूर्यशतसहस्रैः प्रघुष्यमाणैर्महता च पुष्पवर्षेणाभिप्रवर्षता वितर्दिनिर्यूहतोरणगवाक्षहर्म्यकूटागारप्रासादतलेषु कन्याशतसहस्राणि सर्वालंकारभूषिताः स्थिता अभूवन्। बोधिसत्त्वं प्रेक्षमाणाः कुसुमानि च क्षिपन्ति स्म। अष्टौ च मरुत्कन्यासहस्राणि विगलितालंकाराभरणालंकृतानि रत्नभद्रंकरेण गृहीतानि मार्गं शोधयन्त्यो बोधिसत्त्वस्य पुरतो गच्छन्ति स्म। देवनागयक्षगन्धर्वासुरगरुडकिन्नरमहोरगा-श्चार्धकायिका गगनतलात्पुष्पपट्टदामान्यभिप्रलम्बयन्ति स्म। सर्वे च शाक्यगणाः शुद्धोदनं राजानं पुरस्कृत्य बोधिसत्त्वस्य पुरतो गच्छन्ति स्म। अनेनैवंरूपेण व्यूहेन बोधिसत्त्वो लिपिशालामुपनीयते स्म॥

今译：这样，众比丘啊！王子长大。于是，带着百千吉祥祝福，他被送往学堂。一万儿童围绕恭敬，一万辆车装满可口的软硬食物和金钱。在迦比罗卫大城中的街道、十字路、车道、市场内和路口，随处接受供奉和休息。八十万乐器奏响，大量的花雨降下。十万少女盛装严饰，站在露台、塔楼、拱门、窗口、楼阁和宫顶，观看菩萨，撒下鲜花。八千天女装饰着晃动的装饰品，手持宝瓶，清洁道路，走在菩萨前面。天神、蛇、药叉、健达缚、阿修罗、金翅鸟、紧那罗和大蛇在空中半露身体，悬挂花环和彩带。所有的释迦族人簇拥净饭王，走在菩萨前面。在这样壮观的队伍陪同下，菩萨被送往学堂。

地译：佛告諸比丘：菩薩年始七歲，是時以備百千吉祥威儀之事，欲將菩薩往詣學堂。十千童男、一萬童女圍遶翊從。車一萬乘載以珍羞并諸寶物，於迦毗羅城四衢道中及諸鄽里，處處散施。復有百千音樂同時俱作，雨眾天花。復有無量百千婇女，眾寶瓔珞莊嚴其身。或在樓閣軒檻，或處殿堂窓牖，瞻望菩薩，以眾妙花，而遙散之。復有百千天諸婇女，莊嚴其身，各執寶缾，盛以香水，於前灑道。天、龍、夜叉、乾闥婆、阿修羅、迦樓羅、緊那羅摩、睺羅伽等，各於虛空出現半身，手執花鬘、瓔珞、珠寶，垂懸其上。一切釋種前後圍遶，隨輪檀王，而將菩薩詣於學堂。

समनन्तरप्रवेशितश्च बोधिसत्त्वो लिपिशालाम्। अथ विश्वामित्रो नाम दारकाचार्यो बोधिसत्त्वस्य श्रियं तेजश्चासहमानो धरणितले निविष्टो। अधोमुखः प्रपतति स्म। तं तथा प्रपतितं दृष्ट्वा शुभाङ्गो नाम तुषितकायिको देवपुत्रो दक्षिणेन करतलेन परिगृह्योत्थापयति स्म। उत्थाप्य च गगनतलस्थो राजानं शुद्धोदनं तं च महान्तं जनकायं गाथाभिरभ्यभाषत्--

今译：菩萨一进入学堂，名为毗奢蜜多的老师不能承受菩萨的光辉和威力，低头跌倒在地。一位名叫妙身的兜率天子看见老师跌倒，便用右手扶他起来。扶起老师后，他站在空中，向净饭王和大众念诵偈颂道：

地译：爾時菩薩將昇學堂，博士毗奢蜜多見菩薩來，威德無上，自顧不任為菩薩師，生大慚懼，迷悶躃地。時兜率天子名曰妙身，扶之令起，安置座上，身昇虛空，而說頌曰：

शास्त्राणि यानि प्रचलन्ति मनुष्यलोके
संख्या लिपिश्च गणनापि च धातुतन्त्रम्।
ये शिल्पयोग पृथु लौकिक अप्रमेयाः
तेष्वेषु शिक्षितु पुरा बहुकल्पकोट्यः॥१॥

今译：在这人间流行的种种学科：
算术、写字、数学和医学，
无计其数的世俗工巧技艺，
他在以前数千万劫已通晓。（1）

地译：所有世間眾伎藝，於無量劫已修習。

किं तू जनस्य अनुवर्तनतां करोति
लिपिशालमागतु सुशिक्षितु शिष्यणार्थम्।
परिपाचनार्थ बहुदारक अग्रयाने
अन्यांश्च सत्त्वनयुतानमृते विनेतुम्॥२॥

今译：而他顺应世人，来到学堂，
为了传授已经通晓的知识，
为了教育儿童登临上乘道，
引导亿万众生走向不死路。（2）

第十 学堂示现品 217

地译：為欲成熟諸童子，隨順俗法昇學堂，
　　　復欲調伏諸眾生，令入大乘真實法。

लोकोत्तरेषु चतुसत्यपथे विधिज्ञो
　　हेतुप्रतीत्यकुशलो यथ संभवन्ति।
यथ चानिरोधक्षयु संस्थितु शीतिभावः
　　तस्मिन्विधिज्ञ किमथो लिपिशास्त्रमात्रे॥३॥

今译：他通晓超凡的四圣谛，
　　　通晓种种规律和因缘①，
　　　灭寂一切②而达到清凉，
　　　更何况这种书写知识？（3）

地译：善解因緣知四諦，能滅諸有得清涼。

नेतस्य आचरिय उत्तरि वा त्रिलोके
　　सर्वेषु देवमनुजेष्वयमेव जेष्ठः।
नामापि तेषु लिपिनां न हि वित्थ यूयं
　　यत्रेषु शिक्षितु पुरा बहुकल्पकोट्यः॥४॥

今译：三界中别无老师超过他，
　　　天神和凡人中的至尊者，
　　　你们不知道的那些文字，
　　　他在数千万劫前已学过。③（4）

地译：天中之天為最尊，施甘露者無能勝。

सो चित्तधार जगतां विविधा विचित्रा
　　एकक्षणेन अयु जानति शुद्धसत्त्वः।
अदृश्यरूपरहितस्य गतिं च वेत्ति
　　किं वा पुनोऽथ लिपिनोऽक्षरदृश्यरूपाम्॥५॥

今译：他本性纯洁，刹那间知道
　　　世上人们各种各样的心流，
　　　无形不可见者行踪都知道，

---

① 这句原文中的 saṃbhavanti，M 本写为 saṃbhavati。
② "灭寂一切"的原文是 cānirodha。其中的 cā 这个音节放在这里读不通，而这句恰好多出一个音节，故而应删去。
③ 这首偈颂原文中的 netasya 应读为 naitasya，yatreṣu 应读为 yatraiṣu。

何况有形可见的文字书写？（5）

地译：一切眾生心行異，於一念中悉能知，

寂滅之法猶能悟，況復文字而須學？

इत्युक्त्वा स देवपुत्रो बोधिसत्त्वं दिव्यैः कुसुमैरभ्यर्च्य तत्रैवान्तर्दधे। तत्र धात्र्यश्च चेटीवर्गाश्च स्थापिता अभूवन्। परिशेषाः शाक्याः शुद्धोदनप्रमुखाः प्रक्रामन्तः॥

今译：说罢，这位天子为菩萨撒下天花，便消失不见。保姆和侍女们留在那里，净饭王和其他的释迦族人都回去。

地译：爾時，天子說此偈已，即以天妙香花供養菩薩，忽然不現。時輸檀王勅諸童子及諸保母瞻侍菩薩，王還本宮。

अथ बोधिसत्त्व उरगसारचन्दनमयं लिपिफलकमादाय दिव्यार्षसुवर्णतिरकं समन्तान्मणिरत्नप्रत्युप्तं विश्वामित्रमाचार्यमेवमाह--

今译：然后，菩萨拿起乌洛迦娑罗檀香木书写板，点缀有神奇的金子，四周镶嵌摩尼珠宝，对老师毗奢蜜多说道：

地译：菩薩爾時手執天書栴檀之簡，塗以天香，摩尼明璣以為嚴飾，而問師言：

कतमां मे भो उपाध्याय लिपिं शिक्षापयसि। ब्राह्मीखरोष्टीपुष्करसारिं अङ्गलिपिं वङ्गलिपिं मगधलिपिं मङ्गल्यलिपिं अङ्गुलीयलिपिं शकारिलिपिं ब्रह्मवलिलिपिं पारुष्यलिपिं द्राविडलिपिं किरातलिपिं दाक्षिण्यलिपिं उग्रलिपिं संख्यालिपिं अनुलोमलिपिं अवमूर्धलिपिं दरदलिपिं खाष्यलिपिं चीनलिपिं लूनलिपिं हूणलिपिं मध्याक्षरविस्तरलिपिं पुष्पलिपिं देवलिपिं नागलिपिं यक्षलिपिं गन्धर्वलिपिं किन्नरलिपिं महोरगलिपिं असुरलिपिं गरुडलिपिं मृगचक्रलिपिं वायसरुतलिपिं भौमदेवलिपिं अन्तरीक्षदेवलिपिं उत्तरकुरुद्वीपलिपिं अपरगोडानीलिपिं पूर्वविदेहलिपिं उत्क्षेपलिपिं निक्षेपलिपिं विक्षेपलिपिं प्रक्षेपलिपिं सागरलिपिं वज्रलिपिं लेखप्रतिलेखलिपिं अनुद्रुतलिपिं शास्त्रावर्तां गणनावर्तलिपिं उत्क्षेपावर्तलिपिं निक्षेपावर्तलिपिं पादलिखितलिपिं द्विरुत्तरपदसंधिलिपिं यावद्दशोत्तरपदसंधिलिपिं मध्याहारिणीलिपिं सर्वरुतसंग्रहणीलिपिं विद्यानुलोमाविमिश्रितलिपिं ऋषितपस्तप्तां रोचमानां धरणीप्रेक्षिणीलिपिं गगनप्रेक्षिणीलिपिं सर्वौषधिनिष्यन्दां सर्वसारसंग्रहणीं सर्वभूतरुतग्रहणीम्। आसां भो उपाध्याय चतुष्षष्टीलिपीनां कतमां त्वं शिष्यापयिष्यसि॥

今译："老师啊，你教我写哪一种文字？梵文、佉卢虱底文、布湿迦罗沙利文、安伽文、文伽文、摩揭陀文、孟伽利耶文、安古利耶文、舍迦利文、婆罗摩婆利文、波卢瑟文、达罗毗荼文、吉罗多文、达钦尼耶文、郁伽罗文、僧佉文、阿努洛摩文、阿婆摩达文、陀罗陀文、可索文、支那文、卢那文、匈奴文、摩提亚刹罗维斯多罗文、布湿波文、提婆文、那伽文、夜叉文、健达缚文、紧那罗文、摩睺罗伽文、阿修罗文、迦娄罗文、鹿轮文、鸟音文、包摩提婆文、安多梨叉提婆文、北俱卢洲文、西瞿耶尼洲文、东毗提诃洲文、乌差波文、尼差波文、毗差波文、波罗差波文、沙伽罗文、金刚文、利佉波罗底利佉文、阿努德罗多文、夏斯多罗婆多文、伽纳那婆多文、乌差波婆多文、尼差波婆罗文、波陀利奇多文、德维卢多罗波陀商提文、亚婆陀索多罗波陀商提文、摩提亚诃利尼文、萨婆卢多商伽罗诃尼文、毗底亚努洛毗密希利多文、利希多波斯多波多文、罗遮摩那文、陀罗尼波雷钦尼文、伽伽那波雷钦尼文、萨婆奥舍提尼希衍陀文、萨婆沙罗商伽罗诃尼文和萨婆菩多卢多伽罗尼文，老师啊，这六十四种文字，你将教我哪一种？”

地译：“有梵寐書、佉盧虱底書、布沙迦羅書、央伽羅書、摩訶底書、央瞿書、葉半尼書、娑履迦書、阿波盧沙書、沓毗羅書、蔚羅多書、多瑳那書、郁伽羅書、僧祇書、阿跋牟書、阿奴盧書、達羅陀書、可索書、支那書、護那書、末提惡剎羅蜜怛羅書、弗沙書、提婆書、那伽書、夜叉書、乾闥婆書、摩睺羅書、阿修羅書、迦婁羅書、緊那羅書、密履伽書、摩瑜書、暴磨提婆書、安多力叉提婆書、拘耶尼書、欝單越書、弗婆提書、沃憩婆書、匿憩波書、般羅憩波書、婆竭羅書、跋闍羅書、戾佉鉢羅底隸書、毗憩波書、安奴鉢度多書、舍薩多婆書、竭膩那書、嗚差波書、匿差波書、波陀戾佉書、地烏怛散地書、夜婆達書、鉢陀散地書、末提訶履尼書、薩婆多增伽訶書、婆尸書、比陀阿奴路摩書、尼師答多書、乎盧支磨那書、陀羅尼閉瑳書、伽伽那必利綺那書、薩婆沃殺地儞產陀書、娑竭羅僧伽訶書、薩婆部多睺婁多書。如上所說六十四書，欲以何書而相教乎？”

अथ विश्वामित्रो दारकाचार्यो विस्मितः प्रहसितवदनो निहतमानमददर्प इमां गाथामभाषत--

今译：这时，老师毗奢蜜多惊讶不已，摒弃骄傲，面带微笑，念诵偈颂道：

地译：是時毗奢蜜多聞所未聞，歡喜踊躍，自去貢高，而說頌曰：

आश्चर्यं शुद्धसत्त्वस्य लोके लोकानुवर्तिनो।
शिक्षितः सर्वशास्त्रेषु लिपिशालामुपागतः ॥६॥

今译：奇妙啊！他本性纯洁，而顺应世俗，
已经通晓一切学科，还来到学堂。（6）

地译：希有清淨勝智人，已自該通一切法。

येषामहं नामधेयं लिपीनां न प्रजानमि।
तत्रैष शिक्षितः सन्तो लिपिशालामुपागतः॥७॥

今译：连我都不知道的那些文字名称，
他早已全都学过，还来到学堂。（7）

地译：示人學堂從下問，所說書名昔未聞。

वक्त्रं चास्य न पश्यामि मूर्धानं तस्य नैव च।
शिष्ययिष्ये कथं ह्येनं लिपिप्रज्ञाय पारगम्॥८॥

今译：我不敢看他的脸，不敢看他的头，
我怎么敢教这一位精通文字者？（8）

地译：無見頂相極尊高，面貌威嚴莫能視，
智慧神力最第一，當以善巧教詔我。

देवदेवो ह्यतिदेवः सर्वदेवोत्तमो विभुः।
असमश्च विशिष्टश्च लोकेष्वप्रतिपुद्गलः॥९॥

今译：他是神中神，超神，神中至尊，
一切世界的优秀者，无与伦比。（9）

地译：顧己微淺焉能學，徒聽書名實未知，
是為最上天中天，於世間中無有二。

अस्यैव त्वनुभावेन प्रज्ञोपाये विशेषतः।
शिक्षितं शिष्ययिष्यामि सर्वलोकपरायणम्॥१०॥

今译：依靠他的威力，尤其是智慧方便，
我教这位学者，一切世界的归依。（10）

इति हि भिक्षवो दश दारकसहस्राणि बोधिसत्त्वेन सार्धं लिपिं शिष्यन्ते स्म। तत्र बोधिसत्त्वाधिस्थानेन तेषां दारकाणां मातृकां वाचयतां यदा अकारं परिकीर्तयन्ति स्म तदा अनित्यः सर्वसंस्कारशब्दो निश्चरति स्म। आकारे परिकीर्त्यमाने आत्मपरहितशब्दो निश्चरति स्म। इकारे इन्द्रियवैकल्यशब्दः। ईकारे ईतिबहुलं जगदिति। उकारे उपद्रवबहुलं जगदिति। ऊकारे ऊनसत्त्वं जगदिति। एकारे एषणासमुत्थानदोषशब्दः। ऐकारे ऐर्यापथः श्रेयानिति। ओकारे ओघोत्तरशब्दः। औकारे औपपादुकशब्दः। अंकारे अमोघोत्पत्तिशब्दः। अःकारे अस्तंगमनशब्दो निश्चरति स्म।

今译：这样，众比丘啊！一万儿童和菩萨一起学习文字。在菩萨的护持下，儿童们念字母。一念字母 a，就说出“诸行无常”。一念字母 ā，就说出“自利利他”。一念字母 i，就说出“诸根欠缺”。一念字母 ī，就说出“世界充满灾难”。一念字母 u，就说出“世界充满祸患”。一念字母 ū，就说出“世界众生低劣”。一念字母 e，就说出“欲望造就过错”。一念字母 ai，就说出“殊胜威仪”。一念字母 o，就说出“越过瀑流”。一念字母 au，就说出“化生”。一念字母 aṃ，就说出“出生不虚”。一念字母 aḥ，就说出“走向毁灭”。

地译：佛告諸比丘：爾時，有十千童子而與菩薩俱在師前，同學字母。唱阿字時，出一切諸行無常聲。唱長阿字時，出自利利他聲。唱伊字時，出諸根本廣大[①]聲。唱伊字時，出一切世間眾多病聲。唱烏(上聲)字時，出世間諸惱亂事聲。唱烏字時，出諸世間一切眾生智慧狹劣聲。唱翳字時，出所希求諸過患事聲。唱愛字時，出勝威儀聲。唱烏字時，出死曝流到彼岸聲。唱懊字時，出皆化生聲。唱唵字時，出一切物皆無我我所[②]聲。唱阿字時，出一切法皆滅沒聲。

ककारे कर्मविपाकावतारशब्दः। खकारे खसमसर्वधर्मशब्दः। गकारे गम्भीरधर्मप्रतीत्यसमुत्पादावतारशब्दः। घकारे घनपटलाविद्यामोहान्धकारविधमनशब्दः। ङकारे। अङ्गविशुद्धिशब्दः। चकारे चतुरार्यसत्यशब्दः। छकारे छन्दरागप्रहाणशब्दः। जकारे जरामरणसमतिक्रमणशब्दः। झकारे झषध्वजबलनिग्रहणशब्दः। ञकारे ज्ञापनशब्दः। टकारे पटोपच्छेदनशब्दः। ठकारे ठपनीयप्रश्नशब्दः। डकारे डमरमारनिग्रहणशब्दः। ढकारे मीढविषया इति। णकारे रेणुक्लेशा इति।

今译：一念字母 ka，就说出“获得业果”。一念字母 kha，就说出“万法似空”。一念字母 ga，就说出“入深邃缘起法”。一念字母 gha，就说出“驱除厚重的翳障、无知和愚痴黑暗”。一念字母 ṅa，就说出“肢体纯洁”。一念字母 ca，就说出“四圣谛”。一念字母 cha，就说出“消除渴望和贪欲”。一念字母 ja，就说出“超越老和死”。一念字母 jha，就说出“降伏爱欲魔军”。一念字母 ña，就说出“教诲”。一念字母 ṭa，就说出“斩断轮回”[③]。一念字母 ṭha，就说出“搁置不答”。一念字母 ḍa，就说出“制伏乱魔”。一念字母 ḍha，就说出“污

① “诸根本广大”与原文有差异。原文是“诸根欠缺”（indriyavaikalya）。据地译，原文中的 vaikalya（“欠缺”）有可能是 vaipulya（“广大”）。

② “一切物皆无我我所”与原文有差异。原文是“出生不虚”（amoghotpatti）。

③ “斩断轮回”的原文是 paṭopacchedana。其中的 paṭa，BHSD 认为应该是 vaṭṭa（相当于 vṛtta），词义为“转动”或“轮回”。此处地译“永断一切道”，与此意义吻合。

秽欲境”。一念字母 ṇa，就说出“烦恼似尘”。

地译：唱迦(上聲)字時，出入業果聲。唱佉字時，出一切諸法如虛空聲。唱伽(上聲)字時，出甚深法入緣起聲。唱伽字時，出除滅一切無明黑暗、厚重瞖膜聲。唱哦字時，出銷滅眾生十二支[①]聲。唱者字時，出觀四諦聲。唱車(上聲)字時，出永斷貪欲聲。唱社字時，出度一切生死彼岸聲。唱闍字時，出降一切魔軍眾聲。唱壤字時，出覺悟一切眾生聲。唱吒(上聲)字時，出永斷一切道聲。唱吒字時，出置答[②]聲。唱荼(上聲)字時，出斷一切魔惱亂聲。唱荼字時，出一切境界皆是不淨聲。唱拏(上聲)字時，出永拔微細煩惱聲。

तकारे तथतासंभेदशब्दः। थकारे थामबलवेगवैशारद्यशब्दः। दकारे दानदमसंयमसौरभ्यशब्दः। धकारे धनमार्याणां सप्तविधमिति। नकारे नामरूपपरिज्ञाशब्दः। पकारे परमार्थशब्दः। फकारे फलप्राप्तिसाक्षात्क्रियाशब्दः। बकारे बन्धनमोक्षशब्दः। भकारे भवविभवशब्दः। मकारे मदमानोपशमनशब्दः।

今译：一念字母 ta，就说出“真如无分别”。一念字母 tha，就说出“勇猛无畏”。一念字母 da，就说出“施舍、调伏、自制和柔顺”。一念字母 dha，就说出“七种圣者财富”[③]。一念字母 na，就说出“通晓名色”。一念字母 pa，就说出“第一义谛”。一念字母 pha，就说出“亲证果报”。一念字母 ba，就说出“摆脱束缚”。一念字母 bha，就说出“灭除诸有”。一念字母 ma，就说出“平息骄慢”。

地译：唱多(上聲)字時，出一切法真如無別異聲。唱他(上聲)字時，出勢力無畏聲。唱陀(上聲)字時，出施戒質直聲。唱陀字時，出希求七聖財聲。唱那(上聲)字時，出遍知名色聲。唱波(上聲)字時，出證第一義諦聲。唱頗字時，出得果入現證聲。唱婆(上聲)字時，出解脫一切繫縛聲。唱婆字時，出斷一切有聲。唱摩(上聲)字時，出銷滅一切憍慢聲。

यकारे यथावद्धर्मप्रतिवेधशब्दः। रकारे रत्यरतिपरमार्थरतिशब्दः। लकारे लताछेदनशब्दः। वकारे वरयानशब्दः। शकारे शमथविपश्यनाशब्दः। षकारे षडायतननिग्रहणाभिज्ञज्ञानावाप्तिशब्दः। सकारे सर्वज्ञज्ञानाभिसंबोधनशब्दः। हकारे हतक्लेशविरागशब्दः। क्षकारे परिकीर्त्यमाने क्षणपर्यन्ताभिलाप्यसर्वधर्मशब्दो निश्चरति स्म॥

今译：一念字母 ya，就说出“如实知法”。一念字母 ra，就说出“喜爱厌弃欲

---

① “销灭众生十二支”意义不明，可能指消灭众生十二因缘。原文是“肢体纯洁”（aṅgaviśuddha）。

② “置答”（ṭhamanīyapraśna）意谓“搁置不答”。

③ “七种圣者财富”指信受、持戒、知羞、知耻、多闻、舍弃和智慧。

乐的第一义谛”。一念字母 la，就说出“斩断枝蔓”。一念字母 va，就说出“上乘”。一念字母 śa，就说出“止观”。一念字母 ṣa，就说出“制伏六处[1]，获得神通智”。一念字母 sa，就说出“证得知一切智”。一念字母 ha，就说出“消除烦恼和贪欲”。一念字母 kṣa，就说出“文字终究不能表述一切法”[2]。

地译：唱也字時，出通達一切法聲。唱羅字時，出厭離生死、欣第一義諦聲。唱羅(上聲)字時，出斷一切生死枝條聲。唱婆(上聲)字時，出最勝乘聲。唱捨字時，出一切奢摩他、毗鉢舍那[3]聲。唱沙(上聲)字時，出制伏六處、得六神通聲。唱娑字時，出現證一切智聲。唱呵字時，出永害一切業煩惱聲。唱差字時，出諸文字不能詮表一切法聲。

इति हि भिक्षवस्तेषां दारकाणां मातृकां वाचयतां बोधिसत्त्वानुभावेनैव प्रमुखान्यसंख्येयानि धर्ममुखशतसहस्राणि निश्चरन्ति स्म॥

今译：这样，众比丘啊！凭借菩萨的威力，儿童们一念字母，就说出无数百千重要法门。

地译：佛告諸比丘：菩薩與諸童子居學堂時，同唱字母，演出無量百千法門之聲。

तदानुपूर्वेण बोधिसत्त्वेन लिपिशालास्थितेन द्वात्रिंशद्दारकसहस्राणि परिपाचितान्यभूवन्। अनुत्तरायां सम्यक्संबोधौ चित्तान्युत्पादितानि द्वात्रिंशद्दारिकासहस्राणि। अयं हेतुरयं प्रत्ययो यच्छिक्षितोऽपि बोधिसत्त्वो लिपिशालामुपागच्छति स्म॥

今译：菩萨在学堂时，三万二千儿童得到度化，三万二千女童发起正等菩提心。正是这个因缘，菩萨即使早已通晓一切，仍然进入学堂。

地译：令三萬二千童男三萬二千童女皆發阿耨多羅三藐三菩提心。以是因緣，示現入於學堂。

॥इति श्रीललितविस्तरे लिपिशालासंदर्शनपरिवर्तो नाम दशमोऽध्यायः॥

今译：以上是吉祥的《神通游戏》中名为《学堂示现品》的第十章。

---

① “六处”指眼、耳、鼻、舌、身和心，或者，色、声、香、味、触和法。

② 这句原文是 kṣaṇaparyantābhilāpyasarvadharmaśabdaḥ，不能读通。此处地译“诸文字不能诠表一切法”。据此可知，原文中的 kṣaṇa（“刹那”）应为 akṣara（“文字”），abhilāpya（“表述”）应为 anabhilāpya（“不可表述”），这样，这句读为“文字终究不能表述一切法”。

③ “奢摩他”和“毗钵舍那”是“止”和“观”的音译。

कृषिग्रामपरिवर्त एकादशः।

今译：第十一 农村品

地译：觀農務品第十一

इति हि भिक्षवो यावद्विवृद्धः कुमारः। अथापरेण समयेन कुमारस्तदन्यैः कुमारैरमात्यपुत्रैः सार्धं कृषिग्राममवलोकयितुं गच्छति स्म। अवलोक्य च कृषिकर्मान्तमन्यत उद्यानभूमिं प्रविशति स्म। संविग्नमनास्तत्र बोधिसत्त्व एकाकी अद्वितीयोऽनुचंक्रम्यमाणोऽनुविचरन् जम्बुवृक्षमपश्यत् प्रासादिकं दर्शनीयम्। तत्र बोधिसत्त्वश्छायायां पर्यङ्केन निषीदति स्म। निषण्णश्च बोधिसत्त्वश्चित्तैकाग्रतामासादयति स्म। आसाद्य च विविक्तं कामैर्विविक्तं पापकैरकुशलैर्धर्मैः सवितर्कं सविचारं विवेकजं प्रीतिसुखं प्रथमं ध्यानमुपसंपद्य विहरति स्म। स वितर्कविचाराणां व्युपशमादध्यात्मसंप्रसादाच्चेतस एकोतिभावादवितर्कमविचारं समाधिजं प्रीतिसुखं द्वितीयं ध्यानमुपसंपद्य विहरति स्म। स प्रीतेर्विरागादुपेक्षको विहरति स्म स्मृतिमान् संप्रजानन्। सुखं च कायेन प्रतिसंवेदयति स्म। यत्तदार्या आचक्षते उपेक्षकः स्मृतिमान् सुखविहारी निष्प्रीतिकं तृतीयं ध्यानमुसंपद्य विहरति स्म। स सुखस्य च प्रहाणाद्दुःखस्य च प्रहाणात् पूर्वमेव च सौमनस्यदौर्मनस्ययोरस्तंगमाददुःखासुखमुपेक्षा स्मृतिपरिशुद्धं चतुर्थं ध्यानमुपसंपद्य विहरति स्म॥

今译：这样，众比丘啊！王子渐渐长大。有一次，与其他王子和大臣之子们一起，王子前去参观农村。他观看耕作后，进入别处一个花园。菩萨心烦意乱，独自一人在那里漫步思考，看见一棵端庄可爱的阎浮树。菩萨在树荫下结跏趺坐。坐下后，菩萨心定于一，远离欲望，远离邪恶的不善法，思考，观察，[①]因远离而生喜乐，进入和住于初禅。他停止思索和观察，内心平静，心定于一，不思考，不观察，因入定而生喜乐，进入和住于第二禅。他离喜住舍，正念、正知，以身受乐，即圣者所谓“有舍有念，住于无喜之乐”，进入[②]和住于第三禅。他摒弃乐和苦，灭除从前的喜和忧，无苦无乐，因舍和念而清净，进入和

① 此处“思考”和“观察”的原词是 savitarka 和 savicāra，汉译佛经中经常译为“有寻”和“有伺”。

② 此处“进入”的原词是 usaṃpatya，据 M 本和 L 本应为 upasaṃpatya。

住于第四禅。

地译：佛告諸比丘：菩薩年漸長大，便於一時，共諸釋子出城遊觀，行至園中，見諸農夫勤勞執役。菩薩見已，起慈悲心，哀嗟世間有如斯苦，即作是念："何處空閑？我當於彼思惟離苦。"乃見園中有閻浮樹，枝葉蓊欝，鮮榮可愛。菩薩爾時於彼樹下結加趺坐，離諸欲惡，有覺有觀，離生喜樂[①]，住初禪。内淨一心，滅覺觀，離生喜樂[②]，住二禪。離喜受[③]，聖說住捨，有念，有想，身證樂，住三禪。斷除苦樂，滅憂喜，不苦不樂，念清淨，住四禪。

तेन च समयेन पञ्च ऋषयो बाह्याः पञ्चाभिज्ञाः ऋद्धिमन्तो विहायसंगमा दक्षिणाया दिश उत्तरां दिशं गच्छन्ति स्म। ते तस्य वनखण्डस्योपरि गच्छन्तः प्रत्याहता इव न शक्नुवन्ति स्म गन्तुम्। ते संविग्नरोमकूपजाता इमां गाथामभाषन्त--

今译：那时，有五位外道五通仙人，具有神通，腾空由南向北行走。他们来到这个树林上空时，仿佛遇到障碍，不能通过。他们惊恐不安，汗毛竖起，念诵偈颂道：

地译：時有外五通仙人，乘虛而行，從南往北，至閻浮樹，不能飛過，共相謂言："我今何為不能飛過此閻浮樹？"心驚毛竪，而說偈言：

वयमिह मणिवज्रकूटं गिरिं मेरुमभ्युद्गतं तिर्यगत्यर्थवैस्तारिकं
गज इव सहकारशाखाकुलां वृक्षवृन्दां प्रदारित्व निर्धावितानेकशः।
वयमिह मरूणां पुरे चाप्यसक्ता गता यक्षगन्धर्ववेश्मनि चोर्ध्वं नभे निश्रिता
इम पुन वनखण्डमासाद्य सीदाम भोः कस्य लक्ष्मी
निवर्तेतिऋद्धेर्बलम्॥१॥इति॥

今译：我们多次越过摩尼金刚顶峰的无限广阔须弥山，
犹如大象冲破越过那些充满芒果树枝杈的丛林，
我们也顺利抵达天宫，药叉和健达缚的高空住处，
这树林却难住我们，哦！谁的光辉能阻挡神通力？（1）

地译：我等昔能過，須彌及金剛，
如是堅固山，去來無罣礙，
猶如有大象，衝度小林叢，
於彼無留難，其事亦如是。

---

① 此处"离生喜乐"指"因远离而生喜乐"。
② 此处"离生喜乐"按原文是"因入定而生喜乐"。
③ 此处"离喜受"按原文是"离喜"，即离开或脱离"喜"。

又亦曾飛過，諸天龍神宮，
皆悉不為難，一切無所障，
今者是誰力，來制我神通，
於此閻浮林，遲迴不能過？

अथ या तत्र वनखण्डदेवता सा तानृषीन् गाथयाध्यभाषत्--

今译：然后，这里的树神对这些仙人念诵偈颂道：

地译：爾時，林中有神說偈答言：

नृपतिपतिकुलोदितः शाक्यराजात्मजो बालसूर्यप्रकाशप्रभः
स्फुटितकमलगर्भवर्णप्रभश्चारुचन्द्राननो लोकज्येष्ठो विदुः।
अयमिह वनमाश्रितो ध्यानचिन्तापरो देवगन्धर्वनागेन्द्रयक्षार
भवशतगुणकोटिसंवर्धितस्तस्य लक्ष्मी निवर्तेति ऋद्धेर्बलम्॥२॥ इति॥

今译：要知道，他出生在王族，释迦王之子，光辉似朝阳，
肤色似莲花藏，脸似皎月，人中至尊，在这树林中，
他潜心沉思，受到天神、健达缚、蛇王和药叉敬拜，
正是他在百千万生中积聚的光辉阻挡你们的神通力。（2）

地译：輸頭檀王之太子，圓滿猶如清淨月，
身相猶如日初出，面貌猶如蓮花敷，
於此閻浮樹陰下，端坐思惟甚深定，
積劫已曾修善行，故能除熱得清涼，
由是大士之威神，令汝不能於此過。

ततस्तेऽधस्तादवलोकयन्तोऽद्राक्षुः कुमारं श्रिया तेजसा च जाज्वल्यमानम्। तेषामेतदभूत्-- को न्वयं निषण्णः मा हैव वैश्रवणो धनाधिपतिर्भवेत्। आहोस्विन्मारः कामाधिपतिः। अथ महोरगेन्द्रः। अथेन्द्रो वज्रधरः। अथ रुद्रः कुम्भाण्डाधिपतिः। अथ कृष्णो महोत्साहः। उत चन्द्रो देवपुत्रः। उत सूर्यः सहस्ररश्मिः। उत राजा चक्रवर्ती भविष्यति तस्यां च वेलायामिमां गाथामभाषन्त--

今译：然后，他们向下观看，看到王子闪耀光辉和威力。他们思忖：“坐着的这位是谁？是财神毗沙门，或是欲神摩罗，或是大蛇王，或是手持金刚杵的因陀罗，或是鸠槃荼王楼陀罗，或是大威力的黑天[①]，或是月亮天子，或是千光太阳，或是未来转轮王？”这时，他们念诵偈颂道：

① “黑天”（kṛṣṇa）是毗湿奴大神的化身。

地译：爾時諸仙聞是偈已，遥見菩薩威光赫然，相好無比，各生希有奇特之心，咸作是言："此為何人，威容乃爾？為是帝釋，為是四王，為是魔王，為是龍王，為是摩醯首羅天[1]，為是毗紐[2]天，為是轉輪聖王？"時諸仙人以偈讚曰：

रूपं वैश्रवणातिरेकवपुषं व्यक्तं कुबेरो ह्ययं
आहो वज्रधरस्य चैव प्रतिमा चन्द्रोऽथ सूर्यो ह्ययम्।
कामाग्राधिपतिश्च वा प्रतिकृती रूद्रस्य कृष्णस्य वा
श्रीमान् लक्षणचित्रिताङ्गमनघो बुद्धोऽथ वा स्यादयम्॥३॥ इति॥

今译：形貌显然胜过毗沙门，是俱比罗吗？[3]
像是手持金刚杵者，像是月亮或太阳，
像是欲神、楼陀罗或黑天，或者他是
肢体具有各种吉相、纯洁无瑕的佛陀。（3）

地译：身色超過四護世，釋梵日月自在天，
福德相好無能踰，清淨離垢應是佛。

ततः सा वनदेवता तानृषीन् गाथया प्रत्यभाषत्--

今译：然后，树神对这些仙人念诵偈颂道：

地译：爾時，林神以偈答仙人曰：

या श्री च वैश्रवणे च वै निवसते या वा सहस्रेक्षणे
लोकानां परिपालकेषु चतुषू या चासुरेन्द्रश्रिया।
ब्रह्मे या च सहापतौ निवसते कृष्णे च या च श्रिया
सा श्री प्राप्य इमं हि शाक्यतनयं नोपैति कांचित्कलाम्॥४॥

今译：毗沙门、千眼神或四大护世王，
阿修罗王、娑婆主梵天或黑天，
他们身上具有的光辉全都不及
这位释迦族王子的十六分之一。（4）

地译：釋提桓因及護世，梵王毗紐與自在，

① "摩醯首罗天"也译"大自在天"，指湿婆大神。此处原文使用的是楼陀罗（rudra）一词，即使婆的称号。

② "毗纽"是 viṣṇu（"毗湿奴"）的又一种音译。

③ 这句原文并非疑问句。但毗沙门即财神俱比罗，故而这里译成疑问句。

若比菩薩之威光，百千萬分不及一。

अथ खलू ते ऋषयस्तस्या देवताया वचनमुपश्रित्य धरणीतले प्रतिष्ठन्ते। ते पश्यन्ति स्म बोधिसत्त्वं ध्यायन्तमानिञ्ज्यमानेन कायेन तेजोराशिमिव ज्वलन्तम्। ते बोधिसत्त्वमुपनिध्याय गाथाभिरभितुष्टुवुः। तत्रैक आह--

今译：这些仙人听了[①]树神的话，便来到地面。他们看到菩萨正在沉思，身体不动，犹如一堆闪耀的光辉。他们观察菩萨，念诵偈颂赞美他。其中一个说道：

地译：爾時諸仙聞是偈已，從空而下，至菩薩前，乃見菩薩入深禪定，身心不動，以偈讚曰：

लोके क्लेशाग्निसंतप्ते प्रादुर्भूतो ह्ययं ह्रदः।
अयं तं प्राप्स्यते धर्मं यज्जगद् ह्लादयिष्यति॥५॥

今译：烦恼之火燃烧的世界出现了这座湖，
他将获得这种法，让世界充满喜悦。（5）

地译：世間煩惱火，尊是清涼池，
當以無上法，令其除熱惱。

अपरोऽप्याह--

今译：另一个说道：

地译：復有一仙說偈讚曰：

अज्ञानतिमिरे लोके प्रादुर्भूतः प्रदीपकः।
अयं तं प्राप्स्यते धर्मं यज्जगद्भासयिष्यति॥६॥

今译：笼罩无知黑暗的世界出现这盏灯，
他将获得这种法，照亮整个世界。（6）

地译：世間無明覆，尊為智慧燈，
當以勝淨法，為彼除冥暗。

अपरोऽप्याह--

今译：另一个说道：

地译：復有一仙說偈讚曰：

① 此处“听了”的原词是 upaśritya，据 M 本和 L 本应为 upaśrutya。

शोकसागरकान्तारे यानश्रेष्ठमुपस्थितम्।
अयं तं प्राप्स्यते धर्मं यज्जगत्तारयिष्यति॥७॥

忧愁大海和荒野出现上乘车船，
他将获得这种法，拯救这世界。(7)

地译：世間憂惱海，尊為大船筏，
当以最勝法，濟之登彼岸。

अपरोऽप्याह--

今译：另一个说道：

क्लेशबन्धनबद्धानां प्रादुर्भूतः प्रमोचकः।
अयं तं प्राप्स्यते धर्मं यज्जगन्मोचयिष्यति॥८॥

今译：众生受烦恼束缚，出现这位解脱者，
他将获得这种法，让世界得到解脱。(8)

अपरोऽप्याह--

今译：另一个说道：

地译：復有一仙說偈讚曰：

जराव्याधिकिलिष्टानां प्रादुर्भूतो भिषग्वरः।
अयं तं प्राप्स्यते धर्मं जातिमृत्युप्रमोचकम्॥९॥

今译：众生受老和病折磨，出现这位医王，
他将获得这种法，让众生摆脱生死。(9)

地译：世間老病苦，尊為大醫王，
當以微妙法，救之令得愈。

अथ खलु ते ऋषयो बोधिसत्त्वमाभिर्गाथाभिरभिस्तुत्वा त्रिप्रदक्षिणीकृत्य विहायसा प्रक्रान्ताः। राजापि शुद्धोदनो बोधिसत्त्वमपश्यन् बोधिसत्त्वेन विना न रमते स्म। सोऽवोचत्-- कुमारः क्व गतः नैनं पश्यामीति। तत्र महाजनकायो निर्धावितोऽभूत् कुमारं परिगवेषमाणः। ततोऽन्यतम अमात्यो बोधिसत्त्वं पश्यति स्म जम्बुच्छायायां पर्यङ्कनिषण्णं ध्यायन्तम्। सर्ववृक्षाणां च तस्मिन् समये छाया परिवृत्ताभूत्। जम्बुच्छाया च बोधिसत्त्वस्य कायं न विजहाति स्म। स तं दृष्ट्वा आश्चर्यप्राप्तस्तुष्ट उदग्र आत्तमनाः प्रमुदितः प्रीतिसौमनस्यजातः शीघ्रं शीघ्रं त्वरमाणरूपो राजानं शुद्धोदनमुपसंक्रम्य गाथाभ्यामध्यभाषत--

今译：这些仙人用这些偈颂赞美菩萨后，右绕三匝，腾空离去。而这时，净饭王没有看见菩萨。菩萨不在，他心中不悦，说道："王子去哪里了？我没有看到他。"于是，大批臣民出去寻找王子。随后，有一位大臣看见菩萨在阎浮树荫下结跏趺坐沉思。那时，所有的树影都已转移，唯有阎浮树影不离开菩萨的身体。见此情景，他惊奇，满意，激动，喜悦，高兴，愉快，立即转身，迅速回到净饭王那里，念诵偈颂道：

地译：佛告諸比丘：時諸仙人讚菩薩已，頂禮圍遶昇空而去。爾時，輸檀王於少時間不見菩薩，悒然不樂，作如是言："太子今者為在何許？"即遣群臣處處求覓。有一大臣至閻浮樹，乃見菩薩在彼樹下端坐思惟，諸樹光陰逐日而轉，唯閻浮之影湛然不移。時彼大臣見如是事，心生希有，歸白王言：

पश्य देव कुमारोऽयं जम्बुच्छायाहि ध्यायति।
यथा शक्रोऽथवा ब्रह्मा श्रिया तेजेन शोभते॥ १०॥

今译：看啊，王上！王子在阎浮树荫下沉思，
闪耀光辉和威力，犹如帝释天和梵天。（10）

यस्य वृक्षस्य छायायां निषण्णो वरलक्षणः।
सैनं न जहते छाया ध्यायन्तं पुरूषोत्तमम्॥ ११॥

今译：这位具有吉相者坐在那棵树荫下，
树影不离开这位沉思的人中至尊。（11）

地译：太子宴坐閻浮樹，其樹經時影不移，
種種相好以莊嚴，威德光明超釋梵。

अथ राजा शुद्धोदनो येन स जम्बुवृक्षस्तेनोपसंक्रामत्। सोऽद्राक्षीद्बोधिसत्त्वं श्रिया तेजसा च ज्वलन्तम्। दृष्ट्वा चैमां गाथामभाषत्--

今译：然后，净饭王来到阎浮树那里，看见菩萨闪耀光辉和威力。看见后，他念诵偈颂道：

地译：爾時，輸檀王聞是語已，往閻浮樹下，見菩薩身相好莊嚴，威光赫奕，以偈歎曰：

हुताशनो वा गिरिमूर्ध्नि संस्थितः शशीव नक्षत्रगणानुचीर्णः।
वेपन्ति गात्राणि मि पश्यतो इमं ध्यायन्तु तेजो नु प्रदीपकल्पम्॥ १२॥

今译：他像山顶上的火，像群星围绕的月亮，
看到他沉思，光辉似灯，我的肢体颤抖。（12）

地译：譬如山峯夜然炬，亦如明月在虛空，

太子安隱入深禪，我今見之喜且懼。

स बोधिसत्त्वस्य पादावभिवन्द्येमां गाथामभाषत्--

今译：他敬拜菩萨的双足，念诵偈颂道：

यदा चासि मुने जातो यदा ध्यायसि चार्चिमन्।
एकद्विरपि ते नाथ पादौ वन्दे विनायक॥ १३॥

今译：牟尼啊！你诞生时，光辉者啊！你沉思时，
主人啊！我一再敬拜你的双足，导师啊！（13）

तत्र त्रिफलवाहका दारकाः शब्दं कुर्वन्ति स्म। तानमात्या एवमाहुः-- मा शब्दं मा शब्दं कार्ष्टेति। तेऽवोचन्-- किमेतदिति। अमात्या आहुः--

今译：这时，一些儿童拿着三个果子，发出响声。大臣对他们说道：“别作声，别作声！”他们说道：“为什么？”大臣说道：

व्यावृत्ते तिमिरनुदस्य मण्डलेऽपि
व्योमाभं शुभवरलक्षणाग्रधारिम्।
ध्यायन्तं गिरिनिचलं नरेन्द्रपुत्रं
सिद्धार्थं न जहति सैव वृक्षछाया॥ १४॥

今译：即使驱除黑暗的太阳转离，
树荫也不离开王子悉达多，
他正在沉思中，不动如山，
光洁似天空，具有吉祥相。（14）

तत्रेदमुच्यते--

今译：这里，这样说道：

ग्रीष्मे वसन्त समुदागत जेष्ठमासे
संपुष्पिते कुसुमपल्लवसंप्रकीर्णे।
क्रोञ्चामयूरशुकसारिकसंप्रघुष्टे
भूयिष्ठ शाकियसुता अभिनिष्क्रमन्ति॥ १५॥

今译：在春末夏初的五、六月间，
百花绽放，花朵和枝叶茂盛，
麻鹬、孔雀、鹦鹉和鸲鹆鸣叫，
释迦族儿童们纷纷出外游玩。（15）

छन्दोऽभ्युवाच परिवारितु दारिकेभिः
　　हन्ता कुमार वनि गच्छम लोचनार्थम्।
किं ते गृहे निवसतो हि यथा द्विजस्य
　　हन्त व्रजाम वय चोदननारिसंघम्॥ १६॥

今译：阐铎迦对儿童们围绕的王子说：
“王子啊，我们去观赏树林吧！
你为何待在家里，像个婆罗门？
我们躲开妇女们监管，出游吧！”（16）

मध्याह्नकालसमये सुविशुद्धसत्त्वः
　　पञ्चाशतैः परिवृतैः सह चेटकेभिः।
न च मातु नैव च पितुः प्रतिवेदयित्वा
　　सोऽबुद्ध निष्कामिति गच्छि कृषाणग्रामम्॥ १७॥

今译：中午，本性纯洁的王子，
与围绕的五百随从一起，
没有告诉父亲和母亲，
悄悄地出宫前往农村。（17）

तस्मिंश्च पार्थिववरस्य कृषाणग्रामे
　　जम्बुद्रुमोऽभवदनेकविशालशाखः।
दृष्ट्वा कुमार प्रतिबुद्ध दुखेन चोत्तो
　　धिक्संस्कृतेति बहुदुःख कृषी करोति॥ १८॥

今译：在优秀国王的这个村庄中，
有一棵枝叶茂盛的阎浮树，
王子参观后，体会到痛苦①：
“可悲有为法！农夫多辛苦！”（18）

सो जम्बुछायमुपगम्य विनीतचित्तो
　　तृणकानि गृह्य स्वय संस्तरु संस्तरित्वा।
पर्यङ्कमाभुजिय उज्जु करित्व कायं
　　चत्वारि ध्यान शुभ ध्यायि स बोधिसत्त्वः॥ १९॥

---

① 这句原文中的 cottaḥ 似应为 cāttaḥ。

今译：谦恭地走近阎浮树荫，
亲自采草，铺设座位，
结跏趺坐，挺直身体，
菩萨进入纯洁的四禅。（19）

पञ्चा ऋषी खगपथेन हि गच्छमाना
जम्बूय मूर्ध्नि न प्रभोन्ति पराक्रमेतुम्।
ते विस्थिता निहतमानमदाश्च भूत्वा
सर्वे समग्रसहिता समुदीक्षयन्तो॥२०॥

今译：五位仙人在空中行走，
不能越过这阎浮树顶，
高傲和骄慢遭受挫折，
他们一齐停下来观看。（20）

वय मेरुपर्वतवरं तथ चक्रवालान्
निर्भिद्य गच्छम जवेन असज्जमानाः।
ते जम्बुवृक्ष न प्रभोम अतिक्रमेतुं
को न्वत्र हेतुरयमद्य भविष्यतीह॥२१॥

今译：“我们突破须弥山和轮围山，
一路快速行进，畅通无阻，
居然不能越过这棵阎浮树，
谁在这里？今天发生什么？”（21）

अवतीर्य मेदिनितले च प्रतिष्ठिहित्वा
पश्यन्ति शाक्यतनयं तहि जम्बुमूले।
जम्बुनदार्चिसदृशं प्रभतेजरश्मिं
पर्यङ्कबन्धु तद ध्यायतु बोधिसत्त्वम्॥२२॥

今译：他们降落地面，站在那里，
看到释迦王子在阎浮树下，
通体闪耀光辉，灿若金子，
菩萨结跏趺坐，进入沉思。（22）

ते विस्मिता दशनखा करियान मूर्ध्नि
प्रणता कृताञ्जलिपुटा निपतन् क्रमेषु।

साधो सुजात सुमुखं करुणा जगस्य
शीघ्रं विबुद्ध अमृते विनयस्व सत्त्वान्॥ २३॥

今译：他们惊讶不已，将十指放在头顶，
合掌行礼，拜倒在他的双脚下：
“善生啊，你怜悯世界！觉者啊，
请你赶快引导众生，走向不死！”（23）

परिवृत्त सूर्य न जही सुगतस्य छाया
ओलम्बते द्रुमवरं यथ पद्मपत्रम्।
देवा सहस्र बहवः स्थित अञ्जलीभिः
वन्दन्ति तस्य चरणौ कृतनिश्चयस्य॥ २४॥

今译：太阳移动，而树影不离开善逝，
犹如莲叶，始终挂在这棵树上，
数千天神双手合十，站在那里，
敬拜这位决心已定者的双足。（24）

शुद्धोदनश्च स्वगृहे परिमार्गमाणः
संपृच्छते क्व नु गतः स हि मे कुमारः।
मातृस्वसा अवचि मार्गत नो लभामि
संपृच्छता नरपते क्व गतः कुमारः॥ २५॥

今译：净饭王在自己的宫中寻找，
询问：“我的王子去了哪里？”
姨母说道：“我找了[①]，没找到，
国王啊！王子究竟去了哪里？”（25）

शुद्धोदनस्त्वरितु पृच्छति काञ्चुकीयं
दौवारिकं तथपि चान्तजनं समन्तात्।
दृष्टं कुमार मम केनचि निष्क्रमन्तो
श्रृणुते वरूपगतु देव कृषाणग्रामम्॥ २६॥

今译：净饭王急忙询问侍从和门卫，
同样也询问身边所有的家人：
“有谁看到我的王子出去吗？”

① 此处“找了”的原词是 mārgata，M 本写为 mārgita。

他听说："王上啊！他去了农村。"（26）

सो शीघ्रमेव त्वरितं सह शाकियेभिः
　　निष्क्रान्तु प्रेक्षि कृषिग्रामगिरिं प्रविष्टम्।
यथ सूर्यकोटिनियुतानि समुद्गतानि
　　तथ प्रेक्षते हितकरं शिरिया ज्वलन्तम्॥२७॥

今译：他立即和释迦族人一起，
出宫前去寻找，进入山村，
看到这位造福者闪耀光辉，
犹如亿万个太阳同时升起。（27）

मुकुटं च भङ्ग तथ पादुक छोरयित्वा
　　कृत्वा दशाङ्गुलि शिरे अभिवन्दिते तम्।
साधू सुभूतवचना ऋषयो महात्मा
　　व्यक्तं कुमार अभिनिष्क्रमि बोधिहेतोः॥२८॥

今译：他放下顶冠、刀剑[①]和鞋子，
十指放在头顶，向他行礼：
"高尚的仙人们说话真实，
王子显然要出家求菩提。"（28）

परिपूर्ण द्वादशशता सुप्रसन्नदेवाः
　　पच्चाशता उपगता यथ शाकियानाम्।
दृष्ट्वा च ऋद्धि सुगते गुणसागरस्य
　　संबोधिचित्तु जनयं दृढाशयेन॥२९॥

今译：足足一千二百清净的天神，
还有五百[②]释迦族人在这里，
看到善逝功德海的神通后，
他们坚定不移发起菩提心。（29）

सो कम्पयित्व त्रिसहस्र अशेषभूमिं
　　स्मृतु संप्रजानु प्रतिबुद्ध ततः समाधेः।
ब्रह्मस्वरः पितरमालपते द्युतीमान्

① 此处"刀剑"的原词是 bhaṅga，据 L 本应为 khaḍga。
② 此处"五百"的原词是 paccāśatā，据 L 本应为 pañcāśatā。

उत्सृज्य तात कृषिग्राममभतो गवेष॥३०॥

今译：他撼动三千世界所有大地，
从入定中觉醒，正念，正知，
这光辉者用梵音对父亲说道：
“父亲啊，舍弃农村，寻求吧！[①]（30）

यदि स्वर्णकार्यु अहु स्वर्ण प्रवर्षयिष्ये
यदि वस्त्रकार्यु अहमेव प्रदास्यि वस्त्रां।
अथ धान्यकार्यु अहमेव प्रवर्षयिष्ये
सम्यक्प्रयुक्त भव सर्वजगे नरेन्द्र॥३१॥

今译：“需要金子，我就降下金雨，
需要衣服，我就赐予衣服，
需要粮食，我就降下谷雨，
国王啊！让全世界平等方便。”（31）

अनुशासयित्व पितरं जनपारिषद्यां
तस्मिन् क्षणे पुरवरं पुन सो प्रवेक्षी।
अनुवर्तमान जगतः स्थिहते पुरेस्मिं
नैष्क्रम्ययुक्तमनसः सुविशुद्धसत्त्वः॥३२॥ इति॥

今译：教导父亲及其随从后，
他在刹那间返回城中，
虽然住在城中顺应世界，
他本性纯洁，心系出家。（32）[②]

॥इति श्रीललितविस्तरे कृषिग्रामपरिवर्तो नाम एकादशोऽध्यायः॥

今译：以上是吉祥的《神通游戏》中名为《农村品》的第十一章。

① 此处原文中的 kṛṣigrāmabhataḥ 似应为 kṛṣigrāmam-ataḥ。
② 以上第 13 至第 32 首偈颂不见于地译。其中的内容主要是复述前面部分。

शिल्पसंदर्शनपरिवर्तो द्वादशः।

今译：第十二 技艺示现品

地译：現藝品第十二

इति हि भिक्षवः संवृद्धे कुमारे राजा शुद्धोदनोऽपरेण समयेन शाक्यगणेन सार्धं संस्थागारे निषण्णोऽभूत्। तत्र ते महल्लकमहल्लकाः शाक्या राजानं शुद्धोदनमेवमाहुः-- यत्खलु देवो जानीयात्। अयं सर्वार्थसिद्धकुमारो नैमित्तिकैर्ब्राह्मणैः कृतनिश्चयैश्च देवैर्यद्भूयसैवं निर्दिष्टो यदि कुमारोऽभिनिष्क्रमिष्यति तथागतो भविष्यत्यर्हन् सम्यक्संबुद्धः। उत नाभिनिष्क्रमिष्यति राजा भविष्यति चक्रवर्ती चतुरङ्गो विजितवान् धार्मिको धर्मराजः सप्तरत्नसमन्वागतः। तस्येमानि सप्त रत्नानि भविष्यन्ति। तद्यथा-- चक्ररत्नं हस्तिरत्नं अश्वरत्नं मणिरत्नं स्त्रीरत्नं गृहपतिरत्नं परिणायकरत्नम्। एवं सप्तरत्नम्। संपूर्णं चास्य पुत्रसहस्रं भविष्यति शूराणां वराङ्गरूपिणां परसैन्यप्रमर्दकानाम्। स इमं पृथिवीमण्डलमदण्डेनाशस्त्रेणाभिनिर्जित्याध्यावसिष्यति सह धर्मेणेति। तस्मान्निवेशनं कुमारस्य क्रियतामिति। तत्र स्त्रीगणपरिवृतो रतिं वेत्स्यति नाभिनिष्क्रमिष्यति। एवमस्माकं चक्रवर्तिवंशस्य चानुपच्छेदो भविष्यति। मानिताश्च भविष्यामोऽनवद्याश्च सर्वकोटराजभिः॥

今译：这样，众比丘啊！王子已经长大。有一次，净饭王和释迦族人一起坐在会堂中。那些释迦族长老对净饭王说道："王上啊，你知道，这位萨婆悉达多王子，占相断事的婆罗门和众天神都已指出：如果王子出家，便成为如来、阿罗汉和正等觉。而不出家，则成为转轮王，统帅四军的征服者，遵行正法的法王，拥有七宝。这七宝是车宝、象宝、马宝、摩尼宝、女宝、家主宝和将帅宝。他拥有这样的七宝。他会有足足一千个儿子，个个是勇士，形体英俊，摧毁敌军。他征服和统治整个大地，不依靠刑杖，不依靠武器，而是依靠正法。所以，应该让王子结婚。让他在成群的女子的围绕下，享受爱欲，他就不会出家。这样，我们的转轮王世系就不会中断。我们就会受所有诸侯尊敬，不遭非议。"

地译：佛告諸比丘：爾時，菩薩年既長大，復於一時，輸檀王共諸釋種長德耆年，相與談議。時諸釋種白大王言："太子年漸長大，無量諸仙善占相者皆云太子若得出家，必定成佛；若在家者，當為轉輪聖王，王四天下，十善御物，以法為王，成就七寶。何謂為七？一者輪寶，二者象寶，三者馬寶，四者珠寶，五者女寶，六者主兵臣寶，七者主藏臣寶。具足千子，端正勇健，能伏怨敵。大王！若令太子不出家者，轉輪聖王必有繼嗣，諸粟散王咸當歸伏。應為求婚，令生染著，由是自當不出家也。"

ततो राजा शुद्धोदन एवमाह-- यद्येवं तेन हि व्यवलोकयत कमता कन्या कुमारस्यानुरूपा स्यात्।

今译：于是，净饭王说道："如果是这样，那么，你们看看哪个女孩，她能匹配王子？"

地译：時輸檀王告諸釋言："誰女有德，堪為其妃？"

तत्र पञ्चमात्राणि शाक्यशतानि। एकैक एवमाह--मम दुहिता अनुरूपा स्यात्कुमारस्य। सुरूपा मम दुहितेति।

今译：那里，正好有五百个释迦族人，每个人都这样说："我的女儿匹配王子。我的女儿美丽。"

地译：時有五百大臣，各白王言："我女有德，堪為太子之妃。"

राजा प्राह-- दुरासदः कुमारः। तत् प्रतिवेदयिष्यामस्तावत् कुमारस्य कतमा ते कन्या रोचत इति।

今译：国王说道："王子难以匹配。我们先告知王子，问问他喜欢什么样的女孩？"

地译：輸檀王言："太子之妃固難為選，不知誰女能稱其意？宜問太子何等之女可以為妃？"

ततश्च ते सर्वे संनिपत्य कुमारस्यैनां प्रकृतिमारोचयन्ति स्म। तान् कुमार उवाच--सप्तमे दिवसे प्रतिवचनं श्रोष्यथेति॥

今译：于是，他们一齐到王子那里，询问他的意愿。王子对他们说道："七天后，你们听我的回音。"

地译：是諸釋種往菩薩所，各各問言："太子娶何等女而以為妃？"是時，菩薩報諸釋言："却後七日，當述斯意。"

ततो बोधिसत्त्वस्यैतदभवत् –

今译：然后，菩萨思忖：

地译：菩薩思惟，而說偈言：

विदित मम अनन्त कामदोषाः
सरणसवैरसशोकदुःखमूलाः।
भयकर विषपत्रसंनिकाशाः
ज्वलननिभा असिधारतुल्यरूपाः॥१॥

今译：我知道欲望有无穷的弊端，
仇恨、忧愁和痛苦的根源，
像毒树叶子那样令人惧怕，
如猛烈火焰，如锋利刀刃。（1）

地译：欲有無邊過，為諸苦惱因，
猶如毒樹林，亦如猛火聚；
今處深宮內，婇女共相娛，
此處甚難居，猶如履霜刃。

कामगुणि न मेऽस्ति छन्दरागो
न च अहु शोभमि इस्त्रिगारमध्ये।
यन्नु अहु वने वसेय तूष्णीं
ध्यानसमाधिसुखेन शान्तचित्तः॥२॥ इति॥

今译：我对种种欲乐没有贪求，
我在后宫中不焕发光彩，
我宁愿默默住在树林中，
乐于沉思入定，内心平静。（2）

地译：未若住禪定，獨在於山林。

स पुनरपि मीमांसोपायकौशल्यमामुखीकृत्य सत्त्वपरिपाकमवेक्षमाणो महाकरूणां संजनय्य तस्यां वेलायामिमां गाथामभाषत –

今译：转而，他又思考善巧方便，希望教化众生，心生大慈悲，在此刻念诵偈颂道：

地译：爾時，菩薩過七日已，起大悲心，思惟方便，欲度眾生，告諸大臣而說頌曰：

संकीर्णि पङ्कि पदुमानि विवृद्धिमन्ति
आकीर्ण राज नरमध्यि लभाति पूजाम्।
यद् बोधिसत्त्व परिवारबलं लभन्ते
तद् सत्त्वकोटिनयुतान्यमृते विनेन्ति॥३॥

今译：莲花在淤泥中得到成长，
国王在民众中受到崇敬，
菩萨获得眷属相伴的力量，
能引导亿万众生达到不死。（3）

地译：蓮花生長淤泥中，不為淤泥之所染，
王者德感於眾庶，方為一切之所宗，
世間無量諸眾生，當於我所證甘露。

ये चापि पूर्वक अभूद्विदु बोधिसत्त्वाः
सर्वेभि भार्य सुत दर्शित इस्त्रिगाराः।
न च रागरक्त न च ध्यानसुखेभि भ्रष्टाः
हन्तानुशिक्षयि अहं पि गुणेषु तेषाम्॥४॥

今译：过去那些聪明睿智的菩萨，
也都示现妻子、儿子和后宫，
而不沾染贪欲，不失去禅乐，
确实，我要效仿他们的品德。（4）

地译：是故示有妻子等，非為五欲之所染，
我今隨順過去佛，而不退失諸禪定。

न च प्राकृता मम वधू अनुकूल या स्याद्
यस्या न इष्यतु गुणा सद सत्यवाक्यम्।
या चिन्ति मह्यमभिराधयतेऽप्रमत्ता
रूपेण जन्मकुलगोत्रतया सुशुद्धा॥५॥

今译：我的妻子应该不同于凡俗，
随顺，不妒忌，始终说真话，

想着我，令我喜欢，不放逸，
形貌、出生和家族都纯洁。（5）

地译：婚娉宜應選仇偶，勿娶凡女以為妃，
具足相好清淨人，諦語稱心無放逸。

सो गाथलेख लिखिते गुणार्थयुक्ता
या कन्य ईदृश भवे मम तां वरेथा।
न ममार्थु प्राकृतजनेन असंवृतेन
यस्या गुणा कथयमी मम तां वरेथा॥६॥

今译：我写下这些偈颂，说明我
要娶具备这些品德的女孩，
我不想娶凡俗的放浪女孩，
而要具备我说的这些品德。（6）

地译：我今為書陳所好，汝宜依書善求覓。

या रूपयौवनवरा न च रूपमत्ता
माता स्वसा व यथ वर्तति मैत्रचित्ता।
त्यागे रता श्रमणब्राह्मणदानशीला
तां तादृशां मम वधूं वरयस्व तात॥७॥

今译：她青春美貌，又不以美貌自傲，
像母亲和姐妹，心中充满慈爱，
乐于舍弃，布施沙门和婆罗门，
父亲啊，为我选择这样的妻子。（7）

地译：若有少盛好威儀，不恃麗容而起慢，
無憍無恪無嫉妬，無諂無誑無諸病，
恒常質直起慈心，憐愍衆生如愛子，
好行惠施無諸過，供養沙門婆羅門。

यस्या न मानु न खिलो न च दोषमस्ति
न च शाठ्य ईर्ष्य न च माय न उज्जुभ्रष्टा।
स्वप्नान्तरेऽपि पुरूषे न परेऽभिरक्ता
तुष्टा स्वकेन पतिना शयतेऽप्रमत्ता॥८॥

今译：她不骄傲，没有恶习，没有过失，
不诡诈，不妒忌，不欺诳，不虚伪，
即使在梦中也不会贪恋别的男子，
满足于与自己的丈夫同床，不放逸。（8）

地译：乃至夢寐無邪心，未曾懷孕至貞潔。

न च गर्विता न पि च उद्धत न प्रगल्भा
निर्मान मानविगतापि च चेटिभूता।
न च पानगृद्ध न रसेषु न शब्दगन्धे
निर्लोभभिध्यविगता स्वधनेन तुष्टा॥९॥

今译：不自负，不高傲，不胆大妄为，
不骄慢无礼，谦卑如同侍从，
不嗜酒，不贪恋味、声和香，
不贪婪，满足于自己的财富。（9）

地译：恒為心師不高舉，執意卑遜猶如賤，
不貪滋味及欲樂，有慚有耻而無害。

सत्ये स्थिता न पि च चञ्चल नैव भ्रान्ता
न च उद्धतोन्नतस्थिता हिरिवस्त्रछन्ना।
न च दृष्टिमङ्गलरता सद धर्मयुक्ता
कायेन वाच मनसा सद शुद्धभावा॥१०॥

今译：恪守真理，不轻浮，不慌乱，
不高傲，不骄慢，廉耻护身，
不热衷外道邪见①，遵行正法，
身、言和心始终保持纯洁。（10）

地译：未嘗歸依諸外道，恒與真正理相應，
身語意業常清淨。

न च स्त्यानमिद्धबहुला न च मानमूढा मीमांसयुक्त सुकृता सद धर्मचारी।
श्वश्रौ च तस्य श्वशुरे यथ शास्तृप्रेमा दासीकलत्र जनि यादृशमात्मप्रेम॥११॥

① 这句原文是 dṛṣṭimaṅgalaratā，词义不明。此处地译“未尝归依诸外道”。

今译：不昏沉嗜睡，不骄傲愚痴，
会思考，做善事，遵行正法，
孝敬公公婆婆犹如爱戴导师，
关心女仆和亲友像关心自己。（11）

地译：惛沉睡眠皆遠離，所作無不善思惟，
恒行善行未曾捨，承事舅姑如父母，
愛念左右如自身。

शास्त्रे विधिज्ञ कुशला गणिका यथैव
पश्चात् स्वपेत् प्रथममुत्थिहते च शय्यात।
मैत्रानुवर्ति अकुहापि च मातृभूता
एतादृशीं मि नृपते वधुकां वृणीष्व॥ १२॥ इति॥

今译：谙熟经典，通晓仪轨似艺伎，
最后一个入睡，而最早起床，
重友情，不欺诈，如同慈母，
国王啊，为我选择这样的妻子！（12）

地译：夫睡方眠復先起，善能解了諸義理，
如是之女我方取，豈得凡劣以為妃！

अथ खलू भिक्षवो राजा शुद्धोदन इमा गाथा वाचयित्वा पुरोहितमामन्त्रयते स्म-- गच्छ त्वं महाब्राह्मण कपिलवस्तुमहानगरे। सर्वगृहाण्यनुप्रविश्य कन्या व्यवलोकय। यस्या एते गुणाः संविद्यन्ते क्षत्रियकन्याया वा ब्राह्मणकन्याया वा वैश्यकन्याया वा शूद्रकन्याया वा तां कन्यामस्माकं प्रतिवेदय। तत्कस्माद्धेतोः न हि कुमारः कुलार्थिको न गोत्रार्थिकः। गुणार्थिक एव कुमारः॥

今译：然后，众比丘啊！净饭王念诵这些偈颂，对家庭祭司说道：“大婆罗门啊，你去吧！在迦比罗卫大城中，挨家挨户观察女孩。若是具备这些品德，无论是刹帝利女孩、婆罗门女孩、吠舍女孩或首陀罗女孩，你都要告诉我。为什么？因为王子不看重家族，也不看重族姓，而只看重品德。”

地译：佛告諸比丘：是時，大臣乃傳此書，至輸檀王所。王見書已，告諸臣言：“汝宜齎書於迦毗羅城，觀諸族姓，若刹帝利，若婆羅門，乃至毗舍、首陀種族之中，必有令女具斯眾德，當娶是女為太子妃。”

तस्यां च वेलायामिमां गाथामभाषत –

今译：此时，他念诵偈颂道：

地译：即說偈言：

ब्राह्मणीं क्षत्रियां कन्यां वेश्यां शूद्रीं तथैव च।
यस्या एते गुणाः सन्ति तां मे कन्यां प्रवेदय॥ १३॥

今译：婆罗门、刹帝利、吠舍或首陀罗女孩，
　　只要具有这些品德，你就将她告诉我。（13）

地译：刹利婆羅門，毗舍及首陀，
　　有女具斯德，宜速來報我。

न कुलेन न गोत्रेण कुमारो मम विस्मितः।
गुणे सत्ये च धर्मे च तत्रास्य रमते मनः॥ १४॥ इति॥

今译：我的王子不看重家族和族姓，
　　他内心喜爱品德、真理和正法。（14）

地译：太子心所好，以奉法為先，
　　汝今應審觀，無論於種族。

अथ खलु भिक्षवः स पुरोहितस्तं गाथालेखं गृहीत्वा कपिलवस्तुनि महानगरे गृहाद्गृहं व्यवलोकयन् गत्वा हिण्डन् कन्यां पर्येषते स्म। एवंगुणयुक्तामपश्यन् न चैव गुणयुक्तां कन्यां। सोऽनुपूर्वेण विचरन् येन दण्डपाणेः शाक्यस्य निवेशनं तेनोपसंक्रामत्। स तं निवेशनं प्रविष्टोऽद्राक्षीत् कन्यामभिरूपां प्रासादिकां दर्शनीयां परमया शुभवर्णपुष्करतया समन्वागतां नातिदीर्घां नातिह्रस्वां नातिस्थूलां नातिकृशां नातिगौरां नातिकृष्णां प्रथमयौवनावस्थां स्त्रीरत्नमिव ख्यायमानाम्॥

今译：然后，众比丘啊！家庭祭司拿了这书写的偈颂，在迦毗罗卫大城中挨家挨户观察，寻访这样的女孩。他没有发现具有这样品德的女孩。他继续依次前行，走到释迦族执杖家。他进入这家人家，看见一个女孩，美丽，端庄，可爱，肤色灿若莲花，不高不矮，不胖不瘦，不白不黑，正值青春，堪称“女宝”。

地译：佛告諸比丘：爾時，大臣奉王勅已，於迦毗羅城求訪如是令德之女。有一大臣名為執杖，其人有女名耶輸陀羅，相好端嚴，姝妙第一，不長不短，不麁不細，非白非黑，具足婦容，猶如寶女。

第十二　技艺示现品　245

अथ सा दारिका पुरोहितस्य चरणौ गृहीत्वा एवमाह-- केन ते महाब्राह्मण कार्यम्॥

今译：然后，这女孩触摸祭司的双脚，说道："大婆罗门啊，你有什么事？"

地译：於是，大臣詣執杖家，見耶輸陀羅。爾時，耶輸陀羅拜於大臣，而問之言："以何緣故而來至此？"

पुरोहित आह--

今译：祭司说道：

地译：大臣以菩薩書授耶輸陀羅，而說頌曰：

शुद्धोदनस्य तनयः परमाभिरूपो
　　द्वात्रिंशलक्षणधरो गुणतेजयुक्तः।
तेनेति गाथ लिखिता गुणये वधूनां
　　यस्या गुणास्ति हि इमे स हि तस्य पत्नी॥१५॥

今译：净饭王的儿子美貌绝伦，
　　有三十二相和功德光辉，
　　他写下妻子品德的偈颂，
　　谁具备，就成为他的妻子。（15）

地译：釋氏大王之太子，顏容端正甚可愛，
　　大人之相三十二，八十種好皆圓滿，
　　太子書中述婦德，如是之女可為妃。

स तस्यास्तं लेखमुपनामयति स्म॥

今译：他将这书写的偈颂递给她。

अथ सा दारिका तं गाथालेखं वाचयित्वा स्मितमुपदर्श्य तं पुरोहितं गाथयाध्यभाषत्--

今译：这女孩念诵这书写的偈颂后，露出微笑，对祭司念诵偈颂道：

地译：爾時，耶輸陀羅見菩薩書，取而讀之，怡然微笑，報大臣曰：

मह्येति ब्राह्मण गुणा अनुरूप सर्वे
　　सो मे पतिर्भवतु सौम्य सुरूपरूपः।
भणहि कुमारु यदि कार्य म हू विलम्ब
　　मा हीनप्राकृतजनेन भवेय वासः॥१६॥ इति॥

今译：婆罗门啊！我具备所有这些品德，
让这位美貌王子成为我的夫主吧！
请你告诉王子，这件事不宜耽搁，
这样，他就不会与凡俗女子共居。（16）

地译：書載德行今悉備，唯應太子為我夫，
當以斯意速啟知，無令不肖而共居。

अथ स खलु पुरोहितो राजानं शुद्धोदनमुपसंक्रम्यैव तमर्थमारोचयति स्म-- दृष्टा मया देव कन्या या कुमारस्यानुरूपा स्यात्। आह-- कस्यासौ। आह-- दण्डपाणेर्देव शाक्यस्य दुहिता॥

今译：然后，家庭祭司回到净饭王那里，禀报这件事，说道：“王上啊！我已经找到那个匹配王子的女孩。”“她是谁家的？”“王上啊，她是释迦族执杖的女儿。”

地译：爾時，大臣見是事已，歸白王言：“大王！我於迦毗羅城，處處求訪，覩一賢女，堪為太子之妃，端正姝妙，色相第一，不長不短，不麄不細，非白非黑，具足婦容，猶如寶女。”王曰：“汝所稱者，誰之女耶？”白言：“執杖大臣之女，名耶輸陀羅。”

अथ राज्ञः शुद्धोदनस्यैतदभवत्-- दुरासदः कुमारः शुभाधिमुक्तश्च। प्रायेण च मातृग्रामोऽसंविद्यमानगुणोऽपि गुणानामात्मनि प्रजानीते। यन्न्वहमशोकभाण्डकानि कारयेयम् यानि कुमारः सर्वदारिकाभ्योऽनुप्रयच्छेत्। तत्र यस्यां दारिकायां कुमारस्य चक्षुरभिनिवेश्यति तां कुमारस्य वरयिष्यामीति॥

今译：然后，净饭王思忖：“王子追求完美，难以匹配。而女人的品德即使不展现，他也能依靠自己得知。所以，我要吩咐制作无忧宝瓶，让王子赐给所有女孩。王子的眼睛停留在哪个女孩身上，我就选她嫁给王子。”

地译：王自惟念：“太子相好超過世間，德貌備足方可以充太子妃耳。汝所稱者，何必具美？我當造無憂寶器，隨太子意，來者遺之，竊使伺候，觀其所好。其所好者，即娉為妃。”

अथ खलु राजा शुद्धोदनोऽशोकभाण्डानि कारयति स्म सुवर्णमयानि रूप्यमयानि नानारत्नमयानि। कारयित्वा च कपिलवस्तुनि महानगरे घण्टाघोषणां कारयामास-- सप्तमे दिवसे कुमारो दर्शनं दास्यति अशोकभाण्डकानि च दारिकाभ्यो विश्राणयिष्यति। तत्र सर्वदारिकाभिः संस्थागारे संनिपतितव्यमिति॥

今译：然后，净饭王吩咐制作无忧宝瓶，金宝瓶、银宝瓶和各种宝石宝瓶。制作完毕，他吩咐在迦毗罗卫大城中敲钟宣布："在第七日，王子亲自出面，赐给女孩们无忧宝瓶。到时候，所有女孩都要去会堂集合。"

地译：乃遣金師多造無憂之器，復以七寶而為嚴飾，擊鼓宣令，告迦毗羅城："自知女有德貌堪為太子妃者，至第七日總集王宮。"

इति हि भिक्षवः सप्तमे दिवसे बोधिसत्त्वः संस्थागारमुपसंक्रम्य भद्रासने न्यषीदत्। राजापि शुद्धोदनोऽदृश्यपुरुषान् स्थापयति स्म-- यस्यां दारिकायां कुमारस्य चक्षुः संनिविशेत् तां ममारोचयध्वमिति॥

今译：这样，众比丘啊！在第七日，菩萨来到会堂，坐在宝座上。净饭王布置密探，说道："王子的眼睛停留在哪个女孩身上，你们就告诉我。"

地译：七日滿已，諸女皆集。菩薩爾時處于大殿，據仁賢床[①]，婇女圍遶。時輸檀王密使內人："觀察菩薩意之所向，當速報我。"

इति हि भिक्षवो यावन्त्यः कपिलवस्तुनि महानगरे दारिकास्ताः सर्वा येन संस्थागारो येन च बोधिसत्त्वस्तेनोपसंक्रामन् बोधिसत्त्वस्य दर्शनाय अशोकभाण्डकानि च प्रतिगृहीतुम्॥

今译：这样，众比丘啊！迦比罗卫大城所有的女孩都来到菩萨所在的会堂。她们来见菩萨和获取无忧宝瓶。

地译：時迦毗羅城一切美女皆以瓔珞莊嚴其身，至菩薩前，暫覩威光不能仰視。

इति हि भिक्षवो बोधिसत्त्वो यथागताभ्यस्ताभ्यो दारिकाभ्योऽशोकभाण्डकान्यनुप्रयच्छति स्म। ताश्च दारिका न शक्नुवन्ति स्म बोधिसत्त्वस्य श्रियं तेजश्च सोढुम्। ता अशोकभाण्डकानि गृहीत्वा शीघ्रं शीघ्रमेव प्रक्रामन्ति स्म॥

今译：这样，众比丘啊！菩萨将无忧宝瓶赐给前来的女孩。那些女孩不能承受菩萨的光辉和威力，拿到无忧宝瓶后，就匆匆离开。

地译：爾時，菩薩以無憂寶器次第付之，皆蒙厚禮，低顏而去。

अथ दण्डपाणेः शाक्यस्य दुहिता गोपा नाम शाक्यकन्या सा दासीगणपरिवृता पुरस्कृता येन संस्थागारो येन च बोधिसत्त्वस्तेनोपसंक्रामत्। उपसंक्रम्यैकान्तेऽस्थात् बोधिसत्त्वमनिमेषाभ्यां नयनाभ्यां प्रेक्षमाणा। तद्यदा बोधिसत्त्वेन सर्वाण्यशोकभाण्डानि

---

① "任贤床"（bhadrāsana）指吉祥宝座。

दत्तानि तदा सा बोधिसत्त्वमुपसंक्रम्य प्रहसितवदना बोधिसत्त्वमेवमाह-- कुमार किं ते मयापनीतं यस्त्वं मां विमानयसि॥

今译：释迦族执杖的女儿名叫瞿波①。这个释迦族女孩在成群女仆围绕恭敬下，来到菩萨所在的会堂。到了那里，她站立一旁，眼睛一眨不眨地盯着菩萨。待菩萨赐完所有的无忧宝瓶后，她面带笑容，走近菩萨，说道："王子啊！我怎么得罪你了，让你瞧不起我？"

地译：爾時，耶輸陀羅侍從圍遶，最後而至，姿容端正，色相無雙，諦觀菩薩，目不暫捨，怡然微笑而作是言："獨不垂賜無憂之寶，將非我身不足採耶？"

आह-- नाहं त्वां विमानयामि अपि तु खलू पुनस्त्वमभिपश्चादागतेति। स तस्यै चानेकशतसहस्रमूल्यमङ्गुलीयकं निर्मुच्य प्रादात्॥

今译：王子说道："我没有瞧不起你，而是你来晚了。"然后，王子褪下价值数百千金的指环，赐给她。

地译：菩薩報言："我今於汝誠無所嫌。汝自後來，寶器盡耳。"即脫指環而以與之，其環價直百千兩金。

सा प्राह-- इदमहं कुमार तवान्तिकादर्हामि। आह-- इमानि मदीयान्याभरणानि गृह्यताम्। सा आह-- न वयं कुमारं व्यलंकरिष्यामः अलंकरिष्यामो वयं कुमारम्। इत्युक्त्वा सा कन्या प्रक्रामत्॥

今译：她说道："王子啊！我在你身边只值这点吗？"王子说道："这些是我的装饰品，你全都拿走吧！"她说道："我们不会剥夺王子的装饰品，我们应该装饰王子。"说罢，这个女孩离去。

地译：耶輸陀羅受指環已，復作是言："所賜之物何太少乎？我身雖劣，止直爾耶？"是時，菩薩盡脫所著眾寶瓔珞而以贈之。耶輸陀羅言："我今何為奪於太子嚴身之寶？自當以諸寶飾奉上太子。"作是語已，不肯受之，還歸本處。

ततस्तैर्गुह्यपुरुषै राजानं शुद्धोदनमुपसंक्रम्यैष वृत्तान्तो निवेदितोऽभूत्-- देव दण्डपाणेः शाक्यस्य दुहिता गोपा नाम शाक्यकन्या तस्यां कुमारस्य चक्षुर्निविष्टम् मुहूर्तं च तयोः संलापोऽभूत्॥

---

① 此处"瞿波"（gopā），地译"耶输陀罗"（yaśodharā）。这是佛经中对佛陀的妻子的不同命名。

今译：然后，那些密探来到净饭王那里，报告事情经过，说道："王上啊！王子的眼睛停留在释迦族执杖的女儿、名叫瞿波的释迦族女孩身上，他俩还交谈了片刻。"

地译：時王使者具以上事而白王言："大王當知太子意在執杖大臣之女耶輸陀羅。"

इत्येतत्खलू वचनं श्रुत्वा राजा शुद्धोदनो दण्डपाणेः शाक्यस्य पुरोहितं दौत्येन प्रेषयति स्म-- या ते दुहिता सा मम कुमारस्य प्रदीयतामिति॥

今译：闻听此言，净饭王便派遣家庭祭司作为使者到释迦族执杖那里，说道："把你的女儿嫁给我的儿子吧！"

地译：王聞是語，即遣國師詣執杖家，作如是言："聞卿有女堪為太子之妃，故遣相求，宜知此意。"

दण्डपाणिराह-- आर्य कुमारो गृहे सुखसंवृद्धः। अस्माकं चायं कुलधर्मः शिल्पज्ञस्य कन्या दातव्या नाशिल्पज्ञस्येति। कुमारश्च न शिल्पज्ञो नासिधनुष्कलापयुद्धसालम्भविधिज्ञः। तत्कथमशिल्पज्ञायाहं दुहितरं दास्यामि॥

今译：执杖说道："贤士啊，王子在宫中养尊处优。而我们家族有个规矩，女孩要嫁给精通技艺的人，而不嫁给不精通技艺的人。王子不精通技艺，不精通刀、弓、箭、战斗和角力的规则。我怎么能把女儿嫁给不精通技艺的人呢？"

地译：爾時，國師奉王勅已，到執杖家，具陳是事。爾時，執杖報國師言："自我家法積代相承，若有伎能過於人者，以女妻之。太子生長深宮，未曾習學文武書算、圖象兵機、權捷旅力、世間眾藝，何為我女適無藝人？應會諸釋，簡選伎能，誰最優長，當得是女。"

इत्येतच्च राज्ञः प्रतिवेदितम्। ततो राज्ञ एतदभवत्-- द्विरपीदमहं सहधर्मेण चोदितः। यदापि मयोक्तं कस्माच्छाक्यकुमाराः कुमारस्योपस्थानाय नागच्छन्तीति तदाप्यहमभिहितः-- किं वयं मण्डकस्योपस्थानं करिष्याम इति। एतर्ह्यप्येवमिति प्रध्यायन्निषण्णोऽभूत्॥

今译：国王听到这些话后，心想："这是我再次受到同样性质的刺激。先前我说：'为什么释迦族童子们不来侍奉王子？'他们回答我说：'我们为什么要侍奉一个呆子[①]？'这次又是这样。"他这样坐着沉思。

地译：爾時，國師聞此語已，歸白於王。王聞此言，愁憂不樂，竊作是念：

---

① "呆子"的原词是 maṇḍaka，相当于 mandaka。

“我先勅諸釋種親侍太子，皆白我言：‘太子不勇。’執杖此辭，或因是也。”

बोधिसत्त्वश्चैनं वृत्तान्तमश्रोषीत्। श्रुत्वा च येन राजा शुद्धोदनस्तेनोपसंक्रामत्। उपसंक्रम्यैवमाह-- देव किमिदं दीनमनास्तिष्ठसि

今译：菩萨听说了这件事。听说后，他来到净饭王那里，说道：“王上啊！你为何坐着发愁？”

地译：爾時，菩薩詣父王所，白言：“大王何以憂愁？”

राजा आह-- अलं ते कुमार अनेन।

今译：国王说道：“王子啊！你不必过问。”

कुमार आह-- देव सर्वथा तावदवश्यमेवमाख्यातव्यम्। यावत्त्रिरपि बोधिसत्त्वो राजानं शुद्धोदनं परिपृच्छति स्म॥

今译：王子说道：“王上啊！你无论如何一定要告诉我。”菩萨这样连问了净饭王三次。

地译：王時默然，乃至三問。

ततो राजा शुद्धोदनो बोधिसत्त्वाय तां प्रकृतिमारोचयति स्म। तां श्रुत्वा बोधिसत्त्व आह-- देव अस्ति पुनरिह नगरे कश्चिद्यो मया सार्धं समर्थः शिल्पेन शिलपमुपदर्शयितुम्॥

今译：然后，净饭王对菩萨讲述了事情原委。菩萨听后，说道：“王上啊！在这城中，有谁能与我比试技艺？”

地译：王遣餘人為說斯意。於是，菩薩熙怡微笑，來白王言：“世間寧有殊能妙伎與我等者？”

ततो राजा शुद्धोदनः प्रहसितवदनो बोधिसत्त्वमेवमाह-- शक्यसि पुनस्त्वं पुत्र शिल्पमुपदर्शयितुम्। स आह-- बाढं शक्यामि देव। तेन हि संनिपात्यन्तां सर्वशिल्पज्ञाः येषां पुरतः स्वं शिल्पमुपदर्शयिष्यामि॥

今译：然后，净饭王面露微笑，对菩萨说道：“儿子啊，你能演示技艺吗？”王子说道：“我当然能，王上啊！你就召集所有精通技艺者吧，我要在他们面前演示自己的技艺。”

地译：王便歡喜，更審問言：“汝今能與他人捔伎藝耶？”如是三問，菩薩答言：“大王！但當速召有異術人，我能於前現眾伎藝。”

ततो राजा शुद्धोदनः कपिलवस्तुनि महानगरवरे घण्टाघोषणां कारयति स्म-- सप्तमे

दिवसे कुमारः स्वं शिल्पमुपदर्शयति। तत्र सर्वशिल्पज्ञैः संनिपतितव्यम्॥

今译：然后，净饭王吩咐在迦比罗卫大城敲钟宣告："在第七日，王子将演示自己的技艺。到时候，所有精通技艺者都要在这里集合。"

地译：時輸檀王於迦毗羅城外，為一試場，遍告天下："過七日後，若有善於伎術，皆集此場，共觀太子現諸伎藝。"

तत्र सप्तमे दिवसे पञ्चमात्राणि शाक्यकुमारशतानि संनिपतितान्यभूवन्। दण्डपाणेश्च शाक्यस्य दुहिता गोपा नाम शाक्यकन्या जयपताका स्थापिताभूत्-- यो वा अत्र असि-धनुष्कलापयुद्धसालम्भेषु जेष्यति तस्यैषा भविष्यतीति॥

今译：在第七日，五百位释迦族王子聚集在那里。释迦族执杖的女儿、名为瞿波的释迦族女孩那里，竖着一面胜利的旗帜："谁在刀、弓、箭、战斗和角力竞赛中获胜，她就属于他。"

地译：至第七日，五百釋子菩薩為首，當共出城，往試場所。是時，執杖大臣莊飾其女，載以寶車，侍從圍遶，來觀伎藝，立表號令："若有伎藝出於人者，以女妻之。"

तत्र सर्वपुरतो देवदत्तः कुमारो नगरादभिनिष्क्रामति स्म। श्वेतश्च हस्ती महाप्रमाणो बोधिसत्त्वस्यार्थे नगरं प्रवेश्यते स्म। तत्र देवदत्तः कुमार ईर्ष्यया च शाक्यबलमदेन च मत्तः। स तं हस्तिनागं वामेन पाणिना शुण्डायां गृहीत्वा दक्षिणेन पाणिना चपेटया एकप्रहारेणैव हतोऽभूत्॥

今译：这时，提婆达多王子首先从城里出来。恰好一头白色大象进城迎接菩萨。提婆达多王子心生妒忌，自恃释迦族威力而骄慢，用左手抓住象鼻，用右手猛击一掌，就将大象杀死。

地译：時輸檀王遣將最勝白象以迎菩薩。提婆達多先至城門，見此勝象莊嚴第一，問："是誰象？"答言："大王遣將此象以迎太子。"提婆達多聞是語已，生嫉妬心，恃力憍慢，前執象鼻，以手搏之，於是而死。

तस्यानन्तरं सुन्दरनन्दकुमारोऽभिनिष्क्रामति स्म। सोऽद्राक्षीत्तं हस्तिनागं नगरद्वारे हतम्। दृष्ट्वा च पर्यपृच्छत्-- केनायं हत इति। तत्र महाजनकाय आह-- देवदत्तेनेति। स आह-- अशोभनमिदं देवदत्तस्य। स तं हस्तिनागं लाङ्गूले गृहीत्वा नगरद्वारादपकर्षति स्म॥

今译：接着，孙陀罗难陀王子走出城来，看到城门口这头死象。看到后，他询问道："谁杀死的？"众人回答说："提婆达多。"他说道："提婆达多这事缺德。"他拽住象尾巴，将这头象从城门口移开。

地译：難陀續到，欲出城門，見彼白象當路而斃，問：“誰殺乎？”答言：“提婆達多。”難陀于時以手倒曳，致於路側。

तदनन्तरं बोधिसत्त्वो रथाभिरूढोऽभिनिष्क्रामति स्म। अद्राक्षीद्बोधिसत्त्वस्तं हस्तिनं हतम्। दृष्ट्वा च पर्यपृच्छत्-- केनायं हत इति। आहुः-- देवदत्तेनेति। आह-- अशोभनं देवदत्तस्य। केन पुनरस्मान्नगरद्वारादपकर्षित इति। आहुः-- सुन्दरनन्देनेति। आह-- शोभनमिदं सुन्दरनन्दस्य। किं तु महाकायोऽयं सत्त्वः। सोऽयं क्लिन्नः सर्वनगरं दौर्गन्ध्येन स्फुरिष्यतीति॥

今译：然后，菩萨坐车出城来，看到这头死象。看到后，他询问道：“谁杀死的？”回答说：“提婆达多。”他说道：“提婆达多这事缺德。那么，谁将它从城门口移开的？”回答说：“孙陀罗难陀。”他说道：“孙陀罗难陀做了好事。但是，这头象身躯庞大，一旦腐烂，整个城里会臭气熏天。”

地译：菩薩尋至，問：“誰殺象？”御者答言：“提婆達多左手執鼻，右手搏之，其象爾時應手而死。”菩薩歎曰：“提婆達多甚為不善。”復問御者：“誰能移之？”答言：“難陀以手倒曳，致于路側。”菩薩歎曰：“善哉，難陀！”

ततः कुमारो रथस्य एवैकं पादं भूमौ प्रसार्य पादाङ्गुष्ठेन तं हस्तिनागं लाङ्गूले गृहित्वा सप्त प्राकारान् सप्त च परिखानतिक्रम्य बहिर्नगरस्य क्रोशमात्रे प्रक्षिपति स्म। यत्र व प्रदेशे स हस्ती पतितस्तस्मिन् प्रदेशे महद्बिलं संवृत्तं यत्सांप्रतं हस्तिगर्तेत्यभिधीयते॥

今译：于是，王子在车上[①]，伸出一只脚到地上，用脚趾拽住象尾巴，将这头象甩出，越过七道城墙、七条护城河，甩到城外一拘卢舍远的地方。大象坠落的那个地方出现一个大坑，如今称为“象坑”。

地译：爾時，菩薩坐於寶輅，以左足指持彼白象，徐擲虛空，越七重城，過一拘盧舍。其象墮處便為大坑。爾後，眾人號為象坑。

तत्र देवमनुजाः शतसहस्राणि हाहाकारकिलकिलाप्रक्ष्वेडितशतसहस्राणि प्रामुञ्चन्। चैलविक्षेपांश्चाकार्षुः। गगनतलगताश्च देवपुत्रा इमे गाथेऽभाषन्त--

今译：在那里，数百千天神和凡人欢喜踊跃，发出数百千欢呼声。他们舞动衣裳。空中的天子们念诵偈颂道：

地译：是時，虛空諸天皆大歡喜，歎未曾有，而說頌曰：

---

① 此处“在车上”的原文是 rathasya，据 L 本应为 rathastha。

यथ मत्तगजेन्द्रगतीनां पादाङ्गुष्ठतलेन गजेन्द्रम्।
सप्त पुरापरिखा अतिक्रम्य क्षिपु बहिः स्वपुरातु अयं हि॥ १७॥

今译：步姿犹如醉象，他用脚趾拽大象，
　　　甩出自己城外，越过七道护城河。（17）

地译：菩薩車中垂左足，以指擲象重城外。

निःसंशयमेष सुमेधा मानबलेन समुच्छ्रितकायान्।
संसारपुरातु बहिर्धा एक क्षपिष्यति प्रज्ञबलेन॥ १८॥

今译：无疑，这位智者也会用智慧力量，
　　　将那些高傲的躯体甩出轮回城外。（18）

地译：决定當能以智力，運諸眾生超死城。

इति हि पञ्चमात्राणि शाक्यकुमारशतानि नगरान्निष्क्रम्य येनान्यतमः पृथिवीप्रदेशो यत्र शाक्यकुमाराः शिल्पमुपदर्शयन्ति स्म तेनोपसंक्रामन्। राजापि शुद्धोदनो महल्लकमहल्लकाश्च शाक्या महांश्च जनकायो येनासौ पृथिवीप्रदेशस्तेनोपसंक्रामन् बोधिसत्त्वस्य चान्येषां च शाक्यकुमाराणां शिल्पविशेषं द्रष्टुकामाः॥

今译：这样，五百位释迦族王子出城来到释迦族王子们演示技艺的地方。净饭王、释迦族长老们和大众也都来到这个地方。他们想观看菩萨和其他释迦族王子们特殊的技艺。

地译：佛告諸比丘：爾時輸檀王與諸釋種長德耆年、國師大臣、無量眾會集藝場所，五百釋種童子皆至此場。

तत्र आदित एव ये शाक्यकुमारा लिप्यां पटुविधिज्ञास्ते बोधिसत्त्वेन सार्धं लिपिं विशेषयन्ति स्म। तत्र तैः शाक्यैर्विश्वामित्र आचार्यः साक्षी स्थापितोऽभूत्-- स त्वं व्यवलोकय कतमोऽत्र कुमारो लिपिज्ञाने विशिष्यते यदि वा लेख्यतो यदि वा बहुलिपिनिर्याणतः। अथ विश्वामित्र आचार्यः प्रत्यक्षो बोधिसत्त्वस्य लिपिज्ञाने स्मितमुपदर्शयन्निमे गाथेऽभाषत –

今译：在那里，开始是通晓书写的释迦族王子们和菩萨比赛书写。释迦族人安排毗奢蜜多老师担任裁判：“请你观察哪个王子的书写知识最优秀，无论是书写本身，还是能书写多少文字。”毗奢蜜多老师已经亲眼目睹，微笑着介绍菩萨的书写知识，念诵偈颂道：

地译：時諸釋種請毗奢蜜多為試藝師，語毗奢蜜多言：“應觀我等諸童子中，誰最工書？誰學優贍？”而毗奢蜜多先知菩薩解一切書，無能踰者，於是微笑向諸童子而說頌曰：

मनुष्यलोकेऽथ च देवलोके गन्धर्वलोकेऽप्यसुरेन्द्रलोके।
यावन्ति केचिल्लिपि सर्वलोके तत्रैष पारंगतु शुद्धसत्त्वः॥१९॥

今译：一切世界的文字，人界、神界和健达缚界，
阿修罗和因陀罗界，这位本性纯洁者都精通。（19）

地译：天上人間，所有文字，
太子究之，盡窮其底，
吾與汝等，誰能及者。

नामापि यूयं च अहं च तेषां लिपीन जानाम न चाक्षराणाम्।
यान्येष जानाति मनुष्यचन्द्रो अहमत्र प्रत्यक्षु विजेष्यतेऽयम्॥२०॥

今译：你们和我不知道的那些书写文字名称，
这位人中之月都知道，我确证他会获胜。（20）

地译：為我說書，靡識其名，
適曾挍量，人天最勝。

शाक्या आहुः-- विशिष्यतां तावत्कुमारो लिपिज्ञाने। संख्याज्ञाने कुमारो विशेषयितव्यो जिज्ञास्यश्च। तत्रार्जुनो नाम शाक्यगणको महामात्रः संख्यागणनासु पारंगतः स साक्षी स्थापितोऽभूत्-- स त्वं व्यवलोकय कतमोऽत्र कुमारो विशिष्यते संख्याज्ञानत इति। तत्र बोधिसत्त्वश्चोद्दिशति स्म एकश्च शाक्यकुमारो निक्षिपति स्म न च परिप्रापयति स्म। बोधिसत्त्वस्यैक द्वौ त्रयश्चत्वारः पञ्चदश विंशत्त्रिंशच्चत्वारिंशत्पञ्चाशच्छतं यावत्पञ्चापि शाक्यकुमारशतानि युगपत्काले निक्षिपन्ति स्म न च परिप्रापयन्ति स्म। ततो बोधिसत्त्व आह-- उद्दिशत यूयम् अहं निक्षेप्स्यामीति। तत्रैकशाक्यकुमारो बोधिसत्त्वस्योद्दिशति स्म न च परिप्रापयति स्म। द्वावपि त्रयोऽपि पञ्चापि दशापि विंशत्यपि त्रिंशदपि चत्वारिंशदपि पञ्चाशदपि यावत्पञ्चापि शाक्यकुमारशतानि युगपदुद्दिशन्ति स्म। न च परिप्रापयन्ति स्म बोधिसत्त्वस्य निक्षिपतः॥

今译：释迦族人说道：“在书写知识上算这位王子赢了！我们想要知道这位王子的数学知识是否优秀。”在那里，有位名叫阿周那的释迦族算术家。这位大臣精通数学，他们安排他担任裁判：“请你观察哪个王子数学知识最优秀？”这时，菩萨出题，一位释迦族王子解题，但解答不出。一个、两个、三个、四个、十五个、二十个、三十个、四十个、五十个、一百个乃至五百个释迦族王子同时解题，都解答不出。然后，菩萨说道：“你们出题，我来解题。”一个释

迦族王子给菩萨出题，不能取胜。然后，两个、三个、五个、十个、二十个、三十个、四十个、五十个乃至五百个释迦族王子同时给菩萨出题，都不能取胜，因为菩萨都能答出。

地译：爾時，五百釋種前白王言："我等先知太子通達書藝無能及者，而於算術或未過人。"時有大臣名頞順那[①]，極閑算術。輸檀王語頞順那言："汝宜觀諸童子於算數中誰最為優？"爾時，菩薩自與唱數，令諸童子次第下籌。隨菩薩唱，計不能及，一一童子乃至五百皆悉錯亂。

बोधिसत्त्व आह-- अलमलमनेन विवादेन। सर्वं इदानीमेकीभूत्वा ममोद्दिशत अहं निक्षेप्स्यामीति। तत्र पञ्चमात्राणि शाक्यकुमारशतान्येकवचनोदाहारेणापूर्वचरितं समुद्दिशन्ति स्म बोधिसत्त्वश्चासंमूढो निक्षिपति स्म। एवमपर्यन्ताः सर्वशाक्यकुमाराः अथ पर्यन्तश्च बोधिसत्त्वः॥

今译：菩萨说道："行了，不要争论了。现在，你们一起给我出一个题，我来解题。"于是，五百个释迦族王子一起提出一个冷僻的例题，菩萨毫不慌乱，予以解答。这样，所有的释迦族王子都存在欠缺，而菩萨圆满无缺。

地译：菩薩是時語諸童子："汝等唱數，我當算之。"諸童子等次第舉數，菩薩運籌，唱不能及，都無錯謬，乃至五百童子一時俱唱，亦不雜亂。

ततोऽर्जुनो गणकमहामात्र आश्चर्यप्राप्त इमे गाथेऽभाषत--

今译：于是，算术家阿周那大臣惊讶不已，念诵偈颂道：

地译：時頞順那心生希有，以偈讚曰：

ज्ञानस्य शीघ्रता साधु बुद्धे संपरिपृच्छता।
पञ्चमात्रशतान्येते धिष्ठिता गणनापथे॥२१॥

今译：他富有智慧，接受提问，思维敏捷，
在数学之路上，胜过这五百个王子。（21）

地译：善哉心智奇敏捷，五百釋種無能及。

ईदृशी च इयं प्रज्ञा बुद्धिर्ज्ञानं स्मृतिर्मतिः।
अद्यापि शिक्षते चायं गणितं ज्ञानसागरः॥२२॥

今译：他具有这样的智慧、知识、记忆和思维，
即使是知识海，今天也要向他学习数学。（22）

① "頞顺那"是 arjuna（"阿周那"）的又一种音译。

地译：彼昔皆稱我能算，今知太子不可量。

ततः सर्वशाक्यगण आश्चर्यप्राप्तः परमविस्मयापन्नोऽभूत्। एककण्ठाश्चेमां वाचमभाषन्त-- जयति जयति भोः सर्वार्थसिद्धः कुमारः। सर्वे चासनेभ्य उत्थाय कृताञ्जलिपुटा भूत्वा बोधिसत्त्वं नमस्कृत्य राजानं शुद्धोदनमेतदवोचन्-- लाभास्ते महाराज परमसुलब्धाः यस्य ते पुत्र एवं शीघ्रलघुजवचपलपरिपृच्छाप्रतिभान इति॥

今译：然后，所有的释迦族人都惊讶不已，同声说道："胜利！胜利！萨婆悉达多王子！"所有的人都起座，双手合十，向菩萨致敬，对净饭王说道："大王啊！你获得了最大的收获。你的儿子在回答提问时，这样迅速、轻快和敏捷。"

地译：時諸釋種及一切人天同聲唱言："善哉，善哉！太子於算計中亦復第一。"皆從座起，合掌頂禮，白大王言："善哉，大王！快得善利！今者太子辯才智慧皆悉第一。"

अथ स राजा शुद्धोदनो बोधिसत्त्वमेवमाह-- शक्यसि पुत्र अर्जुनेन गणकमहामात्रेण सार्धं संख्याज्ञानकौशल्यगणनागतिमनुप्रवेष्टुम्। बोधिसत्त्व आह-- शक्यामि देव। तेन हि गण्यताम्। अथार्जुनो गणकमहामात्रो बोधिसत्त्वमेवमाह-- जानीषे त्वं कुमार कोटिशतोत्तरां नाम गणनागतिम्। आह-- जानाम्यहम्। आह-- कथं पुनः कोटिशतोत्तरा गणनागतिरनुप्रवेष्टव्या बोधिसत्त्व आह-- शतं कोटीनामयुतं नामोच्यते। शतमयुतानां नियुतो नामोच्यते। शतं नियुतानां कङ्करं नामोच्यते। शतं कङ्कराणां विवरं नामोच्यते। शतं विवराणामक्षोभ्यं नामोच्यते। शतमक्षोभ्याणां विवाहं नामोच्यते। शतं विवाहानामुत्सङ्गं नामोच्यते। शतमुत्सङ्गानां बहुलं नामोच्यते। शतं बहुलानां नागबलं नामोच्यते। शतं नागबलानां तिटिलम्भं नामोच्यते। शतं तिटिलम्भानां व्यवस्थानप्रज्ञप्तिर्नामोच्यते। शतं व्यवस्थानप्रज्ञप्तीनां हेतुहिलं नामोच्यते। शतं हेतुहिलानां करकुर्नामोच्यते। शतं करकूणां हेत्विन्द्रियं नामोच्यते। शतं हेत्विन्द्रियाणां समाप्तलम्भं नामोच्यते। शतं समाप्तलम्भानां गणनागतिर्नामोच्यते। शतं गणनागतीनां निरवद्यं नामोच्यते। शतं निरवद्यानां मुद्राबलं नामोच्यते। शतं मुद्राबलानां सर्वबलं नामोच्यते। शतं सर्वबलानां विसंज्ञागती नामोच्यते। शतं विसंज्ञागतीनां सर्वसंज्ञा नामोच्यते। शतं सर्वसंज्ञानां विभूतंगमा नामोच्यते। शतं विभूतंगमानां तल्लक्षणं नामोच्यते।

今译：然后，净饭王对菩萨说道："儿子啊！你能与算术家阿周那大臣一起运用娴熟的数学知识进行计数吗？"菩萨回答说："王上啊，我能。"[①]国王

① 这句在原文中排在阿周那问话之后，出现错位，现据 L 本改正，即直接排在净饭王问话之后。

说道："那就开始计数吧！"于是，算术家阿周那大臣对菩萨说道："你知道百拘胝以上的计数吗？"菩萨说道："我知道。"阿周那说道："那么，怎样进行百拘胝以上的计数？"菩萨说道："百拘胝名为阿由多，百阿由多名为尼由多，百尼由多名为更割罗，百更割罗名为频婆罗，百频婆罗名为阿芻婆，百阿芻婆名为毗婆诃，百毗婆诃名为郁僧迦，百郁僧迦名为婆呼罗，百婆呼罗名为那迦婆罗，百那迦婆罗名为底致婆罗，百底致婆罗名为卑波婆他般若帝，百卑波婆他般若帝名为醯兜奚罗，百醯兜奚罗名为迦罗颇，百迦罗颇[①]名为醯都因陀利，百醯都因陀利名为僧合怛览婆，百僧合怛览婆名为伽那那伽致，百伽那那伽致名为尼罗阇，百尼罗阇名为目陀罗婆罗，百目陀罗婆罗名为萨婆婆罗，百萨婆婆罗名为毗僧以若跋致，百毗僧以若跋致名为萨婆僧以若，百萨婆僧以若名为毗浮登伽摩，百毗浮登伽摩名为怛罗络叉。

地译：時輸檀王告菩薩言："頗復能與頞順那校量算不？"菩薩言："大王！此事可耳。"時彼算師問菩薩言："頗有了知百拘胝外數名以不？"菩薩報言："我甚知之。"頞順那言："太子能知，請為我說。"菩薩答言："百拘胝名阿由多，百阿由多名尼由多，百尼由多名更割羅，百更割羅名頻婆羅，百頻婆羅名阿芻婆，百阿芻婆名毗婆訶，百毗婆訶名鬱僧迦，百鬱僧迦名婆呼羅，百婆呼羅名那迦婆羅，百那迦婆羅名底致婆羅，百底致婆羅名卑波婆他般若帝，百卑波婆他般若帝名醯兜奚羅，百醯兜奚羅名迦羅頗，百迦羅頗名醯都因陀利，百醯都因陀利名僧合怛覽婆，百僧合怛覽婆名伽那那伽致，百伽那那伽致名尼羅闍，百尼羅闍名目陀羅婆羅，百目陀羅婆羅名薩婆婆羅，百薩婆婆羅名毗僧以若跋致，百毗僧以若跋致名薩婆僧以若，百薩婆僧以若名毗浮登伽摩，百毗浮登伽摩名怛羅絡叉。

इति हि तल्लक्षणगणनया सुमेरुपर्वतराजो लक्षनिक्षेपक्रियया परिक्षयं गच्छेत्। अतोऽप्युत्तरि ध्वजाग्रवती नाम गणना यस्यां गणनायां गङ्गानदीवालिकासमा लक्षनिक्षेपक्रियया परिक्षयं गच्छेयुः। अतोऽप्युत्तरि ध्वजाग्रनिशामणी नाम गणना। अतोऽप्युत्तरि वाहनप्रज्ञप्तिर्नाम। अतोऽप्युत्तरि इङ्गा नाम। अतोऽप्युत्तरि कुरुटु नाम। अतोऽप्युत्तरि कुरुटावि नाम। अतोऽप्युत्तरि सर्वनिक्षेपा नाम गणना यस्यां गणनायां दश गङ्गानदीवालिकासमा लक्षनिक्षेपक्रियया परिक्षयं गच्छेयुः। अतोऽप्युत्तरि अग्रसारा नाम गणना यत्र कोटीशतं गङ्गानदीवालिकासमा लक्षनिक्षेपाः परिक्षयं गच्छेयुः। अतोऽप्युत्तरि परमाणुरजः प्रवेशानुगतानां गणना यत्र तथागतं स्थापयित्वा बोधिमण्डवराग्रगतं च सर्वधर्माभिषेकाभिमुखं बोधिसत्त्वं

① 这里两个"迦罗颇"的原词是 karakuḥ 和 karakūṇām，据 L 本应为 karaphuḥ 和 karaphūṇām。此词地译"迦罗颇"。

नान्यः कश्चित्सत्त्वः सत्त्वनिकाये संविद्यते य एतां गणनां प्रजानाति अन्यत्राहं वा यो वा स्यान्मादृशः। एवं चरमभाविको विनिष्क्रान्तगृहवासो बोधिसत्त्वः॥

今译："用怛罗络叉这个数目，能计算出须弥山微尘[①]络叉数量。比这更高的数目名为度阇阿伽罗婆提。用这个数目，能计算出恒河沙络叉数量。比这更高的数目名为度阇阿伽罗尼舍摩尼。比这更高的数目为婆诃那婆若尔炎致。比这更高的数目为因伽。比这更高的数目名为古卢杜。比这更高的数目名为古卢吒毗。比这更高的数目名为娑婆尼叉。用这个数目，能计算出恒河沙十络叉数量。比这更高的数目名为阿伽罗娑罗。用这个数目，能计算出恒河沙百拘胝络叉数量。比这更高的数目进入极微尘。这个数目只适合如来，坐菩提道场、受一切法灌顶的菩萨，而众生界中任何众生都无法得知。除了我或与我相同者，无人知道这个数目。这便是达到最后一生而出家的菩萨。"

地译："若有解此數者，即能算知一須彌山微塵數量。過此有數，名度閣阿伽羅摩尼。若有解此數者，即能算知恒河沙絡叉數量。過此數已，有數名度閣阿伽摩尼舍梨。若有解此數者，即能算知恒河沙拘胝。過此數已，有數名婆訶那婆若爾炎致。過此復有數名伊吒。過此復有數名古盧鼻。過此復有數名古吒鼻那。過此復有數名娑婆尼叉。若有解此數者，能知恒河沙拘胝絡叉。過此復有數名阿伽羅娑羅。若有解此數者，能知百拘胝恒河沙絡叉。過此復有數名隨入極微塵波羅摩吺羅閣[②]。至此數已，一切眾生皆不能知，唯除如來及最後身菩薩，方能解爾。"

अर्जुनोऽवोचत्-- कथं कुमार परमाणुरजः प्रवेशगणनानुप्रवेष्टव्या बोधिसत्त्व आह-- सप्त परमाणुरजांस्यणुः। सप्ताणवस्त्रुतिः। सप्तत्रुतेरेकं वातायनरजः। सप्त वातायनरजांस्येकं शशरजः। सप्त शशरजांस्येकमेडकरजः। सप्तैडकरजांस्येकं गोरजः। सप्त गोरजांस्येकं लिक्षारजः। सप्त लिक्षाः सर्षपः। सप्तसर्षपाद्यवः। सप्तयवादङ्गुलीपर्व। द्वादशाङ्गुलीपर्वाणि वितस्तिः। द्वे वितस्ती हस्तः। चत्वारो हस्ता धनुः। धनुः सहस्रं मार्गध्वजाक्रोशः। चत्वारः क्रोशा योजनम्। तत्र को युष्माकं योजनपिण्डं प्रजानाति कियन्ति तानि परमाणुरजांसि भवन्ति अर्जुनोऽवोचत्-- अहमेव तावत्कुमार संमोहमापन्नः किमङ्ग पुनर्ये चान्येऽल्पबुद्धयः। निर्दिशतु कुमारो योजनपिण्डं कियन्ति तानि परमाणुरजांसि भवन्तीति।

今译：阿周那说道："王子啊，怎样进入极微尘计数？"菩萨说道："七极微尘

① "须弥山微尘"的原文是 sumeruparvatarājaḥ（"须弥山王"），疑有误，应为 sumeruparvatarajaḥ（"须弥山微尘"）。此处地译"须弥山微尘"。

② "波罗摩吺罗阇"是 paramāṇurajas（"极微尘"）一词的音译。

构成一微尘，七微尘构成一都致尘，七都致尘构成一窗中尘[①]，七窗中尘构成一兔毛上尘，七兔毛上尘构成一羊毛上尘，七羊毛上尘构成一牛毛上尘，七牛毛上尘构成一虱子上尘，七虱子构成一芥子，七芥子构成一麦粒，七麦粒构成一指节，十二指节构成一拃[②]，两拃构成一肘，四肘构成一弓，千弓构成一拘卢舍路程，四拘卢舍构成一由旬。在这里，你们之中有谁知道一由旬含有多极微尘？”阿周那说道：“王子啊，连我都已经迷糊了，更何况其他智慧浅薄的人？请王子说明一由旬含有多少极微尘。”

地译：頞顺那言：“太子！云何能解極微塵數？”菩薩答言：“凡七極微塵成一阿耨[③]塵，七阿耨塵成一都致塵，七都致塵成一牖中眼所見塵，七眼所見塵成一兔毛上塵，七兔毛上塵成一羊毛上塵，七羊毛上塵成一牛毛上塵，七牛毛上塵成一蟣，七蟣成一芥子，七芥子成一麥，七麥成一指節，十二指[④]成一搩手，兩搩手成一肘，四肘成一弓，千弓成一拘盧舍，四拘盧舍成一由旬。今此眾中誰能了知一由旬內微塵數量？”頞順那曰：“我聞太子所說猶尚迷悶，何況諸餘淺識寡聞？惟願太子為我宣說一由旬內有幾微塵。”

बोधिसत्त्वोऽवोचत्-- तत्र योजनपिण्डः परमाणुरजसां परिपूर्णमक्षोभ्यनयुतमेकं त्रिंशच्च कोटीनयुतशतसहस्राणि षष्टिश्च कोटीशतानि द्वात्रिंशतिश्च कोट्यः पञ्च च दशशतसहस्राणि द्वादश च सहस्राणि एतावान् योजनपिण्डः परमाणुरजोनिक्षेपस्य। अनेन प्रवेशेनायं जम्बुद्वीपः सप्तयोजनसहस्राणि। गोदानीयोऽष्टौ योजनसहस्राणि। पूर्वविदेहो नव योजनसहस्राणि। उत्तरकुरुद्वीपो दशयोजनसहस्राणि। अनेन प्रवेशेनेमं चातुर्द्वीपकं लोकधातूं प्रमुखं कृत्वा परिपूर्णकोटीशतं चातुर्द्वीपकानां लोकधातूनां यत्र कोटीशतं महासमुद्राणाम् कोटीशतं चक्रवालमहाचक्रवालानाम् कोटीशतं सुमेरूणां पर्वतरजानाम् कोटीशतं चतुर्महाराजिकानां देवानाम् कोटीशतं त्रयत्रिंशानाम् कोटीशतं यामानाम् कोटीशतं तुषितानाम् कोटीशतं निर्माणरतीनाम् कोटीशतं परनिर्मितवशवर्तीनाम् कोटीशतं ब्रह्मकायिकानाम् कोटीशतं ब्रह्मपुरोहितानाम् कोटीशतं ब्रह्मपार्षद्यानाम् कोटीशतं महाब्रह्माणाम् कोटीशतं परीत्ताभानाम् कोटीशतं अप्रमाणाभानाम् कोटीशतं आभास्वराणाम् कोटीशतं परीत्तशुभानाम् कोटीशतं अप्रमाणशुभानाम् कोटीशतं शुभकृत्स्नानाम् कोटीशतं अनभ्रकाणाम् कोटीशतं पुण्यप्रसवानाम् कोटीशतं बृहत्फलानाम् कीटीशतं असंज्ञिसत्त्वानाम् कोटीशतं

---

① 此处“窗中尘”，地译“牖中眼所见尘”，也就是说，前面提及的种种微尘是肉眼看不见的。

② “一拃”指张开手掌后，小指尖和大拇指尖之间的长度。

③ “阿耨”是 aṇu（“微小”）一词的音译。故而，“阿耨尘”也就是“微尘”。

④ 此处“指”字，据《中华大藏经》校勘记，《资》、《碛》、《普》、《南》、《径》、《清》、《丽》作“指节”。

अबृहानाम् कोटीशतं अतपानाम् कोटीशतं सुदृशानाम् कोटीशतं सुदर्शनानाम् कोटीशतं अकनिष्ठानां देवानाम्। अयमुच्यते त्रिसाहस्रमहासाहस्रलोकधातुर्विपुलश्च विस्तीर्णश्च। स यावन्ति योजनशतानि (परमाणुरजांसि त्रिसाहस्रमहासाहस्रलोकधातौ) यावन्ति योजनसहस्राणि यावन्ति योजनकोटयः यावन्ति योजननयुतानि··· पेयालं··· यावद्यावन्तो योजनाग्रसारा गणनाः। कियन्त्येतानि परमाणुरजांसि इत्याह। संख्यागणना व्यतिवृत्ता ह्येषां गणनानां तदुच्यतेऽसंख्येयमिति। अतोऽसंख्येयतमानि परमाणुरजांसि यानि त्रिसाहस्रमहासाहस्रलोकधातौ भवन्ति॥

今译：菩萨说道："一由旬极微尘数量足足有阿芻婆那由多，加上三百万拘胝那由多、六千拘胝、三十二拘胝、五百万和一万二千。一由旬含有这样的极微尘数量。按此计算，这个瞻部洲七千由旬，瞿陀尼洲八千由旬，东毗提诃洲九千由旬，北俱卢洲十千由旬。按此计算，四洲构成世界，而足足有百拘胝四洲构成的世界。其中，百拘胝大海，百拘胝轮围山和大轮围山[①]，百拘胝须弥山王[②]，百拘胝四大天王，百拘胝忉利天，百拘胝夜摩天，百拘胝兜率天，百拘胝化乐天，百拘胝他化自在天，百拘胝梵身天，百拘胝梵辅天，百拘胝梵众天，百拘胝大梵天，百拘胝少光天，百拘胝无量光天，百拘胝遍光天，百拘胝少净天，百拘胝无量净天，百拘胝遍净天，百拘胝无云天，百拘胝福生天，百拘胝广果天，百拘胝无想众天，百拘胝无烦天，百拘胝无热天，百拘胝善见天，百拘胝善现天，百拘胝阿迦尼吒天。这被称为三千大千世界。其纵横之数量达数百由旬（三千大千世界极微尘），数千由旬，数拘胝由旬，数尼由多由旬，乃至[③]数阿伽罗娑罗由旬。如此数量的极微尘，超出通常的计数。这样的数目名为阿僧祇[④]。因此，三千大千世界极微尘为阿僧祇。"

地译：菩薩答曰："由旬微塵數量，盡阿芻婆一那由多，復有三十拘胝那由多百千，復有六萬拘胝，復有三十二拘胝，復有五絡叉，復有萬二千絡叉。如是算計成一由旬塵數。如是南閻浮提七千由旬，西拘耶尼八千由旬，東弗婆提九千由旬，北欝單越十千由旬。如是四天下成一世界。百億四天下成一三千大千世界。其中百億四大海，百億須彌山，百億鐵圍山，百億四天王天，百億忉利天，百億夜摩天，百億兜率陀天，百億化樂天，百億他化自在天，百億梵身天，百億梵輔天，百億梵眾天，百億大梵天，百億少光天，百億無量光天，百億遍

① "轮围山"指围绕四洲的铁山，故而又名"铁围山"。

② "山王"的原词是 parvatarajānam，应为 parvatarājānām。

③ "乃至"的原词是 peyālam，表示这里有省略，故而也可译为"中略"或"同上"。这里省略的是"尼由多"至"阿伽罗娑罗"之间的数目字。此词地译"如是次第"。

④ "阿僧祇"是 asaṃkhyeya（"无数"）一词的音译。

光天，百億少淨天，百億無量淨天，百億遍淨天，百億無雲天，百億福生天，百億廣果天，百億無想衆天，百億無煩天，百億無熱天，百億善見天，百億善現天，百億阿迦尼吒天。如是名為三千大千世界。縱廣之量乃至百由旬，千由旬，百千由旬，拘胝由旬，百拘胝由旬，尼由多由旬。如是次第由旬數量，可得知之。微塵之量，非諸名數所能及也。以是三千大千世界微塵不可算計，是故名為阿僧祇耳。”

अस्मिन् खलू पुनर्गणनापरिवर्ते बोधिसत्त्वेन निर्दिश्यमाने अर्जुनो गणकमहामात्रः सर्वश्च शाक्यगणस्तुष्ट उदग्र आत्तमनाः प्रमुदित आश्चर्याद्भुतप्राप्तोऽभूत्। ते सर्व एकैकैर्वस्त्रैः स्थिता अभूवन्। परिशिष्टैर्वस्त्राभरणैर्बोधिसत्त्वमभिछादयन्ति स्म॥

今译：菩萨这样计数时，算术家阿周那大臣和所有释迦族人满意，激动，喜悦，高兴，惊诧不已。他们每人保留一件衣裳，将其余的衣裳和装饰品都献给菩萨。

地译：菩薩說此數時，頞順那及諸釋種皆大歡喜，生希有心，踊躍無量，悉解上妙衣服、衆寶瓔珞，奉上菩薩，讚言：“善哉，善哉！”

अथ खल्वर्जुनो गणकमहामात्र इमे गाथेऽभाषत--

今译：随后，算术家阿周那大臣念诵偈颂道：

地译：頞順那即說偈言：

कोटीशतं च अयुता नयुतास्तथैव
नियुतानु कङ्करगती तथ बिम्बराश्च।
अक्षोभिणी परमज्ञानु न मेऽस्त्यतोऽर्थ-
मत उत्तरे गणनमप्रतिमस्य ज्ञानम्॥२३॥

今译：百拘胝、阿由多、那由多和尼由多，
更割罗、毗婆罗和阿芻婆，直至
最高的计数知识，连我都算不清楚，
他的计数知识出类拔萃，无与伦比。（23）

地译：拘胝室哆[①]阿由多，如是復有尼由多，
更割羅及毗婆羅，數名極至阿芻婆，

① “室哆”是 śata（“百”）一词的音译。

而復超過無量數，此等太子皆能知，
諸釋汝今悉應聽，太子世間無與等。

अपि च भोः शाक्याः--

今译：还有，诸位释迦族人啊！

त्रिसाहस्रि रजाश्रयन्तका तृणवन ओषधियो जलस्य बिन्दून्।
हुंकारेण न्यसेय एकिनैषो को पुनि विस्मयु पञ्चभिः शतेभिः॥२४॥

今译：三千大千世界的微尘[1]、草木、
药草和水滴，他只要哼一声，
就能说出，面对这五百人，
难道还有什么值得惊讶的？（24）

地译：三千大千眾草木，折以為籌作智人，
如是不足為挍量，況復五百釋童子？

तत्र देवमनुजाः शतसहस्राणि हाहाकारकिलिकिलाप्रक्ष्वेडितशतसहस्राणि प्रामुञ्चन्। गगनतलगताश्च देवपुत्रा इमा गाथा अभाषन्त--

今译：这时，数百千天神和凡人欢喜踊跃，发出数百千欢呼声。空中的天子们念诵偈颂道：

地译：佛告諸比丘：時有百千天人悉唱：“善哉，善哉！”虛空諸天以偈讚曰：

यावन्त सत्त्व निखिलेन त्रियध्वयुक्ताः
चित्तानि चैतसिकसंज्ञि वितर्कितानि।
हीनाः प्रणीत तथ संक्षिपविक्षिपा ये
एकस्मि चित्तपरिवर्ति प्रजानि सर्वान्॥२५॥

今译：过去、现在和未来所有众生，
他们的心思、念想和思考，
卑贱或高尚，集中或散乱，
他只要一转念，就全都知道。（25）

① 此处“微尘”的原文是 rajāśrayantakā，其中含有 raja（rajas“尘”）字，但作为复合词，词义不明，存疑。

地译：過現及未來，若于眾生心，
上中下品類，一念悉皆知，
何況此算數，而不能明了。

इति हि भिक्षवोऽभिभूताः सर्वे शाक्यकुमारा अभूवन्। बोधिसत्त्व एव विशिष्यते। तदनन्तरं लङ्घिते प्लविते जविते सर्वत्र बोधिसत्त्व एव विशिष्यते स्म। गगनतलगताश्च देवपुत्रा इमां गाथामभाषन्त--

今译：这样，众比丘啊！所有的释迦族王子都失败了，菩萨获胜。随后，跳跃、游泳和赛跑，方方面面，菩萨都获胜。空中的天子们念诵偈颂道：

地译：佛告諸比丘：菩薩降伏諸釋童子，捔試伎藝、跳躑奔走皆悉最勝。爾時，虛空諸天復說偈言：

व्रततपसगुणेन संयमेन
क्षमदममैत्रबलेन कल्पकोट्यः।
अथ कृतुलघुकायचित्तनेता
तस्य जवस्य विशेषतां शृणोथ॥ २६॥

今译：数千万劫奉行誓愿和苦行，
自制、忍辱、温顺和慈悲，
如今成为身心敏捷的导师，
请听听他的非凡的速度！（26）

地译：菩薩多劫行施戒，忍辱精進慈悲力，
感得如是輕身心，周旋捷疾汝當聽。

इह गृहगत युष्मे पश्यथा सत्त्वसारम्
अपि च दशसु दिक्षू गच्छतेऽयं क्षणेन।
अपरिमितजिनानां पूजनामेष कुर्वन्
मणिकनकविचित्रैर्लोकधातुष्वनन्ता॥ २७॥

今译：请看这位精英居住家中，
一刹那间就能行遍十方，
用各种摩尼珠宝和金子，
供奉无限世界中无数佛。（27）

地译：汝見大士常居此，不知一念往十方。

न च पुन गति आगतिं च अस्या

यूयं प्रजानथ तावदृद्धिप्राप्तो।
कोऽत्र जविति विस्मयो जनेया
असदृश एष करोथ गौरवोऽस्मिन्॥ २८॥

今译：既然他拥有这样的神通，
你们不知道他的来和去，
对这赛跑速度何必惊讶？
你们要尊敬无与伦比者。（28）

地译：遊歷佛國遍親承，未曾知彼有來去，
於是釋子得殊勝，此事不足為希有。

एवं कृत्वा बोधिसत्त्व एव विशिष्यते स्म॥

今译：这样，菩萨获胜。

तत्र शाक्या आहुः-- युद्धेषु तावत्कुमारो विशेषयितव्यो जिज्ञास्यश्च। तत्र बोधिसत्त्व एकान्ते स्थितोऽभूत्। तानि च पञ्चमात्राणि शाक्यकुमारशतानि युगपद्युध्यन्ति स्म॥

今译：这时，释迦族人说道："还应该测试王子在战斗方面是否优秀。"于是，在那里，菩萨站在一边，五百个释迦族王子同时与他战斗。

इति हि द्वात्रिंशच्छाक्यकुमाराः सालम्भाय स्थिताः। तदा नन्दश्चानन्दश्च बोधिसत्त्वमभिगतौ सालम्भाय। तौ समनन्तरं स्पृष्टावेव बोधिसत्त्वेन पाणिना। तौ बोधिसत्त्वस्य बलं तेजश्चासहमानौ धरणीतले प्रपतितावभूताम्। तदनन्तरं देवदत्तः कुमारो गर्वितश्च मानी च बलवानेव तब्धः शाक्यमानेन च तब्धो बोधिसत्त्वेन सार्धं विस्पर्धमानः सर्वावन्तं रङ्गमण्डलं प्रदक्षिणीकृत्य विक्रीडमानो बोधिसत्त्वमभिपतति स्म। अथ बोधिसत्त्वोऽसंभ्रान्त एवात्वरन् दक्षिणेन पाणिना सलीलं देवदत्तं कुमारं गृहीत्वा त्रिर्गगनतले परिवर्त्य माननिग्रहार्थमविहिंसाबुध्या मैत्रेण चित्तेन धरणीतले निक्षिपति स्म। न चास्य कायं व्याबाधते स्म॥

今译：这样，三十二个释迦族王子站着准备角斗。那时，难陀和阿难走向菩萨，进行角斗。菩萨用手一接触他俩，他俩就不能承受菩萨的力量和光辉，跌倒在地。随后，提婆达多王子自负，高傲[1]，有力，骄慢，自恃释迦族而趾高气扬，向菩萨挑战。他游戏般沿着整个竞技场右绕而行，冲向菩萨。菩萨毫不慌乱，很快用右手游戏般举起提婆达多王子，在空中旋转三次，为了灭除他的傲气，而没有伤害之意，心怀慈悲，将他摔在地上。他的身体不受损伤。

① 此处"高傲"的原词是 tabdha，相当于 stabdha。

地译：佛告諸比丘：是時，五百童子角力相撲，分為三十二朋。難陀就前騁其剛勇，菩薩舉手，纔觸其身，威力所加，應時而倒。提婆達多常懷我慢，陵侮菩薩，謂己威力與菩薩等，挺然出眾，巡彼試場，疾走而來，欲挫菩薩。爾時，菩薩不急不緩，亦無瞋忿，安詳待之，右手徐捉，飄然擎舉，摧其我慢，三擲空中，以慈悲故，使無傷損。

ततो बोधिसत्त्वोऽप्याह-- अलमलमनेन विवादेन। सर्व एव एकीभूत्वा इदानीं सालम्भायागच्छतेति॥

今译：然后，菩萨说道："行了，不要争论了。现在你们一起上来与我角斗吧！"

地译：告諸釋種："汝宜盡來，與我相撲。"

अथ ते सर्वे हर्षिता भूत्वा बोधिसत्त्वमभिनिपतिताः। ते समनन्तरस्पृष्टा बोधिसत्त्वेन बोधिसत्त्वस्य श्रियं तेजश्च कायबलं स्थामं चासहमानाः स्पृष्टमात्रा एव बोधिसत्त्वेन धरणितले प्रापतन्। तत्र मरुन्मनुजशतसहस्राणि हीहीकारकिलकिलाप्रक्ष्वेडितशतसहस्राण्यकार्षुः। गगनतलगताश्च देवपुत्रा महान्तं पुष्पवर्षमभिप्रवृष्यैकस्वरेणेमां गाथामभाषन्त –

今译：于是，他们全都高兴地冲向菩萨。菩萨一接触他们，他们就不能承受菩萨的光辉、威力、体力和勇力。他们与菩萨一接触，就都跌倒在地。这时，数百千天神和凡人欢喜踊跃，发出数百千欢呼声。空中的天子们降下大花雨，同声念诵偈颂道：

地译：俱生瞋忿，銳意齊奔，菩薩指之，悉皆顛仆。時諸人天同聲唱言："善哉，善哉！"虛空諸天雨眾天花，以偈讚曰：

यावन्त सत्त्वनयुता दशसू दिशासु
ते दुष्टमल्लमहनग्नसमा भवेयुः।
एकक्षणेन निपतेयु नरर्षभस्य
संस्पृष्टमात्र निपतेयु क्षितीतलेस्मिं॥२९॥

今译：即使世界十方亿万众生，
个个如同凶狠的大力士，
与这位人中雄牛一接触，
一刹那间全都跌倒在地。（29）

地译：假使十方諸眾生，皆具大力如那延，

最上智人於一念，纔指之時悉顛仆。

मेरूः सुमेरु तथ वज्रकचक्रवालाः
ये चान्य पर्वत क्वचिद्दशसू दिशासु।
पाणिभ्य गृह्य मसिचूर्णनिभां प्रकुर्यात्
को विस्मयो मनुजाश्रयके असारे॥३०॥

今译：须弥山、金刚山和轮围山，
以及世界十方任何一座山，
他用手就将它们碾成墨粉，
况且脆弱凡人，何须惊讶？（30）

地译：假使須彌鐵圍山，大士手摩盡為末，
何況世間不堅人，而與太子挍優劣。

एषो द्रुमेन्द्रप्रवरे महदुष्टमल्लं
मारं ससैन्यसबलं सहयं ध्वजाग्रे।
मैत्रीबलेन विनिहत्य हि कृष्णबन्धुं
यावत् स्पृशिष्यति अनुत्तरबोधि सान्तम्॥३१॥ इति॥

今译：他将在大树下，凭借慈悲力
降伏凶恶的大力士黑魔摩罗，
及其麾下的那些军队和马匹，
最终获得寂静的[1]无上菩提。（31）

地译：當以大慈坐道樹，降伏欲界天魔軍，
復以甘露洽群生，定知菩薩無能勝。

एवं कृत्वा बोधिसत्त्व एव विशिष्यते स्म॥

今译：这样，菩萨获胜。

अथ दण्डपाणिः शाक्यकुमारानेतदवोचत्-- जिज्ञासितमिदं दृष्टं च। हन्तेदानीमिषुक्षेपमुपदर्शयतेति। तत्र आनन्दस्य द्वयोः क्रोशयोरयस्मयी भेरी लक्षं स्थापिताभूत्। अस्यानन्तरं देवदत्तस्य चतुर्षु क्रोशेष्वयस्मयी भेरी स्थापिताभूत्। सुन्दरनन्दस्य षड्सु क्रोशेष्वयस्मयी भेरी स्थापिताभूत्। दण्डपाणेर्योजनद्वयेऽयस्मयी भेरी स्थापिताभूत्।

① “寂静的”原词是 sānta，相当于 śānta。

बोधिसत्त्वस्य दशसु क्रोशेष्वयस्मयी भेरी स्थापिताभूत्। तस्यानन्तरं सप्त ताला अयस्मयी वराहप्रतिमा यन्त्रयुक्ता स्थापिताभूत्। तत्रानन्देन द्वाभ्यां क्रोशाभ्यां भेर्याहताभूत् ततोत्तरि न शक्नोति स्म। देवदत्तेन चतुः क्रोशस्था भेर्याहताभूत् नोत्तरि शक्नोति स्म। सुन्दरनन्देन षट्क्रोशस्था भेर्याहताभूत् नोत्तरि शक्नोति स्म। दण्डपाणिना द्वियोजनस्था भेर्याहताभूत् निर्विद्धा च नोत्तरि शक्नोति स्म। तत्र बोधिसत्त्वस्य यद्यदेव धनुरुपानम्यते स्म तत्तदेव विच्छिद्यते स्म। ततो बोधिसत्त्व आह-- अस्तीह देव नगरे किंचिदन्यद्धनुर्यन्ममारोपणं सहेत कायबलस्थामं च राजा आह-- अस्ति पुत्र। कुमार आह-- क्व तद्देव राजा आह-- तव पुत्र पितामहः सिंहहनुर्नामाभूत् तस्य यद्धनुस्तदेव तर्हि देवकुले गन्धमाल्यैर्महीयते। न पुनस्तत्कश्चिच्छक्नोति स्म तद्धनुरारोपयितुं प्रागेव पूरयितुम्। बोधिसत्त्व आह-- आनीयतां देव तद्धनुः। जिज्ञासिष्यामहे॥

今译：然后，执杖对释迦族王子们说道："这场比试已经看到了。现在你们演示箭术吧！"在那里，距阿难两拘卢舍处安放一个铁鼓作为箭靶。在这后边，距提婆达多四拘卢舍处安放一个铁鼓；距孙陀罗难陀六拘卢舍处安放一个铁鼓[①]；距执杖两由旬处安放一个铁鼓；距菩萨十拘卢舍处安放一个铁鼓。在这后边，还安放七棵多罗树和一个机械铁猪。在那里，阿难射中两拘卢舍远的铁鼓，不能射得更远；提婆达多射中四拘卢舍远的铁鼓，不能射得更远；孙陀罗难陀射中六拘卢舍远的铁鼓，不能射得更远；执杖射中两由旬远的铁鼓，不能射得更远。在那里，菩萨拉弯一张又一张弓，每张弓都断裂。于是，菩萨说道："王上啊！在这城里，有其他的弓吗？能承受我的拉力和体力。"国王说道："孩子啊，有的。"王子说道："王上啊，在哪里？"国王说道："孩子啊！你的祖父名叫狮颔。他的弓放在天祠中，受香料和花环供养。以前没有人能拉弯它而搭上弓弦。"菩萨说道："王上啊，取来这张弓，让我试试。"

地译：爾時，執杖大臣告諸釋子言："我已觀見種種伎藝，今可試射，誰最為優？"於是，共射鐵鼓。阿難陀曰："可置鐵鼓二拘盧舍。"提婆達多曰："可置鐵鼓四拘盧舍。"孫陀羅難陀曰："可置鐵鼓六拘盧舍。"執杖大臣曰："可置鐵鼓八拘盧舍。"菩薩言："可將鐵鼓置十拘盧舍，并七鐵猪及七鐵多羅樹置十拘盧舍外。"爾時，阿難陀射及二拘盧舍，過二鐵鼓。提婆達多射及四拘盧舍，過四鐵鼓。孫陀羅難陀射及六拘盧舍，過六鐵鼓。執杖大臣射及八拘盧舍，過八鐵鼓。自此為限，皆不能越。爾時，菩薩引弓將射，其弓及弦一時俱斷。菩薩顧視，更覓良弓。時輸檀王心甚歡喜，報菩薩言："先王有弓在於天廟，常以香花供養。其弓勁強，無人能張。"菩薩言："試遣將來。"

① 此处原文中遗漏这句，已据 M 本和 L 本补上。

तावद्यावत्तद्धनुरुपनामितमभूत्। तत्र सर्वे शाक्यकुमाराः परमेणापि प्रयत्नेन व्यायच्छमाना न शक्नुवन्ति स्म तद्धनुरारोपयितुं प्रागेव पूरवितुम्। ततस्तद्धनुर्दण्डपाणेः शाक्यस्योपनामितमभूत्। अथ दण्डपाणिः शाक्यः सर्वं कायबलस्थाम संजनय्य तद्धनुरारोपयितुमारब्धोऽभूत्। न च शक्नोति स्म। यावद्बोधिसत्त्वस्योपनामितमभूत्। तद्बोधिसत्त्वो गृहीत्वा आसनादनुत्तिष्ठन्नेवार्धपर्यङ्कं कृत्वा वामेन पाणिनागृहीत्वा दक्षिणेन पाणिना एकाङ्गुल्यग्रेणारोपितवानभूत्। तस्य धनुष आरोप्यमाणस्य सर्वं कपिलवस्तु महानगरं शब्देनाभिविज्ञप्तमभूत्। सर्वनगरजनश्च विह्वलीभूतोऽन्योन्यमपृच्छत्-- कस्यायमेवंविधः शब्द इति। अन्ये तदवोचन्-- सिद्धार्थेन किल कुमारेण पैतामहधनुरारोपितम् तस्यायं शब्द इति। तत्र देवमनुजशतसहस्राणि हाहाकारकिलिकिलाप्रक्ष्वेडितशतसहस्राणि प्रामुञ्चन्। गगनतलगताश्च देवपुत्रा राजानं शुद्धोदनं तं च महान्तं जनकायं गाथयाध्यभाषन्त--

今译：这样，取来了那张弓。所有的释迦族王子竭尽全力，也不能拉弯它而搭上弓弦。然后，释迦族执杖接过弓。他使出全身力气，想要搭上弓弦，也没有成功。这样送到菩萨那里。菩萨持弓，从座位上抬身，取半坐姿势。他用左手握弓，用右手一个指尖搭上弓弦。这张弓搭上弓弦时发出的声音响彻整个迦比罗卫大城。城里所有人都纳闷，互相问道："这是什么声音？"另外一些人说道："是悉达多王子为祖宗的弓搭上弓弦，发出这声音。"这时，数百千天神和凡人欢喜踊跃，发出数百千欢呼声。空中的天子们对净饭王和大众念诵偈颂道：

地译：王即遣使取先王弓箭，持授與諸釋種子。是諸釋種皆不能張。然後，將弓授與菩薩。爾時，菩薩安隱而坐，左手執弓，右指上弦，忽然而張，似不加力，彈弓之響遍迦毗羅城。城中居人咸皆驚怖，各各相問："此為何聲？"時諸人天同時唱言："善哉，善哉！"虛空諸天說偈讚曰：

यथ पूरित एष धनुर्मुनिना
न च उत्थितु आसनि नो च भूमी।
निःसंशयु पूर्णमभिप्रायु मुनि-
र्लघु भेष्यति जित्व च मारचमूम्॥ ३२॥

今译：这牟尼没有从座位或者
地上站起身子就挽开弓，
毫无疑问，这牟尼将轻松
战胜魔军，圆满达到目的。（32）

地译：菩薩張弓時，安然不動搖，

意樂當圓滿，降魔成正覺。

इति हि भिक्षवो बोधिसत्त्वस्तद्धनुः पूरयित्वेषुं गृहीत्वा तादृशेन बलस्थाम्ना तमिषुं क्षिपति स्म येन या चानन्दस्य भेरी या च देवदत्तस्य यावत्सुन्दरनन्दस्य यावद्दण्डपाणेताः सर्वा अभिनिर्भिद्य तां च दशक्रोशस्थां स्वकामयस्मयीं भेरीं सप्ततालां यन्त्रयुक्तवराहप्रतिमामभिनिर्भिद्य स इषुर्धरणीतलं प्रविश्य अदर्शनाभासोऽभूत्। यत्र च प्रदेशे स इषुर्भूमितलं भित्त्वा प्रविष्टस्तस्मिन् प्रदेशे कूपः संवृत्तः यदद्यत्वेऽपि शरकूप इत्यभिधीयते। तत्र देवमनुष्यशतसहस्राणि हीहीकारकिलिकिलाप्रक्ष्वेडितशतसहस्राणि प्रामुञ्चन्। सर्वश्च शाक्यगणो विस्मितोऽभूत् आश्चर्यप्राप्तः-- आश्चर्यं भोः। न च नाम अनेन योग्या कृता इदं चेदृशं शिल्पकौशलम्। गगनतलगताश्च देवपुत्रा राजानं शुद्धोदनं तं च महान्तं जनकायमेवमाहुः-- कोऽत्र विस्मयो मनुजाः। तत्कस्मात्।

今译：这样，众比丘啊！菩萨挽弓搭箭，并用这样的力量射出箭。那支箭穿透阿难的铁鼓以及提婆达多、孙陀罗难陀和执杖的铁鼓[①]，也穿透他自己的十拘卢舍远的铁鼓，穿透七棵多罗树和机械铁猪，然后钻进地下，消失不见。在箭钻入地下的那个地方出现一口井，至今仍称为“箭井”。这时，数百千天神和凡人欢喜踊跃，发出数百千欢呼声。所有的释迦族人都惊讶不已，说道：“神奇啊！确实，没有人能做得到！这样精通技艺！”空中的天子们对净饭王和大众这样说：“人们啊！何须惊讶？为什么？”

地译：佛告諸比丘：是時，菩薩身心安隱，進止閑詳，然後控弦射諸鐵鼓，悉皆穿過，鐵猪、鐵樹無不貫達，箭沒於地，因而成井。爾後，眾人號為箭井。時諸人天同聲唱言：“善哉，善哉！太子生年未曾習學，乃能具有如斯伎藝。”虛空諸天而說偈曰：

एष धरणिमण्डे पुर्वबुद्धासनस्थः
शमथधनु गृहीत्वा शून्यनैरात्मबाणैः।
क्लेशरिपु निहत्वा दृष्टिजालं च भित्त्वा
शिवविरजमशोकां प्राप्स्यते बोधिमग्र्याम्॥ ३३॥

今译：他将在大地道场，坐在过去佛座上，
手持寂止之弓，搭上空和无我之箭，
消灭烦恼之怨敌，破除邪见之罗网，
证得清净、无垢、无忧的至高菩提。（33）

① 此处原文是 daṇḍapāṇetāḥ，据 M 本和 L 本应为 daṇḍapāṇestāḥ。

地译：今觀菩薩射，未足為希有，
　　　當坐先佛座，而證大菩提，
　　　禪定以為弓，空無我為箭，
　　　決除諸見網，射破煩惱怨。

एवमुक्त्वा ते देवपुत्रा बोधिसत्त्वं दिव्यैः पुष्पैरभ्यवकीर्य प्राक्रामन्॥

今译：说罢，天子们向菩萨撒下天花，然后离去。

एवं लङ्घिते प्राग्वल्लिपिमुद्रागणनासंख्यसालम्भधनुर्वेदे जविते प्लविते तरणे इष्वस्त्रे हस्तिग्रीवायामश्वपृष्ठे रथे धनुष्कलापे स्थैर्यस्थाम्नि सुशौर्ये बाहुव्यायामे अङ्कुशग्रहे पाशग्रहे उद्याने निर्याणे अवयाने मुष्टिबन्धे पदबन्धे शिखाबन्धे छेद्ये भेद्ये दालने स्फालने अक्षुण्णवेधित्वे मर्मवेधित्वे शब्दवेधित्वे दृढप्रहारित्वे अक्षक्रीडायां काव्यकरणे ग्रन्थे चित्रे रूपे रूपकर्मणि धीते अग्निकर्मणि वीणायां वाद्ये नृत्ये गीते पठिते आख्याने हास्ये लास्ये नाट्ये विडम्बिते माल्यग्रथने संवाहिते मणिरागे वस्त्ररागे मायाकृते स्वप्नाध्याये शकुनिरुते स्त्रीलक्षणे पुरुषलक्षणे अश्वलक्षणे हस्तिलक्षणे गोलक्षणे अजलक्षणे मिश्रलक्षणे कौटुभेश्वरलक्षणे निर्घण्टे निगमे पुराणे इतिहासे वेदे व्याकरणे निरुक्ते शिक्षायां छन्दस्विन्यां यज्ञकल्पे ज्योतिषे सांख्ये योगे क्रियाकल्पे वैशिके वैशेषिके अर्थविद्यायां बार्हस्पत्ये आम्भिर्ये आसुर्ये मृगपक्षिरुते हेतुविद्यायां जलयन्त्रे मधूच्छिष्टकृते सूचिकर्मणि विदलकर्मणि पत्रच्छेदे गन्धयुक्तौ-- इत्येवमाद्यासु सर्वकर्मकलासु लौकिकादिषु दिव्यमानुष्यकातिक्रान्तासु सर्वत्र बोधिसत्त्व एव विशिष्यते स्म॥

今译：这样，就像前面那样，跳跃、书写、手算、算术、计数、角斗、弓术、赛跑、游泳、跨越、箭术、骑象脖、骑马背、驾车、弓箭术、耐力、勇力、臂力、执钩、执索、向上行走、向前行走、向下行走、握拳、踩步、结髻、砍、劈、击破、挑动、命中目标、命中要害、应声命中、沉重打击、骰子游戏、做诗、著书、绘画、形像、塑像、诵读[①]、生火、琵琶、乐器、舞蹈、歌唱、念诵、故事、俳谑、柔舞、戏曲、模仿、扎花环、按摩、摩尼珠宝着色、衣服染色、幻术、占梦、鸟声、女相、男相、马相、象相、牛相、羊相、混合相、仪式相[②]、尼犍豆[③]、尼伽摩[④]、往世书、史诗、吠陀、语法学、词源学、语音

---

① “诵读”的原词是 dhīta，词义不明。M 本写为 adhīta（“诵读”或“记诵”）。

② “仪式相”的原文是 kauṭubheśvaralakṣaṇa，其中的 kauṭubha，BHSD 指出相当于 kaiṭubha，词义为“仪式”。此词地译“鸡吒论”。

③ “尼犍豆”（nirghaṇṭa，通常写为 nighaṇṭa 或 nighaṇṭu）指吠陀词汇。地译“尼建图”。

④ “尼伽摩”（nigama）指吠陀注疏。

学、诗律学、祭祀学、天文学、数论、瑜伽、创作学、妓女学、胜论、利论、治国论、水论[①]、阿修罗论、鸟兽鸣声学、因明学、灌水器、制蜡、制针、制篮、裁叶和制香等等一切世俗技艺，乃至越超天上和人间的技艺，菩萨全都获胜。

地译：佛告諸比丘：如是權捷騰跳，競走越逸，相扠相撲，書印算數，射御履水，騎乘巧便，勇健鉤索，皆妙能辨。末摩[②]，博戲，占相，畫工，雕鏤，管絃，歌舞，俳諕，按摩，變諸珍寶，幻術，占夢，相諸六畜，種種雜藝，無不通達。善雞吒論、尼建圖論、布羅那論[③]、伊致訶娑論[④]、韋陀論、尼盧致論[⑤]、式叉論[⑥]、尸伽論[⑦]、毗尸伽論[⑧]、阿他論[⑨]、王論、阿毗梨論、諸鳥獸論、聲明論、因明論。人間一切伎能，及過人上諸天伎藝，皆悉通達。

अथ खलु पुनस्तेन समयेन दण्डपाणिः शाक्यः स्वां दुहितरं गोपां शाक्यकन्यां बोधिसत्त्वाय प्रादात्। सा च राज्ञा शुद्धोदनेनानुपूर्वेण बोधिसत्त्वस्य वृताभूत्॥

今译：然后，释迦族执杖将自己的女儿瞿波交给菩萨。她按照净饭王的选择，嫁给了菩萨。

地译：於是，執杖大臣白輸檀王及諸釋種一切眾會言："我今以女為太子妃。"

तत्र खल्वपि बोधिसत्त्वश्चतुरशीतिस्त्रीसहस्राणां मध्ये प्राप्तो लोकानुभवनतया रममाणं क्रीडयन्तं परिचारयन्तमात्मानमुपदर्शयति स्म। तासां चतुरशीते स्त्रीसहस्राणां गोपा शाक्यकन्या सर्वासामग्रमहिष्यभिषिक्ताभूत्॥

今译：这样，菩萨顺应世俗，示现自己在八万四千女子中娱乐，游戏，接受侍奉。释迦族女孩瞿波接受灌顶，成为八万四千女子中的第一王妃。

---

① "水论"的原文是 āmbhirya，词义不明。BHSD 认为此词可能与 ambhas（"水"）有关。这里姑且译为"水论"。此词地译"阿毗梨论"。

② "末摩"的词义不明。原文中有 marmavedhitve（"命中要害"）一词，其中的 marma（"要害"）读音类似"末摩"。

③ "布罗那论"的原词是 purāṇa，指"往世书"，即古代神话传说。

④ "伊致诃娑论"的原词是 itihāsa，指"史诗"，尤其是《摩诃婆罗多》。

⑤ "尼卢致论"的原词是 nirukta，指"词源学"。

⑥ "式叉论"的原词是 śikṣā，指"语音学"。

⑦ "尸伽论"的原词可能是 vaiśika，指"妓女学"。

⑧ "毗尸伽论"的原词是 vaiśeṣika，指"胜论"。

⑨ "阿他论"的原词是 arthavidyā，指"利论"。

地译：佛告諸比丘：爾時，菩薩隨順世法，現處宮中，八萬四千婇女娛樂而住，耶輸陀羅為第一妃。

तत्र खल्वपि गोपा शाक्यकन्या न कंचिद् दृष्ट्वा वदनं छादयति स्म श्वश्रूं वा श्वशुरं वान्तर्जनं वा। ते तामुपध्यायन्ति स्म विचारयन्ति स्म-- नववधूका हि नाम प्रतिलीना तिष्ठति इयं पुनर्विवृतैव सर्वदा इति। ततो गोपा शाक्यकन्या एतां प्रकृतिं श्रुत्वा सर्वस्यान्तर्जनस्य पुरतः स्थित्वा इमा गाथा अभाषत--

今译：而释迦族女孩瞿波拜见婆婆、公公或其他亲属，都不遮盖脸。他们心中思忖："新娘应该遮盖脸，而她始终不遮盖。"释迦族女孩瞿波听到这些原话后，站在所有家人面前，念诵偈颂道：

地译：初至宮中，不修婦人淺近儀式，俄然露首，未曾覆面。時輸檀王及優陀夷[①]竊怪是事。後宮婇女咸悉宣言："妃今初來，應示羞耻，何為顯異，無有愧容？輕慢淺薄乃至如是。"耶輸陀羅聞此語已，為諸宮女而說頌曰：

विवृतः शोभते आर्य आसनस्थानचंक्रमे।
मणिरत्नं ध्वजाग्रे वा भासमानं प्रभास्वरम्॥ ३४॥

今译：贤人不加遮盖，坐、立和行都优美，
犹如旗帜顶上的摩尼宝珠光彩熠熠。（34）

地译：但無瑕疵，何用覆藏？
行住坐臥，皆悉清淨。

गच्छन् वै शोभते आर्य आगच्छन्नपि शोभते।
स्थितो वाथ निषण्णो वा आर्यः सर्वत्र शोभते॥ ३५॥

今译：贤人出去优美，回来也优美，
无论站着或坐着，处处优美。（35）

地译：如摩尼寶，置於高幢，
光彩照曜，一切表見。

कथयं शोभते आर्यस्तूष्णीभूतोऽपि शोभते।
कलविङ्को यथा पक्षी दर्शनेन स्वरेण वा॥ ३६॥

今译：贤人说话优美，沉默也优美，犹如

① "优陀夷"不见于此处原文。前面《装饰品》中提及优陀夷是祭司的儿子。

迦陵频伽鸟，形貌和声音都优美。（36）

地译：若默若語，常無私匿。

कुशचीरनिवस्तो वा मन्दचैलः कृशंतनुः।
शोभतेऽसौ स्वतेजेन गुणवान् गुणभूषितः॥ ३७॥

今译：有品德者身穿草衣或褴褛衣，身体瘦削，
他以品德为装饰，凭自己的光辉而优美。（37）

地译：以諸功德，而自莊嚴，
雖衣草衣，故弊之服，
無累其體，唯增美麗。

सर्वैण शोभते आर्यो यस्य पापं न विद्यते।
कियद्विभूषितो बालः पापचारी न शोभते॥ ३८॥

今译：贤人没有任何罪过，一切都显出优美，
犹如儿童天然无饰，作恶者则不优美。（38）

ये किल्बिषाः स्वहृदये मधुरासु वाचं
कुम्भो विषस्मि परिषिक्तु यथामृतेन।
दुस्पर्श शैलशिलवत् कठिनान्तरात्मा
सर्पस्य वा विरसु दर्शन तादृशानाम्॥ ३९॥

今译：有些人心思恶毒，而语言甜蜜，
犹如毒药罐子里洒上一层甘露，
心肠坚硬似山上岩石，难以接触，
这样的人形同毒蛇，令人讨厌。（39）

地译：若人懷惡，外飾其容，
猶如毒餅，塗之以蜜，
如是等人，甚可怖畏，
譬如毒蛇，不可附近。

सर्वैषु ते नमिषु सर्वमुपैति सौम्याः
सर्वैषु तीर्थमिव सर्वगोपजीव्याः।
दधिक्षीरपूर्णघटतुल्य सदैव आर्या
शुद्धात्मदर्शनु सुमङ्गलू तादृशानाम्॥ ४०॥

今译：贤人们对所有人谦恭有礼，
如同圣地，供一切众生利用[①]；
始终像满满的酥油牛奶罐，
他们心灵纯洁，容貌吉祥。（40）

यैः पापमित्र परिवर्जित दीर्घरात्रं
कल्याणमित्ररतनैश्च परिगृहीताः।
पापं विवर्जयि निवेशयि बुद्धधर्मे
सफलं सुमङ्गलू सुदर्शनु तादृशानाम्॥४१॥

今译：长期坚持不结交恶友，
而结交善友，亲近三宝，
摒弃罪恶，进入佛法，
获得果报，吉祥优美。（41）

地译：若復有人，棄惡知識，
親於善友，除眾生罪，
建立三寶，功不唐捐。

ये कायसंवृत सुसंवृतकायदोषाः
ये वाचसंवृत सदानवकीर्णवाचः।
गुप्तेन्द्रिया सुनिभृताश्च मनः प्रसन्नाः
किं तादृशान वदनं प्रतिछादयित्वा॥४२॥

今译：守护身体，防止身体出现过错，
守护语言，说话永远清新可爱，
守护感官，保持思想稳定平静，
这样的人有什么必要遮盖脸？（42）

地译：身口意業，皆悉清淨。

वस्त्रा सहस्र यदि छादयि आत्मभावं
चित्तं च येषु विवृतं न हिरी न लज्जा।
न च येषु ईदृश गुणा नपि सत्यवाक्यं
नग्ने विनग्नतर ते विचरन्ति लोके॥४३॥

①此处原文是 sarvagopajīvyāḥ，据 M 本和 L 本应为 sarvajagopajīvyāḥ。

今译：如果用一千件衣服遮盖身体，
却不遮盖心，不知廉耻和羞愧，
这样的人缺乏品德，不说真话，
比赤裸者更赤裸，在世上游荡。（43）

याश्चित्तगुप्त सततेन्द्रियसंयताश्च
न च अन्यसत्त्वमनसा स्वपतीन तुष्टाः।
आदित्यचन्द्रसदृशा विवृतप्रकाशा
किं तादृशान वदनं प्रतिछादयित्वा॥४४॥

今译：守护思想，永远控制各种感官，
不起邪心，满足于自己的丈夫，
像太阳和月亮那样展露光辉，
这样的女子为什么要遮盖脸？（44）

अपि च –

今译：还有，

जानन्ति आशयु मम ऋषयो महात्मा
परचित्तबुद्धिकुशलास्तथ देवसंघाः।
यथ मह्य शीलगुणसंवरु अप्रमादो
वदनावगुण्ठनमतः प्रकरोमि किं मे॥४५॥

今译：高尚的仙人们知道我的心愿，
众天神也通晓其他人的心思，
靠戒律和品德守护而不放逸，
我为何还要想着遮盖我的脸？（45）

地译：諸大仙人，能知他心，
自當明鑒，無假覆蔽。

अश्रोषीद्भिक्षवो राजा शुद्धोदनो नाम गोपायाः शाक्यकन्याया इमामेवंरूपां सर्वां गाथां प्रतिभाननिर्देशम्। श्रुत्वा च पुनस्तुष्ट उदग्र आत्तमनाः प्रमुदितः प्रीतिसौमनस्यजातो ऽनेकरत्नप्रत्युप्तेन दूष्ययुगेन कोटीशतसहस्रमूल्येन च मुक्ताहारेणाभिजातलोहितमुक्ता-प्रत्युप्तया च सुवर्णमालया गोपां शाक्यकन्यामभिच्छाद्यैनमुदानमुदानयति स्म--

今译：众比丘啊！听了释迦族女孩瞿波这些展露辩才的偈颂，净饭王满意，激动，愉快，高兴，喜悦，欢欣，赐给释迦族女孩瞿波两件镶嵌许多珠宝的衣服、一条价值百千拘胝金的珍珠项链和一条镶嵌名贵红珍珠的金项链，称赞道：

地译：佛告諸比丘：爾時，輸檀王聞耶輸陀羅能有如是智慧辯才，心大歡喜，即以上妙衣服、寶珠瓔珞價直無量，賜耶輸陀羅，以偈讚曰：

यथा च पुत्रो मम भूषितो गुणैः
तथा च कन्या स्वगुणा प्रभासते।
विशुद्धसत्त्वौ तदुभौ समागतौ
समेति सर्पिर्यथ सर्पिमण्डे॥४६॥ इति॥

今译：正像我的儿子用品德装饰，
这女孩也凭自己品德闪耀，
两个本性纯洁者走到一起，
犹如酥油和乳脂互相融合。（46）

地译：太子具眾德，而汝甚相稱，
今二清淨者，如蘇及醍醐。

(अनुपूर्वेण यथापूर्ववद्बोधिसत्त्वप्रमुखाः स्वपुरं प्रक्रामन्त॥)

今译：（如前所述，依照次序，以菩萨为首，他们返回自己城里。）

॥इति श्रीललितविस्तरे शिल्पसंदर्शनपरिवर्तो नाम द्वादशमोऽध्यायः॥

今译：以上是吉祥的《神通游戏》中名为《技艺示现品》的第十二章。

संचोदनापरिवर्तस्त्रयोदशः।

今译：第十三 鼓励品

地译：音樂發悟品第十三

इति हि भिक्षव आत्मरुतहर्षमुदीरयन्त आगता आसन् बोधिसत्त्वस्यान्तःपुरमध्य-गतस्य अनेकैर्देवैर्नागयक्षगन्धर्वासुरगरुडकिन्नरमहोरगशक्रब्रह्मलोकपालाः ये बोधिसत्त्वस्य पूजाकर्मणे औत्सुक्यमापत्स्यन्ते स्म॥

今译：这样，众比丘啊！菩萨在后宫时，许多天神、蛇、药叉、健达缚、阿修罗、金翅鸟、紧那罗、大蛇、帝释天、梵天和护世天王前来侍奉菩萨，充满热情，发出各自的欢呼赞叹声。

地译：爾時，佛告諸比丘：菩薩處在深宮，將欲出家，天、龍、夜叉、乾闥婆、阿修羅、迦婁羅、緊那羅、摩睺羅伽、梵、釋、四王，常以種種供具供養菩薩，歡喜讚歎。

तत्र भिक्षवो अपरेण समयेन संबहुलानां देवनागयक्षगन्धर्वासुरगरुडकिन्नरमहोरग-शक्रब्रह्मलोकपालानामेतदभवत्-- अतिचिरं बतायं सत्पुरुषोऽन्तःपुरे विलम्बितः। ये चास्येमे दीर्घरात्रं परिपाचिताः सत्त्वाश्चतुर्भिः संग्रहवस्तुभिर्दानेन प्रियवाक्येनार्थक्रियया समानार्थतया यस्य बोधिप्राप्तस्य धर्मदेशितमाज्ञास्यन्ति तत्सहैव च तानि धर्मभाजनानि सर्वाण्यन्तर्हितानि भविष्यन्ति। बोधिसत्त्वश्च पश्चादभिनिष्क्रम्यानुत्तरां सम्यक्संबोधिमभि-संभोत्स्यते॥

今译：众比丘啊！有一次，许多天神、蛇、药叉、健达缚、阿修罗、金翅鸟、紧那罗、大蛇、帝释天、梵天和护世天王思忖：“这个善人在后宫中耽搁太久了。长久以来，他用布施、爱语、利行和同事这四摄事教化众生。他们应该接受这位获得菩提者的正法教诲了。否则，这些接受正法者会全部消失。而菩萨却在这之后出家，证得无上正等菩提。"

地译：又於異時，諸天、龍、神、乾闥婆等各自思惟：“菩薩長夜成就眾生，以四攝法而攝受之。是諸眾生根器已熟，菩薩何故久處深宮，而不出家成道度彼？若不及時，恐致遷移，善心難保，後成正覺而無可度。"

ततस्ते सगौरवाः सप्रतीक्षाः प्राञ्जलीभूता बोधिसत्त्वं नमस्यन्ति स्म। एवमभिप्रायाश्चोदीक्षमाणाः स्थिता अभूवन्-- कदा च नाम तद्भविष्यति यद्वयं वरप्रवरं शुद्धसत्त्वमभिनिष्क्रामन्तं पश्येम अभिनिष्क्रम्य च तस्मिन् महाद्रुमराजमूलेऽभिनिषद्य सबलं मारं धर्षयित्वा अनुत्तरां सम्यक्संबोधिमभिसंबुद्धं दशभिस्तथागतबलैः समन्वागतं चतुर्भिश्च तथागतवैशारद्यैः समन्वागतमष्टादशभिश्चावेणिकैर्बुद्धधर्मैः समन्वागतं त्रिपरिवर्तं द्वादशाकारमनुत्तरं धर्मचक्रं प्रवर्तयन्तं महता बुद्धविक्रीडितेन सदेवमानुषासुरलोकं यथाधिमुक्त्या सुभाषितेन संतोषयन्तमिति॥

今译：于是，他们怀着期待，恭敬地双手合十，向菩萨致敬。就这样，他们站着，怀着希望和企盼："什么时候我们能看到这位优秀的本性纯洁者出家？出家后，坐在大树下，降伏摩罗及其军队，证得无上正等菩提，具有如来十力、如来四无畏和十八不共佛法，三转十二行相[①]无上法轮，用伟大的佛陀游戏和顺应众生志趣的妙语满足天界、凡界和阿修罗界。"

地译：作是念已，至菩薩前，頂禮希望，作如是言："云何當見菩薩出家學道，坐菩提座，降伏眾魔，成等正覺，具足十力、四無所畏、十八不共佛法，三轉十二行無上法輪，現大神通，隨諸眾生所有意樂，皆令滿足？"

तत्र भिक्षवो बोधिसत्त्वो दीर्घरात्रमसंख्येयान् कल्पानुपादाय सततं समितमपरप्रणेयोऽभूत्। सर्वलौकिकलोकोत्तरेषु धर्मेषु स्वयमेवाचार्यः सर्वकुशलमूल- धर्मचर्यासु दीर्घकालं च कालज्ञो वेलाज्ञः समयज्ञोऽभूदच्युतोऽभिज्ञः पञ्चाभिज्ञाभिः समन्वागतोऽभूत्। ऋद्धिपादविक्रीडतः सर्वेन्द्रियकुशलः कालाकालज्ञः कालवेषी महासागर इव प्राप्तां वेलां नातिक्रामति स्म। सोऽभिज्ञज्ञानबलेन समन्वागतः स्वयमेव सर्वं जानाति स्म। अस्यायं कालः प्रग्रहस्य अयं कालो निग्रहस्य अयं कालः संग्रहस्य अयं कालोऽनुग्रहस्य अयं काल उपेक्षायाः अयं कालो भाषितस्य अयं कालस्तूष्णींभावस्य अयं कालो निष्क्रम्यस्य अयं कालः प्रव्रज्यायाः अयं कालः स्वाध्यायस्य अयं कालो योनिशोमनस्कारस्य अयं कालः प्रविवेकस्य अयं कालः क्षत्रियपर्षदमुपसंक्रमितुं··· पेयालं···। यावदयं कालो ब्राह्मणगृहपतिपर्षदमुपसंक्रमितुम् अयं कालो देवनागयक्षगन्धर्वासुरगरुडकिन्नरमहोरगशक्रब्रह्मलोकपालभिक्षुभिक्षुण्युपासकोपासिकापर्षदमुपसंक्रमितुम् अयं कालो धर्मदेशनायाः अयं कालः प्रतिसंलयनस्य। सर्वत्र बोधिसत्त्वो नित्यकालं कालज्ञो भवति स्म कालवेषी॥

今译：众比丘啊！菩萨经历了无数劫漫漫长夜，始终不受他人引导。对

① "三转十二行相"指佛陀转动四圣谛法轮，每一圣谛各有示相转、劝相转和证相转，这样，总共三转十二行相。同时，每一转也各有眼、明、智和觉四行相，总共也是三转十二行相。

于一切世间和出世间法，一切善根法行[1]，长期以来，他都自己为师。他通晓时间，通晓时刻，通晓时机。他不退转，聪明睿智，具有五神通。他示现神足游戏，精通一切感官，知道合时和不合时，把握时间[2]，犹如大海达到而不越过堤岸。他具有神通智力，亲自知道一切，这是执取的时间，这是摧伏的时间，这是摄受的时间，这是施恩的时间，这是舍弃的时间，这是说法的时间，这是沉默的时间，这是出游的时间，这是出家的时间，这是诵读的时间，这是如理思维的时间，这是独处的时间，这是前往刹帝利集会的时间，乃至这是前往婆罗门家主集会的时间，这是前往天神、蛇、药叉、健达缚、阿修罗、金翅鸟、紧那罗、大蛇、帝释天、梵天、护世天王、比丘、比丘尼、优婆塞、优婆夷集会的时间，这是宣法的时间，这是坐禅的时间。无论何时何地，菩萨都知道时间，把握时间。

地译：佛告諸比丘：菩薩長夜不由他悟，常自為師，了知世間及出世間一切善法所行之行。知時非時，遊戲神通未嘗退失，應眾生根。猶如海潮無時錯謬，以神通智知諸眾生，可攝益時，可摧伏時，可度脫時，可棄捨時，可說法時，可默然時，可修智時，可誦念時，可思惟時，可獨處時，可往剎利眾會，可往婆羅門眾會，可往天、龍、夜叉、乾闥婆、阿修羅、迦婁羅、緊那羅、摩睺羅伽、釋梵護世、比丘、比丘尼、優婆塞、優婆夷等眾會之時。

अथ च पुनर्भिक्षवो धर्मताप्रतिलम्भ एष च चरमभाविकानां बोधिसत्त्वानां यदवश्यं दश-दिग्लोकधातुस्थितैर्बुद्धैर्भगवद्भिरन्तःपुरमध्यगताः संगीतितूर्यनिर्नादितैरभिरेवंरूपैर्धर्ममुखैः संचोदितव्या भवन्ति॥

今译：众比丘啊！这符合那些达到最后一生的菩萨的法性。他们在后宫时，十方世界的佛世尊必定会通过歌唱和演奏乐器，用这些法门加以劝请。

地译：佛告諸比丘：一切最後身菩薩將欲出家，法爾[3]有十方無邊阿僧衹世界諸佛如來神通之力，令其宮內鼓樂絃歌，出微妙音，勸請菩薩，而說偈言：

तत्रेदमुच्यते--

今译：这里，这样说道：

---

① “法行”（dhrmacaryā）指十种接受经典的行为：书写、供养、施他、谛听、披读、受持、开演、讽诵、思维和修习。

② 此处“把握时间”的原文是 kālaveṣī。其中的 veṣī，BHSD 推测可能是 gaveṣī（“寻找”）。

③ “法尔”的原词是 dharmatā，指“法性”。

ये सत्त्वाग्रा दशदिग्लोके तेषु विशेषात्तत्र रतितुरियैः।
गाथा गीता इम रतिमधुरा संचोदेन्ती नरवरप्रवरम्॥ १॥

今译：十方世界的至高众生①，
特地利用可爱的乐器，
演唱这些甜蜜的偈颂，
劝请这位人中殊胜者。（1）

地译：宫中婇女絃歌聲，以欲而惑於菩薩，
十方諸佛威神力，變此音聲為法言。

पूर्वि तुभ्यं अयु कृतु प्रणिधी दृष्ट्वा सत्त्वान् दुःखशतभरितान्।
लेनं त्राणं जगनिजशरणे भेष्ये नाथु हितकरु परमः॥ २॥

今译：看到众生承受百种苦难，
你过去已经立下这誓愿：
“我将会拯救和庇护世界，
成为至高救主和造福者。”（2）

地译：尊昔見諸苦眾生，發願與彼為依怙。

साधो वीरा स्मर चरि पुरिमां या ते आसीज्जगहितप्रणिधिः।
कालो वेला अयु तव समयो निष्क्रम्याही ऋषिवरप्रवरा॥ ३॥

今译：英雄啊，记住过去的行为，
你曾经发誓要为世界造福！
优秀的仙人啊，现在到了
出家的时间、时刻和时机。（3）

地译：善哉若記昔諸行，今正是時宜出家。

यस्यार्थे ते धनवर विविधा त्यक्ता पूर्वे शिरकरचरणा।
भेष्ये बुद्धो नरमरुदमको लोकस्याग्रो गुणशतनिचितः॥ ४॥

今译：为了这个目的，你过去舍弃
宝贵财富，舍弃头、手和脚：
“我将成为佛陀，世界至尊者，
调伏人和神，积聚百种功德。”（4）

① “至高众生”（sattvāgra）指佛。

地译：尊憶昔為眾生故，身肉手足而無悋。

त्वं शीलेन व्रततपचरितः त्वं क्षान्तीये जगहितकरणः।
त्वं वीर्यैणा शुभगुणनिचितो ध्याने प्रज्ञे न तु समु त्रिभवे॥५॥

今译：你持戒，奉守誓愿和苦行，
你忍辱，为这世界谋福利，
你勇猛，积累善业和功德，
禅定和智慧，三界无与伦比。（5）

地译：持戒忍辱及精進，禪定智慧皆修行，
為求菩提勝福故，一切世間無能及。

क्रोधाविष्टा खिलमलबहुला ते मैत्रीये त्वयि स्फुट सुगता।
कारुण्यं ते बहुविधमबुधे मिथ्यात्वेषू शुभगुणरहिते॥६॥

今译：善逝啊！你对充满愤怒和
憎恨的众生，怀有慈悲心，
你对各种无知者、说谎者、
缺乏品德者，怀有怜悯心。（6）

地译：是諸眾生瞋恚癡，尊以慈悲皆攝伏，
尊於愚癡邪見者，而能廣起大悲心。

पुण्यज्ञाने शुभानिचितात्मा ध्यानाभिज्ञो प्रतपसि विरजो।
ओभासेसी दश इम दिशतो मेघा मुक्तः शशिरिव विमलः॥७॥

今译：自身积聚功德和智慧①，
具备禅定、神通和苦行，
纯洁无瑕，犹如一轮明月，
摆脱重重乌云，普照十方。（7）

地译：積集福智已無邊，禪定神通極清淨，
身光能至於十方，如月無雲而普照。

एते चान्ये बहुविध रुचिरा तूर्यैर्घोषां जिनरुतरवना।
ये चोदेन्ती सुरनरमहितं निष्क्रम्याही अयु तव समयु॥८॥ इति॥

---

① 这句原文中的 subhā 一词，据 M 本和 L 本应为 subha。

今译：这些和其他许多可爱的
乐器声和诸佛的呼唤声，
劝请这位人和神崇敬者：
“现在是你出家的时候了！”（8）

地译：無數音樂聲微妙，勸請菩薩速出家。

बोधिसत्त्वस्य खलू पुनर्भिक्षवस्तस्मिन् गृहवरप्रधाने सर्वोपकरणसमृद्धिसमुदिते यथाभिप्रायसुखविहारानुकूले अमरपुरभवनप्रकाशे वितर्दिनिर्यूहतोरणगवाक्षहर्म्यकूटागारप्रासादवरप्रवरे सर्वरत्नविचित्रालंकारविविधभक्तिसुविभक्ते उच्छ्रितछत्रध्वजपताकानेकरत्नकिङ्किणीजालसमलंकृते अनेकपट्टदामशतसहस्राभिप्रलम्बिते नानारत्नप्रत्युप्ते मुक्ताहाराभिप्रलम्बिते विचित्रपट्टरत्नसंक्रमोपशोभिते अवसक्तपट्टमाल्यदामकलापे गन्धघटिकानिर्धूपिते अवश्यायपटविततविताने सर्वर्तुकपुष्पपरमसुगन्धिसुरुचिराभिप्रकीर्णपुष्करिणीपुण्डरीकनवनलिनीजालसंस्थानपरिभोगबहुले पत्रगुप्तशुकसारिककोकिलहंसमयूरचक्रवाककुनालकलविङ्कजीवजीवकादिनानाविधद्विजगणमधुरस्वरनिकूजितेनीलवैडूर्यमये धरणीतलसंस्थानपरिभोगे सर्वरूपप्रतिभाससंदर्शने अतृप्तनयनाभिरम्ये परमप्रीतिप्रामोद्यसंजनने तस्मिन् गृहवरप्रधानेऽध्यावसतो बोधिसत्त्वस्योदारवरशरणभवननिवासिनोऽमलविमलनिर्मलाङ्गस्यामुक्तमाल्याभरणस्य प्रवरसुरभिगन्धानुलेपनानुलिप्तगात्रस्य शुक्लशुभविमलविशुद्धनिर्मलवस्त्रप्रावृतशरीरस्य अनेकदिव्यदूष्यसूक्ष्मसुविन्यस्तमृदुकाचिलिन्दिकसुखसंस्पर्शवराङ्गरचितशयनतलाभिरूढस्य अमरवधूभिरिव सर्वतो अनवद्याप्रतिकूलदर्शनशुभोपचारचरितस्य अभिरूपान्तः पुरमध्यगतस्य शङ्खभेरीमृदङ्गपणवतुणववीणावल्लकिसंपताडकिपलनकुलसुघोषकमधुरवेणुनिर्नादितघोषरुतनानातूर्यसंगीतिसंप्रयोगप्रतिबोधितस्य ये च नारीगणाः स्निग्धमधुरमनोज्ञस्वरवेणुनिर्नादितनिर्घोषरुतेन बोधिसत्त्वं प्रतिसंबोधयन्ति स्म तेषां दशदिगवस्थितानां बुद्धानां भगवतामधिस्थानेन तेभ्यो वेणुतूर्यनिनादनिर्घोषरुतेभ्य इमा बोधिसत्त्वस्य संचोदना गाथा निश्चरन्ति स्म

今译：众比丘啊！菩萨住在精美绝伦的宫殿中，配备有丰富的生活用品，可以随意享乐游玩，犹如天国宫殿。有优等的露台、塔楼、拱门、窗户、楼阁、楼台和殿堂，分别装饰有各种各样的宝石，竖有华盖、旗帜和幡幢，覆盖许多铃铛网，悬挂数百千彩带和镶嵌各种宝石的珍珠项链，绚丽多彩的宝石板桥，系有绸带和花环，香炉飘香，张有绢布帐幔，各季鲜花绽放，美妙花香飘逸，有许多可爱的蓝莲池、白莲池和睡莲池。护羽鸟、鹦鹉、鸲鹆、杜鹃、天鹅、孔雀、轮鸟、鸠那罗鸟、迦陵频伽鸟和共命鸟发出甜蜜鸣叫。地面铺设青琉璃，种种色彩鲜艳夺目，百看不厌，令人无限欢愉喜悦。

地译：佛告諸比丘：爾時，菩薩住於最勝微妙宮中，一切所須皆悉備具。殿堂樓閣眾寶莊嚴，幢幡寶蓋處處羅列，寶鈴寶網而嚴飾之，垂懸無量百千繒綵眾寶瓔珞。一切橋道以眾寶板之所合成，處處皆有眾寶香爐燒眾名香，珠交露幔張施其上。有諸池沼其水清冷，時非時華周遍開發，其池之中鳧鴈、鴛鴦、孔雀、翡翠、迦陵頻伽、共命之鳥出和雅音。其地純以瑠璃所成，光明可愛猶如明鏡，莊嚴綺麗無以為喻，人天見者莫不歡喜。

तस्मिन् गृहवरप्रधानेऽध्यावसतो बोधिसत्त्वस्योदारवरशरणभवननिवासिनोऽमलविमल-निर्मलाङ्गस्यामुक्तमाल्याभरणस्य प्रवरसुरभिगन्धानुलेपनानुलिप्तगात्रस्य शुक्लशुभविमल-विशुद्धनिर्मलवस्त्रप्रावृतशरीरस्य अनेकदिव्यदूष्यसूक्ष्मसुविन्यस्तमृदुकाचिलिन्दिकसुखसंस्प-र्शवराङ्गरचितशयनतलाभिरूढस्य अमरवधूभिरिव सर्वतो अनवद्याप्रतिकूलदर्शनशुभोपचार-चरितस्य अभिरूपान्तः पुरमध्यगतस्य शङ्खभेरीमृदङ्गपणवतुणववीणावल्लकिसंपताड-किपलनकुलसुघोषकमधुरवेणुनिर्नादितघोषरुतनानातूर्यसंगीतिसंप्रयोगप्रतिबोधितस्य ये च नारीगणाः स्निग्धमधुरमनोज्ञस्वरवेणुनिर्नादितनिर्घोषरुतेन बोधिसत्त्वं प्रतिसंबोधयन्ति स्म तेषां दशदिग्वस्थितानां बुद्धानां भगवतामधिस्थानेन तेभ्यो वेणुतूर्यनिनादनिर्घोषरुतेभ्य इमा बोधिसत्त्वस्य संचोदना गाथा निश्चरन्ति स्म--

今译：菩萨就住在这精美绝伦的宫殿中。他住在高贵的寝宫中，肢体洁净无垢，佩戴花环和装饰品，涂抹芬芳的香脂和软膏，身穿洁白干净的衣服，卧榻上铺有许多巧夺天工的精美床褥，触感舒服，犹如柔软的迦邻陀衣。在美丽的后宫中，到处都有宫女提供无可挑剔的、顺眼的优良服务，犹如天国众仙女。螺号、大鼓、小鼓、腰鼓、弦琴、琵琶、琴瑟、商波达迪迦、波罗、那古罗、芦笙和笛子，各种乐声和歌声交响，唤醒菩萨。成群的妇女用温柔、甜蜜和悦耳的呼唤声和吹响的笛声唤醒菩萨。十方佛世尊凭借神通力，利用那些笛声和乐器声，诵出这些偈颂，劝请菩萨：

地译：復於一時，諸婇女等樂器之音，由十方佛威神力故，而說頌曰：

या नार्यो मुदितमनाः प्रसन्नचित्ता
वेणुभ्यो मधुरमनोरमं रणन्ते।
आवेशाद्दशदिग्गतां जिनोत्तमानां
गाथेमा विविधविचित्रचित्ररूपाः॥९॥

今译：妇女们心中欢喜和清净，
吹奏出甜蜜可爱的笛声，
凭借十方诸佛世尊的力量，
诵出这些多姿多彩的偈颂。（9）

पूर्वे ते अयु (कृतु) प्रणिधी अभूषि वीरा
दृष्ट्वेमां जनत सदा अनाथभूताम्।
शोचिष्ये जरमरणात्तथान्यदुःखाद्
बुद्धित्वा पदमजरं परं अशोकम्॥१०॥

今译：从前，你看到众生孤弱无助，
英雄啊，你已经立下这誓愿：
"我证得不老无忧至高境界后，
让众生解除老死和其他痛苦。"（10）

地译：尊憶往昔發弘願，愍諸眾生無依怙，
若證甘露大菩提，救濟令之離苦惱。

तत्साधो पुरवर इत शीघ्रं
निष्क्रम्या पुरिमऋषिभि चीर्णम्।
आक्रम्या धरणितलप्रदेशं
संबुध्या असदृशजिनज्ञानम्॥११॥

今译：那么，请赶快离开这座大城，
按照古代仙人修行方式出家，
游荡大地，到达那个地方，
证得无与伦比的佛陀智慧。（11）

地译：如昔諸佛所行行，獨處空山林野間，
證得如來一切智。

पूर्वे ते धनरतन विचित्रा
त्यक्ताभूत् करचरणप्रियात्मा।
एषोऽद्या तव समयु महर्षे
धर्मौघं जगि विभज अनन्तम्॥१२॥

今译：从前，你舍弃各种财富和珍宝，
甚至舍弃手、脚和可爱的身体，
大仙啊，今天到了你出家时间，
让这世界分享无边的法雨吧！（12）

地译：見諸貧乏施財寶，尊昔已行於大施，
一切財寶皆能捨，為諸眾生雨法雨，

今正是時宜出家。

शीलं ते शुभ विमलमखण्डं
पूर्वान्ते वर सततमभूषी।
शीलेनानतिसदृशु महर्षे
शोचेही जगु विविधकिलेशैः॥ १३॥

今译：贤士啊，你以前奉守戒行，
自始至终，保持完美纯洁，
非凡的大仙啊，你用戒行，
让世界解除各种烦恼吧！（13）

地译：尊於淨戒無缺減，自昔多劫常修習，
解脱眾生諸煩惱，今正是時宜出家。

क्षान्तीये भव शतचरितस्त्वं
क्षान्तास्ते जगि विविध दुरुक्ताः।
क्षान्ताये क्षमदमनिरतात्म
नैष्कम्ये मति कुरु द्विपदेन्द्रा॥ १४॥

今译：你以前曾奉行百种忍辱，
忍受世上各种恶言恶语，
你真心热爱宽容和自制，
人主啊，请你决定出家吧！（14）

地译：尊修百千諸忍辱，世間惡言皆忍受，
常以忍辱而調伏，今正是時速出家。

वीर्यं ते दृढमचलमकम्प्यं
पूर्वान्ते पृथु सुगत अभूवन्।
धर्षित्वा नमुचि शठं ससैन्यं
शोषिष्ये त्रय सकलापायात्॥ १५॥

今译：你勇猛顽强，从不动摇，
始终博大宽广，善逝啊！
你将降伏邪恶的那牟吉
及其军队，清除三恶道。（15）

地译：尊行精進極堅強，長時修習摧魔眾，
滅除一切三惡趣，今正是時宜出家。

यस्यार्थे व्रततप चरितस्त्वं
ध्यायित्वा कलिकलूषकिलेशां।
त्वं वर्षा अमृतजलमोघं
तर्पेही चिरतृषित अनाथां॥ १६॥

今译：你曾为此发愿而修苦行，
禅观争斗、污秽和烦恼，
请你降下甘露雨水吧，
满足那些焦渴的无助者！（16）

地译：尊以勝定除諸垢，灑甘露雨洽群生，
充滿世間諸渴乏，今正是時宜出家。

तां पूर्वां गिरवरमनुचिन्त्या
निष्क्रम्या पुरवर इत शीघ्रम्।
बुद्धित्वा पदममृतमशोकं
तर्पिष्ये अमृतरसि तृषार्तां॥ १७॥

今译：想想过去的美妙言词，
赶快离开这座城出家：
“我证得不死无忧境界，
将用甘露满足焦渴者。”（17）

प्रज्ञाया परिचरिकुशल त्वं
ज्ञानं ते पृथु विपुलमनन्तम्।
मूढानां विमतिपथस्थितानां
प्रज्ञाभां शुभरुचिर कुरु त्वम्॥ १८॥

今译：你一向善于运用智慧，
知识博大、广阔和无限，
为无知路上的愚昧者们
照耀明净的智慧光芒吧！（18）

地译：尊以無邊大智慧，斷除邪見愚癡惑，
尊應思惟昔弘願，今正是時速出家。

मैत्रायां भव शतचरितस्त्वं
कारूण्ये वर मुदित उपेक्षे।
यामेवा वरचरि चरितस्त्वं
तामेवा चरि विभज जगस्य॥ १९॥

今译：优秀者啊！你成百次
奉行慈、悲、喜和舍；
你奉行这样的美德，
也让这个世界分享吧！（19）

地译：尊昔已行無量億，慈悲喜捨諸勝行，
以此一切諸勝行，分布世間諸眾生。

एवं दश दिश जिनतेजै-
र्गाथा वै गुणकुसुमविचित्राः।
तूर्येभ्यो विविधमनुरवन्ते
चोदेन्ती शयनगतकुमारम्॥ २०॥

今译：这样，依靠十方诸佛威力，
她们演奏各种各样的乐器，
诵出这些美似鲜花的偈颂，
劝请这位躺在床上的王子。（20）

यद पुन प्रमुदित रतिकर प्रमदा
सुरुचिर सुमधुर प्रभणिषु तुरियैः।
अथ जिन दशदिशि सुरनरदमकाः
गिरवरमनुरवि ततु रवि तुरियैः॥ २१॥

今译：这些妇女高兴、快乐和喜悦，
演奏乐器，发出甜蜜可爱声音，
然后，调伏人和神的十方诸佛
利用这些乐器，诵出美妙言词。（21）

地译：婇女絃歌甚微妙，以欲而感於菩薩，
十方諸佛威神力，一切皆令為法音。

कृत त्वयि हितकर बहुगुण जनतो
निजिनितु निजगुण विचरति गतिषू।

स्मर स्मर पुरिमक ब्रततपचरण
　　लघु व्रज द्रुमवरु स्पृश पदममृतम्॥२२॥

今译：你为世人造福，做了许多善事，
　　在前进路上，为自己积下功德①，
　　记住！记住你以前的誓愿和苦行，
　　赶快前往大树下，证得不死境界。（22）

सुतृषित नरमरु जिनगुणरहिता
　　त्वयि मति प्रतिबलू अमृतरसददा।
दशबलगुणधर बुधजनमहितं
　　लघु त्वयि नरपति विभजहि अमृतम्॥२३॥

今译：人和神充满渴望，缺乏佛陀品德，
　　而你思想有威力，能赐予甘露汁，
　　你具备十力功德，受智者们尊敬，
　　人主啊，赶快让大家分享甘露吧！（23）

त्यजि त्वयि पुरि भवि धनमणिकनका
　　सखि प्रिय सुत महि सनगरनिगमा।
शिरमपि त्यजि स्वकु करचरनयना
　　जगति य हितकरु जिनगुणनिरता॥२४॥

今译：你过去舍弃财富、珠宝和金子，
　　朋友、亲子和连同城镇的大地，
　　甚至自己的头、手、脚和眼睛，
　　你热爱佛陀品德，为世界造福。（24）

पुरि तुम नरवरसुतु नृपु यदभू
　　नरु तव अभिमुख इम गिरमवची।
दद मम इम महि सनगरनिगमां
　　त्यजि तद प्रमुदितु न च मनु क्षुभितो॥२५॥

今译：优秀王子啊！你过去曾是国王，
　　有人当面对你说出这样的话：

① 这句原文中的 nijinitu 一词，BHSD 推测可能是 nijakṛtu（“自己做”）。

“请你给我这大地，连同城镇！”
你愉快地奉献，心中毫不犹豫。（25）

地译：尊憶往昔為國王，有人於前而從乞，
与我王位及國土，歡喜捨之無悔恨。

पुरि तुम नरपति स्वकु द्विज यदभू
गुरुजनि परिचरि न च द्रुहि परतो।
स्थपयिसु द्विजवर बहुजन कुशले
च्युतु ततु भवगतु मरुपुरनिलयम्॥ २६ ॥

今译：人主啊，你过去曾是婆罗门，
侍奉长者，从不伤害其他人，
引导众人向善，优秀婆罗门啊！
因此，你死后往生天国居住。（26）

地译：尊昔曾為婆羅門，名曰輸迦極精進，
慈孝供養於父母，成熟無量婆羅門，
及餘眾生歸善道，捨是身已生天上。

पुरि तुम नृपसुत ऋषिवरु यदभू
छिनि तव तनुरुह कलिनृपु रुषितो।
कृत त्वयि कुलक्रिय न च मनु क्षुभितो
पयु तव स्त्रवि तद करतलचरणैः ॥ २७ ॥

今译：王子啊！你过去曾是优秀仙人，
暴怒的迦利王砍断你的肢体，
而你恪守职责，心中毫不惊慌，
从你断裂的手脚中流出乳液。[①]（27）

地译：尊憶往昔作仙人，歌利王瞋斷支節，
起大慈心無惱恨，所傷之處皆流乳。

स्यमु पुन ऋषिसुत त्वयि पुरि यदभू
व्रतरतु गुरुभरु गिरिवरनिलये।

① 巴利文《本生经》（313）中记载这位仙人宣说忍辱法，遭到暴戾的迦尸王羯浮罗残害，被削去耳鼻，砍去手脚。

हत भव नृपतिन विषकृत ईषुणा
　　कृप तव तहि नृप न च मनु क्षुभितो ॥ २८ ॥

今译：你过去曾是一位仙人的儿子，
居住山中修苦行，侍奉父母，
一位国王误发毒箭，将你射杀，
而你怜悯国王，心中毫不惊恐。[①]（28）

地译：昔作奢摩仙子時，父母居山同苦行，
王以毒箭誤而中，抱慈無恨歡喜死。

पुरि तुम गुणधर मृगपति यदभू
　　गिरिनदिबहुजलि दुयमनु पुरुषो।
हित भव त्वयि नरु स्थलपथि स्थपितो
　　उपनयि तव अरि न च मनु क्षुभितो ॥ २९ ॥

今译：你过去曾是品德高尚的鹿王，
有人卷入山中洪流痛苦呼救[②]，
你发善心，将这人救上陆地，
你救助敌人，心中毫无疑惧。[③]（29）

地译：尊憶昔為金色鹿，見人渡河而被漂，
因起慈心以救之，後反加害無瞋恨。

पुरि तुम नरवर त्यजि सुतु यदभू
　　मणि तव प्रपतितु जलधरि विपुले।
च्यवयितु क्षपयितु त्वय महौदधिं
　　लभि तद् धनमणि दृढबल वषभी ॥ ३० ॥

今译：优秀者啊，你过去曾舍弃儿子，
你的摩尼珠坠落浩淼大海中，

① 巴利文《本生经》（540）中记载这位仙人的儿子名叫娑摩。他侍奉双目失明的父母。一次，在河边打水，被前来狩猎的迦尸王毗利耶刹误杀。但他并无怨愤，只是担心自己的父母无人照应，而请求国王赡养他的父母。

② 这句原文中的 duyamanu，BHSD 认为相当于 dūyamanu（“受苦”）。

③ 巴利文《本生经》（482）中记载一头金鹿从恒河激流中救出一个人。而事后，这个人为求赏金，将金鹿的住处告诉国王。后来，国王得知事情真相，要杀死这个忘恩负义的人，而金鹿请求国王宽恕这个人。

而你顽强有力，威猛如同雄牛①，
迫使大海退却干涸，重获宝珠。(30)

地译：尊憶昔者為仙人，寶珠誤墮於大海，
起精進心抒彼海，龍王驚怖還寶珠。

**पुरि तुम सुपुरुष ऋषिवरु यदभू
द्विज तव उपगतु भव मम शरणम्।
भणि ऋषि द्विजवर मम रिपूपने त्यजि
त्वय स्वकि तनु न च द्विज त्यजसे॥३१॥**

今译：善人啊！你过去曾是优秀仙人，
有一只鸟前来向你寻求庇护，
你让鸟的敌人来见你，你宁可
舍弃自己身体，也不舍弃这鸟。②(31)

地译：尊於昔者為大仙，慈心護彼歸命鴿，
有人從尊索是鴿，自割身肉而稱之，
與鴿輕重乃齊等，畢至命終為擁護。

**स्यमु ऋषि उपगतु पुरि द्रुमनिलये
रुचि भणि तरुरुह कति इम गणये।
सुविदित सुगणित यथ तहि किशला
तथ तव अवितथ समगिर रचिता॥३२॥**

今译：你过去曾是仙人，来到树下，
有人请你数出树上多少叶芽，
你知识渊博，精通计数，说出
树上叶芽③的数目，真实不虚。(32)

地译：又尊昔為奢摩仙，人來問樹有幾葉，
善知多少而酬答，其人不信天來證。

---

① "雄牛"的原词是 vaṣabhī，据 M 本和 L 本应为 vṛṣabhī。
② 这个本生故事讲述天王因陀罗化作兀鹰，追逐一只鸽子。鸽子向尸毗王求救。尸毗王为救鸽子，愿意割下自己身上与鸽子分量相等的肉，交给兀鹰。但直至割尽全身的肉，也不够分量。最后，天王因陀罗显身，让尸毗王复原。
③ 此处"叶芽"的原词是 kiśalā。BHSD 认为此词相当于 kiśalaya（"叶芽"）。

सुकुल सुगुणधर पुरि द्रुमि वसतो
क्षयगतु न च त्यजि कृतु स्मरि पुरिमम्।
मरुपति प्रमुदितु तव गुण स्मरतो
श्रियकरि द्रुमवरि यथरिव पुरिमा॥३३॥

今译：你曾是树上活泼高尚的鹦鹉[①]，
树已干枯，你也念旧不抛弃，
天王喜欢你的念旧的品德，
让这树恢复原貌，重放光彩。[②]（33）

地译：尊昔曾為鸚鵡鳥，釋化為人來詰問，
所依之樹既枯折，何為守之而不離？
答云依此而成長。帝釋便生希有心，
即令枯樹重榮茂。

इति तव असदृश व्रततपचरणा
बहुगुण गुणधर गुणपथि चरतो।
त्यजि महि सनगरि अयु तव समयो
लघु जगु स्थपयहि जिनगुणचरणे॥३४॥

今译：你奉守誓愿修苦行，无与伦比，
具备众多品德，遵行功德之路，
已到抛弃大地和城市的时候，
赶快让世界奉行佛陀品德吧！（34）

地译：尊是受持功德者，安處世間諸眾生，
置佛無邊功德海。

यद प्रमदरतना शुभवस्त्रा भूषितगात्रा
वरप्रवरु तुरिया सुमनोज्ञा संप्रभणीषु।
अथ दशसू दिशतो जिनतेजैर्गाथ विचित्रा
इति रविषू मधुरा रुतघोषा तूर्यस्वरेभ्यः॥३५॥

今译：这些女宝全身装饰，衣服洁净，

① 这句原文中的 sukula suguṇadhara，据 L 本应为 suku lasu guṇadhara，而其中的 suku 相当于 śuka（“鹦鹉”），lasu 相当于 lāsa（“活泼”）。

② 巴利文《本生经》（429）中记载有这个故事。

演奏悦耳的乐器，劝请优秀者，
依靠十方诸佛威力，利用乐声，
诵出这些美妙偈颂，声音甜蜜。（35）

地译：如是十方佛威神，讚歎菩薩諸功德，
變諸婇女絃歌曲，勸請菩薩速出家。

तव प्रणिधी पुरिमे बहुकल्पां लोकप्रदीपा
जरमरणग्रसिते अहु लोके त्राणु भविष्ये।
स्मर पुरिमप्रणिधिं नरसिंहा या ति अभूषी
अयु समयो त्वमिहा द्विपदेन्द्रा निष्क्रमणाय॥ ३६ ॥

今译：世界之灯啊！在过去许多劫中，
你发愿要救助老死吞噬的世界，
人中之狮啊！要记住以前的誓愿，
现在到了出家时候，人中之主啊！（36）

地译：尊昔長劫發弘願，拔諸衆生生死苦，
請憶往昔所行行，今正是時宜出家。

भवनयुते त्वमिहा बहुदानं दत्तमनेकं
धनकनका रतना शुभवस्त्रा रत्नविचित्रा।
करचरणा नयना प्रियपुत्रा राज्य समृद्धं
त्वयि त्यजितं न च ते खिलदोषा याचनकेषु॥ ३७॥

今译：在亿万次转生中，你慷慨施舍，
财物、金子、宝石和精美衣裳，
手脚、眼睛、亲子和富饶王国，
你都舍弃，而不抱怨求乞者。（37）

地译：尊憶往昔無邊劫，以金銀等衆珍寶，
頭目王位及妻子，見來求者歡喜施。

शिशुनृपति त्वमिहा शशिकेतो आसि सुदंष्ट्रो
कृप करुणामनसो मणिचूडो चन्द्रप्रदीपः।
इति प्रमुखा करिया दृढशूरो राजसुनेत्रो
बहु नृपति नयुता रत दाने त्वं सविकुर्वन्॥ ३८॥

今译：悉修、月幢、妙齿和慈悲的讫波，

珠髻、月灯和英勇顽强的妙目，
你过去曾是这些国王，数以亿计，
他们全都神通广大，乐于施舍。（38）

地译：昔為首鞞幢牙王，月燈珠髻及大悲，
堅猛妙目諸王等，皆有威力能行施。

तव सुगता चरितो बहुकल्पां शीलचरीये
मणिरत्ना विमला सदृशाभूच्छीलविशुद्धिः।
त्वयि चरता चमरी यथ बालं रक्षितु शीलं
कृतु त्वमिहा जगति विपुलार्थं शीलरतेना॥ ३९॥

今译：善逝啊！你在许多劫中持戒，
纯洁的戒行犹如明净的珠宝，
你守护戒行犹如犛牛爱护尾毛，
你热爱戒行，为广大世界造福。（39）

地译：尊於多劫能持戒，其戒清淨如明珠，
堅持守護無纖過，亦如犛牛自愛尾。

गजवरु त्वमिहा रिपुलूब्धे विद्धु इषूणा
कृप करुणा जनिया अतिरौद्रे छादितु शोभे।
परित्यजि ते रुचिरा शुभदन्ता न च त्यजि शीलं
इति प्रमुखा करिया बहु तुभ्यं शीलविकुर्वी॥ ४०॥

今译：你曾是象王，被敌对的猎人用箭射中，
而你心生怜悯，掩盖自己暴烈的光辉，
宁可舍弃美丽的象牙，也不舍弃戒行，
这样的戒行神通，你已经施展许多次。[①]（40）

地译：尊憶曾為大象王，獵師以箭中其身，
而起慈心無所報，捐彼六牙而守戒。

त्वयि सहिता जगतोऽहित अनेका दुःखसहस्रा
बहुकटुकावचनं वधबन्धा क्षान्तिरतेना।

---

① 巴利文《本生经》（514）中记载一个猎人奉王后之命，射杀一头六牙大象，截取象牙。但这个猎人锯不下象牙。于是，这头大象自己将象牙搁在锯子上，锯下象牙，让猎人取走。

परिचारित पुरिमे नर ये ते सर्वसुखेना
　　पुन वधकास्तव तेह अभूवन् तच्च ति क्षान्तम्॥ ४१॥

今译：你热爱宽容，忍受世界上种种邪恶，
千般痛苦，许多恶毒的言语，杀戮，
囚禁，先前蒙受你的种种恩惠的人，
后来却谋害你，而你依然宽容他们。(41)

地译：尊憶多劫修諸忍，因修忍故受眾苦。

गिरिप्रवरानिलये तुम नाथा ऋक्षु यदासी
　　हिमकिरणा सलिला भयभीतं त्वं नरु गृह्य।
परिचरसि विविधा फलमूलैः सर्वसुखेना
　　लघु वधकां स तवा उपनेत्री तं च ति क्षान्तम्॥ ४२॥

今译：庇护主啊，你曾是住在山中的熊，
从冰雪水中救起一个恐惧的人，
用各种果子和根茎精心供养他，
他转身引路杀害你，你也宽恕他。(42)

地译：請憶昔日為熊身，見人凍餓而溫養，
彼歸路逢畋獵者，將來共屠心不恨。

दृढु संस्थितमचलमकम्प्यं वीर्यु तवासीत्
　　व्रततपसा विविधा गुणज्ञानं एषत बोधिम्।
कृतु अबलो नमुची वशवर्ती वीयबलेना
　　अयु समयो त्वमिहा नरसिंहा निष्क्रमणाय॥ ४३॥

今译：你精进勇猛，从不动摇，奉守各种
誓愿和苦行，追求功德、智慧和菩提，
凭借勇力，剥夺那牟吉力量，降伏他，
人中之狮啊，现在到了出家的时候！(43)

地译：尊以精進堅固力，為菩提故修諸行，
當伏魔王及軍眾，今正是時宜出家。

हयप्रवरू त्वमिहा पुरि आसी हेमसुवर्णो
　　लघु गगने वज्रसे कृपजातो राक्षसिद्वीपम्।

व्यसनगत मनुजां तद् गृह्या क्षेमि थपेसी
इति प्रमुखा करिया बहु तुभ्यं वीर्यविकुर्वा॥४४॥

今译：你过去曾是一匹金色的骏马，
心怀慈悲，腾空飞往罗刹岛，
将落难的人们救往安全之地，
这种勇力神通，你施展许多次。[①]（44）

地译：尊憶昔為駿逸馬，騰空利益諸世間，
於夜叉國濟眾生，安置之於無畏處。

दमशमथैः नियमाहतक्लेशा ध्यायिन अग्रा
लघु चपलं विषयै रतिलोलं चित्तु दमित्वा।
कृतु स्वगुणो त्वमिहा जगतोऽर्थे ध्यानरतेना
अयु समयो त्वमिहा वरसत्त्वा ध्यानविकुर्वा॥४५॥

今译：你精通禅定，柔顺平静，以自制消除烦恼，
调伏轻浮、躁动不安、迷恋感官对象的心，
你热爱禅定，为这世界展现自己的品德，
贤士啊，现在到了施展禅定神通的时间！（45）

地译：如是精進無邊劫，神通智力除煩惱，
心極調柔坐寂定，以此利益諸眾生。

त्वं पुरिमे ऋषि सुस्थितु आसी ध्यानरतीये
नृपरहिता मनुजा त्वमु गृह्या राज्यभिषिञ्ची।
दशकुशली जनिता थपिता ते ब्रह्मपथेषु
च्युत मनुजा व्रजिषू तद सर्वे ब्रह्मनिकेतम्॥४६॥

今译：你过去曾是安心修禅的仙人，
人们缺少国王，将你灌顶为王，
你倡导十善，将他们引上梵路，
他们死后全都前往天国梵界。（46）

地译：尊於昔者為國王，普使眾生行十善，
是諸眾生行善故，命終皆得生梵世。

① 巴利文《本生经》（196）中记载一匹名为“云马”的骏马飞往罗刹岛，救回航海落难在那里的一批商人。

दिशिविदिशि विविधागतिज्ञाने त्वं सुविधिज्ञो
परचरिता जगति रुतज्ञाने इन्द्रियज्ञाने।
नयविनये विविधामतिधारे पारगतस्त्वं
अयु समयो त्वमिहा नृपसूनो निष्क्रमणाय॥४७॥

今译：你通晓各种方向，去路，规则，
世上他人的行为，鸟兽的鸣声，
各种感官，行为规范，思想意图，
王子啊，现在到了出家的时间！（47）

地译：尊智能知善不善，及了眾生諸根性，
智慧能入諸理趣，今正是時速出家。

त्वयि पुरिमा जनता इम दृष्ट्वा दृष्टिविपन्ना
जरमरणा विविधा बहुदुःखे कृछ्रगता हि।
भवविभवंकरणो ऋजुमार्गे स्वामनुबद्धा
हततमस त्वमिहा कृतु लोके अर्थु महन्तो॥४८॥

今译：你过去看到这些众生怀抱邪见，
陷入老和死等等诸多痛苦困境，
你破除生死，将他们引上正道，
驱除黑暗，为世界谋求大利益。（48）

地译：尊愍眾生墮邪見，生老病死苦海中，
淨除生死險惡道，示現涅槃真實路。

इति विविधा रुचिरा गुणयुक्ता गाथ विचित्रा
ततु रविषु तुरियेभी जिनतेजा चोदयि वीरम्।
दुःखभरितजनते इह दृष्ट्वा मा त्वमुपेक्षा
अयु समयो त्वमिहा वरबुद्धे निष्क्रमणाय॥४९॥

今译：这样，依靠诸佛威力，她们演奏乐器，
诵出各种赞美功德的偈颂，劝请英雄：
“你已看到众生受苦受难，不要疏忽，
优秀的智者啊，现在到了出家的时间！”（49）

地译：如是一切十方佛，讚歎菩薩諸功德，
皆變婇女絃歌曲，勸請菩薩速出家。

विचित्रवस्त्ररत्नहारगन्धमाल्यभूषिता
　　प्रसन्नचित्त प्रेमजात नारियो प्रहर्षिता।
प्रबोधयन्ति येऽग्रसत्त्व तूर्यसंप्रवादितैः
　　जिनानुभावि एकरूप गाथ तूर्य निश्चरी॥५०॥

今译：这些妇女身穿各色衣服，装饰有宝石、
项链、香料和花环，心中喜悦怀爱意，
高兴地演奏各种乐器，唤醒这位大士，
依靠诸佛的威力，诵出诸如此类偈颂。（50）

यस्यार्थि तुभ्य कल्प नैक त्यक्तु त्याग दुस्त्यजा
　　सुचीर्ण शीलू क्षान्ति वीर्य ध्यान प्रज्ञ भाविता।
जगद्धितार्थ सो ति कालू सांप्रतं उपस्थितो
　　नैष्क्रम्यबुद्धि चिन्तयाशु मा विलम्ब नायक॥५१॥

今译：为此，你在许多劫中舍弃难以舍弃者，
修习持戒、忍辱、精进、禅定和智慧，
现在已经到了你为世界造福的时间，
赶快考虑出家吧，不要耽搁，导师啊！（51）

त्युक्तु पूर्वि रत्नकोश स्वर्णरूप्यभूषणा
　　यष्टा ति यज्ञ नैकरूप तासु तासु जातिषु।
त्यक्त भार्य पुत्र धीत कायु राज्यु जीवितं
　　बोधिहेतुरप्रमेय त्यक्तुः दुस्त्यजा त्वया॥५२॥

今译：你过去舍弃宝库和各种金银首饰，
在一生又一生中，举行各种祭祀，
舍弃妻子儿女、身体、王国和生命，
为求菩提，舍弃无数难以舍弃者。（52）

अभूषि त्वं अदीनपुण्य राज विश्रुतश्रियो
　　निमिंधरो निमिश्च कृष्ण(बन्धु) ब्रह्मदत्त केसरी।
सहस्रयज्ञ धर्मचिन्ति अर्चिमान् दृढधनु
　　सुचिन्तितार्थ दीनसत्त्व येः ति त्यक्त दुस्त्यजा॥५३॥

今译：你过去曾是以财富著称的富德王，
尼明陀罗、尼弥、讫利瑟和梵授，

盖瑟利、千祭、法思、光明和坚弓，
为可怜众生着想，舍弃难以舍弃者。（53）

सुतसोम दीप्तवीर्य पुण्यरश्मि यो सोऽभू
महत्यागवन्तु स्थामवन्तु यः कृतज्ञ त्वं अभूः।
राजर्षि चन्द्ररूपवन्तु शूर सत्यवर्धनो
सुभाषितंगवेषि राजि असि सुमतिं च सूरतो॥५४॥

今译：你过去曾是子月、明勇和德光，
慷慨施舍，有大威力，知恩图报，
灿若月亮的王仙，英勇的真增，
追求妙语的妙意王，温和柔顺。（54）

地译：尊昔為王名勝福，尸利尼彌訖瑟吒，
及雞薩梨千耶若，法思光明堅強弓，
戒月光明進德光，知恩能捨大威德，
王仙月形及猛實，增長菩提求妙法。

चन्द्रप्रभो विशेषगामि रेणुभू दिशांपति
प्रदानशूर काशिराजु रत्नचूड शान्तगः।
एति चान्यि पार्थिवेन्द्र येभि त्यक्त दुस्त्यजा
यथा ति वृष्ट त्यागवृष्टि एष धर्म वर्षही॥५५॥

今译：你曾是月光、胜行、地尘和诸方主，
勇于施舍的迦尸王、宝髻和香多伽
这些和其他国王，舍弃难以舍弃者，
就像降下施舍雨，请你降下法雨吧！（55）

地译：善住月光殊勝行，地塵勇施諸方主，
惠施寶髮清淨身，作是及餘無量王，
皆悉能捨於難捨，為諸如來雨法雨。

दृष्टा ति पूर्वि सत्त्वसार गङ्गवालूकोपमा
कृता ति तेष बुद्धपूज अप्रमेयचिन्तिया।
वराग्रबोधि एषमाण सत्त्वमोक्षकारणादू
अयं स कालू प्राप्तु सूरु निष्क्रमा पुरोत्तमात्॥५६॥

今译：你过去曾见过恒河沙数人中精英，

怀着无限虔诚心，供奉这些佛陀，
为了众生得解脱，追求无上菩提，
勇士啊，现在到了离开王城时间！（56）

地译：尊昔值遇恒沙佛，悉皆承事無空過，
為求菩提度眾生，今正是時速出家。

प्रथमेन ते अमोघदर्शि शालपुष्पपूजितो
विरोचनः प्रसन्नचित्त प्रेक्षितः क्षणान्तरम्।
हरीतकी च एक दत्त दुन्दुभिस्वराय ते
तृणोत्थ गृह्य धारिता ति दृष्ट चन्दनं गृहम्॥५७॥

今译：首先你用娑罗花供奉不空见，
随后刹那间，净心观看毗卢舍，
你将一株诃利多吉树献给鼓音，
又手持草炬[①]前往旃檀居处看望。（57）

地译：初事不空見，值堅固花佛，
以一念清淨，見毗盧舍那，
又遇栴檀佛，以草炬供養。

पुरप्रवेशि रेणु दृष्ट क्षिप्तु चूर्णमुष्टिका
धर्मेश्वराय साधुकारु दत्तु धर्म भाषतो।
नमो नमः समन्तदर्शि दृष्ट वाच भाषिता
महार्चिस्कन्धि स्वर्णमाल क्षिप्त हर्षितेन ते॥५८॥

今译：看到地尘进城，你用金粉撒地
法自在天说法时，你称颂赞叹，
看到普见，你连声表示致敬致敬，
满怀喜悦，将金花环献给大聚光。（58）

地译：又佛入城時，以金末散地，
逢法自在佛，說法讚善哉，
值普光如來，一稱南無佛，
見大聚光佛，供養以金花。

① “草炬”的原词是 tṛṇottha，**疑有误**，应为 tṛṇolka。此处地译“草炬”。

धर्मध्वजो दशाप्रदानि रोधु मुङ्ग मुष्टिना
　　अशोकपुष्पि ज्ञानकेतु य्वागुपान सारथिः।
रत्नशिखी च दीपदानि पद्मयोनि ओषधी
　　सर्वाभिभूश्च मुक्तहारि पद्मदानि सागरो॥५९॥

今译：你献给法幢衣服，献给罗陀豆子[①]，
献给智幢无忧花，献给沙罗提米粥[②]，
献给宝髻明灯，献给莲花胎药草，
献给一切胜项链，献给沙伽罗莲花。（59）

地译：值光幢如來，奉獻以掬豆，
又見智幢佛，無憂花如來，
持粥以供養，於彼發弘願，
又值寶髪佛，供養以明燈，
見花光如來，供養以良藥，
又值無畏佛，施以寶瓔珞，
婆胝伽羅佛，施波頭摩[③]寶。

वितानदानि पद्मगर्भि सिंहु वर्षसंस्तरे
　　शालेन्द्रराज सर्पिदानि क्षीरत्यागि पुष्पिती।
यशोदत्तु कुरुण्टपुष्पि सत्यदर्शि भोजने
　　कायु प्रणामि ज्ञानमेरु नागदत्तु चीवरे॥६०॥

今译：你献给莲花藏帐幔，献给辛诃卧具，
献给娑罗王酥油，献给敷花牛奶，
献给赐名拘兰陀花，献给见真食物，
向智山俯身敬拜，献给蛇授衣服。（60）

地译：見娑羅王佛，供養以純乳，
施名稱如來，奉以師子座，
又見真實佛，及高智如來，
曾頂禮圍遶。又見龍施佛，
供養以衣服。

① “豆子”的原词是 muṅga。此词相当于 mudga（“豆子”）。
② “米粥”的原词是 yvāgu。此词相当于 yavāgu（“米粥”）。
③ “波头摩”是 padma（“莲花”）一词的音译。

अत्युच्चगामि चन्दनाग्रि तीक्ष्णलोहमुष्टिना
महावियूह पद्मदानि रश्मिराज रत्नभिः।
शाक्यमुनि च सुवर्णमुष्टि इन्द्रकेतु संस्तुतो
सूर्याननो वतंसके हि स्वर्णपट्टि सूमती॥६१॥

今译：你献给增上行檀香，献给帝刹铜钵，
献给大庄严莲花，献给光王宝石，
献给释迦牟尼金钵，赞颂天帝幢，
献给日面耳饰，献给妙意金头箍。（61）

地译：見增上行佛，施以栴檀香，
又見致沙佛，供養以妙鉢，
又見大嚴佛，施優鉢羅花，
又值光王佛，以妙寶供養，
又見釋迦佛，施以金蓮華，
又值宿王佛，讚歎如來德，
又見日面佛，施以莊耳花，
又值妙意佛，散以真頭花。

नागाभिभू मणिप्रदानि पुष्य दूष्यसंस्तरे
भैषज्यराजु रत्नछत्रि सिंहकेतु आसने।
गुणाग्रधारि रत्नजालि सर्ववादि काश्यपो
गन्धाग्रि चूर्णि मुक्त अर्चिकेतु पुष्पचैत्यके॥६२॥

今译：你献给蛇胜摩尼珠，献给增益丝床单，
献给药王宝石华盖，献给狮幢宝座，
献给持德宝石网，献给迦叶种种乐器，
献给解脱妙香粉，献给光幢鲜花堆。（62）

地译：又見降龍佛，施以摩尼寶，
又值增益佛，奉上眾寶蓋，
又見藥師佛，奉以勝妙座，
值師子幢佛，奉以眾寶網，
又見持德佛，以音樂供養，
又值迦葉佛，奉以眾末香，
又見放光佛，以妙花供養。

अक्षोभ्यराज कूटागारि माल्य लोकपूजितो
　　तगरशिखि च राज्यत्यागि सर्वगन्धि दुर्जयो।
महाप्रदीप आत्मत्यागि भूषणे पद्मोत्तरो
　　विचित्रपुष्पि धर्मकेतु दीपकारि उत्पलैः॥६३॥

今译：你献给阿閦鞞楼阁，献给世供花环，
献给多伽罗王国，献给难胜香料，
献给大光身体，献给莲花上装饰品，
献给法幢各种鲜花，献给作光青莲。（63）

地译：又值阿鞞佛，奉以妙勝臺，
又見世供佛，奉以妙花鬘，
又值多伽佛，曾捨天王位，
又見難降佛，施以眾妙香，
又值大光佛，捨身而供養，
又見尚花佛，獻寶莊嚴具，
又值法幢佛，散以眾妙華，
又見作光佛，奉優鉢羅花，
盡心而供養。

एति चान्यि सत्त्वसार ये ति पूर्व पूजिता
　　नानारूप विचित्र पूज अन्यजन्यकुर्वता।
स्मराहि ते अतीत बुद्ध ता च पूज शास्तुनां
　　अनाथसत्त्व शोकपूर्ण मा उपेक्षि निष्क्रमा॥६४॥

今译：你过去供奉这些和其他的人中精英，
一生又一生以各种方式供奉他们，
要记住这些过去佛，供奉这些导师，
不要忽视苦恼无助的众生，出家吧！（64）

地译：如是及餘無量佛，一一皆以諸供具，
供養承事無空過，願尊憶念過去佛，
及憶供養諸如來，眾生苦惱無依怙，
請尊憶念速出家。

दीपंकरेति दृष्टमात्रि लब्ध क्षान्ति उत्तमा
　　अभिज्ञ पञ्च अच्युता ति लब्ध आनुलोमिका।

अतोत्तरेण एकमेक बुद्ध पूजचिन्तिया
　　प्रवर्तिता असंख्यकल्प सर्वलोकधातुषू॥ ६५॥

今译：你一见到燃灯佛，就获得无上忍辱，
获得五神通，永不退转，随顺通达，
然后，你在无数劫的一切世界中，
一心一意供奉一个又一个佛陀。（65）

地译：尊憶昔值然燈佛，獲得清淨無生忍，
及五神通無退失，從此即能往諸剎，
一念遍事諸如來。

क्षीणा ति कल्प अप्रमेय ते च बुद्ध निर्वृता
　　तवापि सर्व आत्मभावि ते च नाम क्व गता।
क्षयान्तधर्मि सर्वि भावु नास्ति नित्यु संस्कृते
　　अनित्य काम राज्यभोग निष्क्रमा पुरोत्तमात्॥ ६६॥

今译：无数劫逝去，这些佛陀已涅槃，
你的那些身躯和名字去了哪里？
万物都会毁灭，一切有为无常，
欲乐和王位无常，离城出家吧！（66）

地译：有為諸法悉無常，五欲王位皆不定。

जरा च व्याधि मृत्यु एन्ति दारुणा महाभया
　　हुताशनो व उग्रतेज भीम कल्पसंक्षये।
क्षयान्तधर्मि सर्वि भावु नास्ति नित्यु संस्कृते
　　सुकृच्छ्र प्राप्त सत्त्व सुकृच्छ्र प्राप्त सत्त्व …… निष्क्रमा गुणंधरा॥ ६७॥

今译：老、病和死来临，极其残酷可怕，
劫末大火燃烧，光焰猛烈恐怖，
万物都会毁灭，一切有为无常，
众生陷入困境，善士啊，出家吧！（67）

地译：為苦所逼諸眾生，願速出家救濟之。

यद नारिगणस्तुणवेणुरवैः
　　विविधैस्तुरियैः प्रतिबोधयिषु।

सुखशयनगतं मनुजाधिपतिं
　　तद् तूर्यरवो अयु निश्चरते॥ ६८॥

今译：琴瑟、笛子和各种乐器，
　　那些妇女用这些乐声，
　　唤醒安睡床上的人主，
　　乐声中传出这些偈颂。（68）

地译：婇女絃歌奏清音，以欲將惑於菩薩，
　　十方諸佛威神力，所出眾聲演法言。

ज्वलितं त्रिभवं जरव्याधिदुखैः
　　मरणाग्निप्रदीप्तमनाथमिदम्।
भवनि शरणे सद मूढ जगत्
　　भ्रमती भ्रमरो यथ कुम्भगतो॥ ६९॥

今译：三界受老和病的痛苦烧灼，
　　死亡之火燃烧，没有救护者，
　　愚痴的世界四处寻找庇护所，
　　惊慌失措，犹如罐中的蜜蜂。（69）

地译：三界煩惱，猶如猛火，
　　迷惑不離，恒為所燒。

अध्रुवं त्रिभवं शरदभ्रनिभं
　　नटरङ्गसमा जगि रूर्मिचुती।
गिरिनद्यसमं लघुशीघ्रजवं
　　व्रजतायु जगे यथ विद्यु नभे॥ ७०॥

今译：三界飘忽不停，犹如秋云，
　　世界聚而又散[①]，犹如舞台，
　　轻快迅速，犹如山中激流，
　　生命逝去，犹如空中闪电。（70）

地译：猶如浮雲，須臾而滅，
　　合已還散，如聚戲場，

① “聚而又散”的原文是 rūrmicutī，相当于 ūrmicyutī，可读为“波浪消失”。M 本写为 janmi cyuti（“生和死”），词义在此并不切合。此处地译“合已还散”，词义比较切合。

念念不住，如空中電，
遷滅迅速，如水瀑流。

भुवि देवपुरे त्रिपायपथे
भवतृष्णाविद्यवशा जनता।
परिवर्तिषु पञ्चगतिष्वबुधाः
यथ कुम्भकरस्य हि चक्रभ्रमी॥७१॥

今译：世间、天国和三恶道，
众生无知，渴望生存，
在五道中轮回不已，
犹如陶工制罐的转轮。（71）

地译：由愛無明，輪轉五道，
循環不已，如陶家輪。

प्रियरूपवरैः सह स्निग्धरुतैः
शुभगन्धरसै वरस्पर्शसुखैः।
परिषिक्तमिदं कलिपाश जगत्
मृगलुब्धकपाशि यथैव कपि॥७२॥

今译：可爱的色，温柔的声，
舒服的香、味和触，
世界陷入迦利[①]的套索，
犹如猴子中猎人圈套。（72）

地译：染著五欲，如被網禽。

सभया सरणाः सद वैरकराः
बहुशोक उपद्रव कामगुणाः।
असिधारसमा विषपत्रनिभा
जहितार्यजनैर्यथ मीढघटाः॥७३॥

今译：欲望始终伴随恐惧和争斗，
伴随种种仇恨、忧愁和苦难，
犹如刀刃，犹如有毒的树叶，
贤者抛弃它，犹如抛弃粪罐。（73）

① “迦利”（kali）是黑暗时代的称谓。这里可能是将“黑暗时代”拟人化。

地译：欲如怨賊，甚可怖畏，
處五欲者，猶如履刃，
著五欲者，如抱毒樹，
智者棄欲，猶如糞坑。

स्मृतिशोककरास्तमसीकरणाः
　　भयहेतुकरा दुखमूल सदा।
भवतृष्णलताय विवृद्धिकराः
　　सभया सरणा सद कामगुणाः ॥ ७४ ॥

今译：欲望始终伴随恐惧和争斗，
引起忧伤回忆，制造黑暗，
恐惧的原因，痛苦的根源，
促使贪恋生存的蔓藤增长。（74）

地译：五欲昏冥，能令失念，
常為可怖，諸苦之因，
能令生死，枝條增長，
由彼漂溺，生死河中。

यथ अग्निखदा ज्वलिता सभया
　　तथ काम इमे विदितार्यजनः।
महपङ्कसमा असिसुन्धुसमाः
　　मधुदिग्ध इव क्षुरधार यथा ॥ ७५ ॥

今译：智者们知道欲望恐怖，
犹如熊熊燃烧的火坑，
犹如大泥沼，犹如剑锋[1]，
犹如涂蜜的剃刀刀刃。（75）

地译：聖人捨之，如棄涕唾，
如見狂犬，疾走而避，
如蜜塗刀。

यथ सर्पिसरो यथ मीढघटाः

① “剑锋”的原词是 asisundhu。其中的 sundhu，词义不明。“剑锋”的通常用词是 asidhārā。

तथ काम इमे विदिता विदुषाम्।
तथ शूलसमा द्विजपेशिसमाः
यथ श्वान करङ्क सवैरमुखाः ॥ ७६ ॥

今译：智者们知道这些欲望，
犹如蛇头[①]，犹如粪罐，
犹如长矛，犹如鸟肉，
犹如饿狗争抢的枯骨。（76）

地译：如毒蛇首，如戈戟刃，
如糞穢瓶，不能捨離，
猶如餓狗，囓其枯骨。

उदचन्द्रसमा इमि कामगुणाः
प्रतिबिम्ब इव गिरिघोष यथा।
प्रतिभाससमा नटरङ्गसमाः
तथ स्वप्नसमा विदितार्यजनैः ॥ ७७ ॥

今译：智者们知道这些欲望，
犹如水中月，镜中像，
犹如山谷中的回音，
幻象，舞台，梦境。（77）

地译：五欲不實，妄見而生，
如水中月，如谷中響。

क्षणिका वशिका इमि कामगुणाः
तथ मायमरीचिसमा अलिकाः।
उदबुद्बुदफेनसमा वितथा
परिकल्पसमुछित बुद्ध बुधैः ॥ ७८ ॥

今译：智者们知道这些欲望，
不由自主，刹那生灭，
如幻如焰，如水中泡沫，
虚妄不实，起于[②]妄分别。（78）

---

① “蛇头”的原词是 sarpisaro。BHSD 指出此词应为 sarpaśiro。
② “起于”的原词是 samuchita，据 L 本应为 samucchrita（“起于”）。

地译：如焰如幻，如水上泡，
从分别生，無有實法。

प्रथमे वयसे वररूपधरः
　　प्रिय इष्ट मतो इय बालचरी।
जरव्याधिदुखै हततेजवपुं
　　विजहन्ति मृगा इव शुष्कनदीम्॥७९॥

今译：年轻的时候容貌美丽，
愚夫们自以为很可爱，
而老病痛苦磨尽光彩，
便如同鹿群离开枯河。（79）

地译：年在盛時，愚癡愛著，
謂為常有，不能厭捨；
老病死至，壞其少壯，
一切惡之。

धनधान्यवरो बहुद्रव्यबली
　　प्रिय इष्ट मतो इय बालचरी।
परिहीनधनं पुन कृच्छ्रगतं
　　विजहन्ति नरा इव शून्यटवीम्॥८०॥

今译：拥有财富、粮食和实力，
愚夫们自以为很可爱，
而失去财富，陷入困境，
便如同人们离开荒林。（80）

地译：有財寶者，不知遠離，
五家散失，便生苦惱。

यथ पुष्पद्रुमो सफलेव द्रुमो
　　नरु दानरतस्तथ प्रीतिकरो।
धनहीन जरार्तितु याचनको
　　भवते तद अप्रियु गृध्रसमः॥८१॥

今译：犹如开花结果的树木，

乐善好施者招人喜欢，
贫困衰老成为求乞者，
便像兀鹰不受人欢迎。（81）

地译：猶如樹木，花果茂盛，
眾人愛之，枝葉彫零，
棄而不顧，老弱貧病，
亦復如是，亦如鷲鳥，
世間惡之。

प्रभु द्रव्यबली वररूपधरः
प्रियसंगमनेन्द्रियप्रीतिकरो।
जरव्याधिदुखार्दितु क्षीणधनो
भवते तद अप्रियु मृत्युसमः॥८२॥

今译：拥有财物、力量和美貌，
与爱人共享感官快乐，
而老病折磨，耗尽财富，
便像死神不受人欢迎。（82）

जरया जरितः समतीतवयो
द्रुम विद्युहतेव यथा भवति।
जरजीर्ण अगारु यथा सभयो
जरनिःसरणं लघु ब्रूहि मुने॥८३॥

今译：衰老老去以往的年岁，
犹如树木遭雷电打击，
犹如房屋衰朽出险情，
牟尼啊！快说灭老之法。（83）

地译：如霹靂火，焚燒大樹，
亦如朽屋，不久崩壞，
有法能離，生老病死，
願尊出家，為諸眾生，
說如斯法。

जर शोषयते नरनारिगणं
　　यथ मालूलता घनशालवनम्।
जर वीर्यपराक्रमवेगहरी
　　जर पङ्कनिमग्न यथा पुरुषो॥८४॥

今译：衰老使所有男人和女人枯萎，
　　　犹如缠绕娑罗林的摩娄蔓藤，
　　　衰老夺走精力、勇气和速度，
　　　衰老使人如同陷入泥沼中。（84）

地译：生老病死，纏縛眾生，
　　　如摩婁迦，遶尼拘樹，
　　　能奪勢力，損壞諸根。

जर रूपसुरूपविरूपकरी
　　जर तेजहरी बलस्थामहरी।
सद सौख्यहरी परिभावकरी
　　जर मृत्युकरी जर ओजहरी॥८५॥

今译：衰老使美丽的容貌变丑，
　　　衰老夺走光辉，夺走威力，
　　　衰老始终得势，夺走快乐，
　　　衰老制造死亡，夺走活力。（85）

地译：猶如嚴霜，彫諸叢林，
　　　盛年妙色，因而變壞。

बहुरोगशतै घनव्याधिदुखैः
　　उपसृष्ट जगज्ज्वलतेव मृगाः।
जरव्याधिगतं प्रसमीक्ष्व जगत्
　　दुखनिःसरणं लघु देशयही॥८६॥

今译：百病缠身，遭受病痛折磨，
　　　世界如同陷入烈火的鹿群，
　　　看到世界充满衰老和疾病，
　　　请赶快宣示灭除痛苦之法。（86）

地译：譬如山火，四面俱至，

野獸在中，周憧苦惱，
處生死者，亦復如是，
願速出家，而救脫之。

शिशिरे हि यथा हिमधातु महान्
तृणगुल्मवनौषधिओजहरो।
तथ ओजहरो अहु व्याधिजरो
परिहीयति इन्द्रिय रूप बलम्॥ ८७॥

今译：犹如冬季里的大雪夺走
青草、灌木和药草的光辉，
同样，疾病和衰老夺走
感官、容貌和力量的光辉。（87）

地译：尊觀病苦，損惱眾生，
猶如花林，為霜所彫。

धनधान्यमहार्थक्षयान्तकरो
परितापकरः सहव्याधिजरो।
प्रतिघातकरः प्रियु द्वेषकरः
परिदाहकरो यथ सूर्य नभे॥ ८८॥

今译：衰老和疾病一起制造痛苦，
毁灭财富、粮食和大利益，
制造打击，使可爱变可憎，
制造炎热，犹如空中太阳。（88）

मरणं चवनं चुति कालक्रिया
प्रियद्रव्यजनेन वियोगु सदा।
अपुनागमनं च असंगमनं
द्रुमपत्रफला नदिस्रोत यथा॥ ८९॥

今译：死亡、衰微①和坠落，时间使然，
经常与可爱的事物和人相分离，
再也不会回来，再也不会团聚，
犹如树木的叶和果，河中流水。（89）

① “衰微”（或“衰亡”）的原词是 cavanam，据 M 本和 L 本应为 cyuvanam。

地译：尊觀死苦，恩愛永絕，
眷屬分離，無復重覩，
猶如逝川，亦如花落。

मरणं वशितामवशीकुरुते
मरणं हरते नदि दारु यथा।
असहायु नरो व्रजतेऽद्वितियो
स्वककर्मफलानुगतो विवशः॥९०॥

今译：死亡使人失去自控，死亡带走
人的生命，犹如河流卷走木头，
无助的人只能独自向前行进，
跟随自己的业果，不能自主。（90）

地译：能害有力，令不自在，
獨行無伴，隨業而去。

मरणो ग्रसते बहुप्राणिशतं
मकरेव जला हरि भूतगणम्।
गरुडो उरगं मृगराजु गजं
ज्वलनेव तृणोषधिभूतगणम्॥९१॥

今译：死亡吞噬众多的生命，
犹如摩竭鱼吞食水生物，
金翅鸟吞蛇，兽王吞象，
大火吞噬草木和药草。（91）

地译：一切壽命，為死所吞，
如金翅鳥，能食諸龍，
亦如象王，為師子食，
如摩竭魚，能吞一切，
亦如猛火，焚燒叢林。

इम ईदृशकै बहुदोषशतैः जगु
मोचयितुं कृत या प्रणिधि।
स्मर तां पुरिमां प्रणिधानचरीं
अयु कालू तवा अभिनिष्क्रमितुम्॥९२॥

今译：你曾经发愿要让世界
摆脱诸如此类的弊病，
记住过去的这个誓愿，
现在到了你出家时间！（92）

地译：願尊憶昔，發弘誓願，
今正是時，宜速出家。

यद नारिगणः प्रहर्षितो
बोधयती तुरियैर्महामुनिम्।
तद गाथ विचित्र निश्चरी
तूर्यशब्दात् सुगतानुभावतः ॥९३॥

今译：这些妇女满怀喜悦，
用乐器唤醒大牟尼，
依靠善逝们的威力，
乐声中传出这些偈颂。（93）

地译：婇女伎樂，欲惑菩薩，
諸佛神力，變為法音。

लघु तद्भज्जति सर्वसंस्कृतं
अचिरस्थायि नभेव विद्युतः।
अयु कालू तवा उपस्थितः
समयो निष्क्रमणाय सुव्रत॥९४॥

今译：一切有为法易于破碎，
犹如空中闪电不持久，
恪守誓愿者啊，你离城
出家的时间已经来临！（94）

地译：是諸有為，皆當壞滅，
如空中電，無暫停息。

संस्कार अनित्य अध्रुवाः
आमकुम्भोपम भेदनात्मकाः।
परकेरक याचितोपमाः
पांशुनगरोपम तावकालिकाः॥९५॥

今译：一切业行无常不持久，
犹如未焙陶罐易破碎，
犹如借自他人的用品，
犹如沙城，转瞬便消逝。（95）

地译：亦如坏器，如假借物，
如腐草牆，亦如砂岸。

संस्कार प्रलोपधर्मिमे
वर्षकालि चलितं च लेपनम्।
नदिकूल इवा सवालूकं
प्रत्ययाधीन स्वभावदुर्बलाः ॥ ९६ ॥

今译：一切业行注定毁灭[①]，
犹如软膏在雨季流失，
犹如河岸的那些流沙，
依托因缘，本性无力。（96）

地译：依止因缘，無有堅實。

संस्कार प्रदीपाचिवत्
क्षिप्रोत्पत्तिनिरोधधर्मिकाः।
अनवस्थित मारुतोपमाः
फेनपिण्डवे असार दुर्बलाः ॥ ९७ ॥

今译：一切业行犹如灯焰[②]，
生性快速生起和灭寂，
犹如风儿，飘忽不停，
犹如聚沫，空虚无力。（97）

地译：如風中燈，如水聚沫，
如水上泡。

संस्कार निरीह शून्यकाः
कदलीस्कन्धसमा निरीक्षतः।
मायोपम चित्तमोहना
बालौल्लापन उक्त मुष्टिवत् ॥ ९८ ॥

① “注定毁灭”的原文是 pralopadharmime，疑有误，似应为 pralopadharmike。
② “犹如灯焰”的原文是 pradīpācivat，据 M 本和 L 本应 pradīpārcivat。

今译：一切业行空虚无作用，
　　　看来如同空心芭蕉秆，
　　　犹如幻觉，蒙蔽心灵，
　　　犹如空拳，愚弄傻子。（98）

地译：猶如芭蕉，中無堅實，
　　　如幻如化，猶如空拳。

हेतूभि च प्रत्ययेभि चा
　　सर्वसंस्कारगतं प्रवर्तते।
अन्योन्य प्रतीत्य हेतुतः
　　तदिदं बालजनो न बुध्यते॥ ९९॥

今译：依靠原因，依靠缘起，
　　　一切业行得以发生，
　　　互相之间辗转相因，
　　　愚人不理解这一些。（99）

地译：展轉相因，愚人不了，
　　　妄生計著。

यथ मुञ्ज प्रतीत्य बल्वजं
　　रज्जु व्यायामबलेन वर्तिता।
घटियन्त्र सचक्र वर्तते
　　एष एकैकश नास्ति वर्तना॥ १००॥

今译：譬如利用蒙阇草和
　　　波罗草，用力搓成绳，
　　　依托赚轮，辘轳汲水，
　　　单靠一方，不能成事。（100）

地译：譬如人功，及以麻枲，
　　　木輪和合，以成其繩。
　　　離是和合，即不成繩，

तथ सर्वभवाङ्गवर्तिनी
　　अन्यमन्योपचयेन निश्रिता।

एकैकश तेषु वर्तिनी
पूर्वपरान्तत नोपलभ्यते॥१०१॥

今译：同样，一切事物发生，
互相促进，互相依靠，
它们不能分出先后，
一个一个单独发生。（101）

地译：十二因缘，一一分析，
過現未來，無有體性，
求不可得，亦復如是。

बीजस्य सतो यथाङ्कुरो
न च यो बीज स चैव अङ्कुरो।
न च ततो न चैव तत्
एवमनुच्छेद अशाश्वत धर्मता॥१०२॥

今译：譬如一颗种子发芽，
而这种子并不是芽，
并非他物，也非此物[1]，
不断不常，事物本性。（102）

地译：譬如種子，能生於牙，
牙與種子，不即不離。

संस्कार अविद्यप्रत्यया:
ते संस्कारे न सन्ति तत्त्वतः।
संस्कार अविद्य चैव हि
शून्य एके प्रकृतीनिरीहकाः॥१०३॥

今译：一切业行缘起于无知，
它们并非真实的存在，
因为业行和无知两者，
本性同样空虚无作用。（103）

① 月称《中论注》中引用这颂，在这句原文中的 tato 一词前，还有 anyu 一词。这样，可以读为“并非不同于此物，也不是此物”。

地译：從於無明，能生諸行，
　　　無明與行，亦復如是，
　　　不即不離，體性空寂，
　　　於因緣中，求不可得。

मुद्रात्प्रतिमुद्र दृश्यते
　　मुद्रसंक्रान्ति न चोपलभ्यते।
न च तत्र न चैव शाश्वतो
　　एव संस्कारानुच्छेदशाश्वताः॥१०४॥

今译：依靠印章，看到印文，
　　　脱离印章，便不可得，
　　　不在那里，也不固定，
　　　确实，业行不断不常。（104）

地译：譬如印泥，泥中無印，
　　　印中無泥，要因泥印。

चक्षुश्च प्रतीत्य रूपतः
　　चक्षुविज्ञानमिहोपजायते।
न च चक्षुषि रूप निश्रित
　　रूपसंक्रान्ति न चैव चक्षुषि॥१०५॥

今译：依靠眼睛和依靠色，
　　　眼识由此得以产生，
　　　而色并不依赖眼睛，
　　　但色也不脱离眼睛。（105）

地译：文像可覩，依止根境，
　　　有眼識生，三事和合，
　　　說為能見，境不在識，
　　　識不在境。

नैरात्म्यशुभाश्च धर्मिमे
　　पुनरात्मेति शुभाश्च कल्पिताः।
विपरीतमसद्विकल्पितं
　　चक्षुविज्ञान ततोपजायते॥१०६॥

今译：一切事物原本无我[1]，
而被设想成为有我，
颠倒妄想，不实分别，
眼识由此得以产生。（106）

地译：根境識中，本無有見，
分別妄計，境界相生。

विज्ञाननिरोधसंभवं
विज्ञानोत्पादव्ययं विपश्यति।
अकहिं च गतं अनागतं
शून्य मायोपम योगि पश्यति॥ १०७॥

今译：瑜伽行者观察识的
生和灭，产生和消失，
看现在[2]、过去和未来，
一切空虚不实如幻觉。（107）

地译：智者觀察，曾無相狀，
如幻夢等。

अरणिं यथ चोत्तरारणिं
हस्तव्यायाम त्रयेभि संगति।
इति प्रत्ययतोऽग्नि जायते
जातु कृतार्थु लघु निरुध्यते॥ १०८॥

今译：譬如上下两根引火木，
用手摩擦，火的产生
缘于这三者的结合，
达到目的，立即停止。（108）

地译：譬如鑽火，木鑽人功，
三種和合，得有火生。

① 这句原文中的 dharmime，似应为 dharmike。
② “现在”的原词是 akahim。此词中的 kahim 相当于疑问词 karhi（“何时”），加上否定性的前缀 a，构成 akahim，词义不明。这里姑且译为“现在”。

अथ पण्डितु कश्चि मार्गते
　　कुतयं आगतु कुत्र याति वा।
विदिशो दिशि सर्वि मार्गतो
　　नागति नास्य गतिश्च लभ्यते॥ १०९॥

今译：若有智者询问这火
来自哪里？去往何处？
他问遍十方，也不会
得知它的来处和去处。（109）

地译：於三法中，本無有火。

स्कन्धधात्वायतनानि धातवः
　　तृष्ण अविद्या इति कर्मप्रत्यया।
सामग्रि तु सत्त्वसूचना
　　स च परमार्थतु नोपलभ्यते॥ ११०॥

今译：业行缘于诸蕴界处，
诸界、贪欲和无知，
这些聚合，名为众生，
这里得不到第一义。（110）

地译：和合暫有，名曰眾生，
第一義中，都不可得。

कण्ठोष्ठ प्रतीत्य तालूकं
　　जिह्वापरिवर्ति अक्षरा।
न च कण्ठगता न तालूके
　　अक्षरैकैक तु नोपलभ्यते॥ १११॥

今译：靠喉咙、嘴唇和上颚，
转动舌头，发出字音，
单靠喉咙，单靠上颚，
都不可能发出字音。（111）

地译：譬如咽喉，及以脣舌，
擊動出聲，一一分中，
聲不可得。

सामग्रि प्रतीत्यतश्च सा
　　वाचमनबुद्धिवशेन निश्चरी।
मन वाच अदृश्यरूपिणी
　　बाह्यतोऽभ्यन्तर नोपलभ्यते॥ ११२॥

今译：它缘于所有一切聚合，
语言发音受心智控制，
而思想和语言无形体，
向外和向内都不可见。（112）

地译：眾緣和合，有此聲耳。

उत्पादव्ययं विपश्यतो
　　वाच रुतघोषस्वरस्य पण्डितः।
क्षणिकां वशिकां तदा दृशी
　　सर्वा वाच प्रतिश्रुतकोपमाम्॥ ११३॥

今译：智者们观察语言
发音的产生和消失，
一切语言刹那生灭，
不由自主，如同回音。（113）

地译：智者觀聲，念念相續，
無有實法，猶如谷響，
聲不可得。

यथ तन्त्रि प्रतीत्य दारू च
　　हस्तव्यायाम त्रयेभि संगति।
तुणवीणसुघोषकादिभिः
　　शब्दो निश्चरते तदुद्भवः॥ ११४॥

今译：譬如琴瑟、琵琶和
箜篌，依靠弦和木，
手的拨动，三者结合，
它们才会发出乐声。（114）

地译：譬如箜篌，絃器及手，

和合發聲，本無去來。

अथ पण्डितु कश्चि मार्गते
कुतयं आगतु कुत्र याति वा।
विदिशो दिशि सर्वि मार्गतः
शब्दगमनागमनं न लभ्यते॥ ११५॥

今译：若有智者询问乐声
来自哪里？去往何处？
他问遍十方，也不会
得知它的来处和去处。（115）

地译：於諸緣中，求聲不得，
離緣求聲，亦不可得。

तथ हेतुभि प्रत्ययेभि च
सर्वसंस्कारगतं प्रवर्तते।
योगी पुन भूतदर्शनात्
शून्य संस्कार निरीह पश्यति॥ ११६॥

今译：依靠原因，依靠缘起，
一切业行得以发生，
瑜伽行者洞悉真实，
发现业行空虚无作用。（116）

स्कन्धायतनानि धातवः
शून्य अध्यात्मिक शून्य बाह्यकाः।
सत्त्वात्मविविक्तमनालया
धर्माकाशस्वभावलक्षणाः॥ ११७॥

今译：所有蕴和处，所有界，
内在空虚，外在空虚，
无众生，无我，无依处，
万物空虚是本性真相。（117）

地译：內外諸蘊，皆悉空寂，
無我無人，無壽命者。

इय ईदृश धर्मलक्षणा
  बुद्ध दीपंकर दर्शने त्वया।
अनुबुद्ध स्वयं यथात्मना
  तथ बोधेहि सदेवमानुषां॥ ११८॥

今译：如此这般万物真相，
　　　过去见到燃灯佛时，
　　　你就已经亲身领悟，
　　　开导天神和凡人吧！（118）

地译：尊於往昔，值然燈佛，
　　　已證最勝，真實妙法。

विपरीताभूतकल्पितैः
  रागदोषैः परिदह्यते जगत्।
कृपमेघसमाम्बुशीतलां
  मुञ्च धाराममृतस्य नायका॥ ११९॥

今译：颠倒妄想，不实分别，
　　　这世界受爱憎烧灼，
　　　导师啊，以慈悲为云，
　　　降下清凉甘露雨吧！（119）

地译：願尊於今，為眾生故，
　　　雨甘露法，使得充足。

त्वयि यस्य कृतेन पण्डिता
  दत्तु दानं बहुकल्पकोटिषु।
संप्राप्य हि बोधिमुत्तमां
  आर्यधनसंग्रह करिष्य प्राणिनाम्॥ १२०॥

今译：你为此目的，智者啊！
　　　在千万劫中慷慨施舍，
　　　你将会证得至高菩提，
　　　让众生获取圣洁财富。（120）

तां पूर्वचरीमनुस्मरा
  नार्य धनहीन दरिद्र दुःखिताम्।

मा उपेक्षहि सत्त्वसारथे
आर्यधनसंग्रहि तेषु कुर्वहि ॥ १२१ ॥

今译：记住过去的品行！不要忽视
那些不圣洁、无财富、贫困和
痛苦的人们，众生的导师啊！
让他们获取圣洁的财富吧！（121）

त्वयि शील सदा सुरक्षितं
पिथनार्थाय अपायभूमिनाम्।
स्वर्गामृतद्वारमुत्तमां
दर्शयिष्ये बहुसत्त्वकोटिनाम् ॥ १२२ ॥

今译：你一向严格奉守戒行，
为了堵塞住那些恶道，
你将为千万众生展示
至高的天国不死之门。（122）

तां पूर्वचरीमनुस्मरा
बद्धा द्वार निरयाय भूमिनाम्।
स्वर्गामृतद्वार मुञ्चही
ऋध्यहि शीलवतो विचिन्तितम् ॥ १२३ ॥

今译：要记住过去的品行，
关闭通向地狱之门，
打开天国不死之门，
满足善人们的心愿。（123）

त्वयि क्षान्ति सदा सुरक्षिता
प्रतिघक्रोधशमार्थ देहिनाम्।
भावार्णव सत्त्व तारिया
स्थापयिष्ये शिवि क्षेमि निर्ज्वले ॥ १२४ ॥

今译：你一向严格奉守忍辱，
为了平息众生的嗔怒，
你将让众生渡过生死海，
达到吉祥平安，无烦恼。（124）

第十三　鼓励品　325

तां पूर्वचरीमनुस्मरा
　　वैरव्यापादविहिंसाकुलाम्।
मा उपेक्ष विहिंसचारिणः
　　क्षान्तिभूमीय स्थपे इमं जगत्॥ १२५॥

今译：你要记住过去的品行，
不要忽视充满仇恨和
怨恨、实施暴力的人们，
让这个世界充满宽容。（125）

त्वयि वीर्य यदर्थ सेवितं
　　धर्मनावं समुदानयित्वना।
उत्तार्य जगद्भवार्णवात्
　　थपयिष्ये शिवि क्षेमि निर्ज्वले॥ १२६॥

今译：为此目的你勇猛精进，
成功获得了正法之船，
让这个世界渡过生死海，
达到吉祥，平安，无烦恼。（126）

तां पूर्वचरीमनुस्मरा
　　चतुरोघैरिव मुह्यते जगत्।
लघु वीर्यबलं पराक्रमा
　　सत्त्व संतारयही अनायकां॥ १२७॥

今译：你要记住过去的品行，
世界仿佛困于四瀑流，
施展你的勇猛精进力，
拯救无人指导的众生！（127）

त्वय ध्यानकिलेशाध्येषणा
　　भाविता यस्य कृतेन सूरता।
भ्रान्तेन्द्रिय प्राकृतेन्द्रियां
　　क्पि चित्तार्यपथे स्थपेष्यहम्॥ १२८॥

今译：为此目的，修习禅定，

降伏烦恼[①]，心平气和，
你将把混乱和粗野的
感官引向高尚的心路。（128）

तां पूर्वचरीमनुस्मरा
क्लेशजालैरिहमाकुलं जगत्।
मा उपेक्षहि क्लेशुपद्रुतां
ध्यानैकाग्रि स्थपेहिमां प्रजाम्॥ १२९॥

今译：你要记住过去的品行，
这世界布满烦恼之网，
不要忽视苦恼的众生，
引导他们专心修禅定。（129）

त्वयि प्रज्ञ पुरा सुभाविता
मोहविद्यान्धतमोवृते जगे।
बहुधर्मशताभिलोकने
दास्ये चक्षुषि तत्त्वदर्शनम्॥ १३०॥

今译：你曾修习智慧，这世界
笼罩愚痴、无知和黑暗，
你将提供洞悉真实之眼，
观察数以百计的正法。（130）

तां पूर्वचरीमनुस्मरा
मोहविद्यान्धतमोवृते जगे।
ददही वरप्रज्ञ सुप्रभा
धर्मचक्षुं विमलं निरञ्जनम्॥ १३१॥

今译：记住过去的品行，这世界
笼罩愚痴、无知和黑暗，
你具有光辉美妙的智慧，
请赐予纯洁无垢的法眼。（131）

इयमीदृश गाथ निश्चरी
तूर्यसंगीतिरवातु नारिणाम्।

① 此处原文中的 dhyeṣaṇā，BHSD 认为相当于 dharṣaṇā（“进攻”或“征服”）。

यं श्रुत्व मिद्धं विवर्जिया
चित्तु प्रेषेति वराग्रबोधये॥१३२॥ इति॥

今译：那些妇女弹奏演唱，
诵出这样一些偈颂，
王子听后，摆脱昏睡，
起念追求至高菩提。（132）[①]

इति हि भिक्षवोऽन्तःपुरमध्यगतो बोधिसत्त्वोऽविरहितोऽभूद्धर्मश्रवणेन अविरहितोऽभूद्धर्ममनसिकारेण। तकस्माद्धेतोः तथा हि भिक्षवो बोधिसत्त्वो दीर्घरात्रं सगौरवोऽभूत्। धर्मेषु धर्मभाणकेषु चाध्याशयेन धर्मार्थिको धर्मकामो धर्मरतिरतोऽभूत्। धर्मपर्येष्ट्यतृप्तो यथाश्रुतधर्मसंप्रकाशकः अनुत्तरो महाधर्मदानपतिः निरामिषधर्मदेशको धर्मदानेनामत्सरः आचार्यमुष्टिविगतो धर्मानुधर्मप्रतिपन्नो धर्मप्रतिपत्तिशूरः धर्मलयनो धर्मत्राणो धर्मशरणो धर्मप्रतिशरणो धर्मपरायणः धर्मनिध्याप्तिः क्षान्तिनिर्यातः प्रज्ञापारमिताचरित उपाय-कौशल्यगतिं गतः॥

今译：这样，众比丘啊！菩萨在后宫中，不放弃聆听正法，不放弃思考正法。为什么？众比丘啊！在过去漫漫长夜中，菩萨崇敬正法和说法师，满怀热诚追求正法，热爱正法，乐在正法，不知餍足求取正法，按照所闻宣示正法，成为无上大法施主，教导不求酬报法，无私施法，不握师拳[②]，随法而行，勇猛行法，以法为住所，守护法，以法为庇护，以法为归依，以法为归宿，沉思法，实行忍辱，修行般若波罗蜜，通晓方便善巧。

地译：佛告諸比丘：菩薩聞是偈已，專趣菩提，正念不惰。何以故？菩薩於長夜時，尊重、恭敬、供養正法及說法師，深生淨信，求於正法，好樂正法，住於正法，隨所聽聞，心無厭足，開悟眾生。於法施主深生尊重，為他演說，無所希望，亦不因法而求財寶，為眾說法未曾慳恪。勇猛精進，一心勤求，法為依止，守護法藏，住於忍辱，修行波若，通達方便。

तत्र भिक्षवो बोधिसत्त्वो महोपायकौशल्यविक्रीडितेन सर्वान्तःपुरस्य यथाधिमुक्त्या ईर्या-पथमुपदर्श्य पौर्विकाणां च बोधिसत्त्वानां लोकविषयसमतिक्रान्तानां लोकानुवर्तनक्रिया-धर्मतामनुवर्त्य दीर्घरात्रं सुविदितकामदोषः सत्त्वपरिपाकवशादकामात्कामोपभोगं संदर्श्य

① 以上第 120 至第 132 首偈颂不见于地译。
② “不握师拳”意谓作为老师，将全部知识传授给弟子，而不隐藏保留。此处地译“为众说法，未曾慳吝”。

अपरिमितकुशलमूलोपचयपुण्यसंभारबलविशेषणासदृशीं लोकाधिपतेयतां संदर्श्य देवमनुष्यातिक्रान्तं सारोदारविविधविचित्ररूपशब्दगन्धरसस्पर्शपरमरतिरमणीयं कामरतिसौख्यमुपदर्श्य सर्वकामरतिस्वविषयेष्वपर्यन्तत्वात् स्वचित्तवशवर्तितां संदर्श्य पूर्वप्रणिधानबलसहायकुशलमूलोपचितान् सत्त्वान् समानसंवासतया परिपाच्य सर्वलोकसंक्लेशमलासंक्लिष्टचित्ततयान्तः पुरमध्यगतो यथाभिनिमन्त्रितस्य सत्त्वधातोः परिपाककालमवेक्षमाणो भूयस्या मात्रया बोधिसत्त्वस्तस्मिन् समये पूर्वप्रतिज्ञामनुस्मरति स्म बुद्धधर्मांश्चामुखीकरोति स्म प्रणिधानबलं चाभिनिर्हरति स्म। सत्त्वेषु च महाकरुणामवक्रामति स्म। सत्त्वप्रमोक्षं च चिन्तयति स्म। सर्वसंपदो विपत्तिपर्यवसाना इति प्रत्यवेक्षते स्म। अनेकोपद्रवभयबहुलं च संसारमुपपरीक्षते स्म। मारकलिपाशांश्च संछिनत्ति स्म। संसारप्रबन्धाच्चात्मानमुच्चारयति स्म। निर्वाणे च चित्तं संप्रेषयति स्म॥

今译：众比丘啊！菩萨运用大方便善巧游戏，依照信解，向整个后宫示现威仪道行。他效仿过去的菩萨超越世俗境界，而又顺应世间的做法。他在漫漫长夜中深知欲望的弊端，而为了教化众生，示现无欲望的欲乐享受。他积累了无量善根和功德，示现对世间的无与伦比的驾驭力。他示现超越天神和凡人的各种精妙的色、声、香、味和触，以及最可爱的爱欲和快乐，又示现在没有止境的一切欲乐中控制自己的心。他依靠共同生活，教化在过去依靠誓愿力积累了善根的众生。他在后宫中，心中不沾染一切世俗的烦恼和污垢，而看到了依照劝请教化众生界的时机，转而记起过去的誓愿。种种佛法显现眼前，激发誓愿力，他对众生产生大慈悲，决心度脱众生。他看到一切财富终归毁灭。他看到轮回充满无数烦恼和恐惧。他斩断摩罗和迦利的套索。他让自己摆脱轮回束缚。他一心追求涅槃。

地译：佛告諸比丘：菩薩於多劫來，遠離世間五欲之過，為成就眾生，示現處於貪欲境界，積集增長一切善根、殊勝福德資粮之力，示現受用廣大微妙五欲境界，而於其中心得自在。菩薩是時憶念往昔所發誓願，由是昔願思惟佛法皆悉現前，而起大悲，觀察世間富貴熾盛會歸磨滅，又觀生死多諸煩惱、險惡、怖畏，欲速除斷，入大涅槃。

तत्र भिक्षवो बोधिसत्त्वः पूर्वान्तत एव सुविदितसंसारदोषः संस्कृतेनाध्याशयेनानर्थिकः सर्वोपादानपरिग्रहैरनर्थिको बुद्धधर्मनिर्वाणाभिमुखः संसारपराङ्मुखस्तथागतगोचराभिरतः मारविषयगोचरासंसृष्टः आदीप्तभवदोषदर्शी त्रैधातुकान्निःशरणाभिप्रायः संसारदोषादीनवनिःसरणकुशलः प्रव्रज्याभिलाषी निष्क्रमणाभिप्रायो विवेकनिम्नो विवेकप्रवणो विवेकप्राग्भारः आरण्यप्रारण्याभिमुखः प्रविवेकप्रशमाभिकाङ्क्षी आत्मपरहितप्रतिपन्नः अनुत्तरप्रतिपत्तिशूरो लोकस्यार्थकामो हितकामः सुखकामो योगक्षेमकामो लोकानुकम्पको हितैषी

मैत्रीविहारी महाकारुणिकः संग्रहवस्तुकुशलः सततसमितमपरिखिन्नमानसः सत्त्वपरिपाक-
विनयकुशलः सर्वसत्त्वेष्वेकपुत्रकप्रेमानुगतमनसिकारः सर्ववस्तुनिरपेक्षपरित्यागी दान-
संविभागरतः प्रयुक्तत्यागः प्रयतपाणिः त्यागशूरो यष्टयज्ञः सुसमृद्धपुण्यः सुसंगृहीतपुण्यः
परिष्कारविगतमलामात्सर्यसुनिगृहीतचित्तोऽनुत्तरो महादानपतिर्दत्त्वा च विपाकाप्रतिकाङ्क्षी
प्रदानशूरः इच्छामहेच्छालोभद्वेषमदमानमोहमात्सर्यप्रमुखसर्वारिक्लेशगणप्रत्यर्थिकनिग्रहा-
याभ्युत्थितः सर्वज्ञताचित्तोत्पादप्रबन्धाच्चलितः महात्यागचित्तसंनाहसुसंनद्धः लोकानु-
कम्पको हितैषीव वर्मितकवचितवीर्यः सत्त्वप्रमोक्षालम्बनमहाकरुणाबलविक्रमपराक्रमः
अवैवर्तिकसर्वसत्त्वसमचित्तत्यागप्रहरणो यथाभिप्रायसत्त्वाशयसंतोषणो बोधिभाजनीभूतः
कालाक्षुण्णधर्मवेधी बोधिपरिणामप्रणिधिः अनवनामितध्वजस्त्रिमण्डलपरिशोधनदानपरि-
त्यागी ज्ञानवरवज्रदृढप्रहरणः सुनिगृहीतक्लेशप्रत्यर्थिकः शीलगुणचारित्रप्रतिपन्नः स्वारक्षित-
कायवाङ्मनस्कर्मान्तोऽणुमात्रावद्यभयदर्शी सुपरिशुद्धशीलः अमलविमलनिर्मलचित्तः
सर्वदुरुक्तदुरागतवचनपथाक्रोशपरिभाषणकुत्सनताडनतर्जनवधबन्धनावरोधनपरिक्लेशालूडि
तचित्तोऽक्षुभितचित्तः क्षान्तिसौरभ्यसंपन्नः अक्षतोऽनुपहतोऽव्यापन्नचित्तः सर्वसत्त्व-
हितार्थायोत्तप्तवीर्यारम्भी दृढसमादानसर्वकुशलमूलधर्मसमुदानयनाप्रत्युदावर्त्यस्मृतिमान्
सुसंप्रज्ञासुसमाहितोऽविक्षिप्तचित्तो ध्यानैकाग्रमनसिकारो धर्मप्रविचयकुशलो लब्धालोको
विगततमोन्धकारः अनित्यदुःखात्माशुभाकारपरिभावितचेताः स्मृत्युपस्थानसम्यक्प्रहाण-
ऋद्धिपादेन्द्रियबलबोध्यङ्गमार्गार्य सत्यसर्वबोधिपक्षधर्मसुपरिकर्मकृतमनसिकारः शमथवि-
पश्यनासुपर्यवदातबुद्धिः प्रतीत्यसमुत्पादसत्यदर्शी सत्यानुबोधादपरप्रत्ययस्त्रिविमोक्षसुख-
विक्रीडितो मायामरीचिस्वप्नोदकचन्द्रप्रतिश्रुत्काप्रतिभासोपमसर्वधर्मनयावतीर्णः॥

今译：众比丘啊！菩萨早已深知轮回的弊端，不追求有为和意欲，不追求获取和执著，而向往佛法和涅槃，回避轮回，热爱如来境界，远离摩罗境界，看到炽烈的生死祸患，追求摆脱三界，善于消除轮回的弊端和缺陷，渴望出家，向往出家，愿意隐居，向往隐居，乐于隐居，向往森林，渴望隐居和宁静，达到利己和利他，勇敢修行无上道，乐于为世界谋福，热爱利益，热爱幸福，热爱安稳平静，同情世界，追求利益，大慈大悲，善于摄事，永不厌倦，善于教化引导众生，关爱一切众生如同独子，毫无顾虑地舍弃一切事物，乐于施舍，实行舍弃，勇于拱手舍弃，举行祭祀，增长功德，积聚功德，无垢无私积聚资财，成为无上大施主，施舍而不求回报，勇于施舍，努力降伏欲望、大欲望、贪欲、憎恨、骄慢、高傲、痴迷和妒忌等等一切敌人和种种烦恼怨怼，始终保持知一切智心，毫不动摇，以大舍弃心为铠甲，同情世界，追求利益[①]，以精进努力为铠甲，凭大慈悲勇猛威力度脱众生，以不退转、平等对待众生和舍弃

① 此处“追求利益”的原词是 hitaiṣīva，据 M 本和 L 本应为 hitaiṣī。

为武器，按照所求满足众生心愿，接受菩提，精通时间和正法，发愿回向菩提，幡幢不倒，在施舍和舍弃中三轮清净[①]，以金刚智为坚固武器，降伏烦恼怨敌，奉守戒行和德行，守护身业、语业和意业，始终惧怕犯有微小的过失，戒行纯洁，心中清净无垢，面对一切恶言、非难、怒斥、毁谤、打骂、杀戮、捆绑、囚禁和迫害，心不慌乱，心不惊恐，保持忍辱和柔顺，心不受害，心不受伤，心不怨恨，为了一切众生的利益，勇猛精进，记住顽强获得和积聚的一切善根法而不退转，智慧充足，善于入定，心不散乱，专心修禅，善于观法，获得光明，驱除黑暗，心中深知无常之苦和身体不净相，一心修习念处、正勤、神足、根、力、觉支、正道、圣谛和菩提分法，修习止观，智慧清净，洞悉缘起真谛，自己领悟真谛而不由他缘，在三解脱[②]中游戏娱乐，深知一切法门如幻，如焰，如梦，如水中月，如回音，如影像。

地译：佛告諸比丘：菩薩久已了知生死過患，不取不著，樂求如來真實功德，依阿蘭若寂靜之處，其心常樂利益自他。於無上道勇猛精進，令一切眾生得安樂故，得利益故，得寂靜故，得涅槃故，常起大慈大悲。能以四攝攝諸眾生，無有厭倦，觀諸眾生猶如一子。於諸境界心無所著，設大施會，增長福德，遠離慳貪，施不望報。於長夜中勇猛精進，善能降伏貪瞋、憍慢、慳嫉、煩惱，未曾暫忘一切智心。著大施甲，被精進鎧，以大悲心度脫眾生，智力堅強恒無退失，等心眾生，隨其意樂皆令滿足。知時非時，悟法非法，迴向菩提。於惠施中三事清淨，以金剛智除斷四魔，戒行成就善能守護身語意業，乃至小罪而懷大懼心常清淨，於諸垢濁、惡言毀呰、輕弄誹謗、打辱繫縛曾無濁亂。具足忍辱心性調柔，所作事業常能堅固，於一切善心無退轉。念智具足，恒修正定，獲智慧明，能破諸暗。心常觀見苦、空、無常、不淨之法，已善修習四念處、四正勤、四如意足、五根、五力、七菩提分、八聖道分。又常安住奢摩他、毗鉢舍那，深入緣起，覺悟真實，恒自了知，不因他解，遊三脫門，了知諸法如幻如夢如影，如水中月，如鏡中像，如熱時焰，如呼聲響。

इति हि भिक्षवो बोधिसत्त्वस्यैवं भवति प्रतिकृतिः-- एवं धर्मविहारी एवं गुणमाहात्म्यविहारी एवं सत्त्वार्थाभियुक्तविहारी अभूत्। भूयस्या मात्रया आभिर्दशदिग्बुद्धाधिष्ठानतूर्यसंगीतिविनिःसृताभिर्गाथाभिः संचोदितः स तस्यां वेलायां पूर्वेषां च बोधिसत्त्वानां चरमभवोपगतानामन्तःपुरपरिपाचितानि चत्वारि धर्ममुखान्यामुखीकरोति स्म। कतमानि चत्वारि यदिदं दानं प्रियवचनमर्थक्रियां समानार्थतां च। चतुः संग्रहवस्तुप्रयोगनिर्हारविशुद्धिं

① “三轮清净”指依据空观，在施舍中，施者、受者和所施物没有分别，无须执著。
② “三解脱”指空、无相和无愿三种解脱之门。

च नाम धर्ममुखमामुखीकरोति स्म। त्रिरत्नवंशसाधारणाभिप्रायो विप्रणाशसर्वज्ञताचित्त-प्रणिधानबलाधानावैवर्त्यविषयं च नाम धर्ममुखमामुखीकरोति स्म। सर्वसत्त्वापरित्यागा-ध्याशयमहाकरुणावतारतां च नाम धर्ममुखमामुखीकरोति स्म। सर्वबोधिपक्षधर्मपदे प्रभेदार्थाभिनिश्चयज्ञानसंसारबलविशेषसमुदानयमहाव्यूहं च नाम धर्ममुखमामुखीकरोति स्म। इमानि चत्वारि धर्ममुखान्यामुखीकृत्य बोधिसत्त्वः सर्वस्यान्तः पुरस्य परिपाचनार्थं तस्यां वेलायां तथारूपमृद्ध्यभिसंस्कारमभिसंस्करोति स्म यथारूपेण ऋद्ध्यभिसंस्कारेणा-भिसंस्कृतेन तेभ्यः संगीतिरुतेभ्यो बोधिसत्त्वानुभावेनेमान्येवंरूपाणि धर्ममुखशतसहस्राणि निश्चरन्ति स्म। तद्यथा--

今译：众比丘啊！菩萨正是这样，安住于法，安住于大功德，安住于为众生谋福。而凭借十方佛陀的威力，乐器和歌声中诵出这些偈颂，劝请菩萨。此刻，他展现过去达到最后一生的众菩萨教化后宫的四种法门。哪四种？他展现这种法门，实行布施、爱语、利行和同事这四摄事，增长清净。他展现这种法门，一心维持三宝世系[①]，知一切智心不消失[②]，保持誓愿力，不退转。他展现这种法门，一心不抛弃众生，大慈大悲。他展现这种法门，具有区分和确定一切菩提分法意义的智慧以及所有殊胜轮回力的大庄严。展现这四种法门后，菩萨为了教化整个后宫，在此刻展现神通。凭借菩萨的威力，依靠这种神通，那些歌声中诵出这样的百千种法门。例如：

地译：佛告諸比丘：菩薩從多劫來，於四威儀恒住如是智慧、如是功德、如是精進、如是利益。十方諸佛復令宮中婇女樂器出微妙聲，勸發菩薩。又欲化諸宮中婇女，即時證得四種法門。何等為四？一者方便布施、愛語、利行、同事，而攝取之。二者紹三寶種，能使不絕，不壞一切智性，不退願力。三者智力堅固，大慈大悲，不捨眾生。四者有殊勝智慧資粮之力，分別一切菩提分法，大嚴法門得現前故。以此四種為欲成就宮中諸婇女故，即於是時作大神通，令諸婇女解悟樂音所出言詞百千法門。

उदारछन्देन च आशयेन
　　अध्याशयेना करुणाय प्राणिषु।
उत्पद्यते चित्तु वराग्रबोधये
　　शब्दे च रूपस्तुरियेभि निश्चरी॥१३३॥

① “一心维持三宝世系”的原文是 triratnasādhāraṇābhiprāyo，据 M 本应为 triratnasya dhāraṇābhiprāyo。

② “不消失”的原词是 vipraṇāśa（“消失”），应为 avipraṇāśa（“不消失”）。此处地译“不坏一切智心”。

今译：怀着崇高志向和意愿，
　　　怀着对众生的怜悯心，
　　　一心追求至高的菩提，
　　　乐器发出这样的声音。（133）

श्रद्धा प्रसादो अधिमुक्ति गौरवं
　　निर्मानता ओनमना गुरूणाम्।
परिपृच्छना किंकुशलंगवेषणां
　　अनुस्मृतीभावनु शब्द निश्चरी॥१३४॥

今译：信仰、清净、虔诚和崇敬，
　　　不骄慢，尊师，虚心求教，
　　　追求善行，忆念和观想，
　　　乐器发出这样的声音。（134）

दाने दभे संयमशीलशब्दः
　　क्षान्तीय शब्दस्तथ वीर्यशब्दः।
ध्यानाभिनिर्हारसमाधिशब्दः
　　प्रज्ञा उपायस्य च शब्द निश्चरी॥१३५॥

今译：布施、自制①和持戒的声音，
　　　忍辱和勇猛精进的声音，
　　　还有修禅和入定的声音，
　　　以及智慧和方便的声音。（135）

मैत्राय शब्दः करुणाय शब्दो
　　मुदितापेक्षाय अभिज्ञशब्दः।
चतुसंग्रहावस्तुविनिश्चयेन
　　सत्त्वान परिपाचनशब्द निश्चरी॥१३६॥

今译：仁慈、悲悯、欢喜、
　　　舍弃和神通的声音，
　　　决心实行四摄事，
　　　教化众生的声音。（136）

---

① 此处"自制"的原词是 dabhe，据 M 本和 L 本应为 dame。

स्मृतेरुपस्थानप्रभेदशब्दः
　　सम्यक्प्रहाणास्तथ ऋद्धिपादा।
पञ्चेद्रिया पञ्चबलप्रभेदा
　　बोध्यङ्गशब्दस्तुरियेभि निश्चरी॥ १३७॥

今译：各种念处的声音，
正勤和神足的声音，
五根、五力和觉支，
乐器发出这些声音。（137）

अष्टाङ्गिको मार्गबलप्रभेदः
　　शमथस्य शब्दोऽथ विपश्यनायाः।
अनित्यदुःखार्तिअनात्मशब्दः
　　अशुभार्तिशब्दो तुरियेभि निश्चरी॥ १३८॥

今译：八正道，各种力，
止观，无常之苦，
无我，不净之苦，
乐器发出这些声音。（138）

विरागशब्दश्च विवेकशब्दः
　　क्षयज्ञानशब्दो अनुत्पादशब्दः।
अनिरोधशब्दश्च अनालयं च
　　निर्वाणशब्दस्तुरियेभि निश्चरी॥ १३९॥

今译：无欲和寂静的声音，
尽智①和不生的声音，
不灭、无依②和涅槃，
乐器发出这些声音。（139）

इम एवरूपास्तुरियेभि शब्दाः
　　संबोधिशब्दश्चनुभाव निश्चरी।
यं श्रुत्व सर्वा प्रमदा नु शिक्षिता
　　वराग्रसत्त्वे प्रणिधेन्ति बोधये॥ १४०॥

① “尽智”指灭除烦恼的智慧。
② “无依”指无所执著。

今译：那些乐器发出这些声音，
全都具有正等觉的威力，
她们听后满心欢喜，接受
大士教导，发愿求证菩提。（140）

地译：所謂廣大心，愍眾生心，求菩提心，發起深心，而於佛法令生淨信，遠離憍慢，尊重正法，知善不善，憶念諸佛，布施、持戒、忍辱、精進、禪定、智慧，六神通，四攝法，四無量，四念處，四正勤，四如意足，五根，五力，七菩提分，八聖道分，一一分別，奢摩他，毗鉢舍那，無常，苦，空，無我，不淨，無貪，寂滅，無生，盡智，乃至涅槃。菩薩神通令音樂中出如是聲。諸婇女等聞是聲已，生希有心，歡喜踊躍，得未曾有。①

इति हि भिक्षवो अन्तःपुरमध्यगतेन बोधिसत्त्वेन तानि चतुरशीतिस्त्रीसहस्राणि परिपाचितान्यभूवन् अनुत्तरायां सम्यक्संबोधौ बहूनि च देवताशतसहस्राणि ये तत्र संप्राप्ता अभूवन्॥

今译：这样，众比丘啊！菩萨在后宫教化八万四千妇女。同时，数百千天神在那里获得无上正等菩提。

地译：佛告諸比丘：菩薩處王宮時，能令八萬四千諸婇女等，發阿耨多羅三藐三菩提心。復有無量百千諸天聞如是法，於阿耨多羅三藐三菩提得不退轉，說微妙偈，勸請菩薩速疾出家。

तथा अभिनिष्क्रमणकाले तस्मिन् समये बोधिसत्त्वस्य ह्रीदेवो नाम तुषितकायिको देवपुत्रोऽनुत्तरायाः सम्यक्संबोधेः स रात्रौ प्रशान्तायां द्वात्रिंशता देवपुत्रसहस्रैः परिवृतः पुरस्कृतो येन बोधिसत्त्वस्योपस्थानप्रासादस्तेनोपसंक्रामत्। उपसंक्रम्य गगनतलगत एव बोधिसत्त्वं गाथाभिरध्यभाषत--

今译：还有，在菩萨即将出家时，一位名叫讫哩提婆的兜率天子，为求正等觉，在夜晚结束时，由三万二千天子围绕和引导，来到菩萨的宫殿。来到后，站在空中，向菩萨念诵这些偈颂：

च्युति दर्शिता अतियशा जन्म च संदर्शितं पुरुषसिंह।
अन्तःपुरं विदर्शितु कृतानुवृत्तिस्त्वया लोके॥ १४१॥

---

① 以上第 133 至第 140 首偈颂不见于地译。而此处地译可以说是对以上这些偈颂的概括。

今译：人中之狮啊！你已经
示现降下，示现出生，
示现后宫生活，顺应
世间，声誉卓著者啊！（141）

परिपाचिता ति बहवो देव मनुज लोकि धर्ममनुप्राप्य।
अयमद्य कालसमयो निष्क्रम्ये मति विचिन्तेहि॥ १४२॥

今译：众多天神和人间凡人
受到教化，获得正法，
现在已到了这个时候，
你就作出决定出家吧！（142）

न हि बद्ध मोचयाती न चान्धपुरुषेन दर्शियति मार्गः।
मुक्तस्तु मोचयाती सचक्षुषा दर्शयति मार्गः॥ १४३॥

今译：受束缚者不能解脱
他人，瞎子不能指路，
已解脱者才能解脱
他人，有眼才能指路。（143）

ये सत्त्व कामदासा गृहे धने पुत्रभार्यपरिश्रद्धाः।
ते तुभ्य शिष्यमाणा नैष्क्रम्यमतौ स्पृहां कुर्युः॥ १४४॥

今译：贪恋家庭、财产和妻儿，
众生都成了欲望的奴隶，
他们现在接受你的教诲，
心中也会产生出家渴望。（144）

ऐश्वर्य कामक्रीडा चतुद्वीपा सप्त रत्न विजहित्वा।
निष्क्रान्त त्वां विदित्वा स्पृहयेत्सनरामरो लोकः॥ १४५॥

今译：知道你抛弃荣华富贵、
爱欲游戏、四洲和七宝，
离宫出家，凡人和天神
也都会产生出家愿望。（145）

किं चापि ध्यानसौख्यैर्विहरसि धर्मैर्न चासि कामरतः।
अथ पुन चिरप्रसुप्तां बोधय मरुमानुषशतानि॥ १४६ ॥

今译：还有，你安住于禅乐，
安住正法，不爱欲乐，
而许多天神和凡人长久
沉睡，你就唤醒他们吧！（146）

अतिपतित यौवनमिदं गिरिनदि यथ चञ्चलप्रचलवेगा।
गतयौवनस्य भवतो नैष्क्रम्यमतिर्न शोभेते॥ १४७॥

今译：这青春很快就会逝去，
犹如奔腾跳跃的山溪，
等到你的青春消失后，
再决定出家就不稀罕。（147）

तत्साधु तरुणरूपे प्रथमे वरयावनेऽभिनिष्क्रम्य।
उत्तारय प्रतिज्ञां कुरुष्व चार्थं सुरगणानाम्॥ १४८॥

今译：青春[①]初期，形象清新，
你就在此刻出家吧！
兑现你自己的诺言，
为众天神谋福利吧！（148）

न च कामगुणरतीभिस्तृप्तिर्लवणोदधेर्यथाम्भोभिः।
ते तृप्त येष प्रज्ञा आर्या लोकोत्तरा विरजा॥ १४९॥

今译：欲乐无法让人满足，
犹如海水无法止渴，
高尚、非凡和纯洁的
智慧，才能让人满足。（149）

त्वमिह प्रियो मनापो राज्ञः शुद्धोदनस्य राष्ट्रस्य।
शतपत्रसदृशवदना नैष्क्रम्यमतिं विचिन्तेहि॥ १५०॥

今译：你的脸庞宛如莲花，

① 此处“青春”的原词是 yāvane，据 M 本和 L 本应为 yauvane。

对于净饭王和王国，
都显得可爱和可喜，
你就下决心出家吧！（150）

आदीप्त क्लेशतापैरनिःशरणैर्गाढबन्धनैर्बद्धां।
शीघ्रं प्रमोक्षमार्गे स्थापय शान्ते असमवीरा॥ १५१॥

今译：众生受烦恼烧灼，无处可逃，
他们还受坚固的绳索束缚，
无与伦比的英雄啊！赶快将
他们带上平静的解脱之路！（151）

त्वं वैद्य धातुकुशलश्चिरातुरां सत्त्वरोगसंस्पृष्टां।
भैषज्यधर्मयोगैर्निर्वाणसुखे स्थपय शीघ्रम्॥ १५२॥

今译：你是精通身界的医生，
众生长久染病受折磨，
请赶快施展你的医术，
让他们安享涅槃快乐。（152）

अन्धातमा अनयना मोहाकुलदृष्टिजालबद्धाः।
प्रज्ञाप्रदीपचक्षुः शोधय शीघ्रं नरमरूणाम्॥ १५३॥

今译：凡人和天神都是瞎子，
蒙上愚昧的邪见之网，
赶快净化他们，让他们
眼睛变亮，如同智慧灯。（153）

समुदीक्षन्ते बहवो देवासुरनागयक्षगन्धर्वाः।
द्रक्ष्याम बोधिप्राप्तं निरुत्तरं धर्म श्रोष्यामः॥ १५४॥

今译：许多天神、阿修罗和蛇，
药叉和健达缚，满怀期待：
“我们有希望证得菩提，
我们有希望聆听无上法。”（154）

द्रक्ष्यति च भुजगराजो भवनं अवभासितं तव शिरीये।
करियति अनन्तपूजा पूरेहि व्रताशयस्तस्य॥ १५५॥

今译：蛇王将看到你的
光辉照亮他的家，
他会无限崇拜你，
请满足他的心愿。（155）

चत्वारि लोकपालाः ससैन्यकास्ते तव प्रदीक्षन्ते।
दास्याम चतुरि पात्रां बोधिध्वजि पूर्णमनसस्य॥ १५६॥

今译：四大护世天王及军队，
他们也对你满怀期待：
“一旦心愿获得实现，
我们献给菩提幢四钵。”（156）

ब्रह्म प्रशान्तचारी उदीक्षते मैत्रवाक्करुणलाभी।
अध्योषिष्ये नरेन्द्रं वर्तेन्ति निरुत्तरं चक्रम्॥ १५७॥

今译：梵天行为平静，说话友善，
充满慈悲，也满怀期待：
“我将劝请[①]这位人中之主，
他将会转动无上法轮。”（157）

बोधिपरिपाचिकापि च देवत अभिवुस्त बोधिमण्डेस्मिं।
उत्पत्स्येऽयं सत्य ति द्रक्ष्याम्यभिबुध्यतो बोधिम्॥ १५८॥

今译：住在菩提道场的天神，
受到菩提度化，也说道：
“他确实会出现在这里，
我将看到他证得菩提。”（158）

सत्यं हि बोधिसत्त्वा अन्तः पुरिये क्रिया विदर्शेन्ति।
पूर्वंगमो भव त्वं मा भेष्यसि पश्चिमस्तेषाम्॥ १५९॥

今译：确实，菩萨们都示现

① “劝请”的原词是 adhyoṣiṣye，据 M 本和 L 本应为 adhyeṣiṣye。

在后宫的所作所为,
请你行走在前面吧!
你不会是最末一个。(159)

**मञ्जुरुत मञ्जुघोषा स्मराहि दीपंकरस्य व्याकरणम्।
भूतं तथा अवितथा जिनघोषरुतं उदीरेहि॥ १६०॥**

今译:记住燃灯佛的授记,
　　　他的话音美妙优雅,
　　　请你也发出同样的
　　　佛陀话音,真实不虚。(160)①

॥ इति श्रीललितविस्तरे संचोदनापरिवर्तो नाम त्रयोदशोऽध्यायः॥

今译:以上是吉祥的《神通游戏》中名为《鼓励品》的第十三章。

---

① 以上第141至第160首偈颂不见于地译。而护译《试艺品》结尾部分的偈颂与这些偈颂一致。

स्वप्नपरिवर्तश्चतुर्दशः।

今译：第十四 感梦品

地译：感梦品第十四

इति हि भिक्षवो बोधिसत्त्वःसंचोदितःसन् तेन देवपुत्रेण राज्ञःशुद्धोदनस्येमं स्वप्नमुपदर्शयति स्म-- यद्राजा शुद्धोदनः सुप्तः स्वप्नान्तरगतोऽद्राक्षीत् बोधिसत्त्वं रात्रौ प्रशान्तायामभिनिष्क्रमन्तं देवगणपरिवृतम्। अभिनिष्क्रम्य प्रव्रजितं चाद्राक्षीत्काषायवस्त्र-प्रावृतम्। स प्रतिबुद्धः त्वरितं त्वरितं काञ्चुकीयं परिपृच्छति स्म-- कच्चित् कुमारो ऽन्तःपुरेऽस्ति। सोऽवोचत्-- अस्ति देवेति॥

今译：这样，众比丘啊！菩萨受到这位天子劝请后，向净饭王示现这个梦。净饭王在睡梦中，看到菩萨在夜晚结束时，在众天神围绕下出家。他看到菩萨出走，身穿袈裟衣出家。他醒来后，急忙询问侍者："王子在后宫吗？"侍者回答说："王上啊，在。"

地译：爾時，佛告諸比丘：諸天勸發菩薩已，菩薩是時現夢於輸檀王。王於夢中乃見菩薩剃除鬚髮，行出宮門，無量諸天圍遶而去。時王從夢寤已，問內人言："太子今者為在宮耶？為出遊觀？"內人答言："太子在宮，無所遊觀。"

ततो राज्ञः शुद्धोदनस्यान्तःपुरे शोकशल्यो हृदयेऽनुप्रविष्टोऽभूत्-- अभिनिष्क्रमिष्यति अवश्यं कुमारोऽयम्। यच्चेमानि पूर्वनिमित्तानि संदृश्यन्ते स्म॥

今译：然后，在后宫中，烦恼之箭扎在净饭王心头："出现这些先兆，这王子肯定会出家。"

地译：王心尚疑菩薩已去，悵然憂惱，如箭入心，作是思惟："如我所夢事相既爾，定知太子必當出家。"

तस्यैदभवत्-- न खल्वव्ययं कुमारेण कदाचिदुद्यानभूमिमभिनिर्गन्तव्यम्। स्त्रीगणमध्ये ऽभिरतः इहैव रम्यते नाभिनिष्क्रमिष्यतीति॥

今译：他思忖[①]："任何时候都不能让王子外出前往花园。只要他在这里迷恋这些妇女，游戏娱乐，就不会出家。"

地译：復作是念："從今以往，更勿復許太子遊觀，令諸婇女誘以五欲[②]，生其愛著。"

ततो राज्ञा शुद्धोदनेन कुमारस्य परिभोगार्थं त्रयो यथर्तुकाः प्रासादाः कारिता अभूवन् ग्रैष्मिको वार्षिको हैमन्तिकश्च। तत्र यो ग्रैष्मिकः स एकान्तशीतलः। यो वार्षिकः स साधारणः। यो हैमन्तिकः स स्वभावोष्णः। एकैकस्य च प्रासादस्य सोपानानि पञ्च पञ्च पुरुषशतान्युत्क्षिपन्ति स्म निक्षिपन्ति स्म। तेषां तथोत्क्षिप्यमाणानां निक्षिप्यमाणानां च शब्दोऽर्धयोजने श्रूयते स्म-- मा खलु कुमारोऽनभिज्ञात एवाभिनिष्क्रमिष्यतीति। नैमित्तिकैर्वैपञ्चिकैश्च व्याकृतमभूत्-- मङ्गलद्वारेण कुमारोऽभिनिष्क्रमिष्यतीति। ततो राजा मङ्गलद्वारस्य महान्ति कपाटानि कारयति स्म। एकैकं च कपाटं पञ्च पञ्च पुरुषशतान्युद्घाटयन्ति स्म अपघाटयन्ति स्म। तेषां चार्धयोजनं शब्दो गच्छति स्म। पञ्च चास्य कामगुणान् सदृशानुपसंहरति स्म। गीतवादितनृत्यैश्चैनं सदैव युवतय उपतस्थुः॥

今译：然后，净饭王建造了三座适应季节的宫殿：夏宫、雨宫和冬宫，供王子享受。其中，夏宫始终清凉，雨宫适中，冬宫天然温暖。每座宫殿都有阶梯，分别由五百人架起和放下。架起和放下的声音在半由旬内能听到。这样，王子就不能偷偷出家。而有一些星相师和占卜师预测说："王子会从吉祥门出家。"于是，国王为吉祥门设置了重重大门，分别由五百人开闭。开闭的声音远达半由旬。他也为王子提供无与伦比[③]的爱欲享乐。年轻妇女们始终以歌舞音乐侍奉。

地译：時輸檀王為菩薩故，造三時殿：一者溫煖以御隆冬，二者清涼以當炎暑，三者適中不寒不熱。更造重門，使難開閉。開閉之時，須五百人。開閉之聲聞四十里。所有善知天文、極閑相法及五通仙皆悉窮問，遣其先記[④]。如是等人皆云："太子於吉祥門踰城而出。"王聞是已，轉增憂惱。

अथ भिक्षवो बोधिसत्त्वः सारथिं प्राह-- शीघ्रं सारथे रथं योजय। उद्यानभूमिं गमिष्यामीति। ततः सारथी राजानं शुद्धोद्धनमुपसंक्रम्यैवमाह-- देव कुमार उद्यानभूमिमभिनिर्यास्यतीति॥

① 此处原文 ed，据 L 本和 M 本应为 etad。
② "五欲"指色、声、香、味和触五种感官享乐。
③ "无与伦比"的原词是 sadṛśān，据 M 本和 L 本应为 asadṛśān。
④ "先记"的原词是 vyākṛtam，词义为"解释"或"预言"。

今译：然后，众比丘啊，菩萨对车夫说道："车夫啊，赶快备车！我要去花园。"于是，车夫前去报告国王："王上啊，王子要去花园。"

地译：諸比丘！後於一時，菩薩即便欲出遊觀，乃命馭者："汝可嚴駕，我當暫出。"馭者奏王："今日太子欲出遊觀。"

अथ राज्ञः शुद्धोदनस्यैतदभवत्-- न कदाचिन्मया कुमार उद्यानभूमिमभिनिष्क्रमितः। सुभूमिदर्शनाय। यन्न्वहं कुमारमुद्यानभूमिमभिनिष्क्रामयेयम्। ततः कुमारः स्त्रीगणपरिवृतो रतिं वेत्स्यते नाभिनिष्क्रमिष्यतीति॥

今译：然后，净饭王思忖："我从未让王子前往花园观赏美景。也许，我应该让王子前往花园。这样，王子在妇女们围绕下，感受欢乐，就不会出家。"

ततो राजा शुद्धोदनः स्नेहबहुमानाभ्यां बोधिसत्त्वस्य नगरे घण्टावघोषणां कारयति स्म सप्तमे दिवसे कुमार उद्यानभूमिं निष्क्रमिष्यतीति (सुभूमिदर्शनाय)। तत्र भवद्भिः सर्वामनापानि चापनयितव्यानि-- मा कुमारः प्रतिकूलं पश्येत्। सर्वमनापानि चोपसंहर्तव्यानि विषयाभिरम्याणि॥

今译：然后，净饭王出于对菩萨的关爱和尊重，在城中敲钟宣告："在第七日，王子要前往花园观赏美景。你们要清除一切丑陋的事物，别让王子看到令人厌恶的东西。你们要展现一切美观可爱的景象。"

ततः सप्तमे दिवसे सर्वं नगरमलंकृतमभूतुद्यानभूमिमुपशोभितं नानारङ्गदूष्यवितानीकृतं छत्रध्वजपताकासमलंकृतम्। येन च मार्गेण बोधिसत्त्वोऽभिनिर्गच्छति स्म स मार्गः सिक्तः संमृष्टो गन्धोदकपरिषिक्तो मुक्तकुसुमावकीर्णो नानागन्धघटिकानिर्धूपितः पूर्णकुम्भोपशोभितः कदलीवृक्षोच्छ्रितो नानाविचित्रपटवितानविततो रत्नकिङ्किणीजालहारार्धहाराभिप्रलम्बितो ऽभूत्। चतुरङ्गसैन्यव्यूहितः परिवारश्चोद्युक्तो ऽभूत् कुमारस्यान्तःपुरं प्रतिमण्डयितुम्। अथ शुद्धावासकायिका देवा निध्यापयन्ति स्म बोधिसत्त्वमाहरितुम् तत्र बोधिसत्त्वस्य पूर्वेण नगरद्वारेणोद्यानभूमिमभिनिष्क्रामतो महता व्यूहेन अथ बोधिसत्त्वस्यानुभावेन शुद्धवास-कायिकैर्देवपुत्रैस्तस्मिन् मार्गे पुरुषो जीर्णो वृद्धो महल्लको धमनीसंततगात्रःखण्डदन्तो वलीनिचितकायःपलितकेशःकुब्जो गोपानसीवक्रो विभग्नो दण्डपरायण आतुरो गतयौवनः खरखरावसक्तकण्ठः प्राग्भारेण कायेन दण्डमवष्टभ्य प्रवेपयमानः सर्वाङ्गप्रत्यङ्गैः पुरतो मार्गस्योपदर्शितोऽभूत्॥

今译：到了第七日，整个城市装饰一新。花园优美，设有各种彩色帐幔，装饰有华盖、旗帜和幡幢。菩萨途经的道路已经洒扫干净，喷上香水，撒满鲜花，各种香炉散发香气，盛满的水罐熠熠生辉，芭蕉树挺立，各色帐篷张开，悬挂宝石铃铛网、项链和真珠璎珞。同时，由四军①组成的卫队装饰王子的后宫。然后，净居天神们专心引领菩萨。菩萨随同大仪仗队从东城门前往花园。然后，凭借菩萨的威力，净居天子们在这路上展现一个年迈体衰的老人，身上筋脉暴露，牙齿稀缺，全身布满皱纹，头发灰白，驼背弯腰，委靡羸弱，手拄拐杖，病痛缠绕，青春已逝，喉咙里呼噜呼噜，身体前倾倚杖，浑身上下颤抖。

地译：王聞是已，即時遣使掃飾園林，復勅所司平除道路，香水灑地，散眾名花，於寶樹間懸繒幡蓋，真珠瓔珞次第莊嚴，金銀寶鈴處處垂下，和風搖動出微妙音，從城至園周匝瑩飾，精麗清淨猶若天宮。復使路邊無諸可惡衰老疾病及以死屍，聾盲瘖瘂，六根不具，非吉祥事，並令駈逐。爾時，菩薩與諸官屬前後導從，出城東門。時淨居天化作老人，髮白體羸，膚色枯槁，扶杖傴僂，喘息低頭，皮骨相連，筋肉銷耗，牙齒缺落，涕唾交流，或住或行，乍伏乍偃。

अथ बोधिसत्त्वो जानन्नेव सारथिमिदमवोचत्--

今译：然后，菩萨明知故问，对车夫说道：

地译：菩薩見已，問馭者言：

किं सारथे पुरुष दुर्बल अल्पस्थामो
उच्छुष्कमांसरुधिरत्वचस्नायुनद्धः।
श्वेतंशिरो विरलदन्त कृशाङ्गरूपो
आलम्ब्य दण्ड व्रजते असुखं स्खलन्तः॥ १॥

今译：这是什么人？他羸弱无力，
　　　血肉、皮肤和筋脉干枯紧缩，
　　　白头发，牙齿脱落，身体瘦削，
　　　柱杖而行，颤颤巍巍，车夫啊！（1）

地译："此曰何人，形狀如是？"時淨居天以神通力令彼馭者報菩薩言："此老人也。"又問："何謂為老？"

सारथिराह--

今译：车夫回答说：

---

① "四军"指象兵、马兵、车兵和步兵。

एषो हि देव पुरुषो जरयाभिभूतः
　　क्षीणेन्द्रियःसुदुखितो बलवीर्यहीनः।
बन्धूजनेन परिभूत अनाथभूतः
　　कार्यासमर्थ अपविद्धु वनेव दारु॥ २॥

今译：王上啊！此人已被衰老征服，
感官衰竭，失去力量和勇气，
已被亲友们遗弃，孤苦无助，
无所作为，似林中一块残木。（2）

地译：答曰："凡言老者，曾經少年，漸至衰朽，諸根萎熟，氣力綿微，飲食不銷，形體枯竭，無復威勢，為人所輕，動止苦劇，餘命無幾，以是因緣，故名為老。"

बोधिसत्त्व आह--

菩萨说道：

कुलधर्म एष अयमस्य हितं भणाहि
　　अथवापि सर्वजगतोऽस्य इयं ह्यवस्था।
शीघ्रं भणाहि वचनं यथभूतमेतत्
　　श्रुत्वा तथार्थमिह योनिश चिन्तयिष्ये॥ ३॥

今译：请说，这是他的家族法则，
或者，是一切世界的境况？
请赶快把情况如实告诉我，
我听后能依理思考这件事。（3）

地译：又問："此人獨爾，一切皆然？"

सारथिराह--

今译：车夫回答说：

नैतस्य देव कुलधर्म न राष्ट्रधर्मः
　　सर्वे जगस्य जर यौवनु धर्षयाति।
तुभ्यं पि मातृपितृबान्धवज्ञातिसंघो
　　जरया अमुक्त न हि अन्य गतिर्जनस्य॥ ४॥

今译：这不是家族法或国家法，
衰老夺走一切人的青春，
你的父母和亲友也不能
摆脱衰老，人类别无他路。（4）

地译：馭者答言："一切世間皆悉如是。"菩薩又問："如我此身亦當爾耶？"馭者答言："凡是有生，若貴若賤，皆有此苦。"

बोधिसत्त्व आह--

今译：菩萨说道：

धिक्सारथे अबुध बालजनस्य बुद्धिः
यद्यौवनेन मदमत्त जरां न पश्येत्।
आवर्तयाशु मि रथं पुनरहं प्रवेक्ष्ये
किं मह्य क्रीडरतिभिर्जरयाश्रितस्य॥५॥

今译：可悲啊，愚人们毫无知觉，
沉醉于青春，看不到衰老；
车夫啊，快掉头，我要返城，
我注定要衰老，怎么还游乐？（5）

地译：爾時，菩薩愁憂不樂，謂馭者曰："我今何暇詣於園林縱逸遊戲？當思方便，免離斯苦。"

अथ बोधिसत्त्वःप्रतिनिर्वत्य रथवरं पुनरपि पुरं प्राविशत्॥

今译：然后，众比丘啊，菩萨掉转[①]宝车，返回城中。

地译：即便迴駕，還入宮中。時輪檀王問馭者言："今日太子園林遊戲，歡樂以不？"馭者答言："大王當知太子出城行至中路，忽於道上有一老人，氣力衰微，身體困極。太子見已，即便還宮。"時輪檀王作是思惟："此是我子出家之相，阿斯陀仙所言殆實。"於是，更增五欲而娛樂之。諸比丘！復於一時，淨居諸天既見菩薩還處五欲，作是思惟："我今應當更為菩薩示現事相，使得覺悟，令速出家。"

爾時，菩薩復召馭者而告之言："我今欲往園林遊觀，汝速為我啟奏大王，嚴辦車從，我當暫出。"王聞是已，召集諸臣而告之曰："太子前者出城

① 此处"掉转"的原词是 pratinivatya，据 L 本应为 pratinivartya。

東門，道逢老人，中路而反，愁憂不樂。今復求出欲詣園林，宜應從城至園悉令清淨，懸繒幡蓋，燒香散花，勿使糞穢不淨及老病死諸不吉祥在於衢路。”所司受勅，嚴麗過前。

इति हि भिक्षवो बोधिसत्त्वोऽपरेण कालसमयेन दक्षिणेन नगरद्वारेणोद्यानभूमिमभिनिष्क्रमन् महता व्यूहेन सोऽद्राक्षीन्मार्गे पुरुषं व्याधिस्पृष्टं दग्धोदराभिभूतं दुर्बलकायं स्वके मूत्रपुरीषे निमग्नमत्राणमप्रतिशरणं कृच्छ्रेणोच्छ्वसन्तं प्रश्वसन्तम्। दृष्ट्वा च पुनर्बोधिसत्त्वो जानन्नेव सारथिमिदमवोचत्--

今译：这样，众比丘啊，在另一次，菩萨随同大仪仗队从南城门前往花园。他看到一个病人，腹内烧灼难忍，身体虚弱，躺在自己的粪尿中，无人救护，无人依靠，呼吸艰难。菩萨看到后，明知故问，对车夫说道：

地译：爾時，菩薩與諸官屬前後導從，出城南門。時淨居天化作病人，困篤萎黄，上氣喘息，骨肉枯竭，形貌虚羸，處於糞穢之中受大苦惱。二人瞻侍在於路側，又問馭者：

किं सारथे पुरुष रुष्यविवर्णगात्रः
सर्वैन्द्रियेभि विकलो गुरु प्रश्वसन्तः।
सर्वाङ्गशुष्क उदराकुल कृच्छ्रप्राप्तो
मूत्रे पुरीषि स्वकि तिष्ठति कुत्सनीये॥ ६ ॥

今译：这是个什么人？他全身苍白[①]，
所有的感官失灵，呼吸沉重，
四肢干枯，腹部烧灼，艰难地
躺在自己粪尿中，令人厌恶。（6）

地译：“此為何人？”

सारथिराह--

今译：车夫回答说：

एषो हि देव पुरुषो परमं गिलानो
व्याधीभयं उपगतो मरणान्तप्राप्तः।

---

① 此处原文中的ruṣya一词的词义应该与ruṣ（“愤怒”）有关，但用在这里不合适。M本将此词写为rūpa（“色”），指肤色。BHSD推测此词可能是aruṣya，与arus（“伤口”）有关，指“伤口”。

आरोग्यतेजरहितो बलविप्रहीनो
अत्राणद्वीपशरणो ह्यपरायणश्च॥७॥

今译：王上啊，此人得了重病，
陷入恐惧中，濒临死亡，
失去健康、光辉和力量，
失去庇护所，无依无靠。（7）

地译：報菩薩言："此病人也。"又問："何謂為病？"答曰："所謂病者，皆由飲食不節，嗜欲無度，四大乖張，百一病生；坐臥不安，動止危殆，氣息綿惙，命在須臾，以是因緣，故名為病。"又問："此人獨爾，一切當然？"馭者答言："一切世間皆悉如是。"又言："如我此身亦當爾耶？"馭者答言："凡是有生，若貴若賤，皆有此苦。"

बोधिसत्त्व आह--

今译：菩萨说道：

आरोग्यता च भवते यथ स्वप्नक्रीडा
व्याधीभयं च इममीदृशु घोररूपम्।
को नाम विज्ञपुरुषो इम दृष्ट्ववस्थां
क्रीडारतिं च जनयेच्छुभसंज्ञतां वा॥८॥

今译：健康犹如梦中的游戏，
疾病的恐怖如此可怕，
智者若看到这种境况，
怎会游乐或产生好感？（8）

अथ खलू भिक्षवो बोधिसत्त्वःप्रतिनिवर्त्य रथवरं पुनरपि पुरवरं प्राविक्षत्॥

今译：然后，众比丘啊，菩萨掉转宝车，返回城中。

地译：爾時，菩薩愁憂不樂，謂馭者曰："我今何暇詣於園林縱逸遊戲？當思方便，免離斯苦。"即便迴駕，還入宮中。時輸檀王問馭者言："今日太子出城遊觀，歡樂以不？"馭者答言："大王當知太子出城，行至中路，忽於道側見一病人，氣力綿惙，受大苦惱。太子見已，即便還宮。"時輸檀王作是思惟："此是我子出家之相，阿斯陀仙言不虛也。"於是，更增五欲而娛樂之。

諸比丘！復於一時，淨居諸天既見太子還受五欲，作是思惟："我今應當更為菩薩示現事相，使得覺悟，令速出家。"

爾時，菩薩復召馭者而告之言："我今欲往園林遊觀，汝可嚴駕，我當暫出。"馭者又奏大王。王聞是已，謂馭者曰："太子前出東南二門，見老病已，還來憂愁。今者宜令從西門出。我心慮其還不喜悅，宜遣內外莊嚴道路，香花幡蓋倍勝於前，勿使老病死等不祥之事在於道側。"所司受勅，嚴飾倍前。

इति हि भिक्षवो बोधिसत्त्वोऽपरेण कालसमयेन पश्चिमेन नगरद्वारेणोद्यानभूमिमभिनिष्क्रमन् महता व्यूहेन सोऽद्राक्षीत् पुरुषं मृतं कालगतं मञ्चे समारोपितं चैलवितानीकृतं ज्ञातिसंघपरिवृतं सर्वैं रुदद्भिः क्रन्दद्भिः परिदेवमानैः प्रकीर्णकेशैः पांश्ववकीर्णशिरोभिरुरांसि ताडयद्भिरुत्क्रोशद्भिः पृष्ठतोऽनुगच्छद्भिः। दृष्ट्वा च पुनर्बोधिसत्त्वो जानन्नेव सारथिमिदमवोचत्--

今译：这样，众比丘啊，在另一次，菩萨随同大仪仗队从西城门前往花园。他看到一个死人，抬在担架上，覆盖布幔，亲友围绕，全都痛哭哀号，头发披散，满头灰土，捶打胸脯，呐喊呼叫，跟随在后。菩萨看到后，明知故问，对车夫说道：

地译：爾時，菩薩與諸官屬前後導從，出城西門。時淨居天化作死人，臥於輿上，香花布散，室家號哭而隨送之。菩薩見已，心懷慘惻，問馭者曰：

किं सारथे पुरुष मञ्चपरि गृहीतो
उद्धूतकेशनख पांशु शिरे क्षिपन्ति।
परिचारयित्व विहरन्त्युरस्ताडयन्तो
नानाविलापवचनानि उदीरयन्तः ॥९॥

今译：这是什么人？他抬在担架上，
人们陪同他前行，头发凌乱，
指甲舞动，往自己头上撒灰，
捶打胸脯，诉说着悲伤的话。(9)

地译："此是何人，而以香花莊嚴其上，復有眾多眷屬而哀泣之？"

सारथिराह--

今译：车夫回答说：

एषो हि देव पुरुषो मृतु जम्बुद्वीपे

नहि भूयु मातृपितृ द्रक्ष्यति पुत्रदारां।
अपहाय भोगगृह (मातृपितृ) मित्रज्ञातिसंघं
परलोकप्राप्तु न हि द्रक्ष्यति भूयु ज्ञातीं॥१०॥

今译：王上啊，此人死在瞻部洲，
再也看不到父母和妻儿，
抛弃家室亲友，前往另一
世界，再也看不到亲人。（10）

地译：時淨居天以神通力令彼馭者報菩薩言："此死人也。"又問："何謂為死？"答曰："夫言死者，神識去身，命根已謝，長與父母兄弟、妻子眷屬恩愛別離，永無重覩。命終之後，精神獨行，歸於異趣，恩愛好惡非復相知。如此死者，誠可悲也。"又問："唯此人死，一切當然？"報菩薩言："凡是有生，必歸於死。"

बोधिसत्त्व आह--

今译：菩萨说道：

धिग्यौवनेन जरया समभिद्रुतेन
आरोग्य धिग्विविधव्याधिपराहतेन।
धिग्जीवितेन विदुषा नचिरस्थितेन
धिक्पण्डितस्य पुरुषस्य रतिप्रसङ्गैः॥११॥

今译：可悲啊，青春受衰老侵害，
可悲啊，健康受疾病侵害，
可悲啊，知道生命不久长，
可悲啊，智者们执著欲乐。

यदि जर न भवेया नैव व्याधिर्न मृत्युः
तथपि च महदुःखं पञ्चस्कन्धं धरन्तो।
किं पुन जरव्याधिर्मृत्यु नित्यानुबद्धाः
साधु प्रतिनिवर्त्या चिन्तयिष्ये प्रमोक्षम्॥१२॥

今译：即使无老、无病和无死，
执取五蕴照样充满痛苦，
何况与老、病和死永相连？
回城去吧，我要思考解脱。（12）

地译：菩薩聞已，轉不自安，而作是言："世間乃有如此死苦，云何於中而行放逸？我今何暇詣於園林，當思方便，求離此苦。"

अथ खलु भिक्षवो बोधिसत्त्वः प्रतिनिवर्त्य तं रथवरं पुनरपि पुरं प्राविक्षत्॥

今译：然后，众比丘啊，菩萨掉转宝车，返回城中。

地译：即便迴駕，還入宮中。時輸檀王問馭者言："今日太子出遊園苑，歡樂以不？"馭者答言："大王當知太子出城，忽於路側有一死人，臥於床上，四人舉輿，眷屬悲號。太子見已，慘然不樂，遂於中路即便還宮。"時輸檀王作是思惟："此是我子出家之相，阿斯陀仙無虛謬也。"於是，更增五欲而娛樂之。諸比丘！復於一時，淨居諸天既見太子還於宮內，處在五欲，作是思惟："我今應為菩薩更現事相，令速出家。"

爾時，菩薩復召馭者而告之言："今日欲往園林遊觀，汝可嚴駕，我當暫出。"馭者又奏父王，王聞是已，謂馭者曰："太子前出三門，見老病死，愁憂不樂。今者宜令從北門出，嚴飾道路，香花幡蓋使勝於前，勿得更有老病死等非吉祥事在於路側。"所司受勅，嚴好過前。爾時，太子與諸官屬前後導從，出城北門。

इति हि भिक्षवो बोधिसत्त्वस्यापरेण कालसमयेनोत्तरेण नगरद्वारेणोद्यानभूमिमभिनिष्क्रामतस्तैरेव देवपुत्रैर्बोधिसत्त्वस्यानुभावेनैव तस्मिन्मार्गे भिक्षुरभिनिर्मितोऽभूत्। अद्राक्षीद्बोधिसत्त्वस्तं भिक्षुं शान्तं दान्तं संयतं ब्रह्मचारिणमविक्षिप्तचक्षुषं युगमात्रप्रेक्षिणं प्रासादिकेनैर्यापथेन संपन्नं प्रासादिकेनाभिक्रमप्रतिक्रमेण संपन्नं प्रासादिकेनावलोकितव्यवलोकितेन प्रासादिकेन समिञ्जितप्रसारितेन प्रासादिकेन संघाटीपात्रचीवरधारणेन मार्गे स्थितम्। दृष्ट्वा च पुनर्बोधिसत्त्वो जानन्नेव सारथिमिदमवोचत्--

今译：这样，众比丘啊，在另一次，菩萨随同大仪仗队从北城门前往花园。凭借菩萨的威力，天子们在这路上幻化一个比丘。菩萨看到这个比丘站在路上，平静，柔顺，自制，奉守梵行，目光不散乱，前视一寻[①]，具有端庄威仪道行，端庄去来，端庄观察审视，端庄伸屈，端庄执持衣钵。菩萨看到后，明知故问，对车夫说道：

地译：時淨居天化作比丘，著壞色衣，剃除鬚髮，手執錫杖，視地而行，形貌端嚴，威儀庠序。

① "一寻"的原词是 yuga，词义为"车轭"，这里用作量度，指一轭的长度。

第十四 感梦品 351

किं सारथे पुरुष शान्तप्रशान्तचित्तो
नोत्क्षिप्तचक्षु व्रजते युगमात्रदर्शी।
काषायवस्त्रवसनो सुप्रशान्तचारी
पात्रं गृहीत्व न च उद्धतु उन्नतो वा॥ १३॥

今译：这是什么人？他思想平静，
走路目光不乱，前视一寻，
身穿袈裟衣裳，举止安详，
手中持钵，不高傲，不骄慢。（13）

地译：太子遥見，問："是何人？"

सारथिराह--

今译：车夫回答说：

एषो हि देव पुरुषो इति भिक्षुनामा
अपहाय कामरतयःसुविनीतचारी।
प्रवज्यप्राप्तु शममात्मन एषमाणो
संरागद्वेषविगतोऽन्वेति पिण्डचर्या॥ १४॥

今译：王上啊，此人名为比丘，
摒弃欲乐，行为端正，
他出家[1]追求自我平静，
摒弃爱憎，遵奉乞食行。（14）

地译：時淨居天以神通力令彼馭者報菩薩言："如是名為出家人也。"太子即便下車作禮，因而問之："夫出家者何所利益？"比丘答言："我見在家生老病死，一切無常，皆是敗壞不安之法，故捨親族，處於空閑，勤求方便，得免斯苦。我所修習無漏聖道，行於正法，調伏諸根，起大慈悲，能施無畏，心行平等，護念眾生，不染世間，永得解脫，是故名為出家之法。"

बोधिसत्त्व आह--

今译：菩萨说道：

साधू सुभाषितमिदं मम रोचते च
प्रव्रज्य नाम विदुभिःसततं प्रशस्ता।

① 此处"出家"的原词是 pravajya，据 M 本和 L 本应为 pravrajya。

हितमात्मनश्च परसत्त्वहितं च यत्र
सुखजीवितं सुमधुरं अमृतं फलं च॥ १५॥

今译：好啊，我喜欢你的这些妙语，
确实，智者们始终称颂出家，
它既有益自己，也有益他人，
生活愉快甜蜜，获得甘露果。（15）

地译：於是，菩薩深生欣喜，讚言："善哉，善哉！天人之中唯此為上，我當決定修學此道。"

अथ खलु भिक्षवो बोधिसत्त्वःप्रतिनिवर्त्य तं रथवरं पुनरपि पुरवरं प्राविक्षत्॥

今译：然后，众比丘啊，菩萨掉转宝车，返回城中。

地译：既見是已，登車而還。時輸檀王問馭者言："太子出遊，寧有樂不？"答言："大王當知太子向出至於中路，皆悉嚴好，無諸不祥。忽有一人著壞色衣，剃除鬚髮，執持應器，杖錫而行，容止端嚴，威儀詳審。太子即便下車作禮，言語既畢，嚴駕而歸，竟亦不知何所論說。"

इति हि भिक्षवो राजा शुद्धोदनो बोधिसत्त्वस्येमामेवंरूपां संचोदनां दृष्ट्वा श्रुत्वा च भूयस्या मात्रया बोधिसत्त्वस्य परिरक्षणार्थं प्राकारान् मापयते स्म परिखाःखानयति स्म द्वाराणि च गाढानि कारयति स्म। आरक्षान् स्थापयति स्म। शूरांश्चोदयति स्म। वाहनानि योजयति स्म। वर्माणि ग्राहयति स्म। चतुर्षु नगरद्वारश्रृङ्गाटकेषु चतुरो महासेनाव्यूहान् स्थापयति स्म बोधिसत्त्वस्य परिरक्षणार्थम्। य एनं रात्रिंदिवं रक्षन्ति स्म-- मा बोधिसत्त्वोऽभिनिष्क्रमिष्यतीति। अन्तःपुरे चाज्ञां ददाति स्म-- मा स्म कदाचित्संगीतिं विच्छेत्स्यथ। सर्वरतिक्रीडाश्चोपसंहर्तव्याः स्त्रीमायाश्चोपदर्शयत निर्बन्धत कुमारं यथानुरक्तचित्तो न निर्गच्छेत्प्रव्रज्यायै॥

今译：这样，众比丘啊，净饭王看到和听到菩萨的这种开悟情况，便加强对菩萨的防备，筑围墙，挖壕沟，增设坚固的大门，布置侍卫。吩咐勇士们备好车马，披上铠甲。在四座城门和交叉路口，安排四支大军，防备菩萨。他们日夜守卫，不让菩萨出家。他还在后宫下令："任何时候都不要中断演唱。要提供一切欲乐游戏，施展女人魅力，迷住王子的心。这样，他就不会出家。"

地译：時輸檀王聞此語已，心自念言："阿斯陀仙言無虛謬。"於是，更增微妙五欲而娱樂之。[1]

तत्रेदमुच्यते--

今译：这里，这样说道：

द्वारे स्थापित युद्धशौण्डपुरुषाःखड्गायुधापाणयो
हस्तीअश्वरथाश्च वर्मितनरा आरूढ नागावली।
परिखा खोटकतोरणाश्च महता प्राकार उच्छ्रापिता
द्वारा बद्ध सुगाढबन्धनकृताःक्रोशस्वरामुञ्चनाः॥१६॥

今译：城门安排骁勇的卫兵，手持刀剑，
象、马和车，身披铠甲，骑上大象，
设置壕沟、塔楼、拱门和大围墙，
大门关闭紧锁，开门声达一拘卢舍。（16）

सर्वे शाक्यगणा विषण्णमनसो रक्षन्ति रात्रिंदिवं
निर्घोषश्च बलस्य तस्य महतःशब्दो महा श्रूयते।
नगरं व्याकुलू भीतत्रस्तमनसो मा स्माद् व्रजेत्सूरतो
मा भूच्छाक्यकुलोदितस्य गमने छिद्येत वंशो ह्ययम्॥१७॥

今译：所有释迦族人精神沮丧，日夜守卫，
听到大军喧嚣，城中混乱，人心恐慌，
但愿温和柔顺的王子不要离城出走，
不要因为他出家，释迦族后嗣断绝。（17）

आज्ञप्तो युवतीजनश्च सततं संगीति मा छेत्स्यथा
वस्थानं प्रकरोथ क्रीडरतिभिर्निर्बन्धथा मानसम्।
ये वा इस्त्रियमाय नेकविविधा दर्शेथ चेष्टां बहुं
आरक्षां प्रकरोथ विघ्न कुरुथा मा खु व्रजेत्सूरतः॥१८॥

今译：吩咐年轻的妇女们不要中断歌唱，
让他的思想始终迷恋这里的欲乐，
要施展女人的魅力，展现种种姿态，
守护他，制造障碍，不要让他出家。（18）

---

① 以上关于王子四次出城的描述，原文是韵散杂糅文体，地译是散文文体，明显表明本品文本有别。但本品的内容结构基本一致。

तस्यानिष्क्रमिकालिसारथिवरेपूर्वेनिमित्ताइमे
हंसाक्रोञ्चमयूरसारिकशुकानोतेरवंमुञ्चिषु।
प्रासादेषुगवाक्षतोरणवरेष्वातालमञ्चेषुच
जिह्माजिह्वसुदुर्मनाअसुखिताध्यायन्त्यधोमूर्धकाः॥१९॥

今译：在这导师出家之时，出现这些先兆：
那些天鹅、麻鹬、孔雀、鸲鹆和鹦鹉，
不再鸣叫，宫殿、窗口、拱门和楼阁，
人们全都闷闷不乐，默默低头沉思。(19)

पुडिनीपुष्करिणीषुपद्मरुचिराम्लानानिम्लायन्तिच
वृक्षाःशुष्कपलाशपुष्परहिताःपुष्पन्तिभूयोनच।
वीणावल्लकिवंशतन्त्रिरचिताछिद्यन्त्यकस्मात्तदा
भेरीश्चैवमृदङ्गपाण्यभिहताभिद्यन्तिनोवाद्यिषु॥२०॥

今译：莲花池中可爱的莲花萎靡憔悴，
树木的花叶枯萎脱落，不再开花，
琵琶、琴瑟、笛子和弦琴突然断裂，
大鼓和小鼓一敲就破，不再发声。(20)

सर्वंव्याकुलमासितच्चनगरंनिद्राभिभूतंभृशं
नोनृत्तेनचगायितेनरमितेभूयोमनःकस्यचित्।
राजापीपरमंसुदीनमनसःचिन्तापरोध्यायते
हाधिक्शाक्यकुलस्यऋद्धिविपुलामाहैवसंधक्ष्यते॥२१॥

今译：全城混乱困惑，人们昏沉嗜睡，
没有人再醉心那些歌舞娱乐，
国王也忧心忡忡，痛苦地思索：
“释迦族的繁荣不要毁于一旦！”(21)①

地译：佛告諸比丘：時淨居天欲令菩薩速疾出家，重與父王作七種夢：一者夢見有帝釋幢眾多人舁，從迦毗羅城東門而出。二者夢見太子乘大香象徒馭侍衛，從迦毗羅城南門而出。三者夢見太子乘駟馬車，從迦毗羅城西門而出。四者夢見有一寶輪，從迦毗羅城北門而出。五者夢見太子在四衢道中揚桴擊鼓。

①以上第16至第21首偈颂不见于地译。

六者夢見迦毗羅城中有一高樓，太子於上四面棄擲種種珍寶，無數眾生競持而去。七者夢見離城不遠忽有六人舉聲號哭。時輸檀王作是夢已，心大恐懼，忽然而覺，命諸大臣而告之曰：“我於夜中作如是夢，汝宜為我喚占夢人令解斯事。”

時淨居天化作一婆羅門，著鹿皮衣，立在宮門之外，唱如是言：“我能善解大王之夢。”諸臣聞奏，召入宮中。時輸檀王具陳所夢，語婆羅門：“如此之夢是何祥也？”婆羅門言：“大王當知所夢帝幢眾人舁出城東門者，此是太子當為無量百千諸天圍遶出家之像。大王當知所夢太子乘大香象徒馭侍衛從城南門出者，此是太子既出家已，得阿耨多羅三藐三菩提及以十力之像。大王當知所夢太子乘駟馬車從城西門出者，此是太子既出家已，得阿耨多羅三藐三菩提及四無畏之像。大王當知所夢寶輪從城北門出者，此是太子既出家已，證阿耨多羅三藐三菩提轉法輪之像。大王當知所夢太子在四衢道中揚桴擊鼓者，此是太子得阿耨多羅三藐三菩提已，諸天傳聞乃至梵世之像。大王當知所夢高樓太子於上棄擲寶物、無數眾生競持而去者，此是太子得阿耨多羅三藐三菩提已，於諸天人八部之中當雨法寶，所謂四念處、四正勤、四如意足、五根、五力、七覺分、八聖道，種種諸法之像。大王當知所夢去城不遠忽有六人舉聲號哭者，此是太子既出家已，當得阿耨多羅三藐三菩提，外道六師心生憂惱之像。”

爾時，化人為輸檀王解彼夢已，白言：“大王！宜應欣慶，勿生愁惱。所以者何？此夢吉祥，獲大果報。”作是語已，忽然不現。時輸檀王聞婆羅門解夢因緣，恐畏太子出家學道，於是，更增五欲之具。①

एकस्मिंशयनेस्थितेस्थितमभूद्गोपातथापार्थिवो
गोपारात्रियिअर्धरात्रसमयेस्वप्नानिमांपश्यति।
सर्वैयंपृथिवीप्रकम्पितमभूच्छैलासकूटावटी
वृक्षामारुतएरिताक्षितिपतीउत्पाट्यमूलोद्धृताः॥२२॥

今译：瞿波与王子睡在同一张床上，
半夜里做了这些梦：梦见大地
以及高山连同顶峰和洞穴摇晃，
狂风将树木连根拔起，吹倒在地。（22）

चन्द्रासूर्यनभातुभूमिपतितौसज्योतिषालंकृतौ

①以上地译关于净饭王做梦和婆罗门解梦的内容，不见于原文。

केशानद्दशिलूनदक्षिणिभुजेमुकुटंचविध्वंसितम्।
हस्तौछिन्नतथैवछिन्नचरणौनग्नाद्दशीआत्मनं
मुक्ताहारतथैवमेखलमणीछिन्नाद्दशीआत्मनः ॥ २३ ॥

今译：日月不发光，连同星星陨落大地上，
她看到发髻掉在右臂，顶冠也失落，
双手双脚被砍掉，看到自己赤身露体，
也看到项链、腰带和摩尼珠断裂坠落。（23）

शयनस्याद्दशिछिन्नपादचतुरोधरणीतलेस्मिंछयी
छत्रेदण्डुसुचित्रुश्रीमरुचिरंछिन्नाद्दशीपार्थिवे।
सर्वेआभरणाविकीर्णपतितामुह्यन्तितेवारिणा
भर्तुश्चाभरणासवस्त्रमुकुटाशय्यागताव्याकुला ॥ २४ ॥

今译：看到卧床四脚折断，坍塌在地，
国王吉祥优美的华盖柱子断裂，
所有的装饰品散落漂浮在水中，
丈夫的装饰品和衣冠散落床上。（24）

उल्कांपश्यतिनिष्क्रमन्तनगरात्तमसाभिभूतंपुरं
छिन्नांजालिकमद्दशातिसुपिनेरतनामिकांशोभनां।
मुक्ताहारुप्रलम्बमानुपतितःक्षुभितोमहासागरं
मेरुंपर्वतराजमद्दशितदास्थानातुसंकम्पितम् ॥ २५ ॥

今译：看到火炬离城，全城笼罩黑暗中，
还看到美丽的宝石网幔支离破碎，
悬挂的珍珠项链坠落，大海翻腾，
还看到山中之王须弥山摇晃移位。（25）

एतानीद्दशशाक्यकन्यसुपिनांसुपिनान्तरेअद्दशी
द्दष्ट्वासाप्रतिबुद्धरुण्णनयनास्वंस्वामिनंअब्रवीत्।
देवाकिंमिभविष्यतेखलूभणासुपिनान्तराणीद्दशा
भ्रान्तामेस्मृतिनोचपश्यमिपुनःशोकार्दितंमेमनः ॥ २६ ॥

今译：释迦族儿媳在梦中看到这些梦境，
醒来后眼中含泪，告诉自己的夫主：
“请说看见这些梦境，会发生什么？

我的忆念从不混乱，我深感忧虑。”（26）

地译：是時，耶輸陀羅亦夢二十種可畏之事，忽然覺悟，中心驚悸，惶怖自失。菩薩問言：“何所恐懼？”耶輸陀羅啼哭而言：“太子！我向夢見一切大地周遍震動。復見一鮮白大蓋常庇蔭者，車匿輒來奪我將去。復見有帝釋幢崩壞在地。復見身上瓔珞為水所漂。復見日月星宿悉皆隕墜。復見我髮為執寶刀者割截而去。復見自身微妙端正忽成醜陋。復見自身手足皆折。復見形容無故赤露。復見所坐之床陷入於地。復見恒時共太子坐臥之床四足俱折。復見一寶山四面高峻，為火所燒，崩摧在地。復見大王宮內有一寶樹被風吹臥。復見白日隱蔽，天地黑暗。復見明月在空，眾星環拱，於此宮中忽然而沒。復見有大明燭出迦毗羅城。復見此護城神端正可憙，住立門下，悲號大哭。復見此城變為壙野。復見城中林木泉池悉皆枯竭。復見壯士手執器仗，四方馳走。太子！我夢如是，心甚不安，將非我身欲有殀喪？將非恩愛與我別離？此是何徵，為凶為吉？”①

श्रुत्वासौकलविङ्कदुन्दुभिरुतोब्रह्मस्वरःसुस्वरो
गोपामालपतेभवप्रमुदितापापंनतेविद्यते।
येसत्त्वाकृतपुण्यपूर्वचरितातेषेतिस्वप्नाइमे
कोऽन्यःपश्यतिनैकदुःखविहितःस्वप्नान्तराणीदृशा॥२७॥

今译：他告诉瞿波，话音美妙似迦陵频伽鸟，
似太鼓，似梵天：“放心吧，没有罪孽，
那些长期行善积德的众生会做这种梦，
注定遭受种种痛苦者怎么会做这种梦？（27）

यत्तेदृष्टामेदिनीकम्पमाना
कूटाशैलामेदिनीयेपतन्ता।
देवानागाराक्षसाभूतसंघाः
सर्वैतुभ्यंपूज्यश्रेष्ठांकरोन्ति॥२८॥

今译：“你看到大地震动摇晃，
看到高山连同峰顶倒地，
这是众天神、蛇、罗刹和
众生，向你表示最高崇敬。（28）

①以上地译瞿波的二十种梦境多于原文第22至第25首偈颂中描述的梦境。

यत्तेदृष्टावृक्षमूलोद्धृतानि
केशांल्लूनांदक्षिणेनाद्दशासि।
क्षिप्रंगोपेक्लेशजालंछिनित्वा
दृष्टीजालंउद्धरीसंस्कृतातः॥२९॥

今译："你看到树木被连根拔起，
你看到发髻被右臂抓掉，
瞿波啊，你很快就会破除
烦恼网，摒弃有为邪见网。（29）

यत्तेदृष्टौचन्द्रसूर्यौपतन्तौ
दृष्टानक्षत्राज्योतिषानीपतन्तः।
क्षिप्रंगोपेक्लेशशत्रूनिहत्वा
पूज्यालोकेभाविनीत्वंप्रशस्या॥३०॥

今译："你看到月亮和太阳坠落，
你看到闪耀的星星坠落，
瞿波啊，你很快就会驱除
烦恼敌，受世人赞颂敬拜。（30）

यत्तेदृष्टामुक्तहारंविशीर्णं
नग्नंभग्नंसर्वकायाद्दशासि।
क्षिप्रंगोपेइस्त्रिकायंजहित्वा
पुरुषस्त्वंवैभेष्यसेनोचिरेण॥३१॥

今译："你看到珍珠项链散落，
身体赤裸，肢体遭宰割，
瞿波啊，你很快就会抛弃
女人身，不久成为男人。（31）

यत्तेदृष्टंमञ्चकंछिन्नपादं
छत्रेदण्डंरत्नचित्रंप्रभग्नम्।
क्षिप्रंगोपेओघचत्वारितीर्त्वा
मांद्रष्टासीएकछत्रंत्रिलोके॥३२॥

今译："你看到卧床的四脚折断，
华盖的优美宝石柱子断裂，

瞿波啊，你很快越过四瀑流，
会看到我拥有三界唯一华盖。（32）

यत्तेदृष्टाभूषणाउह्यमाना
चूडावस्त्रामह्यमञ्चेऽदृशासि।
क्षिप्रंगोपेलक्षणैर्भूषिताङ्गं
मांसंपश्यीसर्वलोकैःस्तुवन्तम्॥३३॥

今译：“你看到装饰品漂浮水中，
看到我的衣冠散落在床上，
瞿波啊，你很快会看到我的
肢体具有吉相，受三界赞美。（33）

यत्तेदृष्टादीपकोटीशतानि
नगरान्निष्क्रान्तातत्पुरंचान्धकारम्।
क्षिप्रंगोपेमोहविद्यान्धकारे
प्रज्ञालोकेकुर्वमीसर्वलोकम्॥३४॥

今译：“你看到千百万盏明灯，
离城而去，全城笼罩黑暗，
瞿波啊，我很快会让一切
世界从愚昧转变为智慧。①（34）

यत्तेदृष्टंमुक्तहारंप्रभग्नं
छिन्नंचैवस्वर्णसूत्रंविचित्रम्।
क्षिप्रंगोपेक्लेशजालंछिनित्वा
संज्ञासूत्रंउद्धरीसंस्कृतातः॥३५॥

今译：“你看到珍珠项链散落，
那根绚丽的金线断裂，
瞿波啊，你很快就会破除
烦恼网，摒弃有为邪想线。（35）

यत्तेगोपेचित्तिकारंकरोषी
नित्यंपूजांगौरवेणोत्तमेन।

①这句中，M 本将 prajñāloke 写为 prajñālokam，将 sarvalokam 写为 sarvaloke，这样容易读通。

नास्तीतुभ्यंदुर्गतीनैवशोकः
क्षिप्रंभोहीप्रीतिप्रामोद्यलब्धा ॥ ३६ ॥

今译：“瞿波啊，你关心我，
始终怀着崇敬供奉我，
你不会有噩运和忧伤，
你很快就会获得欢乐！（36）

पूर्वेमह्यंदानुदत्तंप्रणीतं
शीलंचीर्णंभाविताानित्यक्षान्ति।
तस्मान्मह्यंयेप्रसादंलभन्ते
सर्वेभोन्तीप्रीतिप्रामोद्यलाभाः ॥ ३७ ॥

今译：“过去我始终慷慨布施，
奉守戒行和坚持忍辱，
因此，凡获得我的恩惠，
他们必定会获得欢乐。（37）

कल्पाकोटीसंस्कृतामेअनन्ता
बोधीमार्गोशोधितोमेप्रणीतः।
तस्मान्मह्यंयेप्रसादंकरोन्ति
सर्वेछिन्नातेषुत्रीण्यप्यपायाः ॥ ३८ ॥

今译：“在无数亿劫的有为中，
我遵行纯洁的菩提道，
因此，凡获得我的恩惠，
他们都会断除三恶道。（38）

हर्षंविन्दामाचखेदंजनेहि
तुष्टिंविन्दासंजनेहीचप्रीतिम्।
क्षिप्रंभेष्येप्रीतिप्रामोद्यलाभी
सेहीगोपेभद्रकातेनिमित्ता ॥ ३९ ॥

今译：“你要高兴，不必烦恼！
你要满意，你要欢喜！
你很快就会获得欢乐，

瞿波啊，这些是吉兆。”（39）[①]

地译：爾時，菩薩聞是語已，心自思惟：“出家時到，表是徵祥，乃令此妃見如斯夢。”慰喻耶輸陀羅言：“妃今不應懷此恐懼。所以者何？夢想顛倒，無有實法。設令夢見帝憧崩倒，日月隕落，於妃之身何所傷損？車匿持蓋將去，既曰夢奪，皆為虛妄，但自安寢，不假憂愁。”

सोपुण्यतेजभरितोसिरितेजगर्भो
　　पूर्वैनिमित्तसुपिनेइमिअद्दशासि।
येभोन्तिपूर्वशुभकर्मसमुच्चयानां
　　नैष्क्रम्यकालसमयेनरपुंगवानाम्॥४०॥

今译：他充满功德和吉祥的光辉，
在自己梦中看到这些先兆，
表明前世积累了种种善业，
人中雄牛们出家时刻来到。（40）

सोअद्दशासिचकराच्चरणाद्धताना
　　महसागरेभिचतुभिर्जललोलयन्ता।
सर्वामिमांवसुमतींशयनंविचित्रं
　　मेरुंचपर्वतवरंशिरसोपधानम्॥४१॥

今译：他看到自己的手和脚
接触四海，水浪翻滚，
大地成为奇妙的床榻，
巍巍须弥山成为枕头。（41）

आभाप्रमुक्तसुपिनेतदअद्दशासि
　　लोकेविलोकितुमहातमसान्धकारम्।
छत्रोद्गतंधरणियेस्फरतेत्रिलोकं
　　आभायस्पृष्टविनिपातदुखाप्रशान्ता॥४२॥

今译：他看到梦中释放光芒，照亮
黑暗笼罩的世界，大地出现
辉映三界的华盖，接触光芒，
陷入痛苦的人们获得安宁。（42）

---

①以上第 28 至第 39 首偈颂中王子为瞿波释梦的描述不见于地译。

कृष्णाशुभाचतुरिप्राणकपादलेखी
चतुवर्णएत्वशकुनाद्भुतएकवर्णाः।
मीढंगिरीपरमहीनजुगुप्सनीया
अभिभूयचंक्रमतितत्रचनोपलिप्तो॥४३॥

今译：黑白四兽抓挠他的脚，
四色鸟奇妙地变成一色，
降伏最令人厌恶的粪山，
行走在那里，不受污染。（43）

भूयोऽद्दशीसुपिनिनद्यजलप्रपूर्णा
बहुसत्त्वकोटिनयुतानिचउह्यमाना।
सोनावकृत्वप्रतरित्वपरांप्रतार्य
स्थापेतिसोस्थलवरेअभयेअशोके॥४४॥

今译：他还在梦中看到河水汹涌，
数千万亿的众生沉浮其中，
他造船将他们救渡到彼岸，
安置在陆地上，无忧无惧。（44）

भूयोऽद्दशातिबहुआतुररोगस्पृष्टां
आरोग्यतेजरहितांबलविप्रहीनां।
सोवैद्यभूत्वबहुओषधसंप्रयच्छा
मोचेतिसत्त्वनयुतांबहुरोगस्पृष्टां॥४५॥

今译：他还看到许多得病的病人，
失去健康和光辉，软弱无力，
他成为医生，提供许多药草，
救治患有种种疾病的众生。（45）

सिंहासनेवहिनिषण्णसुमेरुपृष्ठे
शिष्यांकृताञ्जलिपुटानमरान्नमन्तां।
संग्राममध्यिजयुअद्दशिआत्मनश्च
आनन्दशब्दममरांगगनेब्रुवन्तः॥४६॥

今译：他坐在须弥山顶狮子座上，
众天神弟子合掌向他致敬；

他看到自己在战斗中获胜，
众天神在空中发出欢呼声。（46）

地译：其夜菩薩自得五夢：一者夢見身席大地，頭枕須彌，手擎大海，足踐渤澥。二者夢見有草名曰建立，從臍而出，其杪上至阿迦膩吒天。三者夢見四鳥從四方來，毛羽斑駁，承菩薩足化為白色。四者夢見白獸頭皆黑色，咸來屈膝，舐太子身。五者夢見有一糞山，狀勢高大，菩薩身在其上周匝遊踐，不為所汙。①

एवंविधासुपिनिअद्दशिबोधिसत्त्वो
मङ्गल्यशोभनव्रतस्यचपारिपूरिम्।
यांश्रुत्वदेवमनुजाअभवन्प्रहृष्टा
नचिराद्भविष्यतिअयंनरदेवदेवः॥४७॥ इति॥

今译：菩萨在梦中看到吉祥情景，
纯洁美好的誓愿获得实现，
天神和凡人听后满心欢喜，
他不久就会成为神中之神。（47）

॥इतिश्रीललितविस्तरेस्वप्नपरिवर्तोनामचतुर्दशोऽध्यायः॥

今译：以上是吉祥的《神通游戏》中名为《感梦品》的第十四章。

①以上地译王子的五种梦与原文第 40 至第 47 首偈颂中描述的种种梦境有同有异。

अभिनिष्क्रमणपरिवर्तः पञ्चदशः।

今译：第十五 出家品

地译：出家品第十五

अथ खलु भिक्षवो बोधिसत्त्वस्यैतदभूत्-- अयुक्तमेतन्मम स्यादकृतज्ञता च यदहमप्रतिवेद्य महाराज्ञः शुद्धोदनस्य अननुज्ञातश्च पित्रा निष्क्रमेयम्। स रात्रौ प्रशान्तायां स्वकादुपस्थानप्रासादादवतीर्य राज्ञः शुद्धोदनस्य प्रासादतले प्रतिष्ठितोऽभूत्। प्रतिष्ठितमात्रस्य च पुनर्बोधिसत्त्वस्य सर्वोऽसौ प्रासाद आभया स्फुटोऽभूत्। तत्र राजा प्रतिविबुद्धस्तां प्रभामद्राक्षीत्। दृष्ट्वा च पुनस्त्वरितं त्वरितं काञ्चुकियमामन्त्रयामास-- किं भोः काञ्चुकीय सूर्योऽभ्युद्गतो येनेयं प्रभा विराजते। काञ्चुकीय आह-- अद्यापि तावदेव रजन्या उपार्धं नातिक्रान्तम्। अपि च देव--

今译：然后，众比丘啊，菩萨思忖："如果我不告知净饭王，不得到父亲允许，就出家，这样做不合适，忘恩负义。"于是，在深夜，他从自己的寝宫下来，来到净饭王的宫殿。一到那里，菩萨的光芒照亮整个宫殿。这时，国王醒来，看到这光芒。看到后，他赶忙询问侍者："侍者啊，太阳升起了吗？这光芒照耀。"侍者回答说："现在夜晚尚未过半。还有，王上啊！

地译：爾時，佛告諸比丘：菩薩於靜夜中作是思惟："我若不啟父王，私自出家，有二種過：一者違於法教，二者不順俗理。"既思惟已，從其所住詣父王宮，放大光明，一切臺殿、樓閣、園林倍增嚴飾，光明照曜。王遇光已，尋便覺悟，謂侍者曰："此為何光？夜分未盡，豈日光乎？"侍者答曰："非日光也。"重以偈頌而白於王：

सूर्यप्रभाय भवते द्रुमकुड्यछाया
　　संतापयाति च तनुं प्रकरोति धर्मम्।
हंसा मयूरशुककोकिलचक्रवाकाः
　　प्रत्यूषकालसमये स्वरुतां रवन्ति॥ १॥

今译："太阳光会让树木和墙壁
　　产生影子，会让身体发热，

　　　　天鹅、孔雀、鹦鹉、杜鹃和
　　　　轮鸟会在天亮时发出鸣叫。（1）

地译："臺亭及樓閣，牆壁與園林，
　　　　眾影悉不生，故非日出光；
　　　　鴛鴦及翡翠，孔雀迦陵伽，
　　　　群鳥未翔鳴，故非日出光。

आभा इयं तु नरदेव सुखा मनोज्ञा
　　प्रह्लादनी शुभकरी न करोति दाहम्।
कुड्या च वृक्ष अभिभूय न चास्ति छाया
　　निःसंशयं गुणधरो इह अद्य प्राप्तः॥२॥

今译："人主啊，这光芒舒服可爱，
　　　　令人喜悦和清净，不发热，
　　　　墙壁和树木也没有影子，
　　　　无疑是有德者来到这里。"（2）

地译："此光甚希有，昔所未曾見，
　　　　能令心喜悅，除熱得清涼，
　　　　應是勝德人，垂光照於此。"

सो प्रेक्षते दशदिशो नृपती विषण्णो
　　दृष्टश्च सो कमललोचन शुद्धसत्त्वः।
सोऽभ्युत्थितुं शयनि इच्छति न प्रभोति
　　पितृगौरवं जनयते वरशुद्धबुद्धिः॥३॥

今译：国王神情沮丧，观察十方，
　　　　看到眼似莲花的本性纯洁者；
　　　　他想要起床却不能，这位
　　　　智慧纯洁者对父亲深表敬重。（3）

地译：時王從臥起，詳觀於十方，
　　　　乃見菩薩身，威德無有上，
　　　　深心極尊重，將欲申恭敬，
　　　　菩薩以神力，固不令王起。

सो च स्थिहित्व पुरतो नृपतिं अवोचत्
　　मा भूयु विघ्न प्रकरोहि म चैव खेदम्।
नैष्क्रम्यकालसमयो मम देव युक्तो
　　हन्त क्षमस्व नृपते सजनः सराष्ट्रः॥४॥

今译：他站在国王面前，说道：
“请别阻拦我，也别烦恼，
我的出家时间已经来到，
请你和王国臣民宽恕我。”（4）

地译：長跪而合掌，前白父王言：
“大王莫愁惱，勿與我為障，
今者願出家，唯垂見哀許。”

तं अश्रुपूर्णनयनो नृपती बभाषे
　　किंचित्प्रयोजनु भवेद्विनिवर्तने ते।
किं याचसे मम वरं वद सर्व दास्ये
　　अनुगृह्ण राजकुलू मां च इदं च राष्ट्रम्॥५॥

今译：国王热泪盈眶，对他说道：
“任何心愿都行，别出家；
你乞求任何恩惠，我都给，
请垂怜王族、我和这王国。”（5）

地译：王時聞此言，思惟設何計，
涕泣向菩薩，而作如是言：
“大位及國財，一切悉能捨，
除去出家事，餘皆無所惜。”

तद् बोधिसत्त्व अवची मधुरप्रलापी
　　इच्छामि देव चतुरो वर तान् मि देहि।
यदि शक्यसे ददितु मह्य वसे ति तत्र
　　तद् द्रक्ष्यसे सद गृहे न च निष्क्रमिष्ये॥६॥

今译：菩萨话音甜蜜，对他说道：
“愿王上赐给我四个恩惠！
如果你能赐给，我就住下，
不出家，你将始终看到我。（6）

地译：菩薩以妙音，重白父王言：
　　　"竊有四種願，未稱於本心，
　　　大王若賜者，當斷出家望。

इच्छामि देव जर मह्य न आक्रमेय्या
　　शुभवर्ण यौवनस्थितो भवि नित्यकालम्।
आरोग्यप्राप्तु भवि नो च भवेत व्याधिः
　　अमितायुषश्च भवि नो च भवेत मृत्युः
(संपत्तितश्च विपुला नु भवेद्विपत्तिः)॥७॥

今译："王上啊，我想要不衰老，
　　　我想要永葆青春和美貌，
　　　我想要身体健康不生病，
　　　我想要寿命无限不死亡。
　　　（还有荣华富贵不毁灭。）①"（7）

地译："一願不衰老，二願恒少壯，
　　　三願常無病，四願恒不死。"

राजा श्रुणित्व वचनं परमं दुखार्तो
　　अस्थानु याचसि कुमार न मेऽत्र शक्तिः।
जरव्याधिमृत्युभयतश्च विपत्तितश्च
　　कल्पस्थितीय ऋषयोऽपि न जातु मुक्ताः॥८॥

今译：国王闻听此言，心中无限痛苦：
　　　"你乞求的恩惠，我无能为力，
　　　即使历劫的仙人们也不能摆脱
　　　对老、病和死的恐惧和毁灭。"（8）

地译：王聞是語已，而告菩薩言：
　　　"此事甚為難，非我力能辦，
　　　諸仙雖劫壽，終歸於壞滅，
　　　誰離生老死，獨求常住身？"

यदिदानि देव चतुरो वर नो ददासि
　　जरव्याधिमृत्युभयतश्च विपत्तितश्च।

---

① 这颂括号中的这句据地译可删去。

हन्त शृणुष्व नृपते अपरं वरैकं
　　अस्माच्च्युतस्य प्रतिसंधि न मे भवेया॥९॥

今译：“如果不能赐予这四个恩惠，让我
　　摆脱对老、病和死的恐惧和毁灭，
　　那么，请听！我乞求另一个恩惠，
　　王上啊，让我死去之后不再生。”（9）

地译：菩薩答王言：“四願若難得，
　　今但求一願，更不受後身。”

श्रुत्वैव चेम वचनं नरपुंगवस्य
　　तृष्णा तनुं च करि छिन्दति पुत्रस्नेहम्।
अनुमोदमी हितकरा जगति प्रमोक्षं
　　अभिप्रायु तुभ्य परिपूर्यतु यन्मतं ते॥१०॥

今译：听了这位人中雄牛的这番话，
　　他减轻贪欲，割舍爱子之情：
　　“我同意，你一心为世界造福，
　　志在解脱，实现你的心愿吧！”（10）

地译：王聞菩薩言，愛心稍微薄，
　　而作如是說：“我今亦隨喜，
　　利益諸眾生，令汝願滿足。”
　　雖發如是語，心猶懷熱惱。

अथ खलु भिक्षवो बोधिसत्त्वः प्रतिक्रम्य स्वके प्रासादेऽभिरुह्य शयने निषसाद। न चास्य कश्चिद्गमनं वा आगमनं वा संजानीते स्म॥

今译：然后，众比丘啊，菩萨回到自己的宫殿，坐在床上。没有人知道他出去和回来。

地译：爾時，菩薩聞是語已，歡喜而退。雖復往來，人無知者。

इति हि भिक्षवो राजा शुद्धोदनस्तस्या रात्र्या अत्ययेन सर्वं शाक्यगणं संनिपात्यैनां प्रकृतिमारोचयति स्म-- अभिनिष्क्रमिष्यति कुमारः। तत्किं करिष्यामः। शाक्या आहुः-- रक्षां देव करिष्यामः। तत्कस्मात् अयं च महाञ्शाक्यगणः स चैकाकी। तत्का तस्य शक्तिरस्ति बलादभिनिष्क्रमितुम्॥

今译：这样，众比丘啊，在夜晚结束时，净饭王召集所有释迦族人，说明事情原委："王子就要出家，我们怎么办？"释迦族人回答说："王上啊，我们要守住他。为什么？释迦族人多势众，他独自一人，难道能强行出家？"

地译：既至明旦，王召親族及諸釋種，作如是言："太子昨於中夜來請出家，我若許之，國無繼嗣。汝等今者作何方便，令其息心？"時諸釋種白大王言："我等當共守護太子。太子何力能強出家？"

तत्र तैः शाक्यै राज्ञा शुद्धोदनेन च पञ्च शाक्यकुमारशतानि कृतास्त्राणि कृतयोग्यानि इष्वस्त्रशिक्षितानि महानग्नबलोपेतानि पूर्वे नगरद्वारे स्थापितान्यभूवन् बोधिसत्त्वस्य रक्षणार्थम्। एकैकश्च शाक्यकुमारः पञ्चरथशतपरिवारः एकैकं च रथं पञ्चपत्तिशतपरिवारं स्थापितमभूत् बोधिसत्त्वस्य रक्षणार्थम्। एवं दक्षिणे पश्चिमे उत्तरे नगरद्वारे पञ्च पञ्च शाक्यकुमारशतानि कृतास्त्राणि कृतयोग्यानि इष्वस्त्रशिक्षितानि महानग्नबलोपेतानि। एकैकश्च शाक्यकुमारः पञ्चरथशतपरिवारः एकैकं च रथं पञ्चपत्तिशतपरिवारं स्थापितमभूत बोधिसत्त्वस्य रक्षार्थम्। महल्लकमहल्लिकाश्च शाक्याः सर्वचत्वरशृङ्गाटकपूगरथ्यास्वारक्षार्थं स्थिता अभवन्। राजा च शुद्धोदनः पञ्चभिः शाक्यकुमारशतैः सार्धं परिवृतः पुरस्कृतः स्वके गृहद्वारे हयेषु च गजेषु च समभिरुह्य जागर्ति स्म। महाप्रजापती च गोतमी चेटीवर्गमामन्त्रयते स्म--

今译：净饭王和释迦族人在东城门安排五百位释迦族王子，武艺高强，精明能干，通晓箭术，具有大力士的力量，守住菩萨。每位释迦族王子配备五百辆车，每辆车配备五百个步兵，守住菩萨。同样，在南城门、西城门和北城门也分别安排五百位释迦族王子，武艺高强，精明能干，通晓箭术，具有大力士的力量。每位释迦族王子配备五百辆车，每辆车配备五百个步兵，守住菩萨。年长的释迦族人站在十字路口、丁字路口和车道上，守住菩萨。净饭王在自己的宫殿门前，由五百位释迦族王子恭敬围绕，一起骑马和骑象巡视，保持警惕。摩诃婆阇波提·乔答弥也吩咐侍女们：

地译：是時，父王勅諸親族於迦毗羅城東門之外，置五百釋種童子，英威勇健，制勝無前。一一童子有五百兩鬪戰之車以為嚴衛，一一車側五百力士執戟於前。南西北門各有五百，如上所說。於其城上，周匝分布持刀杖人。復有宿舊諸釋大臣，列坐四衢，咸悉營備。王自簡練五百壯士，擐甲持矛，皆乘象馬，於城四面晝夜巡警，無暫休息。是時，國大夫人摩訶波闍波提於王宮內集諸婇女，而說偈言：

ज्वालेथ दीप विमलां ध्वजाग्रि मणिरत्न सर्वि स्थापेथा।
ओलम्बयाथ हारां प्रभां कुरुत सर्वि गेहेस्मिन्॥ ११॥

今译：你们要点燃灯，在所有旗顶上安放摩尼
　　　珠宝，悬挂璎珞，让整个宫殿大放光明。（11）

地译：汝等於今夜，無令著睡眠，
　　　當建妙高幢，燭以摩尼寶，
　　　四面珠瓔珞，亦發大光明，
　　　照曜宮殿中，如日咸覩見。

संगीति योजयेथा जागरथ अतन्द्रिता इमां रजनीम्।
प्रतिरक्षथा कुमारं यथा अविदितो न गच्छेया॥ १२॥

今译：要演奏歌唱，保持警觉，彻夜不眠，
　　　要守住王子，别让他不知不觉出走。（12）

地译：奏彼天伎樂，絃出微妙音，
　　　花髻半月垂，寶鬘師子飾，
　　　臂瑠及環玔，種種以嚴身，
　　　戶牖設重關，堅牢持管鑰，
　　　出入咸親覲，進止悉當知。

वर्मितकलापहस्ता असिधनुशरशक्तितोमरगृहीताः।
प्रियतनयरक्षणार्थं करोथ सर्वे महायत्नम्॥ १३॥

今译：手持箭囊，紧握刀枪、弓箭和长矛，
　　　守住可爱的王子，你们要竭尽全力。（13）

地译：汝等侍奉人，宜應執兵器，
　　　鬪輪將罥索，矛戟及戈鋋，
　　　莫生慢怠心，周衛於階闥。

द्वारां पिथेथ सर्वां सुयन्त्रितां निर्गडां दृढकपाटां।
मुञ्चथ मा च अकाले मा अग्रसत्त्व इतु न व्रजेया॥ १४॥

今译：关闭所有的门，扣上坚固的门锁①，
　　　不到时候不打开，别让大士出走。（14）

मणिहारमुक्तहारां मुखपुष्पके अर्धचन्द्र सश्रृङ्खलाः।
मेखलकर्णिकमुद्रिक सुनिबद्धां नूपुरां कुरुत॥ १५॥

---

① “锁”的原词是 nirgaḍām，似应为 nigaḍām。

今译：你们要佩戴摩尼珠和珍珠项链、面花、
半月宝珠、腰带、耳环、指环和脚镯。（15）

यदि सहस निष्क्रमेया नरमरुहित मत्तवारणविचारी।
तथ तथ पराक्रमथा यथा विघातं न विन्देया॥ १६॥

今译：如果这位为人和神造福者迈着疯象步伐，
突然出家，要勇敢阻拦，但不要伤害他。（16）

地译：汝等守太子，如人護自眼，
勿使棄世間，猶如象王去。

या नारि शक्तिधारी शयनं परिवारयन्तु विमलस्य।
म च भवथ मिद्धविहताः पतंग इव रक्षथा नेत्रैः॥ १७॥

今译：让妇女们手持刀枪，守卫在纯洁者床边，
你们不要打瞌睡，要像鸟儿睁眼守护。（17）

छादेथ रतनजालै इदं गृहं पार्थिवस्य रक्षार्थम्।
वेणूरवांश्च रवथा इमां रजनि रक्षथा विरजाम्॥ १८॥

今译：你们要用宝石网覆盖王宫，守住王子，
整夜吹奏笛子，守住这位纯洁无瑕者。（18）

अन्योन्य बोधयेथा म वसयथा रक्षथा इमां रजनीम्।
मा हु अभिनिष्क्रमेथा विजह्य राष्ट्रं च राज्यं च॥ १९॥

今译：你们要互相提醒，不要休息，彻夜守卫，
不要让他抛弃王国和王权，离宫出家。（19）

एतस्य निर्गतस्या राजकुलं सर्विमं निरभिरम्यम्।
उच्छिन्नश्च भवेया पार्थिववंशश्चिरनुबद्धः॥ २०॥ इति

今译：一旦他出走，整个王族失去欢乐，
绵延持续的王族世系就会中断。（20）

地译：寶位絕繼嗣，國土無威光。

अथ खलु भिक्षवोऽष्टाविंशतिमहायक्षसेनापतयः पाञ्चिकयज्ञसेनापतिपूर्वंगमानि च पञ्चहारितीपुत्रशतान्येकस्मिन् संनिपात्यैवं मतं विचारयन्ति स्म-- अद्य मार्षा बोधिसत्त्वोऽभिनिष्क्रमिष्यति। तस्य युष्माभिः पूजाकर्मणे औत्सुक्यमापत्तव्यम्॥

今译：然后，众比丘啊，以般吉迦耶若为首的二十八位药叉大将和五百位诃利提之子[①]聚在一起，商量道："诸位贤士啊，今天菩萨就要出家，你们应该热情侍奉他。"

地译：佛告諸比丘：時有二十八夜叉大將，般遮迦王而為上首，先住在彼毗沙門宮共相議言："菩薩今欲出家，我與汝等作何供養？"

चत्वारश्च महाराजानो अलकवतीं राजधानीं प्रविश्य तां महतीं यक्षपर्षदमामन्त्रयते स्म-- अद्य मार्षा बोधिसत्त्वोऽभिनिष्क्रमिष्यति। स युष्माभिर्हयवरचरणपरिगृहीतो निष्क्रामयितव्यः। सा च यक्षपर्षदाह--

今译：四大天王进入阿罗迦波提王城[②]，对举行大集会的药叉们说道："诸位贤士啊，今天菩萨就要出家，你们应该护持马脚，让他出家。"众药叉说道：

地译：時四天王告夜叉眾言："菩薩將欲出家，汝等應當捧承馬足。"

वज्रदृढ अभेद्य नारायणो आत्मभावो गुरु
वीर्यबलौपेतु सोऽकम्पितो सर्वसत्त्वोत्तमः।
गिरिवर महमेरु उत्पाट्य शक्यं नभे धारितुं केनचित् न तु
जिनगुणमेरु शैलैर्गुरुः पुण्यज्ञानाश्रितः शक्य नेतुं क्वचित्॥२१॥

今译：导师身体坚如金刚，不可摧毁，犹如那罗延，
具有勇猛精进力，不可动摇，众生中至高者，
即使有人能拔起须弥山，举向空中，也不能
移动这座具有功德智慧而沉重的佛德须弥山。（21）

वैश्रवण आह--

今译：毗沙门说道：

ये मानगर्वित नरा गुरु तेषु शास्ता
ये प्रेमगौरवस्थिता लघु ते विजानि।
अध्याशयेन अभियुज्यथ गौरवेण
लघु तं हि वेत्स्यथ खगा इव तूलपेशिम्॥२२॥

今译：那些骄傲自负的人感到导师沉重，
而那些怀有敬意的人知道他轻盈，

① "诃利提之子"（hāritīputra）是药叉和罗刹一类的半神或鬼神。
② "阿罗迦波提王城"是财神所在地。

你们要对他满怀热爱和崇敬，将会
像鸟儿知道棉絮团那样知道他轻盈。（22）

अहं च पुरतो यास्ये यूयं च वहथा हयम्।
नैष्कम्ये बोधिसत्त्वस्य पुण्यमार्जयामो बहुम्॥ २३॥

今译：我将走在前面，你们要护持马匹，
菩萨出家，我们会获得大量功德。（23）

अथ खलू भिक्षवः शक्रो देवानामिन्द्रो देवांस्त्रायत्रिंशानामन्त्रयते स्म-- अद्य मार्षा बोधिसत्त्वोऽभिनिष्क्रमिष्यति। तत्र युष्माभिः सर्वैः पूजाकर्मणे औत्सुक्येन भवितव्यम्॥

今译：然后，众比丘啊，天王帝释对忉利天神们说道："诸位贤士啊，今天菩萨就要出家，你们应该热情侍奉他。"

地译：時釋提桓因告三十三天眾言："菩薩今夜將欲出家，汝等宜應營護佐助。"

तत्र शान्तमतिर्नाम देवपुत्रः स एवमाह-- अहं तावत्कपिलवस्तुनि महानगरे सर्वस्त्रीपुरुषदारकदारिकाणां प्रस्वापनं करिष्यामि।

今译：其中，名叫静慧的天子说道："我会让迦比罗卫大城中所有男女老少都入睡。"

地译：時彼眾中有一天子，名曰靜慧，作如是言："我當於迦毗羅城所有一切軍士婇女守菩薩者，悉令惛睡，無所覺知。"

ललितव्यूहो नाम देवपुत्रः स एवमाह-- अहमपि सर्वहयगजखरोष्ट्रगोमहिषस्त्रीपुरुषदारकदारिकाणां शब्दमन्तर्धापयिष्यामि।

今译：名叫游戏庄严的天子说道："我会让所有马、象、驴、骆驼、牛、水牛和男女老少的声音消失。"

地译：復有莊嚴遊戲天子作如是言："我今當令彼城內外所有象馬及諸雜類寂然無聲。"

व्यूहमतिर्नाम देवपुत्रः स एवमाह-- अहं गगनतले सप्तरथविस्तारप्रमाणं रत्नवेदिकापरिवृतं सूर्यकान्तमणिरत्नप्रभोज्ज्वलितमुछ्रितछत्रध्वजपताकं नानापुष्पाभिकीर्णं नानागन्धघटिकानिधूपितं मार्गव्यूहं करिष्यामि येन मार्गेण बोधिसत्त्वोऽभिनिष्क्रमिष्यति।

今译：名叫庄严慧的天子说道："我会在空中造出一条宝路，路宽容纳七辆车并行，路边围有宝石栏杆，闪耀太阳水晶和摩尼珠宝的光辉，竖有华盖、旗帜和幡幢，撒有各种鲜花，各种香炉散发香气。让菩萨由这条路出家。”

地译：復有嚴慧天子，作如是言：“我當從彼於虛空中化為寶路，皆以金銀、瑠璃、硨磲、馬瑙、真珠、玫瑰眾寶廁填，散諸名花，彌布其上，懸繒幡蓋，羅列道側。”

ऐरावणो नाम नागराजा स एवमाह-- अहमपि च स्वस्यां शुण्डायां द्वात्रिंशद्योजनप्रमाणं कूटागारं मापयिष्यामि। यत्राप्सरसोऽभिरुह्य तूर्यसंगीतिसंप्रभणितेन महता गीतवादितेन बोधिसत्त्वस्योपस्थानपरिचर्यां कुर्वन्त्यो गमिष्यन्ति।

今译：名叫爱罗筏纳的象王说道：“我会在自己的鼻子上化出一座三十二由旬的楼阁，让天女们在里面演奏乐器和高声歌唱，一路侍奉菩萨。”

地译：復有諸大象王，伊鉢羅王而為上首，作如是言：“我於鼻端化為樓閣，其中則有天諸婇女，鼓舞絃歌而為翊從。”

स्वयं च शक्रो देवानामिन्द्र एवमाह-- अहं द्वाराणि विवरिष्यामि। मार्गं च संदर्शयामि।

今译：天王帝释自己说道：“我会打开所有的门，展示道路。”

地译：復有諸大龍王婆婁那王而為上首，作如是言：“我等當吐栴檀香雲及沉水香雲，雨栴檀末及沉水末，妙香芬馥，遍滿虛空。”①

धर्मचारी देवपुत्र आह-- अहं विकृतमन्तः पुरमुपदर्शयिष्यामि।

今译：天子法行说道：“我会让后宫变形。”

地译：復有法行天子，作如是言：“我今當遣宮中所有端正女人形貌變壞，不可附近。”

संचोदको देवपुत्र आह-- अहं बोधिसत्त्वं शयनादुत्थापयिष्यामि।

今译：天子开悟说道：“我会让菩萨起床。”

地译：復有開發天子，作如是言：“我當於中夜時覺悟菩薩。”

तत्र वरुणश्च नाम नागराजो मनस्वी च नागराजः सागरश्च नागराजोऽनवतप्तश्च नागराजो नन्दोपनन्दौ नागराजावेवमाहुः-- वयमपि बोधिसत्त्वस्य पूजाकर्मणे कालानुसारिमेघमभिनिर्माय उरगसारचन्दनचूर्णवर्षमभिवर्षयिष्यामः॥

① 此处地译与原文下面的一处对应。

今译：名叫伐楼那的蛇王以及蛇王摩那斯文、蛇王沙伽罗、蛇王阿那婆多波多、蛇王难陀和优波难陀说道：“我们也会侍奉菩萨，及时化出雨云，降下乌洛迦娑罗檀香粉末雨。”

地译：釋提桓因作如是言：“我今亦當為彼菩薩開示道路。”[1]

इति हि भिक्षवो देवनागयक्षगन्धर्वैश्चायमेवंरूपो निश्चयाभिप्रायश्चिन्तितोऽभूद् व्यवसितश्च। बोधिसत्त्वस्यैवं धर्मचिन्तानुप्रविष्टस्य संगीतिप्रासादेषु सुखशयनगतस्य अन्तःपुरमध्यगतस्य पूर्वबुद्धचरित विचिन्तयतः सर्वसत्त्वहितमनुचिन्तयतश्चत्वारि पूर्वप्रणिधानपदान्यामुखीभवन्ति स्म। कतमानि चत्वारि पूर्वं मया स्वयंभुवामाधिपतेयतामभिलषता सर्वज्ञतां प्रार्थयमानेनैवं संनाहः संनद्धोऽभूत्-- सत्त्वान् दुःखितान् दृष्टा अहो बताहं संसारमहाचारकबन्धनप्रक्षिप्तस्य लोकसंनिवेशस्य संसारचारकं भित्त्वा बन्धनप्रमोक्षशब्दं चोदीरयेयं तृष्णया सनिगडगाढबन्धनबद्धांश्च सत्त्वान् प्रमोचयेयम्। इदं प्रथमं पूर्वप्रणिधानपदमामुखीभवति स्म॥

今译：这样，众比丘啊，天神、蛇、药叉和健达缚们作出这样的思考和决定。而菩萨在后宫音乐殿的快乐床上思索正法，思考过去佛陀们的行为，思考一切众生的利益，过去立下的四种誓愿展现眼前。哪四种？“过去我渴望成为自在主，追求知一切智，披上铠甲。我看到受苦的众生。哎呀！他们进入世界，被投入轮回大牢狱。我要劈开轮回牢狱，发出摆脱束缚的呼声，让众生摆脱深重坚固的贪欲束缚。”这是展现眼前的过去第一种誓愿。

地译：如是天、龍、夜叉、乾闥婆、阿修羅、迦婁那、緊陀羅、摩睺羅伽等盡其所應，護助菩薩。爾時，菩薩於音樂殿中端坐思惟：“過去諸佛皆發四種微妙大願。何等為四？一者願我未來自證法性，於法自在得為法王，以精進智救拔一切牢獄愛縛苦惱眾生，皆令解脫。

अहो बताहं संसारमहाविद्यान्धकारगहनप्रक्षिप्तस्य लोकस्याज्ञानपटलतिमिरावृतनयनस्य प्रज्ञाचक्षुर्विरहितस्याविद्यामोहान्धकारस्य महान्तं धर्मालोकं कुर्याम्। ज्ञानप्रदीपं चोपसंहरेयम्। त्रिविमोक्षसुखज्ञानवतौषधिसंप्रयोगेण चोपायप्रज्ञाज्ञानसंप्रयुक्तेन सर्वाविद्यान्धकारतमोहतं महत्तिमिरपटलकालूष्यमपनीय प्रज्ञाचक्षुर्विशोधयेयम्। इदं द्वितीयं पूर्वप्रणिधानपदमामुखीभवति स्म॥

今译：“哎呀！世人被投入轮回无知黑暗深渊，眼睛蒙上无知黑暗翳障，没有智慧眼而无知、愚昧和昏暗。我要赋予他们大法光，赋予他们智慧灯。我

① 此处地译与原文上面的一处对应。

要用三解脱快乐知识药草，用方便智慧知识，涤除受一切无知黑暗伤害而形成的黑暗翳障污垢，给予他们明净的智慧眼。”这是展现眼前的过去第二种誓愿。

地译：“二者有諸眾生瘻此生死黑暗稠林，患彼愚癡無明翳目，以空、無相、無願[①]為燈為藥，破諸暗惑，除其重障，成就如是方便智門。

अहो बताहं मानध्वजोच्छ्रितस्य लोकस्याहंकारममकाराभिनिविष्टस्यात्मनीयग्राहानुगमानसस्य संज्ञाचित्तदृष्टिविपर्यासविपर्यस्तस्यासंग्रहगृहीतस्यार्यमार्गोपदेशेनास्मिमानध्वजप्रपातनं कुर्याम्। इतीदं तृतीयं पूर्वप्रणिधानपदमामुखीभवति स्म।

今译：“哎呀！世人高举骄慢旗帜，陷入我慢和自私，一心考虑自己，充满邪想、邪思、邪见和颠倒妄想，执著不该执著者。我要向他们宣示正道，砍倒骄慢旗帜。”这是展现眼前的过去第三种誓愿。

地译：“三者有諸眾生豎憍慢幢，起我我所，心想見倒，虛妄執著，為說法令其解悟。

अहो बताहं व्युपशान्तस्य लोकस्य तन्द्राकुलजातस्य गुणावगुण्ठितभूतस्याजवंजवसमापन्नस्यास्माल्लोकात् परं लोकं परलोकादिमं लोकं संधावतः संसरतः संसाराद्भिनिवृत्तस्यालातचक्रसमारूढस्योपशमिकं प्रज्ञातृप्तिकरं धर्मं संप्रकाशयेयम्। इतीदं चतुर्थं पूर्वप्रणिधानपदमामुखीभवति स्म। इमानि चत्वारि पूर्वप्रणिधानपदान्यामुखीभवन्ति स्म॥

今译：“哎呀！世人失去平静，疲惫不堪，作茧自缚，陷入生死流转，从这个世界奔向另一个世界，从另一个世界奔向这个世界，轮回不已[②]，犹如登上旋转的火轮。我要向他们宣示达到平静、满足智慧的正法。”这是展现眼前的过去第四种誓愿。这些是展现眼前的过去四种誓愿。

地译：“四者見諸眾生處不寂靜，三世流轉如旋火輪，亦如團絲自纏自繞，為彼說法令其縛解。”如是四種廣大誓願正念現前。

तस्मिंश्च क्षणे धर्मचारिणा देवपुत्रेण शुद्धावासकायिकैश्च देवपुत्रैर्विकृतविगलितमन्तः-पुरमुपदर्शितमभूत्। विसंस्थितं बीभत्सरूपमुपदर्श्य च गगनतलस्थास्ते बोधिसत्त्वं गाथाभिरध्यभाषन्त--

今译：就在此刻，天子法行和其他净居天子们让后宫变形。他们展现后

① “空、无相和无愿”是三解脱门。

② “轮回不已”的原文是 saṃsārādabhinivṛttasya，其中的 abhinivṛttasya 疑有误，似应为 avinivṛttasya（“不停息”）。

宫混乱丑陋的景象，站在空中对菩萨念诵偈颂道：

地译：爾時，法行天子及淨居天眾以神通力令諸婇女形體姿容悉皆變壞，所處宮殿猶如塚間。作是現已，於虛空中告菩薩言：

अथाब्रुवन् देवसुता महर्द्धयो
　　विबुद्धपद्मायतलोचनं तम्।
कथं तवास्मिन्नुपजायते रतिः
　　श्मशानमध्ये समवस्थितस्य॥ २४॥

今译：众天子神通广大，对这位
眼睛似莲花绽开者说道：
"你呆在这个火葬场中，
怎么心中还会迷恋欲乐？"（24）

地译：面貌清淨如蓮華，功德智慧無能比，
觀察女人當遠離，云何於此生著心？

संचोदितः सोऽथ सुरेश्वरेभिः
　　निरीक्षतेऽन्तः पुर तं मुहूर्तम्।
संप्रेषते पश्यति तां बिभत्सां
　　श्मशानमध्ये वसितोऽस्मि भूतम्॥ २५॥

今译：在众天神的劝导下，
他凝神看了看后宫，
见到了丑陋的景象：①
"我确实住在火葬场。"（25）

地译：爾時，菩薩以偈答曰：
我今觀此婬欲境，一切變壞如臭屍，
願得永出諸愛纏，不復於中生執著。

अद्राक्षीत् खल्वपि बोधिसत्त्वः सर्वावन्तं नारीगणम्। व्यवलोकयन् पश्यति। तत्र काश्चिद्व्ययपकृष्टवस्त्राः काश्चिद्विधूतकेश्यः काश्चिद्विकीर्णाभरणाः काश्चिद्विभ्रष्टमुकुटाः काश्चिद्विहतैरंसैः काश्चिद्विगोपितगात्र्यः काश्चिद्विसंस्थितमुखाः काश्चिद्विपरिवर्तितनयनाः काश्चित्प्रस्रवन्ती लालाभिः काश्चिच्छ्वसन्त्यः काश्चित्प्रहसन्त्यः काश्चित्काशन्त्यः काश्चित्प्रलपन्त्यः काश्चिद्दन्तान् कटकटायन्त्यः काश्चिद्विवर्णवदनाः काश्चिद्विसंस्थितरूपाः काश्चित्प्रलम्बित-

① 这句原文中的 saṃpreṣate，BHSD 认为相当于 saṃprekṣete（"观看"）。

बाहवः काश्चिद्विक्षिप्तचरणाः काश्चिदुद्घातशीर्षाः काश्चिदवगुण्ठितशीर्षाः काश्चिद्विपरिवर्तित-मुखमण्डलाः काश्चित्प्रध्वस्तशरीराः काश्चिद्विभुग्नगात्र्यः काश्चिन्निकुब्जाः खुरखुरायमाणाः काश्चिन्मृदङ्गमुपगुह्य परिवर्तितशीर्षशरीराः काश्चिद्वीणावल्लक्याद्यपरिबद्ध- पाणयः काश्चिद्वेणुं दन्तैः कटकटायन्त्यः काश्चित्किम्पलनकुलसंपताडापकर्षितवाद्यभाण्डाः काश्चिन्निमेषो-न्मेषपरिवृत्तनयनाः काश्चिद्विवृतास्याः। एवं तद्विकृतं धरणीतलगतमन्तःपुरं निरीक्षमाणो बोधिसत्त्वः श्मशानसंज्ञामुत्पादयति स्म॥

今译：菩萨看到四周都是妇女。他凝神观看，看到妇女中有些衣服褪落，有些头发蓬乱，有些首饰散落，有些顶冠坠落，有些肩膀歪斜，有些肢体裸露，有些面容扭曲，有些眼睛乱转，有些口涎流淌，有些喘息，有些嬉笑，有些显露，有些絮叨，有些嗑牙，有些脸色苍白，有些形貌丑陋，有些手臂耷拉，有些双脚伸开，有些抬头，有些埋头，有些转脸，有些身体败坏，有些肢体弯曲，有些曲背打呼，有些抱鼓，头和身体蜷曲，有些手拽琵琶或琴瑟，有些口含笛子嗑牙，有些乱扔各种乐器，有些眼睛忽睁忽闭，有些嘴巴张开。菩萨看到后宫地面上的这些丑态，产生火葬场的感觉。

地译：爾時，菩薩見於宮內所有美女形相變壞，或有衣服墜落，醜露形體，或有頭髮蓬亂，花冠毀裂，或有容貌枯槁，瓔珮散壞，或有脣口喎斜，或有眼目角睞，或呀喘將絕，或涕唾交流，或欬嗽不止，或揮手擲足，或有面色青白，怪狀恐人，或皮膚坼裂，膿血穢污，或有悲啼，或有大笑，或復吉[①]齒，或復讇語，或傍壁倚立，或憑床危坐，或枕鼓而臥，或抱箏而寢，或有睡含簫管，齧以作聲，或取諸樂器，聊亂委擲，或春[②]然而睡，或覆面在地，或有張口，或有閉目，或失便痢，臭氣熢孛[③]，或有蓋頭，或有露首，顛倒狼藉，縱橫而臥。先時所有端正美容，天諸神力悉皆變壞。

तत्रेदमुच्यते--

今译：这里，这样说道：

तां दृष्ट्व उद्विग्न स लोकनाथः
करुणं विनिश्वस्य इदं जगाद।
अहो बता कृच्छ्रगता व्रजेयं
कथं रतिं विन्दति राक्षसीगणे॥२६॥

① 此处“吉”的原字是左边“齒”加上右边“吉”。这里暂且写为“吉”。
② 此处“春”的原字是左边“春”加上右边“見”。这里暂且写为“春”。
③ 此处“孛”的原字是左边“火”加上右边“孛”。这里暂且写为“孛”。

今译：世界护主看到这样的景象，
忧伤哀叹，说出怜悯的话：
"哎呀！我身陷困境而出家，
怎么能在一群罗刹女中取乐？"（26）

地译：見如是等種種相已，靜念思惟："女人身形不淨弊惡，凡夫於此妄生貪愛。"

अतिमोहतमावृत दुर्मति
कामगुणैर्निर्गुणैर्गुणसंज्ञिनः।
विहग पञ्जरमध्यगता यथा
न हि लभन्ति कदाचि विनिःसृतिम्॥२७॥

今译：思想邪恶，陷入愚痴黑暗，
充满欲望，以无德为有德，
这样的人犹如笼中之鸟，
永远也不可能获得解脱。（27）

अथ बोधिसत्त्वोऽनेन पुनरपि धर्मालोकमुखेनान्तःपुरं प्रत्यवेक्षमाणो महाकरुणापरिदेवितेन सत्त्वान् परिदेवते स्म-- इह ते बाला हन्यन्ते आघातन इव वध्याः। इह ते बाला रज्यन्ते चित्रघटेष्विवामेध्यपरिपूर्णेष्वविद्वांसः। इह ते बाला मज्जन्ति गजा इव वारिमध्ये। इह ते बाला रुध्यन्ते चौरा इव चारकमध्ये। इह ते बाला अभिरता वराहा इवाशुचिमध्ये। इह ते बाला अध्यवसिताः कुक्कुरा इवास्थिकरङ्कमध्ये। इह ते बालाः प्रपतिता दीपशिखास्विव पतंगाः। इह ते बाला बध्यन्ते कपय इव लेपेन। इह ते बालाः परिदह्यन्ते जालोत्क्षिप्ता इव जलजाः। इह ते बालाः परिकृड्यन्ते सूनाकाष्ठेष्विवोरभ्राः। इह ते बाला अवसज्जन्ते किल्बिषकारिण इव शूलाग्रे। इह ते बालाः संसीदन्ति जीर्णगजा इव पङ्के। इह ते बाला विपद्यन्ते भिन्नयानपात्र इव महासमुद्रे। इह ते बालाः प्रपतन्ते महाप्रपात इव जात्यन्धाः। इह ते बालाः पर्यादानं गच्छन्ति पातालसंधिगतमिव वारि। इह ते बाला धूमायन्ते कल्पसंक्षय इव महापृथिवी। आभिर्बाला भ्राम्यन्ते कुम्भकारकचक्रमिवाविद्धम्। इह ते बालाः परिभ्रमन्ति शैलान्तर्गता इव जात्यन्धाः। इह ते बाला विपरिवर्तन्ते कुर्कुरा इव शर्दूलबद्धाः। इह ते बाला म्लायन्ते ग्रीष्मकाल इव तृणवनस्पतयः। इह ते बालाः परिहीयन्ते शशीव कृष्णपक्षे। आभिर्बाला भक्ष्यन्ते गरुडेनेव पन्नगाः। आभिर्बाला ग्रस्यन्ते महामकरेणेव पोतः। आभिर्बाला लूप्यन्ते चोरसंघेनेव सार्थः। आभिर्बाला भिद्यन्ते मारुतेनेव शालाः। आभिर्बाला हन्यन्ते दृष्टीविषैरिव जन्तवः। आस्वादसंज्ञिनो बालाः क्षण्यन्ते मधुदिग्धाभिरिव क्षुरधाराभिर्बालजातीयाः। आभिर्बाला उह्यन्ते दारुस्कन्धा इव जलौघैः। आभिर्बालाः क्रीडन्ति दारका इव स्वमूत्रपुरीषैः। आभिर्बाला आवर्त्यन्तेऽङ्कुशेनेव गजाः। आभिर्बाला

बध्यन्ते धूर्तकैरिव बालजातीयाः। इह ते बालाः कुशलमूलानि क्षपयन्ति द्यताभिरता इव धनम्। आभिर्बाला भक्ष्यन्ते राक्षसीभिरिव वणिजाः।

今译：然后，菩萨又依据法明门观看后宫，心生大悲悯，哀叹众生道："这些愚人如同囚犯在刑场受处决。这些愚人如同傻子喜欢装满粪尿的画瓶。这些愚人如同大象沉溺水中。这些愚人如同盗贼囚于狱中。这些愚人如同野猪喜爱身处污秽。这些愚人如同狗儿啃啮枯骨。这些愚人如同飞蛾扑向灯焰。这些愚人如同猴子被涂料粘住。这些愚人如同鱼儿在网中受煎熬。这些愚人如同山羊在屠场柴火上受烧烤[1]。这些愚人如同重刑犯被扎在矛尖上。这些愚人如同老象陷入泥沼。这些愚人如同破船沉入大海。这些愚人如同盲人跌入深渊。这些愚人如同河水流到尽头，进入地狱。这些愚人如同大地在劫末毁灭时化为烟雾。这些愚人如同陶匠的转盘转动不已。这些愚人如同盲人在山中乱转。这些愚人如同系上皮带[2]的狗儿来回转动。这些愚人如同草木在旱季枯萎。这些愚人如同月亮在黑半月亏缩。这些愚人如同蛇族被金翅鸟叼吃。这些愚人如同船只被大摩竭鱼吞噬。这些愚人如同商队遭强盗打劫。这些愚人如同房屋被狂风吹破。这些愚人如同生物被毒蛇咬伤。这些愚人如同幼儿贪图美味，被涂蜜的刀锋割伤。这些愚人如同树干被水流卷走。这些愚人如同婴儿玩耍自己的粪便。这些愚人如同大象受刺棒驱策。这些愚人如同幼儿遭歹徒绑架。这些愚人毁掉善根，如同沉迷赌博[3]而输掉财富。这些愚人如同商人被罗刹女吞噬。"

地译：起大悲心，發如是言："咄哉，世間！苦哉，世間！甚可怖畏，凡夫無知，不求解脫。此處虛誑，無有可愛，猶如畫瓶盛諸穢毒。此處難越，不能自出，猶如老象溺彼深泥。此處劇苦，猶如屠肆能斷諸命。此處不淨，猶如群豕在溷廁中。此處無味，妄生味想，猶如餓苟[4]囓其空骨。此處自燒，猶如飛蛾赴於明燭。此處困竭，猶如水族曝於乾地。此處窮迫，猶如乏鹿為火所害。此處可怖，猶如死囚詣於都市。此處沉沒，猶如涉海船舫破壞。此處危懼，猶如盲人墜於深谷。此處無利，猶如蒲博[5]，財物都盡。此處無潤，猶如大旱，草木乾燋。此處能傷，猶如利刀塗之以蜜，愚人無智，舐而求味。此處損耗，猶如黑月漸漸將盡。此處滅諸善法，無有遺餘，猶如劫火焚燒一切。"

---

① "烧烤"的原词是 parikrūḍyante，BHSD 认为相当于 parikūḍyante。

② "皮带"的原词是 śardūla，BHSD 认为相当于 gardūla。

③ "赌博"的原词是 dyata，据 M 本和 L 本应为 dyūta。

④ 此处"苟"字，据《中华大藏经》校勘记，《资》、《碛》、《普》、《南》、《径》、《清》作"狗"。

⑤ 此处"蒲博"中的"蒲"，据《中华大藏经》校勘记，《碛》、《普》、《南》、《径》作"蒱"。"蒱博"意谓赌博。

इत्येभिर्द्वात्रिंशताकारैर्बोधिसत्त्वोऽन्तःपुरं परितुलयित्वा कायेऽशुभसंज्ञां विचारयन् प्रतिकूलसंज्ञामुपसंहरन् जुगुप्ससंज्ञामुत्पादयन् स्वकायं प्रतिविभावयन् कायस्यादीनवं संपश्यन् कायात्कायाभिनिवेशमुच्चारयन् शुभसंज्ञां विभावयन् अशुभसंज्ञामवक्रामयन् अधः पादतलाभ्यां यावदूर्ध्वं मस्तकपर्यन्तं पश्यति स्म अशुचिसमुत्थितमशुचिसंभवमशुचिस्रवं नित्यम्। तस्यां च वेलायामिमां गाथामभाषत--

今译：菩萨用这三十二种情况[1]比拟后宫，然后，他思考身体的不净，产生违逆想，产生厌恶想。观想自己的身体，观想身体的弊端，从这个身体进入另一个身体，思考净相，放下不净相，下至脚跟，上至头顶，他发现永远出现不净，产生不净，流出不净。此刻，他念诵偈颂道：

地译：作如是說，種種譬喻，審諦籌量，次於己身從頭至足循環觀察，亦復如是。即說偈言：

कर्मक्षेत्ररुहं तृषासलिलजं सत्कायसंज्ञीकृतं
अश्रुस्वेदकफार्द्रमूत्रविकृतं शोणीतबिन्द्वाकुलम्।
बस्तीपूयवसासमस्तकरसैः पूर्णं तथा किल्बिषैः
नित्यप्रस्रवितं ह्यमेध्य सकलं दुर्गन्ध नानाविधम्॥२८॥

今译：生于欲望水，长于业田，命名为身体，
因泪水、汗水、唾液和尿液而变丑，
充满血滴，腹腔的脓液、脂肪和液汁，
排泄物不断流出，散发各种恶臭味。（28）

地译：我愛潤業田，從緣受生死，
積集眾不淨，和合成此身。

अस्थीदन्तसकेशरोमविकृतं चर्मावृतं लोमशं
अन्तः प्लीहयकृद्वपोष्णरसनैरैरभिश्रितं दुर्बलैः।
मज्जास्नायुनिबद्धयन्त्रसदृशं मांसेन शोभीकृतं
नानाव्याधिप्रकीर्णशोककलिलं क्षुत्तर्षसंपीडितम्।
जन्तूनां निलयं अनेकसुषिरं मृत्युं जरां चाश्रितं
दृष्ट्वा को हि विचक्षणो रिपुनिभं मन्ये शरीरं स्वकम्॥२९॥

今译：骨头、牙齿、头发和汗毛，覆盖皮肤，

① 以上有三十二个比喻，而地译只有十七个。护译《出家品》中也有这三十二个比喻，并称之为“三十二害”。

里面充塞脆弱的脾、肝、脂肪和脉管，
如同一台机械，用筋腱连接，用肉装饰，
充满各种疾病和忧愁，承受饥渴折磨，
这种生物居处有许多孔穴，依附老和死，
哪个智者看到身体似敌人，会认作自我？（29）

地译：脾腎肝肺心，腸胃生熟藏，
皮肉將骨髓，毛髮及爪牙，
運動如機關，諸虫之窟穴，
糞穢常盈滿，膿血恒流注，
生死憂惱侵，老病飢渴逼，
智者觀是苦，一切如怨讐，
當棄虛妄身，云何生取著？

एवं च बोधिसत्त्वः काये कायानुगतया स्मृत्या विहरति स्म॥

今译：就这样，菩萨依照身体回想身体。

地译：菩薩如是觀自身已，繫念現前，寂然久默。

गगनतलगताश्च देवपुत्रा धर्मचारिणं देवपुत्रमेवमाहुः-- किमिदं मार्षाः सिद्धार्थो विलम्बतेऽन्तःपुरं चावलोकयति स्म। तं चोदपर्शयति चित्तं चोद्वेजयति। भूयश्चक्षुर्निवेशयति। अथवा जवजलनिधिगम्भीरोऽयम् न शक्यमस्य प्रमाणं ग्रहीतुम्। अथवा असङ्गस्य मा खलू विषये सज्जते मनः। मा खल्वमरैरसंचोदितो विस्मरति पूर्वप्रतिज्ञामिति॥

今译：众天子站在空中，对天子法行说道："怎么回事？贤士啊[①]！悉达多耽搁时间，观看后宫。他观看后宫，心生烦恼，还注目观看。或者，他深沉似大海，不可度量。或者，无所执著者的心不会执著感官对象，即使不受众天神劝请，也不会忘记过去的诺言。"

地译：於虛空中有諸天眾，告法行天子言："菩薩將欲出家，今者遲迴，似生疑悔。所以者何？我見菩薩觀視婇女，或熙怡微笑，或嚬慘不樂，將非菩薩生戀著耶？然彼之心猶如大海，我等凡淺不能測量。"

धर्मचार्याह-- किमेवं कथयत। ननु यूयमस्य प्रत्यक्षपूवेमव बोधाय चरतस्तथाविधा निःसङ्गताभूत्। नैष्क्रम्यत्यागे च किमङ्ग पुनरेतर्हि चरमभवावस्थितस्य सङ्गो भविष्यति॥

① 此处"贤士啊"的原词是 mārṣāḥ，据 L 本应为 mārṣā。

今译：法行说道："你们怎么这样说？在你们亲眼见到他之前[①]，他就已经寻求觉醒，毫无执著。现在他已经到达最后一生，即将出家，怎么还会执著？"

地译：法行天言："菩薩於無量劫捐捨一切頭目、髓腦、國城、妻子，發願求於無上菩提，心不退轉，何況今者是最後身，而於弊欲生戀著耶？"

अथ खलू भिक्षवो बोधिसत्त्वः कृतनिश्चयः संवेजितमानसो व्यवसितबुद्धिः सलीलमविलम्बितं पर्यङ्कादवतीर्य सङ्गीतिप्रासादे पूर्वाभिमुखः स्थित्वा दक्षिणेन पाणिना रत्नजालिकामवनाम्य प्रासादकोटीगतो दशनखकृतकरपुटो भूत्वा सर्वबुद्धान् समन्वाहृत्य सर्वबुद्धेभ्यश्च नमस्कारं कृत्वा गगनतलमवलोकयति स्म। सोऽद्राक्षीद् गगनतलगतममराधिपतिं दशशतनयनं देवशतसहस्रपरिवृतं पुष्पधूपगन्धमाल्यविलेपनचूर्णचीवरछत्रध्वजपताकावतंसकरत्नहारदामपरिगृहीतमवनतकायं बोधिसत्त्वं नमस्यमानं स्थितम्। चतुरश्च लोकपालान् यक्षराक्षसगन्धर्वभुजगगणसंपरिवृतान् संनद्धदृढवर्मितकवचितान् असिधनुशरशक्तितोमरत्रिशूलहस्तान् सलीलं मणिमुकुटविलम्बितचूडान् बोधिसत्त्वं नमस्यमानान् स्थितान् पश्यति स्म। चन्द्रसूर्यावपि देवपुत्रौ वामदक्षिणयोः पार्श्वयोः स्थितावपश्यत्। पुष्यश्च नक्षत्राधिपतिरुपस्थितोऽभूत्। अर्धरात्रिं च समयं संप्राप्तम्। दृष्ट्वा च बोधिसत्त्वश्छन्दकमामन्त्रयते स्म--

今译：然后，众比丘啊，菩萨决心已下，心生厌离，智慧坚定，不再耽搁，愉快地下床。他站在音乐殿中，面向东方，右手拉下宝石网幔，站在宫殿边上，十指合掌，召唤所有佛陀，向所有佛陀致敬，凝视天空。他看到空中千眼天王身边围绕十万天神，手持鲜花、香料、花环、软膏、香粉、衣服、华盖、旗帜、幡幢、耳环、宝石、项链和彩带，弯腰向菩萨致敬。他看到四大护世天王身边围绕药叉、罗刹、健达缚和蛇，身披坚固铠甲，手持刀枪、弓箭、长矛和三叉戟，顶髻上佩戴摩尼珠顶冠，愉快地向菩萨致敬。他看到太阳和月亮两位天子站在左右两边。星宿之主弗沙星也在场。菩萨看到夜半时刻已到，吩咐阐铎迦[②]说：

地译：爾時，菩薩即從座起，褰七寶所成羅網帷帳，安詳徐出，合掌而立，正念十方一切諸佛。作是念已，即見天主釋提桓因及四大天王、日月天子各率所統。東方提頭賴吒天王，領乾闥婆主從東而來，將無量百千乾闥婆眾，奏諸伎樂，鼓舞絃歌，至迦毗羅城，圍遶三匝，依空而住，合掌低頭，向菩薩禮。南方毗婁勒叉天王，領鳩槃荼主從南而來，將無量百千鳩槃荼眾，各執寶瓶，盛滿香水，至迦毗羅城，圍遶三匝，依空而住，合掌低頭，向菩薩禮。西

① 这句原文中的 pratyakṣapūmemava，据 L 本应为 pratyakṣapūrvameva。

② "阐铎迦"（chandaka）是车夫的名字，也译"车匿"。

方毗婁博叉天王，領諸龍神主從西而來，將無量百千諸大龍眾，各各手持諸雜珍寶、真珠、瓔珞、種種花香，復散香雲、花雲及諸寶雲，亦動微妙輕靡香風，至迦毗羅城，圍遶三匝，依空而住，合掌低頭，向菩薩禮。北方毗沙門天王，領夜叉主從北而來，將無量百千大夜叉眾，手捧寶珠，其光照曜過於世間百千燈炬，身著鎧甲，手執弓刀、矛戟、干戈、輪矟、叉弩，至迦毗羅城，圍遶三匝，依空而住，合掌低頭，向菩薩禮。[①]爾時，天主釋提桓因從三十三天與其眷屬一切諸天百千萬眾，持天花鬘、末香、塗香、衣服、寶蓋、無數幢幡及以瓔珞，至迦毗羅城，圍遶三匝，依空而住，合掌低頭，向菩薩禮。日月天子左右而至，亦齎種種供養之具，依空而住，合掌低頭，向菩薩禮。爾時，菩薩觀見十方，仰瞻虛空及諸星宿，并覩護世四大天王、乾闥婆、鳩槃茶、諸天、龍神并夜叉等，復見天主釋提桓因，各領百千自部眷屬，前後導從，遍滿虛空，弗沙之星正與月合。時諸天等發大聲言："菩薩欲求勝法今正是時，宜速出家，必定當成阿耨多羅三藐三菩提，轉大法輪。"佛告諸比丘：菩薩作是思惟："於今夜靜，出家時到。"即就車匿，而語之言：

छन्दका चपलू मा विलम्बहे
अश्वराज दद मे अलंकृतम्।
सर्वसिद्धि मम एति मङ्गला
अर्थसिद्धि ध्रुवमद्य भेष्यते॥३०॥

今译：阐铎迦啊，别耽搁，赶快
取来我的装饰好的宝马！
我成功的吉祥时刻来到，
今天我肯定会达到目的。（30）

地译：車匿！汝宜為我被乾陟[②]來。

अथ छन्दक इदं वचनं श्रुत्वा उद्विग्नमना एवमाह--

今译：闻听此言，阐铎迦心中忧虑，说道：

地译：爾時，車匿既聞此言，竊自思念："今始夜半，何用乾陟？"白菩薩言：

---

① 以上对于四大天王的描述见于原文的下面部分。四大天王分别是东方的提头赖吒（dhṛtarāṣṭra，也译"持国天"）、南方的毗娄勒叉（virūḍhaka，也译"增长天"）、西方的毗娄博叉（virūpākṣa，也译"广目天"）和北方的毗沙门（vaiśravaṇa，也译"多闻天"）。

② "乾陟"（kaṇṭhaka）是马匹的名字，也译"犍陟"。

第十五　出家品　385

क गमिष्यसे विकसितभ्रू
　　कमलदल शुभलोचन।
नृपसिंह शरदिन्दुपूर्ण
　　कुमुदशशाङ्कमुदिता॥३१॥

今译：你的眉毛展开，眼睛优美，
如同莲花瓣，你像秋季的
圆月，令莲花和月亮喜悦，
人中之狮啊，你要去哪里？（31）

नवनलिनकोमलविबुद्धपद्मवदना
　　हाटकसुधान्तरवितरुणविमलशशितेज।
धृतहुतार्चिरग्निमणिविद्युतत्प्रभोज्वलिततेजो।
　　वारणमत्तलीलगजगामि।
　　गोवृषमृगेन्द्रहंसक्रम सुक्रमा सुचरणा॥३२॥

今译：你的脸庞柔似新莲花，灿若红莲花，
如金子、甘露、太阳和皎洁的新月，
如摩尼珠，如火中浇酥油，光辉闪耀，
双足步姿优美，迈着醉象般快乐的
象步、牛步、兽王狮子步和天鹅步。（32）

地译："内外甚安，無有急難好惡之事，不審太子何用乾陟？"

बोधिसत्त्व आह--

今译：菩萨说道：

地译：爾時，菩薩告於車匿，而說偈言：

छन्दक यस्य अर्थिं मयि पूर्वं त्यक्त करचरणनयन।
　　तथ उत्तमाङ्ग तनय भार्य प्रियाश्च राज्यधनकनकवसन।
रत्नपूर्ण गज तुरगानिलजववेग विक्रमबलाः॥३४॥

今译：阐铎迦啊，为此目的，我过去舍弃手脚，
还有眼睛、头颅、儿子、妻子和亲人，
王国、财富、金子、衣服、全身装饰有
宝石的象和勇武有力、快速似风的马。（34）

शीलू मि रक्षि क्षान्ति परिभावि
वीर्यबलध्यानप्रज्ञानिरतश्चास्मि बहुकल्पकोटिनयुता।
किं तु स्पृशित्व बोधिशिवशान्तिम्
जरामरणपञ्जरनिरष्टसत्त्वपरिमोचनस्य समयोऽद्युपस्थितु मम॥ ३५॥

今译：在数万亿劫中，我守护戒行，坚持忍辱，
热爱精进力、禅定和智慧，一旦我获得
菩提，达到吉祥的平静，就会救出陷入[①]
老死笼中的众生，这个时刻现在来到。（35）

地译：我身已具足，一切吉祥事，
當欲出家去，汝今莫違我。

於是，車匿復聞菩薩如是偈已，舉身戰掉，不能自持。爾時，菩薩重語車匿："我今欲為一切眾生降伏煩惱結使賊故，須彼乾陟。莫違我意，速被將來。"車匿是時故發大語，望使宮內皆悉聞知，白菩薩言："太子恒常無有錯謬，諸所作事必擇其時，今者何為而索乾陟？"虛空諸天以神通力令彼一切都不覺知。爾時，菩薩密以偈頌，語車匿言：

車匿汝當知，我今觀此處，
一切可怖畏，猶如塚墓間，
如共羅刹居，亦似疽蟲穴，
又類受胎水，縱橫狼藉眠。
我見五欲苦，心意至不安，
不願處此宮，於園林遊觀，
覩彼老病苦，并見於死屍，
我定欲出家，汝速取乾陟。[②]

छन्दक आह-- श्रुतं मया आर्यपुत्र यथा त्वं जातमात्र एव नैमित्तिकानां ब्राह्मणानामुपनामितो दर्शनाय। तैश्चासि राज्ञः शुद्धोदनस्याग्रतो व्याकृतः-- देव वृद्धिस्ते राजकुलस्य। आह-- किमिति। ते आहुः--

今译：阐铎迦说道："王子啊，我听说你一诞生，那些婆罗门占相师就来拜见你。他们在净饭王面前解释说：'王上啊，你的王族兴旺发达。'他问道：'为什么？'他们回答说：

① "陷入"的原词是 nirașṭa，BHSD 认为相当于 nirasta（"投入"）。
② 此处地译不见于原文。

地译：是時，車匿白菩薩言："太子昔在嬰孩，相師占已而白王曰：'王之太子相好具足當作轉輪聖王。'"

अयं कुमारः शतपुण्यलक्षणो
　　जातस्तवा आत्मज पुण्यतेजितः।
च चक्रवर्ती चतुद्वीपेश्वरो
　　भविष्यति सप्तधनैरुपेतः॥ ३६॥

今译：你生下的儿子，这位王子，
有百种吉相，有功德光辉，
他将成为统治四大洲的
转轮王，具备七种财宝。（36）

स चेत्पुनर्लोकमवेक्ष्य दुःखितं
　　विजह्यमान्तः पुरि निष्क्रमिष्यति।
अवाप्य बोधिं अजरामरं पदं
　　तर्पेष्यते धर्मजलैरिमां प्रजाम्॥ ३७॥

今译：而如果他看到这世界受苦，
就会抛弃后宫，离家出走，
达到无老无死菩提境界后，
他将用正法之水满足众生。（37）

हन्त आर्यपुत्र अस्ति तावदेव तद्व्याकरणं नेदं नास्ति। किं तु श्रृणु तावन्ममार्थकामस्य वचनम्। आह-- किमिति। अह-- देव यस्यार्थे इह केचिदनेकविधानि व्रततपांस्यारभन्ते ऽजिनजटामकुटचीवरवल्कलधरा दीर्घनखकेशश्मश्रु च अनेकविधानि कायस्यातापनपरितापनानि समुत्सहन्ते। तीव्रं च व्रततपमारभन्ते। किमिति वयं देवमनुष्यसंपत्तिं प्रतिलभेमहीति। सा च संपत्त्वयार्यपुत्र प्रतिलब्धा। इदं च राज्यमृद्धं च स्फीतं च क्षेमं सुभिक्षं रमणीयमाकीर्णबहुजनमनुष्यम्। इमानि चोद्यानानि वरप्रवराणि नानाविधपुष्पफलमण्डितानि नानाशकुनिगणनिकूजितानि। पुष्करिण्यश्चोत्पलपद्मकुमुदपुण्डरीकोपशोभिता हंसमयूरकोकिलचक्रवाकक्रोञ्चसारसनिकूजिताः पुष्पितसहकाराशोकचम्पककुरबकतिलककेशरादिनानाद्रुमतीरोपरिबद्धा नानारत्नवृक्षवाटिकासमलंकृता अष्टापदविनिबद्धा रत्नवेदिकापरिवृता रत्नजालसंछन्ना यथर्तुकालपरिभोगा ग्रीष्मवर्षाशरद्धेमन्तसुखसंवासाः। इमे च शरदभ्रनिभाः कैलासपर्वतसदृशा महाप्रासादा वैजयन्तसमा धर्मसुधर्मक्षेमसमा शोकविगतप्रभृतयो वितर्दिनिर्यूहतोरणगवाक्षहर्म्यकूटागारप्रासादतलसमलंकृता रत्नकिङ्किणीजाल-

समीरिताः। इदं चार्यपुत्र अन्तःपुरं तुणवपणववीणावेणुसंपताडावचराकिम्पलनकुलसुघोषकमृदङ्गपटहनृत्यगीतवादित्रसंगीतिसंप्रयोगसुशिक्षितं हास्यलास्यक्रीडितरमितसुखिलमधुरोपचारम्। त्वं च देव युवा अनभिक्रान्तयौवनो नवो दहरस्तरुणः कोमलशरीरः शिशुः कृष्णकेशः। अविक्रीडितः कामैः। अभिरमस्व तावदमराधिपतिरिव दशशतनयनस्त्रिदशाधिपतिः। ततः पश्चाद् वृद्धीभूता अभिनिष्क्रमिष्यामः। तस्यां च वेलायामिमां गाथामभाषत--

今译："王子啊，他们的这种解释不是不可能。但请听我这个热爱财富者的说法。"菩萨问道："怎么样？"他回答说："王上啊，为此目的，世上有些人发愿实施各种苦行。他们身穿鹿皮衣和树皮衣，盘有顶髻，留有长指甲和长须发①，忍受对身体的各种折磨。他们还发愿实施严酷的苦行。为什么？'我们会获得天神和凡人的成就。'王子啊，你已获得这种成就。这个王国繁荣富强，和平安乐，食物充足，人丁兴旺，美丽可爱。这些美妙的花园装饰有各种花果，鸟儿成群，发出各种鸣叫。莲花池中青莲、红莲、睡莲和白莲争艳，天鹅、孔雀、杜鹃、轮鸟、麻鹬和仙鹤鸣叫。岸边各种树林鲜花盛开，有无花果树、无忧树、詹波迦树、俱罗钵迦树、帝罗迦树和盖沙罗树。装饰有各种宝石庭园，镶嵌金子，围有宝石栏杆，覆盖宝石网幔，按照季节获取享受，夏季、雨季、秋季和冬季都适宜居住。这些高大宫殿犹如秋云，犹如盖拉瑟山，犹如帝释天宫，犹如解除忧愁的妙法安居处，装饰有露台、塔楼、拱门、窗户、楼阁、楼台和宫顶，宝石铃铛网叮当作响。王子啊，这后宫擅长演奏琴瑟、腰鼓、琵琶、笛子、商波、铙钹、金波罗、那古罗、苏高舍迦、杖鼓和小鼓，表演歌舞，伴随有戏笑、柔舞和游戏，可爱，快乐，甜蜜。王上啊，你还年轻，青春尚未消逝，清新，稚嫩，身体柔软，头发乌黑。你还没有享乐。你就像忉利天千眼天王那样享乐吧！以后到了老年，我们再出发。"此时，他念诵偈颂道：

地译："我又曾聞世間智人修諸苦行，或不剪爪，或有倒懸，或衣以樹皮，或自拔頭髮，或受牛鹿等禁，或五熱炙身，修此苦因，願求樂報，況復太子當為轉輪聖王，統四天下，七寶具足。一切世間咸謂太子必當得此轉輪王位。仙人所記應無虛妄，如是寶位云何棄之？"爾時，菩薩語車匿言："昔日仙人但記為轉輪王，亦復有記當成佛道，於二記中何者為定？慎勿妄語。"車匿言："昔日阿斯陀仙合掌而言：'大王當知王之太子必當得成阿耨多羅三藐三菩提，終不在家作輪王也。何以故？佛相明了，轉輪聖王相不明了。'但諸釋種隱而勿傳，恐畏太子出家學道，不謂太子猶憶斯事。"菩薩語言："車匿！我昔從彼兜率下生之時，在胎之時，乃至出時，所有諸事悉皆不忘，況復仙人授我記莂

① "须发"的原文是 keśasmaśru，据 M 本和 L 本应为 keśaśmaśru。

第十五 出家品　389

而得忘耶？車匿！諸天復勸我言：'菩薩速疾出家，定得阿耨多羅三藐三菩提，當轉法輪。'是故應知，必得成佛。"

रमतां च रतिविधिज्ञां अमराधिपतिर्यथा त्रिदशलोके।
पश्चाद्वृद्धीभूता व्रततपसं आरभिष्यामः॥३९॥

今译：就像忉利天天王那样，
　　　享受精通欲乐的妇女，
　　　待到以后进入老年，
　　　我们开始实施苦行。（39）

बोधिसत्त्व आह-- अलं छन्दक। अनित्याः खल्वेते कामा अध्रुवा अशाश्वता विपरि-णामधर्माणः प्रद्रुताश्चपला गिरिनदीवेगतुल्याः। अवश्यायबिन्दुवदचिरस्थायिन उल्लापना रिक्तमुष्टिवदसाराः कदलीस्कन्धवद्दुर्बला आमभाजनवद्भेदनात्मकाः शरदभ्रनिभाः क्षणाद्भूत्वा न भवन्ति। अचिरस्थायिनो विद्युत इव नभसि सविषभोजनमिव परिणामदुःखा मालूता-लतेवासुखदा अभिलिखिता बालबुद्धिभिरुदकबुद्बुदोपमाः क्षिप्रं विपरिणामधर्माणः। मायाम-रीचिसदृशाः संज्ञाविपर्याससमुत्थिताः। मायासदृशाश्चित्तविपर्यासविधापिताः। स्वप्नसदृशा दृष्टिविपर्यासपरिग्रहयोगेनातृप्तिकराः। सागर इव दुष्पूरा लवणोदक इव तृषाकराः। सर्पशिरोवद्दुःस्पर्शनीया महाप्रपातवत्परिवर्जिताः पण्डितैः। सभयाः सरणाः सादीनवः सदोषाः इति ज्ञात्वा विवर्जिताः प्राज्ञैर्विगर्हिता विद्वद्भिर्जुगुप्सिता आर्यैर्विवर्जिता बुधैः परिगृहीता अबुधैर्निषेविता बालैः। तस्यां च वेलायामिमां गाथामभाषत--

今译：菩萨说道："行了，阐铎迦啊！那些爱欲无常，不持久，不永恒，注定会变异，动荡不定，犹如山中急流。短暂似露珠，虚妄似空拳，空心似芭蕉秆，脆弱似陶坯，刹那生灭似秋云，短促似空中闪电。犹如吃下有毒食物，遭受痛苦。犹如摩卢多蔓藤，令人难受。犹如无知儿童乱涂乱划。犹如水泡转瞬破灭。犹如幻影和光焰，令人妄想颠倒。犹如幻觉，令人心思错乱。犹如幻梦，令人执著邪见，不知满足。犹如大海，难以填满。犹如盐水，难以止渴。犹如蛇头，不可接触。犹如深渊，智者远避。知道它们充满恐怖、争斗、忧患和弊端，智者回避。有知识的人谴责它们，高尚的人厌恶它们，有智慧的人回避它们，而无知的人执著它们，愚蠢的人追随它们。"此时，他念诵偈颂道：

地译："車匿！我今寧被割截肢體，食雜毒食，入大火聚，投彼高巖，不能在家受五欲事。如是世間五欲境界，皆悉無常甚可怖畏。"即說偈言：

विवर्जिता सर्पशिरो यथा बुधैः
विगर्हिता मीढघटो यथाशुचिः।

विनाशका सर्वशुभस्य छन्दका
ज्ञात्वा हि कामान्न मि जायते रति ॥ ४० ॥

今译：正像智者们避开蛇头，
遣责污秽不洁的粪罐，
知道爱欲毁灭一切善业，
阐铎迦啊，我不迷恋。（40）

地译：我昔受五欲，今實畏苦因，
無始積愛流，猶如海難滿，
逐焰轉增渴，處夢未覺知，
坏器不堅牢，盛饌和諸毒，
浮雲必銷散，泫露無久停，
幻事惑彼心，水泡暫起滅，
芭蕉不堅實，虛拳誑小兒，
蛇首不可親，毒蔓終難觸，
智者當遠離，猶如避深坑。[1]

तदा छन्दकः शल्यविद्धो यथा क्रन्दमानस्ततोऽश्रुनेत्रो दुःखी एवं वाक्यमब्रवीत्--
今译：这时，阐铎迦如箭钻心，啼哭流泪，痛苦地说道：

देवा यस्यार्थि केचिदिहा तीव्र नेकविधा आरभन्ते व्रतान्
अजिनजटाधर सुदीर्घकेशानखा श्मश्रुचीरास्तथा।
वल्कलाधार शुष्काङ्ग नेके व्रतानाश्रिता
शाकश्यामाकगर्दूलभक्षाश्च ओमूर्धकाश्चापरे गोव्रतां संश्रिताः ॥ ४१ ॥

今译：王上啊，为此目的，一些人实行各种严酷誓愿，
他们身穿鹿皮衣、褴褛衣和树皮衣，盘有顶髻，
留有须发和长指甲，肢体干枯，实施各种苦行，
或实施牛苦行，低垂着头，吃野菜、野谷和野草。（41）

किं तु वय भवेम श्रेष्ठा विशिष्टा जगे
चक्रवर्तिवरा लोकपालास्तथा।
शक्र वज्रंधरा याम देवाधिपा निर्मिता
ब्रह्मलोके च ध्याना सुखाकाङ्क्षिणः ॥ ४२ ॥

---

① 此处地译偈颂中的内容相当于上面原文的散文叙述。

今译：他们沉思梵界，渴望获得幸福：
“我们会成为世界上最优秀者，
成为转轮王，护世天王，夜摩天，
化乐天，手持金刚杵的帝释天。”（42）

तदिद नरवरिष्ठ राज्यं तव स्फीतमृद्धं सुभिक्षं तथा
आरामोद्यानप्रासादोच्छ्रेपितं वैजयन्तासमम्।
इस्त्रिगारस्वयं वेणुवीणारवै गीतवाद्यै रती नृत्यसंगीति
संयोगि संशिक्षितंभुञ्ज कामानिमान् मा व्रजा सूरता॥४३॥

今译：人中最优秀者啊，你的这个王国繁荣富强，
食物充足，花园可爱，宫殿耸立，犹如天宫，
后宫擅长欲乐，演奏笛子和琵琶，表演歌舞，
你温顺平和，享受这些爱欲吧，不要出家！（43）

बोधिसत्त्व आह--

今译：菩萨说道：

छन्दक श्रृणु यानि दुःखाशतामर्पिता पूर्वि जन्मान्तरे
बन्धना रुन्धना ताडना तर्जना कामहेतोर्मया।
नो च निर्विण्णभूत् संस्कृते मानसम्॥४४॥

今译：阐铎迦啊，请听！我在前生，
为了爱欲，遭受许多痛苦，
捆绑，关押，挨打，受骂，
身陷有为，思想不知厌弃。（44）

प्रमदवशगतं च मोहाकुलं
दृष्टिजालावृतं अन्धभूतं पुरा।
आत्मसंज्ञाग्रहाकारका वेदना-
वीतिवृत्ता इमे धर्म अज्ञानतः॥४५॥

今译：这些人过去不知道正法，
在骄慢控制下，充满愚痴，
陷入邪见之网，变得盲目，

执著自我意识，遭受痛苦[1]。（45）

संभूता चपलचलऽनित्य
　　मेघैः समा विद्युभिः सदृशाः।
ओसबिन्दूपमा रिक्ततुच्छा असारा
　　अनात्मा च शून्यस्वभावा इमे सर्वशः॥४६॥

今译：他们全都变化无常，
如同浮云，如同闪电，
如同露珠[2]，虚妄不实，
没有自我，本性空无。（46）

न च मम विषयेषु संरज्यते मानसं
　　देहि मे छन्दका कण्ठकालंकृतं अश्वराजोत्तमम्।
पूर्ण मे मङ्गला ये पुरा चिन्तिता
　　भेष्यि सर्वाभिभू सर्वधर्मेश्वरो धर्मराजो मुनिः॥४७॥

今译：我的思想不热衷于感官对象，
为我取来装饰好的犍陟宝马！
我过去的吉祥想法就要实现，
成为降伏一切的法王和牟尼。（47）

छन्दक आह--

今译：阐铎迦说道：

इमां विबुद्धाम्बुजपत्रलोचनां
　　विचित्रहारां मणिरत्नभूषिताम्।
घनप्रमुक्तामिव विद्युतां नभे
　　नोपेक्षसे शयनगतां विरोचतीम्॥४८॥

今译：她的眼睛似绽开的莲花瓣，
佩戴美妙项链和摩尼珠宝，
宛如空中摆脱乌云的闪电，
你不应忽视床上可爱夫人。（48）

---

① “遭受痛苦”的原文是 vedanāvītivṛttā，相当于 vedanā-avyativṛttā（“不超越痛苦”，即“遭受痛苦”）。

② “露珠”的原词是 osa，BHSD 指出相当于 avaśya，即 avaśyāya。

इमांश्च वेणून् पणवां सुघोषकां
  मृदङ्गवंशांश्च संगीतवादिताम्।
चकोरसोरां कलविङ्कनादितां
  यथालयं किन्नरिणां विहास्यसे॥४९॥

今译：演奏笛子、琴瑟和苏高舍迦，
　　　敲击小鼓，演唱优美的歌曲，
　　　鹧鸪和迦陵频伽鸟鸣声婉转①，
　　　美似紧那罗住处，你将抛弃。（49）

सुमनोत्पलां वार्षिकचम्पकांस्तथा
  सुगन्धमालां गुणपुष्पसंचयाम्।
कालागुरूनुत्तमगन्धधूपनां
  नोपेक्षसे ताननुलेपनान् वरान्॥५०॥

今译：你不应忽视须曼花和青莲花，
　　　婆利师迦花和成堆的功德花，
　　　詹波迦花和优雅芳香的花环，
　　　黑沉水香、优质的熏香和软膏。（50）

सुगन्धगन्धांश्च रसां प्रणीतां
  सुसाधितां व्यञ्जनभोजनांस्तथा।
सशर्करां पानरसां सुसंस्कृतां
  नोपेक्षसे देव कहिं गमिष्यसि॥५१॥

今译：你不应忽视喷香美味，
　　　那些精心烹制的食物，
　　　各种加糖调制的饮料，
　　　王上啊，你要去哪里？（51）

शीते च उष्णाननुलेपनाम्बरां
  उष्णे च तानुरगसारचन्दनां।
तां काशिकावस्त्रवराम्बरां शुभां
  नोपेक्षसे देव कहिं गमिष्यसि॥५२॥

---

① 这句原文中的 sora 一词，BHSD 指出相当于 svara（"声音"）。

今译：你不应忽视憍尸迦衣，
冬季触感温暖似软膏，
夏季凉爽似蛇精檀香，
王上啊，你要去哪里？（52）

इमे च ते (देव) कामगुणा हि पञ्च
　　समृद्ध देवेष्विव देवतानाम्।
रमस्व तावद्रतिसौख्यान्वितः
　　ततो वनं यास्यति शाक्यपुङ्गवः॥५३॥

今译：这些是五种感官享受，
在众天神中同样盛行，
释迦族雄牛啊，先享受
欲乐吧！然后前往森林。（53）[①]

बोधिसत्त्व आह--

今译：菩萨说道：

अपरिमितानन्त कल्पा मया छन्दका भुक्त कामानि रूपाश्च शब्दाश्च गन्धा रसा स्पर्श नानाविधा। दिव्य ये मानुषा नो च तृप्तीरभूत्। नृपतिवरसुतेन ऐश्वर्य कारापितं चातुर्द्वीपे यदा राज भूच्चक्रवर्ती समन्वागतः सप्तभी रत्नभिः इस्त्रिगारस्य मध्ये गतः। त्रिदशपति-सुयामदेवाधिपत्यं च कारापितं येभ्यश्चाहं च्यवित्वा इहाभ्यागतो निर्मितो निर्मितेषु मानो आत्मिका च श्रिया उत्तमा। भुक्त पूर्वे मया। सुरपुरि वशवर्ति मारेश्वत्वं च कारापितंभुक्त कामाः समृद्धा वरा नो च तृप्तीभूत्। किं पुनो अद्य मां हीनसंसेवतस्तृप्ति गच्छेदहं स्थानमेतन्न संविद्यते॥५४॥

今译："阐铎迦啊，在无量劫中，我享受色、声、香、味和触，天国和人间的各种欲乐，但我不满足。我曾是王子，享有荣华富贵，成为统治四洲的转轮王，拥有七宝，生活在后宫。我曾是忉利天王和夜摩天王。离开那里，我又成为化乐天中的一位化乐天，骄傲，自大，享有尊贵。我曾是天国他化自在天和摩罗王，充分享受各种欲乐，但我不满足。何况现在这种低下的侍奉，怎么会让我满足？这不可能。（54）[②]

① 以上第 41 至第 53 首偈颂不见于地译。
② 这里虽然标有偈颂序号，但原文显然是散文体。也许它原本是偈颂，后来散文化了，而仍然保留着偈颂序号。本品中多处出现这种情况。

地译：佛告諸比丘：菩薩說此偈已，又告車匿："我亦曾作四天王天乃至六欲諸天，亦曾生彼色究竟天、非想非非想處。

अपि च--

今译：还有，

इमु जंग अपेक्षाम्यहं छन्दका दुःखितं शोककान्तारसंसारमध्ये स्थितम्। क्लेशव्यालाकुले उह्यमानं सदा। अशरणमपरायणं मोहविद्यान्धकारे जराव्याधिमृत्यूभयैः पीडितम्। जन्मदुःखैः समभ्याहतं व्याहतं शत्रुभिः। अहमिह समुदानिया धर्मनावं महात्यागशीलव्रतक्षान्तिवीर्याबलां दारुसंभारसंघातितां सारमध्याशयैर्वज्रकैः संगृहीतां दृढाम्। स्वयमहमभिरुह्य नावामिमात्मानोऽवतीर्य संसारघे अहं तारयिष्ये अनन्तं जगत्। शोकसंसारकान्ताररोषोर्मिरागग्रहावर्तवैराकुले दुस्तरे। एव चित्तं मम॥५५॥

今译："阐铎迦啊，我观察这个世界[1]受苦受难，处在忧愁荒野轮回中，始终充满烦恼。无庇护，无归宿，陷入愚妄无知的黑暗中，受老、病和死的恐惧折磨，受生的痛苦侵袭，受各种敌人打击。而我在这世上，制造法船，使用大量木材，具有大舍弃、戒行、誓愿、忍辱和精进力，具有金刚般的意志，坚实牢固。我将亲自登上这船，越过生死轮回之流，拯救无限的世界。这生死轮回之流难以超越，以忧愁荒野为愤怒波浪，以贪欲鳄鱼为旋涡。这便是我的想法。"（55）

地译："我憶往昔無量生中，愚癡惑亂，為麁弊欲備受眾苦，打罵繫縛，損害身命，死入惡道。今者於此深生厭離，正使諸天勝妙境界尚無貪染，何況躭此人間五欲生戀著耶？轉輪聖王雖得自在，終未免於生死之患。我觀世間煩惱曠野甚可怖畏，無有歸依，無所恃怙，又常淪沒生死河中，憂悲險溜，瞋忿奔浪，嗜欲驚洄，恚恨旋洑，諸見羅剎常伺候人。我於是中繕修六度以為船筏，智為舟檝，信作堅牢，自既濟已，復當攝取一切眾生令到彼岸。"

तदात्मनोत्तीर्य इदं भवार्णवं
सवैरदृष्टिग्रहक्लेशराक्षसम्।
स्वयं तरित्वा च अनन्तकं जगत्
स्थले स्थपेष्ये अजरामरे शिवे॥५६॥

今译：这生死海以敌视的眼光为鳄鱼，
以烦恼为罗刹，我将亲自渡过，
也将这无限的世界救上陆地，
达到不老和不死的吉祥境界。（56）

---

① "世界"的原词是 jaṃga，据 M 本和 L 本应为 jagam。

तदा छन्दको भूयस्या मात्रया प्ररुदन्नेवमाह-- देव एष व्यवसायस्य निश्चयः॥

今译：此刻，阐铎迦又啼哭着说道："王上啊，你已下定决心？"

地译：是時，車匿白菩薩言："太子今者心決定耶？"菩薩報於車匿，而說偈言：

बोधिसत्त्व आह--

今译：菩萨说道：

地译：菩薩報於車匿，而說偈言：

श्रृणु छन्दक मह्य निश्चयं
मोक्षसत्त्वार्थ हितार्थमुद्यतम्।
अचलाचलमव्ययं दृढं
मेरुराजेव यथा सुदुश्चलम्॥५७॥

今译：阐铎迦啊，请听！为了众生的
解脱和利益，我已经下定决心，
坚定不移，毫不动摇，犹如
难以移动的众山之王须弥山。（57）

地译：車匿汝當知，我今已決定，
自利利他故，起於精進心，
不動若須彌，終無能退轉。

छन्दक आह-- कीदृश आर्यपुत्रस्य निश्चयः

今译：阐铎迦说道："王子啊，什么样的决心？"

बोधिसत्त्व आह--

今译：菩萨说道：

वज्राशनिः परशुशक्तिशराश्च वर्षे
विद्युत्प्रतानज्वलितः क्वथितं च लोहम्।
आदीप्तशैलशिखरा प्रपतेयु मूर्ध्नि
नैवा अहं पुन जनेय गृहाभिलाषम्॥५८॥

今译：即使金刚雷杵、刀斧和利箭，
炽烈闪电和烙铁，如雨降下，
即使燃烧的山峰坠落头顶，
我也不会再贪恋这个王宫。（58）

地译：假使金剛雹，刀劍及干戈，
電火熱鐵團，墜在我頂上，
終不於俗境，而生戀著心。

तदा अमर नभगताः किलकिला मुञ्चिषु कुसुमवृष्टिः।
जय हे परममतिधरा जगति अभयदायका नाथ॥५९॥

今译：此时，空中的天神们
欢喜踊跃，降下花雨：
“胜利属于思想至高者，
赐予世界无畏的救主！（59）

地译：爾時，無量百千諸天於虛空中歡喜踊躍，雨眾天華，而說頌曰：

न रज्यते पुरुषवरस्य मानसं
नभो यथा तमरजधूमकेतुभिः।
न लिप्यते विषयसुखेषु निर्मलो
जले यथा नवनलिनं समुद्भवम्॥५९॥

今译：“这位俊杰思想不受污染，犹如天空
不受黑暗、尘土、烟雾和彗星污染；
他不受感官享乐污染，纯洁无瑕，
犹如水中刚刚绽开的新鲜莲花。”（59）

地译：最勝清淨如虛空，煙雲塵霧不能染，
一切境界無所著，具足善利成菩提。

अथ खलु भिक्षवो बोधिसत्त्वस्य निश्चयं विदित्वा शान्तमतिश्च देवपुत्रो ललितव्यूहश्च देवपुत्रः कपिलवस्तुनि महानगरे सर्वस्त्रीपुरुषदारकदारिकानामपस्वापनमकुरुताम् सर्वशब्दांश्चान्तर्धापयामासतुः॥

今译：然后，众比丘啊，知道了菩萨的决定，天子静慧和天子游戏庄严让迦比罗卫大城中所有男女老少入睡，让一切声音消失。

地译：於是，靜慧天子及莊嚴遊戲天子於迦毗羅城令一切人民皆悉惛睡。

अथ खलु भिक्षवो बोधिसत्त्वः सर्वं नगरजनं प्रसुप्तं विदित्वा अर्धरात्रिसमयं चोपस्थितं ज्ञात्वा पुष्यं च नक्षत्राधिपतिं युक्तं ज्ञात्वा सांप्रतं निष्क्रमणकाल इति ज्ञात्वा छन्दकमामन्त्रयते स्म-- छन्दक मां मेदानीं खेदय। प्रयच्छ मे कण्ठकं समलंकृत्य मा च विलम्बिष्ठाः॥

今译：然后，众比丘啊，菩萨知道所有市民已入睡，知道已到夜半时分，知道弗沙星已和月亮连接，知道已到出家时间，便对阐铎迦说道："阐铎迦啊，现在你不要让我烦心。为我取来装饰好的犍陟马，不要再耽搁！"

地译：爾時，菩薩告車匿言："車匿！汝今莫令我生憂憒，宜應速疾被乾陟來。"

समनन्तरोदाहृता च बोधिसत्त्वेनेयं वाक्। अथ तत्क्षणमेव चत्वारो लोकपाला बोधिसत्त्वस्य वचनमुपश्रुत्य स्वकस्वकानि च भवनानि गत्वा बोधिसत्त्वस्य पूजाकर्मणे स्वैः स्वैर्व्यूहैस्त्वरितं त्वरितं पुनरपि कपिलवस्तुमहानगरमागच्छन्ति स्म॥

今译：菩萨这样一发话，四大护世天王听后，立即前往各自宫中，迅速带来各自的庞大阵容，回到迦比罗卫大城，供奉菩萨。

तत्र धृतराष्ट्रो महाराजो गन्धर्वाधिपतिः पूर्वस्या दिश आगतोऽभूत् सार्धमनेकैर्गन्धर्वकोटिनियुतशतसहस्रैर्नानातूर्यसंगीतिसंप्रवादितेन। आगत्य च कपिलवस्तुमहानगरं प्रदक्षिणीकृत्य यथागतः पूर्वां दिशमुपनिश्रित्यास्थात् बोधिसत्त्वं नमस्यमानः॥

今译：这时，健达缚大王持国天从东方来到，带着数百千万亿健达缚，演奏各种乐器。来到后，他向迦比罗卫大城右旋行礼，站在他来自的东方，向菩萨致敬。

दक्षिणस्या दिशो विरूढको महाराजोऽभ्यागतोऽभूत् सार्धमनेकैः कुम्भाण्डकोटिनियुतशतसहस्रैर्नानामुक्ताहारपाणिप्रलम्बितैर्नानामणिरत्नपरिगृहीतैर्विविधगन्धोदकपूर्णघटपरिगृहीतैः। आगत्य च कपिलवस्तुमहानगरं प्रदक्षिणीकृत्य यथागत एव दक्षिणां दिशमुपनिश्रित्यास्थात् बोधिसत्त्वं नमस्यमानः॥

今译：大王增长天从南方来到，带着数百千万亿鸠槃荼。手上挂着各种珍珠项链，拿着各种摩尼珠宝，带着各种盛满的香水瓶。来到后，他向迦比罗卫大城右旋行礼，站在他来自的南方，向菩萨致敬。

पश्चिमाया दिशो विरूपाक्षो महाराज आगतोऽभूत् सार्धमनेकैर्नागकोटिनियुतशतसहस्रैर्नानामुक्ताहारपाणिप्रलम्बितैर्नानामणिरत्नपरिगृहीतैर्गन्धचूर्णपुष्पवर्षमेघसमुत्थितैश्च मृदुभिः सुगन्धिभिर्नानावातैः प्रवायद्भिः। आगत्य च कपिलवस्तुमहानगरं प्रदक्षिणीकृत्य यथागत एव पश्चिमां दिशमुपनिश्रित्यास्थात् बोधिसत्त्वं नमस्यमानः॥

今译：大王广目天从西方来到，带着数百千万亿蛇，手上挂着各种珍珠项链，拿着各种摩尼珠宝，用各种柔和芳香的风吹起各种降下香粉和花雨的云。来到后，他向迦比罗卫大城右旋行礼，站在他来自的西方，向菩萨致敬。

第十五　出家品　399

उत्तरस्या दिशः कुबेरो महाराज आगतोऽभूत् सार्धमनेकैर्यक्षकोटिनियुतशतसहस्रै-ज्योतीरसमणिरत्नपरिगृहीतैर्दीपिकापाणिपरिगृहीतैश्च ज्वलितोल्कापाणिपरिगृहीतैर्धनुरसि-शरशक्तितोमरत्रिशूलचक्रकणयभिन्दिपालादिनानाप्रहरणपरिगृहीतैर्दृढसंनद्धवर्मितकवचितैः। आगत्य कपिलवस्तुमहानगरं प्रदक्षिणीकृत्य यथागत एवोत्तरां दिशमुपनिश्रित्यास्थात् बोधिसत्त्वं नमस्यमानः॥

今译：大王俱比罗[1]从北方来到，带着数百千万亿夜叉，手上拿着光液摩尼珠宝，举着灯，擎着燃烧的彗星，握着弓箭、刀枪、长矛、三叉戟、飞盘、铁杵和飞镖等各式武器，身披坚固铠甲。来到后，他向迦比罗卫大城右旋行礼，站在他来自的北方，向菩萨致敬。

शक्रश्च देवानामिन्द्रः सार्धं त्रायत्रिंशदेवैरागतोऽभूत् दिव्यपुष्पगन्धमाल्यविलेपनचूर्ण-चीवरछत्रध्वजपताकावतंसकाभरणपरिगृहीतैः। आगत्य कपिलवस्तुमहानगरं प्रदक्षिणीकृत्य यथागत एव सपरिवार उपर्यन्तरिक्षेऽस्थात् बोधिसत्त्वं नमस्कुर्वन्॥

今译：天王帝释带着忉利天众天神来到，手上拿着天国的鲜花、香料、软膏、香粉、衣服、华盖、旗帜、幡幢和耳饰等装饰品。来到后，他向迦比罗卫大城右旋行礼，站在他来自的空中上方，和随从们一起向菩萨致敬。

इति हि भिक्षवश्छन्दको बोधिसत्त्वस्य वचनमुपश्रुत्याश्रुपूर्णनयनो बोधिसत्त्वमेवमाह-- आर्यपुत्र त्वं च कालज्ञो वेलज्ञश्च समयज्ञः। अयं च अकालोऽसमयो गन्तुम्। तत्किमाज्ञापयसि इति॥

今译：这样，众比丘啊，听了菩萨的话，阐铎迦热泪盈眶，对菩萨说道："王子啊，你通晓时间，通晓时刻，通晓时机。这不是出走的时间和时机，你为何这样吩咐？"

बोधिसत्त्व आह-- छन्दक अयं स कालः।

今译：菩萨说道："阐铎迦啊，就是这个时间。"

छन्दक आह-- कस्यार्यपुत्र कालः।

今译：阐铎迦说道："王子啊，怎样的时间？"

बोधिसत्त्व आह--

今译：菩萨说道：

① "俱比罗"（kubera）即毗沙门，或译"多闻天"。

यत्तन्मया प्रार्थितु दीर्घरात्रं
सत्त्वानमर्थं परिमार्गता हि।
अवाप्य बोधिं अजरामरं पदं
मोचे जगत्तस्य क्षणो उपस्थितः॥६०॥

今译：为了众生，我在漫漫长夜中
寻求，一旦我获得不老不死
菩提境界，我会解脱世界，
现在，这样的时刻已来到。（60）

इयमत्र धर्मता॥

今译：这是法性。

तत्रेदमुच्यते--

今译：这里，这样说道：

भौमान्तरीक्षाश्च तथैव पालाः
शक्रश्च देवाधिपतिः सयक्षः।
यामाश्च देवास्तुषिताश्च निर्मिताः
परनिर्मितोद्युक्त तथैव देवाः॥६१॥

今译：地上和空中的保护者们，
众神之主帝释天和众药叉，
夜摩天、兜率天和化乐天，
同样，还有他化自在天。（61）

वरुणो मनस्वी अपि नागराजा
अनावतप्तश्च तथैव मागरः
अभियुक्त ते चाप्यभिपूजनार्थं
नैष्क्रम्यकाले नरपुंगवस्य॥६२॥

今译：伐楼那和蛇王摩那斯，
阿那婆达多和摩伽罗，
在人中雄牛出家时刻，
他们都热切前来供奉。（62）

ये चापि रूपावचरेषु देवाः
प्रशान्तचारी सह ध्यानगोचराः।
अभियुक्त ते चाप्यभिपूजनार्थं
त्रैलोक्यपूज्यस्य नरोत्तमस्य॥ ६३॥

今译：还有色界中的众天神，
寂意行者和禅定行者，
在三界至尊出家时刻，
他们都热切前来供奉。（63）

दशादिशोऽभ्यागत शुद्धसत्त्वाः
सहायकाः पूर्वचरि चरन्तः।
द्रक्ष्यामहे निष्क्रमणं जिनस्य
पूजां करिष्यामि तथानुरूपाम्॥ ६४॥

今译：所有十方的本性纯洁者，
前生同行者，都来到这里：
“我们要观看佛陀出家，
向他提供合适的供奉。”（64）

स चापि गुह्याधिपतिर्महात्मा
प्रदीप्तवज्रो नभसि प्रतिस्थितः।
संनद्धगात्रो बलवीर्यविक्रमः
करेण गुह्य ज्वलमानु वज्रम्॥ ६५॥

今译：高尚的密迹天王名叫
燃金刚，站在天空中，
身披铠甲，勇猛有力，
手中举着燃烧的金刚。（65）

चन्द्रश्च सूर्यो उभि देवपुत्रौ
प्रदक्षिणं वामकु सुप्रतिस्थितौ।
दशाङ्गुली अञ्जलिभिर्गृहीत्वा
नैष्क्रम्यशब्दोऽनुविचारयन्ति॥ ६६॥

今译：月亮和太阳两位天子，
分别站在右边和左边，

他俩用十指合掌行礼，
心中默念着“出家”。（66）

पुष्यश्च नक्षत्र सपारिषद्यो
　　औदारिकं निर्मिणि आत्मभावम्।
स्थित्वाग्रतस्तस्य नरोत्तमस्य
　　मनोज्ञघोषाभिरुतं प्रमुञ्चत्॥६७॥

今译：弗沙星宿及其随从，
幻化出庞大的身体，
站在人中至尊前面，
发出悦耳动听声音：（67）

सर्वेऽद्य सिद्धाः शुभ तुभ्य मङ्गलाः
　　पुष्यश्च युक्तः समयश्च गन्तुम्।
अहं पि यास्यामि त्वयैव सार्धं
　　अनुत्तरायो भव रागसूदनः॥६८॥

今译：“今天你会一切顺利，幸运，
吉祥，弗沙星宿和月亮连接，
出家时间已到，我将与你同行，
你已征服贪欲，不会遇到障碍[1]。”（68）

संचोदकश्चोदयि देवपुत्र
　　उत्तिष्ठ शीघ्रं बलवीर्योद्गतः।
दुःखैर्हतांस्तारय सर्वसत्त्वान्
　　नैष्क्रम्यकालः समुपस्थितस्ते॥६९॥

今译：一位劝请的天子劝请道：
“快起来，施展勇猛威力，
拯救一切受苦受难众生，
你的出家时间已经来到。”（69）

समागता देवसहस्रकोट्यः
　　प्रवर्षमाणा कुसुमान् मनोज्ञान्।

① 这句原文是 anuttarāyaḥ，BHSD 指出应为 anantarāyaḥ（“无障碍”）。

स चापि पर्यङ्कवरे निषण्णो
देवैर्वृतो भ्राजति दीप्ततेजः॥ ७० ॥

今译：千万亿天神集合这里，
降下阵阵可爱的花雨，
他坐在床上，众天神
围绕，闪耀明亮光辉。（70）

नगरे इस्त्रिक दारकाश्च पुरुषा याश्चाभवन् दारिकाः
सर्वे ते शयिता किलान्तमनसो ईर्यापथेभ्यश्च्युताः।
हस्ति अश्वगवाश्च सारिकशुकाः क्रोञ्चा मयूरास्तथा
सर्वे ते शयिता किलान्तमनसः पश्यन्ति रूपं न ते॥ ७१ ॥

今译：城中的男人、女人、男孩和女孩全都
精神疲倦，已经入睡，容貌失却威仪，
象、马、牛、鸲鹆、鹦鹉、麻鹬和孔雀
精神疲倦，也都入睡，看不到他的形体。（71）

ये चा ते दृढवज्रतोमरधरा शाक्यैः सुताः स्थापिताः
हस्तिश्वरथेषु तोरणवरे ते चाप्यवस्वापिताः।
राजा राजकुमार पार्थिवजनः सर्वे प्रसुप्ता भवन्
अपि चा नारिगणा विनग्नवसना सुप्ता न ते बुद्धिषू॥ ७२ ॥

今译：释迦族人安排儿子们手持长矛，
坚如金刚，守在车马和拱门上，
这些王子、国王和侍从全都入睡，
妇女们衣服褪落，也都沉睡不醒。（72）

सो च ब्रह्मरुतो मनोज्ञवसनः कलविङ्कघोषस्वरो
रात्रौ निर्गत अर्धरात्रसमये तं छन्दकं अब्रवीत्।
साधू छन्दक देहि कण्ठकु मम स्वालंकृतं शोभनं
मा विघ्नं कुरु मे ददाहि चपलं यदि मे प्रियं मन्यसे॥ ७३ ॥

今译：衣着可爱，话音似梵天和迦陵频伽鸟，
他在这夜半时刻出行，对阐铎迦说道：
“请你为我取来装饰好的漂亮犍陟马，

别阻拦我，要让我高兴，就赶快取来！”[①]（73）

श्रुत्वा छन्दक अश्रुपूर्णनयनस्तं स्वामिनं अब्रवीत्--

今译：阐铎迦闻听此言，眼中涌满泪水，对主人说道：[②]

地译：是時，車匿白菩薩言：

क्व त्वं यास्यसि सत्त्वसारथिवरा किं अश्वकार्यं च ते
कालज्ञः समयज्ञ धर्मचरणो कालो न गन्तु क्वचित्।
द्वारास्ते पिथिता दृढार्गलकृता को दास्यते तां तव।
शक्रेणा मनसाथ चेतनवशात्ते द्वार मुक्ता कृताः
दृष्ट्वा छन्दक हर्षितो पुन दुखी अश्रूणि सोऽवर्तयी।
हा धिक्को मि सहायु किं तु कुरुमी धावामि कां वा दिशं
उग्रंतेजधरेण वाक्यु भणितं शक्यं न संधारितुम्॥७४॥

今译：“众生导师啊，要去哪里，为何要用马？
你遵行正法，通晓时机，现在无法出去，
这些大门全都紧锁着，有谁能为你打开？”
然后，帝释天凭借意念力打开这些大门，
阐铎迦看到后又喜又悲，流着眼泪说道：
“唉，谁能帮我？怎么办？我能跑向哪里？”
而威力强大者说道：“没有什么能够阻挡。”（74）

地译：“今始中夜未是行時，一切宮城悉皆防衛，誰應於此開諸關鑰？”時釋提桓因以神通力令諸門戶皆自然開。

सा सेना चतुरङ्गिनी बलवती किं भू करोतीह हा
राजा राजकुमार पार्थिव जनो नेमं हि बुध्यन्ति ते।
स्त्रीसंघः शयितस्तथा यशवती ओस्वापिता देवतैः
हा धिग्गच्छति सिध्यतेऽस्य प्रणिधिर्यश्चिन्तितः पूर्वशः॥७५॥

今译：“四支强大有力的军队能做什么？
国王、王子和侍从们都没有醒来，
众天神也让妇女和耶输婆提沉睡，
啊，他就要出家，实现以前的誓愿。”（75）

① 以上第 60 至第 73 首偈颂不见于地译。而护译《告车匿被马品》中有与此类似的偈颂和文字表述。

② 这一句原文遗漏，据 M 本和 L 本补上。

地译：車匿既覩宮城開已，傍徨愁戀，轉復悲啼，作如是言："我無伴侶，此城内外所有四兵，釋種群臣王及王子，耶輸陀羅後宮婇女，一切惛睡，無有知覺。今欲何去？當復語誰？太子之心決定如是，我今懇切啟請莫從，自惟無力，豈能遮止？"

देवाः कोटिसहस्र हृष्टमनसस्तं छन्दकं अब्रुवन्
साधु छन्दक देहि कण्ठकवरं मा खेदयी नायकम्।
भेरीशङ्खमृदङ्गतूर्यनयुता देवासुरैर्वादिता
नैवेदं प्रतिबुध्यते पुरवरं ओस्वापितं देवतैः॥७६॥

今译：千千万天神满怀喜悦，对阐铎迦说：
"快取来犍陟马吧！别让导师心烦；
众天神和阿修罗的亿万螺号和鼓乐，
也唤不醒这座已被天神催眠的城市。(76)

地译：是諸天眾於虛空中告車匿言："車匿！速疾嚴被乾陟將來，勿令菩薩心生憂惱。

पश्य छन्दक अन्तरीक्ष विमलं दिव्या प्रभा शोभते
पश्य त्वं बहुबोधिसत्त्वनयुतां ये पूजनायागताः।
शक्रं पश्य शचीपतिं बलवृतं द्वारस्थितं भ्राजते
देवांश्चाप्यसुरांश्च किन्नरगणां ये पूजनार्थागताः॥७७॥

今译："阐铎迦啊，你看空中闪耀圣洁光芒，
你看亿万菩萨前来供奉，你看帝释天，
舍姬之夫[①]，站在门口，身边围绕军队，
众天神、阿修罗和紧那罗全都来供奉。"(77)

地译："所以者何？汝豈不見無量百千大菩薩眾，釋提桓因及四天王、諸天龍神、乾闥婆等，各與其眾恭敬供養，光明赫奕，遍照虛空。"

श्रुत्वा छन्दक देवतान वचनं तं कण्ठकं आलपी
एष्वागच्छति सत्त्वसारथिवरः त्वं ताव हेषिष्यसे।
सो तं वर्षिकुवर्ण काञ्चनखुरं स्वालंकृतं कृत्वना
उपनेती गुणसागरस्य वहनं रोदन्तको दुर्मना॥७८॥

① "舍姬之夫"即帝释天。

今译：听了众天神的话，阐铎迦对犍陟说：
“众生导师要出家[①]，你要发出嘶鸣。”
他装饰好这匹色似茉莉花的金蹄马，
伤心落泪，带来让这位功德海乘坐：（78）

地译：車匿聞此語已，告乾陟言：“乾陟！太子今者當乘汝出。”即取最上金勒寶鞍諸莊嚴具,用被馬王，悲泣流淚，持以奉進，讚菩薩言：

एषा ते वरलक्षणा हितकरा अश्वः सुजातः शुभो
गच्छ सिध्यतु तुभ्य एव प्रणिधिर्यश्चिन्तितः पूर्वशः।
ये ते विघ्नकरा व्रजन्तु प्रशमं आसां व्रतं सिध्यतां
भवही सर्वजगस्य सौख्यददनः स्वर्गस्य शान्त्यास्तथा॥ ७९॥

今译：“你的这匹良种骏马具有吉相，
去吧，实现你过去立下的誓愿！
让阻拦者们平静，让誓愿实现，
让一切世界幸福，让天国安宁！”（79）

地译：“伏願太子有所悕求悉皆成滿，一切障礙咸得銷除，當令世間獲安隱樂。”

सर्वा कम्पित षड्विकार धरणी शयनाद्यदा सोत्थितः
आरूढः शशिपूर्णमण्डलनिभं तं अश्वराजोत्तमम्।
पाला पाणिविशुद्धपद्मविमला न्यसयिंसु अश्वोत्तमे
शक्रो ब्रह्म उभौ च तस्य पुरतो दर्शयन्ति मार्गो ह्ययम्॥ ८०॥

今译：他起床，登上犹如明月的骏马，
整个大地顿时出现六种震动，
护世天王将莲花手搁在骏马上，
帝释天和梵天在前面为他指路。（80）

地译：菩薩於此乘馬王已，初舉步時，十方大地六種震動，昇虛而行，四天大王捧承馬足，梵王、帝釋開示寶路。

आभा तेन प्रमुक्त अच्छविमला ओभासिता मेदिनी
सर्वे शान्त अपाय सत्त्व सुखिता क्लेशैर्न बाध्यी तदा।

① 这句原文中的 eṣvāgacchati，M 本写为 eṣāgacchati。

第十五　出家品　407

पुष्पा वर्षिषु तूर्यकोटि रणिषू देवासुरास्तुष्टुवुः
सर्वे कृत्व प्रदक्षिणं पुरवरं गच्छन्ति हर्षान्विताः ॥८१॥

今译：他闪耀洁净的光芒，照亮整个大地，
一切恶道平息，众生快乐，摆脱烦恼；
天神和阿修罗降下花雨，奏乐赞颂，
他们向大城右绕行礼，满怀喜悦离去。（81）

地译：爾時，菩薩放大光明，照燭一切無邊世界，所可度者皆得度脱，有苦眾生皆得離苦。

पुरवरोत्तमि देवत दीनमना
उपगम्य गच्छति महापुरुषे।
पुरतः स्थिता करुणदीनमना
गिरया समालपति पद्ममुखम्॥८२॥

今译：在大士出发离开之时，
城中的天神精神沮丧，
他站在前面，心怀悲悯，
向脸似莲花者诉说道：（82）

तमसाकुलं भुविमु सर्वपुरं
नगरं न शोभति त्वय रहितम्।
न ममात्र काचि रति प्रीतिकरी
त्यक्तं त्वया च यदिदं भवनम्॥८३॥

今译：“一旦你离开，整个城市
就充满黑暗，不再明亮；
一旦你舍弃这座宫殿，
我也失去欢乐和喜悦。（83）

न पुनः श्रुणिष्यि रुतु पक्षिगणे
अन्तःपुरे मधुरवेणुरवम्।
मङ्गल्यशब्द तथ गीतरवं
प्रतिबोधनं तव अनन्तयशः॥८४॥

今译：“不再能听到鸟群的鸣叫，
后宫中甜蜜可爱的笛声，

还有，每天唤醒你这位
声誉无限者的吉祥歌声。（84）

दर्शो न भूयु सुरसिद्धगणां
कुर्वन्तु पूज तव रात्रिदिवम्।
घ्रायिष्यि गन्ध न च दिव्य पुनः
त्वयि निर्गते निहतक्लेशगणे॥८५॥

今译："你这位破除烦恼者出走，
十方的众天神和悉陀们
就不再日日夜夜供奉你，
我便闻不到圣洁的香味。（85）

निर्भुक्तमाल्यमिव पर्युषितं
त्यक्तं त्वयाद्य भवनं हि तथा।
नटरङ्गकल्प प्रतिभायति मे
त्वयि निर्गते न भुयु तेजशिरि॥८६॥

今译："你今天舍弃这座宫殿，
犹如舍弃使用过的花环，
一旦你离去，它对于我，
如同失去光彩的舞台。（86）

ओजो बलं हरसि सर्वपुरे
न च शोभते अटवितुल्यमिदम्।
वितथं ऋषीण वचनाद्य भुतं
येही वियाकृतु भुवि चक्रबलो॥८७॥

今译："你夺走全城的光辉和力量，
如同荒野，它不再灿烂辉煌，
众仙人的话变得虚妄不实，
他们预言[①]你会成为转轮王。（87）

अबलं बलं भुविमु शाक्यबलं
उच्छिन्न वंश इह राजकुले।

① "预言"的原词是 viyākṛtu，相当于 vyākṛtu。

आशा प्रनष्ट इह शाक्यगणे
　　त्वयि निर्गते महति पुण्यद्रुमे॥८८॥

今译：“你这棵大功德树一移走，
释迦族军队的威力消失，
这个王族世系就此断绝，
释迦族的希望完全破灭。（88）

अहमेव तुभ्य गति गच्छयमी
　　यथ त्वं प्रयासि अमला विमला।
अपि चा कृपा करुण संजनिय
　　व्यवलोकयस्व भवनं त्वमिदम्॥८९॥

今译：“我要像你一样出走，
走上纯洁无瑕的道路，
但愿你心怀怜悯慈悲，
请看一看这座宫殿吧！”①（89）

व्यवलोक्य चैव भवनं मतिमान्
　　मधुरस्वरो गिरमुदीरितवान्।
नाहं प्रवेक्षि कपिलस्य पुरं
　　अप्राप्य जातिमरणान्तकरम्॥९०॥

今译：这位智者看了看宫殿，
声音甜蜜，说了这话：
“如果我不能灭寂生死，
就不再进入迦比罗城。（90）

地译：爾時，菩薩迴眄俯視迦毗羅城，作如是言：

स्थानासनं शयनचंक्रमणं
　　न करिष्यहं कपिलवस्तुमुखम्।
यावन्न लब्ध वरबोधि मया
　　अजरामरं पदवरं ह्यमृतम्॥९१॥

今译：“如果我没有获得菩提，

① 以上第 83 至第 89 首偈颂不见于地译。而护译《告车匿被马品》中有与此类似的文字表述。

达到不老不死甘露境界，
我就不会回到迦比罗卫，
在这座城中坐立行卧。”（91）

地译：“若我從今不得盡於生死邊際，終不再見迦毗羅城，況復於中行住坐臥。”爾後，眾人於此起塔。

यदसौ जगत्प्रधानो निष्क्रान्तु बोधिसत्त्वो
　　तस्या नभे व्रजन्तो स्तवयिंसु अप्सराणाम्।
एष मह दक्षिणीयो एष मह पुण्यक्षेत्रं
　　पुण्यर्थिकान क्षेत्रं अमृताफलस्य दाता॥९२॥

今译：在空中行走的成群天女，
赞颂世界至尊菩萨出家：
“这位大功德田值得供养，
他赐予追求功德者甘露果。（92）

एन बहुकल्पकोटी दानदमसंयमेना
　　समुदानितास्य बोधिः सत्त्वकरुणायमाना।
एष परिशुद्धशीलो सुव्रत अखण्डचारी
　　न च काम नैव भोगां प्रार्थेन्तु शीलरक्षी॥९३॥

今译：“他在数千万劫中布施，自制，
获得菩提，怜悯众生，清净，
持戒，恪守誓愿，行为完美，
守戒，不追求爱欲和享受。（93）

एष सद क्षान्तिवादी छिद्यन्ति अङ्गमङ्गे
　　न च क्रोधु नैव रोषः सत्त्वपरित्रायणार्थम्।
एष सद वीर्यवन्तो अविखिन्न कल्पकोट्यः
　　समुदानितास्य बोधिर्यष्टा च यक्षकोटीः॥९४॥

今译：“他始终倡导忍辱，为保护众生，
即使肢体遭杀戮，也不生气发怒，
千万劫中始终勇猛精进，不懈怠，
获得菩提，举行过数千万次祭祀。（94）

एष सद ध्यानध्यायी शान्तप्रशान्तचित्तो
ध्यायित्व सर्वक्लेशां मोचेष्यि सत्त्वकोटीः।
एषो असङ्ग प्राज्ञः कल्पैर्विकल्पमुक्तो
कल्पैर्विमुक्तचित्तो जिनु भेष्यते स्वयंभूः॥९५॥

今译：“他始终专心修禅，思想平静，
将会让千万众生摆脱一切烦恼，
不执著，有智慧，摆脱妄想分别，
将成为心无妄想的佛陀和自在者。(95)

एष सद मैत्रचित्तो करुणाय पारप्राप्तो
मुदितो उपेक्षध्यायी ब्राह्मे पथि विधिज्ञः।
एषोऽतिदेवदेवो देवेभि पूजनीयो
शुभविमलशुद्धचित्तो गुणनियुतपारप्राप्तः॥९६॥

今译：“他的心中始终充满慈和悲，
潜心沉思喜和舍，通晓梵路，
他是至高之神，受众天神供奉，
思想纯洁无瑕，具有亿万功德。(96)

शरणं भयार्दितानां दीपो अचक्षुषाणां
लयनो उपद्रुतानां वैद्यश्चिरातुराणाम्।
राजेव धर्मराजो इन्द्रः सहस्रनेत्रो
ब्रह्मस्वयंभुभूतः कायप्रशब्धचित्तो॥९७॥

今译：“恐惧者的庇护所，盲目者的明灯，
受害者的避难所，重病者的医生，
他如同国王、法王和千眼因陀罗，
如同自在者梵天，身心达到平静①。(97)

धीरः प्रभूतप्रज्ञो वीरो विविक्तचित्तः
शूरः किलेशघाती अजितंजयो जितारिः।
सिंहो भयप्रहीणो नागः सुदान्तचित्तो
ऋषभो गणप्रधानः क्षान्तः प्रहीणकोपः॥९८॥

① “平静”的原词是 praśabdha，BHSD 认为相当于 praśrabdha。

今译："富有智慧的坚定者，内心寂静的英雄，
破除烦恼的勇士，不可战胜的克敌者，
无所畏惧的狮子，善于调伏思想的象，
出类拔萃的雄牛，摒弃愤怒的忍辱者。(98)

चन्द्रः प्रभासयन्तः सूर्योऽवभासकारी
उल्का प्रद्योतकारी सर्वतमोविमुक्तः।
पद्मं अनोपलिप्तं पुष्पं सुशीलपत्रं
मेरूरकम्पि शास्ता पृथिवी यथोपजीव्यो
रतनाकरो अक्षोभ्यः॥९९॥

今译："这位导师如同日月和火炬，闪耀光辉，
摆脱一切黑暗，如同不受污染的莲花，
叶子柔嫩的鲜花，不可撼动的须弥山，
如同众生依赖的大地，不激动的大海。(99)

एन जितु क्लेशमारो एन जितु स्कन्धमारो
एन जितु मृत्युमारो निहतोऽस्य देव(पुत्र)मारो।
एष मह सार्थवाहो कुपथप्रतिस्थितानां
अष्टाङ्गमार्गश्रेष्ठं देशेष्यते नचिरेणा॥१००॥

今译："他战胜烦恼魔，战胜诸蕴魔，
也战胜死亡魔，战胜天子魔；
他是大导师，不久将为陷入
恶道的众生指明崇高八正道。(100)

जरमरणक्लेशघाती तमतिमिरविप्रमुक्तो
भुवि दिवि च संप्रघुष्टो जिनु भेष्यते स्वयंभूः।
स्तुत स्तवितु अप्रमेयो वरपुरुषरूपधारी
यत्पुण्य त्वां स्तवित्वा भोम यथ वादिसिंहः॥१०१॥

今译："破除老和死的烦恼，摆脱黑暗的翳障，
大地和天国宣告他即将成为自在佛陀，
受赞美，受称颂，不可衡量，形体优美，

犹如辩才狮子，我们赞颂你的种种功德。”①（101）

इति हि भिक्षवोऽभिनिष्क्रान्तो बोधिसत्त्वोऽतिक्रम्य शाक्यानतिक्रम्य क्रोड्यानतिक्रम्य मल्लान् मैनेयानामनुवैनेये निगमे षट्सु योजनेषु। तत्र बोधिसत्त्वस्य रात्रिप्रभातोऽभूत्। ततो बोधिसत्त्वो कण्ठकादवतीर्य धरणीतले स्थित्वा तं महान्तं देवनागयक्षगन्धर्वासुरगरुड-किन्नरमहोरगसंघं विसर्जयति स्म। विसर्ज्य चास्यैतदभूत्-- इमान्याभरणानि कण्ठकं च छन्दकस्य हस्ते विसर्जयामीति॥

今译：这样，众比丘啊，菩萨出家，离开释迦族，经过羯罗迪亚镇，经过摩罗族，到达六由旬远的弥尼族阿努韦奈耶镇。菩萨到达那里，夜尽天明。于是，菩萨从犍陟马上下来，站在地上。他吩咐大群的天神、蛇、药叉、健达缚、阿修罗、金翅鸟、紧那罗和大蛇离去。送走他们后，菩萨思忖："我要将这些装饰品和犍陟马交到阐铎迦手上，让他送回。"②

अथ बोधिसत्त्वश्छन्दकमामन्त्र्यैतदवोचत्-- गच्छ त्वं छन्दक इमान्याभरणानि कण्ठकं च गृहीत्वा निवर्तयस्व। यत्र च प्रदेशे छन्दको निवृत्तस्तत्र चैत्यं स्थापितमभूत्। अद्यापि तच्चैत्यं छन्दकनिवर्तनमिति ज्ञायते॥

今译：然后，菩萨招呼阐铎迦，说道："你走吧！阐铎迦啊，带着这些装饰品和犍陟马，回去吧！"在阐铎迦转身返回的这个地点，后来建了一座塔，至今仍称为"阐铎迦转回塔"。

पुनश्च बोधिसत्त्वस्यैतदभवत्-- कथं च नाम चूडा च प्रव्रज्या चेति। स खड्गेन चूडां छित्त्वा अन्तरिक्षे क्षिपति स्म। सा च त्रायत्रिंशता देवैः परिगृहीताभूत् पूजार्थम्। अद्यापि च त्रायत्रिंशत्सु देवेषु चूडामहो वर्तते। तत्रापि चैत्यं स्थापितमभूत्। अद्यापि च तच्चूडा-प्रतिग्रहणमिति ज्ञायते॥

今译：然后，菩萨又思忖："出家人怎么还需要顶髻？"于是，他用剑削去顶髻，扔向空中。忉利天神们接收它，供奉它。至今忉利天天神们仍举行顶髻节。在那里，建了一座塔，至今仍称为"接受顶髻塔"。

पुनरपि बोधिसत्त्वस्यैतदभूत्-- कथं हि नाम प्रव्रज्या च काशिकानि वस्त्राणि। सचेद्वनवासानुरूपाणि काषायाणि वस्त्राणि लभेयम् शोभनं स्यात्। अथ शुद्धवासकायिकानां

---

① 以上第 92 至第 101 首偈颂不见于地译。

② 从这段以下，原文采用散文体和偈颂体，而地译几乎完全是散文体。虽然情节基本一致，但文体和描述存在诸多差异，故而不宜采取逐段对应的排列方式。这样，以下部分的地译统一排在最后。

देवानामेतदभूत्-- काषायैर्बोधिसत्त्वस्य कार्यमिति। तत्रैको देवपुत्रो दिव्यं रूपमन्तर्धाप्य लूब्धकरूपेण काषायवस्त्रप्रावृतो बोधिसत्त्वस्य पुरतोऽस्थात्। अथ बोधिसत्त्वस्तमे-तदवोचत्-- सचेन्मे त्वं मार्षा काषायाणि वस्त्राणि दद्याः इमानि तेऽहं काशिकानि वस्त्राणि दद्याम्। सोऽवोचत्-- एतानि वस्त्राणि तव शोभन्ते। इमानि मम। बोधिसत्त्व आह-- अहं त्वां याचामि। ततस्तेन लूब्धकरूपिणा देवपुत्रेण बोधिसत्त्वाय काषायाणि वस्त्राणि दत्तान्य-भूवन्। काशिकानि गृह्णीते स्म। अथ स देवपुत्रो गौरवजातस्तानि वस्त्राणि उभाभ्यां पाणिभ्यां शिरसि कृत्वा तत एव देवलोकमगमत् तेषां पूजार्थम्। तच्छन्दकेन दृष्टमभूत्। तत्रापि चैत्यं स्थापितम्। अद्यापि तच्चैत्यं काषायग्रहणमित्येवं ज्ञायते॥

今译：然后，菩萨又思忖："出家人怎么还需要憍尸迦衣？如果我能获得适合林居者穿的袈裟衣，那就好了。"然后，净居天神们思忖："菩萨需要袈裟衣。"其中一位天子隐去天神形貌，乔装猎人，身穿袈裟衣，站在菩萨前面。于是，菩萨对他说道："贤士啊，如果你给我这些袈裟衣，我就给你这些憍尸迦衣。"猎人说道："你的这些衣服漂亮。而这些袈裟衣适合我。"菩萨说道："我求你。"于是，乔装猎人的天子将这些袈裟交给菩萨，换取那些憍尸迦衣。然后，这位天子满怀崇敬，用双手将这些衣服举在头顶，返回天国，加以供奉。阐铎迦目睹这一切。后来，在那里建了一座塔，至今仍称为"获得袈裟衣塔"。

यदा च बोधिसत्त्वेन चूडां छित्त्वा काषायाणि वस्त्राणि प्रावृतानि तस्मिन् समये देवपुत्रशतसहस्रा हृष्टास्तुष्टा उदग्रा आत्तमनसः परमप्रमुदिताः प्रीतिसौमनस्यजाता हीही-कारकिलिकिलाप्रक्ष्वेडितानिर्नादनिर्घोषशब्दमकार्षुः। सिद्धार्थो भो मार्षाः कुमारः प्रव्रजितः। सोऽयमनुत्तरां सम्यक्संबोधिमभिसंबुध्य धर्मचक्रं प्रवर्तयिष्यति। असंख्येयाञ्जातिधर्माणः सत्त्वान् जात्या परिमोचयिष्यति। यावज्जराव्याधिमरणशोकपरिदेवदुःखदौर्मनस्यो-पायासेभ्यः परिमोच्य संसारसागरात् पारमुत्तार्यानुत्तरे क्षेमेऽभयेऽशोके निरूपद्रवे शिवे विरजसेऽमृते धर्मधातौ प्रतिष्ठापयिष्यतीति। स च शब्दः शब्दपरंपरया यावदकनिष्ठ-भवनमभ्युद्गतोऽभूत्॥

今译：菩萨削去顶髻，穿上袈裟衣，此刻，十万天子高兴满意，心情激动，欢喜踊跃，欣悦愉快，啧啧称叹，发出欢呼："诸位贤士啊，悉达多王子出家了！他证得无上正等菩提后，会转动法轮。他会让无数受出生束缚的众生摆脱出生，摆脱衰老、疾病、死亡、忧愁、悲哀、痛苦、沮丧和烦恼，将他们救出轮回之海，安置在无上安乐、无惧、无忧、无灾、吉祥和纯洁的甘露法界。"这声音接连不断，直达阿迦尼吒天宫。

ततोऽन्तः पुरिकाभिः कुमारमपश्यन्तीभिः ग्रीष्मिकवार्षिकहैमन्तिकेषु प्रासादेष्वासनेषु

च गृहेषु परिमागमाणा यदा न पश्यन्ति स्म तदा एकीभूताभिः कुररीभिरिवोत्क्रुष्टमभूत्। तत्र काश्चित्स्त्रियः परमशोकार्ता हा तातेहि क्रन्दन्ति स्म। काश्चिद्भ्रातः काश्चिद्भर्त इति क्रन्दन्ति स्म। काश्चिद्धा नाथेति क्रन्दन्ति स्म। काश्चिद्धा स्वामिन्निति। काश्चिन्नानाप्रियवचनप्रलापैः काश्चिन्नानाकायपरिसर्पिकया रुदन्ति स्म। काश्चिच्छीर्षोपकर्षिकया काश्चिदन्योन्यमुखावलोकितया रुदन्ति स्म। काश्चिचक्षुः परिवर्तिकया काश्चित्स्ववदनानि वस्त्रैरुच्छाद्य रुदन्ति स्म। काश्चिदूरू पाणिभिः प्रस्फोटयन्त्यः काश्चिद्धृदयः पाणिभिस्ताडयन्त्यः काश्चिद्बाहून् पाणिभिः प्रस्फोटयन्त्यः काश्चिच्छिरांसि काश्चिच्छिरः पांशुभिरवकिरन्त्यो रुदन्ति स्म। काश्चिद्विक्षिप्तकेश्यः काश्चित्केशं विलूञ्चन्त्यः काश्चिदूर्ध्वबाहवः उच्चैरुत्क्रोशन्ति स्म। काश्चिन्मृग्य इव दिग्धविद्धाः सहसा प्रधावन्त्यो रुदन्ति स्म। काश्चिन्मारुतकम्पिता इव कदल्यः प्रविकम्प्यमाना रुदन्ति स्म। काश्चिद्धरणीतले विनिपतिताः किंचित्प्राणाः काश्चिज्जालोत्क्षिप्तमत्स्या इव पृथिव्यां परिवर्त्यमाना रुदन्ति स्म। काश्चिन्मूलछिन्ना इव वृक्षाः सहसा धरणीतले निपत्य रुदन्ति स्म॥

今译：然后，后宫妇女们见不到王子，在夏宫、雨宫和冬宫中所有坐卧处寻找，都找不到。她们像雌鹗那样，一齐发出呼叫声。有些妇女忧心如焚，哭喊："孩子啊！"有些哭喊："兄弟啊！"有些哭喊："主人啊！"有些哭喊："救主啊！"有些哭喊："主子啊！"有些诉说各种可爱的话。有些趴在地上哭泣。有些揪着头发哭泣。有些互相望着哭泣。有些转动眼睛哭泣。有些用衣服掩面哭泣。有些用手拍打胸脯哭泣。有些用手拍打心窝。有些用手拍打手臂。有些用手拍打头顶。有些将尘土撒在头顶。有些头发披散。有些头发蓬乱。有些高举手臂。有些仰天呼喊。有些像雌鹿中了毒箭，突然奔跑哭泣。有些像芭蕉树遭到风吹，摇摆哭泣。有些倒在地上，奄奄一息。有些像网中的鱼，在地上蹦动哭泣。有些像根部砍断的树，突然倒地哭泣。①

तं च शब्दं राजा श्रुत्वा शाक्यानामन्त्रयते स्म-- किमेतदुच्चैरन्तः पुरे शब्दः श्रूयते शाक्या विज्ञाय कथयन्ति स्म-- कुमारः किल महाराज अन्तः पुरे न दृश्यते। राजा आह-- क्षिप्रं नगरद्वाराणि पिथयत। कुमारमभ्यन्तरे मृगयामः। ते सान्तर्बहिर्मृगयन्ते स्म। सान्तर्बहिर्मृगयमाना न पश्यन्ति स्म॥

今译：国王听到这些声音，询问释迦族人："为何听到后宫这样喧闹？"释迦族人了解后，报告说："大王啊，王子在后宫不见了。"国王说道："赶快关上所有大门！让我们在里面寻找王子。"他们里里外外寻找。而找遍里里外

① 以上关于宫中妇女哭喊情状的描写不见于地译。而《佛本行集经》中有与此类似的描写。

外，也没有找到。

महाप्रजापत्यपि गौतमी परिदेवमाना महीतले परिवर्तते स्म। राजानं शुद्धोदनमेवमाह क्षिप्रं मां महाराज पुत्रेण समङ्गिनीं कुरुष्वेति॥

今译：摩诃波阇波提·乔答弥在地上翻滚痛哭，对净饭王说道："大王啊，你赶快让我与儿子团圆！"

ततो राजा चतुर्दिशमश्वदूतान् प्रेषयति स्म। गच्छत यावत्कुमारं न पश्यथ तावन्मा निवर्तयथ॥

今译：然后，国王向四方派遣骑马的使者："去吧！你们找不到王子，就不要回来！"

नैमित्तिकैर्वैपञ्चिकैश्च व्याकृतमभूत्-- मङ्गलद्वारेण बोधिसत्त्वोऽभिनिष्क्रमिष्यतीति। ते मङ्गलद्वारेण गच्छन्तः पश्यन्ति स्म अन्तरापथि पुष्पवर्षं प्रपतितम्। तेषामेतदभूत्-- अनेन पथा कुमारोऽभिनिर्गत इति॥

今译：占相师们曾经解释说："菩萨将从吉祥门出走。"他们经过吉祥门时，看见路上已经降过花雨。他们思忖："王子已从这条路出走。"

ते स्वल्पमन्तरं गत्वा तं देवपुत्रं पश्यन्ति स्म बोधिसत्त्वस्य काशिकवस्त्राणि शिरसि कृत्वा आगच्छन्तम्। तेषामेतदभूत्-- इमानि खलू कुमारस्य काशिकवस्त्राणि। मा खल्वनेनैषां वस्त्राणामर्थे कुमारो जीविताद्व्यपरोपितः स्यात्। गृह्णीतैनमिति। भूयः पश्यन्ति स्म। तस्य पृष्ठतश्छन्दकं कण्ठकमाभरणानि चादायागच्छन्तम्। ततस्ते परस्परमूचुः-- मा तावद्भोः साहसं मा कार्ष्ट। एष छन्दकोऽभ्यागच्छति कण्ठकमादाय यावदेनं प्रक्ष्यामः॥

今译：他们向前行进了一小段路，看见那位天子将菩萨的憍尸迦衣举在头顶走来。他们思忖："这些是王子的憍尸迦衣。莫非是他为了这些衣服，杀死了王子？抓住他！"然而，他们又看到后面跟着阐铎迦，带着犍陟马和那些装饰品。于是，他们互相说道："不要鲁莽！阐铎迦带着犍陟马走来，让我们问问他。"

ते छन्दकं परिपृच्छन्ति स्म-- हे छन्दक मा खल्वनेनैव पुरुषेण काशिकानां वस्त्राणामर्थाय कुमारो जीविताद्व्यपरोपितः स्यात्। छन्दक आह-- न ह्येतत्। अपि तु अनेन कुमाराय काषायाणि वस्त्राणि दत्तानि। कुमारेण चास्यैतानि काशिकानि वस्त्राणि दत्तानि। अथ स देवपुत्रस्तानि वस्त्राण्युभाभ्यां पाणिभ्यां शिरसि कृत्वा तत एव देवलोकमगमत् तेषां पूजार्थम्॥

今译：他们询问阐铎迦："阐铎迦啊，莫非是这个人为了这些憍尸迦衣，杀死了王子？"阐铎迦回答说："不是这样。他将袈裟衣给了王子，王子将憍尸迦衣给了他。"然后，这位天子用双手将这些衣服举在头顶，前往天国，加以供奉。

एवं च ते भूयश्छन्दकं परिपृच्छन्ति स्म-- तत्किं मन्यसे छन्दक गच्छामो वयम् शक्यः कुमारः प्रतिनिवर्तयितुम् स आह-- मा खलू। अनिवर्त्यः कुमारो दृढवीर्यपराक्रमः। एवं च तेनोक्तम्-- न तावदहं पुनरपि कपिलवस्तुमहानगरं प्रवेक्ष्यामि यावन्मे नानुत्तरां सम्यक्संबोधिमभिसंबुध्येति। यथा च कुमारेणोक्तं तथैव तद्भविष्यति। तत्कस्मात् अनिवर्त्यः कुमारो दृढवीर्यपराक्रमः॥

今译：这样，他们又询问阐铎迦："阐铎迦啊，你认为我们去哪儿，能把王子带回来？"阐铎迦回答说："不必了！王子勇猛坚强，不会回来。他已经放话：'如果我不证得无上正等菩提，就不会再进入迦比罗卫大城。'王子说得到，也做得到。为什么？王子勇猛坚强，不会回来。"

ततश्छन्दकः कण्ठकमाभरणानि चादायान्तः पुरं प्राविक्षत्। ततस्तान्याभरणानि चिरेण कालेन भद्रिकस्य शाक्यकुमारस्य महानाम्नोऽनिरुद्धस्य चाबध्यन्त स्म। तानि महानारायणसंघटनकायार्थमन्ये नारायणसंहनना न शक्नुवन्ति स्म धारयितुम्। यदा न कश्चित्तानि धारयितुं शक्नोति स्म तदा महाप्रजापत्या गौतम्या चिन्तितमभूत्-- यावदहमिमान्याभरणानि पश्यामि तावन्मम हृदये शोको भविष्यति। यन्न्वहमिमान्याभरणानि पुष्करिण्यां प्रक्षिपेयमिति। ततो महाप्रजापती गौतमी तान्याभरणानि पुष्करिण्यां प्रक्षिपति स्म। अद्यापि सा आभरणपुष्करिणीत्येवं संज्ञायते॥

今译：然后，阐铎迦带着犍陟马和这些装饰品进入后宫。长久以来，释迦族王子跋陀罗、摩诃那摩和阿尼娄陀佩戴这些装饰品。而这些专为摩诃那罗延[①]的身体制造的装饰品，其他那罗延不能佩戴。由于任何人都不能佩戴这些装饰品，摩诃波阇波提·乔答弥思忖："一看到这些装饰品，我心里就会难受。我要把这些装饰品扔进莲花池。"于是，摩诃波阇波提·乔答弥将这些装饰品扔进了莲花池。至今这里仍称为"装饰品莲花池"。

तत्रेदमुच्यते--

今译：这里，这样说道：

---

① "摩诃那罗延"在这里用作佛的称号。

निष्क्रान्तु शूरो यद विदु बोधिसत्त्वो
नगरं विबुद्धं कपिलपुरं समग्रम्।
मन्यन्ति सर्वे शयनगतो कुमारो
अन्योन्य हृष्टाः प्रमुदित आलभन्ते॥ १०२॥

今译：勇敢智慧的菩萨已出家，
迦比罗卫全城的人醒来，
他们都以为王子在床上，
互相之间感到高兴愉快。（102）

गोपा विबुद्धा तथ अपि इस्त्रिगारा
शयनं निरीक्षी न च दृशि बोधिसत्त्वम्।
उत्क्रोशु मुक्तो नरपतिनो अगारे
हा वञ्चिताः स्मः कहि गतु बोधिसत्त्वो॥ १०३॥

今译：瞿波和后宫妇女都醒来，
看了看床，没有看见王子，
顿时王宫中出现呼喊声：
“受骗了！王子去了哪里？”（103）

राजा श्रुणित्वा धरणितले निरस्तो
उत्क्रोशु कृत्वा अहो मम एकपुत्रो।
सो स्तेमितो हि जलघटसंप्रसिक्तो
आश्वासयन्ती बहुशत शाकियानाम्॥ १०४॥

今译：闻听此言，国王跌倒在地，
呼喊：“啊，我的独生子！”
数百人用水罐为他洒水，
让他从昏晕①中缓过神来。（104）

गोपा शयातो धरणितले निपत्य
केशां लूनाती अवशिरि भूषणानि।
अहो सुभाष्टं मम पुरि नायकेना
सर्वप्रियेभिर्नचिरतु विप्रयोगः॥ १०५॥

① “昏晕”的原词是 stemito，BHSD 推测应为 stimito（“静止不动”）。

今译：瞿波从床上跌落到地上，
　　　乱揪头发，扯下装饰品：
　　　"之前夫主与我好好说话，
　　　转眼间与一切可爱者分离。（105）

रूपा सुरूपा विमलविचित्रिताङ्गा
　　अच्छा विशुद्धा जगति प्रिया मनापा।
धन्या प्रशस्ता दिवि भुवि पूजनीया
　　क्व त्वं गतोऽसि मम शयि छोरयित्वा॥१०६॥

今译："他相貌漂亮，肢体完美无瑕，
　　　纯洁，清净，吉祥，可亲可爱，
　　　在天上和人间受到赞颂和供奉，
　　　你去了哪里？把我遗弃在床上。（106）

न पास्यि पानं न च मधु न प्रमादं
　　भूमौ शयिष्ये जटमकुटं धरिष्ये।
स्नानं जहित्वा व्रततप आचरिष्ये
　　यावन्न द्रक्ष्ये गुणधरु बोधिसत्त्वम्॥१०७॥

今译："只要我见不到有德的菩萨，
　　　我就不再喝饮料、蜜汁和酒，
　　　睡在地上，将头发束成顶髻，
　　　不再沐浴，立下誓愿修苦行。（107）

उद्यान सर्वे अफल अपत्रपुष्पा
　　हारा विशुद्धा तमरजपांशुतुल्याः।
वेश्मं न शोभी अटवि पुरं प्रकाशं
　　यत्तेन त्यक्तं नरवरपुंगवेन॥१०८॥

今译："这位人中雄牛离去之后，
　　　所有花园无花、无叶和无果，
　　　洁净的项链如同灰暗尘土，
　　　房屋无光彩，城市如同荒野。（108）

हा गीतवाद्याः सुमधुर मञ्जुघोषाः
　　हा इस्त्रिगारा विगलित भूषणाभिः।
हा हेमजालैः परिस्फुटमन्तरिक्षं
　　न भूयु द्रक्ष्ये गुणधरविप्रहीणा॥ १०९॥

今译："啊，优美甜蜜的歌声和乐声，
啊，后宫妇女们滑落的首饰，
啊，在空中闪闪发光的金网，
失去有德者，我将不再看到。"（109）

मातृस्वसा चा परमसुकृच्छ्रप्राप्ता
　　आश्वासयाति म रुदहि शाक्यकन्ये।
पूर्वे च उक्तं नरवरपुंगवेन
　　कर्तास्मि लोके जरमरणात्प्रमोक्षम्॥ ११०॥

今译：姨母也陷入悲痛欲绝的境地，
但劝慰她说："儿媳，别哭了，
这位人中雄牛以前已经说过：
'我要让世界摆脱衰老死亡。'"（110）

सो चा महर्षी कुशलसहस्र चीर्णः
　　षड् योजनानि प्रतिगतु रात्रिशेषे।
छन्दस्य देती हयवरु भूषणानि
　　छन्दा गृहीत्वा कपिलपुरं प्रयाहि॥ १११॥

今译：这位大仙已实施千种善行，
夜晚结束时，行程达六由旬，
他把骏马和装饰品交给阐铎迦：
"请你带着它们返回迦比罗城！（111）

मातापितणां मम वचनेन पृच्छे
　　गतः कुमारो न च पुन शोचयेथा।
बुद्धित्व बोधिं पुनरिहमागमिष्ये
　　धर्मं श्रुणित्वा भविष्यथ शान्तचित्ताः॥ ११२॥

今译："用这些话回答我的父母询问：
'王子已出走，你们不必再忧伤，

他证得菩提后，还会回到这里，
你们将会听取正法，内心平静。’”（112）

छन्दो रुदन्तो प्रतिभणि नायकस्य
न मेऽस्ति शक्तिर्बलत पराक्रमो वा।
हनेयु मह्यं नरवरज्ञातिसंघाः छन्दा
क्व नीतो गुणधरु बोधिसत्त्वो॥ ११३॥

今译：阐铎迦哭泣着回答导师说：
“我无能力、勇气和力量，
国王的亲戚们会杀死我：
‘你把菩萨带到哪里去了？’”（113）

मा ताहि छन्दा प्रतिभणि बोधिसत्त्वो
तुष्टा भवित्वा अपि मम ज्ञातिसंघाः।
शास्तारसंज्ञा त्वयि सद भविष्यन्ति
प्रेमेण मह्यं त्वयमपि वर्तिष्यन्ते॥ ११४॥

今译：菩萨说道：“你不要害怕[①]！
我的亲戚们会高兴满意，
他们始终会称你为老师，
喜爱我，也同样喜爱你。”（114）

छन्दो गृहीत्वा हयवरु भूषणानि
उद्यानप्राप्तो नरवरपुंगवस्य।
उद्यानपालः प्रमुदितु वेगजातो
आनन्दशब्दं प्रतिभणि शाकियानाम्॥ ११५॥

今译：他带着骏马和装饰品，
来到人中雄牛的花园，
花园门卫们兴奋激动，
喜悦地报告释迦族人：（115）

अयं कुमारो हयवरु छन्दकश्च
उद्यानप्राप्तो न च पुन शोचितव्यो।

① “害怕”的原词是 tāhi，BHSD 认为相当于 bhāhi。

राजा श्रणित्वा परिवृतु शाकियेभिः
उद्यानप्राप्तो प्रमुदितु वेगजातो॥ ११६॥

今译："你们不要再悲伤，阐铎迦、
骏马和王子，已经来到花园。"
闻听此言，国王兴奋激动，
与释迦族人一起来到花园。（116）

गोपा विदित्वा दृढमति बोधिसत्त्वं
नो चापि हर्षी न च गिर श्रद्दधाति।
अस्थानमेतद्विनिगतु यत्कुमारो
अप्राप्य बोधिं पुनरिह आगमेया॥ ११७॥

今译：瞿波知道菩萨意志坚定，
不相信此话，不觉得高兴，
因为王子还没有证得菩提，
又回到这里，完全不可能。（117）

दृष्ट्वा तु राजा हयवरु छन्दकं च
उत्क्रोशु कृत्वा धरणितले निरस्तो।
हा मह्य पुत्रा सुकुशलगीतवाद्या
क्व त्वं गतोऽसि विजहिय सर्वराज्यम्॥ ११८॥

今译：国王看到骏马和阐铎迦后，
跌倒在地上，发出呼叫：
"我的精通音乐的儿子啊！
你抛弃这王国，去了哪里？（118）

साधू भणाहि वचन ममेह छन्दा
किं वा प्रयोगः क्व च गतु बोधिसत्त्वः।
केनाथ नीतो विवरित केन द्वारा
पूजा च तस्या कथ कृत देवसंघैः॥ ११९॥

今译："阐铎迦啊，请你告诉我！
用什么办法？菩萨去了哪里？
谁为他引路？谁打开这些门？
还有众天神怎么样供奉他？"（119）

छन्दो भणाती श्रृणु मम पार्थिवेन्द्रा
　　रात्रौ प्रसुप्ते नगरि सबालवृद्धे।
सो मञ्जुघोषो मम भणि बोधिसत्त्वो
　　छन्दा ददाहि मम लघु अश्वराजम्॥ १२०॥

今译：阐铎迦回答："王上请听！
夜里城中老少都已入睡，
菩萨话音甜蜜，对我说道：
'你赶快为我取来骏马！'（120）

सो बोधयामि नरगणि नारिसंघं
　　सुप्ता प्रसुप्ता न च गिर ते श्रुणन्ति।
सो रोदमानो ददि अहु अश्वराजं
　　हन्त व्रजाही हितकर येन कामम्॥ १२१॥

今译："我想唤醒那些男人女人，
但他们沉睡，听不见喊声，
我哭泣着为他取来骏马，
让这位造福者如愿出走。（121）

शक्रेण द्वारा विवरित यन्त्रयुक्ताः
　　पालाश्चतस्रो हयचरणे शिलिष्टाः।
आरूढि शूरे प्रचलित त्रिसहस्राः
　　मार्गो नभेऽस्मिन् सुविपुल येन क्रान्तो॥ १२२॥

今译："帝释天打开上锁的大门，
四大护世天王扶持[①]马腿，
英雄上马，三千世界震动，
他越过这空中广阔的路。（122）

आभा प्रमुक्ता विहततमोन्धकारा
　　पुष्पा पतिंसू तुरियशता रणिंषू।
देवाः स्तविंसू तथपि हि चाप्सराणि
　　नभसा प्रयातो परिवृतु देवसंघैः॥ १२३॥

① "扶持"的原词是 śiliṣṭāḥ，BHSD 认为相当于 śliṣṭāḥ（"抱住"）。

今译:"光芒闪耀，驱除浓密黑暗，
　　　花雨降下，百种乐器奏响，
　　　众天神和众天女一起赞美他，
　　　他在天神围绕下腾空而行。"（123）

छन्दो गृहीत्वा हयवरु भूषणानि
　　अन्तःपुरे सो उपगतु रोदमानो।
दृष्ट्वा तु गोपा हयवरु छन्दकं च
　　संमूर्छयित्वा धरणितले निरस्ता॥१२४॥

今译：带着骏马和那些装饰品，
　　　阐铎迦哭泣着走进后宫，
　　　瞿波看到骏马和阐铎迦，
　　　顿时昏厥，跌倒在地。（124）

उद्युक्त सर्वा सुविपुल नारिसंघाः
　　वारि गृहीत्वा स्नपयिषु शाक्यकन्याम्।
मा हैव कालं करिष्यति शोकप्राप्ता
　　द्वाभ्यां प्रियाभ्यां बहु भवि विप्रयोगो॥१२५॥

今译：所有的妇女忙碌起来，
　　　取水为释迦族儿媳沐浴：
　　　"不要让她悲痛忧伤而死，
　　　那样就失去两位可爱者。"（125）

स्थामं जनित्वा सुदुःखित शाक्यकन्या
　　कण्ठेऽवलम्ब्या हयवराश्वराजे।
अनुस्मरित्वा पुरिमक कामक्रीडां
　　नानाप्रलापी प्रलपति शोकप्राप्ता॥१२६॥

今译：释迦族儿媳恢复精力，
　　　悲痛地抱着骏马脖子，
　　　想起过去的爱情游戏，
　　　滔滔不绝地伤心诉说：（126）

हा मह्य प्रीतिजनना हा मम नरपुंगवा विमलचन्द्रमुखा।
हा मम सुरूपरूपा हा मम वरलक्षणा विमलतेजधरा॥१२७॥

今译："啊，令我心中喜悦的人！
人中雄牛，脸庞似皎月，
啊，我的容貌俊美的人！
具有吉相和纯洁的光辉。（127）

हा मम अनिन्दिताङ्गा सुजात अनुपूर्वोद्गता असमा।
हा मम गुणाग्रधारि नरमरूभिः पूजिता परमकारूणिका॥ १२८॥

今译："啊，我的出身高贵的人！
肢体完美匀称，无与伦比，
啊，我的品德杰出的人！
受人和神供奉，满怀慈悲。（128）

हा मम बलोपपेता नरायणस्थामवन्निहतशत्रुगणा।
हा मम सुमाञ्जघोषा कलविङ्करुतस्वरा मधुरब्रह्मरुता॥ १२९॥

今译："啊，我的强壮有力的人！
威武似那罗延，摧毁敌人，
啊，我的话音甜蜜的人！
如同迦陵频伽鸟和梵天。（129）

हा मम अनन्तकीर्ते शतपुण्यसमुद्गता विमलपुण्यधरा।
हा मम अनन्तवर्णा गुणगणप्रतिमण्डिता ऋषिगणप्रीतिकरा॥ १३०॥

今译："啊，我的名誉无限的人！
具有百种功德，功德纯洁，
啊，我的美称无限的人！
以品德为装饰，令仙人喜欢。（130）

हा मम सुजातजाता लूम्बिनिवन उत्तमे भ्रमरगीतरुते।
हा मम विघुष्टशब्दा दिवि भुवि अभिपूजिता विपुलज्ञानद्रुमा॥ १३१॥

今译："啊，我的出身高贵的人！
生在蜜蜂歌唱的蓝毗尼园，
啊，我的声名远播的人！
天上人间受供奉的智慧树。（131）

हा मम रसारसाग्रा बिम्बोष्ठा कमललोचना कनकनिभा।
हा मम सुशुद्धदन्ता गोक्षीरतुषारसंनिभसहितदन्ता॥ १३२॥

今译："啊，我的品尝美味的人！
频婆果唇，莲花眼，金肤色，
啊，我的牙齿洁白的人！
那些牙齿宛如牛奶和霜雪。（132）

हा मम सुनास सुभ्रू ऊर्णाभ्रु मुखान्तरे स्थिता विमला।
हा मम सुवृत्तस्कन्धा चापोदर एणेयजङ्घवृत्तकटी॥ १३३॥

今译："啊，我的鼻子俊俏的人！
眉毛优美，眉间有纯洁白毫，
啊，我的肩膀浑圆的人！
腹似弓，小腿似鹿，腰部圆。（133）

हा मम गजहस्तोरू करचरणविशुद्धशोभना ताम्रनखा।
इति तस्य भूषणानि पुण्येहि कृतानि पार्थिवे प्रीतिकरा॥ १३४॥

今译："啊，我的腿似象牙的人！
手脚清洁优美，指甲发红，
他的所有这些装饰全凭
功德造就，令国王喜欢。（134）

ह मह्य गीतवाद्या वरपुष्पविलेपना शुभऋतुप्रवरे।
हा मह्य पुष्पगन्धा अन्तः पुरि गीतवादितैर्हर्षकरा॥ १३५॥

今译："啊，我的那些歌曲和乐器，
鲜花和软膏，各种美丽季节，
啊，我的散发花香的后宫，
歌声和乐声回荡，令人喜悦。（135）

हा कण्ठका सुजाता मम भर्तु सहायकस्त्वया क्व नीतो।
हा छन्दका निकरुणा न बोधयसि गच्छमानके नरवरिष्ठे॥ १३६॥

今译："啊，品种优良的犍陟马，
我的丈夫的助手，你带他
去了哪里？冷酷的阐铎迦啊，

人中俊杰出走，你不唤醒我。（136）

गच्छत्ययं हितकरो एका गिर तस्मिन्नन्तरि न भसि कस्मात्।
इतु अद्य पुरवरातो गच्छति नरदम्यसारथिः कारुणिकः॥ १३७॥

今译：“这位造福者出走时，
你为什么一声不吭？
调伏众生的慈悲导师，
现在已经离开城市。（137）

कथ वा गतो हितकरो केन च निष्क्रमितो इतु स राजकुलात्।
कतमां दिशामनुगतो धन्या वनगुल्मदेवता यास्य सखी॥ १३८॥

今译：“这位造福者怎样离开？
他靠什么从王宫出走？
沿着哪个方向？很幸运，
丛林之神是他的朋友。（138）

अतिदुःख मह्य छन्दा निधिदर्शिय नेत्रोद्धृता चक्षुददा।
सर्वैर्जनैश्च छन्दा मातापितृनित्यवर्णिता पूजनियाः॥ १३९॥

今译：“阐铎迦啊，我万分痛苦，
这位展示宝藏者，睁眼者，
赐眼者，始终受父母称赞，
阐铎迦啊，值得人人供奉。（139）

तानपि जहित्व निर्गतु किं पुनरिम इस्त्रिकामरतिम्।
हा धिक् प्रियैर्वियोगो नटरङ्गस्वभावसंनिभा अनित्या॥ १४०॥

今译：“他抛弃所有人而出走，
更何况这种妇女欲乐？
哎呀，与可爱者分离，
犹如舞台，变化无常。（140）

संज्ञाग्रहेण बाला दृष्टिविपर्यासनिश्रिता जन्मच्युति।
प्रागेव तेन भणितं नास्ति जरामरणसंस्कृते काश्चि सखा॥ १४१॥

今译：“他以前说过，执著妄想，
依赖颠倒邪见，生生死死，

陷入老和死的有为法中，
愚人们不会有任何朋友。（141）

परिपूर्यतोऽस्य आशा स्पृशतू वरबोधिसमुत्तमां द्रुमवरिष्ठे।
बुद्धित्व बोधिविरजां पुनरपि एतू इहा पुरवरे अस्मिन्॥ १४२॥

今译："让他如愿在宝树下，
接触至高无上的菩提，
证得清净无垢的菩提，
再回到这座美妙城市。"（142）

छन्दकः परमदीनमानसो
गोपिकाय वचनं श्रुणित्वना।
साश्रुकण्ठ गिर संप्रभाषते
साधु गोपि निश्रुणोहि मे वचः॥ १४३॥

今译：听了瞿波说的这些话，
阐铎迦心中沮丧至极，
喉咙含泪，说话哽咽：
"瞿波啊，请听我说！（143）

रात्रिये रहसि यामि मध्यमे
सर्वनारिगणि संप्रसुप्तके।
सो तदा च शतपुण्यौद्गतो
आलपेति मम देहि कण्ठकम्॥ १४४॥

今译："在寂静的夜半时分，
所有妇女都已安睡，
具有百种功德者吩咐：
'请为我取来犍陟马！'（144）

तं निशाम्य वचनं तदन्तरं
तुभ्य प्रेक्षमि शयानि सुप्तिकाम्।
उच्चघोषु अहु तत्र मुञ्चमी
उत्थि गोपि अयु याति ते प्रियो॥ १४५॥

今译："听到他的吩咐后，
我看见你安睡在床，

我高声呼喊：'瞿波啊！
起来！你的爱人要出走。'（145）

देवता वचनु तं निरोधयि
　　एक इस्त्रि नपि काचि बुध्यते।
रोदमान समलंकरित्वना
　　अश्वराजु ददमी नरोत्तमे॥ १४६॥

今译："可是天神遏止我的话，
　　　没有一个妇女醒过来，
　　　我哭泣着装饰这骏马，
　　　将它交给了人中俊杰。（146）

कण्ठको हिषति उग्रतेजस्वी
　　क्रोशमात्रु स्वरु तस्य गच्छती।
नो च कश्चि शृणुते पुरोत्तमे
　　देवताभि ओस्वापनं कृतम्॥ १४७॥

今译："威武的犍陟马发出嘶鸣，
　　　嘶鸣之声远达一拘卢舍，
　　　可是城中谁也没有听到，
　　　众天神让他们陷入沉睡。（147）

स्वर्णरूप्यमणिकोटिता मही
　　कण्ठकस्य चरणैः पराहता।
सा रणी मधुरभीष्मशोभना
　　नो च केचि शृणुवन्ति मानुषाः॥ १४८॥

今译："大地镶嵌金银和摩尼珠，
　　　受到犍陟马蹄阵阵踩踏，
　　　发出甜蜜而威猛的声响，
　　　可是没有一个人能听到。（148）

पुष्ययुक्तु अभु तस्मि अन्तरे
　　चन्द्रज्योतिष नभे प्रतिस्थिता।
देवकोटि गगने कृताञ्जली
　　ओनमन्ति शिरसाभिवन्दिषू॥ १४९॥

今译：“此刻与弗沙星相连，
月亮和星星停留空中，
千万天神在空中合掌，
俯首向他行礼致敬。（149）

यक्षराक्षसगणैरुपस्थिता
लोकपाल चतुरो महर्द्धिकाः।
कण्ठकस्य चरणां करे न्यसी
पद्मकेशरविशुद्धनिर्मलम्॥ १५०॥

今译：“药叉和罗刹走近前来，
四大护世天王神通广大，
伸手扶持犍陟马的腿，
清净无垢似莲花花蕊。（150）

सो च पुण्यशततेजोद्गतो
आरुही कुमुदवर्षिकोपमम्।
षड्विकार धरणी प्रकम्पिता
बुद्धक्षेत्र स्फुट आभनिर्मला॥ १५१॥

今译：“百种功德光辉者上马，
犹如白莲花和婆利师迦花，
大地随即出现六种震动，
清净无垢的佛土大放光明。（151）

शक्र देवगुरुः शचीपतिः
स्वाम द्वार विवरी तदन्तरे।
देवकोटिनयुतैः पुरस्कृतो
सो व्रजी अमरनागपूजितो॥ १५२॥

今译：“舍姬之夫天王帝释天，
立刻亲自[①]打开了大门，
在千万亿天神引领下，
受神和蛇供奉者出发。（152）

① “亲自”的原词是 svāma，BHSD 指出相当于 svayam。

संज्ञमात्र इह जाति कण्ठको
　　लोकनाथु वहती नभोऽन्तरे।
देवदानवगणा सैन्द्रिकाः
　　ये वहन्ति सुगतस्य गच्छतः॥ १५३॥

今译："犍陟马仅仅一转念头，
就负载救世主驰骋空中，
天神、檀那婆和因陀罗，
他们一起带着善逝前行。（153）

अप्सरा कुशलगीतवादिते
　　बोधिसत्त्वगुणभाषमानिकाः।
कण्ठकस्य बलू ते ददन्तिकाः
　　मुञ्चि घोषु मधुरं मनोरमम्॥ १५४॥

今译："众天女擅长歌唱演奏，
称颂赞美菩萨的功德，
发出可爱动听的话音，
给予犍陟马前进力量：（154）

कण्ठका वहहि लोकनायकं
　　शीघ्र शीघ्र म जनेहि खेदताम्।
नास्ति मे भयमपायदुर्गतिं
　　लोकनाथमभिधारयित्वना॥ १५५॥

今译："'犍陟啊，带着世界导师，
快快前进，不要疲惫厌倦！'
'带着这位世界导师前进，
我不惧怕任何艰难险阻。（155）

एकमेक अभिनन्दते सुरो
　　वाहनं स्मि अहु लोकनायके।
नो च किंचिदपि देशु विद्यते
　　देवकोटिचरणैर्न मर्दितम्॥ १५६॥

今译："'我是世界导师的坐骑，
每一位天神都会欢迎我，

找不到任何一个地方，
众天神的双足没有踩过。’（156）

पश्य कण्ठक नभोन्तरे इमं
मार्गु संस्थितु विचित्रशोभनम्।
रत्नवेदिकविचित्रमण्डितं
दिव्यसारवरगन्धधूपितम्॥ १५७॥

今译：“‘犍陟啊，请看空中，
这一条奇妙的道路，
装饰有各种宝石栏杆，
散发着神奇的香味。（157）

एन कण्ठक शुभेन कर्मणा
त्रायत्रिंशभवने सुनिर्मितो।
अप्सरै परिवृतः पुरस्कृतो
दिव्यकामरतिभी रमिष्यसे॥ १५८॥

今译：“‘犍陟啊，忉利天宫，
它依靠善业幻化而成，
在众天女恭敬围绕下，
你将享受天国的欲乐’。（158）

साधु गोपि म खु भूयु रोदही
तुष्ट भोहि परमप्रहर्षिता।
द्रक्षसे नचिरतो नरोत्तमं
बोधिप्राप्तममरैः पुरस्कृतम्॥ १५९॥

今译：“瞿波啊，请不要再哭泣！
你要高兴满意！不用多久，
你就会见到这位人中俊杰，
获得菩提，众天神恭敬围绕。（159）

ये नराः सुकृतकर्मकारकाः
ते न गोपि सद रोदितव्यकाः।
सो च पुण्यशततेजोद्गतो
हर्षितव्य न स रोदितव्यकः॥ १६०॥

今译："瞿波啊，对于行善之人，
永远不必为他们而哭泣；
他具有百种功德的光辉，
你应该高兴，而不是哭泣。（160）

सप्तरात्र भणभानु गोपिके
सा वियूह नपि शक्य क्षेपितुम्।
या वियूह अभु तत्र पार्थिवे
निष्क्रमन्ति नरदेवपूजिते॥१६१॥

今译："瞿波啊，讲上七夜，
也不能说尽这些奇迹，
它们发生在受人和神
供奉的王子出家之时。（161）

लाभ तुभ्य परमा अचिन्तिया
यं त्युपस्थितु जगे हितंकरो।
मह्य संज्ञि स्वकमेव वर्तते
त्वं हि भेष्यसि यथा नरोत्तमः॥१६२॥ इति॥

今译："这是你不可思议的至高
收获，造福者出现世上；
我本人产生这样的想法：
你也会像人中俊杰那样。"（162）

地译：諸比丘！是時菩薩既出宮已，宮中婇女皆悉寤悟，處處求覓，不見菩薩。耶輸陀羅發聲大哭，婉轉于地，自拔頭髮，絕身瓔珞，悲哭而言："一何痛哉！一何苦哉！我於今者何所依怙？太子棄我而去，用復活為！"悲啼懊惱，不能自勝。宮女總集，號叫哀戀，如魚失水，如樹斷根，悲哭之聲聞於宮外。①

是時，宮女奏於父王："今夜睡寤，不見太子。"其當廐臣亦言："今者失彼乾陟。"王聞此已，發聲大喚，作如是言："嗚呼嗚呼！我之愛子，今何所去？"作是語已，悶絕躃地。傍臣即以冷水灑面，良久醒悟，即喚所有防衛之臣，而勅之曰："汝等諸將已自不謹，致失我子。汝當為我內外分行，速

① 从这段至末尾均为地译，大致相当于原文第101至第162颂的内容。

疾求覓。若得見者，善言誘喻，迎將還宮。”是時，群臣奉王勅已，展轉相告，銜命而行，訪覓菩薩。諸天神力，永不得見。

爾時，菩薩去迦毗羅城，至彌尼國，其夜已曉，所行道路過六由旬。彼諸天、龍、夜叉、乾闥婆等扈從至此，所為事畢，忽然不現。菩薩既行至彼往古仙人苦行林中，即便下馬，慰喻車匿：“善哉！車匿！世間之人或有心從而形不隨，或有形隨而心不從，汝今心形皆悉隨我。世間之人見富貴者競來奉事，覩貧賤者棄而遠之，我今捨國，來至於此，唯汝一人獨能隨我。善哉！車匿！甚為希有。我今既得至閑曠處，汝便可將乾陟俱還。”即自解髻，取摩尼寶以付車匿，告言：“車匿！汝持此寶，還於宮內，奉上大王，作如是言：‘太子今者於世間法無復希求，不為生天受五欲樂，亦非不孝，亦無瞋忿嫌恨之心，又亦不求財位封祿，但見一切眾生迷於正路，沒在生死，為欲拔濟，故出家耳，唯願大王勿生憂慮。大王若謂我今年少，未應出家，汝以我言方便諮啟，生老病死豈有定時，人雖少盛，誰能獨免？往古有諸轉輪聖王，捨國求道，詣於山林，無有中途還受五欲。我今私心亦復如是，若未獲得無上菩提，終不還也。’內外眷屬皆當於我有恩愛情，可以我意善為開解。”又復脫身所著瓔珞以授車匿：“汝可持此奉摩訶波闍波提，道：‘我為欲斷諸苦本，今故出家，求滿此願，勿生憂念。’”又脫諸餘嚴身之具：“與耶輸陀羅，語言：‘人生於世，愛必別離，我今為斷此諸苦，故出家學道，勿以戀著，橫生憂愁。’及語宮中諸婇女等，并告釋種時年童子：‘我今欲破無明網故，方得智明，所為事畢，還當相見。’”

是時，車匿既聞菩薩苦切之語，悲泣懊惱，自投於地，作如是言：“我既無力能令太子還於王宮，若我從此獨自歸者，王及姨母并諸釋種會當瞋忿，笞撻於我，詰責我言：‘汝將太子棄在何處？’我必無辭，將何酬答？”菩薩報言：“車匿！勿為此慮。所以者何？世間若有持所愛人言語，委曲向彼陳說，克蒙眷念，或當賞錫，但莫憂也。車匿！汝疾還宮，無令大王生於愁惱。”於是，車匿從地而起，舉聲大哭。乾陟低頭，前屈雙脚，舐菩薩足，淚下悲鳴。爾時，菩薩以手摩乾陟頂而語之言：“乾陟！汝所作已畢，莫復啼哭，當大報汝。”

諸比丘！菩薩作是思惟：“若不剃除鬚髮，非出家法。”乃從車匿取摩尼劒，即自剃髮。既剃髮已，擲置空中。時天帝釋見希有事，心大歡喜，即以天衣於空承取，還三十三天，禮事供養。

爾時，菩薩剃鬚髮已，自觀身上猶著寶衣，即復念言：“出家之服不當如是。”時淨居天化作獵師，身著袈裟，手持弓箭，於菩薩前默然而住。菩薩語獵師言："汝所著者乃是往古諸佛之服，云何著此而為罪耶？"獵者言："我著袈裟以誘群鹿。鹿見此服，便來近我，我因此故方得殺之。"菩薩言："汝著袈裟專為殺害，我今若得，唯求解脫。汝能與我此袈裟不？汝若與我，我當與汝憍奢耶衣。汝何惜彼麁弊之服？"獵師報言："善哉！仁者！如是弊衣實無所惜。"即取袈裟，授與菩薩。菩薩于時心生歡喜，即便與彼憍奢耶衣。時淨居天以神通力忽復本形，飛上虛空，如一念頃，還至梵天。菩薩見已，於此袈裟倍生殷重。爾後，眾人在此起塔。于時，菩薩剃除鬚髮，身著袈裟，儀容改變，作如是言："我今始名真出家也。"於是，發遣車匿將乾陟還，流淚盈目以別車匿。別車匿已，安詳徐步，經彼跋渠仙人苦行林中。

佛告諸比丘：車匿既見菩薩志意不迴，牽彼乾陟悲哀而返。爾後，眾人於此起塔。於是，車匿既辭別已，遙望菩薩頭無天冠，身無瓔珞，種種寶服一切都無，舉手椎胸，悲哀啼哭，無復冀望，哽咽徘徊。乾陟悲鳴，驤首局顧，瞻望躑躅，淚下交流。

車匿于時漸到城已，譬如有人入於空宅，其城內外菀園泉林以菩薩去皆悉枯竭。城中所有大小居人，不覩菩薩，唯見車匿，並隨其後而問之言："悉達太子今在何處？"車匿報言："太子今者棄捨五欲，獨處山林。"眾人聞已，怪未曾有，人人各各相視流淚，共相謂言："我等當隨太子而去，住彼山林。所以者何？離聖太子，何所存活，城闕蕭條，無可愛樂。"

是時，車匿牽彼乾陟，并齎瓔珞及無價寶冠諸莊嚴具，將入王宮，其馬嘶聲，聞於宮內。是時，摩訶波闍波提、耶輸陀羅及後宮婇女皆來集聚，共相謂言："乾陟之聲今乃不遠，將非太子迴還宮耶？"是時，車匿入宮門已，姨母及妃并諸婇女渴望欲見，爭趣宮門，唯覩車匿，不見菩薩，同時啼哭，問於車匿："太子今在何處，汝獨歸來？"車匿答言："太子棄捨五欲，為求道故，在彼山林著壞色衣，剃除鬚髮。"摩訶波闍波提聞是語已，悲泣懊惱，不能自勝，發聲大哭，責車匿言："我今何負於汝，取我聖子，送彼山林，猛獸毒蟲甚可怖畏，而今獨往，將何所依？"車匿言："太子付我馬王及諸寶具，逼促於我，令我速還，恐畏夫人橫生愁惱。"是時，宮中諸婇女等染欲因緣故，深於愛著，苦惱身心悲涕哽咽。

摩訶波闍波提銜淚而言："嗚呼太子！汝身本以栴檀塗拭，威德光大，今者云何顯頓山野，蚊虻唼膚，能安斯苦？嗚呼太子！在家之時，衣以憍奢耶衣，今者云何著麁弊服？嗚呼太子！在家之時，百品調和香潔之膳，今者云何能噉無味麁澁之食？嗚呼太子！在家之時，坐臥茵褥無非細軟，今者云何藉履荊棘，能忍受之？嗚呼太子！在家之時，富貴之人盡心事汝，猶恐有失，今日云何貧賤之人或能欺汝？嗚呼太子！在家之時，端正婇女恒常娛樂，恣於五欲，今者云何自放山林，獨行獨住？”摩訶波闍波提種種言詞，悲哭懊惱，從地而起，重問車匿：“我子當去之時，向汝何屬？我子頭髮今在誰邊，復誰剃也？”車匿啼哭，不能自勝，報夫人言：“太子囑我，汝至宮時，再拜我母。慇懃勸請，莫生憂念，道：‘我不久得阿耨多羅三藐三菩提，還當相見。’即執寶劍，自剃頭髮，擲置虛空，諸天接取，將還供養。”摩訶波闍波提重復悲泣，作如是言：“嗚呼太子！頭髮甚長，柔軟青紺，於一毛孔一毛旋生，堪冠王冠，受於王位，汝今何為割截棄擲？嗚呼太子！兩臂傭長，踝不露現，行步詳雅如師子王，目如青蓮，身真金色，言音隱隱如鼓如雷，如此之人何堪修道？審其是地當有聖王，此盛德人應為其主。”即說偈言：

若言此地非福處，不應生是勝德人，
既現希有功德身，自當為世作聖王。[①]

爾時，耶輸陀羅發聲哀哭，責車匿言：“車匿！太子去時，我於彼夜睡眠惛重，不覺不知。汝將太子送在何處，今去近遠，汝獨歸來？車匿！汝無利益，是我怨讐，損害於我，汝作惡業今已備足，不假虛啼。車匿！此馬常時嘶聲聞於數里，當爾之夜，何以寂然，今日悲鳴，但增哀感？汝與乾陟俱為不善，令我無主，城邑空虛，由此乾陟及汝車匿。”於是，車匿悲哀啼哭，報耶輸陀羅言：“妃今不應瞋罵乾陟，亦復不當責及於我，我與乾陟初無過罪。所以者何？乾陟去時非無疑難，悲鳴踴地，前却不行，嘶聲徹半由旬，蹄聲聞一拘盧舍，但以諸天神力不令妃悟耳。我與乾陟有何愆過？大王先有嚴勅，一切左右善加用心守護太子，諸城門禁兵衛之人咸著睡眠，無所覺了。太子初出如日昇天，放大光明普照世界，行路之際，我最引前。初出之時，我反贊助，諸城門戶自然而開，乾陟是時足不踐地，剃髮擲空，貿易衣服，種種事業皆是諸天神力所為。”爾時，耶輸陀羅苦惱逼切，忽然躃地，流淚而言：“苦哉苦哉！何故太子棄我而去？豈可不聞韋陀論說，古昔有王入於深山，携其妃后同修聖行。何故今日獨捨我去？車匿！太子若為生天修諸苦行，求諸天女，然彼天女何必可求，乃捨王位及棄我等。車匿！我實不願獨自生天，亦不自求人間妙樂，願與我主生生之處，恒作夫妻，還如向時受勝果報。”作此語已，悲哀啼哭，又言：“車

① 以上关于摩诃波阇波提悲痛心情的描写不见于原文。而《佛本行集经》中有与此类似的描写。

匿！我主今在何處，使我無端遂同孤寡？於今已往，不衣好衣，不食美食，香華瓔珞，我身永絕，雖復居家，恒常作於山林之想。”[①]

耶輸陀羅以無數千言責於車匿。車匿前進諫言：“大妃！莫生如是酸切懊惱。所以者何？太子出時，諸天翊從，東方天王及乾闥婆主，南方天王及鳩槃荼主，西方天王及大龍主，北方天王及夜叉主，其身悉被金剛鎧甲，或執弓刀，或持矛戟，或復導前，或復隨後。梵王帝釋及日月天皆將眷屬，欲界天子化作摩那婆身，天人寶女無數千億，皆大歡喜，將天妙華散太子上。太子觀見，不取不捨，不貪不高，猶如虛空無所罣礙，我今難可一一具說。”

爾時，輸檀王遙聞宮內哀哭之聲，便從自宮蒼忙而出。是時，車匿齎菩薩寶冠珠瓔繖蓋，牽彼乾陟來至王前，一一具陳，頭面作禮。時輸檀王既見菩薩諸莊嚴具，兼聞車匿所說言詞，失聲大喚，作如是言：“嗚呼嗚呼！我之愛子，一旦背我，今何所去？”自絕宛轉，號咷而哭。是時，迦毗羅城所有居人悉皆哀哭，聲震天地。諸釋眷屬各各悲戀，不能自持，相視流淚，咸來諫喻，扶王令坐。王雖暫穌，少時還絕，良久醒悟，責車匿言：“汝將我子棄擲何處？”車匿惶怖，白言：“大王！太子棄捨五欲，不染世間，慇懃切諫都無迴意，即語我言：‘汝莫諫我，我今不須一切欲樂，願捨國位，樂此山林。’”

時輸檀王重聞車匿如是語已，流淚懊惱，語車匿言：“我今窮矣，無復氣勢，手足悉折，猶如朽株，亦如大樹無有枝葉。敵境或當輕侮於我，我今單己無所能為。嗚呼我子！最勝丈夫，何故棄家，違離我願？嗚呼我子！諸相滿足，百福莊嚴，一一相中，皆悉備具，伺諸婇女睡眠不覺，忽然而出。嗚呼我子！善巧多智，昔在宮內，我無憂愁，今捨我去，無復依倚。嗚呼我子！上族中生，恒為眾人之所尊重，棄捨寶位及以四方一切眷屬，單己而去，譬如白象摧折大木。我子去時，所有城門難開難閉，開閉之時其聲遠徹，云何此夜人皆不聞？必是天神令無聲響。嗚呼我子！捐捨寶位如棄涕唾，我先為汝造三時殿，調適寒暝，云何一朝棄之而去，娛樂曠野，遊處山林，甘與禽獸而為伴侶？於今已往，護城諸神皆悉棄捨此城而去。嗚呼我子！愛念之心徹我骨髓，何故棄我入於山林？”

爾時，輸檀王憶念菩薩，不捨晝夜，欲抑令還。復思：“仙人昔日有記：‘若在家者當為轉輪聖王，七寶自然，主四天下，千子具足，端正勇健，能伏怨敵。若令出家，必得阿耨多羅三藐三菩提，開化十方。’定知我子必不肯還。”

① 以上关于耶输陀罗悲痛心情的描写与原文有较大差异。而《佛本行集经》中有与此类似的描写。

普召大臣而告之曰："卿等在家皆有子息，共相娛樂目前有慰，不念吾憂。吾有一子奇相聖達，當為轉輪聖王主四天下，一旦離別，入於深山窮谷絕險無人之處，飢渴寒熱，令誰所悉？卿等子弟宜擇五人追而侍之，若中道還者，滅卿五族。"大臣奉勅，即簡五人，入山求侍。是時，五人追不能及，心自念言："是為逸人，行不擇路，何道之有？我若歸還，必滅吾族，不如選可住處隨意而住。"於是，五跋陀羅遁於山林。①

॥ इति श्रीललितविस्तरेऽभिनिष्क्रमणपरिवर्तो नाम पञ्चदशमोऽध्यायः ॥

今译：以上是吉祥的《神通游戏》中名为《出家品》的第十五章。

---

① 以上关于净饭王悲痛心情的描写与原文有较大差异。而《佛本行集经》中有与此类似的描写。

बिम्बिसारोपसंक्रमणपरिवर्तः षोडशः।

今译：第十六 频毗沙罗来访品

地译：頻婆娑羅王勸受俗利品第十六

एवं खलु भिक्षवश्छन्दको बोधिसत्त्वाधिस्थानेन राज्ञः शुद्धोदनस्य गोपायाः शाक्यकन्यायाश्च सर्वस्य चान्तःपुरस्य सर्वस्य च शाक्यगणस्य शोकविनोदकथामकार्षीत्॥

今译：这样，众比丘啊，阐铎迦讲述菩萨的决心，解除净饭王、释迦族儿媳瞿波、整个后宫以及所有释迦族人的忧愁。

地译：爾時，佛告諸比丘：車匿奉菩薩教，安慰大王及摩訶波闍波提、耶輸陀羅、諸釋種等，令離憂惱。

इति हि भिक्षवो बोधिसत्त्वो लूब्धकरूपाय देवपुत्राय काशिकानि वस्त्राणि दत्त्वा तस्य सकाशात्काषायानि वस्त्राणि गृहीत्वा स्वयमेव प्रवज्यां लोकानुवर्तनामुपादाय सत्त्वानुकम्पायै सत्त्वपरिपाचनार्थम्॥

今译：这样，众比丘啊，菩萨将憍尸迦衣交给乔装猎人的天子，从他那里取得袈裟衣，亲自顺应世间方式出家，出于同情众生，为了教化众生。

地译：為欲饒益諸眾生故，剃除鬚髮，向獵師邊，以憍奢耶衣貿易袈裟清淨法服。

अथ बोधिसत्त्वो येनैव शाक्या ब्राह्मण्या आश्रमस्तेनोपसंक्रामत्। सा बोधिसत्त्वं वासेन भक्तेन चोपनिमन्त्रयते स्म। ततो बोधिसत्त्वः पद्माया ब्राह्मण्या आश्रमं गच्छति स्म। तयापि बोधिसत्त्वो वासेन भक्तेन चोपनिमन्त्रितोऽभूत्॥

今译：然后，菩萨来到释迦婆罗门女的净修林。她招待菩萨吃住。然后，菩萨前往波德摩婆罗门女的净修林。她也招待菩萨吃住。

地译：於是，詣鞞留梵志[①]苦行女人所。時彼女人奉請菩薩明日設齋。既受請已，次往波頭摩梵志苦行女人所。時彼女人亦請菩薩明日設齋。

---

① “梵志”指婆罗门。

ततो रैवतस्य ब्रह्मर्षेराश्रममगमत्। असावपि बोधिसत्त्वं तथैवोपनिमन्त्रयते स्म। तथैव राजकोऽपि दतृमदण्डिकपुत्रो बोधिसत्त्वमुपनिमन्त्रयते स्म॥

今译：然后，菩萨前往梵仙利婆多的净修林。他也招待菩萨。同样，陀特利摩登迪迦之子罗阇迦也招待菩萨。

地译：既受請已，復往利婆陀梵行仙人所。時彼仙人亦請菩薩明日設齋。既受請已，復往光明調伏[1]二仙人所，其仙亦請菩薩明日設齋。

इति हि भिक्षवो बोधिसत्त्वोऽनुपूर्वेण वैशालीं महानगरीमनुप्राप्तोऽभुत्॥

今译：这样，众比丘啊，菩萨渐渐到达毗舍离大城。

地译：諸比丘！菩薩次第至毗舍離城。

तेन खलु पुनः समयेनाराडः कालापो वैशालीमुपनिसृत्य प्रतिवसति स्म महता श्रावकसंघेन सार्धं त्रिभिः शिष्यशतैः। स शिष्येभ्य आकिंचन्यायतनसहव्रतायै धर्मं देशयति स्म। स बोधिसत्त्वं दूरत एवागच्छन्तं दृष्ट्वा आश्चर्यप्राप्तः शिष्यानामन्त्रयते स्म-- पश्यत पश्यत भो रूपमस्येति। तेऽब्रुवन्-- एवं ह्येतत्पश्यामः। एनमतिविस्मयनीयम्॥

今译：那时，阿罗逻·迦罗波已经来到毗舍离，与大声闻众三百弟子一起住在那里。他为修习无所有处[2]的弟子们说法。他远远望见菩萨前来，心中惊奇，对弟子们说道："你们看！看这个人相貌堂堂！"他们回答说："我们看到了，是这样。确实令人惊奇。"

地译：城傍有仙，名阿羅邏，與三百弟子俱，常為弟子說無所有處定。時彼仙人遙見菩薩，心生希有，告諸弟子："汝等應觀是勝上人。"諸弟子等白仙人言："我見是人形貌端正，昔所未有，為從何來？"

ततोऽहं भिक्षवो येनाराडः कालापस्तेनोपसंक्रम्याराड कालापमेतदवोचत्-- चरेयमहं भो आराडे कालापे ब्रह्मचर्यम्। सोऽवोचत्-- चर भो गौतम तथारूपेण धर्माख्याने यस्मिन् श्राद्धः कुलपुत्रोऽल्पकृच्छ्रेणाज्ञामाराधयति॥

今译：然后，众比丘啊，我来到阿罗逻·迦罗波那里，对他说道："阿罗逻·迦罗波啊，我要修习梵行。"他回答说："乔答摩[3]啊，你修行吧！善男子

---

[1] 此处"光明调伏"按原文是陀特利登迪迦之子罗阇迦。其中的"光明"可能是对译rājaka（"罗阇迦"）。

[2] "无所有处"（ācimcanya-āyatana）指观一切对象无所有的禅定。此处原文中的sahavratā一词，BHSD认为词义是"联系"或"相关"。这里的意思是"修习关于无所有处的禅定"。

[3] "乔答摩"（gautama，也译"瞿昙"）是释迦牟尼的族姓。

深信所说的这种法，就不难证得。”

地译：比丘！我於爾時問阿羅邏言：“汝所證法可得聞乎？今欲修行，願為我說。”仙言：“瞿曇！我所證法甚深微妙，若能學者，當為宣說，令得修習。若有清信善男子，受我教者，皆得成就無所有處微妙之定。”

तस्य मे भिक्षव एतदभूत्-- अस्ति मे छन्दोऽस्ति वीर्यमस्ति स्मृतिरस्ति समाधिरस्ति प्रज्ञा यन्न्वहमेकोऽप्रमत्त आतापी व्यपकृष्टो विहरेयं तस्यैव धर्मस्य प्राप्तये साक्षात्क्रियायै॥

今译：然后，众比丘啊，我思忖：“我有意愿，有精进，有记忆，有禅定，有智慧。我能独居一处，不放逸，勤奋努力，清净无欲，求取和亲证这种法。”

地译：諸比丘！我聞仙人所說，作是念言：“我今自有精進、念定、樂欲、信慧，獨在一處，常勤修習，心無放逸，必證彼仙所得之法。”

अथ खल्वहं भिक्षवो एकोऽप्रमत्त आतापी व्यपकृष्टो विहरन्नल्पकृच्छ्रेणैवं तं धर्ममध्यवगच्छन् साक्षादकार्षम्॥

今译：然后，众比丘啊，我确实独居一处，不放逸，勤奋努力，清净无欲，并不困难地获得和亲证这种法。

地译：於是，精勤修習，心不厭倦，經於少時，皆已得證。

अथ खल्वहं भिक्षवो येनाराडः कालापस्तेनोपसंक्रम्यैतदवोचत्-- एतावद्भो त्वया आराड धर्मोऽधिगतः साक्षात्कृतः। सोऽवोचत्-- एवमेतद्भो गौतम। तमहमवोचत्-- मयापि भो एष धर्मः साक्षात्कृतोऽधिगतः। सोऽवोचत्-- तेन हि भो गौतम यदहं धर्मं जानामि भवानपि तं जानाति यं भवान् जानाति अहमपि तं जानामि। तेन ह्यावामुभावपीमं शिष्यगणं परिहरावः॥

今译：然后，众比丘啊，我来到阿罗逻•迦罗波那里，说道：“阿罗逻啊，你获得和亲证的法就是这些吗？”他回答说：“乔答摩啊，就是这些。”我对他说道：“我也已经获得和亲证这种法。”他说道：“那么，乔答摩啊！我知道的法，你也知道；你知道的法，我也知道。那么，我俩就一起教授这些学生。”

地译：既得定已，往仙人所，作如是言：“大仙！汝唯證此，更有餘法？”仙言：“瞿曇！我唯得此，更無餘法。”菩薩報言：“如是之法我已現證。”仙言：“以我所證，汝亦能證，我之與汝宜應共住教授弟子。”

इति हि भिक्षव आराडः कालापः परमया पूजया मां पूजयति स्म। अन्तेवासिषु च मां समानार्थतया स्थापयति स्म॥

今译：这样，众比丘啊，阿罗逻·迦罗波给予我最高的供奉。在众弟子中，他将我放在同事的地位。

地译：諸比丘！是時仙人甚相尊重，即以最上微妙供具供養於我，諸學徒中，以我一人為其等侶。

तस्य मे भिक्षव एतदभूत्-- अयं खल्वाराडस्य धर्मो न नैर्याणिको न निर्याति तत्कतरस्य सम्यग्दुः खक्षयाय यन्न्वहमत उत्तरि पर्यैषमाणश्चरेयम्॥

今译：这样，众比丘啊，我思忖："阿罗逻的这种法不是出离法，不导向出离。它不能让任何人完全灭寂痛苦。因此，我要追求和修习更高的法。"

地译：比丘！我時思惟："仙人所說非能盡苦，何法能為離苦之因？"

अथ खल्वहं भिक्षवो यथाभिरामं वैशाल्यां विहृत्य मगधेषु च प्रक्रान्तोऽभूत्। सोऽहं मगधेषु चर्यां चरन् येन मागधकानां राजगृहं नगरं तदनुसृतो येन च पाण्डवः पर्वत-राजस्तेनोपसंक्रान्तोऽभूवम्। तत्राहं पाण्डवे पर्वतराजपार्श्वे व्याहार्षमेकाक्यद्वितीयोऽसहायोऽनेकैर्देवकोटिनयुतशतसहस्रैः संरक्षितः॥

今译：然后，众比丘啊，我依照心愿，在毗舍离住过后，又前往摩揭陀。我在摩揭陀修行，渐渐来到摩揭陀的王舍城，抵达般陀婆山。我独自一人住在般陀婆山边，没有同伴，而有数百千万亿天神保护我。

地译：即於彼時出毗舍離城，漸次遊行，往摩伽陀國王舍大城，入靈鷲山[①]，獨住一處，常為無量百千諸天之所守護。

ततोऽहं कल्यमेव संनिवास्य पात्रचीवरमादाय तपोदद्वारेण राजगृहं महानगरं पिण्डाय प्राविक्षत् प्रासादिकेनाभिक्रान्तेन प्रतिक्रान्तेन व्यवलोकितेन संमिञ्जितेन प्रसारितेन प्रासादिकेन संघाटीपटपात्रचीवरधारणेनाविक्षिप्तैरिन्द्रियैरबहिर्गतेन मानसेन निर्मितवत्तैल-पात्रधरवद्युगमात्रं पश्यन्। तत्र मां राजगृहका मनुष्या दृष्ट्वा विस्मिता अभूवन्-- किं स्विदयं ब्रह्मा भविष्यति शक्रो देवानामिन्द्र आहोस्विद्वैश्रवणो आहोस्वित्किंचिद्गिरिदैवतम्॥

今译：天亮后，我穿好衣服，手持衣钵，从温泉门进入王舍城乞食。仪态端庄，或进或退，目光专注，或曲或伸，举止安详，手持衣钵，感官不乱，心不外驰，犹如化人，犹如手捧油钵者，眼视一寻。王舍城居民看到我，心中诧异："这个人是梵天，或是天王帝释，或是毗沙门，或是某个山神？"

---

①"灵鹫山"（gṛdhrakūṭa）位于王舍城附近。此处原文是"般陀婆山"（pāṇḍava）。按巴利文《经集·出家品》中的记载是般陀婆山。

地译：晨旦著衣，執持應器[1]，從溫泉門入王舍城，次第乞食。行步詳雅，諸根寂然，觀前五肘，心無散亂。城中諸人見菩薩來，心生希有，咸作是言："此是何人？為是山神，為是梵王，為是帝釋，為是四天王耶？"

तत्रेदमुच्यते--

今译：这里，这样说道：

地译：爾時，世尊而說偈言：

अथ विमलधरो ह्यनन्ततेजो
स्वयमिह प्रव्रजियान बोधिसत्त्वः।
शान्तमनु दान्त ईर्यवन्तो
विहरति पाण्डवशैलराजपार्श्वे॥ १॥

今译：纯洁无瑕，光辉无限，
菩萨亲自出家修行，
居住在般陀婆山边，
平静温顺，仪态端庄。（1）

地译：菩薩清淨身，光明無有量，
威儀悉具足，心靜極調柔，
處在靈鷲山，自守出家法。

रजनि विगतु ज्ञात्व बोधिसत्त्वः
परमसुदर्शनियं निवासयित्वा।
पात्र प्रतिगृहीय नीचमानो
प्रविशति राजगृहं सपिण्डपात्रम्॥ २॥

今译：知道夜晚已经逝去，
穿好衣服，优雅美观，
手持食钵，抑止骄慢，
菩萨进入王舍大城。（2）

地译：於彼晨朝時，著衣持鉢已，
調伏身心故，入城而乞食。

कनकमिव सुधातुजातरूपं
कवचितु लक्षणत्रिंशता द्विभिश्च।

---

① "应器"的原词是 pātra，即"食钵"。

नरगण तथ नारि प्रेक्षमाणो
　　न च भवते क्वचि तृप्ति दर्शनेन॥ ३॥

今译：容貌优美灿若金子，
具有三十二种吉相，
男男女女目不转睛，
无论何处，百看不厌。（3）

地译：身如融金聚，相好以莊嚴，
路傍若男女，觀者無厭足。

वीथि रचित रत्नवस्त्रधार्यैं
　　अवशिरिया जनु याति पृष्ठतोऽस्य।
को नु अयु अदृष्टपूर्वसत्त्वो
　　यस्य प्रभाय पुरं विभाति सर्वम्॥ ४॥

今译：道路已经清扫，装饰有
宝石彩带，人们跟随在后：
"这人是谁？以前未见过，
他的光辉照亮整个城市。"（4）

地译：城中居民輩，見是勝人來，
皆生希有心，奔馳競瞻仰，
斯人甚奇特，今從何所來？

उपरि स्थिहिय नारिणां सहस्रा
　　तथरिव द्वारि तथैव वातयाने।
रथ्य भरित गेहि शून्य कृत्वा
　　नरवरु प्रेक्षिषु ते अनन्यकर्माः॥ ५॥

今译：成千妇女登临高处，
或在门口，或在窗口，
道路拥挤，屋内空虚，
一心观看人中俊杰。（5）

地译：有諸婇女等，咸昇妙樓閣，
於彼窓牖間，視①望不暫捨；

① 此处"視"的原词是"門"字内加上"視"字，这里暂且写为"視"。

街衢盡充滿，闤闠悉空虛，
棄捨所作業，俱來候菩薩。

न च भुयु क्रयविक्रयं करोन्ती
न च पुन सौण्ड पिबन्ति मद्यपानम्।
न च गृहि न च वीथिये रमन्ते
पुरुषवरस्य निरीक्षमाण रूपम्॥६॥

今译：他们不再进行买卖，
　　　无论在家中或街头，
　　　不再饮酒①，不再作乐，
　　　热衷观看他的容貌。（6）

पुरुष त्वरितु गच्छि राजगेहं
अवचिषु राज स बिम्बिसार तुष्टो।
देव परम तुभ्य लब्ध लाभा
स्वयमिह ब्रह्म पुरे चराति पिण्डम्॥७॥

今译：人们迅速前往国王宫中，
　　　向频毗沙罗王报告喜讯：
　　　"王上！你获得大收获，
　　　梵天亲自来到城中乞食。"（7）

地译：有人遽往告，頻婆娑羅王：
　　　"今有梵天來，入城而乞食。"

केचि अवचि शक्र देवराजो
अपरि भणन्ति सुयाम देवपुत्रः।
तथ अपि संतुषितं व निर्मितश्च
अपरि भणन्ति सुनिर्मितेषु देवः॥८॥

今译：有些人说是天王帝释天，
　　　有些人说是苏夜摩天子，
　　　或说是兜率天，化乐天，
　　　或说是化乐天中的大神。（8）

地译：復有作是言："或是天帝釋，

---

① "酒"的原词是 sauṇḍa，相当于 śauṇḍa。

夜摩兜率天，化樂他化主。

केचि पुन भणन्ति चन्द्रसूर्यौ
तथपि च राहु बलिश्च वेमचित्री।
केचि पुन भणन्ति वाचमेवं
अयु सो पाण्डवशैलराजवासी॥९॥

今译：有些说是月亮和太阳，
有些说是罗睺和薄离，
有些说是吠摩质多利[①]，
或说他住在般陀婆山。（9）

地译："四天及日月，或是羅睺等，
鞞留質多羅，薄離諸天眾。"
復有白王言："此是靈山神，
大王應當知，王今獲大利。"

वचनमिमु श्रुणित्व पार्थिवोऽसौ
परमौदग्रमना स्थितो गवाक्षे।
प्रेक्षति वरसत्त्व बोधिसत्त्वं
ज्वलतु शिरीय सुधातुकाञ्चनं वा॥१०॥

今译：国王听到这些话后，
心情激动，站在窗口，
望见人中俊杰菩萨，
光辉闪耀，灿若真金。（10）

地译：時王聞此語，心生大喜悅，
自陟高樓上，遙觀菩薩身，
相好甚端嚴，譬如真金聚。

पिण्ड ददिय राज बिम्बिसारः
पुरुषमवोचन्निरीक्ष क्व प्रयाती।
दृष्ट्व गिरिवरं स गच्छमानो
अवचिषु देव गतः स शैलपार्श्वम्॥११॥

① 此处"罗睺"（rāhu）、"薄离"（bali）和"吠摩质多利"（vemacitrin）均为阿修罗的名字。

今译：频毗沙罗王吩咐施食，
　　　派侍从观察他的去处；
　　　侍从看到他前往大山，
　　　报告王上他住在山边。(11)

地译：王因勅左右，奉獻菩薩食，
　　　并遣尋所住，隨逐而觀之，
　　　使者隨菩薩，見往靈鷲山，
　　　歸來白大王，具陳所見事。

रजनि विगतु ज्ञात्व बिम्बिसारो
　　महत जनैः परिवारितो नरेन्द्रः।
उपगमि पाण्डवशैलराजमूले
　　शिरिय ज्वलन्तु तमद्दशाति शैलम्॥१२॥

今译：知道夜晚已经逝去，
　　　频毗沙罗王带领随从，
　　　来到般陀婆山山脚，
　　　看到这座山光辉灿烂。(12)

地译：王聞是事已，益增希有心，
　　　於彼晨朝時，嚴駕躬親謁，
　　　遙覩巖石中，光相極清淨。

धरणि व्रजितु यानि ओरुहित्वा
　　परमसुगौरव प्रेक्षि बोधिसत्त्वम्।
मेरुरिव यथा ह्यकम्पमानो
　　न्यसिय तृणानि निषण्ण सोस्तिकेन॥१३॥

今译：国王下车，徒步行走，
　　　满怀敬意，看见菩萨
　　　岿然不动似须弥山，
　　　盘腿①安坐在草茵上。(13)

地译：威容甚嚴好，不動若須彌，
　　　屏除諸侍從，徒步而前進。

---

① "盘腿"的原词是 sostika，相当于 svastika，指两腿交叉盘坐。

शिरसि चरणि वन्दयित्व राजा
विविधकथां समुदाहरित्व वोचत्।
ददमि तव उपार्धु सर्वराज्याद्
रम इह कामगुणैरहं च पिण्डम्॥ १४॥

今译：国王俯首行触足礼，
寒暄问好之后说道：
“我赐给你一半王国，
你和我一起享受欲乐！”[①]（14）

प्रभणति गिरि बोधिसत्त्व श्लक्ष्णं
धरणिपते चिरमायु पालयस्व।
अहमपि प्रविजह्य राज्यमिष्टं
प्रव्रजितो निरपेक्षि शान्तिहेतोः॥ १५॥

今译：菩萨话音柔和，说道：
“国王啊，祝愿你长寿！
我已抛弃可爱的王国，
出家求平静，毫不留恋。”（15）

दहरु तरुणयौवनैरुपेतः
शुभतनुवर्णनिभोऽसि वेगप्राप्तः।
विपुल धन प्रतीच्छ नारिसंघं
इह मम राज्यि वसाहि भुङ्क्ष्व कामां॥ १६॥

今译：“你还年轻，正值青春，
肢体优美，充满活力，
接受这些财富和妇女，
在我的国中享受欲乐！”（16）

परमप्रमुदितोऽस्मि दर्शनात्ते
अवचिषु स मागधराज बोधिसत्त्वम्।
भवहि मम सहायु सर्वराज्यं
अहु तव दास्यि प्रभूत भुङ्क्ष्व कामां॥ १७॥

今译：摩揭陀王还对菩萨说道：

① 从这颂以下的偈颂次序与地译有差异。地译下面的部分排在第 28 颂之后。

“有幸见到你，我高兴至极，
成为我的助手吧！我要给你
整个王国，让你尽情享受！（17）

मा च पुन वने वसाहि शून्ये
म भुयु तृणेषु वसाहि भूमिवासम्।
परमसुकुमारु तुभ्य कायो
इह मम राज्यि वसाहि भुङ्क्ष्व कामां॥१८॥

今译：“不要再住在空旷林中，
不要再席地坐在草茵上，
你的身体无比柔嫩可爱，
住在我的王国，享受欲乐！”（18）

प्रभणति गिरि बोधिसत्त्व श्लक्ष्णं
अकुटिल प्रेमणिया हितानुकम्पी।
स्वस्ति धरणिपाल तेऽस्तु नित्यं
न च अहु कामगुणेभिरर्थिकोऽस्मि॥१९॥

今译：菩萨话音柔和，回答说：
“你诚挚热情，善良慈悲，
国王啊，祝你永远吉祥！
但我不贪求任何欲乐。（19）

काम विषसमा अनन्तदोषा
नरकप्रपातन प्रेततिर्यग्योनौ।
विदुभि विगर्हित चाप्यनार्य कामा
जहित मया यथा पक्वखेटपिण्डम्॥२०॥

今译：“欲乐如同毒药，弊端无限，
或堕入地狱，或成饿鬼牲畜，
智者们都回避邪恶的欲乐，
我抛弃它们，犹如唾弃痰液。（20）

काम द्रुमफला यथा पतन्ती
यथमिव अभ्रबलाहका व्रजन्ति।
अध्रुव चपलगामि मारुतं वा
विकिरण सर्वशुभस्य वञ्चनीया॥२१॥

今译：“欲乐如同树上果子坠落，
或者如同空中乌云飘走，
或者像一阵风儿倏忽吹过，
一切好事破灭，蒙受欺骗。（21）

काम अलभमान दह्यन्ते
तथ अपि लब्ध न तृप्ति विन्दयन्ती।
यद् पुन अवशस्य भक्षयन्ते
तद् महदुःख जनेन्ति घोर कामाः॥२२॥

今译：“不获得欲乐，欲火中烧，
而获得欲乐，仍不会满足，
可怕的欲乐吞噬失控者，
造成巨大深重的痛苦。（22）

काम धरणिपाल ये च दिव्या
तथ अपि मानुष काम ये प्रणीता।
एकु नरु लभेत सर्वकामां
न च सो तृप्ति लभेत भूयु एषन्॥२३॥

今译：“国王啊，那些天上的欲乐，
还有这些人间的美妙欲乐，
一个人即使获得所有欲乐，
他依然贪得无厌，不会满足。（23）

ये तु धरणिपाल शान्तदान्ता
आर्य अनाश्रव धर्मपूर्णसंज्ञा।
प्रज्ञविदुष तृप्त ते सुतृप्ता
न च पुन कामगुणेषु काचि तृप्तिः॥२४॥

今译：“国王啊，高尚者平静，自制，
没有烦恼，意念中充满正法，
聪明睿智，达到真正的满足，
不会在欲乐中寻求任何满足。（24）

काम धरणिपाल सेवमाना
पुरिम न विद्यति कोटि संस्कृतस्य।

लवणजल यथा हि नारू पीत्वा
भुयु तृष वर्धति काम सेवमाने॥२५॥

今译：“国王啊，追求欲乐的人，
在过去千万生中都不满足，
正如渴者喝下盐水口更渴，
追求欲乐者欲望更加强烈。（25）

अपि च धरणिपाल पश्य कायं
अध्रुवमसारकु दुःखयन्त्रमेतत्।
नवभि व्रणमुखैः सदा स्रवन्तं
न मम नराधिप कामछन्दरागः॥२६॥

今译：“国王啊，你看这个身体！
无常，脆弱，痛苦的机械，
九个伤口[①]始终流淌液汁，
国王啊，我不贪恋欲乐。（26）

अहमपि विपुलां विजह्य कामां
तथपि च इस्त्रिसहस्र दर्शनीयां।
अनभिरतु भवेषु निर्गतोऽहं
परमशिवां वरबोधि प्राप्तुकामः॥२७॥

今译：“我已抛弃种种欲乐，
抛弃数以千计的美女，
我不贪恋尘世而出家，
追求至高平静和菩提。”（27）

राजा आह--

今译：国王说道：

कतम दिशि कुतो गतोऽसि भिक्षो
क्व च तव जन्म क्व ते पिता क्व माता।
क्षत्रिय अथ ब्राह्मणोऽथ राजा
परिकथ भिक्षु यदी न भारसंज्ञा॥२८॥

① “九个伤口”指九窍，即双眼、双耳、双鼻、口、生殖器和肛门。

今译：你从哪里来？比丘啊！
出生在哪里？父母是谁？
刹帝利、婆罗门或国王？
如果你方便，请告诉我。（28）

地译：頂禮菩薩足，種種慰問已，
而白菩薩言："大士從何來？
鄉邑在何處？父母為是誰？
為是婆羅門，為是刹帝利？
或是諸仙聖？仁者如實說。"

बोधिसत्त्व आह--

今译：菩萨说道：

श्रतु ति धरणिपाल शाकियानां
कपिलपुरं परमं सुऋद्धिस्फीतम्।
पितु मम शुद्धोदनेति नाम्ना
तनु अहु प्रव्रजितो गुणाभिलाषी॥२९॥

今译：国王啊，著名的释迦族
迦比罗卫城，繁荣昌盛，
我的父亲名叫净饭王，
我从那里[①]出家求功德。（29）

地译：菩薩答王言："我父輸檀王。
居住雪山下，城名迦毗羅，
人民甚安樂，為求無上道，
是故今出家。"

王重稽首言："仁今盛少年，
容顏甚端正，應受五欲樂，
何為乃行乞？我當捨此國，
與汝共治之。[②]

"今者幸相見，中心甚欣喜，

① "从那里"的原词是 tanu,BHSD 认为相当于 tatas。
② 此处与原文第 16 颂对应。

願得作親友，共莅於王位。
何為樂獨處，空山林野中？”[1]
菩薩於是時，以柔軟音句，
徐答大王言：“我今甚不戀，
世間諸榮位，欲求寂滅故，
捨之而出家，況乃於王國，
而復生貪羡？[2]
“譬如娑竭龍，大海為宮室，
豈復於牛跡，而生愛著心？
“大王應當知，五欲無邊過，
能令墮地獄，餓鬼及畜生，
智者當遠之，棄捨如涕唾。[3]
“欲如果熟已，將墜自不久，
又如空中雲，須臾而變滅，
如風駛飄鼓，無時而暫停。[4]
“若著五欲者，即失解脫樂，
誰有智慧士，而求大苦因？
“若人未得欲，貪火極熾然，
若已得之者，轉復無厭足，
得已愛別離，便生大苦惱。[5]
“天上微妙樂，人中殊勝果，
假使世間人，盡受二種報，
心亦未知足，得此更求餘。[6]
“譬如熱乏人，渴逼飲鹹水，
五欲亦如是，悕求無息時，
常在生死中，輪轉恒無際。[7]

① 此处与原文第 17 和第 18 颂对应。
② 此处与原文第 15 颂对应。
③ 此处与原文第 20 颂对应。
④ 此处与原文第 21 颂对应。
⑤ 此处与原文第 22 颂对应。
⑥ 此处与原文第 23 颂对应。
⑦ 此处与原文第 25 颂对应。

“若有智慧者，必淨攝諸根，
證無漏聖道，爾乃名知足。[①]
“王今應觀身，無常不堅固，
九孔恒流溢，眾苦作機關。[②]
“我雖受五欲，而不生貪著，
為求寂滅樂，是故今出家。”[③]

राजा आह--

今译：国王说道：

साधु तव सुदृष्टदर्शनं ते
यनु तव जन्म वयं पि तस्य शिष्याः।
अपि च मम क्षमस्व आशयेना
यमपिं निमन्त्रितु कामवीतरागो॥३०॥

今译：贤士啊，我有幸见到你，
我们也是你生父的学生[④]；
也要请你宽恕我的愿望，
居然劝说你这位无欲者。（30）

地译：頻婆娑羅言：“善哉大導師！
我本臣事汝，汝是帝王子，
能棄五欲榮，我今勸俗利，
必獲無量罪，唯願大慈悲，
哀愍捨我過。

यदि त्वय अनुप्राप्तु भोति बोधिः
तद् मम सेति भोति धर्मस्वामिम्।
अपि च मम पुरा सुलब्ध लाभा
मम विजिते वससीह यत्स्वयंभो॥३१॥

今译：如果你此后获得菩提，
它也属于我，法王啊！

① 此处与原文第 24 颂对应。
② 此处与原文第 26 颂对应。
③ 此处与原文第 27 颂对应。
④ 这句原文中的 yanu 一词，也可能相当于 yatas，指称净饭王。

你住在这里，我的城市
获得大收获，自在者啊！（31）

地译：當於此境界，證得佛菩提，
　　　願使不我遺，我當獲大利。

पुनरपि चरणानि वन्दयित्वा
　　कृत्व प्रदक्षिणु गौरवेण राजा।
स्वकजनपरिवारितो नरेन्द्रः
　　पुनरपि राजगृहं अनुप्रविष्टः॥३२॥

今译：国王再次行触足礼，
　　　满怀崇敬，右绕而行，
　　　然后在随从们围绕下，
　　　国王动身返回王舍城。（32）

地译：於是從座起，頂禮菩薩足，
　　　百千眾圍遶，還返於自宮。

मगधपुरि प्रवेशि लोकनाथो
　　विहरिय शान्तमना यथाभिप्रायम्।
अर्थु करिय देवमानुषाणां
　　उपगमि तीरु निरञ्जना नरेन्द्रः॥३३॥

今译：世界救主进入摩揭陀城，
　　　思想平静，依随心愿住下，
　　　为天神和凡人谋求利益，
　　　而后，人主前往尼连河畔。（33）

地译：菩薩調伏心，為世間依止，
　　　隨益而去住，當往尼連河。

॥इति श्रीललितविस्तरे बिम्बिसारोपसंक्रमणपरिवर्तो नाम षोडशमोऽध्यायः॥

今译：以上是吉祥的《神通游戏》中名为《频毗沙罗王来访品》的第十六章。

दुष्करचर्यापरिवर्तः सप्तदशः।

今译：第十七 苦行品

地译：苦行品第十七

तेन खलु पुनर्भिक्षवः समयेन रुद्रको नाम रामपुत्रो राजगृहं नाम महानगरमुपनिसृत्य विहरति स्म महता शिष्यगणेन सार्धं सप्तभिः शिष्यशतैः। स तेभ्यो नैवसंज्ञानासंज्ञायतनसहव्रतायै धर्मं देशयति स्म। अद्राक्षीत् खल्वपि भिक्षवो बोधिसत्त्वो रुद्रकं रामपुत्रं संघेगणिनं गणाचार्यं ज्ञातमभीप्सितं बहुजनपूजितं पण्डितसंमतम्। दृष्ट्वा चास्यैतदभूत्-- अयं खल्वपि रुद्रको रामपुत्रः संघेगणी गणाचार्यः ज्ञातोऽभीप्सितो बहुजनपूजितः पण्डितसंमतः। सचेदहमस्यान्तिकमुपसंक्रम्य व्रततपमारभेयम् नैष ममान्तिके विशिष्टसंज्ञो भवेन्नापि प्रत्यक्षज्ञानेन ज्ञातो भवेन्नापि संस्कृतानां साश्रवानां सोपादानानां ध्यानसमाधिसमापत्तीनां दोषो दत्तो भवेत्। यन्न्वहं तथारूपमुपायमुपसंदर्शयेयं येनैते च प्रत्यक्षा भवेयुः। ध्यानगोचराणां च समापत्त्यारम्बणानां लौकिकसमाधीनामनिःसरणता दर्शिता भवेत्। यन्न्वहं रुद्रकस्य रामपुत्रस्य सकाशमुपसंक्रम्य स्वसमाधिगुणविशेषोद्भावनार्थं शिष्यत्वमभ्युपगम्य संस्कृतसमाधीनामसारतामुपदर्शयेयमिति॥

今译：那时，众比丘啊，罗摩之子卢陀罗迦①已经来到王舍大城，与大弟子众七百弟子一起住在那里。他为修习非想非非想处的弟子们说法。众比丘啊，菩萨看到罗摩之子卢陀罗迦是僧团首领和导师，享有名声，受众人敬仰和供奉，也受智者们尊敬。看到后，他思忖："这罗摩之子卢陀罗迦是僧团首领和导师，享有名声，受众人敬仰和供奉，也受智者尊敬。如果我到他身边，发愿修习苦行，而他的观念并不比我优异，并不依靠现觉智认知，并不指出有为、有烦恼、有执取的禅定的弊端，那么，我就示现方便，由此获得现觉，示现依靠禅行和入定的世间禅定不能达到出离。那么，我到罗摩之子卢陀罗迦身边，成为学生，为了展现我自己的禅定的优异，示现有为禅定的虚妄不实。"

地译：佛告諸比丘：王舍城邊有一仙人，摩羅之子名烏特迦，與七百弟子俱，常說非想非非想定。爾時，菩薩見彼仙人於大會中多聞聰慧，眾所宗仰，

---

① "卢陀罗迦"（rudraka）也译"郁头迦"。地译"乌特迦"。

作是思惟："我若不至其所，同其苦行，云何能顯彼所修行諸定過失？我今方便令彼自知，其所修習非為究竟。又欲開顯我之定慧利益一切，令彼眾會生希有心。"

अथ खलू भिक्षवो बोधिसत्त्व इदमर्थवशमधिकृत्य येन रुद्रको रामपुत्रस्तेनोपसंक्रामत्। उपसंक्रम्य रुद्रकं रामपुत्रमेतदवोचत्-- कस्ते मार्ष शास्ता कस्य वा धर्मं देशितमाजानासि॥

今译：然后，众比丘啊，菩萨怀着这样的意图，来到罗摩之子卢陀罗迦那里。来到后，对罗摩之子卢陀罗迦说道："贤士啊，你的老师是谁？或者你宣示的是什么法？"

地译：發是念已，至仙人所，作如是言："仁者！誰為汝師？汝所修行復是何法？"

इत्येवमुक्ते रुद्रको रामपुत्रो बोधिसत्त्वमेवमाह-- न मे मार्ष कश्चिच्छास्ता। अपि तु खलू पुनः स्वयमेव मयेदं सम्यगधिगतमिति। बोधिसत्त्व आह-- किं भवताधिगतम् आह-- नैवसंज्ञानासंज्ञायतनसमापत्तेर्मार्गः। बोधिसत्त्व आह-- लभेमहि वयं भवतः सकाशादववादानुशासनीयस्य समाधेर्मार्गम्। आह-- वाढमस्त्विति। यावद्दत्तोऽववादोऽभूत्॥

今译：闻听此言，罗摩之子卢陀罗迦对菩萨说道："贤士啊，我没有老师。然而，我无师自通。"菩萨问道："你证得什么法？"他回答说："非想非非想处入定之路。"菩萨问道："我们能从你这里获得你教导的这种入定之路吗？"他回答说："当然。"这样，他传授这种法。

地译：仙人答言："我本無師，自然而悟。"菩薩告言："我今故來求汝所證，願為演說，我當行之。"仙言："隨意所欲，當為宣說。"

ततो बोधिसत्त्व एकान्तं गत्वा पर्यङ्कमाभुज्योपविशति स्म। समनन्तरोपविष्टस्य च बोधिसत्त्वस्य पुण्यविशेषेण च ज्ञानविशेषेण च पूर्वसुचरितचर्याफलविशेषेण च सर्वसमाधिपरिचयविशेषेण च ध्यानप्रमुखानि सर्वाणि लौकिकानि लोकोत्तराणि समापत्तिशतान्यामुखीभवन्ति स्म साकाराणि सोद्देशानि यथापि तच्चित्तवशवर्तित्वात्। अथ च बोधिसत्त्वः स्मृतः संप्रजानन् उत्थायासनाद्येन रुद्रको रामपुत्रस्तेनोपसंक्रामत्। उपसंक्रम्य रुद्रकं रामपुत्रमेवमाह-- अस्त्यन्योऽपि मार्ष कश्चिदुत्तरे नैवसंज्ञानासंज्ञायतनसमापत्तेर्मार्गः सोऽब्रवीत्-- नास्तीति॥

今译：然后，菩萨在一个僻静处，结跏趺坐。菩萨坐下后，凭借自己优异的功德、优异的知识、优异的前生善行业果和优异的一切禅定积累，也依靠凝思静虑，以禅思为起首的所有百千种世间和超世间入定呈现眼前，包括它们的形相和解说。然后，菩萨具有清晰的记忆和正确的认知，从座位起身，来到罗摩之子卢陀罗迦那里。来到后，对罗摩之子卢陀罗迦说道：“贤士啊，还有比非想非非想处入定之路更高的法吗？”他回答说：“没有。”

地译：爾時，菩薩受彼教已，於一靜處專精修學，由昔慣習定慧因緣，即得世間百千三昧。隨彼諸定，所有差別、種種行相皆現在前。是時，菩薩復從定起，謂仙人言：“過此定已，更有何法？”仙言：“此最為勝，更無餘法。”

ततो बोधिसत्त्वस्यैतदभवत्-- न खलू रुद्रकस्यैवास्ति श्रद्धा वीर्यं स्मृतिः समाधिः प्रज्ञा। ममाप्यस्ति श्रद्धा वीर्यं स्मृतिः समाधिः प्रज्ञा।

今译：然后，菩萨思忖：“确实，卢陀罗迦没有虔信、精进、记忆、入定[1]和智慧，而我有虔信、精进、记忆、入定和智慧。”

地译：菩薩作是思惟：“我有信、進、念、定、慧，速能證得彼仙之法。其所得者非為正路，非厭離法，非沙門法，非菩提法，非涅槃法。”

अथ बोधिसत्त्वो रुद्रकं रामपुत्रमेवमाह-- मयाप्येष मार्ष धर्मोऽधिगतो यत्र त्वं निर्यातः। सोऽवोचत्-- तेन ह्यागच्छ त्वं चाहं चेमं गणं परिहराव इति। समानार्थे च बोधिसत्त्वं स्थापयति स्म आचार्यस्थाने च। बोधिसत्त्व आह-- नैष मार्ष मार्गो निर्वृतये न विरागाय न निरोधाय नोपशमाय नाभिज्ञायै न संबोधये न श्रामणाय न ब्राह्मणाय न निर्वाणाय संवर्तते॥

今译：然后，菩萨对罗摩之子卢陀罗迦说道：“贤士啊，我已经掌握你诵出的法。”他说道：“那么，来吧！你和我一起照管这个僧团。”他将菩萨放在具有共同目标的老师地位。菩萨说道：“贤士啊，你的道路不导向出离、离欲、灭寂、平静、神通、菩提、沙门、婆罗门和涅槃。”

इति हि भिक्षवो बोधिसत्त्वो रुद्रकस्य रामपत्रुस्य सशिष्यस्यावर्जनीकृत्व यावदलमिति कृत्वा प्रक्रामत्-- अलं ममानेनेति॥

今译：这样，众比丘啊，菩萨向罗摩之子卢陀罗迦及其弟子们说明后，心想：“这就够了。”然后，他离开，说道：“我已不需要这个了。”

地译：佛告諸比丘：菩薩為欲令彼諸仙捨其邪道，說如上事。

---

① 此处原文中遗漏 samādhiḥ 一词，已据 M 本和 L 本补上。

तेन खलु पुनः समयेन पञ्चका भद्रवर्गीया रुद्रके रामपुत्रे ब्रह्मचर्यं चरन्ति स्म। तेषामेतदभूत्-- यस्य खलु वयमर्थाय दीर्घरात्रं घटामहे उद्युज्यामहे न च शक्नुमोऽन्तं वा पर्यन्तं चाधिगन्तुम् तच्छ्रमणेन गौतमेनाल्पककृच्छ्रेणाधिगन्तुं साक्षात्कृतम्। तच्चास्य न रोचते। तथा चोत्तरि पर्येषते। निःसंशयमेष शास्ता लोके भविष्यति। यच्चैष साक्षात्करिष्यति तदस्मभ्यं संविभक्ष्यतीति। एवं विमृष्य पञ्चका भद्रवर्गीया रुद्रकरामपुत्रसकाशादपक्रम्य बोधिसत्त्वमन्वबध्नन्॥

今译：那时，有五位跋陀罗[①]在罗摩之子卢陀罗迦那里修习梵行。他们思忖："为此目的，我们在漫漫长夜中努力修习，仍然不能完全掌握。而沙门乔答摩不怎么费力就能亲证。但他并不喜爱这种法。他要追求更高的法。无疑，他将成为世界的导师。而他将来亲证的法，我们也能分享。"这五位跋陀罗这样思考后，离开罗摩之子卢陀罗迦，追随菩萨。

地译：時五跋陀羅先於彼所修行梵行，竊相議言："我等久學尚未能測彼定淺深，云何太子於少時間已能證得大仙之法，嫌未究竟，更求勝者？由斯義故，必當證獲無上菩提。彼得道時，我等五人亦應有分。"作是念已，即捨仙人，還從菩薩。

इति हि भिक्षवो बोधिसत्त्वो यथाभिप्रेतं राजगृहे विहृत्य मगधेषु चारिकां प्रक्रामत् सार्धं पञ्चकैर्भद्रवर्गीयैः॥

今译：这样，众比丘啊，菩萨依照自己意愿住在王舍城，与五位跋陀罗一起在摩揭陀游行。

地译：爾時，菩薩出王舍城，與五跋陀羅次第遊歷。

तेन खलु पुनः समयेनान्तराच्च राजगृहस्य अन्तराच्च गयाया योऽन्यतमो गण उत्सवं करोति स्म तेन च गणेन बोधिसत्त्वोऽभिनिमन्त्रितोऽभूत् वासेन भक्तेन च सार्धं पञ्चकैर्भद्रवर्गीयैः॥

今译：那时，在王舍城和伽耶之间，有另一个僧团在庆祝节日。这个僧团招待菩萨和五位跋陀罗吃住。

अथ खलु भिक्षवो बोधिसत्त्वो मगधेषु चर्यां चरन् येन मागधकानां गया तामनुसृत्य तामनुप्राप्तोऽभूत्। तत्र खल्वपि भिक्षवो बोधिसत्त्वः प्रहाणार्थी विहरति स्म गयाशीर्षे पर्वते।

---

① 地译《出家品》末尾提到净饭王曾命令大臣派遣五个青年去寻找王子。这五个青年做不到王子，不敢回去，便"遁于山林"。这五个青年统称"五跋陀罗"。

तत्रास्य विहरतस्तिस्त्र उपमाः प्रतिभान्ति स्म अश्रुतपूर्वा अनभिज्ञातपूर्वाः। कतमास्तिस्त्रः ये केचित्ते खल्वपि श्रमणब्राह्मणाः कामेभ्योऽनवकृष्टकाया विहरन्ति स्म। कामेभ्योऽनवकृष्टचित्ताश्च विहरन्ति स्म। यापि चैषां कामेषु नन्दिः कामेषु रागः कामेषु छन्दः कामेषु तृष्णा कामेषु पिपासा कामेषु मूर्छा कामेषु परिदाहः कामेष्वध्यवसानता साप्यनुपशान्ता। किं चापि ते आत्मोपक्रमिकां शरीरोपतापिकां दुःखां तीव्रां खरां कटुकाममनापां वेदनां वेदयन्ते। अथ तर्हि अभव्या एव ते उत्तरिमनुष्यधर्मादलमार्यज्ञानदर्शनविशेषं साक्षात्कर्तुम्। तद्यथापि नाम पुरुषोऽग्न्यर्थी ज्योतिर्गवेषी ज्योतिं पर्येषमाणः स आर्द्रं काष्ठमादाय आर्द्रां चोत्तरारणीमुदके प्रक्षिप्य मथ्नीयात् अभव्योऽसावग्निमुत्पादयितुं तेजः प्रादुष्कर्तुम्। एवमेव य इमे श्रमणब्राह्मणाः कामेभ्योऽनवकृष्टकाया अनवकृष्टचित्ताश्च विहरन्ति याप्येषां कामेषु नन्दिः कामेषु रागः कामेषु छन्दः कामेषु तृष्णा कामेषु पिपासा कामेषु मूर्छा कामेषु परिदाहः कामेष्वध्यवसानं तदप्यनुपशान्तम्। किं चापि ते आत्मोपक्रमिकां शरीरोपतापिकां दुःखां तीव्रां खरां कटुकां वेदनां वेदयन्ते। अथ तर्हि अभव्या एवोत्तरिमनुष्यधर्मादलमार्यज्ञानदर्शनविशेषं साक्षात्कर्तुम्। इयं बोधिसत्त्वस्य प्रथमा उपमा प्रतिभाति स्म॥

今译：然后，众比丘啊，菩萨在摩揭陀游行，前往摩揭陀的伽耶，到达那里。众比丘啊，菩萨为求远离，住在伽耶顶[①]山。菩萨住在那里，眼前呈现三个前所未闻、前所未知的譬喻。哪三个？任何沙门婆罗门身体不摆脱欲望而住下，思想不摆脱欲望而住下，喜欢欲望，贪恋欲望，热爱欲望，贪求欲望，渴求欲望，沉迷欲望，热衷欲望，执著欲望，不得平静。同时，他们感到内心折磨和身体灼热以及种种尖锐、剧烈、辛辣和难受的痛苦。这样，他们就不可能依据出世间法，亲证真正高尚的[②]殊胜智慧和见解。这正如有人想要点火取光：他为了取光，取来湿木，又将潮湿的引火木放在水中，进行摩擦，这样不可能起火而出现光。同样，那些沙门婆罗门身体不摆脱欲望而住下，思想不摆脱欲望而住下，喜欢欲望，贪恋欲望，热爱欲望，贪求欲望，渴求欲望，沉迷欲望，热衷欲望，执著欲望，不得平静。同时，他们感到内心折磨和身体灼热以及种种尖锐、剧烈、辛辣和难受的痛苦。这样，他们就不可能依据出世间法，亲证真正高尚的殊胜智慧和见解。这是里呈现菩萨眼前的第一个譬喻。

地译：向尼連河，次伽耶山，於山頂上，在一樹下敷草而坐。作是思惟："世間若沙門，若婆羅門，放逸身心，住於貪欲，隨於熱惱，雖行苦行，去道甚遠。譬如有人為求火故，便取濕木，置之水中，鑽燧責火，是人有能求得火不？若人住貪欲等，雖行苦行，不能證得出世勝智，亦復如是。"

---

① "伽耶顶"（gayāśīrṣa）是山名。

② "真正高尚的"的原文是 alam-ārya，BHSD 指出相当于巴利文的 alam-ariya。

भूयश्चास्यैतदभूत्-- य इमे श्रमणब्राह्मणाः कामेभ्यो व्यपकृष्टकायचित्ता विहरन्ति यापि तेषां कामेषु नन्दीति सर्वं कर्तव्यं यावज्ज्योतिं पर्येषत इति। स आर्द्रं काष्ठमादाय स्थले स्थापयित्वा आर्द्रां चोत्तरारणिं मथ्नीयात् अभव्योऽसावग्निमुत्पादयितुम्। एवमेव ये इमे श्रमणब्राह्मणा इति सर्वं पूर्ववत्कार्यं यावदभव्या उत्तरिमनुष्यधर्मादलमार्यज्ञानदर्शनविशेषं साक्षात्कर्तुम्। इयं द्वितीया उपमा प्रतिभाति स्म पूर्वमश्रुता चाविज्ञाता च॥

今译：继而，他又思忖：那些沙门婆罗门身体和思想摆脱欲望而住下，而依然喜欢欲望，如前所述，直至想要取光。他取来湿木，放在地上，用潮湿的引火木摩擦，不可能产生火。同样，那些沙门婆罗门，如前所述，直至不可能依据出世间法，亲证真正高尚的殊胜智慧和见解。这是呈现菩萨眼前的第二个前所未闻、前所未知的譬喻。

地译：復作是念："世間若沙門，若婆羅門，制御於身，不行貪欲，於境界中心猶愛著，雖修苦行，去道尚遠。譬如有人為求火故，猶取濕木置之陸地，鑽燧責火，是人有能求得火不？若復有人起貪愛等，心未寂靜，雖行苦行，不能證得出世勝智，亦復如是。"

पुनरपरं य इमे श्रमणब्राह्मणा भवन्तः कामेभ्यो व्यपकृष्टकायचित्ता विहरन्ति यापि तेषां कामेषु नन्दिः। इति सर्वं पेयालम्। तदप्येषामुपशान्तम्। किं चापि ते आत्मोपक्रमिकां शरीरोपतापिकां दुःखां तीव्रां खरां कटुकां वेदनां वेदयन्ते। अथ खलु पुनर्भव्या एव ते उत्तरिमनुष्यधर्मादलमार्यज्ञानदर्शनविशेषं साक्षात्कर्तुम्। तद्यथापि नाम इह स्यात्पुरुषोऽग्न्यर्थी ज्योतिर्गवेषी ज्योतिः पर्येषमाणः स शुष्कं काष्ठमादाय शुष्कां चोत्तरारणिं स्थले प्रतिष्ठाप्य मथ्नीयात् स भव्योऽग्निमभिनिर्वर्तयितुं तेजः प्रादुष्कर्तुम्। एवमेव य इमे भवन्तः श्रमणब्राह्मणा इति सर्वं यावद्वेदनां वेदयन्त इति। अथ च पुनर्भव्या एव ते उत्तरिमनुष्यधर्मादलमार्यज्ञानदर्शनविशेषं साक्षात्कर्तुम्। इयं तृतीया उपमा प्रतिभाति स्म अश्रुतपूर्वा च अविज्ञातपूर्वा च॥

今译：还有，那些沙门婆罗门身体和思想摆脱欲望而住下，而依然喜欢欲望，如前所述，但得到平静。同时，他们感到内心折磨和身体灼热以及各种尖锐、剧烈和辛辣的痛苦。确实，他们能够依据出世间法，亲证真正高尚的殊胜智慧和见解。这正如有人想要点火取光：他取来干木，又将干燥的引火木放在地上，进行摩擦，这样就能起火而出现光。同样，那些沙门婆罗门，如前所述，直至他们感到痛苦。他们能够依据出世间法，亲证真正高尚的殊胜智慧和见解。这是出现菩萨眼前的第三个前所未闻、前所未知的譬喻。

地译：復作是念："世間若沙門，若婆羅門，攝衛身心，離於貪欲，除諸熱惱，最上寂靜，修行苦行，即能證得出世勝智。譬如有人為求火故，取彼燥木，置於乾地而鑽燧之，當知是人定求得火。若復有人不處貪欲，身心寂靜，勤修苦行，即能證得出世勝智，亦復如是。"

अथ खलू भिक्षवो बोधिसत्त्वस्यैतदभूत्-- अहं खल्वेतर्हि कामेभ्यो व्यपकृष्टकायो विहरामि व्यपकृष्टचित्तश्च। यापि मे कामेषु नन्दीति सर्वं यावत्तदपि मे उपशान्तम्। किं चापि अहमात्मोपक्रमिकां शरीरोपतापिकां दुःखामिति पेयालं यावद्वेदनां वेद्मि। अथ खल्वहं भव्य एवोत्तरिमनुष्यधर्मादलमार्यज्ञानदर्शनविशेषं साक्षात्कर्तुम्॥

今译：然后，众比丘啊，菩萨思忖："确实，我身体摆脱欲望而住下，思想也摆脱欲望，而依然喜欢欲望，如前所述，直至我得到平静。同时，我感到内心折磨和身体烧灼的痛苦，如前所述。确实，我能够依据出世间法，亲证真正高尚的殊胜智慧和见解。"

इति हि भिक्षवो बोधिसत्त्वो यथाभिप्रेतं गयायां विहृत्य गयाशीर्षे पर्वते जङ्घाविहार-मनुचंक्रम्यमाणो येनोरुबिल्वा सेनापतिग्रामकस्तदनुसृतस्तदनुप्राप्तोऽभूत्। तत्राद्राक्षीन्नदीं नैरञ्जनामच्छोदकां सूपतीर्थां प्रासादिकैश्च द्रुमगुल्मैरलंकृतां समन्ततश्च गोचरग्रामाम्। तत्र खल्वपि बोधिसत्त्वस्य मनोऽतीव प्रसन्नमभूत्-- समो बतायं भूमिप्रदेशो रमणीयः प्रतिसंलयनानुरूपः। पर्याप्तमिदं प्रहाणार्थिककुलपुत्रस्य। अहं च प्रहाणार्थी। यन्न्वहमिहैव तिष्ठेयम्॥

今译：这样，众比丘啊，菩萨按照自己意愿住在伽耶，在伽耶顶山中漫步游荡，前往优楼频螺部落将军村，到达那里。在那里，他看到尼连河水清澈，河岸齐整，周围装饰有可爱的树木和灌木，毗邻村庄。确实，在那里，菩萨心中充满喜悦："啊，这地方平坦，可爱，适合坐禅。这是善男子追求出离的理想地点。我追求出离，要住在这里。"

地译：佛告諸比丘：菩薩出伽耶山已，次第巡行至優樓頻螺池側東面，而視見尼連河。其水清冷，湍洄皎潔，涯岸平正，林木扶踈，種種花果鮮榮可愛，河邊村邑處處豐饒，棟宇相接，人民殷盛。爾時，菩薩漸至一處，寂靜閑曠，無有丘墟，非近非遠，不高不下，即作是念："今止此地，易可安神，往古已來修聖行者多於此住。"

इति हि भिक्षवो बोधिसत्त्वस्यैतदभूत्-- पञ्चकषायकालेऽहमिह जम्बुद्वीपेऽवतीर्णो हीनाधिमुक्तिकेषु सत्त्वेष्वाकीर्णतीर्थ्यवर्गेषु नानादृष्टिप्रस्कन्नेषु कायपिण्डग्राहाभिनिविष्टेषु

नानाविधैश्चातापनपरितापनैः कायशुद्धिं पर्येषन्ते प्रज्ञापयन्ति च संमूढाः। तद्यथा-- मन्त्रवि-
चारकैर्हस्तप्रलेहकैर्नयाचनकैरनामन्त्रणकैरनेकमूलिकैरमत्स्यमांसकैरवार्षिकैः सुरातुषोदक-
र्वजनैरेकत्रिपञ्चसप्तकुलभिक्षाग्रहणैर्मूलफलशैवालककुशपत्रगोमयगोमूत्रपायसदधिसर्पिः
फाणितामपिष्टकभक्षणपानैः सारसिकापोतकसंदंशिकोत्सृष्टसंप्रक्षालकैः। ग्राम्यारण्याभिश्च
वृत्तिभिः। गोव्रतमृगश्ववराहवानरहस्तिव्रतैश्च स्थानमौनवीरासनैश्च एकालापकैर्यावत्सप्ता-
लापकैः। एकभक्ता एकाहोरात्रचातुर्थ्यपञ्चषट्कालान्तराश्च पक्षक्षपणमासक्षपणचान्द्रायणैश्च
गृध्रोलूकपक्षधारणैश्च फलमुञ्जासनवल्कलदर्भबल्बजोष्ट्रकम्बलाजकम्बलकेशकम्बलचर्मनि-
वेशनैश्च आर्द्रपटास्तोपकजालशयनैश्च भस्मशर्करापाषाणफलककण्टकतृणमुसलशयना-
वाक्छिरोत्कुटुकस्थण्डिलशयनैश्च एकवासद्वित्रिचतुष्पञ्चषट्सप्तबहुवासोभिर्नग्नभावैश्च स्थाना-
स्थानविधिभिश्च दीर्घकेशनखश्मश्रुजटामकुटधारणैश्च एककोलतिलतण्डुलाहारैश्च भस्ममसि-
निर्माल्योद्धृततमोरजपांशुपङ्कपरिम्रक्षणैश्च लोममुञ्जकेशनखचीवरपञ्जरकरङ्कधारणैश्च उष्णो-
दकतण्डुलोदकपरिस्राविताकाम्बलिकस्थालीपानीयपानैश्च अङ्गारधातुकषायत्रिदण्डमुण्डिक-
कुण्डिककपालखट्वाङ्गधारणैश्च शुद्धिं प्रत्यवगच्छन्ति संमूढाः। धूमपानाग्निपानादित्यनि-
रीक्षणपञ्चतपैकपादोर्ध्वबाहुस्थानैकचरणैश्च तपः संचिन्वन्ति। तुषाद्यङ्गारदाहनिकुम्भसाधन-
पक्वशिलापचनाग्निजलप्रवेशनमरुतीर्थगमनमरणैश्चेष्टां गतिं मृगयन्ते।

今译：这样，众比丘啊，菩萨思忖："我在五浊[①]恶世降生瞻部洲，众生志趣低下，外道盛行，怀抱各种邪见，执著肉体，通过各种苦行追求身体纯洁，执迷不悟。例如，使用咒语，舔手，不乞食，不受邀请，吃各种根茎，不吃鱼和肉，不避雨季[②]，不饮蜜酒和米酒[③]，只乞食一家、三家、五家或七家，吃根、果、草、叶、牛粪、牛尿、牛奶粥、凝乳、酥油、糖和生食[④]，吃仙鹤和鸽子咀嚼吐出的食物，在乡村或林中生活，发誓像牛、鹿、狗、野猪、猴子或象那样生活，实施站立、沉默或英雄座，只对一人至七人说话，一天一夜乃至四天、五天或六天吃一次，半月禁食、一月禁食或每日食量按月亮盈亏而递增递减，手持兀鹰或猫头鹰翅膀，坐在果实、蒙阇草、树皮、达薄草、跋尔跋遮草、骆驼皮、羊皮或其他毛皮上，身穿湿衣躺在水中[⑤]，躺在灰烬、沙砾、石板、荆棘、野草和石杵上，头朝下，或蹲坐而睡，露天而睡，身穿一件、两件、三件、四件、五件、六件、七件乃至更多的衣服，或赤身裸体，不择地点，留长发、

① "五浊"指劫浊、见浊、烦恼浊、众生浊和命浊。

② "不避雨季"（avārṣika）指雨季不安居家中，依然外出。

③ 这句原文中的 rvajana，据 L 本应为 varjana。

④ 这句中的"牛奶粥、凝乳、酥油和糖"应在不吃之列。参阅下面第 17 颂以及地译相关处。

⑤ 这句中的 āstopaka 一词词义不明。若是"床"字，应为 āstaraṇa。

长指甲和长胡须，束顶髻，吃一颗枣、一粒芝麻或一粒米，涂抹灰烬、墨汁、残花、尘土或污泥，佩戴毛发、蒙阇草、头发、指甲、布条、枯骨或骷髅，喝热水、浸米水、过滤水、浸麦水或锅中水，身穿用木炭或矿物染色的袈裟衣，剃去头发，手持三杖①、水瓶、托钵和床柱②，他们愚痴地认为自己获得纯洁。吞烟，吞火，凝视太阳，五热炙身③，单腿站立而手臂高举，单足独立，他们积累这些苦行。用糠火④、火炭、烧热的瓶罐或石头炙身，进入火和水，前往荒野或圣地自尽，他们愿意追求这样的道路。

地译：復作是念："我今出於五濁惡世，見彼下劣眾生、諸外道等著我見者修諸苦行，無明所覆，虛妄推求，自苦身心，用求解脫。所謂或有執器巡乞，行而食之；或有唯一掬食以濟一日；或不乞食，任彼來施；或有不受求請，須自往乞，以求解脫。或有恒食草木、根莖、枝葉、花果、蓮藕、狩糞、糠汁、米泔、油滓；或有不食沙糖、蘇油、石蜜、淳酒、甜酢種種美味，以求解脫。或有乞一家食，若二若三乃至七家；或有一日一食，二日一食，乃至半月一月一度而食，以求解脫。或有所食漸頓多少隨月增減；或有日食一撮乃至七撮；或有日食一麥、一麻、一米；或有唯飲淨水，以求解脫。或有名稱神所，自餓而死，謂隨己意生天人中；或有紡績鵂鶹毛羽以為衣服，或著樹皮，或著牛羊皮革、糞掃毯氎，或著一衣乃至七衣，或黑或赤以為衣服，或復露形；或手提三杖，或貫髑髏，以求解脫。或一日一浴，一日二浴，乃至七浴或常不浴；或有塗灰，或有塗墨，或坌糞土，或帶萎花；或五熱炙身，以煙熏鼻，自墜高巖，常翹一足，仰觀日月；或臥編椽、棘刺、灰糞、瓦石、板杵之上，以求解脫。

ओंकारवषड्कारस्वधाकारस्वाहाकाराशीर्वचनस्तुतिचयनावाहनजप्यमन्त्राध्ययनधारणकरणैश्च शुद्धिं प्रत्यवगच्छन्ति। शुद्धं चात्मानं मन्यमाना इमानाश्रयन्ते। तद्यथा ब्रह्मेन्द्ररुद्रविष्णुदेवीकुमारमातृकात्यायनीचन्द्रादित्यवैश्रवणवरुणवासवाश्विनौनागयक्षगन्धर्वासुरगरुडकिन्नरमहोरगराक्षसप्रेतभूतकुम्भाण्डपार्षदगणपतिपिशाचांश्च देवर्षिराजर्षिब्रह्मर्षींश्च नमस्यन्ति तेषु च सारसंज्ञिनो भवन्ति। पृथिव्यप्तेजोवाय्वाकाशं चाश्रयन्ते। गिरीनदीनद्युत्ससरोह्रदतडागसागरसरः पल्वलपुष्करिणीकूपवृक्षगुल्मलतातृणस्थाणुगोष्ठश्मशानचत्वरशृङ्गाटकान्तरापणमुखानि चाश्रयन्ते। गृहस्तम्भोपलमुसलासिधनुपरशुशरशक्तित्रिशूलांश्च नमस्यन्ति। दधिघृतसर्षपयवप्रतिसरादूर्वामणिकनकरजतादिभिश्च मङ्गलं प्रत्यवगच्छन्ति। एवंविधानि इमे

① "三杖"（tridaṇḍa）指用三根木杖捆在一起的棍杖。
② "床柱"指顶上系有骷髅的木杖。这也是湿婆神的标志之一。
③ "五火炙身"指头顶烈日，四边燃有四个火堆。
④ "糠火"的原词是 tuṣādi （"糠等"），似应为 tuṣāgni（"糠火"）。

तीर्थ्याः कुर्वन्ते आश्रयन्ते च संसारभयभीताः॥

今译："念诵唵声、婆娑声、苏陀声、娑婆诃声[1]、祝福语、赞美辞、呼告语、默祷词、咒语和经文，他们认为获得纯洁，他们认为自己纯洁，归依这些。例如，他们敬拜梵天、因陀罗、楼陀罗、毗湿奴、女神、鸠摩罗、母神、迦旃耶尼、月亮、太阳、毗沙门、伐楼那、婆薮、双马童、蛇、药叉、健达缚、阿修罗、金翅鸟、紧那罗、大蛇、罗刹、鬼魂、鬼怪、鸠槃陀、群主、毕舍遮、神仙、王仙和梵仙，认为这些是精英。他们归依地、水、火、风和空。他们归依山岳、河流、水泉、池塘、湖泊、大海、蓄水池、莲花池、水井、树木、灌木、蔓藤、草、木柱、牛圈、火葬场、十字路、丁字路、市场和路口。他们敬拜房屋、柱子、石头、石杵、刀、弓、斧、箭、标枪和三叉戟。他们认为依靠凝乳、酥油、芥末、麦子、护身符、杜尔婆草、摩尼珠、金子和银子等等，获得吉祥。这些外道惧怕生死轮回，从事这些，归依这些。

地译："或作唵聲、婆娑聲、蘇陀聲、娑婆訶聲，受持呪術，諷誦韋陀，以求解脫。或依諸梵王、帝釋、摩醯首羅[2]、突伽[3]、那羅延[4]、拘摩羅[5]、迦旃延[6]、摩致履伽[7]、八婆蘇[8]、二阿水那[9]、毗沙門、婆婁那[10]、阿履致、旃陀羅[11]、乾闥婆，阿修羅、迦婁羅、摩睺羅伽，夜叉、步多[12]、鳩槃茶[13]、諸天鬼神，以求解脫。或有歸依地水火風空，山川、河池、溪壑、大海、林樹、蔓草、塚墓、四衢、養牛之處及厘[14]肆間，或事刀劍、輪矟、一切兵器，以求解脫。是諸外

---

① "唵"（om）、"婆娑"（vaṣaṭ）、苏陀（svadhā）和"娑婆诃"（svāha）均是在念诵颂诗或祷词时使用的感叹词。

② "摩醯首罗"（maheśvara，即"大自在天"）与原文中的"楼陀罗"（rudra）对应，两者都是湿婆神的称号。

③ "突伽"（durgā，即"难近母"）与原文中的"女神"（devī）对应。

④ "那罗延"（nārāyaṇa）与原文中的"毗湿奴"（viṣṇu）对应。

⑤ "拘摩罗"（kumāra，或译"鸠摩罗"）是湿婆神的儿子。

⑥ "迦旃延"与原文中的"迦旃耶尼"（kātyāyanī）对应。她是湿婆神的妻子。

⑦ "摩致履伽"（mātṛkā）与原文中的"母神"（mātṛ）对应。

⑧ "婆苏"（vasu，或译"婆薮"），"八婆苏"指由八位天神组成的一群神。原文中使用的是vāsava一词，词义为"与婆薮相关的"或"婆薮之主因陀罗"。

⑨ "二阿水那"与原文中的"双马童"（aśvinau）对应。

⑩ "婆娄那"（varuṇa）又译"伐楼那"。

⑪ "旃陀罗"是 candra（"月亮"）一词的音译。

⑫ "步多"是 bhūta（"鬼怪"）一词的音译。

⑬ 此处"茶"字应为"荼"字。

⑭ 此处"厘"的原字是左边"土"加上右边"厘"。这里暂且写为"厘"。

道怖生死故，勤求出離，修習苦行，都無利益。非歸依處而作歸依，非吉祥事生吉祥想。”

इह च केचित्परत्र मन्यन्ते स्वर्गापवर्गावस्माकमेतेभ्यो निर्वर्त्स्यैत इति मिथ्यामार्गप्रयाता अशरणे शरणसंज्ञिनोऽमङ्गल्ये मङ्गलसंज्ञिनोऽशुद्ध्या शुद्धिं मन्यतोयन्न्वहं तादृशं व्रततपोविशेषमालभेयं यथा सर्वपरप्रवादिनश्च निगृहीताः स्युः कर्मक्रियाप्रणष्टानां च सत्त्वानां कर्मक्रियाविप्रणाशमादर्शयेयम्। ध्यानगोचराणां च रूपावचराणां च देवानां ध्यानविशेषोपदर्शनादावर्जनं कुर्यामिति॥

今译：“在这世上，一些人认为‘我们依靠这些就能获得彼世天国和解脱。’他们走上邪路，将不是归依处视为归依处，将不吉祥视为吉祥，将不纯洁视为纯洁。因而，我要实施这种特殊的苦行，制伏一切异端邪说。我要示现众生因这些业行而毁灭，示现这些业行的毁灭性。我也要通过示现特殊的禅定，引导禅行天和色界天的众天神。”

地译：佛告諸比丘：菩薩爾時復作是念：“我今為欲摧伏外道現希有事，令諸天人生清淨心。又欲令彼壞因緣者知業果報。又欲示現功德智慧有大威神，分析諸定差別之相。又欲示現有大勇猛精進之力。”

इति हि भिक्षवो बोधिसत्त्व एवं चिन्तयित्वा षड्वर्षिकं महाघोरं व्रततपः सुदुष्करात्सुदुष्करां दुष्करचर्यामालभते स्म। केन कारणेनोच्यते दुष्करचर्येति दुष्करकारिकैषा तेनोच्यते दुष्करचर्येति। न स कश्चित्सत्त्वः सत्त्वनिकाये संविद्यते मनुष्यो वा अमनुष्यो वा यः समर्थस्तथारूपं दुष्करं चरितुम् अन्यत्र चरमभविकाद्बोधिसत्त्वात् य आस्फानकध्यानं समापद्यते स्म। केन कारणेनोच्यते आस्फानकमिति स चतुर्थध्यानमादित एव समापद्यमान आश्वासप्रश्वासानुपरोधयति संनिरोधयति। अकल्पं तद् ध्यानमविकल्पमनिञ्जनमपनीतमस्पन्दनं सर्वत्रानुगतं च सर्वत्र चानिश्रितम्। न च तद् ध्यानं जातु केनचित्समापन्नं पूर्वं शैष्येण वा अशैष्येण वा प्रत्येकबुद्धेन वा चर्याप्रतिपन्नेन वा बोधिसत्त्वेन। अतश्चास्फानकं नामोच्यते। आकाशमस्फरणमकरणमविकरणं तच्च सर्वं स्फरतीति ह्याकाशसमं तद् ध्यानम्। तेनोच्यते आस्फानकमिति॥

今译：众比丘啊，菩萨这样思考后，实施六年比难行更难行的严酷苦行。为什么称为“难行”？它难以实行，因此称为“难行”。在众生界中，无论人或非人，都没有能力实施这种难行的苦行，除了达到最后一生的菩萨。他实施阿娑颇那迦禅定。为什么称为阿娑颇那迦禅定？他从初禅达到第四禅，控制和抑止出入息。这种禅定无妄想，不分别，不动摇，排除一切，不颤动，随意所至，无所依傍。这种禅定过去无人实施，无论是弟子、非弟子、缘觉或达到正行的菩萨。因此，它称为阿娑颇那迦。空不行动，不作为，不变化，却又遍及一切。这种禅定如同空，因此称为阿娑颇那迦。

अथ खलु भिक्षवो बोधिसत्त्वो लोकस्याश्चर्यसंदर्शनार्थं तीर्थिकानां च दर्पनिर्घातनार्थं परप्रवादिनां च निग्रहार्थं देवानां चावर्जनार्थमुच्छेदशाश्वतवादिनां च सत्त्वानां कर्मक्रियाप्रणष्टानां कर्मक्रियावतारणार्थं पुण्यफलोद्भावनार्थं ज्ञानफलसंदर्शनार्थं ध्यानाङ्गविभजनार्थं कायबलस्थामसंदर्शनार्थं चित्तशौर्यसंजननार्थं च असंस्कृतायां पृथिव्यां पर्यङ्कमाभुज्य निषीदति स्म। निषद्य च स्वकायं चेतसा निगृह्णीते स्म निष्पीडयति स्म॥

今译：然后，众比丘啊，为了向世人示现奇迹，摧毁外道的骄慢，克服异端邪说，引导众天神，让怀抱断常见而被业行毁灭的众生了解业行，展现功德果，展现智慧果，区分禅定支，展现身体勇力，展现思想勇气，菩萨在不加修饰的地上结跏趺坐。坐下后，他专心制伏和折磨自己的身体。[1]

地译：便於是處結加趺坐。

ततो मे भिक्षवो हैमन्तिकास्वष्टकरात्रिषु तथा कायं निगृह्णतो निष्पीडयतः कक्षाभ्यामपि स्वेदाः प्रश्रवन्ति स्म। ललाटादपि स्वेदाः प्रश्रवन्ति स्म। भूमौ निपतन्ति स्म अवश्यायन्त ऊष्मायन्तो बाष्पायन्तः। तद्यथापि नाम बलवान् पुरुषो दुर्बलतरं पुरुषं ग्रीवायां गृहीत्वा निष्पीडयेत् एवमेव भिक्षव इमं कायं चेतसा निगृह्णतो निष्पीडयतः कक्षाभ्यामपि स्वेदाः प्रश्रवन्ति स्म। ललाटादपि स्वेदाः प्रश्रवन्ति स्म। भूमौ निपतन्ति स्म अवश्यायन्त ऊष्मायन्तो बाष्पायन्तः॥

今译：然后，众比丘啊，在冬季的八夜中，我这样制伏和折磨身体。汗水从腋下流出，也从额上流出。那些汗珠落地，化为露，化为气，化为雾。正如一个强者挟住一个弱者的脖子，折磨弱者。众比丘啊，我专心制伏和折磨这个身体。汗水从腋下流出，也从额上流出。那些汗珠落地化为露，化为气，化为雾。

地译：身口意業靜然不動，初攝心時，專精一境，制出入息，熱氣遍體，腋下流汗，額上津出，譬如雨滴。忍受斯苦，不生疲極，便起勇猛精進之心。

तस्य मे भिक्षव एतदभूत्-- यन्न्वहमास्फानकं ध्यानं ध्यायेयम्। ततो मे भिक्षव आस्फानकं ध्यानं ध्यायतो मुखतो नासिकातश्चाश्वासप्रश्वासा उपनिरुद्धावभूताम्। कर्ण-

① 这段与地译后面一处对应。

छिद्राभ्यामुच्चशब्दा महाशब्दा निश्चरन्ति स्म। तद्यथापि नाम कर्मारगगया मथ्यमानाया-मुच्चशब्दो महाशब्दो निश्चरति एवमेव मे भिक्षवो मुखनासिकाभ्यामाश्वासप्रश्वासावुप-रुद्धावभूतां श्रोतछिद्राभ्यामुच्चशब्दो महाशब्दो निश्चरति स्म॥

今译：众比丘啊，我思忖："我要实施阿娑颇那禅定。"然后，众比丘啊，我实施阿娑颇那迦禅定，抑止口和鼻中的出入息，两个耳孔中出现巨大声响。正如铁匠拉动风箱[①]，出现巨大声响，众比丘啊，我抑止口和鼻中的出入息，两个耳孔中出现巨大声响。

地译：佛告諸比丘：菩薩爾時制出入息，於兩耳中發大音響，譬如引風吹鼓鞴囊，受是苦事，不生疲倦。

तस्य मे भिक्षव एतदभूत्-- यन्वहं भूय आस्फानकं ध्यानं ध्यायेयमिति। ततो मे भिक्षवो मुखनासिकाश्रोत्राण्युपरुद्धानि चाभूवन्। तेषूपरुद्धेषु वायुरुर्ध्वं शिरः कपालमुप-निहन्ति स्म। तद्यथापि नाम भिक्षवः पुरुषः कुण्डया शक्त्या शिरः कपालमुपहन्याद् एवमेव मे भिक्षवो मुखनासिकाश्रोत्रेषूपरुद्धेषु आश्वासप्रश्वासा उर्ध्वं शिरः कपालमुपनिघ्नन्ति स्म॥

今译：众比丘啊，我思忖："我要继续实施阿娑颇那迦禅定。"然后，众比丘啊，我抑止口、鼻和耳。它们受到抑止后，内风便向上冲击头顶。正如有人用标枪[②]打击头颅，众比丘啊，我抑止口、鼻和耳后，出入息便向上冲击我的头顶。[③]

地译：諸比丘！我於爾時耳鼻口中斷出入息，内風衝頂發大音聲，譬如壯士揮彼利刃，上破腦骨，受是苦事，不生疲極退轉之心。

佛告諸比丘：菩薩爾時諸出入息一切皆止，内風強盛於兩肋間，旋迴婉轉，發大聲響，譬如屠人以刀解牛，受是苦事，都無懈倦。[④]

佛告諸比丘：菩薩爾時内風動故遍身熱惱，譬如有人力弱，受制於大火聚，舉身被炙。受斯苦極，更增勇猛精進之心，作是念言："我今住彼不動三

---

① 此处"风箱"的原词是 gagayā，据 L 本应为 gargaryām。

② 此处原文在"标枪"（śakti）前面还有 kuṇḍyā（"瓶"）一词。BHSD 推测此词可能是 kuṇṭhayā（"钝的"）。

③ 以上描述的"阿娑颇那迦禅定"（āsphānakam dhyānam）与巴利文《中尼迦耶·萨遮迦大经》一致。这种禅定的巴利文名称是 appāṇaka-jhāna（"止息禅"），故而"阿娑颇那迦禅定"也可译为"止息禅"。只是 āsphānaka 的词源不明，因为巴利文 appāṇaka 一词若转化为梵文，应为 aprāṇaka。

④ 这段不见于原文。

味，身口意業皆得正受，入第四禪，遠離喜樂，遣於分別，無有飄動，猶如虛空遍於一切，無能變異，此定名為阿娑婆那。”①

तां चावस्थां दृष्ट्वा बोधिसत्त्वस्य तत्र केचिद्देवा एवमाहु-- कष्टं भोः कालगतो बतायं सिद्धार्थः कुमारः। अपरे एवमाहुः-- नायं कालगतः। अपि तु ध्यानविहार एषोऽर्हतामेवंविध इति। तस्यां च वेलायमिमां गाथामभाषन्त--

今译：看到菩萨的这种状况，一些天神说道：“哎呀，这位悉达多王子死了！”另一些天神说道：“他没有死。阿罗汉们正是这样住于禅定。”此时，他们念诵偈颂道：

मा खल्वयं शाक्यनरेन्द्रगर्भो
　　ह्यपूर्णसंकल्प इहैव रण्ये।
कृत्वा त्रिलोकं दुखितं ह्यनाथं
　　कालं करिष्यत्यकृतार्थ एव॥ १॥

今译：这位释迦族王子在林中，
尚未实现心愿，达到目的，
但愿他不要就这样死去，
让三界陷入痛苦和无助。（1）

हा सत्त्वसारा सदृढप्रतिज्ञा
　　सद्धर्मयज्ञेन निमन्त्रिताभूत्।
वयं पुरा ते तुषितेषु नाथा
　　क्व सा प्रतिज्ञा तव शुद्धसत्त्व॥ २॥

今译：众生中的精英啊，誓愿坚定者！
你应邀举行妙法祭祀，救主啊！
你以前在兜率天许下的诺言，
如今在哪里？本性纯洁者啊！（2）

अथ ते देवपुत्रास्त्रायत्रिंशेषु देवेषु गत्वा मायादेव्या एवमर्थं श्रावयन्ति-- कालगतः कुमारः। अथ मायादेवी अप्सरागणपरिवृता अर्धरात्रसमये नैरञ्जनायास्तीरे येन बोधिसत्त्वस्तेनोपसंक्रान्ता। सा पश्यति स्म बोधिसत्त्वं शुष्कगात्रम्। कालगतमिव दृष्ट्वा

① 这段与原文前面一处对应。

बाष्पगद्गदकण्ठा रोदितुमारब्धा। तस्यां च वेलायामिमां गाथामभाषत--

今译：然后，这些天子前往忉利天，向摩耶王后报告这件事："王子死了。"然后，摩耶王后在众天女围绕下，在夜半时分，来到菩萨所在的尼连河畔。她看到菩萨肢体消瘦。看到他仿佛死去，她开始哭泣，喉咙含泪哽咽。此刻，她念诵偈颂道：

यदा जातोऽसि मे पुत्र वने लूम्बिनिसाह्वये।
सिंहवच्चागृहीतस्त्वं प्रक्रान्तः सप्त पदा स्वयम्॥३॥

今译：儿啊，我在蓝毗尼园生下你，
你如同狮子，独自迈出七步。（3）

दिशां चालोक्य चतुरे वाचा ते प्रव्याहृता शुभा।
इयं मे पश्चिमा जातिः सा ते न परिपूरिता॥४॥

今译：你观看四方，说出吉祥的话：
"这是我最后一生。"却未实现。（4）

असितेनाभिनिर्दिष्टो बुद्धो लोके भविष्यसि।
क्षुण्णं व्याकरणं तस्य न दृष्टा तेन नित्यता॥५॥

今译：阿私陀指出你将成为佛陀，
他的预言失效，缺乏永久性。（5）

चक्रवर्तिश्रियं पुत्र नपि भुक्ता मनोरमा।
न च बोधिमनुप्राप्तो यातोऽसि निधनं वने॥६॥

今译：儿啊，你没有享受转轮王的富贵，
你也没有获得菩提，而死在林中。（6）

पुत्रार्थे कं प्रपद्यामि कं व क्रन्दामि दुःखिता।
को मे दद्येकपुत्रस्य किंचित्प्राणस्य जीवितम्॥७॥

今译：我满怀悲痛，为了儿子，向谁求告？
向谁哭诉？谁能让我的独生子复活？（7）

बोधिसत्त्व आह--

今译：菩萨说道：

कैषा अति त्वां करुणं रुदासि प्रकीर्णकेशा विनिवृत्तशोभा।
पुत्रं ह्यतीवा परिदेवयन्ती विचेष्टमाना धरणीतलस्था॥८॥

今译：你是谁啊？哀伤哭泣，
头发披散，失去优美；
你为儿子号啕痛哭，
在这地上翻转打滚。（8）

मायादेवी आह--

今译：摩耶王后说道：

मया तु दशमासां वै कुक्षौ वज्र इवा धृतः।
सा तेऽहं पुत्रका माता विलपामि सुदुःखिता॥९॥

今译：我十月怀胎，如同怀着金刚杵，
儿啊，我是你母亲，悲痛哀悼。（9）

अथ बोधिसत्त्व आश्वासयन्नुवाच-- न भेतव्यं पुत्रलालसे श्रमं ते सफलं करिष्यसि। अमोघं बुद्धपरित्यागम्। असितनिर्देशं च व्यक्तं करिष्यामि। दीपंकरस्य व्याकरणं व्यक्तीकरिष्यामि च।

今译：然后，菩萨安慰她，说道："你不要为儿子担心。你的辛劳会有结果。佛陀的舍弃不会徒劳无功。我会让阿私陀的预言兑现。我也会让燃灯佛的授记兑现。

अपि शतधा वसुधा विकीर्येत मेरुः प्लवे चाम्भसि रत्नशृङ्गः।
चन्द्रार्कतारागण भू पतेत पृथजनो नैव अहं म्रियेयम्।
यस्मान्न शोको त्वयि अत्र कार्यो न वै चिराद् द्रक्ष्यसि बुद्धबोधिम्॥१०॥

今译："即使大地碎成百块，须弥山
连同它的宝石顶峰沉入大海，
月亮、太阳和星星坠落大地，
我也不会像凡夫那样死去，
因此，你不需要这样忧伤，

不久，你就会看到佛菩提。”（10）

सहश्रवणादेव देवी माया संप्रहर्षितरोमकूपजाता बोधिसत्त्वं मान्दारवपुष्पैरभ्यवकिर्य त्रिप्रदक्षिणीकृत्वा दिव्यतूर्यैः संप्रवाद्यमानैर्येन स्वभवनं तेनोपजगाम॥

今译：摩耶王后闻听此言，高兴得汗毛直竖，向菩萨撒下曼陀罗花，右绕三匝行礼，在天国乐器伴奏下，返回自己住处。①

तस्य मे भिक्षव एतदभूत्-- सन्त्येके श्रमणब्राह्मणा ये अल्पाहारतया शुद्धिं मन्यन्ते। यन्न्वहमल्पाहारतया प्रतिपद्येयमिति। अभिजानाम्यहं भिक्षव एकमेवाद्वितीयं कोलमाहारमाहर्तुम्। स्यात्खलू पुनर्भिक्षवो युष्माकं एषा बुद्धिः-- महत्तरं तत्र काले कोलमासीदिति। न खल्वेवं द्रष्टव्यम्। अथ खल्वियदेव तत्र काले कोलमभूत्। तस्य मे भिक्षव एकमेव कोलमाहारमाहरतोऽद्वितीयं कायोऽत्यर्थं कर्शितोऽभूद्दुर्बलः। तद्यथापि नाम भिक्षव आसीतकीपर्वाणि वा कालापर्वाणि वा एवमेव मेऽङ्गप्रत्यङ्गान्यभूवन्। तद्यथापि नाम कर्कटपार्शुका एवमेव मे पार्शुका अभूवन्। तद्यथापि नाम वाहनकारशालायां वा हस्तिशालायां वा जीर्णायामुभयतो विवृतायां गोपानस्यान्तरिकाश्च विराजन्ते व्यवभासन्ते एवमेव मे पार्शुका अन्तः काये उभयतो विराजन्ते स्म व्यवभासन्ते स्म। तद्यथापि नाम वर्तन्या वेणी उन्नतावनता भवति समविषमा एवं मे पृष्ठीकण्टकोऽभूदुन्नतावनतः समविषमः। तद्यथा तिक्तकालाबुस्तरुणो लून आम्लानो भवति संम्लानः समुत्पुटकजातः एवमेव शिर आम्लानमभूत्संम्लानं समुत्पुटकजातम्। तद्यथापि नाम ग्रीष्माणां पश्चिमे मासे कूपतारका दूरगता भवन्ति कृच्छ्रेण संप्रकाश्यन्ते एवमेव मेऽक्षितारकौ दुरगतावभूतां कृच्छ्रेण संप्रकाश्येते स्म। तद्यथापि नामाजपदं वोष्ट्रपदं वा एवमेव मे कक्षाकुक्षिवक्षादीन्यभूवन्। ततो यदाहं भिक्षवः पाणिना कुक्षिं स्पृशामीति पृष्ठिकण्टकमेवास्प्राक्षम्। उत्तिष्ठामीति चाभिसंस्कुर्वंस्तथैवावकुब्जः प्रयामेण प्रापतम्। ततः कृच्छ्रेणोत्थितोऽपि पांशुकृतानि गात्राणि पाणिना प्रमृजतो मे पूतिरोमाणि कायाच्छीर्यन्ते स्म। यापि मेऽभूत्पौराणी शुभवर्णतनुः साप्यन्तरधाद्यथापीदं रूक्षप्रधानं प्रहितात्मनः। सामन्ताश्च मे गोचरग्रामवासिन एवं संजानन्ते स्म-- कालको बत भोः श्रमणो गौतमः। श्यामको बत भोः श्रमणो गौतमः। मद्गुरच्छविर्बत भोः श्रमणो गौतमः। याप्यस्याभूत्पौराणी शुभवर्णा निभा साप्यन्तर्हिता॥

今译：众比丘啊，我思忖：“有些沙门婆罗门认为节食纯洁。这样，我也要实行节食。”众比丘啊，我只知道吃一颗枣，不吃第二颗。众比丘啊，你们不要以为当时的枣子个儿更大。不要这么看。当时的枣子跟现在一样。众比丘啊，我只吃一颗枣，不吃第二颗。这样，我的身体消瘦乏力。众比丘啊，我的

① 以上关于摩耶王后从忉利天下来看望儿子的描述不见于地译。

肢体变得像阿斯多吉树节或迦罗树节。我的肋骨变得像蟹肋。正如车棚和象厩年久失修，两侧敞开，里面的栋梁暴露，我的体内两侧的肋骨显露。正如一串念珠[①]上下凹凸不平，我的脊骨上下凹凸不平。正如新鲜的苦瓜摘下后萎缩干瘪，我的头萎缩干瘪。正如夏末的井底星深陷，难以显露，我的眼瞳深陷，难以显露。我的腋下、腹部和胸部等等变得像羊蹄和骆驼蹄。然后，众比丘啊，我的手接触腹部，就能触及背脊。我起身清理自己，挺不起腰，跌倒在地。然后，即使勉强站起，用手清理沾满尘垢的肢体，衰朽的毛发纷纷从身上脱落。我以前肤色优美的身体已经消失，备受折磨，心力交瘁。周围的村民这样想："哎呀，沙门乔答摩这么黑！哎呀，沙门乔答摩这么脏！哎呀，沙门乔答摩的皮肤像鲶鱼！他过去优美的肤色已经消失！"

地译：菩薩爾時修如是等最極苦行。諸比丘！菩薩復作是念："世間若沙門婆羅門，以斷食法而為苦者，我今復欲降伏彼故，日食一麥。"比丘當知我昔唯食一麥之時，身體羸瘦如阿斯樹，肉盡肋現如壞屋椽，脊骨連露如箳竹節，眼目欠陷如井底星，頭頂銷枯如暴乾瓠，所坐之地如馬蹄跡，皮膚皺赧[②]如割句[③]形。舉手拂塵，身毛焦落。以手摩腹，乃觸脊梁。

तस्य मे भिक्षव एतदभूत्-- यन्न्वहं भूयस्या मात्रयाल्पाहारतया प्रतिपद्येयमिति। अभिजानाम्यहं भिक्षव एकमेव तण्डुलमद्वितीयमाहारमाहर्तुम्। स्याद्भिक्षवो युष्माकमेवं महत्तरं तण्डुलं तस्मिन् कालेऽभूदिति। न खल्वेवं द्रष्टव्यम्। अथैतावानेव तस्मिन् काले तण्डुलोऽभूत्। तस्य मे भिक्षव एकं तण्डुलमाहरतः क्षिप्रं कायोऽभूदिति पूर्ववद्यावन्मद्गुरच्छविर्बत भोः श्रमणो गौतम इति। याप्यस्य साभूत्पौराणी शुभवर्णतनुः साप्यन्तर्हितेति॥

今译：众比丘啊，我思忖："我要继续实行节食。"众比丘啊，我只知道吃一粒米，不吃第二粒。众比丘啊，你们不要以为当时的米粒个儿更大，不要这么看。当时的米粒跟现在一样。众比丘啊，我只吃一粒米，我的身体很快变得如上所述，直至"哎呀，沙门乔答摩的皮肤像鲶鱼！他过去肤色优美的身体已经消失！"

---

① "一串念珠"的原文是 vartanyā veṇī，BHSD 认为此词相当于巴利文的 vaṭṭanāvalī（"念珠串"）。

② 此处"赧"的原字是左边"走"加上右边"叟"。据《中华大藏经》校勘记，《资》、《碛》、《普》、《南》、《径》、《清》作"赧"。这里暂且写为"赧"。

③ 此处"句"字，据《中华大藏经》校勘记，《资》、《碛》、《普》、《南》、《径》、《清》作"朐"。

तस्य मे भिक्षव एतदभूत्-- यन्न्वहं भूयस्या मात्रयाल्पाहारतायै प्रतिपद्येयमिति। अभिजानाम्यहं भिक्षव एकमेव तिलमद्वितीयमाहारमाहारयितुम्। पेयालं। यावत्साप्यस्य शुभवर्णतनुरन्तर्हितेति॥

今译：众比丘啊，我思忖："我要继续实行节食。"众比丘啊，我只知道吃一颗芝麻，不吃第二颗，如上所述，直至"他过去肤色优美的身体已经消失！"

地译：又食一米乃至一麻，身體羸瘦過前十倍，色如聚墨，又若死灰，四方聚落人來見者咸歎恨言："釋種太子寧自苦為？端正美色今何所在？"

तस्य मे भिक्षव एतदभूत्-- सन्त्येके श्रमणब्राह्मणा येऽनाहारतया शुद्धिं मन्यन्ते। यन्न्वहं सर्वेण सर्वमनाहारतायै प्रतिपद्येयमिति। ततोऽहं भिक्षवोऽनाहारस्थितोऽभूवन्। तस्य मे भिक्षवोऽनाहारस्य कायोऽतीव शुष्कोऽभूत् कृशो दुर्बलः तद्यथापि नाम आसितकीपर्वाणि वा कालापर्वाणि वा। ततो द्विगुणत्रिगुणचतुर्गुणपञ्चगुणदशगुणं मे कृशान्यङ्गप्रत्यङ्गान्यभूवन्। तद्यथा कर्कटकपार्शुका वाहनशालायां वा गोपानसी (पार्श्वे) द्विपरिवर्तना वेणीवत्पृष्ठीकण्टकः। तिक्तालाबुवच्छिरः कपालम् कूपतारका इवाक्षितारके। सोऽहं भिक्षवः साधुकमुत्तिष्ठामीति गात्राण्यभिसंस्कुर्वन्नवकुब्जः प्रापतम्। कृच्छ्रेणापि चोत्थितः पांशुकृतानि मे गात्राणि प्रमृजतः पूतिमूलानि रोमाण्यशीर्यन्त। यापि मे साभूच्छुभवर्णतनुनिभा साप्यन्तरधात्। तद्यथापि तद्रूक्षप्रधानप्रहितात्मकत्वात्। सामन्ताश्च मे गोचरग्रामवासिनो जना एवं संजानन्ते स्म-- कालको बत भोः श्रमणो गौतमः। श्यामको बत भोः श्रमणो गौतमः। मद्गुरच्छविर्बत भोः श्रमणो गौतमः। याप्यस्य साभूत्पौराणी शुभवर्णनिभा साप्यन्तर्हितेति॥

今译：众比丘啊，我思忖："有些沙门婆罗门认为绝食纯洁。这样我也要实行绝食。"然后，众比丘啊，我实行绝食。众比丘啊，绝食后，我的身体干枯，消瘦乏力，变得像阿斯多吉树节或迦罗树节。然后，我的肢体两倍、三倍、四倍、五倍和十倍地消瘦。我的两肋像蟹肋，像车棚的栋梁。脊骨像两串念珠。头颅像苦瓜。眼瞳像井底星。众比丘啊，我好好地起身清理自己肢体，却挺不起腰，跌倒在地。即使勉强站起，清理沾满尘垢的肢体，衰朽的毛发纷纷脱落。我以前肤色优美的身体已经消失，备受折磨，心力交瘁。周围的村民这样想："哎呀，沙门乔答摩这么黑！哎呀，沙门乔答摩这么脏！哎呀，沙门乔答摩的皮肤像鲶鱼！他过去优美的肤色已经消失！"

राजापि तदा शुद्धोदनः प्रतिप्रतिदिवसं बोधिसत्त्वस्यान्तिके दूतं प्रेषयति स्म॥

今译：那时，净饭王也天天派遣使者来到菩萨身边。

इति हि भिक्षवो बोधिसत्त्वो लोकस्याद्भुतक्रियासंदर्शनार्थं पूर्ववद्यावत्कर्मक्रियाप्रणष्टानां सत्त्वानां कर्मक्रियावतारणार्थं पुण्यसंचयानां चोद्भावनार्थं महाज्ञानस्य च गुणसंदर्शनार्थं ध्यानाङ्गानां च विभजनार्थमेकतिलकोलतण्डुलेन षड्वर्षाणि दुष्करचर्यामनुवर्तयन्तमुपदर्शयति स्म। अदीनमानसः षड्वर्षा बोधिसत्त्वो यथा निषण्ण एवास्थात् पर्यङ्केन। न च ईर्यापथाच्च्यवते स्म। नातपाच्छायामगमन्न छायाया आतपम्। न च वातातपवृष्टिपरित्राणमकरोन्न च दंशमशकसरीसृपानपनयति स्म। न चोच्चारप्रश्रावश्लेष्मसिंहाणकानुत्सृजति स्म। न च समिञ्जनप्रसारणमकरोत्। न च पार्श्वोदरपृष्ठस्थानेनास्थात्। येऽपि च ते महामेघा दुर्दिनवर्षाशनिशरद्ग्रीष्महैमन्तिकाः तेऽपि बोधिसत्त्वस्य काये निपतन्ति स्म। न चान्ततो बोधिसत्त्वः पाणिनापि प्रच्छादनमकरोत्। न चेन्द्रियाणि पिथयति स्म। न चेन्द्रियार्थान् गृह्णिते स्म। ये च तत्रागमन् ग्रामकुमारका वा ग्रामकुमारिका वा गोपालका वा पशुपालका वा तृणहारिका वा काष्ठहारिका वा गोमयहारिका वा ते बोधिसत्त्वं पांशुपिशाचमिति मन्यन्ते स्म। तेन च क्रीडन्ति स्म। पांशुभिश्चैनं म्रक्षयन्ति स्म॥

今译：这样，众比丘啊，为了向世人示现奇迹，如前所述，直至为了让被业行毁灭的众生了解业行，展现积累的功德，展现大智慧功德，区分禅定支，菩萨只吃一颗芝麻、一颗枣子和一粒米，示现难行的苦行，整整六年。在这六年中，菩萨心不怯弱，始终结跏趺坐，从不失却威仪。不从太阳下移到树荫下，也不从树荫下移到太阳下。不躲避风吹、日晒和雨淋。不赶走虻虫、蚊子和爬虫。不拉屎、撒尿[①]、吐痰和擤涕。不屈不伸。不侧卧、俯卧和仰卧。无论乌云、暴雨和霹雳降临，无论秋天、夏季和冬天，菩萨甚至不用手遮挡身体。他不封闭感官，也不执取感官对象。林中那些男童、女童、放牛者、牧人、割草者、捡柴者和拾牛粪者，以为菩萨是灰土鬼，戏弄他，向他泼撒灰土。

地译：佛告諸比丘：菩薩六年苦行之時，於四威儀曾不失壞，盛夏暑熱不就清涼，隆冬嚴寒不求厚煖，蚊虻唼體亦不拂除，結加趺坐，身心不動，亦不頻申，亦不洟唾。放牧童竪常來覩見，戲以草莖[②]而刺我鼻，或刺我口，或刺我耳，我於爾時身心不動。

तत्र बोधिसत्त्वस्तैः षड्भिर्वर्षैस्तावल्लूहन्यूनदुर्बलकायः संवृत्तोऽभूत् यदस्य कर्णश्रोताभ्यां तृणतूलकं प्रक्षिप्य नासाश्रोताभ्यां निष्कास्यते स्म। नासाश्रोताभ्यां प्रक्षिप्य कर्णश्रोताभ्यां निष्कास्यते स्म। कर्णश्रोताभ्यां प्रक्षिप्य मुखद्वारेण निष्कास्यते स्म। मुखद्वारेण प्रक्षिप्य कर्णनासिकाश्रोताभ्यो निष्कास्यते स्म। नासायां प्रक्षिप्य कर्णनासिकामुखद्वारेण निष्कास्यते

① 此处“尿”的原词是 praśrāva，相当于 prasrāva 或 prasrava。此词在下面第 34 颂中写为 prasrava。

② 此处“莖”的原字是“遳”去掉其中的“坐”，加上“手”。这里暂且写为“莖”。

स्म॥

今译：菩萨在这六年中，身体变得瘦弱乏力。从两耳孔塞进的小草能从两鼻孔取出。从两鼻孔塞进的小草，能从两鼻孔取出。从两耳孔塞进的小草，能从嘴中取出。从嘴中塞进的小草，能从两耳孔取出。从两鼻孔塞进的小草能从耳孔、鼻孔和嘴中取出。

ये च ते देवनागयक्षगन्धर्वासुरगरुडकिन्नरमहोरगा मनुष्यामनुष्या बोधिसत्त्वस्य गुणेषु प्रत्यक्षाः ते रात्रिंदिवं समधिष्ठा बोधिसत्त्वस्य पूजां कुर्वन्ति स्म। प्रणिधानानि च कुर्वन्ति स्म॥

今译：那些天神、蛇、药叉、健达缚、阿修罗、金翅鸟、紧那罗、大蛇、人和非人亲眼目睹菩萨的品德，日夜侍立，供奉菩萨，深心发愿。

地译：常為天龍鬼神之所供養，能令十二絡叉天人住三乘路。

तत्र बोधिसत्त्वेन तै षड्भिर्वर्षैर्दुष्करचर्यां संदर्शयता परिपूर्णानि द्वादशनयुतानि देवमनुष्याणां त्रिभिर्यानैः परिपाचितान्यभूवन्॥

今译：在那里，菩萨六年示现难行的苦行，以三乘教化整整十二亿天神和凡人。

तत्रेदमुच्यते--

今译：这里，这样说道：

地译：爾時，世尊欲重宣此義而說偈言：

तस्य च गुणान्वितस्य पुराद्विनिष्क्रम्य बोधिसत्त्वस्य।
चिन्ता उपाययुक्ता सत्त्वार्थहिताय उत्पन्ना॥११॥

今译：菩萨具有功德，离城出家，
他想运用方便，造福众生。（11）

地译：菩薩於往昔，捨位出家已，
為利眾生故，思惟諸方便。

पञ्चसु कषायकाले हीनेऽधर्माधिमुक्तिके लोके।
जातोऽस्मि जम्बुद्विपे धर्मक्रियोद्धुरे लोके॥१२॥

今译：在这五浊恶世，世人热衷非法，
世人偏离法行，我降生瞻部洲。（12）

地译：我出濁惡世，生此閻浮提，

多諸邪見人，破法行異道。

आकीर्ण तीर्थिकगणैः कौतूहलमङ्गलैरिमे युक्ता।
कायोपक्रमकरणैर्मन्यन्ते बालिशाः शुद्धिम्॥ १३॥

今译：外道盛行，采取奇异求福方式，
这些愚人以折磨身体为纯洁。（13）

地译：愚者求解脱，自苦其身心，
雖怖生死因，恒迷出離果。

अग्निप्रवेशमरुप्रपातपांशुभस्मादिमक्षिता नग्नाः।
कायपरितापनार्थं पञ्चातपयोगमनुयुक्ताः॥ १४॥

今译：投火，跳崖，灰土涂身，裸体，
还用五热灼身，折磨自己身体。（14）

地译：或有赴火聚，自墜於高巖，
五熱以炙身，塗灰而自毀。

मन्त्राविचारकरणा केचिद्धस्तावलेहका अबुधाः।
न च कुम्भमुखकरोटान्न धारकुशलान्तराच्च गृह्णन्ति॥ १५॥

今译：有些愚人舔手，使用咒语，
他们不从瓶罐或钵中取食[①]。（15）

न च यत्र स्वानुभवती न चाहितं तेन तिष्ठवाक्यस्य।
कुलभिक्ष एक गृह्या शुद्धं मन्यन्तिहात्मानम्॥ १६॥

今译：有狗[②]不乞食，招呼留步也不听，
只向一家乞食，认为自己纯洁。（16）

地译：日常一掬食，劣以濟身命，
乞食於他門，主喜而方受，
顏色少懷恪，終朝而不食，
或時聞杵曰[③]，及以狗吠聲，
即止不行乞，乃喚亦不受。

---

① 这句原文中还有 na dhārakuśalāntarācca，词义不明。

② “狗”的原词是 sva，可能相当于 śvan，因为此处地译提及“狗吠声”。

③ 此处“曰”字，据《中华大藏经》校勘记，《资》、《碛》、《普》、《南》、《径》、《清》、《丽》作“臼”。

वर्जेन्ति सर्पितैलं फाणितदधिदुग्धमत्स्यमांसानि।
श्यामाकशाकभक्षा मृणालगर्डुलकणाभक्षाः ॥ १७॥

今译：不吃酥油、麻油、食糖、凝乳、牛奶、
鱼和肉，吃野草、野菜、莲藕和野谷。（17）

地译：蘇油及美味，乳酪沙糖等，
一切皆不御，唯食麤惡食，
糠汁及油滓，狩糞并藕根，
草木諸花葉，以求於解脫。

或有服淨水，或日食一麻，
或止進一米，或有自餓死，
以求於解脫。

मूलफलपत्रभक्षाः कुशाचीवरचर्मकम्बलधराश्च।
अपरे भ्रमन्ति नग्नाः सत्यमिदं मोहमन्यदिति मूढाः ॥ १८॥

今译：吃根、果和叶，穿草衣、皮衣和毡衣，
或裸体而行，愚人们以愚痴为真实。（18）

地译：或有著皮革，糞掃及鳥羽，
樹皮毛髭等，種種弊衣服，
或有著一衣，乃至著七衣，
或有常露形，以求於解脫。

坐臥編椽上，棘刺灰土中，
板杵瓦石間，以求於解脫。①

धारेन्ति ऊर्ध्वहस्ता उर्ध्वकेशा जटाश्च धारेन्ति।
मार्गानतिप्रनष्टा अमार्गसंस्थाः सुगतिगमनकामाः ॥ १९॥

今译：双手高举，头发高耸，束有顶髻，
渴望正道，走上邪道，失去正道。（19）

地译：或常舉兩手，或有翹一足，
散髮及髽髻，逐日而迴轉，
以求於解脫。

तृणमुसलभस्मशयनाः कण्टकशयनाश्च उत्कुटध्यायि।

① 这颂与下面第 20 颂对应。

स्थित केचिदेकपादे ऊर्ध्वमुखाश्चन्द्रसूर्य पश्यन्तः॥२०॥

今译：睡在草、灰、石杵和荆棘上，蹲坐
沉思，单足独立，仰视月亮和太阳。（20）

उत्सां सरसतडागां सागरसरितश्च चन्द्रसूर्यौं च।
वृक्षगिरिशैलशिखरां कुम्भं धरणीं नमस्यन्ते॥२१॥

今译：敬拜泉、池、湖、河、海和日月，
树木、山岳、顶峰、瓶罐和大地。（21）

地译：或常禮日月，河海及山川，
高原諸樹林，以求於解脫。

विविधैश्च कारणैस्ते कायं परिशोधयन्ति संमूढाः।
मिथ्यादृष्टिपरीताः क्षिप्रं प्रपतन्त्यपायेषु॥२२॥

今译：这些愚人用各种手段净化身体，
而受邪见蒙蔽，迅速坠入恶道。（22）

地译：此諸外道等，勤修無利苦，
執著虛妄業，堅受未嘗捨，
如是邪見人，死當墮惡趣。

यन्नूनमहं व्रततप दुष्करचर्यां समारभे घोराम्।
यं दुष्करं न शक्यं चरितुं देवैर्मनुष्यैर्वा॥२३॥

今译：于是，我开始实施难行的严酷苦行，
天神和人都不能实施这种难行苦行。（23）

地译：我為如是等，昔於六年中，
示現摧伏彼，勤修大苦行。

आस्फानकं च ध्यानं ध्यायेयं वज्रकल्पदृढस्थानम्।
यं ध्यानं न समर्थाः प्रत्येकजिनापि दर्शयितुम्॥२४॥

今译：我要实施坚如金刚的阿娑颇那迦禅定，
甚至缘觉和诸佛也不能示现这种禅定。（24）

सन्तीह देवमनुजाः तीर्थिक लूहव्रतेन हृष्यन्ते।
तेष परिपाकहेतो दुष्करव्रततप रभेय सूतीव्रम्॥२५॥

今译：天神、凡人和外道们都喜欢粗鄙的苦行，
为了教化他们，我实施难行的严酷苦行。（25）

地译：有諸無智人，見外道邪苦，
竊以為真法，便生隨喜心，
亦為成熟彼，勤行大苦行。

पर्यङ्कमाभुजित्वा उपविष्टोऽभूत्स्थले असंस्तीर्णे।
कोलतिलतण्डुलेना आहारविधिं विदर्शयति॥ २६ ॥

今译：结跏趺坐，在不加铺设的地上，
示现只吃一颗枣子、芝麻和米粒。（26）

地译：乃擇空閑地，加趺坐三昧，
當是節食時，日食一麻米。

आश्वासविप्रहीनः प्रश्वासवर्जितु न चेञ्जते बलवान्।
षड्वर्षाणि प्रवरं ध्यायत्यास्फानकं ध्यानम्॥ २७॥

今译：抑止吸气和呼气，身体有力而不动，
连续六年，实施阿娑颇那迦禅定。（27）

कल्पं नो न विकल्पं न चेञ्जनं नापिमन्येन प्रचारम्।
आकाशधातुस्फरणं ध्यायत्यास्फानकं ध्यानम्॥ २८॥

今译：他实施阿娑颇那迦禅定，不妄想，不分别，
不动摇，不行动，却如同空界遍及一切。（28）

न च आतपातु छायां छायाया नातपं गतश्चासौ।
मेरुरिव निष्प्रकम्प्यो ध्यायत्यास्फानकं ध्यानम्॥ २९॥

今译：不从太阳下移到树荫，不从树荫移到太阳下，
他实施阿娑颇那迦禅定，岿然不动似须弥山。（29）

न च वातवृष्टिछदनं न दंशमशकासरीसृपात्राणम्।
अविकोपितया चर्या ध्यायत्यास्फानकं ध्यानम्॥ ३०॥

今译：不避风雨，不赶走虻虫、蚊子和爬虫，
毫无怨愤，他实施阿娑颇那迦禅定。（30）

地译：履寒不就煖，處熱不求涼，
亦不逐蚊虻，亦不避風雨。

न च केवलमात्मार्थं ध्यायत्यास्फानकं ध्यानम्।
अन्यत्र करुणचित्तो भावी लोकस्य विपुलार्थम्॥ ३१॥

今译：实施阿娑颇那迦禅定，不仅为自己，
而是心怀怜悯，为了世界的广大利益。（31）

ये ग्रामदारकाश्च गोपालाः काष्ठहारतृणहाराः।
पांशुपिशाचकमिति तं मन्यन्ते पांशुना च म्रक्षन्ति॥ ३२॥

今译：村中儿童、牧人、捡柴者和割草者，
以为他是灰土鬼，向他泼撒灰土。（32）

地译：童牧來觀看，戲以草莖[①]刺，
通於耳鼻口，以草木瓦石，
打擲於我身，亦不能致損。

अशुचीना च किरन्ते विविधास्ते कारणाश्च कारेन्ति।
न च इञ्जते भ्रमति वा ध्यायत्यास्फानकं ध्यानम्॥ ३३॥

今译：他们做出各种各样不洁净的行为，
他实施阿娑颇那迦禅定，毫不动摇。（33）

न च नमति नो विनमते न कायपरिरक्षणा स्पृशति।
किंचिन्नोच्चारप्रस्रवं शब्देषु न संत्रसी न परप्रेक्षी॥ ३४॥

今译：他不弯腰，不屈身，不竭力保护身体，
不拉屎撒尿，不害怕声响，心不旁骛。（34）

地译：一切皆忍受，身亦不低昂，
亦不生疲極，涕唾便痢等，
諸穢皆已絕，唯餘皮骨在。

संशुष्कमांसरुधिरं चर्मस्नाय्वस्थिकाश्च अवशिष्टा।
उदराच्च पृष्ठिवंशो विदृश्यते वर्तिता यथा वेणी॥ ३५॥

---

① 此处“莖”的原字是“蓮”去掉其中的“坐”，加上“手”。这里暂且写为“莖”。

今译：血肉干枯，只剩皮、筋和骨，
脊骨显露，如同一条念珠。（35）

地译：血肉盡乾枯，形體極羸瘦，
如阿斯迦樹。

ये ते कृताधिकारा देवाः सुरनागयक्षगन्धर्वाः।
प्रत्यक्षगुणधरस्या करोन्ति पूजां दिवारात्रौ॥३६॥

今译：众天神、蛇、药叉和健达缚照看他，
亲眼目睹他具有品德，日夜供奉。（36）

प्रणिधिं च कुर्वते ते वयमपि तादृश भवामहे क्षिप्रम्।
यथ एष गगनचित्तो ध्यायत्यास्फानकं ध्यानम्॥३७॥

今译：他们发愿："我们很快会像他一样，
实施阿娑颇那迦禅定，心似虚空。（37）

地译：住阿那婆定，身心寂不動。

न च केवलमात्मार्थं न ध्यानस्वादनान्न सुखबुद्धा।
अन्यत्र करुणबुद्धा करिष्यत्यर्थं विपुल लोके॥३८॥

今译："不仅为自己，也不为品尝禅味，不为思想
愉快，而是心怀怜悯，为了世界的广大利益。"（38）

地译：亦不味禪樂，而起大悲心，
普為諸眾生，修行如是定。

निहताः परप्रवादा ध्यामीकृत तीर्थिका मतिविहीनाः।
कर्मक्रिया च दर्शित या प्रोक्ता काश्यपे वाचा॥३९॥

今译：摧毁邪说，制伏无知外道，
示现迦叶宣说的那种业行[①]。（39）

地译：以修此定故，速疾得成佛，
滅除外道眾，摧伏諸異學，

---

① 护译《异学三部品》中提到此前菩萨曾遇见婆罗门迦叶三兄弟。他们"奉事水火及于日月，上至梵天"。

亦以迦葉等，不信有菩薩[1]。

क्रकुच्छन्दकस्य बोधि बोधिरिह सुदुर्लभा बहुभि कल्पैः।
जनताया इत्यर्थं ध्यायत्यास्फानकं ध्यानम्॥४०॥

今译：迦罗迦孙陀[2]的菩提经历许多劫难得，
为了众生，他实施阿娑颇那迦禅定。（40）

地译：如是大菩提，無量劫難得，
為是諸人等，入阿那婆定。

द्वादशनयुता पूर्णा विनीत मरुमानुषास्त्रिभिर्यानैः।
एतदधिकृत्य सुमति ध्यायत्यास्फानकं ध्यानम्॥४१॥

今译：用三乘教化整整十二亿天神和凡人，
这位智者为此实施阿娑颇那迦禅定。（41）

地译：當坐此定時，有十二络叉，
諸天人眾等，住於三乘路。
諸天龍神等，恒於日夜中，
供養菩薩身，各自發弘願，
願住那婆定，利益諸眾生，
其心如虛空。[3]

॥इति श्रीललितविस्तरे दुष्करचर्यापरिवर्तो नाम सप्तदशमोऽध्यायः॥

今译：以上是吉祥的《神通游戏》中名为《苦行品》的第十七章。

① 此处“萨”字，据《中华大藏经》校勘记，《资》、《碛》、《普》、《南》、《径》、《清》、《丽》作“提”。

② “迦罗迦孙陀”（krakucchanda）是过去佛。

③ 此处与原文第36和第37颂对应。

नैरञ्जनापरिवर्तोऽष्टादशः।

今译：第十八 尼连河品

地译：往尼連河品第十八

मारश्च भिक्षवः पापीयान् बोधिसत्त्वस्य षड्वर्षाणि दुष्करचर्यां चरतः पृष्ठतः समनुबद्धोऽभूत् अवतारप्रेक्षी अवतारगवेषी। न च कदाचित्किंचिदवतारमध्यगच्छत्। सोऽवतारमन-धिगच्छन्निर्विण्णो विप्रतिसारी प्राक्रामत्॥

今译：众比丘啊，菩萨六年实施难行的苦行，邪恶的摩罗一直跟随在后，等待机会，寻找机会。但他始终没有找到机会。他没有找到机会，沮丧懊恼而离去。

地译：佛告諸比丘：爾時，菩薩六年苦行，魔王波旬常隨菩薩，伺求其過而不能得，生厭倦心，悒然而退。

तत्रेदमुच्यते--

今译：这里，这样说道：

地译：爾時，世尊以偈頌曰：

रमणीयान्यरण्यानि वनगुल्माश्च वीरुधाः।
प्राचीनमुरुबिल्वायां यत्र नैरञ्जना नदी॥१॥

今译：在优楼频螺池东边尼连河，
　　　有可爱的树林、灌木和蔓藤。（1）

地译：菩薩之所居，林野甚清淨，
　　　東望尼連水，西據頻螺池。

प्रहाणायोद्यतं तत्र सततं दृढविक्रमम्।
पराक्रमन्तं वीर्येण योगक्षेमस्य प्राप्तये॥२॥

今译：菩萨追求出离，始终坚强勇敢，
　　　精进努力，期盼达到寂静安乐。（2）

地译：初起精進心，來求寂靜地，
见彼極閑曠，止此除煩惱。

नमुचिर्मधुरां वाचं भाषमाणो उपागमत्।
शाक्यपुत्रा समुत्तिष्ठ कायखेदेन किं तव॥३॥

今译：那牟吉走近前来，说着甜蜜的话语：
“释迦王子，起来吧！何必折磨身体？（3）

地译：時魔王波旬，到於菩薩所，
詐以柔軟語，而向菩薩言：

जीवतो जीवितं श्रेयो जीवन् धर्मं चरिष्यसि।
जीवं हि तानि कुरुते यानि कृत्वा न शोचति॥४॥

今译：“生者生命宝贵，活着应履行正法；
活着就要这样做，做了就不会忧伤。（4）

地译：“世間諸眾生，皆悉愛壽命。

कृशो विवर्णो दीनस्त्वं अन्तिके मरणं तव।
सहस्रभागे मरणं एकभागे च जीवितम्॥५॥

今译：“你身体消瘦苍白，濒临死亡，
死亡占有千份，生命只占一份。（5）

地译：“汝今體枯竭，千死無一全。

ददतः सततं दानं अग्निहोत्रं च जुह्वतः।
भविष्यति महत्पुण्यं किं प्रहाणे करिष्यसि॥६॥

今译：“经常实行布施，向火投放祭品，
就能获得大功德，你何必出离？（6）

地译：“當修事火法，必獲大果報，
無宜徒捨命，為人所憐愍。

दुःखं मार्गं प्रहाणस्य दुष्करं चित्तनिग्रहम्।
इमां वाचं तदा मारो बोधिसत्त्वमथाब्रवीत्॥७॥

今译：“出离之路痛苦，控制思想艰难。”
摩罗当时对菩萨说了这些话。（7）

地译：“心性本難伏，煩惱不可斷，
菩提誰能證，自苦欲何為？”

तं तथावादिनं मारं बोधिसत्त्वस्ततोऽब्रवीत्।
प्रमत्तबन्धो पापीय स्वेनार्थेन त्वमागतः॥८॥

今译：摩罗这样说罢，然后菩萨说道：“你与
放纵结亲，邪恶者啊，来此别有用心。(8)

地译：菩薩告波旬，而作如是言：
“惛醉貪瞋癡，與汝為眷屬，
將汝至於此，共汝壞善根。

अणुमात्रं हि मे पुण्यैरर्थो मार न विद्यते।
अर्थो येषां तु पुण्येन तानेवं वक्तुमर्हसि॥९॥

今译：“摩罗啊，我不需要任何功德，
你去对需要功德的人说这些话。(9)

地译：“我不求世福，勿以此相擾。

नैवाहं मरणं मन्ये मरणान्तं हि जीवितम्।
अनिवर्ती भविष्यामि ब्रह्मचर्यपरायणः॥१०॥

今译：“我不担心死亡，生命必死，
我一心追求梵行，不会退转。(10)

地译：“我今無所畏，以死為邊際，
志願求解脫，決無退轉心。

स्रोतांस्यपि नदीनां हि वायुरेष विशोषयेत्।
किं पुनः शोषयेत्कायं शोणितं प्रहितात्मनाम्॥११॥

今译：“风甚至能吹干那些河中的流水，
怎么不会吹干坚定者的身体和血？(1

शोणिते तु विशुष्के वै ततो मांसं विशुष्यति।
मांसेषु क्षीयमाणेषु भूयश्चित्तं प्रसीदति।
भूयश्छन्दश्च वीर्यं च समाधिश्चावतिष्ठते॥१२॥

今译：“一旦血干枯，肉也就干枯，
一旦肉干枯，思想更平静，
意欲、勇气和禅定更稳固。（12）

地译：“雖有諸痛惱，我心恒寂靜，
住斯堅固定，精進樂欲等。

तस्यैव मे विहरतः प्राप्तस्योत्तमचेतनाम्।
चित्तं नावेक्षते कायं पश्य सत्त्वस्य शुद्धताम्॥ १३॥

今译：“这样，我就获得至高的知觉而安住，
思想不关注身体，而关注本性的纯洁。（13）

अस्ति छन्दं तथा वीर्यं प्रज्ञापि मम विद्यते।
तं न पश्याम्यहं लोके वीर्याद्यो मां विचालयेत्॥ १४॥

今译：“我具有意欲、勇气和智慧，发现
在这世上，无人能使我失去勇气。（14）

वरं मृत्युः प्राणहरो धिग्ग्राम्यं नोपजीवितम्।
संग्रामे मरणं श्रेयो यच्च जीवेत्पराजितः॥ १५॥

今译：“宁可死亡夺去生命，也不苟且偷生，
如同在战斗中死去，强似战败而活着。（15）

地译：“我寧守智死，不以無智生，
譬如義勇人，寧為決勝沒。

नाशूरो जयते सेनां जित्वा चैनां न मन्यते।
शूरस्तु जयते सेनां लघु मार जयामि ते॥ १६॥

今译：“不是勇士，不能战胜军队，[①] 摩罗啊！
而勇士战胜军队，我很容易战胜你。（16）

地译：“非如怯弱者，求活為人制，
是故我於今，當摧汝軍眾。

कामास्ते प्रथमा सेना द्वितीया अरतिस्तथा।
तृतीया क्षुत्पिपासा ते तृष्णा सेना चतुर्थिका॥ १७॥

① 此处原文中还有 jitvā cainām na manyate，句义不明。

今译：“你的军队第一支爱欲，第二支
忧愁，第三支饥渴，第四支贪欲，（17）

地译：“第一貪欲軍，第二憂愁軍，
第三飢渴軍，第四愛染軍，

पञ्चमी स्त्यानमिद्धं ते भयं षष्ठी निरुच्यते।
सप्तमी विचिकित्सा ते क्रोधम्रक्षौ तथाष्टमी॥१८॥

今译：“第五支昏沉，第六支恐惧，
第七支疑惑，第八支愤怒。（18）

地译：“第五惛睡軍，第六恐怖軍，
第七疑悔軍，第八忿覆軍，

लोभश्लोकौ च संस्कारौ मिथ्यालब्धं च यद्यशः।
आत्मानं यश्च उत्कर्षेद्यश्च वै ध्वंसयेत्परां॥१९॥

今译：“虚假地获取利益、赞誉、恭敬[①]和
名声，以及吹嘘自己和诋毁他人。（19）

地译：“第九悲惱軍，及自讚毀他，
邪稱供養等。

एषा हि नमुचेः सेना कृष्णबन्धोः प्रतापिनः।
अत्रावगाढा दृश्यन्ते एते श्रमणब्राह्मणाः॥२०॥

今译：“这些是威猛的黑家伙那牟吉的军队，
这里能看到那些沙门婆罗门遭到覆灭。（20）

地译：“如是諸軍眾，是汝之眷屬，
能摧伏天人。

या ते सेना धर्षयति लोकमेनं सदेवकम्।
भेत्स्यामि प्रज्ञया तां ते आमपात्रमिवाम्बुना॥२१॥

今译：“你的军队能征服这个世界和天神世界，
而我能用智慧摧毁它，如用水破坏陶坯。（21）

---

① “恭敬”的原词是 saṃskārau，BHSD 指出此词应为 satkāra（“恭敬”或“供养”）。此处地译“供养”。

स्मृतिं सूपस्थितां कृत्वा प्रज्ञां चैव सुभावितामू।
संप्रजानं चरिष्यामि किं करिष्यसि दुर्मते॥२२॥

今译："我将坚定守护忆念和健全的智慧，
遵行正知，邪恶者啊，你能做什么？"（22）

地译："我今恒住彼，正念正知等，
銷滅汝波旬，如水漬坏器。"

एवमुक्ते मारः पापीयान् दुःखी दुर्मना अनात्तमना विप्रतिसारी तत्रैवान्तरधात्॥

今译：闻听此言，邪恶的摩罗痛苦，沮丧，烦恼，懊恼，从那里消失。

地译：菩薩作是言，魔王便退屈。

अथ खलू भिक्षवो बोधिसत्त्वस्यैतदभूत्-- ये केचिच्छ्रमणा ब्राह्मणा वा अतीतानागतप्रत्युत्पन्नेष्वध्वस्वात्मोपक्रमिकां शरीरोपतापिकां दुःखां तीव्रां खरां कटुकाममनापां वेदनां वेदयन्ति एतावत्परमं ते दुःखमनुभवन्ति॥

今译：然后，众比丘啊，菩萨思忖："那些沙门或婆罗门在过去、未来和现在的路上，感受到自我折磨而产生的烧灼身体的痛苦，强烈，尖锐，辛辣，难受。他们体验到最大的痛苦。"

地译：佛告諸比丘：菩薩作是思惟："過現未來所有沙門、若[①]婆羅門修苦行時，逼迫身心受痛惱者，應知是等但自苦己，都無利益。"

तस्य मे भिक्षव एतदभूत्-- अनयापि खलू मया चर्यया अनयापि प्रतिपदा न कश्चिदुत्तरिमनुष्यधर्मादलमार्यज्ञानदर्शनविशेषः साक्षात्कृतः। नायं मार्गो बोधेः। नायं मार्ग आयत्यां जातिजरामरणसंभवानामस्तंगमाय। स्यात्तदन्यो मार्गो बोधेरायत्यां जातिजरामरणदुःखसमुदयानामस्तंगमायेति॥

今译：众比丘啊，我思忖："通过这种修行，通过这种修道，我不能依据出世间法，亲证真正高尚的殊胜智慧和见解。这不是菩提之路。这不是断绝未来生、老和死产生之路。应该另有断绝未来生、老和死痛苦产生的菩提之路。"

地译：復作是念："我今行此最極之苦，而不能證出世勝智，即知苦行非菩提因，亦非知苦、斷集、證滅、修道[②]，必有餘法當得斷除生老病死。"

① 此处"若"字表示"任何"或"所有"。

② "知苦、断集、证灭、修道"指"四圣谛"，即知道痛苦，断除痛苦之因，证得灭寂痛苦之因的方法，修行八正道。

तस्य मे भिक्षव एतदभवत्-- यदहं पितुरुद्याने जम्बुच्छायायां निषण्णो विविक्तं कामैर्विविक्तं पापकैरकुशलैर्धर्मैः सवितर्कं सविचारं विवेकजं प्रीतिसुखं प्रथमं ध्यानमुपसंपद्य व्याहार्षं यावच्चतुर्थध्यानमुपसंपद्य व्याहार्षम् स्यात्स मार्गो बोधेर्जातिजरामरणदुःखसमुदायानामसंभवायास्तंगमायेति। तदनुसारि च मे विज्ञानमभूत्। स मार्गो बोधेरिति॥

今译：众比丘啊，我思忖："我以前在父亲的花园中，坐在瞻部树荫下，远离爱欲，远离邪恶的不善法，思考、观察，因远离而产生喜乐，达到初禅，住于其中。就这样，直至达到第四禅，住于其中。这应该是断绝生、老和死痛苦产生的菩提之路。由此，我得以明白，这是菩提之路。"

地译：復作是念："我昔於父王園中閻浮樹下修得初禪。我於爾時身心悅樂，如是乃至證得四禪。思惟往昔曾證得者是菩提因，必能除滅生老病死。"

तस्य ममैतदभूत्-- नासौ मार्गः शक्यः एवं दौर्बल्यप्राप्तेनाभिसंबोद्धुम्। सचेत्पुनरहमभिज्ञाज्ञानबलेनैव लूहं दुर्बलकाय एव बोधिमण्डमुपसंक्रमेयम् न मे पश्चिमा जनता अनुकम्पिता स्यात्। न चैष मार्गो बोधेः। यन्न्वहमौदारिकमाहारमाहृत्य कायबलस्थामं संजनय्य पश्चाद्बोधिमण्डमुपसंक्रमेयम्॥

今译：我思忖："衰弱无力的人不能走上这菩提之路。如果我身体衰弱无力，单凭神通和智慧力前往菩提道场，那样便是对凡俗众生缺乏同情。这不是菩提之路。我要摄取美食，使身体产生精力，然后前往菩提道场。"

地译：菩薩復作是念："我今將此羸瘦之身不堪受道。若我即以神力及智慧力令身平復，向菩提場，豈不能辦如是之事，即非哀愍一切眾生，非是諸佛證菩提法。是故，我今應受美食，令身有力，方能往詣菩提之場。"

तत्र भिक्षवो ये ते लूहाधिमुक्ता देवपुत्रास्ते मम चेतसश्चेतसैव परिवितर्कमाज्ञाय येनाहं तेनोपसंक्रम्य मामेवमाहुः-- मा स्म त्वं सत्पुरुष औदारिकमाहारमाहरेः। वयं ते रोमकूपैरोजः प्रक्षेप्स्याम इति॥

今译：众比丘啊，那些热衷苦行的天子依靠思想知道我心中的想法，来到我这里，对我说道："贤士啊，你别摄取美食。我们会通过那些毛孔，为你输送精力。"

地译：時有諸天心常愛樂修苦行者，已知菩薩欲食美食，白菩薩言："尊者莫受美食，我今方便以神通力令尊氣力平復如本，與食無異。"

तस्य मे भिक्षव एतदभूत्-- अहं खल्वनशन इत्यात्मानं प्रतिजाने सामन्ताश्च मे गोचरग्रामवासिनो जना एवं संजानन्ते स्म यथानशनः श्रमणो गौतमः। इतीव मे खलू

लूहाधिमुक्ता देवपुत्रा रोमकूपैरोजः प्रक्षिपन्ति। स मम परमो मृषावादः स्यात्। ततो बोधिसत्त्वो मृषावादपरिहारार्थं तान् देवपुत्रान् प्रतिक्षिप्यौदारिकमाहारमाहर्तुं चित्तं नामयति स्म॥

今译：众比丘啊，我思忖："我自己发誓绝食，周围村民也都知道沙门乔答摩绝食。如果这些热衷苦行的天子通过那些毛孔为我输送精力，那么，我就成了最大的说谎者。"于是，菩萨为了避免成为说谎者，拒绝了这些天子，决定摄取美食。

地译：菩薩思惟："我實不食已經多時，四輩[1]人民亦皆知我修行苦行。若我因彼天神之力而不食者，便成妄語。"

इति हि भिक्षवः षड्वर्षव्रततपः समुत्तीर्णो बोधिसत्त्वोऽस्मादासनादुत्थायौदारिकमाहारमाहरिष्यामीति वाचं निश्चारयति स्म। तद्यथा फाणीकृतं मुद्गयूषं हरेणुकयूषं मथ्योदनकुल्माषमिति॥

今译：这样，众比丘啊，实施了六年苦行，菩萨从那个座位起身，说道："我将摄取美食。"这样，他摄取糖煮豆羹、豌豆羹、米粥[2]和麦粥。

अथ खलु भिक्षवः पञ्चानां भद्रवर्गीयानामेतदभूत्-- तयापि तावच्चर्यया तयापि तावत्प्रतिपदा श्रमणेन गौतमेन न शकितं किंचिदुत्तरिमनुष्यधर्मादलमार्यज्ञानदर्शनविशेषं साक्षात्कर्तुम् किं पुनरेतर्हि औदारिकमाहारमाहरन् सुखल्लिकानुयोगमनुयुक्तो विहरन्। अव्यक्तो बालोऽयमिति च मन्यमाना बोधिसत्त्वस्यान्तिकात्प्रक्रामन्। ते वाराणसीं गत्वा ऋषिपतने मृगदावे व्याहार्षुः॥

今译：然后，众比丘啊，那五位跋陀罗思忖："通过这种修行，通过这种修道，沙门乔答摩不能依据出世间法，亲证真正高尚的殊胜智慧和见解，何况现在又摄取美食，追求快乐而安住。他是一个无知的傻瓜。"他们怀着这样的想法，从菩萨身边离开。他们前往波罗奈，住在鹿野苑仙人堕处。

地译：時五跋陀羅既聞菩薩欲受美食，咸作是念："沙門瞿曇如是苦行，尚不能得出世勝智，況復今者欲食美食，受樂而住。是無智人退失禪定。"便捨菩薩，詣波羅奈仙人墮處鹿野苑中。

तत्र बोधिसत्त्वमादित एव दुष्करचर्यां चरन्तं दश ग्रामिकदुहितरः कुमार्य उपगच्छन्

---

① 此处与"四辈"对应的原词是 samāntāḥ，意谓"四周"或"周围"。

② 此处"米粥"的原文是 mathyodana，词义不明。其中的 odana，词义为"米饭"或"牛奶粥"。

दर्शनाय वन्दनाय पर्युपासनाय च। तैरपि पञ्चकैर्भद्रवर्गीयैरुपस्थितोऽभूत्। एककोलतिल-तण्डुलप्रदानेन च प्रतिपादितोऽभूत्। बला च नाम दारिका बलगुप्ता च सुप्रिया च विजयसेना च अतिमुक्तकमला च सुन्दरी च कुम्भकारी च उलूविल्लिका च जटिलिका च सुजाता च नाम ग्रामिकदुहिताः। आभिः कुमारिकाभिर्बोधिसत्त्वाय सर्वास्ता यूषविधाः कृत्वोपनामिता अभूवन्। ताश्चाभ्यवहृत्य बोधिसत्त्वः क्रमेण गोचरग्रामे पिण्डाय चरन् वर्णरूपबलवानभूत्। तदग्रेण बोधिसत्त्वः सुन्दरः श्रमणो महाश्रमण इत्याचक्षते॥

今译：自菩萨开始实施难行的苦行以来，有十个村中少女前来看望、敬拜和侍奉菩萨。那五位跋陀罗也侍奉菩萨。她们曾供奉一颗枣、一粒芝麻和一粒米。这十个村中少女名叫钵拉、钵罗古波达、苏波利雅、维遮耶塞那、阿底目多迦摩那、孙陀利、贡跋迦利、乌卢维利迦、遮迪利迦和善生。这些少女煮好各种粥，供养菩萨。菩萨食后，渐渐前往附近村落乞食，气色、容貌和体力得以恢复。于是，人们说道："这菩萨是美沙门，大沙门。"

地译：佛告諸比丘：菩薩苦行已來，優婁頻螺聚落主名曰斯那鉢底①，有十童女，昔與五跋陀羅常以麻麥供養菩薩。爾時，諸女既知菩薩捨置苦行，即作種種飲食奉獻，未經多日，色相光悅。於是，眾人復相謂言："沙門瞿曇形貌威嚴，有大福德。"

तत्र च भिक्षवः सुजाता ग्रामिकदुहिता बोधिसत्त्वस्य दुष्करचर्यां चरतः आदित एव बोधिसत्त्वस्य व्रततपः समुत्तारणार्थं शरीरस्याप्यायनहेतोश्च प्रतिदिवसमष्टशतं ब्राह्मणानां भोजयति स्म। एवं च प्रणिदधाति स्म-- मम भोजनं भुक्त्वा बोधिसत्त्वोऽनुत्तरां सम्यक्संबोधिमभिसंबुध्येतेति॥

今译：在那里，众比丘啊，从菩萨开始实施难行的苦行以来，村中少女善生为了让菩萨完成苦行，维护他的身体，每天供养八百个婆罗门。她发愿说："但愿吃了我的食物，菩萨证得无上正等菩提。"

地译：十童女中其最小者，名曰善生，昔於菩薩苦行之時，恒以飲食供養八百梵志，願因供養梵志之福資益菩薩，令速成就阿耨多羅三藐三菩提。

तस्य मे भिक्षवः षड्वर्षव्यतिवृत्तस्य काषायाणि वस्त्राणि परिजीर्णान्यभूवन्। तस्य मे भिक्षव एतदभूत्-- सचेदहं कौपीनप्रच्छादनं लभेयम् शोभनं स्यात्॥

今译：众比丘啊，我穿了六年的袈裟衣已经破旧。众比丘啊，我思忖："如

---

① 在《苦行品》中提到菩萨来到尼连河畔优楼频螺部落将军村（"senāpatigrāmaka"）修行。此处"斯那钵底"是 senāpati（"将军"）一词的音译。

果我能得到一条围腰，那就好了。”

地译：佛告諸比丘：菩薩復作是念：“六年勤苦，衣服弊壞。”

तेन खलू पुनर्भिक्षवः समयेन सुजाताया ग्रामिकदुहितुर्दासी राधा नाम कालगताभूत्। सा शाणकैः परिवेष्ट्य श्मशानमपकृष्य परित्यक्ताभूत्। तदहमेवाद्राक्षीत् पांशुकूलम्। ततोऽहं तत्पांशुकूलं वामेन पादेनाक्रम्य दक्षिणं हस्तं प्रसार्यावनतोऽभूत्तद्ग्रहीतुम्।

今译：众比丘啊，那时，村中少女善生的女仆名叫罗陀，恰好死去。她被裹上麻布，拉到坟场，扔在那里。而我看到这件粪扫衣。于是，我用左脚踩住这件粪扫衣，弯腰用右手捡起它。

地译：於屍陀林[1]下見有故破糞掃之衣，將欲取之。

अथ भौमा देवा अन्तरीक्षाणां देवानां घोषमनुश्रावयन्ति स्म-- आश्चर्यं मार्षा अद्भुतमिदं मार्षाः। यत्र हि नामैवं महाराजकुलप्रसूतस्य चक्रवर्तिराज्यपरित्यागिनः पांशुकूले चित्तं नतमिति। अन्तरीक्षा देवा भौमानां देवानां शब्दं श्रुत्वा चातुर्महाराजिकानां देवानां घोषमुदीरयन्ति स्म। चातुर्महाराजिका देवास्त्रायत्रिंशतः। त्रायत्रिंशा यामानाम्। यामास्तुषितानाम्। तुषिता निर्माणरतीनाम्। निर्माणरतयः परनिर्मितवशवर्तिनाम्। परनिर्मितवशवर्तिनो यावद् ब्रह्मकायिकानाम्। इति हि भिक्षवस्तत्क्षणं तल्लवं तन्मुहूर्तं यावदकनिष्ठभुवनादेकघोष एकसंनिर्नादोऽभ्युद्गतोऽभूत् आश्चर्यमिदं मार्षा अद्भुतमिदम्। यत्र हि नामैवं महाराजकुलप्रसूतस्य चक्रवर्तिराज्यपरित्यागिनः पांशुकूले चित्तं नतमिति॥

今译：然后，地上众天神报告空中众天神，说道：“奇妙啊，诸位贤士！这是奇迹，诸位贤士！他出生在伟大的王族，却舍弃转轮王位，而钟意这件粪扫衣。”空中众天神听到地上众天神的这些话后，传给四大天王。四大天王又传给忉利天众天神。忉利天众天神又传给夜摩天众天神。夜摩天众天神又传给兜率天众天神。兜率天众天神又传给化乐天众天神。化乐天众天神又传给他化自在天众天神。他化自在天众天神又传给梵众天众天神。这样，众比丘啊，就在刹那间，一瞬间，顷刻间，直至阿迦尼吒天，响起同一个声音：“奇妙啊，诸位贤士！这是奇迹！他出生在伟大的王族，却舍弃转轮王位，而钟意这件粪扫衣。”

地译：於時，地神告虛空神作如是言：“奇哉，奇哉！釋種太子捨輪王位，拾是所棄糞掃之衣。”虛空之神聞此語已，告三十三天，如是展轉，於一念中乃至傳聞阿迦尼吒天。

---

① “尸陀林”（śītavana）指坟场。此处原文使用的“坟场”一词是 śmaśāna。

अथ बोधिसत्त्वस्य पुनरप्येतदभवत्-- लब्धं मया पांशुकूलम्। सचेदुदकं लभेयम् शोभनं स्यादिति। ततस्तत्रैव देवता पाणिना महीं पराहन्ति स्म। तत्र पुष्करिणी प्रादुरभूत्। अद्यापि सा पाणिहतेति पुष्करिणी संज्ञायते॥

今译：然后，菩萨又思忖："我得到了这件粪扫衣。如果我能得到水，那就好了。"于是，众天神在那里用手掌拍击地面，便出现一个莲花池。至今人们称这个莲花池为"拍击池"。

地译：爾時，菩薩手持故衣，作如是言："何處有水洗浣是衣？"時有一天於菩薩前，以手指地，便成一池。

पुनरपि बोधिसत्त्वस्यैतदभवत्-- लब्धं मया पानीयम्। सचेच्छिलां लभेयम् यत्रेदं पांशुकूलं प्रक्षालयेयम् शोभनं स्यात्। अथ तत्रैव शक्रेण शिला तत्क्षणमेवोपनिक्षिप्ताभूत्। ततो बोधिसत्त्वस्तत्पांशुकूलं प्रक्षालयति स्म॥

今译：菩萨又思忖："我得到了水。如果我能得到大石块，在上面清洗粪扫衣，那就好了。"于是，帝释天在刹那间在那里安放了大石块。然后，菩萨清洗那件粪扫衣。

地译：爾時，菩薩復更思惟："何處有石可以洗是糞掃之衣？"時釋提桓因即以方石安處池中。菩薩見石，持用浣衣。

अथ शक्रो देवराजो बोधिसत्त्वमेवमाह-- ददस्वेदं सत्पुरुष मह्यम्। अहं प्रक्षालयिष्यामीति। ततो बोधिसत्त्वः स्वयंकारितां प्रव्रज्यायाः संदर्शयितुं तत्पांशुकूलं शक्रस्यादत्वा स्वयमेव प्रक्षालयति स्म। स श्रान्तः क्लान्तकायोऽवतीर्य पुष्करिणीमुत्तरिष्यामीति। मारेण च पापीयसा ईर्ष्याधर्मपरीतेन पुष्करिण्या अत्युच्छ्रितानि तटानि निर्मितान्यभूवन्। तस्याश्च पुष्करिण्यास्तीरे महान् कुकुभपादपः। तत्र देवतां बोधिसत्त्वो लोकानुवृत्त्या देवतानुग्रहार्थं चाब्रवीत्-- आहर देवते वृक्षशाखामिति। तया वृक्षशाखावनामिताभूत्। तां बोधिसत्त्वोऽवलम्ब्योत्तरति स्म। उत्तीर्य च तस्य ककुभपादपस्याधस्तात्तत्पांशुकूलं संघाटीकृत्य आसीव्यति स्म। अद्यापि तत् पांशुकूलं सीवनमित्येवं संज्ञायते स्म॥

今译：然后，天王帝释天对菩萨说道："贤士啊，你把它给我，我替你洗。"而菩萨为了示现出家人一切自己动手，没有将这件粪扫衣交给帝释天，而是自己洗。洗完后，感到身体疲惫，便进入莲花池沐浴。然后，他准备上岸。而邪恶的摩罗满怀妒忌，将莲花池堤岸变高。莲花池岸边有一棵高大的迦古跋[①]树。菩萨按照世间的方式，向树神乞求恩惠，说道："树神啊，请弯下树枝。"树神

① 此处"迦古跋"的原词是 kukubha，据 M 本和 L 本应为 kakubha。

弯下树枝。菩萨攀住树枝上来。上来后，他就在这棵迦古跋树下，缀合缝纳粪扫衣。至今，人们称粪扫衣为“纳衣”。

地译：爾時，帝釋白菩薩言：“我當為尊洗此故衣，惟願聽許。”然菩薩欲使將來諸比丘眾不令他人洗浣故衣，即便自洗，不與帝釋。浣衣已訖，入池澡浴。是時，魔王波旬變其池岸，極令高峻。池邊有樹名阿斯那。是時，樹神按樹令低，菩薩攀枝，得上河①岸，於彼樹下，自納故衣。

अथ विमलप्रभो नाम शुद्धावासकायिको देवपुत्रः स दिव्यानि चीवराणि काषायरङ्गरक्तानि कल्पिकानि श्रमणसारूप्याणि बोधिसत्त्वायोपनामयति स्म। बोधिसत्त्वश्च तानि गृहीत्वा पूर्वाह्णे निवास्य संघाटीप्रावृत्य गोचरग्रामाभिमुखोऽभूत्॥

今译：然后，一位名叫无垢光的净居天子送给菩萨一些神圣的衣服，染成红色而适合沙门穿的袈裟衣。菩萨收下，在早晨穿上，覆盖僧伽梨衣②，前往附近村落。

地译：時淨居天子名無垢光，將沙門應量③袈裟供養菩薩。爾時，菩薩受袈裟已，於晨朝時著僧伽梨，入村乞食。

तत्र देवताभिरुरुबिल्वासेनापतिग्रामके नन्दिकग्रामिकदुहितुः सुजाताया आरोचितमभूदर्धरात्रसमये-- यदर्थं त्वं महायज्ञं यजसे तस्माद्व्रतादुत्तीर्णः सः। सुभगमौदारिकमाहारमाहरिष्यति। त्वया च पूर्वं प्रणिधानं कृतम्-- मम भोजनं भुक्त्वा बोधिसत्त्वोऽनुत्तरां सम्यक्संबोधिमभिसंबुध्येत इति। यत्ते करणीयं तत्कुरुष्वेति॥

今译：在优楼频螺部落将军村，众天神在半夜时告知难提迦村少女善生：“你曾为他举行大祭祀。因此，他完成苦行。他将摄取美食。你以前曾发愿说：‘但愿吃了我的食物，菩萨证得无上正等菩提。’现在，你就这样做吧！”

地译：聚落神於昨夜中告善生言：“汝常為彼清淨之人設大施食。彼人今者捨苦行已，現食美食。汝先發願：‘彼人受我食已，速得阿耨多羅三藐三菩提。’今正是時，速宜營辦。”

अथ खलु भिक्षवः सुजाता नन्दिकग्रामदुहिता तेषां देवतानां तद्वचनं श्रुत्वा शीघ्रं गोसहस्रस्य क्षीरात्सप्तकृत्सारोद्धृतादग्र्यमोजोमण्डं गृह्णीते स्म। गृहीत्वा च सा तत्क्षीरमभिनवमभिनवैस्तण्डुलैरभिनवायां स्थाल्यामभिनवां चुल्लीमुपलिप्य तद्भोजनं साधयति स्म।

---

① 此处“河”字，据《中华大藏经》校勘记，《丽》作“池”。

② “僧伽梨衣”（saṃghāṭi）是外衣。

③ “应量”的原词是 sārūpya，词义为“适合”。这里意谓“适合沙门的”。

तस्मिंश्च साध्यमाने इमानि पूर्वनिमित्तानि संदृश्यन्ते स्म-- तस्मिन् खल्वपि क्षीरे श्रीवत्सस्वस्तिकनन्द्यावर्तपद्मवर्धमानादीनि मङ्गल्यानि संदृश्यन्ते स्म। ततस्तस्या एतदभूत्-- यादृशानीमानि पूर्वनिमित्तानि संदृश्यन्ते निःसंशयमिदं भोजनं भुक्त्वा बोधिसत्त्वोऽनुत्तरां सम्यक्संबोधिं प्राप्स्यति। सामुद्रज्ञानविधिज्ञश्च नैमित्तिकस्तं प्रदेशं प्राप्तोऽभूत्। सोऽपि तथैवामृताधिगमनमेव व्याकृतवान्। ततः सुजाता तं पायसं पक्वं स्थण्डिलमुपलिप्य पुष्पैरवकीर्य गन्धोदकेनाभ्युक्ष्य आसनं प्रज्ञाप्य सत्कृत्योत्तरां नाम चेटीमामन्त्रयते स्म-- गच्छोत्तरे ब्राह्मणमानय। अहमिदं मधुपायसमवलोकयामि। साध्वार्य इति प्रतिश्रुत्य उत्तरा पूर्वां दिशमगमत्। सा तत्र बोधिसत्त्वं पश्यति स्म। तथैव दक्षिणाम्। बोधिसत्त्वमेव पश्यति स्म। एवं पश्चिमामुत्तरामेव दिशं गच्छति स्म तत्र तत्र बोधिसत्त्वमेवाद्राक्षीत्।

今译：众比丘啊，难提迦村少女善生听了众天神的这番话后，立即用一千头母牛的乳汁，煮了七遍，取其面上的精纯的乳脂。然后，她将这些新鲜乳脂和新鲜稻米放入新锅中，用新砌的炉灶煮成食物。在煮的过程中，她看到这些征兆：在牛奶中显现卍字、十字、难提夜伐多和波头摩伐驮摩那等吉祥相。于是，她思忖："显现这些征兆，毫无疑问，吃了这个食物，菩萨将证得无上正等菩提。"一位精通相术的占相师来到这里。他也解释说这通向不死。然后，善生煮熟牛奶粥，清扫[1]地面，撒上鲜花，洒上香水，铺好座位，行礼致敬，吩咐名叫优多罗的侍女："优多罗啊，你去请婆罗门来！我在这里照看甜牛奶粥。"优多罗回答说："好吧，小姐！"她前往东边，在这里看到菩萨。这样，她前往南边，又看到菩萨。这样，她前往西边和北边，依然看到菩萨。

地译：時善生女聞神語已，即取千頭牸牛而構[2]其乳七度煎煮，唯取其上極精純者置新器内，用香粳米煮以為糜。當煮之時，於乳糜上現千輻輪、波頭摩等吉祥之相。時善生女見此相已，即自思惟："是何瑞應？"時有仙人語善生言："如此乳糜若有食者，必當得成無上菩提。"是時，善生煮乳糜已，灑掃所居，極令清淨，安置妙座，種種施設，告優多羅女言："汝宜往請梵志偕來。"優多羅女既奉命已，向東而行，唯見菩薩，不覩梵志。南西北行，但覩菩薩，不見梵志，亦復如是。

तेन खलु पुनः समयेन शुद्धावासकायिकैर्देवपुत्रैः सर्वेऽन्यतीर्थिका निगृहीता अभूवन्। न कश्चित् संदृश्यते स्म। ततः सा आगत्वा स्वामिनीमेवमाह-- न खल्वार्ये अन्यः कश्चिद् दृश्यते श्रमणो वा ब्राह्मणो वा अन्यत्र यतो यत एव गच्छामि तत्र तत्र श्रमणमेव सुन्दरं

---

① "清扫"的原词是 upalipya（"涂抹"），这里此词可能指"清扫"。此处地译"洒扫"。

② 此处"構"的原字是"瞉"左边下面去掉"几"，加上"牛"。据《中华大藏经》（《商人蒙记品》第二十四）校勘记，此字《资》作"構"。这里暂且使用"構"。

पश्यामि। सुजाता आह-- गच्छोत्तरे स एव ब्राह्मणः स एव श्रमणः। तस्यैवार्थेऽयमारम्भः। तमेवानयेति। साध्वार्ये इत्युत्तरा गत्वा बोधिसत्त्वस्य चरणयोः प्रणिपत्य सुजाताया नाम्नोपनिमन्त्रयते स्म। ततो भिक्षवो बोधिसत्त्वः सुजाताया ग्रामिकदुहितुर्निवेशनं गत्वा प्रज्ञप्त एवासने न्यषीदत्। अथ खलु भिक्षवः सुजाता ग्रामिकदुहिता सुवर्णमयीं पात्रीं मधुपायसपूर्णां बोधिसत्त्वस्योपनामयति स्म॥

今译：当时，净居天子们已经驱除其他外道苦行者，一个也见不到。于是，她回来对女主人说："没有看到其他任何沙门或婆罗门。我所到之处，只看到那个美沙门。"善生说道："快去，优多罗啊！就是这个婆罗门，就是这个沙门。我准备这一切，就是为了他。去请他来！"优多罗说道："好吧，小姐！"她前往那里，向菩萨行触足礼，以善生的名义邀请他。然后，众比丘啊，菩萨前往村中少女善生的住处，坐在铺好的座位上。然后，众比丘啊，村中少女善生递给菩萨盛满甜牛奶粥的金钵。

地译：由淨居天隱梵志身，令優多羅女永不得見。優多羅女歸白善生言："我所去處，唯見沙門瞿曇，不復見有諸餘梵志。"善生女言："此為最勝，我故為彼辦是乳糜。汝宜速往，為我延請。"優多羅女至菩薩所，頭面禮足，作如是言："善生使我來請聖者。"菩薩聞已，往詣其所，坐殊勝座。時善生女即以金鉢盛滿乳糜，持以奉獻。

अथ बोधिसत्त्वस्यैतदभवत्-- यादृशमिदं सुजातया भोजनमुपनामितम् निःसंशय-महमद्यैनं भोजनं भुक्त्वा अनुत्तरां सम्यक्संबोधिमभिसंभोत्स्यते॥

今译：然后，菩萨思忖："善生给我吃这个食物。毫无疑问，我今天吃了这个食物，会证得无上正等菩提。"

地译：菩薩受已，作是思惟："食此乳糜，必定得成阿耨多羅三藐三菩提。"

अथ बोधिसत्त्वस्तद्भोजनं प्रतिगृह्य सुजातां ग्रामिकदुहितरमेतदवोचत्-- इयं भगिनि सुवर्णपात्री। किं क्रियताम् सा आह-- तवैव भवत्विति। बोधिसत्त्व आह-- न ममेदृशेन भाजनेन प्रयोजनम्। सुजाता आह-- यथेष्टं क्रियताम्। नाहं विना भाजनेन कस्यचिद्भोजनं प्रयच्छामि॥

今译：菩萨接受这个食物，对村中少女善生说道："妹子啊，这个金钵怎么办？"她说道："归你了！"菩萨说道；"这样的食钵对我没有用处。"善生说道："那就随你处置吧！我给任何人食物都连带食钵。"

地译：復告善生："我若食已，如是金鉢當付與誰？"善生女言："願以此鉢奉上尊者，隨意所用。"

अथ बोधिसत्त्वस्तं पिण्डपात्रमादायोरुबिल्वाया निष्क्रम्य नागनदीं पूर्वाह्णकालसमये नदीं नैरञ्जनामुपसंक्रम्य तं पिण्डपात्रं चीवराणि चैकान्ते निक्षिप्य नदीं नैरञ्जनामवतरति स्म गात्राणि शीतलीकर्तुम्॥

今译：然后，菩萨带着这个食钵，离开优楼频螺部落。在早晨，他来到蛇族聚居的①尼连河。他将食钵和衣服放在一边，进入尼连河中凉快身体。

地译：爾時，菩薩擎彼乳糜，出優婁頻螺聚落，往尼連河，置鉢岸上，剃除鬚髮，入河而浴。

बोधिसत्त्वस्य खलु पुनर्भिक्षवः स्नायतोऽनेकानि देवपुत्रशतसहस्राणि दिव्यागुरु-चन्दनचूर्णविलेपनैर्नदीमालोडयन्ति स्म। दिव्यानि च नानावर्णानि कुसुमानि जले क्षिपन्ति स्म यदुत बोधिसत्त्वस्य पूजाकर्मणे॥

今译：众比丘啊，在菩萨沐浴时，数十万天子向河中撒下天国的沉水香粉、旃檀香粉和软膏，也撒下天国的各色鲜花，供奉菩萨。

地译：佛告諸比丘：菩薩澡浴之時，百千諸天散天香花，遍滿河中。

तेन खलु पुनः समयेन नैरञ्जना नदी दिव्यैर्गन्धैः पुष्पैश्च समाकुला वहति स्म। येन च गन्धोदकेन बोधिसत्त्वः स्नातोऽभूत् तं देवपुत्रकोटीनियुतशतसहस्राण्यभ्युत्क्षिप्य स्वक-स्वकानि भवनानि नयन्ति स्म चैत्यार्थं पूजार्थं च॥

今译：那时，尼连河中布满天国的香粉和鲜花。菩萨在这香水中沐浴。百千万亿天子都从这里取走一份香水，带回各自宫中，建塔供奉。

地译：菩薩浴竟，競収此水，將還天宮，

यानि च बोधिसत्त्वस्य केशश्मश्रूण्यभूवन् तानि सर्वाणि सुजाता ग्रामिकदुहिता मङ्गल्यानीति कृत्वा चैत्यार्थं पूजार्थं च परिगृह्णीते स्म॥

今译：而菩萨剃下的那些须发，村中少女善生认为是吉祥物，取回建塔供奉。

地译：所剃鬚髮，善生得已，起塔供養。

नद्युत्तीर्णश्च बोधिसत्त्वः पुलिनं निरीक्षते स्म उपवेष्टुकामः। अथ या नैरञ्जनायां नद्यां

① "蛇族聚居的"的原文是 nāganadī（"蛇河"），也就是尼连诃，因为这条诃是蛇族聚居处。

नागकन्या सा धरणितलादभ्युद्गम्य मणिमयं (मनोरमं) भद्रासनं बोधिसत्त्वायोपनामयति स्म। तत्र बोधिसत्त्वो निषद्य यावदर्थं तं मधुपायसं परिभुङ्क्ते स्म सुजाताया ग्रामिक-दुहितुरनुकम्पामुपादाय। परिभुज्य च तां सुवर्णपात्रीमनपेक्षो वारिणि प्राक्षिपति स्म। क्षिप्तमात्रां च तां सागरो नागराजश्चित्तिकारबहुमानजातो गृहीत्वा स्वभवनाभिमुखः प्रस्थितोऽभुत् पूजार्हेति कृत्वा। अथ दशशतनयनः पुरंदरो गरुडरूपमभिनिर्माय वज्रतुण्डो भूत्वा सागरस्य नागराजस्यान्तिकात्तां सुवर्णपात्रीं हर्तुमारब्धः। यदा न शक्नोति स्म तदा स्वरूपेणादरेण याचित्वा त्रायत्रिंशद्भवनं नीतवान् पूजार्थं चैत्यार्थं च। नीत्वा पात्रीयात्रां नाम पर्वणि प्रवर्तितवान्। अद्यापि च त्रायत्रिंशेषु देवेषु प्रतिसंवत्सरं पात्रीमहो वर्तते। तच्च भद्रासनं तयैव नागकन्यया परिगृहीतं चैत्यार्थं पूजार्थं च॥

今译：菩萨从河中上岸，望着沙滩，想要坐下。这时，尼连河中一位蛇族少女从地面跃出，献给菩萨一个可爱的摩尼珠宝座。菩萨坐在上面，享用甜牛奶粥，怀着对村中少女善生的同情。吃完后，他毫无顾虑地将金钵扔入水中。刚一扔下，蛇王沙伽罗感到惊奇[①]，心生恭敬，认为值得供奉，准备将它带回自己宫中。这时，千眼因陀罗幻化成金翅鸟，有金刚喙，上前夺取蛇王沙伽罗身边的金钵。一旦夺不到，他便恢复自己原貌，尊敬地乞求，将它带回忉利天宫，建塔供奉。为此，他建立了名为金钵游行的节日。至今在忉利天，每年都庆祝金钵节。同时，那位蛇族少女取回那个宝座，建塔供奉。

地译：菩薩既出河岸，作是思惟："當以何座食此美味？"河中龍妃即持賢座，從地涌出，敷置淨處，請菩薩坐。菩薩坐已，食彼乳糜，身體相好平復如本，即以金鉢擲置河中。是時，龍王生大歡喜，收取金鉢，宮中供養。時釋提桓因即變其形為金翅鳥，從彼龍王奪取金鉢，將還本宮，起塔供養。爾時，菩薩從座而起，龍妃還持所獻賢座，歸於本宮，起塔供養。

समन्तपरिभुक्तश्च भिक्षवो बोधिसत्त्वेनौदारिक आहारः। अथ तत्क्षणमेव बोधिसत्त्वस्य पुण्यबलेन प्रज्ञाबलेन पूर्विका काये शुभवर्णपुष्करता प्रादुरभूत्। द्वात्रिंशच्च महापुरुषलक्षणानि अशीतिश्चानुव्यञ्जनानि व्यामप्रभता च। तत्रेदमुच्यते--

今译：众比丘啊，菩萨享用美食后[②]，刹那间，凭借功德力和智慧力，菩萨原先身上的优美[③]肤色显现。三十二种大人相和八十种随好闪耀一寻。这里，这样说道：

---

① "感到惊奇"的原文是 citikāra，BHSD 指出应为 citrīkāra。
② 此处原文中的 samanta，据 M 本和 L 本应为 samananta。
③ 此处"优美"的原词是 puṣkaratā，BHSD 认为此词相当于 puṣkalatā。

地译：諸比丘！由菩薩福慧力故，食乳糜已，三十二相、八十種好圓光一尋，轉增赫弈。爾時，世尊欲重宣此義，而說偈言：

षड्वर्ष व्रत उत्तरित्व भगवान् एवं मतिं चिन्तयन्
सोऽहं ध्यानाभिज्ञज्ञानबलवानेवं कृशाङ्गोऽपि सन्।
गच्छेयं द्रुमराजमूलविटपं सर्वज्ञतां बुद्धितुं
नो मे स्यादनुकम्पिता हि जनता एवं भवेत् पश्चिमा॥२३॥

今译：世尊完成六年苦行，这样考虑："尽管
身体瘦弱，我有禅定、神通和智慧力，
如果我就这样前往树王树根的庇荫处，
求证一切智，是对凡俗众生缺乏同情。（23）

地译：六年苦行時，身體極羸瘦，
不以天神力，往彼菩提場。

यत्त्वौदारिक भुक्त्व भोजनवरं काये बलं कृत्वना
गच्छेयं द्रुमराजमूलविटपं सर्वज्ञतां बुध्यितुम्।
मा हैवेत्वरपुण्य देवमनुजा लूहेन ज्ञानेक्षिणो
नो शक्ता सिय बुध्यनाय अमृतं कायेन ते दुर्बलाः॥२४॥

今译："因此，享用美食而增强体力，我要
这样前往树王树根庇荫处，求证一切智，
别让缺少功德的神和人靠苦行求智慧，
依靠衰弱的身体，不能觉醒①而得甘露。"（24）

地译：為愍眾生故，還依諸佛法，
須食於美食，方證大菩提。

सा च ग्रामिकधीत पूर्वचरिता नाम्ना सुजाता इति
यज्ञा नित्यु यजाति एवमनसा सिद्धे व्रतं नायके।
सा देवान निशाम्य चोदन तदा गृह्या मधूपायसं
उपगम्या नदितीरि हृष्टमनसा नैरञ्जनायाः स्थिता॥२५॥

今译：有位村中少女②始终行善，名为善生，
一直举行祭祀，但求导师苦行成功，

① 此处"觉醒"的原词是 budhyanāya，据 L 本应为 buddhyanāya。
② 此处"少女"的原词是 dhīta，BHSD 指出此词相当于 duhitṛ（"女儿"）。

她听到了众天神的劝请，手持蜜粥，
满怀喜悦，来到尼连河岸，站在那里。（25）

地译：有女於往昔，行善名善生，
为佛六年苦，廣施八百眾，
夜半聞天語，晨朝構[①]乳牛，
練彼千牛乳，作糜持奉獻。
菩薩著衣已，巡行至其舍，
受彼乳糜取，往詣尼連河。

सो चाकल्पसहस्रचीर्णचरितो शान्तप्रशान्तेन्द्रियो
देवैर्नागगणैर्ऋषी परिवृतो आगत्य नैरञ्जनाम्।
तीर्णस्तारकु पारसत्त्व मतिमां स्नाने मतिं चिन्तयन्
ओरुह्या नदि स्नापि शुद्धविमलो लोकानुकम्पी मुनिः॥२६॥

今译：这位牟尼已修行千劫，感官安宁平静，
众天神、蛇和仙人围绕，来到尼连河，
他纯洁无瑕，怜悯世界，决定救度众生，
现在想要沐浴，走下堤岸，在河中沐浴。（26）

地译：菩薩無量劫，廣修諸善行，
身心俱寂靜，進止極調柔，
至彼連河岸，天龍悉圍遶，
菩薩入河浴，諸天散香花。

देवा कोटिसहस्र हृष्टमनसा गन्धाम्बु चूर्णानि च
ओरुह्या नदि लोडयन्ति सलिलं स्नानार्थ सत्त्वोत्तमे।
स्नाना स्नात्वन बोधिसत्त्व विमलस्तीरे स्थितः सूरतः
हर्षुर्देवसहस्र स्नानसलिलं पूजार्थ सत्त्वोत्तमे॥२७॥

今译：千亿天神满怀喜悦，向河中撒下
香水和香粉，侍奉人中俊杰沐浴，
菩萨沐浴完毕上岸，洁净而柔顺，
众天神高兴地取回沐浴水供奉。（27）

---

① 此处“構”的原字是“㱿”左边下面去掉“几”，加上“牛”。据《中华大藏经》（《商人蒙记品》第二十四）校勘记，此字《资》作“構”。这里暂且使用“構”。

काषायानि च वस्त्र निर्मल शुभा ता देवपुत्रो ददे
कल्पीयानि च संनिवास्य भगवांस्तीरे हि नद्याः स्थितः।
नागाकन्य उदग्र हृष्टमनसा भद्रासनं सा न्यषीत्
यत्रासौ निषसाद् शान्तमनसो लोकस्य चक्षुष्करः॥२८॥

今译：一位天子送给他洁净漂亮的袈裟衣，
世尊穿上这合适的衣服，站在河边；
那位蛇族少女满怀喜悦，安放宝座，
赋予世界眼睛者坐下，思想平静。（28）

दत्त्वा भोजनु सा सुजात मतिमां स्वर्णामये भाजने
वन्दित्वा चरणानि सा प्रमुदिता परिभुङ्क्ष्व मे सारथे।
भुक्त्वा भोजनु यावदर्थ मतिमान् पात्रीं जले प्राक्षिपत्
तां जग्राह पुरंदरः सुरगुरुः पूजां करिष्याम्यहम्॥२९॥

今译：善生送给他盛在金钵中的食物，向他
行触足礼，高兴地说："导师，请用吧！"
他吃完食物后，将那个金钵扔进水中，
神中导师因陀罗取走它，说："我要供奉。"（29）

地译：將欲昇河岸，神來低寶樹，
善女施金鉢，龍妃奉妙床。

यद् भुक्तं च जिनेन भोजनवरं ओदारिकं तत्क्षणे
तस्या कायबलं च तेजशिरिया पूर्वं यथा संस्थितम्।
धर्मा कृत्व कथा सुजात मरुणां कृत्वा च अर्थं बहुं
सिंहो हंसगतिर्गजेन्द्रगमनो बोधिद्रुमं संस्थितः॥३०॥

今译：这位世尊享用美食后，刹那间恢复
以前的体力和光辉，他为善生说法，
为众天神讲解妙义，然后这位狮子
迈着天鹅和象王步姿，前往菩提树。（30）

地译：行步如師子，往詣菩提座。

॥इति श्रीललितविस्तरे नैरञ्जनापरिवर्तो नामाष्टादशमोऽध्यायः॥

今译：以上是吉祥的《神通游戏》中名为《尼连河品》的第十八章。

बोधिमण्डगमनपरिवर्त एकोनविंशः।

今译：第十九 前往菩提道场品

地译：詣菩提場品第十九

इति हि भिक्षवो बोधिसत्त्वो नद्यां नैरञ्जनायां स्नात्वा च भुक्त्वा कायबलस्थाम संजनय्य येन षोडशाकारसंपन्नपृथिविप्रदेशो महाबोधिद्रुमराजमूलं तेन प्रतस्थे विजयया तया च गत्या यासौ महापुरुषाणां गतिरनुच्चलितगतिरिन्द्रियेष्टिगतिः सुसंस्थितगतिः मेरुराजगतिरजिह्म-गतिरकुटिलगतिरनुपद्रुतगतिरविलम्बितगतिरलूडितगतिरस्खलितगतिरसंघटितगतिरलीनग तिरचपलगतिः सलीलगतिः विमलगतिः शुभगतिरदोषगतिरमोहगतिररक्तगतिः सिंहगतिः हंसराजगतिर्नागराजगतिर्नारायणगतिः धरणतलासंसृष्टगतिः सहस्रारचक्रधरणीतलचित्र-गतिः जालाङ्गुलिताम्रनखगतिः धरणीतलनिर्नादगतिः शैलराजसंघटनगतिः उत्कूलनिकूल-समकरचरणगतिः जालान्तराभारश्म्युत्सर्जनसत्त्वसंस्पृशनसुगतिगमनगतिः विमलपद्मक्रम-निक्षिपणगतिः पूर्वशुभसुचरितगमनगतिः पूर्वबुद्धसिंहाभिगमनगतिः वज्रदृढाभेद्याशयगतिः (सर्वौपायगतिः) सर्वापायदुर्गतिपिथितगतिः सर्वसत्त्वसुखसंजननगतिः मोक्षपथसंदर्शनगतिः मारबलाबलकरणगतिः कुगणिगणपरप्रवादिसहधर्मनिग्रहणगतिः। तमः पटलक्लेशविधमन-गतिः संसारपक्षापक्षकरणगतिः शक्रब्रह्ममहेश्वरलोकपालाभिभवगतिः। त्रिसाहस्रमहा-साहस्रैकशूरगतिः स्वयंभ्वनभिभूतगतिः सर्वज्ञज्ञानाभिगमनगतिः स्मृतिमतिगतिः सुगति-गमनगतिः जरामरणप्रशमनगतिः शिवविरजामलाभयनिर्वाणपुरगमनगतिः। ईदृश्या गत्या बोधिसत्त्वो बोधिमण्डं संप्रस्थितोऽभूत्॥

今译：这样，众比丘啊，菩萨在尼连河中沐浴后，吃了食物，恢复体力，前往具有十六种相的这个地方[①]，大菩提树王树根处。他迈着胜利的步姿。那是大丈夫的步姿，不高跨的步姿，感觉舒适的步姿，安稳的步姿，须弥山王的步姿，不歪斜的步姿，不蜷曲的步姿，不急迫的步姿，不迟缓的步姿，不散乱的步姿，不磕绊的步姿，不密集的步姿，不沉重的步姿，不轻浮的步姿，游戏的步姿，纯洁的步姿，优美的步姿，无过失的步姿，无愚痴的步姿，无污染的步姿，狮子的步姿，天鹅王的步姿，蛇王的步姿，那罗延的步姿，不触地的步

---

① “具有十六相的这个地方”，地译“十六功德之地”。《佛本行集经》此处译为“十六种相功德具满地分之地”，并对十六种相做了具体描述。

姿，地面上出现美妙千辐轮相的步姿，足趾网相、趾甲赤红的步姿，地面回响的步姿，碰撞大山的步姿，踩平崎岖坎坷的步姿，足趾网相中放射光芒、照耀众生走向善道的步姿，步步踩出纯洁莲花的步姿，遵行前生善行的步姿，迎接过去佛狮子的步姿，心愿坚似金刚不可破的步姿，（一切方便的步姿），堵住一切恶道的步姿，带给一切众生幸福的步姿，展示解脱之路的步姿，消灭摩罗军队的步姿，依法制伏外道邪教的步姿，消除黑暗翳障和烦恼的步姿，断除轮回羽翼的步姿，胜过帝释天、梵天、大自在天和护世天王的步姿，三千大千世界唯一英雄的步姿，独立自在不可超越的步姿，通晓一切智的步姿，忆念和智慧的步姿，通向善道的步姿，灭寂老和死的步姿，通向吉祥、无垢、纯洁、无畏的涅槃之城的步姿。菩萨迈着这样的步姿，前往菩提道场。

地译：爾時，佛告諸比丘：菩薩澡浴身體，復食乳糜，氣力平全，方欲往詣十六功德之地菩提樹下。為欲降伏彼魔怨故，以大人相四[1]面而行。所謂徐徐安隱而行，容止美好如虹蜺而行，雅步閑詳如須彌山巍巍而行，不怱遽行，不遲慢行，不沈重行，不輕躁行，不濁亂行，離垢而行，清淨而行，無過失行，無愚癡行，無染著行，如師子王行，如龍王行，如那羅延行，不觸地行，千輻輪相印文而行，足指網鞔甲如赤銅照地而行，震動大地而行，如山相擊出大音聲而行，坑坎堆阜自然平正而行，足下光明照罪眾生歸於善趣而行，所踐之地皆生蓮花而行，隨順過去諸佛就師子座而行，心如金剛不可沮壞而行，閉諸惡趣、開諸善門而行，安樂一切眾生而行，銷滅魔力而行，摧諸邪論而行，除斷無明翳障而行，絕生死翅羽而行，暎蔽釋、梵、護世自在天王而行，於三千大千世界唯我獨尊而行，自證聖道、不由他悟而行，將證一切智而行，念慧相應而行，欲除生老病死而行，方趣寂滅、離垢、不死、無畏向涅槃城而行。

इति हि भिक्षवो यावच्च नद्या नैरञ्जनाया यावच्च बोधिमण्डादेस्तस्मिन्नन्तरे वातबलाहकैर्देवपुत्रैः संमृष्टमभूत्। वर्षबलाहकैर्देवपुत्रैर्गन्धोदकेन सिक्तमभूत् पुष्पैश्चावकीर्णमभूत्। यावदेव त्रिसाहस्रमहासाहस्रलोकधातौ वृक्षास्ते सर्वे येन बोधिमण्डस्तेनाभिनताग्रा अभूवन्। येऽपि च तदहोजाता बालदारिकास्तेऽपि बोधिमण्डशीर्षकाः स्वपन्ति स्म। ये ऽपि चेह त्रिसाहस्रमहासाहस्रलोकधातौ सुमेरुप्रमुखाः पर्वतास्तेऽपि सर्वे येन बोधिमण्डस्तेन प्रणता अभूवन्। नदीं च नैरञ्जनामुपादाय यावद्बोधिमण्डोऽस्मिन्नन्तरे कामावचरैर्देवपुत्रैः क्रोशविस्तारैकप्रमाणो मार्गोऽभिव्यूहितोऽभूत्। तस्य च मार्गस्य वामदक्षिणयोः पार्श्वयोः सप्तरत्नमयी वेदिका अभिनिर्मिताऽभूत्। सप्ततालानुच्चैस्त्वेन उपरिष्टाद्रत्नजालसंछन्ना दिव्य-

① 此处"四"字，据《中华大藏经》校勘记，《丽》作"西"。

छत्रध्वजपताकासमलंकृता। इषुक्षेपे सप्तरत्नमयास्ताला अभिनिर्मिता अभूवन्तस्या वेदिकाया अभ्युद्गताः। सर्वस्माच्च तालाद्रत्नसूत्रा द्वितीये तालमवसक्तमभूत्। द्वयोश्च तालयोर्मध्ये पुष्करिणी मापिताभूत् गन्धोदकपरिपूर्णा सुवर्णवालिकासंस्तृता उत्पलपद्मकुमुद-पुण्डरीकसंछन्ना रत्नवेदिकापरिवृता वैदूर्यमणिरत्नसोपानप्रत्युप्ता आडिबलाकाहंसचक्रवाक-मयूरोपकूजिता। तं च मार्गमशीत्यप्सरःसहस्राणि गन्धोदकेन सिञ्चन्ति स्म। अशीत्यप्सरः सहस्राणि मुक्तकुसुमैरभ्यवकिरन्ति स्म दिव्यैर्गन्धवद्भिः। सर्वस्य च तालवृक्षस्य पुरतो रत्नव्योमकः संस्थितोऽभूत्। सर्वस्मिंश्च रत्नव्योमके अशीत्यप्सरःसहस्राणि चन्दनागुरु-चूर्णकपुटापरिगृहीतानि कारानुसारिधूपघटिकापरिगृहीतानि स्थितान्यभूवन्। सर्वस्मिंश्च रत्नव्योमके पञ्चपञ्चाप्सरःसहस्राणि दिव्यसंगीतिसंप्रवादितेन स्थितान्यभूवन्॥

今译：这样，众比丘啊，从尼连河到菩提道场之间，风云天子们打扫干净，雨云天子们洒下香水，撒下鲜花。三千大千世界所有的树木都将枝头弯向菩提道场。在那天出生的婴儿入睡时，也都头朝菩提道场。三千大千世界以须弥山为首，所有的山峰也都弯向菩提道场。从尼连河到菩提道场之间，欲界天子们以拘卢舍为长度计算单位，装饰道路。在道路左右两侧造出七宝栏杆，有七多罗树高①，上面覆盖宝石网，装饰有天国的华盖、旗帜和旗幡。又在一箭射程内，造出高出栏杆的七宝多罗树。每棵多罗树都有宝石绳与另一棵多罗树相连。两棵多罗树之间都建有莲花池。池中充满香水，遍布金沙，覆盖青莲、红莲、黄莲和白莲，围有宝石栏杆，铺设琉璃和摩尼珠宝台阶，回响阿帝鸟、仙鹤、天鹅、轮鸟和孔雀的鸣声。一路上，八万天女洒下香水，八万天女撒下天国香花。每棵多罗树前都设有宝石楼台，每个宝石楼台中有八万天女。每个天女伫立着，手持旃檀香和沉水香粉盒，或手持黑檀香②香炉。每个宝石楼台中，还有五千天女伫立着，演奏天乐。

地译：爾時，菩薩正念向彼菩提之樹直視行時，便有如是無量威儀。時有風天雨天③從尼連河至菩提樹，周遍掃灑，盡令嚴淨，又雨無量殊勝香華，遍覆其地。於三千大千世界，所有大小諸樹皆悉低枝向菩提樹。三千大千世界須彌山等大小諸山，皆悉低峯向菩提樹。欲界諸天子等，各散種種微妙香花，一一妙花縱廣一拘盧舍以為花臺，復現廣路脩遠無際，於路左右七寶欄楯皆悉嚴好，其量高下如七多羅樹，眾寶幡蓋處處莊嚴。復化七寶多羅之樹，一一樹間絡以金繩，於其繩上皆懸珍鐸，明珠琉璃間廁其中。其樹兩間有七寶池，於

---

① "有七多罗树高"的原文是 saptatālānuccaistvena，据 M 本应为 saptatālā uccaistvena。
② "黑檀香"的原词是 kārānusāri，BHSD 指出相当于 kālānusāri。
③ "风天雨天"指风云天子和雨云天子。

彼池内金沙遍布，香水盈滿，優鉢羅花、拘勿頭花、波頭摩花、芬陀利花，如是等花充滿池中。其池四邊七寶階道，周匝莊嚴。於其階道則有迦陵頻伽、鳧鴈、鴛鴦、命命諸鳥出和雅音。有八萬四千天諸婇女，以眾香水灑於前路。復有八萬四千天諸婇女散眾天花。一一樹下復有眾寶妙臺，是諸臺上各有八萬四千天諸婇女，皆捧寶器，盛妙栴檀、沉水之香。復有五千天諸婇女奏天伎樂，歌舞頌歎，出和雅音。

इति हि भिक्षवो बोधिसत्त्वः प्रकम्प्यमानैः क्षेत्रै रश्मिकोटीनियुतशतसहस्राणि निश्चारयंस्तूर्यशतसहस्रैः प्रवाद्यमानैः महता पुष्पाढ्येन प्रवर्षता अम्बरशतसहस्रैर्भ्राम्यमानैः दुन्दुभिशतसहस्रैः पराहन्यमानैः गर्जद्भिः प्रगर्जद्भिः हयगजवृषभैः प्रदक्षिणीकुर्वद्भिः शुकसारिकाकोकिलकलविङ्कजीवंजीवकहंसक्रोञ्चमयुरचक्रवाकशतसहस्रैः उपनाम्यमानैः मङ्गल्यशतसहस्रैः। अनेनैवंरूपेण मार्गव्यूहेन बोधिसत्त्वो बोधिमण्डं गच्छति स्म।

今译：这样，众比丘啊，菩萨放出百千亿道光芒，一切国土震动，数十万乐器奏响，满天花雨降下，数十万衣服飘下，数十万大鼓敲响，马、象和牛鸣叫。数十万鹦鹉、鸲鹆、杜鹃、迦陵频伽鸟、共命鸟、天鹅、麻鹬、孔雀和轮鸟右绕行礼。伴随数十万种吉祥景象，菩萨沿着这条庄严的道路前往菩提道场。

地译：佛告諸比丘：菩薩詣菩提樹時，其身普放無量光明，又遍震動無邊剎土[1]。復有無量百千諸天奏天伎樂，於虛空中雨眾天花，又雨無量百千天妙衣服。復有無量象馬牛等圍繞菩薩，發聲哮吼，其音和暢。又有無量鸚鵡、舍利、拘抧羅鳥、迦陵頻伽、鳧鴈、鴛鴦、孔雀、翡翠、共命諸鳥翻翔圍繞，出和雅音。菩薩往菩提場時，有如是等無量希有吉祥之相。

यां च रात्रिं बोधिसत्त्वो बोधिमभिसंबोद्धुकामोऽभूत् तामेव रात्रिं वशवर्ती नाम त्रिसाहस्रमहासाहस्राधिपतिर्ब्रह्मा सहापतिर्ब्रह्मपर्षदमामन्त्र्यैवमाहयत्खलू मार्षा जानीयाः। एष स बोधिसत्त्वो महासत्त्वो महासंनाहसंनद्धो महाप्रतिज्ञानुत्सृष्टो दृढसंनाहसंनद्धोऽपरिखिन्नमानसः सर्वबोधिसत्त्वचर्यासु निर्जातः सर्वपारमितासु पारंगतः सर्वबोधिसत्त्वभूमिषु वशिताप्राप्तः सर्वबोधिसत्त्वाशयसुविशुद्धः सर्वसत्त्वेन्द्रियेष्वनुगतः सर्वतथागतगुह्यस्थानेषु सुप्रविष्टः सर्वमारकर्मपथसमतिक्रान्तः सर्वकुशलमूलेष्वपरप्रत्ययः सर्वतथागतैरधिष्ठितः सर्वसत्त्वेषु प्रमोक्षमार्गदेशयिता महासार्थवाहः। सर्वमारमण्डलविध्वंसनकरः त्रिसाहस्रमहासाहस्रैकशूरः। सर्वधर्मभैषज्यसमुदानीतः महावैद्यराजः। विमुक्तिपट्टाबद्धो महाधर्मराजः। महाप्रज्ञाप्रभोत्सर्जनकरः महाकेतुराजः अष्टलोकधर्मानुपलिप्तः महापद्मभूतः सर्वधर्मधारण्य-

① “剎土”原词是 kṣetra，词义为“国土”。kṣetra 的音译是“剎多罗”，略称“剎”。

संप्रमुषितः महासागरभूतः अनुनयप्रतिघापगतः अचलोऽप्रकम्पी महासुमेरूभूतः। सुनिर्मलः सुपरिशुद्धः स्ववदर्पितविमलबुद्धिर्महामणिरत्नभूतः सर्वधर्मवशवर्ती सर्वकर्मण्यचित्तो महाब्रह्मभूतो बोधिसत्त्वो बोधिमण्डमुपसंक्रमति मारसैन्यप्रधर्षणार्थमनुत्तरां सम्यक्संबोधिमभिसंबोद्धुकामः। दशबलवैशारद्याष्टादशावेणिकबुद्धधर्मपरिपुरणार्थं महाधर्मचक्रप्रवर्तनार्थं महासिंहनादनादनार्थं सर्वसत्त्वान् धर्मदानेन संतर्पणार्थं सर्वसत्त्वानां धर्मचक्षुर्विशोधनार्थं सर्वपरप्रवादीनां सहधर्मेण निग्रहार्थं पूर्वप्रतिज्ञापारिपूरिसंदर्शनार्थं सर्वधर्मैश्वर्यवशिताप्राप्त्यर्थम्। तत्र युष्माभिर्मार्षा सर्वैरेव बोधिसत्त्वस्य पूजोपस्थानकर्मण्युत्सुकैर्भवितव्यम्। अथ खलू वशवर्ती महाब्रह्मा तस्यां वेलायामिमां गाथामभाषत--

今译：就在菩萨想要求证菩提的这个夜晚，名为自在的三千大千世界之主梵天娑婆主召集梵众天，说道："诸位贤士啊，你们要知道这位菩萨大士披戴大铠甲，坚守大誓愿，铠甲坚固，思想不疲倦，履行一切菩萨行，通晓一切波罗蜜，通达一切菩萨地，具有一切菩萨清净心，随顺一切众生根器，进入一切如来秘密处，超越一切摩罗业道，不由他缘获得一切善根，受一切如来护持。他为一切众生指示解脱之路，是大导师。他摧毁一切魔军，是三千大千世界的唯一英雄。他汇集一切正法药草，是大医王。他身穿解脱衣，是大法王。他闪耀大智慧光芒，是大幢王。他不受世间八法[1]污染，如同大莲花。他记住所有一切法，如同大海。他摒弃亲疏爱憎，不动不摇，如同须弥山。他的智慧纯洁无瑕[2]，如同大摩尼珠宝。他通晓一切法，无意于一切业行，如同梵天。菩萨前往菩提道场，为了摧毁魔军，证得无上正等菩提，圆满实现十力、无畏和十八不共佛法，转动大法轮，发出大狮子吼，布施正法，满足一切众生，净化一切众生的法眼，依法制伏一切外道邪说，示现以前的誓愿圆满实现，通达一切法而得自在。诸位贤士啊，你们都要热情崇拜和侍奉菩萨。"然后，自在大梵天在此刻念诵偈颂道：

地译：佛告諸比丘：菩薩將欲坐菩提座，其夜三千大千世界主大梵天王告諸梵眾，作如是言："仁者！當知菩薩摩訶薩被精進甲，智慧堅固，心不劬勞，成就一切菩薩之行，通達一切波羅蜜門，於一切菩薩地得大自在，獲諸菩薩清淨意樂。一切眾生諸根利鈍皆悉了知，住於如來祕密之藏，超諸魔境。一切善法皆能自覺，不由他人而得覺悟。為諸如來大神通力之所護念，當為眾生說解脫道，亦為眾生作大商主，摧伏一切諸魔軍眾。於三千大千世界之中，唯

① "世间八法"（aṣṭalokadharma）指利、衰、毁、誉、称、讥、苦和乐。

② 此处"纯洁无瑕"的原文是 svavadarpitavimala，其中的 avadarpita，BHSD 推测可能是 avadāta（"洁白"或"洁净"）。

佛獨尊，為大醫王，調和法藥，救眾生苦。為大法王，以智慧明照於十方，建大法幢。不為世間八法所染，猶如蓮花不著於水。能積無量真實法寶，猶如大海蘊諸奇珍。怨親平等，如須彌山安住不動。心意清淨，如摩尼珠離諸垢穢，於三千大千世界得大自在。菩薩摩訶薩以如是等無量功德詣菩提場，為欲降伏眾魔怨故，成阿耨多羅三藐三菩提故，欲圓滿十力、四無所畏、十八不共佛法故，轉正法輪故，為欲震大師子吼故，施大法雨，令諸眾生得滿足故，令諸眾生得清淨法眼故，令諸外道息諍論故，欲使本願得圓滿故，於一切法得自在故。仁者！汝等應當發心往詣，親近供養。”即說偈言：

यस्या तेजतु पुण्यतश्च शिरिये ब्राह्मः पथो ज्ञायते
मैत्री वा करुणा उपेक्ष मुदिता ध्यानान्यभिज्ञास्तथा।
सोऽयं कल्पसहस्रचीर्णचरितो बोधिद्रुमं प्रस्थितः
पूजां साधु करोथ तस्य मुनिनो आशिव्रते साधनाम्॥ १॥

今译：依靠吉祥的光辉和功德，得知梵道，
他具有慈、悲、喜、舍、禅定和神通，
已经修行一千劫，现在前往菩提树，
你们好好供奉，让这位牟尼实现誓愿[①]。（1）

地译：無量百千劫，具慈悲喜捨，
禪定智慧通，於今證涅槃。

यं गत्वा शरणं न दुर्गतिभयं प्राप्नोति नैवाक्षणं
देवेष्विष्टसुखं च प्राप्य विपुलं ब्रह्मालयं गच्छति।
षड्वर्षाणि चरित्व दुष्करचरिं यात्येष बोधिद्रुमं
साधू सर्वि उदग्रहृष्टमनसः पूजास्य कुर्वामहे॥ २॥

今译：求他庇护，不会惧怕恶道，遭遇八难，
而能获得天神的快乐，进入广阔梵界，
他已实施六年难行的苦行，现在前往
菩提树，我们要满怀喜悦好好供奉他。（2）

地译：若欲遠三惡，及離於八難，
受天妙樂報，乃至得涅槃，
應持上供具，供養於菩薩，

---

① “誓愿”的原词是 āśivrata，BHSD 指出相当于 āśāvrata。

六年修苦行，欲詣菩提場。

राजासौ त्रिसहस्त्रि ईश्वरवरो धर्मेश्वरः पार्थिवः
शक्राब्रह्मपुरे च चन्द्रसुरिये नास्त्यस्य कश्चित् समः।
यस्या जायत क्षेत्रकोटिनयुता संकम्पिता षड्विधा
सैषोऽद्य व्रजते महाद्रुमवरं मारस्य जेतुं चमून्॥३॥

今译：他是三千世界主、大自在、法王和国王，
帝释、梵天、月亮和太阳不能与他相比，
在他诞生时，亿万国土出现六种震动，
现在他前往大菩提树，为了征服魔军。（3）

地译：三千世界主，釋梵及日月，
一切無與等，見者咸歡悅，
降伏諸魔軍，必當成正覺。

मूर्ध्नं यस्य न शक्यमीक्षितुमिह ब्रह्मालयेऽपि स्थितैः
कायो यस्य वराग्रलक्षणधरो द्वात्रिंशतालंकृतः।
वाग्यस्येह मनोज्ञवल्गुमधुरा ब्रह्मस्वरा सुस्वरा
चित्तं यस्य प्रशान्त दोषरहितं गच्छाम तत्पूजने॥४॥

今译：甚至梵界居民也不能望见他的头顶，
他的身体具有美妙绝伦的三十二相，
话语甘甜，可爱迷人，话音优美似梵天，
思想平静，毫无污垢，我们前去供奉他。（4）

地译：身相三十二，最勝自莊嚴，
梵音甚清徹，心淨離諸過。

येषां वा मति ब्रह्मशक्रभवने नित्यं सुख क्षेपितुं
अथवा सर्वकिलेशबन्धनलतां छेत्तुं हि तां जालिनीम्।
अश्रुत्वा परतः स्पृशेयममृतं प्रत्येकबोधिं शिवां
बुद्धत्वं यदि वेप्सितं त्रिभुवने पूजेत्वसौ नायकम्॥५॥

今译：若想在梵天和帝释宫中永享幸福，
或想斩断一切烦恼缠绕的蔓藤网，
不由他悟，接触甘露和独觉的菩提，

或得佛性，那就供奉这三界导师吧！（5）

地译：或有人樂欲，上生於梵世，
或有人樂欲，證得聲聞果，
或有人樂欲，得成辟支佛，
或有人樂欲，當獲無上果，
如是諸人等，應供養導師。

त्यक्ता येन ससागरा वसुमती रत्नान्यनन्तान्यथो
प्रासादाश्च गवाक्षहर्म्यकलिका युग्यानि यानानि च।
भूम्यालंकृत पुष्पदाम रुचिरा उद्यानकूपासराः
हस्ता पादशिरोत्तमाङ्गनयना सो बोधिमण्डोन्मुखः॥ ६ ॥

今译：他舍弃大海围绕的大地，无穷的珠宝，
带有窗户、楼阁和楼台的宫殿，车马，
装饰大地的花环、可爱的花园和池井，
乃至手、足、头和眼，前往菩提道场。（6）

इति हि भिक्षवस्त्रिसाहस्रमहासाहस्रिको महाब्रह्मा इमं त्रिसाहस्रमहासाहस्रं लोकधातुं तत्क्षणं सममध्यतिष्ठत्। पाणितलजातमपगतशर्करकठल्लमुत्सदमणिमुक्तिवैदूर्यशङ्खशिला-प्रवालरजतजातरूप्यं नीलमृदुकुण्डलजातप्रदक्षिणनन्द्यावर्तकाचिलिन्दिकसुखसंस्पर्शैश्च तृणैरिमं त्रिसाहस्रमहासाहस्रं लोकधातुं संछादितमध्यतिष्ठत्। सर्वे च तदा महासमुद्रा धरणीतलसंस्थिता अभूवन्। न च जलचराणां सत्त्वानां काचिद्विहेठाभूत्। इमं चैव लोकधातुमलंकृतं दृष्ट्वा च दशसु दिक्षु शक्रब्रह्मलोकपालैर्बोधिसत्त्वस्य पूजाकर्मणे बुद्धक्षेत्र-शतसहस्राणि समलंकृतान्यभूवन्। बोधिसत्त्वैश्च दिव्यमानुष्यकातिक्रान्तैः पूजाव्यूहैर्दशसु दिक्ष्वप्रमेयाणि बुद्धक्षेत्राणि प्रतिमण्डितान्यभूवन् बोधिसत्त्वस्य पूजाकर्मणे। सर्वाणि च तानि बुद्धक्षेत्राण्येकमिव बुद्धक्षेत्रं संदृश्यन्ते स्म नानाव्यूहालंकारालंकृतानि च। न च भूयो लोकान्तरिका न च कालपर्वता न च चक्रवालमहाचक्रवालाः प्रज्ञायन्ते स्म। सर्वाणि च तानि बुद्धक्षेत्राणि बोधिसत्त्वस्याभया स्फुटानि संदृश्यन्ते स्म।

今译：这样，众比丘啊，三千大千世界的大梵天在刹那间使三千大千世界变得平坦如手掌，清除沙石瓦砾，装饰大量的摩尼珠、珍珠、琉璃、贝壳、玉石、珊瑚和金银。他也使三千大千世界覆盖青草，碧绿，柔软，耳环状，右旋，呈现难提伐多相，接触舒服似迦邻陀衣。一切大海安稳似大地，水中生物不受侵扰。看到这个世界得到装饰，帝释天、梵天和护世天王们也装饰十方十万佛土，供奉菩萨。十方无数佛土的菩萨也用胜过天神和凡人的种种供物装饰各自

佛土，供奉菩萨。所有这些佛土全都装饰有种种供物，看似一个佛土。不再认出世界之间幽冥处、黑山、轮围山和大轮围山。[①]菩萨的光芒照亮所有这些佛土，清晰可见。

地译：佛告諸比丘：時大梵天王為供養菩薩故，以神通力令三千大千世界皆悉清淨，除諸砂鹵、瓦礫、荊棘，地平如掌，無有丘墟，以金銀、琉璃、硨磲、馬碯、珊瑚、虎魄、真珠等寶而嚴飾之。又遍三千大千世界生諸瑞草，青綠、右旋、柔軟可愛如迦陵陀衣。又諸巨海變為平地，亦不嬈彼魚鼈黿鼉水性之屬。所有十方剎土梵王、帝釋、護世四王，咸見此間三千大千世界如是嚴淨，各於本土皆悉莊嚴，遙申供養。又十方無邊剎土一切菩薩為供養故，以超過人天殊勝供具各於本國而申供養，皆見無邊世界如一佛土。諸須彌山、鐵圍山間幽冥之處，日月威光所不能及，咸見菩薩光明普照。

षोडश च बोधिमण्डपरिपालिका देवपुत्राः। तद्यथा-- उत्खली च नाम देवपुत्रः सूत्खली च नाम प्रजापतिश्च शूरबलश्च केयूरबलश्च सुप्रतिस्थितश्च महिंधरश्च अवभासकरश्च विमलश्च धर्मेश्वरश्च धर्मकेतुश्च सिद्धपात्रश्च अप्रतिहतनेत्रश्च महाव्यूहश्च शीलविशुद्धनेत्रश्च पद्मप्रभश्च। इतीमे षोडश बोधिमण्डप्रतिपालका देवपुत्राः सर्वेऽवैवर्त्यक्षान्तिप्रतिलब्धास्ते बोधिसत्त्वस्य पूजार्थं बोधिमण्डं मण्डयन्ति स्म। समन्तादशीतियोजनानि सप्तभी रत्नवेदिकाभिः परिवृतं सप्तभिस्तालपङ्क्तिभिः सप्तभी रत्नकिङ्किणीजालैः सप्तभी रत्नसूत्रैः परिवृतम् सप्तरत्नप्रत्युप्तैश्च जाम्बूनदसुवर्णपटैः सुवर्णसूत्रैर्जाम्बूनदसुवर्णपद्मैश्चावकीर्णं सारवरगन्धनिर्धूपितं रत्नजाल-संछन्नम्। ये च दशसु दिक्षु नानालोकधातुषु विविधा वृक्षाः सन्त्यभिजाता अभिपूजिता दिव्यमानुष्यकास्तेऽपि सर्वे तत्र बोधिमण्डे संदृश्यन्ते स्म। याश्च दशसु दिक्षु नानाप्रकारा जलस्थलजाः पुष्पजातयस्ता अपि सर्वास्तत्र बोधिमण्डे संदृश्यन्ते स्म। येऽपि च दशसु दिक्षु नानालोकधातुषु बोधिसत्त्वा बोधिमण्डालंकुर्वन्त्यप्रमाणपुण्यज्ञानसंभारव्यूहैस्तेऽपि तत्र बोधिमण्डे संदृश्यन्ते स्म॥

今译：有十六位天子守护菩提道场。他们是乌佉林、苏佉林、生主、勇力、璎珞力、善住、持地、放光、无垢、法自在、法幢、悉陀波多罗、无障眼、大庄严、戒净眼和莲花光。这十六位守护菩提道场的天子已经达到不退转和安忍，为了供奉菩萨，装饰菩提道场。在周围八十由旬方圆内，围有七重宝石栏杆、七重成排的多罗树、七重宝石铃铛网、七重宝石绳，遍布镶嵌七宝的阎浮那陀金幔、金绳和阎浮那陀金莲花，散发奇妙薰香，覆盖宝石网。十方各个世界中受到敬拜的各种高贵树木，无论是天国的或人间的，在这个菩提道场中都能见到。十方各个世界中各种鲜花，无论是水中的或地上的，在这个菩提道场中都

① 这句意谓世界上不再有认不出的黑暗之处。

能见到。十方各个世界中的菩萨们以无量功德和智慧资粮装饰菩提道场，在这个菩提道场中也都能见到。

地译：有十六天子守護此菩提之場。是諸天子皆證無生法忍及得阿惟越致[①]，其名曰轉進天子，無勝天子，施與天子，愛敬天子，勇力天子，善住天子，持地天子，作光天子，無垢天子，法自在天子，法幢天子，所行吉祥天子，無障礙天子，大莊嚴天子，清淨戒香天子，蓮花光明天子。如是等天子各化四万八十由旬，廣設無量寶莊嚴具。其地四邊皆有七重寶路。一[②]寶路皆悉行列寶多羅樹。一一樹間金繩交絡，垂諸寶鈴，覆以寶網。閻浮檀金以為蓮花遍滿於地，一一花上各以七寶而嚴飾之。復燒種種上妙天香。十方世界人天之中所有妙樹悉於中現。又十方世界一切水陸勝妙香花悉於中現。又十方世界諸佛菩薩各於本土現無量資糧、廣博嚴飾、福德智慧菩提道場，如是種種事業皆悉現於此道場中。

इति हि भिक्षवो बोधिमण्डपरिपालकैर्देवपुत्रैस्तादृशा व्यूहा बोधिमण्डे अभिनिर्मिता अभूवन् यान् दृष्ट्वा देवनागयक्षगन्धर्वासुराः स्वभवनानि श्मशानसंज्ञामुत्पादयामासुः। तांश्च व्यूहान् दृष्ट्वात्यर्थं चित्रीकारमुत्पादयामासुः। एवमुदानं चोदानयामासुः-- साध्वहोऽचिन्त्यः पुण्यविपाकनिष्यन्द इति। चत्वारश्च बोधिवृक्षदेवताः। तद्यथा-- वेणुश्च वल्गुश्च सुमनश्च ओजापतिश्च। एते चत्वारो बोधिवृक्षदेवता बोधिसत्त्वस्य पूजार्थं बोधिवृक्षं मापयन्ति स्म मूलसंपन्नं स्कन्धसंपन्नं शाखापत्रपुष्पफलसंपन्नं आरोहपरिणाहसंपन्नं प्रासादिकं दर्शनीयं विस्तीर्णमशीतिस्तालानुच्चैस्त्वेन तदनुरूपेण परिणाहेन चित्रं दर्शनीयं मनोरमं सप्तभी रत्नवेदिकाभिः परिवृतं सप्तभी रत्नतालपङ्क्तिभिः सप्तभी रत्नकिङ्किणीजालैः सप्तभी रत्नसूत्रैः समन्तादनुपरिवृतैरनुपरिक्षिप्तं पारिजातककोविदारप्रकाशमतृप्तचक्षुर्दर्शनम्। स च पृथिवीप्रदेशस्त्रिसाहस्रमहासाहस्रलोकधातुवज्रेणाभिदृढः सारोऽभेद्यवज्रमयः संस्थितोऽभूत् यत्र बोधिसत्त्वो निषण्णोऽभूद्बोधिमभिसंबोद्धुकामः॥

今译：这样，众比丘啊，这十六位守护菩提道场的天子这样装饰菩提道场。众天神、蛇、药叉、健达缚和阿修罗看到后，感觉自己的宫殿如同坟场。他们看到这些场景后，惊诧不已，赞叹道："美妙啊！功德的果报不可思议！"四位菩提树神是吠努、婆尔古、苏摩那和奥伽钵提。这四位菩提树神为了供奉菩萨，造出一棵菩提树，有树根、树干、枝叶和花果，又高又粗，美观可爱。它的高度和宽度相当于八十棵多罗树，奇妙，美观，可爱，围有七重宝石栏杆，还围

① "阿惟越致"是 avaivartya（即 avaivartika）一词的音译，词义为"不退转"。

② 此处"一"字，据《中华大藏经》校勘记，《资》、《碛》、《普》、《南》、《径》、《清》、《丽》作"一一"。

有七重成排的宝石多罗树，七重宝石铃铛网，七重宝石绳，犹如天国的波利质多树和拘毗陀罗树，令人百看不厌。大地的这个地方由三千大千世界的金刚构成，结实坚固，牢不可破。菩萨坐在这里，希望证得菩提。

地译：佛告諸比丘：十六天子見如是等神通瑞相，種種莊嚴，踊躍歡喜。天、龍、夜叉、乾闥婆、阿修羅、迦婁羅、緊那羅、摩睺羅伽等見此道場，歎未曾有，各想自宮猶如塚墓，皆有無量讚述功德。復有四護菩提樹神：一名毗留薄瞿，二名蘇摩那，三名烏珠鉢底，四名帝珠，[1]各以神力變菩提樹，高廣嚴好，各長八十多羅之樹，根莖、枝葉、花果茂盛，端正可愛，莊嚴無比，見者歡喜，踰於帝釋歡喜園中波利質多羅樹、拘鞞羅樹。菩薩所坐成菩提處，則三千大千世界之中心也。此樹下地純以金剛所成，不可沮壞。

इति हि भिक्षवो बोधिसत्त्वेन बोधिमण्डमुपसंक्रमता तथारूपा कायात्प्रभा मुक्ताभूत् यया प्रभया सर्वेऽपायाः शान्ता अभूवन्। सर्वाण्यक्षणानि पिथितान्यभूवन्। सर्वदुर्गतिवेदनाश्चोपशोषिता अनुभवन्। ये च सत्त्वा विकलेन्द्रिया अभूवन् ते सर्वे परिपूर्णेन्द्रियतामनुप्राप्नुवन्। व्याधिताश्च व्याधिभ्यो व्यमुच्यन्त। भयार्दिताश्चाश्वासप्राप्ता अभूवन्। बन्धनबद्धाश्च बन्धनेभ्यो व्यमुच्यन्त। दरिद्राश्च सत्त्वा भोगवन्तोऽभूवन्। क्लेशसंतप्ताश्च निष्परिदाहा अभूवन्। बुभुक्षिताश्च सत्त्वाः पूर्णोदरा अभूवन्। पिपासिताश्च तृषापगता अभूवन्। गुर्विण्यश्च सुखेन प्रसूयन्ते स्म। जीर्णदुर्बलाश्च बलसंपन्ना अभूवन्। न च कस्यचित्सत्त्वस्य तस्मिन् समये रागो बाधते द्वेषो व मोहो वा क्रोधो वा लोभो वा खिलो वा व्यापादो वा ईर्ष्या वा मात्सर्यो वा। न कश्चित्सत्त्वस्तस्मिन् समये म्रियते स्म न च्यवते स्म नोपपद्यते स्म। सर्वसत्त्वाश्च तस्मिन् समये मैत्रचित्ता हितचित्ताः परस्परं मातापितृसंज्ञिनोऽभूवन्॥

今译：这样，众比丘啊，菩萨前往菩提道场时，身上放出光芒。在这光芒照耀下，一切恶道得以平息，八难得以消除，一切险恶的痛苦得以灭除，感官残缺的众生得以感官健全，病人痊愈，受恐惧折磨者得到安慰，囚犯获得释放，穷苦的众生获得享受，受烦恼折磨者摆脱折磨，饥饿的众生腹中饱满，干渴的众生解除焦渴，孕妇顺利分娩，衰弱者获得力量。在这个时刻，任何众生都不受爱欲、憎恨、愚痴、愤怒、贪欲、固执、仇恨、妒忌和悭吝侵害。在这个时刻，任何众生不死亡，不坠落，不转生。在这个时刻，一切众生心怀慈悲，与人为善，互相视同父母[2]。

---

① 这里四个树神名，其中的“毗留薄瞿”相当于原文中的 veṇu（“吠努”）和 valgu（“婆尔古”），而“帝珠”不见于原文。

② “视同父母”的原文是 mātāpitṛsaṃjñinaḥ（“有父母想”）。BHSD 认为此处的 mātāpitṛ（“父母”）意谓“家庭”或“亲属”。据此，这个复合词也可译为“视为同胞”。

地译：佛告諸比丘：菩薩欲往菩提樹時，放大光明，遍照無邊無量世界。地獄眾生皆得離苦，餓鬼眾生皆得飽滿，畜生眾生慈心相向，諸根不具眾生皆得具足，病苦眾生皆得痊愈，怖畏眾生皆得安樂，獄囚眾生皆得釋然，貧窮眾生皆得財寶，煩惱眾生皆得解脫，飢渴眾生皆得飲食，懷孕眾生皆得免難，羸瘦眾生皆得充健。而於此時，無一眾生為貪恚癡之所逼惱，人天不死亦不受胎。是時，一切眾生更相慈愍，生利益心，如父如母，如姊如妹，如兄如弟。

तत्रेदमुच्यते--

今译：这里，这样说道：

地译：爾時，世尊欲重宣此義，而說偈言：

यावच्चावीचिपर्यन्तं नरका घोरदर्शनाः।
दुःखं प्रशान्तं सत्त्वानां सुखं विन्दन्ति वेदनाम्॥७॥

今译：那些可怕的地狱，直至阿鼻，
众生痛苦平息，感受到快乐。（7）

地译：地獄痛苦逼，一切皆休息。

तिर्यग्योनिषु यावन्तः सत्त्वा अन्योन्यघातकाः।
मैत्रचित्ता हिते जाताः स्पृष्टा भाभिर्महामुने॥८॥

今译：畜生界中那些众生始终互相杀害，
接触大牟尼光芒，心生慈悲和善意。（8）

地译：畜生相食噉，各各起慈心。

प्रेतलोकेषु यावन्तः प्रेताः क्षुत्तर्षपीडिताः।
प्राप्नुवन्त्यन्नपानानि बोधिसत्त्वस्य तेजसा॥९॥

今译：饿鬼世界中那些亡灵受饿渴折磨，
依靠菩萨的光芒，获得食物和饮料。（9）

अक्षणाः पिथिताः सर्वे दुर्गतिश्चोपशोषिता।
सुखिताः सर्वसत्त्वाश्च दिव्यसौख्यसमर्पिताः॥१०॥

今译：八难得以消除，一切险恶平息，
一切众生获得神奇的幸福快乐。（10）

地译：八難皆閉塞，三惡悉空靜，
光明所照處，咸受微妙樂。

चक्षुश्रोत्रविहीनाश्च ये चान्ये विकलेन्द्रियाः।
सर्वेन्द्रियैः सुसंपूर्णा जाताः सर्वाङ्गशोभनाः॥ ११॥

今译：瞎子、聋子和其他感官残缺者，
感官得以健全，肢体得以完善。（11）

地译：眼耳鼻舌等，諸根不完具，
皆悉得具足。

रागद्वेषादिभिः क्लेशैः सत्त्वा बाध्यन्त ये सदा।
शान्तक्लेशास्तदा सर्वे जाताः सुखसमर्पिताः॥ १२॥

今译：众生常受贪和嗔等烦恼折磨，
此刻一切烦恼平息，获得快乐。（12）

地译：煩惱所擾者，便得大安樂。

उन्मत्ताः स्मृतिमन्तश्च दरिद्रा धनिनस्तथा।
व्याधिता रोगनिर्मुक्ता मुक्ता बन्धनबद्धकाः॥ १३॥

今译：疯子恢复记忆，穷人获得财富，
病人摆脱病痛，囚犯获得释放。（13）

地译：狂亂得正念，貧賤得富貴，
病苦得痊除，禁囚得解脱。

न खिलं न च मात्सर्यं व्यापादो न च विग्रहः।
अन्योन्यं संप्रकुर्वन्ति मैत्रचित्ताः स्थितास्तदा॥ १४॥

今译：不固执和悭吝，不仇恨和争斗，
互相之间心怀慈悲，和睦相处。（14）

मातुः पितुश्चैकपुत्रे यथा प्रेम प्रवर्तते।
तथान्योन्येन सत्त्वानां पुत्रप्रेम तदाभवत्॥ १५॥

今译：犹如父母爱护自己的独生子，
众生互相之间充满这种慈爱。（15）

地译：一切無忿競，展轉起慈心，
如父母愛子。

बोधिसत्त्वप्रभाजालैः स्फुटाः क्षेत्रा ह्यचिन्तियाः।
गङ्गावालिकसंख्याताः समन्ताद्वै दिशो दशः॥ १६॥

今译：菩萨的光芒之网照见周围十方的
　　　所有佛土，恒河沙数，不可思议。（16）

地译：菩薩光明網，遍滿於十方，
　　　普照恒沙界，暎蔽無邊土。

न भूयश्चक्रवालाश्च दृश्यन्ते कालपर्वताः।
सर्वे ते विपुलाः क्षेत्राः दृश्यन्त्येकं यथा तथा॥ १७॥

今译：轮围山和黑山不再显现眼前，
　　　所有广袤佛土看似一个佛土。（17）

地译：鐵圍大鐵圍，及餘諸山等，
　　　皆悉不復現，變為一佛剎[①]。

पाणितलप्रकाशाश्च दृश्यन्ते सर्वरत्निकाः।
बोधिसत्त्वस्य पूजार्थं सर्वक्षेत्रा अलंकृताः॥ १८॥

今译：一切宝石装饰物清晰如同手掌，
　　　一切佛土已装饰，为了供奉菩萨。（18）

地译：以眾寶所成，嚴飾甚微妙，
　　　由光照燭故，一切如觀掌，
　　　如是等莊嚴，為供養菩薩。

देवाश्च षोडश तथा बोधिमण्डोपचारकाः।
अलंचक्रुर्बोधिमण्डं अशीतिर्योजनावृतम्॥ १९॥

今译：有十六位天神，侍奉菩提道场，
　　　方圆八十由旬，装饰菩提道场。（19）

地译：護菩提場神，有十六天子，
　　　面八十由旬，現種種嚴飾。

ये च केचिन्महाव्यूहाः क्षेत्रकोटीष्वनन्तकाः।
ते सर्वे तत्र दृश्यन्ते बोधिसत्त्वस्य तेजसा॥ २०॥

今译：千万佛土中无边无际大庄严景象，

① “佛剎”的原词是 kṣetra（“国土”）。此词也可理解为 buddhakṣetra，即“佛剎”或“佛土”。

凭借菩萨光芒，在这里都能见到。（20）

地译：菩薩大威力，面八十由旬，
亦現無邊剎，各各皆嚴淨。

देवा नागास्तथा यक्षाः किन्नराश्च महोरगाः।
स्वानि स्वानि विमानानि श्मशानानीव मेनिरे॥२१॥

今译：天神、蛇、药叉、紧那罗和大蛇，
心中感到各自的宫殿如同坟场。（21）

地译：天龍八部眾，覩如是事已，
還自思本宮，而生塚墓想。

तान् व्यूहान् संनिरीक्ष्येह विस्मिताः सुरमानुषाः।
साधुः पुण्यस्य निस्यन्दः संपद्यस्येयमीदृशी॥२२॥

今译：目睹这些景象，天神和凡人惊叹：
“这样的美景是由他的功德造就。（22）

地译：咸起奇特心，頌歎諸功德：
“善哉福難思，乃感如斯果。

करोति नैव चोद्योगं कायवाङ्मनसा तथा।
सर्वार्थाश्चास्य सिध्यन्ति येऽभिप्रेता मनोरथाः॥२३॥

今译：“这并非由身、语和意造就，
是怀有心愿而实现一切目的。（23）

地译：“匪唯身語意，起如是莊嚴，
以本願力故，一切皆成就。

अभिप्राया यथान्येषां पूरिताश्चरता पुरा।
विपाकाः कर्मणस्तस्य संपद्यातेयमीदृशी॥२४॥

今译：“他在前生实现他人的心愿，
业果成熟造就这样的美景。[①]”（24）

地译：“隨諸眾生業，皆悉得滿足。”

① 这句原文中的 saṃpadyāteyam，语法形态不明。

अलंकृतो बोधिमण्डश्चतुर्भिर्बोधिदेवतैः।
पारिजातो दिवि यथा तस्मादपि विशिष्यते॥ २५॥

今译：四位菩提树神装饰菩提道场，
甚至胜过天国的波利质多树。（25）

地译：四護菩提神，嚴飾菩提樹，
勝過歡喜園，帝釋殊妙林。

गुणाः शक्या न ते वाचा सर्वे संपरिकीर्तितुम्।
ये व्यूहा बोधिमण्डस्य देवतैरभिसंस्कृताः॥ २६॥

今译：众天神装饰的菩提道场景象，
语言无法道尽它的一切美妙。（26）

地译：此神所嚴飾，端正甚可愛，
一切天人等，稱讚無窮已。

इति हि भिक्षवस्तया बोधिसत्त्वस्य कायप्रमुक्तया प्रभया कालिकस्य नागराजस्य भवनमवभासितमभूत् विशुद्धया विमलया कायचित्तप्रह्लादौद्बिल्यजनन्या सर्वक्लेशापकर्षिण्या सर्वसत्त्वसुखप्रीतिप्रसादप्रामोद्यजनन्या। दृष्ट्वा च पुनः कालिको नागराजस्तस्यां वेलायां स्वस्य परिवारस्य पुरतः स्थित्वेमा गाथा अभाषत्--

今译：这样，众比丘啊，菩萨身上放出的光芒纯洁无垢，令人身心愉悦，消除一切烦恼，令一切众生快乐、欢欣、喜悦和高兴。它也照亮蛇王迦利迦的宫殿。蛇王迦利迦看到后，即刻在自己的随从前，念诵这些偈颂：

地译：佛告諸比丘：菩薩清淨光明普照世界，滅除一切眾生煩惱，遇斯光者皆生欣喜。此光又照迦利龍王宮。時彼龍王遇斯光明，於龍眾中而說偈言：

क्रकुछन्दे यथ आभ दृष्ट रुचिरा दृष्टा च कनकाह्वये
यद्वत्काश्यपि धर्मराजमनघे दृष्टा प्रभा निर्मला।
निःसंशयं वरलक्षणो हितकरो उत्पन्न ज्ञानप्रभो
येनेदं भवनं विरोचति हि मे स्वर्णप्रभालंकृतम्॥ २७॥

今译：犹如看到迦罗迦孙陀和迦那迦的
美妙光芒，法王迦叶的纯洁光芒[①]，
无疑，造福者出世，具有吉相和

① 这里的迦罗迦孙陀、迦那迦和迦叶均为过去佛。

智慧光，照亮我的金碧辉煌宫殿。（27）

地译：過去三佛皆已現，智慧光明真金色，
於是還覩無垢光，由斯定有佛興世。

नास्मिं चन्द्ररविप्रभा सुविपुला संदृश्यते वेश्मनि
नो चाग्नेर्न मणेर्न विद्युदमला नो च प्रभा ज्योतिषाम्।
नो वा शक्रप्रभा न ब्रह्मण प्रभा नो च प्रभा आसुरी
एकान्तं तमसाकुलं मम गृहं प्राग्दुष्कृतैः कर्मभिः॥२८॥

今译：我的宫殿中不见普照的阳光和月光，
不见火焰、摩尼珠、闪电和星星的光，
也不见帝释天、梵天和阿修罗的光，
由于前生作恶，我的宫殿中充满黑暗。（28）

地译：其光清淨踰日月，非螢非燭星電等，
亦非梵釋阿修羅，一切威光所能及，
我以先業行不善，所處宮殿常昏暗。

अद्येदं भवनं विराजति शुभं मध्ये रविंदीप्तिवत्
चित्तं प्रीति जनेति कायु सुखितो गात्राद्भुता शीतला।
तप्ता वालिक या शरीरि निपती जाता स मे शीतला
सुव्यक्तं बहुकल्पकोटिचरितो बोधिद्रमं गच्छति॥२९॥

今译：今天，他如同阳光照亮我的美妙宫殿，
我心生喜悦，身体愉快，四肢无比凉爽，
即使热沙撒落我的身体，也会感觉清凉，
显然他修行数千万劫，现在前往菩提树[①]。（29）

地译：恒雨熱沙以燒身，自念長時受斯苦，
忽遇光明如日照，身心清涼遍歡喜，
億劫修行眾行者，今時定坐菩提場。

शीघ्रं गृह्णत नागपुष्प रुचिरा वस्त्रां सुगन्धां शुभां
मुक्ताहारपिनद्धतांश्च वलयांश्चूर्णानि धूपोत्तमा।
संगीतिं प्रकुरुध्व वाद्य विविधा भेरीमृदङ्गैः शुभैः

① 此处"树"的原词是 dramam，据 M 本和 L 本应为 drumam。

हन्ता गच्छथ पूजना हितकरं पूजार्ह सर्वे जगे॥३०॥

今译：赶快手持美丽那伽花，漂亮芳香衣，
佩戴珍珠项链和手镯，携带妙香粉，
奏乐歌唱，敲响各种优美大鼓和小鼓，
你们去供奉值得全世界供奉的造福者！（30）

地译：我與汝等諸親眷，衣服香花并伎樂，
及以種種莊嚴具，供養利益世間者。

सोऽभ्युत्थाय च नागकन्यसहितश्चतुरो दिशः प्रेक्षते
अद्राक्षीदथ मेरुपर्वतनिभं स्वालंकृतं तेजसा।
देवैर्दानवकोटिभिः परिवृतं ब्रह्मेन्द्रयक्षैस्तथा
पूजां तस्य करोन्ति हृष्टमनसो दर्शेन्ति मार्गो ह्ययम्॥३१॥

今译：他说罢起身，与蛇女们一起观看四方，
见菩萨以光辉装饰自身，如同须弥山，
千万天神和檀那婆，梵天、帝释和药叉，
围绕他，敬拜他，满怀喜悦为他指路。（31）

地译：佛告諸比丘：龍王爾時與其眷屬歡喜踊躍，瞻顧四方，乃見菩薩身相巍巍如須彌山，梵、釋、四王、龍神八部皆悉圍遶。

संहृष्टः स हि नागराट् सुमुदितश्चाभ्यर्च्य लोकोत्तमं
वन्दित्वा चरणौ च गौरवकृतस्तस्थौ मुनेरग्रतः।
नागाकन्य उदग्र हृष्टमनसः कुर्वन्ति पूजां मुनेः
पुष्पं गन्धविलेपना च क्षिपिषुस्तूर्याणि निर्नादयन्॥३२॥

今译：蛇王满怀喜悦，敬拜世界至尊，
恭敬地行触足礼，侍立牟尼前，
蛇女们也满怀喜悦，敬拜牟尼，
撒下鲜花和香膏，奏响乐器。（32）

地译：心大歡喜，頭面禮足，恭敬尊重，即以種種香花、衣服、瓔珞，作眾伎樂，供養菩薩，合掌曲躬，以偈讚曰：

कृत्वा चाञ्जलि नागराट् सुमुदितस्तुष्टाव तथ्यैर्गुणैः
साधुर्दर्शितु पूर्णचन्द्रवदने लोकोत्तमे नायके।
यथ मे दृष्ट निमित्त पूर्वऋषिणां पश्यामि तानेव ते

अद्य त्वं विनिहत्य मारबलवानिष्टं पदं लप्स्यसे॥ ३३॥

今译：蛇王双手合十，高兴地赞颂："世尊！
你展露真性，脸庞似圆月，导师啊！
我在你身上看到从前仙人们的吉相，
今天你将摧毁魔军，获得愿望境界。（33）

地译：面淨如滿月，世間大導師，
我昔值諸佛，瑞相皆如是，
今尊破魔已，行當證菩提。

यस्यार्थे दमदानसंयम पुरे सर्वा ति त्यागी अभूत्
यस्यार्थे दमशीलमैत्रकरुणाक्षान्तिबलं भावितम्।
यस्यार्थे दमवीर्यध्याननिरतः प्रज्ञाप्रदीपः कृतः
सैषा ते परिपूर्ण सर्व प्रणिधी अद्या जिनो भेष्यसे॥ ३४॥

今译："为此目的，你过去自制，布施，舍弃一切，
为此目的，你持戒修行，慈悲，忍辱有力，
为此目的，你精勤修习禅定，点燃智慧之灯，
世尊啊，今天你将圆满实现你的所有誓愿。（34）

地译：曾於過去劫，廣修內外施，
持戒及忍辱，精進禪智慧，
方便大慈悲，願力喜捨等，
以是諸功德，當得成佛道。

यद्वद्वृक्ष सपत्रपुष्प सफला बोधिद्रुमं संनताः
यद्वत्कुम्भसहस्र पूर्णसलिला कुर्वन्ति प्रादक्षिणम्।
यद्वच्चाप्सरगणाश्च संप्रमुदिता स्निग्धं रुतं कुर्वते
हंसा क्रोञ्चगणा यथा च गगने गच्छन्ति लीलान्वितं
कुर्वन्ते सुमनाः प्रदक्षिणमृषिं भावि त्वमद्यार्हवान्॥ ३५॥

今译："长满花叶果实的树木弯向菩提树，
一千个盛满净水的宝瓶右旋行礼，
成群的天女高兴地发出温柔话音，
许多天鹅和麻鹬在空中翱翔尾随，

须曼花右旋，今天你将成为阿罗汉[①]。（35）

地译：一切諸叢林，低枝禮佛樹，
有千吉祥瓶，圍遶在虛空，
眾鳥吐和音，翻翔競隨逐。

यथ वा काञ्चनवर्ण आभ रुचिरा क्षत्राशता गच्छते
शान्ताश्चापि यथा अपाय निखिला दुःखैर्विमुक्ता प्रजाः।
यद्वद्वृष्टित चन्द्रसूर्यभवना वायुर्मृदुर्वायते
अद्या भेष्यसि सार्थवाहु त्रिभवे जातीजरामोचको॥ ३६॥

今译：“正如美妙的金色光芒照临数百国土，
正如一切恶道平息，众生摆脱痛苦，
正如太阳宫和月宫降雨，和风轻拂，
导师你今天将让三界摆脱生和老。（36）

地译：身色真金光，遍照於十方，
惡趣停苦惱，世間蒙快樂，
尊今於三界，定為大導師。

यद्वत्कामरती विहाय च सुरास्त्वत्पूजनेऽभ्यागताः
ब्रह्मा ब्रह्मपुरोहिताश्च अमरा उत्सृज्य ध्यानं सुखम्।
ये केचित्त्रिभवे तथैव च पुरे सर्वे इहाभ्यागताः
अद्या भेष्यसि वैद्यराजु त्रिभवे जाटीजरमोचको॥ ३७॥

今译：“众天神放弃欲乐，前来供奉，
梵天和梵祭司们也放弃禅定快乐，
三界中的所有居民全都来到这里，
医王你今天将让三界摆脱生和老。（37）

地译：梵王及帝釋，欲色諸天子，
咸捨微妙樂，皆來申供養，
尊今於世間，必為大醫王。

मार्गश्चापि यथा विशोधितु सुरैर्येनाद्य त्वं गच्छसे
एतेनागतु क्रकुच्छन्दु भगवान् कनकाह्वयः काश्यपः।
यथ वा पद्म विशुद्ध निर्मल शुभा भित्त्वा महीमुद्गताः

① 此处“阿罗汉”的原词是 arhavān，相当于 arhan。

यस्मिं निक्षिपसे क्रमानतिबलां भावि त्वमद्यार्हवान्॥३८॥

今译:"众天神为你清扫道路,你今天走的路,
　　　世尊迦罗迦孙陀、迦那迦和迦叶也来过,
　　　那些纯洁无垢的美妙莲花从地面跃出,
　　　你踩着有力的步伐,今天将成为阿罗汉。(38)

地译:凡是所遊踐,蓮華隨步起,
　　　尊今於世間,必為應供者。

माराः कोटिसहस्र नेकनयुता गङ्गा यथा वालिकाः
ते तुभ्यं न समर्थ बोधिविटपाच्चालेतु कम्पेतु वा।
यज्ञा नैकविधाः सहस्रनयुता गङ्गा यथा वालिकाः
यष्टास्ते चरता हिताय जगतस्तेनेह विभ्राजसे॥३९॥

今译:"即使有数千万亿摩罗,如同恒河沙数,
　　　他们也无能力动摇你,让你离开菩提树,
　　　为了世界利益,你举行过数千亿种祭祀,
　　　如同恒河沙数,因此你在这里大放光明。(39)

地译:導師坐道場,無量拘胝數,
　　　一切魔軍眾,皆當自摧伏。

नक्षत्रा सशशी सतारकरवी भूमौ पतेदम्बरात्
स्वस्थानाच्च चलेन्महागिरिवरः शुष्येदथो सागरः।
चतुरो धातव कश्चि विज्ञपुरुषो दर्शेय एकैकशः
नैव त्वं द्रुमराजमूलूपगतो अप्राप्य बोध्युत्थिहेत्॥४०॥

今译:"即使空中月亮、星星和太阳落地,
　　　即使巍巍高山移动位置,大海枯竭,
　　　即使有哪位智者向你逐一展示四界①,
　　　你不证得菩提,绝不会从树根起身。(40)

地译:日月可墮落,須彌可崩壞,
　　　若未得菩提,終不可移動。

लाभा मह्य सुलब्ध वृद्धि विपुला दृष्टोऽसि यत्सारथे

---

① "四界"通常指地、水、火和风。

पूजा चैव कृता गुणाश्च कथिता बोधाय चोत्साहितः।
सर्वा नागवधू अहं च ससुता मुच्येमितो योनितः
त्वं यासी यथ मत्तवारणगते गच्छेम एवं वयम्॥४१॥ इति॥

今译："见到你，导师啊！我获得繁荣昌盛，
我敬拜你，称颂你，鼓励你求证菩提[①]，
但愿所有蛇女、我和儿子摆脱出生，
你迈着醉象步伐，我们愿意跟随你。"（41）

地译：願我與眷屬，得捨此龍身，
功德自莊嚴，當往菩提座。

इति हि भिक्षवः कालिकस्य नागराजस्याग्रमहिषी सुवर्णप्रभासा नाम सा संबहुलाभिर्नागकन्याभिः परिवृता पुरस्कृता नानारत्नछत्रपरिगृहीताभिः नानादूष्यपरिगृहीताभिर्नानामुक्ताहारपरिगृहीताभिः नानामणिरत्नपरिगृहीताभिः दिव्यमानुष्यकमाल्यविलेपनगुण्ठपरिगृहीताभिः नानागन्धघटिकापरिगृहीताभिः नानातूर्यसंगीतिसंप्रवादितैर्नानारत्नपुष्पवर्षैर्बोधिसत्त्वं गच्छन्तमभ्यवकिरन्ति स्म॥

今译：这样，众比丘啊，蛇王迦利迦的王后名为金光，众多蛇女恭敬围绕。她们手持各种宝石华盖、各种妙衣、各种珍珠项链、各种摩尼珠宝、天国和人间的花环、软膏和披巾以及各种香炉，奏响各种音乐，演唱各种歌曲，为行进中的菩萨撒下各种宝石和鲜花。

地译：說是偈已，其龍王妃名曰金光，與無量龍女恭敬圍遶，持眾寶蓋、衣服、瓔珞、人天妙花，復持寶器，盛眾名香，奏諸伎樂。

आभिश्च गाथाभिस्तुष्टुवुः--

今译：她们用这些偈颂赞美道：

地译：說是妙偈，讚菩薩曰：

अभ्रान्ता अत्रस्ता अभीरू अछम्भी
अलीना अदीना प्रहृष्टा दुधर्षा।
अरक्ता अदुष्टा अमूढा अलूब्धा
विरक्ता विमक्ता नमस्ते महर्षे॥४२॥

今译：不迷乱，不恐惧，不胆怯，不害怕，

① 此处"菩提"的原词是 bodha，BHSD 指出此词相当于 bodhi（"菩提"）。

不懈怠，不沮丧，乐观，不屈不挠[①]，
不沾染，不作恶，不愚痴，不贪婪，
不执著，得解脱，大仙，向你致敬！（42）

地译：能斷貪瞋癡，世間諸過患，
渡生死海者，故我今頂禮。

भिषङ्का विशल्या विनेया विनेषी
　　सुवैद्या जगस्या दुखेभ्यः प्रमोची।
अलेना अत्राणा अहीना विदित्वा
　　भवा लेनु त्राणो त्रिलोकेस्मि जातः॥४३॥

今译：医王[②]啊，拔除利箭，调伏可调伏者，
良医啊，你解除世界的种种痛苦，
正是知道这里没有依靠，没有庇护[③]，
你成为三界中的依靠者和庇护者。（43）

地译：尊為大醫王，善拔煩惱箭，
眾生未調伏，而當調伏之；
眾生處世間，恒為煩惱覆，
尊當以慧日，照之令得除；
世間無依怙，今當得依怙。

प्रसन्ना प्रहृष्टा यथा देवसंघाः
　　प्रवर्षी नभस्था महत्पुष्पवर्षम्।
महाच्चैलक्षेपं करोन्ती यथेमे
　　जिनो भेष्यसेऽद्या कुरुष्व प्रहर्षम्॥४४॥

今译：空中众天神欢喜踊跃，
为你降下阵阵大花雨，
撒下许多妙衣，高兴吧！
你今天就要成为佛陀。（44）

地译：而於虛空中，雨種種衣食。
諸天龍神等，皆生歡喜心。

---

① 此处“不屈不挠”的原词是 dudarṣā，相当于 durdarṣā。
② “医王”的原词是 bhiṣaṅkā，相当于 bhiṣajkā（“医生”）。
③ 这句原文中还有 ahīna 一词，用在这里，词义不明。

उपेहि द्रुमेन्द्रं निषीदा अछम्भी
　　जिना मारसेनां धुन क्लेशजालम्।
विबुध्य प्रशान्तां वरामग्रबोधिं
　　यथा पौर्वकैस्तैर्विबुद्धा जिनेन्द्रैः॥४५॥

今译：请走近树王，无所畏惧坐下，
战胜摩罗魔军，破除烦恼网，
证得平静的至高美妙菩提，
如同从前证得菩提的佛王。（45）

地译：辯才大導師，願速坐道場，
降伏眾魔怨，當成無上道，
似昔諸如來，所證菩提法。

त्वया यस्य अर्थे बहूकल्पकोट्यः
　　कृता दुष्कराणी जगन्मोचनार्थम्।
प्रपूर्णा ति आशा अयं प्राप्तु कालो
　　उपेहि द्रुमेन्द्रं स्पृशस्वाग्रबोधिम्॥४६॥ इति॥

今译：为此目的，你经历数千万劫，
修习艰难苦行，为解救世界，
此刻这个愿望就要圆满实现，
请走近树王，求证至高菩提！（46）

地译：無量劫修習，利益諸群生，
願速坐道場，證無上菩提。

अथ खलू भिक्षवो बोधिसत्त्वस्यैतदभवत्-- कुत्र निषण्णैस्तैः पूर्वकैस्तथागतैरनुत्तरा सम्यक्संबोधिरभिसंबुद्धा इति। ततोऽस्यैतदभूत्-- तृणसंस्तरे निषण्णैरिति॥

今译：然后，众比丘啊，菩萨思忖："过去的如来们坐在哪里证得无上正等菩提？"他想到："他们坐在草座上。"

地译：佛告諸比丘：菩薩爾時作是思惟："古昔諸佛坐於何座，證阿耨多羅三藐三菩提？"

अथ खल्वन्तरीक्षगतानि शुद्धावासकायिकदेवशतसहस्राणि बोधिसत्त्वस्य चेतोभिरेव चेतः परिवितर्कमाज्ञायैवं वाचो भाषन्ते स्म-- एवमेतत् सत्पुरुष एवमेतत्। तृणसंस्तरे सत्पुरुष निषद्य तैः पूर्वकैस्तथागतैरनुत्तरा सम्यक्संबोधिरभिसंबुद्धा इति॥

今译：然后，空中十万净居天天神凭思想知道菩萨的心思，说道：“正是这样，贤士啊，正是这样。贤士啊，过去的如来们坐在草座上证得无上正等菩提。”

地译：作是念時，即知過去諸佛皆坐淨草而成正覺。是時，淨居天子知菩薩心，白菩薩言：“如是，如是！過去諸佛欲證菩提，皆坐淨草。”

अद्राक्षीत्खल्वपि भिक्षवो बोधिसत्त्वो मार्गस्य दक्षिणे पार्श्वे स्वस्तिकं यावसिकम् तृणानि लूनाति स्म नीलानि मृदुकानि सुकुमाराणि रमणीयानि कुण्डलजातानि प्रदक्षिणावर्तानि। मयूरग्रीवसंनिभानि काचिलिन्दिकसुखसंस्पर्शानि सुगन्धीनि वर्णवन्ति मनोरमाणि। दृष्ट्वा च पुनर्बोधिसत्त्वो मार्गादपक्रम्य येन स्वस्तिको यावसिकस्तेनोपसंक्रामत्।

今译：众比丘啊，菩萨看到道路右侧有个吉祥割草人正在割草。那些青草碧绿，柔软，娇嫩，可爱，耳环状，右旋，宛如孔雀颈脖，接触舒服似迦邻陀衣，芳香，亮丽，迷人。看到后，菩萨走近路边的吉祥割草人。

地译：爾時，菩薩復自思惟：“誰能與我如是淨草？”時釋提桓因即變其身，為刈草人在菩薩右，不近不遠，持草而立，其草青紺如孔雀尾，柔軟可愛如迦尸迦衣，宛轉右旋，香氣芬馥。

उपसंक्रम्य स्वस्तिकं यावसिकं मधुरया वाचा समालपति स्म। यासौ वागाज्ञापनी विज्ञापनी विस्पष्टा अनेकलोकैकवर्णसुखा वल्गुः श्रवणीया स्निग्धा स्मरणीया चोदनी तोषणी प्रेमणी अकर्कशा अगद्गदा अपरुषा अचपला श्लक्ष्णा मधुरा कर्णसुखा कायचित्तोद्बिल्यकरणी रागदोषमोहकलिकलूषविनोदनी कलविङ्करुतस्वरा कुणालजीवंजीवकाभिनदितघोषा दुन्दुभि-संगीतिरुतरवितनिर्घोषवती अनपहता सत्या अच्छा भूता ब्रह्मस्वरुतरवितनिर्घोषा समुद्रस्वर-वेगनिभा शैलसंघट्टनवती देवेन्द्रासुरेन्द्राभिष्टुता गम्भीरा दुरवगाहा नमुचिबलाबलकरणी परप्रवादमथनी सिंहस्वरवेगा हयगजगर्जितघोषा नागनिर्नादनी मेघस्तनिताभिगर्जितस्वरा दशदिक्सर्वबुद्धक्षेत्रस्फरणी विनेयसत्त्वसंचोदनी अद्रुता अनुपहता अविलम्बिता सहिता युक्ता कालवादिनी समयानतिक्रमणी धर्मशतसहस्रसुग्रथिता सौम्या असक्ता अधिष्ठितप्रतिभाना एकरुता सर्वरुतरचनी सर्वाभिप्रायज्ञापनी सर्वसुखसंजननी मोक्षपथसंदर्शिका मार्गसंभारवा-दिनी पर्षदनतिक्रमणी सर्वपर्षत्संतोषणी सर्वबुद्धभाषिता- नुकूला। ईदृश्या वाचा बोधिसत्त्वः स्वस्तिकं यावसिकं गाथाभिरभ्यभाषत--

今译：走近后，用甜蜜的话语与吉祥割草人交谈。他的话语含有吩咐，含有教导，清晰，对众多世界同样悦耳，美妙，动听，柔和，易记，激励，满意，可爱，不粗犷，不口吃，不尖刻，不轻浮，细腻，甜蜜，顺耳，令身心欢悦，清除贪嗔痴污垢，如迦陵频伽鸟鸣声，如鸠那罗和共命鸟鸣声，如鼓乐声和歌声，不受阻隔，真实，纯洁，如梵天声，如大海声，如山崩声，受天王和阿修罗王赞美，深沉，深不可测，摧毁那牟吉的军队，粉碎外道邪说，如狮子吼声，如马和象嘶鸣声，如蛇声，如雷鸣声，传遍十方一切佛土，激励受教化的众生，不急躁，不受阻碍，不迟缓，相辅相成，及时，不超时，与百千正法相连，柔美，不执著，有辩才，一音即一切音，知一切心愿，产生一切快乐，示现解脱道，宣说种种道行资粮，不超越信众，满足信众，随顺一切佛说。菩萨以这样的话语对吉祥割草人念诵偈颂道：

地译：爾時，菩薩既見化人執斯妙草，漸向其所徐而問之："汝名字誰？"其人答曰："我名吉祥。"菩薩思惟："我今欲求自身吉祥，復欲令他而得吉祥，人名吉祥於我前立，我今定證阿耨多羅三藐三菩提。"爾時，菩薩欲從化人而求淨草，出是語時梵聲微妙，所謂真實聲，周正聲，清亮聲，和潤聲，流美聲，善導聲，不謇聲，不澁聲，不破聲，柔軟聲，憺雅聲，分析聲，順耳聲，合意聲，如迦陵頻伽聲，如命命鳥聲，如殷雷聲，如海波聲，如山崩聲，如天讚聲，如梵天聲，如師子聲，如龍王聲，如象王聲，不急疾聲，不遲緩聲，解脫之聲，無染著聲，依義之聲，應時之聲，宣說八千萬億法門之聲，順一切諸佛法聲。菩薩以此美妙之聲，語化人言："仁者！汝能與我淨草以不？"於是頌曰：

तृणु देहि मि स्वस्तिक शीघ्रं
　　अद्य ममार्थु तृणैः सुमहान्तः।
सबलं नमुचिं निहनित्वा
　　बोधिमनुत्तरशान्ति स्पृशिष्ये॥४७॥

今译：吉祥啊，请赶快给我草，
今天我有大事要用草，
我要摧毁那牟吉和魔军，
证得平静的无上菩提。（47）

地译：吉祥汝今時，宜速施淨草，
我當坐是草，降伏彼魔軍，
若證寂滅法，即得無上道。

यस्य कृते मयि कल्पसहस्रा
　　दानु दमोऽपि च संयम त्यागो।
शीलव्रतं च तपश्च सुचीर्णा

तस्य मि निष्पदि भेष्यति अद्य॥४८॥

今译：为此我已修行千劫，
布施、自制和约束，
舍弃、持戒和苦行，
今天我将获得成果。（48）

क्षान्तिबलं तथ वीर्यबलं च
ध्यानबलं तथ ज्ञानबलं च।
पुण्याभिज्ञविमोक्षबलं च
तस्य मि निष्पदि भेष्यति अद्य॥४९॥

今译：忍辱力和精进力，
禅定力和知识力，
功德、神通和解脱力，
今天我将获得成果。（49）

प्रज्ञबलं च उपायबलं च
ऋद्धिम संगतमैत्रबलं च।
प्रतिसंविदपरिसत्यबलं च
तेष मि निष्पदि भेष्यति अद्य॥५०॥

今译：智慧力和方便力，
神变力和慈悲力，
无碍智和真谛力，
今天我将获得成果。（50）

地译：我為菩提故，無量劫修行，
施戒精進忍，禪定智慧力，
解脱與意樂，福德及神通，
緣彼諸行故，今得圓滿果。[1]

पुण्यबलं च तवापि अनन्तं
यन्मम दास्यसि अद्य तृणानि।
न ह्यपरं तव एतु निमित्तं

① 这颂将原文中以上三颂缩写为一颂。

त्वं पि अनुत्तरु भेष्यसि शास्ता ॥५१॥

今译：今天你给予我这些草，
你会获得无穷功德力，
不需要有其他的缘由，
你也会成为无上导师。（51）

地译：若施我淨草，獲無量福德，
因施淨草故，必當成導師。

श्रुत्वा स्वस्तिकु वाच नायके सुरुचिरमधुरां
तुष्टो आत्तमनाश्च हर्षितः प्रमुदितमनसः।
गृह्णीत्वा तृणमुष्टि स्पर्शनवती मृदुतरुणशुभां
पुरतः स्थित्वन वाच भाषते प्रमुदितहृदयः ॥५२॥

今译：吉祥听了导师甜蜜可爱的话，
心生欢喜，愉快，高兴，满意，
手握柔嫩而接触舒服的青草，
满怀喜悦，站在菩萨前说道：（52）

地译：吉祥聞此言，心生大歡喜，
手持淨妙草，住於菩薩前，
即以歡喜心，而白菩薩言：

यदि ताव णृकेभि लभ्यते पदवरममृतं
बोधी उत्तम शान्त दुर्दृशा पुरिमजिनपथः।
तिष्ठतु ताव महागुणोदधे अपरिमितयशा
अहमेव प्रथमे नु बुध्यमि पदवरमृतम् ॥५३॥

今译：“如果用这些草可以获得甘露境界，
平静的无上菩提，难见的过去佛道，
那么等一下，名声无限的大功德海！
让我首先证得这个美妙的甘露境界。”（53）

地译：“若以施草故，能獲大菩提，
幸先授菩提，然後受淨草。”

नैषा स्वस्तिक बोधि लभ्यते तृणवरशयनैः

अचरित्वा बहुकल्प दुष्करी व्रततप विविधा।
प्रज्ञापुण्यौपायौद्गतो यद भवि मतिमां
तद पश्चाज्जिन व्याकरोन्ति मुनयो भविष्यसि विरजः॥५४॥

今译：“如果不经过许多劫修行各种艰难的苦行，
吉祥啊，单靠坐在草上，不能获得这菩提，
一旦你通过智慧、功德和方便，成为智者，
那时，诸佛牟尼们会授记，你会纯洁无瑕。（54）

地译：菩萨報吉祥：“非唯施淨草，
即獲大菩提，應修無量德，
方蒙諸佛記。

यदि बोधि इय शक्यु स्वस्तिका परजनि ददितुं
पिण्डीकृत्य ददेय प्राणिनां म भवतु विमतिः।
यद बोधी मय प्राप्त जानसी विभजमि अमृतं
आगत्वा श्रृणु धर्मयुक्त त्वं भविष्यसि विरजः॥५५॥

今译：“吉祥啊，如果这菩提能赐予其他人，
毫无疑问，我会成捆成捆赐予众生；
要知道我获得菩提甘露，会与人分享，
你来听吧！依靠正法，你会纯洁无瑕。”（55）

地译：“吉祥汝應知，菩提不妄授；
菩提可妄授，我當以菩提，
授一切眾生。

“吉祥汝應知，我證菩提已，
分布諸世間，汝當於我所，
聽受甘露法。”

गृह्णीत्वा तृणमुष्टि नायकः परमसुमृदुकां
सिंहाहंसगतिश्च प्रस्थितः प्रचलित धरणी।
देवा नागगणाः कृताञ्जली प्रमुदितमनसः
अद्या मारबलं निहत्ययं स्पृशिष्यति अमृतम्॥५६॥

今译：导师接受这把无比柔嫩的青草，

迈开狮子和天鹅步伐，大地震动，
众天神和蛇满怀喜悦，双手合十：
“今天他将摧毁魔军，证得甘露。”（56）

地译：菩薩受淨草，往詣菩提場，
舉足欲行時，其地大震動，
諸天龍神等，皆生歡喜心，
恭敬合掌言：“菩薩於今者，
必降伏眾魔，定獲甘露法，
證於無上道。”

इति हि भिक्षवो बोधिसत्त्वस्य बोधिवृक्षमुपसंक्रामतोऽशीतिबोधिवृक्षसहस्राणि देवपुत्रैश्च बोधिसत्त्वैश्च मण्डितान्यभूवन्-- इह निषद्य बोधिसत्त्वो बोधिं प्राप्स्यत्यभिसंभोत्स्यत इति। सन्ति तत्र केचिद्बोधिवृक्षाः पुष्पमया योजनशतसहस्रोद्विद्धाः। केचिद् बोधिवृक्षा गन्धमया द्वियोजनशतसहस्रोद्विद्धाः। केचिद्बोधिवृक्षाश्चन्दनमयास्त्रियोजनशतसहस्रोद्विद्धाः। केचिद्बोधिवृक्षा वस्त्रमयाः पञ्चयोजनशतसहस्राण्युच्चैस्त्वेन। केचिद्बोधिवृक्षा रत्नमया दशयोजनशतसहस्राण्युच्चैस्त्वेन। केचिद्बोधिवृक्षाः सर्वरत्नमया दशयोजनकोटिनयुतशतसहस्राण्युच्चैस्त्वेन। केचिद्बोधिवृक्षा रत्नमयाः कोटिनयुतशतसहस्रमुद्विद्धाः। सर्वेषु तेषु बोधिवृक्षमूलेषु यथानुरूपाणि सिंहासनानि प्रज्ञप्तान्यभूवन् नानादिव्यदूष्यसंस्तृतानि। क्वचिद्बोधिवृक्षे पद्मासनं प्रज्ञप्तमभूत् क्वचिद्गन्धासनम् क्वचिन्नानाविधरत्नासनम्।

今译：这样，众比丘啊，菩萨走近菩提树时，众天子和众菩萨装饰的菩提树有八万棵。他们都认为“菩萨将会坐在这里证得菩提”。有些菩提树由鲜花构成，高广千万由旬。有些菩提树由妙香构成，高广二十万由旬。有些菩提树由旃檀构成，高广三十万由旬。有些菩提树由布幔构成，高广五十万由旬。有些菩提树由宝石构成，高广百万由旬。有些菩提树由一切宝石[①]构成，高广十百千万亿由旬。（有些菩提树由宝石构成，高广百千万亿由旬。）[②]所有这些菩提树树根处，铺设相应的狮子座，覆盖有各种天国布褥。有的菩提树下铺设莲花座，有的铺设妙香座，有的铺设各种宝石座。

地译：佛告諸比丘：菩薩向菩提場時，無量菩薩并諸天眾各各莊飾菩提之樹，其菩提樹有八萬四千，一一皆願菩薩坐其樹下，得阿耨多羅三藐三菩提。其菩提樹，或有高顯殊特百千由旬，純花所成；或有菩提樹高顯殊特二億由旬，

① 此处“一切宝石”（sarvaratna），地译“七宝”（saptaratna）。
② 这句在 L 本中标有括号。地译无此句。

純香所成；或有菩提樹高顯殊特百千由旬，純以栴檀所成；或有菩提樹高顯殊特五億由旬，純以繒綵所成；或有菩提樹高顯殊特十億由旬，純以珠寶所成；或有菩提樹高顯殊特百億由旬，純以七寶所成。如是八萬四千菩提之樹，一一樹下各隨色類敷師子座，或有師子之座以花莊嚴，或有師子之座以香莊嚴，或有師子之座以栴檀莊嚴，或有師子之座以珠寶莊嚴，或有師子之座以雜寶莊嚴。

बोधिसत्त्वश्च ललितव्यूहं नाम समाधिं समापद्यते स्म। समनन्तरसमापन्नस्य च बोधिसत्त्वस्येमं ललितव्यूहं नाम बोधिसत्त्वसमाधिम् अथ तत्क्षणमेव बोधिसत्त्वः सर्वेषु च तेषु बोधिवृक्षमूलेषु सिंहासने संनिषण्णः संदृश्यते स्म लक्षणानुव्यञ्जनसमलंकृतेन कायेन। एकैकश्च बोधिसत्त्वो देवपुत्रैश्चैवं संजानीते स्म-- ममैव सिंहासने बोधिसत्त्वो निषण्णो नान्येषामिति। यथा च ते संजानते स्म-- तथास्यैव ललितव्यूहस्य बोधिसत्त्वसमाधेरनुभावेन सर्वनिरयतिर्यग्योनियमलोकिकाः सर्वे देवमनुष्याश्च सर्वे गत्युपपन्नाः सर्वसत्त्वा बोधिसत्त्वं पश्यन्ति स्म बोधिवृक्षमूले सिंहासने निषण्णम्॥

今译：菩萨进入名为游戏庄严的三昧，随着菩萨进入名为游戏庄严的菩萨三昧，刹那间，菩萨被看到坐在所有这些菩提树树根处，身上具有所有吉相和随好。面对一个又一个菩萨，那些天子都这样想："菩萨坐在我的，而不是别人的狮子座上。"正如他们这样想，同样，由于这种名为游戏庄严的菩萨三昧的威力，一切地狱、畜生和阎摩世界以及一切天神和凡人，所有各道的一切众生都看到菩萨坐在菩提树树根的狮子座上。

अथ च पुनर्हीनाधिमुक्तिकानां सत्त्वानां मतिपरितोषणार्थं बोधिसत्त्वस्तृणमुष्टिमादाय येन बोधिवृक्षस्तेनोपसंक्रामत्। उपसंक्रम्य बोधिवृक्षं सप्तकृत्वः प्रदक्षिणीकृत्य स्वयमेवाभ्यन्तराग्रं बहिर्मूलं समन्तभद्रं तृणसंस्तरणं संस्तीर्य सिंहवच्छूरवद्बलवद्दृढवीर्यवत्स्थामवन्नागवदैश्वर्यवत्स्वयंभूवज्ज्ञानिवदनुत्तरवद्विशेषवदभ्युद्गतवद्यशोवत्कीर्तिवद्दानवच्छीलवत्क्षान्तिवद्वीर्यवद्ध्यानवत्प्रज्ञावज्ज्ञानवत्पुण्यवन्निहतमारप्रत्यर्थिकवत्संभारवत्पर्यङ्कमाभुज्य तस्मिंस्तृणसंस्तरे न्यषीदत् प्राङ्मुख ऋजुकायं प्रणिधाय अभिमुखां स्मृतिमुपस्थाप्य। ईदृशं च दृढं समादानमकरोत्--

今译：然后，为了满足信心不足的众生，菩萨手持这把青草，走近菩提树。走近后，向菩提树右绕七匝，亲自铺设尖朝内、根朝外的普贤草座。如狮子，如勇士，如力量，如英勇顽强，如威武，如蛇，如富贵自在，如自生者，如智者，如无上者，如殊胜者，如上升者，如名誉，如名声，如施舍，如持戒，如忍辱，如精进，如禅定，如智慧，如知识，如功德，如摧毁摩罗怨敌，如种种福德资粮，他结跏趺坐，坐在这草座上，面朝东，身体端正，进入忆念，发出这样坚定的誓言：

地译：佛告諸比丘：爾時，菩薩示現取草周遍敷設，如師子王，具足勢力，精進堅固，無諸過失，貴盛自在，智慧覺悟，有大名稱，降伏眾魔，摧諸外道。具足如是種種功德，將證菩提而面向東，於淨草上結加趺坐，端身正念，發大誓言：

इहासने शुष्यतु मे शरीरं
　　त्वगस्थिमांसं प्रलयं च यातु।
अप्राप्य बोधिं बहुकल्पदुर्लभां
　　नैवासनात्कायमतश्चलिष्यते॥५७॥ इति॥

今译：让我的身体在草座上干枯吧！
　　让这些皮肤、骨头和肉衰亡吧！
　　只要不获得历劫难得的菩提，
　　我的身体绝不离开这个草座。（57）

地译：我今若不證，無上大菩提，
　　寧可碎是身，終不起此座。

地译：爾時，菩薩昇菩提座，即證方廣神通遊戲大嚴之定。得是定已，現身各各坐彼師子之座，一一身上皆具眾妙相好莊嚴。其餘菩薩并諸天人各各皆謂菩薩獨坐其座。又由定力，能令地獄、餓鬼、畜生、閻羅王界及諸人天皆見菩薩坐菩提座。[①]

॥इति श्रीललितविस्तरे बोधिमण्डगमनपरिवर्तो नाम एकोनविंशतितमोऽध्यायः॥

今译：以上是吉祥的《神通游戏》中名为《前往菩提道场品》的第十九章。

① 地译这段与原文前面的一段对应。

बोधिमण्डव्यूहपरिवर्तो विंशतितमः।

今译：第二十 菩提道场庄严品

地译：嚴菩提場品第二十

इति हि भिक्षवो बोधिसत्त्वस्य बोधिमण्डनिषण्णस्यं पूर्वस्यां दिशि षट् कामावचरा देवाः स्थिता अभूवन्-- मा बोधिसत्त्वस्य कश्चिदन्तरायं कार्षीदिति। एवं दक्षिणपश्चिमोत्तरा दिशो देवैः परिगृहीता अभूवन्॥

今译：这样，众比丘啊，菩萨坐在菩提道场，六位欲界天神伫立东方，心想："别让任何人妨碍菩萨。"同样，南方、西方和北方也都有天神守护。

地译：佛告諸比丘：爾時，菩薩坐菩提場，六欲諸天恐有障難，即於東面恭敬而住。如是南西北方，四維上下，皆有無量諸天恭敬而住。

इति हि भिक्षवो बोधिसत्त्वो बोधिमण्डनिषण्णस्तस्यां वेलायां बोधिसत्त्वसंचोदनीं नाम रश्मिं प्रामुञ्चत् यया रश्म्या समन्ताद्दशसु दिक्ष्वप्रमेयासंख्येयानि धर्मधातुपरमाण्याकाशधातुपर्यवसानानि सर्वबुद्धक्षेत्राण्यवभासितान्यभूवन्॥

今译：这样，众比丘啊，菩萨坐在菩提道场。此刻，他放出名为激励菩萨的光芒。这光芒遍照十方无量无数至高法界乃至空界的一切佛土。

地译：是時，菩薩放大光明，其光名為開發菩薩智，周遍照耀，盡虛空界一切十方諸佛刹土。

अथ खलु पूर्वस्यां दिशि विमलायां लोकधातौ विमलप्रभासस्य तथागतस्य बुद्धक्षेत्राल्ललितव्यूहो नाम बोधिसत्त्वो महासत्त्वस्तया प्रभया संचोदितः सन् गणनासमतिक्रान्तैश्च बोधिसत्त्वैः परिवृतः पुरस्कृतो येन बोधिमण्डो येन च बोधिसत्त्वस्तेनोपसंक्रामत्। उपसंक्रम्य च तस्यां वेलायां बोधिसत्त्वस्य पूजाकर्मणे तथारूपमृद्ध्यभिसंस्कारमभिसमकरोद् येनर्द्ध्यभिसंस्कारेणाभिसंस्कृतेन दशसु दिक्ष्वाकाशधातुपर्यवसानानि सर्वबुद्धक्षेत्राण्येकं मण्डलमात्रमादर्शयति स्म शुद्धस्य नीलवैडूर्यस्य। पञ्चगत्युपपन्नानां सर्वसत्त्वानां पुरतो बोधिमण्डे निषण्णं बोधिसत्त्वमुपदर्शयति स्म। ते च सत्त्वाः परस्परमेकाङ्गुलिकाभिर्बोधिसत्त्वमुपदर्शयन्ति स्म-- कोऽयमेवंरूपः सत्त्वो ललितः कोऽयमेवंरूपः सत्त्वो विराजत इति।

तेषां च सत्त्वानां पुरतो बोधिसत्त्वो बोधिसत्त्वान्निर्मिमीते स्म। तत्र ते बोधिसत्त्वविग्रहा इमा गाथा अभाषन्त--

今译：然后，在东方无垢世界，无垢光如来的佛土，有一位名为游戏庄严的菩萨大士，在这光芒激励下，由无数菩萨恭敬围绕，来到菩萨的菩提道场。来到后，就在此刻，为了供奉菩萨，他施展神通变化。依靠这种神通变化①，他展现十方乃至空界的一切佛土为一个清净的蓝琉璃道场。他在五道一切众生前，展现菩萨坐在菩提道场。这些众生都伸出一个指头，指着菩萨，互相询问道："这是谁？他具有这样的优美形象。这是谁？他具有这样的形象，光彩熠熠。"菩萨在这些众生前，幻化出许多菩萨。这些菩萨幻像念诵偈颂道：

地译：爾時，東方世界有國名離垢，其佛號曰離垢光明。彼有菩薩摩訶薩，名遊戲莊嚴，遇斯光已，與無央數菩薩圍遶而來，詣菩提場，為供養故，住菩薩前。爾時，菩薩以神通力變現十方盡虛空界一切佛刹，成一清淨琉璃道場。一切佛刹五道眾生展轉指示各相謂言："此是何以②，神通遊戲，莊嚴威德，色相乃爾？"是時，菩薩於一一眾生前現化菩薩，而說頌曰：

यस्या किंचन रागदोषकद्द षा सा वासना उद्धृता
　　यस्या कायप्रभाकृता दशदिशे सर्वे प्रभा निष्प्रभाः।
यस्या पुण्यसमाधिज्ञाननिचयः कल्पौघसंवर्धितः
　　सोऽयं शाक्यमुनिर्महामुनिवरः सर्वा दिशो भ्राजते॥ १॥ इति॥

今译：他已经完全铲除贪爱和嗔怒的恶习，
身体的光芒使十方的光芒黯然失色，
功德、禅定和智慧已经积累许多劫，
他是伟大的释迦牟尼，照亮所有十方。（1）

地译：能斷諸垢濁，貪瞋癡習氣，
身照十方刹，暎蔽眾光明，
福智及三昧，積劫轉增長，
一切諸莊嚴，最勝牟尼力。

अथ खद्द भिक्षवो दक्षिणस्यां दिशि रत्नव्यूहाया लोकधातो रत्नार्चिषस्तथागतस्य

① 这句的原文是 yenaddharyabhisaṃskāreṇa，据 M 本和 L 本应为 yenārddhyabhisaṃskāreṇa。而规范写法应为 yenarddhyabhisaṃskāreṇa。

② 此处"以"字，据《中华大藏经》校勘记，《资》、《碛》、《普》、《南》、《径》、《清》、《丽》作"人"。

बुद्धक्षेत्राद्रत्नच्छत्रकूटसंदर्शनो नाम बोधिसत्त्वो महासत्त्वस्तया प्रभया संचोदितः सन् गणनासमतिक्रान्तैर्बोधिसत्त्वैः परिवृतः पुरस्कृतो येन बोधिमण्डो येन च बोधिसत्त्वस्तेनोपसंक्रामत्। उपसंक्रम्य बोधिसत्त्वस्य पूजाकर्मणे एकरत्नछत्रेण तं सर्वावन्तं मण्डलमात्रं संछादयति स्म। तत्र शक्रब्रह्मलोकपालाः परस्परमेतदवोचन्-- कस्येदं फलम् केनायमेवंरूपो रत्नछत्रव्यूहः संदृश्यत इति। अथ तस्माद्रत्नछत्रादियं गाथा निश्चरति स्म--

今译：然后，众比丘啊，在南方宝庄严世界，宝光如来的佛土，有一位名为宝盖顶的菩萨大士，在这光芒的激励下，由无数菩萨恭敬围绕，来到菩萨的菩提道场。来到后，为了供奉菩萨，他用一顶宝石华盖覆盖整个道场。帝释天、梵天和护世天王们互相询问道："这是谁的功果？谁展现这样的宝石华盖庄严？"然后，从这宝石华盖中传出偈颂道：

地译：爾時，南方世界有國名寶莊嚴，其佛號曰光明。彼有菩薩摩訶薩，名現寶蓋，遇斯光已，與無央數菩薩圍遶而來，詣菩提場，為供養故，住菩薩前。爾時，菩薩以神通力持一寶蓋，周遍覆此菩提之場。大梵天王、釋提桓因、護世四王更相謂言："以何果報而現如此寶莊嚴蓋？"於寶蓋中，出妙頌曰：

येन च्छत्रसहस्रकोटिनयुता गन्धान रत्नान च
दत्ता अप्रतिमेषु मैत्रमनसा तिष्ठन्ति के निर्वृते।
सो एषो वरलक्षणो हितकरो नारायणस्थामवान्
बोधेर्मूलमुपागतो गुणधरस्तस्यैष पूजा कृता॥२॥ इति॥

今译：心怀慈悲，曾经施舍那些无与伦比的
达到涅槃者[1]千万亿华盖、妙香和宝石，
这位造福者有吉相，有那罗延的威力，
有功德，来到菩提树，这是对他的供奉。（2）

地译：在昔億千劫，供養三世佛，
慈心行捨施，故得相莊嚴，
成就那延力，導師感是報，
利益於一切，端坐菩提場。

अथ खद्द पश्चिमाया दिशश्चम्पकवर्णाया लोकधातोः पुष्पावलिवनराजिकुसुमिताभिज्ञस्य तथागतस्य बुद्धक्षेत्रादिन्द्रजाली नाम बोधिसत्त्वो महासत्त्वस्तया प्रभया संचोदितः सन् गणनासमतिक्रान्तैर्बोधिसत्त्वैः परिवृतः पुरस्कृतो येन बोधिमण्डो येन च बोधिसत्त्वस्तेनोपजगाम। उपेत्य च बोधिसत्त्वस्य पूजाकर्मणे सर्वावन्तं मण्डलमात्रमेकरत्नजालेन

① 此处"达到涅槃者"指过去佛。地译"三世佛"。

संछादयति स्म। तत्र दशसु दिक्षु देवनागयक्षगन्धर्वाः परस्परमेवमाहुः-- कस्यायमेवंरूपो प्रभाव्यूह इति। अथ तस्माद्रत्नजालादियं गाथा निश्चरति स्म--

今译：然后，在西方詹波世界，花王盛开神通如来的佛土，有一位名为因陀罗网的菩萨大士，在这光芒的激励下，由无数菩萨恭敬围绕，来到菩萨的菩提道场。来到后，为了供奉菩萨，他用一张宝石网覆盖整个道场。十方的天神、蛇、药叉和健达缚互相询问道："这样的光芒庄严属于谁？"然后，从这宝石网中传出偈颂道：

地译：爾時，西方世界有國名詹波，其佛號曰開敷花王智慧神通。彼有菩薩摩訶薩，名曰寶網，遇斯光已，與無央數菩薩圍遶而來，詣菩提場，為供養故，住菩薩前。爾時，菩薩以神通力取一勝妙寶網，彌覆菩提道場。十方諸來天眾龍神八部更相謂言："以何因緣感斯寶網？"於寶網中，出妙頌曰：

रत्नाकरो रतनकेतु रतिस्त्रिलोके
　　रत्नोत्तमो रतनकीर्ति रतः सुधर्मे।
रत्नानि त्रीणि न च छेत्स्यति वीर्यप्राप्तः
　　सो बोधि प्राप्स्यति वरामिय तस्य पूजा॥ ३॥ इति॥

今译：他是宝石库藏，宝石幡幢，热爱三界，
至高的宝石，名声似宝石，热爱妙法，
具有精进力，不会中断佛法僧三宝，
他将证得美妙菩提，这是对他的供奉。（3）

地译：能為眾寶因，眾寶所依處，
三界皆歸趣，名聞遍十方，
欲證大菩提，住於清淨法，
精進力成佛，能感如斯供。

अथ खलूत्तरस्यां दिशि सूर्यावर्ताया लोकधातोश्चन्द्रसूर्यजिह्मीकरप्रभस्य तथागतस्य बुद्धक्षेत्राद्व्यूहराजो नाम बोधिसत्त्वो महासत्त्वस्तया प्रभया संचोदितः सन् गणनासमतिक्रान्तैर्बोधिसत्त्वैः परिवृतः पुरस्कृतः येन बोधिमण्डो येन च बोधिसत्त्वस्तेनोपसंक्रामत्। उपसंक्रम्य बोधिसत्त्वस्य पूजाकर्मणे यावन्तो दशसु दिक्षु सर्वलोकधातुषु बुद्धक्षेत्रगुणव्यूहास्तान् सर्वांस्तस्मिन् मण्डलमात्रे संदर्शयति स्म। तत्र केचिद्बोधिसत्त्वा एवमाहुः-- कस्येम एवंरूपा व्यूहाः अथ तेभ्यः सर्वव्यूहेभ्य इयं गाथा निश्चरति स्म--

今译：然后，在北方日转世界，掩蔽日月光如来的佛土，有一位名为庄严王的菩萨大士，在这光芒的激励下，由无数菩萨恭敬围绕，来到菩萨的菩提

道场。来到后，为了供奉菩萨，他在这个道场上展现十方一切世界所有佛土功德庄严。一些菩萨询问道："这样的庄严属于谁？"然后，从这一切庄严中传出偈颂道：

地译：爾時，北方世界有國名曰轉，其佛號曰掩蔽日月光。彼有菩薩摩訶薩，名莊嚴王，遇斯光已，與無央數菩薩圍遶而來，詣菩提場，為供養故，住菩薩前。爾時，菩薩以神通力令十方無邊剎土功德莊嚴之臺皆現於此菩提道場。諸來衆會心生奇特，一切人天更相謂言："以何因緣感此殊勝莊嚴妙臺？"於妙臺中，出妙頌曰：

कायो येन विशोधितः सुबहुशः पुण्येन ज्ञानेन च
येना वाच विशोधिता व्रततपैः सत्येन धर्मेण च।
चित्तं येन विशोधितं हिरिधृती कारुण्यमैत्र्या तथा
सो एषो द्रुमराजमूह्र पगतः शाक्यर्षभः पूज्यते॥४॥ इति॥

今译：他经常以功德和知识净化身体，
以苦行、真谛和正法净化语言，
以廉耻、怜悯和慈悲净化思想，
释迦雄牛来到树根，受到供奉。（4）

地译：由昔無邊劫，福智資粮滿，
身口意清淨，慚愧及慈悲，
無上能仁尊，衆善無不具，
今坐菩提座，故獲如斯福。

अथ खल्व पूर्वदक्षिणस्या दिशो गुणाकराया लोकधातोर्गुणराजप्रभासस्य तथागतस्य बुद्धक्षेत्राद्गुणमतिर्नाम बोधिसत्त्वो महासत्त्वस्तया प्रभया संचोदितः सन् गणनासमतिक्रान्तैर्बोधिसत्त्वैः परिवृतः पुरस्कृतो येन बोधिमण्डो येन च बोधिसत्त्वस्तेनोपसंक्रामत्। उपसंक्रम्य बोधिसत्त्वस्य पूजाकर्मणे सर्वगुणव्यूहं कूटागारं तस्मिन् मण्डलमात्रेऽभिनिर्मिमीते स्म। तस्य ते परिवारा एवमाहुः-- कस्यायमेवंरूपः कूटागारव्यूहः ततश्च कूटागारादियं गाथा निश्चरति स्म--

今译：然后，在东南方功德藏世界，功德王光如来的佛土，有一位名为功德慧的菩萨大士，在这光芒激励下，由无数菩萨恭敬围绕，来到菩萨的菩提道场。来到后，为了供奉菩萨，他在这个道场上幻化出具有一切功德庄严的楼阁。他的随从们询问道："这样的楼阁庄严属于谁？"然后，从这楼阁中传出偈颂道：

地译：爾時，東南方世界有國名德王，佛號功德光明王。彼有菩薩摩訶薩，名功德慧，遇斯光已，與無央數菩薩圍遶而來，詣菩提場，為供養故，住菩薩前。爾時，菩薩以神通力化作無量功德莊嚴眾寶樓觀，諸來天、龍、夜叉等眾見未曾有，生奇特心，更相謂言："以何因緣而有斯瑞？"於樓觀中，而說頌曰：

यस्य गुणैः सततं गुणगन्धिका
भोन्ति सुरासुर यक्ष महोरगाः।
सो गुणवान् गुणराजकुलोदितो
बोधिविटपे उपविष्टु गुणोदधिः॥५॥ इति॥

今译：天神、阿修罗、药叉和大蛇，
始终靠他的功德散发功德香，
他具有功德，生自功德王族，
这位功德海坐在菩提树下。（5）

地译：眾德之所生，具足功德者，
能成就功德，天龍咸恭敬，
德海詣道場，功德香普熏，
今坐菩提座，感如斯供養。

अथ खलु दक्षिणपश्चिमाया दिशो रत्नसंभवाया लोकधातो रत्नयष्टेस्तथागतस्य बुद्धक्षेत्राद्रत्नसंभवो नाम बोधिसत्त्वो महासत्त्वस्तया प्रभया संचोदितः सन् गणनासमतिक्रान्तैर्बोधिसत्त्वैः परिवृतः पुरस्कृतो येन बोधिमण्डो येन च बोधिसत्त्वस्तेनोपसंक्रामत्। उपसंक्रम्य बोधिसत्त्वस्य पूजाकर्मणे अप्रमेयासंख्येयान् रत्नव्योमकांस्तस्मिन्मण्डलमात्रेऽभिनिर्मिमीते स्म। तेभ्यश्च रत्नव्योमकेभ्य इयं गाथा निश्चचार--

今译：然后，在西南方宝生世界，宝幢如来的佛土，有位名为宝生的菩萨大士，在这光芒的激励下，由无数菩萨恭敬围绕，来到菩萨的菩提道场。来到后，为了供奉菩萨，他在这个道场上幻化出无量无数宝石楼台。从这些宝石楼台中传出偈颂道：

地译：爾時，西南方有國名出寶，其佛號寶幢。彼有菩薩摩訶薩，名出眾寶，遇斯光已，與無央數菩薩圍遶而來，詣菩提場，為供養故，住菩薩前。爾時，菩薩以神通力化作無量阿僧祇眾寶圓光。其中諸天見未曾有，生奇特心，更相謂言："以何威力而現如是眾寶圓光？"其圓光中，出妙頌曰：

第二十　菩提道场庄严品　541

त्यक्ता येन ससागरा वसुमती रत्नान्यथोऽनेकशः
प्रासादाश्च गवाक्षहर्मिकवरा युग्यानि यानानि च।
व्योमालंकृत पुष्पदाम रुचिरा उद्यान कूपा सभा
हस्ता पाद शिरोत्तमाङ्गनयनाः सो बोधिमण्डे स्थितः॥६॥ इति॥

今译：他一次又一次舍弃大海围绕的大地，
宝石，宫殿，连同窗户、楼阁、车马、
楼台、花环、可爱的花园、池井和会堂，
手、脚、头和眼睛，现在坐在菩提道场。（6）

地译：以眾寶宮殿，花果與園林，
頭目髓腦等，身胸及手足，
如是種種施，積習諸功德，
今現證菩提，感如斯供養。

अथ खद्द पश्चिमोत्तरस्या दिशो मेघवत्या लोकधातोर्मेघराजस्य तथागतस्य बुद्धक्षेत्रान्मेघकूटाभिगर्जितस्वरो नाम बोधिसत्त्वो महासत्त्वस्तया प्रभया संचोदितः सन् गणनासमतिक्रान्तैर्बोधिसत्त्वैः परिवृतः पुरस्कृतो येन बोधिमण्डो येन च बोधिसत्त्वस्तेनोपसंक्रामत्। उपसंक्रम्य बोधिसत्त्वस्य पूजाकर्मणे कालानुसार्यगुरुमेघमभिनिर्मायोरगसारचन्दनचूर्णवर्षं तस्मिन् मण्डलमात्रेऽभिप्रवर्षति स्म। तस्माच्च कालानुसारिमेघमण्डलमात्रादियं गाथा निश्चरति स्म--

今译：然后，在西北方如云世界，云王如来的佛土，有位名为云顶雷声的菩萨大士，在这光芒的激励下，由无数菩萨恭敬围绕，来到菩萨的菩提道场。来到后，为了供奉菩萨，他在这个道场上幻化出黑檀香和沉水香云，降下乌洛迦娑罗檀香粉雨。从这黑檀香云道场中传出偈颂道：

地译：爾時，西北方世界有國名雲，其佛號曰雲王。彼有菩薩摩訶薩，名雲雷震聲，遇斯光已，與無央數菩薩圍遶而來，詣菩提場，為供養故，住菩薩前。爾時，菩薩以神通力化作沉水香雲及栴檀香雲，遍布菩提道場。諸天眾會皆生歡喜奇特之心，共相謂言："以何因緣有斯瑞應？"其香雲中，出妙頌曰：

धर्मामेघ स्फुरित्व सर्वत्रिभवे विद्याधिमुक्तप्रभः
सद्धर्म च विराग वर्षि अमृतं निर्वाणसंप्रापकम्।
सर्वा रागकिलेशबन्धनलता सो वासना छेत्स्यति
ध्यानर्द्धीबलैन्द्रियैः कुसुमितः श्रद्धाकरं दास्यते॥७॥ इति॥

今译：法云在所有三界闪耀求知的光芒，
降下妙法甘露雨，除贪欲，得涅槃，
他斩断缠绕贪欲烦恼的恶习蔓藤，
展现禅定、神通和根力，广施信仰。（7）

地译：法雲覆一切，普雨於法雨，
滅眾生煩惱，令得於涅槃，
神通定根力，功德為莊嚴，
證甘露菩提，故獲如斯供。

अथ खलूत्तरपूर्वस्या दिशो हेमजालप्रतिछन्नाया लोकधातो रत्नच्छत्राभ्युद्गतावभासस्य तथागतस्य बुद्धक्षेत्राद्धेमजालालंकृतो नाम बोधिसत्त्वो महासत्त्वस्तयाप्रभया संचोदितः सन् गणनासमतिक्रान्तैर्बोधिसत्त्वैः परिवृतः पुरस्कृतो येन बोधिमण्डो येन च बोधिसत्त्वस्तेनोपसंक्रामत्। उपसंक्रम्य बोधिसत्त्वस्य पूजाकर्मणे सर्वेषु तेषु कूटागारेषु रत्नव्योमकेषु द्वात्रिंशल्लक्षणसमलंकृतान् बोधिसत्त्वविग्रहानभिनिर्मिमीते स्म। सर्वे च ते बोधिसत्त्वविग्रहा दिव्यमानुष्यकपुष्पदामपरिगृहीता येन बोधिसत्त्वस्तेनाभिनतकायास्तानि पुष्पदामान्यभिप्रलम्बयन्ति स्म। ते इमां गाथामभाषन्त--

今译：然后，在东北方金网覆盖世界，宝盖光如来的佛土，有一位名为金网庄严的菩萨大士，在这光芒的激励下，由无数菩萨恭敬围绕，来到菩萨的菩提道场。来到后，为了供奉菩萨，他在一切楼阁和一切宝石楼台中，幻化出具有三十二相的众菩萨。所有这些菩萨幻像手持天国和人间的花环，向菩萨弯腰鞠躬，献上这些花环。他们念诵偈颂道：

地译：爾時，東北方世界有國名金網，其佛號寶蓋光明。彼有菩薩摩訶薩，名金網莊嚴，遇斯光已，與無央數菩薩圍遶而來，詣菩提場，為供養故，住菩薩前。爾時，菩薩以神通力於彼諸來菩薩供養具中，化出無量無邊大菩薩眾，皆有殊勝三十二相莊嚴其身，執持花鬘，曲躬稽首，一一菩薩以偈頌曰：

येन बुद्धनयुता स्तवित पूर्व
गौरवेण महता जनिय श्रद्धाम्।
ब्रह्मघोषवचनं मधुरवाणिं
बोधिमण्डोपगतं शिरसि वन्दे॥८॥ इति॥

今译：他过去称颂赞美亿万佛，
怀着崇高的敬意和信仰，

他的话语甜蜜如同梵音，
我顶礼菩提道场的菩萨。（8）

地译：由昔無邊劫，深信極尊敬，
以微妙音聲，讚歎諸如來，
今坐菩提座，是故我頂禮，
願以讚歎業，當得無上果。

अथ खल्वधस्ताद्दिशः समन्तविलोकिताया लोकधातोः समन्तदर्शिनस्तथागतस्य बुद्धक्षेत्राद्रत्नगर्भो नाम बोधिसत्त्वो महासत्त्वस्तया प्रभया संचोदितः सन् गणनासमतिक्रान्तैर्बोधिसत्त्वैः परिवृतः पुरस्कृतो येन बोधिमण्डो येन च बोधिसत्त्वस्तेनोपसंक्रामत्। उपसंक्रम्य बोधिसत्त्वस्य पूजाकर्मणे तस्मिन् वैदूर्यमयमण्डलमात्रे जाम्बूनदसुवर्णपद्मान्यभ्युद्गतान्युपदर्शयति स्म। तेषां च पद्मानां कर्णिकास्वर्धकायिका नार्यो वर्णरूपसंपन्नाः सर्वालंकारप्रतिमण्डिता उपदर्शयति स्म। वामदक्षिणे पाणिभिर्हर्षकटककेयूरसुवर्णसूत्रमुक्ताहारादिविविधाभरणपरिगृहीताः पुष्पपट्टदामानि चाभिप्रलम्बयन्त्यो येन बोधिमण्डो येन च बोधिसत्त्वस्तेनोपर्यभिनतकायाः। ताश्चेमां गाथामभाषन्त--

今译：然后，在下方的普观世界，普见如来的佛土，有一位名为宝藏的菩萨大士，在这光芒的激励下，由无数菩萨恭敬围绕，来到菩萨的菩提道场。来到后，为了供奉菩萨，他在这个琉璃道场上展现阎浮那陀金莲花纷纷跃出。每个莲花花苞中露出半身美女，严妆盛饰。她们左右两手握有璎珞、手镯、腕环、金线和珍珠项链等各种装饰品，献上花环和布幔。她们向菩提道场上的菩萨弯腰鞠躬，念诵偈颂道：

地译：爾時，下方世界有國名普觀，其佛號曰普見。彼有菩薩摩訶薩，名曰寶藏，遇斯光已，與無央數菩薩圍遶而來，詣菩提場，為供養故，住菩薩前。爾時，菩薩以神通力於一一菩薩前化出廣大妙金蓮花，而於花中皆有婇女出現半身，端正姝妙，咸以寶莊嚴具嚴飾其身，手執種種金珠瓔珞，曲躬稽首。而諸人天更相謂言："以何因緣感得如是微妙婇女？"是諸婇女以偈頌曰：

यो ओनमिष्ट सदा गुरूणां
बुद्धश्रावकप्रत्येकजिनानाम्।
निर्माणसुशील सदोज्जु प्रष्ठो
तस्या ओनमथा गुणधरस्य॥९॥ इति॥

今译：他一向敬拜老师和长辈，
敬拜佛陀、声闻和缘觉，

他守戒，正直，不傲慢，
应该敬拜这位有功德者。（9）

地译：由昔無邊劫，頂禮諸如來，
辟支及聲聞，父母并尊者，
質直無過患，具一切功德，
皆應恭敬禮，清淨戒圓滿。

अथ खद्द परिष्टाद्दिशो वरगगनाया लोकधातोर्गणेन्द्रस्य तथागतस्य बुद्धक्षेत्राद्गगनगञ्जो नाम बोधिसत्त्वो महासत्त्वस्तया प्रभया संचोदितः सन् गणनासमतिक्रान्तैर्बोधिसत्त्वैः परिवृतः पुरस्कृतो येन बोधिमण्डो येन च बोधिसत्त्वस्तेनोपसंक्रामत्। उपसंक्रम्य बोधिसत्त्वस्य पूजाकर्मणे गगनतलस्थ एव यावन्तो दशसु दिक्षु सर्वबुद्धक्षेत्रेष्वदृष्टाश्रुतपूर्वाः सन्ति पुष्पधूपगन्धमाल्यविलेपनचूर्णचीवरवस्त्रालंकारछत्रध्वजपताकावैजयन्तिरत्नमणिकनकरजतमुक्ताहारहयगजरथपत्तिवाहनपुष्पवृक्षपत्रपुष्पफलदारकदारिका देवनागयक्षगन्धर्वासुरगरुडकिन्नरमहोरगशक्रब्रह्मलोकपालमानुष्यामानुष्याणां सर्वा गगनतलान्महान्तं पुष्पवर्षमभिप्रवर्षन्ति स्म सर्वसत्त्वप्रीतिसुखसंजननं च। न च कस्यचित्सत्त्वस्य भयं चोत्पीडां वा करोति स्म॥

今译：然后，在上方殊胜天空世界，群王如来的佛土，有一位名为虚空藏的菩萨大士，在这光芒的激励下，由无数菩萨恭敬围绕，来到菩萨的菩提道场。来到后，为了供奉菩萨，他站在空中，在十方一切佛土中，布满见所未见和闻所未闻的鲜花、薰香、妙香、花环、软膏、香粉、衣服、装饰品、华盖、旗帜、旗幡、旗幢、宝石、摩尼珠、金银、珍珠项链、马、象、车、步兵、坐骑、花树、树叶和花果以及男童和女童，天神、蛇、药叉、健达缚、阿修罗、金翅鸟、紧那罗、大蛇、帝释天、梵天、护世天王、人和非人全都从空中降下大花雨，令一切众生欢喜快乐。任何众生都无所畏惧，不受折磨。

地译：爾時，上方世界有國名殊勝功德，其佛號曰德王。彼有菩薩摩訶薩，名虛空藏，遇斯光已，與無央數菩薩圍遶來，詣菩提道場，為供養故，住菩薩前。爾時，菩薩以神通力於虛空中，普雨十方世界諸佛刹土昔所不見、昔所未聞眾寶花鬘、塗香、末香、燒香、繒綵、衣服、幢幡、寶蓋、摩尼眾寶、金銀、琉璃、車璩、馬瑙、象馬車乘、輦輿、兵眾、花樹、果樹、童男、童女。爾時，梵、釋、護世、天、龍、夜叉、乾闥婆、阿修羅、迦婁羅、緊那羅、摩睺羅伽、人非人等一切群生皆悉得見，生歡喜心，無有驚怖。

तत्रेदमुच्यते--

今译：这里，这样说道：

地译：爾時，世尊欲重宣此義，而說偈言：

पेयालमेष दिशतासु जिनौरसा ये
संपूजितुं हितकरं अनुप्राप्त बोधिम्।
तेषां वियूहक्रमविक्रमसुक्रमाणां
ओपम्यमात्र निश्रृणोथ जिनौरसानाम्॥१०॥

今译：如上所述，十方佛子[1]们
供奉求证菩提的造福者，
你们听我略用譬喻说明
他们的庄严美妙的行动。（10）

地译：利益一切世間者，欲證無上菩提時，
十方無量諸菩薩，皆悉如雲而集會，
彼諸菩薩所來事，我今以喻而略說。

के चागता नभसि मेघ इव स्तनन्तो
हारा सहस्रनयुतानि प्रलम्बयन्तः।
के चागता मकुटरत्नविलम्बचूडाः
पौष्पं विमान गगने उपदर्शयन्तः॥११॥

今译：有些前来，如同空中轰鸣的
密云，手持千千万万条项链；
有些前来，发髻上佩戴顶冠
宝石，空中展现他们的花车。（11）

地译：無量菩薩從空來，猶如密雲震吼聲，
各各執持寶瓔珞，明珠垂懸甚嚴飾；
無量菩薩從空來，首飾寶冠垂辮髮，
擎捧如花妙臺觀，而至菩提道場所。

के चागता धरणिसिंह इवा नदन्तः
शून्यानिमित्तप्रणिधीरवमुञ्चमानाः।

---

① “佛子”（jinaurasa）指菩萨。

के चागता यथ वृषा अभिनन्दमानाः
　　न च दृष्टपूर्व रुचिराणि क्षिपन्ति पुष्पां ॥ १२ ॥

今译：有些前来，如同大地的狮子，
发出吼叫，发誓追求空无相[①]；
有些前来，如同喜悦的雄牛，
撒下前所未见的可爱鲜花。（12）

地译：無量菩薩從空來，猶如師子震吼聲，
說空無相及無願，而至菩提道場所；
無量菩薩從空來，猶如牛王哮吼聲，
雨未曾有微妙花，而至菩提道場所。

के चागता नभसि सार इवा रवन्तो
　　वर्णासहस्र स्वकि आत्मनि दर्शयन्तः ।
के चागता शशिरिवा गगने सुपूर्णाः
　　सुगतात्मजस्य गुणमालमुदीरयन्तः ॥ १३ ॥

今译：有些前来，如同空中鸣叫的
鸲鹆[②]，展现自己的千般美色；
有些前来，如同空中的圆月，
赞叹佛子菩萨的种种功德。（13）

地译：無量菩薩從空來，美聲猶如孔雀王，
身光出現千種相，而至菩提道場所；
無量菩薩從空來，光明猶如淨滿月，
以妙音聲而讚歎，菩薩無量諸功德。

के चागता रविरिव प्रभ मुञ्चमानाः
　　सर्वाणि मारभवनानि करोन्ति जिह्मा ।
के चागता विमलकेतु यथेन्द्रयष्ट्यः
　　संभारपुण्यनिचितास्तहि बोधिमण्डे ॥ १४ ॥

今译：有些前来，如同空中的太阳，

①“发誓追求空无相”的原文是 śūnyānimittapraṇidhī。此处地译“说空无相及无愿”，那么，原文应为 śūnyānimittāpraṇidhī。“空”、“无相”和“无愿”是“三解脱门”。

② “鸲鹆”的原词是 sāra，BHSD 指出相当于 sārī 或 sārikā。

放射光芒，掩蔽所有的魔宫；
有些前来，如同旌旗和彩虹，
积有大功德，来到菩提道场。（14）

地译：無量菩薩從空來，光明照耀猶如日，
暎蔽一切魔宮殿，而至菩提道場所；
無量菩薩從空來，身色美艷如虹蜺，
福慧資粮悉圓滿，而至菩提道場所。

केचित्क्षिपन्ति गगनान्मणिरत्नजाला
चन्द्रा सुचन्द्र तथ बाल विरोचमाना।
मान्दारवा सुमनवार्षिकचम्पदामा
संबोधिसत्त्व द्रुमराजस्थिते क्षिपन्ति॥ १५॥

今译：有些在空中张开摩尼珠宝网，
闪耀光辉，如同美丽的新月，
为菩提树下菩萨撒下曼陀罗、
须曼那、婆师迦和詹波花环。（15）

地译：無量菩薩從空來，手出摩尼衆寶網，
并散曼陀蘇曼陀，婆利師花占波花，
及持如是等花鬘，而至菩提道場所。

के चागता धरणि कम्पयमान पद्भ्यां
संकम्पिता वसुध प्रीतिकरी जनस्य।
के चागता ग्रहिय मेरु करेतलेभिः
उत्सृष्टपुष्पपुट संस्थित अन्तरीक्षे॥ १६॥

今译：有些前来，步伐震撼大地，
大地摇晃，令众生喜悦；
有些前来，手托须弥山，
撒下的鲜花驻留在空中。（16）

地译：無量菩薩從空來，以神通力震大地，
而諸衆生不驚怖，一切靡不歡喜者；
無量菩薩從空來，手接須彌大山王，
如持花鬘不為重，而至菩提道場所。

के चागताश्चतुरि सागर गृह्य मूर्ध्ना
　　उत्सृष्ट सिञ्चि वसुधां वरगन्धतोयैः।
के चागता रतनयष्टि गृहीत्व चित्रं
　　संबोधिसत्त्वमुपदर्शय स्थित्व दूरे॥ १७॥

今译：有些前来，头上顶着四海，
用美妙的香水泼洒大地；
有些前来，手持奇妙宝杖，
站在远处，向菩萨展现。（17）

地译：無量菩薩從空來，頂戴四大香水海，
遍灑大地皆嚴淨，而至菩提道場所；
無量菩薩從空來，各持殊勝眾寶蓋，
令諸菩薩皆覩見，而至菩提道場所。

के चागता भविय ब्रह्म प्रशान्तरूपाः
　　शान्ता प्रशान्तमनसः स्थित ध्यानध्यायी।
रोमेभि तेष स्वरु निश्चरते मनोज्ञ
　　मैत्रीउपेक्षकरुणामुदिताप्रमाणा॥ १८॥

今译：有些前来，神态宁静似梵天，
内心平静，伫立着修禅入定，
他们的毛孔传出可爱话音，
宣说无量的慈、悲、喜和舍。（18）

地译：無量菩薩從空來，現為梵王住寂定，
一一毛孔演妙法，說大慈悲及喜捨。

के चागता मरुत शक्र इवा यथैव
　　देवैः सहस्रनयुतैश्च पुराकृतास्ते।
उपगम्य बोधिवटु गृह्य कृताञ्जलीभिः
　　शक्राभिलग्न मणिरत्न क्षिपन्ति चित्रा॥ १९॥

今译：有些前来，如同天王帝释天，
由千千万万天神恭敬围绕，
走近菩提树，双手合十行礼，
撒下帝释天佩戴的奇妙珠宝。（19）

地译：無量菩薩從空來，示為帝釋微妙形，
一切天人共圍遶，而至菩提道場所。

के चागताश्चतुदिशा च यथैव पाला
गन्धर्वराक्षसपरीवृत किन्नरेभिः।
विद्युत्स्फुटान्त कुसुमानि प्रवर्षमाणाः
गन्धर्वकिन्नररूतेन स्तुवन्ति वीरम्॥ २०॥

今译：有些前来，如同四方护世天王，
由健达缚、罗刹和紧那罗围绕，
降下阵阵花雨，夹着道道闪电，
健达缚和紧那罗赞颂这位英雄。（20）

地译：無量菩薩從空來，示為護世之形像，
一切天人共圍遶，各各散以天花香，
以緊那羅乾闥婆，美妙音聲讚菩薩。

के चागताः कुसुमितां प्रगृहीत्व वृक्षान्
सफलां सपुष्पवरगन्ध प्रमुञ्चमानां।
जातेषु तेषु स्थित बुद्ध शुद्धकायाः
अवलम्बमान प्रतिमण्डि क्षिपन्ति पुष्पा॥ २१॥

今译：有些前来，手持开花的树木，
结有果子，散发美妙的花香，
处处站着身体纯洁的佛陀，
悬空向菩提道场撒下鲜花。（21）

地译：無量菩薩從空來，各持芬香妙花樹，
枝葉花果遍莊嚴，而至菩提道場所。

के चागताः कुसुमिताः पुडिनी गृहीत्वा
पद्मोत्पलैः कुसुमितैस्तथ पुण्डरीकैः।
द्वात्रिंशलक्षणधराः स्थित पद्मगर्भे
स्तविष्ट अलिप्तमनसं विदु बोधिसत्त्वम्॥ २२॥

今译：有些前来，携带开花的莲花池①，
充满绽放的红莲、青莲和白莲，

① “莲花池”的原文是 puḍinī，BHSD 指出此词相当于 puṣkariṇī。

他们有三十二相，站在莲花中，
赞颂思想不受污染的智者菩萨。（22）

地译：其樹花臺有菩薩，於彼花中出半身，
悉皆具相三十二，各各執持諸妙花，
拘物頭花波頭摩，優鉢羅花芬陀利。

के चागता विपुलकाय तथेव मेरु
स्थित्वान्तरीक्ष स्वकमात्मनमुत्सृजन्ति।
उत्सृज्यमात्र भविया नवपुष्पदामाः
संछादयन्ति त्रिसहस्त्रि जिनस्य क्षेत्रम्॥२३॥

今译：有些前来，身体广大似须弥山，
他们站在空中，舍弃自己身体；
一旦舍弃，即刻化为新鲜花环，
覆盖所有三千大千世界的佛土。（23）

地译：無量菩薩從空來，手持清淨蓮花沼，
其身廣大如須彌，變為淨妙諸花鬘，
遍覆三千大千界，而至菩提道場所。

के चागता उभयचक्षुषि कल्पदाहं
संदर्शयन्त विभवं तथ संभवं च।
तेषां शरीरि बहुधर्मसुखा रणन्ति
तां श्रुत्व सत्त्वनयुता प्रजहन्ति तृष्णाम्॥२४॥

今译：有些前来，两眼燃烧劫火，
展现世界的毁灭和生成，
他们的身体演说种种法门，
亿万众生听后，摒弃贪欲。（24）

地译：無量菩薩從空來，各於眼中現劫燒，
而復於此示成劫，遍身一一支節中，
演出無邊諸佛法，所有眾生皆得聞，
聞者悉斷諸貪欲，而至菩提道場所。

के चागता रवितकिन्नरतुल्यघोषाः
बिम्बोष्ठचारुवदनाः परिपूर्णवक्त्राः।

कन्या यथैव सुलंकृत चित्रहाराः
प्रेक्षन्त यां सुरगणा न लभन्ति तृप्तिम्॥२५॥

今译：有些前来，话音如同紧那罗，
脸庞圆满，嘴唇美似频婆果，
佩戴奇妙的项链，宛如少女，
众天神凝视他们，百看不厌。（25）

地译：無量菩薩從空來，其身端正甚可愛，
以眾寶具而莊嚴，其聲猶如緊那羅，
一切天人修羅等，見聞皆悉無厭足。

के चागता वजिरकाय इवा अभेद्याः
हेष्ठा पस्कन्धचरणैः प्रतिग्राह्यमाणाः।
के चागता रविरिवा शशिपूर्णवक्त्राः
ज्योत्स्नाकराः प्रभकरा हतक्लेशदोषाः॥२६॥

今译：有些前来，身体如同金刚，
坚不可摧，接受水族献礼[①]；
有些前来，脸庞如同日月，
光芒四射，驱除烦恼弊病。（26）

地译：無量菩薩從空來，其身堅固如金剛，
震動大地至水際，而至菩提道場所；
無量菩薩從空來，光明照耀如日月，
滅除眾生煩惱苦，而至菩提道場所。

के चागता रतनमण्डित रत्नपाणी
संछादयित्व बहुक्षेत्रसहस्रकोट्यः।
वर्षन्ति रत्नवर पुष्प सुगन्धगन्धा
संतोषणार्थं बहुसत्त्वहितं सुखार्थम्॥२७॥

今译：有些前来，全身装饰宝石，
手持宝石，覆盖亿万国土，
降下宝石、妙香和花雨，
为了众生的利益和幸福。（27）

① 这句原文中的 heṣṭhā 和 paskandhacaraṇaiḥ，BHSD 指出这两个词应该连写。

地译：無量菩薩從空來，其身皆是眾寶成，
遍於無邊佛刹土，普雨雜寶妙花香，
一切眾生悉歡喜，而至菩提道場所。

के चागता महति धारणि रत्नकोशाः
रोमेभि सूत्रनयुतानि प्रभाषमाणाः।
प्रतिभानवन्त मतिवन्त सुबुद्धिवन्तो
मत्तप्रमत्तजनतां प्रतिबोधयन्तः॥२८॥

今译：有些前来，持有丰富宝藏，
他们的毛孔演说亿万经典，
这些觉者富有辩才和智慧，
唤醒那些迷醉放逸的众生。（28）

地译：無量菩薩從空來，各能總持四種藏，
其身一一毛孔中，演說無數諸經典，
具足辯才大智慧，覺悟惛醉諸群生。

के चागता ग्रहिय भेरि यथैव मेरु
आकोट्यमानु गगने सुमनोज्ञघोषाम्।
यस्या रवं दशदिशे व्रजि क्षेत्रकोट्या
अद्यावबोद्धुममतं अनुबुद्धि शास्ता॥२९॥ इति॥

今译：有些前来，持鼓大似须弥，
在空中敲出美妙动听鼓声，
传遍所有十方的千万国土，
宣告导师今天要证得甘露。（29）

地译：無量菩薩從空來，執持天鼓如須彌，
擊出美妙大音聲，遍滿拘胝億佛刹，
普告一切諸人天，娑婆世界雨甘露。

॥इति श्रीललितविस्तरे बोधिमण्डव्यूहपरिवर्तो नाम विंशतितमोऽध्यायः॥

今译：以上是吉祥的《神通游戏》中名为《菩提道场庄严品》的第二十章。

मारघर्षणपरिवर्त एकविंशः।

今译：第二十一 降伏摩罗品

地译：降魔品第二十一

इति हि भिक्षवो बोधिसत्त्वैश्चेम एवंरूपा व्यूहा बोधिसत्त्वस्य पूजाकर्मणे बोधिमण्डेऽभिसंकृता अभूवन्। स्वयं च बोधिसत्त्वो यावन्तो दशसु दिक्ष्वतीतानागतप्रत्युत्पन्नानां बुद्धानां भगवतां सर्वबुद्धक्षेत्रेषु बोधिमण्डालंकारव्यूहास्तान् सर्वांस्तस्मिन् बोधिमण्डे संदर्शयति स्म॥

今译：这样，众比丘啊，为了供奉菩萨，众菩萨以这样的庄严景象装饰菩提道场。而菩萨自己也在这个菩提道场中展现十方过去、未来和现在佛世尊的所有佛土中菩提道场的庄严景象。

अथ खलु भिक्षवो बोधिमण्डनिषण्णस्य बोधिसत्त्वस्यैतदभवत्-- इह खलु कामधातौ मारः पापीयानधिपतिरीश्वरो वशवर्ती। नैतन्मम प्रतिरूपं भवेद्यदहं तेनाविदितोऽनुत्तरां सम्यक्संबोधिमभिसंबुध्येयम्। यन्न्वहं मारस्य पापीयसः संचोदनं कुर्याम्। तस्मिन् विजिते सर्वे कामावचरा देवादयो निगृहीता भविष्यन्ति। ततश्च मारपर्षदः पूर्वावरोपितकुशलमूला मारकायिका देवपुत्रास्ते मम सिंहविक्रीडितं दृष्ट्वा अनुत्तरायां सम्यक्संबोधौ चित्तमुत्पादयिष्यन्ति॥

今译：然后，众比丘啊，菩萨坐在菩提道场中思忖："在这欲界[①]中，邪恶的摩罗是统治者、主宰者、控制者。我准备求证无上正等菩提，而他不知道，这样不合适。因此，我要激发邪恶的摩罗。一旦降伏了他，所有欲界天神等也被制伏。然后，摩罗信众，以前植有善根的摩罗界众天子，看到我的狮子游戏，就会发起无上正等菩提心。"

地译：爾時，佛告諸比丘言：比丘當知菩薩坐菩提座已，作是思惟："我於今者當成正覺，魔王波旬[②]居欲界中最尊最勝，應召來此而降伏之。復有欲

---

① 佛教将世界分成欲界、色界和无色界。欲界层次最低，六道（地狱、饿鬼、畜生、阿修罗、人和天）众生均生活在欲界中。

② "波旬"是 pāpīyas（"邪恶的"）一词的音译。此词本是形容词，这里用作魔王的称号。

界諸天及魔波旬所有眷屬久積善業，當得見我師子遊戲，發阿耨多羅三藐三菩提心。”

अथ खलु भिक्षवो बोधिसत्त्व एवमनुविचिन्त्य तस्यां वेलायां भ्रूविवरान्तरादूर्णाकोशात् सर्वमारमण्डलविध्वंसनकरीं नामैकां रश्मिमुदसृजत्। यया रश्म्या सर्वस्मिंस्त्रिसाहस्रमहासाहस्रलोकधातौ सर्वमारभवनान्यवभास्य जिह्मीकृतानि संप्रकम्पितानि चाभूवन्। सर्वश्चायं त्रिसाहस्रमहासाहस्रलोकधातुर्महतावभासेन स्फुटोऽभूत्। तस्याश्च प्रभाया मारः पापीयानिदमेवं रूपं शब्दमश्रौषीत्--

今译：众比丘啊，菩萨这样考虑后，此刻，从他的眉间白毫放出一道名为摧败一切魔界的光芒。这道光芒照耀、掩蔽和撼动三千大千世界的所有魔宫。这道大光芒也照亮所有三千大千世界。从这道光芒中，邪恶的摩罗听到这样的话音：

地译：作是念已，放眉間白毫相光。其光名為降伏魔怨，遍照三千大千世界，傍耀魔宮。魔王波旬於光明中聞如是偈：

कल्पौघचीर्णचरितो ह्यभिशुद्धसत्त्वः
शुद्धोदनस्य तनयः प्रविजह्य राज्यम्।
सो निर्गतो हितकरो ह्यमृताभिलाषी
बोधिद्रुमं ह्युपगतोऽद्य कुरु प्रयत्नम्॥ १॥

今译：净饭王之子已修行许多劫，
本性纯洁，抛弃王位而出家，
这位造福者渴望获得甘露，
今天来到菩提树，你留心吧！（1）

地译：世有最勝清淨人，經歷多時修行滿，
是彼釋種捨王位，今現坐於菩提場。

सो तीर्ण आत्मन परानपि तारयेया
मोचेष्यते स च परां स्वयमेव मुक्तः।
आश्वासप्राप्त स परानपि चाश्वसेया
निर्वापयिष्यति परां परिनिर्वृतश्च॥ २॥

今译：他自己已经度化，还要度化他人，
自己已经解脱，还要让他人解脱，

　　　　　自己已经安心，还要让他人安心，
　　　　　自己已经涅槃，还要让他人涅槃。（2）

地译：汝身稱有大勇猛，當往樹下共相挍[①]，
　　　其人已達於彼岸，既自能度當度他。

शून्यां करिष्यति आपायत्रयोऽप्यशेषां
　　पूर्णां करिष्यति पुरां सुरमानुषाणाम्।
ध्यानानभिज्ञ परमं अमृतं सुखं च
　　दास्यत्यसौ हितकरो अमृतं स्पृशित्वा॥३॥

今译：他也会彻底清除三恶道，
　　　让城中充满天神和凡人，
　　　这位造福者获得甘露后，
　　　会赐予禅定、神通和至福。（3）

地译：應滅三惡悉無餘，令彼人天轉充滿，
　　　若使得證菩提已，不久空虛汝境界。

शून्यं करिष्यति पुरं तव कृष्णबन्धो
　　अबलो बलो बलविहीनु अपक्ष्यपक्ष्यो।
न ज्ञास्यसे क्व नु व्रजामि करोमि किं वा
　　यद् धर्मवर्षमभिवर्षि स्वयं स्वयंभूः॥४॥ इति॥

今译：黑魔啊，他会清除你的城市，
　　　摧毁你的军队、力量和党羽，
　　　一旦这位自生者降下法雨，
　　　你将不知去哪里和怎么办？（4）

地译：愚癡黑暗瞋恚伴，悉當銷散盡無餘，
　　　彼定廣開甘露門，汝等今者為何計？

इति हि भिक्षवो मारः पापीयानाभिः संचोदनाभिर्गाथाभिः संचोदितः सन् द्वात्रिंशदाकारं स्वप्नमपश्यत्। कतमद् द्वात्रिंशदाकारम् तद्यथा-- तमसाकुलं च स्वभवनम-पश्यत्। रजसाकुलं चाकीर्णशर्करकठल्यं च स्वभवनमपश्यत्। भीतत्रस्तोद्विग्नं दिशो दश प्रपलायमानं चात्मानमपश्यत्। विभ्रष्टमकुटमपविद्धकुण्डलं चात्मानमपश्यत्। शुष्कोष्ठगल-

---

① "相挍"的意思是"较量"。

तादृकं चात्मानमपश्यत्। संतप्तहृदयं चात्मानमपश्यत। शीर्णपत्रपुष्पफलानि चोद्यानान्यपश्यत्। अपगतजलाः परिशुष्काश्च पुष्करिणीरपश्यत्। हंसक्रोञ्चमयूरकलविङ्ककुणालजीवंजीवकादींश्च पक्षिगणात्च्छीर्णपक्षानपश्यत्। भेरीशङ्खमृदङ्गपटहतुणववीणावल्लकीताडसम्पादींश्च वाद्यभाण्डांश्छिन्नविछिन्नान् भूमौ निपतितानपश्यत्। प्रियजनपरिवाराश्च मारमुत्सृज्य दीनमुखा एकान्ते गत्वा प्रध्यायन्तमपश्यत्। अग्रमहिषीं च मारिणीं शयनभ्रष्टां धरण्यामुभाभ्यां पाणिभ्यां शीर्षमभिपीडयन्तीमपश्यत्। ये च ते मारपुत्रा वीर्यवत्तमाश्च बलवत्तमाश्च तेजवत्तमाश्च प्रज्ञावत्तमाश्च तं बोधिसत्त्वं बोधिमण्डवराग्रगतं नमस्यन्त एवमपश्यत्।

今译：这样，众比丘啊，邪恶的摩罗受到这些偈颂刺激，梦见三十二种景象。哪三十二种景象？他看见自己的宫殿弥漫黑暗。他看见自己的宫殿尘土飞扬，布满沙石瓦砾。他看见自己恐惧，颤抖，惊慌，逃向十方。他看见自己顶冠滚落，耳环坠落。他看见自己嘴唇、上颚和喉咙干涩。他看见自己忧心如焚。他看见花园中树叶、花朵和果子枯萎。他看见莲花池池水干涸。他看见天鹅、麻鹬、孔雀、迦陵频伽鸟、鸠那罗鸟和共命鸟等鸟群羽翼凋落。他看见大鼓、小鼓、腰鼓、螺号、琴瑟、琵琶、弦琴和铙钹等乐器纷纷破碎落地。他看见亲友和随从抛弃摩罗，神情沮丧，前往僻静处，坐下沉思。他看见王后摩利尼从床上滚落地上，双手捶头。他看见摩罗之子们具有至高的勇气、力量、光辉和智慧，却向坐在至高菩提道场中的那位菩萨行礼致敬。

地译：佛告諸比丘：時魔波旬聞是偈已，復於夢中見三十二不祥之相：一者見其宮殿悉皆黑暗。二者見其宮中沙礫塵土處處飛揚。三者見其宮殿破壞而生荊棘，糞穢盈滿。四者自見驚怖不安，東西馳走。五者自見寶冠墮落，頭髮解散。六者見其園中樹木無有花果。七者自見頭破，腦流於地。八者見其自心熱惱。九者見其園中樹木枝葉枯落。十者見其池井皆竭。十一者見其宮中鸚鵡舍利、迦陵頻伽、共命諸鳥羽翮摧殘。十二者見其宮中鍾鼓、琴瑟、簫笛、箜篌種種樂器悉皆斷壞，委擲於地。十三者見其親族憂惱，舉手拍頭，悵然而立。十四者自見其身墜墮床下，損傷頭面。十五者見其諸子有威力者詣菩提場頂禮菩薩。

आत्मनीयाश्च दुहित्रीर्हा तात हा तातेति क्रन्दन्त्योऽपश्यत्। मलिनचैलगात्रं चात्मानमपश्यत्। अवकीर्णपांशुशिरस्कं च पाण्डुदुर्वर्णमोजोपहृतं चात्मानमपश्यत्। हर्म्यकूटागारगवाक्षतोरणांश्च रजसावकीर्णान् पततोऽपश्यत्। ये चास्य ते सेनापतयो यक्षराक्षसकुम्भाण्डगन्धर्वाधिपतयः तान् सर्वान् हस्ताञ्शिरसि कृत्वा रोदन्तः क्रन्दन्तः पलायमानांश्चापश्यत्। ये च ते कामावचरेषु देवेषु देवाधिपतयः तद्यथा-- धृतराष्ट्रविरूढकविरूपा-

क्षवैश्रवणशक्रसुयामसंतुषितसुनिर्मितवशवर्तिप्रभृतयः तान् सर्वाञ्शुश्रुषमाणान् मारः पापीयान् सबोधिसत्त्वाभिमुखानपश्यत्। रणमध्ये चास्यासिर्विकोशो न भवति स्म। विक्रोशन्तमशिवं चात्मानमपश्यत्। स्वेन च परिवारेणात्मानं परित्यक्तमपश्यत्। मङ्गलपूर्णकुम्भांश्च पतितान् द्वारेऽपश्यत्। नारदं च ब्राह्मणममङ्गल्यशब्दं श्रावयन्तमपश्यत्। आनन्दितं च दौवारिकमनानन्दशब्दं श्रावयन्तमपश्यत्। तमसाकुलं च गगनतलमपश्यत्। कामभवननिवासिनीं च श्रियं रुदन्तीमपश्यत्। स्वमैश्वर्यं चानैश्वर्यमपश्यत्। स्वपक्षं चापक्षमपश्यत्। मणिमुक्ताजालानि च तूष्णीभूतानि छिन्नभिन्नपतितान्यपश्यत्। सर्वं च मारभवनं प्रचलितमपश्यत्। वृक्षाञ्छिद्यमानान्निर्यूहांश्च पततोऽद्राक्षीत्। सर्वं च मारसेनाव्यूहमभिमुखं पात्यमानमपश्यत्॥

今译：他看见自己的女儿们哭喊着：“爸爸啊，爸爸啊！”他看见自己的肢体和衣服污秽不堪。他看见自己满头灰土，苍白憔悴。他看见楼阁、楼台、窗户和拱门布满尘土，纷纷倒塌。他看见他的将帅、药叉、罗刹、鸠槃荼和健达缚王全都双手抱头，哭喊着逃跑。邪恶的摩罗看见欲界众天神中那些天王，诸如持国天、增长天、广目天、多闻天、帝释天、苏夜摩天、商兜率天、化乐天和他化自在天等，全都面向菩萨，恭恭敬敬。他看见自己在战斗中，不能拔剑出鞘。他看见自己发出不吉祥的叫声。他看见自己的随从们抛弃自己。他看见吉祥的水罐坠落门前。他看见婆罗门那罗陀说出不吉祥的话。他看见门卫阿南迪多说出不愉快的话。他看见天空笼罩黑暗。他看见住在爱宫的吉祥天女哭泣。他看见自己的荣华富贵消失。他看见自己的党羽消失。他看见那些摩尼珠宝网静默无声，破碎落地。他看见整个魔宫震动摇晃。他看见那些树木折断，尖塔倒地。他看见整个魔军阵营崩溃。

地译：十六者見其諸女悲哭懊惱。十七者自見其身衣服垢膩。十八者自見其身羸瘦顦顇，頭坌塵土。十九者見其樓閣窓牖悉皆崩摧。二十者見其軍將、鬼神、夜叉、羅刹、鳩槃茶等悉皆刎首，狼藉在地。二十一者見其珠寶瓔珞為火所燒。二十二者見欲界四天大王、釋提桓因乃至他化自在諸天向菩薩前住立瞻仰。二十三者見其自身對敵鬪戰，拔刀不出。二十四者見其自身可惡，復出惡聲。二十五者見其左右及己眷屬皆悉背逆捨之而去。二十六者見吉祥瓶皆悉破壞。二十七者見那羅天[1]唱不祥音。二十八者見歡喜神[2]稱不歡喜。二十九者見虛空中黑暗煙霧處處彌滿。三十者見護宮神舉聲大哭。三十一者見自在之處咸不自在。三十二者自見其宮震動不安。

---

① “那罗天”指婆罗门仙人那罗陀（nārada）。

② “欢喜神”指门卫阿南迪多（ānandita）。

इति हि भिक्षव एवं द्वात्रिंशदाकारं मारः पापीयान् स्वप्नमपश्यत्। स प्रतिबुद्धः सन् भीतस्त्रस्तः संविग्नः सर्वमन्तर्जनं संनिपात्य सबलपार्षद्यसेनापतिदौवारिकसंनिपतितांश्च तान् विदित्वा आभिर्गाथाभिरध्यभाषत्--

今译：这样，众比丘啊，邪恶的摩罗梦见这三十二种景象。醒来后，他恐惧，颤抖，惊慌，召集所有家人以及军队、随从、统帅和门卫，通报这事，念诵偈颂道：

地译：佛告諸比丘：魔王波旬從夢寤已，遍體戰慄，心懷恐懼，召其大臣而語之曰：

दृष्ट्वान तां स सुपिनां नमुची दुखार्तो
आमन्त्रयाति सुत येऽपि च पारिषद्या।
सेनापतिं नमुचि सिंहहनुश्च नाम्ना
सर्वेष तेष परिपृच्छति कृष्णबन्धुः॥५॥

今译：那牟吉梦见这些景象后，
痛苦烦恼，召集儿子和随从，
还有名为狮颔的军队统帅，
黑魔向他们征询意见说：（5）

गाथाभि गीतरचितोऽद्य श्रुतोऽन्तरीक्षा-
च्छाक्येषु जातु वरलक्षणचित्रिताङ्गः।
षड्वर्ष दुष्करव्रतानि चरित्व घोरा
बोधिद्रुमं ह्युपगतः प्रकुरुष्व यत्नम्॥६॥

今译：“今天听到空中演唱这些偈颂：
释迦族中诞生肢体具备吉相者，
已经修习六年艰难可怕的苦行，
他今天来到菩提树，你留心吧！（6）

地译：“我聞空中聲言：‘釋種太子出家學道苦行六年，坐菩提座，當成正覺。’

सो चेद्विबुद्ध स्वयमेव हि बोधिसत्त्वो
बहुसत्त्वकोटिनयुतानि विबोधयेत।
शून्यं करिष्यति स मे भवनं ह्यशेषं
यद लप्स्यते ह्यमृतु स्पर्शनशीतिभावम्॥७॥

今译："如果菩萨自己获得觉醒，
他会唤醒许多亿万众生；
一旦他获得清凉的甘露，
他会彻底清除我的宫殿。(7)

地译："其道若成，必空我境。

हन्त व्रजाम सहिता महता बलेन
घातेम तं श्रमणु एकु द्रुमेन्द्रमूले।
उद्योजयध्व चतुरङ्गिणि शीघ्र सेनां
यदि इच्छथा मम प्रियं म चिरं करोथ॥८॥

今译："嗨！让我们和大军一起出发，
去摧毁菩提树根处这个沙门，
如果你们确实想要让我喜欢，
赶快备好四支军队，别耽搁！(8)

地译："汝等軍眾宜往其所而摧伏之。"即說偈言：
汝當率領大兵眾，菩提樹下制沙門，
諸君如能愛敬我，與彼戰鬪速令去。

प्रत्येकबुद्धभि च अर्हभिः पूर्ण लोको
निर्वायमाणु न बलं मम दुर्बलं स्यात्।
सो भूयु एकु जिनु भेष्यति धर्मराजो
गणनातिवृत्तु जिनवंशु न जातु छिद्येत्॥९॥

今译："这个世界充满缘觉和阿罗汉，
我的军队不会衰竭，不会毁灭，
惟独这一位佛陀一旦成为法王，
佛陀世系绵延无穷，不会断绝。"(9)

地译：彼志方空我境界，使為緣覺及聲聞，
若不滅之令永斷，世間成佛無休已。

अथ खद्द भिक्षवः सार्थवाहो नाम मारपुत्रः स मारं पापीयांसं गाथाभिरध्यभाषत्--

今译：这时，众比丘啊，名为导师的摩罗之子对邪恶的摩罗念诵偈颂道：

किं तात भिन्नवदनोऽसि विवर्णवक्रो
　　हृदयं समुत्प्लवति वेधति तेऽङ्गमङ्गम्।
किं ते श्रुतं अथव दृष्ट भणाहि शीघ्रं
　　ज्ञास्याम तत्त्वतु विचिन्त्य तथा प्रयोगम्॥ १०॥

今译：你为何满面愁容，脸色苍白，
心中不安，肢体痛苦？父亲啊！
你听到或看到什么？请快说！
我们知道后，会考虑怎么做。（10）

निर्माणु मारु अवची शृणु मह्य वत्स
　　पापं मि दृष्टु सुपिनं परमं सुघोरम्।
भाषेय सर्वमिह पर्षदि अद्य शेषं
　　संमूर्छिता क्षितितले प्रपतेयु यूयम्॥ ११॥

今译：摩罗沮丧地说："孩子，听着！
我做了一个极其可怕的恶梦，
如果我现在当众全部说出来①，
你们全都会昏厥，跌倒在地。"（11）

सार्थवाह आह--

今译：导师说道：

रणकालि प्राप्ति यदि नाम जयो न दोषः
　　तत्रैव यस्तु निहतो भवते स दोषः।
स्वप्नान्तरे तु यदि ईदृश ते निमित्ता
　　श्रेयो उपेक्ष म रणे परिभावु गच्छेत्॥ १२॥

今译：战斗中获胜，不是过错，
而遭到失败，则是过错，
如果你梦中有这种征兆，
放弃为好，别自取其辱。（12）

मारोऽब्रवीत्--

今译：摩罗说道：

---

① 这句原文中的 adya śeṣam，L 本写为 adyaśeṣam，M 本写为 adyāśeṣam。

व्यवसायबुद्धि पुरुषस्य रणे प्रसिद्धि
अवलम्ब्य धैर्य सुकृतं यदि नो जयं स्यात्।
का तस्य शक्ति मम दृष्टि सपारिषद्यं
नोत्थातु मह्य चरणे शिरसा प्रपत्तुम्॥ १३॥

今译：智慧坚定者在战斗中取胜，
即使失败，也保持坚强意志；
他有什么能力，见到我和随从，
不起身，不低头拜倒在我脚下？（13）

सार्थवाह आह--

今译：导师说道：

विस्तीर्णमस्ति हि बलं च सुदुर्बलं च
अस्त्येक शूरु बलवांश्च रणंजहश्च।
खद्योतकैर्यदि भवेत्त्रिसहस्र पूर्णा
एको रविर्ग्रसति निष्प्रभतां करोति॥ १४॥

今译：即使军队庞大，也缺乏力量，
一位有力的勇士就决定胜负；
即使萤火虫布满三千世界，
一个太阳就剥夺它们的光亮。（14）

अपि च।

今译：还有，

यस्य मानश्च मोहश्च मीमांसा च न विद्यते।
विलोम यदि विद्वांसो नासौ शक्यश्चिकित्सितुम्॥ १५॥

今译：傲慢，愚痴，不深思熟虑，
与智者作对，不可救药。（15）[①]

地译：爾時，魔王主兵大臣諫於波旬，而說頌曰：[②]

大王所領四天主，及以八部諸龍神，
欲色諸天隨梵釋，皆悉頂禮歸依彼。

① 以上导师对摩罗的劝说不见于地译，而见于护译《召魔品》。
② 此处地译“主兵大臣”的劝说见于原文下面第 66 至第 84 首偈颂。

王之諸子勝智者，勇力世間無等倫，
王軍滿八十由旬，夜叉羅刹并諸鬼，
雖復近王居左右，恒常敬彼無過人，
皆悉合掌生尊重，私以香花而奉獻。
我覩如斯事相已，定知菩薩勝王軍。
王之兵眾所居處，鵂鶹野干為怪響，
菩提樹下甚清淨，善禽瑞狩[①]迭和音。
如是吉相彼定強，我觀菩薩誰能勝？
又王軍眾所住處，常雨沙礫及埃塵，
菩提樹下聖所居，天雨香花悉盈積；
王軍所處地高下，砂礫瓦石皆充滿，
菩提樹下坦然平，復以七寶而嚴飾。
若見如斯前相已，有智之者定須還，
如是莊嚴悉周遍，菩薩必當成正覺。
大王若不從臣諫，如夢所見終不虛，
大王不可犯仙人，宜且收兵還本處。
古昔有王觸仙故，呪禁一國悉成灰，
過去有王名淨德，違忤羅闍大仙意，
令彼彌年遭亢旱，叢林稼穡咸不登。
王豈不聞圍陀論，三十二相必成佛，
眉間光明白毫相，普照十方諸佛國，
況復如王此軍眾，彼豈不能降伏之？
無見頂相過極天，諸天畢竟無能覩，
行當成彼微妙果，世間未聞今得聞。
須彌及以諸山等，皆悉稽首菩提樹，
施戒忍進禪定慧，歷劫以來修習成，
而能獨坐破王軍，皆是熏修善根力。

इति हि भिक्षवो मारः पापीयान् सार्थवाहस्य वचनमकृत्वा महतीं चतुरङ्गिनीं सेनामुद्योजयति स्म महाबलरणशौण्डां भीषणां रोमहर्षणीमदृष्टाश्रुतपूर्वां देवमनुष्यैर्बहुविध-

① 此处“狩”字似应为“兽”。

मुखविकारकोटिनयुतशतसहस्रविकारप्रकारां भुजगशतसहस्रकरचरणकुटिलपरिवेष्टितशरीरां असिधनुशरशक्तितोमरकुठारपट्टिसभुशुण्डिमुसलदण्डपाशगदाचक्रवज्रकणयधरां वरवर्मकवचवर्मितशरीरां विपरीतशिरः करचरणनयनां ज्वलितशिरोनयनवदनां दुःसंस्थितोदरपाणिपादमुग्रतेजोवदनां परमविकृतवदनदर्शनां विकरालविकृतदंष्ट्रां घनबहुविपुलप्रलम्बजिह्वां सुण्डिककिलिञ्जसदृशजिह्वां ज्वलनसदृशकृष्णसर्पविषपूर्णरक्तनेत्राम्।

今译：这样，众比丘啊，邪恶的摩罗不听导师的话，集合四支大军。他们强壮有力，嗜好战斗，可怕，毛发竖起，为天神和凡人前所未见，前所未闻，百千万亿种怪异面目，全身手脚缠绕百千蜷曲的蛇，手持刀、弓、箭、标枪、长矛、斧子、三股叉、飞弹、杵、棍、套索、棒槌、飞轮、金刚杵和投枪，全身披挂坚固的铠甲，身上的头、手、脚和眼睛逆向，头、眼睛和嘴燃烧，腹部、手和脚错位，脸庞闪光，面容严重扭曲，獠牙可怕，又厚又宽的舌头伸出，如同海龟脖子①或席子，眼睛火红，仿佛充满黑蛇的毒液。

केचिद्धि तत्राशीविषान् वमन्ति स्म। केचित्करतलैराशीविषान् परिगृह्य भक्षयन्ति स्म। गरुडा इव सागरादभ्युत्क्षिप्य केचिन्नरमांसरुधिरकरचरणशिरोयकृदन्त्रपुरीषादींश्च भक्षयन्ति स्म। केचिज्ज्वलितपिङ्गलकृष्णनीलरक्तकद्रुकरालविचित्ररूपाः। केचिद्विकृतकूपप्रज्वलितोत्पाटितविकृतकटाक्षाः। केचित्परिवृत्तज्वलितविकृतनयनाः। केचिज्ज्वलितान् पर्वतान् परिगृह्य सलीलमपरेषु पर्वतेषु अभिरूढा आगच्छन्ति स्म। केचित्समूलान् वृक्षानुत्पाट्य बोधिसत्त्वाभिमुखा अभिधावन्ति स्म। केचिदजकर्णशूर्पकर्णहस्तिकर्णलम्बकर्णवराहकर्णाः। केचिद् वृककर्णाः।केचिद्दकोदरिणो दुर्बलकाया अस्थिकङ्कालसंघाटमभिनिर्माय भग्ननासाः कुम्भोदराः करोटपादा उच्छुष्कत्वग्मांसरुधिराः छिन्नकर्णनासाकरचरणनयनोत्तमाङ्गाः। केचिद्रुधिरपिपासया शिरांसि परस्परं निकृन्तन्ति स्म। केचिद्भिन्नविकृतभैरवरूक्षस्वराः फुत्फुत्कारपिचुत्कारफुट्ट फुट्ट प्रक्ष्वेडितानि कुर्वन्ति स्म। केचिदाहुः-- आहरत हरताभिहनत हनत बन्धत गृह्णत छिन्दत भिन्दत मथयतोत्क्षिपत नाशयतेमं श्रमणं गौतमं सार्धं द्रमेणेति ब्रुवन्ति स्म।

今译：有些口中吐出毒蛇。有些用手抓住毒蛇，吞噬毒蛇。有些如同金翅鸟从大海飞来叼食和吞噬人的血、肉、手、脚、头、肝、肠和粪便。有些肤色奇异恐怖，火红色，黄褐色，黑色，蓝色，红色，赤褐色。有些眼睛歪斜，深陷，燃烧，裂开。有些眼睛转动，燃烧。有些手持燃烧的山，游戏般地翻越另一些山而来。有些连根拔起大树，冲向菩萨。有些耳朵似山羊，似簸箕，似大象，似野猪。有些耳朵耷拉。有些耳朵似豺狼。有些腹部水肿②，身体衰弱，全身惟有骨骼，鼻子破碎，腹胀似罐，脚似头盖骨，皮、肉和血干枯，耳、鼻、手、

① “海龟脖子”的原词是 suṇḍika，BHSD 指出此词相当于 śuṇḍika 或 śuṇṭhika。
② “水肿”的原词是 dakodara。其中的 daka，BHSD 指出相当于 udaka（“水”）。

脚、眼睛和头破裂。有些互相砍头吸血。有些声音撕裂[①]，粗糙可怕，发出噗嗤、呲促和呼噜各种响声。有些叫喊着："抓啊！捉啊！打啊！杀啊！捆啊！绑啊！砍啊！劈啊！搅啊！甩啊！连同这棵树，消灭这个沙门乔答摩！"

केचिद्भेरुण्डकश्रृगालसूकरगर्दभगोहस्त्यश्वोष्ट्रखरमहिषशशाचमरखड्गशरभनानाप्रतिभयरौद्रविकृतवक्त्राः। केचित्सिंहव्याघ्रऋक्षवराहवानरद्वीपिबिडालछागलोरभ्रसर्पनकुलमत्स्यमकरशिशुमारकूर्मकाकगृध्रोद्दकगरुडादिसदृशात्मभावाः। केचिद्विरूपरूपाः। केचिदेकशीर्षा द्विशीर्षा यावच्छतसहस्रशीर्षाः।केचिदशीर्षाः।केचिदेकभुजा यावच्छतसहस्रभुजाः। केचिदभुजाः। केचिदेकपादकाः। केचिद्यावच्छतसहस्रपादाः। केचिदपादकाः। केचित्कर्णमुखनासिकाक्षिनाभिस्रोतोभिराशीविषान्निश्चारयन्ति स्म। केचिदसिधनुशरशक्तिपट्टिशपरशुचक्रतोमरकणयवज्रभुशुण्डिभिन्दिपालादीनि नानाप्रहरणानि भ्रामयन्तो नृत्यन्तो बोधिसत्त्वं संतर्जयन्ति स्म। केचिन्नराङ्गुलीश्छित्वा मालागुणान् कृत्वा धारयन्ति स्म। केचिच्छिरोभिरस्थिकरकाञ्छीर्षकटाहकांश्च मालागुणमिव कृत्वा धारयन्ति स्म। केचिदाशिविषपरिवेष्टितशरीराः। केचिच्छीर्षकटाहकान् परिगृह्य हस्त्यश्वोष्ट्रगोगर्दभमहिषारूढाः। केचिदधःशिरस ऊर्ध्वपादाः। केचित्सूचीरोमाणः। केचिद्गोगर्दभवराहनकुलछागलोरभ्रबिडालकपिवृकश्रृगालरोमाणः आशीविषान् वमन्तोऽयोगुडानि निर्गरन्तो धूमकेतूनुत्सृजन्तो ज्वलित-ताम्रलोहवर्षं प्रवर्षन्तो विद्युद्वर्षान् क्षिपन्तो वज्राशनिं प्रमुञ्चन्तस्तप्तामयोवालिकां प्रवर्षन्तः कालमेघान् संजनयन्तो वातवृष्टिमुत्पादयन्तः शरमेघवर्षानुत्सृजन्तः कालरात्रिं दर्शयन्तो रावं संजनयन्तो बोधिसत्त्वमभिधावन्ति स्म। केचित्पाशान् भ्रामयन्तो महापर्वतान् प्रपातयन्तो महासागरान् क्षोभयन्तो लङ्घयन्तो महापर्वतांश्चालयन्तो मेरुं पर्वतराजं विधावन्तः पलायमाना विक्षिपन्तोऽङ्गप्रत्यङ्गानि भ्रामयन्तः शरीराणि हसन्तो महाहास्यानि उरांसि प्रस्फोटयन्तः उरांसि ताडयन्तः केशांसि धुन्वन्तः पीतमुखानि च नीलशरीरा ज्वलितशिरस ऊर्ध्वकेशा इतस्ततो वेगेन परिधावन्तो भेरूण्डाक्षाश्च बोधिसत्त्वं विभीषयन्ति स्म।

今译：有些面目狰狞可怕，如同狐狸、豺狼、猪、驴、牛、象、马、骆驼、骡、水牛、兔、犛牛、犀牛和八足兽。有些身体如同狮、虎、熊、野猪、猴、豹、猫、山羊、绵羊、蛇、猫鼬、鱼、鳄鱼、鲸鱼、龟、乌鸦、兀鹰、猫头鹰和金翅鸟等。有些形貌丑陋。有些有一个头、两个头乃至百千个头。有些无头。有些有一个手臂乃至百千个手臂。有些无手臂。有些有一条腿乃至百千条腿。有些无腿。有些耳朵、嘴、鼻孔、眼睛和肚脐等等身体孔穴中爬出蛇。有些挥舞刀、弓、箭、标枪、三股叉、斧、飞轮、长矛、投枪、金刚杵、飞弹和飞镖等

① 此处"撕裂"的原词是 dhrinna，据 M 本和 L 本应为 bhinna。

等各种武器，威胁菩萨。有些截取人的手指，串成项链，佩戴在身。有些用头骷髅和头盖骨串成项链，佩戴在身。有些毒蛇绕身。有些手持头盖骨，骑在象、马、骆驼、牛、驴和水牛身上。有些头朝下，脚朝上。有些毛发如同针尖。有些毛发如同牛、驴、野猪、猫鼬、山羊、绵羊、猫、猴和豺狼。他们冲向菩萨，口吐毒蛇，掷出铁球，喷出火焰，降下燃烧的铜铁雨，释放闪电，释放霹雳，降下炽热的铁沙雨，涌起乌云，刮起风雨，降下箭雨，展现黑夜，发出吼叫。有些挥舞套索，有些推倒大山，搅动大海，腾越，摇动大山，跑向山王须弥山，伸展所有肢体，扭动身体，发出大笑，敞开胸脯，拍打胸脯，甩动头发，黄脸，蓝身体，燃烧的头，高耸的发髻，东奔西跑，目光似豺狼，恐吓菩萨。

जीर्णाः स्त्रियश्च रुदन्त्यो बोधिसत्त्वमुपसंक्रम्यैवं वदन्ति स्म-- अहो पुत्र हा मम पुत्र उत्तिष्ठोत्तिष्ठ शीघ्रं प्रपलायस्व। राक्षसरूपाः पिशाचरूपाः काणखञ्जदुर्बलाश्च प्रेताः क्षुत्क्षामाक्षा उर्ध्वबाहवो विकृतास्याः क्रन्दन्तो भयमुपदर्शयन्तस्त्रासं संजनयन्तो बोधिसत्त्वस्य पुरतोऽभिधावन्ति स्म। तया चैवरूपया मारसेनया समुदितया समन्तादशीतिर्योजनान्यायामेन विस्तारेण स्फुटमभूत्। यथा चैकस्य मारस्यैवं कोटीशतानां त्रिसाहस्रपर्यापन्नानां माराणां पापीयसां सेनाभिस्तिर्यगूर्ध्वं च परिस्फुटमभूत्॥

今译：年老的妇女们哭泣着走近菩萨，说道：“啊，孩子！我的儿子啊！起来，起来吧！你赶快逃走吧！”那些罗刹和毕舍遮模样的饿鬼，独眼，跛脚，瘦弱，因饥饿而眼睛深陷，高举手臂，面容扭曲，在菩萨前面奔跑，呼叫，恐吓，威胁。这个摩罗的军队这样出现，布满方圆八十由旬。像这个摩罗一样，三千世界百千万邪恶摩罗的军队布满横向和上方。①

तत्रेदमुच्यते--

今译：这里，这样说道：

यक्षकुम्भाण्डमहोरगरूपाः
राक्षसप्रेतपिशाचकरूपाः।
यत्तक लोकि विरूप सुरौद्राः
सर्वि त निर्मित तत्र शठेभिः॥१६॥

今译：这些邪恶者幻化出
药叉、鸠槃荼和大蛇，

---

① 以上关于魔军丑陋凶暴形状的描写见于地译的后面部分。

罗刹、饿鬼和毕舍遮，
这些[1]丑陋凶暴的形象。（16）

एकशिरा द्विशिरा त्रिशिराश्च
　　यावत्सहस्त्रशिरा बहुवक्त्राः।
एकभुजा द्विभुजा त्रिभुजाश्च
　　यावत्सहस्त्रभुजा बहुभुजाः।
एकपदा द्विपदा त्रिपदाश्च
　　यावत्सहस्त्रपदा बहु अन्ये॥ १७॥

今译：一个、两个和三个头，
乃至一千个头和许多脸；
一条、两条和三条臂，
乃至一千条臂和许多臂；
一条、两条和三条腿，
乃至一千条腿和许多腿。（17）

नीलमुखानि च पीतशरीरा
　　पीतमुखानि च नीलशरीरा।
अन्यमुखानि च अन्यशरीराः
　　एकमुपागतु किंकरसैन्यम्॥ १८॥

今译：蓝色的脸，黄色的身，
黄色的脸，蓝色的脸，
别样的脸，别样的身，
一支紧迦罗军队前来。（18）

वातु प्रवायति वर्षति वर्षं
　　विद्युसहस्त्रशतानि पतन्ति।
देव गुडायति वृक्ष द्द डन्ति
　　बोधिवटस्य न ईर्यति पत्रम्॥ १९॥

今译：大风刮起，暴雨降下，

① “这些”的原词是 yattaka，BHSD 指出，此词也写为 yātaka、yātuka 或 yāttaka，词义为“这样多”。

百千条闪电同时坠落，
天神打雷，树木摇晃，
而菩提树叶不颤动。（19）

वर्षति देव प्रवर्षति वर्षं
　　ओघ वहन्ति जलाकुलभूमिम्।
ईदृश भीषणिका बहुराशी
　　यत्र अचेतन वृक्ष पतन्ति॥२०॥

今译：天神降雨，暴雨倾泻，
汇成洪水，弥漫大地，
到处充满恐怖的景象，
无知的树木纷纷倒下。（20）

दृष्ट्व च तानतिभीषणरूपां
　　सर्वि विसंस्थित रूपविरूपां।
श्रीगुणलक्षणतेजधरस्या
　　चित्तु न कम्पति मेरु यथैव॥२१॥

今译：看到这些恐怖的景象，
种种扭曲丑陋的形体，
菩萨具有吉相和光辉，
心似须弥山，岿然不动。（21）

मायसमांस्तथ स्वप्नसमांश्च
　　अभ्रनिभां समुदीक्षति धर्मां।
ईदृश धर्मनयं विमृषन्तो
　　सुस्थितु ध्यायति संस्थितु धर्मे॥२२॥

今译：他看清万法如同幻影，
如同梦幻，如同浮云，
他思考这样的法门，
沉思入定，安住正法。（22）

यस्य भवेत अहं ति ममेति

भाव समुच्छ्रयि तत्त्वनिविष्टाः।
सो बिभियादबुद्धेः स्थितु ग्राहे
आत्मनि संभ्रमि गच्छ निरीक्ष्य॥२३॥

今译：若是只想着我和我的，
执著于身体的实在性，
见此景象，就会恐惧，
陷入无知，内心混乱。（23）

शाक्यसुतस्तु स्वभावमभावं
धर्म प्रतीत्य समुत्थित बुद्धा।
गगनोपमचित्तु सुयुक्तो
न भ्रमते सबलं शठ दृष्ट्वा॥२४॥

今译：这位释迦族之子确证
万法不实，觉醒成佛，
心似天空，安泰自如，
面对魔军，毫不慌乱。（24）[①]

इति हि भिक्षवो मारस्य पापीयसः पुत्रसहस्रम्। तत्र ये मारपुत्रा बोधिसत्त्वेऽभिप्रसन्नाः सार्थवाहपूर्वंगमाः ते मारस्य दक्षिणे पार्श्वे स्थिता अभूवन्। ये मारपाक्षिकाः ते वामे पार्श्वे स्थिता अभुवन् मारस्य पापीयसः। तत्र मारः पापीयांस्तान् स्वान् पुत्रानामन्त्रयते स्म--कीदृशेन बलेन वयं बोधिसत्त्वं धर्षयिष्यामः। तत्र दक्षिणे पार्श्वे सार्थवाहो नाम मारपुत्रः। स पितरं गाथया प्रत्यभाषत्--

今译：这样，众比丘啊，邪恶的摩罗有一千个儿子。以导师为首的那些信奉菩萨的摩罗之子站在摩罗的右边。而那些支持摩罗的摩罗之子站在邪恶的摩罗的左边。邪恶的摩罗对自己的儿子们说道："我们用什么力量摧毁菩萨？"右边名为导师的摩罗之子向父亲念诵偈颂道：

地译：佛告諸比丘：是時，波旬聞彼大臣如是偈已，其心悶亂，復召千子。其五百子清白之部在魔王右，歸依菩薩。其五百子冥黑之部在魔王左，贊助魔王。於是，波旬告語諸子："汝等宜應一心籌量，以何方計能摧伏彼？"右面魔子名曰導師，於波旬前，而說偈言：

सुप्तं प्रबोधयितुमिच्छति पन्नगेन्द्रं

① 以上第 16 至第 24 首偈颂不见于地译。

सुप्तं प्रबोधयितुमिच्छति यो गजेन्द्रम्।
सुप्तं प्रबोधयितुमिच्छति यो मृगेन्द्रं
सुप्तं प्रबोधयितुमिच्छति सो नरेन्द्रम्॥२५॥

今译：他想唤醒沉睡的蛇王，
　　　他想唤醒沉睡的象王，
　　　他想唤醒沉睡的兽王，
　　　他想唤醒沉睡的国王。（25）

地译：睡龍醉象師子王，三狩①暴猛猶難觸，
　　　況復有斯禪定力，誰能犯彼大牟尼。

वामे पार्श्वे दुर्मतिर्नाम मारपुत्रः स एवमाह--

今译：左边名为恶慧的摩罗之子说道：

地译：左面魔子名曰惡慧，亦向波旬而說偈言：

संप्रेक्षणेन हृदयान्यभिसंस्फुटन्ति
लोकेषु सार महतामपि पादपानाम्।
का शक्तिरस्ति मम दृष्टिहतस्य तस्य
संजीवितुं जगति मृत्युहतस्य वास्तु॥२६॥

今译：我望上一眼，就能穿透
　　　世上坚固的大树的树心，
　　　遭遇我的目光，犹如遭遇
　　　死神打击，有谁还能活命！（26）

地译：我若視人人必破，吾今看樹樹亦摧，
　　　怒目所向無全者，如值伺命②終難活。

दक्षिणे मधुरनिर्घोषो नामाह -

今译：右边名为美音者说道：

地译：右面魔子名曰美音，復向波旬而說偈言：

वृक्षेषु सार क इहास्ति ततो ब्रवीषि

---

① 此处"狩"字似应为"兽"。
② "伺命"指死神（mṛtyu）。

दृष्ट्वा भिनन्मि मनुजेष्वथ का अवस्था।
मेरुं गिरिं यदि भिनत्सि निरीक्षणेन
नैवास्य तुभ्य नयनेभि हतोन्मिषेरन्॥२७॥

今译：你说你望上一眼，就能穿透
坚固的树心，更何况那些人？
然而，你即使能用目光穿透
须弥山，也无法瞪眼伤害他。（27）

地译：人是不堅何足破，樹稱危脆任能摧，
縱汝瞋目須彌崩，何能舉眼瞻菩薩？

अपि च।

今译：还有，

यः सागरं तरितुमिच्छति वै भुजाभ्यां
तोयं च तस्य पिबितुं मनुजेष्वसन्तु।
शक्यं भवेदिदमतस्तु वदामि दुःखं
यस्तस्य वक्त्रमभितोऽप्यमलं निरीक्षेत्॥२८॥

今译：有人想靠双臂渡过大海，
或者妄想喝尽大海的水，
即使这有可能，但我要说，
也难以凝视他的纯洁的脸。（28）

地译：設使善浮過大海，復能一氣吸滄溟，
如是之事自可為，無能懷惡觀菩薩。

वामे शतबाहुर्नामाह--

今译：左边名为百臂者说道：

地译：左面魔子名曰百臂，復向波旬而說偈言：

ममेह देहेस्मि शतं भुजानां
क्षिपामि चैकेन शतं शराणाम्।
भिनन्मि कायं श्रमणस्य तात
सुखी भव त्वं व्रज मा विलम्ब॥२९॥

今译：我的身上有百条手臂，
　　　每条手臂能射百支箭，
　　　我将粉碎这沙门的身体，
　　　你放心出发吧，别耽搁！（29）

地译：我今一身有百臂，一一皆能放百箭，
　　　大王但去不假憂，如此沙門何足害？

दक्षिणे सुबुद्धिराह--

今译：右边妙觉说道：

地译：右面魔子名曰妙覺，復向波旬而說偈言：

शतं भुजानां यदि को विशेषो
　　भुजा किमर्थं न भवन्ति रोमाः।
भुजैकमेकेन तथैव शूलाः
　　तैश्चापि कुर्यान्न हि तस्य किंचित्॥३०॥

今译：即使有百条手臂，又怎样？
　　　为何不让毛发都变成手臂？
　　　即使每条手臂都成为铁叉，
　　　也不能对它造成任何伤害。（30）

地译：縱汝一毛成一臂，一一皆能放百箭，
　　　汝自以此為殊勝，豈損菩薩之一毛？

किं कारणम्--

今译：为什么？

मैत्रावतस्तस्य मुनेः शरीरे
　　विषं न शस्त्रं क्रमते न चाग्निः।
क्षिप्तानि शस्त्राणि व्रजन्ति पुष्पतां
　　मैत्री हि लोकोत्तरभावि तस्य॥३१॥

今译：这位牟尼体内充满慈悲，
　　　毒药、武器和火不能侵入，
　　　掷去的武器都变成花朵，
　　　因为他的慈悲无与伦比。（31）

地译：牟尼定力出世慈，毒火兵刃無能害，
執持刀杖圖為惡，散在空中盡成花。

अपि च।

今译：还有，

दिवि भुवि च जले च ये बलाढ्याः
असिपरशुधराश्च गुह्यका नरा वा।
क्षमबलमिमु प्राप्य ते नरेन्द्रं
प्रबलबलाल्पबला भवन्ति सर्वे॥ ३२॥

今译：天上、地上和水中有力者，
手持刀斧的密迹天或凡人，
遇到富有忍辱力的世尊，
有力者全都变成无力者。（32）

地译：雖復天人阿修羅，夜叉羅刹有大力，
終為忍辱之所制，能令威勢成羸劣。

वामे उग्रतेजा आह--

今译：左边的威严说道：

地译：左面魔子名曰嚴威，復向波旬而說偈言：

अन्तर्गतोऽहं धक्ष्यामि प्रविश्यास्य तनुं शुभाम्।
वृक्षं सकोटरं शुष्कं दावाग्निरिव सूक्ष्मतः॥ ३३॥

今译：我将进入他的俊美的身体内燃烧，
犹如大火烧尽干枯的树木和树洞。（33）

地译：我今能入比丘身，為火焚燒盡令滅，
譬如山火焚枯木，一切叢林悉無餘。

दक्षिणे सुनेत्र आह--

今译：右边的善目说道：

地译：右面魔子名曰善目，復向波旬而說偈言：

मेरुं दहेस्त्वं यदि वापि कृत्स्नं
प्रविश्य चान्तर्गतु मेदिनीं वा।

第二十一　降伏摩罗品　573

दग्धुं न शक्यः स हि वज्रबुद्धिः
　　त्वत्संनिभैर्वालिकगङ्गतुल्यैः ॥ ३४ ॥

今译：即使你能焚烧整座须弥山，
　　或者你能进入大地中燃烧，
　　甚至恒河沙数者像你这样，
　　也不能焚烧这位金刚智者。（34）

地译：世界須彌可燒盡，金剛之慧實難焚。

अपि च।

今译：还有，

चलेयुर्गिरयः सर्वे क्षयं गच्छेन्महोदधिः।
चन्द्रसूर्यौ पतेद्भूमौ मही च विलयं व्रजेत् ॥ ३५ ॥

今译：高山能移动，大海能枯竭，
　　日月能坠地，大地能崩溃，（35）

地译：山移海竭大地銷，日月從空皆墮落，

लोकस्यार्थे कृतारम्भः प्रतिज्ञाकृतनिश्चयः।
अप्राप्यैष वरां बोधिं नोत्थास्यति महाद्रुमात् ॥ ३६ ॥

今译：他为世界谋利益，誓愿坚决，
　　不获菩提，不会从树下起身。（36）

地译：利益眾生坐道樹，未證菩提終不移。

वामे दीर्घबाहुर्गर्वित आह--

今译：左边的长臂傲慢说道：

地译：左面魔子名曰傲慢，復向波旬而說偈言：

आलयं चन्द्रसूर्याणां नक्षत्राणां च सर्वशः।
पाणिनाहं प्रमर्दामि तवेह भवने स्थितः ॥ ३७ ॥

今译：我站在你的宫中，就能用手
　　捣毁太阳、月亮和星星住处。（37）

地译：我今住此以手摩，日月宮殿盡令碎。

चतुर्भ्यः सागरेभ्यश्च जलं गृह्णामि लीलया।
तं गृह्य श्रमणं तात सागरस्य परं क्षिपे॥ ३८॥

今译：我能游戏般淘空四海之水，
抓住这沙门，扔到大海对岸。（38）

地译：又能吸彼四大海，於中所有皆空竭，
當擲沙門於海外，大王勿以此為憂。

तिष्ठतां तात सेनेयं मा त्वं शोकार्दितो भव।
सबोधिवृक्षमुत्पाट्य क्षेप्स्ये पाण्या दिशो दश॥ ३९॥

今译：留着军队吧，父亲啊，不必忧愁！
我将伸手拔起菩提树，扔向十方。（39）

地译：不假兵眾降伏之，我獨能令彼銷滅，
今當摧折菩提樹，并取沙門擲十方。

दक्षिणे प्रसादप्रतिलब्ध आह--

今译：右边的有信说道：

地译：右面魔子名曰有信，復向波旬而說偈言：

सदेवासुरगन्धर्वां ससागरनगां महीम्।
त्वं मर्दितां प्रकुर्याश्च पाणिभ्यां मदगर्वितः॥ ४०॥

今译：你可以疯狂地用双手捣毁大地，连同
大海和高山，天神、阿修罗和健达缚。（40）

त्वद्विधानां सहस्राणि गङ्गावालिकया समाः।
रोमं तस्य न चालेयुर्बोधिसत्त्वस्य धीमतः॥ ४१॥

今译：而即使数千像你这样的人，恒河沙数，
也不可能撼动有智慧的菩萨一根毫毛。（41）

地译：假使力碎三千界，如是大力滿恒沙，
不動菩薩之一毛，何足能傷智慧者？

第二十一　降伏摩罗品

वामे भयंकर आह--

今译：左边的可怖说道：

地译：左面魔子名曰可怖，復向波旬而說偈言：

> भयं हि ते तात भृशं किमर्थं
> सेनाय मध्ये किमवस्थितस्य।
> सेना न तस्यास्ति कुतः सहायाः
> कस्माद्भयं ते भवतीह तस्मात्॥४२॥

今译：父亲！你为何如此恐惧？
　　　为什么要站在军队中间？
　　　他既无军队，又无盟友，
　　　你有什么理由惧怕他？（42）

地译：如此沙門不足畏，彼無朋黨而獨居，
　　　今當恐之走十方，大王兵強何以怖？

दक्षिण एकाग्रमतिराह--

今译：右边的一缘慧说道：

地译：右面魔子名一緣慧，復向波旬而說偈言：

> यूथं न लोकेऽस्ति शशीरवीनां
> न चक्रवर्ती न च केसरीणाम्।
> न बोधिसत्त्वानिह तात यूथं
> एकः समर्थो नमुचिं निहन्तुम्॥४३॥

今译：这个世界上没有成群结队的
　　　月亮、太阳、转轮王和狮子，
　　　没有成群结队的菩萨，父亲！
　　　他独自一人就能消灭那牟吉。（43）

地译：日月師子寧有兵，輪王威勢不假眾，
　　　一切菩薩無軍旅，一身一念破魔軍。

वामेऽवतारप्रेक्ष्याह--

今译：左边的伺机说道：

地译：左面魔子名曰求惡，復向波旬而說偈言：

न शक्तिशूला न गदा न खड्गाः
न हस्तिनोऽश्वा न रथा न पत्तिः।
तं शौण्डमेकं श्रमणं निषण्णं
हन्स्येऽद्य मा संभ्रम तात किंचि॥४४॥

今译：不用标枪、铁叉、铁杵和刀剑，
不用象兵、马兵、车兵和步兵，
我今天就能杀死这个独自坐着
沉醉的沙门，父亲啊，别惊慌！（44）

地译：惟願大王莫愁惱，我今不持諸器仗，
以鼻卷取彼沙門，於是撲之令碎滅。

दक्षिणे पुण्यालंकार आह--

今译：右边的功德庄严说道：

地译：右面魔子名功德莊嚴，復向波旬而說偈言：

नारायणस्य यथ काय अछेद्यभेद्यो
क्षान्तिबलैः कवचितो दृढवीर्यखड्गः।
त्रिविमोक्षवाहनसि प्रज्ञधनुः स तात
पुण्याबलेन स हि जेष्यति मारसेनाम्॥४५॥

今译：他的身体坚不可摧，如同那罗延，
以忍辱力为铠甲，以精勤为刀剑，
以三解脱为坐骑，以智慧为弓箭，
父亲啊，他将凭功德力战胜魔军。（45）

地译：其人身力甚堅固，如那羅延不可壞，
況持忍辱而為鎧，勤行精進以為刃，
以三解脫為所乘，復以智慧為調御，
菩薩由斯福德力，必能摧伏我魔軍。

वामेऽनिवर्त्याह--

今译：左边的不退说道：

地译：左面魔子名曰不退，復向波旬而說偈言：

न निवर्तते तृणगतः प्रदहन् दवाग्निः
　　क्षिप्तं शरो न च निवर्तति शिक्षितेन।
वज्रं नभे निपतितं न निवर्तते च
　　न स्थानमस्ति मम शाक्यसुतं ह्यजित्वा॥४६॥

今译：焚烧草的森林大火不退回，
　　　大弓箭手射出的箭不退回，
　　　天空中降下的雷电不退回，
　　　我不战胜释迦王子不退回。（46）

地译：譬如激矢自不歸，山火從風定難止，
　　　霹靂金剛必無反，未摧釋子終不還。

दक्षिणे धर्मकाम आह--

今译：左边的乐法说道：

地译：右面魔子名曰樂法，復向波旬而說偈言：

आर्द्रं तृणं प्राप्य निवर्ततेऽग्निः
　　गिरिकूटमासाद्य निवर्तते शरः।
वज्रं महीं प्राप्य अधः प्रयाति
　　अप्राप्य शान्तममृतं न निवर्तते अयम्॥४७॥

今译：大火遇到湿草便退回，
　　　利箭遇到山峰便退回，
　　　雷电遇到大地便消失，
　　　他不获寂静甘露不退回。（47）

地译：激矢中石不復前，烈火遇水必銷滅，
　　　霹靂至地竟何去，若見菩薩當自歸。

किं कारणम्--

今译：为什么？

शक्य तात अन्तरीक्षे लेख्यचित्र चित्रितुं
　　यावन्ति केचि सर्व सत्त्व एकचित्त स्थापितुम्।

चन्द्रासूर्य मारुतं च शक्य पाश बन्धितुं
　　न बोधिसत्त्व शक्य तात बोधिमण्डि चालितुम्॥४८॥

今译：父亲啊，即使能在空中画画，
　　能让一切众生有同一思想，
　　能用绳索系住日、月和风，
　　也不能让菩萨离开菩提道场。（48）

地译：大王乍可盡虛空，或使衆生心作一，
　　或能將繩繫日月，如此之事皆可為，
　　唯有菩薩坐菩提，大王不可而傾動。

वामेऽनुपशान्त आह--

今译：左边的不寂静说道：

地译：左面魔子名不寂靜，復向波旬而說偈言：

दृष्टीविषेण महता प्रदहामि मेरुं
　　भस्मीकरोमि सलिलं च महोदधीनाम्।
बोधिं च पश्य श्रमणं च अहं हि तात
　　दृष्ट्या यथाद्य उभयं हि करोमि भस्मम्॥४९॥

今译：我能用剧毒眼光焚烧须弥山，
　　我也能将大海的水化为灰烬，
　　父亲啊，今天请看我用这眼光，
　　将这沙门和菩提树都化为灰烬。（49）

地译：我眼有毒若使看，須彌崩倒渤澥[①]竭，
　　當知沙門及道樹，纔視之時盡成灰。

दक्षिणे सिद्धार्थ आह--

今译：右边的一切利成说道：

地译：右面魔子名一切利成，復向波旬而說偈言：

विषेण पूर्णो यदि वैष सर्वो
　　भवेत्त्रिसाहस्रवरः प्रदीप्तः।

① “渤澥”指大海。

निरीक्षणादेव गुणाकरस्य
सुनिर्विषत्वं विषमभ्युपेयात्॥५०॥

今译：即使美好的三千世界
全都布满毒药而燃烧，
只要这位功德藏望一眼，
那些毒药的毒性便消失。（50）

地译：假使以彼三千界，其中盡成於猛毒，
功德之藏若視之，能令眾毒為無毒。

विषाणमुग्रं त्रिभवेह यच्च
रागश्च दोषश्च तथैव मोहः।
ते तस्य काये च तथैव चित्ते
नभे यथा पङ्करजो न सन्ति॥५१॥

今译：在三界的种种毒药中，
贪、嗔和痴毒性剧烈，
他的身心中无此三毒，
犹如天空中没有泥土。（51）

地译：諸毒豈復過三毒，三毒無累其身心。
……

तस्मान्निवर्तामह तात सर्वे॥५२॥

今译：……
因此，父亲啊，让他们退回吧！（52）

地译：菩薩本自同虛空，大王慎勿輕而往。

वामे रतिलोलो नामाह--

今译：左边的喜著说道：

地译：左面魔子名曰喜著，復向波旬而說偈言：

अहु तूर्यसहस्त्र प्रवादितैः
अप्सरकोटिसहस्त्र अलंकृतैः।
लोभयित्वन नेष्यि पुरोत्तमं
कामरतिं हि करोमि वशे तव॥५३॥

今译：我将用奏响的千种乐器，
盛妆严饰的千千万天女，
诱惑他，将他带回都城中，
让他耽于欲乐，受你控制。（53）

地译：莊飾萬億諸天女，鼓奏百千妙絃歌，
誘之將入自在宮，恣欲令其永貪著，
大王由是得自在，唯願勿以此為憂。

दक्षिणे धर्मरतिराह--

今译：右边的爱法说道：

地译：右面魔子名曰法慧，復向波旬而說偈言：

धर्मरती सद तस्य रतीहा
ध्यानरती अमृतार्थरतिश्च।
सत्त्वप्रमोक्षण मैत्ररतिश्च
रागरतिं स रतिं न करोति॥५४॥

今译：他永远热爱正法，
热爱禅定，追求甘露，
解脱众生，满怀慈悲，
不迷恋贪欲和爱欲。（54）

地译：彼所樂者非非法，唯有解脱及諸禪，
為眾生故樂行慈，於爾五欲無貪著。

वामे वातजवो नामाह--

今译：左边的风速说道：

जवेनहं चन्द्ररवी ग्रसेयं
प्रवायमानं गगने च वायुम्।
अद्यैव तात श्रमणं गृहीत्वा
प्रासस्य मुष्टिं विकिरामि वायुम्॥५५॥

今译：我能迅速吞下日月，
吞下空中吹拂的风，

今天我会抓住这沙门，
就像撒向风中一把草。（55）

दक्षिणेऽचलमतिर्नाम मारपुत्रः स एवमाह--

今译：右边名为不动慧的摩罗之子说道：

यथा तवैषो जववेग उग्रः
तद्वद्यदि स्यात्सुरमानुषाणाम्।
सर्वे समग्रापि न ते समर्थाः
कर्तुं रुजामप्रतिपुद्गलस्य॥५६॥

今译：即使所有的天神和凡人，
都有你这样的飞快速度，
即使他们全部集合起来，
也不能伤害这位无敌者。（56）

वामे ब्रह्ममतिराह--

今译：左边的梵思说道：

स्यात्तादृशानामपि वृन्दमुग्रं
कुर्यान्न किंचित्तव मानघातम्।
प्रागेव सैकः प्रकरोति किं ते
वृन्देन साध्यन्ति हि सर्वकार्या॥५७॥

今译：即使像他这样的人成群结队，
也不可能损害你的任何尊严，
何况他独自一人，对你能怎样？
因为凡事依靠团队，才能成功。（57）

दक्षिणे सिंहमतिराह--

今译：右边的狮子思说道：

न सिंहवृन्दं भुवि दृष्टपूर्वं
दृष्टीविषाणां अपि नास्ति वृन्दम्।
तेजस्विनां सत्यपराक्रमाणां
पुरुषर्षभाणां अपि नास्ति वृन्दम्॥५८॥

今译：在大地上，从未见到
　　　狮子成群，毒蛇成群，
　　　真正勇敢而威武的
　　　人中雄牛也不成群。（58）

वामे सर्वचण्डालो नामाह--

今译：左边的一切旃陀罗说道：

地译：左面魔子名旃陀羅，復向波旬而說偈言：

न ते श्रुता तात गिरोऽभिदीप्ता
　यथा नदन्ते तनयास्तवेमे।
वीर्येण वेगेन बलेन युक्ता
　व्रजाम शीघ्रं श्रमणं निहन्तुम्॥५९॥

今译：父亲，你没有听到你的这些
　　　儿子发出的燃烧的话语吗？
　　　我们凭借勇气、速度和力量，
　　　会迅速前去杀死这个沙门。（59）

地译：大王不聞諸子言，其聲哮吼皆摧裂，
　　　并有勇健迅捷力，疾往於彼滅沙門。

दक्षिणे सिंहनादी नामाह--

今译：右边的狮子吼说道：

地译：右面魔子名師子吼，復向波旬而說偈言：

बहवः श्रृगाला हि वनान्तरेषु
　नदन्ति नादान्न सतीह सिंहे।
ते सिंहनादं तु निशाम्य भीमं
　त्रस्ता पलायन्ति दिशो दशासु॥६०॥

今译：在森林里有许多豺狼，
　　　趁狮子不在，发出嗥叫，
　　　一旦听到可怕的狮子吼，
　　　就吓得纷纷逃向十方。（60）

地译：野干群鳴大澤中，祇為未聞師子吼，
若使一聞師子吼，自當奔馳走十方。

मारौरसास्तद्वदमी अपण्डिताः
अश्रुत्व नादं पुरुषोत्तमस्य।
नदन्ति तावत्स्वमताऽतिघृष्टा
मनुष्यसिंहे नदिते न सन्ति॥ ६१॥

今译：同样，愚蠢的摩罗之子们
没有听到人中俊杰的声音，
便狂妄自大，纷纷这样说话，
一旦人狮吼叫，他们就会消失。（61）

地译：如是一切無智魔，未聞人中師子吼，
徒自競辯無休止，若使聞已皆銷滅。

वामात्पार्श्वाद्दुश्चिन्तितचिन्त्याह--

今译：左边的恶思说道：

地译：左面魔子名曰惡思，復向波旬而說偈言：

यच्चिन्तयामि तदिहाशु भोति
कथं न एषो इम वीक्षते च।
मूढो न एषो अनभिज्ञ किं वा
यदुत्थिहित्वा न पलायते लघुम्॥ ६२॥

今译：凡我所思都能迅速成功，
他为什么看不到这一切？
或者他是傻瓜，缺乏智慧，
怎么会不立即起身逃跑？（62）

地译：豈可不見吾軍眾，我有惡思能速成，
若非世間無智者，何不速起而奔走？

दक्षिणात्पार्श्वात्सुचिन्तितार्थो नामाह--

今译：右边的善思说道：

地译：右面魔子名曰善思，復向波旬而說偈言：

मूढो न वायं अपराक्रमो वा
　　युष्मैव मूढाश्च असंयताश्च।
न युष्मि जानाथ इमस्य वीर्यं
　　प्रज्ञाबलेनास्य जिताः स्थ सर्वे॥६३॥

今译：他不是傻瓜，也不缺乏勇气，
你们是傻瓜，不能约束自己，
你们不知道他的勇猛威力，
他靠智慧的力量战胜一切。（63）

地译：彼非無知乏勢力，汝自凡愚闕勝能，
汝今未悉彼善權，彼當以智降伏汝。

मारात्मजानां यथ गङ्गवालिका
　　एतेन वीर्येण यथैव यूयम्।
रोमस्य एकं न समर्थ चालितुं
　　प्रागेव यश्चिन्तयि घातयिष्ये॥६४॥

今译：摩罗之子如同恒河沙数，
即使都像你们这样英勇，
也不能撼动他的一根毫毛，
更何况起念想要杀害他？（64）

地译：我等魔子恒沙眾，如是雄勇遍三千，
不動菩薩之一毛，豈獨惡思能致損？

मा यूयमत्र क्षिणुयात मानसं
　　प्रसन्नचिता भवथा सगौरवाः।
निवर्तया मा प्रकरोथ विग्रहं
　　भविष्यतेऽसौ त्रिभवेस्मि राजा॥६५॥

今译：你们别在这里起坏心，
要内心清净，怀抱敬意，
退回去，不要挑起战斗，
他将成为三界的法王。（65）

地译：無能於彼生惡念，應當尊重起淨心，
是即三界為法王，汝宜退還勿戰鬬。

पेयालम्। एवं ते सर्वे मारपुत्राः परिपुर्णं पुत्रसहस्रं शुक्लपाक्षिकाश्च कृष्णपाक्षिकाश्च मारं पापीयांसं पृथक्पृथग्गाथाभिरध्यभाषन्त॥

今译：如此等等。就这样，摩罗的整整一千个儿子分为白方和黑方，各自对邪恶的摩罗念诵这些偈颂。

अथ खलु भद्रसेनो नाम मारस्य पापीयसः सेनापतिः स मारं पापीयसं गाथाभिरध्यभाषत--

今译：然后，邪恶的摩罗的军队统帅名叫贤军，对邪恶的摩罗念诵偈颂道：

ये ते तवानुयात्राः शक्रो लोकपालाश्च किन्नरगणाश्च।
असुरेन्द्रा गरुडेन्द्राः कृताञ्जलिपुटाः प्रणत तस्मै॥६६॥

今译：追随你的帝释天、护世天王和众紧那罗，
阿修罗王和金翅鸟王，都合掌向他致敬。（66）

किं पुनरनानुयात्रा ब्रह्मा आभास्वराश्च सुरपुत्राः।
देवाश्च शुद्धावासकास्तेऽपि च सर्वे प्रणत तस्मै॥६७॥

今译：不追随你的梵天和光音天众天子，
净居天的众天神，也都向他致敬。（67）

ये च तवेमे पुत्राः प्रज्ञामेधाविनश्च बलिनश्च।
ते बोधिसत्त्वहृदयं अनुप्रविष्टा नमस्यन्ति॥६८॥

今译：你的那些聪明睿智又有力的儿子，
也都进入菩萨的心中，向他致敬。（68）

याप्येष मारसेना अशीति स्फुट योजनानि यक्षाद्यैः।
भूयिष्ठ सर्वप्रेक्षी प्रसन्नमनसो हि निर्दोषम्॥६९॥

今译：摩罗的军队以药叉为首，布满八十由旬，
而他内心清净，毫无过失，看清这一切。（69）

दृष्ट्वा यथा सुभीमां रौद्रां विकृतां चमूमिमां घोराम्।
न च विस्मितो न चलितो ध्रुवमस्य जयो भवत्यद्य॥७०॥

今译：看到这支军队恐怖、凶暴、丑陋和可怕，
他不惊讶，不动摇，今天他肯定会获胜。（70）

स्थित यत्र च सेनेयं तत्र उद्द काः शिवाश्च विरुवन्ति।
वायसगर्दभरुदितं निवर्तितव्यं क्षमं शीघ्रम्॥ ७१ ॥

今译：这支军队所到之处，猫头鹰和豺狼嗥叫，
乌鸦和驴子鼓噪，还是赶快退回去为好。（71）

वीक्षस्व बोधिमण्डे पटुक्रोञ्चा हंस कोकील मयूराः।
अभिदक्षिणं करोन्ति ध्रुवमस्य जयो भवत्यद्य॥ ७२ ॥

今译：你看菩提道场，麻鹬、天鹅、杜鹃和
孔雀右绕行礼，今天他肯定会获胜。（72）

यत्र स्थित सेनेयं तत्र मसिः पांशवश्च वर्षन्ति।
महिमण्डि कुसुमवृष्टिः कुरुष्व वचनं निवर्तस्व॥ ७३ ॥

今译：这支军队所到之处，墨汁和尘土降下，
而道场上花雨降下，请你下令收兵吧！（73）

यत्र स्थित सेनेयं उत्कूलनिकूल शल्यकण्टकाकीर्णम्।
महिमण्ड कनकनिर्मद्द निवर्तितव्यं क्षमं प्राज्ञैः॥ ७४ ॥

今译：这支军队所到之处，崎岖坎坷，荆棘丛生，
而道场上金光灿烂，智者理所当然撤退。（74）

दृष्टा ति सुपिनि पूर्वे भेष्यसि प्रत्यक्षु यदि न गच्छासि।
भस्मं चमूं च करिष्यति ऋषिभिर्देशा कृता यथा भस्मम्॥ ७५ ॥

今译：如果你不离去，就会亲证你梦见的景象，
他会将军队化为灰，犹如仙人焚毁王国。（75）

राजा यतो ऋषिवरो रोषितु आसीत् स ब्रह्मदत्तेन।
उद्दग्धदण्डकवनं वर्षैर्बहुभिस्तृण न जाता॥ ७६ ॥

今译：过去梵授王激怒一位优秀的仙人，
弹宅迦林遭焚毁，多年寸草不生。（76）

ये केचि सर्वलोके ऋषयो व्रतचारिणस्तपोयुक्ताः।
तेषामयं प्रधानो ह्यहिंसकः सर्वभूतानाम्॥ ७७ ॥

今译：所有世界上那些仙人立誓修苦行，
他是其中佼佼者，不伤害一切众生。（77）

第二十一　降伏摩罗品　587

किं ते न श्रुतपूर्वं काये दीप्ता सुलक्षणा यस्य।
निष्क्रामति चागारात्स भवति बुद्धो जितक्लेशः॥७८॥

今译：难道你没有听说他的身上闪耀吉相？
他从宫中出家，制伏烦恼，成为佛陀。（78）

इम ईदृशी विभूतिं पूजार्थं निर्मिता जिनसुतेभिः।
तं नूनमग्रसत्त्वो ह्यग्राहुतिसंप्रतिग्राही॥७९॥

今译：为了供奉他，佛子们幻化如此庄严景象，
因为人中至高者值得接受至高的供奉。（79）

ऊर्णा यथा सुविमला विराजते क्षेत्रकोटिनयुतेषु।
जिह्मीकृताः स्म च तया निसंशयं एष मारबलहन्ता॥८०॥

今译：纯洁的眉间白毫照亮亿万佛土，
毫无疑问，掩蔽和摧毁摩罗军队。（80）

मूर्ध्नं यथास्य देवैर्द्रष्टु न शक्यं न वै भवाग्रस्थैः।
नूनं सर्वज्ञत्वं प्राप्स्यत्यन्यैरनुपदिष्टम्॥८१॥

今译：天神和世界至高者不能望见他的头顶，
他肯定会获得别人无法指明的全知性。（81）

यथ मेरुचक्रवालाश्चन्द्रासूर्यश्च शक्रब्रह्माणः।
वृक्षाश्च पर्वतवराः प्रणते सर्वे महीमण्डम्॥८२॥

今译：须弥山、轮围山、日月、帝释和梵天，
树木和高山，全都向道场弯腰致敬。（82）

निःसंशयु पुण्यबली प्रज्ञाबलवांश्च ज्ञानबलवांश्च।
क्षान्तिबलवांश्च वीर्यबलवानबलंकर्ता नमुचिपक्षां॥८३॥

今译：他有功德力、智慧力、知识力、忍辱力和
精进力，无疑会剥夺那牟吉党羽的力量。（83）

हस्ती यथामभाण्डं प्रमर्दते क्रोष्टुकान् यथा सिंहः।
खद्योतं वादित्यो भेत्स्यति सुगतस्तथा सेनाम्॥८४॥

今译：犹如大象踩碎陶坯，狮子撕碎豺狼，
太阳掩蔽萤火虫，善逝会摧毁魔军。[①]（84）

एतच्छ्रुत्वा परो मारपुत्रोऽतीव रोषात्संरक्तनयनोऽब्रवीत्--

今译：听到这些话，另一个摩罗之子愤怒至极，两眼通红，说道：

एकस्य वर्णानतिअप्रेमयां
प्रभाषसे तस्य त्वमेककस्य।
एको हि कर्तुं खद्द किं समर्थो
महाबला पश्यसि किं न भीमा॥८५॥

今译：你一味称赞他一个人，
说他一个人无可限量，
而独自一人能够做什么？
你怎不看到可怕的大军？（85）

अथ दक्षिणात्पार्श्वान्मारप्रमर्दको नाम मारपुत्र आह--

今译：然后，右边名叫毁魔的摩罗之子说道：

सूर्यस्य लोके न सहायकृत्यं
चन्द्रस्य सिंहस्य न चक्रवर्तिनः।
बोधौ निषण्णस्य च निश्चितस्य
न बोधिसत्त्वस्य सहायकृत्यम्॥८६॥

今译：在这个世界上，太阳不结盟，
月亮、狮子和转轮王不结盟，
这位菩萨端坐在菩提树下，
意志坚定，同样也不结盟。（86）

अथ बोधिसत्त्वो मारस्य दुर्बलीकरणहेतोर्विकसितशतपत्रनिभं वदनं संचारयति स्म। यं दृष्ट्वा मारः पापीयान् प्रपलायानोऽभूत्। मम चमू बोधिसत्त्वस्य वदनं प्रतिष्ठेति मन्यमानः प्रपलानः पुनरेव प्रतिनिवृत्य सपरिवारो विविधानि प्रहरणानि बोधिसत्त्वस्योपर्युत्सृजति स्म सुमेरुमात्रांश्च पर्वतान्। ते च बोधिसत्त्वस्योपरि प्रक्षिप्ताः पुष्पविताने विमानानि संतिष्ठन्ते स्म। ये च दृष्टिविषा आशीविषाः श्वासविषाश्चाग्निज्वालानुत्सृजन्ति स्म तच्चाग्निमण्डलं बोधि-सत्त्वस्य प्रभामण्डलमिव संतिष्ठते स्म॥

① 以上军队统帅的劝说在地译中位于前面部分。

今译：然后，为了削弱摩罗的力量，菩萨转动灿若莲花的脸。邪恶的摩罗看到后，转身逃跑。在逃跑中，他想到“我的军队会对抗菩萨的脸”，又和随从一起返回，向菩萨投掷各种武器，犹如须弥山压顶。而那些武器化为花帐和花车，停留在菩萨的上空。他们又投掷燃烧的、喷射毒气的眼睛蛇和蟒蛇，而这样的火圈仿佛成为菩萨的光环。

अथ पुनरेव बोधिसत्त्वो दक्षिणेन पाणिना शीर्षं प्रमार्ष्टि स्म। मारश्च पश्यति स्म। बोधिसत्त्वस्य हस्ते खड्ग इति दक्षिणामुखः प्रपलायते स्म। न किंचिदिति पुनरेव प्रतिनिवर्तते स्म। निवृत्य च बोधिसत्त्वस्योपरि नानाविधानि प्रहरणान्युत्सृजति स्म असिधनुशरशक्तितोमरपरश्वधभुशुण्डिमुसलकणयगदाचक्रवज्रमुद्गरपादपशिलापाशायोगुडानतिभयानकान्। ते चोत्क्षिप्तमात्रा नानाविधानि पुष्पदामानि पुष्पवितानानि इव संतिष्ठन्ते स्म। मुक्तसुकुसुमानि च महीमवकिरन्तो माल्यदामानि चावलम्बमानानि बोधिवृक्षं विभूषयन्ति स्म। तांश्च व्यूहान् विभूतिं दृष्ट्वा बोधिसत्त्वस्य मारः पापीयानीर्ष्यामात्सर्योपहतचेता बोधिसत्त्वमब्रवीत्-- उत्तिष्ठोत्तिष्ठ हे राजकुमार राज्यं भुङ्क्ष्व तावत्तव पुण्यम् कुतस्ते मोक्षप्राप्तिः॥

今译：然后，菩萨又用右手摩挲头顶。摩罗看到后，觉得“菩萨手持刀剑”，便转身朝南逃跑。而后觉得“并没有什么”，又返回。返回后，又向菩萨投掷各种武器，诸如刀、弓、箭、标枪、长矛、斧子、飞弹、杵、投枪、棒槌、飞轮、金刚杵、锤子、树木、石头、套索和铁球，极其恐怖。而各种武器一旦投出，就仿佛化为花环和花帐。鲜花撒地，花环悬挂，装饰菩提树。看到这样的庄严景象，邪恶的摩罗满怀妒忌，心情沮丧，对菩萨说道：“嗨！起来吧，起来吧！王子啊，享受王国吧！依靠你的功德，怎么能获得解脱？”

अथ बोधिसत्त्वो धीरगम्भीरोदारश्लक्ष्णमधुरया वाचा मारं पापीयसमेतदवोचत्-- त्वया तावत्पापीयन्नेकेन निर्गडेन यज्ञेन कामेश्वरत्वं प्राप्तम्। मया त्वनेकानि यज्ञकोटीनियुतशतसहस्राणि निर्गडानि यष्टानि। करचरणनयनोत्तमाङ्गानि च निकृत्य निकृत्यार्थिभ्यो दत्तानि। गृहधनधान्यशयनवसनं चंक्रमोद्यानानि चानेकशो याचनकेभ्यो निसृष्टानि सत्त्वानां मोक्षार्थिना।

今译：然后，菩萨用坚定、深沉、高尚、微妙和甜蜜的话语，对邪恶的摩罗说道：“邪恶者啊，你只举行过一次无遮祭祀[1]，便成为欲自在天。而我举行数百千万亿次无遮祭祀。我曾割下手、脚、眼睛和头，施舍给乞求者。为了众生的解脱，我一次又一次将房屋、财物、谷物、床、衣服、场地和花园送给乞求者。”

① “无遮祭祀”（nirgaḍa 或 nirargaḍa）指敞开大门，广为布施。

अथ खलु मारः पापीयान् बोधिसत्त्वं गाथया प्रत्यभाषत्--

今译：然后，邪恶的摩罗对菩萨念诵偈颂道：

यज्ञो मयेष्टस्त्वमिहात्र साक्षी
निरर्गडः पूर्वभवेऽनवद्यः।
तवेह साक्षी न तु कश्चिदस्ति
किंचित्प्रलापेन पराजितस्त्वम्॥८७॥

今译：我过去举行过无遮祭祀，
无可争议，你是见证者，
而你没有任何见证者，
你空口嚼舌，站不住脚。（87）

बोधिसत्त्व आह-- इयं पापीयन् मम भूतधात्री प्रमाणमिति॥

今译：菩萨说道："邪恶者啊，这大地是我的见证者。"

अथ बोधिसत्त्वो मारं मारपर्षदं च मैत्रीकरुणापूर्वंगमेन चित्तेन स्फुरित्वा सिंहवदभीतोऽनुत्त्रस्तोऽस्तम्भी अदीनोऽलीनः असंक्षुभितोऽलुलितो विगतभयलोमहर्षः शङ्खध्वजमीनकलशस्वस्तिकाङ्कुशचक्राङ्कमध्येन जालावितानावनद्धेन सुरुचिरताम्रनखालंकृतेन मृदुतरुणसुकुमारेणानन्तकल्पापरिमितकुशलमूलसंभारोपचितेन दक्षिणेन पाणिना सर्वकायं परिमार्ज्य सलीलं महीं पराहनति स्म। तस्यां च वेलायामिमां गाथामभाषत्--

今译：这时，菩萨心中对摩罗和摩罗的随从充满慈悲和怜悯。他像狮子那样不畏惧，不害怕，不僵硬，不怯懦，不退缩，不激动，不慌乱，不毛发直竖。他的右手有贝螺、旗帜、鱼、水罐、卍字、象钩和轮子的标志，覆盖网幔，装饰有优美的红指甲，柔软娇嫩，积聚有无数劫的无量善根。他用右手摩挲全身，游戏般拍击大地。此刻，他念诵偈颂道：

इयं मही सर्व जगत्प्रतिष्ठा
अपक्षपाता सचराचरे समा।
इयं प्रमाणा मम नास्ति मे मृषा
साक्षित्वमस्मिं मम संप्रयच्छतु॥८८॥

今译：这个大地支撑一切世界，
不偏不倚，平等对待众生，
她是我的证人，我不说谎，
就请她为我提供证明吧！（88）

संस्पृष्टमात्रा चेयं महापृथिवी बोधिसत्त्वेन षड्विकारमकम्पत् प्राकम्पत् संप्राकम्पत्। अरणत् प्रारणत् संप्रारणत्। तद्यथापि नाम मागधिकानां कांसपात्री काष्ठेनाभ्याहता रणत्यनुरणति एवमेवेयं महापृथिवी बोधिसत्त्वेन पाणिताडिता रणत्यनुरणति स्म॥

今译：菩萨一接触大地，便出现六种震动：摇动、极摇动和遍摇动；出声、极出声和遍出声。这正如摩揭陀铜罐，用木棒一敲，便发出声响和回音，菩萨的手掌一拍击，大地便发出声响和回音。

अथ खलु यस्यां त्रिसाहस्रमहासाहस्रलोकधातौ स्थावरा नाम महापृथिवीदेवता सा कोटिशतपृथिवीदेवतापरिवारा सर्वां महापृथिवीं संप्रकम्प्य नातिदूरे बोधिसत्त्वस्य पृथिवीतलं भित्त्वार्धकायाभ्युन्नाम्य सर्वालंकारप्रतिमण्डिता येन बोधिसत्त्वस्तेनावनतकाया प्राञ्जलीकृता बोधिसत्त्वमेतदवोचत्-- एवमेतन्महापुरुष एवमेतत् यथा त्वयाभिहितम्। वयमत्र प्रत्यक्षाः। अपि तु भगवंस्त्वमेव सदेवकस्य लोकस्य परमसाक्षीभूतः प्रमाणभूतश्चेति। एवमुक्त्वा स्थावरा महापृथिवीदेवता मारं पापीयांसमनेकप्रकारं निर्भर्त्स्य बोधिसत्त्वं चाभ्यभिस्तुत्य विविधं च स्वकं प्रभावं संदर्श्य सपरिवारा तत्रैवान्तरधात्॥

今译：然后，在三千大千世界中，名为安住的大地女神在百千万位大地女神陪伴下，摇动这个大地，突破菩萨附近的地面，露出半个身体，盛妆严饰，弯腰合掌，对菩萨说道："正是这样，大士啊！正是你说的这样。我们都是见证者。而你也是这个世界和天神世界的最高见证者，世尊啊！"说完这些，大地女神安住以多种方式斥责邪恶的摩罗，赞美菩萨，并展现自己的各种威力。然后，她与随从们一起消失不见。

तं श्रुत्व मेदिनिरवं स शठः ससैन्यः
　　उत्त्रस्त भिन्नहृदयो प्रपलान सर्वे।
श्रुत्वेव सिंहनदितं हि वने शृगालाः
　　काका व लोष्टुपतने सहसा प्रणष्टाः॥८९॥

今译：这邪恶者听了大地的话，
心儿吓破，带着魔军逃跑，
犹如林中豺狼听到狮子吼，
乌鸦遇到落石，立即消失。[①]（89）

अथ खलु मारः पापीयान् दुःखितो दुर्मना अनात्तमना अपत्रपमाणरूपो मानाभिभवान्न गच्छति स्म। न निवर्तते स्म। न पलायते स्म। पश्चान्मुखं स्थित्वा उत्तरि सेनामामन्त्रयते

① 以上关于大地女神为菩萨作证的描述，见于地译的后面部分。

स्म-- सहिताः समग्रास्तावद्भवन्तस्तिष्ठन्तु मुहुर्तं यावद्वयं ज्ञास्यामो यदि तावच्छक्येतायमनुनयेनोत्थापयितुम्। मा खल्वेवंरूपस्य सत्त्वरत्नस्य सहसा विनाशो भूदिति॥

今译：然后，邪恶的摩罗痛苦，沮丧，烦恼，面露羞愧，而依然傲慢，不肯离去。他既不返回，也不逃跑。他面对后面的军队说道："你们全部集合，稍等片刻，让我们看看能不能用爱欲促使他起身。确实，不要粗暴地毁灭这样一位众生之宝。"

अथ खलु मारः पापीयान् स्वा दुहितृरामन्त्रयते स्म-- गच्छध्वं यूयं कन्यकाः बोधिमण्डमुपसंक्रम्य बोधिसत्त्वस्य जिज्ञासनां कुरुत-- किं सरागोऽथ वीतरागः। किं मूकोऽथ प्रज्ञः। किमन्धोऽथ देशज्ञोऽर्थपरायणः। दीनो वा धीरो वेति। इदं खलु वचनं श्रुत्वा ता अप्सरसो येन बोधिमण्डो येन च बोधिसत्त्वस्तेनोपसंक्रामन्। उपसंक्रम्य बोधिसत्त्वस्य पुरतः स्थित्वा द्वात्रिंशदाकारां स्त्रीमायामुपदर्शयन्ति स्म।

今译：然后，邪恶的摩罗对自己的女儿们说道："女儿们啊！你们前往菩提道场，询问菩萨：'你有欲，或是无欲？你是哑巴，或是智者？你是瞎子，或是通晓地理，或是追求利益？你是怯弱者，或是坚强者？'"听了他的话，这些天女来到菩萨所在的菩提道场。来到后，她们站在菩萨前，展现女性的三十二种形态。

地译：佛告諸比丘：魔王爾時又命諸女，作如是言："汝等諸女！可共往彼菩提樹下，誘此釋子壞其淨行。"於是，魔女詣菩提樹，在菩薩前，綺言妖姿三十二種，媚惑菩薩：

तद्यथा। कतमा द्वात्रिंशदाकारा काश्चित्तत्रार्धवदनं छादयन्ति स्म। काश्चिदुन्नतान् कठिनान् पयोधरान् दर्शयन्ति स्म। काश्चिदर्धविहसितैर्दन्तावलिं दर्शयन्ति स्म। काश्चिद्बाहूनुत्क्षिप्य विजृम्भमाणान् काक्षान् दर्शयन्ति स्म। काश्चिद्बिम्बफलोपमानोष्ठान् दर्शयन्ति स्म। काश्चिदर्धनिमीलितैर्नयनैर्बोधिसत्त्वं निरीक्षन्ते स्म दृष्ट्वा च शीघ्रं निमीलयन्ति स्म। काश्चिदर्धप्रावृतान् पयोधरान् दर्शयन्ति स्म। काश्चिच्छिथिलाम्बरां समेखलां श्रोणीं दर्शयन्ति स्म। काश्चित्समेखलां तनुदुकूलनिवासितां श्रोणीं दर्शयन्ति स्म। काश्चिज्झणझणाशब्दान्नूपुरैः कुर्वन्ति स्म। काश्चिदेकावलीं स्तनान्तरेषूपदर्शयन्ति स्म। काश्चिद्विनग्नानर्धोरूनुपदर्शयन्ति स्म। काश्चिच्छिरः स्वंसेषु च पत्रगुप्ताञ्शुकशारिकांश्चोपविष्टानुपदर्शयन्ति स्म। काश्चिदर्धकटाक्षैर्बोधिसत्त्वं निरीक्षन्ते स्म। काश्चित्सुनिवस्ता अपि दुर्निवस्ताः कुर्वन्ति स्म। काश्चिज्जघनरसनाः कम्पयन्ति स्म। काश्चित्संभ्रान्ता इव सविलासमितस्ततश्चंक्रम्यन्ते स्म। काश्चिन्नृत्यन्ति स्म। काश्चिद्गायन्ति स्म। काश्चिद्विलसन्ति स्म लज्जन्ते च। काश्चित्कदल्य इव वायुविधूता उरू कम्पयन्ति स्म। काश्चिद्गम्भीराः स्तनन्ति स्म। काश्चिदंशुकप्रावृताः सघण्टारसना विहस्यन्त्यश्चंक्रम्यन्ते स्म। काश्चिद्वस्त्राण्याभरणानि च पृथिव्यां छोरयन्ति स्म।

काश्चिद्गुह्यप्रकाशानि सर्वाभरणान्युपदर्शयन्ति स्म। काश्चिद्गन्धानुलिप्तान् बाहूनुपदर्शयन्ति स्म। काश्चिद्गन्धानुलेपनकुण्डलान्युपदर्शयन्ति स्म। काश्चिदवगुण्ठिकया वदनानि छादयन्ति स्म क्षणेक्षणा चोपदर्शयन्ति स्म। काश्चित्पूर्वहसितरमितक्रीडिता अन्योन्यं स्मारयन्ति स्म। पुनरपि लज्जिता इव तिष्ठन्ति स्म। काश्चित्कुमारीरूपाण्यप्रसूतिरूपाणि मध्यस्त्रीरूपाणि चोपदर्शयन्ति स्म। काश्चित्कामोपहितेन बोधिसत्त्वं निमन्त्रयन्ते स्म। काश्चिन्मुक्तकुसुमैर्बोधिसत्त्वमवकिरन्ति स्म। पुरतश्च स्थित्वा बोधिसत्त्वस्याशयं मीमांसन्ते स्म।

今译：哪三十二种形态？[①]有些半遮面容。有些显示高耸坚挺的乳房。有些微笑，展露整齐的牙齿。有些伸臂哈欠，展露腋窝。有些显示嘴唇宛如频婆果。有些半睁眼睛观看菩萨，又迅速闭上。有些半露胸脯。有些松开衣服，展露臀部和腰带。有些展露覆盖薄纱的臀部和腰带。有些让脚镯叮当作响[②]。有些显示胸脯中间的项链。有些半露大腿。有些显示蹲在头顶和肩上的羽藏鸟、鹦鹉和鸲鹆。有些用半斜的眼光观看菩萨。有些将整齐的衣服弄乱。有些晃动腹部腰带。有些带着娇态，仿佛慌乱地跑东跑西。有些跳舞。有些唱歌。有些撒娇，羞羞答答。有些晃动大腿，宛如芭蕉随风摆动。有些话音深沉。有些微笑着晃动丝衣下系有铃铛的腰带。有些将衣服和首饰扔在地上。有些互相展示明显的和暗藏的所有首饰。有些显示涂抹香膏的手臂。有些显示涂抹香膏的耳环。有些面纱遮脸，刹那间投出一瞥。有些互相回忆以往的嬉笑、欲乐和游戏。有些仿佛羞涩地站着。有些显得像少女，像处女，或者像中年妇女。有些满怀爱欲，召唤菩萨。有些将鲜花撒向菩萨。有些站在前面，观察菩萨的意愿。

地译：一者揚眉不語。二者褰裳前進。三者低顔含笑。四者更相戲弄。五者如有戀慕。六者互相瞻視。七者掩斂脣口。八者媚眼斜眄。九者嫈嫇細視。十者更相謁拜。十一以衣覆頭。十二遞相拈搯。十三側耳楊[③]聽。十四迎前蹬蹀。十五露現髀膝。十六或現胸臆。十七念憶昔時恩愛戲笑眠寢之事而示欲相。十八或如對鏡自矜姿態。十九動轉遺光。二十乍喜乍悲。二十一或起或坐。二十二或時作氣似不可干。二十三塗香芬烈。二十四手執瓔珞。二十五或覆藏項領。二十六示如幽閉。二十七前却而行瞻顧菩薩。二十八開目閉目如有所察。二十九迴步直往，楊[④]如不見。三十嗟歎欲事。三十一美目諦視。三十二顧步流眄。[⑤]

---

① 此处原文中的 tadyathā，据 M 本和 L 本应在 dvātriṃśadākārā 之后。

② 此处原文中的 śadba，据 M 本和 L 本应为 śabda。

③ 此处“楊”字，据《中华大藏经》校勘记，《丽》作“佯”。

④ 同上。

⑤ 关于魔女三十二相的描述也见于《佛本行集经》。此处地译与原文相比，文字有所简化。

वदनं च निरीक्षन्ते स्म-- किमयं रक्तेन्द्रियैः पश्यत्याहोस्विद्दूरीकरोति नयने ईर्यते वा न वेति। ताः पश्यन्ति बोधिसत्त्वस्य वदनं शुद्धं विमलं चन्द्रमण्डलमिव राहुविनिर्मुक्तं सूर्यमिव प्रोदयमानं यूपमिव कनकमयं विकसितमिव सहस्रपत्रं हव्यावसिक्तमिवानलं मेरुमिवाचलं चक्रवालमिवाभ्युद्गतं गुप्तेन्द्रियं नागमिव सुदान्तचित्तम्॥

今译：她们盯着菩萨的脸，心想："他的目光是否含有感官欲望，或者显示冷淡？他的眼睛是否转动？"她们看到菩萨的脸纯洁无瑕，犹如摆脱罗睺的月亮，升起的太阳，金制的祭柱，绽放的莲花，接受祭品的祭火，岿然不动的弥须山，耸立的轮围山，隐藏感官、调伏思想的大象。①

अथ ता मारदुहितरो भूयस्या मात्रया बोधिसत्त्वस्य संलोभनार्थमिमा गाथा अभाषन्त--

今译：然后，摩罗的女儿们再次诱惑菩萨，念诵这些偈颂：

地译：有如是等媚惑因緣，復以歌詠言詞嬈鼓菩薩，而說偈曰：

सुवसन्तके ऋतुवर आगतके
रमिमो प्रिय फुल्लितपादपके।
तव रूप सुरूप सुशोभनके
वशवर्तिसुलक्षणचित्रितके॥९०॥

今译：美好的季节春天已来临，
我们在开花的树下游戏，
你容貌俊美，漂亮的人啊！
具有自在天的美妙吉相。(90)

地译：初春和暖好時節，眾草林木盡敷榮，
丈夫為樂宜及時，一棄盛年難可再。

वय जात सुजात सुसंस्थितिकाः
सुखकारण देवनराण सुसंतुतिकाः।
उत्थि लघुं परिभुञ्ज सुयौवनिकं
दुर्लभ बोधि निवर्तय मानसकम्॥९१॥

今译：我们出身高贵，形体端正，
亲近②制造快乐的天神和凡人，
赶快起身，尽情享受青春吧！

① 这段不见于地译，而见于护译《降魔品》以及《佛本行集经》。
② "亲近"的原词是 susaṃtutikāḥ，BHSD 指出相当于 susaṃstutikāḥ。

菩提难得，打消这种想法吧！（91）

地译：仁雖端正美顏色，世間五欲亦難求，
對斯勝境可歡娛，何為樂彼菩提法？
我等諸女受天報，其身微妙咸可觀，
如是天身不可求，仁今果報宜應受。
諸仙見我猶生染，況復人能無染心？
修彼禪定竟何為？菩提之法甚懸遠。①

प्रेक्षसि ताव इमा मरुकन्य सुलंकृतिका
तव कारण सज्जित भूषित आगतिका।
को रूपमिमं समवेक्ष्य न रज्यति रागरतो
अपि जर्जर काष्ठ व शोषितजीवितको॥ ९२॥

今译：你看这些天女精心打扮，
盛妆严饰，都是为你而来，
谁看到这些美色会不动心，
即使他生命枯竭如同朽木？（92）

केश मृदू सुरभी वरगन्धिनिका
मकुटाकुण्डलपत्रविबोधितानतनिका।
सुललाट सुलेपनाननिका
पद्मविशुद्धविशालसुलोचनिका॥ ९३॥

今译：头发柔软，散发阵阵芳香，
头上展现顶冠、耳环和花叶
前额美妙，脸上涂抹香膏，
双双大眼睛清澈明净似莲花。（93）

परिपूरितचन्द्रनिभाननिका
बिम्बसुपक्वनिभाधरिका।
शङ्खकुन्दहिमशुक्लसुदन्तिनिका
प्रेक्ष कान्त रतिलालसिकाम्॥ ९४॥

① 这里第 90 至第 99 颂是魔女们引诱菩萨的话语，也见于《佛本行集经》。而地译只有以上这四颂。

今译：脸庞如同圆圆的月亮，
嘴唇如同成熟的频婆果，
皓齿似贝壳、素馨和霜雪，
请看这些渴望爱欲的女子！（94）

कठिनपीनपयोधर उद्गतिकां
त्रिवलीकृतमध्यसुसुन्दरिकाम्।
जघनाङ्गणचारुसुवित्थरिकां
प्रेक्षसु नाथ सुकामिनिकाम्॥९५॥

今译：丰满挺拔的乳房高高耸起，
腰部形成三道优美的皱褶，
臀部宽阔①如同可爱的庭院，
救主啊，请看这些美丽女子！（95）

गजभुजसंनिभोरुणिकां
वलयनिरन्तरबाहनिकाम्।
काञ्चीवरश्रोणिसमण्डितिकां
प्रेक्षहि नाथ इमा तव दासिनिकाम्॥९६॥

今译：她们的大腿宛如大象鼻子，
手臂②佩戴一个又一个腕环，
他们的臀部装饰漂亮的腰带，
救主啊，请看你的这些女仆！（96）

हंसगतीसुविलम्बितगामिनिकां
मञ्ञुमनोज्ञसुमन्मथभाषिणिकाम्।
ईदृशरूपसुभूषिणिकां
दिव्यरतीषु सुपण्डितिकाम्॥९७॥

今译：步履缓慢，宛如天鹅，
说话美妙③，充满魅力，
她们打扮得如此美丽，
个个精通神奇的爱欲。（97）

---

① “宽阔”的原词是 vittharikām，BHSD 指出 vitthara 相当于 vistara。
② “手臂”的原词是 bāhanikām，BHSD 指出 bāhā 相当于 bāhu。
③ “美妙”的原词是 maññu，据 M 本和 L 本应为 mañju。

गीतकवादितनृत्यसुशिक्षितिकां
　　रतिकारणजातिसुरूपिणिकाम्।
यदि नेच्छसि कामसुलालसिकां
　　सुष्टु सुवञ्चितकोऽसि भृशं खलु लोके॥९८॥

今译：擅长歌唱、演奏和跳舞，
天生貌美，热衷于欲乐，
若你不喜欢娇媚女子，
你肯定是世上受骗者。（98）

निधि दृष्ट यथा हि पलायति को चि नरो
　　धनसौख्यमजानकु मूढमनो।
त्वमपि तथैव हि रागमजाननको
　　यः स्वयमागतिकां न हि भुञ्जसि कामिनिकाम्॥९९॥ इति॥

今译：有的愚人不懂得享受财富，
即使看到宝藏，他也会跑开，
同样，你不懂得爱欲的快乐，
美女自动前来，你也不享受。（99）

अथ खलु भिक्षवो बोधिसत्त्वोऽनिमिषनयनः प्रहसितवदनः स्मितमुखोऽविकोपितैरिन्द्रियैरनभिसंस्कृतैर्गात्रैरजिह्मोऽरक्तोऽदुष्टोऽमूढः शैलेन्द्रवदप्रकम्प्योऽनवलीनोऽनवदीर्णोऽसंपीडितः सुसंस्थितया बुद्ध्या स्वाधीनेन ज्ञानमुखेनात्यन्तसुप्रहीणत्वात्क्लेशानां श्लक्ष्णया मधुरया वाचा ब्रह्मातिरेकेण घोषेण करविङ्करुतेन स्वरेण वल्गुना मनोज्ञेन तां मारदुहितॄन् गाथाभिः प्रत्यभाषत्--

今译：然后，众比丘啊，菩萨睁着眼睛，面露笑容。他的感官不骚动，肢体不激动，保持正直，不沾染，无恶意，不愚痴，如同高山不动摇，不怯弱，不受破坏，不受打击，智慧坚定，依靠自己，凭借知识法门，彻底摒弃烦恼。他以微妙甜蜜的话语，胜过梵天的话音，伽罗频迦鸟鸣般美妙动听的声音，对摩罗的女儿们念诵偈颂道：

地译：爾時，菩薩聞彼妖惑之言，心生哀愍，即以妙偈化其魔女：

कामा भो बहुदुःखसंचया दुःखमूला
　　ध्यानर्द्धीतपसं च भ्रंसनी अबुधानाम्।
न स्त्रीकामगुणेभि तृप्तितां विदुमाहुः
　　प्रज्ञातृप्तिकरो भविष्यहं अबुधानाम्॥१००॥

今译：爱欲积聚痛苦，是痛苦的根源，
毁坏愚者的禅定、神通和苦行，
人们都说女色不能让人满足，
而我会用智慧让愚者们满足。（100）

कामां सेवयतो विवर्धते पुन तृष्णा
पीत्वा वै लवणोदकं यथा नरु कश्चि।
नात्मार्थे च परार्थि भोतिहा प्रतिपन्नो
आत्मार्थे च परार्थ उत्सुको भविताहम्॥ १०१ ॥

今译：人们追逐爱欲，渴望随之增长，
就像有的人口渴，却饮用咸水，
世上无人为自己和他人谋福，
而我热心为自己和他人谋福。（101）

फेनाबुद्बुदतुल्यसंनिभं तव रूपं
मायारङ्गमिवा विथापितं स्वमतेन।
क्रीडा वै सुपिनेव अध्रुवा अपिनित्या
बालानां सद चित्तमोहना अबुधानाम्॥ १०२ ॥

今译：你的美色如同水沫和水泡，
如同你自己妄想的幻影戏，
如游戏，如梦幻，变化无常①，
经常蒙蔽缺乏智慧的愚者。（102）

नेत्रा बुद्बुदतुल्यसादृशा त्वचनद्धाः
कठिनं शोणितपिण्डमुद्गतं यथ गण्डम्।
उदरो मूत्रपुरीषसंचयो असुचोक्षः
कर्मक्लेशसमुत्थितो दुखयन्त्रः॥ १०३ ॥

今译：眼睛如同裹上皮肤的水泡，
脸颊如同鼓起的坚硬血块，
腹部积聚污秽不洁的屎尿，
业的烦恼启动的痛苦机械。（103）

---

① 此处“无常”的原词是 apinityā，似应为 api anityā。

संमूढा यहि बालबुद्धयो न तु विज्ञाः
　　शुभतो कल्पयमान आश्रयं वितथेन।
संसारे बहुकाल संसरी दुःखमूले
　　अनुभोक्ता निरयेषु वेदना बहुदुःखा॥ १०४॥

今译：头脑幼稚愚痴，缺乏智慧，
误以为是美好的安身处，
长久陷入痛苦之源轮回，
承受地狱中的种种痛苦。（104）

श्रोणि प्रस्रवते विगन्धिका प्रतिकूला
　　उरूजङ्घक्रमाश्च संस्थिता यथ यन्त्रम्।
भूतं युष्मि अहं निरीक्षमी यथ माया
　　हेतुप्रत्ययतः प्रवर्तथा वितथेन॥ १०५॥

今译：臀部流淌出恶臭的污秽，
大腿小腿如同安装的机械，
我看到你们如同看到幻象，
出自因缘流转，虚妄不实。（105）

दृष्ट्वा कामगुणांश्च निर्गुणां गुणहीनां
　　आर्यज्ञानपथस्य उत्पथां विपथांश्च।
विषपत्राग्निसमां महोरगां यथ क्रुद्धां
　　बाला अत्र हि मूर्छिता सुखसंज्ञाः॥ १०६॥

今译：看到缺乏美德和功德的爱欲，
看到那些脱离圣智道的邪道，
如同毒叶、烈火和暴怒的大蛇，
愚者们神志迷乱，称之为幸福。（106）

कामादासु भवीति यो नर प्रमदानां
　　शीले उत्पथि ध्यायि उत्पथि मतिहीनो।
ज्ञाने सो हि सुदूरि तिष्ठते रतिलोलो
　　योऽसौ धर्मरतिं जहित्वना रमि कामैः॥ १०७॥

今译：如果成为爱欲和女人的奴隶，
脱离戒行和禅定，缺乏智慧，
也就远离知识，而沉湎爱欲，

这种人不爱正法，热衷欲乐。（107）

नो रागेण सही वसाम्यहं न च दोषैः
नो नैर्नित्याशुभानात्मभिर्वसि सार्धम्।
आरातीयरतीयसंवशेन च सार्धं
निर्मुक्तं मम चित्तु मारुतो गगने वा॥ १०८॥

今译：我不与贪欲共住，不与罪恶
共住，不与无常和不净共住，
不与忧乐共住[1]，而与无我共住，
我的心已解脱，如同空中之风。（108）

पूर्णं सर्वजगत्त्वमीदृशैर्यदिह स्यात्
कल्पं ताभि सहा समोसृतो विहरेयम्।
नो वा मह्य खिलं न रज्यना न च मोहो
आकाशः समतुल्यमानसा जिन भोन्ति॥ १०९॥

今译：即使一切世界充满像你这样的
女子，我也会长期与她们相处，
我不愤恨，不沾染，不愚痴，
诸佛世尊的思想与虚空相同。（109）

यद्यपीह रुधिरास्थिवर्जिताः
देवाप्सर सुनिर्मलाः शुभाः।
तेऽपि सर्वि सुमहद्भये स्थिताः
नित्यभावरहिता अशाश्वताः॥ ११०॥

今译：即使这里的天女们
无血无骨，纯洁优美，
依然不能获得永恒，
处在无常大恐惧中。（110）

地译：我觀五欲多過患，由是煩惱失神通，
譬如火坑及毒匳，眾生赴之而不覺，
我久已離諸煩惱，自心覺已方覺他。
世間五欲燒眾生，猶如猛火焚乾草，

① 这句原文中的 saṃvaśena，据 M 本和 L 本应为 saṃvase na。

亦如焰幻無有實，亦如泡沫不久停，
如彼嬰孩戲糞中，如彼愚人觸蛇首。
一切皆無有實法，是身虛妄從業生，
四大五蘊假合成，筋骨相纏而暫有，
智者誰應耽著此？凡夫迷故生欲心。
如是諸幻我已知，是故於中不貪著，
欲求畢竟自在樂，今當於此證菩提，
我已解脫於世間，如空中風難可繫。[①]

अथ खलु ता मारदुहितरः सुशिक्षिताः स्त्रीमायासु भूयस्या मात्रया रागमददर्पं संजनय्य चेष्टामुपदर्श्य गात्राणि विभूषयित्वा स्त्रीमायामुपदर्श्य बोधिसत्त्वं प्रलोभयन्ति स्म॥

今译：然而，摩罗的女儿们精通女性幻术，益发激起爱欲、激情和骄慢，表现自己。她们装饰肢体，展现女性魅力，引诱菩萨。

तत्रेदमुच्यते--

今译：这里，这样说道：

तृष्णरती रतिश्च सहिता प्रमदवर मधुरा
मारसमीरिताः सुललिता त्वरितमुपगताः।
वायुसमीहिता किसलयास्तरुणतरुलता
नृत्तत लोभयं नृपसुतं द्रुमविटपगतम्॥ १११॥

今译：这些女子甜蜜可爱，满怀爱欲，
受摩罗指使，愉快而迅速走近，
犹如叶芽和柔嫩蔓藤随风起舞，
引诱坐在菩提树下的这位王子：（111）

एष वसन्तकालसमयः प्रवर ऋतुवरो
नारिनराण हर्षणकरो निहततमरजः।
कोकिलहंसमोररविशा द्विजगणकलिलः
काल उपस्थितोऽनुभवितुं मदनगुणरतिम्॥ ११२॥

今译："这是季节中最美好的春天，
阴霾和尘土消失，男女欢欣，

① 以上地译与原文第 100 至第 110 颂一致，但内容有所简化，故而文字表述有较多差异。

杜鹃、天鹅和孔雀纷纷鸣叫[①]，
享受欲乐的时刻已经来临。”（112）

कल्पसहस्रशीलनिरतो व्रततपचरितो
निश्चल शैलराजसदृशस्तरुणरविवपुः।
मेघनिनादवल्गुवचनो मृगपतिनिनदो
वचनमुवाच सोऽर्थसहितं जगति हितकरः॥ ११३॥

今译：数千劫中热爱戒行，修习苦行，
岿然不动似高山，形体似朝阳，
美妙话音如同雷鸣和狮子吼，
世界造福者说出有意义的话：（113）

कामविवाद वैर कलहा मरणभयकरा
बालजनोपसेवित सदा बुधजनरहिता।
प्राप्तयु काल यत्र सुगतैरमृतमधिगतं
अद्य भविष्य मारु जिनिया दशबल अरहान्॥ ११४॥

今译：“愚者永远陷入爱欲，争吵，仇恨，
制造死亡恐怖，而智者远离这些，
善逝获得甘露的时刻来到，今天，
我将降伏摩罗，成为十力阿罗汉。”（114）

माय निदर्शयन्तिय वदं शृणु कमलमुखा
राजु भविष्यसेश्वरवरः क्षितिपति बलवान्।
तूर्यसहस्रसंप्रभणिते प्रमदवरगणे
किं मुनिवेषकेन भवतो विरम रति भजा॥ ११५॥

今译：她们展现魅力，说道：“莲花脸，请听！
你将成为国王，自在天，大地之主，
强大有力，美女成群，演奏千种乐器，
你何必身著牟尼装？放手享受欲乐吧！”（115）

बोधिसत्त्व आह--

今译：菩萨说道：

---

① “鸣叫”的原词是 raviśā，BHSD 指出相当于 ravitā。

भेष्यि अहं हि राजु त्रिभवे दिवि भुवि महितो
　　ईश्वरु धर्मचक्रचरणो दशबद्द बलवान्।
शैक्ष्याशैक्ष्यपुत्रनयुतैः सततसमितमभिनतो
　　धर्मरती रमिष्यि विषयैर्न रमि रमति मनः॥११६॥

今译：我将成为三界法王，天上地下受尊敬，
转动法轮的自在天，具有强大的十力，
亿万有学和无学[①]的弟子始终敬拜我，
我将热爱正法，不会喜欢感官享乐。（116）

ता आहुः--

今译：她们说道：

याव च यौवनं न गलितं प्रथमवयधरो
　　याव च व्याधि नाक्रमति ते न च जर असिता।
व च रूपयौवनधरो वयमपि च सुखी
　　ताव नु भुङ्क्ष्व कामरतयः प्रहसितवदनः॥११७॥

今译：只要青春不逝去，你依然保持年轻，
只要疾病不缠身，你没有变黑衰老，
只要你具有青春美貌，我们就快乐，
你就满脸笑容，尽情享受欲乐吧！（117）

बोधिसत्त्व आह--

今译：菩萨说道：

याव च दुर्लभोऽद्य लभितः क्षणवर अमृतो
　　याव च वर्जिता क्षणदुखा असुरसुरपुरे।
याव जरा च व्याधिमरणं न कुपितरूपवं
　　तावहु भावयिष्यि सुपथं अभयपुरगमम्॥११८॥

今译：只要今天获得难以获得的幸运甘露，
只要天神和阿修罗城摆脱不幸痛苦[②]，
只要衰老、疾病和死亡不再发怒[③]，
我将会展现正道，通向无畏之城。（118）

---

① “有学”指尚未达到阿罗汉果位，仍需修行者。“无学”指已经达到阿罗汉果位者。
② 此处“不幸痛苦”的原文是 kṣānadukhā，似应为 akṣānadukhā（“八难之苦”）。
③ 此处原文中的 rupavam，BHSD 指出相当于 rūpam（“形态”）。

ता आहुः--

今译：她们说道：

देवपुरालयेऽप्सरवृतस्त्रिदशपतिरिवा
　　यामसुयामसंतुषितके अमरवरस्तुतो।
मारपुरे च कामरतयः प्रमदवशगतः
　　क्रीड्यनुभुङ्क्ष्व अस्मभि सहा विपुलरतिकरः॥ ११९॥

今译：天城中，夜摩天、苏夜摩天和商兜率天，
　　忉利天王身边天女围绕，受众天神赞美，
　　同样在摩罗城中，美女们掌控种种欲乐，
　　你就和我们一起游戏，充分享受爱欲吧！（119）

बोधिसत्त्व आह--

今译：菩萨说道：

काम तृणोसबिन्दुचपला शरदघनसमा
　　पन्नगकन्यरोषसदृशा भृशभयकरणा।
शक्रसुयामदेवतुषिता नमुचिवशगताः
　　कोऽत्र रमेत नर्यभिलषिते व्यसनपरिगते॥ १२०॥

今译：爱欲轻浮如同草尖①的露珠，如同秋云，
　　又如同那些蛇女的愤怒，制造大恐怖，
　　帝释天、苏夜摩天和兜率天也受那牟吉
　　控制，谁会喜爱这里的女人，陷入灾难？（120）

ता आहुः--

今译：她们说道：

पुष्पित पश्यिमां तरुवरां तरुणकिसलयां
　　कोकिलजीवजीवकरुता मधुकरविरुता।
स्निग्धसुनीलकुञ्चितमृदुं धरणितलरुहे
　　किं नरसिंह सेवित वने रमसु युवतिभिः॥ १२१॥

今译：你看树木长出柔嫩叶芽，鲜花开放，
　　杜鹃和共命鸟鸣叫，蜜蜂嘤嘤嗡嗡，

① “草尖”的原词是 tṛṇosa，M 本写为 tṛṇāgra（“草尖”）。

大地上长出柔软、滋润和卷曲的青草，
人狮啊，何不由美女侍奉，在林中享乐？（121）

बोधिसत्त्व आह--

今译：菩萨说道：

कालवशात्पुष्पित इमे किसलय तरवो
भुक्षपिपासिता मधुकराः कुसुममभिगताः।
भास्करु शोषयिष्यति यदा धरणितलरुहां
पूर्वजिनोपभुक्तममृतं व्यवसितमिह मे॥ १२२॥

今译：这些树木依时长出嫩芽和鲜花，
这些蜜蜂感到饥渴，前来采花蜜，
到时候，太阳会使地上草木干枯，
我一心追求过去诸佛享受的甘露。（122）

मारदुहितर आहुः--

今译：摩罗的女儿们说道：

प्रेक्षहि ताव चन्द्रवदना नवनलिनिनिभा
वाच मनोज्ञ श्लक्ष्ण दशना हिमरजतनिभा।
ईदृश दुर्लभा सुरपुरे कुत मनुजपुरे
ते त्वय लब्ध ये सुरवरैरभिलषित सदा॥ १२३॥

今译：你看这些月亮脸如同新鲜莲花，
说话美妙动听，牙齿雪白似银，
这样的美女天上难得，何况人间？
天神始终渴望的美女，你已获得。（123）

बोधिसत्त्व आह--

今译：菩萨说道：

पश्यमि कायमेध्यमशुचिं कृमिकुलभरितं
जर्जरमित्वरं च भिदुरं असुखपरिगतम्।
यत्सचराचरस्य जगतः परमसुखकरं
तत्पदमच्युतं प्रतिलभे बुधजनमहितम्॥ १२४॥

今译：我看这身体污秽不洁，布满蛆虫，
脆弱易碎，千疮百孔，缠绕痛苦，

我获得智者们崇尚的不退转境界，
带给动物和不动物世界至高幸福。（124）

ता चतुषष्टिकामललितानि चमनुभविया
　　नूपुरमेखला अभिहनी विगलितवसना।
कामशराहताः समदनाः प्रहसितवदनाः
　　किं तव आर्यपुत्र विकृतं यदि न भजसे॥ १२५॥

今译：她们通晓六十四种爱欲游戏，
击响脚镯和腰带，衣服脱落，
身中爱箭而兴奋，满脸笑容：
“贤士你为何怪异，不愿享受？”（125）

सर्वभवेषु दोष विदितोऽवचि विधुतरजा
　　कामसिशक्तिशूलसदृशाः समधुक्षुरसमाः।
सर्पशिरोग्निकर्षुसदृशाः सुविदित इह मे
　　तेनहु नारिसंघ त्यजमी गुणहर प्रमदाः॥ १२६॥

今译：他通晓万物中的弊端，摆脱污垢，
说道：“我知道爱欲似刀枪长矛，
如同涂蜜的剃刀、蛇头和火坑，
因此，我摒弃掠走功德的女人。”（126）

ता बहुभिः प्रकारनयुतैः प्रमदगुणकरैः
　　लोभयितुं न शेकु सुगतं गजकरभगतिम्।
लज्जिहिरोत्रपात्तु मुनिन प्रपतिषु चरणे
　　गौरवु तुष्ट प्रेम जनिया स्तविषु हितकरम्॥ १२७॥

今译：她们施展千种万种女性魅力，
也不能引诱迈着象步的善逝，
羞愧①难当，拜倒在牟尼的脚下，
心生满意和敬爱，赞美造福者：（127）

निर्मलपद्मगर्भसदृशा शरदिशशिमुखा
　　सर्पिहुतार्चितेजसदृशा कनकगिरिनिभा।

① 此处“羞愧”的原词是 hiro，据 L 本应为 hirī，相当于 hrī。

सिध्यतु चिन्तिता ति प्रणिधि भवशतचरिता
स्वामुपतीर्य तारय जगद्व्यसनपरिगतम्॥ १२८॥

今译："如同纯洁莲花藏，脸似秋月，
如同祭火的光焰，如同金山，
但愿你履行百世的誓愿实现，
救度自己，也救度苦难世界。"（128）

ता कर्णिकारचम्पकनिभं स्तविय बहुविधं
कृत्व प्रदक्षिणं अतिशयं गिरिरिव अचलम्।
गत्व पितुर्निपत्य शिरसा इदमवचि गिरं
साध्वस नं हि तात प्रतिघं अमरनरगुरोः॥ १२९॥

今译：如同面对迦尼花和詹波花，尽情赞美，
如同面对岿然不动的高山，右绕行礼，
然后她们回去，俯首行礼，禀告父亲：
"这位神和人的导师无恐惧，无障碍[1]。（129）

पश्यति पद्मपत्रनयनः प्रहसितवदनो
नापि सरक्तु प्रेक्षति जनं न पि च सभृकुटिः।
मेरु चलेय शुष्य उदधिः शशिरवि प्रपते
नैव स दोषदर्शि त्रिभवे प्रमदवश गमिया॥ १३०॥

今译："他的眼睛宛如莲花，面露微笑，
看人时既不动情，也不皱眉，即使
须弥山移动，大海干涸，日月坠落，
他洞悉三界弊端，不会受女人控制。"（130）

地译：爾時，菩薩身如融金，面如滿月，深心寂定，如須彌山安處不動，猶如明珠，無有瑕疵，如日初出，照於天下，猶如蓮花，不染淤泥，心無所著，亦無增損。

是時，魔女復以柔軟言詞白菩薩言："仁者道德尊重，天人所敬，應有給侍。天遣我來供養仁者。我等年少，色如優鉢羅花，願得晨夜興寢親暱左右。"

菩薩報言："汝昔有福，今得天身。不念無常，造斯幻惑。形體雖好而心不端，譬如畫瓶盛諸穢毒，行當自壞，何足可矜？汝為不善，自忘其本，當

① 这句原文中的 nam，M 本写为 na。

墮三惡道中，欲脫甚難。汝等故來亂人善事，革囊盛糞，非清淨物，而來何為？去！吾不喜。”

其諸魔女媚惑菩薩既不能得，即以建尼迦花及詹波花散菩薩上，右遶三匝，作禮而去。歸魔王所，告魔王言：“大王！我等昔來未曾見有如是之士，於欲界中覩我姿容而心不動。我為媚惑，能竭人意，譬如旱苗見日燋枯，亦如春蘇置於日下，自然銷融。今此丈夫何緣乃爾？惟願大王莫與此人共為嫌隟。”即說偈言：

其身猶如蓮花藏，其面猶如清淨月，
其光猶如猛火焰，其色猶如紫金山，
百千生中修正行，所有誓願皆成就，
自度生死能度他，救濟眾生無懈倦。

善哉願王莫瞋彼，天上人間最尊勝，
眼目清淨如蓮花，熙怡微笑無貪著，
須彌崩壞日月落，其人不可而傾動。[①]

अथ खलु मारः पापीयानिदं वचनं श्रुत्वा भूयस्या मात्रया दुःखितो दुर्मना अनात्तमनाः प्रदुष्टमनास्तां स्वदुहितॄनामन्त्रयते स्म-- कथं भो न शक्यते स बोधिमण्डादुत्थापयितुम् मा खलु मूढः अज्ञोऽथ युष्माकं रूपाकृतिं न पश्यति॥

今译：然后，邪恶的摩罗听了这些话，愈加痛苦，沮丧，烦恼，愤恨，对自己的女儿们说道：“为什么你们不能让菩萨从菩提道场起身？莫非他是呆子或傻子，看不到你们的美色？”

अथ खलु ता मारदुहितरः स्वपितरं गाथाभिः प्रत्यभाषन्त--

今译：然后，摩罗的女儿们对自己的父亲念诵偈颂道：

श्लक्ष्णा मधुरं च भाषते न च रक्तो
गुरु गुह्यं च निरीक्षते न च दुष्टः।
ईर्यां चर्यां च प्रेक्षते न च मूढः
काया सर्व पनेति आशयो सुगभीरः॥१३१॥

今译：他说话微妙甜蜜，而不动情，
看人时目光深邃，而无恶意，
同时也具有威仪，不是傻子，

① 以上地译相当于原文第 111 至第 130 颂，内容大为简化。

他估量[1]一切身体，思想深刻[2]。（131）

निःसंशयेन विदिताः पृथु इस्त्रिदोषाः
कामैर्विरक्तमनसो न च रागरक्तः।
नैवास्त्यसौ दिवि भुवीह नरः सुरो वा
यस्तस्य चित्तचरितं परिजानयेया॥ १३२॥

今译：无疑，他知道女人种种弊端，
思想摆脱爱欲，不沾染贪欲，
在天上或地上，凡人或天神，
都不了解他的思想和行为。（132）

या इस्त्रिमाय उपदर्शित तत्र तात
प्रविलीयु तस्य हृदयं भवियः सरागः।
तं दृष्ट एकमपि कम्पितु नास्य चित्तं
शैलेन्द्रराज इव तिष्ठति सोऽप्रकम्प्यः॥ १३३॥

今译：父亲啊，见到女人施展魅力，
如果他有欲念，心就会溶化，
而他见到后，思想毫不动摇，
就像那山中之王，岿然屹立。（133）

शतपुण्यतेजभरितो गुणतेजपूर्णः
शीले तपस्मि चरितो बहुकल्पकोट्यः।
ब्रह्मा च देव शुभतेज विशुद्धसत्त्वा
मूर्ध्ना निपत्य चरणेषु नमन्ति तस्मै॥ १३४॥

今译：充满百种功德光辉和品德光辉，
千万劫中奉守戒行，修习苦行，
梵天和光辉的天神们本性纯洁，
都拜倒在他的脚下，俯首致敬。（134）

निःसंशयेन विनिहत्य स मारसेनां
पूर्वे जिनानुमत प्राप्स्यति अग्रबोधिम्।
ताता न रोचति हि नो व रणे विवादे
बलवत्सु विग्रहु सुकृच्छ्र अयं प्रयोगः॥ १३५॥

①“估量”的原词是 paneti，BHSD 指出相当于 paṇeti，即 paṇayati。
②“深刻”的原词是 sugabhīraḥ，BHSD 指出相当于 sugambhīraḥ。

今译：毫无疑问，他会摧毁摩罗的军队，
　　　获得过去诸佛赞同的殊胜菩提，
　　　父亲啊，你不要热衷战斗和争吵，
　　　与强大者交战是十分困难的事。（135）

प्रेक्षस्व तात गगने मणिरत्नचूडा
　　संबोधिसत्त्वनयुताः स्थित गौरवेण।
रत्नाकरा कुसुमदामविचित्रिताङ्गा
　　संप्रेक्षिता दशबलैरिह पुजनार्थम्॥१३६॥

今译：父亲啊，你看亿万菩萨前来供奉，
　　　恭敬地站在空中，摩尼珠宝顶髻，
　　　身上佩戴绚丽的花环，种种宝石，
　　　具有十力的诸佛在这里注目观看。（136）

ये चेतना अपि च ये च अचेतना च
　　वृक्षाश्च शैल गरूडेन्द्रसुरेन्द्रयक्षाः।
अभ्योनता अभिमुखा गुणपर्वतस्य
　　श्रेयो भवे प्रतिनिवर्तितुमद्य तात॥१३७॥

今译：无论有灵性或无灵性，树木、
　　　高山、金翅鸟、天王和药叉，
　　　全都向这座功德山弯腰致敬，
　　　父亲啊，你今天还是撤退为好。（137）

अपि च।

今译：还有，

न तं तरेद्यस्य न पारमुत्तरे
　　न तं खनेद्यस्य न मूलमुद्धरेत्।
न कोपयेत्तं क्षमयेत्पुनोपि तं
　　कुर्यान्न तं येन भवेच्च दुर्मनाः॥१३८॥

今译：不要跨越不可跨越者，
　　　不要根除不可根除者，
　　　别对他发怒，要容忍他，

不要心怀恶意对付他。（138）[①]

अथ खद्द भिक्षवस्तस्मिन् समयेऽष्टौ बोधिवृक्षदेवताः। तद्यथा-- श्रीः वृद्धिः तपा श्रेयसी विदुःओजोबला सत्यवादिनी समङ्गिनी च। ता एता बोधिसत्त्वं संपूज्य षोडशभिराकारैर्बोधिसत्त्वं श्रिया वर्धयन्ति स्म अभिष्टुवन्ति स्म--

今译：众比丘啊，此时有八位菩提树神，分别是吉祥、增长、苦行、安宁、聪慧、威力、真实语和完全。她们供奉菩萨，以十六相为菩萨增添吉祥，赞美道：

उपशोभसे त्वं विशुद्धसत्त्व चन्द्र इव शुक्लपक्षे।
अभिविरोचसे त्वं विशुद्धबुद्ध सूर्य इव प्रोदयमानः॥ १३९॥

今译：你本性纯洁，明亮似白半月的月亮；
你是纯洁的佛，闪耀似升起的太阳。（139）

प्रफुल्लितस्त्वं विशुद्धसत्त्व पद्ममिव वारिमध्ये।
नदसि त्त्वं विशुद्धसत्त्व केसरीव वनराजावनुचारी॥ १४०॥

今译：你本性纯洁，如同水中绽放的莲花；
你本性纯洁，如同林中兽王狮子吼[②]。（140）

विभ्राजसे त्वं अग्रसत्त्व पर्वतराज इव सागरमध्ये।
अभ्युद्गतस्त्वं विशुद्धसत्त्व चक्रवाल इव पर्वतः॥ १४१॥

今译：你本性高尚，闪耀似海中山王；
你本性纯洁，耸立如同轮围山。（141）

दुरवगाहस्त्वं अग्रसत्त्व जलधर इव्र रत्नसंपूर्णः।
विस्तीर्णबुद्धिरसि लोकनाथ गगनमिवापर्यन्तम्॥ १४२॥

今译：你本性高尚，似大海充满宝藏，深不可测；
你智慧博大，救世主啊，如同无边的天空。（142）

सुस्थितबुद्धिरसि विशुद्धसत्त्व धरणितलवत्सर्वसत्त्वोपजीव्यः।
अकद्द षबुद्धिरसि अग्रसत्त्व अनवतप्त इव सरः सदा प्रसन्नः॥ १४३॥

今译：你智慧坚实，本性纯洁，
如同众生赖以生存的大地；

---

① 以上第 131 至第 138 颂不见于地译，而护译《降魔品》中有类似的偈颂。
② 这句原文中的 ttvam，据 M 本和 L 本应为 tvam。同时，vanucārī 一词，M 本写为 vanacārī。

你智慧纯洁，本性高尚，
如同阿耨达池水永远清澈。（143）

अनिकेतबुद्धिस्त्वं अग्रसत्त्व मारुत इव सर्वलोके सदाप्रसक्तः।
दुरासदस्त्वं अग्रसत्त्व तेजोराज इव सर्वमन्युना प्रहीनः॥ १४४॥

今译：你智慧不执著，本性高尚，
如同风不执著一切世界；
你本性高尚，难以抗衡，
如同火，摆脱一切恼怒。（144）

बलवानसि त्वं अग्रसत्त्व नारायण इव दुर्धर्षः।
दृढसमादानस्त्वं लोकनाथ अनुत्थाता बोधिमण्डा॥ १४५॥

今译：你本性高尚，强大有力，
如同难以战胜的那罗延；
你誓愿坚定，救世主啊！
决不会从菩提道场起身。（145）

अनिवर्त्यस्त्वं अग्रसत्त्व इन्द्रकरोत्सृष्ट इव वज्रः।
सुलब्धलाभस्त्वं अग्रसत्त्व दशबलसमग्र्योऽचिराद्भविष्यसि॥ १४६॥ इति॥

今译：你本性高尚，决不退转，
如同因陀罗掷出金刚杵；
你本性高尚，会获得成功，
不久就会具备所有的十力。（146）

एवं खलु भिक्षवो बोधिवृक्षदेवताः षोडशाकारं बोधिसत्त्वं श्रिया वर्धयन्ति स्म॥

今译：众比丘啊，这些菩提树神以这十六相为菩萨增添吉祥。[1]

तत्र भिक्षवः शुद्धावासकायिका देवपुत्राः षोडशभिराकारैर्मारं पापीयांसं दुर्बलं कुर्वन्ति स्म। कतमैः षोडशभिः तद्यथा--

今译：众比丘啊，净居天子们也在这里以十六相削弱邪恶的摩罗的力量。哪十六相？它们是：

---

① 以上菩提树神们所说十六相不见于地译，而护译《降魔品》以及《佛本行集经》中有类似表述。

第二十一　降伏摩罗品　613

ध्वस्तस्त्वं पापीयं जीर्णक्रोञ्च इव ध्यायसे।
दुर्बलस्त्वं पापीयं जीर्णगज इव पङ्कमग्नः॥ १४७॥

今译：你这邪恶者失落，
似老麻鹬陷入沉思；
你这邪恶者衰弱，
似老象陷入泥沼。（147）

एकाक्यसि त्वं पापीयं निर्जित इव शूरप्रतिज्ञः।
अद्वितीयस्त्वं पापीयं अटव्यां त्यक्त इव रोगार्तः॥ १४८॥

今译：你这邪恶者孤独，如同
勇士战败，誓言已落空；
你这邪恶者无助，如同
流落荒野，受病痛折磨。（148）

अबलस्त्वं पापीयं भारक्लिष्ट इव बलीवर्दः।
अपविद्धस्त्वं पापीयं वातक्षिप्त इव तरुः॥ १४९॥

今译：你这邪恶者羸弱，
似老牛不堪重负；
你这邪恶者衰败，
似树木遭风摧残。（149）

कुपथस्थितस्त्वं पापीयं मार्गभ्रष्ट इव सार्थिकः।
दीनहीनस्त्वं पापीयं मत्सरिण इव दरिद्रपुरुषः॥ १५०॥

今译：你这邪恶者走上歧途，
如同商人迷失道路；
你这邪恶者落魄潦倒，
如同穷人怨恨妒忌。（150）

मुखरस्त्वं पापीयं वायस इव प्रगल्भः।
मानाभिभूतस्त्वं पापीयं अकृतज्ञ इव दुर्विनीतः॥ १५१॥

今译：你这邪恶者唠唠叨叨，
如同聒噪不停的乌鸦；
你这邪恶者傲慢狂妄，

如同忘恩负义的小人。（151）

पलायिष्यसे त्वमद्य पापीयं कोष्टुक इव सिंहनादेन।
विधुनेष्यसे त्वमद्य पापीयं वैरम्भवायुविक्षिप्त इव पक्षी॥ १५२॥

今译：你这邪恶者今天会逃跑，
如同豺狼听到狮子吼叫；
你这邪恶者今天会动摇，
如同飞鸟遇到狂风暴雨。（152）

अकालज्ञस्त्वं पापीयं पुण्यपरिक्षीण इव भैक्षुकः।
विवर्जिष्यसे त्वमद्य पापीयं भिन्नभाजनमिव पांशुप्रतिपूर्णम्॥ १५३॥

今译：你这邪恶者不知识别时间，
如同功德丧失殆尽的乞丐；
你这邪恶者今天将被抛弃，
如同沾满尘土污垢的破罐。（153）

निगृहीष्यसे त्वमद्य पापीयं बोधिसत्त्वेन मन्त्रेणेवोरगाः।
सर्वबलप्रहीणोऽसि पापीयं छिन्नकरचरण इवोरुण्डः॥ १५४॥

今译：你这邪恶者今天将被菩萨
制伏，如同毒蛇被经咒制伏；
你这邪恶者失去一切力量，
如同砍去手脚，身体被肢解[①]。（154）

एवं खलु भिक्षवः शुद्धावासकायिका देवपुत्राः षोडशभिराकारैर्मारं पापीयांसं दुर्बलमकार्षुः॥

今译：这样，众比丘啊，净居天子们以这十六相削弱邪恶的摩罗的力量。[②]

तत्र भिक्षवो बोधिपरिचारिका देवपुत्राः षोडशभिराकारैर्मारं पापीयांसं विच्छन्दयन्ति स्म। कतमैः षोडशभिः तद्यथा--

今译：众比丘啊，守护菩提树的天子们也在这里以十六相劝阻邪恶的摩罗。哪十六相？它们是：

---

① “肢解”的原词是 ivoruṇḍaḥ，读为 iva oruṇḍaḥ。其中的 oruṇḍaḥ，BHSD 指出相当于 avaruṇḍaḥ。

② 以上净居天子们所说十六相不见于地译，而护译《降魔品》以及《佛本行集经》中有类似表述。但护译中说了十八相（“十八事”）。

अद्य त्वं पापीयं निर्जेष्यसे
    बोधिसत्त्वेन परसैन्य इव शूरेण।
निगृहीष्यसे त्वमद्य पापीयं
    बोधिसत्त्वेन दुर्बलमल्ल इव महामल्लेन॥१५५॥

今译：你这邪恶者今天将被菩萨
　　　战胜，像勇士战胜敌人军队；
　　　你这邪恶者今天将被菩萨
　　　降伏，像大力士降伏小力士。（155）

अभिभविष्यसे त्वमद्य पापीयं
    बोधिसत्त्वेन खद्योतकमिव सूर्यमण्डलेन।
विध्वंसयिष्यसे त्वमद्य पापीयं
    बोधिसत्त्वेन मुञ्जमुष्टिमिव महामारुतेन॥१५६॥

今译：你这邪恶者今天将被菩萨
　　　征服，如同太阳掩蔽萤火虫；
　　　你这邪恶者今天将被菩萨
　　　击溃，如同大风吹走蒙阇草。（156）

वित्रासिष्यसे त्वमद्य पापीयं
    बोधिसत्त्वेन केसरिणेव शृगालः।
प्रपातिष्यसे त्वमद्य पापीयं
    बोधिसत्त्वेन महासाल इव मूलछिन्नम्॥१५७॥

今译：你这邪恶者今天将被菩萨
　　　吓倒，如同豺狼遭遇狮子；
　　　你这邪恶者今天将被菩萨
　　　击倒，如同娑罗树连根砍断。（157）

विलोप्स्यसे त्वमद्य पापीयं
    बोधिसत्त्वेनामित्रनगरमिव महाराजेन।
विशोषिष्यसे त्वमद्य पापीयं
    बोधिसत्त्वेन गोष्पदवारीव महातपेन॥१५८॥

今译：你这邪恶者今天将被菩萨
　　　摧毁，如同大王摧毁敌城；

你这邪恶者今天将被菩萨
烤干，如同烈日烤干牛迹水。（158）

पलायिष्यसे त्वमद्य पापीयं
बोधिसत्त्वेन वध्यविमुक्त इव धूर्तपुरुषः।
उद्भ्रामिष्यसे त्वमद्य पापीयं
बोधिसत्त्वेन अग्निदाहेनेव मधुकरवृन्दम्॥ १५९॥

今译：你这邪恶者今天将被菩萨
赶跑，如同罪人逃脱死刑；
你这邪恶者今天将被菩萨
吓昏，如同蜂群遭遇火烧。（159）

रोषिष्यसे त्वमद्य पापीयं
बोधिसत्त्वेन राष्ट्रभ्रष्ट इव धर्मराजः।
ध्यायिष्यसे त्वमद्य पापीयं
बोधिसत्त्वेन जीर्णक्रोञ्च इव हृ नपक्षः॥ १६०॥

今译：你这邪恶者今天将被菩萨
激怒，如同非法王①失去王国；
你这邪恶者今天将会陷入
沉思，如同老麻鹬折断翅膀。（160）

विभर्त्स्यसे त्वमद्य पापीयं
बोधिसत्त्वेन क्षीणपथ्यादन इवाटवीकान्तारे।
विलपिष्यसे त्वमद्य पापीयं
बोधिसत्त्वेन भिन्नयानपात्र इव महार्णवे॥ १६१॥

今译：你这邪恶者今天将被菩萨
嗤笑，如同荒野中耗尽干粮；
你这邪恶者今天将会悲伤
哭泣，如同破船沉入大海。（161）

आम्लायिष्यसे त्वमद्य पापीयं
बोधिसत्त्वेन कल्पदाह इव तृणवनस्पतयः।

① “非法王”的原词是 dharmarājaḥ（“法王”），似应为 adharmarājaḥ（“非法王”）。此处《普曜经》中译为“非法王”。

विकिरिष्यसे त्वमद्य पापीयं
बोधिसत्त्वेन महावज्रेणेव गिरिकूटम्॥ १६२॥

今译：你这邪恶者今天将被菩萨
摧毁，如同草木遭遇劫火；
你这邪恶者今天将被菩萨
击碎，如同山峰遭遇金刚杵。（162）

एवं खद्द भिक्षवो बोधिपरिचारिका देवपुत्राः षोडशाकारैर्मारं विच्छन्दयन्ति स्म। न च मारः पापीयान् विनिवर्तते स्म॥

今译：这样，众比丘啊，守护菩提树的天子们以这十六相劝阻摩罗。而邪恶的摩罗不撤退。①

तत्रेदमुच्यते--

今译：这里，这样说道：②

भूतां चोदन श्रुत्व देवतगणा न निवर्तते सोऽन्तको
उच्छेथा हनथा विद्द म्पथ इमां मा दास्यथा जीवितम्।
एषोत्तीर्ण स्वयं ममापि विषयां तारिष्यते चापरां
नान्यं मोक्ष वदेमि किंचि श्रमणे उत्थापयेत्प्रक्रमेत्॥ १६३॥

今译：听了众天神的劝说，这个毁灭者不撤退：
“砍他，杀他，消灭他，不要给他留活路！
他度化自己，也要度化我和别人的领域，
我不要他度化他人，让这个沙门起身离开。”（163）

बोधिसत्त्व आह--

今译：菩萨说道：

मेरुः पर्वतराज स्थानतु चले सर्वं जगन्नो भवेत्
सर्वे तारकसंघ भूमि प्रपते सज्योतिषेन्दुर्नभात्।
सर्वा सत्त्व करेय एकमतयः शुष्येन्महासागरो

① 以上守护菩提树的天子们所说十六相不见于地译，而护译《降魔品》以及《佛本行集经》中有类似表述。但《佛本行集经》中的说者仍是原先的八位树神。

② 从这里至本品结束，原文与地译文本不同，不能依次对应，故而地译下面部分统一排在最后。而原文的这部分内容见于《佛本行集经》，文字基本一致。

न त्वेव द्रुमराजमूद्द पगतश्चाल्येत् अस्मद्विधः ॥ १६४॥

今译：须弥山王可移位，一切世界可消失，
所有星星和月亮可从空中坠落大地，
一切众生想法可一致，大海可枯竭，
我们这样的人也不会离开树王树根。（164）

मार आह--

今译：摩罗说道：

कामेश्वरोऽस्मि वसिता इह सर्वलोके
देवा सदानवगणा मनुजाश्च तिर्या।
व्याप्ता मया मम वशेन च यान्ति सर्वे
उत्तिष्ठ मह्य विषयस्थ वचं कुरुष्व॥ १६५॥

今译：我是欲界之主，在这一切世界中，
众天神、众檀那婆、凡人和畜生，
全都接受我的管辖，赶快起身吧！
你也处在我的的领域，你自己说吧！（165）

बोधिसत्त्वः आह--

今译：菩萨说道：

कामेश्वरोऽसि यदि व्यक्तमनीश्वरोऽसि
धर्मेश्वरोऽहमपि पश्यसि तत्त्वतो माम्।
कामेश्वरोऽसि यदि दुर्गति न प्रयासि
प्राप्स्यामि बोधिमवशस्य तु पश्यतस्ते॥ १६६॥

今译：如果你是欲界主，显然不能自主，
而我是法主，你要真正看清我；
如果你是欲界主，不应陷入困境，
眼看我将获得菩提，你无能为力。（166）

मार आह--

今译：摩罗说道：

एकात्मकः श्रमण किं प्रकरोषि रण्ये
　　यं प्रार्थयस्यसुलभः खद्द संप्रयोगः।
भृग्वङ्गिरप्रभृतिभिस्त्तपसो प्रयत्ना
　　प्राप्तं न तत्पदवरं मनुजः कुतस्त्वम्॥१६७॥

今译：沙门啊，你独自一人在林野①中，
能做什么？你的目的难以达到，
婆利古和安吉罗②等努力修苦行，
也不能达到这境界，何况是你？（167）

बोधिसत्त्व आह--
今译：菩萨说道：

अज्ञानपूर्वकु तपो ऋषिभिः प्रतप्तो
　　क्रोधाभिभूतमतिभिर्दिवलोककामैः।
नित्यं न नित्यमिति चात्मनि संश्रयद्भिः
　　मोक्षं च देशगमनस्थितमाश्रयद्भिः॥१६८॥

今译：仙人们怀抱无知修苦行，
心中充满怨愤，渴望天国，
自以为是，相信无常是常，
相信前往某个地方是解脱。（168）

ते तत्वतोऽर्थरहिताः पुरुषं वदन्ति
　　व्यापिं प्रदेशगत शाश्वतमाहुरेके।
मूर्तं न मूर्तमगुणं गुणिनां तथैव
　　कर्ता न कर्त इति चाप्यपरे ब्रुवन्ति॥१६९॥

今译：他们缺乏真知，讨论人的问题，
或者说前往某处达到普遍永恒，
或者讨论有形无形，有性无性，
讨论是创造者或者不是创造者。（169）

प्राप्याद्य बोधि विरजामिह चासनस्थः
　　त्वां जित्व मार विहतं सबलं ससैन्यम्।

① “林野”的原词是 raṇye，相当于 araṇye。
② “婆利古”（bhṛgu）和“安吉罗”（aṅgira）是两位古代仙人。

वर्तेष्यि अस्य जगतः प्रभवोद्भवं च
निर्वाण दुःखशमनं तथ शीतिभावम्॥ १७०॥

今译：今天我将坐着获得无垢菩提，
摩罗啊，战胜你，摧毁魔军，
我将展示世界的缘起和生成，
以及止息痛苦的涅槃和清凉。（170）

मारः क्रुद्धो दुष्टो रुष्टः परुषगिर पुन तु भणते गृहाण सुगौतमं
एषो ह्येकोऽरण्ये न्यस्तो ग्रहिय मम पुरतु व्रजथा लघुं वशु कुर्वथा।
शीघ्रं गत्वा मह्यं गेहे हडिनिगडयुगलविकृतं करोथ दुवारिकं
स्वा मं द्रक्ष्ये दुःखेनार्तं बहुविविधजवितरवितं मरूण व चेटकम्॥ १७१॥

今译：摩罗愤怒和恼恨，再次说出
凶狠的话："抓住这个乔答摩！
他独自坐在林中，你们快去
把他抓到我的面前，制伏他！
然后迅速将他带回我的宫中，
让门卫给他戴上枷锁和镣铐，
我要亲自看他备受痛苦折磨，
发出各种哀号，如同神的奴仆。"（171）

बोधिसत्त्व आह--

今译：菩萨说道：

शक्याकाशे लेख्यं चित्रं बहुविविधविकृत पदशः प्रकर्तु पृथक्पृथक्
शक्यो वायुः पाशैर्बद्धुं दिशविदिशगमनजवितो नरेण सुयत्नतः।
शक्या कर्तुं चन्द्रादित्यौ तमतिमिरवितिमिरकरौ नभोऽद्य महीतलं
शक्यो नाहं त्वत्सादृश्यैर्बहुभिरपि गणनविरुतैर्द्रुमात्प्रतिचालितुम्॥ १७२॥

今译：即使能在空中一处又一处，
分别画出各种各样的图画，
即使有人努力，能用套索
系住四面八方劲吹的风，
即使今天能将驱除黑暗的
太阳月亮从空中拽落地上，

第二十一 降伏摩罗品

而你们这些人群起恐吓我，
也不能让我离开这菩提树。（172）

अभ्युत्थिता बलवती नमुचेश्चमू सा
　　हाकारशङ्खरवभेरिमृदङ्गशब्दैः।
ह पुत्र वत्स दयिता किमसि प्रनष्टो
　　दृष्ट्वा इमां नमुचिसेनमतीव भीमाम्॥१७३॥

今译：强大有力的那牟吉军队动身，
　　　响起呐喊声、螺号声和鼓声：
　　　"亲爱的孩子！你看到可怕的
　　　那牟吉军队，为何要遭到毁灭？（173）

जाम्बूनदाकनकचम्पकगर्भगौरा
　　सुकुमार देवनरसंस्तुत पूजनीय।
अद्य प्रयास्यसि विनाशु महारणेस्मिं
　　मारस्य एष्यसि वशं असुरस्य वेन्दुः॥१७४॥

今译："你灿若金子和詹波迦花蕾，
　　　受到天神和凡人赞美和供奉，
　　　今天你将在大战中遭到毁灭，
　　　被摩罗制伏，似月亮遭遇罗睺。"（174）

ब्रह्मस्वरेण करविङ्करुतस्वरेणा
　　तान् यक्षराक्षसगणां सुगतो बभाषे।
आकाशु त्रासयितुमिच्छति यो
　　ह्यविद्वान् सोऽस्मद्विधं द्रुमवराद् ग्रहणाय इच्छेत्॥१७४॥

今译：话音如同梵天和迦陵频伽鸟，
　　　善逝对这些药叉和罗刹说道：
　　　"即使有人无知，想恐吓天空，
　　　也别想让我们离开这菩提树。（174）

भित्त्वा च यो रजु गणेय महासहस्र
　　लोम्ना च सागरजलं च समुद्धरेद्यः।
वज्रामयां गिरिवरां विकिरेत्क्षणाच्च
　　सो चापि मां तरुगतं न विहेठयेत॥१७५॥

今译：“即使能掰开数清大千世界尘埃，
即使能用毛发淘尽滔滔大海水，
即使能在刹那之间粉碎金刚山，
这样的人也不能伤害树下的我。”（175）

युगमन्तरस्मि स्थित मारु प्रदुष्टचित्तो
निष्कोष पाणिनमसिं प्रगृहीत्व तीक्ष्णम्।
उत्तिष्ठ शीघ्र श्रमणास्ममतेन गच्छ
मा वेणुयष्टि हरितां व छिनद्मि तेऽद्य॥ १७६॥

今译：摩罗站在车轭中，心中充满仇恨，
拔出锋利的剑，紧握在手中，说道：
“沙门！快起身，照我们的意思离开！
不要让我杀死你，就像砍断青竹竿。”（176）

बोधिसत्त्व आह--

今译：菩萨说道：

सर्वेयं त्रिसहस्र मेदिनि यदि मारैः प्रपूर्णा भवेत्
सर्वेषां यथ मेरु पर्वतवरः पाणीषु खड्गो भवेत्।
ते मह्यं न समर्थ लोम चलितुं प्रागेव मां घातितुं
मा दूषी नतिवेल संप्रनदहे स्मारेमि तेऽनदृढम्॥ १७७॥

今译：即使这三千世界的大地布满摩罗，
个个都如同须弥山王，手持利剑，
也不能动我一根毫毛，何况杀死我？
说话别太恶毒，要知道我牢不可破。（177）

विध्यन्ति शैलशिखरां ज्वलिताग्निवर्णां
वृक्षां समूलक क्षिपी तथ ताम्रलोहम्।
उष्ट्राश्च गोगजमुखास्तथ भैरवाक्षा
आशीविषा भुजग दृष्टिविषाश्च घोराः॥ १७८॥

今译：他们捣碎如同火焰燃烧的山顶，
连根拔起树木扔下，还有赤铜，
脸庞似骆驼、牛和象，眼睛凶狠，

各种可怕的毒蛇、蟒蛇和眼睛蛇。（178）

मेघेव उत्थित चतुर्दिश गर्जमाना
　　वज्राशनी तथ अयोगुड वर्षमाणाः।
असिशक्तितीष्णपरशुं सविषांश्च बाणां
　　भिन्दन्ति मेदिनितलं प्रमथन्ति वृक्षां॥ १७९॥

今译：四面八方，涌起乌云，
雷电轰鸣，降下铁雨，
剑、标枪、利斧[1]和毒箭，
粉碎地面，捣毁树木。（179）

बाहूशतैः शरशतानि क्षिपन्ति केचि
　　आशीविषां हुतवहांश्च मुखा सृजन्ति।
मकरादिकांश्च जलजानुदधेर्गृहीत्वा
　　विध्यन्ति केचि भुजगां गरुडाश्च भूत्वा॥ १८०॥

今译：有些百条手臂射出百支箭，
有些嘴中喷出毒蛇和火焰，
有些手持海中鳄鱼和怪兽，
有些变成金翅鸟，撕裂毒蛇。（180）

केचित्सुमेरुसदृशानयसा गुडानि
　　तप्ताग्निवर्णशिखरा निक्षिपन्ति रुष्टाः।
आसाद्य मेदिनितलं क्षुभयन्ति चोर्वीं
　　हेष्ठा पस्कन्ध सलिलस्य विलोडयन्ति॥ १८१॥

今译：有些愤怒投掷铁球，如同
须弥山，山顶似火焰燃烧，
坠落地面，引起大地震荡，
沉入水中，引起浪涛翻滚。[2]（181）

केचित्पतन्ति पुरतस्तथ पृष्ठतोऽस्य
　　वामे च दक्षिण पतन्ति अहो ति वत्स।

① “利斧”的原文是 tīṣṇaparaśum，据 M 本和 L 本应为 tīkṣṇaparaśum。
② 这里原文中的 heṣṭhā 和 paskandha，BHSD 指出应该连写。

विपरीतहस्तचरणा ज्वलितोत्तमाङ्गा
　　नेत्रेभि निश्चरति विद्युदिव प्रदीप्ता॥ १८२॥

今译：有些跌倒在他的前面和后面，
　　或者左面和右面，呼叫“孩子啊！”
　　他们的手和脚颠倒，头顶燃烧，
　　那些眼睛仿佛射出炽烈的闪电。（182）

दृष्ट्वा विकारविकृता नमुचेस्तु सेना
　　मायाकृतं च यथ प्रेक्षति शुद्धसत्त्वः।
नैवात्र मारु न बलं न जगन्न चात्मा
　　उदचन्द्ररूपसदृशो भ्रमति त्रिलोकः॥ १८३॥

今译：看到那牟吉的军队丑陋怪异，
　　这位本性纯洁者仿佛观看幻术，
　　并无摩罗、军队、世界和自我，
　　整个三界流转如同水中月影。（183）

चक्षुर्न इस्त्रि पुरुषो नपि चात्मनीयं
　　स्रोतं च घ्राण तथा जिह्व तथैव कायः।
अध्यात्मशून्य बहिशून्य प्रतीत्य जाता
　　धर्मा इमे करकवेदकवीतिवृत्ताः॥ १८४॥

今译：并无眼睛、女人、男人和自己，
　　也无耳朵、鼻子、舌头和身体，
　　内空和外空，皆由缘起而生，
　　这些事物超越[1]作者和感知者。（184）

सो सत्यवाक्यमकरोत्सद सत्यवादी
　　येनेह सत्यवचनेनिम शून्य धर्माः।
ये केचि सौम्य विनये अनुकूलपक्षाः
　　ते शस्त्र पाणिषु निरीक्षिषु पुष्पदामां॥ १८५॥

今译：说真话者永远说真话，
　　我们如实说万法皆空；

---

① “超越”的原词是 vītivṛttāḥ，相当于 vyativṛttāḥ。

那些守戒随顺柔和者，
将手中武器视同花环。（185）

सो दक्षिणे करतले रचिताग्रजाले
ताम्रैर्नखैः सुरुचिरैः सहस्त्रारचक्रे।
जाम्बूनदार्चिसदृशैः शुभपुण्यजुष्टे
मूर्ध्नातु याव स्पृशते चरणां सलीलम्॥ १८६॥

今译：他的右手上呈现美妙网幔相，
指甲赤红，掌心有千辐轮相，
光辉似阎浮金子，充满福德，
游戏般摩挲身体，从头到脚。（186）

बाहुं प्रसार्य यथ विद्युदिवा नभस्था
आभाषते वसुमतीनिय मह्य साक्षी।
चित्रा मि यज्ञ नयुतानपि यष्ट पूर्वे
न मि जातु याचनक बन्धकृता नु दास्ये॥ १८७॥

今译：他伸出手臂，如同空中闪电，
说道："这大地是我的证人，
我曾举行亿万次各种祭祀，
曾施舍陷入困境的求告者。（187）

आपो मि साक्षि तथ तेज तथैव वायु
ब्रह्मा प्रजापति सजोतिष चन्द्रसूर्याः।
बुद्धा मि साक्षि दशसु स्थित ये दिशासु
यथ मह्य शीलव्रतौद्गत बोधिङ्गाः॥ १८८॥

今译："水、火和风也都是我的证人，
生主梵天、星星、月亮和太阳，
还有十方佛陀，也是我的证人，
证明我奉守戒行，修习七觉支。（188）

दानं मि साक्षि तथ शीद्द तथैव क्षान्तिः
वीर्यापि साक्षि तथ ध्यान तथैव प्रज्ञा।
चतुर प्रमाण मम साक्षि तथा अभिज्ञा
अनुपूर्वबोधिचरि सर्व ममेह साक्षी॥ १८९॥

今译：“布施、戒行和忍辱是我的证人，
精进、禅定和智慧是我的证人，
四无量[1]和神通同样是我的证人，
依次所有菩提行都是我的证人。（189）

यावन्ति सत्त्व निखिला दशसु दिशासु
यत्तेषु पुण्य बल शीद्द तथैव ज्ञानम्।
यज्ञा निरर्गड य यष्ट शठः कलीभिः
ते मह्य रोम शतिमां कल नोपयन्ति॥ १९०॥

今译：“在十方所有一切众生中，他们
具有的功德、力量、戒行和知识，
还有这个邪恶者举行的无遮祭，
都不及我一根毫毛的百分之一。”（190）

सो पाणिना धरणि आहनते सलीलं
रणते इयं वसुमती यथ कंसपात्री।
मारो निशाम्य खु मेदिनिये निरस्तः
श्रृणुते वचं हनत गृह्णतु कृष्णबन्धुम्॥ १९१॥

今译：他游戏般用手拍击地面，
大地如同铜罐发出响声；
摩罗谛听大地传出的声音，
他听到：“抓住杀死这黑魔！”（191）

प्रस्विन्नगात्रु हततेजु विवर्णवक्त्रो
मारो जराभिहतु आत्मनु संप्रपश्यी।
उरताड क्रन्दतु भयार्तु अनाथभूतो
भ्रान्तं मनो नमुचितो गतु चित्त मोहम्॥ १९२॥

今译：浑身冒汗，失去光辉，脸色苍白，
摩罗发现自己遭到衰老的打击，
捶胸哭喊，惊恐万状，孤苦无助，
那牟吉此刻心慌意乱，不知所措。（192）

① “四无量”的原文是 catura pramāṇa，应读为 catura apramāṇa。

第二十一 降伏摩罗品 627

हस्त्यश्वयानरथ भूमितले निरस्ताः
धावन्ति राक्षस कुभाण्ड पिशाच भीताः।
संमूढ मार्ग न लभन्ति अलेनत्राणाः
पक्षी दवाग्निपतनेव निरीक्ष्य क्रान्ताः॥१९३॥

今译：象、马和车全被抛弃，横在路上，
罗刹、鸠槃荼[①]和毕舍遮仓惶逃跑，
晕头转向，不知去路，失去庇护，
就像飞鸟看到森林大火而恐慌。（193）

माता स्वसा पितर पुत्र तथैव भ्राता
पृच्छन्ति तत्र कहि दृष्ट कहिं गता वा।
अन्योन्य विग्रह करोन्ति तथैव हेठाः
प्राप्ता वयं व्यसन जीवित नावकाशः॥१९४॥

今译：父母、姐妹、兄弟和儿子询问：
“你们看到了什么?要去哪里？”
他们互相埋怨指责，争吵不已：
“我们已大难临头，休想活命。”（194）

सा मारसेन विपुला महती अक्षोभ्या
विभ्रष्ट सर्व विरलीकृत नैव संधिः।
दिवसानि सप्त अभिजानि परस्परेण
आभासि दृष्ट यदि जीवसि तं खु प्रीताः॥१९५॥

今译：摩罗庞大的军队全线崩溃，
销声匿迹，分散而无联系，
七天后，他们又重逢相认，
互相庆幸还能活着看到。（195）

सा वृक्षदेवत तदा करुणां हि कृत्वा
वारीघाटं ग्रहिय सिञ्चति कृष्णबन्धुम्।
उत्तिष्ठ शीघ्र व्रज हे म पुनो विलम्ब
एवं हि तेष भवते गुरूद्धराणाम्॥१९६॥

① “鸠槃荼”的原词是 kubhāṇḍā，据 M 本和 L 本应为 kumbhāṇḍā。

今译：树中女神此时心生怜悯，
手持水罐浇灌这个黑魔：
“赶快起身离开，别耽搁！
这是与导师作对者的下场。”（196）

मार आह--

今译：摩罗说道：

दुःखं भयं व्यसन शोक विनाशनं च
धिक्कारशब्दमवमानगतं च दैन्यम्।
प्राप्तोऽस्मि अद्य अपराध्य सुशुद्धसत्वे
अश्रुत्व वाक्य मधुरं हितमात्मजानाम्॥ १९७॥

今译：我不听取儿子们甜蜜有益的话，
冒犯这位本性纯洁者，今天陷入
痛苦、恐惧、灾难、忧伤和毁灭，
听到呸呸声，蒙受屈辱和不幸。（197）

देवता आह--

今译：女神说道：

भयं च दुःखं व्यसनं च दैन्यं
धिक्कारशब्दं वधबन्धनं च।
दोषाननेकां लभते ह्यविद्वान्
निरापराधेष्वपि राध्यते यः॥ १९८॥

今译：愚昧无知，伤害无辜者，
这样必定招来种种祸患，
痛苦、恐惧、灾难和不幸，
听到呸呸声，囚禁和处死。（198）

देवासुरा गरुड राक्षस किन्नरेन्द्रा
ब्रह्माथ शक्र परनिर्मित साकनिष्ठाः।
भाषन्ति तस्य विजयं जय लोकवीर
यत्रेदृशी नमुचिसेन त्वया निरस्ता॥ १९९॥

今译：天神、阿修罗、金翅鸟、罗刹和紧那罗王，
梵天、帝释天、他化自在天和阿迦腻吒天，
他们庆贺他的胜利，说道："世界英雄啊！
胜利属于你！你摧毁了那牟吉的军队。"（199）

हारार्धचन्द्र ध्वज छत्रपताक देन्ती
पुष्पागरू तगरचन्दनचूर्णवर्षां।
तूर्या पराहनिय वाक्यमुदीरयन्ते
अच्छा द्रुमे तुव च शूर जितारिसिंहा॥२००॥

今译：献上项链、月牙簪、旗帜、旗幡和华盖，
撒下鲜花、沉水香、甘松香和旃檀香粉，
他们奏响各种乐器，一齐说出赞美的话：
"你坐在树下，英雄啊，克敌制胜的雄狮！（200）

अत्रैव चासनवरे लभसेऽद्य बोधिं
आवेणिकां दशबलां प्रतिसंविदं च।
सर्वं च बुद्धविषयं लभसेऽद्य शूर
मैत्रा विजित्य विपुलां शठमारपक्षां॥२०१॥

今译："你今天在这宝座上获得菩提，
获得不共法、十力和无碍解，
你以慈悲战胜邪恶摩罗大军，
英雄啊，你达到一切佛境界。"（201）

इह मारधर्षणकृते च रणे प्रवृत्ते
संबोधिसत्त्वबलविक्रम येभि दृष्टम्।
षड्विंशकोटिनयुता चतुरे च विंशा
येभिर्मनः प्रणिहितं वरबुद्धबोधौ॥२०२॥ इति॥

今译：他进行这场降伏摩罗的战斗，
充分展现菩萨的力量和勇气，
三十六万亿又二十四目睹者
心中发愿追求殊胜佛菩提。（202）

地译：佛告諸比丘：是時，白部魔子導師啟其父言："菩薩清淨超過三界，神通道力無有能當，諸天龍神咸共稱讚，必非大王所能摧屈，不煩造惡自招禍患。"於是，波旬告其子言："咄！汝愚小智慧淺劣，未曾見我神通道力。"導

師復言："大王！我實無知，智慧淺劣，不願大王與彼釋子共為怨對也。所以者何？若有眾生以惡心來欲害於彼，不以為恨；復有眾生以善心來供養於彼，不以為欣，處此二間，心生平等。大王！假使有人能畫虛空，作眾色像，未足為難；手捧須彌而以遊行，亦未為難；假使有人浮渡大海，亦未為難；繫四方風，亦未為難；欲令一切眾生同作一心，亦未為難，欲害菩薩，甚為難也。"[①]

是時，魔王波旬不受子諫，詣菩提樹，告菩薩言："汝應速起，離於此處，必定當得轉輪聖王，王四天下為大地主。汝可不憶往昔諸仙記，汝當作轉輪聖王？汝若起受轉輪王位，作自在主，威德無上，如法理國，統領一切。今此曠野甚可怖畏，獨無伴侶，恐害汝身，速當還宮，恣受五欲，菩提難得，徒自勞形。"作是語已，默然而住。

爾時，菩薩語波旬言："汝今不應作如此說。我意不樂五欲之事，故捨四方及以七寶。波旬！譬如有人既吐食已，豈復更能取而食之？我今已捨如是果報，必定證得無上菩提，盡於生老病死之患。波旬！我今已坐金剛之座，當證菩提，汝宜速去。"

於是，波旬瞋目發憤，向菩薩言："汝今何故獨坐於此？豈不見我夜叉軍眾？"即拔利劍，來就菩薩，作如是言："我當以劍斬截於汝，速疾起去，勿復安坐。"

爾時，菩薩語波旬言："假使世間一切眾生盡如汝身，悉持刀杖來害於我，我終不起離於此座。波旬！寧以四大海水及此大地移於餘處，日月星辰從空隕墜，須彌山王可令傾倒，而我是身終不可移。"[②]

時魔波旬聞是語已，惡心轉熾，發憤瞋吼，其聲如雷，語諸夜叉："汝等速宜擎諸山石，將諸弓弩、刀劍、輪矟、干戈、斧鉞、矛鑽[③]、鈎戟種種器仗，喚諸毒龍，擬放黑雲、雷電、霹靂。"是時，夜叉大將統率自部夜叉、羅刹、毗舍遮鬼、鳩槃荼等，變化其形，作種種像，復嚴四兵象馬車步，或似阿修羅、迦婁羅、摩睺羅伽無量百千萬億種類，一身能現多身，或畜頭人身，或人頭畜身，或復無頭有身，或有半面，或有半身，或有二頭一身，或有一身三頭，或復一身多頭，或復無面有頭，或復有面無頭，或復無面而有三頭，或復多頭而無有面，或復多面而無有頭，或復無眼，或唯一眼、二眼、三眼乃至多眼，或復無耳，或唯一耳、二耳、三耳乃至多耳，或復無手，或唯一手、二手、

① 此处魔子导师关于难以加害菩萨的描述见于原文第 172 颂。但在那里是菩萨的自述。

② 这段菩萨所言见于原文第 164 和第 177 颂。

③ 此处"鑽"的原字是左边"矛"字加上右边"贊"字。这里暂且用"鑽"字替代。

三手乃至多手，或復無足，或唯一足、二足、三足，乃至多足，或有全身唯現骸骨，或頭現髑髏，身肉肥滿，或唯頭有肉，身是骸骨，或身體長大，羸瘦無肚，或復纖長，其腹橫大，或長脚大膝，牙爪鋒利，或大面傍出，或頭在胸前，或脣垂至地，或上褰覆面，或身出黑煙，或口吐猛焰，或血肉枯竭，皮骨相連，或身出膿血，更相飲吮，或自截支節，撩亂委擲，或眼目角睞，或口面喎斜，或舌形廣大，或縮如壚石，或持人頭，或執死人手足、骨肉、肝膽、腸胃而噉食之，或執毒蛇而食，或以蛇纏頸，或手擎髑髏，或著髑髏之鬘，或復面色全赤、全白、全青、全黃，或有半黃、半青、半白、半赤，或作煙熏之色，或作死灰之色，或復身毛如針，或毛出火焰，或張目閉目，或口吐白沫，或於身上現百千面，一一面狀甚可怖畏，或從眼耳鼻口出諸黑蛇而噉食之，或飲融銅，或吞鐵丸，或刖手足，肘膝而行，或身出煙焰，象頭戴山，或被髮露形，或衣青黃赤白之服，或著師子、虎狼、蛇豹之皮，或頭上火然，瞋目奮怒，交橫衝擊，遍滿虛空及在地上，形狀變異，不可勝載。[①]

是諸天鬼或布黑雲、雷電、霹靂，或雨沙土、瓦石，或擎大山，或放猛火，或吐毒蛇，或有努爪，或有揮劍，或有彎弓，或有舞矟，或有揮鉞，或有搖動脣頷，或有張口欲噬，或哭或笑，或飛或走，或隱或顯，哮吼叫呼，惡聲震裂。如是兵眾無量無邊百千萬億，叏塞填咽菩提樹邊，煙焰欝蒸，狂風衝怒，震動山岳，蕩覆河海，天地掩色，星辰無光。魔軍集時，其夜正半，是時無量淨居天眾作如是言："菩薩今者證大菩提。"復有天言："魔眾熾盛，由此或能損害菩薩。"

爾時，菩薩報彼天言："我今不久當破魔軍，悉令退散，猶如猛風吹微細花。"於是，端坐正念不動，觀諸魔軍如童子戲。魔益忿怒，轉增戰力。菩薩慈悲，令舉石者不能勝舉，其勝舉者又不墮落，揮刀擲劍停在空中，或有墮地悉皆碎折，惡龍吐毒變成香風，沙礫、瓦石、雨雹亂下，皆悉化為拘物頭華。所有彎弓射菩薩者，其箭著絃皆不得發，或有發者停住空中，於其鏃上皆生蓮花，火勢猛熾化為五色拘物頭花。

爾時，波旬猶故瞋忿，毒心不止，拔劍前趨，語菩薩言："汝釋比丘，若安此坐不速起者，吾自煞汝。"於是，東西馳走，欲近菩薩，不能前進。是時，魔王長子前抱其父，作如是言："大王！今者會自不能煞彼沙門，徒生惡念，必招罪咎。"魔不受諫，向菩薩走。

① 此处关于魔军丑陋凶暴形状的描述见于原文前面第 15 和第 16 首偈颂之间的散文部分。

是時，淨居天子在虛空中語波旬言："汝不自量，欲害菩薩，終不能得，猶如猛風不能傾動須彌山王。"即向波旬而說偈言：

地水火風性，可違堅濕煖，
菩薩志牢固，終無退轉時。

在昔發弘誓，永離諸煩惱，
於彼生死病，當作大醫王。

人多墮邪路，方開正覺眼，
眾生處黑暗，將然智慧燈。

欲濟生死海，能為作船筏，
此是大聖主，方開解脫門。

忍辱為柯幹，信進為花葉，
生諸大法果，而汝不應毀。

汝今有癡縛，彼已得解脫，
當破汝煩惱，勿為障礙因，
莫復於此人，而生于惡念。

無量劫習法，今者皆圓滿，
還如昔諸佛，於此證菩提。①

佛告諸比丘：爾時，菩提樹神以十六種言詞毀呰魔王，淨居諸天以無量妙音讚歎菩薩。是時，魔王瞋猶不解，作如是言："今此比丘得度彼岸，當教無量無邊眾生遠離我境。"更勵魔眾駈逼菩薩而不能得。

爾時，菩薩語魔王言："魔王波旬汝當諦聽！我今於此斷汝怨讎，滅汝惡業，除汝嫉妬，成就阿耨多羅三藐三菩提。汝宜廻心，生大歡喜。"復告波旬："汝以微善今獲天報，我於往昔無量劫來修習聖行，今者當得阿耨多羅三藐三菩提。"時魔波旬語菩薩言："我昔修善，汝所能知。汝之累德，誰信汝者？"爾時，菩薩徐舉右手，以指大地，而說偈言：

諸物依何得生長，大地能為平等因，
此應與我作證明，汝今當觀如實說。

爾時，地神形體微妙，以種種真珠瓔珞莊嚴其身，於菩薩前從地踊出，曲躬恭敬，捧七寶瓶，盛滿香花以用供養，白菩薩言："我為證明，菩薩往昔

① 以上净居天子们所说偈颂不见于原文，而见于《佛本行集经》。

於無量劫修習聖道，今得成佛。然我此地金剛之齊，餘方悉轉，此地不動。”作是語時，三千大千世界六種震動，出大音聲，有十八相。①

爾時，魔眾皆悉退散，憒亂失據，顛倒狼藉，縱橫而走，先時所變雜類之體不能復形。魔王是時神氣挫恧，無復威勢，聞大地聲，心生惶怖，悶絕頓躃。時有地神，即以冷水灑魔王上而告之言："汝魔波旬！速疾起去，此處當有種種兵杖欲來害汝。"②

爾時，魔王長子於菩薩前頭面禮足，作如是言："大聖！願聽我父發露懺悔，凡愚淺劣猶如嬰兒，無有智慧，將諸魔眾恐怖大聖，我先諮諫，不受我語。今乞大聖恕寬我父，惟願大聖速證阿耨多羅三藐三菩提。"

爾時，大梵天王、釋提桓因、無數天子叅塞虛空，咸見菩薩破魔軍眾，皆大歡喜，作天伎樂，雨天曼陀羅華、摩訶曼陀羅華、曼殊沙花、摩訶曼殊沙華、優鉢羅華、拘物頭華、波頭摩花、芬陀利花，以天栴檀細末之香散菩薩上，各以偈頌稱讚菩薩。是時，魔王波旬與其眷屬退散而去，還其自宮。

॥इति श्रीललितविस्तरे मारधर्षणपरिवर्तो नामैकविंशतितमोऽध्यायः॥

今译：以上是吉祥的《神通游戏》中名为《降伏摩罗品》的第二十一章。

---

① 以上关于地神为菩萨作证的描述，见于原文第 88 颂前后。

② 此处关于地神告诫摩罗的描述，见于原文第 196 颂。

अभिसंबोधनपरिवर्तो द्वाविंशः।

今译：第二十二 成正觉品

地译：成正覺品第二十二

इति हि भिक्षवो बोधिसत्त्वो निहतमारप्रत्यर्थिको मर्दितकण्टको रणशिरसि विजितविजयः उच्छ्रितछत्रध्वजपताको विविक्तं कामैर्विविक्तं पापकैरकुशलैर्धर्मैः सवितर्कं सविचारं विवेकजं प्रीतिसुखं प्रथमं ध्यानमुपसंपद्य विहरति स्म। सवितर्कसविचाराणां व्युपशमादध्यात्मसंप्रसादाच्चेतस एकोतिभावादवितर्कमविचारं समाधिजं प्रीतिसुखं द्वितीयं ध्यानमुपसंपद्य विहरति स्म। स प्रीतेर्विरागादुपेक्षको विहरति स्म। स्मृतिमान् संप्रजानन् सुखं कायेन प्रतिसंवेदयते स्म। यत्तदार्या आचक्षते स्म-- उपेक्षकः स्मृतिमान् सुखविहारी निष्प्रीतिकं तृतीयं ध्यानमुपसंपद्य विहरति स्म। स सुखस्य च प्रहाणाद्दुः खस्य च प्रहाणात्पूर्वमेव च सौमनस्यदौर्मनस्ययोरस्तंगमाददुःखासुखमुपेक्षास्मृतिपरिशुद्धं चतुर्थं ध्यानमुपसंपद्य विहरति स्म॥

今译：这样，众比丘啊，摧毁摩罗怨敌，铲除荆棘，在战斗前线赢得胜利，竖立华盖、旗帜和旗幡，远离种种爱欲，远离种种邪恶的不善法，思考和观察①，因远离而产生欢喜和快乐，进入初禅，住于其中。思考和观察止息，内心平静，心定于一，无思考，无观察，因入定而产生欢喜和快乐，进入第二禅，住于其中。不贪恋欢喜，住于舍，有念而感知快乐。亲身体验圣者所谓有舍和有念，住于快乐，脱离欢喜，进入第三禅，住于其中。摒弃快乐，摒弃痛苦，灭除从前的喜悦和忧愁，无快乐，无痛苦，因舍和念而清净，进入第四禅，住于其中。

地译：佛告諸比丘：爾時，菩薩降伏魔怨，滅其毒刺，建立法幢，初離欲惡，有覺有觀，離生喜樂，入初禪。內靜一心，滅覺觀，定生喜樂，入二禪。離喜，受聖人說，住於捨，有念，有想，身受樂，入第三禪。離憂喜，捨苦樂，念清淨，入第四禪。

---

① “思考”（savitarka，或译“有思考”）和“观察”（savicāra，或译“有观察”），汉译佛经中常译为“有伺”和“有察”。此处地译“有觉”和“有观”。

अथ बोधिसत्त्वस्तथा समाहिते चित्ते परिशुद्धे पर्यवदाते प्रभास्वरेऽनङ्गने विगतोपक्लेशे मृदुनि कर्मण्युपस्थिते आनिञ्ज्यप्राप्ते रात्र्यां प्रथमे यामे दिव्यस्य चक्षुषो ज्ञानदर्शनविद्या-साक्षात्क्रियायै चित्तमभिनिर्हरति स्म अभिनिर्नामयति स्म॥

今译：这样，菩萨心已入定，清净，纯洁，明亮，无染，摆脱烦恼，柔顺，堪任，不动摇，于初夜时分，亲证天眼通的智、见和识，心中趋向作为。

地译：爾時，菩薩住於正定，其心清白，光明無染，離隨煩惱，柔軟調和，無有搖動，至初夜分得智得明，攝持一心，獲天眼通。

अथ बोधिसत्त्वो दिव्येन चक्षुषा परिशुद्धेनातिक्रान्तमानुष्यकेण सत्त्वान् पश्यति स्म च्यवमानानुपपद्यमानान् सुवर्णान् दुर्वर्णान् सुगतान् दुर्गतान् हीनान् प्रणीतान्। यथाकर्मो-पगान् सत्त्वान् प्रजानाति स्म-- इमे बत भोः सत्त्वाः कायदुश्चरितेन समन्वागताः वाङ्मनोदुश्चरितेन समान्वागताः आर्याणामपवादकाः मिथ्यादृष्टयः। ते मिथ्यादृष्टिकर्म-धर्मसमादानहेतोः कायस्य भेदात्परं मरणादपायदुर्गतिविनिपातं नरकेषूपपद्यन्ते। इमे पुनर्भवन्तः सत्त्वाः कायसुचरितेन समन्वागताः वाङ्मनः सुचरितेन समन्वागताः आर्याणामनपवादकाः सम्यग्दृष्टयः ते सम्यग्दृष्टिकर्मधर्मसमादानहेतोः कायस्य भेदात्सुगतौ स्वर्गलोकेषूपपद्यन्ते॥

今译：这时，菩萨凭借超人的纯洁天眼，看见众生的生死、美丑、祸福和优劣，知道众生依随业行。啊，这些众生身有恶行，语和意有恶行，诽谤圣者，怀抱邪见。他们怀抱邪见择业，身坏命终后，堕入恶道、恶处和地狱。而这些众生身有善行，语和意有善行，不诽谤圣者，怀抱正见。他们怀抱正见择业，身坏命终后，生于善处和天国。

地译：菩薩即以天眼觀察一切眾生，死此生彼，好色惡色，勝劣貴賤，隨業而往，皆悉了知。是諸眾生緣身語意造諸惡業，誹謗聖人，邪見業故，身壞命終，便生惡趣。菩薩復觀見諸眾生，緣身語意造諸善業，正見業故，身壞命終，便生天上。

इति हि दिव्येन चक्षुषा विशुद्धेनातिक्रान्तमानुष्यकेण सत्त्वानापश्यति स्म च्यवमाना-नुपपद्यमानान् सुवर्णान् दुर्वर्णान् सुगतान् दुर्गतान् हीनान् प्रणीतान् यथाकर्मोपगान्। एवं खलु भिक्षवो बोधिसत्त्वो रात्र्यां प्रथमे यामे विद्यां साक्षात्करोति स्म तमो निहन्ति स्म आलोकमुत्पादयति स्म॥

今译：这样，他凭借超人的纯洁天眼看见众生的生死、美丑、祸福和优劣依随业行。这样，众比丘啊，菩萨于初夜时分亲证知识，驱除黑暗，产生光明。

अथ बोधिसत्त्वस्तथा समाहिते चित्ते परिशुद्धे पर्यवदाते प्रभास्वरे निरङ्गने विगतोपक्लेशे मृदुनि कर्मण्युपस्थिते आनिञ्ज्यप्राप्ते रात्र्यां मध्यमे यामे पूर्वनिवासानुस्मृतिज्ञानदर्शनविद्या-साक्षात्क्रियायै चित्तमभिनिर्हरति स्म अभिनिर्नामयति स्म आत्मनः परसत्त्वानां चानेकविधं पूर्वनिवासाननुस्मरति स्म। तद्यथा-- एकामपि जातिं द्वे तिस्रश्चतस्रः पञ्च दश विंशति त्रिंशच्चत्वारिंशत्पञ्चाशज्जातिशतं जातिसहस्रं जातिशतसहस्रम् अनेकान्यपि जातिशत-सहस्राण्यपि जातिकोटीमपि जातिकोटीशतमपि जातिकोटीसहस्रमपि जातिकोटीनयुतमपि। अनेकान्यपि जातिकोटीसहस्राण्यपि अनेकान्यपि जातिकोटीशतसहस्राण्यपि अनेकान्यपि जातिकोटीनयुतशतसहस्राणि यावत्संवर्तकल्पमपि विवर्तकल्पमपि संवर्तविवर्तकल्पमपि अनेकान्यपि संवर्तविवर्तकल्पान्यनुस्मरति स्म-- अमुत्राहमासन्नेवंनामा एवंगोत्र एवंजात्य एवंवर्ण एवमाहार एवमायुष्प्रमाणमेवं चिरस्थितिकः एवं सुखदुःखप्रतिवेदी। सोऽहं तत-श्च्युतः सन्नमुत्रोपपन्नः ततश्च्युत्वेहोपपन्न इति साकारं सोद्देशमनेकविधमात्मनः सर्वसत्त्वानां च पूर्वनिवासमनुस्मरति स्म॥

今译：然后，菩萨心已入定，清净，纯洁，明亮，无染，摆脱烦恼，柔顺，堪任，不动摇，于中夜时分，亲证宿命通的智、见和识，心中趋向作为。他回忆起自己和其他众生的种种宿命。他回忆起一生、两生、三生、四生、五生、十生、二十生、三十生、四十生、五十生、百生、千生、百千生、数百千生、千万生、百千万生、千千万生、千万亿生、数千千万生、数百千千万生、数百千千万亿生乃至成劫、坏劫、成坏劫和数成坏劫："我在此处是这个名字，这个族姓，这个种姓，这样的相貌，这样的饮食，这样的寿命，这样的定居，这样的苦乐。我在此处命终，生于彼处；在彼处命终，生于此处。"他这样回忆起自己和一切众生的种种宿命及其状况。

地译：於中夜分攝持一心，證得憶念過去宿命智，通觀過去自他所受生事，皆悉了知，一生、二生，乃至十生、百生、千生、萬生、億生、百億生、千億生，乃至照過無量百千那由他拘胝數生，乃至成劫、壞劫、無量無邊成劫、壞劫，皆悉憶知。一一住處若名、若姓、若色相、若飲食、若苦樂、若受生、若死沒，所有色相、住處、事業，若自、若他，皆悉了知。

अथ बोधिसत्त्वस्तथा समाहितेन चित्तेन परिशुद्धेन पर्यवदातेन प्रभास्वरेण अनङ्गनेन विगतोपक्लेशेन मृदुना कर्मण्ये स्थितेनानिञ्ज्यप्राप्तेन रात्र्यां पश्चिमे यामे अरुणोद्घटनकाल-समये नन्दीमुख्यां रात्रौ दुःखसमुदयास्तंगताया आश्रवक्षयज्ञानदर्शनविद्यासाक्षात्क्रियायै चित्तमभिनिर्हरति स्म अभिनिर्नामयति स्म। तस्यैतदभवत्-- कृच्छ्रं बतायं लोक आपन्नो यदुत जायते जीर्यते म्रियते च्यवते उपपद्यते। अथ च पुनरस्य केवलस्य महतो दुःख-

स्कन्धस्य निःसरणं न संप्रजानाति जराव्याधिमरणादिकस्य। अहो बतास्य केवलस्य महतो दुःखस्कन्धस्यान्तः क्रिया न प्रज्ञायते सर्वस्य जराव्याधिमरणादिकस्य॥

今译：同样，菩萨心已入定，清净，纯洁，明亮，无染，摆脱烦恼，柔顺，堪任，不动摇，于后夜时分，破晓时刻，晨鼓敲响，亲证苦生、苦灭和漏尽通的智、见和识，心中趋向作为。他思忖："啊，这个世界陷入困境，生、老、死、坠落和再生。"然后，他不知道老、病和死等等大苦蕴的出离处："啊，不知道所有老、病和死等等大苦蕴的灭寂法。"

地译：菩薩作是念言："一切眾生住於生老病死險惡趣中不能覺悟，云何令彼了知生老病死苦蘊邊際？"

ततो बोधिसत्त्वस्यैतदभूत्-- कस्मिन् सति जरामरणं भवति किंप्रत्ययं च पुनर्जरामरणम्। तस्यैतदभूत्-- जात्यां सत्यां जरामरणं भवति जातिप्रत्ययं जरामरणम्॥

今译：然后，菩萨思忖："有什么便有老和死？老和死缘于什么？"他思忖："有生便有老和死，老和死缘于生。"

地译：作是思惟："此老病死從何而有？"即時能知因生故有，以有生故，老病死有。

अथ बोधिसत्त्वस्य पुनरेतदभवत्-- कस्मिन् सति जातिर्भवति किंप्रत्यया च पुनर्जातिः तस्यैतदभवत्-- भवे सति जातिर्भवति भवप्रत्यया च पुनर्जातिः॥

今译：然后，菩萨又思忖："有什么便有生？生缘于什么？"他思忖："有有便有生，生缘于有。"

地译："如是生者復因何有？"即時能知因有故有。

अथ बोधिसत्त्वस्यैतभवत्-- कस्मिन् सति भवो भवति किंप्रत्ययश्च पुनर्भवः तस्यैतदभवत्-- उपादाने सति भवो भवति उपादानप्रत्ययो हि भवः॥

今译：然后，菩萨又思忖："有什么便有有？有缘于什么？"他思忖："有取便有有，有缘于取。"

地译："如是有者復因何有？"即時能知因取故有。

अथ बोधिसत्त्वस्यैतदभवत्-- कस्मिन् सत्युपादानं भवति किंप्रत्ययं च पुनरुपादानम् तस्यैतदभवत्-- तृष्णायां सत्यामुपादानं भवति तृष्णाप्रत्ययं ह्युपादानम्॥

今译：然后，菩萨又思忖："有什么便有取？取缘于什么？"他思忖："有爱便有取，取缘于爱。"

地译："如是取者復因何有？"即時能知因愛故有。

अथ बोधिसत्त्वस्य पुनरेतदभवत्-- कस्मिन् सति तृष्णा भवति किंप्रत्यया च तृष्णा तस्यैतदभवत्-- वेदनायां सत्यां तृष्णा भवति वेदनाप्रत्यया च तृष्णा॥

今译：然后，菩萨又思忖："有什么便有爱？爱缘于什么？"他思忖："有受便有爱，爱缘于受。"

地译："如是愛者復因何有？"即時能知因受故有。

अथ बोधिसत्त्वस्य पुनरेतदभूत्-- कस्मिन् सति वेदना भवति किंप्रत्यया पुनर्वेदना तस्यैतदभूत्-- स्पर्शे सति वेदना भवति स्पर्शप्रत्यया हि वेदना॥

今译：然后，菩萨又思忖："有什么便有受？受缘于什么？"他思忖："有触便有受，受缘于触。"

地译："如是受者復因何有？"即時能知因觸故有。

अथ बोधिसत्त्वस्य पुनरेतदभवत्-- कस्मिन् सति स्पर्शो भवति किंप्रत्ययश्च पुनः स्पर्शः तस्यैतदभवत्-- षडायतने सति स्पर्शो भवति षडायतनप्रत्ययो हि स्पर्शः॥

今译：然后，菩萨又思忖："有什么便有触？触缘于什么？"他思忖："有六处便有触，触缘于六处。"

地译："如是觸者復因何有？"即時能知因六處有。

अथ बोधिसत्त्वस्य पुनरेतदभवत्-- कस्मिन् सति षडायतनं भवति किंप्रत्ययं च पुनः षडायतनम् तस्यैतदभवत्-- नामरूपे सति षडायतनं भवति नानारूपप्रत्ययं हि षडायतनम्॥

今译：然后，菩萨又思忖："有什么便有六处？六处缘于什么？"他思忖："有名色便有六处，六处缘于名色。"

地译："如是六處復因何有？"即時能知因名色有。

अथ बोधिसत्त्वस्य पुनरेतदभवत्-- कस्मिन् सति नामरूपं भवति किंप्रत्ययं च पुनर्नामरूपम् तस्यैतदभवत्-- विज्ञाने सति नामरूपं भवति विज्ञानप्रत्ययं हि नामरूपम्॥

今译：然后，菩萨又思忖："有什么便有名色？名色缘于什么？"他思忖：

"有识便有名色，名色缘于识。"

地译："如是名色復因何有？"即時能知因識故有。

अथ बोधिसत्त्वस्य पुनरेतदभवत्-- कस्मिन् सति विज्ञानं भवन्ति किंप्रत्ययं पुनर्विज्ञानम् तस्यैतदभवत्-- संस्कारेषु सत्सु विज्ञानं भवति संस्कारप्रत्ययं च विज्ञानम्॥

今译：然后，菩萨又思忖："有什么便有识？识缘于什么？"他思忖："有行便有识，识缘于行。"

地译："如是識者復因何有？"即時能知因行故有。

अथ बोधिसत्त्वस्य पुनरेतदभवत्-- कस्मिन् सति संस्कारा भवन्ति किंप्रत्ययाश्च पुनः संस्काराः तस्यैतदभवत्-- अविद्यायां सत्यां संस्कारा भवन्ति अविद्याप्रत्यया हि संस्काराः॥

今译：然后，菩萨又思忖："有什么便有行？行缘于什么？"他思忖："有无明便有行，行缘于无明。"

地译："如是行者復因何有？"即時能知因無明有。

इति हि भिक्षवो बोधिसत्त्वस्यैतदभूत्-- अविद्याप्रत्ययाः संस्काराः संस्कारप्रत्ययं विज्ञानम् विज्ञानप्रत्ययं नामरूपम् नामरूपप्रत्ययं षडायतनम् षडायतनप्रत्ययं स्पर्शः स्पर्श-प्रत्ययं वेदना वेदनाप्रत्ययं तृष्णा तृष्णाप्रत्ययमुपादानम् उपादानप्रत्ययं भवः भवप्रत्यया जातिः जातिप्रत्यया जरामरणशोकपरिदेवदुःखदौर्मनस्योपायासाः संभवन्ति। एवमस्य केवलस्य महतो दुःखस्कन्धस्य समुदयो भवति। समुदयः समुदय इति॥

今译：这样，众比丘啊，菩萨思忖："行缘于无明，识缘于行，名色缘于识，六处缘于名色，触缘于六处，受缘于触，爱缘于受，取缘于爱，有缘于取，生缘于有，老、死、忧愁、悲伤、痛苦、烦恼和不安缘于生。这正是大苦蕴的起因[①]。这是起因，起因。"

地译：爾時，菩薩既知無明因行，行因識，識因名色，名色因六處，六處因觸，觸因受，受因愛，愛因取，取因有，有因生，生因老死、憂悲、苦惱，相因而生。

इति हि भिक्षवो बोधिसत्त्वस्य पूर्वमश्रुतेषु धर्मेषु योनिशोमनसिकाराद्बहुलीकाराज्ज्ञान-मुदपादि चक्षुरुदपादि विद्योदपादि भूरिरुदपादि मेधोदपादि प्रज्ञोदपादि आलोकः प्रादुर्बभूव। कस्मिन्नसति जरामरणं न भवति कस्य वा निरोधाज्जरामरणनिरोध इति। तस्यैतदभूत्--

---

[①] "起因"的原词是 samudaya（"产生"、"出现"或"兴起"），汉译佛经中通常译为"集"。

जात्यामसत्यां जरामरणं न भवति जातिनिरोधाज्जरामरणनिरोधः॥

今译：这样，众比丘啊，菩萨如理反复探究前所未闻的诸法，产生智力，产生眼力，产生知识，产生睿智，产生聪慧，产生智慧，出现光明："没有什么便没有老和死？灭除什么便灭除老和死？"他思忖："没有生便没有老和死，灭除生便灭除老和死。"

अथ बोधिसत्त्वस्य पुनरेतदभवत्-- कस्मिन्नसति जातिर्न भवति कस्य वा निरोधाज्जातिनिरोधः। तस्यैतदभवत्-- भवेऽसति जातिर्न भवति भवनिरोधाज्जाति- निरोधः॥

今译：然后，菩萨又思忖："没有什么便没有生，灭除什么便灭除生？"他思忖："没有有便没有生，灭除有便灭除生。"

अथ बोधिसत्त्वस्य पुनरप्येतदभवत्-- कस्मिन्नसति विस्तरेण यावत्संस्कारा न भवन्ति कस्य वा निरोधात्संस्कारनिरोधः। तस्यैतदभवत्-- अविद्यायां सत्यां संस्कारा न भवन्ति अविद्यानिरोधात्संस्कारनिरोधः। संस्कारनिरोधाद्विज्ञाननिरोधो यावज्जातिनिरोधाज्जरामरणशोकपरिदेवदुःखदौर्मनस्योपायासा निरुध्यन्ते। एवमस्य केवलस्य महतो दुःखस्कन्धस्य निरोधो भवतीति॥

今译：然后，菩萨又思忖："没有什么，依次直至便没有行？灭除什么便灭除行？"他思忖："没有无明便没有行，灭除无明便灭除行。灭除行便灭除识，依次直至灭除生便灭除老、死、忧愁、悲伤、烦恼和不安。这正是大苦蕴的灭除。"

地译：復更思惟："因何無故老死無？因何滅故老死滅？"即時能知無明滅故即行滅，行滅故即識滅，識滅故即名色滅，名色滅故即六處滅，六處滅故即觸滅，觸滅故即受滅，受滅故即愛滅，愛滅故即取滅，取滅故即有滅，有滅故即生滅，生滅故即老死滅，老死滅故即憂悲苦惱滅。

इति हि भिक्षवो बोधिसत्त्वस्य पूर्वमश्रुतेषु धर्मेषु योनिशोमनसिकाराद्बहुलीकाराज्ज्ञानमुदपादि चक्षुरुदपादि विद्योदपदि भूरिरुदपादि मेधोदपादि प्रज्ञोदपादि आलोकः प्रादुर्बभूव। सोऽहं भिक्षवस्तस्मिन् समये इदं दुःखमिति यथाभूतमज्ञासिषम्। अयमाश्रवसमुदयो ऽयमाश्रवनिरोधः इयमाश्रवनिरोधगामिनी प्रतिपदिति यथाभूतमज्ञासिषम्। अय कामाश्रवोऽयं भवाश्रवोऽयमविद्याश्रवोऽयं दृष्ट्याश्रवः। इहाश्रवा निरवशेषतो निरुध्यन्ते। इहाश्रवो निरवशेषमनाभासमस्तं गच्छतीति। इयमविद्या अयमविद्यासमुदयो ऽयमविद्यानिरोध इयमविद्यानिरोधगामिनी प्रतिपदिति यथाभूतमज्ञासिषम्। इहाविद्या

अपरिशेषमनाभासमस्तं गच्छतीति पेयालम्। अमी संस्कारा अयं संस्कारसमुदयोऽयं संस्कारनिरोध इयं संस्कारनिरोधगामिनी प्रतिपदिति यथाभूतमज्ञासिषम्। इदं विज्ञानमयं विज्ञानसमुदयोऽयं विज्ञाननिरोध इयं विज्ञाननिरोधगामिनी प्रतिपदिति यथाभूतमज्ञासिषम्। इदं नामरूपमयं नामरूपसमुदयोऽयं नामरूपनिरोधः इयं नामरूपनिरोधगामिनी प्रतिपदिति यथाभूतमज्ञासिषम्। इदं षडायतनमयं षडायतनसमुदयोऽयं षडायतननिरोधः इयं षडायतननिरोधगामिनीं प्रतिपदिति यथाभूतमज्ञासिषम्। अयं स्पर्शोऽयं स्पशसमुदयो ऽयं स्पर्शनिरोधः इयं स्पर्शनिरोधगामिनी प्रतिपदिति यथाभूतमज्ञासिषम्। इयं वेदना अयं वेदनासमुदयोऽयं वेदनानिरोध इयं वेदनानिरोधगामिनी प्रतिपदिति यथाभूतमज्ञासिषम्। इयं तृष्णा अयं तृष्णासमुदयोऽयं तृष्णानिरोधः इयं तृष्णानिरोधगामिनी प्रतिपदिति यथाभूतमज्ञासिषम्। इदमुपादानमयमुपादानसमुदयोऽयमुपादाननिरोधः इयमुपादाननिरोध-गामिनी प्रतिपदिति यथाभूतमज्ञासिषम्। अयं भवोऽयं भवसमुदयोऽयं भवनिरोधः इयं भवनिरोधगामिनी प्रतिपदिति यथाभूतमज्ञासिषम्। इयं जातिरयं जातिसमुदयोऽयं जातिनिरोधः इयं जातिनिरोधगामिनी प्रतिपदिति यथाभूतमज्ञासिषम्। इयं जरा अयं जरासमुदयोऽयं जरानिरोधः इयं जरानिरोधगामिनी प्रतिपदिति यथाभूतमज्ञासिषम्। इदं मरणमयं मरणसमुदयोऽयं मरणनिरोधः इयं मरणनिरोधगामिनी प्रतिपदिति यथाभूतमज्ञासिषम्। इमे शोकपरिदेवदुःखदौर्मनस्योपायासाः। एवमस्य केवलस्य महतो दुःखस्कन्धस्य समुदयो भवति यावन्निरोधो भवतीति यथाभूतमज्ञासिषम्। इदं दुःखमयं दुःखसमुदयोऽयं दुःखनिरोधः इयं दुःखनिरोधगामिनी प्रतिपदिति यथाभूतमज्ञासिषम्॥

今译：这样，众比丘啊，菩萨如理反复思考前所未闻的诸法，产生智力，产生眼力，产生知识，产生睿智，产生聪慧，产生智慧，出现光明："众比丘啊，此刻，我如实知道这是苦。我如实知道这是漏生，这是漏灭，这是达到漏灭之道。这是欲漏，这是有漏，这是无明漏，这是见漏。[①]这里诸漏全部灭除，这里诸漏全部消失不见。我如实知道这是无明，这是无明生，这是无明灭，这是达到无明灭之道。这里无明全部消失不见。如上所述。我如实知道这是行，这是行生，这是行灭，这是达到行灭之道。我如实知道这是识，这是识生，这是识灭，这是达到识灭之道。我如实知道这是名色，这是名色生，这是名色灭，这是达到名色灭之道。我如实知道这是六处，这是六处生，这是六处灭，这是达到六处灭之道。我如实知道这是触，这是触生，这是触灭，这是达到触灭之道。我如实知道这是受，这是受生，这是受灭，这是达到受灭之道。我如实知道这是爱，这是爱生，这是爱灭，这是达到爱灭之道。我如实知道这是取，这

① "漏"（āśrava）指烦恼。"欲漏"、"有漏"、"无明漏"和"见漏"分别指由欲望、生存、无知和邪见造成的烦恼。

是取生，这是取灭，这是达到取灭之道。我如实知道这是有，这是有生，这是有灭，这是达到有灭之道。我认识知道这是生，这是生生，这是生灭，这是达到生灭之道。我如实知道这是老，这是老生，这是老灭，这是达到老灭之道。我如实知道这是死，这是死生，这是死灭，这是达到死灭之道。我如实知道忧愁、悲伤、痛苦、烦恼和不安，这些大苦蕴的生和灭。我如实知道这是苦，这是苦生，这是苦灭，这是达到苦灭之道。”

地译：復更思惟：“此是無明，此是無明因，此是無明滅，此是滅無明道，更無有餘。此是行，此是行因，此是行滅，此是滅行道；此是識，此是識因，此是識滅，此是滅識道；此是名色，此是名色因，此是名色滅，此是滅名色道；此是六處，此是六處因，此是六處滅，此是滅六處道；此是觸，此是觸因，此是觸滅，此是滅觸道；此是受，此是受因，此是受滅，此是滅受道；此是愛，此是愛因，此是愛滅，此是滅愛道；此是取，此是取因，此是取滅，此是滅取道；此是有，此是有因，此是有滅，此是滅有道；此是生，此是生因，此是生滅，此是滅生道；此是老死，此是老死因，此是老死滅，此是滅老死之道，此是憂悲苦惱。如是大苦蘊生乃至滅，如是應知。此是苦，此是集，此是苦集滅，此是滅苦集道，應如是知。”

एवं खद्द भिक्षवो बोधिसत्त्वेन रात्र्यां पश्चिमे यामेऽरुणोद्धाटनकालसमये नन्दीमुख्यां रात्र्यौ यत्किंचित्पुरुषेण सत्पुरुषेणातिपुरुषेण महापुरुषेण पुरुषर्षभेण पुरुषनागेन पुरुषसिंहेन पुरुषपुंगवेन पुरुषशूरेण पुरुषधीरेण पुरुषजानेन पुरुषपद्मेन पुरुषपुण्डरीकेण पुरुषधौरेयेणानुत्तरेण पुरुषदम्यसारथिना एवंभूतेनार्येण ज्ञानेन ज्ञातव्यं बोद्धव्यं प्राप्तव्यं द्रष्टव्यं साक्षात्कर्तव्यम् सर्वं तदेकचित्तेक्षणसमायुक्तया प्रज्ञया अनुत्तरां सम्यक्संबोधिमभिसंबुध्य त्रैविद्याधिगता॥

今译：这样，众比丘啊，于后夜时分，破晓时刻，晨鼓敲响，菩萨这位人，善人，超人，伟人，人中雄牛，人中大象，人中狮子，人中公牛，人中英雄，人中勇士，人中智者，人中红莲，人中白莲，人中负轭者，无上者，人中调御师，凭借这样高尚的知识，依靠一心一念的智慧证得一切应知者，应悟者，应得者，应见者，应亲证者，证得无上正等菩提，通晓三明[①]。

地译：佛告諸比丘：菩薩於後夜分明星出時，佛世尊、調御丈夫、聖智所應知，所應得，所應悟，所應見，所應證，彼一切一念相應慧證阿耨多羅三藐三菩提，成等正覺，具足三明。

① “三明”（trevidyā）指天眼通、宿命通和漏尽通。

第二十二 成正觉品 643

ततो भिक्षवो देवा आहुः-- अवकिरत मार्षाः पुष्पाणि। अभिसंबुद्धो भगवान्। ये तत्र देवपुत्राः पूर्वबुद्धदर्शिनस्तस्मिन् संनिपतिता आसंस्तेऽवोचन्-- मा स्म तावन्मार्षाः पुष्पाण्यवकिरत यावत्तावद्भगवान्निमित्तं प्रादुःकरोति। पूर्वका अपि सम्यक्संबुद्धा निमित्तमकार्षुः निर्मितामभिनिर्मिण्वन्ति स्म॥

今译：然后，众比丘啊，众天神说道："诸位贤士啊，撒下鲜花吧！世尊已成正觉。"而一些曾见到过去佛的天子聚集在这里，说道："诸位贤士啊，别忙着撒鲜花，要等到世尊显示瑞相。那些过去佛成正觉时都曾显示瑞相，展现变幻。"

地译：諸比丘！是時，諸天眾中無量天子作如是言："我等應散香花供養如來。"復有天子曾見先佛成正覺時，即作是言："汝等未可散花，如來當現瑞相。往昔諸佛成正覺時皆現瑞相。"

अथ खलु भिक्षवस्तथागतस्तान् देवपुत्रान् विमतिप्राप्ताञ्ज्ञात्वा सप्ततालमात्रं विहाय समभ्युद्गम्य तत्रस्थ इदमुदानमुदानयति स्म--

今译：然后，众比丘啊，如来知道众天子的疑惑，便离地升空七多罗树高，停在那里，念诵这首偈颂道：

地译：諸比丘！如來知彼天子思見瑞相，上昇虛空，高七多羅樹，如佛所證，以偈頌曰：

छिन्नवर्त्मोपशान्तरजाः शुष्का आस्रवा न पुनः स्रवन्ति।
छिन्ने वर्त्मनि वर्तत दुःखस्यैषोऽन्त उच्यते॥ १॥ इति॥

今译：道路已断，尘埃平息，
诸漏枯竭，不再流淌，
道路已断，称作苦灭。（1）

地译：煩惱悉已斷，諸漏皆空竭，
更不復受生，是名盡苦際。

ततस्ते देवपुत्रा दिव्यैः कुसुमैस्तथागतमभ्यवकिरन्ति स्म। ततो जानुमात्रं दिव्यानां पुष्पाणां संस्तरोऽभूत्॥

今译：然后，天子们将天国鲜花撒向如来。天国鲜花覆盖地面，高达膝盖。

地译：爾時，彼諸天子心生歡喜，以微妙天花遍散佛上。當於是時，香花彌布，積至于膝。

इति हि भिक्षवस्तथागतेऽभिसंबुद्धे विगतं तमोऽन्धकारम् विशोधिता तृष्णा विवर्तिता दृष्टिः विक्षोभिताः क्लेशाः विशारिताः शल्याः मुक्तो ग्रन्थिः प्रपातितो मानध्वजः उच्छ्रेपितो धर्मध्वजः उद्धाटिता अनुशयाः ज्ञाता धर्मतथता अवबुद्धा भूतकोटिः परिज्ञातो धर्मधातुः व्यवस्थापितः सत्त्वधातुः संवर्णितः सम्यक्त्वनियतो राशिः विवर्णितो मिथ्यात्वनियतो राशिः परिगृहीतोऽनियतराशिः व्यवस्थापितानि सत्त्वेन्द्रियाणि परिज्ञाताः सत्त्वचरिताः अवबुद्धा सत्त्वव्याधिः सत्त्वसमुत्थानसिद्धोऽमृतभैषजप्रयोगः उत्पन्नो वैद्यराजः प्रमोचकः सर्व-दुःखेभ्यः प्रतिष्ठापको निर्वाणसुखे निषण्णस्तथागतगर्भे तथागतमहाधर्मराजासने सर्व आबद्धो विमुक्तिपक्षः प्रविष्टः सर्वज्ञतानगरं समवसृतं सर्वबुद्धैः असंभिन्नो धर्मधातुप्रसरा-नुबोधेः। प्रथमे सप्ताहे भिक्षवस्तथागतस्तस्मिन्नेव बोधिमण्डे निषण्णोऽस्थात्-- इह मयाऽनुत्तरां सम्यक्संबोधिमभिसंबुद्धः। मया अनवराग्रस्य जातिजरामरणदुःखस्यान्तः कृत इति॥

今译：这样，如来成正觉，驱除黑暗，清除贪爱，摒弃邪见，平息烦恼，拔除毒箭，摆脱缠结，降下骄慢旗[①]，升起法旗，破除随眠[②]，通晓法真如[③]，理解实际[④]，了解法界，安定众生界，称赞正性定聚，谴责邪性定聚，护持不定聚，[⑤]安定众生诸根，了解众生行为，知道众生病患，有效救治众生，运用甘露药，成为医王，解除一切痛苦，确立涅槃之乐，坐在如来藏[⑥]中，坐在如来大法王座上，聚集所有解脱者，进入一切佛前往的全知城，不破坏对种种法界的觉知。众比丘啊，在头上七天，如来坐在菩提道场中："我已在这里证得无上正等菩提。我已灭寂无始无终的生、老、死和痛苦。"

地译：如來遠離無明黑暗及愛見網，竭煩惱河 拔除毒刺，解諸纏縛，摧壞魔幢，建立勝幡，能善安處諸眾生界，記莂眾生，觀察根性，知其病本，施甘露藥，為大醫王，令諸眾生皆得度脫，安置涅槃寂靜之樂，住如來藏，結解脫繒，入智慧城，同諸如來清淨法界。

समनन्तरप्राप्ते खलु पुनर्भिक्षवो बोधिसत्त्वेन सर्वज्ञत्वे अथ तत्क्षणमेव दशसु दिक्षु सर्वलोकधातुषु सर्वसत्त्वास्तत्क्षणं तल्लवं तन्मुहूर्तं परसुखसमर्पिता अभुवन्। सर्वलोक-

① "骄慢旗"的原词是 mānadhvaja，而此处地译"魔幢"，那么，原词应为 māradhvaja。

② "随眠"（anuśaya），指深藏的烦恼。

③ "法真如"（dharmatathatā）指诸法的真实本性或实相。

④ "实际"（bhūtakoṭi）指终极真理。

⑤ "正性定聚"（samyaktvaniyatarāśi）指注定会达到觉悟的众生。"邪性定聚"（mithyātvaniyatarāśi）指注定会堕入恶道的众生。"不定聚"（aniyatarāśi）指尚未定性的众生。这三者合称"三定聚"。

⑥ "如来藏"（tathāgatagarbha）指阿赖耶识。

धातवश्च महतावभासेनावभास्यन्तः। याऽपि ता लोकान्तरिका अघा अघस्फुटा अन्धकारा इति पूर्ववत्। षड्विकारं च दशसु दिक्षु सर्वलोकधातवोऽकम्पत्प्राकम्पत्संप्राकम्पत्। अवेधत्प्रावेधत्संप्रावेधत्। अचलत्प्राचलत्संप्राचलत्। अक्षुभ्यत्प्राक्षुभ्यत्संप्राक्षुभ्यत्। अरणत्प्रारणत्संप्रारणत्। अगर्जत्प्रागर्जत्संप्रागर्जत्। सर्वबुद्धाश्च तथागतायाभिसंबुद्धाय साधुकारं ददन्ति स्म। धर्माच्छादांश्च संप्रेषयन्ति स्म। यैर्धर्माच्छादैरयं त्रिसाहस्रमहासाहस्रलोकधातुरनेकरत्नसंछन्नोऽभूत्। तेभ्यश्च रत्नछत्रेभ्यः एवंरूपा रश्मिजाला निश्चरन्ति स्म यैर्दशसु दिक्षु अप्रमेयासंख्येया लोकधातवोऽवभास्यन्ते। दशसु दिक्षु बोधिसत्त्वाश्च देवापुत्राश्चानन्दशब्दं निश्चारयामासुः-- उत्पन्नः सत्त्वपण्डितः। पद्मो ज्ञानसरसि संभूतोऽनुपलिप्तो लोकधर्मैः। समन्ततो महाकरुणामेघं स्फुरित्वा धर्मधातुभवनं वर्षयिष्यति। धर्मवर्षविनये जनभैषजाङ्कुरप्ररोहणं सर्वकुशलमूलबीजानां विवर्धनं श्रद्धाङ्कुराणां दाता विमुक्तिफलानाम्॥

今译：众比丘啊，随着菩萨在这刹那间获得知一切智，十方一切世界的一切众生也在这刹那间、瞬间、顷刻间获得至高快乐①。一切世界大放光明。甚至在世界中间那些充满痛苦的黑暗幽冥处也这样，如前所述。十方一切世界出现六种震动：摇动、极摇动和遍摇动；冲击、极冲击和遍冲击，转移、极转移和遍转移；涌覆、极涌覆和遍涌覆；出声、极出声和遍出声；吼声、极吼声和遍吼声。一切佛称赞成正觉的如来："妙啊，妙啊！"他们赠送法衣。这些法衣覆盖三千大千世界众多宝石华盖②。从这些宝石华盖中闪出光网。这些光网照耀十方无量无数世界。十方菩萨和天子们发出欢呼声："众生中的智者出现了！他是知识湖中的莲花，不受世间法污染。他遍布大慈悲云，降雨法界宫。在法雨滋润下，人间药草发芽成长，一切善根和善种增长，信仰发芽成长，结出解脱之果。"

地译：佛告諸比丘：一切如來見我成道皆悉讚言："善哉，善哉！"咸以寶蓋而覆於我。其諸寶蓋合成一蓋，遍覆十方三千大千世界。於寶蓋中出妙光明。其光明網遍照無量無邊世界。彼世界中，諸菩薩眾讚佛功德而說偈言：

> 如彼波頭摩，從地而踊出，
> 開敷甚清淨，不為淤泥染。
>
> 起大慈悲心，如雲遍充滿，
> 當雨大法雨，潤洽於眾生。
>
> 能令諸善牙，一切皆增長，

① "至高快乐"的原文是 parasukha，据 M 本和 L 本应为 paramasukha。
② "宝石华盖"的原文是 ratna，据 M 本和 L 本应为 ratnachatra。

堪受教法者，成就解脱果。[1]

तत्रेदमुच्यते--

今译：这里，这样说道：

地译：爾時，諸天以偈頌曰：

मारं विजित्य सबलं स हि पुरुषसिंहो
ध्यानामुखं अभिमुखं अभितोऽपि शास्ता।
त्रैविद्यता दशबलेन यदा हि प्राप्ता
संकम्पिता दश दिशो बहुक्षत्रकोट्यः॥ २॥

今译：这位导师，人中之狮，禅定
展现面前，战胜摩罗和魔军，
因为他获得三明，具备十力，
十方数千万佛土出现震动。（2）

地译：人中師子降眾魔，諸定現前證甘露，
獲得三明及十力，威神震動遍十方。

ये बोधिसत्त्व पुरि आगत धर्मकामा
चरणौ निपत्य इति भाषिषु मासि क्लान्तो।
प्रत्यक्ष अस्मि चमु यादृशिका सुभीमा
सा प्रज्ञपुण्यबलवीर्यबलेन भग्ना॥ ३॥

今译：过去的众菩萨热爱正法，来到这里，
向他行触足礼，说道："你是否辛苦？
我们亲眼看到你靠智慧、功德力和
精进力，摧毁这支极其可怕的魔军。"（3）

地译：在昔諸來菩薩眾，為愛法故供養佛，
即從坐起禮佛足，讚歎如來作是言：
"世尊得無疲勞耶？我等親見摧魔眾。

बुद्धैश्च क्षेत्रनयुतैः प्रहितानि छत्रा
साधो महापुरुष धर्षित मारसेनाम्।
प्राप्तं त्वया पदवरं अमृतं विशोकं

① 这三首偈颂不见于原文，但表达的内容见于上面原文的散文叙述中。

सद्धर्मवृष्टि त्रिभवे अभिवर्ष शीघ्रम्॥४॥

今译：数亿佛土的佛陀赠送华盖：
“妙啊，大士！你战胜魔军，
达到无忧的至高甘露境界，
迅速为三界降下妙法雨吧！”（4）

地译：“善哉丈夫三界尊，當雨無邊大法雨。”

बाहुं प्रसार्य दशदिक्षु च सत्त्वसारा
आभाषयिंसु कलविङ्करुताय वाचा।
बोधिर्यथामनुगता भवता विशुद्धा
तुल्यः समोऽसि यथ सर्पिणि सर्पिमण्डैः॥५॥

今译：十方无上士们伸出手臂，
说话声音似迦陵频伽鸟：
“你求得的菩提这样纯洁，
你与酥油中的凝乳相同。”（5）

地译：十方諸佛皆施蓋，復出迦陵微妙音：
“如我所得淨菩提，仁者所證亦如是。”

अथ खलु भिक्षवः कामावचरा अप्सरसो बोधिमण्डनिषण्णं तथागतं प्राप्ताभिज्ञं परिपूर्णसंकल्पं विजितसंग्रामं निर्जितमारप्रत्यर्थिकमुच्छ्रितछत्रध्वजपताकं शूरं जयोद्गतं पुरुषं महापुरुषं वैद्योत्तमं महाशल्यहर्तारं सिंहं विगतभयलोमहर्षं नागं सुदान्तचित्तनिर्मलं त्रिमलविप्रहीनं वैद्यकं त्रैविद्यतामनुप्राप्तं पारगं चतुरोघोत्तीर्णं क्षत्रियमेकरत्नछत्रधारिणं त्रैलोक्यब्राह्मणं बाहितपापकर्माणं भिक्षुं भिन्नविद्याण्डकोषं श्रमणं सर्वसङ्गसमतिक्रान्तं श्रोत्रियं निःसृतक्लेशं शूरमप्रपातितध्वजं बलीयांसं दशबलधारिणं रत्नाकरमिव सर्वधर्मरत्नसंपूर्णं विदित्वा बोधिमण्डाभिमुखास्तथागतमाभिर्गाथाभिरभ्यस्ताविषुः--

今译：然后，众比丘啊，欲界天女们知道如来坐在菩提道场中，获得神通，如愿在战斗中战胜摩罗怨敌，竖立华盖、旗帜和旗幡，成为英雄，胜利者，伟人，拔除大毒箭的医王，摆脱恐怖和汗毛竖起的狮子，内心调伏清净的大象，清除三垢[1]的医生，通晓三明，已达彼岸，越过四瀑流，执持唯一华盖的刹帝利，三界的婆罗门，远离[2]恶业的比丘，打碎无明卵壳的沙门，超越一切执著的学者，摆脱烦恼的勇士，旌旗不倒的力士，具备十力，充满一切法宝，犹如

① “三垢”（trimala）指贪、嗔和痴。
② “远离”的原词是 bāhita。此词见于巴利文，词义是“排除”或“远离”。

宝藏。她们面向菩提道场，用这些偈颂赞美如来：

地译：佛告諸比丘：欲界諸天女等見於如來坐菩提座，獲一切智，大願滿足；降伏魔怨，建立勝幢；為大醫王，善療眾病；如師子王，無諸怖畏；清淨離垢，得一切智；具足三明，超越四流；持一法蓋，覆護三界，稱婆羅門；遠離諸垢，稱為比丘；除無明藏，稱為沙門；離諸不善，稱知足者；斷煩惱故，稱勇猛者；能壞魔幢，稱大力者；猶如寶洲，一切法寶充滿其中。時諸天女即說偈言：

एष द्रुमराजमूले अभिजित्य मारसैन्यं
　　स्थितु मेरुवदप्रकम्प्यो निर्भीरप्रलापी।
अनेकबहुकल्पकोट्यो दानदमसंयमेन
　　समुदानयं प्रबोधि तेनेष शोभतेऽद्य॥ ६॥

今译：他在树王树根处，战胜摩罗军队，
　　岿然不动似须弥山，无畏而沉默，
　　在数千万劫中施舍、自制和调伏，
　　今天圆满得菩提，故而光彩熠熠。（6）

地译：於此菩提樹王下，降伏一切大魔軍，
　　安住不動如須彌，身心堅固無驚畏，
　　尊於多劫修布施，故得一切皆圓滿。

अनेन बहुकल्पकोट्यः शीलव्रतातपोभि
　　जिह्मिकृत शक्र ब्रह्मा बोधिवर एषता हि।
अनेन बहुकल्पकोट्यः क्षान्तिबलवर्मितेन
　　अधिवासिता दुखानि तेन प्रभ स्वर्णवर्णा॥ ७॥

今译：在数千万劫中坚持戒行和苦行，
　　追求菩提，掩蔽帝释天和梵天；
　　在数千万劫中身披忍辱力铠甲，
　　忍受种种痛苦，故而金光闪闪。（7）

地译：尊於多劫修戒行，暎蔽釋梵諸天眾，
　　尊於多劫行忍辱，故得身相真金色。

अनेन बहुकल्पकोट्यो वीर्यबलविक्रमेण
　　पराङ्मुखां कृतास्या तेन मार जित सेना।
अनेन बहुकल्पकोट्यो ध्याना अभिज्ञज्ञानैः

संपूजिता मुनीन्द्रस्तेनैव पूजितोऽद्य॥८॥

今译：在数千万劫中具有勇猛精进力，
因此，他击败摩罗，战胜魔军；
在数千万劫中修禅，有神通智，
因此，这位牟尼王今天受供奉。（8）

地译：尊於多劫勤精進，故能降伏諸魔怨，
尊於多劫修禪定，故獲如斯勝供養。

अनेन बहुकल्पकोट्यः प्रज्ञाश्रुतसंचयेन
प्रगृहीत सत्त्वकोट्यस्तेन लघु बोधि प्राप्ता।
अनेन जितु स्कन्धमारस्तथ मृत्यु क्लेशमारः
अनेन जितु देवपुत्रमारस्तेनास्य नास्ति शोकः॥९॥

今译：他在数千万劫中积累智慧和学问，
护持千万众生，故而很快得菩提；
他战胜蕴魔，战胜死魔和烦恼魔，
他也战胜天子魔，故而没有忧愁。（9）

地译：尊於歷劫習多聞，速證無上大菩提，
尊能降伏於蘊魔，死魔煩惱及天魔，
一切諸魔皆斷滅，是故今者無憂惱。

एषो हि देवदेवो (देवैरपि पूजनीयः) पूजारहस्त्रिलोके
पुण्यार्थिकान क्षेत्रं अमृताफलस्य दाता।
एष वरदक्षिणीयो उत्पातु दक्षिणाहि
नास्त्युत्तरस्य नाशो या च वरबोधि लब्धा॥१०॥

今译：他是神中神，受天神和三界供奉，
他是求福者的福田，赐予甘露果①，
他最值得供奉，这位至上者不会
遭到毁灭，他已经获得美妙菩提。②（10）

地译：天中之天為最尊，三界人天所供養，
由是有種福田者，所得之福無失壞。

---

① "甘露果"的原文是 amṛtāphala，据 M 本和 L 本应为 amṛtaphala。
② 这颂中还有 utpātu dakṣiṇāhi 这两个词，词义不明。BHSD 提及这两个词，但不能确定准确的意义。

ऊर्णा विराजतेऽस्य स्फरति बहुक्षेत्रकोट्यो
　　जिह्मिकृत चन्द्रसूर्या अन्धकारालोकप्राप्ता।
एव हि सुरूपरूपो वररूप साधुरूपो
　　वरलक्षणो हितैषी त्रैलोक्यपूजनीयः॥११॥

今译：眉间白毫放光，照亮数千万国土，
　　掩蔽月亮和太阳，照亮黑暗世界，
　　容貌俊美，姣好，端庄，有吉相，
　　为众生谋利益，值得三界供奉。（11）

地译：眉間毫相極光明，普照十方諸國土，
　　掩蔽世間諸日月，一切眾生蒙饒益；
　　如來身色甚端嚴，相好顏容極清淨，
　　堪為三界應供者，普利一切諸群生。

एष सुविशुद्धनेत्रो बहु प्रेक्षते स्वयंभूः
　　क्षत्रा च सत्त्वकाया चित्तानि चेतना च।
एष सुविशुद्धश्रोत्रः शृणुते अनन्तशब्दां
　　दिव्यांश्च मानुषांश्च जिनशब्दधर्मशब्दां॥१२॥

今译：这位自在者眼睛纯洁，遍观
　　一切国土、众生身体和思想；
　　耳朵纯洁，听到无限的声音，
　　天音、凡音、佛音和法音。（12）

地译：目淨遍觀於十方，普見眾生身業事，
　　耳淨遍聞於一切，天人言音佛法聲。

एष प्रभूतजिह्वः कलविङ्कमञ्जुघोषः
　　श्रोष्याम अस्य धर्मं अमृतं प्रशान्तगामिम्।
दृष्ट्वा च मारसैन्यं न क्षुभ्यते मनोऽस्य
　　पुन दृष्ट्घ देवसंघां न च हर्षते सुमेधा॥१३॥

今译：他有广长舌，妙音似迦陵频伽鸟，
　　我们将聆听导向平静的甘露法；
　　他聪明睿智，看到摩罗的军队，
　　不慌乱，看到众天神，也不惊喜。（13）

地译：廣長舌相演妙音，求解脱者聞甘露，
魔軍興害不驚懼，天人供養無喜惱。

शस्त्रैर्न चापि बाणैर्जित एन मारसेना
सत्यव्रततापोभि जितु एन दुष्टमल्लः।
चलितो न चासना न च कायु वेधिनोऽस्य
न च स्नेहु नापि दोषस्तदनन्तरे अभूवन्॥ १४॥

今译：他战胜摩罗的军队，不用刀和箭，
依靠真理和苦行，降伏邪恶力士；
他不离开座位，身体也不受伤，
自始至终既无温情，也无恶意。（14）

地译：摧壞魔怨不加力，但以慈心降伏之，
無染無著無諸過，身心安隱不傾動。

लाभा सुलब्ध तेषां मरुणां नराण चैव
ये तुभ्य धर्म श्रुत्वा प्रतिपत्तिमेष्यती हि।
यत्पुण्य त्वां स्तवित्वा जिन पुण्यतेजराशे
सर्वे भवेम क्षिप्रं यथ त्वं मनुष्यचन्द्रः॥ १५॥

今译：众天神和凡人聆听你的正法，
修习正行，将会获得大利益；
你是人中之月，充满功德光辉，
我们赞美你，很快会像你一样。（15）

地译：今有無上天人師，一切眾生蒙善利，
逮聞正法當信受，願速如尊成正覺。

बुद्धित्व बोधि पुरुषर्षभनायकेन
संकम्प्य क्षत्रनयुतानि विजित्य मारम्।
ब्रह्मस्वरेण कलविङ्करुतस्वरेण
प्रथमेन गाथा इमि भाषित नायकेन॥ १६॥

今译：人中雄牛和导师降伏摩罗，
证得菩提，亿万国土震动，
话音似梵天和迦陵频伽鸟，
这位导师首先念诵偈颂道：（16）

पुण्यविपाकु सुख सर्वदुःखापनेती
अभिप्रायु सिध्यति च पुण्यवतो नरस्य।
क्षिप्रं च बोधि स्पृशते विनिहत्य मारं
शान्तापथो गच्छति च निर्वृतिशीतिभावम्॥ १७॥

今译：“功果成熟而幸福，消除一切痛苦，
积累功德者心中的愿望获得实现，
他降伏摩罗后，迅速接触到菩提，
走向平静之路，达到涅槃和清凉。（17）

तस्मात्क पुण्यकरणे न भवेत तृप्तः
शृण्वंश्च धर्ममृतं भवि को वितृप्तः।
विजने वने च विहरं भवि को वितृप्तः
कः सत्त्व अर्थकरणे न भवेद्धि तृप्तः॥ १८॥

今译：“因此，有谁行善会不满足？
有谁聆听甘露妙法会不满足？
有谁安住寂静林中会不满足？
有谁为众生谋利益会不满足？”（18）

पाणिं प्रसार्य समुवाच च बोधिसत्त्वां
पूजां कृता व्रजत क्षेत्र स्वकस्वकानि।
सर्वेऽभिवन्द्य चरणौ च तथागतस्य
नानावियूह गत क्षेत्र स्वकस्वकानि॥ १९॥

今译：菩萨伸出手，说道：“你们
供奉后，回到各自国土去！”
于是，众菩萨向如来行触足礼，
排成各种队形，返回各自国土。（19）

दृष्ट्वा च तां नमुचिनां महतीमवस्थां
विक्रीडितां च सुगतस्य तथा सलीलम्।
बोधाय चित्तमतुलं प्रणिधाय सत्त्वां
मारं विजित्य सबलं अमृतं स्पृशेम॥ २०॥

今译：看到那牟吉的这种凄惨境遇，

也看到善逝的这种快乐游戏，
众生发愿求菩提："我们会
降伏摩罗和魔军，获得甘露。"（20）

अभिसंबुद्धस्य भिक्षवस्तथागतस्य बोधिवृक्षमूले सिंहासनोपविष्टस्य तस्मिन्क्षणेऽप्रमेयानि बुद्धविक्रीडितान्यभूवन् यानि न सुकरं कल्पेनापि निर्देष्टुम्॥

今译：众比丘啊，如来坐在菩提树根狮子座上成正觉，在刹那间展现甚至在一劫中也难以说尽的无可限量的佛陀游戏。

地译：佛告諸比丘：如來於菩提樹下，初成正覺，現佛神通，遊戲自在，不可勝載。若欲說者，窮劫不盡。爾時世尊，略說偈言：

तत्रेदमुच्यते--

今译：这里，这样说道：

करतलसदृशाभूत्सुस्थिता मेदिनीयं
विकसितशतपत्राश्चोद्गता रश्मिजालैः।
अमरशतसहस्रा ओनमी बोधिमण्डं
इमु प्रथम निमित्तं सिंहनादेन दृष्टम्॥२१॥

今译：这个大地平正安稳似手掌，
跃出绽放的莲花，闪耀光网，
百千天神向菩提道场致敬，
狮子吼首先见到这个吉兆。（21）

地译：普變一切地，平正猶如掌，
涌出妙蓮花，一一皆千葉，
無量諸天眾，各雨眾妙花，
復於世尊前，合掌而瞻仰。

द्रुमशतत्रिसहस्रो बोधिमण्डे नमन्ते
गिरिवर तथ नेके शैलराजश्च मेरुः।
दशबलमधिगम्य ब्रह्मशक्रा नमन्ते
इदमपि नरसिंहे क्रीडितं बोधिमण्डे॥२२॥

今译：三百千树木都向菩提道场弯腰，
众多高山和山王须弥山也这样，
梵天和帝释天也来向十力致敬，
这也是人狮的菩提道场游戏。（22）

地译：世尊初成佛，作種種神通，
須彌諸山王，草木叢林等，
一切皆稽首，頂禮菩提座，
此是佛世尊，現神通遊戲。

रश्मिशतसहस्रा स्वोशरीरात्मभावा
स्फुरि जिनवर क्षत्रा त्रीणि शान्ता अपायाः।
तत क्षणसुमुहूर्ते शोधिता चाक्षणानि
न च खिलमददोषा बाधिषू कंचि सत्त्वम्॥२३॥

今译：世尊自己身体闪耀百千光芒，
普照一切国土，平息三恶道，
刹那顷刻间，消除所有八难，
怨恨和骄慢不再侵害众生。（23）

地译：身放百千種，光明照十方，
逮三惡眾生，息苦獲安樂；
是時八難處，無有一眾生，
懷貪瞋癡等，一切諸煩惱。

इयमपि नरसिंहस्यासनस्थस्य क्रीडा
शशिरविमणिवह्निविद्युताभा च दिव्या।
न तपति अभिभूता भानुवत्योर्णपाशा
न च जगदिह कश्चित्प्रेक्षते शास्तु मूर्धम्॥२४॥

今译：这也是人狮座上的游戏，眉间白毫①
闪耀神奇的光芒，不燃烧，却掩蔽
日月、摩尼珠、火焰和闪电的光芒，
世上任何人都看不到导师的头顶。（24）

① “眉间白毫”的原文是 ūrṇapāśā，BHSD 指出相当于 ūrṇakośā。

地译：此是師子王，大神通遊戲，
日月摩尼火，電等諸光明，
由佛放光明，蔽之皆不現。
諸天人世間，無能見佛頂。

इयमपि नरसिंहस्यासनस्थस्य क्रीडा
करतलस्पृशनेना कम्पिता चोर्वि सर्वा।
येन नमुचिसेना क्षोभिता तूलभूता
नमुचि इषु गृहीत्वा मेदिनी व्यालिखेद्य
इदमपि नरसिंहस्यासने क्रीडितं भूत्॥ २५॥ इति॥

今译：这也是人狮座上的游戏，
手掌一拍，整个大地震动，
魔军惊慌瘫软如同棉花，
那牟吉握箭在地上乱划，
这也是人狮座上的游戏。（25）

地译：坐於師子座，作遊戲神通，
佛以指按地，即時六種動，
降伏魔軍眾，如制兜羅[①]綿，
魔王懷憂惱，以杖而畫地，
此是佛世尊，遊戲大神通。

॥इति श्रीललितविस्तरेऽभिसंबोधनपरिवर्तो नाम द्वाविंशतितमोऽध्यायः

今译：以上是吉祥的《神通游戏》中名为《成正觉品》的第二十二章。

① “兜罗”是 tūla（“棉花”）一词的音译。

संस्तवपरिवर्तस्त्रयोविंशः।

今译：第二十三 赞叹品

地译：讚歎品第二十三

अथ खद्द शुद्धावासकायिका देवपुत्रा बोधिमण्डनिषण्णं तथागतं प्रदक्षिणीकृत्य दिव्यैश्चन्दनचूर्णवर्षैरभ्यवकीर्य आभिः सारूप्याभिर्गाथाभिरभितुष्टुवुः--

今译：然后，净居天子们向坐在菩提道场的如来右绕行礼，撒下天国的旃檀香粉，用这些合适的偈颂赞美道：

地译：爾時，佛告諸比丘：時淨居天子以天妙香花遍散佛上，如佛世尊真實功德，以偈讚曰：

उत्पन्नो लोकप्रद्योतो लोकनाथः प्रभंकरः।
अन्धभूतस्य लोकस्य चक्षुर्दाता रणंजहः॥१॥

今译：世界救主出现，放光照亮世界，
战斗胜利，赐给黑暗世界眼睛。（1）

地译：眾生煩惱暗，智慧能銷除，
如來所以出，為世光明者。

भवान् विजितसंग्रामः पुण्यैः पूर्णमनोरथः।
संपूर्णः शुक्लधर्मैश्च जगत्त्वं तर्पयिष्यसि॥२॥

今译：你凭借功德获胜，实现心愿，
充满清净妙法，你将满足世界。（2）

地译：降伏諸魔軍，功德皆圓滿，
當雨大法雨，以普洽群生。

उत्तीर्णपङ्को ह्यनिघः स्थले तिष्ठति गौतमः।
अन्यां सत्त्वां महोघेन प्रोह्यतस्तारयिष्यसि॥३॥

今译：乔答摩越过泥沼，涤除罪业，站在
干地，你将让其他众生越过大瀑流。（3）

उद्गतस्त्वं महाप्राज्ञो लोकेष्वप्रतिपुद्गलः।
लोकधर्मैरलिप्तस्त्वं जलस्थमिव पङ्कजः॥४॥

今译：你具有大智慧，举世无与伦比，
不受世间法污染，如水中莲花。（4）

地译：世間最勝人，智力無踰者，
處世無染著，猶如淨蓮華。

चिरप्रसुप्तमिमं लोकं तमस्कन्धावगुण्ठितम्।
भवान् प्रज्ञाप्रदीपेन समर्थः प्रतिबोधितुम्॥५॥

今译：世界长久沉睡，笼罩在黑暗中，
而你能用智慧明灯照醒世界。（5）

चिरातुरे जीवलोके क्लेशव्याधिप्रपीडिते।
वैद्यराट् त्वं समुत्पन्नः सर्वव्याधिप्रमोचकः॥६॥

今译：生命世界长久患病，受烦恼折磨，
而你成为医王，将解除一切病痛。（6）

地译：眾生在長夜，煩惱病纏縛，
佛為大醫王，療之令得愈。

भविष्यन्त्यक्षणा शून्या त्वयि नाथे समुद्गते।
मनुष्याश्चैव देवाश्च भविष्यन्ति सुखान्विताः॥७॥

今译：你这救主出现，种种苦难消失，
凡人和天神们都将获得幸福。（7）

地译：尊今出於世，八難咸空寂，
一切人天等，遇佛蒙安樂。

येषां त्वद्दर्शनं सौम्य एष्यसे पुरुषर्षभ।
न ते कल्पसहस्राणि जातु यास्यन्ति दुर्गतिम्॥८॥

今译：和善的人中雄牛啊，凡见到你的人，
他们在数千劫中都不会堕入恶道。（8）

地译：若有覩見此，人中勝丈夫，
经於百劫中，不墮諸惡趣。

पण्डिताश्चाप्यरोगाश्च धर्मं श्रोष्यन्ति येऽपि ते।
गम्भीराश्चोपधीक्षीणा भविष्यन्ति विशारदाः॥९॥

今译：甚至智者和健康者聆听你的正法，
也会消除烦恼[1]，沉着而无所畏惧。（9）

地译：若有得聞佛，微妙甚深法，
速除煩惱患，苦蘊亦皆盡。

मोक्ष्यन्ते च लघुं सर्वे छित्त्वा वै क्लेशबन्धनम्।
यास्यन्ति निरुपादानाः फलप्राप्तिवरं शुभम्॥१०॥

今译：所有的人将很快斩断烦恼束缚，
得到解脱，摒弃执著，获得善果。（10）

地译：當得殊勝果，解脱涅槃樂。

दक्षिणीयाश्च ते लोके आहुतीनां प्रतिग्रहाः।
न तेषु दक्षिणा न्यूना सत्त्वानिर्वाणहेतुकी॥११॥

今译：他们在世上值得供奉，接受供品，
而慷慨供奉，成为众生涅槃缘由。（11）

地译：於諸世間中，得為應供者，
若有勸供養，亦獲大福利，
當得勝妙果，乃至於涅槃。

एवं खलु भिक्षवः शुद्धावासकायिका देवपुत्रास्तथागतमभिष्टुत्यैकान्ते प्राञ्जलयस्तस्थुः प्राञ्जलयस्तथागतं नमस्यन्तः॥

今译：这样，众比丘啊，净居天子们赞美如来后，侍立一旁，双手合十，向如来致敬。

地译：佛告諸比丘：淨居天子讚如來已，合掌恭敬，於一面立。

अथ खलु चाभास्वरा देवपुत्रास्तथागतं बोधिमण्डनिषण्णं दिव्यैर्नानाप्रकारैः पुष्पधूप-

---

① “烦恼”的原词是 upadhi，词义为“生存基础”、“烦恼”或“五蕴”等。此处地译“烦恼”和“苦蕴”。

गन्धमाल्यविलेपनछत्रध्वजपताकाभिः संपूज्य त्रिप्रदक्षिणीकृत्य चाभिर्गाथाभिरभ्यस्ताविषुः--

今译：然后，光音天子们用各种天国的鲜花、熏香、香粉、花环、软膏、华盖、旗帜和幡幢，供奉坐在菩提道场的如来，右绕三匝，用这些偈颂赞美道：

地译：是時，遍光天子復以種種微妙香華、塗香、末香、燒香、散華、幢幡、寶蓋供養如來，圍遶三匝，合掌向佛，以偈讚曰：

गम्भीरबुद्धे मधुरस्वरा मुने
　　ब्रह्मस्वरा मुनिवरगीत सुस्वरम्।
वराग्रबोधि परमार्थप्राप्ता
　　सर्वस्वरे पारगते नमस्ते॥ १२॥

今译：牟尼啊，你智慧深沉，话声甜蜜，
　　声音优美，似梵音，似牟尼吟唱，
　　获得至高无上智慧，获得第一义，
　　你通晓一切声音，向你致敬！（12）

地译：牟尼深智聲和美，獲得無上大菩提，
　　於諸聲中最第一，是故我等今敬禮。

त्रातासि दीपोऽसि परायणोऽसि
　　नाथोऽसि लोके कृपमैत्रचित्तः।
वैद्योत्तमस्त्वं खद्द शल्यहर्ता
　　चिकित्सकस्त्वं परमं हितंकरः॥ १३॥

今译：你是保护者，明灯，归宿，
　　你是世界救主，心怀慈悲，
　　你是至高医王，拔除毒箭，
　　你是良医，至高的造福者。（13）

地译：於諸世間起慈故，為作燈明作依止，
　　能拔眾生諸毒箭，復為世間大醫王。

दीपंकरस्य सहदर्शनं त्वया
　　समुदानितं मैत्रकृपाभ्रजालम्।
प्रमुञ्च नाथा अमृतस्य धारां
　　शमेहि तापं सुरमानुषाणाम्॥ १४॥

今译：你过去曾遇见燃灯佛，

已在空中布满慈悲云，
救主啊，降下甘露雨吧，
平息天神和凡人的热恼！（14）

地译：尊昔值遇然燈佛，發大慈心潤一切。

त्वं पद्मभूतं त्रिभवेष्वलिप्तं
　　त्वं मेरुकल्पो विचलो ह्यकम्प्यः।
त्वं वज्रकल्पो ह्यचलप्रतिज्ञ
　　त्वं चन्द्रमा सर्वगुणाग्रधारी॥ १५॥

今译：你不受污染，是三界莲花，
你岿然不动，犹如须弥山，
你誓愿坚固，犹如金刚杵，
你具备一切美德似月亮。（15）

地译：尊如世間淨蓮華，不為三界淤泥染。
其心堅固無能沮，高廣難動如須彌，
又如金剛不可壞，亦如含秋淨滿月。

एवं खद्दु भिक्षव आभास्वरा देवास्तथागतमभिसंस्तुत्यैकान्ते तस्थुः प्राञ्जलयस्तथागतं नमस्यन्तः॥

今译：这样，众比丘啊，光音天神们赞美如来后，侍立一旁，双手合十，向如来致敬。

地译：佛告諸比丘：遍光天子讚如來已，合掌恭敬，於一面立。

अथ खद्दु सुब्रह्मदेवपुत्रप्रमुखा ब्रह्मकायिका देवास्तथागतं बोधिमण्डनिषण्णमनेकमणिरत्नकोटीनयुतशतसहस्रप्रत्युप्तेन रत्नजालेनाभिछाद्य त्रिप्रदक्षिणीकृत्य चाभिः सारूप्याभिर्गाथाभिरभ्यस्ताविषुः--

今译：然后，以善梵天子为首的梵众天神们用缀有数百千万亿摩尼珠宝的宝石网覆盖坐在菩提道场的如来，右绕三匝，用这些合适的偈颂赞美道：

地译：是時，梵眾天子以無量摩尼莊嚴寶網覆菩提道場，供養世尊，頂禮佛足，右遶三匝，以偈讚曰：

शुभविमलप्रज्ञ प्रभतेजधरा
　　द्वात्रिंशल्लक्षणवराग्रधरा।
स्मृतिमं मतिमं गुणज्ञानधरा

第二十三　赞叹品　661

अकिलान्तका शिरसि वन्दमि ते॥ १६ ॥

今译：具有纯洁的智慧和明亮光辉，
具有无比美妙的三十二吉相，
具有忆念、智力、功德和知识，
不知疲倦，我俯首向你致敬！（16）

地译：世尊能持明智光，及持三十二勝相，
念慧功德皆圓滿。

अमला विमला त्रिमलैर्विमला
त्रैलोक्यविश्रुत त्रिविद्यगता।
त्रिविधाविमोक्षवरचक्षुददा
वन्दामि त्वां त्रिनयनं विमलम्॥ १७ ॥

今译：纯洁无瑕，涤除三垢，
闻名三界，通晓三明，
赐予三种解脱和眼睛，
向清净的三眼者[1]致敬！（17）

地译：離諸結使諸過惡，清淨無垢斷三毒，
是故我等今敬禮；名稱普聞證三明，
施諸眾生三解脫。

कलिकद्द ष उद्धृत सुदान्तमना कृपकरुण उद्गत जगार्थकरा।
मुनि मुदित उद्गत प्रशान्तमना द्वयमतिविमोचक उपेक्षरता॥ १८॥

今译：消除恶浊污垢，调伏思想，
心怀怜悯慈悲，造福世界，
这位牟尼心中喜悦和平静，
摆脱二重[2]疑惑，热爱舍弃。（18）

地译：清諸濁穢心調伏，起大慈悲利世間，
三業寂静[3]出於世，蠲除二疑無染著。

व्रत तपस उद्गत जगार्थकरा

① “三眼者”指具有肉眼、天眼和慧眼。
② “二重”（dvaya）指互相对立的两边。佛教强调超越这种对立性。此处地译“二惑”。
③ “三业”指身业、口业和意业。原文中与“三业寂静”对应的用语是“思想平静”。

स्वचरीविशुद्धचरिपारगता।
चतुसत्यदर्शक विमोक्षरता
मुक्तो विमोचयसि चान्यजगत्॥ १९॥

今译：发愿修习苦行，造福世界，
善于修行，保持行为纯洁，
示现四种圣谛，热爱解脱，
解脱自己，解脱其他世人。（19）

地译：為諸世間行苦行，以四聖諦化眾生，
勤修善行超諸行，自得度已當度彼。

बलवीर्य आगतु इहा नमुचि
प्रज्ञाय वीर्य तव मैत्र्य जितो।
प्राप्तं च ते पदवरं अमृतं
वन्दाम ते शठचमूमथना॥ २०॥

今译：勇猛有力的那牟吉来到这里，
你凭智慧、精进和慈悲战胜他，
你已经达到无上的甘露境界，
摧毁魔军者啊，我们向你致敬！（20）

地译：魔王將諸魔眾來，尊以慈悲悉降伏，
已得甘露菩提道，是故我等咸歸命。

एवं खलु भिक्षवः सुब्रह्मदेवपुत्रप्रमुखा ब्रह्मकायिका देवास्तथागतमाभिर्गाथाभिरभिष्टुत्य एकान्ते तस्थुः प्राञ्जलयस्तथागतं नमस्यन्तः॥

今译：这样，众比丘啊，以善梵天子为首的梵众天神们用这些偈颂赞美如来后，侍立一旁，双手合十，向如来致敬。

地译：佛告諸比丘：梵眾天子如是種種讚歎佛已，退住一面。

अथ खलु ते शुक्लपाक्षिका मारपुत्रा येन तथागतस्तेनोपसंक्रामन्। उपसंक्रम्य महारत्न-छत्रवितानैस्तथागतमभिच्छाद्य प्राञ्जलयस्तथागतमाभिः सारूप्याभिर्गाथाभिरभ्यस्ताविषुः--

今译：然后，白方的摩罗之子们来到如来这里。来到后，他们用大宝石华盖和帐幔覆盖如来，双手合十，用这些合适的偈颂赞美如来：

地译：是時，右面魔王子清白之部至世尊所，以眾妙寶蓋奉上如來，以偈讚曰：

प्रत्यक्षेऽस्मि बले तवातिविपुले मारस्य घोरा चमू
　　यत्सा मारचमू महाप्रतिभया एकक्षणे ते जिता।
न च ते उत्थितु नैव कायु त्रसितो नो वा गिरा व्याहृता
　　त्वां वन्दामहि सर्वलोकमहितं सर्वार्थसिद्धं मुनिम्॥ २१॥

今译：亲眼目睹你的伟大力量，一刹那间，
你以大光芒降伏可怕的摩罗军队，
你不起身，身体不恐慌，沉默不语，
向举世崇敬的一切义成牟尼致敬！（21）

地译：我自見如來，端坐菩提座，
魔軍極熾盛，超然不驚悸，
而於一念頃，降伏悉無餘，
既有如是德，我今稽首禮，
一切皆圓滿，無上大牟尼。

मारा कोटिसहस्रनेकनयुता गङ्गाणुभिः संमिताः
　　ते तुभ्यं न समर्थ बोधिसुवटा संचालितुं कम्पितुम्।
यज्ञा कोटिसहस्रनेकनयुता गङ्गा यथा वालिका
　　यष्टा बोधिवटासितेन भवता तेनाद्य विभ्राजसे॥ २२॥

今译：尽管摩罗数千万亿，如同恒河沙数，
他们不能动摇你，让你离开菩提树，
举行过数千万亿祭祀，如同恒河沙数，
因此你今天坐在菩提树下，光彩熠熠。（22）

地译：魔眾如恒沙，本不能傾動，
尊為菩提故，無量劫行檀。

भार्या चेष्टतमा सुताश्च दयिता दास्यश्च
　　दासास्तथा उद्याना नगराणि राष्ट्रनिगमा राज्यानि सान्तः पुराः।
हस्ता पादशिरोत्तमाङ्गमपि वा चक्षूंषि जिह्वा तथा
　　त्यक्ता ते वरबोधिचर्य चरता तेनाद्य विभ्राजसे॥ २३॥

今译：你舍弃可爱的妻子、儿子和男女奴仆，
花园、城市、王国、乡镇、王位和后宫，
双手、双脚、头颅、上身、眼睛和舌头，
实施殊胜菩提行，因此你今天光彩熠熠。（23）

地译：捨施妻子等，身肉及手足，
一切皆無悋，故得勝莊嚴。

उक्तं यद्वचनं त्वया सुबहुशो बुद्धो भविष्याम्यहं
तारिष्ये बहुसत्त्वकोटिनयुता दुःखार्णवेनोह्यता।
ध्यानाधीन्द्रियबुद्धिभिः कवचितः सद्धर्मनावा स्वयं
सा चैषा प्रतिपूर्ण तुभ्य प्रणिधिस्तारिष्यसे प्राणिनः॥२४॥

今译：你多次说过这样的话："我将成佛，亲自
救度千万亿众生出苦海，以禅定、智力、
精力和智慧为护身铠甲，以妙法为船筏。"
你的这个誓愿已经实现，你将救度众生。（24）

地译：尊發廣大願，得成無上道，
當度諸群生，定慧為甲冑，
淨法為船筏，意樂圓滿已，
方度諸群生。

यत्पुण्यं च स्तवित्व वादिवृषभं लोकस्य चक्षुर्ददं
सर्वे भूत्व उदग्रहृष्टमनसः प्रार्थेम सर्वज्ञताम्।
समुदानीत्व वराग्रबोधिमतुलां बुद्धैः सुसंवर्णितां
एवं तद्विनिहत्य मारपरिषां बुद्धेम सर्वज्ञताम्॥२५॥

今译：赞美这位辩才雄牛，赐予世界眼睛者，
赞美他的功德，我们心中便充满喜悦，
追求一切智，众佛陀称赞的无上菩提，
这样，我们会降伏魔众，证得一切智。（25）

地译：我以歡喜心，讚佛諸功德，
願我於來世，得成無上道，
又以此功德，降伏眾魔怨，
速證一切智。

एवं खलु भिक्षवो मारपुत्रास्तथागतमभिष्टुत्यैकान्ते तस्थुः प्राञ्जलयस्तथागतं नमस्यन्तः॥

今译：这样，众比丘啊，摩罗之子们赞美如来后，侍立一旁，双手合十，向如来致敬。

地译：佛告諸比丘：清白魔子說如是偈讚歎佛已，頂禮如來，恭敬圍遶，却住一面。

अथ खलु परनिर्मितवशवर्ती देवपुत्रोऽनेकैर्देवपुत्रशतसहस्रैः परिवृतः पुरस्कृतो जाम्बूनदसुवर्णवर्णैः पद्मैस्तथागतमभ्यवकीर्य संमुखमाभिर्गाथाभिरभ्यस्तावीत्--

今译：然后，他化自在天子们由数百千天子恭敬围绕，向如来撒下灿若阎浮陀金子的莲花，站在面前，用这些偈颂赞美道：

地译：是時，復有他化自在天王與無數天子恭敬圍遶，來至佛所，將妙閻浮檀金天花散如來上，以偈讚曰：

अपीडित अलुडित अवितथवचना
अपगततमरज अमृतगतिगता।
अरहसि दिवि भुवि श्रियक्रियमतुला
अतिद्युतिस्मृतिमति प्रणिपति शिरसा॥२६॥

今译：不受阻碍，不混乱，说话真实不虚，
远离黑暗和污垢，行走在甘露道上，
你能照亮天和地，无与伦比，富有
光辉、忆念和智力，俯首向你致敬！（26）

地译：如來所說皆真實，無有覆藏無雜亂，
遠離癡冥及罪垢，證得甘露大菩提，
光明遍照於十方，是故我今稽首禮。

रतिकर रणजह रजमलमथना
रमयसि सुरनर सुविशदवचनैः।
विकसित सुविपुल वरतनु किरणैः
सुरनरपतिरिव जयसि जगदिदम्॥२७॥

今译：你制伏欲乐，清除恶浊污垢，
言语纯洁，令天神和凡人喜悦，
你的身体优美，大放光明，如同
天神和凡人之主，战胜这个世界。（27）

地译：世尊慈悲於一切，善別諸根摧外道，
智慧殊勝十力者，能顯眾生微妙行，
身處虛空現神變，猶如履地無罣礙。

परगणिप्रमथन परचरिकुशला
　　प्रियु भव नरमरु परमति धुनता।
परचरि विभजसि सुनिपुणमतिमान्
　　पथि इह विचरतु दशबलगमने॥२८॥

今译：摧毁成群敌人，精通至高善行，
受人和神喜爱，动摇敌人思想，
崇尚至高善行，智慧精深博大，
请世尊行走上十力的道路上吧！（28）

地译：世尊慈悲於一切，善別諸根摧外道，
智慧殊勝十力者，能顯眾生微妙行。

त्यजि पृथु भवग्रहि वितथदुख महा
　　विनयसि सुरनर यथमति विनये।
विचरसि चतुदिश शशिरिव गगने
　　चक्षु भव परायण इह भुवि त्रिभवे॥२९॥

今译：摒弃执著虚妄存在的大痛苦，
你依照心愿教化天神和凡人，
你行走四方，如同空中的月亮，
成为三界大地的眼睛和归宿吧！（29）

地译：身處虛空現神變，猶如履地無罣礙。
見彼生死廣大愛，知惟妄苦而棄之，
當隨天人諸意業，教化皆令得解脫。

प्रियु भव नरमरु न च खलि विषये
　　रमयसि शुभरति कामरतिविरतो।
दिनदर्शि परिषदि न ति समु त्रिभवे
　　नाथु गति परायणु त्वमिह हि जगतः॥३०॥

今译：你受凡人和天神喜爱，不迷恋
感官对象，热爱善业，戒绝欲乐，
集会中的太阳，三界中无与伦比，
你是世界的救主、归宿和皈依。（30）

地译：利益十方如日光，復於三界猶如眼，

為諸世間作依止，其心曾不生貪著，
遊戲神通得自在，而於世間無與等。

एवं खद्द भिक्षवो वशवर्तिदेवप्रमुखाः परिनिर्मितवशवर्तिनो देवपुत्रास्तथागतमभिष्टुत्यै-कान्ते तस्थुः प्राञ्जलयस्तथागतं नमस्यन्तः॥

今译：这样，众比丘啊，以自在天神为首的他化自在天子们[①]赞美如来后，侍立一旁，双手合十，向如来致敬。

地译：佛告諸比丘：他化自在天王讚歎佛已，與諸天眾頂禮圍遶，却住一面。

अथ खद्द सुनिर्मितो देवपुत्रो देवसंघपरिवृतः पुरस्कृतो नानारत्नपट्टदामैस्तथागतम-भिछाद्य संमुखमाभिर्गाथाभिरभ्यस्तावीत्--

今译：然后，化乐天子们由众天神恭敬围绕，用各种宝石彩带覆盖如来，站在前面，用这些偈颂赞美道：

地译：是時，化樂天王與諸天眾恭敬圍遶，來至佛所，以種種花鬘、珍寶、繒綵供養如來，以偈讚曰：

धर्मालोक भवान् समुद्गत त्रिविधमलनुच्छिदो
मोहादृष्टिअविद्यघातको हिरिशिरिभरितः।
मिथ्यामार्गरतामिमां प्रजाममृते थपयितो
उत्पन्नो इह लोकि चेतियो दिवि भुवि महितः॥ ३१॥

今译：你是正法光芒，清除三种污垢，摧毁
愚痴、邪见和无知，知廉耻，充满吉祥，
你引导这些热衷邪道的众生走上甘露道，
你出现在世界上，在天国和大地受崇敬。（31）

地译：如來智慧光，滅盡於三垢，
煩惱皆已斷，吉祥悉成就，
世間諸眾生，執著於邪慢，
尊今攝取之，致於甘露道。

त्वं वैद्यो कुशलचिकित्सको ह्यमृतसुखददो
दृष्टिक्लेशमविद्यसंचयं पुरिममनुशयम्।

① 此处原文中的 pari 应为 para。

सर्वव्याध्यपनेसि देहिनां पुरिमजिनपथे
तस्माद्वैद्यतमोऽसि नायका विचरसि धरणीम्॥३२॥

今译：你是精通医术的良医，赐予甘露福，
　　　消除种种邪见、烦恼、无知和宿怨，
　　　解除众生一切病痛，遵循过去佛道，
　　　因此，你是医王，导师，漫游大地。（32）

地译：是故出世間，天人所供養，
　　　能除煩惱病，說為大醫王。

चन्द्रासूर्यप्रभाश्च ज्योतिषा मणि तथ ज्वलना
शक्रब्रह्मप्रभा न भासते पुरतु शिरिघने।
प्रज्ञालोककरा प्रभंकरा प्रभसिरिभरिता
प्रत्यक्षास्तव ज्ञाति अद्भुते प्रणिपति शिरसा॥३३॥

今译：在你这光团面前，月亮、太阳和星星，
　　　摩尼珠、火焰、帝释和梵天都不闪耀，
　　　你闪耀智慧光芒，充满吉祥的光辉，
　　　你的亲族目睹奇迹，俯首向你致敬！（33）

地译：日月摩尼火，帝釋梵王等，
　　　若於世尊前，其光悉不現，
　　　智慧所照燭，是處咸吉祥，
　　　一切皆希有，故我今頂禮。

सत्यासत्यकथी विनायका सुमधुरवचना
दान्ता शान्तमना जितेन्द्रिय प्रशमितमनसा।
शास्ता शासनियां प्रशाससे नरमरुपरिषां
वन्दे शाक्यमुनिं नरर्षभं सुरनरमहितम्॥३४॥

今译：导师啊，你的话语甜蜜，讲述真假是非，
　　　自制，内心安宁，制伏感官，思想平静；
　　　你是导师，教导值得教化的众人和众神，[①]
　　　我向受神和人尊敬的雄牛释迦牟尼致敬！（34）

---

① 此处原文中的 pariṣā，BHSD 指出相当于 pariṣad 或 parṣad。

地译：世尊知實義，亦知虛妄法，
於此二法中，無非如實說，
言詞甚微妙，心意極調柔，
為天人導師，故我今頂禮。

ज्ञानिं ज्ञानकथाग्रधारका ज्ञपयसि त्रिभवे
त्रैविद्यत्रिविमोक्षदेशका त्रिमलमलनुदा।
भव्याभव्य मुने प्रजानसे यथमति विनये
वन्दे त्वां त्रिसहस्त्रि अद्भुतं दिवि भुवि महितम्॥ ३५॥

今译：你富有知识，善于演说知识，教诲三界，
宣示三明和三解脱，消除三垢，牟尼啊！
你知道适任和不适任，随顺其心愿教化，
三千世界奇迹，普天下崇敬，向你致敬！（35）

地译：尊有大智慧，覺悟諸群生，
三明八解脱[①]，能除彼三毒，
善識眾生根，堪受不堪受，
各隨其意樂，故我今頂禮。

एवं खलु भिक्षवः सुनिर्मितो देवपुत्रः सपरिवारस्तथागतमभिष्टुत्यैकान्तेऽस्थात् प्राञ्जलीकृतस्तथागतं नमस्कुर्वन्॥

今译：这样，众比丘啊，化乐天子和随从们赞美如来后，侍立一旁，双手合十，向如来致敬。

地译：佛告諸比丘：化樂天王說是偈已，與諸天眾頂禮佛足，却住一面。

अथ खलु संतुषितो देवपुत्रः सार्धं तुषितकायिकैर्देवैर्येन तथागतस्तेनोपसंक्रामत्। उपसंक्रम्य महता दिव्यवस्त्रजालेन बोधिमण्डनिषण्णं तथागतमभिसंछाद्य संमुखमाभिर्गाथाभिरभ्यस्तौषीत्--

今译：然后，商兜率天子和兜率天神们一起来到如来这里。来到后，用天国妙衣网覆盖坐在菩提道场的如来，站在面前，用这些偈颂赞美道：

---

① “八解脱”指依据八种定力摆脱对色和无色的贪欲。此处原文是“三解脱”，指空、无相和无愿三种解脱门。

地译：是時，兜率天王與諸天眾恭敬圍遶，來詣佛所，以種種天妙衣服、珠網、寶蓋，以覆佛上，說偈讚曰：

तुषितालयि यद्वसितस्त्वं
तत्र ति देशितु धर्म उदारो।
न च छिद्यति सा अनुशास्ति
अद्यपि धर्मचरी सुरपुत्रा॥३६॥

今译：你当初住在兜率天宫，
在那里宣示博大正法，
你的教导并没有中断，
至今天子们遵奉法行。（36）

地译：往昔兜率宮，廣說清淨法，
遺教今猶在，諸天咸戀慕。

न च दर्शन तृप्ति लभामो
धर्म शृणोतु न विन्दति तृप्तिम्।
गुणसागर लोकप्रदीपा
वन्दिम ते शिरसा मनसा च॥३७॥

今译：我们观看你，百看不厌，
我们听妙法，百听不厌，
你是功德海，世界明灯，
我们真心俯首向你致敬！（37）

地译：如是功德海，為世作明燈，
見者無厭足，故我今頂禮。

तुषितालय यच्चलितस्त्वं
शोषित अक्षण सर्वि तदा ते।
यद बोधिवटे उपविष्टः
सर्वजगस्य किलेश प्रशान्ताः॥३८॥

今译：你离开兜率天宫，
清除所有一切苦难，
你坐在菩提树下，
平息一切世界烦恼。（38）

地译：尊於彼天沒，八難皆銷盡，
而坐菩提場，世間獲安樂。

यस्य कृतेन च बोधि उदारा
एष ति प्राप्ति जिनित्वन मारम्।
त्वा प्रणिधी तपसा परिपूर्णा
क्षिप्र प्रवर्तय चक्रमुदारम्॥ ३९॥

今译：你已经降伏摩罗，
由此获得大菩提，
你靠苦行实现誓愿，
迅速转动大法轮吧！（39）

地译：佛為眾生故，起大菩提心，
今已降魔怨，得成無上道。

बहु दिक्षिषु प्राणिसहस्रा
धर्मरता श्रुणियामथ धर्मम्।
क्षिप्र प्रवर्तय चक्रमुदारं
मोचय प्राणिसहस्र भवेषु॥ ४०॥

今译：十方数以千计众生，
热爱正法，聆听正法，
迅速转动大法轮吧，
解脱三界这些众生！（40）

地译：請速度未度，轉于大法輪。

एवं खलु भिक्षवः संतुषितो देवपुत्रः सपरिवारस्तथागतमभिष्टत्यैकान्तेऽस्थात्प्राञ्जलीकृतस्तथागतं नमस्यमानः॥

今译：这样，众比丘啊，商兜率天子和随从们赞美如来后，侍立一旁，双手合十，向如来致敬。

地译：佛告諸比丘：兜率天王說是偈已，頂禮佛足，退坐一面。

अथ खलु सुयामदेवपुत्रप्रमुखाः सुयामा देवा येन तथागतस्तेनोपसंक्रामत्। उपसंक्रम्य नानापुष्पधूपगन्धमाल्यविलेपनैर्बोधिमण्डनिषण्णं तथागतं संपूज्य संमुखमाभिः सारूप्याभिर्गाथाभिस्तुष्टवुः--

今译：然后，以苏夜摩天子为首的苏夜摩天神们来到如来这里。来到后，他们用各种鲜花、熏香、香粉、花环和软膏供奉坐在菩提道场的如来，站在面前，用这些合适的偈颂赞美道：

地译：是時，夜摩天王與諸天眾恭敬圍遶，來詣佛所，以種種香花、塗香、末香、幢幡、寶蓋供養於佛，以偈讚曰：

सदृशोऽस्ति न ते कुतोन्तरे
　　शील समाधि तथैव प्रज्ञया।
अधिमुक्तिविमुक्तिकोविदा
　　शिरसा वन्दिम ते तथागतम्॥४१॥

今译：戒行、入定和智慧，
何处有人能与你相比？
你通晓信念和解脱，
我们向如来俯首致敬！（41）

地译：佛為無上士，世間誰與等？
戒定慧解脱，故我今頂禮。

दृष्टा स वियूह शोभना
　　बोधिमण्डस्मि मरुभि या कृता।
न तमर्हति अन्य कश्चना
　　यथ त्वं देवमनुष्यपूजितः॥४२॥

今译：看到众天神在菩提道场，
创造如此美妙庄严景象，
任何人都不能像你这样，
受到众天神和凡人供奉。（42）

地译：我觀諸天眾，於此菩提場，
以妙寶臺閣，供養於尊者，
無有餘人天，堪受如斯供。

न मुधाय भवान् समुद्गतो
　　यस्य अर्थे बहु चीर्ण दुष्करा।
विजितो हि शठः ससैन्यकः
　　प्राप्ता बोधि अनुत्तरा त्वया॥४३॥

今译：你并非贸然出现在世上，
为此已修习许多苦行；
你降伏邪恶者及其军队，
已经证得无上的菩提。（43）

地译：佛為世間出，長時苦行已，
降伏魔軍眾，得成無上道。

आलोक कृतो दशादिशे
प्रज्ञादीपेन त्रिलोक ज्वालितः।
तिमिरं अपनाययिष्यसे
दास्यसि चक्षुरनुत्तरं जगे॥ ४४॥

今译：你的光芒照遍十方，
用智慧明灯照亮三界；
你将驱除黑暗翳障，
赐予世界无上的眼睛。（44）

地译：滅除無明暗，智光照十方，
與世為法眼，利益於一切。

बहुकल्प स्तुवन्ति भाषतो
रोमरूपस्य न चान्तु अस्ति ते।
गुणसागर लोकविश्रुता
शिरसा वन्दिम ते तथागतम्॥ ४५॥

今译：人们赞美你，说上许多劫，
也说不尽你的一根毫毛，
你是功德海，闻名世界，
我们向如来俯首致敬！（45）

地译：設於無量劫，讚歎佛世尊，
一毛孔功德，猶尚不能盡，
名聞遍十方，故我今頂禮。

एवं खद्द ते सुयामदेवपुत्रप्रमुखा देवास्तथागतमभिष्टुत्यैकान्ते तस्थुः प्राञ्जलस्तथागतं नमस्यन्तः॥

今译：这样，以苏夜摩天子为首的天神们赞美如来后，侍立一旁，双手合十，向如来致敬。

地译：佛告諸比丘：夜摩天王讚歎佛已，與諸天眾恭敬圍遶，頂禮佛足，却住一面。

अथ खलु शक्रो देवानामिन्द्रः सार्धं त्रायत्रिंशकायिकैर्देवैर्नानापुष्पधूपदीपगन्धमाल्यविलेपनचूर्णचीवरछत्रध्वजपताकाव्यूहैस्तथागतं संपूज्य आभिर्गाथाभिरभ्यस्तावीत्--

今译：然后，天王帝释天和忉利天神们一起用各种鲜花、熏香、灯具、香料、花环、软膏、香粉、衣服、华盖、旗帜和幡幢等等装饰品供奉如来，用这些偈颂赞美道：

地译：是時，釋提桓因與三十三天及諸天眾恭敬圍遶，來詣佛所，以種種寶幢、幡蓋、香花、衣服供養佛已，頂禮如來，以偈讚曰：

अस्खलिता अनवद्या सदा सुस्थिता मेरुकल्पा मुने
दशदिशि सुविघुष्ट ज्ञानप्रभा पुण्यतेजान्विता।
बुद्धशतसहस्र संपूजिता पूर्वि तुभ्यं मुने
तस्य विशेषु येन बोधिद्रुमे मारसेना जिता॥४६॥

今译：牟尼你稳定不动，无可指摘，似须弥山，
你名扬十方，闪耀智慧光芒，功德光辉，
牟尼啊，你在过去曾经侍奉百千佛陀，
因此，你在菩提树下降伏摩罗的军队。（46）

地译：如來功德甚清淨，身心不動若須彌，
智慧光明照十方，名稱普聞於一切；
世尊往昔於多劫，供養無量諸如來，
故得降魔成正覺，堪受人天勝供養。

शीलश्रुतसमाधिप्रज्ञाकरा ज्ञानकेतुध्वजा
जरमरणनिघाति वैद्योत्तमा लोकचक्षुर्ददा।
त्रिमलखिलप्रहीण शान्तेन्द्रिया शान्तचित्ता मुने
शरणु तवमुपेम शाक्यर्षभा धर्मराजा जगे॥४७॥

今译：戒行、学问、入定和智慧宝藏，知识的
旗帜，灭除老死的医王，赐予世界眼睛，
清除三种恶浊污垢，感官和思想平静，
释迦雄牛，世界法王，我们寻求你庇护。（47）

地译：尊是多聞定慧者，開彼無上智法眼，
　　　我今歸依釋勝幢，一切世間大法主。

बोधिचरी अनन्ततुल्या अभूद्वीर्यस्थामोद्गता
　　प्रज्ञाबल उपाय मैत्राबलं ब्राह्मपुण्यं बलम्।
एति बलमनन्ततुल्या भवं बोधि संप्रस्थिते
　　दशबलबलधारी अद्या पुनर्बोधिमण्डे भुतो॥४८॥

今译：实施无限菩提行，产生勇猛精进力，
　　　智慧力、方便力、慈悲力和梵功德力，
　　　你具有无限的力量，出发求证菩提，
　　　如今在菩提道场上，具备所有十力。（48）

地译：尊為菩提於多劫，廣行無量諸苦行，
　　　慈悲喜捨及方便，精進智慧大梵福，
　　　已得如是等功德，今復具足十力果。

दृष्ट्व चमु अनन्तसत्त्वे सुरा भीतत्रस्ताभवन्
　　मा खु श्रमणराजु बाधिष्यते बोधिमण्डे स्थितः।
न च भवतु बभूव तेभ्यो भयं नो च कायेञ्जना
　　करहत गुरुभार संकम्पना मारसेना जिता॥४९॥

今译：看到人数无限的军队，天神也会惧怕，
　　　而你这位沙门王在菩提道场不受阻碍，
　　　面对他们，心中无所畏惧，身体不动摇，
　　　用手一拍，摩罗军队受到重压，被降伏。（49）

地译：我覩佛坐菩提時，魔王軍眾欲加害，
　　　諸天或有憂懼者，如來身心不驚動，
　　　世尊以手垂下時，魔軍於是皆退散。

यथ च पुरिमकेभि सिंहासने प्राप्त बोधि वरा
　　तथ त्वया अनुबुद्ध तुल्या समा अन्यथा त्वं न हि।
सममनस समचित्त सर्वज्ञता स्थाम प्राप्तं त्वया
　　तेन भव स्वयंभु लोकोत्तमो पुण्यक्षेत्रं जगे॥५०॥

今译：正如过去佛在狮子座上证得殊胜菩提，
　　　你也同样证得，完全相同，没有差异，

思想意念都相同，获得一切智和威力，
因此成为自在者，世尊，世界功德田。（50）

地译：在昔諸佛成正覺，尊今得道亦如是，
福智一切皆無異，是為人天應供者。

एवं खद्दु भिक्षवः शक्रो देवानामिन्द्रः सार्धं देवपुत्रैस्त्रायत्रिंशैस्तथागतमभिष्टुत्यैकान्ते ऽस्थात् प्राञ्जलीकृतस्तथागतं नमस्कुर्वन्॥

今译：这样，众比丘啊，天王帝释天和忉利天子们赞美如来后，侍立一旁，双手合十，向如来致敬。

地译：佛告諸比丘：釋提桓因以如是等偈讚佛已，頭面禮足，却住一面。

अथ खद्दु चत्वारो महाराजानः सार्धं चतुर्महाराजकायिकैर्देवपुत्रैर्येन तथागतस्तेनोपसंक्रामत्। उपसंक्रम्याभिमुक्तकचम्पकसुमनावार्षिकधानुस्कारिमाल्यदामपरिगृहीता अप्सरःशतसहस्रपरिवृता दिव्यसंगीतिसंप्रवादितेन तथागतस्य पूजां कृत्वा आभिः सारूप्याभिर्गाथाभिस्तुष्टुवुः--

今译：然后，四大天王和四大天王天子们一起来到如来这里。来到后，手持阿毗牟迦多、詹波、须曼那、婆师迦和达奴迦利花环，百千天女围绕，演奏天国乐曲，供奉如来。他们用这些合适的偈颂赞美道：

地译：是時，四大天王與諸天婇女皆持薝波花、婆利師等種種香花，奏天妓樂，來詣佛所，供養佛已，說偈讚曰：

सुमधुरवचना मनोज्ञघोषा
शशि व प्रशान्तिकरा प्रसन्नचित्ता।
प्रहसितवदना प्रभूतजिह्वा
परमसुप्रीतिकरा मुने नमस्ते॥५१॥

今译：话语甜蜜可爱，声音悦耳动听，
思想平静，如同月亮，令人清净，
面露笑容，舌头广长，牟尼啊！
你带来无限喜悦，我们向你致敬！（51）

地译：如來美音聲，能悅一切意，
善行精進戒，心淨常微笑，
令眾生愛樂，故我今頂禮。

第二十三　赞叹品　677

रुतरवित य अस्ति सर्वलोके
　　सुमधुर प्रेमणिया नरामरूणाम्।
भवत स्वरु प्रमुक्त मञ्जुघोषो
　　अभिभवते रुत सर्वि भाषमाणां॥५२॥

今译：无论一切世界有任何甜美
声音，令凡人和天神喜爱，
你说话发出的可爱声音，
胜过所有说话者的声音。（52）

रागु समयि दोषमोहक्लेशा प्रीति
　　जनेति अमानुषां विशुद्धाम्।
अकद्द षहृदया निशाम्य धर्मं
　　आर्य विमुक्ति लभन्ति ते हि सर्वे॥५३॥

今译：平息[①]贪婪、愚痴和烦恼，
产生非凡和纯洁的喜悦，
高尚的人内心清净无垢，
聆听正法，全都获得解脱。（53）

地译：以彼微妙言，除眾生煩惱，
能與無量樂，離罪心清淨，
獲得無漏智，世間無與比。

न च भव अतिमन्यसे अविद्वां
　　न च पुन विद्वमदेन जातु मत्तः।
उन्नतु न च नैव चोनतस्त्वं
　　गिरिरिव सुस्थितु सागरस्य मध्ये॥५४॥

今译：你不傲视无知者，
不因有知而骄慢，
不高傲，也不自卑[②]，
如屹立海中的高山。（54）

地译：平等而不動，猶如須彌山。

---

① “平息”的原词是 samayi，似应为 śamayi。此处地译“除”。
② “自卑”的原文是 conataḥ，可读为 ca avanataḥ。

लाभ इह सुलब्ध मानुषाणां
　　यत्र हि तादृशु जातु सत्त्व लोके।
श्रीरिव पदुमो धनस्य दात्री
　　तथ तव दास्यति धर्मु सर्वलोके॥५५॥

今译：世界出现你这样的人物，
　　人们获得大收获，如同
　　吉祥女神赐予莲花财富，
　　你赐予一切世界正法。（55）

地译：示現於世間，如蓮華出水。

एवं खलु चतुर्महाराजप्रमुखा महाराजकायिका देवा बोधिमण्डनिषण्णं तथागतमभिष्टुत्यैकान्ते तस्थुः प्राञ्जलयस्तथागतं नमस्यन्तः॥

今译：这样，以四大天王为首的四大天王天神们赞美坐在菩提道场的如来后，侍立一旁，双手合十，向如来致敬。

地译：佛告諸比丘：四天王讚歎佛已，頂禮圍遶，却住一面。

अथ खल्वन्तरिक्षा देवास्तथागतस्यान्तिकमुपसंक्रम्याभिसंबोधेः पूजाकर्मणे सर्वमन्तरीक्षं रत्नजालेन किङ्किणीजालेन रत्नछत्रै रत्नपताकाभी रत्नपट्टदामै रत्नावतंसकैर्विविधमुक्ताहारपुष्पदामार्धकायिकदेवतापरिगृहीतैरर्धचन्द्रकैश्च समलंकृत्य तथागताय निर्यातयन्ति स्म। निर्यात्य च संमुखमाभिर्गाथाभिरभ्यस्ताविषुः--

今译：然后，空中天神们来到如来身边，供奉正等觉。他们半露身体，手持宝石网、铃铛网、宝石华盖、宝石旗幡、宝石彩带、宝石耳饰、各种珍珠项链、花环和半月簪，装饰整个天空，向如来献礼。献礼后，站在面前，用这些偈颂赞美道：

地译：是時，虛空諸天亦以種種香花、寶蓋、幢幡、鈴網彌覆虛空，又出半身，各持種種寶珠瓔珞供養如來，以偈讚曰：

अस्माकु वासं गगने ध्रुवं मुने
　　पश्याम सत्त्वा चरिया यथा जगे।
भवतश्चरि प्रेक्षिय शुद्धसत्त्व
　　स्खलितं न पश्याम तवैकचित्ते॥५६॥

今译：我们始终住在空中，牟尼啊！
　　观察世上众生行为，也观察

你的行为，本性纯洁者啊！
看到你思想专一，从不错乱。（56）

地译：我常處虛空，善惡悉皆覩，
惟有如來身，清淨無諸過。

ये आगता पूजन बोधिसत्त्वा
गगनं स्फुटं तैर्नरनायकेभिः।
हानिर्विमानान न चाभवन्त
तथा हि ते वै गगनात्मभावाः॥५७॥

今译：那些菩萨前来供奉，
人中导师们布满空中，
而天国宫殿[1]毫无减损，
因为他们与天空同一。（57）

地译：又見菩薩眾，持種種寶臺，
遍於虛空中，其數無有量。

ये अन्तरीक्षातु प्रवर्षि पुष्पां
स्याच्चूडबन्धा हि महासहस्रा।
ते तुभ्य काये पतिता अशेषा
नद्यो यथा सागरि संप्रविष्टाः॥५८॥

今译：花雨从空中降下，
大千世界如同发髻，
鲜花全都落在你身，
犹如江河流入大海。（58）

地译：又見菩薩眾，供養於如來，
散彼微妙花，積滿大千界。

पश्याम छत्राण्यवतंसका च
मालागुणां चम्पकपुष्पदामां।
हारांश्च चन्द्रांश्च तथार्धचन्द्रां
क्षिपन्ति देवा न च संस्करोति॥५९॥

① “宫殿”的原词是 vimāna，也指天神乘坐的飞车。

今译：我们看到众天神布置
各种华盖、耳饰和项链、
璎珞、月簪和半月簪，
詹波花环，毫不杂乱。（59）

地译：又見菩薩眾，將無量供具，
花鬘諸瓔珞，傘蓋及耳璫，
花香極盈滿，悉皆無雜亂。

वालस्य नाभूदवकाशमस्मिन्
देवैः स्फुटं सर्वत अन्तरीक्षम्।
कुर्वन्ति पूजां द्विपदोत्तमस्य
न च ते मदो जायति विस्मयो वा॥ ६०॥

今译：空中到处布满天神，
没有剩下一丝空间，
他们供奉人中至尊，
而你不陶醉，不惊奇。（60）

地译：如流歸大海，雲集遍虛空，
如來受彼供，一切心平等。

एवं खल्वन्तरीक्षदेवा बोधिमण्डे निषण्णं तथागतमभिष्टुत्यैकान्तेऽवतस्थिवन्तः प्राञ्जलयस्तथागतं नमस्यन्तः॥

今译：这样，空中天神们赞美坐在菩提道场的如来后，侍立一旁，双手合十，向如来致敬。

地译：佛告諸比丘：虛空天眾供養佛已，頂禮圍遶，却住一面。

अथ खलु भौमा देवास्तथागतस्य पूजाकर्मणे सर्वावन्तं धरणीतलं सुशोधितोपलिप्तं गन्धोदकपरिषिक्तं पुष्पावकीर्णं च कृत्वा नानादूष्यवितानविततं च तथागताय निर्यातयन्ति स्म। आभिर्गाथाभिरभिंतुष्टुवुः--

今译：然后，地上天神们供奉如来。他们清扫和涂抹整个地面，喷洒香水，撒下鲜花，张开各种丝绸帐幔，向如来献礼。他们用这些偈颂赞美道：

地译：是時，地神供養佛故，淨掃其地，灑以香水，散以名花，遍菩提場皆悉清淨，又以寶幔彌覆其上，即以偈頌讚歎如來：

वज्रमिव अभेद्या संस्थिता त्रिः सहस्रा
　　वज्रमयपदेनायं स्थितो बोधिमण्डे।
इह मम त्वचमांसं शुष्यतामस्थिमज्जा
　　न च अहु अस्पृशित्वा बोधि उत्थेष्य अस्मात्॥ ६१ ॥

今译：三千世界坚不可摧似金刚，
他坐在菩提道场金刚座上：
“我的皮肉筋骨可以枯竭，
不接触菩提，我绝不起身！”（61）

地译：如來坐是大千界，此為堅固金剛座，
假使身肉盡乾銷，未得菩提終不起。

सविभव नरसिंहा सर्वियं त्रिः सहस्रा
　　न करिषु अधिस्थानं स्याद्विदीर्णशेषा।
तादृश महवेगा आगता बोधिसत्त्वा
　　येष क्रमतलेभिः कम्पिता क्षेत्रकोट्यः ॥ ६२ ॥

今译：威武的人狮不施展神通[①]，
整个三千世界都会崩溃，
众菩萨来这里，迅猛异常，
他们的脚步撼动千万国土。（62）

地译：如來不以神通力，我此所居當碎裂，
見此諸來菩薩眾，我等今者咸安隱。

लाभ इह सुलब्धा भूमिदेवैरुदारा
　　यत्र परमसत्त्वश्चंक्रमी मेदिनीये।
यत्र कु रजु लोके सर्व ओभासितास्ते
　　चेतिभु त्रिसहस्रः किं पुनस्तुभ्य कायः ॥ ६३ ॥

今译：人中至尊行走在这大地上，
地上的天神们获得大收获，
所有的尘土都被照亮，三千
世界皆成塔，何况你的身体？（63）

地译：世尊此地經行故，三千世界並蒙光，

① “神通”的原词是 adhisthāna（也写为 adhiṣṭhāna），指佛的护持力。

佛光所至皆是塔，何況身居此成道。

हेस्ति शतसहस्रं यावतश्चापस्कन्धो
　　धरणितद्द जगस्या यावतश्चोपजीव्यः।
सर्व वयु धरेमो मेदिनी त्रिः सहस्रां
　　सर्व तव ददामो भुङ्क्ष्विमां त्वं यथेष्टम्॥६४॥

今译：成百成千的地下水源，
世界依附的所有地面，
我们维持三千世界大地，
全部献给你随意享用。（64）

地译：我所統領諸土地，并願世尊之所用。

यत्र भव स्थिहेद्वा चंक्रमेद्वा शयेद्वा
　　येऽपि सुगतपुत्राः श्रावका गौतमस्य।
धर्मकथ कथेन्ती येऽपि वा तां शृणोन्ति
　　सर्वकुशलमूलं बोधिये नामयामः॥६५॥

今译：无论你站立、行走和休息在何处，
无论谁是乔答摩的佛子和声闻，
无论谁讲述正法，或者聆听正法，
我们愿为求菩提奉献一切善根。（65）

地译：是諸佛子及聲聞，并所說法之功德，
願令一切眾生等，皆證無上佛菩提。

एवं खद्द भौमा देवा बोधिमण्डनिषण्णं तथागतमभिष्टत्यैकान्ते तस्थुः प्राञ्जलयस्तथागतं नमस्यन्तः॥

今译：这样，地上天神们赞美坐在菩提道场的如来后，侍立一旁，双手合十，向如来致敬。

地译：佛告諸比丘：地神說此偈已，頂禮佛足，合掌恭敬，却住一面。

॥इति श्रीललितविस्तरे संस्तवपरिवर्तो नाम त्रयोविंशतितमोऽध्यायः॥

今译：以上是吉祥的《神通游戏》中名为《赞叹品》的第二十三章。

त्रपुषभल्लिकपरिवर्तश्चतुर्विंशः।

今译：第二十四 帝履富娑和婆履品

地译：商人蒙記品第二十四

इति हि भिक्षवोऽभिसंबुद्धस्तथागतो देवैरभिष्टूयमानः पर्यङ्कमभिन्दन्ननिमिषनयनो द्रुमराजं प्रेक्षते स्म। ध्यानप्रीत्याहारः सुखप्रतिसंवेदी सप्तरात्रं बोधिवृक्षमूलेऽभिनामयति स्म॥

今译：这样，众比丘啊，如来成正觉后，受众天神赞美。他依然保持结跏趺坐，不眨眼，望着树王。接连七天，他在菩提树下以禅悦为食，感受快乐。

地译：佛告諸比丘：世尊初成正覺，無量諸天皆悉稱讚如來功德。爾時，世尊觀菩提樹王，目不暫捨，禪悅為食，無餘食想，不起于坐，經於七日。

अथ सप्ताहेऽतिक्रान्ते कामावचरा देवपुत्रा दशगन्धोदककुम्भसहस्राणि परिगृह्य येन तथागतस्तेनोपसंक्रामन्ति स्म। रूपावचरा अपि देवपुत्रा दशगन्धोदककुम्भसहस्राणि परिगृह्य येन तथागस्तेनोपसंक्रामन्ति स्म। उपसंक्रम्य बोधिवृक्षं तथागतं च गन्धोदकेन स्नापयन्ति स्म। गणनासमतिक्रान्ताश्च देवनागयक्षगन्धर्वासुरगरुडकिन्नरमहोरगास्तेन तथागतकायपतितेन गन्धोदकेन स्वकस्वकान् कायानुपलिम्पन्ति स्म। अनुत्तरायां च सम्यक्संबोधौ चित्तान्युत्पादयामासुः। स्वभवने प्रविष्टा अपि च ते देवपुत्रादयोऽविरहिता अभूवंस्तेन गन्धोदकगन्धेन न चास्मै गन्धाय स्पृहामुत्पादयामासुः। तेनैव च प्रीतिप्रामोद्येन तथागतगौरवमनसिकारनिर्जातेनावैवर्तिका अभूवन्ननुत्तरायाः सम्यक्संबोधेः॥

今译：七天后，欲界天子们手持十千香水罐来到如来这里。色界天子们也手持十千香水罐来到如来这里。来到后，他们用香水为菩提树和如来沐浴。无数天神、蛇、药叉、健达缚、阿修罗、金翅鸟、紧那罗和大蛇纷纷用沐浴过如来身体的香水，涂抹各自的身体，发起无上正等菩提心。这些天子等等即使回到自己的宫中，也不失去这些香水的香气，而不再贪恋其他[①]香气。他们尊敬如来，满心欢喜，不再背离无上正等菩提。

---

① 此处“其他”的原词是 asmai，据 M 本和 L 本应为 anyasmai。

地译：欲界無量諸天子等捧十千寶瓶，盛滿香水，來詣佛所。復有色界無量諸天子，亦捧十千寶瓶，盛滿香水，來詣佛所，澡浴如來，并洗菩提之樹。爾時，如來澡浴竟。復有無數天、龍、夜叉、乾闥婆、阿修羅、緊那羅、摩睺羅伽等，競取如來澡浴之水以自灑身，皆發阿耨多羅三藐三菩提心。時諸天子浴如來已，俱還天宮，所將餘水香氣不滅，惟聞佛香，不聞餘香，心生歡喜，得未曾有，皆於阿耨多羅三藐三菩提得不退轉。

अथ खल्द भिक्षवः समन्तकुसुमो नाम देवपुत्रस्तस्यामेव पर्षदि संनिपतितोऽभूत्। स तथागतस्य चरणयोर्निपत्य प्राञ्जलिस्तथागतमेतदवोचत्-- को नामायं भगवन् समाधिर्येन समाधिना समन्वागतस्तथागतः सप्तरात्रं विहरत्यभिन्नपर्यङ्कः। एवमुक्तो भिक्षवस्तथागतस्तं देवपुत्रमेतदवोचत्-- प्रीत्याहारव्यूहो नाम देवपुत्र अयं समाधिर्येन समाधिना समन्वागतस्तथागतः सप्तरात्रं व्याहार्षीदभिन्नपर्यङ्कः॥

今译：然后，众比丘啊，有个参加集会的天子，名为普花。他向如来行触足礼后，双手合十，对如来说道："世尊啊，这是什么入定？如来具有这种入定，七天保持结跏趺坐。"闻听此言，众比丘啊，如来对这位天子说道："天子啊，这是名为'喜食庄严'的入定。如来具有这种入定，七天保持结跏趺坐。"

地译：時有天子名曰普花，從座而起，頂禮佛足，白佛言："世尊！世尊住何三昧，於七日中結跏趺坐，身心不動？"諸比丘！我於彼時告普花天子言："如來以喜悅三昧為食而住。由此定力，於七日中結跏趺坐。"

अथ खल्द भिक्षवः समन्तकुसुमो देवपुत्रस्तथागतं गाथाभिरभ्यस्तावीत्--

今译：然后，众比丘啊，普花天子用这些偈颂赞美如来：

地译：是時，普花天子即於佛前，而說頌曰：

रथचरणनिचितचरणा दशशतारजलजकमलदलतेजा।
सुरमुकुटघृष्टचरणा वन्दे चरणौ शिरिघनस्य॥ १॥

今译：我敬拜吉祥者双足，它们有千辐轮辋，
光辉如同莲花瓣，经常接触天神顶冠。（1）

地译：世尊足有千輻輪，猶如蓮華甚清淨，
恒為諸天寶冠接，是故我今稽首禮。

अभिवन्द्य सुगतचरणौ प्रमुदितचित्तस्तदा स सुरपुत्रः।
इदमवचि विमतिहरणं प्रशान्तकरणं नरमरूणाम्॥ २॥

今译：这位天子心中喜悦，敬拜如来的双足，
为解除人和神的疑惑，达到平静，说道：（2）

地译：爾時天子禮佛已，重說伽他而讚揚，
為欲除彼天人疑，歡喜合掌而前問：

शाक्यकुलनन्दिजनना अन्तकरा रागदोषमोहानाम्।
प्रम्लानान्तकरणा विनेहि काङ्क्षां नरमरूणाम्॥ ३॥

今译："你令释迦族喜悦，灭除贪、嗔、痴，
消除衰弱，请解除人和神的疑惑吧！（3）

地译："如來降生於釋氏，令彼釋種皆歡喜，
能滅三毒一切疑，願解天人之所惑。

किं कारणं दशबला बुद्धा सर्वज्ञतामपरिमाणाम्।
सप्ताहं महिमण्डे जिना न भिन्दन्ति पर्यङ्कम्॥ ४॥

今译："为何十力们能证得无量一切智？为何
佛陀们能在菩提道场七天保持结跏趺坐？（4）

地译："何故十力成正覺，於七日中觀樹王？

किं तु खद्द पश्यमानः सप्ताहं अनिमेषेण नरसिंहा।
प्रेक्षसि विशुद्धचक्षो विकसितशतपत्रतुल्याक्षः॥ ५॥

今译："而且，你的眼睛似莲花绽开，目光纯洁，
人狮啊，接连七天睁眼望着，不眨眼睛。（5）

地译："人中師子青蓮眸，觀樹跏趺而不動。

किं तु भवतेष प्रणिधी उताहु सर्वेष वादिसिंहानाम्।
येन द्रुमराजमूले पर्यङ्क न भिन्दि सप्ताहम्॥ ६॥

今译："这是你的或者是所有辩才狮子的誓愿？
因此，在菩提树下七天保持结跏趺坐。（6）

地译："一切諸佛皆如是，為獨世尊觀樹王？

साधु समशुद्धदन्ता सुगन्धगन्धामुखं दशबलस्य।
प्रवद वचनं अवितथं कुरुष्व प्रीतिं नरमरूणाम्॥७॥

今译：“口中有十力者的芳香，牙齿整齐洁白，
请说真实的话，让凡人和天神们喜悦！”（7）

地译：“面貌端嚴無二言，齒白齊密口香潔，
請為利益天人故，令生歡喜如實說。”

तमुवाच चन्द्रवचनः श्रृणुष्व मे भाषतो अमरपुत्र।
अस्य प्रश्नस्याहं किंचिन्मात्रं प्रवक्ष्यामि॥८॥

今译：脸似月亮者说道：“天子啊，请听！
我将简略地解答你提的这个问题。（8）

地译：爾時如來告天子：“汝所問者今略說。

राजा यद्वद्यस्मिन्नभिषिक्तो भवति ज्ञातिसंघेन।
सप्ताहु तं प्रदेशं न जहाति हि धर्मता राज्ञाम्॥९॥

今译：“正如国王由亲友们灌顶登基后，
七天不离开那个地方，这是王法。（9）

地译：“猶如世法登王位，亦於七日忌遷移。

एवमेव दशबला अपि अभिषिक्ता भोन्ति यद प्रणिधिपूर्णाः।
सप्ताहु धरणिमण्डे जिना न भिन्दन्ति पर्यङ्कम्॥१०॥

今译：“正是这样，十力们实现誓愿，接受灌顶，
佛陀们在菩提道场，七天保持结跏趺坐。（10）

地译：“如是諸佛為法王，順俗七日無移動。

शूरो यथारिसंघां निरीक्षते निर्जितां निरवशेषां।
बुद्धा पि बोधिमण्डे क्लेशां निहतां निरीक्षन्ते॥११॥

今译：“正如英雄在战场凝视被彻底歼灭的敌军，
佛陀们同样在菩提道场凝视毁灭的烦恼。（11）

地译：“又如猛將制勝已，便即思惟所降眾，
如是諸佛降眾魔，七日跏趺而不起。

इह ते कामक्रोधा मोहप्रभावा जगत्परिनिकाशाः।
साहोढा इव चौरा विनाशिता ये निरवशेषाः॥ १२॥

今译："由愚痴产生的爱欲和愤怒危害世界[①]，
犹如偷盗的窃贼，在这里全部覆灭。（12）

地译："三毒煩惱及我慢，此等皆能損眾生。

इह मे हतान विविधा मानविधामन्युना पुरनिकेताः।
सर्वाश्रवा प्रहीना ज्ञानं चाग्रं समोत्पन्नम्॥ १३॥

今译："在这里，我灭除各种骄慢和愤怒[②]，
灭除一切烦恼，产生[③]至上的知识。（13）

地译："一切煩惱有漏因，我於是處皆除斷。

इह सा अकार्यकर्त्री भवतृष्णा चारिणी तथाविद्या।
सानुशयमूलजाता पटुना ज्ञानाग्निना दग्धा॥ १४॥

今译："制造恶行，贪求生存，愚昧无知，生于
烦恼之根，在这里遭到猛烈的智火焚烧。（14）

地译："無漏智火從斯起，焚燒三毒悉無餘。

इह सा अहं ममेति च कलिपाशु दुरानुगाढलितमूला।
नीवरणकठिनग्रन्थि छिन्ना मे ज्ञानशस्त्रेण॥ १५॥

今译："套上'我'和'我的'恶套索，根深蒂固[④]，
系有结实的烦恼[⑤]绳结，我用知识之剑斩断。（15）

इह ते चिरं समायत उल्लापनका विनाशपर्यन्ताः।

---

① "危害世界"的原文是 jagatparinikāśāḥ。其中的 parinikāśa，词义不明，或许可理解为"出现"。这样，此处可读为"出现在世上"。而此处地译"损众生"，意义切合语境。故而，这里仿照地译。

② 此处原文中还有 puraniketāḥ 一词，是由 pura（"城市"）和 niketa（"住处"）组成的复合词，在这里词义不明，存疑。

③ "产生"的原词是 samotpannam，M 本写为 samutpannam。

④ "根深蒂固"的原文是 durānugāḍhalitamūlāḥ。这个复合词的末尾一词是 mūla（"根"）。其中的 ḍhalita，BHSD 认为词义是"悬挂"。但前面的 durānugā，词义不明。另外，若将其中的 gāḍha 读为"坚固"，则 lita 的词义不明。故而存疑，暂且译为"根深蒂固"。

⑤ 此处"烦恼"的原词是 nīvaraṇa（"盖"或"障碍"），指覆盖人心的各种烦恼。

स्कन्धाः सोपादाना ज्ञानेन मया परिज्ञाताः॥ १६॥

今译："长期积累的迷惑虚妄，五蕴和执取，
我依靠知识识破，在这里全部灭除。[①]（16）

地译："我於此處以智力，決除生死堅牢網。
正知蘊體皆不實，秖由無始妄惑生。

इह ते द्वयसंमोहा मिथ्याग्राहा महानरकनिष्ठाः।
मय उद्धृता अशेषा भूयश्च न जातु ज्ञास्यन्ते॥ १७॥

今译："二重愚痴，虚妄执取，堕入大地狱，
我已经全部根除，再也不会认知它们。（17）

地译："我我所執二無明，并及邪見皆銷滅。

इह नीवरणवनारी दग्धा मे कुशलमूलतेजेन।
चतुरश्च विपर्यासा निर्दग्ध मया निरवशेषाः॥ १८॥

今译："我用善根之火焚毁障碍林[②]，
我也将四种颠倒[③]全部焚毁。（18）

地译："諸障稠林四顛倒，善根智火咸燒盡。

इह सा वितर्कमाला संज्ञासूत्रेषु ग्रन्थिता निपथी।
विनिवर्तिता अशेषा बोध्यङ्गविचित्रमालाभिः॥ १९॥

今译："用名想之线串连的妄觉[④]花环[⑤]，
全被奇妙的七觉支花环取代。（19）

地译："妄覺為鬘從想生，獲得菩提悉捐棄。

---

① 这颂原文中的 samāyata（samāyatas）一词，BHSD 认为相当于 samayatas（"此刻"或"这时"）。

② "障碍林"也可译为"烦恼林"。此处"林"的原词是 vanārī，BHSD 指出相当于 vanāni。

③ "四种颠倒"指对常、乐、我和净的颠倒看法，即将无常视为常，将苦视为乐，将无我视为我，将不净视为净。

④ "妄觉"的原词是 vitarka，词义为"推理"、"思辨"或"设想"。佛经中使用此词常带有贬义。这里仿照地译，译为"妄觉"。

⑤ 此处原文中还有 nipathī 一词，词义不明。BHSD 推测可能是 anarthī（"无用"或"无意义"），形容"妄觉花环"。

मोहानी त्रिंशतिं च मलिनानि।
चत्वारिंशदघानि छिन्ना मेऽस्मिं धरणिमण्डे॥२०॥

今译："在这菩提道场，我斩断六十五种
险难，三十种愚痴，四十种污垢。（20）

地译："六十五種無明險，四十不善三十垢，

षोडश असंवृतानि अष्टादश धातवश्च महिमण्डे।
कृच्छ्राणि पञ्चविंशति छिन्नानि मयेहसंस्थेन॥२१॥

今译："在这菩提道场，我斩断十六种
放逸，十八种界，二十五种困厄。（21）

地译："十六放逸十八界，二十五有悉無餘。

विंशति रजस्तराणि अष्टाविंशति जगस्य वित्रासाः।
इह मे समतिक्रान्ता वीर्यबलपराक्रमं करित्वा॥२२॥

今译："我在这里依靠勇猛精进力，超越
二十种尘垢，二十八种世界恐怖。（22）

地译："二十重塵①皆遠離，二十八種世間怖，
我於此處以精進，如是一切悉超過。

तथ बुद्धनर्दितानी पञ्चशतास्मिं मया समनुबुद्धा।
परिपुर्णशतसहस्रं धर्मान मया समनुबुद्धम्॥२३॥

今译："我在这里觉知五百佛陀吼，
我在这里觉知百千圆满法。（23）

地译："證獲如來五百吼，并得百千圓滿法。

इह मेऽनुशय अशेषा अष्टानवतिः समूलपर्यन्ताः।
पर्युत्थानकिसलया निर्दग्धा ज्ञानतेजेन॥२४॥

今译："我在这里用知识之火彻底焚毁
九十八种烦恼，连同根部和嫩芽。（24）

① "重尘"的原词是 rajastara。此词是 rajas（"尘土"）加上比较级后缀 tara，故而地译"重尘"。

地译：“九十八使諸隨眠[1]，罪樹枝葉將根本，
我以智慧而為火，於此焚燒悉無餘。

काङ्क्षा विमतिसमुदया दृष्टीजडजन्तिता अशुभमूला।
तृष्णानदी त्रिवेगा प्रशोषिता ज्ञानसूर्येण॥२५॥

今译：“怀疑、困惑、邪见和痴呆造成的不善根，
三重激流的贪爱河，都被知识太阳烤干。（25）

地译：“愛疑積集如瀑河，諸見之水常盈滿，
我於此處以智日，威光曝之使空竭。

कुहनलपनप्रहाणं मायामात्सर्यदोषईर्ष्याद्यम्।
इह ते क्लेशारण्यं छिन्नं विनयाग्निना दग्धम्॥२६॥

今译：“摒弃欺诳、谄谀、虚幻、悭吝和嫉恨，
砍断烦恼林，用戒律之火焚毁这一切。（26）

地译：“邪偽諂曲慳嫉等，如是過患煩惱林，
我今於此以智火，焚燒一切悉令滅。

इह ते विवादमूला आकर्षणदुर्गतीषु विषमासु।
आर्यापवादवचना ज्ञानवरविरेचनैर्वान्ता॥२७॥

今译：“热衷争论，引向崎岖恶道，诽谤圣者，
施以知识泻药，让所有这些全都呕吐掉。（27）

地译：“誹謗梵聖生諸罪，根本能令墮惡趣，
我以智藥而投之，令彼吐盡無有餘。

इह रुदितक्रन्दितानां शोचितपरिदेवितान पर्यन्तम्।
प्राप्तं मया ह्यशेषं ज्ञानगुणसमाधिमागम्य॥२८॥

今译：“我在这里获得知识、功德和入定，
哭泣、哀号、忧伤和悲叹全都消除。（28）

地译：“又我於此處，獲定慧眾德，

① 这里的“使”（或“结使”）和“随眠”均指烦恼。

憂悲苦惱眾，除盡無有餘。

ओघा अयोगग्रन्थाः शोकाः शल्या मदप्रमादाश्च।
विजिता मयेह सर्वे सत्यनयसमाधिमागम्य॥२९॥

今译："瀑流、死结、忧愁、毒箭、骄慢和放逸，
　　　我获得真理、法则和入定，降伏这一切。（29）

地译："又我於此處，獲得真實理，
　　　諸結我慢箭，拔之無有餘。

इह मय किलेशगहना संकल्पविरूढमूल भववृक्षाः।
स्मृतिपरशुना अशेषा छिन्ना ज्ञानाग्निना दग्धा॥३०॥

今译："那些生存之树以意欲为根，充满烦恼，
　　　我用忆念之斧砍断，用知识之火焚毁。（30）

地译："又我於此處，以智慧利刀，
　　　斷截我我所，生死之根本。

इह सो मया ह्यतिबलो अस्मिं मारस्त्रिलोकवशवर्ती।
ज्ञानासिना शठात्मा हतो यथेन्द्रेण दैत्येन्द्रः॥३१॥

今译："我用知识之剑摧毁邪恶有力、掌控
　　　三界的摩罗，犹如因陀罗摧毁提迭王①。（31）

地译："亦如彼帝釋，破壞修羅②眾。

इह जालिनी अशेषा षड्विंशतिचारिणी धरणिमण्डे।
प्रज्ञासिना बलवता छित्त्वा ज्ञानाग्निना दग्धा॥३२॥

今译："我在道场，用有力的智慧之剑斩断，
　　　并用知识之剑焚毁三十六③种行为罗网。（32）

इह ते मूलक्लेशाः सानुशया दुःखशोकसंभूताः।

---

① "提迭王"（daityendra）指魔王，即阿修罗王。
② 此处"修罗"指阿修罗。在汉译佛经中，asura 一词通常译为"阿修罗"，但也有译为"修罗"。
③ 此处"三十六"的原文是 ṣaḍviṃśati（"二十六"），据 M 本和 L 本应为 ṣaḍtriṃśati（"三十六"）。

मय उद्धृता अशेषा प्रज्ञाबललाङ्गलमुखेन॥ ३३॥

今译："深藏的根本烦恼造成痛苦忧伤，
我在这里用智慧力犁头彻底铲除。（33）

इह मे प्रज्ञाचक्षुर्विशोधितं प्रकृतिशुद्धसत्त्वानाम्।
ज्ञानाञ्जनेन महता मोहपटलविस्तरं भिन्नम्॥ ३४॥

今译："我用大量的知识眼药净化那些本性
纯洁的众生的智慧眼，破除愚痴翳障。（34）

地译："又我於此處，得清淨智眼，
而諸眾生等，癡翳之所覆，
我以智慧藥，洗之令得除。

इह धातुभूत चतुरो मदमकरविलोडिता विपुलतृष्णाः।
स्मृतिशमथभास्करांशौ विशोषिता मे भवसमुद्राः॥ ३५॥

今译："由四界[①]构成，骄慢鳄鱼出没，充满贪爱，
我以忆念和寂静为光团，烤干这生存之海。（35）

इह विषयकाष्ठनिचयो वितर्कसामो महामदनवह्निः।
निर्वापितोऽतिदीप्तो विमोक्षरसशीततोयेन॥ ३६॥

今译："境界[②]柴堆，妄觉黑烟[③]，爱欲大火燃烧，
我用解脱味，如同清凉水，将它们熄灭。（36）

地译："又我於此處，以解脫冷水，
於彼境界木，滅除貪火煙。

इह मे अनुशयपटला आस्वादतडिद्वितर्कनिर्घोषाः।
वीर्यबलपवनवेगैर्विधूय विलयं समुपनीता॥ ३७॥

今译："烦恼乌云，味觉闪电，思辨雷鸣，
我用精进力强风将它们扫荡干净。（37）

地译："又我於此處，以大精進風，

---

① "四界"（或译"四大"）指地、水、火和风四大元素。
② "境界"（viṣaya）指感官对象。
③ "黑烟"的原词是 sāmaḥ，BHSD 指出相当于 śyāmaḥ（"黑的"）。

除滅煩惱雲，及以分別電。

इह मे हतो ह्यशेषश्चित्तचरिरिपुर्भवानुगतवैरी।
प्रज्ञासिना बलवता स्मृतिविमलसमाधिमागम्य॥ ३८॥

今译：“思想和行为之敌，追随生存而怀恨，我获得
忆念、纯洁和入定，用有力的智慧剑摧毁它们。（38）

इह सा ध्वजाग्रधारी हस्त्यश्वरथोच्छ्रिता विकृतरूपा।
नमुचिबलवीर्यसेना मैत्रीमागम्य विध्वस्ता॥ ३९॥

今译：“那牟吉勇猛的军队执持旗幡，形貌丑陋，
拥有象、马和车，我获得慈悲而摧毁它们。（39）

地译：“又我於此處，獲得慈三昧，
諸大功德藏[1]，降伏眾魔軍。

इह पञ्चगुणसमृद्धाः षडिन्द्रियहया सदा मदोन्मत्ताः।
बद्धा मया ह्यशेषाः समाधिसशुभं समागम्य॥ ४०॥

今译：“六匹感官之马，因五德[2]而强盛，骄慢狂妄，
我获得纯洁的入定，将它们全都牢牢捆住。（40）

इह अनुनयप्रतिघानां कलहविवादप्रहाणपर्यन्तः।
प्राप्तो मया ह्यशेषो अप्रतिहतसमाधिमागम्य॥ ४१॥

今译：“我在这里获得无愿[3]入定，
彻底摒弃破坏和睦的争论。（41）

地译：“又我於此處，獲得無願定，
諸大功德藏，斷一切煩惱。

इह ममियिता च सर्वे आध्यात्मिकबाहिरा परिक्षीणा।
कल्पितविकल्पितानि च शून्यमिति समाधिमागम्य॥ ४२॥

今译：“我在这里获得空入定，彻底消除

---

① 地译在这颂和下面几颂中使用的“诸大功德藏”这个词语不见于原文。

② “五德”（pañcaguṇa，或译“五重性”）指五种感官对象：色、声、香、味和触。

③ “无愿”的原词是 apratihata（“无碍”）。此处地译“无愿”，表明原词可能是 apraṇihita（“无愿”）。M 本此处写为 apraṇihita。

一切内在的和外在的妄想和分别。[1]（42）

地译：“又我於此處，獲得於空定，
諸大功德藏，斷一切分別。

इह लालयिता सर्वे मर्त्या दिव्या भवाग्रपर्यन्ताः।
त्यक्ता मया ह्यशेषा आगम्य समाधिमनिवर्तम्॥ ४३॥

今译：“我在这里获得不退转入定，摒弃
对凡人和天神一切高等生存的贪恋[2]。（43）

地译：“又我於此處，獲得無相定，
諸大功德藏，滅除於戲論。

सर्वभवबन्धनानि च मुक्तानि मयेह तानि सर्वाणि।
प्रज्ञाबलेन निखिला त्रिविधमिह विमोक्षमागम्य॥ ४४॥

今译：“我在这里依靠智慧力获得所有
三解脱，摆脱一切生存的束缚。（44）

地译：“又我於此處，獲得三解脫，
神通智慧力，決除生死網。

इह हेतुदर्शनाद्धै जिता मया हेतुकास्त्रयः।
संज्ञा नित्यानित्ये संज्ञा सुखदुःख चात्मनि च॥ ४५॥

今译：“我在这里依靠因缘观，制伏三种
原因：常无常想，苦乐想，自我想。（45）

地译：“又我永斷彼，無常作常想，
於苦作樂想，無我作我想。

इह मे कर्मविधाना समुदयमुदिता षडायतनमूला।
छिन्ना द्रुमेन्द्रमूले सर्वानित्यप्रहारेण॥ ४६॥

今译：“我在菩提树下击溃一切无常，

---

① 这颂原文中的 mamiyitā 一词，BHSD 认为相当于 manyanā，词义为“思量”或“思辨”，与“妄想”和“分别”的意义相通。

② “贪恋”的原词是 lālayitā，词义为“宠爱”或“愿望”。此词的形态与上一颂中的 mamiyitā 一致。

砍断产生各种业行的六处根。（46）

इह मोहतमः कहृ षं दुष्टीकृत दर्परोषसंकीर्णम्।
भित्त्वा क्षत्रे सुचिरान्धकारं प्रभासितं ज्ञानसूर्येण॥४७॥

今译：“愚痴黑暗制造污秽恶行，充满骄慢和愤怒，
我用知识太阳破除，照亮长久黑暗的领域。（47）

इह रागमदनमकरं तृष्णोर्मिजलं कुद्दष्टिसंग्राहम्।
संसारसागरमहं संतीर्णो वीर्यबलनावा॥४८॥

今译：“以爱欲为鳄鱼，以贪欲为水浪，充满邪见，
我以精进力为船舶，渡过这生死轮回之海。（48）

地译：“我以精進力，渡越生死海，
蠲壞諸愛網，猶如摩竭魚。

इह तन्मयानुबुद्धं यद्बुद्धो रागद्वेषमोहांश्च।
प्रदहति चित्तवितर्का दवाग्निपतितानिव पतङ्गां॥४९॥

今译：“我在这里获得觉悟，焚毁贪、嗔和痴，
虚妄思辨犹如飞蛾，葬身在森林大火中。

地译：“我於此覺悟，一切貪嗔等，
猶如大火聚，燒爇諸飛蛾。

इह अहु चिरप्रयातो ह्यपरिमित कल्पकोटिनयुतानि।
संसारपथा क्लिष्टो विश्रांतो नष्टसंतापः॥५०॥

今译：“无数千万亿劫行进轮回道上，充满
烦恼，我在这里得到安息，解除灼热。（50）

地译：“自我於長夜，無量無邊劫，
劬勞生死中，流轉無休已，
今者得止息，無憂亦無懼。

इह तन्मयानुबुद्धं सर्वपरप्रवादिभिर्यदप्राप्तम्।
अमृतं लोकहितार्थं जरामरणशोकदुःखान्तम्॥५१॥

今译：“我在这里证得一切外道没有获得的甘露，
灭寂衰老、死亡、忧愁和痛苦，为世界造福。（51）

地译：“我所覺悟者，外道不能覺，
是甘露句義，能除憂惱等。

यत्र स्कन्धैर्दुःखं आयतनैः तृष्णसंभवं दुःखम्।
भूयो न चोद्भविष्यति अभयपुरमिहाभ्युपगतोऽस्मि॥५२॥

今译：“我在这里进入无畏城，蕴和处造成的
痛苦，贪爱造成的痛苦，不会再出现。（52）

地译：“我入無畏城，除諸蘊界處，
愛等皆滅盡，不復受後身。

इह ते मयानुबुद्धा रिपवो अध्यात्मिका महाकृत्स्नाः।
बद्धा च संप्रदग्धाः कृताश्च मे पुन भवनिकेताः॥५३॥

今译：“我在这里觉知所有内在的敌人，
捆住它们，焚毁那些生存居处。（53）

इह तन्मयानुबुद्धं यस्यार्थे कल्पकोटिनयुतानि।
त्यक्ता समांसनयना रत्नानि बहून्यमृतहेतोः॥५४॥

今译：“我在这里觉知，为此，我在千万亿劫中，
舍弃肉体、眼睛和大量珠宝，求取甘露。（54）

地译：“我為菩提故，於無量億劫，
廣行眾善行，施身肉手足，
功德皆圓滿，是故於此處，
獲得勝甘露，無上大菩提。

इह तन्मयानुबुद्धं यद्बुद्धं प्राक्तनैर्जिनैरपरिमाणैः।
यस्य मधुराभिरम्यः शब्दो लोकेषु विख्यातः॥५५॥

今译：“我在这里觉知无数过去佛所觉知，
那些甜蜜可爱的话语闻名所有世界。（55）

地译：“同諸佛如來，所證真實法，
隨諸眾生類，分別而演說，
我今亦復然，得如是妙法。

इह तन्मयानुबुद्धं प्रतीत्यसमुदागतं जगच्छून्यम्।

चित्तेक्षणेऽनुयातं मरीचिगन्धर्वपुरतुल्यम्॥५६॥

今译："我在这里觉知这个世界缘起而空，
心中刹那展现，似阳焰和健达缚城。(56)

地译："能於一剎那，證知諸世間，
因緣和合生，空寂無所有，
如乾闥婆城，如虛空陽焰。

इह मे तत्खद्द शुद्धं वरनयनं येन लोक धातवः सर्वां।
पश्यामि पाणिमध्ये न्यस्तानि यथा द्रुमफलानि॥५७॥

今译："我在这里获得清净眼，看清一切
世界，犹如看清放在手中的果子。(57)

地译："我所得法眼，普見無邊剎，
猶如於掌中，視菴摩勒果。

पूर्वेनिवासस्मरणं तिस्रो विद्या मयेह संप्राप्ताः।
अपरिमितकल्पनयुता स्मरामि स्वप्नादिव विबुद्धः॥५८॥

今译："我在这里获得宿命通和三明，
忆起无数亿劫，如从梦中醒来。(58)

地译："我所得三昧，一切皆通達，
憶思無量劫，如從夢中悟。

यैरादीप्त सुरनरा विपरीतविसंज्ञिनो विपर्यस्ताः।
सोऽपि च तथा अवितथा इह मय पीतो ह्यमृतमण्डः॥५९॥

今译："天神和凡人遭受颠倒妄想烧灼，
我在这里饮用真实不虚的甘露。(59)

地译："世間諸天人，為顛倒想燒，
我今於此處，如實而能了。

यस्यार्थाय दशबला मैत्री भावेन्ति सर्वसत्त्वेषु।
मैत्रीबलेन जित्वा पीतो मेऽस्मिन्नमृतमण्डः॥६०॥

今译："为此，十力们对一切众生心怀仁慈，
我在这里依靠仁慈力获胜，饮用甘露。(60)

地译："我於無量劫，求無上菩提，
　　　　修行於大慈，緣修慈心故，
　　　　降伏於魔眾。

यस्यार्थाय दशबलाः करुणा भावेन्ति सर्वसत्त्वेषु।
करुणाबलेन जित्वा पीतो मेऽस्मिन्नमृतमण्डः॥६१॥

今译："为此，十力们对一切众生心怀悲悯，
　　　　我在这里依靠悲悯力获胜，饮用甘露。（61）

地译："我於無量劫，修行於大悲，
　　　　緣修悲心故，滅除諸惱患。

यस्यार्थाय दशबला मुदिता भावेन्ति सर्वसत्त्वेषु।
मुदिताबलेन जित्वा पीतो मेऽस्मिन्नमृतमण्डः॥६२॥

今译："为此，十力们对一切众生心怀欢喜，
　　　　我在这里依靠欢喜力获胜，饮用甘露。（62）

地译："我於無量劫，修行於大喜，
　　　　緣修喜心故，證於無上道。

यस्यार्थाय दशबला उपेक्ष भावेन्ति कल्पनयुतानि।
तमुपेक्षबलैर्जित्वा पीतो मेऽस्मिन्नमृतमण्डः॥६३॥

今译："为此，十力们在数亿劫中实施舍弃，
　　　　我在这里依靠舍弃力获胜，饮用甘露。（63）

地译："我於無量劫，求無上菩提，
　　　　修行於大捨，緣修捨心故，
　　　　證得甘露法。

यत्पीतं च दशबलैर्गङ्गानदीवालिकाबहुतरेभिः।
प्राग्जिनसिंहैः पूर्वे इह मे पीतो ह्यमृतमण्डः॥६४॥

今译："十力们多过恒河沙数，我饮用的甘露，
　　　　也就是先前这些人中狮子饮用过的甘露。（64）

या भाषिता च वाग्मे मारस्येहागतस्य ससैन्यस्य।
भेत्स्यामि न पर्यङ्कं अप्राप्य जरामरणपारम्॥६५॥

今译："我曾对来到这里的摩罗及其军队这样说：
不抵达老和死的彼岸，我不解除结跏趺坐。（65）

地译："我適於魔前，發如是誓言，
若不得佛道，終不解此坐。

भिन्ना मया ह्यविद्या दीप्तेन ज्ञानकठिनवज्रेण।
प्राप्तं च दशबलत्वं तस्मात्प्रभिनद्मि पर्यङ्कम्॥ ६६ ॥

今译："我已用燃烧的、坚固的知识金刚杵，粉碎
无知，获得十力，故而，我要解除结跏趺坐。（66）

地译："我以金剛智，滅除無明等，
獲得十種力，今故解斯坐。

प्राप्तं मयारहत्वं क्षीणा मे आश्रवा निरवशेषाः।
भग्ना च नमुचिसेना भिनद्मि तस्माद्धि पर्यङ्कम्॥ ६७ ॥

今译："我已灭尽烦恼，获得阿罗汉果，粉碎
那牟吉军队，故而，我要解除结跏趺坐。（67）

地译："未得今悉得，諸漏皆已盡，
魔軍悉破散，今故解斯坐。

नीवरणकपाटानि च पञ्च मयेह प्रदारिता सर्वा।
तृष्णालता विछिन्ना हन्तेह भिनद्मि पर्यङ्कम्॥ ६८ ॥

今译："我已经破除所有五种障碍[①]门，斩断
贪爱蔓藤，故而，我要解除结跏趺坐。"（68）

地译："五蓋門盡破，三愛牙悉除，
是故於今者，方解跏趺坐。"

अथ सो मनुष्यचन्द्रः सविलम्बितमासनात्समुत्थाय।
भद्रासने निषीदन्महाभीषेकं प्रतीच्छंश्च॥ ६९ ॥

今译：然后，人中至尊从座位上缓缓起身，
随即又坐在宝座上，接受大灌顶。（69）

① "五种障碍"（"五盖"）指贪欲、憎恨、昏沉、骄横和疑惑。

地译：爾時勝丈夫，從金剛座起，
復坐於寶座，受諸天澡浴。

रत्नघटसहस्रैरपि नानागन्धोदकैश्च सुरसंघा।
स्नपयन्ति लोकबन्धुं दशबलगुणपारमिप्राप्तम्॥ ७०॥

今译：众天神用数千宝石水罐和各种香水，为这位
获得十力、功德和波罗蜜的世界亲人沐浴。（70）

地译：諸天以寶瓶，滿中盛香水，
與佛天中天，澡浴身體已。

वादित्रसहस्रैरपि समन्ततो देवकोटिनयुतानि।
अतुलां करोन्ति पूजां अप्सरनयुतैः सह समग्राः॥ ७१॥

今译：四周千万亿天神和数亿天女，
奏响数千乐器，施以无上供奉。（71）

地译：於是諸天眾，并諸婇女等，
擊奏天伎樂，以申於供養。

एवं खद्द देवसुताः सहेतु सप्रत्ययं च सनिदानम्।
सप्ताहु धरणिमण्डे जिना न भिन्दन्ति पर्यङ्कम्॥ ७२॥

今译：“众天子啊，这样的原因、缘起和缘故，
佛陀们在菩提道场七天不解除结跏趺坐。”（72）

地译：“汝諸天子等，應當如是知，
我故七日中，不起於此座。”

इति हि भिक्षवोऽभिसंबुद्धबोधिस्तथागतः प्रथमे सप्ताहे तत्रैवासनेऽस्थात्-- इह मयानुत्तरा सम्यक्संबोधिरभिसंबुद्धा इह मयानवराग्रस्य जातिजरामरणदुःखस्यान्तः कृत इति। द्वितीये सप्ताहे तथागतो दीर्घचंक्रमं चंक्रम्यते स्म त्रिसाहस्रमहासाहस्रलोकधातुमुपगृह्य। तृतीये सप्ताहे तथागतोऽनिमिषं बोधिमण्डमीक्षते स्म-- इह मयानुत्तरां सम्यक्संबोधिमभिसंबुध्यानवराग्रस्य जातिजरामरणदुःखस्यान्तः कृत इति। चतुर्थे सप्ताहे तथागतो दहरचंक्रमं चंक्रम्यते स्म पूर्वसमुद्रात्पश्चिमसमुद्रमुपगृह्य॥

今译：这样，众比丘啊，如来成正觉后，头七天坐在座位上：“在这里，我证得无上正等菩提。在这里，我灭寂无始无终的生、老和死的痛苦。”在第二个七天，如来长途漫游，以三千大千世界为界限。在第三个七天，如来不眨

眼睛，观看菩提道场："在这里，我证得无上正等菩提，灭寂无始无终的生、老和死的痛苦。"在第四个七天，如来短途漫游，起于东海，至于西海。

地译：佛告諸比丘：如來何故初成正覺，於七日中不起于座？為居此處斷除無始無終生老病死故，於七日觀樹不起。至第二七日，周匝經行，三千大千世界以為邊際。至第三七日，觀菩提場，目不暫捨，亦為居此斷除生死，得阿耨多羅三藐三菩提。至第四七日，如來隨近經行，以大海為邊際。

अथ खद्द मारः पापीयान् येन तथागतस्तेनोपसंक्रामत्। उपसंक्रम्य तथागतमेतदवोचत्-- परिनिर्वातु भगवन् परिनिर्वातु सुगत। समय इदानीं भगवतः परिनिर्वाणाय। एवमुक्ते भिक्षवस्तथागतो मारं पापीयांसमेतदवोचत्-- न तावदहं पापीयन् परिनिर्वास्यामि यावन्मे न स्थविरा भिक्षवो भविष्यन्ति दान्ता व्यक्ता विनीता विशारदा बहुश्रुता धर्मानुधर्मप्रतिपन्नाः प्रतिबलाः स्वयमाचार्यकं ज्ञानं परिदीपयितुमुत्पन्नोत्पन्नानां च परप्रवादिनां सह धर्मेण निगृह्याभिप्रायं प्रसाद्य सप्रातिहार्यं धर्मं देशयितुम्। न तावदहं पापीयन् परिनिर्वास्यामि यावन्मया बुद्धधर्मसंघवंशो लोकेन प्रतिष्ठापितो भविष्यति। अपरिमिता बोधिसत्त्वा न व्याकृता भविष्यन्ति अनुत्तरायां सम्यक्संबोधौ। न तावदहं पापीयान् परिनिर्वास्यामि यावन्मे न चतस्रः पर्षदो दान्ता विनीता व्यक्ता विशारदा भविष्यन्ति यावत्सप्रातिहाय धर्मं देशयितुमिति॥

今译：然后，邪恶的摩罗来到如来那里，来到后，对如来说道："世尊啊，请涅槃吧！善逝啊，请涅槃吧！现在到了世尊涅槃的时候。"众比丘啊，如来闻听此言，对邪恶的摩罗说道："邪恶者啊，只要我的比丘长老们尚未调伏，聪明，柔顺，无畏，博闻，依法修行，有能力，自我教导，宣示知识，依法制伏随时随地出现的外道论者，实现志愿，宣示正法和神通，我就不会涅槃。邪恶者啊，只要世界尚未确立佛、法和僧世系，无数菩萨尚未获得授记，获得无上正等菩提，我就不会涅槃。邪恶者啊，只要我的四众尚未调伏，柔顺、聪明，无畏，宣示正法和神通①，我就不会涅槃。"

地译：爾時，魔王至世尊所，作如是言："世尊！無量劫來精勤苦行，方得成佛。入般涅槃，今正是時。惟願如來入於涅槃，惟願善逝入於涅槃。"佛言："波旬！我本發願為欲利益諸眾生故，求大菩提，經無量劫勤苦累德，一切眾生於我法中未獲義利，云何速令我入於涅槃？又於世間，三寶未具，眾生未調，未現神通，未說妙法，無量菩薩未發阿耨多羅三藐三菩提心，云何令我入於涅槃？"

---

① 此处"和神通"的原文是 saprātihāya，据 L 本和 M 本应为 saprātihāryam。

अथ खलु मारः पापीयानिदं वचनं श्रुत्वा एकान्ते प्रक्राम्य स्थितोऽभूत् दुःखी दुर्मना विप्रतिसारी अधोमुखः काष्ठेन महीं विलिखन् विषयं मेऽतिक्रान्त इति॥

今译：邪恶的摩罗闻听此言，走到一旁站着，痛苦，烦恼，懊悔，垂头丧气，以杖划地，心想："他超越我的领域。"

地译：爾時，魔王聞是語已，退坐一面，以杖畫地，作是念言："此欲界中於今已去，非我所有。"心生憂惱。

अथ खलु तास्तिस्रो मारदुहितरो रतिश्चारतिश्च तृष्णा च मारं पापीयांसं गाथयाध्यभाषन्त--

今译：然后，摩罗的三个女儿欲乐、不乐和贪爱对邪恶的摩罗念诵偈颂道：

地译：是時，魔王三女見父愁苦，白其父言：

दुर्मनासि कथं तात प्रोच्यतां यद्यसौ नरः।
रागपाशेन तं बुद्धा कुञ्जरं वा नयामहे॥७३॥

今译：父亲！请说你为何烦恼？若是这人，我们
就用爱欲的套索套住他，如同牵引大象。（73）

地译：大王何所為，心生極憂苦？
今惱大王者，請說是何人？
我當以欲牽，如繩制於象。

आनयित्वा च तं शीघ्रं करिष्याम वशे तव।
·······॥७४॥

今译：我们很快就会将他带来，让他听命于你，
······（74）

地译：令其生染著，將歸自在宮。

मार आह--

今译：摩罗说道：

地译：爾時，魔王說偈，報其女言：

अरहन् सुगतो लोके न रागस्य वशं व्रजेत्।
विषयं मे ह्यतिक्रान्तस्तस्माच्छोचाम्यहं भृशम्॥७५॥

今译：在这世上，阿罗汉善逝不受爱欲控制，
　　他超越我的领域，因此，我极其悲伤。（75）

地译：世間離染人，貪境不能制，
　　以彼超過欲，是故我憂惱。

ततस्ताः स्त्रीचापल्याद्विदितप्रभावा अपि बोधिसत्त्वभूतस्यैव तथागतस्य पितुर्वचनमश्रुत्वैव प्रभूतयौवनमध्ययौवनधारिण्यो भूत्वा विचक्षुः कर्मणे तथागतस्यान्तिकमुपसंक्रान्ताः स्त्रीमाया अति तत्सर्वमकार्षुः। ताश्च तथागतो न मनसि करोति स्म। भूयश्च ता जराजर्जरा अध्यतिष्ठन्। ततस्ताः पितुरन्तिके गत्वैवमाहुः--

今译：而她们出于女性的轻浮，不知道曾经成为菩萨的如来的威力，不听父亲的话，以少年、青年和中年妇女的形态来到如来身边，进行骚扰[①]，施展女性的所有魅力。然而，如来不仅对她们毫不动心，而且施展神通力，使她们变得衰老。于是，她们回到父亲身边，说道：

地译：此諸魔女，如來為菩薩時，已作妖姿擾亂菩薩，種種幻惑無能得便。女人貪染煩惱深重，於是三女更變其形，一為童女之形，一為少婦之形，一為中婦之形，來至佛所。爾時，世尊以神通力令彼三女皆成老母。於是，三女還至其父所，而說偈言：

सत्यं वदसि नस्तात न रागेण स नीयते।
विषयं मे ह्यतिक्रान्तस्तस्माच्छोचाम्यहं भृशम्॥ ७६॥

今译：父亲你说得对："他不受爱欲控制，
　　超越我的领域，因此，我极其悲伤。"（76）

地译：王說離欲人，貪境不能染。

वीक्षेत यद्यसौ रूपं यदस्माभिर्विनिर्मितम्।
गौतमस्य विनाशार्थं ततोऽस्य हृदयं स्फुटेत्॥ ७७॥

今译：如果别人看到我们为了摧毁乔答摩，
　　幻变出那样的美貌，心儿就会破裂。（77）

地译：我復為變化，惑亂彼沙門，
　　人有見我者，欲盛便嘔血。

① "骚扰"的原词是 vicakṣus，词义为"盲目"。BHSD 指出此词也表示"迷惑"或"扰乱"。

तत्साधु नस्तातेदं जराजर्जरशरीरमन्तर्धापय॥

今译：父亲啊，请你解除我们这种衰老的身体吧！[①]

地译：今現微妙質，不動於彼心，
仍以大神通，化我為老母，
願王以威力，令得如本形。

मार आह--

今译：摩罗说道：

नाहं पश्यामि तं लोके पुरुषं सचराचरे।
बुद्धस्य यो ह्यधिष्ठानं शक्नुयात्कर्तुमन्यथा॥७८॥

今译：我看这世上，包括动物和不动物，
任何人都不能改变佛陀的神通力。（78）

शीघ्रं गत्वा निवेदय अत्ययं स्वकृतं मुनेः।
सर्वं पौराणकं कायं करिष्यति यथामतम्॥७९॥

今译：你们赶快去向牟尼承认自己的过错，
他会让你们如愿恢复过去的身体。（79）

地译：爾時，魔王報諸女言："我不見有若天若人能制佛者。汝可自往懺悔前罪，彼攝神力，方令汝等復本形耳。"[②]

ततस्ता गत्वा तथागतं क्षमापयन्ति स्म-- अत्ययं नो भगवान् प्रतिगृह्णातु। अत्ययं नो सुगतो प्रतिगृह्णातु यथा बालानां यथा मूढानां यथा व्यक्तानामकुशलानामक्षेत्रज्ञानां या वयं भगवन्तमासादयितव्यं मन्यामहे। ततस्तास्तथागतो गाथयाध्यभाषत--

今译：于是，她们来到如来那里，请求宽恕："请世尊原谅我们的过错吧！请善逝原谅我们的过错吧！我们无知，愚昧，不聪明，不善巧，不知领域，自以为能征服世尊。"然后，如来对她们念诵偈颂道：

地译：於是，魔女至如來所，而說偈言：

我等無智慧，幻惑於如來，
不知田非田，未識善不善。

---

① 依据地译，此处应该是一首偈颂，显然原文脱漏一行。
② 此处地译散文叙述的内容相当于上面原文中的两首偈颂。

我今極生悔，冀得罪銷滅，
惟願慈悲力，令復於本形。[1]

गिरिं नखैर्विलिखेथ लोहं दन्तैर्विखादथ।
शिरसा विभित्सथ गिरिमगाधे गाधमेषत॥ ८०॥

今译：“你们想用指甲划破山，用牙齿咬碎铁，
你们想用头撞破山，深入不可深入处。(80)

तस्माद्युष्माकं दारिका अत्ययं प्रतिगृह्णामि। तत्कस्मात् वृद्धिरेषा आर्ये धर्मविनये योऽत्ययमत्ययतो दृष्ट्वा प्रतिदेशयत्यायत्यां च संवरमापद्यते॥

今译：“因此，女孩们啊，我宽恕你们的过错。为什么？看到过错，表示悔过，以免将来再犯，这有益于遵行正法戒律。”

地译：爾時，如來以慈悲故，即攝神通，令彼魔女還復如本。

पञ्चमे सप्ताहे भिक्षवस्तथागतो मुचिलिन्दनागराजभवने विहरति स्म सप्ताहे महादुर्दिने। अथ खलु मुचिलिन्दनागराजः स्वभवनान्निष्क्रम्य तथागतस्य काये सप्तकृद्भोगेन परिवेष्ट्य फणैश्छादयति स्म-- मा भगवतः कायं शीतवाताः प्राक्षुरिति। पूर्वस्या अपि दिशोऽन्येऽपि संबहुला नागराजा आगत्य तथागतस्य कायं सप्तकृद्भोगैः परिवेष्ट्य फणैश्छादयन्ति स्म-- मा भगवतः कायं शीतवाताः प्राक्षुरिति। यथा पूर्वस्यां दिशि एवं दक्षिणपश्चिमोत्तराभ्यो दिग्भ्यो नागराजा आगत्य तथागतस्य कायं सप्तकृत्वो भोगैः परिवेष्ट्य फणैश्छादयन्ति-- स्म मा भगवतः कायं शीतवाताः प्राक्षुरिति। स च नागराजभोगराशिर्मेरुपर्वतेन्द्रवदुच्चैस्त्वेन स्थितोऽभूत्। न च तैर्नागराजैस्तादृशं कदाचित्सुखं प्राप्तं पूर्वं यादृशं तेषां तानि सप्तरात्रिंदिवसानि तथागतकायसंनिकर्षादासीत्। ततः सप्ताहस्या- त्ययेन ततस्ते नागराजा व्यपगतदुर्दिनं विदित्वा तथागतस्य कायाद्भोगानपनीय तथागतस्य पादौ शिरसाभिवन्द्य त्रिप्रदक्षिणीकृत्य स्वकस्वकानि भवनान्युपजग्मुः। मुचिलिन्दोऽपि नागराजस्तथागतस्य पादौ शिरसाभिवन्द्य त्रिप्रदक्षिणीकृत्य स्वभवनं प्राविक्षत्॥

今译：在第五个七天，众比丘啊，如来住在目真邻陀蛇王宫。这个七天的天气极其恶劣。于是，目真邻陀蛇王从自己的宫中出来，缠绕如来的身体七圈，用蛇冠覆盖他：“别让寒风吹着世尊的身体！”东方的许多蛇王也来到这里，缠绕如来的身体七圈，用蛇冠覆盖他：“别让寒风吹着世尊的身体！”与东方一样，南方、西方和北方的蛇王们也来到这里，缠绕如来的身体七圈，用蛇冠覆

① 此处地译两首偈颂的内容相当于上面原文中的散文叙述。

盖他："别让寒风吹着世尊的身体！"这些蜷曲的蛇王层层累积，高似须弥山。这些蛇王七日七夜呆在如来身旁，体验到过去从未体验过的那种快乐。然后，七天过去，蛇王们知道恶劣天气已过去，便摆脱如来的身体，俯首向如来行触足礼，右绕三匝，返回各自的王宫。目真邻陀蛇王也俯首向如来行触足礼，右绕三匝，进入自己的宫中。

地译：於第五七日，住目真隣陀龍王所居之處。是時，寒風霖雨，七日不霽，龍王心念恐畏風雨上損如來，出其自宮，前詣佛所，以身衛佛，纏遶七匝，以頭為蓋，蔽覆佛上。四方復有無量龍王皆來護佛。龍身委積如須彌山。是諸龍等蒙佛威光，身心安樂，得未曾有。過七日已，風雨止息，諸龍王等頂禮佛足，右遶三匝，還其本宮。

षष्ठे सप्ताहे तथागतो मुचिलिन्दभवनादजपालस्य न्यग्रोधमूलं गच्छति स्म। अन्तरे च मुचिलिन्दभवनस्यान्तराच्चाजपालस्य नद्या नैरञ्जनायास्तीरे चरकपरिव्राजकवृद्धश्रावकगौतमनिर्ग्रन्थाजीविकादयस्तथागतं दृष्ट्वाभिभाषन्ते स्म-- अपि भगवता गौतमेनेदं सप्ताहमकालदुर्दिनं सम्यक्सुखेन व्यतिनामितम्॥

今译：在第六个七天，如来从目真邻陀王宫前往牧羊人的尼俱陀树下。在目真邻陀王宫和牧羊人的尼连河岸之间，游方僧、出家人、年老声闻、乔答摩、尼犍陀和邪命外道[①]等等看见如来，询问道："这七天天气异常恶劣，世尊乔答摩过得舒服吗？"

地译：爾時，世尊於第六七日，往尼俱陀樹下近尼連河。是處多諸外道。彼外道眾皆來親覲，慰問世尊："七日風雨，得無愁惱安樂住耶？"

अथ खलु भिक्षवस्तथागतस्तस्यां वेलायामिदमुदानयति स्म--

今译：然后，众比丘啊，如来在此刻念诵偈颂道：

地译：爾時，世尊以偈答曰：

सुखो विवेकस्तुष्टस्य श्रुतधर्मस्य पश्यतः।
अव्याबध्यं सुखं लोके प्राणिभूतेषु संयतः॥८१॥

今译：闻法见法，寂静而知足快乐，
善待众生，在世上安全快乐。（81）

① 这里的"乔答摩"（gautama）是一种外道的名称。"尼犍陀"（nirgrantha）指耆那教，或称"露形外道"。"邪命外道"（ājīvika）指一种采取各种手段谋求活命的外道。

地译：寂靜而知足，思惟而證法，
　　饒益諸眾生，慈悲於一切。

सुखा विरागता लोके पापानां समतिक्रमः।
अस्मिन् मानुष्यविषये एतद्वै परमं सुखम्॥ ८२॥

今译：摒弃贪欲，超越罪恶而快乐，
　　这是在凡人领域的最高幸福。（82）

地译：遠離眾罪垢，不著於世間，
　　永斷我慢心，是最為安樂。

पश्यति स्म भिक्षवस्तथागतो लोकमादीप्तं प्रदीप्तं जात्या जरया व्याधिभिर्मरणेन शोकपरिदेवदुःखदौर्मनस्योपायासैः। तत्र तथागत इदमिहोदानमुदानयति स्म--

今译：众比丘啊，如来看到世界遭受生、老、病、死以及忧愁、悲伤、痛苦、烦恼和不安烧灼。如来在这里念诵这首偈颂道：

地译：爾時，世尊於第七七日，至多演林[1]中，在一樹下，結跏趺坐，觀察眾生為生老病死之所逼迫，高聲唱言：

अयं लोकः संतापजातः शब्दस्पर्शरसरूपगन्धैः।
भयभीतो भयं भूयो मार्गते भवतृष्णया॥ ८३॥

今译：这个世界因声、触、味、色和香而烦恼，
　　惧怕恐怖，却因贪求生存走向更大恐怖。（83）

地译：世間諸眾生，恒為五欲燒，
　　應常思捨愛，愛故便增盛。

सप्तमे सप्ताहे तथागतो तारायणमूले विहरति स्म। तेन खलु पुनः समयेनोत्तरापथकौ द्वौ भ्रातरौ त्रपुषभल्लिकनामकौ वणिजौ पण्डितौ निपुणौ विविधपण्यं गृहीत्वा महालब्धलाभौ दक्षिणापथादुत्तरापथं गच्छेते स्म महता सार्थेन पञ्चभिर्धुरशतैः सुपरिपूर्णैः। तयोः सुजातः कीर्तिश्च नामाजानेयौ द्वौ बलीवर्दावास्ताम्। नास्ति तयोर्लग्नभयम्। यत्रान्ये बलीवर्दा न वहन्ति स्म तत्र तौ युज्येते स्म। यत्र चाग्रतो भयं भवति स्म तत्र तौ कीलबद्धाविव तिष्ठेते स्म। न च तौ प्रतोदेन वाह्येते स्म। उत्पलहस्तकेन वा सुमनादामकेन वा तौ वाह्येते स्म।

---

① “多演林”的原词是 tārāyaṇa（或译“多罗衍”），见于原文下一段散文中。

今译：在第七个七天，如来来到多罗衍树下。那时，北方的帝履富娑和婆履兄弟两个商人聪明练达，获利丰厚，带着一个大商队，五百辆车，满载各种商品，从南方返回北方。其中有两头驯良的牛，名为善生和称誉。它俩不畏艰险。其他牛不能拉车时，便由这两头牛负轭。一旦前面出现险情，它俩就出现在那里，如同坚固的柱子。它俩拉车，不用鞭策。只要示以莲花或须曼花环，它俩就会行进。

地译：佛告諸比丘：時北天竺國兄弟二人為眾商之主，一名帝履富婆，一名婆履，智慧明達，極閑世法，其性調柔，善能將導，興販貿易，息利尤多，以五百乘車載其珍寶還歸本國。是諸商侶有二調牛，一名善生，一號名稱，巧識前路，能知安危，示以優鉢羅花不勞杖捶，餘牛不濟，方乃用之。

तेषां तारायणसमीपे क्षीरिकावननिवासिनीदेवताधिष्ठानात्ते शकटाः सर्वे विष्ठिता न वहन्ति स्म। वस्त्रादीनि च सर्वशकटाङ्गानि च छिद्यन्ते स्म भिद्यन्ते च। शकटाचक्राणि च नाभीपर्यन्तं भूमौ निमग्नानि सर्वप्रयत्नैरपि ते शकटा न वहन्ति स्म। ते विस्मिता भीताश्चाभूवन्-- किं नु खल्वत्र कारणम् कोऽयं विकारो यदिमे स्थले शकटा विष्ठिताः तैस्तौ सुजातकीर्तिबलीवर्दौ योजितौ। तावपि न वहेते स्म सोत्पलहस्तेन च सुमनादामकेन च वाह्यमानौ। तेषामेतदभवत्-- असंशयं पुरतः किंचिद्भयं येनैतावपि न वहतः। तैरश्वदूताः पुरतः प्रेषिताः। अश्वदूताः प्रत्यागताः। प्राहुर्नास्ति किंचिद्भयमिति। तयापि देवतया स्वरूपं संदर्श्य आश्वासिताः-- मा भेतव्यमिति।

今译：他们在多罗衍树附近，由于住在乳林的女神施展威力，所有的车都停下不能行进。所有车身上的苫布等等破裂。车轮陷入地中至车轴，竭尽全力也拉不动。他们惊恐地说道："这里出了什么问题？谁在作怪，让这些车都停下了？"于是，他们让善生和名称这两头牛负轭。而即使示以莲花和须曼花环，它俩也不行进。他们思忖："毫无疑问，前面有危险，因此，它俩不行进。"他们派遣骑马的使者前去侦察。骑马的使者回来报告说："没有任何危险。"这时，那位女神显形，安慰他们说："别害怕！"

地译：行至乳林，路甚平正，牛足拒地，輪轅摧折。是時，五百乘車嬰於路傍，二牛為導，亦不得進，加諸杖捶，亦不能前。時諸商人心懷恐懼，共相謂言："二牛不行，前途必有可怖之事。"即遣馬騎執持器杖，前路而巡。彼使還已，白商王言："我行前路，無諸險難，何為二牛亦不能前？"時護林神忽現其形，語商人言："汝諸商人勿懷恐懼。汝於長夜流轉生死，今得大利。所以者何？有佛世尊出現於世，初成正覺，住此林中，不食已來四十九日，汝等應將種種飲食而以上之。"

तावपि बलीवर्दौ येन तथागतस्तेन शकटा प्रकर्षितौ यावत्ते पश्यन्ति स्म तथागतं वैश्वानरमिव प्रदीप्तं द्वात्रिंशन्महापुरुषलक्षणैः समलंकृतमचिरोदितमिव दिनकरं श्रिया दैदीप्यमानम्। दृष्ट्वा च ते विस्मिता बभूवुः-- किं नु खल्वयं ब्रह्मा इहानुप्राप्त उताहो शक्रो देवेन्द्र उताहो वैश्रवण उताहो सूर्यचन्द्रौ वा उताहो किंचिद्गिरिदेवतं वा नदीदेवतं वा।

今译：这两头牛拉车来到如来那里。他们看到如来闪耀似火，具有三十二大人相，如同刚刚升起的太阳，光辉灿烂。他们看到后，惊讶地说道：“这是梵天来到这里，或者是天王帝释天，或者是多闻天，或者是太阳和月亮，哪位山神或河神？”

地译：時二調牛便向佛行，而諸商人隨牛而往。行路不遠，遙覩如來三十二相、八十種好，身光赫然，如日初出。既見佛已，咸生希有恭敬之心，皆作是言：“此為梵王，為是帝釋，為是四天王，為是日月天，為是山神，為是河神？”

ततस्तथागतः काषायाणि वस्त्राणि प्रकटायति स्म। ततस्ते आहुः-- प्रव्रजितः खल्वयं काषायसंवृतो नास्माद्भयमस्तीति। ते प्रसादं प्रतिलब्ध्वा अन्योन्यमेवमाहुः-- प्रव्रजितः खल्वयं कालभोजी भविष्यति। अस्ति किंचित् आहुः-- अस्ति मधुतर्पणं लिखितकाश्चेक्षवः। ते मधुतर्पणमिक्षुलिखितकांश्चादाय येन तथागतस्तेनोपसंक्रामन्। उपसंक्रम्य तथागतस्य पादौ शिरसाभिवन्दित्वा त्रिप्रदक्षिणीकृत्यैकान्ते तस्थुः। एकान्ते स्थितास्ते तथागतमेवमाहुः-- प्रतिगृह्णातु भगवन्निदं पिण्डपात्रमस्माकमनुकम्पामुपादाय॥

今译：然后，如来展示袈裟衣。于是，他们说道：“这是身穿袈裟的出家人，我们不必害怕。”他们心生喜悦，互相说道：“这位出家人即将按时进食，有什么食物吗？”他们说道：“有甜奶粥和去皮甘蔗。”他们带着甜奶粥和去皮甘蔗，走近如来。走近后，俯首向如来行触足礼，右绕三匝，站立一旁。站立一旁后，对如来说道：“世尊啊，请同情我们，接受这些食物。”

地译：世尊爾時微舉袈裟，示彼商人。商人見已，即知如來是出家人，心生歡喜，各相謂言：“出家之法非時不食，宜應辦諸美味酥蜜、甘蔗、乳糜之屬，及時奉施。”諸商人等營辦種種飲食美味，至如來前，右遶三匝，却住一面，作如是言：“世尊！哀愍我故，受是微供。”

अथ खलु भिक्षवस्तथागतस्यैतदभूत्-- साधु खल्विदं स्याद्यदहं हस्ताभ्यां प्रतिगृह्णीयाम्। कस्मिन् खलु पूर्वकैस्तथागतैः सम्यक्संबुद्धैः प्रतिगृहीतम्। पात्रेणेत्यज्ञासीत्॥

今译：然后，众比丘啊，如来思忖：“我用手接受食物，这样行吗？过去成正等觉的如来用什么接受食物？”他明白是用钵。

地译：佛告諸比丘：如來爾時將欲受彼商人之食，作是思惟：“過去諸佛皆悉持鉢，我今當以何器而受斯食？”

इति हि भिक्षवस्तथागतस्य भोजनकालसमय इति विदित्वा तत्क्षणमेव चतसृभ्यो दिग्भ्यश्चत्वारो महाराजा आगत्य चत्वारि सौवर्णानि पात्राण्यादाय तथागतस्योपनामयन्ति स्म-- प्रतिगृह्णातु भगवन्निमानि सौवर्णानि (चत्वारि) पात्राण्यस्माकमनुकम्पामुपादाय। तानि न श्रमणप्रतिरूपाणि इति कृत्वा तथागतो न प्रतिगृह्णीते स्म। एवं चत्वारि रूप्यमयानि चत्वारि वैडूर्यमयानि स्फटिकमयानि मुसारगल्वमयानि अश्मगर्भमयानि। ततश्चत्वारि सर्वरत्नमयानि पात्राणि गृहीत्वा तथागतस्योपनामयन्ति स्म। न श्रमणस्य सारूप्याणि इति कृत्वा तथागतो न प्रतिगृह्णीते स्म॥

今译：这样，众比丘啊，知道如来已到进食时间，四大天王刹那间从四方来到这里，带来四个金钵，献给如来：“世尊啊！请同情我们，接受这四个金钵。”而如来认为这些金钵不适合沙门，不接受。这样，他们又拿着四个银钵，四个琉璃钵，玻璃钵，玛瑙钵，翡翠钵，还有四个宝石钵，献给如来。而如来认为它们都不适合沙门，不接受。

地译：作是念已，時四天王各持金鉢奉上如來，作如是言：“惟願世尊用我此鉢受商人食，憐愍我故，令於長夜獲大安樂。”

अथ खलु भिक्षवस्तथागतस्य पुनरेतदभूत्-- एवं कतमद्विधैः पात्रैः पूर्वकैस्तथागतैरर्हद्भिः सम्यक्संबुद्धैः प्रतिगृहीतम्। शैलपात्रैरित्यज्ञासीत्। एवं च चित्तमुत्पन्नं तथागतस्य॥

今译：然后，众比丘啊，如来又思忖：“过去成正等觉的如来们使用哪种钵？”他明白是石钵。这是如来心中的决定。

地译：爾時，世尊告四天王言：“出家之法不合受汝如是金鉢。”乃至展轉奉七寶鉢，皆悉不受。

अथ खलु वैश्रवणो महाराजस्तदन्यांस्त्रीन् महाराजानामन्त्रयते स्म-- इमानि खलु पुनर्मार्षाश्चत्वारि शैलपात्राणि नीलकायिकैर्दवपुत्रैरस्मभ्यं दत्तानि-- तत्रास्माकमेतदभूत्-- एषु वयं परिभोक्ष्याम इति। ततो वैरोचनो नाम नीलकायिको देवपुत्रः सोऽस्मानेवमाह--

今译：然后，多闻大天王对另外三位大天王说道：“诸位贤士啊，青身天子们[①]给过我们四个石钵。那时，我们想用这些石钵进食。而名为遍光的青身天子对我们说道：

① 此处“天子们”的原词是 davaputraiḥ，据 M 本和 L 本应为 devaputraiḥ。

地译：是時，北方毗沙門天王告餘天王言："我念昔者有青身天，將四石鉢來與我等。復有一天，名曰遍光，來白我言：

> म एषु भोक्ष्यथ भाजनेषु
> 　धारेतिमे चेतियसंमतीते।
> भविता जिनः शाक्यमुनीति नाम्ना
> 　तस्येति पात्राण्युपनामयेथा॥४॥

今译：你们不要用这些钵进食，
　　要保存它们，尊奉为塔，
　　等到名为释迦牟尼的佛陀
　　出现，就将这些钵献给他。（84）

地译："慎勿用此石鉢，宜應供養而作塔想。何以故？未來有佛出興於世，名釋迦牟尼，當以此鉢奉上彼佛。"

> अयं स कालः समयश्च मार्षा
> 　उपनामितुं शाक्यमुनेर्हि भाजना।
> संगीतितूर्यस्वरनादितेन
> 　दास्याम पात्राणि विधाय पूजाम्॥८५॥

今译：将这些钵献给释迦牟尼，
　　这个时刻来到，诸位贤士！
　　我们要奏响各种各样乐器，
　　供奉他，献上这些石钵。（85）

地译：爾時，毗沙門天王語餘天王言："欲施石鉢，今正是時。"

> स भाजनं धर्ममयं ह्यभेद्यं
> 　इमे च शैलामय भेद्य भाजना।
> प्रतिग्रहीतुं क्षमते न चान्यः
> 　प्रतिग्रहार्थाय व्रजाम हन्त॥८६॥

今译：他是法钵，不会破碎，
　　而这些石钵会破碎，
　　别人不能接受它们，
　　我们快去请他接受。（86）

अथ खलु चत्वारो महाराजाः स्वस्वजनपार्षद्याः पुष्पधूपगन्धमाल्यविलेपनतूर्यताडावचरसंगीतिसंप्रभाणितेन स्वैः स्वैः पाणिभिस्तानि पात्राणि परिगृह्य येन तथागतस्तेनोपसंक्रामन्। उपसंक्रम्य तथागतस्य पूजां कृत्वा तानि पात्राणि दिव्यकुसुमप्रतिपूर्णानि तथागतायोपनामयन्ति स्म॥

今译：然后，四大天王带着各自的随从，手持鲜花、熏香、香料、花环和软膏，奏乐歌唱。这样，他们各自手中拿着石钵，来到如来那里。来到后，他们敬拜如来，献给如来这些装满天国鲜花的石钵。

地译：四天王各還自宫，與諸眷屬持彼石鉢，盛滿天花，以香塗之，奏諸天樂，供養石鉢，來詣佛所，各各以鉢奉上如來，而白佛言："世尊！惟願如來哀受我等所獻石鉢受商人食，令我長夜獲大安樂，得成法器，憐愍我故。"

अथ खलु भिक्षवस्तथागतस्यैतदभवत्-- अमी खलु पुनश्चत्वारो महाराजाः श्रद्धाः प्रसन्नाः मम चत्वारि शैलपात्राण्युपनामयन्ति। न च मे चत्वारि शैलपात्राणि कल्पन्ते। अथैकस्य प्रतिगृहीष्यामि त्रयाणां वैमनस्यं स्यात्। यन्वहमिमानि चत्वारि पात्राणि प्रतिगृह्यैकं पात्रमधितिष्ठेयम्। अथ खलु भिक्षवस्तथागतो दक्षिणं पाणिं प्रसार्य वैश्रवणं महाराजं गाथयाध्यभाषत--

今译：然后，众比丘啊，如来思忖："这四大天王诚心诚意献给我四个石钵。我并不需要四个石钵。而我只接受其中一位，其他三位就会心中不悦。那我就接受这四个钵，然后，我将它们合成一个钵。"于是，众比丘啊，如来伸出右手，对多闻大天王念诵偈颂道：

地译：爾時，世尊作是念言："四大天王以淨信心而施我鉢，然我不合受持四鉢。若惟受一，不受餘三，而彼三王必生嫌恨。是故，我今總受四王所獻之鉢。"爾時，世尊受北方毗沙門天王鉢，而說偈言：

उपनामयस्व सुगतस्य भाजनं
त्वं भेष्यसे भाजनमग्रयाने।
अस्मद्विधेभ्यो हि प्रदाय भाजनं
स्मृतिर्मतिश्चैव न जातु हीयते॥८७॥

今译：你将这钵献给善逝吧！
你将成为上乘器，因为
将钵赐予我们这样的人，
忆念和智慧不会缺失。（87）

地译：汝奉善逝鉢，當得上乘器，
　　　我今受汝施，令汝具念慧。

अथ खलु भिक्षवस्तथागतो वैश्रवणस्य महाराजस्यान्तिकात्तत्पात्रं प्रतिगृह्णीते स्म अनुकम्पामुपादाय। प्रतिगृह्य च धृतराष्ट्रं महाराजं गाथयाध्यभाषत--

今译：然后，众比丘啊，如来怀着同情，接受多闻大天王的钵。接受后，他对持国大天王念诵偈颂道：

地译：爾時，世尊受提頭賴吒天王鉢，而說偈言：

यो भाजनं देति तथागतस्य
　　न तस्य जातु स्मृति प्रज्ञ हीयते।
अतिनाम्य कालं च सुखंसुखेन
　　यावत्पदं बुध्यति शीतिभावम्॥८८॥

今译：无论谁将钵赐予如来，
　　　忆念和智慧不会缺失，
　　　他会长久享受幸福，
　　　直到证得清凉境界。（88）

地译：以鉢施如來，念慧得增長，
　　　生生受快樂，速證佛菩提。

अथ खलु भिक्षवस्तथागतो धृतराष्ट्रस्य महाराजस्यान्तिकात्तत्पात्रं प्रतिगृह्णीते स्म अनुकम्पामुपादाय। प्रतिगृह्य च विरूढकं महाराजं गाथयाध्यभाषत--

今译：然后，众比丘啊，如来怀着同情，接受持国大天王的钵。接受后，他对增长大天王念诵偈颂道：

地译：爾時，世尊受毗婁博叉天王鉢，而說偈言：

ददासि यस्त्वं परिशुद्धभाजनं
　　विशुद्धचित्ताय तथागताय।
भविष्यसि त्वं लघु शुद्धचित्तः
　　प्रशंसितो देवमनुष्यलोके॥८९॥

今译：你将这个清净的钵
　　　赐予思想清净的如来，

你很快会思想清净，
在天上和人间受赞颂。（89）

地译：我以清淨心，受汝清淨鉢，
令汝得清淨，人天所供養。

अथ खलु भिक्षवस्तथागतो विरूढकस्य महाराजस्यान्तिकात्तत्पात्रं प्रतिगृह्णीते स्म अनुकम्पामुपादाय। प्रतिगृह्य च विरूपाक्षं महाराजं गाथयाध्यभाषत--

今译：然后，众比丘啊，如来怀着同情，接受增长大天王的钵。接受后，他对广目大天王念诵偈颂道：

地译：爾時，世尊受毗婁勒叉天王鉢，而說偈言：

अच्छिद्रशीलस्य तथागतस्य
अच्छिद्रवृत्तस्य अच्छिद्रभाजनम्।
अच्छिद्रचित्तः प्रददासि श्रद्धया
अच्छिद्र ते भेष्यति पण्यदक्षिणा॥९०॥

今译：你心无瑕疵，怀着虔诚，
向戒行和品行无瑕疵的
如来献上无瑕疵的钵，
你的福德也会无瑕疵。（90）

地译：如來戒無瑕，汝施無瑕鉢，
汝心無瑕故，得報亦無瑕。

प्रतिगृह्णीते स्म भिक्षवस्तथागतो विरूपाक्षस्य महाराजस्यान्तिकात्तत्पात्रं अनुकम्पामुपादाय। प्रतिगृह्य चैकं पात्रमधितिष्ठति स्म अधिमुक्तिबलेन। तस्यां च वेलायामिदमुदानमुदानयति स्म--

今译：众比丘啊，如来怀着同情，接受广目大天王的钵。接受后，他凭信念力，将这些钵合成一个钵。此刻，他念诵偈颂道：

地译：爾時，世尊受四天王鉢已，如是次第相重安置，右手按之，合成一器，四際分明。如來爾時憶念過去，而說偈言：

दत्तानि पात्राणि पुरे भवे मया
फलपूरिता प्रेमणिया च कृत्वा।

तेनेमि पात्राश्चतुरः सुसंस्थिता
ददन्ति देवाश्चतुरो महर्द्धिकाः ॥९१॥

今译：我在前生施舍这些钵，
钵中盛满花果而可爱，
因此，四大神通天王
赐予我四个坚固的钵。（91）

地译：我昔以花盛满鉢，奉施無量諸如來，
是故今者四天王，施我堅牢清淨鉢。

तत्रेदमुच्यते।

今译：这里，这样说道：

स सप्तरात्रं वरबोधिवृक्षं
संप्रेक्ष्य धीरः परमार्थदर्शी।
षड्भिः प्रकारैः प्रविकम्प्य चोर्वी
अभ्युत्थितः सिंहगतिर्नृसिंहः ॥९२॥

今译：这位人中狮子，勇猛坚定，
洞悉第一义，在这七天中，
凝视菩提树，他起身迈出
狮步，大地出现六种震动。（92）

समन्त नागेन्द्रविलम्बगामी
क्रमेण तारायणमूलमेत्य।
उपाविशन्मेरुवदप्रकम्प्यो
ध्यानं समाधिं च मुनिः प्रदध्यौ ॥९३॥

今译：他如同蛇王，缓缓前行，
渐渐来到多罗衍树下，
静坐不动，犹如须弥山，
牟尼在这里沉思入定。（93）

तस्मिंश्च काले त्रपुषश्च भल्लिको
भ्रातृद्वयं वणिजगणेन सार्धम्।
शकटानि ते पञ्च धनेन पूर्णा
संपुष्पिते सालवने प्रविष्टाः ॥९४॥

今译：这时，帝履富娑和婆履，
这兄弟两人和商队一起，
驾着满载财物的五辆车，
进入鲜花盛开的娑罗林。（94）

महर्षितेजेन च अक्षमात्रं
चक्राणि भूमौ विविशुः क्षणेन।
तां तादृशीं प्रेक्ष्य च ते अवस्थां
महद्भयं वणिजगणस्य जातम्॥ ९५॥

今译：由于大仙威力，刹那间，
车轮陷入地下直至车轴，
看到遭遇这样的困境，
商人们心中产生大恐怖。（95）

ते खड्गहस्ताः शरशक्तिपाणयो
वने मृगं वा मृगयन् क एषः।
वीक्षन्त ते शारदचन्द्रवक्त्रं
जिनं सहस्रांशुमिवाभ्रमुक्तम्॥ ९६॥

今译：他们手持刀、箭和标枪，
心想“或许谁在林中狩猎？”
他们看见佛陀脸似秋月，
身体似摆脱乌云的太阳。（96）

प्रहीनकोपा अपनीतदर्पाः
प्रणम्य मूर्ध्ना विमृषुः क एषः।
नभस्तलाद्देवत वाच भाषते
बुद्धो ह्ययं लोकहितार्थकारी॥ ९७॥

今译：他们消除愤怒，摒弃骄慢，
俯首致敬，心想“这是谁？”
天空中传来天神的话音：
“这是为世界造福的佛陀。（97）

रात्रिंदिवा सप्त न चान्नपानं
अनेन भुक्तं करुणात्मकेन।

यदिच्छथा आत्मन क्लेशशान्तिं
भोजेथिमं भावितकायचित्तम्॥९८॥

今译：“这位满怀悲悯的佛陀，
已经七天七夜不吃不喝，
如果你们想要平息烦恼，
就向这身心净化者施食。”（98）

शब्दं च ते तं मधुरं निशाम्य
वन्दित्व कृत्वा च जिनं प्रदक्षिणम्।
प्रीतास्ततस्ते सहितैः सहायैः
जिनस्य पिण्डाय मतिं प्रचक्रुः॥९९॥

今译：他们听到这甜蜜的话音，
向佛陀致敬，右绕而行，
他们和随从满怀喜悦，
决定向佛陀施舍食物。（99）[①]

तेन खलु भिक्षवः समयेन त्रपुषभल्लिकानां वणिजां प्रत्यन्तकर्वटे गोयूथं प्रतिवसति स्म। अथ ता गावस्तस्मिन् काले तस्मिन् समये सर्पिमण्डं प्रदुग्धा अभूवन्। अथ गोपालास्तत्सर्पिमण्डमादाय येन त्रपुषभल्लिकौ वणिजौ तेनोपसंक्रामन्। उपसंक्रम्येमां प्रकृतिमारोचयन्ति स्म-- यत्खलु यूयं भट्टा जानीयात-- सर्वास्ता गावः सर्पिमण्डं प्रदुग्धाः। तत्किमेतत्प्रशस्तमाहोस्विन्नेति

今译：这时，众比丘啊，在商人帝履富娑和婆履的边区村落中，饲养有牛群。这些牛在这时被挤出酥油。于是，那些养牛人带着酥油，来到商人帝履富娑和婆履那里。来到后，他们说明原委：“主人啊，你们应该知道，所有这些牛被挤出酥油，这是好事还是坏事？”

地译：佛告諸比丘：時彼商眾駈大群牛循路而行。於晨朝時，牧人構[②]乳。凡所構者，化為醍醐，心生希有，速將醍醐來白商主：“今所構乳，不知何故，悉為醍醐？為是吉祥，為是不祥？我今未決。”

---

① 以上第 92 至第 99 首偈颂不见于地译。

② 此处及下面的“構”字原本是个异体字，即“觳”字左边下面去掉“几”，加上“牛”。据《中华大藏经》校勘记，此字《资》作“構”。而《清》和《丽》也是一个异体字，即“觳”字底下加上“牛”。这里暂且使用“構”字。

तत्र लोद्द पजात्या ब्राह्मणा एवमाहुः-- अमङ्गल्यमेतद्ब्राह्मणानाम्। महायज्ञो यष्टव्य इति॥

今译：在那里，一些生性贪婪的婆罗门说道："这事对于婆罗门不吉祥。应该举行大祭祀。"

地译：商眾之中有婆羅門，懷貪愛故，云："是不祥，應作大施。"

तेन खद्द पुनर्भिक्षवः समयेन त्रपुषभल्लिकानां वणिजां शिखण्डी नाम ब्राह्मणः पूर्वजातिसालोहितो ब्रह्मलोके प्रत्याजातोऽभूत्। स ब्राह्मणरूपमभिनिर्माय तान् वणिजो गाथाभिरध्यभाषत--

今译：这时，众比丘啊，有个名为束发的婆罗门，与商人帝履富娑和婆履是前生亲属，再生在梵界。他幻化成婆罗门，对商人们念诵偈颂道：

地译：商主遠祖已生梵世，是時現身作婆羅門，於商眾中，說是偈言：

युष्माकं प्रणिधिः पूर्वे बोधिप्राप्तस्तथागतः।
अस्माकं भोजनं भुक्त्वा धर्मचक्रं प्रवर्तयेत्॥ १००॥

今译：你们在前世发愿："如来获得菩提后，
　　　吃了我们的食物，他就会转动法轮。"（100）

地译：汝等往昔發弘誓，如來若證菩提已，
　　　我當以食奉獻佛，受我食已轉法輪。

स चैष प्रणिधिः पूर्णो बोधिप्राप्तस्तथागतः।
आहारमुपनाम्येत भुक्त्वा चक्रं प्रवर्तयेत्॥ १०१॥

今译：这个誓愿已实现：如来已获得菩提，
　　　你们施予他食物，他就要转动法轮。（101）

地译：今者如來成正覺，汝之所願亦滿足，
　　　世尊應受汝美食，當轉無上大法輪。

सुमङ्गलं सुनक्षत्रं गवां वः सर्पिदोहनम्।
पुण्यकर्मणस्तस्यैष अनुभावो महर्षिणः॥ १०२॥

今译：你们的牛挤出酥油，好兆头，好星相，
　　　这正是这位行善积德的大仙的威力。（102）

地译：汝今構乳得醍醐，由此大仙之威力，
　　　好辰善宿吉祥兆，是故一切皆吉祥。

第二十四　帝履富娑和婆履品　719

एवं संचोद्य वणिजः शिखण्डी भवनं गतः।
उदग्रमनसः सर्वे बभुवुस्त्रपुषाह्वयाः॥ १०३॥

今译：束发劝导商人后，返回天上，
帝履富娑和所有人心情激动。①（103）

地译：梵天演說此偈已，還隱其形反天上。

क्षीरं यदासीच्च हि गोसहस्रा अशेषतस्तं समुदानयित्वा।
अग्रं च तस्मात्परिगृह्य ओजः साधेंसु ते भोजन गौरवेण॥ १०४॥

今译：他们收集所有一千头牛的乳汁，
提取其中精华，恭敬地制成食物。（104）

शतं सहस्रैकपलस्य मूल्यं या रत्नपात्री अभु चन्द्रनामिका।
चौक्षां सुधौतां विमलां च कृत्वा समतीर्थिकां पूरिषु भोजनेन॥ १०५॥

今译：名为月亮的宝石钵价值十万，
清洗干净，盛满食物至钵沿。（105）

मधुं गृहीत्वा तथ रत्नपात्रीं
तारायणीमूलमुपेत्य शास्तुः।
प्रतिगृह्ण भक्ते अनुगृह्ण चास्मान्
इदं प्रणीतं परिभुङ्क्ष्व भोज्यम्॥ १०६॥

今译：手持蜜糖和宝石钵，来到
导师的多罗衍树下，说道：
“请恩宠我们，接受食物，
享用这份精美的食物吧！”（106）

地译：佛告諸比丘：時諸商人聞此偈已，皆大歡喜，即取醍醐，選上粳米，煮以為糜，和好香蜜，盛以栴檀之鉢，詣多演林，奉上如來，白佛言：“世尊！惟願哀愍受我此食。”②

अनुकम्पनार्थाय उभौ च भ्रातृणां
पूर्वाशयं ज्ञात्व च बोधिप्रस्थितौ।
प्रतिगृहीत्वा परिभुञ्जि शास्ता

① 此处原文中的 babhuvuḥ，据 M 本和 L 本应为 babhūvaḥ。
② 此处地译散文叙述的内容相当于上面原文第 103 至第 106 首偈颂。

भुक्त्वा क्षिपी पात्रि नभस्तलेस्मिं ॥ १०७ ॥

今译：出于对这兄弟俩的同情，
知道他俩前世追求菩提的
心愿，导师接受和享用食物，
进食后，将宝石钵扔向空中。（107）

地译：爾時，世尊受商人食已，持彼栴檀之鉢，擲置空中。

सुब्रह्मनामा च हि देवराजो जग्राह यस्तां वररत्नपात्रीम्।
अधुनाप्यसौ तां खलु ब्रह्मलोके संपूजयत्यन्यसुरैः सहायः ॥ १०८ ॥

今译：名为善梵的天王接住这个宝石钵，
至今在梵界，他和其他天神供奉它。（108）

地译：其鉢栴檀一分價直百千珍寶。時有梵天，名曰善梵，接栴檀鉢，還於梵宮，起塔供養。其塔至今諸天香花供養不絕。

अथ खलु तथागतस्तस्यां वेलायां तेषां त्रपुषभल्लिकानां वणिजानामिमां संहर्षणामकार्षीत्--

今译：这时，如来说了这些让商人帝履富娑和婆履高兴的话：

地译：爾時，世尊呪願商人，而說偈言：

दिशां स्वस्तिकरं दिव्यं मङ्गल्यं चार्थसाधकम्।
अर्था वः शासतां सर्वे भवत्वाशु प्रदक्षिणा ॥ १०९ ॥

今译：愿一切方向吉祥、幸运和圆满，
愿你们迅速顺利掌控一切财富！（109）

地译：汝等所向皆吉祥，一切財寶悉充滿。

श्रीर्वोऽस्तु दक्षिणे हस्ते श्रीर्वो वामे प्रतिष्ठिता।
श्रीर्वोऽस्तु सर्वसाङ्गेषु मालेव शिरसि स्थिता ॥ ११० ॥

今译：愿你们右手吉祥，左手也吉祥，
全身都吉祥，如同头顶的花环！（110）

धनैषिणां प्रयातानां वणिजां वै दिशो दश।
उत्पद्यन्तां महालाभास्ते च सन्तु सुखोदयाः ॥ १११ ॥

今译：商人们前往十方，追求财富，

愿他们获利丰厚，充满快乐！（111）

地译：吉祥遍汝左右手，總汝身形是吉祥，
所求財寶自然至，以吉祥鬘為首飾。

कार्येण केनचिद्येन गच्छथा पूर्विकां दिशम्।
नक्षत्राणि वः पालेन्तु ये तस्यां दिशि संस्थिता॥ ११२॥

今译：如果你们前往[①]东方经商办事，
愿那个方位的星宿保护你们！（112）

कृत्तिका रोहिणी चैव मृगशिरार्द्रा पुनर्वसुः।
पुष्यश्चैव तथाश्लेषा इत्येषां पूर्विकादिशाम्॥ ११३॥

今译：昴宿、毕宿、觜宿、参宿、井宿、
鬼宿和柳宿，这些是东方星宿。（113）

इत्येते सप्त नक्षत्रा लोकपाला यशस्विनः।
अधिष्ठिता पूर्वभागे देवा रक्षन्तु सर्वतः॥ ११४॥

今译：这七个星宿，著名的护世天王们，
管辖东方地区，愿众神保佑一切！（114）

तेषां चाधिपती राजा धृतराष्ट्रेति विश्रुतः।
स सर्वगन्धर्वपतिः सूर्येण सह रक्षतु॥ ११५॥

今译：他们的主子是著名的持国天王，但愿
这位健达缚王和太阳一起保佑你们！（115）

पुत्रा पि तस्य बहव एकनामा विचक्षणाः।
अशीतिर्दश चैकश्च इन्द्रनामा महाबला।
तेऽपि व अधिपालेन्तु आरोग्येन शिवेन च॥ ११६॥

今译：他有许多同名的儿子，聪明睿智，
九十一个，名为因陀罗，强大有力，
但愿他们保佑你们健康和吉祥！（116）

---

① 此处“前往”的原词是 gacchathā，应为 gacchethā。参阅下面第 121、130 和 139 颂。

पूर्वस्मिन् वै दिशो भागे अष्टौ देवकुमारिकाः।
जयन्ती विजयन्ती च सिद्धार्था अपराजिता॥ ११७॥

今译：在东方地区，有八位天国公主：
战胜、取胜、义成和战无不胜，（117）

नन्दोत्तरा नन्दिसेना नन्दिनी नन्दवर्धनी।
ता पि व अधिपालेन्तु आरोग्येन शिवेन च॥ ११८॥

今译：大欢喜、喜军、欢喜和喜增，
愿她们保佑你们健康和吉祥！（118）

पूर्वस्मिन् वै दिशो भागे चापालं नाम चेतियम्।
अवुस्तं जिनेभि ज्ञातमर्हन्तेभि च तायिभिः।
तेऽपि व अधिपालेन्तु आरोग्येन शिवेन च॥ ११९॥

今译：在东方地区，有著名的遮波罗塔，
救世的佛陀和阿罗汉们住[①]在那里，
但愿他们保佑你们健康和吉祥！（119）

क्षेमाश्च वो दिशः सन्तु मा च वः पापमागमत्।
लब्धार्थाश्च निवर्तध्वं सर्वदेवेभि रक्षिताः॥ १२०॥

今译：愿你们十方平安，不遭遇灾祸，
愿你们获利返回，受众神保护！（120）

येन केनचित्कृत्येन गच्छेथा दक्षिणां दिशम्।
नक्षत्राणि वः पालेन्तु ये तां दिशमधिष्ठिता॥ १२१॥

今译：如果你们前往南方经商办事，
愿那个方位的星宿保护你们！（121）

मघा च द्वौ च फाल्गुन्यौ हस्ता चित्रा च पञ्चमी।
स्वातिश्चैव विशाखा च एतेषां दक्षिणा दिशा॥ १२२॥

今译：星宿、张宿、翼宿、轸宿、角宿、
亢宿和氐宿，这些是南方星宿。（122）

① 此处“住”的原词是 avustam，BHSD 指出相当于 āvustam。

इत्येते सप्त नक्षत्रा लोकपाला यशस्विनः।
आदिष्टा दक्षिणे भागे ते वो रक्षन्तु सर्वतः॥ १२३॥

今译：这七个星宿，著名的护世天王们，
管辖南方地区，愿他们保佑一切！（123）

तेषां चाधिपती राजा विरूढक इति स्मृतः।
सर्वकुम्भाण्डाधिपतिर्यमेन सह रक्षतु॥ १२४॥

今译：他们的主子相传为增长天王，但愿
这位鸠槃荼王和阎摩一起保佑你们！（124）

पुत्रा पि तस्य बहव एकनामा विचक्षणाः।
अशीतिर्दश चैकश्च इन्द्रनामा महाबलाः।
तेऽपि व अधिपालेन्तु आरोग्येन शिवेन च॥ १२५॥

今译：他有许多同名的儿子，聪明睿智，
九十一个，名为因陀罗，强大有力，
但愿他们保佑你们健康和吉祥！（125）

दक्षिणेऽस्मिन् दिशो भागे अष्टौ देवकुमारिकाः।
श्रियामती यशमती यशप्राप्ता यशोधरा॥ १२६॥

今译：在南方地区，有八位天国公主：
有吉祥、有名声、成名和持名，（126）

सूत्थिता सुप्रथमा सुप्रबुद्धा सुखावहा।
ता पि व अधिपालेन्तु आरोग्येन शिवेन च॥ १२७॥

今译：善奋勇、善优先、善觉和赐福，
愿她们保佑你们健康和吉祥！（127）

दक्षिणेऽस्मिन् दिशो भागे पद्मनामेन चेतिकम्।
नित्यं ज्वलिततेजेन दिव्यं सर्वप्रकाशितम्।
तेऽपि व अधिपालेन्तु आरोग्येन शिवेन च॥ १२८॥

今译：在南方地区，有著名的莲花塔，
始终闪耀圣洁光辉，照亮一切，
愿它们保佑你们健康和吉祥！（128）

क्षेमाश्च वो दिशः सन्तु मा च वः पापमागमत्।
लब्धार्थाश्च निवर्तध्वं सर्वदेवेभि रक्षिताः॥ १२९॥

今译：愿你们十方平安，不遭遇灾祸，
愿你们获利返回，受众神保护！（129）

येन केनचित्कृत्येन गच्छेथा पश्चिमां दिशम्।
नक्षत्राणि वः पालेन्तु ये तां दिशमधिष्ठिता॥ १३०॥

今译：如果你们前往西方经商办事，
愿那个方位的星宿保护你们！（130）

अनुराधा च जेष्ठा च मूला च दृढवीर्यता।
द्वावाषाढे अभिजिच्च श्रवणो भवति सप्तमः॥ १३१॥

今译：房宿、心宿、勇猛坚固的尾宿，
箕宿、斗宿和牛宿，女宿第七。（131）

इत्येते सप्त नक्षत्रा लोकपाला यशस्विनः।
आदिष्टा पश्चिमे भागे ते वो रक्षन्तु सर्वदा॥ १३२॥

今译：这七个星宿，著名的护世天王们，
管辖西方地区，愿他们保佑一切！（132）

तेषां चाधिपती राजा विरूपाक्षेति तं विदुः।
स सर्वनागाधिपतिर्वरूणेन सह रक्षतु॥ १३३॥

今译：他们的主子称为广目天王，但愿
这位蛇王和伐楼那一起保佑你们！（133）

पुत्रा पि तस्य बहवः एकनामा विचक्षणाः।
अशीतिर्दश चैकश्च इन्द्रनामा महाबलाः।
तेऽपि व अधिपालेन्तु आरोग्येन शिवेन च॥ १३४॥

今译：他有许多同名的儿子，聪明睿智，
九十一个，名为因陀罗，强大有力，
但愿他们保佑你们健康和吉祥！（134）

पश्चिमेऽस्मिन् दिशो भागे अष्टौ देवकुमारिकाः
अलम्बुशा मिश्रकेशी पुण्डरीका तथारुणा॥ १३५॥

今译：在西方地区，有八位天国公主：
指掌、花髻和白莲，还有红霞，（135）

एकादशा नवमिका शीता कृष्णा च द्रौपदी।
ता पि व अधिपालेन्तु आरोग्येन शिवेन च॥ १३६॥

今译：十一、第九、清凉和黑公主，
愿她们保佑你们健康和吉祥！（136）

पश्चिमेऽस्मिन् दिशो भागे अष्टङ्गो नाम पर्वतः।
प्रतिष्ठा चन्द्रसूर्याणां अष्टमर्थं ददातु वः।
सोऽपि व अधिपालेतु आरोग्येन शिवेन च॥ १३७॥

今译：在西方地区，有著名的八支山，
日月所居，愿它赐予八个愿望，
愿它也保佑你们健康和吉祥！（137）

क्षेमाश्च वो दिशः सन्तु मा च वः पापमागमत्।
लब्धार्थाश्च निवर्तध्वं सर्वदेवेभि रक्षिताः॥ १३८॥

今译：愿你们十方平安，不遭遇灾祸，
愿你们获利返回，受众神保护！（138）

येन केनचित्कृत्येन गच्छेथा उत्तरां दिशम्।
नक्षत्राणि वः पालेन्तु ये तां दिशमधिष्ठिता॥ १३९॥

今译：如果你们前往北方经商办事，
愿那个方位的星宿保护你们！（139）

धनिष्ठा शतभिषा चैव द्वे च पुर्वोत्तरापरे।
रवती अश्विनी चैव भरणी भवती सप्तमी॥ १४०॥

今译：危宿、虚宿、室宿、壁宿、
奎宿和娄宿，胃宿是第七。（140）

इत्येते सप्त नक्षत्रा लोकपाला यशस्विनः।
आदिष्टा उत्तरे भागे ते वो रक्षन्तु सर्वदा॥ १४१॥

今译：这七个星宿，著名的护世天王们，
管辖北方地区，愿他们保佑一切。（141）

तेषां चाधिपती राजा कुबेरो नरवाहनः ।
सर्वयक्षाणामधिपतिर्माणिभद्रेण सह रक्षतु ॥ १४२ ॥

今译：他们的主子是俱比罗王那罗娑诃那，
愿这位药叉王与珠贤①一起保佑你们！（142）

पुत्रा पि तस्य बहव एकनामा विचक्षणाः ।
अशीतिर्दश चैकश्च इन्द्रनामा महाबलाः ।
ते पि व अधिपालेन्तु आरोग्येन शिवेन च ॥ १४३ ॥

今译：他有许多同名的儿子，聪明睿智，
九十一个，名为因陀罗，强大有力，
但愿他们保佑你们健康和吉祥！（143）

उत्तरेऽस्मिन् दिशो भागे अष्टौ देवकुमारिकाः ।
इलादेवी सुरादेवी पृथ्वी पद्मावती तथा ॥ १४४ ॥

今译：在北方地区，有八位天国公主：
伊罗神女、酒神女、大地和莲花，（144）

उपस्थिता महाराजा आशा श्रद्धा हिरी शिरी ।
ता पि व अधिपालेन्तु आरोग्येन शिवेन च ॥ १४५ ॥

今译：侍奉大王们的愿望、信仰、廉耻和
吉祥，愿她们保佑你们健康和吉祥！（145）

उत्तरेऽस्मिन् दिशो भागे पर्वतो गन्धमादनः ।
आवासो यक्षभूतानां चित्रकूटः सुदर्शनः ।
तेऽपि व अधिपालेन्तु आरोग्येन शिवेन च ॥ १४६ ॥

今译：在北方地区，有一座香醉山，
山顶美妙可爱，居住着药叉们，
愿他们保佑你们健康和吉祥！（146）

क्षेमाश्च वो दिशः सन्तु मा च वः पापमागमत् ।
लब्धार्थाश्च निवर्तध्वं सर्वदेवेभि रक्षिताः ॥ १४७ ॥

---

① 此处"珠贤"的原词是 māṇibhadreṇa，据 M 本应为 maṇibhadreṇa。

今译：愿你们十方平安，不遭遇灾祸，
愿你们获利返回，受众神保护！（147）

अष्टाविंशति नक्षत्रा सप्त सप्त चतुर्दिशम्।
द्वात्रिंशद्देवकन्याश्च अष्टावष्टौ चतुर्दिशम्॥ १४८॥

今译：四个方向，四七二十八个星宿，
四个方向，四八三十二位公主。（148）

अष्टौ श्रमणा (चाष्टौ) ब्राह्मणा(अष्टौ) जनपदेषु नैगमाः।
अष्टौ देवाः सैन्द्रकास्ते वो रक्षन्तु सर्वतः॥ १४९॥

今译：但愿每个地区有八个沙门、八个婆罗门、
八个市民、八个天神和因陀罗保护你们！（149）

स्वस्ति वो गच्छतां भोतु स्वस्ति भोतु निवर्तताम्।
स्वस्ति पश्यत वै ज्ञातिं स्वस्ति पश्यन्तु ज्ञातयः॥ १५०॥

今译：愿你们出行吉祥，返回也吉祥！你们
平安见到亲戚，亲戚也平安见到你们！（150）

सेन्द्रा यक्षा महाराजा अर्हन्तमनुकम्पिताः।
सर्वत्र स्वस्ति गच्छध्वं प्राप्स्यध्वममृतं शिवम्॥ १५१॥

今译：药叉、天王、因陀罗和阿罗汉满怀同情，
愿你们一路平安！你们将获得清凉甘露。（151）

संरक्षिता ब्राह्मण वासवेन
　　विमुक्तिचित्तैश्च अनाश्रवैश्च।
नागैश्च यक्षैश्च सदानुकम्पिताः
　　पालेथ आयुः शरदां शतं समम्॥ १५२॥

今译：受到梵天和因陀罗保护，
又始终受到怀有解脱心而
无烦恼的众蛇和药叉同情，
愿你们长寿，活到一百岁！（152）

प्रदक्षिणां दक्षिणलोकनाथः
　　तेषां दिशैषऽप्रतिमो विनायकः।
अनेन यूयं कुशलेन कर्मणा

मधुसंभवा नाम जिना भविष्यथ॥ १५३॥

今译：机敏能干的世界护主，
无与伦比的十方导师，
说道："你们凭这个善行，
将成为名为蜜生的佛陀。"（153）

प्रथमादिदं लोकविनायकस्य
असङ्गतो व्याकरणं जिनस्य।
पश्चादनन्ता बहुबोधिसत्त्वा
ये व्याकृता बोधयि नो विवर्त्याः॥ १५४॥

今译：这是世界导师第一次
无碍地作出佛陀授记，
此后，无数菩萨将获得
授记，入菩提而不退转。（154）

श्रुत्वा इमं व्याकरणं जिनस्य
उदग्रचित्ता परमाय प्रीत्या।
तौ भ्रातरौ सार्धं सहायकैस्तैः
बुद्धं च धर्मं शरण प्रपन्नाः॥ १५५॥ इति॥

今译：闻听这个佛陀授记，
这兄弟俩和同伴们
心情激动，无比喜悦，
他们皈依佛陀和正法。（155）

地译：日月星宿諸天等，帝釋四王皆擁護，
所去之處既吉祥，迴還亦復獲安樂。
以此施食之功德，當來得成無上道，
名為末度三膰[①]佛。商人蒙記心歡喜。

佛告諸比丘：如來最初為二商主及諸商人而授記莂。時諸商人聞受記已，得未曾有，皆悉合掌，作如是言："我從今者歸依如來。"[②]

① "末度三膰"是 madhusaṃbhava（"蜜生"）一词的音译。
② 此处地译偈颂和散文叙述简括原文中第 112 至第 155 首偈颂的内容。

॥इति श्रीललितविस्तरे त्रपुषभल्लिकपरिवर्तो नाम चतुर्विंशतितमोऽध्यायः॥

今译：以上是吉祥的《神通游戏》中名为《帝履富娑和婆履品》的第二十四章。

अध्येषणापरिवर्तः पञ्चविंशः।

今译：第二十五 劝请品

地译：大梵天王勸請品第二十五

इति हि भिक्षवस्तथागतस्य तारायणमूले विहरतः प्रथमाभिसंबुद्धस्यैकस्य रहोगतस्य प्रतिसंलीनस्य लोकानुवर्तनां प्रत्येतदभवत्-- गम्भीरो बतायं मया धर्मोऽधिगतोऽभिसंबुद्धः शान्तः प्रशान्त उपशान्तः प्रणीतो दुर्दृशो दुरनुबोधोऽतर्कोऽवितर्कावचरः। अलमार्यः पण्डितविज्ञवेदनीयो यदुत सर्वोपधिनिःसर्गोऽवेदितोऽनिवेदितः सर्ववेदितनिरोधः परमार्थो ऽनालयः। शीतीभावोऽनादानोऽनुपादानोऽविज्ञप्तोऽविज्ञापनीयोऽसंस्कृतः षड्विषयसमतिक्रान्तः। अकल्पोऽविकल्पोऽनभिलाप्यः। अरुतोऽघोषोऽनुदाहारः। अनिदर्शनो ऽप्रतिघः सर्वालम्बनसमतिकान्तः शमथधर्मोपच्छेदः। शून्यतानुपलम्भः। तृष्णाक्षयो विरागो निरोधो निर्वाणम्। अहं चेदिमं परेभ्यो धर्मं देशयेयम् ते चेन्नाजानीयुः स मे स्यात्क्लमथो मिथ्याव्यायामोऽक्षणधर्मदेशनता च। यन्न्वहमल्पोत्सुकस्तूष्णीभावेन विहरेयम्। तस्यां च वेलायामिमां गाथामभाषत--

今译：这样，众比丘啊，如来初成正觉，在多罗衍树下，独处静思，随顺世间，思忖道："我证得的此法深邃，平静，安静，寂静，绝妙，难以目睹，难以领悟，不可思辨，不可思量，圣洁，智者能知，摒弃一切执著，不可感知，不可告知，灭寂一切感知，第一义，无所依傍，清凉，无执取，无获取，不可表示，不可显示，无所作为，超越六境，无妄想，无分别，不可言说，无音，无声，无言说，不显现，无障碍，摆脱一切攀缘，寂止，断绝万法，空无所得，灭除贪爱，摒弃贪欲，灭寂，涅槃。如果我向他人宣示此法，而他们不能理解，我便徒劳无功，白费力气，说法不合时机。因此，我不必着急，应该默然而住。"此刻，他念诵偈颂道：

地译：佛告諸比丘：如來初成正覺，住多演林中，獨坐一處，入深禪定，觀察世間，作是思惟："我證甚深微妙之法，最極寂靜，難見難悟，非分別思量之所能解，惟有諸佛乃能知之。所謂超過五蘊，入第一義，無處無行，體性清淨，不取不捨，不可了知，非所顯示，無為無作，遠離六境，非心所計，非言能說，不可聽聞，非可觀見，無所罣礙，離諸攀緣，至究竟處，空無所得，寂靜涅槃。若以此法為人演說，彼等皆悉不能了知，唐捐其功，無所利益。是故，我應默然而住。”爾時，世尊而說偈言：

गम्भीर शान्तो विरजः प्रभास्वरः
प्राप्तो मि धर्मो ह्यमृतोऽसंस्कृतः।
देशेय चाहं न परस्य जाने
यन्नून तूष्णी पवने वसेयम्॥ १॥

今译：我获得这个甘露无为法，
深邃，寂静，无垢，光明，
如果我宣示，他人不理解，
因此，我还是默然住林中。（1）

地译：我得甘露無為法，甚深寂靜離塵垢，
一切眾生無能了，是故靜處默然住。

अपगतगिरिवाक्पथो ह्यलिप्तो
यथ गगनं तथा स्वभावधर्मम्।
चित्तमन विचारविप्रमुक्तं
परमसुआश्चरियं परो विजाने॥ २॥

今译：远离言语道，如同天空，
不受污染，本性使然，
摆脱思想、思考和观察，
他人能知，是最大奇迹。（2）

地译：此法遠離於言說，猶如虛空無所染，
思惟心意皆不行，若人能知甚希有。

न च पुनरयु शक्य अक्षरेभिः
प्रविशतु अनर्थयोगविप्रवेशः।
पुरिमजिनकृताधिकारसत्त्वाः
ते इमु श्रुणित्व हि धर्मु श्रद्दधन्ति॥ ३॥

今译：此法不能依靠文字进入，
不能由此理解它的意义，
而前世供养佛陀的众生，
他们聆听后，信仰此法。（3）

地译：此法性離於文字，孰能悟入其義理？
於多劫中供養佛，方能得聞生信解。

न च पुनरिह कश्चिदस्ति धर्मः
सो पि न विद्यते यस्य नास्तिभावाः।
हेतुक्रियपरंपरा य जाने
तस्य न भोतिह अस्तिनास्तिभावाः॥४॥

今译：这里不再存在任何法，
它不存在，也就见不到，
若是知道因缘连接不断，
便知并无存在或不存在。（4）

地译：不可說有說非有，非有非無亦復然。

कल्पशतसहस्र अप्रमेया
अहु चरितः पुरिमे जिनसकाशे।
न च मय प्रतिलब्ध एष क्षान्ती
यत्र न आत्म न सत्त्व नैव जीवः॥५॥

今译：在过去无数百千劫中，
我曾在佛陀身边修行，
我没有获得这种忍受力：
无我、无众生和无生命。（5）

地译：我昔無量劫修行，未得究竟無生忍。

यद मय प्रतिलब्ध एष क्षान्ती
म्रियति न चेह न कश्चि जायते वा।
प्रकृति इमि निरात्म सर्वधर्माः
तद मां व्याकरि बुद्ध दीपनामा॥६॥

今译：一旦我获得这种忍受力：
这里既无死，也无生，
无我乃是万法的本性，
于是，燃灯佛为我授记。（6）

地译：我於今者得究竟，常觀諸法無生滅，
一切諸法本性空，然燈如來授我記，

汝於來世成正覺，作佛名號釋迦文。

करुण मम अनन्त सर्वलोके
　　परतु न चार्थनतामहं प्रतीक्षे।
यद् पुन जनता प्रसन्न ब्रह्मे
　　तेन अधीष्टु प्रवर्तयिष्य चक्रम्॥७॥

今译：我无限怜悯一切世界，
但我不期望别人来请求，
如果众生令梵天喜悦，
由他请求，我会转法轮。（7）

地译：雖於彼時已證法，今我所得方究竟，
見諸眾生處生死，不知是法及非法，
世間眾生有可度，故起大悲而度之。

एव च अयु धर्म ग्राह्यु मे स्यात्
　　सचि मम ब्रह्म क्रमे निपत्य याचेत्।
प्रवदहि विरजा प्रणीतु धर्मं
　　सन्ति विजानक सत्त्व स्वाकराश्च॥८॥

今译：如果梵天拜倒在我脚下，
乞求："请为素质良好的
信众宣讲微妙清净法吧！"
我会宣讲证得的这种法。（8）

地译：梵王若來勸請我，或當為轉微妙法。

इति हि भिक्षवस्तथागतस्तस्मिन् समये ऊर्णाकोशात्प्रभामुत्सृजति स्म यया प्रभया त्रिसाहस्रमहासाहस्रो लोकधातुर्महता सुवर्णवर्णावभासेन स्फुटोऽभूत्॥

今译：这样，众比丘啊，如来此刻眉间白毫放射光芒。在这光芒照耀下，三千大千世界金光灿烂。

地译：佛告諸比丘：如來作是念時，眉間白毫放大光明，遍照三千大千世界。

अथ खलु दशत्रिसाहस्रमहासाहस्राधिपतिः शिखी महाब्रह्मा बुद्धानुभावेनैव तथागतस्य चेतसैव चेतः परिवितर्कमाज्ञासीत्-- अल्पोत्सुकतायै भगवतश्चित्तमभिनतं न धर्म-

देशनायामिति। तस्यैतदभवत्-- यन्न्वहमुपसंक्रम्य तथागतमध्येष्येयं धर्मचक्रप्रवर्तनतायै॥

今译：然后，三十千大千世界主螺髻大梵天凭借佛陀的威力，心中明白如来有这样的想法："世尊内心倾向不急于宣法。"他思忖："那么，我前去劝请如来转动法轮。"

地译：爾時，娑婆世界主螺髻梵王以佛威神即知如來默然之旨，作是思惟："我應往彼，勸請如來轉于法輪。"

अथ खलु शिखी महाब्रह्मा तस्यां वेलायां तदन्यान् ब्रह्मकायिकान् देवपुत्रानामन्त्रयते स्म-- नश्यति बतायं मार्षा लोको विनश्यति यत्र हि नाम तथागतोऽनुत्तरां सम्यक्संबोधिमभिसंबुध्याल्पोत्सुकतायै चित्तमभिनामयति न धर्मदेशनायाम्। यन्नु वयमुपसंक्रम्य तथागतमर्हन्तं सम्यक्संबुद्धमध्येष्येमहि धर्मचक्रप्रवर्तनाय॥

今译：然后，螺髻此刻对其他梵众天子们说道："诸位贤士啊，这个世界正在毁坏，正在毁灭。因为如来已经证得无上正等菩提，而内心倾向不急于宣法。那么，我们前去劝请如来、阿罗汉、正等觉转动法轮。"

地译：告諸梵眾，作如是言："仁者！世間衆生善法損減，惡法增長。何以故？如來得阿耨多羅三藐三菩提，默然而住，不轉法輪。我等宜往勸請如來。"

अथ खलु भिक्षवः शिखी महाब्रह्मा अष्टषष्ट्या ब्राह्मणशतसहस्रैः परिवृतः पुरस्कृतो येन तथागतस्तेनोपसंक्रामत्। उपसंक्रम्य तथागतस्य पादौ शिरसाभिवन्द्य प्राञ्जलिस्तथागतमेतदवोचत् नश्यति बतायं भगवन् लोकः प्रणश्यति बतायं भगवन् लोकः यत्र हि नाम तथागतोऽनुत्तरां सम्यक्संबोधिमभिसंबुध्याल्पोत्सुकतायै चित्तमभिनामयति न धर्मदेशनायाम्। तत्साधु देशयतु भगवान् धर्मम् देशयतु सुगतो धर्मम्। सन्ति सत्त्वाः स्वाकाराः सुविज्ञापकाः शक्ता भव्याः प्रतिबलाः भगवतो भाषितस्यार्थमाज्ञातुम्। तस्यां च वेलायामिमां गाथामभाषत--

今译：然后，众比丘啊，螺髻大梵天由六十八百千梵天恭敬围绕，来到如来那里。来到后，俯首向如来行触足礼，双手合十，对如来说道："世尊啊，这个世界正在毁坏。世尊啊，这个世界正在毁灭。因为如来已经证得无上正等菩提，而内心倾向不急于宣法。请世尊宣法吧！请善逝宣法吧！那些素质良好、堪受教化的众生有能力理解世尊宣说的教义。"此刻，他念诵偈颂道：

地译：是時，梵王與六十八拘胝梵眾來詣佛所，頂禮佛足，右遶三匝，却住一面，而白佛言："世尊！世間眾生今當損減。何以故？如來為諸眾生求無上覺，今得成佛，默然而住，不轉法輪。以是之故，眾生損減。善哉，世尊！

善哉，善逝！願為眾生起哀愍心而轉法輪。世尊！多有眾生堪能悟入甚深之法，惟願世尊轉于法輪。”爾時，大梵天王以偈讚曰：

समुदानिय ज्ञानमहाग्रमण्डलं
　　विसृज्य रश्मीन् दशादिक्षु चैव।
तदङ्ग ज्ञानांशु नृपद्मबोधका
　　उपेक्षकस्तिष्ठसि वादिभास्करः॥९॥

今译：你已经达到知识大圆满，
　　　放射光芒照十方，恭贺你！
　　　你是知识之光，人中莲花，
　　　觉醒者，舍弃者，辩才太阳。（9）

地译：如來勝智，最極圓滿，
　　　放大光明，普照世界，
　　　當以慧日，開於人花，
　　　何故棄之，默然而止？

निमन्त्रयित्वार्यधनेन सत्त्वां
　　आश्वासयित्वा बहुप्राणकोट्यः।
न युक्तमेतत्तव लोकबन्धो
　　यं तूष्णिभावेन उपेक्षसे जगत्॥१०॥

今译：你曾用宝贵财富招待众生，
　　　你曾安抚过数千万个生命，
　　　世界的亲人啊，你保持沉默，
　　　漠视世界，这种做法不合适。（10）

地译：佛以法財，施諸眾生，
　　　於百千劫，已曾攝受，
　　　世間親者，寧捨眾生？

पराहनस्वोत्तमधर्मदुन्दुभिं
　　सद्धर्मशङ्खं च प्रपूरयाशु।
उच्छ्रेपयस्व महधर्मयूपं
　　प्रज्वालयस्व महधर्मदीपम्॥११॥

今译：你敲响至上法鼓吧！
你吹响妙法螺号吧！
你竖起大法柱吧！
你点燃大法灯吧！（11）

地译：惟願世尊，吹大法螺，
擊大法鼓，然大法燈，
雨大法雨，建大法幢。

प्रवर्ष वै धर्मजलं प्रधानं
प्रतारयेमां भवसागरस्थां।
प्रमोचयेमां महव्याधिक्लिष्टां
क्लेशाग्नितप्ते प्रशमं कुरुष्व॥ १२॥

今译：你降下大法雨吧！
让他们越过生死海！
让他们解除大病痛！
让他们熄灭烦恼火！（12）

地译：將諸眾生，超生死海，
煩惱重病，為療除之，
煩惱猛火，令其止息。

निदर्शय त्वं खड़ शान्तिमार्गं
क्षेमं शिवं निर्जरतामशोकम्।
निर्वाणमार्गागमनादनाथे
विपथस्थिते नाथ कृपां कुरुष्व॥ १३॥

今译：请你展示寂静之路，平安，
吉祥，无老，无忧，救主啊！
请你怜悯那些偏离涅槃之路，
而误入歧途的孤苦无助者！（13）

विमोक्षद्वाराणि अपावृणिष्व
प्रचक्ष्व तं धर्मनयं ह्यकोप्यम्।
जात्यन्धभूतस्य जनस्य नाथ
त्वमुत्तमं शोधय धर्मचक्षुः॥ १४॥

今译：请你打开那些解脱门，
　　　宣讲摆脱愤怒的法则，
　　　让生来盲目的众生获得
　　　至上清净法眼，救主啊！（14）

地译：示無憂惱，涅槃之路，
　　　說真實法，開解脫門，
　　　令諸生盲，得淨法眼。

न ब्रह्मलोके न च देवलोके
　　न यक्षगन्धर्वमनुष्यलोके।
लोकस्य यो जातिजरापनेता
　　नान्योऽस्ति त्वत्तो हि मनुष्यचन्द्रः॥ १५॥

今译：无论是梵界和天界，或是
　　　药叉界、健达缚界和凡界，
　　　除了你这位人中月，无人
　　　能够解除世界的生和老。（15）

地译：斷除生老，病死之患，
　　　非天非人，亦非帝釋，
　　　而能斷除，生死煩惱。

अध्येषकोऽहं तव धर्मराज
　　अध्याचराकृत्वन सर्वदेवान्।
अनेन पुण्येन अहं पि क्षिप्रं
　　प्रवर्तयेयं वरधर्मचक्रम्॥ १६॥

今译：法王啊，我这里劝请你，
　　　促成一切天神修善行，
　　　凭借这个功德，我很快
　　　也会转动美妙的法轮。（16）

地译：我及天眾，勸請如來，
　　　轉于法輪，以此勸請，
　　　所生功德，同於世尊，
　　　轉于法輪，度脫眾生。

अधिवासयति स्म भिक्षवस्तथागतः शिखिनो ब्रह्मणस्तूष्णीभावेन सदेवमानुषासुरस्य लोकस्यानुग्रहार्थमनुकम्पामुपादाय॥

今译：众比丘啊，如来出于同情，想要施恩螺髻梵天以及天神、凡人和阿修罗，以沉默表示同意。

अथ खल्लु शिखी महाब्रह्मा तथागतस्य तूष्णीभावेनाधिवासनां विदित्वा दिव्यैश्चन्दन-चूर्णैरगुरुचूर्णैश्च तथागतमभ्यवकीर्य प्रीतिप्रामोद्यजातस्तत्रैवान्तरधात्॥

今译：然后，螺髻大梵天知道如来已默许，向如来撒下天国的旃檀香粉和沉水香粉，满怀喜悦，消失不见。

地译：佛告諸比丘：爾時，世尊默然而住，大梵天王與諸天眾俱，以天栴檀香末及沈水香末供養佛已，忽然不現。

अथ खल्लु भिक्षवस्तथागतस्य धर्मालोकस्यादरोत्पादनार्थं शिखिनश्च महाब्रह्मणः पुनः पुनस्तथागताध्येषणया कुशलमूलविवृद्ध्यर्थं धर्मस्य चातिगम्भीरोदारतामुपादाय पुनरप्येकस्य रहोगतस्य प्रतिसंलीनस्यायमेवंरूपं चेतोवितर्कोऽभूत्-- गम्भीरः खल्वयं मया धर्मोऽभिसंबुद्धः सूक्ष्मो निपुणो दुरनुबोधः अतर्कोऽतर्कावचरः पण्डितविज्ञवेदनीयः सर्वलोक-विप्रत्यनीको दुर्दृशः सर्वोपधिनिःसर्गः सर्वसंस्कारोपशमः सर्वतमोपच्छेदः शून्यता-नुपलम्भस्तृष्णाक्षयो विरागो निरोधो निर्वाणम्। अहं चेदिदं धर्मं देशयेयम् परे च मे न विभावयेयुः सा मे परमा विहेठा भवेत्। यन्न्वहमल्पोत्सुकविहारेणैव विहरेयम्॥

今译：然后，众比丘啊，为了让螺髻一再劝请如来，激发对法光的尊敬，增强善根，激发对正法的深深尊敬，如来再次独处静思，这样思忖："我证得的此法确实微妙，精巧，难以领悟，不可思辨，不可思量，智者能知，一切世界不相信，难以目睹，摒弃一切执著，止息一切作为，破除一切黑暗，空无所得，灭除贪爱，摒弃贪欲，灭寂，涅槃。如果我宣示此法，而他人不能理解，则令我无比苦恼。因此，我不必着急，还是安然而住。"

地译：佛告諸比丘：爾時，如來為令世間尊重法故，為令甚深妙法得開顯故，入深禪定，觀察世間，作是念言："我證甚深微妙之法，最極寂靜，難見難悟，非分別思量之所能解，惟有諸佛乃能知之。所謂超過五蘊，入第一義，無處無行，體性清淨，不取不捨，不可了知，非所顯示，無為無作，遠離六境，非心所計，非言能說，不可聽聞，非可觀見，無所罣礙，離諸攀緣，至究竟處，空無所得，寂靜涅槃。若以此法為人演說，彼等皆悉不能了知，唐捐其功，無所利益。是故，我應默然而住。"

अथ खलु भिक्षवः शिखी महाब्रह्मा बुद्धानुभावेन पुनरपि तथागतस्येतदमेवंरूपेण चेतः-- परिवितर्कमाज्ञाय येन शक्रो देवानामिन्द्रस्तेनोपसंक्रामत्। उपसंक्रम्य शक्रं देवानामिन्द्रमेतदवोचत्-- यत्खलु कौशिक जानीयास्तथागतस्यार्हतः सम्यक्संबुद्धस्याल्पोत्सुकतायै चित्तं नतं न धर्मदेशनायाम्। नक्ष्यते बतायं कौशिक लोकः विनक्ष्यते बतायं कौशिक लोकः महाविद्यान्धकारक्षिप्तो बतायं कौशिक लोको भविष्यति यत्र हि नाम तथागतस्यार्हतः सम्यक्संबुद्धस्याल्पोत्सुकतायै चित्तं नतं न धर्मसंप्रकाशनायाम्। कस्माद्वयं न गच्छामस्तथागतमर्हन्तं सम्यक्संबुद्धं धर्मचक्रप्रवर्तनायाध्येषितुम्। तत्कस्मात् न ह्यनध्येषितास्तथागता धर्मचक्रं प्रवर्तयन्ति।

今译：然后，众比丘啊，螺髻大梵天再次凭借佛陀的威力，明白如来心中有这样的想法。于是，他来到天王帝释天那里。来到后，他对天王帝释天说道："憍尸迦啊，你要知道如来、阿罗汉、正等觉内心倾向不急于宣法。憍尸迦啊，这个世界会毁坏。憍尸迦啊，这个世界会毁灭。憍尸迦啊，如来、阿罗汉、正等觉内心倾向不急于宣法，这个世界会陷入无知大黑暗。我们为何不前往如来、阿罗汉、正等觉那里，劝请他转动法轮？为什么？因为如来们不受劝请，不会转动法轮。"

地译：爾時，大梵天王以佛威神復知如來默然之旨，往詣釋提桓因所，而語之言："憍尸迦！汝今應知世間眾生處在生死黑暗稠林，善法損減，惡法增長。何以故？如來棄之，不轉法輪。憍尸迦！我等當共往詣佛所，勸請如來。何以故？諸佛如來若不勸請，皆悉默然。是故，今者我與汝等往詣佛所，勸請如來轉于法輪，為令世間敬重法故。"

साधु मार्षेति शक्रो ब्रह्मा भौमाश्च देवा अन्तरीक्षाश्चातुर्महाराजकायिकास्त्रायत्रिंशा यामास्तुषिता निर्माणरतयः परनिर्मितवशवर्तिनो ब्रह्मकायिका आभास्वरा बृहत्फला शुभकृत्स्ना संबहुलानि च शुद्धावासकायिक देवपुत्रशतसहस्राण्यतिक्रान्तवर्णा अतिक्रान्तायां रात्रौ केवलं तारायणमूलं दिव्येन वर्णेन दिव्येनावभासेनावभास्य येन तथागतस्तेनोपसंक्रामन्। उपसंक्रम्य तथागतस्य पादौ शिरसाभिवन्द्य प्रदक्षिणीकृत्य चैकान्ते तस्थुः॥

今译："好吧，贤士！"于是，帝释天、梵天、地上众天神、空中众天神、四大天王天、忉利天、夜摩天、兜率天、化乐天、他化自在天、梵众天、光音天、广果天、遍净天和数百千净居天子们，光辉灿烂，于夜尽时分，来到如来那里，以天国的色彩和天国的光辉照亮整棵多罗衍树。来到后，他们俯首向如来行触足礼，右绕而行，站在一旁。

地译：爾時，大梵天王及釋提桓因、四天王天、三十三天、夜摩天、兜率陀天、樂變化天、他化自在天、梵眾天、梵輔天、光音天、廣果天、遍淨天、淨居天乃至阿迦尼吒天，光明照耀，於夜分中至多演林，頂禮佛已，右遶三匝，却住一面。

अथ खद्द शक्रो देवानामिन्द्रो येन तथागतस्तेनाञ्जलिं प्रणम्य तथागतं गाथयाभितुष्टाव--

今译：然后，天王帝释天向如来合掌致敬，念诵偈颂赞美如来道：

地译：爾時，釋提桓因合掌向佛，即以偈頌而請如來轉于法輪：

उत्तिष्ठ विजितसंग्राम प्रज्ञाकारा तिमिस्रा विवर लोके।
चित्तं हि ते विमुक्तं शशिरिव पूर्णो ग्रहविमुक्तः॥१७॥

今译：起身吧！你已在战斗中获胜，
传播智慧，破除世界黑暗吧！
因为你的心已经获得解脱，
犹如摆脱罗睺的一轮圆月。（17）

地译：世尊降伏諸魔怨，其心清淨如滿月，
願為眾生從定起，以智慧光照世間。

एवमुक्ते तथागतस्तूष्णीमेवास्थात्॥

今译：闻听此言，如来保持沉默。

地译：釋提桓因說是偈已，如來爾時猶故默然。

अथ खद्द शिखी महाब्रह्मा शक्रं देवानामिन्द्रमेतदवोचत्-- नैव कौशिक तथागता अर्हन्तः सम्यक्संबुद्धा अध्येष्यन्ते धर्मचक्रप्रवर्तनतायै यथा त्वमध्येषसे॥

今译：然后，螺髻大梵天对天王帝释天说道："憍尸迦啊，不能像你这样劝请如来、阿罗汉、正等觉转动法轮。"

地译：螺髻梵王語釋提桓因言："憍尸迦！不應如是而為勸請。"

अथ खद्द शिखी महाब्रह्मा एकांसमुत्तरासङ्गं कृत्वा दक्षिणजानुमण्डलं पृथिव्यां प्रतिष्ठाप्य येन तथागतस्तेनाञ्जलिं प्रणम्य तथागतं गाथयाध्यभाषत--

今译：然后，螺髻大梵天偏袒右肩，右膝着地，向如来合掌致敬，对如来念诵偈颂道：

地译：於是，大梵天王即從座起，遍袒右肩，右膝著地，合掌向佛，以偈請曰：

उत्तिष्ठ विजितसंग्राम प्रज्ञाकारा तिमिस्रा विवर लोके।
देशय त्वं मुने धर्मं आज्ञातारो भविष्यन्ति॥ १८॥

今译：起身吧！你已在战斗中获胜，
传播智慧，破除世界黑暗吧！
牟尼啊，请你宣示正法吧！
他们都能够理解你的教诲。（18）

地译：如來今已降魔怨，智慧光明照一切，
世間根熟有堪度，惟願世尊從定起。

एवमुक्ते भिक्षवस्तथागतः शिखिनं महाब्रह्माणमेतदवोचत्-- गम्भीरः खल्वयं महाब्रह्मन् मया धर्मोऽभिसंबुद्धः सूक्ष्मो निपुणः पेयालं यावत्सा मे स्यात्परमा विहेठा। अपि च मे ब्रह्मन्निमे गाथेऽभीक्ष्णं प्रतिभासः--

今译：闻听此言，众比丘啊，如来对螺髻大梵天说道："大梵天啊，我证得的此法确实微妙，精巧，如前所述，直至会令我无比苦恼。[①] 梵天啊，我心中也经常闪现两首偈颂：

地译：爾時，世尊告梵天言："我證甚深微妙之法，最極寂靜，難見難悟，非分別思惟之所能解，惟有諸佛乃能知之。所謂超過五蘊，入第一義，無處無行，體性清淨，不取不捨，不可了知，非所顯示，無為無作，遠離六境，非心所計，非言能說，不可聽聞，非可觀見，無所罣礙，離諸攀緣，至究竟處，空無所得，寂靜涅槃。若以此法為人演說，彼等皆悉不能了知。[②] 然我常思念是二偈頌：

प्रतिस्रोतगामि मार्गो गम्भीरो दुर्दृशो मम।
न तं द्रक्ष्यन्ति रागान्धा अलं तस्मात्प्रकाशितुम्॥ १९॥

今译：我的道路逆流而上，
深邃微妙，难以目睹，
受贪欲蒙蔽者看不到，
因此，我不能宣示。（19）

① 参阅前面相关的一段叙述。
② 这一段在原文中采取省略的表达方式。

地译：我證逆流道，甚深難可見，
盲者莫能覩，故默而不說。

अनुस्रोतं प्रवाह्यन्ते कामेषु पतिता प्रजाः।
कृच्छ्रेण मेऽयं संप्राप्तं अलं तस्मात्प्रकाशितुम्॥२०॥

今译：众生陷入欲望中，
他们都随波逐流，
我靠艰辛获得此法，
因此，我不能宣示。（20）

地译：世間諸眾生，著彼五塵境，
不能解我法，是故今默然。

अथ खलु भिक्षवः शिखी महाब्रह्मा शक्रश्च देवानामिन्द्रस्तथागतं तूष्णीभूतं विदित्वा सार्धं तैर्देवपुत्रैर्दुःखिता दुर्मनास्तत्रैवान्तरधायिषुः॥

今译：然后，众比丘啊，螺髻大梵天和天王帝释天知道如来依然保持沉默。他们感到痛苦，心情沮丧，与众天子一起消失不见。

地译：爾時，梵王帝釋及諸天眾聞如是偈，心大憂惱，即於是處忽然不現。

त्रिरपि च तथागतस्याल्पोत्सुकतायै चित्तं नमयति स्म॥

今译：这样，接连三次，如来内心倾向不急于宣法。

तेन खलु पुनर्भिक्षवः समयेन मागधकानां मनुष्याणामिमान्येवंरूपाणि पापकानि अकुशलानि दृष्टिगतान्युत्पन्नान्यभूवन्। तद्यथा। केचिदेवमाहुः-- वाता न वास्यन्ति। केचिदेवमाहुः-- अग्निर्न ज्वलिष्यति। केचिदाहुः-- देवो न वर्षिष्यति। केचिदाहुः-- नद्यो न वह्यन्ति। केचिदाहुः-- शस्यानि न प्रजास्यन्ति। केचिदाहु-- पक्षिण आकाशे न क्रमिष्यन्ति। केचिदाहुः-- गुर्विण्यो नारोग्येण प्रसविष्यन्ति॥

今译：众比丘啊，此时，在摩揭陀人中，出现种种邪恶不善的外道见解。例如，有些人说："风不会吹了。"有些人说："火不会燃烧了。"有些人说："天不会下雨了。"有些人说："河不会流动了。"有些人说："谷物不会生长了。"有些人说："鸟不会飞上天空了。"有些人说："孕妇不会顺利分娩了。"

地译：佛告諸比丘：復於一時，大梵天王觀摩伽陀國多諸外道等，於地水火風空橫生計度，封著邪見以為正道。

अथ खलु भिक्षवः शिखी महाब्रह्मा तथागतस्यैवमेवंरूपं चित्तवितर्कमाज्ञाय मागधकानां च मनुष्याणामिमानि दृष्टिगतानि विदित्वा अतिक्रान्तायां रात्रावभिसंक्रान्तेन वर्णेन सर्वावन्तं तारायणमूलं दिव्येनावभासेनावभास्य येन तथागतस्तेनोपसंक्रामत्। उपसंक्रम्य तथागतस्य पादौ शिरसाभिवन्द्यैकांसमुत्तरासङ्गं कृत्वा दक्षिणं जानुमण्डलं पृथिव्यां प्रतिष्ठाप्य येन तथागतस्तेनाञ्जलिं प्रणम्य तथागतं गाथाभिरध्यभाषत--

今译：然后，众比丘啊，螺髻大梵天明白如来心中有这样的想法，知道摩揭陀人中出现种种邪恶的外道见解。他于夜尽时分，来到如来那里，以天国的色彩和天国的光辉照亮整棵多罗衍树。来到后，他俯首向如来行触足礼，偏袒右肩，右膝着地，向如来合掌致敬，对如来念诵偈颂道：

地译：而彼眾生有應度者。而知世尊于今猶固默然，復詣佛所，頭面禮足，圍遶三匝，右膝著地，合掌恭敬，以偈請曰：

वादो बभूव सकलैर्विचिन्तितो
धर्मोऽविशुद्धो मगधेषु पूर्वम्।
अमृतं मुने तद्विवृणीष्व द्वारं
श्रृण्वन्ति धर्मं विमलेन बुद्धम्॥२१॥

今译：在摩揭陀国，以前所有人
思考和讨论的是不净法，
牟尼啊，请你打开甘露门，
让他们聆听清净的佛法。（21）

地译：摩伽陀國，多諸異道，
因邪見故，種種籌量，
惟願牟尼，為開甘露，
最清淨法，令其得聞。

कृतस्वकार्थोऽसि भुजिष्यतां गतो
दुःखाभिसंस्कारमलापकृष्टः।
न हानिवृद्धी कुशलस्य तेऽस्ति
त्वमग्रधर्मेष्विह पारमिं गतः॥२२॥

今译：你实现目的，获得自由，
摆脱痛苦和诸行的污垢，
你的善根达到不减不增，
你抵达至上诸法的彼岸。（22）

地译：佛所證法，清淨離垢，
到于彼岸，無增無減。

न ते मुने सदृश इहास्ति लोके
कुतोऽधिकः स्यादिह ते महर्षे।
भवानिहाग्रस्त्रिभवे विरोचते
गिरिर्यथाऽसावसुरालयस्थः॥२३॥

今译：牟尼啊，你在世上无与伦比，
大仙啊，还有谁比你更伟大？
你超然特立，光辉照耀三界，
犹如屹立阿修罗界[1]的须弥山。（23）

地译：於三界中，超然特尊，
如須彌山，顯于大海。

महाकृपां जानय दुःखिते जने
न त्वादृशा जातु भवन्त्युपेक्षकाः।
भवान् विशारद्यबलैः समन्वितः
त्वमेव शक्तो जनतां प्रतारितुम्॥२४॥

今译：请对苦难众生发大慈悲，
不要像你这样漠不关心，
你具有无所畏惧的力量，
你完全能救度这些众生。（24）

地译：當於眾生，起哀愍心，
而救濟之，云何棄捨？
如來具足，一切功德，
力無畏等，惟願拔濟。

इयं सुशल्या सुचिरातुरा प्रजा
सदेवका सश्रमणा द्विजाखिला।
आरोगिनी भोतु निरातुरज्वरा
न चापरः शरणमिहास्य विद्यते॥२५॥

今译：众生及所有天神、沙门和

① “阿修罗界”（asurālaya）指阿修罗的居处，即大海。

婆罗门长期忍受毒箭折磨，
请你治愈他们的灼热病痛，
在这里找不到其他庇护所。（25）

地译：苦惱衆生，世間人天，
為煩惱病，之所逼迫，
請佛慈悲，而救濟之，
惟有如來，為歸依處。

चिरानुबद्धास्तव देवमानुषाः
कल्याणचित्ता अमृतार्थिनश्च।
धर्मं यमेवाधिगमिष्यते जिनो
यथावदन्यूनमुदाहरिष्यति॥ २६॥

今译：天神和凡人长期追随你，
内心向善，渴望获得甘露：
“佛陀将会获得这个正法，
他会毫无保留如实宣讲。”（26）

地译：自昔天人，隨逐如來，
此等純善，悉求解脫，
是若聞法，皆能領受，
惟願如來，為其敷演。

तस्माद्धिया चामिसु विक्रम त्वां
विनयस्व सत्त्वां चिरनष्टमार्गां।
अविश्रुतार्था शमनाय काङ्क्षिताः
सुदुर्बला बृंहणकाङ्क्षिणो वा॥ २७॥

今译：因此，请你凭借智慧和勇气[①]，
教导长久迷失道路的众生，
那些未闻妙义者渴望平静，
那些软弱无力者渴望滋养。（27）

地译：故我今者，請大精進，
開示妙法，令見正路。

① 此处原文中的 cāmisu vikrama，M 本写为 cāpi suvikrama。

इयं तृषार्ता जनता महामुने
    उदीक्षते धर्मजलं तवान्तिके।
मेघो यथा संतृषितां वसुंधरां
    कुरु तर्पणां नायक धर्मवृष्ट्या॥२८॥

今译：大牟尼啊，众生受贪爱折磨，
　　　他们盼望你降下正法雨水，
　　　导师啊，犹如乌云满足大地，
　　　请你降下法雨，满足他们吧！（28）

地译：譬如大雲，雨於一切，
　　　如來法雨，亦復如是，
　　　潤洽一切，枯槁眾生。

चिरप्रणष्टा विचरन्ति मानवा
    भवे कुदृष्टीगहने सकण्टके।
अकण्टकं मार्गमृजुं प्रचक्ष्व तं
    यं भावयित्वा ह्यमृतं लभेयम्॥२९॥

今译：众生长久迷失在生死道中，
　　　行走在邪见丛林，充满荆棘，
　　　请你指出没有荆棘的正路，
　　　沿着这条路，可以获得甘露。（29）

地译：彼諸人等，邪見毒刺，
　　　生死稠林，無始流轉，
　　　未蒙拔濟。

अन्धाप्रपाते पतिता ह्यनायका
    नोद्धर्तुमन्यैरिह शक्यमेते।
महाप्रपाते पतितां समुद्धर
    छन्दं समुत्पाद्य वृषोऽसि बुद्धिमान्॥३०॥

今译：没有向导，坠入黑暗深渊，
　　　其他的人不能拯救他们，
　　　请你拯救这些坠入深渊者，
　　　激励他们，你是智慧雄牛。（30）

地译：盲無慧目，將墮深坑，
惟願導師，開於正道，
施其甘露。

न संगतिस्तेऽस्ति सदा मुने चिरं
कदाचिदौदुम्बरपुष्पसंनिभाः।
जिनाः पृथिव्यां प्रभवन्ति नायकाः
प्राप्ताक्षणो मोचय नाथ सत्त्वां॥३१॥

今译：牟尼啊，你经常难得一遇，
有时如同优昙花，佛陀们
都成为大地的导师，救主啊，
时机已到，请你救度众生吧！（31）

地译：佛難值遇，如優曇花，
惟願度脫，無依止者。

अभूच्च ते पूर्वभवेष्वियं मतिः
तीर्णः स्वयं तारयिता भवेयम्।
असंशयं पारगतोऽसि सांप्रतं
सत्यां प्रतिज्ञां कुरु सत्यविक्रमः॥३२॥

今译：这正是你在前生中的想法：
“救度自己后，成为救度者。”
无疑，你现在已经到达彼岸，
你是真理勇士，实现诺言吧！（32）

地译：如來往昔，發弘誓願，
自既度已，當度衆生。

धर्मोल्कया विधम मुनेऽन्धकारा
उच्छ्रेपय त्वं हि तथागतध्वजम्।
अयं स कालः प्रतिलाभ्युदीरणे
मृगाधिपो वा नद दुन्दुभिस्वरः॥३३॥

今译：请用正法火炬驱散黑暗，
牟尼啊，竖起如来幡幢吧！

现在到了你宣讲的时刻，
声音似鼓，发出狮子吼吧！（33）

地译：幸以慧光，除諸冥暗，
惟佛大慈，勿捨本願，
如師子吼，如天雷震，
為眾生故，轉于法輪。

अथ खलु भिक्षवस्तथागतः सर्वावन्तं लोकं बुद्धचक्षुषा व्यवलोकयन् सत्त्वान् पश्यति स्म हीनमध्यप्रणीतानुच्चनीचमध्यमान् स्वाकारान् सुविशोधकान् दुराकारान् दुर्विशोधकानुद्घाटितज्ञानविपञ्चितज्ञान् पदपरमांस्त्रीन् सत्त्वराशीनेकं मिथ्यत्वनियतमेकं सम्यक्त्वनियतमेकमनियतम्। तद्यथापि नाम भिक्षवः पुरुषः पुष्करिण्यास्तीरे स्थितः पश्यति जलरुहाणि कानिचिदुदकान्तर्गतानि कानिचिदुदकसमानि कानिचिदुदकाभ्युद्गतानि एवमेव भिक्षवस्तथागतः सर्वावन्तं लोकं बुद्धचक्षुषा व्यवलोकयन् पश्यति स्म सत्त्वांस्त्रिषु राशिषु व्यवस्थितान्॥

今译：然后，众比丘啊，如来用佛眼环视整个世界，看到众生有劣等、中等和优等，上等、中等和下等，素质优良的纯洁者和素质恶劣的不纯洁者，智慧开悟者、细说领悟者和词句至上者。这样三种人：邪定聚者、正定聚者和不定聚者。众比丘啊，正如有人站在莲花池边，看到有些莲花在水面下，有些莲花与水面持平，有些莲花在水面上，同样，众比丘啊，如来用佛眼环视整个世界，看到众生有这三种。

地译：爾時，世尊以佛眼觀見諸眾生上中下根 或邪定聚，或正定聚，或不定聚。比丘！譬如有人臨清淨池，見彼池中所有草木，或未出水，或與水齊，或已出水，如是三種分明見之，如來觀諸眾生上中下根亦復如是。

अथ खलु भिक्षवस्तथागतस्यैतदभवत्-- देशयेयं चाहं धर्मं न वा देशयेयम्। स एष मिथ्यत्वनियतो राशिर्नैवायं धर्ममाजानीयात्। देशयेयं चाहं वा धर्मं न वा देशयेयम्। योऽयं सम्यक्त्वनियतो राशिराज्ञास्यत्येवैष धर्मम्। (यत्खलु पुनरयमनियतो राशिराज्ञास्यत्येवैष धर्मम्।) यत्खलु पुनरयमनियतो राशिः तस्मै सचेद्धर्मं देशयिष्यामि आज्ञास्यति। उत न देशयिष्यामि नाज्ञास्यते॥

今译：然后，众比丘啊，如来思忖："我宣示或不宣示此法，邪定聚者肯定不会理解此法。我宣示或不宣示此法，正定聚者肯定会理解此法。然而，还有不定聚者，如果我宣示此法，他们就会理解，如果我不宣示，他们就不会理解。"

地译：如來爾時作是思惟："我若說法，若不說法，邪聚眾生畢竟不知。"復更思惟："我若說法，若不說法，正聚眾生，皆能了知。"復更思惟："我若說法，不定眾生亦能了知，我不說法即不了知。"

अथ खलु भिक्षवस्तथागतोऽनियतराशिव्यवस्थितान् सत्त्वानारभ्य महाकरुणामवक्रामयति स्म॥

今译：然后，众比丘啊，如来对这些不定聚者众生发大慈悲。

地译：諸比丘！如來爾時觀不定聚眾生，起大悲心，作如是言："我本欲為此等眾生轉于法輪故出於世。"

अथ खलु तथागत आत्मनश्चेमं सम्यग्ज्ञानमधिकृत्य शिखिनश्च महाब्रह्मणोऽध्येषणां विदित्वा शिखिनं महाब्रह्माणं गाथाभिरध्यभाषत--

今译：然后，如来依靠自己的正智，知道螺髻大梵天的劝请，对螺髻大梵天念诵偈颂道：

地译：又為大梵天王請故，即以偈頌告梵王言：

अपावृतास्तेषाममृतस्य द्वारा
ब्रह्मन् ति सततं ये श्रोतवन्तः।
प्रविशन्ति श्रद्धा नविहेठसंज्ञाः
शृण्वन्ति धर्मं मगधेषु सत्त्वाः॥३४॥

今译：梵天啊，甘露门永远
为那些聆听者打开，
心怀虔诚，不起恶念，
摩揭陀众生入门听法。（34）

地译：我今為汝請，當雨於甘露，
一切諸世間，天人龍神等，
若有淨信者，聽受如是法。

अथ खलु शिखी महाब्रह्मा तथागतस्याधिवासनां विदित्वा तुष्ट उदग्र आत्तमनाः प्रमुदितः प्रीतिसौमनस्यजातस्तथागतस्य पादौ शिरसा वन्दित्वा तत्रैवान्तरधात्॥

今译：然后，螺髻大梵天知道如来已经同意，高兴满意，欢喜踊跃，心中愉快，俯首向如来行触足礼，消失不见。

地译：爾時，大梵天王聞是偈已，歡喜踊躍，得未曾有，頂禮佛足，遶無數匝，即於佛前忽然不現。

अथ खलु भिक्षवो भौमा देवास्तस्यां वेलायामन्तरीक्षेभ्यो देवेभ्यो घोषमुदीरयन्ति स्म शब्दमनुश्रावयन्ति स्म-- अद्य मार्षा तथागतेनार्हता सम्यक्संबुद्धेन धर्मचक्रप्रवर्तनायै प्रतिश्रुतम्। तद्भविष्यति बहुजनहिताय बहुजनसुखाय लोकानुकम्पायै महतो जनकायस्यार्थाय हिताय सुखाय देवानां च मनुष्याणां च। परिहास्यन्ते बत भो मार्षा असुराः कायाः। दिव्याः कायाः परिपूरिं गमिष्यन्ति। बहवश्च सत्त्वा लोके परिनिर्वास्यन्ति।

今译：然后，众比丘啊，地上众天神即刻高声通报空中众天神，告诉他们说："诸位贤士啊，今天，如来、阿罗汉、正等觉答应转动法轮了！他将为众生谋利益，为众生造福，同情世界，为大众谋利益，为天神和凡人造福。诸位贤士啊，阿修罗的身体将抛弃，天神的身体将完善。世上许多众生将涅槃。"

地译：諸比丘！爾時，地神告虛空神，唱如是言："如來今受梵王勸情[1]，欲轉法輪，哀愍無量諸眾生故，利益無量諸眾生故，安樂無量諸眾生故，增長天人損減惡趣故，為諸眾生得涅槃故，當轉法輪。"

एवमेवान्तरीक्षा देवा भौमेभ्यो देवेभ्यः प्रतिश्रुत्य चातुर्महाराजिकानां देवानां घोषमुदीरयन्ति स्म। चातुर्महाराजिकास्त्रायत्रिंशानाम् त्रायत्रिंशा यामानाम् यामा तुषितनिर्माणरतीनाम् निर्माणरतयः परनिर्मितवशवर्तिनाम् तेऽपि ब्रह्मकायिकानां देवानां घोषमुदीरयन्ति स्म शब्दमनुश्रावयन्ति स्म-- अद्य मार्षास्तथागतेनार्हता सम्यक्संबुद्धेन धर्मचक्रप्रवर्तनायै प्रतिश्रुतम्। तद्भविष्यति बहुजनहिताय बहुजनसुखाय लोकानुकम्पायै महतो जनकायस्यार्थाय हिताय सुखाय देवानां च मनुष्याणां च। परिहास्यन्ते बत भो मार्षा असुराः कायाः। दिव्याः काया विवर्धिष्यन्ते। बहवश्च सत्त्वा लोके परिनिर्वास्यन्तीते॥

今译：空中众天神听到地上众天神的这些话后，高声通报四大天王天。四大天王天通报忉利天。忉利天通报夜摩天。夜摩天通报兜率天和化乐天。化乐天通报他化自在天。他们又高声通报梵众天，告诉他们说："诸位贤士啊，今天，如来、阿罗汉、正等觉答应转动法轮了！他将为众生谋利益，为众生造福，同情世界，为大众谋利益，为天神和凡人造福。诸位贤士啊，阿修罗的身体将抛弃，天神的身体将完善。世上许多众生将涅槃。"

इति हि भिक्षवस्तत्क्षणं तन्मुहुर्तं तल्लवं यावद्ब्रह्मकायिका देवास्तस्माद्भौमादारभ्य एकवागेकनिर्नाद एकनिर्घोषोऽभ्युद्गतोऽभूत्-- अद्य मार्षास्तथागतेनार्हता सम्यक्संबुद्धेन धर्म-

---

① 此处"情"字应为"请"。

चक्रप्रवर्तनायै प्रतिश्रुतमिति॥

今译：这样，众比丘啊，在刹那间，顷刻间，须臾间，从地上众天神至天上梵众天，发出同一种话声，同一种吼声，同一种呼声："诸位贤士啊，今天，如来、阿罗汉、正等觉答应转动法轮了！"

地译：地神作是語已，於一念頃虛空神聞，展轉傳至阿迦尼吒天。

अथ खलु भिक्षवो धर्मरुचिश्च नामा बोधिवृक्षदेवता धर्मकायश्च धर्ममतिश्च धर्मचारी च एते चत्वारो बोधिवृक्षदेवतास्तथागतस्य चरणयोर्निपत्यैवमाहुः-- क्व भगवान् धर्मचक्रं प्रवर्तिष्यतीति। एवमुक्ते भिक्षवस्तथागतस्तान् देवतानेतदवोचत्-- वाराणस्यामृषिपतने मृगदावे। ते आहुः-- परीत्तजनकाया भगवन् वाराणसी महानगरी परीत्तद्रुमछायश्च मृगदावः। सन्त्यन्यानि भगवन् महानगराणि ऋद्धानि स्फीतानि क्षेमानि सुभिक्षाणि रमणीयानि आकीर्णबहुजनमनुष्याणि उद्यानवनपर्वतप्रतिमण्डितानि। तेषां भगवानन्यतमे धर्मचक्रं प्रवर्तयतु। तथागतोऽवोचत्मैवं भद्रमुखाः। तत्कस्मात्

今译：然后，众比丘啊，有菩提树神名为法光、法身、法意和法行。这四位菩提树神拜倒在如来脚下，说道："世尊将在哪里转动法轮？"闻听此言，众比丘啊，如来对这些树神说道："在波罗奈城仙人堕处鹿野苑。"他们说道："世尊啊，波罗奈大城人口稀少，鹿野苑树荫稀少。世尊啊，有其他一些大城，繁荣，富饶，平安，食物丰富，人丁兴旺，美观可爱，装饰有山林花园。世尊啊，你就在其中某个大城转动法轮吧！"世尊说道："不要这样说，诸位贤士啊！为什么？

地译：諸比丘！爾時，有四護菩提樹天：一名受法，二名光明，三名樂法，四名法行。是四天子頂禮佛足而白佛言："世尊當於何處轉于法輪？"爾時，如來告彼天言："我於波羅奈國仙人墮處鹿野苑中轉正法輪。"彼天子言："世尊！此波羅奈鹿野苑中，文物鮮少，林泉非勝，然有無量諸餘城邑，土地豐饒，人民殷盛，園林池沼清淨可樂，何故如來於鹿野苑中而轉法輪？"爾時，世尊告諸天子言："仁者！不應作如是說。所以者何？

षष्टिं यज्ञसहस्रकोटिनयुता ये तत्र यष्टा मया
षष्टिं बुद्धसहस्रकोटिनयुता ये तत्र संपूजिता।
पौराणामृषिणामिहालयु वरो वाराणसी नामवा
देवानागमभिष्टुतो महितलो धर्माभिनिम्नः सदा॥३५॥

今译：我在这里举行过六十千万亿祭祀，
我在这里供奉过六十千万亿佛陀，

这是过去仙人居处，名为波罗奈，
受天神和蛇赞美，永远随顺正法。（35）

बुद्धा कोटिसहस्र नैकनवतिः पूर्वे स्मरामी अह
ये तस्मिन्नृषिसाह्वये वनवरे वर्तीसु चक्रोत्तमम्।
शान्तं चाप्युपशान्तध्यानभिमुखं नित्यं मृगैः सेवितं
इत्यर्थे ऋषिसाह्वये वनवरे वर्तिष्यि चक्रोत्तमम्॥३६॥ इति॥

今译：我记得过去有九十一千千万佛陀，
在这仙人堕处美妙园林转动法轮，
永远宁静，适合沉思，鹿群出没，
故而我要在这仙人园林转动法轮。（36）

地译："我念往昔於此波羅奈城，供養六十千億那由他諸佛如來。以要言之，九萬一千拘胝諸佛皆於是處轉正法輪，一切甚深微妙之法皆從中出。是故，此地常為天、龍、夜叉、乾闥婆、羅刹等之所守護。以是義故，如來於彼鹿野苑中而轉法輪。"

॥ इति श्रीललितविस्तरेऽध्येषणापरिवर्तो नाम पञ्चविंशतितमोऽध्यायः॥

今译：以上是吉祥的《神通游戏》中名为《劝请品》的第二十五章。

धर्मचक्रप्रवर्तनपरिवर्तः षड्विंशः॥

今译：第二十六 转法轮品

地译：轉法輪品第二十六

अथ खलु भिक्षवस्तथागतः कृतकृत्यः कृतकरणीयः सर्वबन्धनसमुच्छिन्नः सर्वक्लेशोद्धृतो निर्वान्तमलक्लेशो निहतमारप्रत्यर्थिकः सर्वबुद्धधर्मनयानुप्रविष्टः सर्वज्ञः सर्वदर्शी दशबलसमन्वागतश्चतुर्वैशारद्यप्राप्तोऽष्टादशावेणिकबुद्धधर्मप्रतिपूर्णः पञ्चचक्षुः समन्वागतोऽनावरणेन बुद्धचक्षुषा सर्वावन्तं लोकमवलोक्यैवं चिन्तयति स्म-- कस्मा अयमहं सर्वप्रथमं धर्मं देशयेयम् कतमः सत्त्वः शुद्धः स्वाकारः सुविनेयः सुविज्ञापकः सुविशोधको मन्दरागदोषमोहोऽपरोक्षविज्ञानो योऽश्रुतवान् धर्मस्य परिहीयते तस्मायहं सर्वप्रथमं धर्मं देशयेयम् यश्च मे धर्मं देशितमाजानीयान्न च मां स विहेठयेत्॥

今译：然后，众比丘啊，如来应作已作，所作已成，斩断一切束缚，拔除一切烦恼，清除[①]污垢烦恼，降伏摩罗怨敌，悟入一切佛法理，通晓一切，洞悉一切，获得十力、四无畏和十八不共佛法，成就五眼[②]，用无障碍的佛眼环视整个世界，思忖道："我应该首先向谁宣示正法？哪位众生纯洁，素质优良，可教化，可教导，清净，贪嗔痴淡薄，能迅速领悟，听了正法，不会忘却？我应该首先向这样的人宣示正法，他能理解我宣示的正法，不会令我苦恼。"

地译：爾時，佛告諸比丘：如來所作已辦，棄捨重擔，拔煩惱根，淨諸塵垢，摧滅外道，降伏魔軍，入佛甚深微妙之理，已得知見，成就十力，四無所畏、十八不共一切佛法無不具足，五眼清淨，觀察世間。作是思惟："誰應最初堪受我法？根性淳熟，易可調柔，於所聞義速能開悟，清淨離染，薄貪瞋癡，於我所說而無忽忘，能令示教不生劬勞，若有所聞，永無退失？"

अथ खलु भिक्षवस्तथागतस्यैतदभूत्-- रुद्रकः खलु रामपुत्रः शुद्धः स्वाकारः सुविज्ञापकः सुविशोधको मन्दरागमोहोऽपरोक्षविज्ञानः। सोऽश्रवणाद्धर्मस्य परिहीयते। श्रावकेभ्यो नैवसंज्ञानासंज्ञायतनसहव्रतायै धर्मं देशयति। कुत्रासावेतर्हि प्रतिवसतीत्याज्ञा-

---

① "清除"的原词是 nirvānta，BHSD 认为相当于 nirdhānta（巴利文 niddhanta）。

② "五眼"指肉眼、天眼、慧眼、法眼和佛眼。

सीत्। अद्य सप्ताहकालगत इति। देवता अपि तथागतस्य चरणयोर्निपत्यैवमाहुः—एवमेतद्भगवन् एवमेतत्सुगत अद्य सप्ताहकालगतो रुद्रको रामपुत्रः। तस्य मे भिक्षव एतदभूत्--महाहानिर्वर्तते रुद्रकस्य रामपुत्रस्य य इममेव सुप्रणीतं धर्ममश्रुत्वा कालगतः। सचेदसाविमं धर्ममश्रोष्यदाज्ञास्यत्। तस्मै चाहं प्रथमं धर्मं देशयिष्यम् न च मां स व्यहेठयिष्यत्॥

今译：然后，众比丘啊，如来思忖道："罗摩之子卢陀罗迦纯洁，素质优良，可教导，清净，贪嗔痴淡薄，能迅速领悟，听了正法，不会忘却。他向发愿修习非想非非想处的声闻们示法。他现在在哪里？"一想，知道他已去世七天。众天神也拜倒在如来的脚下，说道："正是这样，世尊啊，正是这样，善逝啊，罗摩之子卢陀罗迦已去世七天。"众比丘啊，我思忖："这是罗摩之子卢陀罗迦的大缺憾，没有听到这样[①]美妙的正法而去世。如果他听到这个正法，他会理解。我会首先向他宣示正法，他不会令我苦恼。"

地译：作是念已，觀彼外道羅摩之子聰明有智，雖具煩惱，三垢微薄："若聞我法速能證知，彼得非想非非想定，常為弟子演說修習，今在何處？"以佛眼觀，見其命終已經七日。時有諸天頂禮我足而白我言："世尊！彼人命終經於七日。如來為菩薩時，已能先知如來有大智力，其人若不命終堪受正法。"復告諸比丘："彼羅摩子不聞我法，遂便命終，若不命終我當最初為其說法，彼若聞已即能證知。"

पुनरपि भिक्षवस्तथागतस्यैतदभूत्-- कोऽन्यः सत्त्वः शुद्धः सुविनेयः पूर्ववद्यावन्न च धर्मदेशनां विहेठयेदिति। ततो भिक्षवस्तथागतस्यैतदभवत्-- अयं खल्वप्याराडः कालापः शुद्धो यावन्न च मे धर्मदेशनां विहेठयेदिति। समन्वाहरति स्म भिक्षवस्तथागतः कुत्रासावेतर्हीति। समन्वाहरंश्चाज्ञासीदद्य त्रीण्यहानि कालगतस्येति। शुद्धावासकायिका अपि च देवता एनमर्थं तथागतस्यारोचयन्ति स्म-- एवमेतद्भगवन् एवमेतत्सुगत। अद्य त्र्यहं कालगतस्याराडस्य कालापस्य। ततस्तथागतस्यैतदभवत्-- महाहानिर्वर्तते अराडस्य कालापस्य य इममेवं सुप्रणीतं धर्ममश्रुत्वा कालगत इति॥

今译：众比丘啊，如来又思忖道："还有哪位众生纯洁，可教化，如前所述，直至理解我宣示的正法，不会令我苦恼。"然后，众比丘啊，如来思忖道："确实，阿罗逻·迦罗波纯洁，如前所述，直至理解我宣示的正法，不会令我苦恼。"众比丘啊，如来心想："他现在在哪里？"一想，知道他已去世三天。净居天神们也向如来说明此事："正是这样，世尊啊，正是这样，善逝啊，阿罗逻·迦罗波已去世三天。"然后，如来思忖道："这是阿罗逻·迦罗波的大缺

① 此处原文中的 eva 一词，据 M 本和 L 本应为 evam。

憾，没有听到这样美妙的正法而去世。”

地译：爾時，世尊復作是念：“誰應最初堪受我法？根性淳熟，易可調柔，於所聞法速能開悟，清淨離染，薄貪瞋癡，於我所說而無忽忘，能令示教不生劬勞，若有所聞，永無退失？”作是念已，觀彼外道阿羅邏仙人聰明有智，雖具煩惱，三垢微薄：“若聞我法，速能證知，今為所在？”以佛眼觀，見其命終已經三日。又於是時，虛空諸天作如是言：“彼仙命終經於三日，如來為菩薩時，已能先知如來有大智力。其人若不命終，堪受正法。”復告諸比丘：“彼阿羅邏不聞我法，遂便命終。若不命終，我當最初為其說法。彼若聞已，即能證知。”

पुनरपि भिक्षवस्तथागतस्यैतदभूत्-- कः खल्वन्यः सत्त्वः शुद्धः स्वाकारो यावन्न च मे धर्मदेशनां विहेठयेदिति॥

今译：众比丘啊，如来又思忖道：“还有哪位众生纯洁，素质优良，如前所述，直至理解我宣示的正法，不会令我苦恼。”

地译：爾時，世尊復作是念：“誰應最初堪受我法？根性淳熟，易可調柔，於所聞法速能開悟，清淨離染，薄貪瞋癡，於我所說而無忽忘，能令示教不生劬勞，若有所聞，永無退失？”

अथ खद्द भिक्षवस्तथागतस्यैतदभवत्-- ते खद्द पञ्चका भद्रवर्गीयाः शुद्धाः स्वाकाराः सुविज्ञापकाः सुविशोधका मन्दरागदोषमोहा अपरोक्षविज्ञानाः। तेऽश्रवणाद्धर्मस्य परिहीयन्ते। तैश्चाहं दुष्करचर्यां चरन्नुपस्थितोऽभूवम्। ते मया धर्मं देशितमाज्ञास्यन्ति न च मे ह विहेठयिष्यन्ति॥

今译：然后，众比丘啊，如来思忖道：“确实，那五位跋陀罗纯洁，素质优良，可教导，清净，贪嗔痴淡薄，能迅速领悟。他们听了正法，不会忘却。我在修习难行的苦行时，他们侍奉我。他们会理解我宣示的正法，不会令我苦恼。”

地译：作是念已，觀見五跋陀羅，根性已熟，易可調柔：“於所聞法必能開悟，清淨離染，三垢微薄，於我所說而無忽忘，能令示教不生劬勞。若不於我得聞正法，復當退失。我昔苦行之時，謹心事我。

अथ खद्द भिक्षवस्तथागतस्यैतदभवत्-- यन्न्वहं पञ्चकेभ्यो भद्रवर्गीयेभ्यः प्रथमं धर्मं देशयेयम्॥

今译：然后，众比丘啊，如来思忖道：“我要首先向这五位跋陀罗宣示正法。”

地译：“我當最初為彼五人轉正法輪。

अथ खलु भिक्षवस्तथागतस्य पुनरेतदभवत्-- कस्मिन्नेतर्हि पञ्चका भद्रवर्गीयाः प्रतिवसन्ति अथ तथागतः सर्वावन्तं लोकं बुद्धचक्षुषा व्यवलोकयन् पश्यति स्म। अद्राक्षीत्पञ्चकान् भद्रवर्गीयान् वाराणस्यां विहरत ऋषिपतने मृगदावे। दृष्ट्वा च तथागतस्यैतदभवत्-- यन्न्वहं पञ्चकेभ्यो भद्रवर्गीयेभ्यः सर्वप्रथमं धर्मं देशयेयम्। तर्हि मम सर्वप्रथमं धर्मं देशितमाज्ञास्यन्ति। तत्कस्य हेतोः चरिताविनो हि ते भिक्षवः सुपरिपण्डितशुक्लधर्माणो मोक्षमार्गाभिमुखा निबन्धापनीताः॥

今译：然后，众比丘啊，如来又思忖道：“这五位跋陀罗现在在哪里？”然后，如来用佛眼环视整个世界。他看到这五位跋陀罗在波罗奈城仙人堕处鹿野苑。看到后，如来思忖道：“我要首先向这五位跋陀罗宣示正法，这样他们将首先理解我宣示的正法。为什么？因为这些比丘长期修行，通晓善法，追求解脱之路，摆脱束缚。”

地译：“彼能了知，具足施戒，善法圓滿，解脫現前，離諸障礙。”即以佛眼觀見五跋陀羅在波羅奈鹿野苑中。

अथ खलु भिक्षवस्तथागत एवमनुविचिन्त्य बोधिमण्डादुत्थाय त्रिसाहस्रमहासाहस्रं लोकधातुं संप्रकम्प्यानुपूर्वेण मगधेषु चर्यां चरन् काशिषु जनपदेषु चारिकां प्रक्रामत्। अथ गयायां बोधिमण्डस्य चान्तरादन्यतम आजीवकोऽद्राक्षीत्तथागतं दूरत एवागच्छन्तम्। दृष्ट्वा च पुनर्येन तथागतस्तेनोपजगाम। उपेत्यैकान्तेऽस्थात्। एकान्ते स्थितश्च भिक्षव आजीवकस्तथागतेन सार्धं विविधां संमोदनीं कथां कृत्वा एवमाह-- विप्रसन्नानि ते आयुष्मन् गौतम इन्द्रियाणि। परिशुद्धः पर्यवदातः पीतनिर्भासश्च ते छविवर्णः तद्यथापि नाम शारदं कालं पाण्डुरवर्णं प्रभास्वरं पीतनिर्भासं भवति एवमेव भवतो गौतमस्य परिशुद्धानीन्द्रियाणि परिशुद्धं मुखमण्डलं पर्यवदातम्। तद्यथापि नाम तालफलस्य पक्वस्य समनन्तरवृन्तच्युतस्य बन्धनाश्रयः पीतनिर्भासो भवति परिशुद्धः पर्यवदातः एवमेव भवतो गौतमस्य परिशुद्धानीन्द्रियाणि परिशुद्धं मुखमण्डलं पर्यवदातम्। तद्यथापि नाम जाम्बूनदवर्णनिष्कः उल्कामुखप्रकृष्टो दक्षिणकर्मारपुत्रेण सुपरिकर्मकृतः पाण्डुकम्बलोपनिक्षिप्तो वर्णवान् भवति परिशुद्धः पर्यवदातः पीतनिर्भासोऽतीव प्रभास्वरः एवमेव भवतो गौतमस्य विप्रसन्नानीन्द्रियाणि परिशुद्धस्त्वग्वर्णः पर्यवदातं मुखमण्डलम्। कस्मिन्नायुष्मन् गौतम ब्रह्मचर्यमुष्यते। एवमुक्ते भिक्षवस्तथागतस्तमाजीवकं गाथया प्रत्यभाषत--

今译：众比丘啊，如来这样思考后，从菩提道场起身，撼动三千大千世界。他依次前行，从摩揭陀前往迦尸地区。然后，在伽耶和菩提道场之间，有个邪命外道远远望见如来走来。望见后，他走近如来。走近后，站立一旁。站立一旁后，众比丘啊，他与如来愉快交谈，说道："长寿乔答摩啊，你诸根清净。你的肤色纯洁白净，闪耀金光。正如秋天洁白明亮，闪耀金光，尊者乔答摩诸根清净，脸庞纯洁白净。正如成熟的多罗树果接连不断从茎梗坠落，其连接处闪耀金光，纯洁白净，尊者乔答摩诸根清净，脸庞纯洁白净。正如熟练的金匠之子用火焰加工而成的阎浮金首饰，放在白布上，色泽明亮，纯洁白净，闪发耀眼的金光，尊者乔答摩诸根清净，肤色纯洁，脸庞白净。长寿乔答摩啊，你在哪里修习梵行？"闻听此言，众比丘啊，如来对邪命外道念诵偈颂道：

地译：佛告諸比丘：爾時，如來作是念已，從菩提樹向迦尸國波羅奈城，振動三千大千世界。是時，伽耶城傍有一外道，名阿字婆[①]，遙見世尊，即前問訊，在一面立，而白佛言："長老瞿曇！諸根恬靜，端正可愛，身色晃耀如閻浮金及詹波花。仁者！修何梵行？師為是誰？從誰出家？進止威儀安隱乃爾。今從何來？復何所往？"爾時，世尊以偈答曰：

आचार्यो न हि मे कश्चित्सदृशो मे न विद्यते।
एकोऽहमस्मि संबुद्धः शीतीभूतो निराश्रवः॥१॥

今译：我没有老师，也没有人与我相像，
我独自一人成正觉，清凉无烦恼。（1）

地译：我本無有師，世無與我等，
於法自能覺，證清淨無漏。

सोऽवोचत्-- अर्हं खद्द गौतममात्मानं प्रातिजानीषे। तथागतोऽवोचत्--

今译：他说道："乔答摩啊，你不称自己为阿罗汉吗？"[②]如来说道：

地译：阿字婆言："瞿曇！汝自謂是阿羅漢耶？"爾時，世尊重以偈答：

अहमेवारहं लोके शास्ता ह्यहमनुत्तरः।
सदेवासुरगन्धर्वै नास्ति मे प्रतिपुद्गलः॥२॥

今译：我是阿罗汉，我是世界无上导师，
天神、阿修罗和健达缚中无对手。（2）

地译：我為世間，無上導師，

---

① "阿字婆"是 ājīvaka（"邪命外道"）一词的音译。

② 此处原文中，gautama 应与后面的一词断开。prātijānīṣe 据 M 本和 L 本应为 pratijānīṣe。

當度一切，真阿羅漢。

सोऽवोचत्-- जिनं खद्द गौतम मात्मानं प्रतिजानीषे। तथागतोऽवोचत्--

今译：他说道："乔答摩啊，你不称自己为佛陀吗？"如来说道：

地译：阿字婆言："瞿曇！汝自謂為佛耶？"如來答言：

जिना हि मादृशा ज्ञेया ये प्राप्ता आश्रवक्षयम्।
जिता मे पापका धर्मास्तेनोपग जिनो ह्यहम्॥ ३॥

今译：应该知道像我这样灭尽烦恼的佛陀，
我已战胜恶法，优波迦[①]啊，我是佛陀。（3）

地译："我於世間最為殊勝，滅除一切煩惱惡法，我為正覺。"

सोऽवोचत्-- क्व तर्ह्यायुष्मन् गौतम गमिष्यसि तथागतोऽवोचत्--

今译：他说道："那么，长寿乔答摩啊，你去哪里？"如来说道：

地译：阿字婆言："長老瞿曇！汝於今者為何所往？"世尊答言：

वाराणसीं गमिष्यामि गत्वा वै काशिनां पुरीम्।
अन्धभूतस्य लोकस्य कर्तास्म्यसदृशां प्रभाम्॥ ४॥

今译：我前往迦尸城，然后前往波罗奈，
我将给予黑暗世界无比的光辉。（4）

地译："我今欲往波羅奈鹿野苑中，為諸盲冥眾生作大光明。"而說偈言：

वाराणसीं गमिष्यामि गत्वा वै काशिनां पुरीम्।
शब्दहीनस्य लोकस्य ताडयिष्येऽमृतदुन्दुभिम्॥ ५॥

今译：我前往迦尸城，然后前往波罗奈，
我将为无声的世界敲响甘露鼓。（5）

地译：我往波羅奈，於鹿野苑中，
為盲冥眾生，擊甘露法鼓。

वाराणसीं गमिष्यामि गत्वा वै काशिनां पुरीम्।
धर्मचक्रं प्रवर्तिष्ये लोकेष्वप्रतिवर्तितम्॥ ६॥

今译：我前往迦尸城，然后前往波罗奈，

① "优波迦"（upaga 或 upaka）是这位邪命外道的名字。

第二十六 转法轮品 759

我将为世界转动未曾转动的法轮。（6）

地译：轉所未曾轉，無上勝法輪。

तद्भविष्यसि गौतम इत्युक्त्वा स आजीवको दक्षिणामुखः प्राक्रामत्। तथागतोऽप्युत्तरामुखः प्राक्रामत्॥

今译：邪命外道说道："乔答摩啊，你就去吧。"然后，他前往南方，如来前往北方。

地译：時阿字婆辭佛南行。如來北逝。

इति हि भिक्षवस्तथागतो गयायां सुदर्शनेन नागराजेन निमन्त्रितोऽभुत् वासेन भक्तेन च। ततस्तथागतो रोहितवस्तुमगमत् तस्मादुरुबिल्वाकल्पं तस्मादणालमगमत् ततः सारथिपुरम्। एषु च सर्वेषु भिक्षवस्तथागतो गृहपतिभिर्भक्तेन वासेन चोपनिमन्त्र्यमाणोऽनुपूर्वेण गङ्गाया नद्यास्तीरमुपागमत्॥

今译：这样，众比丘啊，如来在伽耶受到蛇王善见邀请，招待吃住。然后，如来前往罗希多婆斯杜，从那里前往乌卢比婆迦波，又从那里前往阿那罗，然后，前往沙罗提城。在所有这些地方，众比丘啊，如来受到家主们邀请，招待吃住。他依次前行，来到恒河岸边。

地译：經伽耶城，城中有龍名曰善見，明日設齋奉請如來。如來食訖，往盧醯多婆蘇都村，次復至多羅聚落，次復經娑羅村，如是遊歷，皆為長者居士奉獻飲食。次第而行，至恒河邊。

तेन खलु पुनर्भिक्षवः समयेन गङ्गा महानदी सुपरिपूर्णा समतीर्थका वहति स्म॥

今译：这时，众比丘啊，恒河水涨，与岸持平。

地译：是時，河水瀑集，平流彌岸。

अथ खलु भिक्षवस्तथागतो नाविकसमीपमुपागमत्पारसंतरणाय। स प्राह-- प्रयच्छ गौतम तरपण्यम्। न मेऽस्ति मार्ष तरपण्यमित्युक्त्वा तथागतो विहायसा पथा तीरात्परं तीरमगमत्। ततः स नाविकस्तं दृष्ट्वातीव विप्रतिसार्यभूत्-- एवंविधो दक्षिणीयो मया न तारित इति। हा कष्टमिति कृत्वा मूर्छितः पृथिव्यां पतितः। तत एनां प्रकृतिं नाविको राज्ञे बिम्बिसाराय आरोचयामास-- श्रमणः स्वामि गौतमस्तरपण्यं याचमानो नास्ति तरपण्यमित्युक्त्वा विहायसा अतस्तीरात्परं तीरं गत इति। तच्छ्रुत्वा तदग्रेण राज्ञा बिम्बिसारेण सर्वप्रव्रजितानां तरपण्यमुत्सृष्टमभवत्॥

今译：然后，众比丘啊，如来走近船夫，请求他摆渡。他说道："乔答摩啊，给我摆渡费！”“贤士啊，我没有摆渡费。”说罢，如来腾空而行，从此岸到达彼岸。船夫看到后，后悔莫及，说道：“我没有为这样的尊者摆渡！唉，可悲啊！”说罢，晕倒在地。后来，船夫将此事如实报告频毗沙罗王：“主人啊，我向沙门乔答摩索要[①]摆渡费，他说：‘没有摆渡费。’然后，他腾空而行，从此岸到达彼岸。”闻听此言，高贵的频毗沙罗王下令以后免收一切出家人摆渡费。

地译：世尊欲渡，問彼船人，答言：“與我價直，當相濟耳。”爾時，世尊報船人言：“我無價直。”船人言：“若無價直，終不相濟。”如來爾時飛騰虛空，達于彼岸。船人見佛現是神通，乃自責言：“我無所識，云何不渡如是聖人？”心生憂惱，悶絕躃地，良久乃蘇，詣頻婆娑羅王具陳所見。王聞是事，即勅船人：“自今已往，沙門求濟，勿受價直。”

इति हि भिक्षवस्तथागतोऽनुपूर्वेण जनपदचर्यां चरन् येन वाराणसी महानगरी तेनोपसंक्रामत्। उपसंक्रम्य काल्यमेव निवास्य पात्रचीवरमादाय वाराणसीं महानगरीं पिण्डाय प्राविक्षत्। तस्यां पिण्डाय चरित्वा कृतभक्तकृत्यः पश्चाद्भक्तपिण्डपात्रप्रतिक्रान्तः येन ऋषिपतनो मृगदावो येन च पञ्चका भद्रवर्गीयास्तेनोपसंक्रामति स्म। अद्राक्षुः खद्द पुनः पञ्चका भद्रवर्गीयास्तथागतं दूरत एवागच्छन्तम्। दृष्ट्वा च क्रियाबन्धमकार्षुः-- एष स आयुष्मन्तः श्रमणो गौतम आगच्छति स्म शैथिलिको बाहुलिकः प्रधानविभ्रष्टः। अनेन खल्वपि तयापि तावत्पूर्विकया दुष्करचर्यया न शकितं किंचिदुत्तरिमनुष्यधर्मादलमार्यज्ञान-दर्शनविशेषं साक्षात्कर्तुम्। किं पुनरेतर्हि औदारिकमाहारमाहरन् सुखल्लिकायोगमनुयुक्तो विहरन्। अभव्यः खल्वेष शैथिलिको बाहुलिकः। नास्य केनचित्प्रत्युद्गन्तव्यं न प्रत्युत्था-तव्यम्। न पात्रचीवरं प्रतिग्रहीतव्यं नाशनं दातव्यं न पानीयं परिभोग्यं न पादप्रतिष्ठानं स्थापयित्वातिरिक्तान्यासनानि। वक्तव्यं च-- संविद्यन्त इमान्यायुष्मन् गौतम अतिरिक्ता-न्यासनानि। सचेदाकाङ्क्षसि निषीदेति। आयुष्मांस्त्वाज्ञानकौण्डिन्यश्चित्ते नाधिवासयति स्म। वाचा च न प्रतिक्षिपति स्म।

今译：这样，众比丘啊，如来依次前往，经过一个个地区，来到波罗奈大城。来到后，他住下。天亮后，手持衣钵，进入波罗奈大城乞食。在那里游荡乞食，乞得食物后，回到原处进食。然后，他来到五位跋陀罗所在的仙人堕处鹿野苑。五位跋陀罗远远望见如来前来。望见后，他们作出决定：“诸位长寿者啊，这个沙门乔答摩来了。他放逸，贪食，放弃努力。他过去修习难行的苦行，尚且不能依据出世间法，亲证任何真正高尚的殊胜智慧和见解，何况现在享受美食，安乐而住。确实，此人不成器，放逸，贪食。谁也不要上前迎接他，

① 此处“索要”的原词是 yācamānaḥ，据 M 本和 L 本应为 yācyamānaḥ。

也不要起身。不要为他接过衣钵，不要给他食物、饮料、用品和脚凳，让他坐剩下的座位，对他说：‘长寿乔答摩啊，如果你想坐，就找剩下的座位吧！’”而长寿阿若憍陈如心中不同意这样，没有说出毁谤的话。

地译：諸比丘！如來至波羅奈，於晨朝時，著衣持鉢，入城乞食，還至本處，飯食訖，詣鹿野苑中。時五跋陀羅遙見世尊，共相謂言：“沙門瞿曇放逸貪著，不能持戒，欲斷煩惱，尋復退墮，便失禪定。先修苦行尚無所能，何況今日恣受美食，安樂而住？是懈怠人明非道器，我等今者不須敬問。敷置坐處，給水洗足，施設飯食，一切莫為。隨其自來，不應為起。彼若欲坐，當指卑座，令其就坐。”唯阿若憍陳如不同眾心。

यथा यथा च भिक्षवस्तथागतो येन पञ्चका भद्रवर्गीयास्तेनोपसंक्रामति स्म तथा तथा ते स्वकस्वकेष्वासनेषु न रमन्ते स्म उत्थातुकामा अभूवन्। तद्यथापि नाम पक्षी शकुनिः पञ्जरगतः स्यात् तस्य च पञ्जरगतस्याधोऽग्निर्दग्धो भवेत्। सोऽग्निसंतप्तस्त्वरितमूर्ध्वमुत्पतितुकामो भवेत् प्रत्रेतुकामश्च एवमेव यथा यथा तथागतः पञ्चकानां भद्रवर्गीयाणां सकाशमुपसंक्रामति स्म तथा तथा पञ्चका भद्रवर्गीयाः स्वकस्वकेष्वासनेषु न रमन्ते स्म उत्थातुकामा अभूवन्। तत्कस्मात् न स कश्चित्सत्त्वः सत्त्वनिकाये संविद्यते यस्तथागतं दृष्ट्वा आसनान्न प्रत्युत्तिष्ठेत्। यथा यथा च तथागतः पञ्चकान् भद्रवर्गीयानुपसंक्रामति स्म तथा तथा पञ्चका भद्रवर्गीयास्तथागतस्य श्रियं तेजश्चासहमाना आसनेभ्यः प्रकम्प्यमानाः सर्वे क्रियाकारं भित्त्वा चोत्थायासनेभ्यः कश्चित्प्रत्युद्गच्छति स्म कश्चित्प्रत्युद्गम्य पात्रचीवरं प्रतिगृह्णाति स्म। कश्चिदासनमुपनामयति स्म। कश्चित्पादप्रतिष्ठापनं कश्चित्पादप्रक्षालनोदकमुपस्थापयति स्म। एवं चावोचत्-- स्वागतं ते आयुष्मन् गौतम स्वागतं ते आयुष्मन् गौतम्। निषीदेदमासनं प्रज्ञप्तम्। न्यषीदत्खल्वपि भिक्षवस्तथागतः प्रज्ञप्त एवासने। पञ्चका पि भद्रवर्गीयास्ते तथागतेन सार्धं विविधां संमोदनीं संरञ्जनीं कथां कृत्वैकान्ते निषेदुः।

今译：众比丘啊，一旦如来走近这五位跋陀罗，他们全都不能在自己的座位上安坐，而愿意起身。这如同笼中的鸟，底下有燃烧的火。遭到火烤，想要迅速向上飞，救护自己。正是这样，如来走近这五位跋陀罗，他们全都不能在自己座位上安坐，而愿意起身。为什么？在众生界中，没有哪位众生见到如来会不从座位上起身。因此，一旦如来走近这五位跋陀罗，他们不能承受如来的威严和光辉，全都颤抖着从座位上起身，打破原先的约定，有的上前相迎，有的上前接过衣钵，有的递上座位，有的递上脚凳，有的送上洗脚水。他们说道：“欢迎你，长寿乔答摩！欢迎你，长寿乔答摩！请坐上这铺设的座位！”众比丘啊，如来坐上铺设的座位。这五位跋陀罗与如来愉快亲切交谈，然后，在一旁坐下。

地译：爾時，世尊漸近五人所居之處。是時，五人皆自不安，如鳥在籠為火所逼。比丘當知世間眾生無有覩佛得安坐者。是時，五人皆違本要[①]，不覺忽然俱起迎佛，或有敷置坐具，或有給水洗足，或有撰履[②]，或有持衣，皆言："善來[③]，長老瞿曇！請坐勝座。"

एकान्ते निषण्णाश्च ते पञ्चका भद्रवर्गीयास्तथागतमेतदवोचन्-- विप्रसन्नानि ते आयुष्मन् गौतमेन्द्रियाणि परिशुद्धश्छविवर्ण इति हि सर्वं पूर्ववत्। तदस्ति ते आयुष्मन् गौतम कश्चिदुत्तरिमनुष्यधर्मादलमार्यज्ञानदर्शनविशेषः साक्षात्कृतः। एवमुक्ते भिक्षवस्तथागतः पञ्चकान् भद्रवर्गीयानेवमाह--

今译：在一旁坐下后，这五位跋陀罗对如来说道："长寿乔答摩啊，你诸根清净，肤色纯洁，如前所述。长寿乔答摩啊，你已经依据出世间法，亲证任何真正高尚的殊胜智慧和见解吗？" 闻听此言，众比丘啊，如来对这五位跋陀罗说道：

地译：爾時，世尊坐彼座已，五人於前禮拜問訊，在一面立，而白佛言："長老瞿曇！面目端正，諸根寂靜，身相光明如閻浮金及詹波花。瞿曇！今者應證出世聖種智耶？"爾時，世尊語五人言：

मा यूयं भिक्षवस्तथागतमायुष्मद्वादेन समुदाचरिष्ट। मा वो भूद्दीर्घरात्रमर्थाय हिताय सुखाय। अमृतं मया भिक्षवः साक्षात्कृतोऽमृतगामी च मार्गः। बुद्धोऽहमस्मि भिक्षवः सर्वज्ञः सर्वदर्शी शीतीभूतोऽनाश्रवः। वशी सर्वधर्मेषु। धर्ममहं भिक्षवो देशयिष्यामि आशु गच्छत शृणुत प्रतिपद्यध्वम्। श्रोतमवदधत अहमववदाम्यनुशास्मि। यथा मया सम्यगववदिताः सम्यगनुशिष्टा यूयमप्याश्रवाणां चेतोविमुक्तं प्रज्ञाविमुक्तिं च दृष्ट एव धर्मे साक्षात्कृत्वोपसंपद्य प्रवेदयिष्यथ-- क्षीणा नो जातिरुषितं च ब्रह्मचर्यम् कृतं करणीयम् नापरमित्यतोऽन्यद्भवं प्रजानाम इति। ननु च युष्माकं भिक्षव एतदभूत्-- अयं खल्वायुष्मन्त आगच्छति श्रमणो गौतमः शैथिलिको बाहुलिकः प्रधानविभ्रष्ट इति पूर्ववत्। सचेदाकाङ्क्षसि निषीदेति। तेषां च एहि भिक्षव इत्युक्ते यत्किंचित्तीर्थिकलिङ्गं तीर्थिकध्वजः सर्वोऽसौ तत्क्षणमेवान्तरधात्। त्रिचीवरं पात्रं च प्रादुरभूत् तदनु छिन्नाश्च केशाः। तद्यथापि नाम वर्षशतोपसंपन्नस्य भिक्षोरीर्यापथः संवृत्तोऽभुत्। सैव च तेषां प्रव्रज्याभूत्सैवोपसंपद्भिक्षुभावः॥

今译："众比丘啊，你们不要称如来为长寿，以免你们在漫漫长夜中不能获得

① "本要"的原词是 kriyākara，词义为"决定"或"约定"。

② 此处"撰履"中的"撰"字，据《中华大藏经》校勘记，《资》、《碛》、《普》、《南》、《径》、《清》作"提"。此词按原文是 pādapratiṣṭhāpana，词义为"脚凳"。

③ "善来"（svāgatam）意谓"欢迎"。

利益和幸福。众比丘啊，我已经亲证甘露和通向甘露的道路。众比丘啊，我是佛陀，通晓一切，洞悉一切，清凉无烦恼。我已掌握一切法。众比丘啊，我将教导正法，你们迅速来听取正法，修习正法。你们专心听法吧！我演说法，我讲解法。听我正确演说，正确讲解，你们发现思想和智慧摆脱烦恼，亲证正法，受具足戒。你们会感到：'我们已了断生，安住梵行，应作已作。我们知道从此不再有另外的出生。'众比丘啊，确实，你们这样说过：'诸位长寿尊者啊，这个沙门乔答摩来了。他放逸，贪食，放弃努力，如前所述，直至如果你想坐，就坐下吧！'那么，来吧，众比丘啊！"对他们这样说罢，任何外道的标记或外道的旗幡刹那间全都消失不见，出现三法衣和钵，随后又剃去须发。这样，威仪如同百年受戒比丘。这便是他们的出家，成为受戒比丘。

地译："汝等不應稱喚如來為長老也，令汝長夜無所利益。"又語五人："我已證得甘露之法。我今能知向甘露道。我即是佛，具一切智，寂靜無漏，心得自在。汝等須來，當示汝法，教授於汝。汝應聽受，如說修行，即於現身得盡諸漏，智慧明了，解脫而住，梵行成就，所作皆辦，不受後有。"又告五人："汝昔嫌我，俱作是言：'長老瞿曇耽著世樂，不堅持戒，欲斷煩惱，便即退墮。'我適近汝，各自不安。是故，當知不得稱呼如來為長老也。"五跋陀羅俱白佛言："世尊！我今願得於佛法中而為沙門。"佛言："善來，比丘！"鬚髮自落，法服著身，便成沙門。鬚髮長短如剃經七日，威儀整肅如百臘①比丘。

अथ खलु भिक्षवस्तस्यां वेलायां पञ्चका भद्रवर्गीया भिक्षवस्तथागतस्य चरणयोर्निपत्यात्ययं देशयन्ति स्म। तथागतस्यान्तिके शास्तृसंज्ञां प्रेमं च प्रसादं च गौरवं चोत्पादयन्ति स्म। गौरवजाताश्च बहुविचित्रपुष्करिण्यां तथागतस्य स्नानपरिकर्म कुर्वन्ति स्म। स्नानप्रत्युत्तीर्णस्य च भिक्षवस्तथागतस्यैतदभवत्-- कस्मिन् खलु पूर्वकैस्तथागतैरर्हद्भिः सम्यक्संबुद्धैर्निषद्य धर्मचक्रं प्रवर्तितम् यस्मिंश्च भिक्षवः पृथिवीप्रदेशे पूर्वकैस्तथागतैरर्हद्भिर्धर्मचक्रं प्रवर्तितमभूत् अथ तस्मिन् पृथिवीप्रदेशे सप्तरत्नमयमासनसहस्रं प्रादुरभूत्॥

今译：这时，众比丘啊，这五位跋陀罗比丘拜倒在如来脚下，承认过错。在如来身边，他们感到有了导师，心生爱戴、欢喜和敬意。怀着敬意，他们侍奉如来在绚丽多彩的莲花池中沐浴。沐浴完毕，众比丘啊，如来思忖道："过去如来、阿罗汉、正等觉们坐在哪里转动法轮？"众比丘啊，就在过去如来、阿罗汉、正等觉们转动法轮的那个地方，出现了一千个七宝宝座。

---

① "百腊"的原词是 varṣaśata，词义为"百年"。

地译：即從座起，頂禮佛足，懺悔先罪。即於如來為大師想，尊重瞻仰，生歡喜心。

爾時，世尊入池澡浴。浴訖，復於一處靜坐思惟："過去諸佛當於何座而轉法輪？"作是念時，忽於是處有千寶座從地涌出。

अथ तथागतः पूर्वकाणां तथागतानां गौरवेण त्रीण्यासनानि प्रदक्षिणीकृत्य सिंह इव निर्भीश्चतुर्थ आसने पर्यङ्कमाभुज्य निषीदति स्म। पञ्चका अपि भिक्षवस्तथागतस्य पादौ शिरोभिरभिवन्द्य तथागतस्य पुरतो निषेदुः॥

今译：然后，如来怀着敬意，向过去如来们的三个宝座，右绕致敬，像狮子那样无所畏惧，在第四个宝座上结跏趺坐。那五位比丘俯首向如来行触足礼，坐在如来前面。

地译：如來爾時從本座起，恭敬圍遶初三高座，至第四座結加[①]趺坐。時五跋陀羅頂禮佛足，坐於佛前。

अथ खलु भिक्षवस्तस्यां वेलायां तथारूपां कायात्प्रभां तथागतः प्रामुञ्चद्यया प्रभया अयं त्रिसाहस्रमहासाहस्रो लोकधातुर्महतावभासेन स्फुटोऽभूत्। तेन चावभासेन या अपि लोकान्तरिका अघा अघस्फुटा अन्धकारतमिस्रा यत्रेमौ चन्द्रसूर्यौ एवं महर्द्धिकावेवं महानुभावावेवं महेशाख्यौ आभया आभां वर्णेन वर्णं तेजसा तेजो नाभितपतो नाभिविरोचतः। तत्र ये सत्त्वा उपपन्नास्ते स्वकस्वकमपि बाहुं प्रसारितं न पश्यन्ति स्म तत्रापि तस्मिन् समये महत उदारस्यावभासस्य लोके प्रादुर्भावोऽभुत्। ये च तत्र सत्त्वा उपपन्नास्ते तेनावभासेन परिस्फुटाः समाना अन्योन्यं पश्यन्ति स्म। अन्योन्यं संजानन्ते स्म।

今译：这时，众比丘啊，如来身上放出这样的光芒：在它的照耀下，这三千大千世界大放光明。这种光芒甚至也照亮在世界中间那些充满痛苦的黑暗幽冥处。即使月亮和太阳具有大神通和大威力而号称大自在天，也不能凭借自己的光辉、色彩和威力而赋予那里光辉、色彩和威力。出生在那里的众生甚至看不见各自伸出的手臂。而此时，世界大放光明。出生在那里的众生也同样被这种光芒照亮，互相看见，互相认出。

एवं चाहुः-- अन्येऽपि किल भोः सत्त्वा इहोपपन्नाः अन्येऽपि किल भोः सत्त्वा इहोपपन्नाः इति। अयं च त्रिसाहस्रमहासाहस्रो लोकधातुः षड्विकारमष्टादशमहानिमित्तमभूत्-- अकम्पत् प्राकम्पत् संप्राकम्पत्। अवेधत् प्रावेधत् संप्रावेधत्। अचलत् प्राचलत् संप्राचलत्। अक्षुभ्यत्

① 此处"加"字，据《中华大藏经》校勘记，《资》、《碛》、《普》、《南》、《径》、《清》作"跏"。

प्राक्षुभ्यत् संप्राक्षुभ्यत्। अरणत् प्रारणत् संप्रारणत्। अगर्जत् प्रागर्जत् संप्रागर्जत्। अन्तेऽवनमति स्म मध्ये उन्नमति स्म। मध्येऽवनमति स्म अन्ते उन्नमति स्म। पूर्वस्यां दिश्यवनमति स्म पश्चिमायां दिश्युन्नमति स्म। पश्चिमायां दिश्यवनमति स्म पूर्वस्यां दिश्युन्नमति स्म। दक्षिणस्यां दिश्यवनमति स्म उत्तरस्यां दिश्युन्नमति स्म। उत्तरस्यां दिश्यवनमति स्म दक्षिणस्यां दिश्युन्नमति स्म। तस्मिंश्च समये हर्षणीयास्तोषणीयाः प्रेमणीयाः प्रसादनीया अवलोकनीयाः प्रह्लादनीया निर्वर्णनीया अप्रतिवर्णनीया असेचनीया अप्रतिकूला अनुत्त्रासकराः शब्दाः श्रूयन्ते स्म। न च कस्यचित्सत्त्वस्य तस्मिन् क्षणे विहेठा वा त्रासो वा भयं वा स्तम्भितत्वं वाभूत्। न च भूयः सूर्यचन्द्रमसोर्न शक्रब्रह्मलोकपालानां तस्मिन् क्षणे प्रभाः प्रज्ञायन्ते स्म। सर्वनरकतिर्यग्योनियमलोकोपपन्नाश्च सत्त्वास्तस्मिन् क्षणे विगतदुःखा अभुवन् सर्वसुखसमर्पिताः। न च कस्यचित्सत्त्वस्य रागो बाधते स्म द्वेषो वा मोहो वा ईर्ष्या वा मात्सर्यं वा मानो वा म्रक्षो वा मदो वा क्रोधो वा व्यापादो वा परिदाहो वा। सर्वसत्त्वास्तस्मिन् क्षणे मैत्रचित्ताः हितचित्ताः परस्परं मातापितृसंज्ञिनोऽभूवन्। ततश्च प्रभाव्यूहादिमा गाथा निश्चरन्ति स्म--

今译：他们这样说道：“哦，原来还有其他的众生也出生在这里！哦，原来还有其他的众生也出生在这里！”这三千大千世界出现六种震动，十八种大兆相：摇动、极摇动和遍摇动；冲击、极冲击和遍冲击；转移、极转移和遍转移；涌覆、极涌覆和遍涌覆；出声、极出声和遍出声；吼声、极吼声和遍吼声；边没中涌和中没边涌，东没西涌和西没东涌，南没北涌和北没南涌。此刻，能听到种种声音：快乐声，满意声，可爱声，喜悦声，优美声，高兴声，不可言状声，不可描述声，不餍足声，不逆耳声，不惊恐声。在这个刹那，任何众生都没有痛苦、惊慌、恐惧或障碍。在这个刹那，感觉不到太阳和月亮以及帝释天、梵天和护世天王们的光辉。在这个刹那，所有出生在地狱、畜生和阎摩世界的众生痛苦消失，充满快乐。贪欲、憎恨、愚痴、妒忌、悭吝、骄慢、虚伪、迷狂、愤怒、怨恨和烦恼不折磨任何众生。在这个刹那，一切众生怀有友爱心和利他心，互相视同父母。然后，从这光芒庄严中，传出这些偈颂：

地译：諸比丘！爾時，世尊放大光明。其光遍照三千大千世界。於光明網中，而說頌曰：

> योऽसौ तुषितालयाच्च्युत्वा ओक्रान्तु मातुकुक्षौ हि।
> जातश्च द्द म्बिनिवने प्रतिगृहीतः शचीपतिना॥७॥

今译：他从兜率天降下，进入母亲腹中，
诞生在蓝毗尼园，由因陀罗接下。（7）

地译：從彼兜率宮，降生龍毗園，
梵釋咸承捧，威猛如師子。

यः सिंहविक्रमगतिः सप्तपदा विक्रमी असंमूढः।
ब्रह्मस्वरामथ गिरं प्रमुमोच जगत्यहं श्रेष्ठः॥८॥

今译：他迈出七步，狮子般勇武和稳健，
发出梵天般话音：“我是世界至尊。”（8）

地译：十方行七步，曾無迷惑心，
即以梵音詞，而作如是唱，
我今於一切，為最尊最勝。

चतुरो द्वीपांस्त्यक्त्वा प्रव्रजितः सर्वसत्त्वहितहेतोः।
दुष्करतपश्चरित्वा उपागमद्येन महिमण्डः॥९॥

今译：舍弃四洲出家，为一切众生造福，
修习艰难苦行后，前往菩提道场。（9）

地译：捨轉輪王位，當利益眾生，
六年苦行已，即詣菩提座。

सबलं निहत्य मारं बोधिप्राप्तो हिताय लोकस्य।
वाराणसीमुपगतो धर्मचक्रं प्रवर्तयिता॥१०॥

今译：他降伏摩罗及其军队，获得菩提，
为世界造福，前往波罗奈转法轮。（10）

地译：降伏諸魔軍，疾成無上道。

सब्रह्मणा सह सुरैरध्येष्टो वर्तयस्व शमचक्रम्।
अधिवासितं च मुनिना लोके कारुण्यमुत्पाद्य॥११॥

今译：梵天和众神劝请转动寂静法轮，
出于对世界的怜悯，牟尼同意。（11）

地译：梵釋諸天眾，勸請轉法輪，
哀愍諸世間，嘿然而受請。

सोऽयं दृढप्रतिज्ञो वाराणसिमुपगतो मृगदावम्।

चक्रं ह्यनुत्तरमसौ प्रवर्तयितात्यद्भुतं श्रीमान्॥ १२॥

今译：他誓愿坚定，来到波罗奈鹿野苑，
这位吉祥者转动奇妙的无上法轮。（12）

地译：以堅固願力，向於鹿苑中，
仙人所墮處，演說無上法。

यः श्रोतुकामु धर्मं यः कल्पनयुतैः समार्जितु जिनेन।
शीघ्रमसौ त्वरमाणो आगच्छतु धर्मश्रवणाय॥ १३॥

今译：胜者经过数亿劫获得的正法，
谁愿聆听，- 请赶快来这里听法。（13）

地译：此法無數劫，修習之所證，
汝等樂聞者，速應來聽受。

दुरवाप्यं मानुष्यं बुद्धोत्पादः सुदुर्लभा श्रद्धा।
श्रेष्ठं च धर्मश्रवणं अष्टाक्षणविवर्जन दुरापाः॥ १४॥

今译：人身难得，佛陀出世难得，信仰，
聆听至上法，消除八难，也难得。（14）

地译：人天身難得，佛出世甚難，
聞法起信心，斯人亦復難。

प्राप्ताश्च तेऽद्य सर्वे बुद्धोत्पादः क्षणस्तथा श्रद्धा।
धर्मश्रवणश्च वरः प्रमादमखिलं विवर्जयत॥ १५॥

今译：如今一切都获得，佛陀出世，人身，
信仰，聆听妙法，摒弃一切迷狂吧！（15）

地译：汝不生八難，今獲人天身，
值佛聞正法，而能有淨信。

भवति कदाचिदवस्था यः कल्पनयुतैर्न श्रूयते धर्मः।
संप्राप्तः स च वाद्य प्रमादमखिलं विवर्जयत॥ १६॥

今译：数亿劫中也没有机会聆听此法，
如今获得机会，消除一切迷狂吧！（16）

地译：汝於百千劫，未曾聞正法，
今者得值遇，宜應善修習。

भौमादीन् देवगणान् संचोदयती च ब्रह्मपर्यन्ताम्।
आयात लघुं सर्वे वर्तयिता नायको ह्यमृतचक्रम्॥ १७॥

今译：地上等等众天神直至梵天受激励：
“你们快来，导师将转动甘露法轮！”（17）

संचोदिताश्च महता देवघोषेण तत्क्षणं सर्वे।
त्यक्त्वा देवसमृद्धिं प्राप्ता बुद्धस्य ते पार्श्वे॥ १८॥

今译：他们受天国话音激励，刹那间，
舍弃天国繁华，来到佛陀身边。（18）

地译：佛告諸比丘：光明網中說如是偈，覺悟三千大千世界一切人天等眾：“汝可速來！今佛世尊轉于法輪。”諸天龍等聞是語已，從其本宮來詣佛所。

इति हि भिक्षवो भौमैर्देवैर्वाराणस्यां ऋषिपतने मृगदावे धर्मचक्रप्रवर्तनार्थं तथागतस्य महामण्डलमात्रोऽधिष्ठितोऽभूत् चित्रो दर्शनीयो विपुलो विस्तीर्णः सप्तयोजनशतान्यायामो विस्तारेण। उपरिष्टाश्च देवैश्छत्रध्वजपताकावितानसमलंकृतं गगनतलं समलंकृतमभूत्। कामावचरै रूपावचरैश्च देवपुत्रैश्चतुरशीतिसिंहासनशतसहस्राणि तथागतायोपनामितान्य-भूवन्-- इह निषद्य भगवान् धर्मचक्रं प्रवर्तयतु अस्माकमनुकम्पामुपादायेति॥

今译：这样，众比丘啊，地上众天神来到波罗奈仙人堕处鹿野苑，为让如来转动法轮，用神通力展现大道场，美丽壮观，纵横七百由旬。空中众天神用华盖、旗帜、幡幢和帐幔装饰天空。欲界和色界众天子献给如来八百四十万狮子座，说道：“世尊请坐这里，怜悯我们，转动法轮吧！”

地译：爾時，地神以神通力令此道場縱廣正等七百由旬，種種莊嚴，周遍清淨。虛空天神復將種種幢幡寶蓋以為嚴飾。欲界、色界諸天子等將八萬四千寶師子座置道場中，各自請言：“世尊！哀愍我故，為坐此座轉正法輪。”

अथ खलु भिक्षवस्तस्मिन् समये पूर्वदक्षिणपश्चिमोत्तराभ्यो दिग्भ्य ऊर्ध्वमधः समन्ताद्दशाभ्यो दिग्भ्यो बहवो बोधिसत्त्वकोट्यः पूर्वप्रणिधानसमन्वागता आगत्य तथागतस्य चरणयोर्निपत्य धर्मचक्रप्रवर्तनायाध्येषन्ते स्म। ये चेह त्रिसाहस्रमहासाहस्रे लोकधातौ शक्रो वा ब्रह्मा वा लोकपाला वा तदन्ये वा महेशाख्यमहेशाख्या देवपुत्रास्तेऽपि सर्वे तथागतस्य चरणयोः शिरोभिः प्रणिपत्य तथागतमध्येषन्ते स्म धर्मचक्रप्रवर्तनाय-- प्रवर्तयतु भगवान् धर्मचक्रम् प्रवर्तयतु सुगतो धर्मचक्रं बहुजनहिताय बहुजनसुखाय लोकानुकम्पायै महतो जनकायस्यार्थाय हिताय सुखाय देवानां च मनुष्याणां च। यजस्व भगवन् धर्मयज्ञम् प्रवर्ष महाधर्मवर्षम् उच्छ्रेपय महाधर्मध्वजम् प्रपूरय महाधर्मशङ्खम् प्रताडय महाधर्मदुन्दुभिम्॥

第二十六　转法轮品　769

今译：这时，众比丘啊，东南西北上下十方数千万前世发愿的菩萨来到，拜倒在如来脚下，请求转法轮。三千大千世界的帝释天、梵天、护世天王和其他称为大自在的天子们全都俯首拜倒在如来脚下，请求转法轮："请世尊转动法轮吧！请善逝转动法轮吧！为了大众的利益，为了大众的幸福，为了同情世界，为了广大众生的利益，为了天神和凡人的利益和幸福，世尊啊，举行法祭，降下大法雨，竖起大法幢，吹响大法螺，敲响大法鼓！"

地译：諸比丘！爾時，東西南北四維上下十方剎土，無量拘胝諸菩薩眾，宿植德本，來至佛所，頂禮佛足，右繞三匝，合掌恭敬，勸請如來轉于法輪。十方三千大千世界，所有釋、梵、護世及餘無量諸天子眾，皆悉頂禮佛足，右繞三匝，合掌向佛，勸請如來轉于法輪。是諸眾會咸作是言："唯願世尊利益、安樂、慜念諸眾生故，雨大法雨，建大法幢，吹大法螺，擊大法鼓。"

तत्रेदमुच्यते।

今译：这里，这样说道：

त्रिसहस्र इतो बहु ब्रह्म सुरेश्वर पाल तथा
उपगम्य जिनस्य क्रमेभि निपत्य उदाहरिषु।
स्मर पूर्वप्रतिज्ञां महामुनि या त्वय वाच कृता
अहु ज्येष्ठु विशिष्टु प्रजाय करिष्ये दुखस्य क्षयम्॥ १९॥

今译：三千大千世界梵天、帝释天和护世
天王来到，拜倒在佛陀脚下，说道：
"大牟尼！记住你过去立下的誓愿：
'我成为至尊，将为众生消除痛苦。'（19）

त्वय धर्षितु मारूससैन्यु द्रुमेन्द्रि स्थिहित्व मुने
वरबोधि विबुद्ध सुशान्ति निपातित क्लेशद्रुमाः।
अभिप्रायु प्रपूर्ण अशोष य चिन्तित कल्पशता
जनतां प्रसमीक्ष्य अनायिक वर्तय चक्रवरम्॥ २०॥

今译："降伏摩罗及其军队，安住树王下，
证得菩提，达到平静，拔除烦恼树，
牟尼啊，你圆满实现数百劫的意愿，
看到众生没有导师，请转动法轮吧！（20）

सुगतस्य प्रभाय प्रभासित क्षेत्रसहस्रशता
    बहवः शतबुद्धसुताश्च उपागत ऋद्धिबलैः।
विविधां सुगतस्य करित्वन पूज महानिचयां
    स्तवयिंसु तथागतु भूतगुणेभि अध्येषितु कारुणिकम्॥२१॥

今译："善逝的光芒照亮百千国土，
　　　数百佛子凭借神通力来到，
　　　以多种多样的方式供奉善逝，
　　　以功德赞美劝请慈悲的如来。（21）

करुणाघन विद्युतप्रज्ञ विपश्यन वायुसमा
    अभिगर्जितु कल्पसहस्र निमन्त्रितु सर्वजगत्।
अष्टाङ्गिकमार्गजलो धर वर्ष समेहि जगस्य तृषां
    बलैन्द्रियध्यानविमोक्ष विवर्धय सस्यधनम्॥२२॥

今译："你满怀慈悲，闪耀智慧，正见似风，
　　　在千劫中发出呼声，邀请一切世界；
　　　请降下八正道雨水，满足世界渴望，
　　　以力、根、禅定和解脱增长谷物吧！（22）

बहुकल्पसहस्र सुशिक्षितु शून्यतत्त्व स्थिता
    समुदानितु धर्मजु भेषजु जानितु सत्त्वचरी।
जनता इय व्याधिशतेभि उपद्रुत क्लेशगणैः
    जिनवैद्य प्रमोचय वर्तय धर्मचक्रवरम्॥२३॥

今译："你数千劫中善于修习，立足空性，
　　　你了解众生行为，提供正法之药，
　　　众生百病缠身，充满痛苦和烦恼，
　　　佛陀医王啊，转法轮救度他们吧！（23）

षडि पारमिते चिररात्रु विवर्धितु कोशु त्वया
    असमं तु अचाल्यु प्रणीतु सुसंचितु धर्मधनम्।
प्रज सर्व अनाथ दरिद्र अनायिक दृष्ट्व इमां
    विचरं धन सप्त विनायक चक्र प्रवर्तयही॥२४॥

今译："你长期以来充实六波罗蜜宝库，
　　　积累无比美妙而坚固的正法财富，
　　　看到众生贫困无助，没有导师，

导师啊，赐予七财[①]，转动法轮吧！（24）

धनधान्य हिरण्यसुवर्ण तथैव च वस्त्र शुभा
वर पुष्प विलेपन धूपन चूर्ण गृहाश्च वराः।
अन्तः पुर राज्य प्रियात्मज त्यक्त प्रहर्षयतो
जिन बोधि गवेषत सातिविबुद्ध प्रवर्तय चक्रवरम्॥ २५॥

今译："你愉快地舍弃财富、谷物、金子、
妙衣、鲜花、软膏、熏香、香粉、
王宫、后宫、王国和可爱的儿子，
追求菩提而成正觉，转动法轮吧！（25）

तथ शीह्न अखण्डु अकल्मषु रक्षितु कल्पशतां
सद क्षान्ति सुभावित वीर्य अलीनु अभूषि तव।
वर ध्यान अभिज्ञ विपश्यन प्रज्ञ उपेक्ष मुने
परिपूर्ण मनोरथ निर्ज्वर वर्तय चक्रवरम्॥ २६॥

今译："你在数百劫中守戒，无缺漏，无污垢，
始终忍辱，修行，勇猛精进，不懈怠退却，
禅定，神通，正见，智慧，舍弃，牟尼啊！
你已消除烦恼，实现心愿，转动法轮吧！"（26）[②]

अथ खल्व भिक्षवः सहचित्तोत्पादधर्मचक्रप्रवर्ती नाम बोधिसत्त्वो महासत्त्वस्तस्यां वेलायां चक्रं सर्वरत्नप्रत्युप्तं सर्वरत्नप्रशोभितं नानारत्नालंकारव्यूहविभूषितं सहस्रारं सहस्ररश्मि सनाभिकं सनेमिकं सपुष्पदामं सहेमजालं सकिङ्किणीजालं सगन्धहस्तं सपूर्णकुम्भं सनन्दिकावर्तं सस्वस्तिकालंकृतं नानारङ्गरक्तदिव्यवस्त्रोपशोभितं दिव्यपुष्पगन्धमाल्यविलेपनानुलिप्तं सर्वाकारवरोपेतं तथागताय धर्मचक्रप्रवर्तनाय पूर्वप्रणिधानाभिनिर्हृतं बोधिसत्त्वाशयविशोधितं तथागतपूजार्हं सर्वतथागतसमन्वाहृतं सर्वबुद्धाधिष्ठानाविलोपितं पूर्वकैस्तथागतैरर्हद्भिः सम्यक्संबुद्धैः प्रत्येषितं प्रवर्तितपूर्वं च धर्मचक्रमुपनामयति स्म। उपनाम्य च कृताञ्जलिपुटस्तथागतमाभिर्गाथाभिरभ्यष्टावीत्--

今译：这时，众比丘啊，有一位名为俱起念转法轮的菩萨大士献上一个法轮。这个法轮镶嵌有一切宝石，装饰有一切宝石，展现各种宝石庄严，有千条轮辐，有千道光芒，有轮毂，有轮辋，有花环，有金网，有铃铛网，有芳香的

① "七财"指信、戒、惭、愧、闻、舍和慧。
② 以上第 19 至第 26 首偈颂不见于地译。但护译《梵天劝助说法品》中有与此内容类似的散文叙述。

把手，有盛满的水罐，装饰有难提夜伐多吉祥图案和卍字，绚丽多彩的天国妙衣、鲜花、香料和花环，涂抹有软膏，具有一切美妙相，用于如来转法轮，由前世誓愿引发，由菩萨心愿净化，值得供奉如来，受一切如来召唤，由一切佛陀威力护持而不损坏，为过去如来、阿罗汉、正等觉们接受，用于转法轮。他献上这个法轮后，双手合十，用这些偈颂赞美如来道：

地译：佛告諸比丘：爾時，眾中有一菩薩，名曰轉法，持眾寶輪，備有千輻，莊嚴綺麗不可稱比，放千光明。又以花鬘、寶鈴、微妙繒綵、無量寶具以為嚴飾。由是菩薩先願力故，感此輪生，供養如來過去諸佛，皆有此輪，然後轉法。時彼菩薩持是輪寶，奉獻如來而說偈言：

दीपंकरेण यद व्याकृतु शुद्धसत्त्वो
बुद्धो भविष्यसि हि त्वं नरसिंहसिंहः।
तस्मिं समासि प्रणिधी इयमेवरूपा
संबोधिप्राप्तु अहु धर्म अध्येषयेयम्॥ २७॥

今译：你本性纯洁，燃灯佛为你授记：
“你是人狮中的雄狮，你将成佛。”
当时[①]，我也立下了这样的誓愿：
“一旦你成正觉，我也劝你说法。”（27）

地译：尊憶過去時，然燈佛授記，
當得成正覺，號名曰牟尼，
我亦於彼時，發此弘誓願，
導師得成佛，當奉此輪寶。

न च शक्य सर्वि गणनाय अनुप्रवेष्टुं
ये आगता दशदिशोभिरिहाग्रसत्त्वाः।
अध्येषि शाक्यकुलनन्दन धर्मचक्रे
प्रह्वा कृताञ्जलिपुटाश्चरणौ निपत्य॥ २८॥

今译：十方所有优秀众生来到这里，
人数无法计算，释迦族后裔啊！
他们双手合十，拜倒在你脚下，
恭恭敬敬，吁请你转动法轮。（28）

① “当时”的原词是 samāsi。BHSD 认为 samāsa 相当于 samayā（samayatas）或 sāmāyika。

地译：一切人天等，及諸菩薩眾，
其數無有量，皆為轉法輪。

या बोधिमण्डि प्रकृता च सुरैर्वियूहा
या वा वियूह कृत सर्वजिनात्मजेभिः।
सा सर्व संस्थित वियूह ति धर्मचक्रे
परिपूर्णकल्प भणमानु क्षयं न गच्छेत्॥२९॥

今译：众天神装饰这菩提道场，
所有佛子们装饰这法轮，
他们提供的这一切庄严，
历尽整整一劫也说不完。（29）

地译：各以己神力，賫種種供具，
寶臺花蓋等，窮劫說不盡。

त्रिसहस्रि लोकि गगनं स्फुट देवसंघैः
धरणीतलं असुरकिन्नरमानुषैश्च।
उत्कासशब्दु नपि श्रूयति तन्मुहूर्तं
सर्वि प्रसन्नमनसो जिनमभ्युदीक्षन्॥३०॥

今译：三千世界空中布满众天神，
地上阿修罗、紧那罗和凡人，
此刻甚至听不到一声咳嗽，
全都满怀喜悦仰望着佛陀。（30）

地译：三千大千界，天人阿修羅，
諸龍神眾等，咸悉一心請。

इति हि भिक्षवस्तथागतो रात्र्याः प्रथमे यामे तूष्णीभावेनाधिवासयति स्म। रात्र्या मध्यमे यामे संरञ्जनीयां कथां प्रवर्तयति स्म। रात्र्याः पश्चिमे यामे पञ्चकान् भद्रवर्गीयाना-मन्त्र्यैतदवोचत्-- द्वाविमौ भिक्षवः प्रव्रजितस्यान्तावक्रमौ। यश्च कामेषु कामसुखल्लिका योगो हीनो ग्राम्यः पार्थग्जनिको नालमार्योऽनर्थोपसंहितो नायत्यां ब्रह्मचर्याय न निर्विदे न विरागाय न निरोधाय नाभिज्ञाय न संबोधये न निर्वाणाय संवर्तते। या चेयममध्यमा प्रतिपदा आत्मकायक्लमथानुयोगो दुःखोऽनर्थोपसंहितो दृष्टधर्मदुःखश्चायत्यां च दुःखविपाकः। एतौ च भिक्षवो द्वावन्तावनुपगम्य मध्यमयैव प्रतिपदा तथागतो धर्मं देशयति-- यदुत सम्यग्दृष्टिः सम्यक्संकल्पः सम्यग्वाक् सम्यक्कर्मान्तः सम्यगाजीवः सम्यग्व्यायामः सम्यक्स्मृतिः सम्यक्समाधिरिति।

今译：这样，众比丘啊，如来在初夜时分保持沉默。在中夜时分，开始进行愉快的交谈。在后夜时分，招呼那五位跋陀罗，说道："众比丘啊，出家人常走两种极端。一种耽迷欲乐，低劣，粗鄙，庸俗，非圣人所为，有害无益，不导向未来梵行，不导向厌离，不导向离欲，不导向灭寂，不导向神通，不导向正觉，不导向涅槃。另一种非中道是折磨自己身体，痛苦，有害无益，现世受苦，未来受苦报。众比丘啊，如来不走这两种极端，而依据中道示法，也就是正见、正思、正语、正业、正命、正勤、正念和正定。

地译：佛告諸比丘：如來於初夜時，默然而過。於中夜分，安慰大眾令生歡喜。至後夜已，喚五跋陀羅而告之言："汝等應知出家之人有二種障。何等為二？一者心著欲境而不能離，是下劣人，無識凡愚，非聖所行，不應道理，非解脫因，非離欲因，非神通因，非成佛因，非涅槃因。二者不正思惟，自苦其身而求出離，過、現、未來皆受苦報。比丘！汝等當捨如是二邊。我今為汝說於中道，汝應諦聽，常勤修習。何謂中道？正見，正思惟，正語，正業，正命，正精進，正念，正定，如是八法名為中道。"

चत्वारीमानि भिक्षव आर्यसत्यानि। कतमानि चत्वारि। दुःखं दुःखसमुदयो दुःखनिरोधो दुःखनिरोधगामिनी प्रतिपत्। तत्र कतमद् दुःखम्। जातिरपि दुःखं जरापि दुःखं व्याधिरपि दुःखं मरणमपि अप्रियसंप्रयोगोऽपि प्रियविप्रयोगोऽपि दुःखम्। यदपि इच्छन् पर्येषमाणो न लभते तदपि दुःखम्। संक्षेपात् पञ्चोपादानस्कधा दुःखम्। इदमुच्यते दुःखम्। तत्र कतमो दुःखसमुदयः। येयं तृष्णा पौनर्भविकी नन्दीरागसहगता तत्रतत्राभिनन्दिनी अयमुच्यते दुःखसमुदयः। तत्र कतमो दुःखनिरोधः। योऽस्या एव तृष्णायाः पुनर्भविक्या नन्दीराग-सहगतायास्तत्रतत्राभिनन्दिन्या जनिकाया निर्वर्तिकाया अशेषो विरागो निरोधः अयं दुःखनिरोधः। तत्र कतमा दुःखनिरोधगामिनी प्रतिपत्। एष एवार्याष्टाङ्गमार्गः। तद्यथा। सम्यग्दृष्टिर्यावत्सम्यक्समाधिरिति। इदमुच्यते दुःखनिरोधगामिनी प्रतिपदार्यसत्यमिति। इमानि भिक्षवश्चत्वार्यार्यसत्यानि।

今译：众比丘啊，有四圣谛。哪四种？苦，苦集，苦灭，苦灭之道。其中，什么是苦？生是苦，老是苦，病是苦，死是苦，与可憎者会合是苦，与可爱者分离是苦，求不得是苦。总之，五取蕴是苦。这称为苦。其中，什么是苦集？贪爱，再生，伴随喜欢和贪欲，喜欢这和喜欢那，这称为苦集。其中，什么是苦灭？灭尽贪爱、再生、伴随的喜欢和贪欲以及喜欢这和喜欢那，摒弃贪欲，灭寂。这称为苦灭。其中，什么是苦灭之道？也就是八正道，由正见直至正定，这称为苦灭之道。众比丘啊，这些是四圣谛。

地译：佛告諸比丘："有四聖諦。何等為四？所謂苦諦，苦集諦，苦滅諦，證苦滅道諦。比丘！何等名為苦聖諦？所謂生苦，老苦，病苦，死苦，愛別離苦，怨憎會苦，求不得苦，五盛蘊苦，如是名為苦聖諦。何等名為苦集聖諦？所謂愛，取，有，喜與貪俱，悕求勝樂，如是名為苦集聖諦。何等名為苦滅聖諦？所謂愛，取，有，喜與貪俱，悕求勝樂，盡此一切，如是名為苦滅聖諦。何等名為證苦滅聖道諦？即八聖道，所謂正見乃至正定，此即名為證苦滅聖道諦。"

इति दुःखमिति मे भिक्षवः पुर्वमश्रुतेषु धर्मेषु योनिशोमनसिकाराद्बहुलीकाराज्ज्ञानमुत्पन्नं चक्षुरुत्पन्नं विद्योत्पन्ना भूरिरुत्पन्ना मेघोत्पन्ना प्रज्ञोत्पन्ना आलोकः प्रादुर्भूतः। अयं दुःखसमुदय इति मे भिक्षवः पूर्वमश्रुतेषु धर्मेषु योनिशोमनसिकाराद्बहुलीकाराज्ज्ञानमुत्पन्नं चक्षुरुत्पन्नं विद्योत्पन्ना भूरिरुत्पन्ना मेघोत्पन्ना प्रज्ञोत्पन्ना आलोकः प्रादुर्भूतः। अयं दुःखनिरोध इति मे भिक्षवः सर्वं पूर्ववद्यावदालोकः प्रादुर्भूतः। इयं दुःखनिरोधगामिनी प्रतिपदिति मे भिक्षवः पूर्ववदेव पेयालं यावदालोकः प्रादुर्भूतः। यत्खल्विदं दुःखं परिज्ञेयमिति मे भिक्षवः पूर्ववदेव पेयालं यावदालोकः प्रादुर्भूतः। स खल्वयं दुःखसमुदयः प्रहातव्य इति मे भिक्षवः पूर्वमश्रतेषु धर्मेषु सर्वं यावदालोक इति। स खल्वयं दुःखनिरोधः साक्षात्कर्तव्य इति मे भिक्षवः पूर्ववद्यावदालोक इति। सा खल्वियं दुःखनिरोधगामिनी प्रतिपद्भावयितव्येति पूर्ववद्यावदालोक इति। तत्खल्विदं दुःखं परिज्ञातमिति मे भिक्षवः पूर्वमश्रतेषु इति पेयालम्। स खल्वयं दुःखसमुदयः प्रहीण इति मे भिक्षवः पूर्वमश्रुतेति पेयालम्। स खल्वयं दुःख-निरोधः साक्षात्कृत इति मे भिक्षवः पूर्वमश्रुतेति पेयालम्। सा खल्वियं दुःखनिरोधगामिनी प्रतिपद्भावितेति मे भिक्षवः पूर्वमश्रुतेषु धर्मेषु योनिशोमनसिकाराद्बहुलीकाराज्ज्ञानमुत्पन्नं चक्षुरुत्पन्नं भूरिरुत्पन्ना विद्योत्पन्ना मेधोत्पन्ना प्रज्ञोत्पन्ना आलोकः प्रादूर्भूतः॥

今译："'这是苦'，众比丘啊，在这些前所未闻的法中，我追根溯源①，反复思考，产生知识，产生眼光，产生学问，产生理智，产生聪慧，产生智慧，产生光。'这是苦集'，众比丘啊，在这些前所未闻的法中，我追根溯源，反复思考，产生知识，产生眼光，产生学问，产生理解，产生聪慧，产生智慧，产生光。'这是苦灭'，众比丘啊，如前所述，直至产生光。'这是苦灭之道'，众比丘啊，如前所述，直至产生光。'应该知道这是苦'，众比丘啊，如前所述，直至产生光。'应该根除苦集'，众比丘啊，在这些前所未闻的法中，如前所述，直至产生光。'应该亲证苦灭'，众比丘啊，如前所述，直至产生光。'应该修习苦灭之道'，如前所述，直至产生光。'已经知道这是苦'，众比丘啊，在这些前所未闻的法中，如前所述。'已经根除苦集'，众比丘啊，在这些前所未闻的

① "追根溯源"的原词是 yoniśas，由 yoni（"子宫"或"阴门"）加后缀 śas 构成，词义为"从根本上"或"从基础上"。汉译佛经中常常译为"如理"。

法中，如前所述。'已经亲证苦灭'，众比丘啊，在这些前所未闻是法中，如前所述。'已经修习苦灭之道'，众比丘啊，在这些前所未闻的法中，我追根溯源，反复思考，产生知识，产生眼光，产生理智，产生学问，产生聪慧，产生智慧，产生光。

地译：復告比丘："如是苦法，我先不從他聞，由善隨順如理思惟，生智，生眼，生明，生遍，生慧，生光。比丘！如是苦集法，我先不從他聞，由善隨順如理思惟，生智，生眼，生明，生遍，生慧，生光。比丘！如是苦集滅法，我先不從他聞，由善隨順如理思惟，生智，生眼，生明，生遍，生慧，生光。比丘！如是苦滅證道，我先不從他聞，由善隨順如理思惟，生智，生眼，生明，生遍，生慧，生光。復告比丘！苦應知，集應斷，滅應證，道應修，如是四法我先不從他聞，由善隨順如理思惟，生智，生眼，生明，生遍，生慧，生光。"
復告比丘："我已知苦，已斷集，已證滅，已修道，如是四法我先不從他聞，由善隨順如理思惟，生智，生眼，生明，生遍，生慧，生光。"

इति हि भिक्षवो यावदेव मे एषु चतुर्ष्वार्यसत्येषु योनिशो मनसि कुर्वतो एवं त्रिपरिवर्तं द्वादशाकारं ज्ञानदर्शनमुत्पद्यते न तावदहं भिक्षवोऽनुत्तरां सम्यक्संबोधिमभिसंबुद्धोऽस्मि इति प्रतिज्ञासिषम्। न च मे ज्ञानदर्शनमुत्पद्यते। यतश्च मे भिक्षव एषु चतुर्ष्वार्यसत्येष्वेवं त्रिपरिवर्तं द्वादशाकारं ज्ञानदर्शनमुत्पन्नम् अकोप्या च मे चेतोविमुक्तिः प्रज्ञाविमुक्तिश्च साक्षात्कृता ततोऽहं भिक्षवोऽनुत्तरां सम्यक्संबोधिमभिसंबुद्धोऽस्मि इति प्रतिज्ञासिषम्। ज्ञानदर्शनं मे उदपादि। क्षीणा मे जातिः उषितं ब्रह्मचर्यम् कृतं करणीयम् नापरस्माद्भवं प्रजानामि॥

今译："这样，众比丘啊，直至我追根溯源，思考四圣谛，产生三转十二行相知见之前，众比丘啊，我确认我没有证得无上正等菩提，没有产生知见。众比丘啊，由于产生了四圣谛的三转十二行相知见，我亲证坚定不移的心解脱和慧解脱，我确认我证得了无上正等菩提，产生了知见。我知道我已了断生，安住梵行，应作已作，不再有另外的出生。"

地译：復告比丘："我先未見四聖諦，未得阿耨多羅三藐三菩提時，正智未生。我從證見四聖諦法輪已，心得解脫，慧得解脫，不復退失，而以正智得阿耨多羅三藐三菩提。我生已盡，梵行已立，所作已辦，不受後有。"

तत्रेदमुच्यते।

今译：这里，这样说道：

वाचाय ब्रह्मरुत किन्नरगर्जिताय
अंशैः सहस्रनयुतेभि समुद्गताय।

बहुकल्पकोटि सद सत्यसुभाविताय
　　कौण्डिन्यमालपति शाक्यमुनिः स्वयंभूः॥३१॥

今译：话音如同梵天和紧那罗，
闪耀千亿光芒，数千万劫
修习真谛，这位自在者，
释迦牟尼对憍陈如说道：（31）

地译：爾時，世尊出梵音聲。如是梵音從無量功德之所成就，無量劫來修習真實，不假於師，自然而悟。發是妙聲，語憍陳如等言：

चक्षुरनित्यमध्रुवं तथ श्रोत घ्राणं
　　जिह्वा पि काय मन दुःखा अनात्म शून्या।
जडास्वभाव तृणकुड्य इवा निरीहा
　　नैवात्र आत्म न नरो न च जीवमस्ति॥३२॥

今译：“眼、耳、鼻、舌、身和意，
无常，痛苦，无我，空虚，
如同草木墙壁[①]迟钝无知觉，
其中无我，无人，无生命。（32）

地译：“眼是無常、苦、空、無我、無人、無眾生、無壽命，猶如腐草，雜土為牆，危脆不實。如眼，耳、鼻、舌、身、意亦復如是。

हेतुं प्रतीत्य इमि संभुत सर्वधर्मा
　　अत्यन्तदृष्टिविगता गगनप्रकाशा।
न च कारकोऽस्ति तथ नैव च वेदकोऽस्ति
　　न च कर्म पश्यति कृतं ह्यशुभं शुभं वा॥३३॥

今译：“一切法全都产生于因缘，
如同天空，无法见到边际，
无作者，也无受者，因为
所作善业或恶业不消亡[②]。（33）

地译：“憍陳如！一切法從因緣生，無有體性，離常離斷，猶如虛空，雖無作者及以受者，善惡之法而不敗忘。

① “墙壁”的原词是kuḍma，据M本和L本应为kuḍya。

② “消亡”的原词是paśyati（“看见”），据M本应为naśyati（“消亡”）。此处地译“败忘”（似应为“败亡”）。

स्कन्धा प्रतीत्य समुदेति हि दुःखमेवं
संभोन्ति तृष्ण सलिलेन विवर्धमाना।
मार्गेण धर्मसमताय विपश्यमाना
अत्यन्तक्षीण क्षयधर्मतया निरुद्धाः॥ ३४॥

今译："正如水增强渴望，
痛苦缘起于五蕴，
依照法平等性观察，
法性灭而永远寂灭。（34）

地译："憍陳如！色是無常、苦、空、無我，受想行識亦復如是。由愛為水潤漬因緣，眾苦增長。若得聖道證見諸法體性皆空，即能永滅如是眾苦。

संकल्पकल्पजनितेन अयोनिशेन
भवते अविद्य न पि संभवकोऽस्य कश्चि।
संस्कारहेतु ददते न च संक्रमोऽस्ति
विज्ञानमुद्भवति संक्रमणं प्रतीत्य॥ ३५॥

今译："不追根溯源而妄想分别，
则产生无明，别无产生者，
无明成为诸行原因，并无
移转者①，识缘起于诸行②。（35）

地译："憍陳如！由彼分別、不正思惟而生無明，更無有餘為無明因。而此分別不至無明。復由無明而生諸行，而此無明不至諸行，乃至行緣識。

विज्ञान नाम तथ च रूप समुत्थितास्ति
नामे च रूपि समुदेन्ति षडिन्द्रियाणि।
षडिन्द्रियैर्निपतितो इति स्पर्श उक्तः
स्पर्शेन तिस्र अनुवर्तति वेदना च॥ ३६॥

今译："名和色缘起于识，
六根缘起于名和色，
与六根相连称为触，

① "并无转移者"意谓无明是诸行的缘起，但并非是无明转变为诸行。此处地译"此无明不至诸行"。

② "诸行"的原词是 saṃkramana（"转移"或"运转"），在这里似应理解为"诸行"。此处地译"行缘识"（即"行是识的缘起"）。

而三受缘起于触。（36）

地译：“識緣名色，名色緣六處，六處緣觸，觸緣受。

यत्किंचि वेदयितु सर्व सतृष्ण उक्ता
तृष्णात सर्व उपजायति दुःखस्कन्धः।
उपादानतो भवति सर्व भवप्रवृत्तिः
भवप्रत्यया च समुदेति हि जातिरस्य॥३७॥

今译：“无论什么受，称为有爱，
由于有爱，产生一切苦蕴，
由于执取，产生一切有，
而一切生缘起于一切有。（37）

地译：“受緣愛，愛緣取，取緣有，有緣生。

जातीनिदान जरव्याधिदुखानि भोन्ति
उपपत्ति नैक विविधा भवपञ्जरेऽस्मिन्।
एवमेष सर्व इति प्रत्ययतो जगस्य
न च आत्म पुद्गल न संक्रमकोऽस्ति कश्चि॥३८॥

今译：“由于生，产生老、病和苦，
多种多样，出现在生存笼中，
世界这一切都是由缘而起，
无我，无人，无任何转生者。（38）

地译：“生緣老死、憂悲、苦惱，如是等為世間因，更無有餘能為其因。雖生諸法而因不至，法竟無我、人、眾生、受者[①]，捨於此身而至彼蘊。

यस्मिन्न कल्पु न विकल्पु योनिमाहुः
यद्योनिशो भवति न तत्र अविद्य काचि।
यस्मिन्निरोधु भवतीह अविद्यतायाः
सर्वे भवाङ्ग क्षयक्षीण क्षयं निरुद्धा॥३९॥

今译：“人们说原本无妄想分别，
追根溯源，无任何无明，
一旦在这里灭除无明性，

① 此处“受者”中的“受”字，据《中华大藏经》校勘记，《资》、《碛》、《普》、《南》、《径》、《清》作“寿”。“寿者”即“寿命”。

一切有支也就灭尽而寂灭。（39）

地译："如理思惟，無所分別，即滅無明。由無明滅即行滅，行滅即識滅，識滅即名色滅，名色滅即六處滅，六處滅即觸滅，觸滅即受滅，受滅即愛滅，愛滅即取滅，取滅即有滅，有滅即生滅，生滅即老死、憂悲、苦惱滅。

एवमेष प्रत्ययत बुद्ध तथागतेन
तेन स्वयंभु स्वकमात्मनु व्याकरोति।
न स्कन्ध आयतन धातु वदेमि बुद्धं
नान्यत्र हेत्ववगमाद्भवतीह बुद्धः ॥४०॥

今译："如来正是依据缘起而觉醒，
这位自在者因此说明他自己，
无蕴、处和界，我称为佛陀，
唯有理解因缘，才成为佛陀。（40）

地译："若能如是於蘊、界、處了悟因緣，時爾得成多陀阿伽度、阿羅訶、三藐三佛陀[1]。

भूमिर्न चात्र परतीर्थिक निःसृतानां
शून्या प्रवादि इह ईदृश धर्मयोगे।
ये पूर्वबुद्धचरिता सुविशुद्धसत्त्वाः
ते शक्नुवन्ति इमि धर्म विजाननाय॥४१॥

今译："这里没有外道的立足地，
我在这里依法宣讲这种空，
追随过去佛的本性纯洁者，
他们能理解我的这种法。"（41）

地译："如是甚深微妙之法，非諸異道所能了悟。"

एवं हि द्वादशाकारं धर्मचक्रं प्रवर्तितम्।
कौण्डिन्येन च आज्ञातं निर्वृत्ता रतना त्रयः ॥४२॥

今译：十二行相法轮这样转动，
憍陈如知道三宝已转出。[2]（42）

① "多陀阿伽度"是 tathāgata（"如来"）一词的音译。"阿罗诃"即 arhat（"阿罗汉"）。"三藐三佛陀"是 samyaksaṃbuddha（"正等觉"）一词的音译。

② 这里讲述憍陈如（kauṇḍinya）知道（ājñāta）三宝已转出。这应该是憍陈如又名阿若憍陈如（ājñāta- kauṇḍinya）的来源。

地译：爾時，世尊為憍陳如三轉十二行法輪已，憍陳如等悉了達諸法因緣，漏盡意解，成阿羅漢。

बुद्धो धर्मश्च संघश्च इत्येतद्रतनत्रयम्।
परस्परां गतः शब्दो यावद् ब्रह्मपुरालयम्॥४३॥

今译：“佛、法和僧，这是三宝！”
这声音依次直达梵天宫。（43）

地译：即於是時三寶出現，婆伽婆[1]為佛寶，三轉十二行法輪為法寶，五跋陀羅為僧寶。

वर्तितं विरजं चक्रं लोकनाथेन तायिना।
उत्पन्ना रतना त्रीणि लोके परमदुर्लभा॥४४॥

今译：这位世界救主转动无垢法轮，
最为难得的三宝在世界出现。（44）

कौण्डिन्यं प्रथमं कृत्वा पञ्चकाश्चैव भिक्षवः।
षष्टीनां देवकोटीनां धर्मचक्षुर्विशोधितम्॥४५॥

今译：以憍陈如为首，这五位比丘，
连同六亿天神获得清净法眼。（45）

अन्ये चाशीतिकोट्यस्तु रूपधातुकदेवताः।
तेषां विशोधितं चक्षु धर्मचक्रप्रवर्तने॥४६॥

今译：还有其他的八亿色界天神，
在法轮转动中获得清净眼。（46）

चतुरशीतिसहस्राणि मनुष्याणां समागता।
तेषां विशोधितं चक्षु मुक्ता सर्वेभि दुर्गती॥४७॥

今译：聚集在这里的八万四千凡人，
也获得清净眼，摆脱一切恶道。（47）

地译：佛轉法輪時，六十拘胝欲界諸天，八十拘胝色界諸天，八萬四千人，皆悉遠塵離垢，得法眼淨。

① “婆伽婆”是 bhagavat（“世尊”）一词的音译。

दशादिशातु अनन्त बुद्धस्वरो गच्छि तस्मिं क्षणे
　　रुत मधुर मनोज्ञ संश्रूयन्ते चान्तरीक्षे शुभ।
एष दशबलेन शाक्यर्षिणा धर्मचक्रोत्तमं
　　ऋषिपतनमुपेत्य वाराणसी वर्तितो नान्यथा॥४८॥

今译：此刻佛音响彻无边无际十方，
能听到空中甜蜜可爱的话音：
"无疑，这是十力释迦仙人
在波罗奈仙人堕处转动法轮。"（48）

地译：佛告諸比丘：如來以妙梵之音轉于法輪，其聲遍至十方佛土。彼諸如來各聞三轉十二行妙梵之聲，咸見世尊住波羅奈鹿野苑中而轉法輪。

दश दिशित यि केचि बुद्धशता सर्वि तूष्णीभुताः
　　तेष मुनिनये उपस्थायकाः सर्वि पृच्छी जिनां।
किमिति दशबलेभि धर्माकथा छिन्न श्रुत्वा रूतं
　　साधु भणत शीघ्र किं कारणं तूष्णीभावेन स्थिताः॥४९॥

今译：十方数百佛陀全都保持沉默，
他们的侍者便询问这些佛陀：
"十力们听到声音，中断说法，
保持沉默，请说这是为什么？"（49）

地译：是時，十方諸佛皆悉默然而不說法。彼土菩薩各從座起而白佛言："世尊！如來今者何故默然而不說法？"

पुर्वभवशतेभि वीर्याबलै बोधि समुदानिया
　　बहव शतसहस्र पश्चान्मुखा बोधिसत्त्वा कृताः।
तेन हितकरेण उत्तप्तता प्राप्त बोधिः शिवा
　　चक्र त्रिपरिवर्त प्रावर्तिता तेन तूष्णीभुताः॥५०॥

今译："过去数百世，他依靠精进力，
修习菩提，超过数百千菩萨，
这造福者获得光明清凉的菩提，
三转法轮，故而我们保持沉默。"（50）

地译：爾時，彼佛告諸菩薩言："汝等應知釋迦如來於無量劫勤苦累德，勇猛精進，行菩薩道，超過無量菩薩之行，於娑婆世界得阿耨多羅三藐三菩提，利益一切，起大慈悲，轉于法輪。其佛梵音遍至十方無邊刹土。我今聞彼說法之聲，是故默然。”

इमु वचन श्रुणित्व तेषां मुनीसत्त्वकोट्यः शता
　　मैत्रबल जनित्व संप्रस्थिता अग्रबोधिं शिवाम्।
वयमपि अनुशिक्षि तस्या मुने वीर्यस्थामोद्गतं
　　क्षिप्र भवेम लोकि लोकोत्तमा धर्मचक्षुर्ददाः॥५१॥ इति॥

今译：数百千万牟尼众生听了这些话，
产生慈悲力，趋向清凉的菩提：
“我们要学习这牟尼，勇猛精进，
迅速成为世界至尊，赐予法眼。”（51）

地译：諸菩薩眾聞佛語已，皆發阿耨多羅三藐三菩提心，作是誓言：“願我當來速成佛道，以無漏法眼開悟眾生，同於彼佛。”

अथ खलु मैत्रेयो बोधिसत्त्वो महासत्त्वो भगवन्तमेतदवोचत्-- इमे भगवन् दशदिग्लोकधातुसंनिपतिता बोधिसत्त्वा महासत्त्वा भगवतः सकाशाद्धर्मचक्रप्रवर्तनविकुर्वणस्य प्रवेशं श्रोतुकामाः। तत्साधु भगवान् देशयतु तथागतोऽर्हन् सम्यक्संबुद्धः कियद्रूपं तथागतेन धर्मचक्रं प्रवर्तितम्।

今译：然后，弥勒菩萨大士对世尊说道：“世尊啊，十方世界菩萨大士们聚集在转动法轮的世尊身边，想要听法悟入。请世尊如来、阿罗汉、正等觉宣示如来所转法轮有怎样的形相？”

地译：爾時，彌勒菩薩前白佛言：“世尊！無量諸來大菩薩眾願聞如來轉于法輪所有功德。唯願世尊略為宣說法輪之性。”

भगवानाह-- गम्भीरं मैत्रेय धर्मचक्रं ग्राहानुपलब्धित्वात्। दुर्दर्शं तच्चक्रं द्वयविगतत्वात्। दुरनुबोधं तच्चक्रं मनसिकारामनसिकारत्वात्। दुर्विज्ञानं तच्चक्रं ज्ञानविज्ञानसमतानुबद्धत्वात्। अनाविलं तच्चक्रं अनावरणविमोक्षप्रतिलब्धत्वात्। सूक्ष्मं तच्चक्रं अनुपमोपन्यासविगतत्वात्। सारं तच्चक्रं वज्रोपमज्ञानप्रतिलब्धत्वात्। अभेद्यं तच्चक्रं पूर्वान्तसंभवत्वात्। अप्रपञ्चं तच्चक्रं सर्वप्रपञ्चोपारम्भविगतत्वात्। अकोप्यं तच्चक्रं अत्यन्तनिष्ठत्वात्। सर्वत्रानुगतं तच्चक्रं आकाशसदृशत्वात्।

今译：世尊说道：“弥勒啊，法轮不可把握而深邃。法轮离两边而难见。法轮思维和不思维而难觉知。法轮智慧和知识平等觉知而难知。法轮获得无碍解脱而无垢。法轮离寄托、不可比拟而微妙。法轮获得金刚智而坚固。法轮无前端[①]而不可分割。法轮不依附一切戏论而无戏论。法轮处于终极而不动摇。法轮如同虚空而处处随顺。

地译：佛告彌勒及諸菩薩言："善男子！法輪甚深，不可取故。法輪難見，離二邊故。法輪難悟，離作意及不作意故。法輪難知，不可以識識、不可以智知故。法輪不雜，斷除二障方能證故。法輪微妙，離諸喻故。法輪堅固，以金剛智方能入故。法輪難沮，無本際故。法輪無戲論，離攀緣故。法輪不盡，無退失故。法輪普遍，如虛空故。

तत्खद्द पुनर्मैत्रेय धर्मचक्रं सर्वधर्मप्रकृतिस्वभावं संदर्शनविभवचक्रं अनुत्पादानिरोधासंभवचक्रं अनालयचक्रं अकल्पाविकल्पधर्मनयविस्तीरणचक्रं शून्यताचक्रं अनिमित्तचक्रं अप्रणिहितचक्रं अनभिसंस्कारचक्रं विवेकचक्रं विरागचक्रं विरोधचक्रं तथागतानुबोधचक्रं धर्मधात्वसंभेदचक्रम्। भूतकोट्यविकोपनचक्रं असङ्गानावरणचक्रं प्रतीत्यावतारोभयान्तदृष्टिसमतिक्रमणचक्रं अनन्तमध्यधर्मधात्वविकोपनचक्रं अनाभोगबुद्धकार्यप्रतिप्रश्रब्धचक्रं अप्रवृत्यभिनिर्वृत्तिचक्रं अत्यन्तानुपलब्धिचक्रं अनायूहानिर्यूहचक्रं अनभिलाप्यचक्रं प्रकृतियथावच्चक्रं एकविषयसर्वधर्मसमतावतारचक्रं अक्षणसत्त्वविनयाधिष्ठानप्रत्युदावर्त्यचक्रं अद्वयसमारोपपरमार्थनयप्रवेशाचक्रं धर्मधातुसमवसरणचक्रम्। अप्रेमयं तच्चक्रं सर्वप्रमाणातिक्रान्तम्। असंख्येयं तच्चक्रं सर्वसंख्यापगतम्। अचिन्त्यं तच्चक्रं चित्तपथसम- तिक्रान्तम्। अतुल्यं तच्चक्रं तुलापगतम्। अनभिलाप्यं तच्चक्रं सर्वरुतघोषवाक्पथातीतम्। अप्रमाणमनुपममुपमागतमाकाशसमसदृशमनुच्छेदमशाश्वतं प्रतीत्यावताराविरुद्धशान्तमत्यन्तोपशमं तत्त्वं तथावितथानन्यथानन्यथीभावं सर्वसत्त्वरुतचरणम्। निग्रहो माराणां पराजयस्तीर्थिकानां समतिक्रामणं संसारविषयादवतारणं बुद्धविषये परिज्ञातमार्यपुद्गलैरनुबद्धं प्रत्येकबुद्धैः परिगृहीतं बोधिसत्त्वैः स्तुतं सर्वबुद्धैरसंभिन्नं सर्वतथागतैः।

今译：确实，弥勒啊，法轮显示一切法的本性。法轮不生不灭。法轮无依处。法门展开无妄想和无分别法门。法轮空性。法轮无相。法轮无愿。法轮无作为。法轮寂静。法轮离贪欲。法轮灭寂。法轮随如来觉知。法轮法界无分别。法轮不破坏实际。法轮无执著和无障碍。法轮入缘起而超两边见。法轮不破坏无边际和无中间的法界。法轮安于无功用佛行。法轮不进不退。法轮不可究竟。法轮不入不出。法轮不可言说。法轮本性如实。法轮入一境一切法平等。法轮为苦难众生确立戒律。法轮立足不二而悟入第一义。法轮遍入法界。法轮无量[②]，

① "无前端"的 pūrvāntasaṃbhavatvāt，据 M 本应为 pūrvāntāsaṃbhavatvāt。此处地译"无本际"。

② 此处"无量"的原词是 apremayam，应为 aprameyam。

超越一切量。法轮无数，超越一切数。法轮不可思议，超越思路。法轮不可等同，超越等同。法轮不可言说，超越一切音、声和言语路，无量，不可比拟，不可譬喻，如同虚空，不断不常，不妨碍入缘起，平静，永远寂静，真实，如实不虚，不异不变，运用一切众生语，降伏摩罗，制胜外道，超越生死轮回境，入佛境，圣人理解，缘觉觉知，菩萨把握，一切佛赞美，一切如来无差别。

地译："彌勒！法輪顯示一切諸法本性寂靜，不生不滅，無有處所，非分別非不分別，到於實相，昇于彼岸，空，無相，無願。無作，體性清淨，離諸貪欲，會於真如，同於法性，等于實際，不壞不斷，無著無礙，善入緣起，超過二邊，不在中間，無能傾動，契於諸佛，無功用行，不進不退，不出不入，而無所得，不可言說，性唯是一而入諸法，是為不二，非可安立，歸第一義，入實相法，法界平等，超過數量，言語路斷，心行處滅，不可譬喻，平等如空，不離斷常，不壞緣起，究竟寂滅，無有變易，降伏眾魔，摧諸外道，超過生死，入佛境界，聖智所行，辟支所證，菩薩所趣，諸佛咨嗟，一切如來同有如是無差別法。

एवंरूपं भैत्रेय तथागतेन धर्मचक्रं प्रवर्तितं यस्य प्रवर्तनात्तथागत इत्युच्यते। सम्यक्संबुद्ध इत्युच्यते। स्वयंभूरित्युच्यते। धर्मस्वामीत्युच्यते। नायक इत्युच्यते। विनायक इत्युच्यते। परिणायक इत्युच्यते। सार्थवाह इत्युच्यते। सर्वधर्मवशवर्तीत्युच्यते। धर्मेश्वर इत्युच्यते। धर्मचक्रप्रवर्तीत्युच्यते। धर्मदानपतिरित्युच्यते। यज्ञस्वामीत्युच्यते। सुयष्टयज्ञ इत्युच्यते। सिद्धिव्रत इत्युच्यते। पूर्णाभिप्राय इत्युच्यते। देशिक इत्युच्यते। आश्वासक इत्युच्यते। क्षेमंकर इत्युच्यते। शूर इत्युच्यते। रणंजह इत्युच्यते। विजितसंग्राम इत्युच्यते। उच्छ्रितछत्रध्वजपताक इत्युच्यते। आलोककर इत्युच्यते। प्रभंकर इत्युच्यते। तमोनुद इत्युच्यते। उल्काधारीत्युच्यते। महावैद्यराज इत्युच्यते। भूतचिकित्सक इत्युच्यते। महाशल्यहर्ता इत्युच्यते। वितिमिरज्ञानदर्शन इत्युच्यते। समन्तदर्शीत्युच्यते। समन्तविलोकित इत्युच्यते। समन्तचक्षुरित्युच्यते। समन्तप्रभ इत्युच्यते। समन्तालोक इत्युच्यते। समन्तमुख इत्युच्यते। समन्तप्रभाकर इत्युच्यते। समन्तचन्द्र इत्युच्यते। समन्तप्रासादिक इत्युच्यते। अप्रतिष्ठानायूहानिर्यूह इत्युच्यते।

今译："弥勒啊，如来转动这样的法轮，故而称为如来，称为正等觉，称为自在者，称为法王，称为向导，称为导师，称为大导师，称为商主，称为一切法自在转者，称为法自在，称为转法轮者，称为法施主，称为祭主，称为善行祭者，称为誓愿实现者，称为心愿满足者，称为指导者，称为安慰者，称为安稳者，称为勇士，称为胜利者，称为战胜者，称为竖立华盖、旗帜和幡幢者，称为发光者，称为放光者，称为驱除黑暗者，称为持火炬者，称为大医王，称为如实治疗者，称为大拔箭者，称为离黑暗知见者，称为遍见者，称为遍观者，称为遍眼，称为普光，称为普照，称为普门，称为普日，称为普月，称为普喜，称为不住不入不出。

地译：“彌勒！所轉法輪體性如是。若有如是轉法輪者乃名為佛，名正遍知，名自然悟，名法王，名導師，名大導師，名商主，名自在，名法自在，名轉法，名法施主，名大施主，名善行圓滿，名意樂滿足，名說者，名作者，名安慰者，名安隱者，名勇猛者，名戰勝，名作光，名破暗，名持燈，名大醫王，名療世間，名拔毒刺，名離障智，名普觀見，名普觀察，名普眼，名普賢，名普光，名普門，名端嚴，名無所著。

**धरणीसम इत्युच्यते अनुन्नतावनतत्वात्। शैलेन्द्रसम इत्युच्यते अप्रकम्प्यत्वात्। सर्व-
लोकश्रीरित्युच्यते सर्वलोकगुणसमन्वागतत्वात्। अनवलोकितमूर्ध इत्युच्यते सर्वलोका-
भ्युद्गतत्वात्। समुद्रकल्प इत्युच्यते गम्भीरदुरवगाहत्वात्। धर्मरत्नाकर इत्युच्यते सर्वबोधि-
पाक्षिकधर्मरत्नप्रतिपूर्णत्वात्। वायुसम इत्युच्यते अनिकेतत्वात्। असङ्गबुद्धिरित्युच्यते
असक्ताबद्धामुक्तचित्तत्वात्। अवैवर्तिकधर्म इत्युच्यते सर्वधर्मनिर्वेधिकज्ञानत्वात्। तेजः सम
इत्युच्यते दुरासदसर्वमननाप्रहीणसर्वक्लेशदाहप्रत्युपस्थानत्वात्। अप्सम इत्युच्यते अनाविल-
संकल्पनिर्मलकायचित्तवाहितपापत्वात्। आकाशसम इत्युच्यते असङ्गज्ञानविषयानन्तमध्ये
धर्मधातुगोचरज्ञानाभिज्ञप्राप्तत्वात्। अनावरणज्ञानविमोक्षविहारीत्युच्यते नानावरणीयधर्म-
सुप्रहीणत्वात्। सर्वधर्मधातुप्रसृतकाय इत्युच्यते गगनसमचक्षुःपथसमतिक्रान्तत्वात्।**

今译：“不高不低而称为如同大地。不动摇而称为如同山王。具有一切世界功德而称为一切世界吉祥。耸立于一切世界而称为头顶不可见者。深不可测而称为如同大海。充满一切菩提分支法宝而称为法宝藏。无依处而称为如同风。无执著、无系缚和心解脱[①]而称为无著智。通达一切法而称为不退转法。灭除一切艰深思维、努力焚毁一切烦恼而称为如同火。无污浊妄想、身心无垢、涤除罪恶而称为如同水。不执著智境，行于无边际和无中间法界，得智慧神通而称为如同虚空。灭除各种障碍法而称为住于无碍智解脱。超越眼路，如同天空而称为遍及一切法界。

地译：“如大地故，名為平等。如須彌山王故，名不動。成就諸功德，出過世間故，名最尊。達一切法故，名無見頂。出過世間煩惱黑暗故，名明燈。最極甚深，難窮底故，名大海。一切菩提分法寶具足故，名寶所。無繫無著，心解脱故，名無染。通達諸法故，名不退轉。利益眾生，不擇處故，名如風。焚燒一切煩惱故，名如火。滌除一切分別煩惱故，名如水，平等法界無中無邊無礙，

① 此处原文是 asaktābaddhāmuktacittatvāt，据 M 本应为 asaktābaddhamuktacittatvāt。

神通慧所行故，名如空。除一切法障故，名住無障智。超過世間眼所行境故，名遍一切法界。

उत्तमसत्त्व इत्युच्यते सर्वलोकविषयासंक्लिष्टत्वात्। असङ्गसत्त्व इत्युच्यते। अप्रमाणबुद्धिरित्युच्यते। लोकोत्तरधर्मदेशिक इत्युच्यते। लोकाचार्य इत्युच्यते। लोकवैद्य इत्युच्यते। लोकाभ्युद्गत इत्युच्यते। लोकधर्मानुपलिप्त इत्युच्यते। लोकनाथ इत्युच्यते। लोकज्येष्ठ इत्युच्यते। लोकश्रेष्ठ इत्युच्यते। लोकेश्वर इत्युच्यते। लोकमहित इत्युच्यते। लोकपरायण इत्युच्यते। लोकपारंगत इत्युच्यते। लोकप्रदीप इत्युच्यते। लोकोत्तर इत्युच्यते। लोकगुरुरित्युच्यते। लोकार्थकर इत्युच्यते। लोकानुवर्तक इत्युच्यते। लोकविदित्युच्यते। लोकाधिपतेयप्राप्त इत्युच्यते। महादक्षिणीय इत्युच्यते। पूजार्ह इत्युच्यते। महापुण्यक्षेत्र इत्युच्यते। महासत्त्व इत्युच्यते। अग्रसत्त्व इत्युच्यते। वरसत्त्व इत्युच्यते। प्रवरसत्त्व इत्युच्यते। उत्तमसत्त्व इत्युच्यते। अनुत्तरसत्त्व इत्युच्यते। असमसत्त्व इत्युच्यते। असदृशसत्त्व इत्युच्यते। सततसमाहित इत्युच्यते। सर्वधर्मसमताविहारीत्युच्यते। मार्गप्राप्त इत्युच्यते। मार्गदर्शक इत्युच्यते। मार्गदेशिक इत्युच्यते। सुप्रतिष्ठितमार्ग इत्युच्यते। मारविषयसमतिक्रान्त इत्युच्यते। मारमण्डलविध्वंसकर इत्युच्यते। अजरामरशीतीभाव इत्युच्यते।

今译："不受一切世间境界污染而称为至上士，称为无著，称为无量智，称为宣示出世间法者，称为世间师，称为世界医生，称为耸立于世界者，称为不染世间法者，称为世界救主，称为世界至尊，称为世界至上者，称为世界自在者，称为世界崇敬者，称为世界归依，称为到世界彼岸者，称为世界明灯，称为出世间者，称为世界尊师，称为为世界谋利益者，称为随顺世间者，称为通晓世界者，称为世界主，称为广受供奉者，称为值得供奉者，称为大福田，称为大士，称为上士，称为优秀者，称为美妙者，称为至上士，称为无上士，称为无等同者，称为无相像者，称为常入定者，称为安住一切法平等者，称为得道者，称为示道者，称为宣道者，称为立道者，称为超越魔境者，称为粉碎魔众者，称为无老无死得清凉者。

地译："身不染世間一切境界故，名最勝人，名無量智，名演說世間師，名制多[①]，名出世間，名不染世法，名世間勝，名世間自在，名世間大，名世間依止，名到世間彼岸，名世間燈，名世間上，名世間尊，名利益世間，名隨順世間，名一切世間了知，名世間主，名世間應供，名大福田，名最上，名無等等，

① "制多"是 caitya（"塔"）一词的音译。此处原文是 lokavaidyaḥ（"世界医生"）。caitya 和 vaidya 两者字和音有相近处，有混淆的可能。

名無比，名常正實[1]，名一切法平等住，名得道，名示道者，名說道者，名超過魔境，名能摧伏魔，名出生死獲得清涼。

विगततमोन्धकार इत्युच्यते। विगतकण्टक इत्युच्यते। विगतकाङ्क्ष इत्युच्यते। विगतक्लेश इत्युच्यते। विनीतसंशय इत्युच्यते। विमतिसमुद्धटित इत्युच्यते। विरक्त इत्युच्यते। विमुक्त इत्युच्यते। विशुद्ध इत्युच्यते। विगतराग इत्युच्यते। विगतदोष इत्युच्यते। विगतमोह इत्युच्यते। क्षीणाश्रव इत्युच्यते। निःक्लेश इत्युच्यते। वशीभूत इत्युच्यते। सुविमुक्तचित्त इत्युच्यते। सुविमुक्तप्रज्ञ इत्युच्यते। आजानेय इत्युच्यते। महानाग इत्युच्यते। कृतकृत्य इत्युच्यते। कृतकरणीय इत्युच्यते। अपहृतभार इत्युच्यते। अनुप्राप्तस्वकार्थ इत्युच्यते। परिक्षीणभवसंयोजन इत्युच्यते।

今译："称为驱除黑暗者，称为拔除荆棘者，称为消除疑惑者，称为排除烦恼者，称为解除怀疑者，称为破除疑虑者，称为无染者，称为解脱者，称为纯洁者，称为无贪者，称为无嗔者，称为无痴者，称为灭尽烦恼者，称为无烦恼者，称为得自在者，称为心解脱者，称为智解脱者，称为调伏者，称为大蛇，称为应作已作，称为所作已办，称为卸下重担者，称为达到自己目的者，称为解除生死束缚者。

地译："名離無明黑暗，名無疑惑，名離煩惱，名離悕求，名除諸見惑，名解脫，名清淨，名離貪，名離瞋，名離癡，名盡漏，名心淨解脫，名智淨解脫，名宿命智[2]，名大龍，名所作已辦，名離重擔，名逮得己利，名遠離生死結縛。

समताज्ञानविमुक्त इत्युच्यते। सर्वचेतोवशिपरमपारमिताप्राप्त इत्युच्यते। दानपारग इत्युच्यते। शीलाभ्युद्गत इत्युच्यते। क्षान्तिपारग इत्युच्यते। वीर्याभ्युद्गत इत्युच्यते। ध्यानाभिज्ञप्राप्त इत्युच्यते। प्रज्ञापारंगत इत्युच्यते। सिद्धप्रणिधान इत्युच्यते। महामैत्रविहारीत्युच्यते। महाकरुणाविहारीत्युच्यते। महामुदिताविहारीत्युच्यते। महोपेक्षाविहारीत्युच्यते। सत्त्वसंग्रहप्रयुक्त इत्युच्यते। अनावरणप्रतिसंवित्प्राप्त इत्युच्यते। प्रतिशरणभूत इत्युच्यते। महापुण्य इत्युच्यते। महाज्ञानीत्युच्यते। स्मृतिमतिगतिबुद्धिसंपन्न इत्युच्यते। स्मृत्युपस्थानसम्यक्प्रहाणऋद्धिपादेन्द्रियबलबोध्यङ्गसमर्थविदर्शनालोकप्राप्त इत्युच्यते। उत्तीर्णसंसारार्णव इत्युच्यते। पारग इत्युच्यते। स्थलगत इत्युच्यते। क्षेमप्राप्त इत्युच्यते। अभयप्राप्त इत्युच्यते। मर्दितक्लेशकण्टक इत्युच्यते। पुरुष इत्युच्यते। महापुरुष इत्युच्यते। पुरुषसिंह इत्युच्यते। विगतभयलोमहर्षण इत्युच्यते। नाग इत्युच्यते। निर्मल इत्युच्यते।

---

① 此处"正实"中的"正"字，据《中华大藏经》校勘记，《资》、《碛》、《普》、《南》、《径》、《清》作"真"。此词按原文是 samāhita（"入定"）。

② 此处"宿命智"（jātismara）不见于原文。按原文，此处是 ājāneya（"调伏者"）。

त्रिमलमलप्रहीण इत्युच्यते। वेदक इत्युच्यते। त्रैविद्यानुप्राप्त इत्युच्यते। चतुरोघोत्तीर्ण इत्युच्यते। पारग इत्युच्यते। क्षत्रिय इत्युच्यते। ब्राह्मण इत्युच्यते। एकरत्नछत्रधारीत्युच्यते। वाहितपारधर्म इत्युच्यते। भिक्षुरित्युच्यते। भिन्नाविद्याण्डकोश इत्युच्यते। श्रमण इत्युच्यते। अर्थसङ्गपथसमतिक्रान्त इत्युच्यते। श्रोत्रिय इत्युच्यते। निःसृतक्लेश इत्युच्यते। बलवानित्युच्यते। दशबलधारीत्युच्यते। भगवानित्युच्यते। भावितकाय इत्युच्यते। राजातिराज इत्युच्यते। धर्मराज इत्युच्यते।

今译："称为平等智解脱者，称为一切心自在得至高波罗蜜者，称为通晓布施者，称为持戒者，称为通晓忍辱者，称为勇猛精进者，称为禅定得神通者，称为通晓智慧者，称为誓愿实现者，称为住于大慈者，称为住于大悲者，称为住于大喜者，称为住于大舍者，称为吸引众生者，称为得无碍辩者，称为成归依者，称为大功德，称为大智者，称为具有念慧行觉者，称为得念住、正勤、神足、五根、五力、觉支和止观[1]者，称为渡过轮回之海者，称为到达彼岸者，称为登陆者，称为得安稳者，称为得无畏者，称为拔除烦恼荆棘者，称为原人，称为大人，称为人狮，称为摆脱毛骨悚然者，称为大象，称为无垢者，称为摒弃三垢者，称为知者，称为得三明者，称为渡过四瀑流者，称为到达彼岸者，称为刹帝利，称为婆罗门，称为持唯一华盖者，称为消除恶法[2]者，称为比丘，称为破除无明卵壳者，称为沙门，称为超越执著利益者，称为博学者，称为脱离烦恼者，称为有力者，称为有十力者，称为尊者，称为身体净化者，称为王中大王，称为法王。

地译："名正智心善解脱，名善到一切心自在彼岸，名到施彼岸，名到戒彼岸，名到忍彼岸，名到精進彼岸，名到禪定彼岸，名到智慧彼岸，名願成就，名住大慈，名住大悲，名住大喜，名住大捨，名精勤攝眾生，名得無礙辯，名與世間作大依止，名大智，名念慧行覺成就，名得正念正斷正神足通、五根五力菩提分法、奢摩他毗鉢舍那，名渡生死大海，名住彼岸，名住寂靜，名得安隱處，名得無畏處，名摧伏煩惱魔，名丈夫師子，名離毛豎怖畏，名無垢，名知者，名得三明，名度四河。持制多[3]故，名刹利。遠離一切罪垢故，名婆羅門。破壞無明藏故，名比丘。超過染著故，名沙門。盡諸漏故，名清淨者。持十力故，名大力者。修身語意故，名婆伽婆。是法王故，名王中之王。

---

① "止观"的原文是 samarthavidarśanā，应为 samathavidarśanā。此处地译"奢摩他毗钵舍那"。

② "恶法"的原文是 pāradharma，据 M 本应为 pāpadharma。此处地译"罪垢"。

③ 此处"制多"不可能是 caitya（"塔"）的音译，而可能是 chatra（"华盖"）一词的音译。按原文中的表述，此处是"持唯一华盖者"。这是刹帝利王权的象征。

वरप्रवरधर्मचक्रप्रवर्त्यनुशासक इत्युच्यते। अकोप्यधर्मदेशक इत्युच्यते। सर्वज्ञज्ञानाभिषिक्त इत्युच्यते। असङ्गमहाज्ञानविमलविरुक्तपट्टबद्ध इत्युच्यते। सप्तबोध्यङ्गरत्नसमन्वागत इत्युच्यते। सर्वधर्मविशेषप्राप्त इत्युच्यते। सर्वार्यश्रावकामात्यावलोकितमुखमण्डल इत्युच्यते। बोधिसत्त्वमहासत्त्वपुत्रपरिवार इत्युच्यते। सुविनीतविनय इत्युच्यते। सुव्याकृतबोधिसत्त्व इत्युच्यते। वैश्रवणसदृश इत्युच्यते। सप्तार्यधनविश्राणितकोश इत्युच्यते। त्यक्तत्याग इत्युच्यते। सर्वसुखसंपत्तिसमन्वागत इत्युच्यते। सर्वाभिप्रायदातेत्युच्यते। सर्वलोकहित-सुखानुपालक इत्युच्यते। इन्द्रसम इत्युच्यते। ज्ञानबलवज्रधारी इत्युच्यते। समन्तनेत्र इत्युच्यते। सर्वधर्मानावरणज्ञानदर्शीत्युच्यते। समन्तज्ञानविकुर्वण इत्युच्यते। विपुलधर्म-नाटकदर्शनप्रविष्ट इत्युच्यते। चन्द्रसम इत्युच्यते। सर्वजगदतृप्तदर्शन इत्युच्यते। समन्त-विपुलविशुद्धप्रभ इत्युच्यते। प्रीतिप्रामोद्यकरप्रभ इत्युच्यते। सर्वसत्त्वाभिमुखदर्शनाभास इत्युच्यते। सर्वजगच्चित्ताशयभाजनप्रतिभासप्राप्त इत्युच्यते। महाव्यूह इत्युच्यते। शैक्षाशैक्ष-ज्योतिर्गणपरिवार इत्युच्यते। आदित्यमण्डलसम इत्युच्यते। विधूतमोहान्धकार इत्युच्यते। महाकेतुराज इत्युच्यते। अप्रमाणानन्तरश्मिरित्युच्यते। महावभाससंदर्शक इत्युच्यते। सर्व-प्रश्नव्याकरणनिर्देशासंमूढ इत्युच्यते। महाविद्यान्धकारविध्वंसनकर इत्युच्यते। महाज्ञाना-लोकविलोकितबुद्धिनिर्विकल्प इत्युच्यते। महामैत्रीकृपाकरुणासर्वजगत्समरश्मिप्रमुक्तप्रमाण-विषय इत्युच्यते। प्रज्ञापारमितागम्भीरदुरासदढुर्निरीक्षमण्डल इत्युच्यते।

今译：“称为转妙法轮师，称为不动摇动说法者，称为受一切智灌顶者，称为系有无执著大智无垢解脱[①]布带者，称为具有七觉支法宝者，称为获得一切殊胜法者，称为受一切圣声闻和大臣敬仰者，称为菩萨大士儿子们围绕者，称为善于调伏能调伏者，称为善于授记菩萨者，称为如同毗沙门，称为施与七圣财库者，称为舍弃者，称为获得一切幸福者，称为满足一切意愿者，称为保护一切世界利益和幸福者，称为如同因陀罗，称为持智力金刚杵者，称为普遍眼，称为洞悉一切法无碍智者，称为遍智展现神通变化者，称为演出大法戏者，称为如同月亮，称为一切世人百看不厌者，称为光辉广大而纯洁者，称为光辉令人喜悦者，称为光辉照耀一切众生者，称为照见一切世人心愿和根器者，称为大庄严，称为有学无学众星围绕者，称为如同太阳，称为驱除愚痴黑暗者，称为大幢王，称为无量无限光，称为大放光明者，称为清晰解答一切疑问者，称为粉碎大无知黑暗者，称为大智观照知觉无分别者，称为在认识领域向一切世人放出大慈悲平等光芒者，称为深邃难知难见智慧波罗蜜道场。

① “解脱”的原词是 virukta，据 M 本应为 vimukti。

地译："名轉勝法輪，名利益眾生，名不變壞說法，名受一切智位，名成就七菩提寶，名得一切法寶境界，名眾會瞻仰，名能調伏未調伏者，名善能與諸菩薩受記，名得七淨財，名成辦一切樂，名隨一切意悉捨，名與一切眾生安樂，名持金剛勝智，名普遍眼，名見一切法無障礙，名普智作大神通，名演大法，名一切世間無有厭足，名光大清淨，名一切世間親近者，名知眾生器，名大嚴，名有學無學圍遶，名普照，名大幢王，名遍光明，名大光普照，名無雜對諸問難，名無分別，名光明遍照，名甚深難知難見難解般若波羅蜜光明場。

ब्रह्मसम इत्युच्यते। प्रशान्तेर्यापथ इत्युच्यते। सर्वेर्यापथचर्याविशेषसमन्वागत इत्युच्यते। परमरूपधारी इत्युच्यते। असेचनकदर्शन इत्युच्यते। शान्तेन्द्रिय इत्युच्यते। शान्तमानस इत्युच्यते। शमथसंभारपरिपूर्ण इत्युच्यते। उत्तमशमथप्राप्त इत्युच्यते। परमदमशमथप्राप्त इत्युच्यते। शमथविदर्शनापरिपूर्णसंभार इत्युच्यते। गुप्तो जितेन्द्रियो नाग इव सुदान्तो ह्रद इवाच्छोऽनाविलो विप्रसन्न इत्युच्यते। सर्वक्लेशवासनावरणसुप्रहीण इत्युच्यते। द्वात्रिंशन्महापुरुषलक्षणसमन्वागत इत्युच्यते। परमपुरुष इत्युच्यते। अशीत्यनुव्यञ्जनपरिवारविचित्ररचितगात्र इत्युच्यते। पुरुषर्षभ इत्युच्यते। दशबलसमन्वागत इत्युच्यते। चतुर्वैशारद्यप्राप्तानुत्तरपुरुषदम्यसारथिरित्युच्यते। शास्तेत्युच्यते। अष्टादशावेणिकबुद्धधर्मपरिपूर्ण इत्युच्यते। अनिन्दितकायवाङ्मनस्कर्मान्त इत्युच्यते।

今译："称为如同梵天，称为寂静威仪道，称为具有一切殊胜威仪道行者，称为具有至上色者，称为百看不厌者，称为诸根平静者，称为思想平静者，称为充满寂静资粮者，称为得至上寂静者，称为得至上柔顺寂静者，称为充满止观资粮者，称为柔顺如同诸根调伏阴藏象王，[1]称为清净、无垢和平静如同池水，称为根除一切烦恼熏习障碍者，称为具有三十二大人相者，称为至上人，称为具有八十随好肢体美妙者，称为人中雄牛，称为具有十力者，称为得四无畏的无上士和调御师，称为导师，称为十八不共佛法圆满者，称为身业、语业和意业无可指责者。

地译："名大梵，名寂靜威儀，名成就一切勝行，名持妙色，名見無厭足，名諸根寂靜，名資糧圓滿，名得調柔，名得勝調柔寂靜，名諸根調伏藏，名如馴鳥[2]王，名如清淨池。具足三十二相故，名永斷一切習氣障。具足隨好莊嚴身

① 此处原文中短缺一个 ityucyate（"称为"）。

② 此处"鸟"字，据《中华大藏经》校勘记，《资》、《碛》、《普》、《南》、《径》、《清》、《丽》作"象"。此词原文是 nāga（"象"）。

故，名最上妙色。無上丈夫調御士故，名四無畏。圓滿十八不共佛法故，名天人師。成就一切事故，名身口意業無譏嫌。

सर्वाकारवरोपेतसुपरिशोधितज्ञानदर्शनमण्डलत्वाच्छून्यताविहारीत्युच्यते। प्रतीत्यसमुत्पादसमताभिसंबोधादानिमित्तविहारीत्युच्यते। परमार्थसत्यनयप्रतिवेधादप्रणिहितविहारीत्युच्यते। सर्वप्रस्थानालिप्तत्वादनभिसंस्कारगोचर इत्युच्यते। सर्वसंस्कारप्रतिप्रश्रब्धत्वाद्भूतवादीत्युच्यते। भूतकोट्यविकोपितज्ञानविषयत्वादवितथानन्यथावादीत्युच्यते। तथताधर्मधात्वाकाशलक्षणालक्षणविषयत्वादरण्यधर्मसुप्रतिलब्ध इत्युच्यते। मायामरीचिस्वप्नोदकचन्द्रप्रतिश्रुत्कप्रतिभाससमतासर्वधर्मविहारित्वादमोघदर्शनश्रवण इत्युच्यते। परिनिर्वाणहेतुजनकत्वादमोघपदविक्रमीत्युच्यते। सत्त्वविनयपराक्रमविक्रान्तत्वादुत्क्षिप्तपरिखेद इत्युच्यते। अविद्याभवतृष्णासमुच्छिन्नत्वात्स्थापितसंक्रम इत्युच्यते। नैर्याणिकप्रतिपत्सुदेशकत्वान्निर्जितमारक्लेशप्रत्यर्थिक इत्युच्यते। सर्वमारविषयचर्याननुलिप्तत्वादुत्तीर्णकामपङ्क इत्युच्यते। कामधातुसमतिक्रान्तत्वात्पातितमानध्वज इत्युच्यते। रूपधातुसमतिक्रान्तत्वादुच्छ्रितप्रज्ञाध्वज इत्युच्यते। आरूप्यधातुसमतिक्रान्तत्वात्सर्वलोकविषयसमतिक्रान्त इत्युच्यते। धर्मकायज्ञानशरीरत्वान्महाद्रुम इत्युच्यते। अनन्तगुणरत्नज्ञानसंकुसुमितविमुक्तिफलसुसंपन्नत्वादुदुम्बरपुष्पसदृश इत्युच्यते। दुर्लभप्रादुर्भावदर्शनत्वाच्चिन्तामणिरत्नमणिराजसम इत्युच्यते। यथानयनिर्वाणभिप्रायसुप्रतिपूरणत्वात्सुप्रतिष्ठितपाद इत्युच्यते।

今译：“具有一切妙相，净化知见领域而称为住于空。证得缘起平等性而称为住于无相。通达第一义谛法门而称为住于无愿。不沾染一切趣求而称为无为境界。止息诸行而称为如实语。实际不动智境而称为不虚妄语和不异语。真如法界虚空相和无相境而称为得森林法。住于幻象、阳焰、梦幻、水中月、回音和影像平等一切法而称为不空见闻。产生涅槃之因而称为不空行步。调伏众生，步姿勇健而称为摒弃烦恼。断除无知和贪生而称为停止转生。教导出离行而称为降伏摩罗烦恼怨敌。不受一切摩罗境行污染而称为越过欲界泥沼。超越欲界而称为斩断骄慢幢①，超越色界而称为竖立智慧幢。超越无色界而称为超越一切世界境界。法身智体而称为大树。无穷功德宝智花开，结解脱果而称为如同优昙花。难遇见而称为如意摩尼珠王。依法门实现涅槃愿望而称为足下安稳。

地译：“成就一切相清淨智故，名空住。善能了悟諸緣起性平等故，名無相住。於一切願求無染著故，名無願住。捨離一切境界故，名無功用行。真如法界虛空相無相智境界故，名如語不虛妄、語不異語。觀如幻、陽炎、所夢、水月、

① “骄慢幢”的原文是 mānadhvaja。此处地译“魔幢”，则原文可能是 māradhvaja。

谷響、鏡像故，名捨阿蘭若[①]。舉足下足調伏眾生故，名行步不空過。斷除一切無明煩惱愛故，名法城[②]。為涅槃因故，名見聞皆益。超過欲界故，名出淤泥。超過色界故，名摧魔幢。超過無色界故，名建智幢。是法身智身故，名出過一切世間。無邊功德寶智花開發成就解脫果故，名大樹。難值故，名優曇華。隨心願求皆得圓滿故，名摩尼珠王。成就諸業行故，名手足網鞔[③]。

दीर्घरात्रं त्यागशीलतपोव्रतब्रह्मचर्यदृढसमादानाचलाप्रकम्प्यत्वाद्विचित्रस्वस्तिकनन्द्यावर्तसहस्राचक्राङ्कितपादतल इत्युच्यते। दीर्घरात्रं मातापितृश्रमणब्राह्मणगुरुदक्षिणीयधार्मिकरक्षापरिपालनतया शरणागतानां चापरित्यागत्वादायतपार्ष्णिरित्युच्यते। दीर्घरात्रं प्राणातिपातोपरतत्वाद्दीर्घाङ्गुलीत्युच्यते। दीर्घरात्रं प्राणातिपातवैरमण्यंपरसत्त्वसमादायनत्वाद्बहुजनत्रातेत्युच्यते। दीर्घरात्रं प्राणातिपातवैरमण्यंगुणवर्णसंप्रकाशनत्वान्मृदुतरुणहस्तपाद इत्युच्यते। दीर्घरात्रं मातापितृश्रमणब्राह्मणगुरुदक्षिणीयोपस्थानपरिचर्यास्नानानुलेपनसर्पितैलाभ्यङ्गस्वहस्तशरीरपरिकर्मपरिखेदत्वाज्जालाङ्गुलीहस्तपाद इत्युच्यते। दीर्घरात्रं दानप्रियवद्यतार्थक्रियासमानार्थतासंग्रहवस्तुजालेन सत्त्वसंग्रहकौशल्यंसुशिक्षितत्वादुच्छङ्गपाद इत्युच्यते। दीर्घरात्रमुत्तरोत्तरि विशिष्टतरकुशलमूलाध्यालम्बनत्वादूर्ध्वाङ्गदक्षिणावर्तरोमकूप इत्युचते। दीर्घरात्रं मातापितृश्रमणब्राह्मणगुरुदक्षिणीयतथागतचैत्यप्रदक्षिणीकरणधर्मश्रवणचित्रीकाररोमहर्षणपरसत्त्वसंहर्षणधर्मदेशनाप्रयोगत्वादेणेयजङ्घ इत्युच्यते। दीर्घरात्रं सत्कृत्य धर्मश्रवणग्रहणधारणवाचनविज्ञापनार्थपदनिश्चयनिस्तीरणकौशल्येन जराव्याधिमरणाभिमुखानां च सत्त्वानां शरणगमनानुप्रदानसत्कृत्यधर्मदेशनापरिभवबुद्धित्वात्कोशोपगतबस्तिगुह्य इत्युच्यते। दीर्घरात्रं श्रमणब्राह्मणानां तदन्येषां च ब्रह्मचारिणां ब्रह्मचर्यानुग्रहसर्वपरिस्कारानुप्रदानन्नबलानुप्रदानपरदारागमनब्रह्मचर्यगुणवर्णसंप्रकाशनह्र्यपत्राप्यानुपालनदृढसमादानत्वात्प्रलम्बबाहुरित्युच्यते। दीर्घरात्रं हस्तसंयतपादसंयतसत्त्वाविहेठनप्रयोगमैत्रकायकर्मवाक्कर्ममनस्कर्मसमन्वागतत्वान्न्यग्रोधपरिमण्डल इत्युच्यते। दीर्घरात्रं भोजनमात्रां ज्ञाता अल्पाहारतोदारसंयमग्लानभैषज्यानुप्रदानहीनजनापरिभवानाथानवमर्दनतथागतचैत्यविशीर्णप्रतिसंस्कारणस्तूपप्रतिष्ठापनत्वाद्भयार्दितेभ्यश्च सत्त्वेभ्योऽभयप्रदानत्वान्मृदुतरुणसूक्ष्मच्छविरित्युच्यते।

今译：“于长夜中舍弃，持戒，修苦行，守誓愿，坚持梵行不动摇而称为足下有美妙卍字、难陀越多和千辐轮相。于长夜中保护父母、沙门、婆罗门、老师、尊者和守法者，不抛弃前来寻求庇护者而称为足跟宽阔。于长夜中，戒绝杀生

① “阿兰若”是 araṇya（“森林”）一词的音译。此处“舍阿兰若”，按原文是“得森林法”。

② “法城”这个词不见于原文。按原文，此处是 sthāpitasaṃkrama（“停止转生”）。

③ “手足网鞔”按原文是“足下安稳”。

而称为手指纤长。于长夜中教导[①]他人不杀生而称为救护众生。于长夜中描述和说明不杀生的功德而称为手足柔软细嫩。于长夜中亲自动手，辛勤侍奉父母、沙门、婆罗门、老师和尊者沐浴，以软膏、酥油和香油按摩身体而称为手指足趾有网幔。于长夜中善于以布施、爱语、利行和同事四摄事网吸引众生而称为足背隆起。于长夜中增长殊胜善根而称为毛发右旋向上。于长夜中向父母、沙门、婆罗门、老师、尊者、如来和塔右旋行礼，闻法惊喜，汗毛竖起，说法令他人欢喜而称为小腿似伊尼鹿王。于长夜中，恭恭敬敬，听法受持，善于说明、确定和阐述语句词义，为趋向老、病和死的众生提供庇护，宣示正法，不生轻慢心而称为私处隐密。于长夜中鼓励沙门、婆罗门和其他梵行者的梵行，赐予一切资财，赐予裸行僧以力量，不走近别人的妻子，描述和说明梵行的功德，爱护羞愧心，誓愿坚定而称为臂长垂直。于长夜中控制手，控制脚，不伤害众生，身业、语业和意业慈悲而称为魁伟如同尼拘陀树。于长夜中知道食量多少，节制饮食，控制口腹[②]，赐予病人药草，不蔑视穷人，不伤害无助者，修缮损坏的如来塔，建造新塔，赐予受恐惧折磨的众生以无畏而称为皮肤柔软细嫩。

地译：“於長夜梵行堅固護持不動故，名足下有千輻輪衆相莊嚴。於長夜如法供養衛護父母、尊長及應供者，無依怙者為作依怙，不煞命故，名手足長。於長夜誓不煞，演說不煞功德，勸諸衆生不煞，救護諸衆生故，名手足柔軟。於長夜供養父母承事尊上應供之人，以蘇油潤身，自手塗摩，歡喜無懈，名手足網鞔。於長夜善能布施、愛語、利益、同事攝受衆生故，名足下安平。於長夜恒常增長勝上法故，名身毛右旋及以上靡。於長夜如來塔所自手修營，供養灑掃，聞如來法，身毛為竪，心生希有，復為衆生演說正法，諸聞法者心生希有故，名踁[③]如伊尼鹿王。於長夜聽聞正法，受持讀誦，如說修行，為他解說，方便善知甚深句義，於老病死苦惱衆生為作依止，演說妙法，不生輕慢故，名陰藏隱密。於長夜恭敬沙門、婆羅門，布施衣服，顯梵行德及顯十善，自具慚愧，及教他堅固修行等事故，名臂傭長。於長夜不惱害衆生，身語意業與慈相應故，名身如尼拘陀樹。於長夜飲食常自知量，不多不少，見病者施種種湯藥，於下劣衆生常生慈愍，修理壞塔及營新塔，怖畏衆生施其無畏故，名身體柔澤。

दीर्घरात्रं मातापितृश्रमणब्राह्मणगुरुदक्षिणीयानां स्नानानुलेपनसर्पिस्तैलाभ्यङ्गशीते उष्णोदकमुष्णे शीतोदकच्छायातपऋतुसुखपरिभोगानुप्रदानमृदुतरुणतूलसंस्पर्शसुकुमारवस्त्रा-

① “教导”的原词是 samādāyana，应为 samādāpana。此处地译“劝”。

② “腹”的原词是 udāra，应为 udara。

③ 此处“踁”字是“胫”的异体字。此词原文是 jaṅgha（“小腿”）。

स्तीर्णशयनासनानुप्रदानतथागतचैत्यगन्धतैलसेकसूक्ष्मपट्टध्वजपताकागुणप्रदानत्वात्सुवर्ण-
च्छविरित्युच्यते। दीर्घरात्रं सर्वसत्त्वाप्रतिघातमैत्रीभावनायोगक्षान्तिसौरत्येपरसत्त्वसमा-
दापनावैरव्यापादगुणवर्णसंप्रकाशनतया तथागतचैत्यतथागतप्रतिमानां च सुवर्णखचन-
सुवर्णपुष्पसुवर्णचूर्णाभिकिरणसुवर्णवर्णपट्टपताकाध्वजालंकारसुवर्णभाजनसुवर्णवस्त्रानुप्रदान
त्वादेकैकनिचितरोमकूप इत्युच्यते। दीर्घरात्रं पण्डितोपसंक्रमणकिंकुशलाकुशलपरिपृच्छन-
सावद्यानवद्यसेव्यहीनमध्यप्रणीतधर्मपरिपृच्छनार्थमीमांसनपरितुलनासंमोहतथागतचैत्यकीट
द्द तालयाञ्जलियानिर्माल्यनानातृणशर्करासमुद्धरणसंप्रयोगत्वात्सप्तोत्सद इत्युच्यते। दीर्घरात्रं
मातापितृज्येष्ठश्रेष्ठपूज्यश्रमणब्राह्मणकृपणवनीपकादिभ्य उपागतेभ्यः सत्कृत्य यथाभिप्रायम-
न्नपानासनवस्त्रापश्रयप्रदीपकल्पितजीविकपरिस्कारसंप्रदानकूपपुष्करिणीशीतजलपरीपूर्णमहा
जनोपभोगानुप्रदानत्वात्सिंहपूर्वार्धकाय इत्युच्यते। दीर्घरात्रं मातापितृश्रमणब्राह्मणगुरुद-
क्षिणीयावनमनप्रणमनाभिवादनाभयप्रदानदुर्बलापरिभवशरणागतापरित्यागदृढसर्गदानानुत्स
र्गत्वाच्चितान्तरांस इत्युच्यते। दीर्घरात्रं स्वदोषपरितुलनप्रस्खलितपरछिद्रादोषदर्शनविवाद-
मूलपरभेदकरमन्त्रपरिवर्जनसुप्रतिनिस्सर्गमन्त्रस्वारक्षितवाक्कर्मान्तत्वात्सुसंवृत्तस्कन्ध इत्यु-
च्यते।

今译：“于长夜中，侍奉父母、沙门、婆罗门、老师和尊者沐浴，以软膏、酥油和香油按摩身体，天凉使用热水，天热使用凉水，赐予阴凉炎热各季舒适生活用品，赐予柔软的棉花、触感细腻的衣服、铺好的床榻和座位，赐予如来塔香油、洒扫、精美的布幔、旗帜和幢幡而称为皮肤呈金色。于长夜中不伤害一切众生，修习慈悲，劝导他人忍辱和亲切，描述和说明无恨无怒的功德，赐予如来塔和如来像金雕缕、金花、金粉、金幔、金旗帜、金幡幢、金装饰品、金器皿和金衣而称为一毛孔一毛发。于长夜中亲近智者，求教何为善和不善，可指责和无可指责，可侍奉和不可侍奉[1]，求教、探索和衡量下、中和上法而不愚痴，为如来塔清除蛆虫和蜘蛛网、凋谢的花环[2]、杂草和沙石而称为七处丰满。于长夜中善待父母、长者、尊者、沙门、婆罗门以及来到身边的穷人和乞者，如愿赐予食物、饮水、座位、衣服、枕具、灯具和生活用品，赐予大众充满凉水的井池而称为上半身似狮子。于长夜中敬拜问候父母、沙门、婆罗门、老师和尊者，赐予无畏，不蔑视弱者，不抛弃前来寻求庇护者，誓愿坚定[3]不移而称为两腋圆满。于长夜中反省自己的过失，不挑剔他人的过失、缺点和错误，放弃造成与他人不和的争论，守护自己的言行而称为双肩圆满。

---

① “可侍奉和不可侍奉”的原文是 sevya，据 M 本和 L 本应为 sevyāsevya。

② 此处原文中，nirmālya 前多出 yā 这个音节，据 M 本应删去。

③ “誓愿坚定”的原文是 dṛḍhasargadāna，据 M 本和 L 本应为 dṛḍhasamādāna。此处地译“愿力坚固”。

地译："於長夜供養父母、師長及應供者，以蘇油塗身，適其溫清澡浴熏香，布施上妙室宅、衣服、飲食、臥具、湯藥，令得安隱，以香水灑掃如來塔廟，又以香花幢幡寶蓋莊嚴佛塔故，名真金色。於長夜不惱害眾生，常修慈忍，勸諸眾生修行十善，以金造如來形像及造塔廟，或以金彩圖畫如來及以塔廟，或生金末散佛形像及以塔廟，或以幢幡寶蓋莊嚴佛塔及佛形像，或以衣服、飲食惠施眾生故，名一一毛孔一一毛生，皆悉光澤分明顯現。於長夜常親近智者，請問何法是罪？何法非罪？何法可修？何法不可修？何法為上？何法為中？何法為下？擇其善者而修行之，及掃灑佛塔故，名七處高。於長夜父母及應供沙門、婆羅門、可遵崇者皆悉供養，貧窮下賤有所悕求，皆隨彼意，施與衣服、飲食、臥具、湯藥，又修園池林井，給彼須者故，名身上分如師子。於長夜父母及應供處常能供養恭敬，於貧窮下賤心不輕欺，常生憐愍，在如是等願力堅固，不捨棄故，名踝骨不現。於長夜常省己過，不訟彼短，永離鬪諍，身語意業恒常清淨故，名兩肩平滿。

दीर्घरात्रं मातापितृश्रमणब्राह्मणगुरुदक्षिणीयानां प्रत्युत्थानप्रत्युद्गमनाभिवादनकामानां च सर्वशास्त्रवैशारद्येन विवादकामसत्त्वनिग्रहस्वधर्मविनयानुलोमनसम्यक्प्रवृत्तराजामात्यसम्यक्प्रवृत्तकुशलधर्मपथप्रतिष्ठापनप्रभावनतथागतशासनपरिग्रहसंधारणसर्वकुशलचर्यासमादापन पूर्वंगमत्वात्सिंहहनुरित्युच्यते। दीर्घरात्रं सर्ववस्तुपरित्यागयथाभिप्राययाचनकप्रियाभिधानमुपसंक्रान्तानां चाविमाननाजिह्मीकरणाविक्षेपं सर्वेषां यथाभिप्रायपरिपूरणदानपरित्यागदृढसमादानानुत्सर्गत्वाच्चत्वारिंशत्समदन्त इत्युच्यते। दीर्घरात्रं पिशुनवचनपरिवर्जनभेदमन्त्राग्रहणसंधिसामग्रीरोचनसमग्राणां चेदाचित्तेन पिशुनवचनविगर्हणसंधिसामग्रीगुणवर्णप्रकाशनप्रयोगत्वात्सुशुक्लदन्त इत्युच्यते। दीर्घरात्रं कृष्णपक्षपरिवर्जनशुक्लपक्षकुशलोपचयकृष्णकर्मकृष्णविपाकपरिवर्जनशुक्लकर्मशुक्लविपाकसंवर्णनक्षीरभोजनशुक्लवस्त्रप्रदानतथागतचैत्येषु सुधाकृतकक्षीरमिश्रसंप्रदानसुमनावार्षिकीधानुस्कारिमालागुणपुष्पदामशुक्लवर्णकुसुमानुप्रदानत्वादविरलदन्त इत्युच्यते। दीर्घरात्रं हास्योच्चट्यनविवर्जनानन्दकरणवागनुरक्षणानन्दकरणवागुदीरणपरस्खलितापरछिद्रापरिमार्गणसर्वसत्त्वसमचित्तसमादापनसमप्रयोगसमधर्मदेशनदृढसमादानापरित्यागत्वाद्रसरसाग्रवानित्युच्यते। दीर्घरात्रं सर्वसत्त्वाविहेठनाविहिंसनविविधव्याधिस्पृष्टोपस्थानग्लानभैषज्यानुप्रदानत्वात्सर्वरसार्थिकेभ्यश्च सर्वरसप्रदानापरिखेदत्वाद्ब्रह्मस्वर इत्युच्यते।

今译："于长夜中热心侍奉问候父母、沙门、婆罗门、老师和尊者，通晓一切经典而无所畏惧，调伏热衷争论的众生遵守各自的职责和戒律，教导国王和大臣奉行善法，恪守如来教诲，教导一切善行而称为下颌似狮子。于长夜中舍弃一切，如愿满足乞求者，言语可爱，对一切来到者不傲慢，不两舌，不拒绝，慷慨布施，如愿满足，誓愿坚定不移而称为有四十颗整齐的牙齿。于长夜中摒弃挑拨离间，一心鼓励[①]和合团结，描述和说明摒弃挑拨离间、鼓励和合团结的功德而称为牙齿洁白。于长夜中摒弃黑方黑业，增进白方善业，摒弃黑业黑果，称赞白业白果，施舍牛奶和白衣，向如来塔供奉掺入牛奶的白灰浆以及须曼花，婆师迦花、达奴湿迦利花环、古那花环和白花而称为牙齿紧密。于长夜中摒弃嘲笑讽刺[②]，说话注意，令人高兴，不挑剔他人过失和缺点，以平等心教导一切众生，宣示平等法，誓愿坚定不移而称为得味中至上味。于长夜中不伤害一切众生，侍奉各种病人，赐予药草，赐予求味者一切味，不辞辛劳而称为话音似梵天[③]。

地译："於長夜在沙門、婆羅門生恭敬心，迎來送去，善解諸教，得無所畏，有鬬訟者，教令不諍，又教諸王、臣佐及一切眾生令修忠孝，修行善業，增長佛法故，名師子頷。於長夜隨諸眾生所有樂欲故[④]，一切施與，善言安慰，皆令歡喜，願力堅固[⑤]，名具四十齒。於長夜不兩舌鬬諍，有鬬諍處，和其兩邊，各令歡喜故，名齒不疎缺。於長夜常修善事，遠離惡法，常施眾生乳酪及淨衣服，以白土為泥掃拭佛塔，以眾白花供養佛塔，具如是等功德故，名齒白齊密。於長夜所出語言，令諸眾生心生喜樂，不求他過，以平等心勸諸眾生，演說正法故，名於諸味中得最上味。於長夜不惱眾生，有病苦者隨其所應而療除之，所求美味隨意與之，心不生悋故，名梵音聲。

दीर्घरात्रमनृतपरुषकर्कशशाठ्यपरकटुकपराभिषङ्गिन्यप्रियपरमर्मघट्टनवाक्परिवर्जनमैत्री-करुणाप्रयोगमुदिताप्रामोद्यकरणीस्निग्धममधुरश्लक्ष्णहृदयंगमसर्वेन्द्रियप्रह्लादकरणीसम्य-ग्वाक्यसम्यक्प्रयोगत्वादभिनीलनेत्र इत्युच्यते। दीर्घरात्रं मातापितृवत्सर्वसत्त्वाप्रतिहतचक्षु-प्रयोगैकपुत्रवद्याचनकमैत्रीकारुण्यपूर्वंगमसंप्रेक्षणाजिह्मीकरणप्रसन्नेन्द्रियतथागतचैत्यानि-मिषनयनसंप्रेक्षणपरसत्त्वतथागतदर्शनसमादापनदृढसमादानत्वाद्गोपेक्षनेत्र इत्युच्यते। दीर्घ-रात्रं हीनचेतोविवर्जनोदारविपुलाधिमुक्तिपरिपूरणानुत्तरधर्मछन्दसत्त्वसमादापनभृकुटीमुख-विवर्जनस्मितमुखसर्वकल्याणमित्रोपसंक्रमणाभिमुखपूर्वंगमसर्वकुशलोपचयावैवर्तिकत्वाप्र-भूतजिह्व इत्युच्यते। दीर्घरात्रं सर्ववाग्दोषविवर्जनसर्वश्रावकप्रत्येकबुद्धधर्मभाणकाप्रमाणगुण-

① "一心鼓励"的原文是 cedācitta，似应为 codanācitta。

② "讽刺"的原词是 uccaṭyana，BHSD 指出相当于 uccagghana。

③ "梵天"的原词是 bahma，应为 brahma。

④ 此处"故"字，据《中华大藏经》校勘记，《资》、《碛》、《普》、《南》、《径》、《清》、《丽》无。

⑤ 此处脱漏"故"字。也就是这句中前面的那个"故"字应移至这里。

वर्णसंप्रकाशनतथागतसूत्रान्तलिखनवाचनपठनविज्ञापनं तेषां च धर्माणामर्थपदप्रभेदपर-सत्त्वसंप्रापणकौशल्यत्वादुष्णीषानवलोकितमूर्ध इत्युच्यते। दीर्घरात्रं मातापितृश्रमणब्राह्मण-गुरुदक्षिणीयानां मूर्ध्ना चरणतलप्रणिपतनप्रव्रजितवन्दनाभिवादनकेशावरोपणसुगन्धतैल-मूर्ध्निपरिषिञ्चनं सर्वयाचनकेभ्यश्चूर्णमाल्यमालागुणमूर्धाभरणानुप्रदानत्वाद्भ्रूमध्ये सुजात-प्रदक्षिणावर्तोत्तप्तविशुद्धवर्णाभासोर्ण इत्युच्यते।

今译：“于长夜中摒弃虚妄、尖刻、粗鲁、欺诳、令他人苦涩、难堪、不悦和痛心[1]的话，心怀慈悲，说话合适，令他人欢喜高兴，温柔，甜蜜，微妙，贴心，令他人一切感官愉快而称为眼睛深蓝。于长夜中看待一切众生如同父母，不怀憎恨，看待求乞者如同独生子，心怀慈悲，不两舌，诸根平静，凝视如来塔，教导他人观看如来，誓愿坚定而称为眼睫似牛。于长夜中摒弃卑劣思想，怀有宏大志愿，教导众生诵习无上法，摒弃愁眉苦脸，面含微笑，亲近一切善友，增进一切善业，不退转[2]而称为舌广长。于长夜中摒弃一切错话，描述和说明一切声闻、缘觉和说法师的无量功德，刻写、宣讲、诵读和教导如来经，善于为他人解析诸经词义而称为有不见头顶肉髻。于长夜中向父母、沙门、婆罗门、老师和尊者俯首行触足礼，敬拜问候出家人，以香油涂发灌顶，赐予一切求乞者香粉、花环和顶饰而称为眉间白毫美妙右旋清净放光。

地译：“於長夜不妄語，不麁獷語，不惡語，常住慈、悲、喜、捨四梵住處，以柔軟音聲為眾生說法，皆生歡喜心故，名眼青紺色。於長夜在父母、師長常生恭敬，觀一切眾生猶如一子，有來求者恒起慈悲，勸諸眾生觀於佛像塔廟故，名眼睫如牛王。於長夜心不下劣，意常廣大，勸諸眾生修無上法，遠離顰蹙，恒常微笑，親近善友，先言慰喻故，名舌廣大。於長夜遠離一切語過，恒常讚歎聲聞、辟支、菩薩、如來及諸法師，受持、讀誦、書寫經典，為人解說，如法修行故，名肉髻無能見頂。於長夜頂禮父母、諸尊、沙門、婆羅門，以香油塗其足下及為淨髮，一切來者皆以花鬘繫其頂上故，名眉間白毫右旋清淨光明。

दीर्घरात्रं निरर्गलसर्वयज्ञयजनसमादपनसर्वकल्याणमित्रानुशासन्यनुद्धरधर्मभाणकानां दौत्य-प्रेक्षणे दिग्गमनागमनापरिखेदनसर्वबुद्धबोधिसत्त्वप्रत्त्येकबुद्धार्यश्रावकधर्मभाणकमातापितृ-गुरुदक्षिणीयतमोन्धकारविधमनतैलधृततृणोल्काप्रदीपनानागन्धतैलप्रदीपसर्वाकारवरोपेतप्रासादिकतथागतप्रतिमाकारणक्षीरप्रतिभासरत्नोत्तीर्णकोशप्रतिमण्डनपरसत्त्वबोधचित्तामुखी-

---

① “痛心”的原文是 marbhaghaṭṭana，据 M 本和 L 本应为 marmaghaṭṭana。

② “不退转”的原文是 avaivartikatvā，应为 avaivartikatvāt。

करणकुशलसंभारविशेषत्वान्महास्थामप्राप्त इत्युच्यते।

今译："于长夜中教导开门举行一切祭祀，不忽视一切善友的教诲，派遣[1]传法使者，来去各地，不辞辛劳，赞叹一切佛陀、菩萨、缘觉、圣声闻和说法师，为父母、老师和尊者驱除黑暗，配备香油、酥油、草炬、灯具和各种上好香油灯，制作端庄的如来像，装饰有大量闪耀乳白光辉的宝石，教导他人心向菩提，广积殊胜善业而称为得大威力。

地译："於長夜恒常開門大施，普請眾生隨意所與，亦勸眾生行如是施，親近善友，恒不捨弃，求法重師，不憚艱劬，心無懈怠，於聲聞、緣覺、菩薩、如來、父母、師長所，以種種香油然燈，及造妙好端正如來形像，以妙寶莊嚴，又以白寶安置眉間作如來相好，勸諸眾生發菩提心，令修無量諸善行故，名得大勢，

महानारायणबलोपेतत्वान्महानारायण इत्युच्यते। कोटीशतमारधर्षणबलोपेतत्वात्सर्वपरप्रमर्दक इत्युच्यते। दशतथागतबलोपेतत्वाद्दशतथागतबलोपेत इत्युच्यते। स्थानास्थानज्ञानकुशलहीनप्रादेशिकयानविवर्जनमहायानगुणसमुदानयनबलोपेतातृप्तबलप्रयोगत्वात्स्थानज्ञानबलोपेत इत्युच्यते। अतीतानागतप्रत्युत्पन्नकर्मसमादानहेतुशोविपाकशोज्ञानबलोपेतत्वादतीतानागतप्रत्युत्पन्नसर्वकर्मसमादानहेतुविपाकज्ञानबलोपेत इत्युच्यते। सर्वसत्त्वेन्द्रियवीर्यविमात्रताज्ञानबलोपेतत्वात्सर्वसत्त्वेन्द्रियवीर्यविमात्रताज्ञानबलोपेत इत्युच्यते। अनेकधातुनानाधातुलोकप्रवेशज्ञानबलोपेतत्वादनेकधातुनानाधातुलोकप्रवेशज्ञानबलोपेत इत्युच्यते। अनेकाधिमुक्तिनानाधिमुक्तिनिरवशेषाधिमुक्तिविमुक्तिज्ञानबलोपेतत्वादनेकाधिमुक्तिनानाधिमुक्तिसर्वनिरवशेषाधिमुक्तिज्ञानबलोपेत इत्युच्यते। सर्वत्रगामिनीप्रतिपज्ज्ञानबलोपेतत्वात्सर्वत्रगामिनीप्रतिपज्ज्ञानबलोपेत इत्युच्यते। सर्वध्यानविमोक्षसमाधिसमापत्तिसंक्लेशव्यवदानव्यवस्थापनज्ञानबलोपेतत्वासर्वध्यानविमोक्षसमाधिसमापत्तिसंक्लेशव्यवदानव्यवस्थापनज्ञानबलोपेत इत्युच्यते। अनेकविधपूर्वनिवासानुस्मृत्यासङ्गज्ञानबलोपेतत्वादनेकविधपूर्वनिवासानुस्मृत्यासङ्गज्ञानबलोपेत इत्युच्यते। निरवशेषसर्वरूपानावरणदर्शनदिव्यचक्षुर्ज्ञानबलोपेतत्वान्निरवशेषसर्वरूपानावरणदर्शनदिव्यचक्षुर्ज्ञानबलोपेत इत्युच्यते। सर्ववासनानुसंधिगतनिरवशेषसर्वाश्रवक्षयज्ञानबलोपेतत्वात्सर्ववासनानुसंधिगतनिरवशेषसर्वाश्र वक्षयज्ञानबलोपेत इत्युच्यते।

今译："具有大那罗延威力而称为大那罗延。具有降伏百千万摩罗威力而称为摧毁一切敌人者。具有十如来力而称为具有十如来力。通晓处非处智，摒弃小

[1] "派遣"的原词是 prekṣaṇa（"观看"），BHSD 认为相当于 preṣaṇa（"派遣"）。此处地译"求法重师"，可能是将 prekṣaṇa（"观看"）引申理解为"寻求"。

乘，具有积集大乘功德的力量，具有不知足的力量而称为具有处智力。具有摄受过去、未来和现在一切业和相应因果智力而称为具有摄受过去、未来和现在一切业和相应因果智力。具有一切众生诸根和各种精进智力而成为具有一切众生诸根和各种精进智力。具有进入诸界和各种世界智力而称为具有进入诸界和各种世界智力。具有诸种信念、各种信念、一切信念和解脱智力而称为具有诸种信念、各种信念、一切信念和解脱智力。具有遍行一切道智力而称为具有遍行一切道智力。具有确定一切禅思、解脱、入定、等至和清除污染智力而称为具有[①]一切禅思、解脱、入定、等至和清除污染智力。具有诸种宿命通无碍智力而称为具有诸种宿命通无碍智力。具有见所有一切色无障碍天眼智力而称为具有见所有一切色无障碍天眼智力。具有灭尽一切与熏习相连的烦恼智力而称为具有灭尽一切与熏习相连的烦恼智力。

地译：“名成就那羅延力。

निरवशेषसर्वधर्माभिसंबुद्धप्रतिज्ञारोहणसदेवलोकानभिभूतप्रतिज्ञावैशारद्यप्राप्तत्वान्निरवशेषसर्वधर्माभिसंप्रबुद्धतिज्ञारोहणसदेवलोकेऽनभिभूतप्रतिज्ञावैशारद्यप्राप्त इत्युच्यते। सर्वसांक्लेशिकान्तरायिकधर्मान्तरायकरणानिर्वाणस्येतितत्प्रतिज्ञारोहणसदेवके लोकेऽनाछेद्यप्रतिज्ञावैशारद्यप्राप्तत्वासर्वसांक्लेशिकान्तरायिकधर्मान्तरायकरणानिर्वाणस्येतितत्प्रतिज्ञारोहणसदेवके लोकेऽनाछेद्यप्रतिज्ञावैशारद्यप्राप्त इत्युच्यते। नैर्याणिकीं प्रतिपदं प्रतिपद्यमानो निर्वाणमारागयिष्यतीति प्रतिज्ञारोहणसदेवके लोकेऽप्रतिचोद्यप्रतिज्ञावैशारद्यप्राप्तत्वान्नैर्याणिकीं प्रतिपदं प्रतिपद्यमानो निर्वाणमारागयिष्यतीति प्रतिज्ञारोहणसदेवके लोकेऽप्रतिचोद्यप्रतिज्ञावैशारद्यप्राप्त इत्युच्यते। सवाश्रवक्षयज्ञानप्रहाणज्ञानप्रतिज्ञारोहणसदेवके लोकेऽविवर्त्यप्रतिज्ञावैशारद्यप्राप्तत्वात्सर्वाश्रवक्षयज्ञानप्रहाणज्ञानप्रतिज्ञारोहणसदेवके लोकेऽविवर्त्यप्रतिज्ञावैशारद्यप्राप्त इत्युच्यते।

今译：“证得所有一切法，履行誓愿，获得神界和凡界不可摧折誓愿无畏而称为证得一切法，履行誓愿[②]，获得神界和凡界不可摧折誓愿无畏。阻断一切烦恼障碍法而涅槃[③]，履行誓愿，获得[④]神界和凡界不可破坏誓愿无畏而称为阻断一切烦恼障碍法而涅槃，履行誓愿，获得神界和凡界不可破坏誓愿无畏。实行出离，将要达到涅槃，履行誓愿，获得神界和凡界不可阻止誓愿无畏而称为实行出离，将要达到涅槃，履行誓愿，获得神界和凡界不可阻止誓愿无畏。运用

---

① 此处“具有”的原词是 upetatvā，应为 upetatvāt。
② 此处“誓愿”的原词是 tijñā，应为 pratijñā。
③ 这句原文中的 antarāyakaraṇā，M 本写为 antarāyakaraṇa。
④ 此处“获得”的原词是 prāptatvā，应为 prāptatvāt。

断灭一切烦恼智和舍离智，履行誓愿，获得神界和凡界不退转誓愿无畏而称为运用断灭一切烦恼智和舍离智，履行誓愿，获得神界和凡界不退转誓愿无畏。

地译：“名成就如來無畏願力。

अस्खलितपदधर्मदेशकत्वादस्खलितपदधर्मदेशक इत्युच्यते। अरुतानभिलाप्यधर्मस्वभावा-
नुबुद्धत्वादरुतानभिलाप्यधर्मस्वभावानुबुद्ध इत्युच्यते। अविरतत्वादविरत इत्युच्यते। सर्व-
सत्त्वरुताप्रमाणबुद्धधर्मरुतनिर्घोषाधिष्ठानसमर्थत्वात्सर्वसत्त्वरुताप्रमाणबुद्धधर्मरुतनिर्घोषा-
धिष्ठानसमर्थ इत्युच्यते। अमुषितस्मृतित्वादमुषितस्मृतिरित्युच्यते। नानात्वसंज्ञाविगतत्वा-
न्नानात्वसंज्ञाविगत इत्युच्यते। सर्वचित्तसमाहितसुमाहितसत्त्वात्सर्वचित्तसमाहितसुसमाहित
इत्युच्यते। अप्रतिसंख्यासमुपेक्षकत्वादप्रतिसंख्यासमुपेक्षक इत्युच्यते। छन्दसंस्कारसमाध्य-
परिहीनत्वाच्छन्दसंस्कारसमाध्यपरिहीन इत्युच्यते। वीर्यसंस्कारसमाध्यनाछेद्यापरिहीन-
वीर्यत्वाद्वीर्यसंस्कारसमाध्यपरिहीनवीर्य इत्युच्यते। स्मृत्यपरिहीनत्वादपरिहीनस्मृतिरित्यु-
च्यते। अपरिहीनप्रज्ञत्वादपरिहीनप्रज्ञ इत्युच्यते। विमुक्त्यपरिहीनत्वादपरिहीनविमुक्तिरि-
त्युच्यते। विमुक्तिज्ञानदर्शनाप्रहीनत्वादपरिहीनविमुक्तिज्ञानदर्शन इत्युच्यते। सर्वकायकर्म-
वाक्कर्ममनस्कर्मज्ञानपूर्वंगमज्ञानानुपरिवर्तिसमन्वागतत्वात्सर्वकायवाङ्ममनस्कर्मज्ञानपूर्वंगम-
ज्ञानानुपरिवर्तिज्ञानसमन्वागत इत्युच्यते। अतीतानागतप्रत्युत्पन्नेष्वध्वस्वसङ्गाप्रतिहतज्ञान-
दर्शनसमन्वागतत्वात्त्र्यध्वासङ्गाप्रतिहतज्ञानदर्शनसमन्वागत इत्युच्यते। अनावरणविमोक्ष-
प्रतिलब्धत्वादनावरणविमोक्षप्रतिलब्ध इत्युच्यते। अधिष्ठितसर्वसत्त्वचरितप्रवेशकौशल्याव-
स्थितत्वोदधिष्ठितसर्वसत्त्वचरितप्रवेशकौशल्यावस्थित इत्युच्यते। यथाप्रत्यर्हधर्मदेशना-
कुशलत्वाद्यथाप्रत्यर्हधर्मदेशनाकुशल इत्युच्यते।

今译：“说法词句不错乱而称为说法词句不错乱。觉知法性不可言说而称为觉知法性不可言说。不中断而称为不中断。能以无量佛法音声护持一切众生音声而称为能以无量佛法音声护持一切众生音声。不失忆念而称为不失忆念。摒弃差别性名想而称为摒弃差别性名想。一切心入定而称为一切心入定。不假思索舍弃而称为不假思索舍弃。意欲、诸行和入定不退而称为意欲、诸行和入定不退。精进、诸行和入定不断，精进不退而称为精进、诸行和入定不断[①]，精进不退。忆念不退而称为忆念不退。智慧不退而称为智慧不退。解脱不退而称为解脱不退。解脱知见不退而称为解脱知见不退。一切身业、语业和意业以智为先导，随智而行而称为一切身业、语业和意业[②]以智为先导，随智而行。过去、未来和现在三世中知见无执著，无障碍而称为三世中知见无执著，无障碍。得

① 这句中的 anāchedya，据M本应为anācchedya。此处原文中似脱漏“不断”（anācchedya）一词。

② 此处“意业”的原文是 mamanaskarma，应为 manaskarma。

无碍解脱而称为得无碍解脱。善于进入[1]所护持的一切众生所行而称为善于进入所护持的一切众生所行。善于随宜说法而称为善于随宜说法。

地译："名說法不錯亂，名覺悟無言說，名願力能令一切眾生隨類各解，名無失念，名無異想，名如實了知諸眾生心，名非擇滅捨，名欲行三昧不斷，名精進不退，名念不退，名智不退，名解脫不退，名解脫知見不退，名從智出一切身語意業隨智慧行，名過、現、未來智障無礙，名得無礙解脫，名善入眾生之行，名如應說法。

सर्वस्वराङ्गमण्डलपरमपारमिताप्राप्तत्वात्सर्वस्वराङ्गमण्डलपरमपारमिताप्राप्त इत्युच्यते। सर्वरुतप्रतिरुतनिश्चारणकौशल्यप्राप्तत्वाद्देवनागयक्षगन्धर्वासुरगरुडकिन्नरमहोरगरुत इत्युच्यते। ब्रह्मस्वररुतरवितनिर्घोष इत्युच्यते। कलविङ्करुतस्वर इत्युच्यते। दुन्दुभिसंगीतिरुतस्वर इत्युच्यते। धरणीतलनिर्नादनिर्घोषस्वर इत्युच्यते। सागरनागेन्द्र- मेघस्तनितगर्जितघोषस्वर इत्युच्यते। सिंहवृषभिताभिगर्जितनिर्घोषस्वर इत्युच्यते। सर्वसत्त्वरुतरवितानुचरणसंतोषणस्वर इत्युच्यते। असङ्गानावरणसर्वपर्षन्मण्डलाभिराधनस्वर इत्युच्यते। एकरुतात्सर्वरुतसंप्रापनस्वर इत्युच्यते।

今译："抵达所有一切音声至高彼岸而称为抵达所有一切音声至高彼岸。善于应答一切声而称为天神、蛇、药叉、健达缚、阿修罗、金翅鸟、紧那罗和大蛇声，称为梵天声，称为迦陵频伽鸟声，称为鼓声，歌声，称为大地震动声，称为海涛声，蛇王声，云声，称为狮子吼，牛鸣声，称为随顺一切众生声而令众生欢喜声，称为无执著、无障碍而令大众欢喜声，称为一音能得一切音。

地译："名善能超過一切音聲相彼岸，名善對答一切異類音聲，名迦陵頻伽聲，名天鼓聲，名天樂聲，名地大振動聲，名大海王聲，名大龍王聲，名大雲聲，名隨諸眾生類聲，名無著無礙令諸眾會生歡喜心。

ब्रह्मेन्द्रपूजित इत्युच्यते। देवेन्द्रसत्कृत इत्युच्यते। नागेन्द्रनमस्कृत इत्युच्यते। यक्षेन्द्रावलोकितमुखमण्डल इत्युच्यते। गन्धर्वेन्द्रोपगीत इत्युच्यते। राक्षसेन्द्रप्रसन्नेन्द्रियानिनिमिषनयनसंप्रेक्षित इत्युच्यते। असुरेन्द्राभिप्रणत इत्युच्यते। गरुडेन्द्राविहिंसाप्रेक्षित इत्युच्यते। किन्नरेन्द्राभिष्टुत इत्युच्यते। महोरगेन्द्राभिलषितदर्शन इत्युच्यते। मनुजेन्द्राभिसंपूजित इत्युच्यते। अहर्गणसेवित इत्युच्यते। सर्वबोधिसत्त्वसमादायकसमुत्तेजकसंहप्रर्षक इत्युच्यते। निरामिषधर्मदेशक इत्युच्यते। अक्षुण्णपदव्यञ्जनावन्ध्यधर्मदेशक इत्युच्यते। कालानतिक्रमणधर्मदेशक इत्युच्यते। इदं तन्मैत्रेय धर्मचक्रप्रवर्तनं तथागतगुणवर्णप्रदेशस्य

---

[1] 此处原文中的 avasthitatvot，应为 avasthitatvāt。

यत्किंचिदवतारमात्रं संक्षेपेण निर्देशितः। विस्तरेण पुनमैत्रेय तथागतः कल्पं वा कल्पावशेषं वा निर्दिशेत्। न चास्य निर्दिश्यमानस्य पर्यन्तो भवेत्॥

今译："称为受梵天和因陀罗供奉，称为受天王善待，称为受蛇王敬礼，称为受药叉王敬仰，称为受健达缚王献乐，称为受诸根平静的罗刹王注目凝视，称为受阿修罗王敬拜，称为受不杀生的金翅鸟王凝望，称为受紧那罗王赞美，称为受大蛇王渴望，称为受国王供养，称为受阿罗汉侍奉，称为教导①、激励和令一切菩萨欢喜，称为说法不求报答，称为说法一字一音不落空，称为说法不失时机。弥勒啊，我只是简略描述如来转法轮的一些功德。弥勒啊，倘若展开细说②，整整一劫或一劫多也说不尽。"

地译："名梵釋天王之所供養，名阿修羅、緊那羅、摩睺羅伽歡喜心瞻仰目不暫捨，名聲聞眾之所承事，名菩薩眾之所恭敬讚歎，名無悕求說法，名說一字一句皆不唐捐，名說法以時。彌勒！我今略說如來功德。若廣說者，窮劫不盡。"

अथ खद्द भगवांस्तस्यां वेलायामिमां गाथामभाषत्--

今译：这时，世尊念诵偈颂道：

地译：爾時，世尊欲重宣此義，而說偈言：

गम्भीरं दुर्दशं सूक्ष्मं धर्मचक्रं प्रवर्तितम्।
यत्र मारा न गाहन्ते सर्वे च परतीर्थिकाः॥५२॥

今译：转动的法轮深邃、难见和微妙，
摩罗和一切外道都不能悟入。（52）

अनालयं निष्प्रपञ्चं अनुत्पादमसंभवम्।
विविक्तं प्रकृतीशून्यं धर्मचक्रं प्रवर्तितम्॥५३॥

今译：无依处，无戏论，无生无有，
转动的法轮寂静，本性为空。（53）

地译：無處無戲論，無生亦無滅，
體性空寂靜，轉如是法輪。

अनायूहमनिर्यूहमनिमित्तमलक्षणम्।
समताधर्मनिर्देशं चक्रं बुद्धेन वर्णितम्॥५४॥

① "教导"的原词是 samādāyaka，似应为 samādāpaka。
② 此处原文中的 puna，应为 punar。

今译：佛陀描述法轮不出不入，
无因无相，展示平等法。（54）

地译：不出亦不入，無因亦無相，
一切法平等，轉如是法輪。

मायामरीचि स्वप्नं च दकचन्द्र प्रतिश्रुत्का।
यथैते तथा तच्चक्रं लोकनाथेन वर्तितम्॥५५॥

今译：救世主转动的这个法轮，如同那些
幻象、阳焰、梦幻、水中月和回音。（55）

地译：如夢幼[1]陽炎，水月及谷響，
皆無有自性，轉如是法輪。

प्रतीत्यधर्मतारमनुच्छेदमशाश्वतम्।
सर्वदृष्टिसमुच्छेदो धर्मचक्रमिति स्मृतम्॥५६॥

今译：相传这个法轮进入缘起法，
不断不常，破除一切邪见。（56）

地译：入諸因緣法，不斷亦不常，
遠離諸惡見，轉如是法輪。

आकाशेन सदा तुल्यं निर्विकल्पं प्रभास्वरम्।
अनन्तमध्यनिर्देशं धर्मचक्रमिहोच्यते॥५७॥

今译：始终如同虚空，明亮无分别，
展示无边无中间，称为法轮。（57）

अस्तिनास्तिविनिर्मुक्तमात्म्यनैरात्म्यवर्जितम्।
प्रकृत्याजातिनिर्देशं धर्मचक्रमिहोच्यते॥५८॥

今译：摆脱有无，摒弃有我无我，
展示原本无生，称为法轮。（58）

地译：遠離於無有[2]，非法非非法，

---

① 此处“幼”字，据《中华大藏经》校勘记，《资》、《碛》、《普》、《南》、《径》、《清》、《丽》作“幻”。

② 此处“无有”，据《中华大藏经》校勘记，《资》、《碛》、《普》、《南》、《径》、《清》作“有无”。

本自不生滅，轉如是法輪。

भूतकोटीमकोटीं च तथतायां तथत्वतः।
अद्वयो धर्मनिर्देशो धर्मचक्रं निरुच्यते॥५९॥

今译：实际无边际，依据真如性，
展示不二法，这称为法轮。（59）

地译：實際非實際，真如非真如，
示諸法體性，轉如是法輪。

चक्षुः स्वभावतः शून्यं श्रोतं घ्राणं तथैव च।
जिह्वा कायं च चित्तं च शून्यात्मानो निरीहकः॥६०॥

今译：眼、耳、鼻、舌、身和心，本性
为空，本质为空，原本无贪求。（60）

地译：眼耳鼻舌身，及意皆不實，
體性空無思，轉如是法輪。

इदं तदीदृशं चक्रं धर्मचक्रं प्रवर्तितम्।
बोधयत्यबुधान् सत्त्वांस्तेन बुद्धो निरुच्यते॥६१॥

今译：转动这样的法轮，让不觉醒的
众生觉醒，因此，被称为佛陀。（61）

地译：以如是法輪，覺諸未覺者，
一切法體性，我自已覺知。

स्वयं मयानुबुद्धोऽयं स्वभावो धर्मलक्षणम्।
ऋते परोपदेशेन स्वयंभूस्तथ चक्षुमान्॥६२॥

今译：靠我自己悟得，这是法相本性，
不由他人教会，有法眼而自在。（62）

地译：不從他覺悟，名曰自然人。

सर्वधर्मवशिप्राप्तो धर्मस्वामी निरुच्यते।
नयानयज्ञो धर्मेषु नायकस्तेन चोच्यते॥६३॥

今译：获得一切法自在，称为法王，

通晓法理非法理，称为导师。(63)

地译：得於法自在，故說為法王，
　　　知理知非理，故名為導師。

यथा भवन्ति वैनेया विनयाम्यमितां जनां।
विनेयपारमिप्राप्तस्तेन प्रोक्तो विनायकः॥६४॥

今译：我教化可教化的无量众生，
　　　到达教化彼岸，称为导师。(64)

地译：隨應演說法，教化諸群生，
　　　能到於彼岸，故名為教主。

नष्टमार्गा हि ये सत्त्वा मार्गं देशेमि उत्तमम्।
नयामि पारिमं तीरं तस्मादस्मि विनायकः॥६५॥

今译：我为那些迷路众生指明至上路，
　　　引导他们到达彼岸，成为导师。(65)

地译：為諸迷路者，演說真實法，
　　　度之於彼岸，故名無上師。

संग्रहावस्तुज्ञानेन संगृह्य जनतामहम्।
संसाराटविनिस्तीर्णः सार्थवाहस्ततो ह्यहम्॥६६॥

今译：我运用四摄事智吸引众生，
　　　越过轮回荒野，成为商主。(66)

地译：以四攝及智，普攝諸世間，
　　　越生死稠林，故名為商主。

वशवर्ती सर्वधर्मेषु तेन धर्मेश्वरो जिनः।
धर्मचक्रं प्रवर्तित्वा धर्मराजो निरुच्यते॥६७॥

今译：我把握一切法，成为法自在胜者，
　　　我已经转动法轮，故而称为法王。(67)

地译：於法無罣礙，故名法自在，
　　　轉於正法輪，故名為法王。

धर्मदानपतिः शास्ता धर्मस्वामी निरुत्तरः।
सुयष्टयज्ञसिद्धार्थः पूर्णाशः सिद्धमङ्गलः॥६८॥

今译：法施主，导师，法王，至高无上，善于
祭祀，达到目的，实现愿望，成功吉祥。（68）

地译：名師名持法，名無上法主，
亦名大德主，亦名戒願滿。

आश्वासकः क्षेमदर्शी शूरो महारणंजहः।
उत्तीर्णसर्वसंग्रामो मुक्तो मोचयिता प्रजाः॥६९॥

今译：安慰者，展现安乐，勇士，大胜利者，
赢得一切战斗，解脱者，令众生解脱。（69）

地译：亦名施無畏，亦名示涅槃，
亦名能降伏，亦名能自解。

आलोकभूतो लोकस्य प्रज्ञाज्ञानप्रभंकरः।
अज्ञानतमसो हन्ता उल्काधारि महाप्रभः॥७०॥

今译：成为世界之光，智慧和知识太阳，
驱除无知黑暗，持火炬，大放光明。（70）

地译：亦名能悟心，智慧大光明，
普照於一切，破無明黑暗。

महावैद्यो महाज्ञानी महाक्लेशचिकित्सकः।
सत्त्वानां क्लेशविद्धानां शल्यहर्ता निरुत्तरः॥७१॥

今译：大医王，大智者，治疗大烦恼，
拔除众生烦恼毒箭，至高无上。（71）

地译：為世作醫王，能除煩惱病，
善拔諸毒箭，名無上導師。

सर्वलक्षणसंपन्नः सर्वव्यञ्जनशोभितः।
समन्तभद्रकायेन हीनानां चानुवर्तकः॥७२॥

今译：具有一切吉相，具有一切随好，
仍以吉祥身体，随顺卑微众生。（72）

地译：有三十二相，具八十種好，
身分皆微妙，隨順於眾生。

दशभिर्बलभिर्बलवान् वैशारद्यविशारदः।
आवेणिकैरष्टदशै अग्रयानी महामुनिः॥७३॥

今译：具有十力而威武，通晓四无畏，
具有十八不共法，上乘大牟尼。（73）

地译：十力四無畏，十八不共法，
大乘勝牟尼，具如是威德。

एष संक्षेपनिर्देशो धर्मचक्रप्रवर्तने।
तथागतगुणवर्णः परीत्तोऽयं प्रकाशितः॥७४॥

今译：这里是简要提示转法轮，
略微描述说明如来功德。（74）

बुद्धज्ञानमनन्तं हि आकाशविपुलं समम्।
क्षपयेत्कल्प भाषन्तो न च बुद्धगुणक्षयः॥७५॥ इति॥

今译：佛智无限博大如同虚空，
一劫也说不尽佛陀功德。（75）

地译：無上正法輪，如來勝功德，
若欲廣說者，窮劫不能盡，
佛智無有邊，廣大如虛空。

॥इति श्रीललितविस्तरे धर्मचक्रप्रवर्तनपरिवर्तो नाम षड्विंशतितमोऽध्यायः॥

今译：以上是吉祥的《神通游戏》中名为《转法轮品》的第二十六章。

地译：轉法輪品之二[①]

地译：爾時，佛告諸比丘：如來化五人竟，作是念言："優樓頻螺迦葉有大名稱，與五百弟子俱，國王奉事，臣庶宗仰，我當詣彼教以正法。"即往尋之。迦葉見佛，迎前問訊："善安隱不？"爾時，如來報迦葉言："無病，知足，寂滅，清信，是為安隱。"迦葉請佛："日既將暮，惟願沙門幸留於此，隨意所處。"佛語迦葉："欲寄石室，止住一宿。"迦葉言："吾不愛室，中有毒龍，恐相犯耳。"乃至三語。迦葉報言："任於中止。"

爾時，如來洗手足已，前入石室，敷座而坐。龍便瞋怒，身中出煙，佛亦出煙。龍大瞋怒，身中出火，佛亦出火。二火俱熾，焚燒石室。迦葉夜起，見室盡然，驚怖歎惜："此大沙門端正尊貴，不取我語，為火所害。"遽令弟子人持一瓶，汲水而救。所有瓶水悉變為火。師徒益恐，皆言："龍火煞是沙門。"如來爾時以神通力制伏毒龍，置於鉢中。明旦持鉢盛龍而出。迦葉大喜，怪未曾有："今此沙門乃復活耶？器中何有？"見是毒龍。佛告迦葉："我以伏之，令受禁戒。"迦葉甚慚，顧謂弟子："是大沙門雖有神力，不如我得羅漢道也。"

爾時，如來移近迦葉所住之處。在一樹下，於夜分中，四天大王皆來聽法，光明甚盛如大火炬。迦葉夜見，謂佛事火。明旦白佛言："沙門法中亦事火耶？"佛言："不也。昨夜四天下來聽法，是其光耳。"於後帝釋下來聽法，其光轉盛。迦葉明日復問："沙門亦事火耶？"佛言："不也。此是帝釋來聽法耳。"於後梵王下來聽法，其光益盛。迦葉明日復問："沙門亦事火耶？"佛言："不也。此是梵王來聽法耳。"

迦葉及五百弟子人事三火。旦欲然火，火終不著，怪以問師。師言："此是沙門所為故也。"俱來問佛："我所事火，然乃不著。"佛言："欲使然耶？當令得然。"火即然矣。既然之後，迦葉滅火，復不可滅。五百弟子相助滅之，亦不能滅，各自念言："復是沙門所為故也。"共往問佛："火既得然，今不可滅。"佛言："欲使滅耶？當令得滅。"火即滅矣。

迦葉白佛言："惟願沙門恒住於此，共修梵行，我當勑家常使供養。每以日時，請佛俱行，詣其家食。"佛言："汝可先去，當隨後至。"迦葉適去，佛以神力上忉利天取彼天果，東至弗婆提取菴摩勒果，南至閻浮界取閻浮果，西至拘耶尼取呵梨勒果，北至欝單越取自然粳米，盛置鉢中，飛空而還，先迦葉

---

① 此品不见于原文。

至坐其床上。迦葉後到，問佛："沙門從何道來？"佛語迦葉："汝去之後，我往四方及上忉利，取是名果及以羹飯，汝可食之。"

時摩伽陀國國王、大臣、吏人、官屬、長者、居士、婆羅門等，當就迦葉為七日會。迦葉念言："彼大沙門威德巍巍，相好無上，眾人見者必當捨我而奉事之。寧此沙門七日之中不來我所。"佛知其念，隱而不現。七日滿已，迦葉念言："節會已訖，餘饌甚多，彼大沙門今若來者，我當飯之。"佛知其意，忽然而至。迦葉驚喜而問："如來七日之中何為見棄？"佛言："汝先起念，是以不現。今汝相憶，故復來耳。"

爾時，迦葉五百弟子將欲祀火，俱共破薪，各各舉斧，皆不得下，遽而告師。師言："是大沙門所為故耳。"即往問佛："我諸弟子向共破薪，各各舉斧，皆不得下。"佛言："當下。"應聲即下。既下之後，斧皆著薪而不可舉，復來問佛。佛言："可去，自當舉耳。"應時即舉。

尼連禪河滀流箭激，佛以神力令水涌起，過於人上。佛行其下，步步生塵。迦葉遙望，恐佛漂溺，即與弟子乘船救佛。見水涌起，佛行其下，步步生塵。迦葉喚佛："沙門！欲上船不？"佛言："甚善！"即於水中從船底入，船無穿漏。迦葉復言："是大沙門神則神矣，猶不如我羅漢道也。"

佛語迦葉："汝非羅漢，何為貢高自稱羅漢？"於是，迦葉心驚毛竪，慚懼稽首："今此大聖乃知我心。惟願大聖攝受於我在聖法中而為沙門。"佛語迦葉："汝既耆舊，多有眷屬，又為國王臣民之所歸敬，今欲學道，甚可自輕，宜與弟子更熟詳議。"迦葉言："善哉！如聖所教。然我內心非不自決，且當還與弟子論耳。"迦葉還來，集諸弟子："我已信解彼沙門法，其所得道是為真正。我今歸趣，汝意云何？"弟子答言："我等亦願隨從歸依。"

是時，迦葉與諸弟子釋其衣服，取事火具，悉棄水中，俱詣佛所，稽首佛足，而白佛言："我及弟子於聖法中願為沙門。"佛言："善來，比丘！"鬚髮自落，法服著身，皆成沙門。

迦葉二弟：一名難提，二名伽耶，各有二百五十弟子，先住水邊，見諸梵志[①]衣帔、什物、事火之具隨水下流，皆悉驚愕。恐畏其兄及諸門徒為人所害，即與五百弟子泝流而上。見兄師徒皆成沙門，怪而問曰："兄今耆舊，年百二十，智慧深遠，國內遵崇，我意言兄已證羅漢，今棄淨業，斆彼沙門，其道勝耶？"迦葉答言："佛道最優，其法無上，我自昔來未曾見有神通道力與佛等者。其法清淨，當度無量，能以三事教化眾生：一者道力神通變化，二者

① "梵志"指婆罗门。

智慧知他人心，三者善知煩惱，應病授藥。”二弟聞已，心生恭敬，顧謂弟子：“汝意云何？”五百弟子同聲發言：“願從師教。”即皆稽首求為沙門。佛言：“善來，比丘！”鬚髮自落，法服著身，皆成沙門。

爾時，如來與千比丘俱，往波羅奈國，在於林下，為諸弟子或時變現，或時說法，或復說戒，覩佛威神，莫不欣喜，盡成羅漢。

爾時，世尊從波羅奈國，與優婁頻螺迦葉兄弟三人及千羅漢，至摩伽陀國。時頻婆娑羅王久聞菩薩得成佛道，巨身丈六，紫磨金色，三十二相，八十種好，十號[①]具足，已得知見，成就五眼，證獲六通，梵、釋、四王皆悉奉事。“今入我國，心甚歡喜。吾本共要成佛相度[②]，乃不忽遺，從我所願。”即勅國內嚴淨道路，王乘寶車，大臣百官前後導從，千乘萬騎，出城迎佛。

爾時，世尊近王舍城，在遮越林，於大樹下，千比丘眾圍遶而坐。王遙見佛如星中月，如日初出，既如帝釋，亦似梵王處於天宮，儼若金山巍巍超絕。王心歡喜，下車步進，去五威儀，稽首禮佛，自稱其號，作如是言：“久服尊德，欽渴積時。”如來即以梵音慰問王言：“大王！四大常安隱不？統理人務無乃勞耶？”王曰：“蒙祐幸得安隱。”爾時，頻婆娑羅王及諸臣民咸覩迦葉於佛邊坐，心自念言：“迦葉耆舊，眾仙之宗，豈應棄道作佛弟子？為是佛師？為師佛乎？”佛知其意，即以偈頌問迦葉言：

汝常祀山川，歸依水火風，
日月眾梵天，夙夜勤精進，
事來幾何時，其心無懈廢，
汝所奉神祇，寧有致福不？

爾時，迦葉以偈答曰：

自念祠祀來，已經八十載，
風水火梵天，山川及日月，
夙夜常精進，祈心不懈廢，
畢竟無所獲，值佛乃得安。

說是偈已，王及群臣、國中人民乃知迦葉為佛弟子。佛告迦葉：“汝起，宜應現汝羅漢神通。”迦葉即時承佛教已，踊在虛空，身上出火，身下出水，或身上出水，其身不濡，或身下出火，其身不灼，飛行虛空，七現七隱，入地如水，履水如地，穿過須彌，無所罣礙。於佛前地，西沒東現，東沒西現，南沒

---

① “十号”指佛的十种称号：如来、阿罗汉、正等觉、明行足、善逝、世间解、无上士、调御丈夫、天人师和佛世尊。

② 这句讲述频毗娑罗曾与释迦王子约定：一旦释迦王子成佛后，会回来度化他。

北現，北沒南現。既變化已，還於佛前，長跪叉手，而白佛言："我是弟子，佛是我師。"王及臣民重明迦葉是佛弟子。

爾時，世尊告頻婆娑羅王言："大王！色是無常、苦、空、無我，受、想、行、識亦是無常、苦、空、無我。色如聚沫，不可撮摩；受如水泡，不得久立；行如芭蕉，中無有堅；想如所夢，為虛妄見；識如幻化，從顛倒起。三界不實，一切無常。大王！有此國來為幾何時？"王言："有此國來七百餘代。""所領之王盡識以不？"答曰："知吾父耳。"佛言："世間須臾，惟道可恃，應修來福，無為空過。大王當知如人生時，雖因父母而生其身，不由父母招其果報。善惡美醜，先業所為。若造諸善，命終之後，生天人中、十方佛前。若造諸惡，命終之後，生於地獄、餓鬼、畜生。一切諸法緣合即生，緣散即滅。大王當知無明緣行，行緣識，識緣名色，名色緣六處，六處緣觸，觸緣受，受緣愛，愛緣取，取緣有，有緣生，生緣老死、憂悲、苦惱。大王！無明滅故則行滅，行滅故則識滅，識滅故則名色滅，名色滅故則六處滅，六處滅故則觸滅，觸滅故則受滅，受滅故則愛滅，愛滅故則取滅，取滅故則有滅，有滅故則生滅，生滅故則老死滅，老死滅故則憂悲、苦惱滅。大王！十二因緣盡，坦然無跡，猶如虛空，分別本無，逮得法忍。"說是法時，八萬四千諸天及人遠塵離垢，得法眼淨，無央數眾發阿耨多羅三藐三菩提心。

爾時，頻婆娑羅王得法眼淨，欣然請佛願受五戒。大臣百官、國內人民皆悉歸佛，亦受五戒。既受戒已，即從座起，頂禮佛足，而白佛言："世尊乃能棄捨轉輪王位，出家為道，我於昔日輒先奉請，若得道時願前見度我，於今者宿願成滿，幸蒙佛思[①]，得履道跡。國務殷繁，比更親奉[②]。"王及群臣遶佛三匝，辭退而去。王至宮已，群臣上賀："古昔諸王悉不見佛，惟獨大王得值如來。"王益欣喜，復慰群臣："卿等夙福，今幸遇佛出興於世。"因勅後宮妃嬪婇女及國內人民長修齋戒，盡令奉法。

時摩伽陀國有一長者，名迦蘭陀，見佛入國，未有精舍，以好竹園奉上如來，前白佛言："世尊大慈，憐愍[③]一切如父如母，能棄世榮，今得成佛，未有精舍，我以竹園奉上如來。"佛時呪願而為受之，恒與聖眾遊處其內。

① 此处"思"字，据《中华大藏经》校勘记，《资》、《碛》、《普》、《南》、《径》、《清》作"恩"。

② 这句的意思是国务繁忙，暂时告退，改日亲自侍奉。

③ 此处"愍"字，据《中华大藏经》校勘记，《资》、《碛》、《普》、《南》、《径》、《清》作"慜"。

彼時，摩伽陀國人民殷盛，耽著俗樂，喧呼歌舞，不捨晝夜。佛適入國，化以法言，齋戒修心，皆捨俗樂。佛有弟子名舍婆耆，入城分衛[1]，威儀有法，行步安詳，路人見之無不欣悅。時舍利弗見此沙門，心自念言："我學道久，頗知法式，未曾見有如是之人，必有異聞威儀乃爾。試往問之，所事何道？"時舍利弗即問比丘："汝師是誰？願聞其志。"爾時，比丘以偈答曰：

吾師具相好，三界為最尊，
五陰十二緣，不住於空有，
我今年尚少，學業猶未深，
不可以言辭，說佛諸功德。

說是偈已，告舍利弗："我所事師，天上人中最尊最勝，積功累德，不可稱載。從兜率天降生閻浮，初生之時，能於十方各行七步，舉手唱言：'天上天下唯我最尊，唯我最勝，三界苦惱吾當度之。'釋、梵、四天咸來供事，佛之功德不可具述。"

時舍利弗聞此語已，如從暗中覩日光明，語比丘言："善哉善哉！吾少好學，八歲從師，年甫十六，靡不該綜，自謂為達。今者得值無上正覺，真為我師。汝所言佛，今在何處？"比丘答言："今在迦蘭陀竹園精舍。"時舍利弗將諸弟子至如來所，稽首禮足，前問訊已，而白佛言："我處長夜，恒履愚迷，幸得值佛，願開正路，得為沙門，成就禁戒。"佛言："善來，比丘！"鬚髮自落，法服著身，便成沙門。佛為說法，漏盡意解，得阿羅漢。前白佛言："世尊！我與同學大目犍連要得道時，必相開示。今欲往彼，願承聖旨。"佛言："宜知是時。"

時舍利弗入王舍城訪目揵連，遙見目連與諸弟子遊行里巷。爾時，目連覩舍利弗形狀變改，逆而問之："有何異見，容服乃耳？"答曰："學無常師，惟道所在。求法積年，不遇大聖。今者得值，身心遍喜，故來相求，願同法味。"目連答曰："此非小事，宜共籌量。"舍利弗言："我昔所行與汝從事，汝所學者我悉知已，請無復言。"是時，目連告舍利弗言："仁者智慧本踰於我，今之所教豈相誤耶？"作是語已，隨舍利弗往詣佛所，稽首佛足，白言："違遠大聖，沉沒煩惱。今得親奉，願為沙門。"即捨澡瓶、鹿衣、杖具。佛言："善來！"鬚髮自落，法服著身，便成沙門。佛為說法，漏盡意解，得阿羅漢。時舍利弗、目揵連及二百五十弟子皆得出家，盡成羅漢。

---

① "分卫"指乞食。

爾時，輸檀王聞子得道已經六年，中心欣喜，欽渴彌積，語優陀夷言：“汝今可往請佛還國，問訊起居，離別已來十有二載，夙夜悲感，不能自已，得一相見，還如更生。”憂陀夷受王教已，往詣佛所，稽首佛足，具述王意，乃覩諸天、梵、釋咸來歸命，而白佛言：“願為沙門。”佛言：“善來！”鬚髮自落，法服著身，便成沙門，得阿羅漢道。爾時，世尊作是思惟：“本與父王要誓，成佛爾乃還國，當度父母。今得佛道，不違本誓。”即語優陀夷比丘言：“汝宜先往，顯汝神足，作十八變，知吾道成，弟子尚爾，況佛威德？”優陀夷奉佛教已，飛行而往，還到本國，於迦毗羅城上虛空中現十八變，王及臣民莫不驚懼。而優陀夷說是偈言：

如來甚希有，難可得值遇，
勤苦無量劫，哀愍諸眾生。

本行菩薩道，今得願滿足，
坐於菩提樹，降伏大魔怨。

破壞生死因，銷滅諸煩惱，
已得成正覺，演說無上法。

我本奉王教，出國迎太子，
說王愁念久，言辭甚可悲。

佛顧本生地，尋當見親族，
我時承佛命，將入迦毗羅。

辭佛御神通，忽至大王所，
變化若干種，譬如淨蓮花。’

父王見神變，心生大恐懼，
借問為所從，未曾覩是變。

“太子本棄國，求道度眾生，
勤苦無量劫，今乃得成佛。
王今勿驚懼，宜應悅豫心，
我已度生死，為王太子使。”

王時聞子問，淚落如雨星：
“我自十二年，愁念無窮已，
忽聞吉祥至，如人死復穌。
我子捨國位，成道名何等？”

我時答王言：“太子經六年，

勤苦得成道，號曰天中天，
三界最第一。”

“我子在家時，為造諸時殿，
刻雕陳繢飾。今者何所居？”

我時答王言：“佛得微妙法，
所處無所[1]安，常在於樹下，
諸天來供養。”

“我子在家時，坐臥敷綩綖，
皆以綺飾成，柔軟而光澤。”

我時答王言：“天帝貢衣服，
龍妃獻寶床，佛心無美惡，
未嘗見喜慍。”

“我子在家時，盛饌眾甘美，
今所膳御者，施設何等食？”
我時答王言：“持鉢從分衛，
福眾無增減，呪願彼施人，
世世令安隱。”

“我子在家時，寢臥常使安，
絃歌奏清音，爾乃從寐起。”
我時答王言：“禪定非明暗，
諸佛無睡眠，帝釋常服膺，
梵王來勸助。”

“我子在家時，澡浴以香湯，
芬馥滿室中。今用何等香？”

我時答王言：“八解三脫門，
澡浴除諸垢。心寂無憂惱，
猶如淨虛空。”

“我子在家時，雜香以塗熏，
清淨無塵穢，郁烈而香潔。”

我時答王言：“戒定慧解脫，

① 此处“所”字，据《中华大藏经》校勘记，《资》、《碛》、《普》、《南》、《径》、《清》作“不”。

道德以為香，十方八難處，
普熏無不至。”

“我子在家時，四種妙寶床，
重疊敷茵褥，臥起而安悅。”

我時答王言：“四禪為床座，
等持心自在，不染煩惱泥，
清淨如蓮花。”

“我子在家時，兵衛甚嚴肅，
出入常擁護，目不見諸惡。”

我時答王言：“千二百羅漢，
菩薩無央數，俱為弟子眾，
左右而恭侍。”

“我子在家時，象馬牛羊車，
周旋往四方，隨意而遊觀。”

我時答王言：“五通為驂駕，
飛空無罣礙，洞見一切心，
遊踐超生死。”

“我子在家時，旌旗列羽衛，
人執諸兵仗，前後為導從。”

我時答王言：“四等為防護，
普濟眾厄難，恩慧仁愛敬，
以此為嚴衛。”

“我子在家時，鐘鼓導前路，
雜以眾伎樂，觀者每盈衢。”

我時答王言：“道樹成正覺，
度五跋陀羅，八萬四千天，
皆已得法眼，九十六種道，
摧伏而歸命，鳴於不死鼓，
其音徹三千，啟授皆明悟，
一切咸欣悅。”

---

① “提封 指管辖的范围。

“我子王何國？提封[1]為廣狹？
所化幾何人？悉當歸伏不？”

“佛領三千界，化導諸群生，”
十方不可數，靡不蒙饒益。”
“我子在家時，聽政助吾化，
勸導以禮節，奉順莫敢違。”

“佛悟諸法空，捨於四顛倒，
無不歸伏者，寂靜無為業。
佛法無愛憎，一切皆通達，
化及諸眾生，無不蒙饒益。
假使有一人，其人無量首，
一首無量舌，舌有無窮辯，
如此恒沙人，以恒沙劫數，
歎佛一切德，猶尚不能盡，
況我如螢燭，何能演日光？”

時輪檀王聞此偈已歎言：“善哉！阿斯陀仙言無虛妄。”問優陀夷：“佛欲來不？”優陀夷言：“却後七日，如來當至。”王聞是語，歡喜踊躍，語諸大臣：“吾當迎佛，導從儀式法轉輪王。先勑所司平除道路，香水灑地，懸繒幡蓋，種種嚴飾，盡其所宜，我當出城四十里外奉迎如來。”優陀夷言：“本承佛教來報大王，今請向佛說王之意，欽渴積年，願覩如來，并及萬姓咸希福祐。”王言：“善哉！願速見佛。”時優陀夷還至佛所，稽首佛足，而白佛言：“世尊！王及國人計日度時願得見佛，我已告王，却後七日，世尊當至。”

爾時，如來到七日已，與諸弟子整持衣鉢，威儀詳序，向迦毗羅城。梵、釋、四王聞佛還國，皆來導從。梵王侍右，帝釋侍左，四王諸天前後導從，諸天龍神花香伎樂而以供散，寶幢幡蓋羅列道側，天雨香水以灑於地。如來欲行，先現瑞相，十方世界三千國土六反震動，一切枯樹還生花葉，竭涸溪澗自然流泉。王見瑞已，勑諸釋種大臣百官嚴持幡蓋，燒香散花，作眾伎樂，而以迎佛。王遙見佛處於大眾如星中月，如日初出，如樹開花，巨身丈六，端嚴熾盛。既見佛已，悲喜交集，稽首作禮，而白佛言：“世尊！離別多年，今得相見。”大臣百官一切人民皆稽首禮，隨佛入城。

爾時，世尊足蹈門閫，地為大動，天雨妙花，樂器自鳴，盲者得視，聾者得聽，躄者能行，病者得愈，瘂者能言，狂者得正，傴者得伸，毒害自銷，禽獸相和其聲清亮，環珮相觸皆悉流響，珍藏自然眾寶出現，苞匿異心皆共和合，一切眾生無婬怒癡，展轉相視如父如母如兄如弟如子如身，地獄休息，餓鬼飽滿，畜生捨身，當生人天。父王覩佛巨身丈六，紫磨金色，如星中月，亦如金山，梵、釋、四王皆悉奉侍。見諸比丘曾為外道，久修苦行，形體羸劣，親近侍從，猶如黑烏在紫金山，不能顯發如來之德，便勅國內豪貴釋種，顏貌端正，選五百人，度為沙門，侍佛左右，如金翅鳥在須彌山，如摩尼珠置水精器。

佛弟難陀亦為沙門。難陀所使名優波離，前白佛言："世尊！人身難得，佛法難遇。諸尊貴者皆棄世榮，我身卑賤，何所貪樂，惟佛慈悲，願見救度，許為沙門。"佛言："善來，比丘！"鬚髮自落，法服著身，便成沙門，在比丘中隨例而坐。難陀後至，次第作禮，到優波離，即止不禮，心自念言："是我家僕，不當設禮。"爾時，世尊告難陀言："佛法如海，容納百川，四流歸之，皆同一味，據戒前後，不在貴賤。四大合故，假名為身，於中空寂，本無吾我，當思聖法，勿生憍慢。"爾時，難陀去自貢高，執心卑下，禮優波離。於是，大地為之震動。

時佛入宮，坐於殿上，王及臣庶日日供養百種甘饌。佛為說法，度無數眾。耶輸陀羅携羅睺羅年已七歲，來至佛所，稽首佛足，瞻對問详[1]，而白佛言："久違侍奉，曠廢供養。諸眷屬皆有疑心，太子去國十有二載，何從懷孕生羅睺羅？"佛告父王及諸群臣："耶輸陀羅守節貞白，無瑕疵也，若不信者，今當取證。"爾時，世尊化諸比丘皆悉如佛，相好光明等無差異。時耶輸陀羅即以指環與羅睺羅，而語之言："是汝父者，以此與之。"釋睺羅持取指環，直前奉佛。王及群臣咸皆歡喜，歎言："善哉！羅睺真是佛子。"爾時，世尊為王說法，即時得道。群臣、萬姓、後宮婇女咸奉戒法，淨修梵行。是時，國內安靜，萬邦來賀。

① 此处"详"字，据《中华大藏经》校勘记，《资》、《碛》、《普》、《南》、《径》、《清》、《丽》作"讯"。

निगमपरिवर्तः सप्तविंशः।

今译：第二十七 结尾品

地译：屬累品第二十七

अथ खलु देवपुत्रा यैस्तथागतोऽधीष्टोऽभूदस्य धर्मपर्यायस्य संप्रकाशनाय सह महेश्वरनन्दसुनन्दचन्दनमहितशान्तप्रशान्तविनीतेश्वरप्रमुखा अष्टादशः शुद्धावासकायिका देवपुत्रसहस्राणि ये तथागतस्य धर्मचक्रप्रवर्तनेऽपि संनिपतिता अभूवन्। तत्र भगवांस्तान् महेश्वरदेवपुत्रप्रमुखान् शुद्धावासकायिकान् देवपुत्रानामन्त्रयते स्म-- अयं स मार्षा ललितविस्तरो नाम धर्मपर्यायसूत्रान्तो महावैपुल्यबोधिसत्त्वविक्रीडितः बुद्धविषये ललितप्रवेश आत्मोपनायिकस्तथागतेन भाषितः। तं यूयमुद्गृह्णीध्वं धारयत वाचयत च। एवमियं धर्मनेत्री वैस्तारिकी भविष्यति। बोधिसत्त्वयानिकाश्च पुद्गला इमं धर्मपर्यायं श्रुत्वा दृढतरं वीर्यमालप्स्यन्ते। अनुत्तरायां सम्यक्संबोधावुदाराधिमुक्तिकाश्च सत्त्वा महाधर्मवर्षवेगं संजानयिष्यन्ति। मारपक्षश्च निगृहीतो भविष्यति। सर्वपरप्रवादिनश्चावतारं न लप्स्यन्ते। युष्माकं च तद्धर्मदेशनाध्येषणा कुशलमूलं महार्थिकं भविष्यति महाफलं महानुशंसम्॥

今译：然后，劝请如来展示法门的众天子，以大自在、难陀、苏难陀、旃檀、摩希多、寂然、寂定和律自在为首的一万八千净居天子，在如来转法轮时，也聚集在那里。世尊对以大自在天子为首的净居天子们说道：“诸位贤士啊，这部法经名为《神通游戏》，由如来讲述自己进入佛境游戏，展现菩萨的大量游戏。你们要接受、保持和宣讲它。这样，它会成为法眼，广为流布。奉行菩萨乘的人们闻听这部法经，会获得更加坚定的精进力。深信无上正等菩提的众生会产生热烈的大法欢喜[①]心。摩罗党羽将被降伏。一切外道无机可乘。你们这次劝请说法将获得善根、大利益、大功果和大称赞。

地译：爾時，世尊告淨居天難陀、蘇難陀等言：“菩薩始從兜率下生閻浮，乃至出家，降伏魔怨，轉于法輪，汝等諸天皆悉贊助。今復請我利益世尊[②]

---

① “欢喜”的原词是 varṣa，据 M 本应为 harṣa。此处地译“欢喜”。

② 此处“尊”字，据《中华大藏经》校勘记，《资》、《碛》、《普》、《南》、《径》、《清》作“间”。

演說如斯大嚴經典，菩薩所行如來境界，自在神通遊戲之事。汝等若能受持、讀誦、為地[1]說者，我此法印[2]當得增廣。若菩薩乘人聞說此經，必大歡喜，得未曾有，發起堅固精進之心，求阿耨多羅三藐三菩提。是故，汝等福德無量，不可稱計。

यः कश्चिन्मार्षा अस्य ललितविस्तरस्य धर्मपर्यायस्याञ्जलिं संप्रगृहीतं करिष्यति सोऽष्टावुत्कृष्टान् धर्मान् प्रतिलप्स्यते। कतमानष्टौ तद्यथा-- उत्कृष्ट रूपं प्रतिलप्स्यते। उत्कृष्टबलं प्रतिलप्स्यते। उत्कृष्टपरिवारं प्रतिलप्स्यते। उत्कृष्टप्रतिभानं प्रतिलप्स्यते। उत्कृष्टनैष्क्रम्यं प्रतिलप्स्यते। उत्कृष्टचित्तपरिशुद्धिं प्रतिलप्स्यते। उत्कृष्टसमाधिपदं प्रतिलप्स्यते। उत्कृष्टप्रज्ञावभासं प्रतिलप्स्यते। इमान्यष्टावुत्कृष्टान् धर्मान् प्रतिलप्स्यते॥

今译："诸位贤士啊，若有人双手合十，受持《神通游戏》这部法经，他会获得八种殊胜法。哪八种？他会获得形貌殊胜。他会获得力量殊胜。他会获得眷属殊胜。他会获得辩才殊胜。他会获得出家殊胜。他会获得心净殊胜。他会获得入定境界殊胜。他会获得智慧光芒殊胜。他会获得这八种殊胜法。

地译："若有善男子、善女人得聞是經，合掌信受，其人當獲八種功德。何等為八？一者端正好色，二者力勢強盛，三者心悟通達，四者逮得辯才，五者獲諸禪定，六者智惠明了，七者出家殊勝，八者眷屬強盛。

यः कश्चिन्मार्षा इमं ललितविस्तरं धर्मपर्यायं भाषितुकामस्य धर्मभाणकस्य धर्मासनं प्रज्ञापयिष्यति तस्याष्टावासनप्रतिलम्भाः प्रतिकाङ्क्षितव्याः सहप्रज्ञप्ते आसने। कतमेऽष्टौ तद्यथा-- श्रेष्ठ्यासनप्रतिलम्भः। गृहपत्यासनप्रतिलम्भः। चक्रवर्त्यासनप्रतिलम्भः। लोक-पालासनप्रतिलम्भः। शक्रासनप्रतिलम्भः। वशवर्त्यासनप्रतिलम्भः। ब्रह्मासनप्रतिलम्भः। बोधिमण्डवराग्रगतस्य बोधिसत्त्वभूतस्याप्रत्युदावर्त्यनिहतमारप्रत्यर्थिकसिंहासनप्रतिलम्भः। अनुत्तरासम्यक्संबोधिमभिसंबुद्धस्य अतोऽनुत्तरधर्मचक्रप्रवर्तनासनप्रतिलम्भश्च प्रतिकाङ्क्षि-तव्यः। इमेऽष्टावासनप्रतिलम्भाः प्रतिकाङ्क्षितव्याः॥

今译："诸位贤士啊，若有人为乐于宣讲《神通游戏》这部法经的说法师铺设法座。凭借铺设法座，他会获得八种值得向往的座位。哪八种？获得长老座，获得家主座，获得转轮王座，获得护世天王座，获得帝释天座，获得自在天座，获得梵天座，获得在菩提道场成为菩萨不退转、降伏摩罗怨敌狮子座，

---

① 此处"地"字，据《中华大藏经》校勘记，《资》、《碛》、《普》、《南》、《径》、《清》作"他"。

② 此处"印"字，据《中华大藏经》校勘记，《资》、《碛》、《普》、《南》、《径》、《清》、《丽》作"眼"。

获得证得无上正等菩提而转动无上法轮座，值得向往。获得这八种值得向往的座位。

地译：“若有善男子、善女人願樂欲聞如是等經，與說法師敷置高座，轉身當得八種坐處。何等為八？一者長者坐處，二者居士坐處，三者輪王坐處，四者護世坐處，五者帝釋坐處，六者梵王坐處，七者菩薩得菩提時所坐之處，八者如來轉正法輪所坐之處。

य कश्चिन्मार्षा इमं ललितविस्तरं धर्मपर्यायं भाषमाणाय साधुकारं दास्यति सोऽष्टौ वाक्परिशुद्धीः प्रतिलप्स्यते। कतमा अष्टौ तद्यथा-- यथावादितथाकारितां सत्यानुपरिवर्तिवाक्कर्मपरिशुद्ध्या। आदेयवचनतां पर्षदभिभवनतया। ग्राह्यवचनतां अनुद्धुरतया। श्लक्ष्णमधुरवचनतां अपारुष्यसत्त्वसंग्रहणतया। कलविङ्करुतस्वरतां कायचित्तोद्बिल्यकरणतया। तदुक्तवचनतां सर्वसत्त्वैरनभिभवनतया। ब्रह्मस्वरतां सर्वस्वराभिभवनतया। सिंहघोषाभिगर्जितस्वरतां सर्वपरप्रवादिभिरनभिभवनतया। बुद्धस्वरतां सर्वसत्त्वेन्द्रिय- परितोषणतया। इमा अष्टौ वाक्कर्मपरिशुद्धीः प्रतिलप्स्यते॥

今译：“诸位贤士啊，若有人为宣讲《神通游戏》这部法经发出赞叹，他会获得八种纯洁语。哪八种？言行一致，语业依随真实而纯洁。言语可信，征服大众。言语易接受，不傲慢。言语微妙甜蜜，不粗鲁，摄伏众生。语音似迦陵频伽鸟，令人身心愉悦。言语甜美[①]，胜过一切众生。如同梵音，胜过一切音。如同狮子吼，降伏一切外道。如同佛音，令一切众生感觉满意。他会获得这八种纯洁语。

地译：“若有善男子、善女人得聞是經，稱揚讚美，是人當得八種淨語。何等為八？一者言行相應，無違諍故；二者所言伏眾，可遵承故；三者所言柔軟，不麤獷故；四者所言和美，攝眾生故；五者聲如加陵頻伽，悅樂眾生故；六者聲如殷雷，摧伏外道故；七者得梵音聲，超過世間故；八者得佛音聲，應眾生根故。

यः कश्चिन्मार्षा इमं ललितविस्तरं धर्मपर्यायं पुस्तकलिखितं कृत्वा धारयिष्यति सत्करिष्यति गुरुकरिष्यति मानयिष्यति पूजयिष्यति अमात्सर्यचित्ततया चतुर्दिशमस्य धर्मपर्यायस्य वर्णनां भाषिष्यते वर्णनां चोच्चारयिष्यति-- आगच्छतेमं धर्मपर्यायं लिखितं धारयत वाचयत चिन्तयत स्वाध्यायतेति सो अष्टौ महानिधानानि प्रतिलप्स्यते। कतमान्यष्टौ

① “言语甜美”的原文是 taduktavacanatām，M 本写为 madhuravacanatām。此处地译“所言和美”。

महानिधानानि यदुत स्मृतिनिधानं असंमोषणतया। मतिनिधानं बुद्धिप्रभेदनतया। गतिनिधानं सर्वसूत्रान्तार्थगत्यनुरागतया। धारणीनिधानं सर्वश्रुताधारणतया। प्रतिभाननिधानं प्रतिलभते सर्वसत्त्वसुभाषितसंभाषणतया। धर्मनिधानं प्रतिलभते सद्धर्मप्रतिलक्षणतया। बोधिचित्त-निधानं त्रिरत्नवंशानुपच्छेदनतया। प्रतिपत्तिनिधानं चानुत्पत्तिकधर्मक्षान्तिप्रतिलम्भतया। इमान्यष्टौ निधानानि प्रतिलप्स्यते॥

今译：“诸位贤士啊，若有人刻写《神通游戏》这部法经，保持它，善待它，尊重它，敬拜它，供奉它，慷慨无私，向四方称颂和赞美这部法经：‘来吧！你们接受这部刻写的法经，宣讲它，思考它，诵习它吧！’他会获得八种大宝藏。哪八种大宝藏？不忘却而得忆念宝藏。善分别而得智慧宝藏。喜爱一切经义趣而得义趣宝藏。记取一切所闻而得总持宝藏。能为一切众生演说妙语而得辩才宝藏。能守护[1]正法而得正法宝藏。不中断三宝世系而得菩提心宝藏。忍受无生法而得修行宝藏。他会获得这八种宝藏。

地译：“若有善男子善女人書寫此經，流通四方，其人當有八功德藏。何等為八？一者念藏，無忘失故；二者惠藏，善能分別諸法相故；三者智藏，能了諸經義故；四者陀羅尼藏，所聞皆能持故；五者辯藏，能發眾生歡喜心故；六者得正法藏，守護佛法故；七者菩提心藏，不斷三寶種故；八者修行藏，得無生法忍故。

यः कश्चिन्मार्षा इमं ललितविस्तरं धर्मपर्यायं सुप्रवर्तितं कृत्वा धारयिष्यति सोऽष्टौ संभारान् परिपुरयिष्यति। कतमानष्टौ तद्यथा-- यदुत दानसंभारं परिपूरयिष्यति अमात्सर्य-चित्ततया। शीलसंभारं परिपूरयिष्यति सर्वकल्याणाभिप्रायपरिपूरणतया। श्रुतसंभारं परिपूरयिष्यति असङ्गप्रज्ञासमुदानयनतया। शमथसंभारं परिपूरयिष्यति सर्वसमाधिसमा-पत्त्यामुखीकरणतया। विदर्शनासंभारं परिपूरयिष्यति त्रैविद्यविद्याप्रतिपूर्या। पुण्यसंभारं परिपूरयिष्यति लक्षणानुव्यञ्जनबुद्धक्षेत्रालंकारविशुद्ध्या। ज्ञानसंभारं परिपूरयिष्यति सर्वसत्त्व-यथाधिमुक्तिसंतोषणतया। महाकरुणा संभारं परिपूरयिष्यति सर्वसत्त्वपरिपाचनापरि-खेदतया। इमानष्टौ संभारान् परिपूरयिष्यति॥

今译：“诸位贤士啊，若有人流通和保持《神通游戏》这部法经，他会获得八种资粮圆满。哪八种？慷慨无私而得布施资粮圆满。实现一切善愿而得戒行资粮圆满。修成无著智而得所闻资粮圆满。入一切禅定而得寂止资粮圆满。通晓三明而得观察资粮圆满。具有吉相和随好，装饰和净化佛土而得功德资粮圆满。如愿满足一切众生而得智慧资粮圆满。不辞辛劳教化一切众生而得大悲

---

① “守护”的原词是 pratilakṣaṇatayā，应为 pratirakṣaṇatayā。此处地译“守护”。

资粮圆满。他会获得这八种资粮圆满。

地译：“若有善男子、善女人讀誦此經，受持句義不忘失者，其人當得八種圓滿：一者施圓滿，無慳悋故；二者戒圓滿，得願具足故；三者多聞圓滿，得無著智故；四者奢摩他圓滿，一切三昧現前故；五者毗鉢舍那圓滿，具足三明故；六者福德圓滿，具足三十二相、八十種好，淨佛土故；七者妙智圓滿，隨諸眾生所有意樂得具足故；八者大悲圓滿，成熟眾生無勞倦故。

यः कश्चिन्मार्षा इमं ललितविस्तरं धर्मपर्यायं परेभ्यश्च विस्तरेण संप्रकाशयिष्यति एवंचित्तो यदुत कथममी सत्त्वा एषामेवरूपाणां धर्माणां लाभिनो भवेयुरिति स तेन कुशलमूलेनाष्टौ महापुण्यताः प्रतिलप्स्यते। कतमा अष्टौ तद्यथा-- राजा भवति चक्रवर्ती इयं प्रथमा महापुण्यता। चतुर्महाराजकायिकानां देवानामाधिपत्यं कारयिष्यति इयं द्वितीया महापुण्यता। शक्रो भविष्यति देवेन्द्रः इयं तृतीया महापुण्यता। सुयामो भविष्यति देवपुत्रः इयं चतुर्थी महापुण्यता संतुषितो भविष्यति इयं पञ्चमी महापुण्यता। सुनिर्मितो भविष्यति इयं षष्ठी महापुण्यता। वशवर्ती भविष्यति देवराजः इयं सप्तमी महापुण्यता। ब्रह्मा भविष्यति महाब्रह्मा इयं अष्टमी महापुण्यता। अन्ते च तथागतो भविष्यति अर्हन् सम्यक्संबुद्धः सर्वाकुशलधर्मप्रहीनः सर्वकुशलधर्मसमन्वागतः। इमा अष्टौ महापुण्यताः प्रतिलप्स्यते॥

今译：“诸位贤士啊，若有人关心众生怎样获得这样的正法，为他人详细讲解《神通游戏》这部法经，凭这善根，他会获得八种大福德。哪八种？成为转轮王，这是第一种大福德。成为四大天王，这是第二种大福德。成为帝释天王，这是第三种大福德。成为苏夜摩天子，这是第四种大福德。成为商兜率天，这是第五种大福德。成为化乐天，这是第六种大福德。成为他化自在天王，这是第七种大福德。成为大梵天，这是第八种大福德。最后成为如来、阿罗汉、正等觉，消除一切不善法，具备一切善法。他会获得这八种大福德。

地译：“若有善男子、善女人發如是念：‘云何當令一切眾生入此法門？’作是念已，為人演說，以此善根當得八種廣大福德。何等為八？一者轉輪聖王福德，二者護世天王福德，三者帝釋福德，四者夜摩天王福德，五者兜率天王福德，六者化樂天王福德，七者他化自在天王福德，八者大梵天王乃至如來所有福德。

यः कश्चिन्मार्षा इमं ललितविस्तरं धर्मपर्यायं भाष्यमाणमवहितश्रोतः श्रोष्यति सोऽष्टौ चित्तनिर्मलताः प्रतिलप्स्यते। कतमा अष्टौ तद्यथा-- यदुत मैत्रीं प्रतिलप्स्यते सर्वदोष-निर्घाताय। करुणां प्रतिलप्स्यते सर्वविहिंसोत्सर्गाय। मुदितां प्रतिलप्स्यते सर्वारत्यप-कर्षणतायै। उपेक्षां प्रतिलप्स्यते अनुनयप्रतिघोत्सर्गाय। चत्वारि ध्यानानि प्रतिलप्स्यते

सर्वरूपधातुवशवर्तितायै। चतस्र आरूप्यसमापत्तीः प्रतिलप्स्यते चित्तवशवर्तितायै। पञ्चाभिज्ञाः प्रतिलप्स्यते अन्यबुद्धक्षेत्रगमनतायै। सर्ववासनानुसंधिसमुद्घारं प्रतिलप्स्यते शूरंगमसमाधिप्रतिलम्भाय। इमा अष्टौ चित्तनिर्मलताः प्रतिलप्स्यते॥

今译："诸位贤士啊，若有人专心听取他人宣讲《神通游戏》这部法经，他会获得八种清净心。哪八种？得仁慈而消除一切过失。得悲悯而摒弃一切杀生。得欢喜而排除一切忧愁。得舍弃而灭除一切贪爱和恼怒。得四禅而控制一切色界。得四无色定而控制思想。得五神通而前往其他佛土。得断除一切熏习而入首楞严定[①]。他会获得这八种清净心。

地译："若有善男子、善女人聞此經典，信心不逆，是人當得八種淨心。何等為八？一者得大慈心，與眾生樂故；二者得大悲心，拔眾生苦故；三者得大喜心，滅眾生憂惱故；四者得大捨心，滅眾生貪恚故；五者得四禪心，於欲界中心自在故；六者得四定心，於無色界心自在故；七者得五神通，往來佛土故；八者能斷諸漏，得首楞嚴三昧故。

यस्मिंश्च मार्षा ग्रामे वा नगरे वा निगमे वा जनपदे वा जनपदप्रदेशे वा चंक्रमे वा विहारे वा अयं ललितविस्तरो धर्मपर्यायः प्रचरिष्यति तत्राष्टौ भयानि न प्रभविष्यन्ति स्थापयित्वा पूर्वकर्मविपाकम्। कतमान्यष्टौ तद्यथा-- यदुत राजसंक्षोभभयं न भविष्यति। चौरसंक्षोभभयं न भविष्यति। व्यालसंक्षोभभयं न भविष्यति। दुर्भिक्षकान्तारसंक्षोभभयं न भविष्यति। अन्योन्यकलहविवादविग्रहसंक्षोभभयं न भविष्यति। देवसंक्षोभभयं न भविष्यति। नागसंक्षोभभयं न भविष्यति। यक्षसंक्षोभभयं न भविष्यति। सर्वोपद्रवसंक्षोभभयं न भविष्यति। इमानि मार्षास्तत्राष्टौ भयानि न भविष्यन्ति (स्थापयित्वा पूर्वकर्मविपाकम्)॥

今译："诸位贤士啊，若在乡村、城镇、国家、地区、场地和寺院中流通《神通游戏》这部法经，那里会排除前世业果，产生八种无畏。哪八种？国王侵扰无畏，盗贼侵扰无畏，猛兽侵扰无畏，饥荒侵扰无畏，互相争吵、争论和争斗侵扰无畏，天神侵扰无畏，大象侵扰无畏，药叉侵扰无畏，一切灾难侵扰无畏。诸位贤士啊，那里会（排除前世业果）获得这八种无畏。

地译："若國土、城邑、聚落所在之處有此經卷，當知其處離八種畏。何等為八？一者離敵國畏，二者離賊盜畏，三者離惡獸畏，四者離飢饉畏，五者離諍訟畏，六者離戰鬭畏，七者離夜叉畏，八者離一切怖畏。

संक्षेपान्मार्षा यदि तथागतः कल्पस्थितिकेनायुष्प्रमाणेन रात्रिंदिवमधिष्ठमानोऽस्य

---

① "首楞严定"（*śūraṃgamasamādhi*）指诸佛和达到十地的菩萨方能进入的禅定。

धर्मपर्यायस्य वर्णं भाषते नैवास्य धर्मपर्यायस्य वर्णपर्यन्तो भवेन्न च तथागतप्रतिभानस्य क्षयो भवेत्। अपि तु खलु पुनर्मार्षा यथैव तथागतस्य शीलसमाधिप्रज्ञाविमुक्तिज्ञानदर्शन-मप्रमाणमपर्यन्तमेवमेव मार्षा य इमं धर्मपर्यायमुद्ग्रहीष्यति धारयिष्यति वाचयिष्यति लिखिष्यति लेखयिष्यति पर्यवाप्स्यति प्रवर्तयिष्यति पर्षन्मध्ये च विस्तरेण संप्रकाशयिष्यति-- अनेन चित्तेन कथममी सत्त्वा एवमुदारस्य धर्मस्य लाभिनः स्युरिति तेषामपि नास्ति पुण्यपर्यन्तः॥

今译："总之，诸位贤士啊，即使如来寿命长达一劫，日夜不停①称赞这部法经，也称赞不尽这部法经，也不会耗尽如来的辩才。诸位贤士啊，如来的戒行、禅定、智慧和解脱知见无量无限。同样，诸位贤士啊，若有人接受这部法经，保持它，宣讲它，刻写它，请人刻写它，通晓它，传诵它，关心众生怎样获得这样博大的正法，在集会中详细讲解它，他们也会功德无量。"

地译："汝等當知，正使如來以戒、定、慧、解脫、解脫知見、無礙辯才，於一劫中日夜常說此經功德，亦不能盡。若比丘、比丘尼、優婆塞、優婆夷受持，讀誦，書寫，解說，當知是人所得功德亦不可盡。"

ततः खलु भगवानायुष्मन्तं महाकाश्यपमामन्त्रयते स्म आयुष्मन्तं चानन्दं मैत्रेयं च बोधिसत्त्वं महासत्त्वम्-- इमामहं मार्षा असंख्येयकल्पकोटिनयुतशतसहस्रसमुदानीताम-नुत्तरां सम्यक्संबोधिं युष्माकं हस्ते परिदाम्यनुपरिन्दामि परमया परिन्दनया स्वयं चैवमिमं धर्मपर्यायं धारयत परेभ्यश्च विस्तरेण संप्रकाशयत॥

今译：然后，世尊对长寿摩诃迦叶、长寿阿难和弥勒菩萨大士说道："诸位贤士啊，我经过无数百千万亿劫修得无上正等菩提，以最高的托付，亲自托付给你们。请你们受持这部法经，向他人详细讲解。"

地译：爾時，世尊告彌勒菩薩摩訶薩及大迦葉長老、阿難言："我於無數百千億劫修習佛道，今得成就阿耨多羅三藐三菩提，為欲利益諸眾生故，演說此經。如是等經付囑於汝，汝等受持，廣宣流布。"

इत्युक्त्वा च भगवानस्यैव धर्मपर्यायस्य भूयस्या मात्रयानुपरिन्दनार्थं तस्यां वेलायामि-मां गाथामभाषत--

今译：说罢，为了托付这部法经，世尊此刻又念诵偈颂道：

地译：爾時，世尊重說偈言：

① "不停"的原词是 adhiṣṭhamānaḥ，BHSD 认为此词应为 atiṣṭhamānaḥ（"不停"）。

सत्त्वा दृष्टा ये मया बुद्धदृष्ट्या
स्युस्तेऽर्हन्तः शारिपुत्रेण तुल्याः।
तांश्चेत्कश्चित्पूजयेत्कल्पकोटी
तुल्यां गङ्गावालिकाभियथैव॥ १॥

今译：我凭借佛眼看到有些众生，
他们会如同舍利弗，成为
阿罗汉，有人会在似恒河
沙[①]数的千万劫中供奉他们。（1）

地译：我以佛眼觀，盡見諸眾生，
假使諸眾生，皆如舍利弗，
有人於億劫，以種種香花，
衣服臥具等，供養如是眾。

प्रत्येकबुद्धाय तु यश्च पूजां
कुयादहोरात्रमपि प्रहृष्टः।
माल्यैः प्रकारैश्च तथापरैश्च
तस्मादयं पुण्यकृतो विशिष्यते॥ २॥

今译：然而，若有人满怀喜悦，
供奉缘觉，即使一日一夜，
用花环和其他种种供品，
他会获得更优异的功德。（2）

地译：所獲諸功德，不如一日夜，
供一辟支佛。

स्युः सर्वसत्त्वा यदि प्रत्ययैर्जिना
तां पूजयेत्कश्चिदिहाप्रमत्तः।
पुष्पैश्च गन्धैश्च विलेपनैश्च
कल्पाननेकां सततं हि तत्परम्॥ ३॥

今译：若众生有缘成为胜者，
有人会努力供奉他们，

① 此处“沙”的原词是 vālikābhi，应为 vālikābhir。

用鲜花、香料和软膏，
数劫中始终全心全意。（3）

地译：假使諸世間，皆如辟支佛，
有人於億劫，以種種香花，
衣服臥具等，供養如是眾。

एकस्य यश्चैव तथागतस्य
कुर्यात्प्रणामं अपि चैकशोऽपि।
प्रसन्नचित्तोऽथ वदेन्नमोऽर्हते
तस्मादिदं श्रेष्ठतरं च पुण्यम्॥४॥

今译：然而，若有人敬拜一位如来，
即使一次，内心清净，说道：
"我向阿罗汉致敬！"他也会
获得比这优异更优异的功德。（4）

地译：所獲諸功德，不如以淨心，
一稱南無佛。

बुद्धा भवेयुर्यदि सर्वसत्त्वा
तां पूजयेद्यश्च यथैव पूर्वम्।
दिव्यैश्च पुष्पैरथ मानुषैर्वरैः
कल्पाननेकां बहुभिः प्रकारैः॥५॥

今译：若一切众生都成为佛陀，
有人会在数劫中供奉他们，
如前所述，用天上人间的
鲜花以及其他许多供品。（5）

地译：假使諸世間，皆如佛世尊，
有人於億劫，以種種香花，
衣服臥具等，供養諸如來。

यश्चैव सद्धर्मविलोपकाले
त्यक्त्वा स्वकाये च तथैव जीवितम्।
वद्यादहोरात्रमिदं हि सूत्रं
विशिष्यते पुण्यमिदं हि तस्मात्॥६॥

今译：若有人在正法毁坏时代，
　　　舍弃自己的身体和生命，
　　　日日夜夜诵读这部法经，
　　　他会获得更优异的功德。（6）

地译：所獲諸功德，不如有一人，
　　　能於日夜中，讀誦此經典。

यस्येप्सितं पूजयितुं विनायकां
　　प्रत्येकबुद्धांश्च तथैव श्रावकां।
दृढं समुत्पाद्य स बोधिचित्त
　　इदं सदा सूत्रवरं दधातु॥७॥

今译：若有人愿意供奉导师，
　　　供奉缘觉，供奉声闻，
　　　愿他产生坚固菩提心，
　　　始终受持这部妙法经。（7）

地译：若人過無數，百千萬億劫，
　　　以種種香花，衣服臥具等，
　　　供養如前說，無數聲聞眾，
　　　一切辟支佛，及彼諸如來，
　　　所獲諸功德，不如有一人，
　　　受持此經典，乃至四句偈，
　　　分別為他說。

राजा ह्ययं सर्वसुभाषितानां
　　योऽभ्युद्गतः सर्वतथागतानाम्।
गृहे स्थितस्तस्य तथागतः सदा
　　तिष्ठेदिदं यत्र हि सूत्ररत्नम्॥८॥

今译：这是一切妙语之王，
　　　一切如来从中产生；
　　　只要有这部宝经在，
　　　如来始终在他家中。（8）

地译：我所說諸經，此經為最勝，

第二十七　结尾品　829

一切諸如來，皆從此經出，
是經所住處，即為有如來。

प्रतिभां स प्राप्नोति शुभामनन्तां
एकं पदं वक्ष्यति कल्पकोटी।
न व्यञ्जना भ्रश्यति नापि चार्था
दद्याच्च यः सूत्रमिद परेभ्यः॥९॥

今译：若有人授予他人这部经，
他获得无限美妙的辩才，
演说一句，在千万劫中，
它的音和义也不会失落。（9）

地译：若有書寫持，處處廣流布，
即能演一句，歷劫無窮盡。

अनुत्तरोऽसौ नरनायकानां
सत्त्वो न कश्चित्सदृशोऽस्य विद्यते।
भवेत्समुद्रेण समश्च सोऽक्षयः
श्रुत्वा हि यो धर्ममिमं प्रपद्यते॥१०॥ इति॥

今译：他成为至高无上的导师，
众生中无人能与他相比；
若有人听取和修习这种法，
他就不会毁灭，如同大海。（10）

地译：福惠自莊嚴，盈滿如大海，
若聞是經者，應當常修習，
功德無有量。

इदमवोचद्भगवानात्तमनाः। ते महेश्वरदेवपुत्रपूर्वंगमाः शुद्धावासकायिका देवपुत्रा मैत्रेयपूर्वंगमाश्च सर्वबोधिसत्त्वा महासत्त्वा महाकाश्यपपूर्वंगमाश्च सर्वमहाश्रावकाः सदेव-मानुषासुरगन्धर्वश्च लोको भगवतो भाषितमभ्यनन्दन्॥ इति॥

今译：世尊满怀喜悦，说完这些话。以大自在天子为首的净居天子们，以弥勒为首的一切菩萨大士，以摩诃迦叶为首的一切大声闻，以及天神、凡人、阿修罗和健达缚，整个世界赞叹世尊的妙语。

地译：佛說此經已，彌勒菩薩摩訶薩、大迦葉長老、阿難、淨居諸天、摩醯首羅，及諸天、龍、夜叉、乾闥婆、阿修羅、迦婁羅、緊那羅、摩睺羅伽、人非人等，皆大歡喜，信受奉行。

॥इति श्रीललितविस्तरे निगमपरिवर्तो नाम सप्तविंशतितमोऽध्यायः॥

今译：以上是吉祥的《神通游戏》中名为《结尾品》的第二十七章。

समाप्तं चेदं सर्वबोधिसत्त्वचर्याप्रस्थानम्॥

今译：这部《一切菩萨所行》经结束。

॥श्रीललितविस्तरो नाम महायानसूत्रं रत्नराजं परिसमाप्तम्॥

今译：名为吉祥的《神通游戏》的大乘宝王经结束。

ये धर्म हेतुप्रभवा हेतुं तेषां तथागतो ह्यवदत्।
तेषां च यो निरोध एवं वादी महाश्रमणः॥

今译：诸法产生有原因，如来讲述它们的原因。
也讲述它们的寂灭，这位大沙门如是说。